Helmut Groos: Albert Schweitzer

Albert Schweitzer

Größe und Grenzen

Eine kritische Würdigung des Forschers und Denkers

von

HELMUT GROOS

19 74

Ernst Reinhardt Verlag München Basel

Dem Andenken an

PAUL F. LINKE

in Jena

den leidenschaftlichen Wahrheitssucher,
den Fürsprecher und Meister philosophischer Arbeit als Begründung und Kritik,
den unermüdlichen Gesprächspartner seiner jüngeren Freunde,
den beständigen Anwalt der Humanität zu jeder Zeit,
den Liebhaber und Freund der Tiere

ISBN 3-497-00731-5

Satz und Druck: Ilmgaudruckerei, Pfaffenhofen
Buchbinderei: Rieder, Schrobenhausen
Printed in Germany

Inhaltsverzeichnis

A. Das Vorhaben

Die vielfältige geniale Begabung Albert Schweitzers, sein sittlicher Enthusiasmus, die heroische Lebensführung, der Urwald als Schauplatz unermüdlicher Wirksamkeit des Kulturpioniers während nahezu eines halben Jahrhunderts, das alles ist so merkwürdig und großartig, daß schon zu seinen Lebzeiten ein legendärer Schimmer, etwas vom Mythos darüber zu liegen schien. So wird es verständlich, daß, sieht man von einigen abfälligen Stimmen ab, die sich auf die nicht mehr zeitgemäße technische Ausrüstung und die hygienische Handhabung des Spitalbetriebes bei Lambarene bezogen, diesem großen alten Manne in weitesten Kreisen unbegrenzte Bewunderung entgegengebracht wurde, eine Bewunderung, die sich nicht selten, als ob dies selbstverständlich wäre, auch auf die Arbeit des Forschers und Denkers erstreckt. Manche Gesamtdarstellungen des Phänomens Albert Schweitzer erwecken geradezu den Eindruck, als ob etwa in seiner Leben-Jesu-Theorie oder in seiner Ethik der »Ehrfurcht vor dem Leben« der Weisheit letzter Schluß erreicht sei[1]. Diese Art der Betrachtung wird durch den Umstand noch unterstützt, daß bei der Beurteilung von Aussagen auf den Gebieten der Theologie und der Philosophie vielfach ja noch ganz andere Faktoren als rein theoretische Interessen und Maßstäbe mitzusprechen pflegen: die Eigenart einer solchen schöpferischen Persönlichkeit, ihr geistiger Rang, ihre Fähigkeit, die Situation des Menschen im allgemeinen oder seine besondere Lage in der Gegenwart zu deuten, ihm Richtung zu weisen, Lebenshilfe zu geben, und im Zusammenhang damit auch das ihr eigene, enge oder umgekehrt vom Abstand bestimmte Verhältnis zur jeweiligen Zeit und deren beherrschenden und unterschwelligen Strömungen — Gesichtspunkte, die keineswegs mit der Frage nach der Qualität der erkenntnismäßigen Begründung und der wissenschaftlichen Tragweite der Problemlösungen zusammenfallen. Dennoch bzw. eben deshalb ist es nicht gerechtfertigt, daß über Schweitzers Forschen und Denken, wie es häufig geschieht, lediglich oder doch hauptsächlich im Zusammenhang des Biographischen berichtet und die Leistung vor allem als persönliche Wesensäußerung genommen wird, während man seine sachlichen An-

[1] Zum Beispiel bringt das seiner Leben-Jesu-Arbeit gewidmete Kapitel in den Albert-Schweitzer-Büchern von *E. Lind* (Schweitzer) und *R. Grabs* (Schweitzer [Gehorsam]) kaum einen Hinweis darauf, daß diese Jesus-Auffassung wissenschaftlich nicht allgemein anerkannt oder sogar sehr anfechtbar ist. (Eine kritischer gehaltene Arbeit des letztgenannten Autors wird noch mehrfach zu erwähnen sein.) *G. Seaver* gibt in seinem bekannten Schweitzerbuch zwar zu, daß sich »innere Unstimmigkeiten« und »Fehler« in Schweitzers Rekonstruktion des Lebens Jesu finden (S. 237), hält sie aber als Ganzes für unüberbietbar.

schauungen wohl als sehr eigentümlich und reizvoll rühmt, im übrigen aber auf sich beruhen läßt. Ein wesentlicher Teil von Schweitzers Arbeit im Bereiche des Erkennens, sei es nun bei der Geschichte des Urchristentums oder in der Ethik, besteht in Kritik, außerordentlich schwerwiegender und fruchtbarer Kritik sogar, und seine eigenen Stellungnahmen und Vorschläge sind so interessant und eigenartig, so tiefgreifend und folgenreich, doch nicht selten auch so verwegen und fragwürdig, daß sie nun ihrerseits eine gründliche Prüfung notwendig machen. Da Schweitzer nicht irgendein Schriftsteller ist, der sich in vielleicht recht anregender, aber unmaßgeblicher Weise mit allem möglichen beschäftigt, sondern in einer Reihe von Fächern als ein wirklicher und bedeutender Fachmann das Wort ergriffen, einschneidende Kritik an früheren Lösungen geübt und selber aufsehenerregende wissenschaftliche Thesen und Hypothesen aufgestellt und ausgeführt hat, müssen wir jetzt auch fragen, was hierbei herausgekommen ist und wie demgemäß die Ergebnisse seines Schaffens zu beurteilen und einzuschätzen sind.

Ein dafür interessierter Zeitgenosse, der nicht gerade in einer der genannten Sparten zu Hause ist, stößt in dieser Hinsicht auf die größten Schwierigkeiten. Wohl vermag er sich in einigen allgemeinen Schweitzerdarstellungen etwa über dessen Jesusbild in großen Zügen zu unterrichten, aber was man nun davon zu halten hat, wie die Theologie zu Schweitzers Positionen steht, wieviel Recht und Wahrheit seinen Ansichten zuzubilligen ist, davon erhält der Leser durchweg keine Vorstellung. Das hierin liegende Mißverhältnis wurde besonders empfindlich, seit Schweitzers ungemein gehaltvolle Selbstdarstellung »Aus meinem Leben und Denken« in eine volkstümliche Buchreihe[2] aufgenommen ist, so daß jedermann aufs bequemste Zugang zu seiner Gedankenwelt besitzt. Unser gedachter Leser muß die darin mit großer Bestimmtheit und Überzeugungskraft vorgetragenen Ausführungen mehr oder weniger gläubig hinnehmen; die Möglichkeit, ein kritisches Bild vom Stande der Dinge zu gewinnen, gibt es für ihn kaum. Und doch ist ja in der Tatsache der Berühmtheit dieses Mannes, in der Größe seiner Persönlichkeit, in der sittlichen Bedeutung seines humanitären Lebenswerks und in der Fähigkeit des Schriftstellers, seine Gedanken und Ansichten überdies in einer sehr anziehenden anschaulichen Weise darzulegen, nicht ohne weiteres eingeschlossen, daß seine Antworten und Lösungen auch richtig sind. Daß Schweitzers Auffassung des Lebens Jesu schon von Anfang an durch einige der bedeutendsten Vertreter der neutestamentlichen Wissenschaft entschieden abgelehnt wurde, daß die seitherige Entwicklung der Forschung dieser Ablehnung weitgehend recht gegeben hat, daß vieles zumindest ungesichert oder umstritten, das meiste aber nicht einmal mehr umstritten ist, sondern als zwar sehr interessant und originell, aber auch

[2] Fischer-Bücherei, inzwischen aber auch in der vollständigen Originalausgabe wieder erschienen.

als teils außerordentlich einseitig, teils sogar ganz unmöglich gilt, das alles bleibt dem geistigen Normalverbraucher weitgehend unbekannt[3]. Es müßte ihm aber gesagt werden, wenn man ihn nicht mit durchaus problematischen und vielfach völlig unzutreffenden Meinungen sich selbst überlassen will[4].

Sogar in der schönen Schweitzerdarstellung von *Werner Picht*[5] bleibt insofern einiges zu wünschen übrig. Dieses im höchsten Grade kultivierte Buch[6], das sich zu dem gesamten früheren Schrifttum über Schweitzer ungefähr so wie Gundolfs Goethewerk zu den meisten älteren Behandlungen des Dichters verhält, ist hinsichtlich der Höhe der Betrachtung, der Tiefe der Deutung, der Souveränität und Ausgewogenheit des Urteils, mit seiner eine Fülle glänzender Formulierungen ergebenden Prägnanz des Ausdrucks eine ungemein erfreuliche und bedeutende Erscheinung, die man nicht anerkennend genug hervorheben kann. Ihr Schwerpunkt liegt jedoch ebenso wie schon bei einer viel früheren aufschlußreichen Studie von *Oskar Kraus*[7], welche die Aufmerksamkeit erstmalig auf das Phänomen Albert Schweitzer lenkte und in erster Linie dem charakterologischen Problem seiner Persönlichkeit gewidmet war, nicht in der sachlichen Auseinandersetzung. Die Anschauungen Schweitzers interessieren da mehr als Ausstrahlung seines Wesens, als daß sie vor allem der Wahrheitsfrage ausgesetzt werden. Und die Eigenart der Schweitzerschen Leistungen, vor allem seines Jesusbildes, ließe sich in der Tat kaum besser darlegen, als namentlich *Picht* es tut. Worin indessen die eigentlichen Schwierigkeiten und die Einwände dagegen bestehen, wird dem Leser nicht erklärt. Zwar führt das Buch die Geschichte der Leben-Jesus-Forschung in einem Exkurs über Schweitzer hinaus und erreicht dadurch in etwa eine andeutende Vorstellung der bei ihm sich zeigenden Grenzen, ein bemerkenswertes Beispiel dafür, wie weit die gründliche Beschäftigung eines über einen hohen Grad von Verständnis,

---

[3] *Seaver* (Schweitzer, S. 229) berichtet zwar von der kühlen Aufnahme des Jesuswerks in Deutschland (im Gegensatz zu England), fügt aber hinzu: »Es zerstörte zu viele Lieblingsillusionen der älteren liberalen Schule«, so daß der nicht über nähere Kenntnisse verfügende Leser annehmen muß, es handle sich um die üblichen Widerstände der Ewiggestrigen, denen ein genialer Entdecker anfangs nur zu oft begegnet. In der Ablehnung etwa durch einen so namhaften soliden Forscher wie Adolf Jülicher sieht Seaver vor allem persönliche Verärgerung (S. 228), von dessen schwerwiegenden sachlichen Einwänden kein Wort. Von seiten Heinrich Julius Holtzmanns, Schweitzers alten Lehrers, bucht Seaver eine »ernsthafte Würdigung« als uneingeschränkt positiv (S. 229), ohne zu erwähnen, daß Holtzmann die Schweitzersche Jesustheorie unzweideutig abgelehnt hat. So muß ein ganz falsches Bild von der Sachlage entstehen.

[4] Noch in der Grabsschen Einleitung zur neuen Ausgabe der »Geschichte der Leben-Jesu-Forschung« innnerhalb der Ausgewählten Werke (1971) vermißt *W. Bremi* (Besprechung, S. 29) »eine etwas breitere Besprechung der Frage, inwieweit Schweitzers Jesus-Bild durch die seitherige Forschung bestätigt oder eingeschränkt wurde«.

[5] Albert Schweitzer. Wesen und Bedeutung. 1960.

[6] Man kann von »dem mit Abstand besten, das überhaupt über Schweitzer geschrieben worden ist« (*Kantzenbach:* Schweitzer, S. 12) sprechen.

[7] »Albert Schweitzer«, erstmals 1926. Über Untertitel und Erscheinungsweise s. das Schrifttumsverzeichnis hinten.

Urteilskraft und Gestaltungsvermögen verfügenden Nichttheologen mit einem theologischen Gegenstand zu führen vermag. Das kann aber die rein sachliche Erörterung im einzelnen nicht ersetzen, wenn das wissenschaftlich sehr Problematische der Schweitzerschen Hypothese wirklich deutlich werden soll. Diese müßte, will man über ihr Recht oder Unrecht urteilen, nicht nur nach rückwärts, seitwärts und vorwärts historisch abgehoben und in ihrem Wesen bestimmt, sondern an einigen konkreten Problemen kritisch erörtert und am damaligen und heutigen Stand der Forschung gemessen werden. Hierfür ist eine bei weitem stärkere Berücksichtigung der theologischen Arbeit erforderlich.

Wer sich ein Urteil über Schweitzers Anschauung von der Person und Wirksamkeit Jesu bilden möchte, müßte also schon zur Fachliteratur greifen, in der es an Auseinandersetzungen mit Schweitzer selbstverständlich nicht fehlt. Diese finden sich jedoch weit verstreut, vielfach in verhältnismäßig abgelegenen Abhandlungen und Rezensionen älterer Zeitschriftenjahrgänge, in Beiträgen zu Festschriften, Sammelwerken oder in größeren Monographien, die zudem in der Regel Teilgebieten oder Einzelproblemen gelten und an speziellen Gesichtspunkten ausgerichtet sind, manchmal auch nur in Anmerkungen zu anderen Themen gewidmeten Veröffentlichungen, so daß unserem Interessenten wenig damit geholfen wäre. Weder weiß er von dem Vorhandensein dieser Literatur im einzelnen noch würde er ohne umständliches Suchen an sie herankommen noch sie ohne weiteres mit Gewinn benutzen. Die Folge könnte vielmehr nur ein überaus verwirrender Eindruck sein. Eine Darstellung, die über Schweitzers Jesusauffassung nicht lediglich referiert, sie charakterisiert und historisch einordnet, vielleicht auch ein wenig über ihre Bedeutung räsoniert, sondern die sie in ihrer ganzen Problematik von allen Seiten beleuchtet und, ohne sich in Einzelfragen zu verlieren, die vielerlei auftretenden Einwände entwickelt und abwägt, gibt es nicht[8]. In dem Fehlen einer umfassenden Bearbeitung dieses Themas, die eingehend genug ist und doch auch wieder nicht jede Einzelheit verfolgt, erblickt der Verfasser den empfindlichsten Mangel und das dringlichste Desiderat des Schweitzerschrifttums. Eine solche Arbeit sollte also von allem Unwesentlichen und nicht unbedingt Erforderlichen absehen, von den wirklich wichtigen Aspekten aber keinen auslassen und in einigen entscheidenden Punkten auch ein wenig ins Detail gehen. Sonst müssen alle Ausführungen unverbindliches Gerede bleiben, oder sie haben, so-

---

[8] Einen ausgezeichneten Ansatz zu einer sowohl allgemeinverständlichen als auch kritischen Darstellung findet man in dem Buch *F. Flückigers*: Der Ursprung des christlichen Dogmas (1955). Aber wer wird unter diesem Titel die Behandlung der Schweitzerschen Leben-Jesu-Theorie vermuten, selbst wenn er noch zum Untertitel »Eine Auseinandersetzung mit Albert Schweitzer und Martin Werner« vorstößt! Auch ist das Interesse darin, obgleich Hauptsächliches gut zusammengefaßt wird, auf einen bestimmten Gesichtspunkt ausgerichtet und die Grundlage, von der aus die Beurteilung erfolgt, verhältnismäßig schmal.

fern es sich um Würdigungen von hoher Warte handelt, doch nur demjenigen etwas zu sagen, der ohnedies schon einigermaßen Bescheid weiß.

Nicht weniger erforderlich als eine solche kritische Würdigung der historischen Jesus-(und Paulus-)Forschung Schweitzers, die auch seine bisher noch nicht zu Ende diskutierte medizinische Doktordissertation über die psychiatrische Beurteilung Jesu einzuschließen hat, dürfte eine Bestimmung seines systematisch-theologischen und religionsphilosophischen Standorts und dessen Prüfung und Beurteilung sein. Sie erscheint sogar besonders wichtig, gelangen wir doch erst mit ihr zu einem Teil der Fragen, die den Menschen der Gegenwart vor allem bewegen, wenn er sich mit Schweitzer als Theologen beschäftigt, der Frage nach der aktuellen Bedeutung Jesu für jede Zeit, also auch für die unsrige, und der Frage nach Gott, sei es nun, daß der Christ sich für Schweitzers Verhältnis zum Christentum interessiert oder der Nichtchrist sich vielleicht nach einem Ersatz dafür bei ihm umsieht. Im Hinblick auf eine Auseinandersetzung mit dem theologischen Denker (zum Unterschied vom historischen Forscher) Albert Schweitzer ist der Mangel einer Erörterung, die genügend ins einzelne geht und dabei doch zu einem umfassenden Überblick und einem Gesamturteil gelangt, nicht weniger empfindlich als bei der historischen Fragestellung. Wohl sind auch in systematischer Beziehung wesentliche kritische Ansätze und Einsichten im theologischen Schrifttum hier und da durchaus vorhanden, nur erweist es sich als unumgänglich, Schweitzers Position mehr in ihrem Zusammenhang zu sehen, sie genauer zu analysieren und eingehender, als das bisher geschehen ist, kritisch zu durchdenken. Soweit einschlägige Stellungnahmen, in der Regel lediglich auf einzelne Punkte gerichtet, vorliegen, stehen die einen Schweitzer zu nahe, so daß der kritische Bohrer nicht tief genug vorgetrieben und die Beurteilung manchmal mit zweifelhaften Verbesserungsvorschlägen verbunden wird. Andere, die Schweitzer aus größerer Distanz gegenübertreten und seine Einstellung als wesentlich rationalistisch und im Grunde liberal überholt finden, sind in ihren Beobachtungen und Urteilen durchweg ertragreicher, werden ihm indessen nicht in vollem Maße gerecht. Bei allen Vorbehalten gegenüber seinen Anschauungen und Lösungen muß doch berücksichtigt werden, daß er Probleme und Schwierigkeiten gesehen hat, die seine theologischen Kritiker im allgemeinen unterschätzen. Die Urteile über ihn in systematisch-theologischer Hinsicht leiden durchweg daran, daß er entweder von einem dogmatisch allzu dünnen und genügsamen Standpunkt anerkannt oder von einem substantiell anspruchsvolleren aus bemängelt wird. Die hier vorgenommene Betrachtung ist bestrebt, die Erkenntnis der Mängel noch zu vertiefen, zugleich aber auch zu verstehen, daß und warum Schweitzer dogmatisch weitergehenden Erwartungen nicht entsprechen konnte. Nur so läßt sich endlich die meistens sehr unzureichend behandelte Frage seines Verhältnisses zum Christentum überhaupt einigermaßen befriedigend klären.

Zwar ist Schweitzer als Theologe heute nur noch in sehr beschränktem Maße aktuell, gehört aber, wenigstens in der neutestamentlichen Forschung immer noch zu den aus der jüngsten Vergangenheit am meisten angeführten Autoren. Umgekehrt verhält es sich mit der Rolle, die seine Stellungnahme zu den Problemen der Kultur und der philosophischen Ethik gespielt hat. Der Gedanke der Ehrfurcht vor dem Leben ist in viel weitere Kreise gedrungen als seine in der Fachwelt so lebhaft verhandelte Jesus- oder gar seine Paulusauffassung. Wenn Albert Schweitzer wie wenige Zeitgenossen berühmt geworden ist, wenn sogar Schulen seinen Namen tragen, so hatte man ja vor allem den Denker im Sinne, der die bedrohte Kultur durch eine neue Ethik retten wollte und diese vorgelebt hat. Von der Wissenschaft dagegen sind seine Bemühungen in dieser Hinsicht nur wenig beachtet worden, und dies nicht ohne Grund. Die unterschiedliche Aufnahme seiner philosophischen Bestrebungen liegt daran, daß der Respekt des großen Publikums einer sehr reduzierten exoterischen, rein praktisch gerichteten Lehre gilt, während die theoretische Grundlage und der eigentliche Kern dieser Ethik so starke Angriffsflächen bieten, daß sie kaum Einfluß auf die theoretische Erörterung der Probleme gewinnen konnte. Obgleich von einigen wenigen Philosophen, die sich dazu geäußert haben, ernste Bedenken angemeldet worden sind und vor allem *Picht*, der hier bei weitem kritischer ist als in seinem Urteil über Schweitzers Jesusforschung, sachlich schwerwiegende Einwände in stilistisch glänzender Form vorgetragen hat, zeigt sich die öffentliche Meinung bisher wenig darüber unterrichtet und noch weniger davon beeindruckt. Es ist deshalb im Rahmen der hier beabsichtigten kritischen Würdigung auch des Philosophen unerläßlich, auf die großen Schwächen seiner Ethik noch einmal einzugehen, daneben aber auch die überaus wertvollen Anregungen, die diesem geborenen Ethiker zu verdanken sind, herauszustellen.

Mit seiner Kritik an der bisherigen abendländischen Ethik und der Darlegung seiner eigenen sittlichen Lebensanschauung in dem Buch »Kultur und Ethik«, wie immer man sich dazu stellen mag, ist Schweitzers philosophische Bedeutung nicht erschöpft. Das wird sich bei einer Betrachtung seiner wissenschaftlichen Erstlingsarbeit über Kant sowie seiner Auseinandersetzung mit der Weltanschauung der indischen Denker zeigen. Die Gegenüberstellung seiner Gedankenwelt mit einer philosophischen Richtung der Gegenwart, dem »Wertidealismus«, der in mancher Hinsicht ein Gegenstück zu Schweitzers Position bildet, soll schließlich die kritische Würdigung seiner Philosophie abrunden. Ihre Schwäche und Stärke werden bei einer solchen Konfrontation besonders deutlich.

Das vorliegende Buch, das sich zum ersten Male um eine eingehende Auseinandersetzung mit Schweitzers theologischer und philosophischer Wirksamkeit insgesamt bemüht, soll und will nicht die private Kritik eines einzelnen sein, der subjektive Eindrücke und Geschmacksurteile beschreibt. Vielmehr sucht es Schweitzers Forschen und Denken überall in die wissenschaftliche Lage und die geistige Situation seiner und unserer Zeit hineinzustellen und an die Arbeit der zuständigen Disziplinen anzuknüpfen, wobei freilich die Kritik, wie sie sich vielfach von Anfang an aufgedrängt hat, nicht nur eine gründliche Auswertung verlangte, sondern die Linien bisweilen schärfer ausgezogen und die Akzente hier und da etwas anders gesetzt werden. Eine solche auf Argumente, nicht Impressionen gestützte Auseinandersetzung ist nicht nur sachlich lohnend, sie dürfte im Grunde auch reizvoller sein als ein Verfahren, das auf eine leicht ein wenig monoton anmutende Laudatio hinausläuft, wie sie im allgemeinen Schweitzerschrifttum vorzuherrschen pflegt. Auch die positiven Leistungen und wirklichen Verdienste Schweitzers werden bei der vorgenommenen starken Belichtung um so klarer hervortreten. Überhaupt kann man von der Voraussetzung ausgehen, daß eine kritische Betrachtung seine sachliche Bedeutung wohl in mancher Hinsicht einzuschränken geeignet ist, sein Ansehen im ganzen aber nicht herabzusetzen braucht und jedenfalls auf dem Boden einer wissenschaftlichen Einstellung die einzig mögliche Art eines Interesses bildet, auf das er entsprechend seinem Rang als Forscher und Denker einen Anspruch hat. Amicus Plato, magis amica veritas![9] Andererseits sollte sich freilich über Albert Schweitzer nur äußern, wer auch etwas von der Strahlungskraft dieses einzigartigen Mannes gespürt hat. Daß der Schreiber dieser Zeilen sich ihr weder hat entziehen können noch wollen, wird man nicht verkennen. Wenn er vielleicht manchem als Schweitzers schärfster Kritiker erscheinen wird, so hält er sich doch zugleich für einen seiner überzeugtesten Bewunderer und Verehrer.

Der theologische und philosophische Hauptteil — für eine Behandlung des Musikwissenschaftlers, insbesondere des Bachwerkes fehlte dem Verfasser die Kompetenz wie auch der Raum — wird eingerahmt durch zwei Teile, die auf die Eigenart und allgemeine Bedeutung der Persönlichkeit Schweitzers sowie auf die Kunst seiner Selbstdarstellung näher eingehen. Ein Tadel wegen Überschreitung des Themas wird deswegen nicht zu befürchten sein. Sie erfolgt mit voller Absicht, und zwar nicht nur, um mancherlei persönliche Einzelheiten, die nicht jedem Leser gegenwärtig sein können, jedoch zum besseren Verständnis der sachlichen Darlegungen dienen, kurz zur Sprache zu bringen, sondern auch, weil bei Albert Schweitzer mehr noch als sonst und überhaupt hinter dem Theologen

[9] Der Verfasser kann sich mit dieser Einstellung auf einen Schweitzer nahestehenden Theologen, *Fritz Buri* (Wahrheit, S. 26), berufen: »Alle Verehrung, die wir der Person Schweitzers und der Einzigartigkeit seines Lebenswerkes entgegenbringen, darf uns nicht blind machen für die Tatsache, daß nicht nur Einzelheiten in Schweitzers« theologischen und philosophischen »Aufstellungen, sondern auch verschiedene seiner Problemeinsichten und -lösungen im ganzen durchaus anfechtbar sind und von jeher und auch heute mit guten Gründen angefochten werden«. Das ist so allgemein sonst kaum je ausgesprochen worden. Freilich vermag der wißbegierige Leser dieser kleinen Schrift nicht einmal zu ahnen, worin denn nun die Unrichtigkeiten der Schweitzerschen Thesen zu erblicken sind. Eben dies zu zeigen, wenn auch nicht nur dies, ist im folgenden beabsichtigt.

und dem Philosophen der Mensch steht, so daß ohne dessen Berücksichtigung die wissenschaftliche Erörterung unvollständig wäre und die abschließende Gesamtwürdigung einen schiefen Eindruck erzeugen würde. In den Hauptkapiteln überwiegt bei aller Betonung auch der großen Verdienste und bleibenden Leistungen zwangsläufig das kritische Interesse so sehr, daß schon aus Gründen der Komposition zu Anfang und am Ende das Menschentum dieses Mannes und seine allgemeine Wirkung und Bedeutsamkeit mit zur Geltung kommen muß. Nur so läßt sich einigermaßen ein Gleichgewicht herstellen, das die vorliegende Arbeit vor dem Urteil bewahren mag, vielleicht im einzelnen richtig, doch im ganzen ein Unrecht zu sein.

Man kann in unserem Jahrhundert wohl keinen zweiten großen schöpferischen Menschen nennen, bei dem wie bei Schweitzer außerordentlich originelle, tiefe Einsichten, weittragende Erkenntnisse einerseits, sehr anfechtbare, nicht haltbare und sogar ganz abwegige Ansichten, Thesen, Hypothesen und Forderungen andererseits so dicht nebeneinander stehen und so eng miteinander verbunden sind. Die angesichts dieser eigentümlich zwiespältigen Sachlage entstehende Aufgabe, das Neben- und Ineinander genauer in Augenschein zu nehmen und positiv und negativ zu Bewertendes zu sondern, ist ungemein fesselnd und von einer starken Spannung erfüllt. Etwas von dieser Spannung, die den Verfasser in langjähriger Arbeit nie verlassen hat, hofft er, auf interessierte Leser übertragen zu können. Er hat sich überall um eine übersichtliche, verständliche Erörterung der verschiedenen Problemkreise, insbesondere um die klare Herausarbeitung der jeweiligen Argumentation bemüht, ohne dabei Abstriche an der Sache vorzunehmen, die von der Zielsetzung her ausgeschlossen sind.

Ein Wort der Rechtfertigung möchte noch die sehr ungleiche Anlage der Teile, Kapitel und einzelnen Abschnitte verlangen, was ihren Umfang und das Ausmaß der herangezogenen Literatur betrifft. Vor allem die verhältnismäßig ausführliche Behandlung von Schweitzers Leben-Jesu-Theorie fällt ganz aus den Proportionen des Übrigen heraus. Die Berufung auf die überragende Bedeutung des Gegenstandes, sowohl allgemein gesehen als auch im Hinblick auf die besonders große Auswirkung dieses Bereichs der Schweitzerschen Forschungsarbeit dürfte jedoch ohne weiteres einleuchtend sein. Noch mehr aber ist diese relative Ausführlichkeit und die vergleichsweise ausgiebige (trotzdem sehr beschränkte) Heranziehung des Schrifttums in der verwickelten und schwierigen Problemlage begründet, die sich ohne ein gewisses Ausholen nicht wirklich verständlich machen läßt. Daß auch das von manchem gewiß lieber umgangene Problem der psychiatrischen Beurteilung Jesu besonders eingehend untersucht wird, erklärt sich daraus, daß mit der einschlägigen kleinen Schrift Schweitzers die Diskussion keineswegs erledigt, ja, daß dieses Problem überhaupt noch nie kritisch genug — kritisch nach beiden Seiten: den Theologen und den Psychiatern gegenüber — behandelt worden ist. Wenn schließlich in den der Kulturphilosophie und der Ethik gewidmeten Ausführungen Sekundärliteratur in ungleich geringerem Maße als in den theologischen Kapiteln genannt wird, so liegt das namentlich daran, daß der Philosoph Schweitzer literarisch eben einen nicht annähernd so großen Einfluß wie der Theologe ausgeübt hat und überhaupt die Bedeutung des Theologen nicht erreicht. Diese Feststellung gilt freilich nur vergleichsweise und schließt nicht aus, daß Schweitzer auch philosophisch eine bemerkenswerte Erscheinung ist. Wenn schließlich, um auch dies noch zu sagen, neben sehr umfangreichen Abschnitten ganz kurze stehen, so hat dies seinen Grund darin, daß die sachlogische Gliederung dem Verfasser wichtiger erschien als die Zerlegung des Stoffes in quantitativ gleichmäßige Portionen.

Der Versuch, die einander teils widerstrebenden, teils aber auch sich gegenseitig bedingenden Gesichtspunkte der Gründlichkeit und Verständlichkeit zu verbinden mit einer gewissen Großzügigkeit der Betrachtung,wie sie ein nicht nur für einen engeren Kreis von Fachwissenschaftlern bestimmtes Buch erfordert, stellt ein Wagnis dar, das dem Verfasser nur zu sehr bewußt war, nicht weniger als das andere, Kritik und Bewunderung zugleich gegenüber diesem Manne, dessen hundertsten Geburtstags am 14. Januar 1975 zu gedenken ist, angemessen zur Geltung kommen zu lassen. Das Ziel der Arbeit wird jedenfalls nur dann ganz erreicht werden, wenn es gelingt, neben der im Vordergrund stehenden Erörterung der für eine kritische Würdigung Albert Schweitzers wichtigen sachlichen Probleme dem Leser auch etwas von der menschlichen Bereicherung anzudeuten, die den mit dieser außerordentlichen geistigen Gestalt Umgehenden belohnt.

Ein persönliches Wort des Dankes sei hier noch angefügt. Die Herren Adolf Crämer, Verlagslektor i. R., und Dr. theol. Hans Werner Seidel, Direktor der Landeskirchlichen Bibliothek Hamburg, haben mir einen großen Dienst erwiesen, indem sie das Manuskript in statu nascendi teilweise lasen, mir ihre Eindrücke mitteilten und Mut machten fortzufahren. Auch in mancherlei formalen Fragen ließen sie mir ihren Rat zuteil werden, wann immer ich ihn brauchte.

Meine Frau hat überaus sorgfältig die Korrekturen mitgelesen und meine älteste Tochter nicht nur Teile der Arbeit geschrieben, sondern dabei mitgedacht und geraten. Auch meine anderen Kinder haben mir in verschiedener Weise geholfen.

Schließlich möchte ich der Hamburgischen Wissenschaftlichen Stiftung für ihre finanzielle Unterstützung der Veröffentlichung meinen ergebenen Dank aussprechen. Wer eine Ahnung hat, welche Schwierigkeiten und Sorgen heute auf den Verfasser eines umfangreichen Buches nach Beendigung seiner eigentlichen Arbeit zukommen, wird ermessen können, wie aufrichtig dieser Dank gemeint ist.

H. G.

B. Einleitender Teil: Der Mensch

I. Das Phänomen der Vielseitigkeit

Auch wer es nicht liebt, Albert Schweitzer in der Art gewisser Journalisten zum größten Mann der Welt oder des 20. Jahrhunderts ernannt zu sehen[1], wird zugestehen müssen, daß man von ihm als Gesamterscheinung und vor allem in menschlicher Hinsicht, obgleich er selbst das immer abgewehrt hat, nur im Superlativ sprechen kann und nicht selten einen Mangel an Ausdrucksmöglichkeiten empfindet, um das Besondere und Einmalige an ihm jeweils so zu beschreiben, daß das Gesagte durch die unvermeidliche Häufung der Prädikate nicht unglaubwürdig und überdies ermüdend wirkt. Bereits der erste namhafte Autor, der sich mit Schweitzers Persönlichkeit eingehender beschäftigt hat, *Oskar Kraus*, glaubte, »nicht zuviel zu sagen«, wenn er behauptete, »daß die heutige Kulturwelt niemanden aufzuweisen hat, der in der ursprünglichen Vielseitigkeit und Kraft seiner intellektuellen, künstlerischen und ganz besonders ethischen Energien« an ihn heranreicht[2]. Im Bewußtsein Europas und Amerikas lebt er seit langem als der »Urwalddoktor«. Man kennt ihn als den Anwalt der »Ehrfurcht vor dem Leben« und hat von seiner eindringlichen Forderung des Verzichts auf atomare Versuchsexplosionen und Kernwaffenrüstung gelesen. Mancher weiß wohl auch, daß Schweitzer von Haus aus Theologe war, als solcher ein grundlegendes Werk über die Geschichte der Leben-Jesu-Forschung geschrieben hat und daß er überdies ein großer Orgelkünstler gewesen ist. Wer eine Biographie zur Hand nimmt, erfährt, daß es sich um noch weit mehr bei ihm handelt. *G. Seaver* beginnt seine Darstellung mit den folgenden Worten: »Albert Schweitzer ist vielleicht der mit genialen Gaben am reichsten ausgestattete Mensch unserer Zeit und zugleich ihr bedeutendster prophetischer Denker.«[3] Nach der Erwähnung seiner »klassischen Leistungen« auf den Gebieten der Philosophie, Theologie und Musik heißt es weiter: »Und ganz eigenartig ist, daß seine praktischen Leistungen und seine Handfertigkeit in ihrer Art ebenso vollendet sind wie seine gelehrten Arbeiten.«[4] »Er ist Chirurg, selbstgelernter Architekt und Baumeister,

---

[1] In: »Life« und »Match« (erwähnt bei *Kantzenbach:* Schweitzer, S. 7. 97).
[2] *Kraus:* Schweitzer, S. 5.
[3] *Seaver:* Schweitzer, S. 9.
[4] Vgl. zu dieser Feststellung Seavers auch das folgende treffende Urteil: »Er hat etwas an sich von Superiorität, die ihn, wohin er kommt, sofort zum Meister macht« (*Stegenga:* Ehrfurcht, S. 225).

Landwirt, Organist und Orgelbaufachmann; er bewies seine Verwaltungsfähigkeiten bei der Gründung, Organisierung und beim Unterhalt eines Tropenhospitals. Als selbständiger Denker sah er den Zusammenbruch der abendländischen Kultur bereits voraus in einer Zeit, in der die Soziologen zuversichtlich ihre fortschreitende Aufwärtsentwicklung verkündeten, und schon damals bot er als Ergebnis seiner Denkarbeit ein Mittel zu ihrer wirksamen Erneuerung.«

Auf einen besonders auffallenden Zug an dieser Mannigfaltigkeit machte *R. Grabs* aufmerksam: »Die Vielfalt wird noch reichhaltiger durch die Tatsache, daß Schweitzer auch innerhalb der vier hauptsächlichen Leistungsgebiete jeweils mit umfassendem Können hervortritt. Der Religionsforscher ist zugleich Prediger; der Tropenarzt praktischer Organisator, ausübender Mediziner und im Rahmen des Möglichen tropenmedizinischer Forscher; der Musiker ist musikästhetischer Schriftsteller, Orgelkünstler und Sachverständiger für Orgelbau.«[5] Wenn es freilich einerseits zu hoch gegriffen sein dürfte, Albert Schweitzer auf medizinischem Gebiet als Forscher zu bezeichnen, so bringt andererseits die Erwähnung des »Sachverständigen« für Orgelbau seine Bedeutung in dieser Beziehung nicht in vollem Maße zum Ausdruck, ist doch der Name Schweitzer auf Grund seiner Schrift »Deutsche und französische Orgelbaukunst und Orgelkunst«[6] und der von ihr ausgehenden Wirkung einer der wichtigsten in der deutschen Orgelbaurenaissance geworden, so daß er geradezu »der Führer der ersten der beiden Wellen der Orgelbewegung«[7] genannt werden kann. Die vierte Erscheinungsform seiner Persönlichkeit schließlich, deren Erwähnung man, zumal nach der vorausgehenden Ankündigung, bei Grabs in diesem Zusammenhang vermißt, ist die des Denkers, des Philosophen, und der Gedankengang des genannten Autors, der doch offenbar auf das Nebeneinander von theoretischen und praktischen Leistungen auf jedem seiner Hauptgebiete abzielt, wäre durch den Hinweis zu Ende zu führen, daß Schweitzer sich auch als Kulturphilosoph nicht damit begnügt hat, der Krankheit unserer Kultur eine Diagnose zu stellen, sondern sich im Unterschied von anderen Kulturkritikern ganz besonders das Problem ihrer Therapie angelegen sein ließ[8], indem er neben der theoretischen Bemühung um die Grundfragen der Welt- und Lebensanschauung und namentlich der Ethik vor allem auf eine Änderung der Gesinnung drang und selbst ein unerhörtes Streben nach praktischer Erprobung und Verwirklichung der

[5] *Grabs:* Schweitzer (Gehorsam), S. 142.
[6] 1906. 2. Aufl. 1927.
[7] *Moser:* Musiklexikon, S. 1068.
[8] Dies klingt in einem anderen Buch desselben Verfassers mit der Feststellung an, der Denker sei Therapeut (*Grabs:* Schweitzer [Denker], S. 22), ohne daß freilich als Patient die Kultur genannt würde.

Ethik der »Ehrfurcht vor dem Leben« zeigte, zu der sein Denken als absolut gültiger Wahrheit gelangt[9, 10].

Die geniale Vielseitigkeit seiner Begabung und Leistung auf wissenschaftlichem und künstlerischem Gebiet kann vielleicht nicht schlagender zum Ausdruck gebracht werden als durch die Feststellung, daß Schweitzer nicht nur das wohl bekannteste neuere wissenschaftliche Werk über Jesus und die ihm gewidmete Forschung, sondern außerdem eines der bedeutendsten Werke sowohl über den Apostel Paulus als auch über J. S. Bach[11] verfaßt hat, nachdem er seine Forschungen bereits mit einem ebenfalls sehr beachtlichen Buche über Kant begonnen hatte — in einer Zeit, die mit ihrer weitgehenden Arbeitsteilung keinen Nährboden für Polyhistoren alten Schlags bietet, ein erstaunlicher Sachverhalt. Dazu kommt, daß er Bach nicht nur eine neue, mindestens teilweise außerordentlich aufschlußreiche Deutung zuteil werden ließ, sondern in einer von ihm zusammen mit Widor besorgten großen Ausgabe der Bachschen Orgelwerke auch, in dem Notentext vorangestellten, kurzen Ausführungen, Anweisungen für das stilgerechte Spielen gegeben hat[12] und daß er ihn überdies als ein Orgelspieler von internationalem Ruf selbst in einer sehr eigenständigen Auffassung meisterhaft zu Gehör brachte. Und neben dem allem nun eben noch jene bewundernswerte Begabung in praktischer, auch manueller Hinsicht! So, wie der Orgelkünstler sich zugleich in die Geheimnisse des Orgelbaues vertiefte und sich in einem zähen Kleinkampf für die Erhaltung zahlreicher alter und für die Verbesserung erneuerungsbedürftiger Orgeln einsetzte, unter Umständen auch, bei der Vorbereitung eines Konzertes, in eine Orgel, deren Klang ihn nicht befriedigte, hineinstieg und sie erst einmal in stundenlanger

---

9 Daß *Grabs* im obigen Zusammenhang den Philosophen Schweitzer vergißt, ist um so weniger verständlich, als er innerhalb des Schweitzerschen Lebenswerks die Leistung des philosophischen Sehers und Deuters am höchsten stellt (*Grabs:* Schweitzer [Gehorsam], S. 143. — Ders.: Schweitzer [Denker], S. 23).

10 Nicht recht klar wird es, woran *R. Payne* im Titel seines Buches »Albert Schweitzer und seine drei Welten« (Titel der amerikanischen Originalausgabe: Three Worlds of Albert Schweitzer. Deutsch von Margaret Carroux. 1964) gedacht hat. Er schreibt, daß Schweitzer niemals die »drei Karrieren« aufgab, die er vor seiner Abreise nach Afrika eingeschlagen hatte (S. 25). Das sind (nach S. 16) seine Professur an der Universität, seine literarische Tätigkeit und sein Orgelspiel. Zusammen mit seinem späteren ärztlichen Wirken würden sich damit vier Welten ergeben, wobei aber die Philosophie wiederum unter den Tisch gefallen wäre, die doch an anderer Stelle mit berücksichtigt wird: Theologe, Musiker, Philosoph (S. 24). Überraschend, befremdend und überwiegend sogar unzutreffend erscheint es, wenn als »dreierlei Anliegen«, für die Schweitzer die Aufmerksamkeit der Menschheit erheischte, »seine Kenntnis Afrikas, sein Orgelspiel und seine Bücher über Christus« genannt werden (S. 180 f.). Seine »Kenntnis Afrikas«, von der mit Bezug auf seine Vortragsreisen die Rede ist, reduziert sich in Wahrheit auf seine Kenntnis des Gabun. Anstatt von Büchern über Christus wäre von seinen Hauptwerken über *Jesus* und Paulus zu sprechen. Das größte Anliegen Schweitzers aber, das Problem des Sittlichen in philosophischer und in praktisch-humanitärer Hinsicht ist auch hier wieder ganz übergangen.

11 *A. Hübscher* (Denker, S. 133) nennt das Bachbuch neben Peter Raabes »Liszt« die beste deutsche Musikbiographie.

12 LD S. 111 ff.

Arbeit vom Staub der Zeiten säuberte[13], so baute der Tropenarzt sein Spital selbst auf. Er entwarf die Pläne, er entdeckte die Zweckmäßigkeit der Ost-West-Richtung für die Längsseite der Häuser mit Rücksicht auf den Lauf der Sonne am Äquator und führte sie bei allen seinen Bauten durch, er erfand sogar eine seitdem auch anderwärts in Afrika nachgeahmte »neue Methode doppelter Bedachung mit einem Luftzwischenraum zwischen dem Holz- und dem Eisendach, wodurch Abkühlung und Ventilation bewirkt wird«[14]. Er selbst rammte dann auch die Pfähle mit ein, ja, er war wie Arzt, Zahnarzt, Tierarzt[15] und Apotheker, so auch Baumeister, Zimmermann und Maurer in einer Person und strich schließlich auch noch das neue Haus an. Er war gelegentlich auch Bootsbauer, Zeichner und Mechaniker[16]. Er sprang überall ein, wo Not am Mann war: er besserte den Bootsmotor aus[17] oder die von den Naturkindern immer wieder mißhandelte Pumpe des Brunnens, den er zusammen mit einer Mitarbeiterin gegraben und kunstgerecht ausgemauert hatte[18]. Er war Holzfäller, Wege- und Brückenbauer, Pflanzer und Gärtner[19]. Er selbst verwaltete auch das in der Wildnis so wertvolle Werkzeug, auf das man nicht genug achtgeben kann und das er deshalb jeden Morgen ausgab und abends wieder einsammelte. Er überwachte die Arbeit der Eingeborenen, und last not least: er organisierte das ganze zunächst von ihm erdachte kühne Unternehmen. Wird noch in Betracht gezogen, daß dieser unvergleichliche Kulturpionier neben seiner täglichen Hauptarbeit sich in früheren Jahren sonntags regelmäßig als Prediger betätigte und manches Mal auch das Amt des Richters übernehmen mußte[20], notfalls sogar das des Totengräbers, weil den Eingeborenen ihre religiösen Vorstellungen diese Verrichtung bei Angehörigen fremder Stämme verbieten[21], und daß dieser Doktor der Philosophie (1899), der Theologie (1901) und der Medizin (1913) und Inhaber einer Reihe von Ehrendoktoraten besonders stolz auf das Diplom einer landwirtschaftlichen Ausstellung für Verdienste in der Ziegenzucht war[22], so wird man zugeben müssen, daß kein Roman seinem Helden eine derartige Vielseitigkeit andichten dürfte, ein solches Bild würde als allzu unwahrscheinlich abgelehnt, der Bericht über alle diese Leistungen als völlig unglaubhaft beiseite gelegt werden.

Das schlechthin Einmalige des Falles Schweitzer liegt nun aber darin, daß mit dieser Häufung des wissenschaftlichen, künstlerischen und prak-

---

[13] *Augustiny:* Schweitzer, S. 72 f.
[14] *Seaver:* Schweitzer, S. 121.
[15] *Gunther:* Afrika, S. 693.
[16] ebd.
[17] *Woytt-Secretan:* Schweitzer, S. 114.
[18] *Joy* u. *Arnold:* Schweitzer, S. 93. 72.
[19] *Italiaander:* Im Lande, S. 50.
[20] Ein Beispiel für die außerordentlich originelle, pädagogisch-geniale Art, mit der Schweitzer diese Aufgabe wahrnahm, eine wirklich klassische richterliche Entscheidung, findet sich in seinen »Afrikanischen Geschichten« 1938, S. 73 f.
[21] BL S. 42.
[22] *Woytt-Secretan:* Schweitzer, S. 161.

tischen Könnens und Wirkens Hand in Hand geht eine vollkommen beispiellose menschlich-sittliche Haltung, die in dem höchst sonderbaren Vorsatz des Einundzwanzigjährigen gipfelt, nach der Arbeit in Wissenschaft und Kunst mit 30 Jahren eine humanitäre Wirksamkeit zu beginnen, und die sich dann, als der damit gesetzte Zeitpunkt gekommen war, zu dem ganz und gar abenteuerlich erscheinenden Entschluß verdichtete, von dem Beruf eines theologischen Hochschullehrers in Straßburg zu dem eines praktischen Arztes und Chirurgen im tropischen Afrika überzugehen, und das hieß zunächst einmal: Medizin zu studieren. Dabei läßt sich schwer sagen, ob der Entschluß selbst, seinen Motiven nach, oder seine Verwirklichung mehr Bewunderung verdient. Die unerhört feinsinnige innere Entwicklung des jungen Menschen, die ihn zu einer genialen sittlichen Erkenntnis und dem ihr entsprechenden grandiosen Entschluß führt, wird uns noch beschäftigen. Was aber die tatsächliche Realisierung jenes Entschlusses betrifft, so muß man sich die Reihe der Prüfungsfächer beim Physikum und medizinischen Staatsexamen vergegenwärtigen und zugleich den Katalog der Hindernisse und Widrigkeiten einer ärztlichen Urwaldpraxis[23] — das Klima, die vielerlei schädlichen Tiere und vor allem die Hemmungen, die sich aus der Natur der schwarzen Patienten ergeben, deren Unkenntnis der Gründe für hygienische Vorschriften, ihre Apathie und Indolenz, ihren Aber- und Zauberglauben und die von Schweitzer beklagte Unzuverlässigkeit auch der eingeborenen Mitarbeiter, infolge derer er, wie er berichtet, zum »wandernden Schlüsselbund« zu werden gezwungen ist[24] — man muß sich dies alles vor Augen halten, um zu ermessen, was es bedeutet hat, jenen Entschluß in die Tat umzusetzen.

Und obgleich Schweitzer bemerkt, daß das Gedächtnis eines Mannes von über 30 Jahren nicht mehr das eines zwanzigjährigen Studenten ist[25], verlegt er sich mit Beginn des neuen Studiums keineswegs nur auf die notwendige Aneignung des Stoffes. Es ist ein Schauspiel ohnegleichen, mit welcher Vitalität und Energie der Dozent und Prediger nicht nur überhaupt umsattelt, sondern nun auch noch großenteils die alte und die neue Tätigkeit nebeneinander bewältigt, d. h. neben dem Hören der naturwissenschaftlichen Vorlesungen weiterhin theologische Vorlesungen hält, die ihm in dieser Zeit sogar besonders viel Arbeit machen, weil er in ihnen die Probleme der paulinischen Lehre zu behandeln anfing[26], wie er im ersten Semester auch noch die Leitung des theologischen Studienstiftes in Straßburg, die er seit einigen Jahren innehatte, beibehält und fast allsonntäglich predigt, ferner an Konzerten in Paris und Barcelona als Organist mitwirkt — jahrelang mußte er deshalb mehrmals im Winter nach Paris reisen (auf die Einnahmen aus den Konzerten war er nach

---

[23] *Seaver,* S. 83 ff.
[24] WU S. 62.
[25] LD S. 90.
[26] S. 83.

dem Wegfall des dem Stiftsdirektor zustehenden Gehaltes angewiesen[27]) — und wie er außerdem noch große wissenschaftliche Werke auf mehreren Gebieten teils verfaßt, teils vollendet oder umarbeitet. Man muß sich das im einzelnen vorstellen, diese unerhörte Intensität des Einsatzes bei dem unglaublichen Vielerlei nebeneinander in jenen Jahren, wie etwa die Beschäftigung mit der Geschichte der Leben-Jesu-Forschung, bei der er im Laufe kaum eines Jahres ein riesiges Material durchzuarbeiten hat, teils neben der Vollendung des 1905 erschienenen Bachbuches in französischer Sprache[28] einhergeht, teils in das erste Semester des im Herbst desselben Jahres aufgenommenen Medizinstudiums hineinfällt, d. h. wie eine Vorlesung des Sommersemesters über die Geschichte der Leben-Jesu-Forschung im Laufe der folgenden Monate zum Buche gestaltet wird[29], dessen letzte Kapitel mithin während der ersten naturwissenschaftlichen Studienmonate entstehen[30]. Das Vorwort des schon im nächsten Jahre erschienenen Werkes ist bereits vom Februar datiert[31]. Als er dann nach dessen Abschluß und dem Rücktritt von der Leitung des Studienstiftes im Sommer 1906 dem naturwissenschaftlichen Studium die nötige Zeit widmen kann[32], macht er sich daneben alsbald an das deutsche Buch über Bach, das er, weil er sich, wie er merkt, nicht selbst übersetzen kann, ganz neu schreiben muß[33] und auf fast den doppelten Umfang bringt, so daß es sein umfangreichstes Werk geworden ist. Es erschien 1908, dem Jahre, in dem er ins Physikum steigt! Der Erfolg dieses Buches befreite ihn von den Geldsorgen, mit denen er zu Beginn des medizinischen Studiums zu kämpfen gehabt hatte[34]. Während der zweiten Hälfte des neuen Studiums, in den klinischen Semestern, befaßt er sich sodann eingehend mit der literarisch bis dahin noch nicht behandelten Geschichte der paulinischen Forschung. Das Ergebnis dieser Arbeit kommt als Seitenstück zur Geschichte der Jesusforschung 1911, im Jahre seines medizinischen Staatsexamens als Buch heraus! In demselben und dem folgenden Jahre arbeitet er nebenher mit Widor zusammen an der schon erwähnten Ausgabe der Bachschen Orgelwerke, deretwegen er wiederum manchesmal nach Paris fahren muß[35]. In das Jahr 1912 fällt im übrigen die Beendigung seiner Vorlesungs- und Predigttätigkeit, seine Verheiratung, die Vorbereitung auf die Ausreise nach Afrika[36], die Ableistung der

---

[27] S. 83 f.
[28] S. 50.
[29] S. 34.
[30] S. 86.
[31] Bezüglich der ebenfalls in diese Zeit fallenden kleinen Schrift über die Orgelbaukunst und Orgelkunst macht Schweitzer einander widersprechende Angaben. Nach LD S. 59 hatte er sie vor Beginn des medizinischen Studiums fertiggestellt, nach LD S. 86 wurde sie während der ersten Monate des neuen Studiums geschrieben.
[32] LD S. 88.
[33] S. 53.
[34] S. 91.
[35] S. 111.
[36] S. 95.

Volontärszeit in den Kliniken[37], das Studium der Tropenmedizin in Paris[38], die Abfassung seiner medizinischen Dissertation, in der er einige Arbeiten über die Frage einer etwaigen Geisteskrankheit Jesu darstellt und nachprüft[39] und schließlich bzw. vor allem in den letzten Monaten, »schon mit dem Einkaufen und Einpacken beschäftigt«, die teilweise erhebliche Umarbeitung und Ergänzung der Geschichte der Leben-Jesu-Forschung[40], die um ein Drittel umfangreicher wurde und wie die Schrift über »Die psychiatrische Beurteilung Jesu« schon im nächsten Jahr, 1913, herauskam. Es war dasselbe, in dem der jetzt zum Dr. med. Promovierte Katheder, Kanzel und Orgelbank in Straßburg mit einem frisch geweißten ehemaligen Hühnerstall im französischen Kongo vertauscht, der ihm mangels anderer Räumlichkeiten anfangs als Konsultations- und Behandlungsraum dienen muß[41].

Nur durch eines vielleicht wird die Originalität und Größe, die Feinheit und Festigkeit des Entschlusses und seiner Durchführung noch übertroffen, durch die innere Kraft, die Schweitzer in der Prosa des afrikanischen Alltags inmitten eines Übermaßes an Arbeit und fortgesetzter Widerstände von seiten der eingeborenen Kranken und ihrer Familien seinen Plan nicht nur tatkräftig verwirklichen und durchhalten, sondern auch die ursprüngliche Liebe zu seiner Sache und die Freudigkeit dabei bewahren, ja, diese wohl gar noch wachsen ließ. Man lese, wie jene großen Kinder ihre Feuer gegen die strenge Vorschrift unter den Pritschen machen, dadurch die mühsam aufgebauten Baracken in Gefahr bringen und dies, nachdem ihnen die Feuer herausgerissen und sie vom Doktor vermahnt worden sind, schon nach zwei Stunden und dann an demselben Nachmittag und in der folgenden Nacht genauso wiederholen[42], man lese, wie schwer es zu erreichen war, daß wenigstens diejenigen Insassen des Spitals, die nicht von weither kommen, durch ihre Angehörigen mit Lebensmitteln versorgt[43], wie erbetene und versprochene Hilfeleistungen glatt abgelehnt[44] oder nicht bzw. widerwillig ausgeführt[45] werden – freiwillige Leistungen aus Dankbarkeit scheinen bei ihnen große Ausnahmen zu sein[46] –, wie »ein Operierter durch alle Dankbarkeit nicht abgehalten wird, sich in der Nacht heimlich davonzumachen und das ihm vom Spital geliehene Moskitonetz als Andenken mitzunehmen«[47], ja, wie nicht einmal die Hühner ihres Wohltäters davor

---

[37] S. 92.
[38] S. 95.
[39] S. 92.
[40] S. 108.
[41] S. 119.
[42] BL S. 78 f.
[43] S. 37. 44.
[44] S. 31. 125 f.
[45] WU S. 129 f. BL S. 37. 176 f.
[46] WU S. 64. BL S. 37 ff. 83. 177.
[47] BL S. 176 f.

sicher sind, im Kochtopf der Patienten zu enden[48], und würdige dann Schweitzers Einstellung zu diesen Menschen: »Wie lieb gewinnt man sie, trotz der Mühe, die sie einem machen! Wieviel schöne Züge entdeckt man an ihnen, wenn man sich durch die mancherlei Torheiten des Naturkindes nicht aufhalten« [abhalten?] »läßt, den Menschen in ihm zu suchen! Wie erschließen sie sich uns, wenn wir die Liebe und Geduld haben, auf sie einzugehen!«[49] Wer würde nicht aufatmen, wenn er so viel Verständnislosigkeit und Widerspenstigkeit einmal für einige Zeit entrinnen kann! Schweitzer aber erscheint es vor Antritt eines gesundheitlich dringend notwendigen Europa-Urlaubs, nach jahrelanger Anstrengung weit über die Kraft, unfaßlich, daß er seine Patienten und Pfleglinge für Monate verlassen soll, und er muß sich bei der Abfahrt auf dem Dampfer, als seine Wirkungsstätte dem Blick langsam entschwindet, ablenken, um das Weh des Abschieds zu betäuben[50]!

Was ist bewundernswerter an diesem Manne, so möchte man fragen: die Originalität des großen sittlichen Entschlusses, die Tatkraft und die Frische und Tiefe des Gefühls bei seiner Durchführung oder die Häufung der wissenschaftlichen und künstlerischen Begabung und Leistung oder der Umstand, daß damit auch noch praktische Fähigkeiten in jeder Hinsicht und in solchem Grade verbunden sind, oder nun schließlich, daß es mit der vielseitigen Wirksamkeit im Dienste der Wissenschaft und der Kunst in Europa und dem praktisch-humanitären Werk in Afrika noch nicht sein Bewenden hat, daß also sein Leben nicht einfach in einen wissenschaftlich-künstlerischen und einen praktisch-humanitären Teil zerfällt. Wohl hatte er damit gerechnet, daß er in Afrika auf Wissenschaft und Kunst würde verzichten müssen, und er war zu dem Opfer bereit gewesen. Aber es wurde ihm wie »Abraham, als er sich anschickte, seinen Sohn zu opfern«, erlassen[51]. Der Arzt brachte es fertig, trotz des so erschlaffend wirkenden Klimas und der übermäßigen Arbeit des Tages auch dem Feierabend, den jeder andere ausschließlich der Ruhe und Erholung vorzubehalten genötigt wäre, noch eine ebenso umfangreiche wie tiefdringende geistige Arbeit abzuringen: neben der Erledigung eines riesigen Briefwechsels einmal die Erhaltung und Vervollkommnung seiner Orgeltechnik. Es gelang ihm, in der Einsamkeit des Urwalds noch tiefer in Bach einzudringen, so daß er sich, als er, im Ersten Weltkrieg aus Lambarene abtransportiert, einige Jahre wieder in Europa weilte, im Vollbesitz seiner Orgelkunst sieht und mit ihr alte, für sein Spital gemachte Schulden abtragen kann[52]. Aber auch für sein Forschen und Denken bedeutet Afrikas Urwald nicht nur Hemmnis, sondern auch Förderung. Im weiten Abstand von dem wirtschaftlichen, politischen

---

[48] S. 81. 102.
[49] S. 195. Vgl. auch S. 81.
[50] S. 195.
[51] LD S. 170.
[52] S. 170. 161 f.

und geistigen Getriebe Europas konnte er sich in um so größerer innerer Unabhängigkeit der Arbeit an seiner Kulturphilosophie zuwenden. Hier schrieb er seine Kritik des bisherigen Denkens der Menschheit über das Problem des Sittlichen, hier auch entwarf er und baute er aus die Weltanschauung der Ehrfurcht vor dem Leben, die zum Mittelpunkt seines eigenen Lebens und Denkens werden sollte.

Freilich ist diese Kulturphilosophie Fragment geblieben. Über der praktischen Kleinarbeit des Alltags, den zunehmenden Verpflichtungen, die ihm unzählige Besuche aus aller Welt, der immer weitere Kreise ziehende Briefwechsel und alles in allem eine beinahe weltweite moralische Autorität und Repräsentation auferlegten, vielleicht auch infolge eines durch das Alter bedingten Abnehmens der Gestaltungskraft gelang es ihm nicht mehr, seine Gedanken zusammenzufassen und sein Lebenswerk zu krönen – ein Zeichen dessen, daß hier eben doch kein Titan am Werke war, sondern ein Mensch, dessen Begabung reicher, dessen Wille stärker, dessen Kraft größer, dessen Leben länger war als das der meisten Menschen, aber eben doch auch nur ein Mensch, den Gesetzen der Natur, der Zeitlichkeit, des Endlichen überhaupt unterworfen, der die Erreichung des einen Ziels mit dem Opfer des anderen erkaufen mußte. So erinnert die unvollendete Symphonie seines geistigen Werks an etwas Natürliches und Selbstverständliches, das man bei diesem Manne beinahe vergessen haben mochte.

II. Die kontrapunktische Struktur der Persönlichkeit und ihre geistige Haltung als Complexio oppositorum

Wie war ein Mensch, der so bedeutende Leistungen auf wissenschaftlichem und künstlerischem Gebiet aufzuweisen und der außerdem einen so einmaligen sittlichen Entschluß zum praktisch-humanitären Wirken gefaßt und ihn in einer derart originellen und erfolgreichen Weise ausgeführt hat – wie mußte ein solcher Mann beschaffen sein? Wir werden vermuten und bei näherer Betrachtung feststellen können, daß hier Anlagen, Eigenschaften, Einstellungen in einer Stärke und in einer Konstellation auftreten, wie sie sonst kaum je vorzukommen pflegen. Einerseits zeigen sich einzelne Faktoren der Konstitution, einige Züge der Persönlichkeit, manche Merkmale der geistigen Haltung, die in der Regel jeweils mit bestimmten anderen verbunden sind, bei Schweitzer ohne diese, für sich allein. Andererseits trifft man manche Dispositionen und Positionen, von denen uns erfahrungsgemäß gewöhnlich nur die eine oder die andere in einem und demselben Menschen begegnet oder von denen doch eine durchaus vorherrscht, bei ihm gleich stark nebeneinander an. Die ungewöhnliche Verbindung solcher kontrastierender Elemente und die außerordentliche Stärke, mit der jedes einzelne von ihnen wirksam wird, ergeben ein sehr eigentümliches Phänomen, eine Struktur, die aus lauter Spannungen zu bestehen scheint und in der geistigen Haltung zu einer merkwürdigen Complexio oppositorum führt. Schließlich erreicht die Begabung zwar in vielen, sogar den meisten Punkten, aber doch nicht überall ein Höchstmaß, wodurch vereinzelt ein weiterer Kontrast innerhalb des Gesamtgefüges und gegenüber der üblichen Erwartung entsteht. Dieser sonderbare Aufbau der Persönlichkeit und seine Auswirkung in der Interessenrichtung wie in der Welt- und Lebensanschauung soll im folgenden ins Auge gefaßt werden[53].

Die Tatsache, daß ein Mensch gegensätzliche Eigenschaften in sich vereinigt – den problematischen, doch praktisch kaum entbehrlichen Begriff der Eigenschaft hier einmal vorausgesetzt –, ist in C. F. Meyers auf Hutten geprägtem Wort »Ich bin kein ausgeklügelt Buch, / ich bin ein Mensch mit seinem Widerspruch« eingefangen und steigert sich in einzelnen Fällen zu dem Eindruck, daß, wie in Goethes Faust, zwei Seelen in einer Brust wohnen. *H. Nohl* hat besonders bezeichnende Beispiele und Formulierungen dafür zusammengetragen[54], so vor allem etwa den Fall Grillparzers, den Christoph Schrempfs, den André Gides, die sich dieses Sachverhalts sehr bewußt waren und ihn in aller Klarheit zum Ausdruck brachten. Gide erklärt geradezu, er sei »ein kontradiktorisches Wesen«. In Nohls Referat werden dafür die Begriffe Widerspruch, Disharmonie, Dissonanz, konträre, antinomische, antagonistische Charakterzüge, Polarität, Spannungsgefüge genannt.

Im folgenden wird auf Begriffe wie Dissonanz und Disharmonie, die ein ästhetisches Werturteil enthalten, von vornherein verzichtet. Ebensowenig läßt sich streng genommen der der Wertsphäre und der Logik entstammende Begriff der Antinomie auf die Betrachtung der Persönlichkeit anwenden. Auch der ganz dem logischen Bereich zugehörige Begriff des Widerspruchs ist hierfür nicht geeignet, und erst recht gilt dies vom Begriff kontradiktorisch. Niemand weist eine Eigenschaft auf und zugleich nicht auf, nur dies (z. B. farbig – nichtfarbig, Tertium non datur) wäre kontradiktorisch im eigentlichen Sinne, d. h. im Sinne der Logik. Sehr wohl kann man dagegen von konträren Eigenschaften (weiß – schwarz, warm – kalt, hart – weich) auch im Seelischen sprechen. Vielfach faßt die Charakterologie freilich gegensätzliche Eigenschaften (wie etwa bei Robespierre die Härte und Grausamkeit einerseits, sein sanftes, liebenswürdiges und gefühlvolles Verhalten andererseits) als Kompensationsverhältnisse auf oder spricht gar von Antagonismen. Wie der Begriff kontradiktorisch für die in diesem Abschnitt zu behandelnde Erscheinung logisch zu anspruchsvoll erscheint, so ist der Begriff antagonistisch – derart, daß wie bei den Muskeln oder im physiologischen System »jedem Strecker ein Beuger, jedem Prozeß ein Gegenprozeß entspricht, jedem Antrieb eine Hemmung«[55] – real zu stark befrachtet und inso-

---

[53] Jedem, der über Albert Schweitzer schreibt, sind bestimmte Grenzen gezogen durch dessen Erklärung: »Ein Mensch soll nicht in das Wesen des anderen eindringen wollen. Andere zu analysieren – es sei denn, um geistig verwirrten Menschen wieder zurecht zu helfen – ist ein unvornehmes Beginnen« (KJ S. 56). In den Ausführungen dieses Abschnitts handelt es sich nicht um den Versuch eines Eindringens in die letzten Schlupfwinkel der Persönlichkeit, sondern nur darum, daß das, was größtenteils Schweitzer selbst über sich mitgeteilt hat, manchmal auch von ihm Nahestehenden berichtet wurde, unter bestimmten Gesichtspunkten herausgestellt und vergleichend betrachtet wird.

[54] *Nohl:* Charakter, in dem Kapitel »Die Polarität der Charakterzüge«, S. 71 ff.

[55] S. 79.

fern ebenfalls zu anspruchsvoll, um hier gebraucht werden zu können. Aus demselben Grunde scheidet der verwandte Begriff der Polarität, der das Gegenstück zur Kontradiktion darstellt, aus. »Polare Gegensätze sind nicht kontradiktorische (ausschließende), sondern korrelative (zusammengehörige) Gegensätze.«[56] Während kontradiktorische Gegensätze nicht zusammen bestehen können, bestehen polare Gegensätze notwendig zusammen, der eine Pol ist nicht ohne den anderen. Der in der Persönlichkeit Schweitzers vorliegende Sachverhalt ist weniger und zugleich mehr. Die bei ihm auftretenden Gegensätze sind nicht notwendig – die eine Seite fordert die andere keineswegs –, sondern im allgemeinen nur faktisch einfach da, aber eben deshalb in ihrer Häufung um so merkwürdiger.

Um die Sachlage begrifflich nicht zu verzeichnen, ist deshalb durchweg nur von Gegensätzen oder Kontrasten, gelegentlich auch von Spannungen die Rede. Die Darstellung wird für sich selbst sprechen.

1. Besonders auffallend ist bereits auf den ersten Blick das Zusammentreffen von äußerster körperlicher Robustheit mit äußerster seelischer Empfindsamkeit. Im ersten Lebensjahr so schwächlich, daß man dem mageren Kind mit dem gelblichen Gesichtchen nicht lange zu leben gab und es einmal sogar schon für tot gehalten wurde, erlangt der Erwachsene eine ganz ungewöhnliche Gesundheit und Leistungsfähigkeit bis ins höchste Alter. Aus der Zeit seines Kantstudiums in Paris berichtet er selbst: »Die Doktorarbeit hatte weder unter der Kunst noch unter der Geselligkeit zu leiden, da mir meine gute Gesundheit ausgiebige Nachtarbeit gestattete. Es kam vor, daß ich morgens Widor auf der Orgel vorspielte, ohne überhaupt im Bett gewesen zu sein.«[57] Nur der unerhörten Widerstandsfähigkeit seines Körpers verdankte er die Erhaltung der schöpferischen Arbeitskraft in dem mörderischen Klima Lambarenes, und wer etwa bei *Seaver* liest, in welcher Weise der erholungsbedürftige Mann seine Urlaubszeit in Europa verbringt, wie da Reisen, Vorlesungen und Vorträge, Ansprachen, Orgelbesichtigungen und -konzerte, welch letztere jedesmal halbe Tage oder Nächte ohne Unterbrechung vorbereitet werden, gesellige Verpflichtungen und die Erledigung der in Säkken mitgeführten Post aneinander anschließen, der kommt aus dem Staunen nicht heraus. »Schon wenn man das Tagebuch seiner Begleiterin auf dieser einen Reise durchliest, genügt das, um einem beinahe den Atem zu benehmen.«[58] »Seine unermeßlichen Kraftreserven sind derartig, daß er sich ein Minimum an Nahrung und Schlaf leisten kann.«[59]

Dieser kraftstrotzende Mensch ist zugleich von einer fast unvorstellbaren Eindrucksfähigkeit und Feinfühligkeit. Als das Kind im zweiten Schuljahr den zweistimmigen Gesang der Großen hört, muß es sich »an der Wand halten, um nicht umzufallen. Die Wonne der zweistimmigen Musik lief mir über die Haut und durch den ganzen Körper. Auch als ich die ersten Male Blechmusik hörte, schwanden mir fast die

---

[56] *Wellek:* Polarität, S. 49.
[57] LD S. 15.
[58] *Seaver,* S. 162. – Vgl. auch *H. A. Metzger:* Leben, S. 36 ff.
[59] *Seaver,* S. 161.

Sinne.«[60] Der Sechzehnjährige, zum erstenmal in der Oper, um den Tannhäuser zu hören, wird von der Musik so überwältigt, daß es Tage dauert, bis er wieder fähig ist, dem Unterricht zu folgen[61]. Schon der kleine Junge weigert sich, einen Wintermantel anzuziehen, und läßt sich deshalb vom Vater schlagen, weil es ihm unerträglich ist, unter den Kameraden, die keinen Mantel ihr eigen nennen, als das »Herrenbüble« dazustehen, und schon damals wird er von tiefem Mitleid mit den schmerz- und notleidenden Tieren ergriffen. »Der Anblick eines alten hinkenden Pferdes, das ein Mann hinter sich herzerrte, während ein anderer mit einem Stecken auf es einschlug – es wurde nach Kolmar ins Schlachthaus getrieben –, hat mich wochenlang verfolgt.«[62] Dieses übermäßig starke Mitgefühl verläßt auch den langjährigen Arzt nicht. »Ich gehöre leider zu den Ärzten, die das zu dem Berufe erforderliche robuste Temperament nicht besitzen und sich in ständiger Sorge um das Ergehen ihrer Schwerkranken und Operierten verzehren. Vergebens habe ich mich zu dem Gleichmut zu erziehen versucht, der dem Arzte, bei aller Teilnahme an den Leiden seiner Kranken, das erforderliche Haushalten mit seinen seelischen Kräften ermöglicht.«[63] Das erschlaffend wirkende feuchtheiße Klima Lambarenes kann seinem Studium am Feierabend nur wenig anhaben, dagegen hält ihn, wie er selbst sagt, die Sorge um Operierte und Schwerkranke oft Tage und Wochen von der geistigen Arbeit ab, weil er »nichts anderes daneben denken kann«[64].

2. Während eine derart hochgradige Sensibilität vielfach Ausdruck einer gewissen Lebensschwäche und mit einem Zurücktreten des Willens, also einer mehr passiven Einstellung verbunden ist, erwächst sie bei Schweitzer wie gesagt »auf unerhört vitaler Basis«[65], und so zieht er aus seinen Erlebnissen nicht selten praktische Folgerungen weitgehender Art und führt seine Entschlüsse stets mit unerhörter Energie und Konsequenz durch. »Mitleid, Nachdenken, Entschlußfähigkeit, Energie in der Durchführung gefaßter Entschlüsse« hebt schon *Kraus* an ihm hervor[66]. Die doppelte Grausamkeit des Fischens mit der Angel – im Hinblick auf die aufgespießten Würmer und das Zerreißen des Fischmaules – läßt den Knaben diesen Sport nach zweimaligem Mitmachen aufgeben, ja, er fand, wie er berichtet, »sogar den Mut, andere vom Fischen abzuhalten«[67]. Wenn der Rückblickende in diesem Zusammenhang meint: »Immer mehr wurde mir gewiß, daß wir im Grunde alle so denken und es nur nicht zu bekennen und zu bestätigen wagen, weil wir fürchten, von den andern als ›sentimental‹ belächelt zu werden, und auch, weil wir uns

---

[60] KJ S. 12 f.
[61] LD S. 9.
[62] KJ S. 22
[63] LD S. 121 f.
[64] S. 188.
[65] Vgl. *A. Müller:* Schweitzer, S. 2.
[66] *Kraus,* S. 13.
[67] KJ S. 25.

abstumpfen lassen«[68], so wird man ihm darin freilich nicht recht geben können. Die ahnungslose Grausamkeit von Kindern gerade den Tieren gegenüber, aber auch die stumpfsinnige Gedankenlosigkeit und ausgesprochene Rohheit vieler Erwachsener in dieser Beziehung ist leider eine nur zu bekannte Tatsache. Für Schweitzer ist es bezeichnend, daß er fortfährt: »Ich aber gelobte mir, mich niemals abstumpfen zu lassen und den Vorwurf der Sentimentalität niemals zu fürchten.« Das Mitgefühl mit der leidenden Menschheit und der Gedanke, irgendwo Hand anlegen zu müssen, wo Hilfe besonders dringend nottut, sollte ihn später zu dem Entschluß führen, seine akademische Laufbahn aufzugeben und als Arzt in den Urwald zu gehen. Besonders charakteristisch ist unter diesem Gesichtspunkt auch das folgende kleine Erlebnis. Auf der Rückreise von Afrika, als Zivilgefangener im Ersten Weltkrieg, erfährt er in erschöpftem Zustand auf dem Bahnhof in Tarascon Hilfe beim Gepäcktragen. »Da bot sich ein armer Krüppel, den ich im Lager gepflegt hatte, zum Mittragen an. Er hatte kein Gepäck, weil er nichts besaß. Ergriffen nahm ich seine Hilfe an. Während wir in der brennenden Sonne nebeneinander hergingen, gelobte ich mir, im Andenken an ihn, hinfort auf allen Bahnhöfen nach beladenen Menschen Ausschau zu halten und ihnen Hilfe zu leisten«[69], und keine falsche Bescheidenheit hält ihn davon ab, noch hinzuzufügen: »was ich auch gehalten habe«. Nicht auf gutgemeinte Vorsätze, die aus einer gefühlvollen Augenblicksstimmung hervorgehen und wieder vergessen werden, kommt es ja an, sondern auf Entschlüsse, die, auch wenn sie aus dem Gefühl erwachsen sind, gegen innere und äußere Widerstände oder bloße Gedankenlosigkeit und Herzensträgheit verwirklicht werden. Die Durchführung solcher Entschlüsse, für die meisten Menschen erst das hauptsächliche Problem und die eigentliche Probe, ist für Schweitzer eine unbedingte Selbstverständlichkeit. Nichts ist charakteristischer für ihn als diese enge Verbindung einer fast unglaublichen Sensibilität und des zartesten Gefühls mit einem überaus starken Willensleben, einer gewaltigen Entschluß- und Tatkraft.

3. »Die standhafte Durchführung einmal gefaßter Vorsätze und die Plötzlichkeit dieser Entschlüsse ist bezeichnend, und zwar schon für den Knaben«, bemerkt *Kraus* und führt als Beispiele dafür an, wie der Junge mit dem Fischen und Jagen, der Verhöhnung eines Dorfjuden sowie mit dem Kartenspiel, wie später der Mann auch mit dem Rauchen, als dieses ihm zur Leidenschaft geworden war, mit einem Male Schluß macht[70]. Das, was für unsere Betrachtung daran besonders interessant erscheint, ist der Umstand, daß es sich auch hier um Einstellungen handelt, die man nicht selten in einem gewissen Gegensatz zueinander stehen und auf verschiedene Menschentypen verteilt findet: Plötzliche Entschlüsse halten

---

[68] S. 25 f.
[69] LD S. 153.
[70] *Kraus*, S. 27.

vielfach nicht vor, während standhaft durchgeführten nicht selten das Plötzliche, Spontane abgeht. Damit soll das Moment des Plötzlichen bei einem Entschluß in Verbindung mit Energie bei seiner Durchführung gewiß nicht als eine völlige Ausnahmeerscheinung hingestellt werden. Man kennt den Typus des plötzlich Bekehrten, des Menschen mit dem einmaligen großen Bruch der Lebenslinie, des Menschen, der ganz neu anfängt und dann konsequent und beständig in der neuen Richtung weitergeht. Aber diesem Typus läßt sich Schweitzer auch wieder ganz und gar nicht zurechnen. Das für ihn so Charakteristische ist vielmehr, daß die Planung seines Lebens sich in ihrer Plötzlichkeit zwar eigenartig abhebt von einem ihr vorausgehenden langsam-stetigen seelisch-geistigen Werden, schließlich aber nur dessen folgerichtigen Abschluß bildet, so wie eine Frucht still heranreift, bis sie dann eines Tages in einem bestimmten Augenblick mit vernehmlichem Aufschlag zu Boden fällt. Dieser Entschluß gehört also seinem Wesen nach durchaus mit jenem kontinuierlichen Wachstum zusammen und in es hinein. Er ist alles andere als eine die bisherige Richtung von Grund auf ändernde Bekehrung: eine geradlinige Fortsetzung des eingeschlagenen inneren Weges nach außen. Als äußeres Phänomen kontrastiert ein solcher Entschluß allerdings auffallend mit dem ihn bedingenden Prozeß. Schweitzer selbst hat es beschrieben, wie eine lange Entwicklung seit der frühen Kindheit, die vor allem durch die zweifache Erfahrung des allgemeinen Leidens und des eigenen Glücks bestimmt ist, in den ganz plötzlichen Vorsatz des einundzwanzigjährigen Studenten mündet, sich dereinst, vom dreißigsten Jahre an, einem unmittelbaren Dienst an notleidenden Menschen zu widmen. Es folgt wiederum ein langes Hin- und Herüberlegen, ein Tasten und Proben, in welcher Weise er sich einmal sozial betätigen könnte. Aber bei diesen Versuchen hatte er noch nicht das gefunden, was ihm als das Richtige, ihm persönlich ganz Angemessene, ihn für immer Fordernde erschienen wäre. Und dann kurz vor dem von ihm festgesetzten Zeitpunkt bricht, ausgelöst durch das Lesen eines Missionsberichtes, ebenso plötzlich der große Entschluß in ihm durch, der, wie jener Vorsatz den Termin, so jetzt den Ort der Handlung seines zukünftigen Berufslebens bestimmt: Äquatorialafrika, Gabun. »Um einmal der Arzt dieser Armen sein zu können, lohnte es sich, Student der Medizin zu werden.«[71] Also auch jetzt keine Übereilung, um sich etwa in der ersten Begeisterung Hals über Kopf in die praktische Arbeit zu stürzen. Vielmehr braucht der Entschluß, wie er langsam gewachsen ist, nun eine ebenso lange Zeit der Vorbereitung auf die neue Wirksamkeit, ein fast achtjähriges Studium! »Wenn mir die dafür zu opfernden Jahre zu lang vorkommen wollten, hielt ich mir vor, daß Hamilkar und Hannibal den Marsch auf Rom durch die langwierige Eroberung Spaniens vorbereitet hatten.« Aus der Hochebene dieses Prozesses einer allmählichen seelischen Ent-

[71] LD S. 80.

wicklung und der beharrlichen nüchternen beruflichen Vorbereitung in angestrengtester Arbeit ragen die zackigen Gipfel der beiden entscheidenden Zeitpunkte eindrucksvoll hervor, und man könnte schwanken, ob Schweitzer durch die Art der Darstellung den epischen Charakter der gesamten Entwicklung oder den dramatischen Charakter jener schicksalsschweren Augenblicke unterstreichen wollte. In Wahrheit dürfte es sich hier jedoch weniger um eine Frage der Darstellung als um die Sache selbst handeln, um einen in seiner Person liegenden Gegensatz von epischer und dramatischer Lebenseinstellung, von stillem, bedächtigem innerem Wachstum einerseits, das Zeit braucht, alle Für und Wider zehnmal zu durchdenken und abzuwägen, und dem ebenso kraftvollen wie selbstverständlichen endgültigen Entschluß andererseits zum willensbedingten, durch keine Bedenken mehr beschwerten nach außen gerichteten Tun.

4. Seinen Entschlüssen bleibt Schweitzer ein für allemal treu. Eine Änderung des Kurses und gar ein Zurück gibt es bei ihm nicht. »›Seßhaftigkeit‹«, sagt *Picht* — und man wird hinzufügen können: Standhaftigkeit — »ist ein grundlegender Zug seines Wesens«[72]. Darin drückt sich nicht nur seine große Willenskraft und eine dadurch bedingte Zähigkeit aus, sondern auch ein rationales Element seiner Natur. Dieser »Verbindung von Willen und rationaler Bestimmtheit entspricht die Gestaltung des Lebens nach vorbestimmtem Plan«[73]. *W. Quenzer* findet bei Schweitzer »einen ausgesprochenen baumeisterlichen Willen eigener Lebensplanung und eine bärenstarke Kraft, einmal gefaßte Entschlüsse auch über Jahrzehnte hinweg durchzuhalten«[74]. Wenn die plötzlich gefaßten Entschlüsse ohne inneren Widerstand durchgeführt werden, so liegt das wie gesagt daran, daß sie eben keineswegs unvorbereitete Einfälle, zufällige Anwandlungen sind, sondern nur den dramatischen Schlußpunkt einer allmählichen, kontinuierlichen, innerlich notwendigen Entwicklung bilden. Ganz sonderbar aber ist nun diese disziplinerte rational-willensmäßige Einstellung auf dem Grunde eines derart mächtigen und innigen Gefühlslebens. Jemand, der schon durch kleine Erlebnisse, wie sie die meisten Menschen kaum stärker berühren, geradezu übermannt wird, unterwirft sein ganzes Leben einem Plan und führt ihn mit der größten Konsequenz gegen alle Hemmnisse durch! Dieser Kontrast ist so seltsam, daß er sich kaum erfinden ließe. Die Wirklichkeit übersteigt hier wieder einmal alle Möglichkeiten der Phantasie.

5. Das Ausmaß von Schweitzers Energie und der ihm eigene Aktivismus werden noch weit merkwürdiger, wenn man seine depressive Veranlagung — »depressiv« selbstverständlich nicht im pathologischen, son-

[72] *W. Picht*, S. 37.
[73] S. 30.
[74] *Quenzer*, S. 238.

dern im charakterologischen, konstitutionellen Sinne, als »depressives Temperament«[75] – mit in Betracht zieht. Wie stark diese ist, geht nicht nur daraus hervor, daß er von sich sagt: »Solange ich zurückblicken kann, habe ich unter dem vielen Elend, das ich in der Welt sah, gelitten. Unbefangene, jugendliche Lebensfreude habe ich eigentlich nie gekannt.«[76] Man meint, dieses depressive Element auch aus seinen geradezu düster wirkenden Jugendbildnissen – die Altersaufnahmen sind viel heiterer – und ebenso aus der gedrückten, kleinen, wenn auch sehr regelmäßigen und klaren Handschrift ersehen zu können[77]. Besonders deutlich gelangt diese Stimmung in einem Augenblick persönlicher Umschau und Ausschau, im Epilog zu seiner Selbstdarstellung, zum Ausdruck: »In meinem eigenen Dasein sind mir Sorge, Not und Traurigkeit zuzeiten so reichlich beschieden gewesen, daß ich mit weniger starken Nerven zerbrochen wäre.«[78] Das, was er hier im Auge hat, und mehr noch die »Last von Müdigkeit und Verantwortung, die seit Jahren auf mir liegt«, nicht zuletzt auch die Trennung von Frau und Kind über lange Jahre, sind jedoch Umstände, die einen jeden bedrücken würden. Sonderbarer, weil bei dieser unverwüstlichen Kraftnatur, die es in dem äußerst ungünstigen Klima Gabuns dann auf ein Alter von 90 Jahren bringen sollte, objektiv weniger begründet erscheinend, ist es, daß bereits der in der Mitte der Fünfzig Stehende schreibt: »Wieviel werde ich von der Arbeit, die ich mir vorgenommen habe, noch fertig bringen? Mein Haar beginnt zu ergrauen. Mein Körper fängt an, die Strapazen, die ich ihm zumute, und die Jahre zu spüren.«[79] Ob sich eine einzige Parallele dazu finden läßt, daß ein das Leben so schwernehmender Mensch ein derart weitausgreifendes Unternehmen begründet und dann bis ins höchste Alter so kraftvoll und fast über die Kraft wirkt?

6. Die depressive Anlage, die sich gelegentlich zu dem soeben erwähnten elegischen Ausspruch verdichtet, hebt sich nun aber vor allem in sehr eigentümlicher Weise von einer ausgesprochen zufriedenen Stimmung, ja, einem überströmenden Bewußtsein besonderen persönlichen Glückes ab. So ist seine Jugend bestimmt durch das dauernde Nebeneinander von Leiden unter dem Leid, das das Kind in seiner kleinen Welt wie dann der Jüngling auch in der großen wahrnimmt, und dem überaus starken Glücksgefühl, das den in einem harmonischen Elternhaus aufwachsenden,

---

75 Vgl. *Pohlmeier:* Depression, S. 29.
76 KJ S. 22.
77 Die kleine Handschrift scheint freilich auch eine Anpassung an den Schreibkrampf gewesen zu sein, der ihm viel zu schaffen machte (vgl. *Oswald:* Bery, S. 176). Außerdem könnte man sie noch in seinem ausgeprägten Sinn für Zweckmäßigkeit und Sparsamkeit begründet finden. Große Sparsamkeit kann aber wiederum auch mit der depressiven Konstitution zusammenhängen (vgl. *Pohlmeier:* Depression, S. 29). Eine große, schwungvoll ausladende Schrift hätte eben in der Tat in keiner Hinsicht zu ihm gepaßt.
78 LD S. 210 f.
79 S. 211.

an Geist und Gemüt so reich begabten jungen Menschen erfüllt. Es wird sich noch zeigen, wie fruchtbar gerade diese Spannung – hier darf einmal wirklich von Spannung die Rede sein – zwischen Leid und Glück in ihm werden sollte. Aber auch sie bleibt weiterhin bestehen. Wohl nirgends kommt sie so auffallend zum Ausdruck wie in der originellen Ansprache, die der 70 Jahre alt Gewordene aus diesem Anlaß in Lambarene an seine Mitarbeiter richtete. »In diesen 70 Jahren habe ich alle meine Wünsche erfüllen können. Ich bin völlig zufrieden mit meinem Leben. Das Schicksal hat mich immer begünstigt.«[80] Einige Sätze weiter heißt es dagegen: »Ich hatte geträumt, so etwa mit 65 Jahren haltzumachen, um es mir wenigstens noch zehn Jahre meines Lebens recht süß und bequem zu machen. Ein Jahr wollte ich sozusagen als Amateur hierher kommen, dann ein Jahr nach Frankreich, um zwischen zwei Vergnügungsreisen ruhig an meinen philosophischen Büchern arbeiten und mich dabei um mein Kind und meine Enkel kümmern zu können. Ja schön, aber leider, leider muß ich weitermachen, und ich sehe voraus, daß meine letzten Jahre noch viel härter und mit Aufgaben übervoll belastet sein werden als meine ersten Jahre. Das macht mich sehr traurig.«[81] Man möchte fast vermuten, daß er sich hier einen Augenblick über sich selbst getäuscht hat. Können wir ihn uns überhaupt anders als unermüdlich und aufopferungsvoll tätig denken, scheint ihm diese Haltung nicht zur zweiten Natur geworden zu sein, wenn sie nicht sogar seine erste, eigentliche war? Wie dem auch sei, das Nebeneinander von Leiden mit anderen und Niedergedrücktsein durch den Gedanken an das Leiden einerseits, von Glücksempfinden andererseits, und beides in stärkster Intensität, ist bei ihm eine Grundgegebenheit.

7. Ein eigenartiger Gegensatz macht sich bei Schweitzer auch innerhalb der rein gefühlsmäßigen Einstellung zu den Mitmenschen bemerkbar. Würde man nicht bei einem derart energiegeladenen Manne im Dienste der praktischen Humanität einen selbstverständlichen, unmittelbaren Kontakt erwarten und jedenfalls annehmen, daß das Verhältnis zum »Nächsten« verhältnismäßig unkomplizierter, unproblematischer Natur sei? Statt dessen ist ursprünglich eine große Schüchternheit und Zurückhaltung in ihm. Die Bittgänge zur Beschaffung von Geldern für die soziale Arbeit in der Studentenzeit sind ihm infolge seiner Schüchternheit und gesellschaftlichen Ungewandtheit eine Pein[82]. Noch als er schon die entscheidende Jesuskonzeption und seine Einsicht in das dichterische und malerische Wesen der Bachschen Musik besaß und seine bedeutende Arbeit über die Religionsphilosophie Kants abgeschlossen hatte, wird er beim Verkehr im Hause Harnacks durch dessen Wissen und Universalität

---

[80] Wiedergegeben bei *Gollomb:* Schweitzer, S. 222.
[81] S. 223.
[82] LD S. 72.

»so eingeschüchtert«, daß er ihm, wie er erzählt, »vor Verlegenheit nicht richtig Bescheid geben konnte«, wenn Harnack »das Wort an mich richtete«[83]. Ebensowenig kann er, als Cosima Wagner sich seine Bachauffassung von ihm auf der Orgel darlegen läßt, die Schüchternheit ganz ablegen[84]. Merkwürdig auch, daß ein so passionierter Prediger und in vielen europäischen Ländern aufgetretener Vortragsredner gesteht, er habe vor einem größeren Zuhörerkreis immer noch eine Scheu zu überwinden[85]. Aber es handelt sich nicht nur um eine Befangenheit in bestimmten Situationen und die Schüchternheit einzelnen bedeutenden Persönlichkeiten gegenüber. Das Verhältnis von Mensch zu Mensch überhaupt wird ihm zum Problem. Es verhält sich so, daß Zurückhaltung und Herzlichkeit bei ihm in der Jugend im Kampf miteinander liegen, wobei die in seiner Natur begründete Schüchternheit noch durch Einflüsse der Erziehung verstärkt wurde. Bis zu einem gewissen Grade emanzipiert er sich, wie er berichtet, allmählich von den Regeln der Wohlerzogenheit, die ihm Zurückhaltung gebieten. Sie kommen ihm vor »wie Gesetze der Harmonie, die zwar im allgemeinen Gültigkeit haben, aber doch vielfach von dem lebendigen Fluß der Musik überflutet werden«. »Mensch hat Recht auf Mensch.« »Das Gesetz der Zurückhaltung ist bestimmt, durch das Recht der Herzlichkeit durchbrochen zu werden.« »Viel Kälte ist unter den Menschen, weil wir nicht wagen, uns so herzlich zu geben, wie wir sind.«[86] Aber der andere Pol verliert damit nicht seine Bedeutung. Schweitzer meint, daß sich »keiner zwingen soll, mehr von seinem inneren Leben preiszugeben, als ihm natürlich ist«[87]. Das Genie des Herzens redet also nicht einfach dem Zerbrechen aller auf Distanz ausgehenden Tendenzen und Formen das Wort, sondern seine kontrastreiche Persönlichkeit erkennt beide Gesetze an: »So gut ich kann, suche ich nun, die Herzenshöflichkeit mit der geltenden Höflichkeit zu vereinen.«[88] Erst auf dem Boden der allgemeinen Geltung beider setzt sich im einzelnen Fall der Primat des Herzens durch: »So viel aber habe ich erfahren dürfen, daß das Hinwegsetzen über die geltenden Regeln, das wirklich durch das Herz diktiert wird und aus Überlegung kommt,

---

[83] S. 17. — Dieser Eindruck, den Harnack auf Albert Schweitzer machte, ist um so sonderbarer, als er in auffallendem Gegensatz zu dem Urteil einer Straßburger Jugendbekannten Schweitzers, *Elly Heuß-Knapp*, steht: »Man kann bedeutende Menschen einteilen in solche, die auf ihre Umgebung einschüchternd wirken, in deren Nähe man sich wesentlich dümmer fühlt, als man ist; und in andere, deren freundliches Interesse wie die Frühlingssonne alle junge Saat herauslockt. Zu diesen gehörte Harnack« (Ausblick, S. 74). Dementsprechend hat sich auch *Erhard Schmidt* über Harnack geäußert: »Niemals machte er sein Übergewicht in der Unterhaltung drückend geltend, sondern er hob das Selbstbewußtsein des mit ihm Sprechenden, indem er mit der feinsten Liebenswürdigkeit das, was der andere sagte, so zurecht rückte und in eine solche Form brachte, daß dieser sich seines eigenen Gedankens freute« (Harnack, S. 6).

[84] LD S. 24.

[85] S. 21.

[86] KJ S. 58 f.

[87] S. 57.

[88] S. 59.

von den anderen selten für gedankenlose Aufdringlichkeit genommen wird.«

8. Hierher gehört ferner, daß sich in Schweitzer mit großer persönlicher Bescheidenheit ein ungewöhnlich starkes Selbstbewußtsein verbindet. Kritik an seinen wissenschaftlichen Arbeiten, mochte sie noch so begründet sein, scheint ihn niemals nachhaltig beeindruckt zu haben. Immer wieder ließ er seine Bücher, auch soweit sie sehr angefochtene und nahezu allgemein abgelehnte Thesen enthalten, unverändert hinausgehen. In fast allen wesentlichen Punkten hat er seine Position, von Einwänden unberührt und unbeeinflußbar, hartnäckig festgehalten. Dabei handelte es sich offenbar um eine ganz überwiegend durchaus sachlich gerichtete Überzeugung von der Berechtigung seiner Einstellung und von der Richtigkeit seiner Ergebnisse, die schwerlich unmittelbar in persönlichem Geltungsstreben wurzelte. Wie fern ihm ein solches lag, geht aus mancherlei Berichten hervor. Als ein Besucher ihn damit begrüßte, daß er sagt, »auf diesen Augenblick habe er zehn Jahre gewartet, klopft« Schweitzer ihm »auf die Schulter: ›Sagen Sie fünfzehn, sagen Sie fünfzehn‹«. »Was irgend nach Bewunderung klingt, ihn besonders heraushebt, in den Mittelpunkt stellt, wehrt er ab und bagatellisiert es durch eine schnelle typische Bemerkung.«[89] Die etwas hochgestochenen Begrüßungsworte eines anderen Gastes beantwortet er mit demselben überlegenen Auf-die-Schulter-klopfen: »Lassen wir das, junger Mann, ich vertrage keine Superlative der Eigenschaftswörter.«[90] Als die Amerikaner ihn zum »greatest man of the world« erklären, macht er sich über diesen Rummel um seine Person zunächst lustig: »Ich bin fast so bekannt wie ein Preisboxer.« Als aber ein Verleger ein Buch über ihn mit dieser Inschrift auf der knallroten Bauchbinde verschickte, wurde er wütend und zwang den Geschäftstüchtigen, sich bei allen, denen er es hatte zugehen lassen, zu entschuldigen[91]. Wie geradezu schmerzlich, ja, unheimlich ihm ein gesteigerter Ausdruck großer persönlicher Verehrung sein konnte, beweist ein Bericht vom Besuch bei einer Freundin Lambarenes in England. »Als Schweitzer abreiste, sprach Frau Royden von der Ehre, als die sie und ihr Haus es empfunden hatten, ihn als Gast bei sich haben zu dürfen. Bei dem Worte ›Ehre‹ zog Schweitzer sie erschrocken zur Seite und bat sie, dies Wort nie wieder in einem Zusammenhang mit ihm zu verwenden.«[92] Besonders drastisch ist eine Szene, die er einem Besucher machte, weil dieser ihm auf seine Bitte etwas ins Tagebuch geschrieben hatte, das eine für sein Empfinden übertriebene Hochschätzung seiner Person zum Ausdruck brachte. Er erhebt nicht nur tief betroffen

---

[89] *H. Steffahn* in: Begegnung [Bähr und Minder], S. 56.
[90] *M. S. P.* in: Begegnung, S. 31.
[91] *Oswald*, S. 103.
[92] *Gollomb*, S. 194.

Einspruch gegen diese Eintragung, sondern radiert sie sogleich kurzerhand wieder aus[93, 94].

Um was es sich bei Schweitzer positiv und negativ handelt, wird von einem anderen Besucher ausgesprochen: »Der erste Eindruck ist der eines kräftigen Selbstvertrauens, der zweite das völlige Fehlen jeder Affektiertheit, jeden Hochmuts.« »Auch frei von jeder Eitelkeit ist er, doch seiner persönlichen Überlegenheit gewiß; und er läßt sie auch spielen, wenn es nottut. Diese Haltung verrät keinen Geltungstrieb, eher eine gewisse Skepsis gegenüber den Menschen im allgemeinen und den afrikanischen Eingeborenen im besonderen.«[95] Seine Schutzbefohlenen faßte er mit fester Hand an. Sehr charakteristisch für seine Haltung ihnen gegenüber erscheint der von ihm für sie geprägte Begriff des »milden, rationellen, ethischen Imperialismus«[96]. »Wohl erlaubt er, daß die Eingeborenen sich zu einer Angelegenheit äußern und Vorschläge oder Einwände vorbringen. Soweit er diese für zutreffend hält, trägt er ihnen Rechnung. Wenn er aber bei seiner Ansicht verbleibt, verlangt er, daß man sich ihm ohne Widerrede fügt.«[97] Für seine weißen Mitarbeiter gilt, daß sie zwar mit ihrer Meinung nicht zurückhalten sollen, »auch wenn sie anders lautet als die seinige. Falls er aber trotz ihrer Einwände an seiner Ansicht festhält, erwartet er auch von ihnen, daß sie sie gelten lassen.«[98] Es ist also keine Frage, daß sein Wille im Bereiche des Spitals unbedingt gegolten hat, weil seine große Erfahrung, sein Können und seine ganze Persönlichkeit ihm eine selbstverständliche Überlegenheit gaben. Das Selbstverständliche ist dabei stark zu betonen. Das Persönliche fällt hier mit dem Sachlichen beinahe zusammen. Schweitzers Verhältnis zu sich selbst und seiner Leistung war in der Tat ausgesprochen sachlich. Sehr schön hat *Theodor Heuß* einmal davon gesprochen, daß Schweitzer den Ruhm in seinem Werk Lambarene »höchst eigentümlich zu entpersönlichen, zu versachlichen« gewußt habe[99]. Auch wo er von eigenen Hilfeleistungen spricht, ist er weit entfernt davon, sich damit moralische Pluspunkte attestieren zu wollen. Wenn er erzählt, wie er in den Jahren nach dem Ersten Weltkrieg »gar manchmal mit einem Rucksack voll Lebensmitteln nach Kehl wanderte, um von dort aus hungernden Freunden in Deutschland etwas zukommen zu lassen«[100], oder wie er sich einem aus Straßburg ausgewiesenen alten Medizinprofessor, einem seiner einstigen Lehrer, erbietet, ihm bei der Rettung seiner Möbel behilflich zu

---

[93] *Lind:* Schweitzer, S. 116.

[94] Zu diesem spontanen radikalen Verfahren sei bemerkt, daß schon Schweitzers Mutter einmal versucht hat, einen ihr unpassend erschienenen Eintrag ins Gästebuch des Günsbacher Pfarrhauses einfach auszuradieren (*Oswald,* S. 59 f.).

[95] *Sal Tas:* Pionier, S. 83.

[96] *Oswald,* S. 117.

[97] *Joy* u. *Arnold,* S. 83.

[98] ebd.

[99] *Heuß:* Rede, S. 195.

[100] LD S. 157.

sein und wie er ihm das Manuskript seiner letzten Arbeit vor der strengen Kontrolle zu sichern vermag[101], so erkennt man ohne weiteres, daß ihm dabei nur die Freude darüber, geholfen haben zu können, die Feder führt. Die Schilderung, wie er einem Holzhändler in Afrika, der ihm und seiner erholungsbedürftigen Frau ein Wachthaus am Meer für einige Zeit zur Verfügung gestellt hat, »zum Dank dafür« zusammen mit den schwarzen Arbeitern in Flöße gebundene Baumstämme in schwerer Arbeit ans Land rollt, damit sie nicht bei längerem Liegen im Wasser dem Schiffsbohrwurm zum Opfer fielen[102], wird auch nur dann richtig verstanden, wenn man berücksichtigt, wie stark das Gefühl der Dankbarkeit von jeher bei ihm ausgeprägt und daß Dank abzustatten ihm ein elementares Bedürfnis war. Er denkt also nicht daran, sein Handeln rühmen zu wollen, es ist ihm nur darum zu tun, seine Leser mit einer ihn befriedigenden Begebenheit bekanntzumachen. Besonders bemerkenswert ist in dieser Hinsicht der schon erwähnte Bericht über die Szene beim Abtransport als Gefangener aus dem Internierungslager auf dem Bahnhof von Tarascon – mit jenem von ihm gefaßten Vorsatz, künftig auf Bahnhöfen nach Schwerbeladenen auszuschauen und ihnen beim Tragen zu helfen, »was ich auch gehalten habe«. Auch hier will er gewiß nicht mit seinem Verhalten protzen. Vielmehr ist diese Bemerkung sachlich durchaus notwendig, da eine solche Absicht ohne ihre Ausführung der Erwähnung nicht wert wäre. Um aber den Eindruck einer moralischen »Angabe« auf keinen Fall aufkommen zu lassen, wendet er die Sache abschließend sehr hübsch ins Komische: »Einmal aber bin ich durch ein solches Anerbieten in Verdacht gekommen, diebische Absichten zu haben.« Und wer in seiner Selbstdarstellung den Abschnitt über seinen »Entschluß, Urwaldarzt zu werden« liest, wird zugeben müssen, daß man zwar kaum überzeugter und seiner selbst sicherer, aber auch kaum bescheidener und sachlicher von sich und seinen Motiven sprechen könnte.

Bei einem Manne, dessen Wesen so sehr durch Einfachheit, Schlichtheit, Bescheidenheit, ja, Demut gekennzeichnet ist, der so sehr weiß, was er anderen schuldig blieb, und der sich selbst als Mensch so sachlich gegenübersteht, würde man kaum ein Selbstbewußtsein erwarten, das sich in bezug auf die Thesen des theologischen Historikers und des philosophischen Denkers allen Einwänden verschloß und sich bis zu Starrsinn und Unbelehrbarkeit steigern konnte. Seine Bescheidenheit und Demut hinderte ihn auch nicht, für seine von Fritz Behn geschaffene Statue selber die Stelle oberhalb seines Heimatdorfes Günsbach zu bestimmen, wo er einmal »in Stein fort und fort verweilen« wollte, und dem Bildhauer als Begründung für seine Wahl stolz zu schreiben: »Auf dem Felsen ist ›Kultur und Ethik‹ entstanden und ist der historische Jesus wiederer-

---

101 S. 91.
102 S. 141.

standen«[103] – Jesus, der für den Theologen Schweitzer, wie sich zeigen wird, im Sinne des christlichen Glaubens keineswegs Auferstandene: im Werk unseres Leben-Jesu-Forschers wiedererstanden! Das ist wahrhaftig nicht wenig behauptet!

9. Die Ablehnung der Kritik an seinen wissenschaftlichen Arbeiten gehört aber nicht nur in den charakterologischen Zusammenhang von Bescheidenheit und starkem Selbstbewußtsein, sie ist auch rein intellektuell gesehen auffallend. Der kritische Sinn ist bei Schweitzer so stark angelegt und ausgebildet, seine Leistung gerade in kritischer Hinsicht so bedeutend — *Picht* nennt sie genial[104] —, daß sein Verhalten gegenüber seinen eigenen Kritikern, dieses grundsätzliche Nichteingehen auf ihre Beanstandungen, kaum begreiflich erscheint. Mag sein Vorsatz »Niemals antworte ich, wenn man gegen mich schreibt«[105] in erster Linie einer eindrucksvollen Selbstsicherheit entspringen oder mehr dem Geiste der Bergpredigt verpflichtet sein und in menschlichen Beziehungen Hochschätzung verdienen, so ist doch die Lage im Bereiche der wissenschaftlichen Arbeit, die auf Auseinandersetzung angewiesen ist, durchaus anders. Auch ging Schweitzer ja nicht nur einer Diskussion aus dem Wege, was wenigstens teilweise mit seinem Zeitmangel erklärt werden könnte, sondern er lernte auch für sich selbst nicht aus der Kritik und beharrte unerschütterlich auf seinem Standpunkt, auch da, wie gesagt, wo das Gewicht der Einwände sehr schwer war und fast erdrückend wirken mußte. Es würde in der hier angestellten Betrachtung seines Wesens etwas fehlen, wenn man dieses höchst seltsame Nebeneinander einer so hervorragenden kritischen Begabung und, man muß schon sagen, erstaunlicher Kritiklosigkeit der eigenen wissenschaftlichen Position und Leistung gegenüber nicht herausstellte.

10. Mit dem auf den letzten Seiten Gesagten berührt sich, daß dieser starke und, wie noch hervorzuheben sein wird, vom Glauben an die Vernunft beseelte Wille, der sich mit einem äußersten Maß an Mitgefühl und Hilfs- und Opferbereitschaft verbindet, auch außerhalb der wissenschaftlichen Sphäre keineswegs nur immer der vernünftige, ideale war, sondern gelegentlich sehr individuell und unvollkommen anmutet. Besucher Lambarenes berichten, »daß der alte Philosoph im Urwald recht starrköpfig sein« konnte[106], daß er »dickschädelig« und »schrullig« war[107], »verbohrt«, »diktatorisch«, »vorurteilsvoll«, »pedantisch«[108], »daß das

---

[103] Brief vom 16. Dez. 1958. Mitgeteilt in einem Aufruf des Comité pour l'érection du monument du Docteur Albert Schweitzer (Gunsbach, Avril 1969).
[104] *W. Picht*, S. 200.
[105] Brief an Karl Zimmermann vom 6. Dez. 1964. In: Schweizerisches Reformiertes Volksblatt. Jg. 103. 1969. S. 202.
[106] *Italiaander*, S. 52. Vgl. auch *Guy Barthélemy:* Lambarene, S. 60.
[107] *Italiaander*, S. 64.
[108] *Gunther*, S. 694.

Wohlwollen des großen Mannes nicht mit einem Übermaß an Geduld verbunden« war[109]. So ergibt sich wiederum ein recht merkwürdiger Kontrast; denn wo fände man das noch einmal, daß ein Mensch, der sich im Dienste für andere zu verzehren scheint, zugleich eine so eigenwillige Art besitzt und zur Geltung bringt? Es wird uns von seiner Reizbarkeit, Heftigkeit, ja, von Zornausbrüchen erzählt, so etwa, wenn ein mit seinem streikenden Motor in stockfinsterer Nacht steckengebliebener Holzhändler sich von einem aus dem Dunkel tretenden großen Manne tüchtig angepfiffen findet, »wobei er mir drohte, mich mitsamt meinem Wagen in den Fluß zu werfen, wenn ich weiterhin die ganze Umgebung mit meinem Lärm aufschrecke. Ich blieb ihm die Antwort nicht schuldig, denn ich war wütend, daß er so wenig Lust zeigte, mir aus der Patsche zu helfen. Er erwiderte, er könne auf keinen Fall zulassen, daß der Schlaf seiner Kranken gestört werde. So erfuhr ich, mit wem ich es zu tun hatte und wo ich mich befand. Zehn Minuten später, als wir uns abgeregt hatten, lud er mich ein, die Nacht bei ihm zu verbringen, und schickte sofort ein Kanu ins Dorf, um das fehlende Ersatzstück für meinen Motor zu holen.«[110, 111] Ist diese Szene nicht die schönste Illustration zu dem Urteil eines anderen Berichterstatters, Schweitzer sei »ein großartiger Tyrann mit einem goldenen Herzen«[112]? Gewinnt er, der wiederholt tief überzeugt an die Seligpreisung der Sanftmütigen erinnert hat, nicht dadurch noch in unseren Augen, daß er alles andere als temperamentlos war, sondern derart aufbrausen konnte? In der angeführten Rede am siebzigsten Geburtstag im Kreise seiner Mitarbeiter soll er bei einer Selbstanalyse auch »einige Tropfen ›wilder Mann‹« erwähnt haben[113]. Wer der Meinung ist, daß auch ein zutiefst sittlich Strebender kein kraftloses Schemen werden, sondern ein Mensch von Fleisch und Blut bleiben soll, der wird diese Beimengung in Schweitzers Wesen und eine Begebenheit wie die soeben berichtete nicht missen mögen. Auf jeden Fall aber heben sich eine so eigenwillige Art und ein solches Aufbrausen merkwürdig ab von so viel Hingabe und Sanftmut.

11. Die Zeichnung würde jedoch schief werden, wenn man diese nicht zu übersehende gelegentliche Beimengung des Naturhaft-Unvernünftigen in Schweitzers Haltung stärker hervorheben wollte. Dagegen muß hier noch ausdrücklich genannt werden die eigentümliche Verbindung von Energie und Güte. Wiederum selbstverständlich nicht, als ob es sich dabei um einen Gegensatz im strengen Sinne handelte, aber doch so, daß in

---

[109] *Sal Tas*, S. 83.
[110] *Barthélemy*, S. 64.
[111] Einen weiteren Wutanfall »über irgendein Büroversehen«, unmittelbar nachdem er soeben ein kleines Kind inbrünstig und mit Lauten des Entzückens geherzt und geküßt hatte, erwähnt als Augenzeuge *Helmut Thielicke* (Schweitzer, S. 277), damals Student und Begleiter Schweitzers zu einem Vortrag.
[112] *Gunther*, S. 716.
[113] Ohne Quellenangabe bei *Pierhal:* Schweitzer, S. 324.

der Tat nicht selten ein gewisses Komplementärverhältnis zu bestehen scheint — bei Menschen von großer Willenskraft tritt die Güte, wenigstens im Erscheinungsbild, vielfach sehr zurück, und besonders gütige Menschen wünschte man sich umgekehrt manchmal mit ein wenig mehr Durchsetzungsvermögen ausgestattet —, während Schweitzer beide Seiten in einem Höchstmaß und völligem Gleichgewicht aufweist. Eine langjährige Mitarbeiterin meinte nicht nur, seine »Kunst, die Menschen zu behandeln«, bestehe »darin, gütig zu sein und mit zielbewußter Festigkeit aufzutreten«[114], sondern nannte überhaupt »Energie und Gütigkeit«[115] als bezeichnend für ihn[116].

12. Daß die früher erwähnte starke Schüchternheit, nicht nur in der Jugend, mit zunehmendem Alter einem kräftigen Selbstvertrauen und einem geradezu souveränen Auftreten wich, stellt eine natürliche Entwicklung dar, die kaum auffällig ist. Aber eine gewisse Distanz zu den Mitmenschen erhält sich auch noch bei dem alten Schweitzer, nun jedoch eben mit dem Bewußtsein der Überlegenheit verbunden, wodurch eine Haltung entsteht, die der üblichen Vorstellung von einem großen Menschenfreund nicht völlig entsprechen mag. »Ein leichter Spott leuchtet aus seinen Augen«, »er ist eher ironisch als jovial«, so beschreibt ihn ein offenbar sehr guter Beobachter[117]. Und hier scheint sich noch ein neuer Gegensatz anzukündigen. *J. Gunther*, ein schon mehrfach herangezogener Besucher, urteilt: »Schweitzer ist ein tiefer Moralist, hat aber verhältnismäßig wenig Interesse für die Menschen selbst, seien sie nun Afrikaner oder etwas anderes. Er ist nach innen gekehrt, nicht nach außen. Im Grunde sind seine Interessen Kunst und Ideen.« »Seine innere Unnahbarkeit ist erstaunlich; mit den meisten seiner Mitarbeiter hat er nur wenig Fühlung.«[118] An diesen reichlich impressionistischen Sätzen wird man zunächst in Abzug zu bringen haben, was von dem Nach-innen-gekehrt-sein auf das Konto der ständigen Überanstrengung und Müdigkeit geht, unter der Schweitzer viel gelitten hat[119]. Das schließt nicht aus, daß jener Eindruck insofern richtig ist, als Schweitzer, was freilich ohnehin von vornherein angenommen werden darf, keineswegs eine rein extravertierte Natur war. Verhält es sich aber nun wirklich so, daß es eine im letzten Grunde unpersönliche, rein ideell bestimmte Einstellung war, die ihn im Verhältnis zu den Menschen leitete? *Theodor Heuß* hat in seiner Rede bei der Verleihung des Friedenspreises des deutschen

---

[114] *C. E. B. Russell:* Mit Schweitzer, S. 22.
[115] Das Wort »Gütigkeit« findet sich in Anlehnung an den Sprachgebrauch Schweitzers nicht selten auch bei ihm persönlich Nahestehenden.
[116] *Russell,* S. 24.
[117] *Sal Tas,* S. 83.
[118] *Gunther,* a. a. O., S. 694 f.
[119] Vgl. z. B. *Russell* (S. 23): »Die Müdigkeit bringt es mit sich, daß er oft sehr wortkarg ist. Man darf ihn nicht mit einem unnötigen Gespräch belästigen. Bei Tische liebt er es, daß wir uns lebhaft unterhalten. Aber oft geschieht es, daß er selbst nur mit einem Lächeln oder Nicken am Gespräch teil nimmt.«

Buchhandels an Albert Schweitzer das Gegenteil behauptet: »Ihre Ethik ist, es mag manchem seltsam klingen, Individualethik. Ich glaube, die Gruppe, der Stand, die Klasse, die Rasse, auch ›das Volk‹ und ›die Nation‹, alle diese Dinge oder Begriffe haben Sie im Letzten nie sehr interessiert — aber diese Menschen, dieses Schicksal. Sie sind nicht als Missionar mit gesuchter Breitwirkung zu den Schwarzen gegangen, sondern Sie haben dem Neger Johannes oder wie er sonstwie heißen mochte, in seiner Hilflosigkeit zu helfen versucht.«[120] Was ist nun die Wahrheit: ist die Wirksamkeit einer abstrakten Idee gemäß, das Streben nach dem allgemeingültigen Ideal, oder der Wunsch, unmittelbar einzelnen Menschen zu helfen, das eigentlich Bestimmende für Schweitzer gewesen? Dazu wäre wohl zu sagen, daß es sich bei ihm, für sein Bewußtsein wenigstens, hier schwerlich um eine wirkliche Alternative gehandelt hat. Das Hauptgewicht liegt allerdings — darin wird unser Berichterstatter recht haben — auf dem Bestimmtsein durch Ideen und Ideale. Dem Aufbruch nach Afrika und seiner Vorbereitung gehen lange voraus jene Versuche, neben der Ausübung seines wissenschaftlichen Berufes sozial zu wirken, so schon als Student in der Armenfürsorge[121]. Später, als Dozent, dachte er daran, verlassene oder verwahrloste Kinder aufzunehmen, auch widmete er sich Vagabunden und entlassenen Gefangenen[122]. Hier ist der allgemeine Gedanke der sozialen Betätigung, der ihn zum Experimentieren in verschiedener Richtung führt, unverkennbar das Primäre. Das weniger unmittelbar konkret als gedanklich-ethisch begründete Interesse Schweitzers an den Menschen, mit denen er es dann in Lambarene zu tun hatte, wird ja auch von Heuß angedeutet, wenn er, in dem angeführten Satz fortfahrend, die andere, unpersönliche Seite wenigstens anklingen läßt: »Mochten Sie stellvertretend sein, mochte er« (der Neger Johannes) »stellvertretend gelten im Geben und Nehmen.« Aber wer sich vergegenwärtigt, wie Schweitzer durch die Sorge um einzelne Patienten immer wieder für längere Zeit von der Arbeit an der ihm am Herzen liegenden Kulturphilosophie, von einer Darlegung seiner wichtigsten Einsichten und Überzeugungen abgehalten wird, weil er, wie er schreibt, »nichts anderes daneben denken kann«, oder wie der alte Mann in später Nacht noch einmal die Lampe nimmt und von seinem Schreibtisch aufbricht, um nach einem Schwerkranken zu sehen, der wird sich hüten, hier vorschnell und einseitig zu urteilen. Wer will noch unterscheiden und entscheiden, ob es bloßes allgemeines sittliches Pflichtbewußtsein oder unmittelbare persönliche Teilnahme ist, wenn jene schon erwähnte Mitarbeiterin berichtet, sie erinnere sich »an Fälle, wo er Nächte lang bei einem Kranken weilte oder alle zwei Stunden sich wekken ließ, um nach ihm zu sehen. Und dabei mußte er am folgenden Tage

---

[120] *Heuß*, S. 196.
[121] LD S. 72.
[122] S. 71.

dieselbe Arbeit verrichten, als ob er richtig geschlafen hätte«[123]. Auch wenn das allgemeine, ideelle Moment bei seinem humanitären Wirken sicherlich überwog, so tritt das Interesse für den einzelnen Menschen jedenfalls kaum dahinter zurück. Die unpersönliche Kühle, die ausschließlich durch Ideen und Grundsätze bestimmte Menschen ausstrahlen, findet sich bei Schweitzer ganz und gar nicht. »Bei aller angestrengten Arbeit und Disziplin ist immer etwas Lindes, Wärmendes, Hegendes in ihm gewesen«, stellt *Robert Minder,* ein besonders guter Kenner Schweitzers, fest[124]. Würde im übrigen jene allgemein-idealistische Haltung überhaupt zustande gekommen sein, ohne daß Schweitzer zunächst von einzelnen Fällen so bis ins Innerste ergriffen und erschüttert worden wäre, ohne daß ihn in der Not einzelner Menschen der Menschheit ganzer Jammer angerührt, ohne daß er in dem Leiden irgendeines Tieres das Seufzen *der* Kreatur gehört hätte? Die Hingabe an das Ideal und die Teilnahme am Ergehen von Menschen beeinträchtigen einander bei Schweitzer nicht, man wird eher von einem Verhältnis positiver Wechselwirkung sprechen können[125].

13. Schweitzer ist ein Idealist ohnegleichen. In seinen Lebenserinnerungen schreibt er: »In meiner Jugend habe ich Unterhaltungen von Erwachsenen mitangehört, aus denen mir eine das Herz beklemmende Wehmut entgegenwehte. Sie schauten auf den Idealismus und die Begeisterungsfähigkeit ihrer Jugend als auf etwas Kostbares zurück, das man sich hätte festhalten sollen. Zugleich aber betrachten«[126] »sie es als eine Art Naturgesetz, daß man das nicht könne. Da bekam ich Angst, auch einmal so wehmütig auf mich selber zurückschauen zu müssen. Ich beschloß, mich diesem tragischen Vernünftigwerden nicht zu unterwerfen. Was ich mir in fast knabenhaftem Trotze gelobte, habe ich durchzuführen versucht.« »Wir alle müssen darauf vorbereitet sein, daß das Leben uns den Glauben an das Gute und Wahre und die Begeisterung

---

123 *Russell,* S. 23.
124 *Minder:* Martin, S. 48.
125 Um ein subjektiv wirklich als Gegensätzlichkeit empfundenes Verhältnis handelt es sich dagegen wohl bei Schweitzers Zeit- und Ruhmesgenossen Albert Einstein. Anders als bei Schweitzer beruht der Weltruhm bei ihm zwar auf seiner Erkenntnis-, nicht auf einer sittlichen Leistung, aber wie bei Schweitzer steht auch bei ihm neben der intellektuellen Genialität eine ungewöhnliche sittliche Aufgeschlossenheit und Lebendigkeit. Während nun aber Schweitzer zurückhaltend nur von Natur war, jedoch den Kontakt mit den Mitmenschen suchte und fand, scheint die persönliche Einstellung Einsteins vielfach die eines völligen inneren Isoliertseins, einer Beziehungslosigkeit zu seiner menschlichen Umwelt gewesen zu sein. Davon hebt sich dann um so merkwürdiger der Ernst seiner Mitmenschlichkeit ab. Einsteins Biographin *Antonina Vallentin* hat den Gegensatz von »sozialem Verantwortungsgefühl und Gemeinschaftsflucht« eindrucksvoll beschrieben: »Er ist einsam, unzugänglich und fühlt sich zugleich zutiefst solidarisch mit seinem Bruder Mensch«, so daß er aus einem »Einsiedlerleben« zuweilen »heraustritt, um leidenschaftlich für eine wichtige gute Sache einzutreten« (Drama, S. 89), und die Verfasserin meint, Einstein sei sich dieses Dualismus durchaus bewußt gewesen (S. 166).
126 Sollte wohl heißen: »betrachteten«.

dafür nehmen will. Aber wir brauchen sie ihm nicht preiszugeben. Daß die Ideale, wenn sie sich mit der Wirklichkeit auseinandersetzen, gewöhnlich von den Tatsachen erdrückt werden, bedeutet nicht, daß sie von vornherein vor den Tatsachen zu kapitulieren haben, sondern nur, daß unsere Ideale nicht stark genug sind.« »Die Macht des Ideals ist unberechenbar. Einem Wassertropfen sieht man keine Macht an. Wenn er aber in den Felsspalt gelangt und dort Eis wird, sprengt er den Fels; als Dampf treibt er den Kolben der mächtigen Maschine. Es ist dann etwas mit ihm vorgegangen, das die Macht, die in ihm ist, wirksam werden ließ.«[127] Schweitzers ganzes Leben stellt die beispiellose und beispielhafte Durchführung dieser idealistischen Haltung dar. Wer bedenkt, was vielleicht nicht Afrika, was aber jedenfalls Europa und die ganze weiße Kultur überhaupt ohne das Wort Lambarene heute wären, der erkennt, wie groß die Macht des Ideals sein kann, wenn es ganz Besitz von einem Menschen ergriffen hat. Nicht eine überschäumende Kraftnatur ist die Quelle dieses Werkes, sie ist nur ein Mittel bei seiner Durchführung. Das eigentliche Motiv ist der Glaube an die Unentbehrlichkeit und Macht der Ideale, und zwar in zweifacher Hinsicht. Schweitzers Ziel war nicht nur, Kranken, die keinen Arzt hatten, Hilfe zu bringen gemäß dem ihn bestimmenden Leitbild vom Menschen, sondern darüber hinaus, ohne unmittelbar, buchstäblich, in einem engeren Sinne vorbildlich wirken zu wollen — er wußte, daß nicht ein jeder von uns in den Urwald gehen kann —, schließlich doch die Menschheit zu ändern, die zivilisierten Völker anzustoßen, damit sie sich ihrer humanitären Verpflichtung bewußt werden. Aber wie weit ist es im allgemeinen von der Konzeption eines solchen Gedankens, von der Anerkennung eines Ideals bis zu seiner Verwirklichung mit allen seinen Konsequenzen! Und nun demgegenüber Schweitzer! Selten hat ein Vertreter des ethischen Idealismus in der Theorie zugleich ein praktisches Werk solchen Ausmaßes selbst geschaffen, oder, wie man umgekehrt mit demselben Recht sagen kann: selten hat ein praktizierender sittlicher Idealist von Natur, von Haus aus, sich zugleich so sehr um die im Denken liegenden Grundlagen dieses sittlichen Idealismus bemüht[128]. Schweitzer ist ein Idealist der Reflexion und der Tat, wie man ihn in dieser Einheit kaum zum zweiten Mal findet.

Die Hauptschuld am Niedergang der Kultur gibt er dem Umstand, daß die Vernunftideale ihre Geltung verloren, daß man nicht mehr die Wirklichkeit an den Idealen ausrichtete, sondern dazu überging, die Ideale der Wirklichkeit zu entnehmen. Die übliche Verherrlichung des »Wirklichkeitssinnes« und gar die vielfach geforderte »Realpolitik« sind

---

[127] KJ S. 60 f.

[128] Das heißt keineswegs, daß etwa der erkenntnistheoretische oder der metaphysische Idealismus die Grundlage des praktisch-sittlichen wäre. Beide lehnt Schweitzer vielmehr ab.

ihm tief zuwider[129], obgleich er selbst über einen ausgeprägten Wirklichkeitssinn verfügt und ihn sich zunutze zu machen versteht. Das ist nämlich das Sonderbarste, das, was den Fall wiederum einzigartig macht, daß dieser unbegrenzte Idealismus Schweitzers doch so gar nichts Weltfremdes hat, sondern mit einem ausgesprochenen Realismus gepaart ist. Schon als Schüler fühlt er sich zu den Realien hingezogen. Neben der Geschichte fesseln ihn am meisten die naturwissenschaftlichen Fächer[130]. Und auch später verachtet dieser Idealist nicht die Realitäten, sondern weiß mit ihnen zu rechnen. Sein glühender Idealismus bestimmt ihn, sich für den Dienst an den Menschen die denkbar schwerste Aufgabe zu setzen, die ein neues, langes Studium voraussetzt und die er in dem wie gesagt ungünstigsten Klima, das sich überhaupt finden läßt, zu übernehmen gedenkt. Aber vorher überschlägt er in nüchterner Selbstprüfung wie »der Mann aus dem Gleichnis, der einen Turm bauen will«, »›ob er es habe hinauszuführen‹«[131]. »Als einer, der vom Idealismus Nüchternheit verlangt, war ich mir bewußt, daß jedes Begehen eines ungebahnten Weges ein Wagnis ist, das nur unter besonderen Umständen Sinn und Aussicht auf Gelingen hat. In meinem Falle hielt ich das Wagnis für berechtigt, weil ich es mir lange und nach allen Seiten überlegt hatte« und er sich die einzeln von ihm aufgezählten erforderlichen Eigenschaften zutraute[132]. Ein besonders eindrucksvolles Beispiel für seinen Wirklichkeitssinn ist, wie frühzeitig er, auf der im Januar 1939 angetretenen Fahrt nach Europa, den Ausbruch des Krieges voraussieht und wie er sofort entsprechend handelt. Er entschließt sich bei der Landung, auf den dringend benötigten »Europaaufenthalt zu verzichten und nach 12 Tagen mit demselben Schiff« »nach Afrika zurückzukehren«, um in einer solchen Zeit im Spital auf dem Posten zu sein. So greift er, als ihm in erheblichen Mengen minderwertiger Reis, den einige Faktoreibesitzer los sein wollen, angeboten wird, in kluger Voraussicht zu, so daß das Spital dann in der Zeit des Mangels 3 Jahre davon zehren kann[133, 134]. Illusionslos, ganz realistisch sieht Schweitzer auch von Anfang an die sozialen Probleme des Urwalds. Er betont, »daß die Kultur nicht mit Lesen und Schreiben, sondern mit dem Handwerk beginnt«[135]. Er erkennt die Polygamie unter den Eingeborenen als sozial vernünftig an[136] und beurteilt das Verhältnis zwischen Schwarzen und Weißen ohne Sentimentalität: die Schwarzen des Urwalds brauchen Autorität[137].

---

[129] VW S. 24 ff. 31.
[130] KJ S. 41.
[131] LD S. 74.
[132] S. 76.
[133] *Schweitzer:* Spital, S. 120 f.
[134] Mehrere Beispiele für »die Treffsicherheit seiner Voraussagen« gibt *H. Baur:* Persönlichkeit, S. 221.
[135] BL S. 108.
[136] WU S. 121 ff.
[137] S. 125 ff.

Wohl nicht zufällig haben gerade amerikanische Besucher Lambarenes einen damit zusammenhängenden Zug im Wesen Albert Schweitzers hervorgehoben: die Tendenz, »die Dinge in zweckmäßiger Weise zu vereinfachen«. »Sie tritt bei ihm auf den verschiedensten Gebieten zutage. Übt er Orgel, so ist er darauf bedacht, den einfachsten Fingersatz zu finden; schreibt er, so bemüht er sich um die schlichteste Ausdrucksweise. Bei der Organisation des Spitalbetriebes leitete ihn das Bestreben, die Dinge vor sich gehen zu lassen, wie es sich am natürlichsten ergibt.«[138] »Sein Prinzip ist: ›Alles soll auf möglichst einfache Weise gemacht werden‹.«[139] Wie würden sich die meisten Menschen einrichten, die über einen so ausgeprägten Sinn für Einfachheit und Zweckmäßigkeit verfügen, wie würden sie sich überall den Gegebenheiten anzupassen suchen, auf der Linie des geringsten Widerstandes operieren, wie prosaisch würde ihr Leben wahrscheinlich verlaufen, und was hat demgegenüber Albert Schweitzer aus dem seinigen gemacht! Die Ziele steckt er denkbar hoch, ohne Rücksicht darauf, ob sie (im heutigen Sprachgebrauch) »realistisch« sind. Bei der Wahl der Mittel hingegen denkt er durchaus sachlich, praktisch: auf Angemessenheit und Zweckmäßigkeit allein kommt es dabei an. Was nun bei den kleinen Dingen Einfachheit und Zweckmäßigkeit sind, das ist auf einer höheren Ebene die Vernunft: um vernünftiges Leben und Handeln geht es hier wie dort. Sein größtes philosophisches Anliegen war die Begründung einer dem Denken genügenden Ethik; die besondere Sorgfalt seines Alltags galt der Anfertigung von Bestell-Listen für die Apotheke und dem Hüten des Werkzeugs für die schwarzen Arbeiter. Dieser ausgeprägte Sinn für das praktisch Vernünftige und für die Wirklichkeit mit ihren Aufgaben bis in die letzten geistlosen Erfordernisse steht in einem überaus eigenartigen Kontrast zu seinem unentwegten, keine ichbezogenen Bedenken kennenden, nur in einem höheren Sinne vernunftgemäßen Idealismus, war aber sicherlich zugleich eine Ursache für das Gelingen der praktischen Bestrebungen und Taten, zu denen der Idealismus ihn antrieb. Der Sinn für den Boden der Tatsachen und für die Voraussetzungen und Bedingungen der ins Auge gefaßten Aufgaben haben sich hier mit einem die Schwerkraft des Alltags überwindenden Hochflug der Vernunft und des guten Willens in einer einmaligen Weise zusammengefunden[140].

---

[138] *Joy* u. *Arnold*, a. a. O., S. 79. — Diese zweckmäßige Vereinfachung ist nicht ohne weiteres sittlich zu bewerten, sie ist aber durchaus sachbezogen und insofern doch etwas ganz anderes als die demagogischen Zwecken dienende Vereinfachung der »terribles simplificateurs«. Die Vereinfachung, in der ein Hitler Meister war, hat selbstverständlich mit der an Schweitzer hervorgehobenen kaum etwas gemein. Ein anderes ist die Frage, ob eine gewisse Neigung zur Vereinfachung bei Schweitzer sich nicht doch gelegentlich ungünstig ausgewirkt hat. Diese Frage kann, wie sich zeigen wird, weder auf theologischem noch auf philosophischem Gebiet ganz von der Hand gewiesen werden.

[139] *Russell*, S. 24.

[140] *H. A. Babel* (Pensée, S. 215) bezeichnet das Werk Schweitzers, sein Leben, seine Arbeit als »synthèse de l'idéalisme le plus élevé et du réalisme le plus positif«. *Baur* (Persönlichkeit, S. 220) weist auf das Paradoxon des »nüchternen Enthusiasmus«

14. Bemerkenswert ist, daß der hochgespannte sittliche Enthusiasmus Schweitzers nicht in einem Streben nach Heroismus begründet ist, ja, daß er diesem eine offene Absage gibt. Bei aller unerhörten Anstrengung bleibt Schweitzer die Schlichtheit und Natürlichkeit selbst, das ist vielleicht der anziehendste Zug in seiner an wertvollen Eigenschaften so reichen Persönlichkeit, wie sie vor allem in seiner Selbstdarstellung, aber auch in manchen Schilderungen anderer sichtbar wird. »Nur derjenige, der sein Vorhaben als etwas Selbstverständliches, nicht als etwas Außergewöhnliches empfindet und der kein Heldentum, sondern in nüchternem Enthusiasmus übernommene Pflicht kennt, besitzt die Fähigkeit, ein geistiger Abenteurer zu sein, wie sie die Welt nötig hat.«[141] Sehr bezeichnend ist in dieser Hinsicht das folgende kleine Beispiel. Der Kandidat hatte sich vorgenommen, seine theologische Dissertation möglichst schnell abzuschließen, um das ihm zugefallene Stipendium für einen anderen freizumachen. Derjenige, für den er sich beeilte, machte dann keinen Gebrauch davon. Nun könnte man meinen, der so ganz vom sittlichen Idealismus Durchdrungene werde sich hier mit dem Bewußtsein der Pflichterfüllung zufrieden gegeben haben, mit dem Gedanken, daß es für den guten Willen nicht entscheidend ist, ob er sein Ziel erreicht oder nicht. So verhält es sich indessen bei Schweitzer nicht. Ganz schlicht und unbefangen bemerkt er rückblickend: »Hätte ich dies gewußt, so wäre ich noch länger auf Reisen geblieben und hätte dann auch an englischen Universitäten studiert. Daß ich mir dies durch eine gegenstandslose Rücksichtnahme entgehen ließ, hat mich zeitlebens gereut.«[142] So bleibt der sittliche Enthusiast ein ganz unverbildeter, natürlich fühlender Mensch, bei dem der Pflichtgedanke viel weitere Kreise zieht als bei anderen, der aber gar nicht darauf aus ist, sich damit hervorzutun. An der angeführten Stelle heißt es weiter: »Es gibt keine Helden der Tat, sondern nur Helden des Verzichtens und des Leidens. Ihrer sind viele. Aber wenige von ihnen sind bekannt, und auch diese nicht der Menge, sondern nur den Wenigen.«

Und doch ist die Ablehnung des Heroismus bei Schweitzer nur die eine Seite. Er zeigt nämlich daneben für das Heroische auch Anerkennung. In einem besonders bedeutsamen Zusammenhang, in der Schlußbetrachtung seiner »Geschichte der Leben-Jesu-Forschung«, bewertet er es durchaus positiv und fordert es sogar als das entscheidend Wichtige: »Das Entscheidende ist das Enthusiastische und Heroische der Weltanschauung, das aus dem Wollen des Reiches Gottes und dem Glauben an dasselbe kommt und durch die hemmenden Zustände nicht vermindert, sondern gesteigert wird.«[143] Wie der von ihm gezeichnete Jesus eine

---

Schweitzers hin. Der Beitrag Baurs, der aus naher persönlicher Bekanntschaft schöpft, ist wohl das Aufschlußreichste, das in dieser Kürze über die Persönlichkeit geschrieben wurde.

[141] LD S. 76.

[142] S. 20.

heroische Natur ist, so findet sich auch in Schweitzer selbst ein starker heroischer Zug. So echt sein Entschluß war, ein Leben des unmittelbaren Dienstes an den Menschen zu beginnen, und dies wie gesagt unter den denkbar schwersten Bedingungen, so sehr ihm die innere Folgerichtigkeit und Notwendigkeit seines Vorhabens anzumerken ist, die fern von allem Auffallenwollen liegt: daß die Einmaligkeit und das geistige Abenteuer dieser Entscheidung und des ganz neuen Lebens ihn angezogen und daß der Gedanke an Hindernisse ihn dabei noch bestärkt hat, meint man deutlich zu spüren. Merkwürdig, wie sehr es ihn beeindruckt, als er gegen Ende seines theologischen und philosophischen Studiums in einer Abendgesellschaft einen der bedeutenden Berliner Gelehrten aussprechen hört, was er selber so lebhaft empfand: »Wir sind ja doch alle nur Epigonen!«[144] Der junge Mann, der so denkt, hat schon 3 Jahre zuvor seinen Entschluß gefaßt, durch den er sich von allem Epigonentum scheidet. Er ist ein Geistesverwandter Nietzsches, auch in ihm lebt etwas von der Idee des Übermenschen, nur mit umgekehrtem Vorzeichen. Aber die unerhörte Spannung des Willens hat hier gar nichts Krampfhaftes, und das über den heroischen Zug in Schweitzer Gesagte wird nur dann richtig verstanden, wenn man es mit der schlichten, nüchternen, natürlichen Art seines Wesens und Auftretens zusammensieht.

Indem Schweitzer das Heroische nachdrücklich ablehnt und dann wieder ausdrücklich bejaht, verwickelt er sich, rein formal gesehen, in einen auffälligen Widerspruch. In der Sache, in psychologischer, aber auch in ethischer Hinsicht liegt ein solcher dagegen eigentlich nicht vor. Daß er ein Äußerstes an Einsatz aus sich selbst herausholt und auch von anderen fordert, ist durchaus damit vereinbar, daß ihm das Tun des als notwendig Erkannten selbstverständlich erscheint und daß er keinerlei Aufhebens davon gemacht wissen will, und beides entspricht ebenso sehr seiner Natur wie auch dem Wesen des Sittlichen. Der scheinbare, äußerlich allerdings ja eklatante Widerspruch einer Verneinung und zugleich Bejahung des Heroischen ergibt sich aus dem Wesen des geistigen Abenteurertums, so wie er es versteht, und der unvorstellbaren Willenskraft einerseits, seiner großen Schlichtheit und Bescheidenheit andererseits, aber eben auch allgemein aus dem Umfang der sittlichen Forderung und zugleich dem Bewußtsein, daß wir auch im Falle ihrer Erfüllung »unnütze Knechte« gewesen sind.

15. Die Meinung, theoretische und praktische Begabung könnten nicht gut in einem Menschen zusammen vorkommen, ist ein ziemlich verbreitetes volkstümliches Vorurteil, das die in die Augen fallenden Fälle von großen theoretischen Leistungen bei Versagen auf praktischem Gebiet und umgekehrt verallgemeinert, jedoch durch die Wirklichkeit vielfach

---

[143] LJ S. 638.
[144] LD S. 126.

widerlegt wird. Dennoch bleibt es dabei, daß sich nicht selten eine beträchtliche Spannung zwischen ihnen ergibt. Der reine Praktiker empfindet eine solche kaum, umsomehr gerät eine stark theoretische Natur, die den Dingen überall auf den Grund gehen möchte, sich jedoch vor ausschließlich praktische Anforderungen gestellt sieht, unter Umständen in Schwierigkeiten. Sind beide Seiten so hochgradig ausgebildet wie bei Schweitzer, so erscheint ihr völlig bruchloses Zusammenbestehen jedenfalls nicht als selbstverständlich. Es ist zwar keine Seltenheit, daß ein Theologe wissenschaftlich und zugleich als Prediger tätig ist. Wenn aber der Verfasser eines großen Werkes über Bach nicht nur eine maßgebende Ausgabe der Bachschen Orgelwerke mit Ratschlägen für die stilgerechte Wiedergabe bearbeitet, sondern auch selbst ein bedeutender Orgelspieler ist und zugleich den Orgelbau theoretisch beherrscht und eine ausgebreitete Wirksamkeit für die Rettung oder stilgerechte Erneuerung alter Orgeln entfaltet, wenn er gar eine Orgel, auf der er spielen soll, nötigenfalls, wie berichtet, zunächst auseinandernimmt und reinigt und wenn der Arzt auch zum Organisator und sogar zum Architekten und vielseitig handwerklich tätigen Erbauer seines Krankenhauses wird, so kommt hier offenbar ein durchgehender Wesenszug der Persönlichkeit zur Geltung, und es zeigt sich, daß die theoretische und die praktische Einstellung hier nicht nur nicht in Spannung stehen, sondern eine äußerst fruchtbare Verbindung eingehen.

Auch Schweitzers philosophische Arbeit hat man wohl letztlich als Ausdruck praktischer Interessen zu begreifen. Die Tatsache aber, daß er sich eben nicht nur einem in seiner Art einzig dastehenden humanitären Unternehmen verschreibt, sondern sich daneben an den Versuch einer neuen Grundlegung der Ethik macht, läßt doch auch hier den starken Einschlag des theoretischen Elements deutlich werden. Erst recht erweist sich dieser darin, daß Schweitzer es dabei nicht nur auf eine eigene Theorie abgesehen hat, sondern seinen Standpunkt aus einer eindringlichen kritischen Betrachtung der Ethik seit der Antike ableitet. Ja, wozu sich selbst hauptamtliche Philosophen nur selten verpflichtet halten, er dehnt seine Aufmerksamkeit auch auf das indische und sogar auf das altchinesische Denken aus. Daß die von ihm verfaßte Auseinandersetzung mit der Weltanschauung der indischen Denker, der außerordentliche Tiefgründigkeit nicht abgesprochen werden kann, für Schweitzer keinen Selbstzweck darstellt und daß schließlich das bei ihm überwiegende Anliegen überhaupt dem Leben und Handeln gilt, ist unverkennbar. Aber gerade weil allerdings auch in seiner philosophischen Betätigung das letzte Ziel das Praktische ist, verdient der hohe Grad des theoretischen Interesses umso mehr hervorgehoben zu werden. Und das ganz Einmalige daran ist, wie theoretisches und praktisches Wirken hier eben nicht nur nicht in Spannung, aber auch nicht einfach unvermittelt nebeneinander stehen, sondern vielfach ineinander fassen und sich gegenseitig ergänzen.

16. Angesichts so vielfältiger bedeutender Anlagen und Leistungen sollte man eine in jeder Richtung gleichmäßig hervorragende Begabung erwarten, also erst einmal einen Musterschüler, dem alles spielend zufällt, der sich in jedem Fach gleich gut beschlagen zeigt und in den Prüfungen am Ende der Schulzeit und späterhin des Studiums glänzend abschneidet. Das alles ist keineswegs der Fall. Nur in der Musik ist der kleine Albert tatsächlich ein »Wunderkind«. Nachdem er schon mit 5 Jahren bei seinem Vater Klavierunterricht erhalten hatte, improvisiert er mit 7 Jahren auf dem Harmonium zu Choralmelodien die Begleitung, mit 8 Jahren, »kaum daß die Füße lang genug waren, um die Pedaltasten zu erreichen«, beginnt er Orgel zu spielen, mit 9 Jahren vertritt er zum erstenmal den Organisten im Gottesdienst[145]. Dagegen lernte er Lesen und Schreiben »nicht ohne Mühe« und kam auf der Dorfschule und der Realschule nur leidlich mit, um dann auf dem Gymnasium zunächst sogar ein so schlechter Schüler zu werden, daß der Vater zum Direktor geladen wird und dieser ihm nahelegt, den Jungen fortzunehmen[146]. Dabei handelt es sich nicht nur um »Trägheit und Verträumtheit«[147], um das bekannte späte Aufwachen, das gerade auch bei Hochbegabten vorkommt, sondern auch und wohl mehr noch um ursprüngliche Unterschiede der Begabung und Interessen. Bezeichnend ist, daß der Gymnasiast sich, wie schon erwähnt, vor allem von der Geschichte und den Naturwissenschaften angezogen fühlt und im Aufsatz gewöhnlich der erste war, in den fremden Sprachen und der Mathematik dagegen sich anstrengen mußte, um etwas zu leisten. So gehörte er in den Oberklassen wohl zu den besseren, aber nicht zu den besten Schülern. Eine 1 in der Geschichte, für die allein er sich wirkliche Begabung zuschreibt, zierte denn auch, wie er erzählt, das »sonst ziemlich mittelmäßige Reifezeugnis«. Das Hebraicum erledigt er »mit Mühe und Not«. Später bleibt der Kandidat im philosophischen Doktorexamen ebenfalls hinter den Erwartungen seiner Lehrer zurück, und die zweite theologische Dienstprüfung besteht er gar nur »mit knapper Not«, weil der inzwischen zum selbständigen Forscher Gewordene am gleichmäßigen Sicheinprägen eines Examensstoffes kein Gefallen gefunden hatte[148].

Was die Beschäftigung mit fremden Sprachen betrifft, so scheinen sie überhaupt Schweitzers Stärke nicht gewesen zu sein. Mit den Negersprachen seiner Umgebung hat er sich nie näher befaßt. Seine lange Jahre sonntäglich im Spital gehaltenen Predigten wurden Satz für Satz von zwei Dolmetschern in die beiden dort vorherrschenden Stammessprachen übersetzt. Die Vielzahl der hier gesprochenen Idiome mußte in der Tat das Erlernen eines von ihnen als nur von sehr begrenztem praktischem Wert erscheinen lassen, und Schweitzer vertrat den einleuchtenden Stand-

[145] KJ S. 11; LD S. 1 f.
[146] LD S. 2; KJ S. 31.
[147] Diese und die folgenden Angaben nach LD S. 2 ff.
[148] LD S. 20.

punkt, daß die Schwarzen eher Zeit haben, Französisch zu lernen als die Europäer die Sprachen der Eingeborenen[149]. Auffallender ist, daß er, der als Elsässer neben der deutschen Muttersprache das Französische von Kindheit an geläufig sprach und sein Buch über J. S. Bach zuerst französisch geschrieben hat, sich in England bei Vorträgen stets eines Dolmetschers bediente. So begründet er auch die Nichtberücksichtigung der englischen und amerikanischen Literatur in seiner »Geschichte der Paulinischen Forschung« nicht nur damit, daß sie ihm nicht vollständig erreichbar gewesen sei, sondern er führt außerdem ganz offen seine (damals ja noch nicht so seltene) mangelnde Vertrautheit mit dieser Sprache an[150]. Das Phänomen Schweitzer wird durch die Erwähnung solcher Grenzen des Könnens nicht kleiner. Es dürfte dadurch im Gegenteil noch reizvoller werden. Überall gleichmäßig gut beschlagene Musterschüler sind gewiß für ihre Lehrer erfreulich; den Biographen mutet die allzu mühelose Bewältigung sämtlicher Fächer in der Schule wie im späteren Leben eher ein wenig eintönig und nichtssagend an. Wenn dagegen frühzeitig Schwerpunkte des Interesses auftreten und schon bald Wille und Pflichtbewußtsein einsetzen, um Leistungen zustande zu bringen, wie dies bei dem jungen Albert Schweitzer der Fall war, so finden wir das nicht nur im allgemeinen eindrucksvoller, sondern es scheint auch in besonderem Maße zum Wesen dieses strebsamen Willensmenschen zu gehören. Die entscheidende Wendung in der Schulzeit bringt bei ihm bezeichnenderweise die Beobachtung, wie gewissenhaft ein neuer Klassenlehrer sich auf jede Stunde vorbereitet hat, so daß er ihm dadurch ein Vorbild der Pflichterfüllung wird[151]. Als Student fühlt er sich durch den Wunsch angespornt, auch das ihm Nichtliegende zu bewältigen und sich so im Hebräischen »gediegene Kenntnisse« anzueignen[152].

Die neuere Begabungsforschung hat die landläufige Annahme einer spezifischen Begabung für die einzelnen Schulfächer, die nicht zu Unrecht mit der Gallschen Phrenologie verglichen worden ist[153], längst überwunden. Sie ist andererseits auch nicht bei der Annahme einer einheitlichen, eindimensionalen Intelligenz stehengeblieben[154]. *A. Wenzl* hat sehr glücklich Intelligenztemperament und Kapazität unterschieden und innerhalb der Kapazität die Tiefendimension (Anschauungskraft, Erfülltheit, Intuition), die Höhendimension (Abstraktionskraft, Fähigkeit zum Denken in Leerformen) und die Breitendimension (»die Fähigkeit zur Erfassung und Herstellung beziehungs- und sinngeladener umfassender Ganzheiten und die Fähigkeit zur gedanklichen Operation an und mit ihnen«[155]),

---

[149] Nach einer brieflichen Mitteilung von Dr. *Markus Lauterburg-Bonjour*, Schweitzers einstigem ärztlichen Mitarbeiter, an den Verfasser.
[150] PF S. X.
[151] LD S. 2.
[152] S. 4.
[153] *Wenzl:* Begabung, S. 33.
[154] *O. Lipman:* Intelligenz, S. 39.
[155] *Wenzl*, S. 40.

wozu noch die Mitwirkung der Gedächtniskraft, der Phantasie und des Willens kommt. Eine derartige Betrachtung dürfte der Erfahrung in hohem Maße entsprechen. Bei Schweitzer scheint, abgesehen von den zuletzt genannten, bei ihm als besonders wesentlich zu veranschlagenden »vorintellektuellen Bedingungen«, was die Kapazität anbelangt, die Tiefen- und die Breitendimension relativ und absolut sehr stark entwickelt gewesen zu sein, während die Höhendimension, die in der Mathematik und in den Sprachen im Vordergrund steht, demgegenüber zurücktritt. Sein gleichmäßig geringes Verhältnis zu diesen Gebieten, das eigentümlich absticht von der sonstigen großen Begabung, und ein dadurch entstehender neuer Kontrast innerhalb dieser Persönlichkeit läßt sich demnach gut begreifen.

Viel auffälliger und weniger begreiflich erscheint etwas anderes. Eine bekannte Tatsache ist die häufig vorkommende Diskrepanz zwischen einst mittelmäßigen oder sogar ausgesprochen schlechten Schulzeugnissen und großen Verdiensten des Erwachsenen in einem einzelnen Fach, das in der Schule entweder keine Rolle gespielt hatte oder von dem Schüler für sich noch nicht innerlich entdeckt worden war. Daß jedoch ein keineswegs hervorragender Schüler im späteren Leben und sogar schon sehr bald derart hochgradige, ganz ungewöhnliche Leistungen auf den verschiedensten Gebieten aufzuweisen hat, macht das Besondere des Falles Schweitzer auch in dieser Hinsicht aus.

Auch bei dem reifen Manne hat man sonderbare Lücken des Interesses gefunden, so vor allem die, daß die geistige Welt des so außerordentlich vielseitig Interessierten, der den Naturwissenschaften und der Geschichte in gleichem Maße aufgeschlossen war, den die Philosophie des alten Indiens oder Chinas nicht weniger interessierte als die Tagespolitik, an einer Stelle einen beinahe weißen Fleck enthält: das Mittelalter. Dieser Umstand befremdet einen Rezensenten der Schweitzerschen Kulturphilosophie so sehr, daß er erstaunt ausruft: »Gab es kein deutsches Mittelalter?«[156], und *Grabs* stellt im einzelnen fest: »In ›Kultur und Ethik‹ hört die Geistesgeschichte bei Marc Aurel auf ... Erst mit dem fünfzehnten Jahrhundert erwacht wieder das Interesse des analysierenden Arztdenkers.«[157] Das Naserümpfen über diese Lücke mutet jedoch ein wenig bildungsphilisterhaft an. Kann man von einem Denker, der zur Grundlegung seiner eigenen Ethik eine kritische Auseinandersetzung mit dem bisherigen sittlichen Denken der Menschheit gibt, verlangen, daß er sich dabei mit allem und jedem beschäftigt und kein Zeitalter ausläßt? Muß man von einem systematisch und kritisch eingestellten Denker das schier unbegrenzte geistesgeschichtliche Interesse eines Dilthey oder Troeltsch erwarten? Es ist offensichtlich, daß die Einbeziehung des Mittelalters für Schweitzers Fragestellung kaum etwas Wesentliches gebracht hätte. Wenn

---

156 *F. Emmel* in einer Besprechung der »Kulturphilosophie«, S. 294.
157 *Grabs:* Schweitzer [Denker], S. 73.

er darauf verzichtet, mit einer mageren Überleitung den äußeren Anschein einer Vollständigkeit herzustellen, so entspricht das seinem ehrlichen und praktischen Sinn und der, wie er sagt, »elementaren«, nicht gelehrten Zielsetzung seiner Arbeit auf diesem Gebiet. Daß Schweitzer kein Verhältnis zum Mittelalter besitzt, ist offensichtlich. Aber nicht die inhaltliche Interessenlücke bildet den eigentlich bedauernswerten Mangel, sondern der Sachverhalt, in dem sie begründet ist: seine einseitig rationalistische Einstellung, die ihm das Verständnis und Interesse für dieses Zeitalter versperrte. Genau dasselbe gilt für seine »Lutherferne«[158]; Schweitzer wäre nicht Schweitzer gewesen, wenn er Luther näher gestanden hätte. Er wäre auch nicht Schweitzer, wenn er sich eine Würdigung Luthers abgequält hätte. Er besaß nun einmal kein Verhältnis zu ihm. Nicht die Lücke als solche, sondern die in ihr zu Tage tretende Einseitigkeit ist wichtig. Wie sich diese Einseitigkeit auch in seiner Auffassung der Kultur in folgenschwerer Weise auswirkt, wird in sachlichem Zusammenhang zu besprechen sein. Unglaubliche Vielseitigkeit verbunden mit auffallender Einseitigkeit!

17. Weiterhin ist bemerkenswert, wie eng der Forscher und Denker einerseits, der Künstler andererseits in Schweitzer benachbart, ja, vereinigt sind. Es gehört nicht nur zu seinen bedeutendsten literarischen Leistungen ein Werk, das einen der größten Künstler der Menschheit zum Gegenstand hat, sondern in ihm selbst, bei seiner wissenschaftlichen Arbeit sind auch künstlerische Elemente im Spiel. Namentlich ist, wie sich noch zeigen wird, der Anteil der Intuition am erkennenden Schaffensprozeß bei ihm besonders groß.

Hier soll jedoch noch etwas anderes besprochen werden. *Picht* hat darauf hingewiesen, daß Schweitzers Stärke »die rationale Konstruktion« ist. Seine Leistung in der Leben-Jesu-Forschung etwa ist bedingt »nicht durch eine überlegene Fähigkeit zur Erfassung geschichtlicher Vorgänge, sondern durch die Konsequenz seines rationalen Denkens«[159]. So verhält es sich in der Tat, und man muß sich insofern eigentlich wundern, daß seine Domäne nicht die systematische, sondern die historische Theologie geworden ist. Wenn Picht jedoch den Gegensatz zur rationalen Denkweise so weit steigert, daß er sagt, es sei »Schweitzer nicht gegeben«, »plastisch zu sehen«, so läßt sich dem nicht zustimmen. Das Besondere bei Schweitzer besteht vielmehr darin, daß die Neigung und Begabung zur rationalen Konstruktion eigentümlich kontrastiert mit einer starken Vorliebe für Vergleiche durch Einflechtung von Bildern, die ungemein deutlich gesehen und fein ausgeführt sind. Ihm ist nicht nur das Gehör und die akustische Phantasie eines großen Musikers eigen, sondern außerdem eine ausgeprägte visuelle Anlage. Die bildlichen Ver-

---

158 *Grabs:* Schweitzer [Denker], S. 179.
159 *W. Picht,* S. 240.

gleiche fallen ihm bei der Darlegung theoretischer Gedankengänge nur so zu. »Ein überlegener analytischer Scharfsinn«, den Picht mit Recht an ihm rühmt[160], verbindet sich mit einem für einen Wissenschaftler in diesem Grade ganz ungewöhnlichen malerisch-plastischen Vorstellungsvermögen.

In seinen theologischen und philosophischen Schriften ruht er nicht eher, als bis er die Menge der aufgetretenen Ansichten und Lösungsversuche entwirrt, zu Gruppen geordnet und auf die grundsätzlichen Möglichkeiten zurückgeführt hat, um dann in schärfster Durchdringung und Kritik der bisherigen Theorien und Hypothesen durch rationale Konstruktion den eigenen positiven Ansatz zu finden. Seine Darlegungen sind dabei im ganzen wie im Bau der einzelnen Sätze nie umständlich und langatmig, vielmehr knapp und geradlinig, auf äußerste Sparsamkeit bedacht und von beinahe einzigartiger stilistischer Schlichtheit. Dieser in der Analyse große, auf Herausarbeitung des Wesentlichen abzielende und auf straffe Gedankenführung haltende, allen rhetorischen Floskeln durchaus abgeneigte Autor bietet nun wie gesagt andererseits einen überraschenden Reichtum an Bildern von größter Originalität und Schönheit, die zwar der Verdeutlichung des Gesagten dienen, aber in ihrer Qualität und ihrem Gewicht weit über diesen Zweck hinausgehen. Schon *Kraus* hat betont, daß es wenige philosophische Schriftsteller gibt, »deren Werke eine ähnliche Fülle treffender Vergleiche enthalten wie die Arbeiten Schweitzers«[161]. Und das ist eigentlich noch ein sehr gemäßigter Ausdruck für den hier vorliegenden Sachverhalt. Im gesamten philosophischen Schrifttum läßt sich, was die Häufigkeit, die Eigenart und die Treffsicherheit der Vergleiche angeht, wohl nur Schopenhauer neben Schweitzer stellen, ja, man gewinnt den Eindruck, daß Schweitzer ihn in dieser Hinsicht noch erheblich übertrifft. Auch in der Theologie der jüngsten Vergangenheit und der Gegenwart findet sich bei bekannten Namen eine deutliche Neigung zum Gebrauch eigenartiger Bilder, besonders ausgesprochen etwa bei Karl Heim. Aber niemals tritt dieser Zug derart stark hervor wie bei Schweitzer. Er erweist sich auch in dieser Hinsicht als ein wirklich bedeutender Künstler. Was der Funktion nach eigentlich Mittel zum Zweck ist, erlangt hier besondere Bedeutung und eigenen Wert.

Man muß, um diese Eigenart Schweitzers voll würdigen zu können, einmal eine größere Anzahl seiner Bilder in Augenschein nehmen. Der Gedanke jedoch, hier eine derartige Ausstellung zu veranstalten, verbietet sich leider aus mehreren Gründen. Schon rein mengenmäßig ist es unmöglich, auch nur die allerwichtigsten und schönsten Revue passieren zu lassen, wenn nicht der Zusammenhang dieser Darlegungen allzusehr gesprengt werden soll. Vor allem aber verlangen die meisten der Schweitzerschen Vergleiche ein Eingehen auf ihren gedanklichen Bezug, was hier

---

160 S. 38.
161 *Kraus,* S. 16.

nicht angängig wäre. Umgekehrt können einige der bedeutendsten dieser Bilder später im sachlichen Zusammenhang nicht entbehrt und dürfen deshalb an dieser Stelle nicht vorweggenommen werden. Also muß sich die Betrachtung hier auf die Hervorhebung einiger weniger Züge beschränken.

Zunächst ist darauf hinzuweisen, daß Schweitzer seine Bilder fast gleichmäßig aus allen Gebieten nimmt: aus der Natur wie aus dem sozialen Leben, aus dem Bereiche der Geräte und technischen Einrichtungen wie aus Handel und Verkehr, besonders aus der Nautik, aber auch aus Wissenschaft und Kunst. Daß die Vergleiche mit Sachverhalten der Musik zahlreich vertreten sind, liegt bei Schweitzer nahe; sehr auffallend dagegen ist die verhältnismäßig große Zahl der militärischen Bilder, die ja übrigens schon der Apostel Paulus bevorzugt[162].

Als besonders charakteristisch muß sodann erwähnt werden, daß Schweitzers Bilder sich auszeichnen durch eine außerordentliche kraftvolle Frische und saftige Natürlichkeit. Einem dogmatischen Denken gegenüber etwa, das durch kleinliche geschichtliche Rücksichtnahme gekennzeichnet ist und sich seiner Freiheit von überholten Formen nicht bewußt ist, sagt Schweitzer: »Die Dogmatik soll nicht um einen Pflock grasen.«[163] Dem bis dahin von der philosophischen Ethik unterdrückten Mitleid zieht Schopenhauer »den Knebel aus dem Mund und heißt es reden«[164]. Ein besonders hübsches Bild dieser Art folgt schon auf einer der nächsten Seiten. Als Beispiele dafür, wie in Schweitzers Vergleichen manchmal das stimmungsvoll Schöne, nicht selten aber auch das derb Drastische vorherrscht, mögen die folgenden beiden Bilder dienen. Die von ihm in ethischer Hinsicht besonders geschätzte spätstoische Philosophie ist ihm »der Sonnenstrahl, der am Abend des langen, trüben Tages der Antike durchbricht, während schon das Dunkel des Mittelalters heraufzieht«[165]. Demgegenüber nun das kritische Urteil über seine eigene Zeit, die ja auch noch die unsrige ist:

> »Unsere Zeit schlägt sich in Sinnlosigkeiten herum, wie ein gefallenes Pferd in seinen Strängen. Durch äußere Maßnahmen und durch neues Organisieren sucht sie die schweren Probleme, mit denen sie es zu tun hat, zu lösen. Umsonst. Auf die Füße kommt das Pferd erst wieder, wenn man es abschirrt und beim Kopfe aufrichtet. Auf die Füße kommt unsere Welt erst wieder, wenn sie sich beibringen läßt, daß ihr Heil nicht in Maßnahmen, sondern in neuen Gesinnungen besteht.«[166]

Die Schweitzer vielfach eigene Verbindung von Anschaulichkeit und geistreicher Beziehung zeigt sich etwa, wenn er die Schwierigkeit des

---

162 Schweitzers zahlreiche Vergleiche aus dem Militärischen hebt auch *E. Brock* (Schweitzer) hervor, »die ungemeine Vorliebe des Apostels für militärische Ausdrücke und Vergleiche« *E. Vischer* (Referat, S. 261).

163 ML S. 98.

164 KE S. 165.

165 S. 60.

166 S. 199.

sonntäglichen Predigens vor seinen schwarzen Patienten verdeutlicht, denen unsere sittlichen Maßstäbe ebenso wie alle geschichtlichen Vorstellungen fehlen, die auch keinerlei biblische Kenntnisse besitzen: Weil ich »so vieles beim Reden vermeiden muß, komme ich mir vor, als spiele ich Klavier, ohne die schwarzen Tasten berühren zu dürfen«[167].

Schließlich sei hier noch das Schlagende der Schweitzerschen Vergleiche besonders hervorgehoben, ihre unwahrscheinliche Treffsicherheit. Sie wird sich uns immer wieder zeigen. Schweitzers Vergleiche hinken nicht.

Schweitzer bewundert Goethes Gleichnisse. Viel merkwürdiger eigentlich als bei einem Dichter, noch dazu einem durchaus visuell veranlagten, dürfte es aber sein, wenn ein Wissenschaftler und Musiker in einer so ausgeprägten Weise malerisch-plastisch denkt, wie es bei Schweitzer der Fall ist. Was er an Goethes Gleichnissen rühmt, ist, daß dieser nicht ein Bild zu einem Gedanken hinzu erfindet; es sei umgekehrt: »Bilder, die er als Geschautes und Erlebtes in sich trägt, warten in ihm auf den Gedanken, der bestimmt ist, in ihnen Gestalt zu gewinnen.«[168] Diese Auffassung Schweitzers wird selbst schon als ein Ausdruck seines malerischen Denkens gelten können, das die Bilder in Goethe bereitliegen sieht, während in Wahrheit selbstverständlich nicht einzelne fertige Bilder auf die ihnen entsprechenden Gedanken warten, sondern die visuelle Disposition sich erst im Prozeß des Denkens aktualisiert. Bei Schweitzer jedenfalls dürfte es sich so verhalten, daß die Bilder weder (nach Art der Allegorie) nachträglich zum Gedanken hinzu erfunden werden noch ihrerseits (in sozusagen begriffsrealistischer Weise) auf den Gedanken warten. Beide sind vielmehr gleich ursprünglich und schießen im Denkakt zusammen. Sein Denken selbst also ist malerisch-plastisch. Nur so läßt sich die für Schweitzer bezeichnende vollkommene Kongruenz von Gedanken und Bild begreifen. In diesem Grade muß sie absolut einmalig genannt werden.

18. Eine Eigentümlichkeit Schweitzers ist ferner die enge Verbindung des Denkers und Forschers, dem es um die Herausarbeitung der eigenen Position geht, mit dem Historiker, den der Gang der vor ihm geleisteten Arbeit beschäftigt, wobei sich dann beide Einstellungen durchdringen: die Verfolgung der Geschichte der Wissenschaft wird zugleich zu ihrer Kritik, und die eigene Lösung erscheint umgekehrt als notwendiges Ergebnis der bisherigen Forschung nach ihrem negativen und positiven Ertrag.

In seiner ersten wissenschaftlichen Veröffentlichung, die der Religionsphilosophie Kants galt, ist davon freilich noch nichts zu bemerken. Im Gegenteil hatte er dabei die Sekundärliteratur zunächst in einer geradezu beispiellosen Weise völlig ignoriert. Man stelle sich vor, als wie selbst-

---

167 *Schweitzer:* Gottesdienst, S. 318 f.
168 GR S. 29.

verständlich und unerläßlich zur Methodik einer Doktordissertation die sorgfältige Berücksichtigung des einschlägigen Schrifttums und die Auseinandersetzung mit ihm angesehen zu werden pflegt, und vergleiche damit, was sich dieser junge Doktorand erlaubt: »Auf der Bibliothèque Nationale die Literatur über Kants Religionsphilosophie einzusehen, erwies sich wegen des schwerfälligen Betriebs« im[169] »Lesesaal als undurchführbar. So entschloß ich mich kurzerhand, die Arbeit zu machen, ohne mich mit der Literatur abzugeben, und zu sehen, was sich mir bei einem Vergraben in die Kantischen Texte ergäbe.«[170] Das Gegenstück zu dieser ersten philosophischen Untersuchung stellt seine erste theologische Schrift dar, die sich mit dem Abendmahlsproblem befaßt[171]. Während jene ihren Gegenstand unter souveräner Übergehung der früheren Bemühungen sogleich unmittelbar und selbständig anpackt, liegt in dieser seiner theologischen Promotionsschrift der Schwerpunkt schon vom Thema her in der kritischen Betrachtung des Problems unter dem Gesichtspunkt seiner historischen Entwicklung. Für das spätere Arbeiten Schweitzers aber wird dann nichts so kennzeichnend wie die vollkommene Vereinigung beider Tendenzen. Die Leben-Jesu-Forschung, die Paulinische Forschung und die Kulturphilosophie zeigen jedesmal dieselbe Eigentümlichkeit: Schweitzers »Bedürfnis, seinen eigenen Gedanken als etwas Objektives zu begreifen, indem er sich davon Rechenschaft gibt, inwiefern das Problem, wie er es erfaßt, und die Lösung, wie er sie unternimmt, als treibende Kräfte schon in der früheren Forschung vorhanden sind und nach Gestaltung ringen«. »Der Historiker und der Denker sind in ihm organisch verbunden«, so »daß er nicht Historiker sein kann, ohne zugleich Denker zu sein, und nicht Denker, ohne zugleich Historiker zu sein. Beispiele, daß beide Anlagen so stark und gleichmäßig ausgebildet und zugleich wieder innerlich in solcher Beziehung zueinander stehen, sind eigentlich selten.«[172]

Schweitzer war sich dieser Eigenart auch durchaus bewußt, und er seufzt in seinem Bericht ein wenig dabei auf: »Statt daß ich mich begnügte, die gefundene Lösung einfach darzulegen, lud ich mir darüber hinaus jedesmal noch die Arbeit auf, die Geschichte des Problems zu schreiben.«[173] Die »Schuld« daran gibt er Aristoteles. »Wie oft habe ich die Stunde verwünscht, in der ich erstmals den Abschnitt seiner Metaphysik las, in dem er das Problem der Philosophie aus der Kritik des vorherigen Philosophierens entwickelt!« Indessen darf man wohl bezweifeln, daß dieser Einfluß wirklich entscheidend gewesen ist. Schweitzer schreibt selbst: »Damals wurde etwas geweckt, das in mir schlum-

---

[169] Schweitzer schreibt: »auf dem«.
[170] LD S. 15.
[171] *Schweitzer:* Abendmahlsproblem.
[172] Albert Schweitzer als Theologe. (Ohne Angabe des Verfassers.) In: Theol. Studien und Kritiken. Jg. 1929, S. 458.
[173] LD S. 102.

merte. Fort und fort habe ich seither den Drang in mir erlebt, das Wesen eines Problems nicht nur an sich, sondern auch aus der Art seiner Selbstentfaltung in der Geschichte begreifen zu wollen.« Eine Sicht, die so stark in ihm angelegt war, hätte sich zweifellos auch ohne die Beschäftigung mit Aristoteles durchgesetzt. »Ob sich die Mehrarbeit gelohnt hat, weiß ich nicht. Sicher ist mir nur, daß ich nicht anders konnte.« Und auch jener Seufzer im Hinblick auf die Umständlichkeit seines Vorgehens war gewiß nicht ganz ernst gemeint; denn er erwähnt auch die »wissenschaftliche und künstlerische Befriedigung«, die ihm daraus erwuchs.

19. Um so merkwürdiger ist es, daß, sobald man nicht auf das ihn leitende Interesse, die Fragestellung und methodische Handhabung, sondern auf das sachliche Ergebnis seiner Arbeiten, den Inhalt seiner Stellungnahme sieht, zwischen dem forschenden Historiker einerseits und dem Denker, dem systematischen Theologen und Philosophen andererseits ein ausgesprochener Dualismus besteht. Als Historiker vertritt Schweitzer die Auffassung, daß Jesu gesamtes Denken und Handeln durch die Erwartung des unmittelbar bevorstehenden Anbruchs des Gottesreiches bestimmt ist und mit irgendwelchen Interessen der Kultur schlechterdings nichts zu tun hat. Zugleich betont Schweitzer jedoch wie kaum ein anderer Theologe zuvor, daß diese Erwartung mit einem völligen Fiasko geendet hat und daß über die Eschatologie in diesem ursprünglichen Sinne zur Tagesordnung übergegangen werden muß. Deshalb bemüht er selbst sich, wiederum so bewußt und betont wie kaum ein anderer Philosoph, um ein Kulturbejahung grundsätzlich ermöglichendes Denken, um die Schaffung echter Kulturgesinnung und um einen eigenen Beitrag zur praktischen Kulturarbeit. Hand in Hand damit geht, daß er, nachdem er dem Historismus in der ausgeprägtesten Form sein Recht gegeben hat, sich von ihm ab- und völlig umwendet, indem er dem Menschen von heute eine mehr oder weniger geschichtslose Mystik empfiehlt[174]. Ja, der Gegensatz wird hier bis zu dem Grade verschärft, daß die Bedeutung der geschichtlichen Person Jesu, in deren Erforschung der Historiker Schweitzer seine wichtigste Aufgabe gefunden hat und deren Nachfolge dem Menschen Schweitzer zum Inhalt seiner praktischen Wirksamkeit geworden ist, in systematisch-theologischer Hinsicht als außerordentlich problematisch empfunden wird.

Daß eine im Grunde ahistorische Einstellung das Ursprüngliche bei ihm und die historische Anschauung für sein eigenes Denken unwesentlich ist, hat er selbst gelegentlich betont. »Meine Lebensanschauung stand in den Grundzügen fest, ehe ich auf das Problem der Eschatologie in den Evangelien überhaupt aufmerksam wurde. Und die Lösung dieser

---

[174] Zum Gegensatz von eschatologischem Historizismus und geschichtsloser Mystik vgl. *Holmström:* Denken [1936], S. 94 ff.

historischen Frage des Christentums spielt in meinem Denken keine Rolle.«[175] Um so höher dürfte, da es so liegt, die ihm persönlich durchaus gegen den Strich gehende historische Lösung zu bewerten sein. Das gilt ganz unabhängig von der Frage, inwieweit sie sich als richtig erwiesen hat. Wie sticht diese Art des Wahrheitsstrebens ab von der früher weit verbreiteten, von Schweitzer gerügten Tendenz der theologischen Historiker, Jesus die von ihnen vertretenen Anschauungen zu unterstellen, einzuverleiben, anzudichten!

20. Sehr auffallend ist ein seltsames Nebeneinander von kulturphilosophischem Fortschrittsdenken und einer konservativen Einstellung in sozialer Hinsicht. Derselbe Mann, der, wie beim nächsten Punkt auszuführen sein wird, ein begeistertes Loblied auf das Zeitalter der Aufklärung anstimmt und der sich erlaubt, Kultur schlechthin und ohne Einschränkung als Fortschritt aufzufassen, zeigt andererseits eine unverkennbare Vorliebe für patriarchalische Zustände. In seiner Kulturkritik scheint manchmal geradezu so etwas wie ein Bedauern über den Untergang der guten alten Zeit durchzuschimmern. Wie stark dieser Zug zum Patriarchalischen in Schweitzer ist, kam in beinahe tragikomischer Weise zum Ausdruck, als er sich gezwungen sah, sein durchaus autoritäres Verhältnis zu den Negern, mit denen er es zu tun hatte (»Ich bin dein Bruder, aber dein älterer Bruder!«[175a]) Anfang der fünfziger Jahre, der Entwicklung der Verhältnisse auch in Afrika entsprechend, umzuformulieren. Er tat dies mit unübersehbarer Reserve. Im Vorwort zur französischen Ausgabe des Urwaldbuches (datiert vom 15. Dez. 1951) heißt es: »J e t z t müssen wir uns darein finden, uns nicht mehr als die älteren Brüder zu fühlen und nicht mehr als solche zu handeln.« »Nach der heute vorherrschenden Meinung kann die Geburt der Fortschritts-Aera nur stattfinden unter der Bedingung, daß der jüngere Bruder als mündig und genauso urteilsfähig wie der ältere Bruder betrachtet wird.« ... »So hat der Zeitgeist entschieden. In allem und auf der ganzen Erde will er abschaffen, was von einem patriarchalischen System übrig ist.« »Die Geschichte wird eines Tages ihr Urteil über die Erfolge sprechen« ...[175b] Kein zweites Mal dürfte Schweitzer Sätze geschrieben haben, die ihm so sehr gegen den Strich gegangen sind wie diese Erklärung. Freilich handelt es sich bei dem Nebeneinander von Fortschrittsglauben und Patriarchalismus keineswegs um einen Widerspruch im eigentlichen Sinne; denn Schweitzers patriarchalische Praxis wurzelte nicht in einem romantischen Denken, sondern in der Erfahrung und Überzeugung, daß sie vernünftig ist. Aber tatsächlich liegt hier den-

---

[175] In einem Briefe Schweitzers an Martin Strege (*Strege:* Reich, S. 180).
[175a] WU S. 126.
[175b] 26. Rundbrief für den Freundeskreis von Albert Schweitzer. 1965, S. 40.

noch eine merkwürdige Spannung vor: Der Kulturphilosoph des Fortschritts als Laudator temporis acti!

21. Schweitzer fällt aus dem Rahmen der Geisteslage seiner Zeit weitgehend heraus durch eine betonte große Hochschätzung der Vernunft, des Rationalismus, vor allem des Zeitalters der Aufklärung. »Mit dem Geiste der Zeit befinde ich mich in vollständigem Widerspruch, weil er von Mißachtung des Denkens erfüllt ist.«[176] »In einer Zeit, die alles, was sie irgendwie als rationalistisch und freisinnig empfindet, als lächerlich, minderwertig, veraltet und schon längst überwunden ansieht, und sogar über die im 18. Jahrhundert erfolgte Aufstellung von unverlierbaren Menschenrechten spottet, bekenne ich mich als einen, der sein Vertrauen in das vernunftgemäße Denken setzt.«[177] Kein anderer Denker der Gegenwart hat der Aufklärungszeit eine so freundliche, ja, begeisterte Anerkennung widerfahren lassen. Die Menschen des achtzehnten Jahrhunderts fangen an, wie er betont, »in einem Maße Kulturideale zu denken und zu verwirklichen, daß die größte Epoche in der Geschichte der Kultur der Menschheit anbricht«[178]. »Auf den Gebieten, wo es sich um das Gestalten nach vernunftgemäßen Idealen handelt — und die auf diesen getane Arbeit bedeutet für die Grundlegung der Kultur viel mehr als die in der Kunst geleistete —, sind sie so schöpferisch wie kein Geschlecht der Erde es je war und kaum eines es je sein wird.«[179] »Noch hat kein Werk ihre Errungenschaften nach Entstehung, Art, Zahl und Bedeutung richtig aufgezeichnet.«[180] »Nur eine Weltanschauung, die dasselbe leistet wie die des Rationalismus, hat das Recht, ihn zu richten. Die Größe jener Philosophie ist, daß sie Schwielen an den Händen hat.«[181] An der verhängnisvollen Entwicklung, daß die ursprünglich ethische neuzeitliche Weltanschauung sich in eine nichtethische wandelte, gibt Schweitzer dem Umstand die Schuld, »daß sie nicht wirklich im Denken begründet war«[182]. Eine Kulturweltanschauung muß »denkende Weltanschauung« sein. »Nur was aus dem Denken geboren, sich an das Denken wendet, kann eine geistige Macht für die ganze Menschheit werden.«[183] Schweitzer sagt von sich, daß er »die Menschen durch Denken innerlicher und besser machen will«[184].

Auf derselben Seite jedoch, auf der er seiner Zeit Mißachtung des Denkens vorwirft, spricht er auch von seiner Einsicht, »daß die Welt unerklärlich geheimnisvoll« ist, und diese Einsicht tritt bereits während

[176] LD S. 189.
[177] S. 191.
[178] KE S. 89 f.
[179] S. 90.
[180] S. 97.
[181] ebd.
[182] LD S. 133.
[183] VW S. 53 f.
[184] LD S. 189.

der Schulzeit bei ihm auf. An seinem Interesse für den naturwissenschaftlichen Unterricht ist vor allem sein Wirklichkeitssinn beteiligt, weniger das rationale Element seines Wesens, im Gegenteil: »Es verletzte mich, daß man das absolut Geheimnisvolle der Natur nicht anerkannte und zuversichtlich von Erklärung sprach, wo man es in Wirklichkeit nur zu tiefer eindringenden Beschreibungen gebracht hatte, die das Geheimnisvolle nur noch geheimnisvoller machten. Schon damals wurde mir klar, daß uns das, was wir als Kraft und als ›Leben‹ bezeichnen, seinem eigentlichen Wesen nach immer unerklärlich bleibt.«[185] Die Welt und das Leben sind und bleiben für Schweitzer »Geheimnis«, »Rätsel«, »Wunder«, und derselbe Denker, der wie kein anderer das Zeitalter der Aufklärung würdigt und rühmt, stellt andererseits die Behauptung auf: «Alle wertvolle Überzeugung ist irrational«[186] und gelangt, wie schon erwähnt, zu einem Standpunkt, der vom Rationalismus denkbar weit entfernt liegt; sein Denken mündet ein in die Mystik. »Alle tiefe Weltanschauung ist Mystik.«[187] Dementsprechend wird Schweitzer von *Kraus* als Vertreter des Irrationalismus angesehen und dem mystischen Denken zugeordnet, mystisch im Sinne der von Franz Brentano angenommenen vier Phasen der Philosophie, wobei die vierte, die mystische, eine Reaktion gegen das dritte, skeptische Stadium darstellt und durch unnatürliche Erkenntnisweisen, der Einsicht ermangelnde Prizipien, intuitive Kräfte, mystische Steigerungen des intellektuellen Lebens gekennzeichnet ist[188]. Diese Zuordnung will Schweitzer selbst freilich nicht recht gelten lassen. »Es sei für sein Philosophieren eigentlich belanglos, daß er der Mystik eingegliedert sei. Er fühle dieses Enden in Mystik so sehr als Hindurchgegangensein durch Rationalismus, und nur durch diesen Weg scheine ihm das Ende berechtigt, daß er nie genug den Zusammenhang mit dem Rationalismus betonen zu können glaube.«[189] Berücksichtigt man Schweitzers Darlegungen zu diesem Punkte insgesamt, so wird man sich mit der Feststellung begnügen müssen, daß er hier keinen Gegensatz, sondern zwei Einstellungen gegeben sieht, die zueinander gehören, so zwar, daß die eine auf die andere hinführt: »Der Weg zur wahren Mystik führt durch das rationale Denken hindurch zum tiefen Erleben der Welt und unseres Willens zum Leben hinauf. Wir alle müssen wieder wagen, ›Denkende‹ zu werden, um zur Mystik zu gelangen, die die einzig unmittelbare und einzig tiefe Weltanschauung ist.«[190] »Mit Notwendigkeit endet rationales Denken, wenn es in die Tiefe geht, in dem Irrationalen der Mystik. Es hat ja mit dem Leben und der Welt zu tun, die beide

---

[185] KJ S. 42.
[186] KE S. XVII.
[187] S. XVI.
[188] *Brentano:* Phasen, S. 8 f. Vgl. auch *Babel* (Pensée, S. 217): »Le rationalisme mystique schweitzérien est plus mystique que rationel.«
[189] Bericht über einen Brief Schweitzers an Kraus (Kraus, S. 77).
[190] KE S. XVII f.

irrationale Größen sind.«[191] Ganz wohl ist einem bei dieser Dialektik des Rationalen und des Irrationalen allerdings nicht. Man begreift nicht recht, inwiefern, wenn Gegenstand und Ziel der Betrachtung ein durchaus Irrationales sind, gerade das Denken ihm angemessen sein soll und als Weg zu ihm dienen könnte. Jedoch sei hier von einer Kritik noch abgesehen; genug, daß es sich nach Schweitzers Ansicht jedenfalls so verhält. Durchaus zutreffend hat man ihn als rationalen Irrationalisten oder irrationalen Rationalisten bezeichnet[192], und es läßt sich schwerlich entscheiden, ob er mehr das eine oder das andere war. Daß hier aber eine unausgeglichene Spannung besteht, ist unverkennbar[193].

22. Kein anderer neuerer Philosoph hebt so sehr wie Schweitzer die Bedeutung der Weltanschauung hervor. Sie ist ihm nicht etwa nur die Spitze der Kultur, sondern geradezu deren Grundlage. Er geht aus von der »Erkenntnis, daß Kultur auf Weltanschauung beruht«[194], und das ist bei ihm nicht ein reichlich volltönender Ausdruck, vielmehr in vollem Ernst gemeint. »Aus unserer Weltanschauungslosigkeit kommt unsere Kulturlosigkeit.«[195] »Nur wenn wir zu einer Kulturweltanschauung gelangen, sind wir der zu einer Kultur erforderten Ideen, Gesinnungen und Taten fähig.«[196] Hierbei ist ihm Weltanschauung »der Inbegriff der Gedanken, die die Gesellschaft und der einzelne über Wesen und Zweck der Welt und über Stellung und Bestimmung der Menschheit und des Menschen in ihr in sich bewegen«. Schweitzer hält es für ausgemacht, »daß die Weltanschauung der Weltanschauungslosigkeit von allen die wertloseste ist und nicht nur Ruin des geistigen Lebens, sondern Ruin überhaupt bedeutet«[197].

Zugleich findet man nun aber in der deutschen Philosophie wenige Denker, die so radikal die Möglichkeit einer Weltanschauung im eigentlichen Sinne bestreiten und deshalb die Lebensanschauung und die Ethik von ihr zu lösen und selbständig zu machen suchen. »Das bisherige Denken gedachte den Sinn des Lebens aus dem Sinn der Welt zu verstehen. Es kann sein, daß wir uns darein schicken müssen, den Sinn der Welt dahingestellt sein zu lassen und unserm Leben aus dem Willen zum Leben, wie er in uns ist, einen Sinn zu geben.«[198] Klingt dieser Gedanke am Ende des ersten Teils der Kulturphilosophie als eine Möglichkeit an, so setzt der zweite mit dem Bekenntnis ein, daß es sich in der Tat so

---

191 LD S. 204.
192 *Strege:* Reich, S. 111.
193 Vgl. die Feststellung *M. Lönnebos*: Schweitzer »bewundert den Rationalismus und steht seiner eigenen Zeit fremd gegenüber. Zugleich aber ist er an die irrationalen Voraussetzungen der Lebensphilosophie gebunden. Dieser Dialektik begegnen wir in allen zentralen Bezirken der Philosophie und Theologie Schweitzers« (ideal, S. 326).
194 VW S. 49.
195 KE S. 9.
196 VW S. 50.
197 S. 53.
198 S. 65.

verhält. Nun ist diejenige philosophische Disziplin, welche die Gedanken über Wesen und Sinn der Welt und die Stellung des Menschen in ihr systematisch entwickelt und prüft, die Metaphysik, wenn auch dieser Begriff zur Zeit ein wenig aus der Mode gekommen ist. Schweitzer erklärt dagegen: »Daß der Weg zur Weltanschauung über die ›Metaphysik‹ führen müsse, ist ein verhängnisvoller Irrtum.«[199] »Alle Weltanschauung, die nicht von der Resignation des Erkennens ausgeht, ist gekünstelt und erdichtet, denn sie beruht auf einer unzulässigen Deutung der Welt.«[200] Ob nicht mit diesem Urteil der Metaphysik, wie sie in unserem Jahrhundert betrieben wurde, Unrecht geschieht, ob diese nicht doch wertvolle Anschauungen, wenn auch nicht bewiesen, so doch als Möglichkeiten durchdacht, zum Teil sogar nahelegt, wahrscheinlich gemacht hat, ist hier nicht zu untersuchen. Kein Zweifel jedenfalls, daß Schweitzer von solchen Bemühungen wenig oder nichts hält, daß er vielmehr für das Gebiet der Weltanschauung die Resignation des Erkennens empfiehlt. »Das neue Vernunftdenken jagt also nicht dem Phantom nach, über den Sinn der Welt wissend zu werden. Es läßt die Erkenntnis der Welt als etwas für uns ewig Unerreichbares dahingestellt und sucht über den Willen zum Leben in uns zur Klarheit zu kommen.«[201] Sah es zunächst so aus, als ob die Weltanschauung Voraussetzung der Kultur sei und die Lebensanschauung sich aus der Weltanschauung ergeben müsse, so wird jetzt dem »Dualismus von Weltanschauung und Lebensanschauung, von Erkennen und Wollen« das Wort geredet[202] und das Verhältnis genau umgekehrt: »Die Weltanschauung kommt aus der Lebensanschauung, nicht die Lebensanschauung aus der Weltanschauung.«[203] Man wird der Ansicht Ausdruck geben dürfen, daß Schweitzer den Ton nicht von Anfang an so sehr auf die Weltanschauung hätte legen sollen, wenn er hierauf hinaus wollte, daß er also seinen Standpunkt mit einem recht unnötigen Gegensatz belastet hat. Und wenn er gar meint: »Von den ergebnislosen Versuchen, Welterkenntnis und Ethik miteinander zu einer Weltanschauung zu vereinigen, muß das Denken dazu fortschreiten, die Weltanschauung der Ethik zu entnehmen«[204], so ist hiergegen zu sagen, daß, so wenig eine rein politische Doktrin sich als Weltanschauung ausgeben sollte, so wenig doch auch die Weltanschauung aus der Ethik abgeleitet werden kann. Weltanschauung im eigentlichen Sinne, inwieweit immer man sie für möglich halten mag, ist und bleibt eine Angelegenheit des theoretischen Geistes, was ja schon das Wort Anschauung besagt.

Die festgestellte Spannung erweist sich als noch erheblich stärker, sobald man bei der Weltanschauung, wie Schweitzer sie für die Kultur

---

[199] KE S. VIII.
[200] S. XII.
[201] S. XIV.
[202] S. XIII.
[203] S. XIV.
[204] ID S. 212.

verlangt, noch ein inhaltliches Moment in Betracht zieht. Eine der Forderungen nämlich, die er an die Weltanschauung richtet, damit Kulturgesinnung in ihr begründet werden kann, ist der Optimismus. Optimistisch nennt er »diejenige Weltanschauung, die das Sein höher als das Nichts stellt und so die Welt und das Leben als etwas an sich Wertvolles bejaht«[205]. Genau genommen wäre eine solche Weltanschauung eher als bonistisch, allenfalls melioristisch zu bezeichnen, nicht eigentlich als optimistisch; doch mag das hingehen. Jedenfalls liefert der Optimismus im Sinne Schweitzers »die Zuversicht, daß der Weltverlauf irgendwie ein geistig-sinnvolles Ziel hat und daß die Besserung der Verhältnisse der Welt und der Gesellschaft die geistig-sittliche Vollendung des einzelnen fördert«[206]. Nun besteht aber Schweitzers Lösung des Problems gerade darin, »daß wir uns entschließen müssen, auf die optimistisch-ethische Deutung der Welt in jeder Weise zu verzichten«[207]. »In der Welt ist für uns nichts von einer sinnvollen Evolution, in der unser Wirken eine Bedeutung bekommt, zu entdecken.«[208] Nicht aus einer Erkenntnis des Wesens der Welt nimmt Schweitzer den Optimismus, den er als die notwendige Voraussetzung der Kulturgesinnung betrachtet, sondern aus dem Willen zum Leben. So verstärkt sich der Eindruck, daß, indem die Bedeutung der Weltanschauung zunächst so sehr betont und dann wieder die befriedigende Möglichkeit einer solchen so entschieden bestritten wird, eine Spannung in Schweitzers Position hineinkommt, die mehr in seinem Vorgehen als in der Sache begründet ist.

23. Nicht nur die Bemühungen um eine Weltanschauung im allgemeinen, auch seine Aussagen über Gott im besonderen müssen auf dem Boden des von Schweitzer vertretenen Agnostizismus mehr als problematisch werden. Die Welt läßt nach seiner Überzeugung nicht allein von einer sinnvollen Evolution nichts erkennen, »auch Ethisches tritt in keiner Weise in dem Weltgeschehen zutage«. »Die letzte Einsicht des Erkennens ist also, daß die Welt uns eine in jeder Hinsicht rätselhafte Erscheinung des universellen Willens zum Leben ist.«[209] Ja, Schweitzer scheint stellenweise über die bloße »Resignation des Erkennens« noch hinauszugehen und nicht nur sagen zu wollen: wir können den Sinn der Welt nicht erkennen, sondern: sie hat keinen Sinn. »In dem Hervorbringen und dem Erhalten einer bestimmten Art von Leben verfährt die

---

[205] VW S. 58.
[206] S. 59.
[207] KE S. XII.
[208] ebd.
[209] ebd. — »Die Selbstverständlichkeit, mit der Schweitzer den Begriff ›Wille zum Leben‹ in seine Philosophie aufgenommen hat«, sieht *J. Vandenrath* (Schweitzer, S. 53) als Beweis für die Wirkung an, die Schopenhauer auf sein Weltbild ausgeübt hat. Die mancherlei Berührungen und ebensovielen und wesentlichen Gegensätze zwischen beiden sind in der genannten tiefgründigen und fein abwägenden Abhandlung musterhaft herausgearbeitet.

Natur jeweils in großartiger Weise zweckmäßig. Aber in keiner Weise erscheint sie darauf bedacht, diese auf Einzelzwecke gehenden Zweckmäßigkeiten in einer Gesamtzweckmäßigkeit zu vereinigen. Leben mit Leben zu einem Gesamtleben zusammenlaufen zu lassen, unternimmt sie nicht. Sie ist wunderbar schöpferische und zugleich sinnlos zerstörende Kraft. Ratlos stehen wir ihr gegenüber. Sinnvolles in Sinnlosem, Sinnloses in Sinnvollem: dies ist das Wesen des Universums.«[210]

Auf einer solchen Grundlage bleibt hinsichtlich des Gottesproblems entweder lediglich die erkenntnismäßige Resignation, d. h. der strenge Agnostizismus übrig, oder aber eine Position, die in die Nähe des Atheismus führt. Nimmt man auch nur an, daß der Agnostizismus der eigentlichen Einstellung unseres Denkers am meisten entspricht, so verbietet es sich auf jeden Fall, Gott für mehr als allenfalls eine Denkmöglichkeit zu halten und weiterhin als von einer Wirklichkeit von ihm zu reden. Dadurch, daß Schweitzer dies dennoch hier und da tut, entsteht eine neue Spannung innerhalb seines Denkens. Eine nähere Darstellung und kritische Erörterung dieses Problems wird uns später beschäftigen. Im Zusammenhang des vorliegenden Abschnitts genügt die Feststellung dieses offenbar höchst seltsamen Gegensatzes als solchen. Ein agnostizistischer Standpunkt und die Verwendung des Gottesgedankens sind bei Schweitzer in einer subjektiv ebenso selbstverständlichen wie objektiv fragwürdigen Weise miteinander verbunden oder vielmehr einfach nebeneinander gestellt. Nicht mit Unrecht hat man von »Schweitzers Fähigkeit, gleichzeitig Zweifler und Gläubiger zu sein«, gesprochen[211].

24. Aber darauf bechränkt sich die Spannung, ja, das Widersprüchliche seines Standpunkts hier nicht, auch innerhalb des Gottesgedankens trifft man einen auffallenden Gegensatz an. Schweitzer bekennt sich nämlich sowohl zum Theismus als auch zum Pantheismus. Auf die Frage, ob dies überhaupt möglich ist und wie Schweitzer eine solche Stellungnahme durchführt und durchhalten zu können meint, wird wiederum erst im weiteren Verlauf der Untersuchung einzugehen sein. In diesem Zusammenhang sei zunächst nur hervorgehoben, daß Schweitzer keine entscheidende Schwierigkeit darin sieht, »Pantheismus und Theismus in unentschiedenem Konflikt« in sich zu lassen[212]. Damit ist aber jedenfalls, wie es nicht anders sein kann, das gegensätzliche Verhältnis beider anerkannt.

Nicht genug mit dem Gegensatz einer agnostizistischen Einstellung einerseits und von Aussagen über Gott andererseits sowie mit dem weiteren Gegensatz innerhalb dieser Aussagen zwischen pantheistisch und theistisch gerichteten, stehen nun nicht nur der Agnostizismus und der

---

[210] KE S. 201.
[211] *Bixler:* Einheit, S. 233.
[212] *Kraus,* S. 38.

Pantheismus, sondern steht auch die Art seines Theismus selbst wiederum in Gegensatz zum Christentum, dem Schweitzer sich zugehörig weiß. Aber das ist noch nicht alles. Auch am Christus wird ein geradezu revolutionär wirkender Abbau vorgenommen, der so weit geht, daß Schweitzer als Historiker das Bild eines religiösen Abenteurers entwirft, der, einer irrtümlichen Idee verhaftet, durch seinen von ihm selbst herbeigeführten Untergang den Weltlauf entscheidend ändern zu können glaubte, während der Theologe es unter systematischem Gesichtspunkt sogar für notwendig hält, mit der Möglichkeit der geschichtlichen Nichtexistenz Jesu jederzeit zu rechnen. Derselbe Schweitzer bekennt sich jedoch zu Jesus als höchster Autorität unseres Lebens und beteuert seine Anhänglichkeit an das Christentum mit dem ganzen Ernst seiner Überzeugung. Da das damit berührte Problem wie die übrigen soeben erwähnten an seinem sachlichen Ort ausführlich zu behandeln sein wird, soll auch dieser überaus merkwürdige Gegensatz hier lediglich im Blick auf die Struktur der Schweitzerschen Persönlichkeit kurz vermerkt werden. Es handelt sich auch nicht etwa nur um eine vereinzelte Spannung in seinem Verhältnis zum Gottesproblem oder zur Person Jesu, sondern um einen umfassenderen, allgemeineren Sachverhalt: eine schon berührte in mancher Hinsicht ausgesprochen konservative Haltung geht in Schweitzers Forschen und Denken eigentümlich Hand in Hand mit einem radikalen, manchmal geradezu revolutionären Zug.

25. Schweitzer war nicht nur selbst ein Mensch ganz eigener Art, in hohem Grade differenziert und denkbar fern jeder Art von Konformismus, sondern auch grundsätzlich durch und durch Individualist, d. h. nicht nur von Natur, sondern auch auf Grund von Erfahrung und Denken der geborene und verschworene Gegner alles Kollektivismus. Keine Gefahr nimmt er für die Menschen der Gegenwart und Zukunft so ernst wie die, »Menschendinge statt Persönlichkeiten zu werden«[213]. Diesen ihm schrecklichen Begriff des Menschendings gebraucht er auch, wenn er Goethes Sorge um den Menschen mit Worten deutet, aus denen mehr noch als Goethe Schweitzer selbst spricht: »Bleibt Menschen mit eigener Seele! Werdet nicht Menschendinge, die sich eine auf den Massenwillen eingestellte und mit ihm im Takt pulsierende Seele einsetzen lassen!«[214] Es kommt auf den einzelnen an: »Ethik geht nur so weit als die Humanität, das heißt die Rücksicht auf die Existenz und auf das Glück des einzelnen Menschenwesens geht.«[215] So kann er geradezu von der »Ehrfurcht vor dem geistigen Wesen des andern«[216] sprechen. In auffallendem Kontrast zu dieser hochgradig individualistischen Einstellung, die nur Menschen gegenüber möglich ist, steht der Zentralbegriff seiner Welt-

[213] KE S. 266.
[214] GR S. 50.
[215] KE S. 257.
[216] KJ S. 56.

anschauung und Ethik, die Ehrfurcht vor dem Leben, das gewiß auch durch die Differenzierung in viele Gattungen und Arten gekennzeichnet ist und letztlich nur in Individuationen existiert, jedoch, auf die einzelnen Exemplare innerhalb der meisten Gliederungen gesehen, die größte Gleichförmigkeit zeigt. Das Bild von der im Takt pulsierenden Seele, der sein Abscheu gilt, ist ja doch hergenommen etwa von dem Tanz der Mücken, und hier sollen wir nun Ehrfurcht vor jedem einzelnen dieser Lebewesen haben, von denen sich eines vom anderen nicht einmal unterscheiden läßt.

Man kann diesen Gegensatz in gewisser Beziehung ebenso kurz wie umfassend unter Benutzung zweier Grundbegriffe Schweitzers als die Spannung zwischen Mystik und Ethik bezeichnen, wie es *K. Hidding* tut, der hierin die »paradoxe Grundspannung seines Wesens« erblickt, die »Spannung zwischen dem Bewußtsein der Alleinheit und Verbundenheit alles Seins und dem Bewußtsein, in diesem Sein einen eigenen Weg gehen zu müssen«[217]. Es ist aber zu betonen, daß der Gegensatz zwischen der Ehrfurcht vor dem Leben in seiner ausgeprägtesten, ganz individualistischen Form und dem Leben als Alleinheit auch innerhalb der Ethik zu einer starken Spannung führt, wenn Schweitzer dem Menschen die zweifache Aufgabe stellt, »daß er in möglichster Ausbildung aller seiner Fähigkeiten und in möglichst weitgehender materieller und geistiger Freiheit darum ringe, gegen sich selbst wahrhaftig zu sein und allem Leben um ihn herum miterlebende und helfende Teilnahme entgegenzubringen«[218]. Was Schweitzer hier wie selbstverständlich nebeneinander stellt und zu verbinden trachtet, die Selbstverwirklichung der Persönlichkeit und die selbstlose Hingabe an alles Leben um uns herum, dürfte sich in der Regel gegenseitig beeinträchtigen und weitgehend ausschließen. Indem bei Schweitzer zwar durchaus nicht neben dem Individualismus eine kollektivistische Tendenz steht, wohl aber nach seiner Ansicht dem Individualismus, der Befürwortung einer freien Ausbildung aller Anlagen der eigenen Persönlichkeit, eine Haltung an die Seite treten soll, die alle Individuationen, auch wo ihnen keinerlei individuelle Eigenart oder gar Ichbewußtsein zukommt, gleich wichtig nimmt und der Hingebung für wert hält, ergibt sich jedenfalls ein tiefgreifender praktischer Gegensatz, der in der Persönlichkeit Schweitzers allerdings zur Harmonie einer wunderbaren paradoxen Einheit geworden ist, als Grundsatz einer allgemeinen Ethik jedoch, wie später zu besprechen sein wird, sehr problematisch erscheint.

26. Eine ganz sonderbare Spannung besteht dann auch zwischen dem Schweitzer eigenen Pessimismus hinsichtlich des Sinnes der Welt und dem Optimismus, der ihn erfüllt und den das kulturelle Handeln nach

---

[217] *Hidding:* Spannung, S. 233.
[218] KE S. 267.

seiner Ansicht voraussetzt. Von emotionalen Schwankungen zwischen Glücksgefühl und Bedrücktsein bei ihm war früher die Rede. An dieser Stelle geht es um einen allgemeineren Gegensatz auf der höheren Ebene des Erkennens einerseits, des Wollens andererseits. Der persönlich so bescheidene Denker bringt in dieser Beziehung ein hohes Selbstbewußtsein zum Ausdruck: »Ich glaube der erste im abendländischen Denken zu sein, der dieses niederschmetternde Ergebnis anzuerkennen wagt und in bezug auf unser Wissen von der Welt absolut skeptisch ist, ohne damit zugleich auf Welt- und Lebensbejahung und Ethik zu verzichten.«[219] Noch deutlicher faßt Schweitzer diesen neuen grundlegenden Gegensatz am Ende seiner Selbstdarstellung: »Auf die Frage, ob ich pessimistisch oder optimistisch sei, antworte ich, daß mein Erkennen pessimistisch und mein Wollen und Hoffen optimistisch ist. Pessimistisch bin ich darin, daß ich das nach unsern Begriffen Sinnlose des Weltgeschehens in seiner ganzen Schwere erlebe. Nur in ganz seltenen Augenblicken bin ich meines Daseins wirklich froh geworden. Ich konnte nicht anders, als alles Weh, das ich um mich herum sah, dauernd miterleben, nicht nur das der Menschen, sondern auch das der Kreatur.«[220] Aber: »So sehr mich das Problem des Elends in der Welt beschäftigte, so verlor ich mich doch nie in Grübeln darüber, sondern hielt mich an den Gedanken, daß es jedem von uns verliehen sei, etwas von diesem Elend zum Aufhören zu bringen.«[221] In dieser Fähigkeit des Menschen, Elend zum Aufhören zu bringen, wurzelt der seinem Pessimismus benachbarte Optimismus.

Auch »in der Beurteilung der Lage, in der sich die Menschheit zur Zeit befindet«, ist Schweitzer pessimistisch: »Ich vermag mir nicht einzureden, daß es weniger schlimm mit ihr steht, als es den Anschein hat, sondern bin mir bewußt, daß wir uns auf einem Wege befinden, der uns, wenn wir ihn weiter begehen, in eine neue Art von Mittelalter hineinführen wird.«[222] In der Tat, es sollte nicht mehr viel Zeit verstreichen bis zu dessen Anbruch: Das Buch, in dem sich dieser Satz findet, erschien im Jahre 1931! »Dennoch«, erklärt Schweitzer, »bleibe ich optimistisch. Als unverlierbaren Kinderglauben habe ich mir den an die Wahrheit bewahrt. Ich bin der Zuversicht, daß der aus der Wahrheit kommende Geist stärker ist als die Macht der Verhältnisse.«[223] Wenn Schweitzer auch nicht, wie er meint, der absolut erste ist, der einen theoretisch ungesicherten Optimismus vertritt[224], so haben sich doch jedenfalls Pessimismus und Optimismus angesichts der Stärke, mit der beide bei ihm auftreten, zu einer sehr eigenartigen Kontrastwirkung zusammengefunden.

---

219 S. XII.
220 LD S. 208 f.
221 S. 209.
222 ebd.
223 ebd.
224 Vgl. *Kraus,* S. 56.

27. Schweitzers Pessimismus in gefühls- und erkenntnismäßiger Hinsicht steht nicht nur in Spannung zu seinem Optimismus des Wollens und Hoffens, sondern durch den Ernst der Weltbetrachtung, durch das intensive Mitleiden mit allen leidenden Lebewesen, das ihn erfüllt, und durch die in Wort und Werk sich aussprechende energische Grundhaltung dieses großen Moralpredigers bricht immer wieder auch eine prachtvolle Heiterkeit durch. An demselben Manne, den wir eben noch von sich sagen hörten: »Nur in ganz wenigen Augenblicken bin ich meines Daseins wirklich froh geworden. Ich konnte nicht anders, als alles Weh, das ich um mich herum sah, dauernd miterleben«, wird von Mitarbeitern[225] und Besuchern[226] ein schalkhafter Zug und »sein unverwüstlicher Humor« hervorgehoben. Aus der gemeinsamen Arbeit berichtet Mrs. *Russell*: »Was uns allen« »neben seiner Energie und Gütigkeit auffällt, ist sein Humor. Über so viel Ärger kommt er mit einem heiteren Wort hinweg. Sein Humor ist es, der ihm in dem Umgang mit den Schwarzen so zustatten kommt.«[227] Auch der Fremde bemerkt sogleich seinen »herzerfrischenden Humor«[228]. Nun möchte freilich zu berücksichtigen sein, daß von »Humor« ebenso wie von »tragisch« in der Umgangssprache vielfach in einem recht unscharfen, wenig spezifischen Sinne geredet zu werden pflegt. Daß dieses Bedenken jedoch ausscheiden kann und die Berichte über den persönlichen Eindruck seiner Umgebung keiner Abschwächung bedürfen, läßt sich bei Schweitzer literarisch belegen. Er gibt Proben köstlichen Witzes, der sich nicht nur an der Komik einer gegebenen Situation entzündet, sondern vielfach auch aus einer grundlosen Heiterkeit des Gemütes zu kommen scheint und wie alle seine Lebensäußerungen einen tiefen persönlichen Klang besitzt, und der insofern, über das bloß Witzige weit hinausgehend, als Ausdruck echten Humors genommen zu werden verdient.

An der folgenden objektiv besonders komisch wirkenden Begebenheit ist der Anteil des Erzählers noch verhältnismäßig gering:

> »Natürlich benutzen die Bendjabis die Zeit, wo wir so viel Arbeit und Sorge haben, um sich von ihrer schlimmsten Seite zu zeigen. Eines Tages, in der Verzweiflung über Leute, die eben wieder unreines Wasser geschöpft haben, lasse ich mich im Konsultationszimmer auf einen Stuhl fallen und stöhne: ›Was bin ich doch für ein Dummkopf, daß ich der Doktor solcher Wilden geworden bin!‹ Mild läßt sich Joseph«, der schwarze Heilgehilfe, »vernehmen: ›Ja, auf Erden bist du ein großer Dummkopf, aber nicht im Himmel.‹ Er liebt es, Sentenzen von sich zu geben. Wenn er uns nur in den Maßnahmen gegen die Ausbreitung der Dysenterie besser unterstützte.«[229]

---

225 Z. B. *Woytt-Secretan*, S. 99.
226 *Hagedorn:* Menschenfreund, S. 187. — Vgl. *Barthélemy*, S. 45.
227 *Russell*, S. 24.
228 *Italiaander*, S. 49.
229 BL S. 124.

Die Trockenheit, mit der Schweitzer diese urkomische Geschichte abschließt, würde nicht gerade auf Humor schließen lassen, wenn man nicht anzunehmen hätte, daß damit teils ein bescheidenes Ablenken von seiner Person, teils auch vielleicht mittelbar eine Steigerung der komischen Wirkung beabsichtigt wird. Meistens aber sehen wir den Erzähler solcher drolligen Geschichten deutlich schmunzeln:

»Unglaublich erscheint es den Eingeborenen, daß ich Zähne zu ziehen vermag, die noch nicht locker sind. Noch haben nicht alle Vertrauen zu der blinkenden Zange. Ein von Zahnweh gepeinigter Häuptling wollte sich der Prozedur nicht unterziehen, ohne vorher nach Hause zu fahren und seine Weiber zu fragen. Der Familienrat muß zu einem verneinenden Entschluß gekommen sein; denn er erschien nicht wieder.«[230]

Bemerkenswert ist, daß Schweitzers Neigung zu humorvollen Betrachtungen und Vergleichen sich gerade im Hinblick auf schwierige Lagen und Umstände äußert und bewährt. Zur Beschaffung des für das Dachdecken erforderlichen Materials muß er weite Reisen im Urwald unternehmen:

»Was ich an Schmeicheleien und Geschenken verausgabt habe, um die Blätterziegel mitnehmen zu dürfen, will ich vergessen. Sogar zu Drohungen, daß ich, wenn man mir nicht zu Willen wäre, niemals einen Kranken dieses Dorfes behandeln würde, versteige ich mich. Als Drohungen ›unseres Doktors‹ werden sie mit Lächeln aufgenommen.«[231] »Meine Moralität beginnt wirklich zu sinken. Wie ich als Knabe jede auf Besuch kommende Tante fragte, ob sie mir auch etwas mitgebracht habe, so heische ich jetzt von jedem, der mit mir zu tun bekommt, Blätterziegel und dergleichen.«[232]

Als er gar die Herstellung von Backsteinen fordert, macht sich der Wohltäter unbeliebt:

»Ein Engländer hört zu, wie eine Negerfrau zu einer andern sagt: ›Nein, geh nicht zum Doktor nach Lambarene hinauf! Er ist böse geworden und zwingt die Menschen zur Arbeit.‹ Überall redet sich's herum: ›Der Doktor bedrückt das Volk, um Backsteine zu bekommen.‹

Vier- oder fünfmal am Tage eile ich an den Sumpf hinaus, um die Arbeiter anzuspornen. Nachts träume ich von Backsteinen. Aber Pharao und Fronvogt in einer Person zu sein, geht über die Kräfte eines Menschen. Zuletzt muß ich mein Beginnen aufgeben und Backsteine Backsteine sein lassen. Die Kunde, daß ich aufhöre, Pharao zu sein, wird im Spital mit hörbarer Befriedigung aufgenommen. Melancholisch singe ich mir den Vers aus dem schönen Choral ›Beschwertes Herz, leg ab die Sorgen‹ vor, in dem es heißt:

Ach, laß Ägyptens eitles Wesen,
Die Stoppeln und die Ziegel stehn!«[233]

---

[230] WU S. 53.
[231] BL S. 29.
[232] S. 56.
[233] S. 52.

Wundervoll ist die Reaktion in einem Augenblick, da ihm eine Bitte, die Erfüllung einer selbstverständlichen Pflicht, abgeschlagen wird und Enttäuschung, wenn nicht Entrüstung naheliegen würden:

»Mitte September gehen schon die ersten Regen nieder. Jetzt heißt es, alles Bauholz ins Trockene bringen. Da wir gerade fast keine arbeitsfähigen Männer im Spital haben, schleppe ich selber Balken und Bretter mit zwei Getreuen. Dabei kommt mir ein Schwarzer in weißen Kleidern zu Gesicht, der als Besuch bei einem Kranken sitzt. ›He da, Kamerad‹, rufe ich, ›willst du uns nicht ein wenig helfen?‹ – ›Ich bin ein Intellektueller und trage kein Holz‹, lautete die Antwort. ›Hast du Glück‹, erwidere ich. ›Auch ich wollte ein Intellektueller werden, aber es ist mir nicht gelungen.‹«[234]

Vielleicht überwiegt hier der Ernst, aber das Komische, das zugleich in dem Auftritt enthalten ist, wird schlagfertig zum Ausdruck gebracht, und dadurch, daß die wahrhaft großartige Ironie der Antwort nicht als ein bloßes Spiel des Verstandes wirkt, sondern das Herz unverkennbar beteiligt ist, ergibt sich eine Haltung, die weniger Bitterkeit zum Ausdruck bringt, als doch wieder dem Humor nahezukommen scheint.

Von tiefem Humor zeugt es, wie der Aufseher und Antreiber der Eingeborenen den Verlauf eines Arbeitstages im Urwald erlebt:

»Ein Tag verläuft wie eine Symphonie. *Lento:* Verdrossen empfangen die Leute die Äxte und Buschmesser, die ich ihnen beim Landen austeile. Im Schneckentempo geht es an die Stelle, wo Gebüsch und Bäume niedergelegt werden sollen. Endlich steht jeder an seinem Platze. Behutsam werden die ersten Striche getan. – *Moderato:* Äxte und Buschmesser laufen in überaus mäßigem Takte. Vergebens versucht der Dirigent das Tempo zu beschleunigen. Die Mittagspause macht dem langweiligen Stück ein Ende. – *Adagio:* Mit Mühe habe ich die Leute wieder auf die Arbeitsstelle im dumpfen Walde gebracht. Kein Lüftchen regt sich. Von Zeit zu Zeit hört man einen Axtstreich. – *Scherzo:* Einige Späße, zu denen ich mich in der Verzweiflung aufraffe, gelingen mir. Die Stimmung belebt sich. Lustige Worte fliegen hin und her. Einige Leute fangen an zu singen. Es wird auch etwas kühler. Ein Lüftchen stiehlt sich vom Fluß herauf in das Dikkicht. – *Finale:* Die Lustigkeit hat alle erfaßt. Dem bösen Wald, um dessentwillen sie hier stehen müssen, statt ruhig im Spitale sitzen zu dürfen, soll es übel gehen. Wilde Verwünschungen werden gegen ihn laut. Johlend und kreischend geht man ihm zu Leibe. Äxte und Buschmesser hämmern um die Wette. Jetzt aber darf kein Vogel auffliegen, kein Eichhörnchen darf sich zeigen, keine Frage darf gestellt werden, kein Befehl darf ergehen. Bei der geringsten Ablenkung wäre der Zauber aus. Die Äxte und Buschmesser kämen zur Ruhe, und die Leute würden sich über das Gesehene oder Gehörte bereden und wären nicht mehr in Gang zu bringen. Zum Glück kommt keine Ablenkung. Das Toben geht weiter. Wenn dieses Finale nur eine gute halbe Stunde anhält, war der Tag nicht verloren. Und es hält an, bis ich ›Amani! Amani!‹ (Genug! Genug!) rufe und der Arbeit für heute ein Ende setze.«[235]

---

[234] S. 125 f.
[235] S. 142 f.

Wie plastisch-humorvoll ist die Antwort auf die Frage seiner Mitarbeiterin, die in einer solchen Situation die Aufsicht übernehmen soll, wie sie es machen müsse, um ihr Amt richtig zu versehen. »Das ist riesig einfach. Denken Sie nur, Sie seien ein Schäferhund, und handeln danach. Dann läuft es.«[236] Diese Verbindung des Humors mit einem sehr originellen, prachtvollen Tiervergleich findet sich auch in dem Bericht über seine Zusammenkunft mit Sir Wilfred Grenfell, der ein Spital in Labrador unterhält.

»›Wir fingen gleich an‹, erzählt Schweitzer, ›einander nach der Bewirtschaftung unserer Spitäler auszufragen. Seine Hauptsorge war das Verschwinden der Renntiere in ihren periodischen Wanderzeiten, meine der Verlust an Ziegen durch Diebstahl und Schlangenbisse. Schließlich mußten wir laut lachen, denn wir unterhielten uns nicht wie Ärzte, die um ihre Patienten besorgt sind, sondern wie Landwirte, deren Sorge ihrem lebenden Inventar gilt‹.« – »Beim Abschied wurden sie gebeten, sich in das Gästebuch einzutragen. Grenfell trug sich zuerst ein; Schweitzer geriet plötzlich in heitere Stimmung bei dem Gedanken an seine eigene, kräftige, dunkle Erscheinung neben der kleineren Gestalt seines eleganten weißhaarigen Gegenüber und ihre dazu passenden beiderseitigen Wirkungsstätten, ergriff die Feder und schrieb unter seinem Namen die Worte: ›L'Hippotame est heureux de rencontrer l'Ours blanc‹ (›Das Flußpferd freut sich, den Eisbären zu treffen‹).«[237]

Schweitzer hat sich noch ein weiteres Mal im Spaß mit einem Tier verglichen. Dem Maler und Bildhauer Otto Leiber, seinem Landsmann, saß er 1929 für eine Bildnisbüste. Einmal, »als er die noch halbfertige Büste längere Zeit und von allen Seiten eingehend betrachtet hatte«, faßte er seinen Eindruck in die Worte zusammen: »›Ja, ja, jetzt noch e Zitron ins Muhl und Schnittloch‹ (Ja, ja, jetzt noch eine Zitrone ins Maul und Schnittlauch dazu [dann ist der ›Schweinskopf en tortue‹ fertig]).« Der Künstler hat außer dieser noch einige weitere drollige Äußerungen in Elsässerdütsch, die Schweitzer während der Sitzung machte, auf Porträtskizzen wörtlich festgehalten: Den ihm durch einen soeben geöffneten und gelesenen Verlegerbrief entstandenen Ärger suchte er mit der Bemerkung abzureagieren: »Was innre Gais und imme Verleger vorgeht, weiß kai' Mensch.« Allgemeiner gehalten ist die folgende köstliche Sentenz: »Des, wo am beschte gelunge isch in der ganz Schepfung, des isch die Dummheit von de Mensche.« Der Verfasser des Berichtes, dem wir die Mitteilung dieser Aussprüche verdanken – er war einmal bei einer solchen Sitzung zugegen –, schreibt: »Schweitzer konnte drastisch, ironisch, spöttisch und zugleich ungemein humorvoll sein.«[238]

Angesichts solcher Belege wäre es offenbar verfehlt, noch die Frage aufzuwerfen, ob wir hier den eigentlichen Humor vor uns haben und

---

236 *Russell,* S. 22
237 *Seaver,* S. 171.
238 *B. Leiber:* Begegnung.

bei einem Menschen wie Albert Schweitzer überhaupt erwarten dürfen. Es kann kein Zweifel sein: sowenig man bei einem innerlich und äußerlich derart engagierten Moralisten und Aktivisten ausgesprochenen Humor, der im allgemeinen einen ganz anderen Menschentypus charakterisiert, vermuten würde, er ist ganz einfach da. Wie eine Wunderblume blüht er inmitten schmerzlicher Eindrücke und schwerer Sorgen, im Schatten der Gedanken an das Leiden von Mensch und Tier, im Ringen um die Frage der Fragen nach Gut und Böse, im Getriebe rastlosen Schaffens[239]. Aber wenn auch der Sachverhalt als solcher nicht einem Vorurteil oder einer Theorie des Humors zuliebe bestritten oder verkleinert werden soll, so mag es doch angebracht sein, eine etwas nähere Bestimmung dieses Humors vorzunehmen, um dadurch seine Merkwürdigkeit im vorliegenden Falle teils ganz ermessen zu können, teils auch bis zu einem gewissen Grade abzuschwächen.

Man wird nicht umhin können, ein wenig genauer zu unterscheiden: es kann jemand Sinn für Humor haben, ohne selbst schon viel Humor zu äußern, und wieder etwas anderes als der Humor im Sinne einer glücklichen Mitgift der Natur, einer Anlage unter anderen, ist der Humor als beherrschende Grundrichtung, als Weltgefühl und Gesamteinstellung zum Leben. Bei Schweitzer zeigt sich nicht nur der Sinn für Humor, sondern wir finden ihn auch in dieser Hinsicht nicht selten selber produktiv, was eigentümlich kontrastiert mit jenen so andersartigen Zügen[240]. Aber er ist deshalb noch kein Humorist. Um das, was man den »großen Humor« genannt hat, wird es sich jedenfalls bei ihm kaum handeln können, obgleich manche Grundlagen dieses Humors im gesteigerten Sinne, wie sie die Ästhetik erarbeitet hat[241], bei ihm durchaus vorhanden sind: die Gefühlsunendlichkeit, das »Mitgefühl, das sich auf die Natur erstreckt, auf alles Leben, das sich entfaltet und vorwärts strebt« *(Höffding*[242]*)*, die Schmerzempfänglichkeit, der melancholische Grundzug, das »unendliche Schmerzgefühl« des Humoristen *(Vischer*[243]*)*, ferner eine Weltanschauung, »die für die pessimistischen Seiten der Welt Verständnis und Blick hat«, wie sie nach *Volkelt* für den Humor günstig ist[244], und

---

239 Die Zugehörigkeit des Humors zum Bilde Schweitzers hebt auch *H. Baur* (Persönlichkeit, S. 224 f.) hervor: »Auf blutigernstem Grunde steht diese lichte Gabe.«

240 Darf man vermuten, daß der Humor bei Schweitzer sich erst mit den Jahren entwickelt hat? Daß er als Kind leicht zum Lachen zu bringen war, berichtet er als eine Schwäche, welche die Kameraden in den Schulstunden grausam ausnutzen. »Wie oft stand im Klassenbuch: ›Schweitzer lacht‹. Dabei hatte ich gar keinen heiteren Charakter, sondern war schüchtern und verschlossen« (KJ S. 18). Dieses Lachen wird man hier also kaum berücksichtigen dürfen, und von dem auffallend ernsten, fast düsterblickenden Manne, dessen Bild sich bei *Kraus* (S. 17) findet, würde man nicht glauben, daß er »so gern lacht«, während man sich auf zahlreichen Altersbildern davon überzeugen kann, daß sein Lachen kein konventionelles, sondern ein ganz echtes, von Herzen kommendes ist.

241 Vgl. *Volkelt:* Ästhetik, S. 548 ff.

242 *Höffding:* Humor, S. 97.

243 *F. Th. Vischer:* Ästhetik, S. 448.

244 *Volkelt,* S. 560.

dann überhaupt »die Bewußtseinshaltung des Weltbetrachtens«, die für Volkelt[245] den entscheidenden Zug des Humors ausmacht. Aber so sehr auch diese bei Schweitzer vorhanden ist: bei ihm wird sie eben nicht das Ausschlaggebende, und entscheidende Bedeutung kommt in unserem Falle dem Hinweis Volkelts zu, daß der Humor mit der Welt spielt[246]. Die Kehrseite davon ist nämlich: »Alle Weltanschauungen«, »die ein bitterernstes Verhalten zur Welt als ausschließliche oder doch weit überwiegende Lebenshaltung fordern, sind für den Humor unergiebig«[247]. Wer »dem Leben immer nur mit dem Bewußtsein der Pflicht gegenübersteht«, »ist jener Willkür und Selbstherrlichkeit unfähig, die allein den Humor erzeugt«[248]. Auch Höffding stellt »das große praktische Streben«, die Hingabe an große Aufgaben, dem Humor als einen anderen Lebensstandpunkt gegenüber[249]. Damit wird ein erstes Moment bezeichnet, das eine Persönlichkeit wie Schweitzer von der Einstellung des Humors zu scheiden geeignet ist: dieser wurzelt in einer überwiegend beschaulichen Haltung. Schweitzer ist zu sehr mit Aufgaben beschäftigt und vor allem zu sehr vom Bewußtsein der Pflicht durchdrungen, um auf den Standpunkt des großen Humors treten zu können. Das Statische dieses Humors im eigentlichen Sinne, der weiß, daß die Welt trotz aller Anstrengungen, sie zu verbessern, im Grunde immer dieselbe bleibt, und seine Beschaulichkeit, die sich mit der Unvollkommenheit der Welt, wie sie nun einmal ist, durch Tränen lächelnd abfindet, wird durch den dynamisch-enthusiastischen Idealismus der auf die Umwandlung der Welt abzielenden sittlichen Tat ausgeschlossen. Zwischen diesen Einstellungen ist auch das Verhältnis der Polarität oder Synthese in einem und demselben Menschen kaum denkbar.

Damit hängt ein Zweites zusammen. Neben dem pessimistischen Element des Humors, das erst vom 19. Jahrhundert entdeckt wurde, bleibt das optimistische als Grundlage unentbehrlich: jene tiefe Überzeugung, daß trotz aller kleinen Schwächen und großen Widersprüche, die das Leben aufweist, sein Kern gut, das Gute nicht auszurotten, die Gesamtordnung gewährleistet, das Versöhnende jedenfalls immer wieder erkennbar ist. Auch davon kann bei Schweitzer kaum die Rede sein. Im Blick auf die Welt überwiegt für ihn der Eindruck des Furchtbaren, Grauenhaften, und etwas von Versöhnung ist dem Menschen immer nur erreichbar durch sittliches Handeln, durch helfende Tat, nicht durch eine noch so überlegene humorvolle Betrachtung. Aber nicht nur die eminent praktische Einstellung und die vom Gedanken an das Leiden beherrschte Weltanschauung sind kein Boden für den Humor. Unmittelbarer und tiefer noch zeigt sich die Verschiedenheit in einem mit dem zuletzt Ge-

245 S. 551.
246 S. 560.
247 S. 557 f.
248 S. 558.
249 *Höffding*, S. 142.

sagten zusammenhängenden, dritten Punkt, über den man als den nächstliegenden nicht hinwegsehen darf: das primäre Lebensgefühl, die Grundstimmung. Es ist unbestreitbar, »daß der Humor als Weltgefühl immer gekoppelt ist mit dem Lebensgefühl der Heiterkeit, ohne mit ihm identisch zu sein« *(Ph. Lersch*[250]*)*. Es »ist die Heiterkeit das Lebensgefühl, aus dem allein der Humor entspringt«[251]. Bei Schweitzer ist die Heiterkeit zwar vielfach durchaus vorhanden, aber sie bildet bei ihm nicht den Hauptton, und deshalb gehört er seinem tiefsten Wesen nach einem anderen seelischen Typus als dem des großen Humoristen an: der Ernst ist das Grundelement in ihm. Dieser Ernst ist weder eng noch dumpf, sondern weit und tief und klar, aber die Heiterkeit als ein mindestens gleichberechtigtes Element läßt er daneben schwerlich aufkommen. Humor als Gesamteinstellung zum Leben, als Weltgefühl und gar als Weltanschauung ist nicht Schweitzers Sache.

Etwas anderes sind wie gesagt der Sinn für die Komik, die das Leben jedem gelegentlich bietet, die Freude an einem Scherz, der Schalk und eine gewisse Fröhlichkeit, ohne die ein Mensch mit so viel Vitalität, Herz und Geist kaum vorstellbar ist: der kleine Humor, könnte man vielleicht sagen, der im Bilde Schweitzers nicht fehlen darf, der sogar ganz wesentlich zu ihm gehört. Ein vorhin schon angeführter Besucher berichtet zwei reizende kleine Begebenheiten. »Als ich bei ihm war, bereitete ihm sein gar zu eifriger Jagdhund Tschü-Tschü etwas Sorge. Dieser stellte gern allem Getier nach. Aber Schweitzer verwarnte ihn: ›Nachdem wir den Friedenspreis erhalten haben, muß das aufhören. ... Du mußt jetzt ein Nobel-Hund sein ... Sonst wird uns der Preis wieder abgenommen ... Das Geld aber brauchen wir für die Leprösen. Also beherrsche dich!‹ Ja, er liebt Scherze.«[252] Die zweite von unserem Berichterstatter erwähnte Begebenheit dürfte über diesen netten Scherz noch weit hinausgehen. Schweitzer erzählte von einer alten englischen Dame, die ihm seit Jahren schrieb. »Immer hatte er ihr, trotz allen Zeitmangels, geantwortet — obwohl er wußte, daß es der Lady nur um die schönen Briefmarken zu tun war. Er hatte sie längst durchschaut, wollte ihr jedoch die Freude nicht nehmen. Und er hatte selbst Spaß an der Affäre.« Bedenkt man, welche unerhörte Belastung es für Schweitzer bedeutet haben muß, daß er daran festhielt, möglichst viele der ungezählten Briefe persönlich und trotz seines Schreibkrampfes, an dem er von jeher litt, sogar handschriftlich zu beantworten, so gehörte gewiß seine einzigartige Güte dazu, diesen merkwürdigen Briefwechsel fortzusetzen. Das Erstaunlichste enthält aber erst der letzte Satz: daß er selbst Spaß daran hatte! Insofern dürfte die Behandlung dieser »Affäre« beinahe schon an den großen Humor grenzen.

Im ganzen genommen wird jedoch das, was Schweitzer von Goethe sagt und anführt, auf ihn selbst anzuwenden sein: »Für den gelegentlich«

---

250 *Lersch:* Person, S. 299.
251 *Lersch,* ebd. Vgl. auch *Volkelt,* S. 560.
252 *Italiaander,* S. 49. Vgl. *Hagedorn,* S. 210.

»sich äußernden Humor hat er Sinn und betätigt ihn auch, den zur stetigen Stimmung gewordenen, der überall auf das Komische aus ist«, »hält er für ein törichtes Spielen mit den Dingen. Nur ein Skeptiker, urteilt er, vermag es zu betreiben. ›Wem es aber bitterer Ernst ist mit dem Leben, der kann kein Humorist sein.‹«[253] Aber auch der nur von Fall zu Fall, wie die Sonne aus einem wolkenverhangenen Himmel hervorbrechende Humor ist nicht gering zu schätzen. Und besonders bemerkenswert wird er eben bei einem Manne, dessen Fühlen, Denken, Wollen und Handeln in diesem Grade durch die Tatsache des Leidens in der Welt bestimmt ist: von der Menschheit und nicht nur der Menschheit, sondern auch der Kreatur ganzem Jammer erfaßt und bis in die letzten Winkel seines Denkens verfolgt, geht doch immer wieder einmal ein aufatmendes, befreiendes Lächeln über sein Gesicht! Wenn es sich hierbei auch nicht um einen weltanschaulich zentralen Faktor handelt, so erscheint doch von allen Gegensätzen, die hier herausgestellt wurden, der von eigenem Leiden unter dem allgemeinen Leid einerseits und von Heiterkeit und Humor in dem bezeichneten Sinne und Ausmaß andererseits wohl als der merkwürdigste, und das Bild Albert Schweitzers erfährt dadurch eine überraschende, überaus reizvolle und wohltuende Abrundung.

In seiner mehrfach genannten Studie hat *Kraus* von der »Polymorphie« der Persönlichkeit Schweitzers gesprochen. Die Darlegungen dieses Abschnitts dürften gezeigt haben, daß es sich um eine besondere, sehr eigenartige und charakteristische Form einer solchen handelt, die man vielleicht kontrapunktisch nennen könnte. Bezüglich der Weltanschauung wurde darauf in einigen Punkten von Kraus schon aufmerksam gemacht. Er hebt ein Oszilieren zwischen Pessimismus und Optimismus, zwischen Pantheismus und Theismus, zwischen Rationalismus und Mystik hervor[254]. *Bixler* spricht von der »Vielfalt in der Einheit«, die sich erweise »im wechselseitigen Anruf von Verstand und Gefühl, in den einander ablösenden Stimmungen von Verzweiflung und Vertrauen«[255]. Der Hinweis desselben Autors auf Schweitzers Fähigkeit, gleichzeitig Zweifler und Gläubiger zu sein, wurde schon erwähnt. Unsere Betrachtungen haben ergeben, daß solche Gegensätze für Schweitzers Wesen auf der ganzen Linie bezeichnend sind. Nun finden sich Spannungen und auch Widersprüche gewiß in den meisten Menschen und in verstärktem Maße bei vielseitiger Veranlagung und großem innerem Reichtum. Das Eigentümliche an dem vorliegenden Fall ist jedoch, daß der Gegensatz hier geradezu zum organisierenden Prinzip geworden und im Stil, in der Grundstruktur dieser Persönlichkeit begründet zu sein scheint. Insbe-

---

[253] GR S. 99.
[254] *Kraus,* S. 39.
[255] *Bixler,* S. 233.

sondere ihre geistige Haltung erweist sich als eine Complexio oppositorum, wie sie in dieser starken Ausprägung kein zweitesmal zu belegen sein dürfte.

Um so mehr ist hervorzuheben, daß dadurch im allgemeinen keine Dissonanzen entstehen, obgleich beide Enden des Spannungsbogens vielfach ins Extrem gesteigert sind. Im Gegenteil hat man mit vollem Recht auf die »Einheit in der Vielfalt« aufmerksam gemacht und behauptet, daß Schweitzers Genie weniger in der Mannigfaltigkeit als in der Einheit bestehe[256]. Richtiger würde man wohl sagen — denn auch dieser Grad von Mannigfaltigkeit ist wunderbar genug —: noch mehr als in der Mannigfaltigkeit in der Einheit. *Seaver* hat jedenfalls einen entscheidenden Punkt berührt, wenn er von Schweitzer sagt: »Sein Leben, Denken und Wirken sind ganz aus einem Guß!«[257] Für das Denken wird man freilich in dieser Hinsicht, wie sich schon zeigte und später im einzelnen ausgeführt werden soll, sehr beträchtliche Einschränkungen zu machen haben, aber im Leben und Wirken ist die Einheit in der Vielheit und Gegensätzlichkeit wirklich von überwältigender Eindruckskraft. Wie hier der Forscher, der mit den erkenntnismäßigen Bemühungen um die Person Jesu wie kein anderer vertraut ist und sie durch einen eigenen, sehr eigenartigen Lösungsversuch bereichert hat, selber hingeht, um den Menschen zu dienen nach dem Vorbild dessen, dem seine wissenschaftliche Arbeit gewidmet war, wie er dabei, gleich jenem, Krankenheilung und Verkündigung miteinander verbindet, wie er auch seine literarische Produktion und sein Orgelspiel in den Dienst seines großen Hilfswerkes stellt — »Die Mittel für mein Werk« — das Spital — »mußte ich selber aufbringen. Ich gab dazu, was ich durch mein in drei Sprachen erschienenes Buch über J. S. Bach und durch Orgelkonzerte verdient hatte. Der Thomaskantor aus Leipzig hat also mitgeholfen, das Spital für die Neger im Urwald zu bauen«[258], ebenso wie später auch Goethe, als Schweitzer anläßlich des 200. Geburtstages die Einladung zu einem Vortrag in Amerika nach starken Bedenken schließlich doch annahm im Hinblick auf den angebotenen reichlichen Lohn in Dollars, die ihm helfen konnten, eine besondere Leprösenstation aufzubauen[259], für welch letztere dann auch der Friedens-Nobel-Preis gerade zur rechten Zeit kam — wie schließlich seine ganze praktische Wirksamkeit Beispiel und Beleg für seine Philosophie wird und diese umgekehrt die Gesinnung der Ehrfurcht vor dem Leben, die sein Wirken trägt, begründen und verbreiten soll, dieses Mit-, In- und Füreinander ist wirklich einmalig. Gerade wenn man sich die Vielseitigkeit und Mannigfaltigkeit der Begabung dieses

---

[256] *Babel,* S. 82. — Diese Einheit wird sehr gut erfaßt auch von *A. Müller:* Schweitzer, S. 1. 6 f.
[257] *Seaver,* S. 345.
[258] WU S. 2.
[259] *Hagedorn,* S. 199.

Mannes und die in ihm angelegten Gegensätze und Spannungen zum Bewußtsein gebracht hat, erscheint die alles umfassende Einheit und Harmonie erst recht bewundernswert[260].

[260] Ausgezeichnet hat *H. Baur* das »ausgewogene Verhältnis« der verschiedenartigen »Fähigkeiten, Neigungen und Ziele seines Wesens« zusammengefaßt: »In der Waage stehen Denken und Tun; Theorie und Praxis; Besinnung, Andacht und Aktivität; Demut und unbeugsamer Wille; Gehorsam und Befehlen; Dienen und Herrschen; innere Notwendigkeit und berechnete Erfolgsaussicht« (Persönlichkeit, S. 222). Von wem sonst noch könnte man so etwas sagen?

C. Hauptteil

ERSTES KAPITEL

Die Jesus- und Paulusforschung

I. Der Geschichtsschreiber der Leben-Jesu-Forschung

Schweitzer war zuerst und lange noch, ja, wie seine letzte, unvollendet gebliebene Schrift »Reich Gottes und Christentum« zeigt, bis ins hohe Alter biblischer Theologe[1, 2]. Wenn die Reihe seiner größeren Veröffentlichungen mit einem Buche über Kant beginnt, so stehen doch Fragen des Lebens Jesu am Anfang seines wissenschaftlichen Denkens, sie haben ihn schon seit seinem ersten Studienjahr beschäftigt[3]. Die ersten selbständigen, recht originellen Beobachtungen und Erwägungen auf diesem Gebiet stellte der Student bereits nach dem zweiten Semester an, und die Frucht fortgesetzter Bemühungen, eine Skizze des Lebens Jesu[4], mit der er sich habilitierte, wurde, obzwar zunächst wenig beachtet, von heute aus gesehen, sofort ein Ereignis in der Erforschung des Jesusproblems. Die Beschäftigung mit ihm sollte ihn später weiterführen zur Darstellung seiner Geschichte.

Die Frage, welches seiner theologischen und philosophischen Werke als das wichtigste zu gelten hat, soll hier nicht vorweggenommen werden, aber die »Geschichte der Leben-Jesu-Forschung« ist sicherlich das einflußreichste gewesen[5]. Man hat es sogar als »eines der wertvollsten Bücher,

---

[1] Vgl. *U. Neuenschwander* im Vorwort zu dem genannten Buch, S. VII.

[2] Ein wunderlicher Irrtum sei hier sogleich richtiggestellt, die Behauptung *Eberhard Achterbergs* (Schweitzer, S. 47), Schweitzer habe mit seiner »Geschichte der Leben-Jesu-Forschung« (1913) Abschied von der neutestamentlichen Theologie genommen. Vielmehr setzte er die Jesus gewidmete Arbeit mit dem bekannten Werk »Die Mystik des Apostels Paulus« fort, das 1930 veröffentlicht wurde, und 1950 nahm er das oben erwähnte unvollendet gebliebene Opus postumum in Angriff, das 1967 erschien.

[3] LD S. 26.

[4] Der vollständige Titel lautet: »Das Messianitäts- und Leidensgeheimnis«. 1901. 3. unv. Aufl. 1956 (fortan im Text als »Skizze« bezeichnet).

[5] Wenn *J. W. Bowman* (Quest, S. 184) die Ansicht äußert, daß es in neuerer Zeit kaum ein anderes Werk von einem derart tiefgehenden Einfluß auf das theologische Denken gegeben hat, so dürfte das freilich zuviel gesagt sein. Daneben müßte doch mindestens Karl Barths »Römerbrief« gestellt werden, während Bultmanns eher noch einflußrei-

die je geschrieben wurden«, bezeichnet[6, 7], und jedenfalls ist es sein berühmtestes. In manchen Schweitzermonographien nimmt sich die Leistung des Leben-Jesu-Forschers, wie schon eingangs gesagt, so aus, als komme seiner Jesusauffassung die Bedeutung einer über jeden Zweifel erhabenen endgültigen großen Entdeckung zu, wobei die schweren Bedenken, die gegen sie bestehen, durchweg gar nicht bekannt zu sein scheinen und, soweit sie es wenigstens zu einem kleinen Teil sind, in ihrem Gewicht durchaus verkannt werden. Demgegenüber versucht dieses Kapitel, ohne die Eigenart und den Rang des Schweitzerschen Jesusbildes gering zu veranschlagen, auch die tiefe Fragwürdigkeit seiner Arbeitsmethoden und -ergebnisse herauszustellen, um so ein sachlich begründetes, nach allen Seiten möglichst gesichertes und ausgewogenes Urteil zu gewinnen. In dem Abschnitt hier handelt es sich jedoch noch nicht um Schweitzers eigene Lösung des Jesusproblems, sondern um die von ihm geschriebene Geschichte dieses Forschungszweiges.

Die Entstehung des Werkes, das, wie es fertig vorliegt, so durchaus den Eindruck des Gewachsenen, in sich Notwendigen macht, hatte zunächst einen mehr zufälligen äußeren Anlaß. Angeregt durch ein Gespräch mit Studierenden, die im Kolleg eines anderen Dozenten über das Leben Jesu nichts von der früher geleisteten Arbeit erfahren hatten, entschloß sich Schweitzer, für das Sommersemester 1905 eine zweistündige Vorlesung über die Geschichte dieses Faches anzukündigen. Er wurde so sehr von dem Stoff gepackt, daß er sich nach Abschluß des Semesters erst recht in ihn versenkte, wobei ihm der glückliche Umstand zu Hilfe kam, daß in der Straßburger Universitätsbibliothek auf Grund ihr einverleibter bedeutender Gelehrtennachlässe die Leben-Jesu-Literatur in, wie er meinte, einzigartiger Vollständigkeit vorhanden war[8]. Zieht man den riesigen Umfang dieses Schrifttums in Betracht, so erscheint die Tatsache, daß das Buch schon im folgenden Jahre herauskam, fast unglaublich[9]. Es führte in der ersten Auflage von 1906 den Titel »Von

---

cheres kleines Programm der Entmythologisierung »Neues Testament und Mythologie« allerdings mehr mittelbar gewirkt zu haben scheint, dagegen als literarische Einheit (enthalten in: Offenbarung und Heilsgeschehen. 1941) und gar als literarisches Ereignis nicht seiner Bedeutung entsprechend hervorgetreten ist. In dem Artikel »Bultmann« in RGG[3] wird es unter den Hauptwerken nicht einmal genannt.

[6] *Nigg:* Liberalismus, S. 260.

[7] Die Spannweite der Bewertung reicht von den Prädikaten »Monumentalwerk« (z. B. *Brock:* Schweitzer), »säkular« und der Aussage, sein Verfasser sei damit 1906 »an die Spitze der protestantischen Theologen gerückt« (*E. Müller:* Bedeutung. In: Schweitzer [Bähr], S. 146) bis zu der Behauptung, es wirke trotz seiner Dicke und Gelehrsamkeit wie ein »Pamphlet« (*Weinel:* Verkündigung, S. 18).

[8] LD S. 34 f.

[9] Wohl eine Folge dieses Arbeitstempos war ein bedauerlicher Betriebsunfall, insofern Schweitzer den Entdecker der Priorität des Markusevangeliums, Christian Gottlieb Wilke, mit Ferdinand Wilhelm Wilcke, einem ganz anders eingestellten, weniger bedeutenden Autor, verwechselte bzw. beide zu einer Person zusammenlegte (RW S. 110 ff.). Dieses Versehen wurde von *Wellhausen* (Einleitung, S. 34, Anm.) bemerkt und von Schweitzer in seiner zweiten Auflage (LJ S. 114, Anm. 4) korrigiert — mit Ausnahme der falschen Schreibung des Namens Ferd. Wilh. »Wilke«.

Reimarus zu Wrede«, da Reimarus »als erster eine Erklärung des Lebens Jesu von der Annahme aus« versuchte, daß Jesus »die eschatologisch-messianischen Erwartungen seiner Zeit geteilt habe«, während Wrede »den ersten großzügig durchgeführten Versuch« machte, Jesus »alle eschatologischen Vorstellungen abzusprechen, wobei er sich konsequenterweise genötigt sah, zur Behauptung fortzuschreiten«, daß Jesus »sich auch nicht für den Messias gehalten habe, sondern erst nach seinem Tode von den Jüngern dazu gemacht worden sei«. Es verhält sich demnach so, daß die beiden Namen im Titel des Buches »die beiden Pole bezeichnen, zwischen denen sich die Leben-Jesu-Forschung bewegt«[10].

Dieser Titel ist beim Erscheinen des Buches mehrfach angefochten worden, sachlich nicht zu Unrecht. Im Sinne der ganzen Betrachtungsweise, der Anlage der Untersuchung und ihres hauptsächlichen Ertrages, hätte er, wenngleich das aus Gründen des Geschmacks nicht anging, zweifellos weit eher lauten müssen: »Von Reimarus zu Schweitzer«; »denn auch Wrede gehört«, wie *P. Wernle* in seiner Rezension bemerkte, »in das ungeheure Leichenfeld der großen Leben-Jesu-Schlacht, als deren einzig Überlebender Schweitzer dasteht«[11]. Damit wird hier schon an eine gewisse sachliche Problematik gerührt, die durch den von ihm gewählten Titel noch verdeckt ist. Nicht ganz ohne Grund hat man in dem Umstand, daß für Schweitzer seine Jesusauffassung »das Ziel« ist, »auf welches die Leben-Jesu-Forschung ausläuft« *(Wellhausen[12])*, eine Parallele zu Hegels Selbsteinschätzung seiner Philosophie gesehen[13]. Im Sinne beider scheinen die Probleme mit dem Erreichen ihres eigenen Standpunkts im wesentlichen gelöst zu sein.

Über die Fassung des Titels hinaus wurde die sachliche Abgrenzung des Themas auch in anderer Beziehung nicht immer gebilligt, weil das Interesse am Leben Jesu seine moderne Zuspitzung schon im Pietismus und bei Klopstock erhalten habe[14]. Jedoch war die Zielsetzung des Pietismus ja nicht eigentlich wissenschaftlicher Art, so daß Schweitzer sich erlauben durfte, davon abzusehen[15]. Andererseits ist es sicherlich

---

[10] LD S. 35 f.

[11] *Wernle:* Rezension 1906, Sp. 502. — Vgl. auch *Stephan:* Rezension, Sp. 1546; *H. J. Holtzmann:* Stand, Sp. 2359; *Wellhausen:* Einleitung, S. 151, Anm.

[12] *Wellhausen,* ebd.

[13] *Barnikol:* Leben, S. 147.

[14] *Stephan:* Rezension, Sp. 1545.

[15] O. *Piper* (Problem, S. 74 f.) vermißt bei Schweitzer die Berücksichtigung nicht nur des Pietismus, sondern u. a. auch des Biblizismus. Bezeichnend für seine »Blindheit« sei, daß die Namen Zinzendorf und Martin Kähler sich in dem monumentalen Buch überhaupt nicht finden und daß Schlatter »nur in einer herabsetzenden Fußnote erwähnt wird«. Zinzendorf fällt jedoch unter das soeben oben Gesagte, Kähler als systematischer Theologe unter später noch Auszuführendes. Was aber Schlatter betrifft, so bezieht sich Schweitzers »herabsetzende« Fußnote nur auf dessen »Theologie des Neuen Testaments«, Bd. 1: Das Wort Jesu. 1909 — nicht, wie von Schweitzer (LJ S. 591) angegeben, 1902 — und besagt lediglich, in ihr trete »die historische Betrachtungsweise über Gebühr zurück«. *K. L. Schmidt* (Christuszeugnis, S. 9) hat ebenfalls an Schlatters Behandlung durch Schweitzer Anstoß genommen. Da aber die »historische Betrachtungsweise« nicht

auch richtig, wenn er »die geschichtliche Erforschung des Lebens Jesu« »nicht von dem rein geschichtlichen Interesse« ausgehen findet, sondern meint, daß sie »den Jesus der Geschichte als Helfer im Befreiungskampf vom Dogma« suchte[16]. In der Erforschung des Lebens Jesu ist in der Tat ursprünglich und wohl noch bis hin zum Liberalismus und darüber hinaus eine antidogmatische Tendenz, ja, ein antidogmatischer Affekt wirksam. Man will fort und freiwerden von dem Jesus Christus der Zwei-Naturen-Lehre[17]. Eben deshalb wurde mit mehr Berechtigung das Fehlen des englischen Deismus in dem Buch bemängelt[18]. Und wenn schon Schweitzer diesen selbst nicht behandeln wollte, so hätte er doch wenigstens den Einfluß englischer Deisten auf Reimarus würdigen müssen, statt daß er diesen Einfluß verschweigt[19]. Daß »die Welt durch nichts auf das gewaltige Werk des Reimarus vorbereitet« war, wie Schweitzer schreibt[20], kann man jedenfalls nicht behaupten. Dadurch, daß Schweitzer erst bei dem großen Ungenannten einsetzt und die Linie dann bis zu seinem eigenen Jesusbild durchführt, erhält die Darstellung allerdings einen sehr einheitlichen und geradezu zielstrebig anmutenden Charakter, einheitlich auch insofern, als sie eben ganz überwiegend zu einer Geschichte der *deutschen* Forschung wird, deren Bedeutung auf dem Gebiet des Lebens Jesu ja wirklich überragend ist[21].

---

an einer einzelnen, allerdings erstaunlich freisinnigen Äußerung Schlatters zu messen ist (wie sie Schmidt zitiert, ohne daß sie an dem angegebenen Ort auffindbar wäre), sondern auf das gesamte wirklich praktizierte historisch-kritische Verfahren abzielt, erscheint Schweitzers Urteil keineswegs als unzutreffend und entsprach jedenfalls einem seinerzeit verbreiteten Eindruck. (Wenn an dieser Stelle eine persönliche Reminiszenz erlaubt ist: Als ich 1920 ins erste Semester nach Tübingen zog, meinte mein freilich theologisch streng liberaler Vater — liberal und streng war damals nicht immer ein Gegensatz! —, Schlatter könnte ich mir schenken! — ein Rat, der jedoch nicht befolgt wurde.) Über die zweite, umgearbeitete Auflage des genannten Schlatterschen Werkes (u. d. T.: Die Geschichte des Christus. 1921.) formulierte *W. Bauer* (Rezension, Sp. 78) dasselbe Urteil erheblich schärfer als Schweitzer: Schlatters Meinung, »sich als Historiker zu betätigen«, sei »eine Selbsttäuschung«, und man wird, unbeschadet der vielgerühmten und unbestreitbaren originellen, kraftvollen Art und Wirksamkeit Schlatters, namentlich seiner Exegese im allgemeinen und seiner profunden Kenntnisse auf dem Gebiet des Rabbinentums, über seine Arbeit hinsichtlich der Leben-Jesu-Problematik kaum anders urteilen können. So fand auch *Brückner* (Darstellungen, S. 435): »Schlatters Werk bringt zwar Theologie, aber keine Geschichte«, und *H. J. Holtzmann* bemerkt (Rezens., 302), daß für Schl. »nur der religiösen Begriffswelt eines unhistorischen Biblizismus Beachtung und Beweiskraft« zukomme. Damit verglichen ist Schweitzers »herabsetzende« Note für seine Verhältnisse ungewöhnlich gemäßigt. Über die spätere Auflage desselben Werkes vermag schließlich heute auch *Kümmel* nicht anders zu urteilen: »Die historische Aufgabe, die zu lösen Schlatter sich vorgenommen hatte, konnte auf *diese* Weise nicht gelöst werden« (Forschungsbericht, S. 125 f.).

[16] LJ S. 4. Vgl. auch S. 3.

[17] Vgl. *Slenczka:* Geschichtlichkeit, S. 28.

[18] *Wernle:* Rezension, 1906, Sp. 502. — Vgl. auch *Stephan:* Rezension, Sp. 1545. *H. Windisch* dagegen hält den Anfang mit Reimarus für gut gewählt (Referat 1909, S. 146).

[19] *Dahl:* Jesus, S. 105.

[20] LJ S. 14.

[21] Schweitzer beginnt sein Werk mit den folgenden Sätzen: »Wenn einst unsere Kultur als etwas Abgeschlossenes vor der Zukunft liegt, steht die deutsche Theologie als ein

Wegen dieser Beschränkung von einem »provinziellen« Charakter des Buches zu sprechen[22], ist nicht gerechtfertigt. Auch wurde der englische Anteil an dieser Arbeit, zwar nicht der zu Beginn der kritischen Behandlung des Jesusproblems, wohl aber der am Ende des dargestellten Zeitraums, in der zweiten Auflage hinzugefügt, die nun den endgültigen Haupttitel »Geschichte der Leben-Jesu-Forschung« führte. Indem darin die weitere Forschung bis zum Jahre 1912 behandelt wird, gewinnt die Betrachtung an Reichhaltigkeit, verliert freilich im Vergleich mit der ersten Auflage an Geschlossenheit, da jetzt Schweitzers eigene Lösung, auf die wie gesagt im Grunde alles hinstrebt, nicht mehr den Abschluß bildet. Ein noch stärkeres Mißverhältnis hat sich im Laufe der Zeit dadurch ergeben, daß Schweitzer auf eine nochmalige Ergänzung seiner Darstellung verzichtete und sämtliche seitherigen Auflagen — die sechste mit einer neuen, seinen Standpunkt noch einmal zusammenfassenden größeren Vorrede erschien 1951 — Abdrucke der zweiten sind, weil er nicht glaubte, »daß in der neuesten Leben-Jesu-Literatur sich ein Fortschritt in der Problemstellung aufzeigen lassen wird«, der dem früheren, von ihm nachgewiesenen vergleichbar wäre[23]. Dieser Ansicht läßt sich nun gewiß nicht zustimmen, und man könnte der Meinung sein, daß Schweitzer mit einer solchen Einstellung besser bei seiner ersten Fassung stehengeblieben wäre; reichen doch manche der in der zweiten Auflage zusätzlich besprochenen Arbeiten an Bedeutung nicht entfernt an die Erkenntnisse der letzten Jahrzehnte heran. Daß Schweitzer verhindert war, die Geschichte dieses Problems noch bis in die Mitte unseres Jahrhunderts mit der Feder in der Hand zu verfolgen, erscheint, so verständlich es mit Rücksicht auf sein übriges Wirken ist, unter dem wissenschaftlichen Gesichtspunkt als außerordentlich bedauerlich; denn es würde sich dabei nicht nur um das Nachtragen der Literatur oder auch, darüber hinausgehend, um eine Ergänzung der Problemgeschichte zu handeln gehabt haben, sondern vor allem auch um eine dringend notwendig gewordene Auseinandersetzung Schweitzers mit den inzwischen aufgetretenen mehr oder weniger neuen Gesichtspunkten, Methoden und Ergebnissen, die seiner Auffassung sehr gefährlich werden mußten.

Auch sonst sind die Proportionen des Buches in mehrfacher Hinsicht beanstandet worden, nicht immer, doch teilweise mit einem gewissen Recht. Zu dem, was die Kritik vermißte, gehörte einerseits eine Berücksichtigung der Systematiker wie Ritschl, Herrmann, Kähler in ihrer Be-

---

größtes und einzigartiges Ereignis in dem Geistesleben unserer Zeit da. Das lebendige Nebeneinander und Ineinander von philosophischem Denken, kritischem Empfinden, historischer Anschauung und religiösem Fühlen, ohne welches keine tiefe Theologie möglich ist, findet sich so nur in dem deutschen Gemüt.« (Als Schweitzer das schrieb, galt dieser Begriff glücklicherweise noch nicht als anrüchig.) »Und die größte Tat der deutschen Theologie ist die Erforschung des Lebens Jesu« (LJ S. 1).

[22] *Bowman:* Quest, S. 188.

[23] LJ 6. Aufl. S. XV.

deutung für die Geschichte der erörterten Probleme[24]. Andererseits fand man aber auch, daß die Arbeit an der Evangelienfrage, vor allem etwa Chr. F. Baurs und der Tübinger Schule, zu stark in den Hintergrund getreten sei[25] und insbesondere text- und quellenkritische Einzeluntersuchungen und die Auslegungswerke nicht gebührend ausgewertet worden sind[26].

Die Nichtberücksichtigung der Systematiker hat im Hinblick auf die Verhandlung zwischen Kähler und Herrmann neuerdings auch *R. Slenczka* gerügt[27], obschon er die dafür maßgebenden Gründe auf seiten Schweitzers klar erkennt: die thematische Begrenzung[28] und die Voraussetzung Schweitzers, »das theologische Interesse der Leben-Jesu-Forschung sei auf den ›Befreiungskampf vom Dogma‹ gerichtet«, die These also »von der Substitution des christologischen Dogmas durch die historische Jesusfrage«[29, 30]. Daß Schweitzer von der dogmatischen Betrachtung der Person Jesu nicht viel hält, ist unverkennbar und angesichts seiner radikalen historischen Blickrichtung verständlich. Es liegt nahe, daß er bei dieser Einstellung der Arbeit der Systematiker wenig Interesse entgegenbrachte. Ja, wenn es Herrmann und Kähler um ein Jesus- bzw. Christusbild geht, das nicht »Ergebnis historisch-kritischer Forschung oder biographischer Rekonstruktion ist«[31], so muß man sagen, daß Schweitzer, der ja wahrhaftig ohnehin genug Stoff zu verarbeiten hatte, gar nicht darauf eingehen *durfte*. Die Ausschließung systematischer Gesichtspunkte bei der historischen Betrachtung des Forschungsganges war insofern nicht nur aus Raumgründen, sondern auch im Interesse der grundsätzlichen Fragestellung geradezu geboten. Von heute aus und theologiegeschichtlich aufs Ganze gesehen ist freilich das Übergehen namentlich des noch für längere Zeit aktuellen Kählerschen Vortrages »Der sogenannte historische Jesus und der geschichtliche biblische Christus« zweifellos ein Mangel[32, 33]; denn Kähler war von außerordentlicher Hellsichtigkeit, die ihn nicht nur das entscheidende Motiv der formgeschichtlichen Betrachtung, sondern

---

[24] *Stephan:* Rezension, Sp. 1545 f. — *Wernle:* Rezension 1906, Sp. 502.
[25] *Wernle* ebd.
[26] Vgl. *Jülicher:* Linien, S. 10. Von Th. Zahn z. B. begegnet (in der ersten Auflage), wie *Jülicher* (S. 11) tadelnd bemerkt, nicht einmal der Name.
[27] *Slenczka:* Geschichtlichkeit, S. 259. Vgl. auch S. 20.
[28] S. 259.
[29] *Slenczka,* S. 28. LJ S. 4.
[30] Auch *Roloff* (Kerygma, S. 16) erklärt sich die auf den ersten Blick überraschende Nichtberücksichtigung Kählers bei Schweitzer »aus seiner grundsätzlichen kritischen Distanz zu allen dogmatischen Lösungsversuchen der Jesusfrage«.
[31] *Slenczka,* S. 261. — Vgl. LJ S. 332 f., Anm.; 520, Anm.
[32] jedenfalls mehr als ein »Schönheitsfehler«, den *J. M. Robinson* darin sieht (Einführung, S. 8, Anm. 2).
[33] Die Unterscheidung von »historischem« und »geschichtlichem« Jesus gelangt für Schweitzer nur auf dem Umweg über eine Schrift G. Wobbermins ins Blickfeld (vgl. *Roloff:* Kerygma, S. 17, Anm. 41). Sie wird, wie an anderer Stelle noch zu erwähnen ist, von Schweitzer entschieden abgelehnt.

auch Schweitzers Erkenntnis von der Unbrauchbarkeit der liberalen Leben-Jesu-Darstellung hatte vorweg nehmen lassen[34].

Was aber die ungenügende Behandlung der literarkritischen Seite der Forschung angeht, so muß hier genauer unterschieden werden. Es ist natürlich zuzugeben, daß manche literarhistorische Untersuchung und die in den Kommentaren gebotene Exegese von erheblicher Bedeutung für die Fragen des Lebens Jesu sein können. Mit Einbeziehung auch nur der hauptsächlichen einschlägigen Publikationen solcher Art würde das Buch jedoch uferlos und unübersichtlich geworden sein und wahrscheinlich ermüdend gewirkt haben. So sähe allenfalls die trocken registrierende Lebensarbeit eines Nur-Spezialisten aus, ein bibliographisches Kompendium, nicht der geniale Wurf eines von eigenen Ideen erfüllten jugendlichen Feuerkopfes mit weiten Perspektiven, von dem sein schon genannter scharfer Kritiker *Wernle* sagen konnte: »Es geht ein großer Zug durch das Werk.« »Nirgends ein Verweilen bei Nebendingen; das Zentrale und Neue wird überall mit Sicherheit erfaßt.«[35] Wenngleich man also Schweitzer in dieser Hinsicht nicht überfordern darf, so soll allerdings nicht geleugnet werden, daß er in der Tat teilweise eine gewisse Unterschätzung der literarkritischen Probleme erkennen läßt, die von viel größerem Gewicht für die Erforschung des historischen Geschehens sind, als er manchmal wahrhaben will. Das wird sich noch weit mehr als in der Darstellung der Forschungsgeschichte bei der Begründung seiner eigenen Jesusauffassung zeigen. Und wenn schon das Gewicht der literarischen Fragen im allgemeinen nicht genügend zur Geltung kommt — an einigen Stellen erzwang die Logik der Sache dennoch ein näheres und sehr lohnendes Eingehen darauf —, so hätte, könnte man meinen, diese Geschichte der Leben-Jesu-*Forschung* sich dann auch und erst recht von einer Behandlung der Romane entlasten sollen, die ja, streng genommen, nicht eigentlich zum Thema gehörte. Daß von zwei Erscheinungen des Vorjahres Frenssens Roman »Hilligenlei« noch herangezogen, dagegen eine sachlich ungleich belangvollere wissenschaftliche Arbeit Wellhausens von Schweitzer in seiner ersten Auflage nicht mehr berücksichtigt wurde, macht, äußerlich betrachtet, ein wenig den Eindruck des Unausgewogenen[36] in dem sonst auch formal so hervorragenden Werk. In Wahrheit würde es indessen gar nicht wünschenswert gewesen sein, daß Schweitzer sein Thema enger gefaßt hätte. Gerade im Falle des Frenssenschen Romanes ist die Beziehung zur zeitgenössischen Theologie derart eng — »Man kann fast von jedem Abschnitt sagen, ob Kai Jans beim Schreiben in Oskar Holtzmann, P. W. Schmidt oder in von Soden hineingeschaut hat«[37] —, daß es bedauerlich wäre, diesen aufschlußreichen

---

[34] Vgl. *Roloff*, S. 16.
[35] *Wernle:* Rezension, 1906, Sp. 502.
[36] *Wernle* ebd. — Wellhausens »Einleitung in die ersten drei Evangelien« (1. Aufl. 1905) wurde auch von *Jülicher* (Linien, S. 11) vermißt.
[37] LJ S. 340.

Blick auf die Auswirkung der Wissenschaft nicht zu tun. Es ist also durchaus zu begrüßen, daß die Forschungsgeschichte im weiteren Sinne, geistesgeschichtlich, verstanden wird. Unter diesem Gesichtspunkt würde man dann freilich gern auch den gelehrten und scharfsinnigen Nietzschefreund Franz Overbeck, der »als erster« »die konstitutive Bedeutung der Eschatologie für Glauben und Leben des Urchristentums erkannt« hat[38], wenigstens kurz gewürdigt gesehen haben[39].

Solche gelegentlichen Aussetzungen hindern nicht, daß man sich im großen und ganzen gut und dankbar an das halten kann, was Schweitzer bietet. Es ist wie gesagt schon rein quantitativ ein erstaunlich reichhaltiges Material, das hier zum ersten Mal ausgebreitet wird. Daß allein mit der Verarbeitung und scharfsinnig-geistvollen Charakterisierung »einer Unmenge von vielgenannten und nicht viel gelesenen, von halbvergessenen und doch lesenswerten Schriften«[40] Schweitzer sich ein großes Verdienst erworben hat, ist von allen Seiten anerkannt worden[41].

Und diese Fülle bedurfte der Ordnung. Schweitzer erzählt selbst, wie schwer sie ihm gefallen ist, wie er nach vergeblichen Versuchen auf dem Papier die Bücher selbst in Haufen, die den geplanten Kapiteln entsprachen, auf dem Fußboden seines Zimmers zwischen den Möbeln aufgeschichtet, monatelang liegen und sich innerlich verpflichtet habe, bei der Ausarbeitung genau nach der so gewonnenen Einteilung zu verfahren[42], immerhin mit dem Erfolg, daß der kritische *Wernle* den Stoff »meisterhaft« geordnet fand[43]. Daß es dabei in einzelnen Fällen nicht ohne einen gewissen Zwang abgehen konnte, erscheint wiederum durchaus verständlich, zumal Schweitzer die Verfasser mit ihren Werken ja nicht um ihrer selbst willen behandelt, sondern die Entwicklung einer eigenen historischen Einstellung und Auffassung damit verbindet, die als notwendige Folgerung aus dem Gang der Forschung begriffen werden soll. Es geht bei dieser Darstellung eben um weit mehr als um eine Inventarisierung, die Sammlung, Ordnung und Beschreibung der einschlägigen Werke. Es steht eine neue Sicht dahinter, von der aus nicht nur referiert und charakterisiert, sondern auch kritisch beurteilt wird, so daß jede einzelne Erscheinung ihren Platz und ihre Bedeutung innerhalb der Gesamtentwicklung zugemessen erhält. Das Unternehmen erweist sich damit als eine dialektisch-konstruktive Leistung großen Stils, als eine tiefdringende wirkliche Problemgeschichte, ein Buch, das (auch auf den rund 650 Seiten der zweiten Auflage gegenüber 400 Seiten der

---

[38] *Vielhauer:* Overbeck, S. 250 f.

[39] Er erscheint lediglich in den Literaturangaben als Verfasser einer Arbeit über das Johannesevangelium.

[40] *Windisch:* Referat 1909, S. 146.

[41] so ausdrücklich schon in den erwähnten Rezensionen von *Wernle* (Sp. 502) und *Stephan* (Sp. 1545).

[42] LD S. 36.

[43] *Wernle,* Sp. 502.

ersten) kaum eine Länge enthält und den interessierten Leser geradezu in Spannung versetzt — schon rein schriftstellerisch bewundernswert.

Aus der Menge der Aspekte, Hypothesen, Theorien und Probleme des Lebens Jesu werden rückblickend mit energischem Griff die drei großen Entweder-Oder herausgehoben, die im Zuge der fortschreitenden Forschung die entscheidenden Schritte markieren: »Das erste hatte Strauß gestellt: entweder rein geschichtlich oder rein übernatürlich«[44, 45], das zweite war durch »Strauß formuliert und durch F. Chr. Baur und H. J. Holtzmann begründet worden«: »entweder synoptisch oder johanneisch«; »das dritte: entweder eschatologisch oder uneschatologisch«[46]: Johannes Weiß. Die Wahrheit liegt jeweils eindeutig bei dem ersten Glied dieser Alternativen: rein geschichtlich, ausschließlich synoptisch, völlig eschatologisch. »Der Fortschritt besteht« dabei, wie Schweitzer bezeichnenderweise feststellt, »jedesmal in der Einseitigkeit, im Nichtmehrvereinenkönnen«, im Gegensatz zur Einstellung der trägen Menge, »die das Nichtmehrvereinbare noch vereinbaren zu können meint«[47]. Ein viertes Entweder-Oder, wenngleich von Schweitzer nicht als solches gezählt[48], kommt hinzu: »Entweder ist der Markustext als solcher historisch und dann zu retten, oder er ist es nicht, und dann als Ganzes aufzugeben«.[49] Dieses vierte Entweder-Oder betrifft Schweitzers eigene Sache in der Auseinandersetzung mit William Wrede. Hier freilich sollte die Rechnung nicht mehr in seinem Sinne aufgehen. Die Betonung der großen Alternativen durch Schweitzer[50] — »Die Wahrheit liegt nicht in der

---

44 LJ S. 232.

45 *J. M. Robinson* (Einführung, S. 8 f.) findet Schweitzers erstes Entweder—Oder »merkwürdig formuliert«, insofern er in seiner Darstellung des Werkes von Strauß gerade hervorgehoben habe, daß dieser die Antithese des rein Geschichtlichen zu dem rein Übernatürlichen aus der voraufgehenden Epoche überwunden und durch etwas Neues ersetzt habe, durch die Synthese des Mythischen. Hier muß aber offenbar unterschieden werden zwischen Schweitzers Straußreferat für sich allein genommen und dem, was er schließlich als das bedeutsame Ergebnis der Straußschen Arbeit innerhalb der gesamten Forschung bestimmt. Schweitzer konnte in seiner Darstellung nicht daran vorübergehen, daß Strauß als Hegelianer mit dem Dreischritt — supranaturale, rationale und mythische Auffassung des Lebens Jesu — operiert hat. Beim Überblick über die Gesamtentwicklung der Forschung und bei der Abschätzung der einzelnen großen Ergebnisse in ihrer wirklichen Bedeutung erscheint die Verwendung der Hegelschen Methode jedoch als ziemlich nebensächlich. Die gar nicht mehr aktuelle rationale, d. h. rationalistische Erklärung des Lebens Jesu ist ja keineswegs mit der geschichtlichen gleichzusetzen, während umgekehrt der Unterschied zwischen supranaturaler und mythischer Auffassung für die eigentliche historische Problematik unwesentlich wird. Aufs Ganze, auf die entscheidende Wirkung Straußens gesehen ist von Bedeutung also nicht die Anwendung des Schemas Thesis, Antithesis und Synthesis, sondern allein jenes Entweder—Oder: rein geschichtlich oder rein übernatürlich. Diese Formulierung ist so wenig merkwürdig, daß sie vielmehr als durchaus sachgemäß bezeichnet werden muß.

46 LJ S. 232. 604.

47 S. 232.

48 Als viertes genannt wird es von *Picht* (S. 238) und *Robinson* (Einführung, S. 14).

49 LJ S. 374.

50 »Entweder hielt Jesus sich für den Messias, wie er in der spätjüdischen messianischen Dogmatik vorgezeichnet war, oder er hat nicht existiert« (Selbstdarstellung, S. 16). Umgekehrt ausgedrückt: »Entweder hat Jesus nicht existiert oder er war so, wie ihn Mar-

Mitte«[51] — diese »Schwarz-Weiß-Technik« *(Picht)* ist sehr charakteristisch für seine Anschauungsweise[52]. Von da aus gelangte er vielfach zu einer ganz neuen Wertung: »Nicht in dem Vielen, was einer nebeneinander als möglich hinstellt«, »bekundet er nachschaffendes historisches Verständnis, sondern durch das, was er als unmöglich erkennt. Die Darstellungen von Reimarus und Bruno Bauer fallen in sich selbst zusammen: es sind Phantastereien. Aber doch steckt in ihrer scharfen Erfassung eines bestimmten Problems, das sie für alles andere blind gemacht hat, ein viel größeres geschichtliches Können als in den umständlichen Werken von Beyschlag und Bernhard Weiß«[53]. Deshalb wird gerade Bruno Bauer, der sonst allzuwenig Geschätzte, von Schweitzer besonders gerühmt. Bauers »Kritik der evangelischen Geschichte« ist ihm »ein Dutzend Leben-Jesu wert«, weil sie das genialste und vollständigste Repertorium der Schwierigkeiten des Lebens Jesu ist, das überhaupt existiert[54]. Das ist es: Analytiker, Problemseher, Pfadfinder, Weichensteller interessieren ihn; gegen harmonisierende Darstellungen der Schultheologie, mögen sie sich noch so stattlich und ansprechend ausnehmen, und gegen alles, was nach Vermittlung aussieht, zeigt er eine entschiedene Abneigung.

Damit hängt zusammen, daß nicht nur die positiven Leistungen gewürdigt werden, sondern auch solche Schriften, die nur mittelbare Bedeutung erlangt haben, indem sie eine einmal fällig gewordene, wenngleich später nicht endgültig akzeptierte Lösung durchführen, um dann ein Weitergehen in anderer Richtung zu ermöglichen. So widmet er der »Geschichte Jesu«, des ebenso fleißigen wie erfolglosen Ludwig Noack (1876), die im Grunde genommen Jahrzehnte vor ihrer Abfassung schon antiquiert war, nicht weniger als 5¹/₂ Seiten; denn es handelt sich um »bis jetzt das einzige Leben-Jesu, welches konsequent vom Standpunkt der johanneischen Darstellung aus geschrieben ist«[55]. Als so anfechtbar und völlig unhaltbar dieser gelten muß, so richtig und wichtig war die Einsicht in die von Strauß noch nicht hinreichend erwiesene »vollständige

---

kus und Matthäus, im wörtlichen Sinn verstanden, schildern« (LJ S. 518). Auf ein Einzelproblem angewandt: »Entweder Jesus hat den Ausdruck ›Menschensohn‹ gebraucht und dann in rein-jüdisch apokalyptischem Sinn, oder er hat ihn überhaupt nicht gebraucht« (LJ S. 258; vgl. auch S. 274). Jesus ist »entweder ganz historisch oder ganz unhistorisch« (LJ S. 563). Den Rang einer fundamental wichtigen Alternative hat auch die Frage: »Zog Jesus nach Jerusalem, um zu wirken oder zu sterben?« (LJ S. 372 f.). Die Alternative der Alternativen aber lautet: »Ist der Zusammenhang der Ereignisse des Lebens Jesu, sein Schicksal und das Aufkommen der Parusieerwartung in der Jüngergemeinde am verständlichsten unter der Annahme, daß er ausschließlich eschatologisch dachte, lehrte und handelte, oder unter der andern, daß er diese Weltanschauung milderte, vielleicht gar aufhob?« (LJ S. 249).

[51] LJ S. 518.

[52] *W. Picht* (S. 58): »Es entspricht seinem leidenschaftlichen Temperament, die Dinge auf die Spitze zu treiben« — seinem leidenschaftlichen Temperament, aber auch, wie man hinzufügen darf, der Schärfe seines rationalen Denkens, das nicht eher ruht, als bis es Differenzen nach Möglichkeit auf klare Antithesen zurückgeführt hat.

[53] LJ S. 9 f.

[54] S. 161.

[55] S. 174.

Unvereinbarkeit der Synoptiker und des vierten Evangeliums«. Auch unrichtige Lösungen können, wenn nur die Probleme richtig gesehen sind, manchmal wertvolle Beobachtungen, vielleicht sogar beachtenswerte Teillösungen enthalten. In dieser Beziehung ist vor allem Schweitzers außerordentlicher Scharfsinn in der Kritik der verschiedenen Positionen hervorzuheben, wobei nicht nur eine durchweg überzeugende Widerlegung der einschlägigen Thesen und Hypothesen erfolgt, sondern auch deren positive Ansätze und berechtigte Elemente herausgearbeitet, namentlich auch jene für Schweitzer besonders bezeichnenden herrlichen Würdigungen der großen Kritiker und Skeptiker gegeben werden, eines Reimarus, eines David Friedrich Strauß, eines Bruno Bauer, eines William Wrede.

Mit der sachlichen Darstellung, die jedem Autor seinen ihm zukommenden Platz in der Forschungsgeschichte zuweist, vereinigt sich zuweilen ein persönliches Interesse an den sie tragenden Gestalten. So werden vor allem bei der Besprechung von Reimarus und Karl Friedrich Bahrdt, sowie des Rationalisten Paulus in die Erörterung der Leistung persönlich-biographische Angaben eingeflochten, aber später auch Outsider, vor allem freie Schriftsteller wie Ghillany, Noack und Renan biographisch im Haupttext behandelt, während man für die zünftigen Gelehrten sehr knapp über Lebenszeit und Ort des Wirkens in Anmerkungen unterrichtet wird[56].

Völlig aus dem Rahmen heraus fällt die Behandlung von David Friedrich Strauß, dessen Leben und Los ein eigenes Kapitel gewidmet ist. Gewiß wurde Strauß die ihm eröffnete Aussicht auf einen Lehrstuhl

---

[56] Nicht immer ist diese Linie folgerichtig eingehalten. Daß die biographischen Daten für einen so führenden und Schweitzer persönlich so nahestehenden Forscher wie Heinrich J. Holtzmann überhaupt fehlen, ist wohl nur so zu erklären, daß sie seinem Schüler allzu bekannt waren und die diesbezügliche Notiz deshalb einfach vergessen wurde. Daß, wenn Herzleiden und früher Tod des in einem der Brennpunkte von Schweitzers Werk stehenden William Wrede nur in einer Anmerkung erwähnt werden, von des so unbedeutenden Daniel Schenkel Sterben nach schwerem Leiden im Haupttext die Rede ist, wirkt formal nicht recht befriedigend.

Bei der Behandlung des rationalistischen Leben-Jesu-Schreibers K. F. Bahrdt erfahren wir, daß er nach mehrfachem Verlust seiner Professur, infolge seines Lebenswandels, schließlich eine Gastwirtschaft eröffnete (LJ S. 38 f.). Daß Schweitzer hiernach die Lebensumstände des unvergleichlich bedeutenderen und von ihm besonders geschätzten Bruno Bauer darstellt (LJ S. 141 f.), ohne ein Wort darüber zu verlieren, wie dieser nach der Entfernung aus seiner Dozentur seinen Lebensunterhalt bestritten hat, kann wohl nur darin begründet sein, daß dem Verfasser darüber nichts bekannt war. Nach den einschlägigen Artikeln in RGG (in der 1. Aufl. von *Mulert,* in der 2. Aufl. von *A. Meyer*) wurde Bauer Bankbeamter. Der Berliner Theologieprofessor *Georg Runze* (Bauer, S. 18, Anm. 1), dessen besonderes Interesse Bruno Bauer galt, berichtet aber — wahrscheinlich für die späteren Jahre — noch etwas anderes. Ein Freund habe ihm, Runze, »die Verkaufsbude am Gendarmenmarkt« gezeigt, »wo Bruno Bauer zweimal wöchentlich den Gemüseertrag seines Bruders feilbot«. *E. Fischer* (Bauer, S. 69) schreibt diese Nachricht freilich der Fama zu. Schon vor Runze hat *Arthur Drews* (Leugnung, S. 48) Bauer als »Inhaber eines Grünkramladens« bezeichnet, leider ohne seine Quelle anzugeben. Das Schicksal scheint sich hier an dem radikalen Skeptiker des historischen Jesus gerächt zu haben: 50 Jahre nach dem Tode Bauers (1882) stand auch für sein eigenes Leben der Grenzverlauf zwischen Sage und Wirklichkeit nicht mehr fest.

wegen seines »Lebens Jesu« sofort wieder zerstört und damit sein eigenes Leben aus der Bahn geworfen. Aber wenn seine so unchristliche »Christliche Glaubenslehre« von Schweitzer gerühmt und sogar das ergreifende Gedicht zitiert wird, das der Schwerkranke wenige Wochen vor seinem Ende niedergeschrieben hat: »Wem ich dieses klage, weiß, ich klage nicht«, so hat das ja mit der Leben-Jesu-Forschung eigentlich gar nichts zu tun. Hier ist ganz einfach die Liebe zu Strauß mit Schweitzer durchgegangen. »Man muß Strauß lieben, um ihn zu verstehen.«[57, 58] »Er war nicht der größte und auch nicht der tiefste unter den Theologen, aber der wahrhaftigste«[59], und die Liebe unseres vom Ethos und Pathos der Wahrhaftigkeit erfüllten Autors gehört nun einmal in besonderem Maße den Radikalen, den Rücksichtslosen. »Auch mit Haß«, betont Schweitzer, »kann man Leben-Jesu schreiben – und die großartigsten sind mit Haß geschrieben: das des Reimarus, des Wolfenbüttler Fragmentisten, und das von David Friedrich Strauß. Es war nicht so sehr ein Haß gegen die Person als gegen den übernatürlichen Nimbus, mit dem sie sich umgeben ließ und mit dem sie umgeben wurde.« »Weil sie haßten, sahen sie am klarsten in der Geschichte. Sie haben die Forschung mehr vorwärts gebracht als alle andern zusammen.«[60] Klingt es nicht beinahe begeistert, wenn es von des Reimarus Fragment »Vom Zwecke Jesu und seiner Jünger« heißt: »Selten war ein Haß so beredt, selten ein Hohn so großartig«[61]? Auch einige abseits, d. h. der historischen Wissenschaft im zünftigen Sinne fernstehende Schriften wie die Charakterstudie Karl Weidels und ein später noch zu erwähnendes wenig bekannt gewordenes »dunkles Buch« Bruno Wehnerts finden Schweitzers lebhaften Beifall, während er Arbeiten anerkannter Forscher, die sich weder durch eine radikale, Möglichkeiten zu Ende denkende Sicht oder kühne Eigenart auszeichnen noch zu dem Fortschritt der Forschung, wie er ihn versteht, beigetragen haben, unter Umständen nur geringe Beachtung schenkt. Wilhelm Heitmüllers, wie Schweitzer selbst sagt, »einem ›Leben Jesu‹ gleichkommenden Artikel« »Jesus Christus« im Handwörterbuch »Die Religion in Geschichte und Gegenwart«[62], der den Standpunkt der historisch-kritischen Forschung vor dem Ersten Weltkrieg instruktiv zusammenfaßt, findet man z. B. mit der reservierten und fast nichtssagenden Bemerkung abgetan, es werde darin »der neueren Formulierung der Fragen« »in weitgehender Weise Rechnung zu tragen« gesucht[63].

---

[57] LJ S. 69.
[58] *Karl Barth* (Theologie, S. 491) äußert dazu, dies könne »keinen andern Sinn haben als den: man muß Mitleid mit ihm haben«. Man muß anerkennen, daß hieran wie an anderen scharfsichtigen Urteilen Barths über Strauß objektiv viel Richtiges ist, und doch bleibt es dabei, daß Schweitzers Liebe zu Strauß mehr war als Mitleid. Sie soll nicht von ihm genommen werden.
[59] LJ S. 69.
[60] LJ S. 4.
[61] LJ S. 15.
[62] *Heitmüller:* Jesus.
[63] LJ S. 577.

Das Zusammenwerfen sehr verschiedenartiger Veröffentlichungen und die Art ihrer Erledigung in dem Kapitel »1907–1912«, die einigermaßen von den tiefdringenden Ausführungen in der größeren ersten Hälfte des Werkes abstickt[64], wirkt überhaupt ein wenig zufällig. Wo Schweitzer es dagegen mit einem sachlich einheitlichen Thema zu tun hat, wie in den vorausgehenden Kapiteln über die neueste Bestreitung der Geschichtlichkeit Jesu und deren Diskussion, da sind trotz des vielfach unerfreulichen und undankbaren Gegenstandes – unerfreulich, weil es sich bei der Verneinung der geschichtlichen Existenz Jesu überwiegend um wenig bedeutende und sogar nicht selten recht dilettantische Schriften handelt – Referat und Kritik wiederum gleich meisterhaft. »Vieles, was hier gesagt ist«, erklärte *Bultmann* »für das Beste, was in dem Streit vorgebracht wurde: die Übersicht über die Motive, über die Situation hüben und drüben, manche Formulierung, die den Nagel auf den Kopf trifft.«[65] Wenn sich die Betrachtung dann gegen Ende der Berichtszeit wie gesagt nicht ganz auf der Höhe der vorangehenden Partien hält, so hatte das verschiedene Gründe. Einmal lag es zweifellos an der überquellenden Fülle des Materials für den genannten Zeitraum. Um gerecht zu sein, muß man auch zugeben, daß der Gang durch einen Hochwald leichter und lohnender ist als der durch einen Forst mit viel Unterholz und Gestrüpp. Ein äußerer Umstand kam hinzu: daß die dem Verfasser zur Verfügung stehende Zeit zu Ende ging. Das Jahr 1913, in welchem die vor allem um die Behandlung des letzten Jahrzehnts erweiterte zweite Auflage erschien, war zugleich das seiner Ausreise nach Afrika. Die entscheidende innere Ursache für ein gewisses Schwächerwerden der Darstellung im letzten bzw. vorletzten Kapitel wird jedoch eine andere gewesen sein, die nämlich, daß, nachdem die aufgezeigte immanente Bewegung der Forschung mit Wredes und seiner eigenen Lösung gewissermaßen zu ihrem Ziel gelangt und damit zur Ruhe gekommen war, dieses ständig reichlicher aufschießende und sich in der Thematik teils wiederholende, teils immer mehr verzweigende Schrifttum ihn nicht mehr in demselben Maße zu fesseln vermochte. Was er zu sagen gehabt hatte, war im Grunde genommen gesagt.

Daß Schweitzer bei dem Versuch, im Verlaufe der Geschichte der Forschung eine Entwicklung nachzuweisen, in der Durchführung seiner eigenen Anschauung den Gipfel sah, kann man mit *H. Stephan*, einem der schon angeführten Rezensenten des Buches in der ersten Auflage, menschlich finden[66]. Bedenklich wäre es freilich, wenn die Richtung des persönlichen Interesses und der ausgeprägte eigene Standpunkt verhindern würden, die Bedeutung anders gearteter Gedankengänge und Er-

---

[64] Daß der Hauptwert des Werkes in der Darstellung der älteren Zeit, nicht in der der zeitgenössischen Wissenschaft liegt, ist schon im Blick auf die erste Auflage ausgesprochen worden (*H. J. Holtzmann:* Stand, Sp. 2359; *Windisch:* Referat 1909, S. 147).
[65] *Bultmann:* Besprechung, 1914, Sp. 643.
[66] *Stephan:* Rezension, Sp. 1546.

gebnisse zu erkennen und ihnen gerecht zu werden. Es mag sein, daß in der Schweitzerschen Forschungsgeschichte, wie *Wernle* meinte, »mehr Kritik als Geschichte« enthalten ist, und zwar »Kritik von dem fertigen eschatologischen Standpunkt des Verfassers aus«[67]. Wirklich schlimm aber müßte man es finden, wenn auch der folgende Satz richtig wäre: »Interesse hat für ihn eigentlich nur die Eschatologie, und daraufhin wird jedes Werk geprüft und zensuriert.« In diesem Zusammenhang beschwert sich Wernle, der, bei allen weitgehenden Beanstandungen offensichtlich wohlwollend, auch etwaige positive Ansätze des Schweitzerschen Jesusbildes anzuerkennen bereit war und insofern eine vorbildliche Rezension geliefert hat, darüber, daß seine und Boussets Arbeiten von Schweitzer in dem Kapitel »Gegen die Eschatologie« behandelt werden, während doch beide, Bousset wenigstens in seinen späteren Veröffentlichungen, *für* die Eschatologie eingetreten seien[68]. Es läßt sich allerdings nicht verkennen, daß die Genannten in Schweitzers Darstellung (im ungünstigen Sinne des Wortes) verzeichnet worden sind[69]. Einige einschränkende Wendungen hinsichtlich der Bedeutung der Messiaswürde und der Zukünftigkeit des Reiches[70] lassen es jedoch bis zu einem gewissen Grade verständlich, wenn auch nicht ganz gerechtfertigt erscheinen, daß Schweitzer diese wohl ein wenig widerstrebend erfolgende Berücksichtigung der Eschatologie nicht für voll nehmen wollte. Das gilt noch mehr Holtzmann gegenüber. Dieser geht in den Zugeständnissen an die Eschatologie nach Schweitzers Urteil »so weit er kann«, bleibt aber zuletzt dennoch dabei, daß Jesus »neben dem kommenden ein schon vorhandenes Reich verkündigt und neben der zukünftigen Messianität eine schon gegenwärtige für sich in Anspruch genommen habe. Die letztere soll er in das Wort ›Menschensohn‹ das an sich, wie Holtzmann zugesteht, die apokalyptische Herrschergestalt bezeichnet, mit hineingelegt haben«[71]. »Wie ist es

---

[67] *Wernle:* Rezension 1906, Sp. 503.

[68] Vgl. besonders *Wernle:* Anfänge. — *Bousset:* Reich. — *Ders.:* Jesus.

[69] Schweitzer setzt sich scharfsinnig mit *Boussets* Schrift »Jesu Predigt in ihrem Gegensatz zum Judentum. Ein religionsgeschichtlicher Vergleich« (1892) auseinander. Seine Kritik ist aber dadurch weitgehend gegenstandslos, daß Bousset selbst die große Bedeutung der Eschatologie inzwischen anerkannt hatte. Seinen Aufsatz von 1902 (s. die vorige Anm.), nach dem »die Reichgottespredigt Jesu durchaus und wesentlich eschatologisch gewesen ist« (S. 441), hat Schweitzer nicht einmal angegeben und bestimmt nicht verarbeitet, was in diesem Falle nun wirklich unverzeihlich ist. Und was Wernle betrifft, so hat Schweitzer dessen »Anfänge« (beide Auflagen) zwar aufgeführt, aber in der 2. Auflage offenbar nicht gelesen. Daß hier z. B. »die tägliche und stündliche Erwartung des Gottesreichs« als Jesu Vermächtnis an seine Jünger erwähnt wird (S. 46), ist jedenfalls von Schweitzer nicht zur Kenntnis genommen worden. Umgekehrt bezieht er sich im Hinblick auf die Umgestaltung des Messiasbegriffs — »den umgestalteten Messias führt Jesus dem Volke beim Einzug in Jerusalem vor« (LJ S. 246) — auf eine Stelle von Wernles erster Auflage (S. 30), die in der zweiten gar nicht mehr steht. Aber auch in bezug auf Wernles erste Auflage, in der es schon heißt: »So behält die Predigt Jesu von Anfang bis zu Ende ihren eschatologischen Charakter« (S. 44), ist Schweitzers Satz »Natürlich war das Gottesreich nach Wernle keine ausschließlich eschatologische Größe« (LJ S. 246) nicht ganz korrekt, mindestens sehr mißverständlich.

[70] *Wernle:* Anfänge, 2. Aufl. S. 32. 16. — *Bousset:* Jesus. S. 88. 95 f.

[71] LJ S. 588.

möglich«, ruft Schweitzer beinahe gequält aus, »daß ein so scharfsinniger Geist diese vermittelnde Ansicht noch immer als eine Lösung angesehen haben will?«, und man kann Schweitzer sein Unbehagen hier nachfühlen.

Eine in Schweitzers Werk sich auswirkende Bevorzugung der stärker eschatologisch orientierten Forscher und Werke, zwischen denen »die öden Strecken der Reaktionäre und Vermittler« liegen[72], ist aber in der Tat nicht zu leugnen. Die volle Bedeutung Boussets oder auch Wellhausens etwa kommt bei dieser Sicht nicht recht zur Geltung, kann es nicht kommen, weil sie aus dem Rahmen des wesentlichen Fortschritts der Forschung, wie er sich Schweitzer darstellt, herausfällt. In der darin sich aussprechenden Einseitigkeit besteht ohne Frage ein Mangel seiner Arbeit[73]. Daß diese Einseitigkeit gelegentlich zur Ungerechtigkeit führen kann, ist ihm selbst bewußt gewesen, und im Vorwort hat er sie ausdrücklich bedauert[74]. Dabei ist Schweitzer zuzugestehen, daß die Einseitigkeit auch eine gewisse Berechtigung besitzt. Der Kampf um die Eschatologie bildet nun einmal das entscheidende Thema nicht nur seines Buches, sondern, wie man von heute aus gesehen zugeben muß, der neutestamentlichen Forschung mehrerer Jahrzehnte, und dieses Thema verträgt Kompromisse wirklich besonders schlecht. Schweitzers Unerbittlichkeit erscheint hier sachlich also nicht unbegründet. Die Frage ist nur, ob seine Bevorzugung der eschatologischen Sicht so weit gegangen ist, daß sie ihm den Blick für die Würdigung andersgerichteter bedeutender Leistungen überhaupt verstellt hat. Steht es so, wie *Wernle* behauptet, daß für Schweitzer nur die Eschatologie Interesse hat und mit diesem Maßstab jedes Werk zensiert wird? Wäre es so, würde Schweitzer gewiß immer noch die Entschuldigung für sich in Anspruch nehmen können, die er einmal im Hinblick auf Strauß ausgesprochen hat: »Wer entdeckt ein wahres Prinzip, ohne damit die Wahrheit zu vergewaltigen?«[75] Indessen, es ist nicht so. Das Große an dieser »Geschichte der Leben-Jesu-Forschung« besteht vielmehr mit darin, daß sie trotz des ausgesprochenen Primats des eschatologischen Gesichtspunktes den Sinn für die bedeutende Sicht und Leistung Andersdenkender durchaus erkennen läßt. So hat Schweitzer wohl als erster dem vielgeschmähten schwäbischen Rationalisten Paulus auch einige vorteilhafte Seiten abgewonnen. Und wenn kaum ein anderer großer Theologe in seiner ganzen Art Schweitzer ferner steht als Schleiermacher, so ist doch alles, was man seit diesem über die Wunderfrage gesagt hat, nach Schweitzers Dafürhalten »ehrliche oder unehr-

---

[72] *Wernle:* Rezension 1906, Sp. 503.

[73] Hierin sind sich der erste Beurteiler des Schweitzerschen Werkes und der neueste einig. O. *Schmiedel* (Hauptprobleme, S. 119 f.): Schweitzer ist »nicht so sehr ein Beobachter und Darsteller der Leben-Jesu-Wissenschaft als ein Herold der eschatologischen Auffassung«. *J. M. Robinson* (Einführung, S. 12): Darin, daß die Alternative eschatologisch oder uneschatologisch als »Kriterium für die Darstellung der Forschungsgeschichte« dient, »besteht die Einseitigkeit des Buches sowie seine ureigenste Leistung«.

[74] RW S. VIII. LJ S. VI.

[75] LJ S. 86.

liche Stümperei«. »Neues ist nicht produziert worden, und so wunderbar fein hat es keiner mehr zu sagen vermocht.«[76] Die Ablehnung der Eschatologie durch Christian Hermann Weiße, dem neben Christian Gottlieb Wilke die Erkenntnis, daß das sogenannte Markusevangelium das älteste unserer Evangelien ist, verdankt wird, hält Schweitzer nicht davon ab, dessen Beurteilung als Dilettanten durch Strauß zurückzuweisen; denn Weiße »gebührt der Thron zu seiner Rechten«[77]. Das moderne, historisch-psychologische Jesusbild, gegen das Schweitzers Arbeit einen einzigen Protest bedeutet, wurde von Karl Hase geschaffen. Aber »nicht ohne Ehrfurcht« nimmt Schweitzer dessen erstes »Leben Jesu« in die Hand. Für ihn ist der Name Hase »mit goldenen Lettern ins Buch der Theologie eingetragen«. Und »er war mehr als ein Theologe: Er war eine der vornehmsten Erscheinungen der deutschen Kultur«[78]. Von der typisch liberalen »Geschichte Jesu« Theodor Keims, dessen Konstruktion Schweitzer von Grund auf verwarf, sagt er: »Schöneres und Tieferes hat niemand mehr über die Entwicklung Jesu geschrieben.«[79] Über ihm zeitlich noch näherstehende und deshalb besonders entschieden von ihm abgelehnte Vertreter der modern-historischen Schule hält er doch auch mit Anerkennung nicht zurück. P. W. Schmidts »Geschichte Jesu« (1899) nennt er »ein literarisches Kunstwerk, wie die Theologie der letzten Jahrzehnte deren wenig aufzuweisen hat«[80]. »Dieses zum Teil feinsinnige Schaffen künstlerischer Zusammenhänge gibt den Darstellungen von Schmidt und von Soden einen eigenen Reiz. Von Sodens Überblick über die Evangelien ist geradezu eine bezaubernde Leistung«[81], ein Urteil, in dem freilich schon eine Spur von Ironie mitschwingen mag, und nicht selten findet sich eine hohe Anerkennung mit völliger Ablehnung eigentümlich komprimiert zusammen. Über Bernhard Weiß lautet das Urteil, daß er »die Schwierigkeiten und Anstöße mit dem Mantel christlicher Liebe zudeckt, den er aus den haltbarsten überlieferten Sophismen zusammengewoben hat. Als dialektische Leistung in diesem Sinn gehört sein Leben-Jesu zum Bedeutendsten, was neben Schleiermacher existiert. Im Detail bietet es auch viele interessante historische Beobachtungen. Zuletzt kann man nur bedauern, daß ein solches Wissen und ein solches Können in den Dienst einer so aussichtslosen Sache gestellt sind.«[82] Oder: »Das Verdienst, ein in seiner Art hervorragendes, streng wissenschaftliches und doch von vornherein verfehltes Leben-Jesu geschrieben zu haben, kommt Oskar Holtzmann zu.«[83] Nein, Schweitzer ist bei aller Entschiedenheit seines Standpunkts alles andere als ein enger, parteiischer Geist. Nichts ist so

---

[76] S. 64.
[77] S. 125.
[78] S. 60.
[79] S. 213.
[80] S. 331 f.
[81] S. 336.
[82] S. 216.
[83] S. 325.

bezeichnend für ihn und so schön an ihm wie der Sinn für Vorzüge jeder Art und namentlich für Größe, wo immer sie ihm begegnet, auch da, wo er die Leistung ihrem sachlichen Ergebnis nach im Grunde als nichtig ansah.

In diesem Zusammenhang ist noch eine Eigentümlichkeit seiner Schreibweise zu berühren, ein gewisser »Überschwang« in Kritik und Anerkennung. »Mittelgut«, meinte nach Erscheinen der ersten Auflage *Stephan*, »scheint es nach seiner Darstellung wenig zu geben, das meiste ist entweder ganz verfehlt oder ›meisterhaft‹, ›genial‹«[84]. Diese Eigenart klingt auch in der freilich stark übertriebenen Bemerkung *Wellhausen*s an, Schweitzer verstehe »besser zu bewundern oder geringzuschätzen als zu referieren«[85]. Eine Überschätzung ist Schweitzer z. B. hinsichtlich des Reimarus vorgeworfen worden[86], dessen bereits genanntes berühmtes Fragment er »vielleicht die großartigste Leistung in der Leben-Jesu-Forschung überhaupt« nennt[87], »nicht nur eines der größten Ereignisse in der Geschichte des kritischen Geistes, sondern zugleich ein Meisterwerk der Weltliteratur«[88], was bei aller verdienten Anerkennung für die »eigenartige Größe« »der bewundernswert selbständigen Auffassung des Fragmentisten« (Günther[89]) in der Tat reichlich hochgegriffen erscheint[90]. Mehr Berechtigung dürfte es haben, wenn Schweitzer das erste Leben-Jesu von Strauß »zum vollendetsten rechnet«, »was die wissenschaftliche Weltliteratur kennt«[91]. Und auch wo solche Urteile über das Ziel hinausschießen mögen, sind sie doch so anregend, so provozierend, so kennzeichnend auch für den Verfasser, daß man sie nicht missen möchte. Ein Irrtum ist es nur, daß er sein Verfahren für objektiv hält[92]. Schon *Wernle* meinte, daß eine Reihe von Forschern sich für die ihnen zuteil gewordene Objektivität, von der im Vorwort die Rede war, bedanken wird. Zu statten kommt sie jedoch »auf alle Fälle den sonst von der Theologie mißgünstig Behandelten«, »deren gerechte Würdigung in hohem Grad dankenswert ist«[93]. Von einer »souveränen, aber auch äußerst subjektiven Überschau über die Forschungsgeschichte« spricht *W. G. Kümmel*, deren heute wahrscheinlich bester Kenner, gewiß mit Recht[94, 95]. Die

---

84 *Stephan:* Rezension, Sp. 1545 f.
85 *Wellhausen:* Einleitung, S. 151.
86 Vgl. *E. Günther* (Entwicklung, S. 122), dem *F. Traub* (Glaube, S. 16) sich anschließt. Von einer »Überschätzung des Reimarus als Historiker« seitens Schweitzers spricht auch *Barnikol* (Leben, S. 84).
87 LJ S. 23.
88 S. 15.
89 *Günther*, S. 122.
90 *Barnikol* (Leben, S. 84) erklärt geradezu: »Das Gegenteil ist der Fall: Reimarus ist überhaupt kein Historiker«.
91 LJ S. 79.
92 RW S. VIII. LJ S. VI.
93 *Wernle:* Rezension 1906, Sp. 502.
94 *Kümmel:* Schweitzer, S. 14.
95 Wenn *W. Picht* (S. 44) in der »Geschichte der Leben-Jesu-Forschung eine Verbindung von leidenschaftlicher und bisweilen enthusiastischer Diktion mit strenger Sachlichkeit«

Gleichmäßigkeit des Interesses, das Unpersönlich-Neutrale der ganzen Einstellung, die Ausgewogenheit des Urteils, wie sie ein typisches anerkanntes Lehrbuch zeigt, das in immer neuen Auflagen von wechselnden Bearbeitern auf dem laufenden gehalten wird, geht Schweitzer ab. In diesem Sinne kann man es eigentlich nicht ein Standardwerk nennen, dazu ist es zu temperamentvoll, zu originell, zu genial. Wenn es trotzdem als ein solches gilt[96], so in einem höheren Sinne: als ein Dokument der Theologiegeschichte wie wenige, das kein Student ungelesen lassen kann und das weiterlebt, obgleich es schwerlich eine neue Bearbeitung finden wird. Ja, seine Bedeutung in der nun einmal gegebenen Form erscheint so überragend, daß es vielleicht noch auf längere Zeit eine mehr neutrale, objektive Behandlung des Themas neben sich unmöglich macht.

Schließlich sei noch ein Zug hervorgehoben, der bei der Würdigung dieses Werkes nicht unerwähnt bleiben darf. Es zeugt nicht nur von immenser Sachkenntnis und eminentem Scharfsinn, sondern es ist auch ein »mit Geist und Ironie geladenes Buch«[97, 98]. Neben Äußerungen hoher Anerkennung und großer Wertschätzung gibt es schneidige Hiebe, bemerkenswerte kleine Spitzen und immer wieder geistvolle Vergleiche von hohem Rang, so etwa wenn in geradezu handgreiflicher Weise Herder und Strauß in Beziehung zueinander gesetzt werden: »Man meint, wenn man Herder liest, schon nach Strauß hinüberlangen zu können. Und doch mußte erst ein ganz nüchterner Geist«, Heinr. Eberhard Gottlob Paulus, »kommen, um die Wunderfrage rein historisch in Angriff zu nehmen, ehe Strauß die Herderschen Ideen so aussprechen konnte, daß sie wirkten, anders gesagt, daß sie Anstoß erregten. In der Theologie werden nämlich die revolutionären Einfälle so lange ruhig aufgenommen, als sie sich wegen einiger kleiner Konzessionen, die sie machen, schlucken lassen. Es muß erst ein herausstehendes Grätchen das Würgen veranlassen, damit sie von den gefährlichen Ideen Notiz nimmt. Strauß ist Herder nur mit der kleinen Gräte der konsequenten historischen Wunderverneinung, d. h. Strauß ist Herder, durch den wahrhaftigen

---

findet, so wäre dazu zu sagen, daß die gewiß vorhandene Sachlichkeit nicht nur durch die Diktion eingeschränkt wird. Ein subjektives Element greift doch auch in die Auffassung der Sache selbst ein und wirkt sich mitbestimmend auf die Beurteilung und Bewertung aus.

96 »Als Standardwerk hat es sich heute merkwürdig widerspruchslos durchgesetzt« (*Kantzenbach:* Schweitzer, S. 42).

97 *Heitsch*, Jesus, S. 71.

98 *Picht* bemerkt, indem er auf »das Geradlinige« des Schweitzerschen Denkens zu sprechen kommt, »dem das Einfache von vorneherein das Wahrscheinlichere ist« (S. 38): »Die Gedankenführung blitzt von Intelligenz, aber sie ist nicht ›geistreich‹.« Ohne das sehr Berechtigte dieses Urteils zu verkennen, ist hier doch vielleicht eine Einschränkung angebracht. Bezeichnet man — unter Ausschaltung des negativen Gehalts, der u. U. in diesem Begriff mitschwingen kann — als geistreich eine Behandlung von Sachverhalten, die über eine einfache Darlegung des Tatsächlichen hinausgeht, indem Beziehungen gesehen oder hergestellt werden, durch welche der Gegenstand in eine neuartige, interessante, originelle Beleuchtung gerückt und dadurch in seiner allgemeinen oder auch besonderen Bedeutung hervorgehoben wird, so ist Schweitzers Schreibweise bei aller Vorliebe für Einfachheit und Sachlichkeit nicht selten doch auch ausgesprochen geistreich.

Rationalismus des Paulus hindurchgegangen.«[99] Großartig auch, wie Schweitzer das Verhältnis der die Markusfrage entscheidenden, im selben Jahre (1838) erschienenen Schriften Weißes und Wilkes – Weiße hatte seine Hypothese vom Standpunkt des Historikers aufgestellt, Wilke urteilte vom literarischen – dahin kennzeichnet, daß die eine »die mathematische Berechnung zur astronomischen Hypothese« der anderen lieferte[100]. Wenn Weiße sich nicht erklären kann, daß der Jünger Johannes seinen Herrn und Meister in dem fremden hellenistisch-spekulativen Gewand reden läßt und sich dennoch lieber für das Unwahrscheinliche entscheidet, als ihm gegen die Autorität der gesamten Kirche seit dem 2. Jahrhundert die Verfasserschaft des vierten Evangeliums abzusprechen, so urteilt Schweitzer: »Besser als durch eine solche Hypothese seiner Echtheit kann man die Unechtheit des vierten Evangeliums nicht dartun. In dieser Form möge ihr ein ewiges Leben beschieden sein«![101] Zum Überfluß gesteht Weiße, keine hohe Meinung von der schriftstellerischen Kunst des von ihm angenommenen Bearbeiters der angeblich echten Johannesschrift zu haben. Dazu Schweitzer: »So ernannte einst Friedrich d. Gr. einen nicht abzuweisenden Titelpetenten zum geheimen Kriegsrat unter der Bedingung, daß er sich niemals unterstände, ihm einen Rat zu geben.«[102] In welchem wissenschaftlichen Kuchen könnte man sonst noch so köstliche Rosinen finden? Die Neigung der liberalen Theologie, Jesus recht modern denken und reden zu lassen, wird von Schweitzer besonders aufs Korn genommen. Im Hinblick auf die spannenden Überschriften und die ins Ohr fallenden Schlagworte in Schenkels »Charakterbild Jesu« heißt es: »Der geschilderte Jesus ist so, daß er auf jeder Pastorenkonferenz alsbald in die Debatte eingreifen könnte.«[103] Wie hübsch ferner, wenn auf die von Schweitzer aufgeworfene Frage, ob das Werk von Bernhard Weiß (der »in seiner kirchenpolitischen Stellung und seinen wissenschaftlichen Veröffentlichungen mehr konservative Tendenzen erkennen läßt«) »auch zu den liberalen Leben-Jesu gehört«, die Antwort lautet: »Ja, nur daß es damit noch andere Fehler vereinigt.«[104] Nicht minder hübsch der einigen im Streit um Strauß vermittelnd wirkenden Theologen gewidmete durchtrieben schmunzelnde Satz: »Nun ist aber keine Lage so verzweifelt, daß die Theologie keinen Ausweg wüßte.«[105] Wann je wurde ein sachlich so berechtigter kritischer Akzent auch so elegant und amüsant zugleich gesetzt?

---

[99] LJ S. 37.
[100] S. 128.
[101] S. 130.
[102] S. 131.
[103] S. 207.
[104] S. 215.
[105] S. 118.

Ausnahmsweise vermag man freilich in diesen Ton auch einmal nicht recht einzustimmen, wenn etwa Schweitzer als Illustration für die an sich nicht unrichtige Behauptung, daß man bei dem leidigen Moralisieren mancher Leben-Jesu-Autoren »die ärgsten Geschmacklosigkeiten mit in Kauf nehmen« müsse, das folgende Beispiel anführt: »Für die superbe Ironie des Spruches, daß die Jünger in dieser Zeit alles, was sie für das Reich Gottes darangeben, hundertfältig in Verfolgungen wiederempfangen, um in dem kommenden Aeon das ewige Leben zu erhalten, hat Schenkel kein Verständnis. Er deutet ihn durch die Liebe: die andern werden dem Beraubten alles so reichlich wieder zu ersetzen bestrebt sein und ihm das Ihrige so zur Verfügung stellen, daß er durch die Bruderliebe bald hundert Häuser, hundert Schwestern, hundert Brüder, hundert Väter, hundert Mütter, hundert Äcker haben wird. Daß dann nach dem Spruch Jesu ein Mann durch diese ersetzende Liebe auch hundert Weiber bekommen müßte, vergißt Schenkel hinzuzusetzen.«[106] Diese Abfertigung Schenkels dürfte nicht gerechtfertigt sein. Einmal ist vom Verlassen der Frau in jenem Ausspruch (Lk. 18, 29 f.) bei Markus (10, 29 f.) gar nicht die Rede. Da *Schenkel* die Markusfassung, wenn auch vielleicht zu Unrecht, für die ursprüngliche, beste hielt[107], brauchte er sich mit der Frage der Wiedererstattung bzw. Vervielfältigung der Frau nicht abzugeben. Um ein Vergessen oder Sich-darum-herum-drücken, wie Schweitzer es ihm unterstellt, handelt es sich jedenfalls nicht. Die Darstellung, nach welcher »die hundertfältige Erstattung sich auch auf die Weiber beziehen soll«, hat Schenkel selbst als »geradezu anstößig« bezeichnet[108]. Das kann ein Leser Schweitzers nicht einmal ahnen, falls er nicht auf den Gedanken kommt und Gelegenheit hat, Schenkels Buch einzusehen. Der Spott über Schenkels Auslegung ist im übrigen auch deshalb nicht angebracht, weil die Interpretation der nicht einfachen Stelle auch bei anderen, auch neueren Exegeten zwar vielleicht etwas weniger massiv-wörtlich gehalten ist, aber zwangsläufig ungefähr in die gleiche Richtung der »ersetzenden Liebe« führt. So erklärt z. B. *Schniewind:* »Wer von seiner Familie ausgestoßen wird, der empfängt Mutter und Brüder in der Schar Gottes. Wer Haus und Besitz verläßt, dem soll mitten unter der Verfolgung nie die gastliche Hilfe fehlen.«[109] Dabei muß sogar dahingestellt bleiben, ob diese Abschwächung, die für den heutigen Leser gewiß einen annehmbareren Sinn ergibt, dem Text selbst besser gerecht wird als Schenkels Ausführungen. Schweitzer hat also die Unterhaltsamkeit seiner Darlegung in diesem Falle allzusehr auf Kosten eines Autors bestritten, der sicherlich kein origineller und tiefer Geist war, aber es kaum verdient hat, in dieser Weise doch offenbar ein wenig lächerlich gemacht zu werden.

Trotz einiger nicht ganz zu vermeidender Beanstandungen ist diese Geschichte der Forschung weit mehr als nur überaus reichhaltig und anregend. Mit Recht hat man gesagt, daß »einzelne Kapitel, etwa die über Reimarus, David Friedrich Strauß oder Ernest Renan, an sich zu kleinen Kunstwerken geworden sind«[110], und insgesamt bietet die Darstellung einen ungemein aufschlußreichen, dazu im höchsten Grade fesselnd geschriebenen Längsschnitt durch die Geistesgeschichte seit der Aufklärung. »Von Anfang bis zu Ende anhaltende Leidenschaft, hohe Meisterschaft und ästhetische Vollkommenheit weisen ihr«, wie *J. M. Robinson* formu-

---

[106] S. 207.
[107] *Schenkel:* Charakterbild, S. 221.
[108] ebd.
[109] *Schniewind:* Markus, S. 139.
[110] *Bremi:* Arbeit, S. 19.

liert, »einen Platz in der Weltliteratur an. Seit David Friedrich Strauß hat kein Theologe mehr so schreiben können.«[111] Und was noch besonders betont zu werden verdient: neben allem Gefunkel überraschender Aperçus immer die durchgehende sachliche gerade Linie, die Einheitlichkeit und Konsequenz der Betrachtung und neben ein bißchen Spott und gewürzten Pointen doch ein diesem Forschungsbereich angemessener großer Ernst. Schweitzer zeigt sich ebenso souverän über dem behandelten literarischen Stoff stehend wie andererseits an die Größe seines Gegenstandes hingegeben. Er ist sich bewußt, eines der größten Themen überhaupt in Angriff genommen zu haben. Die Leben-Jesu-Forschung ist »eine einzigartig große Wahrhaftigkeitstat, eines der bedeutendsten Ereignisse in der gesamten Geistesgeschichte der Menschheit«[112]. »Man muß die aufeinanderfolgenden Leben-Jesu gelesen haben, mit denen Hase den Gang der Forschung von den zwanziger bis in die siebziger Jahre des XIX. Jahrhunderts begleitet, um eine Ahnung davon zu bekommen, was es die Menschen, die jene entscheidende Periode miterlebt haben, gekostet haben muß, die ›kühnste Freimütigkeit der Forschung‹, welche der Jenenser in dem Vorwort seines ersten Lebens Jesu für diese Untersuchungen in Anspruch nimmt, auch wirklich festzuhalten. Man fühlt ihm die Kämpfe nach, in denen er Stück für Stück Dinge preisgibt, die er, als er jenes Vorwort schrieb, niemals glaubte preisgeben zu müssen. Es war ihr Glück, daß ihr Gemüt manchmal ihren kritischen Blick trübte, so daß sie, ohne unwahrhaftig zu werden, weiße Wolken für ferne Gebirge nehmen konnten. Das war das gütige Schicksal von Hase und von Beyschlag.«[113] So kann nur ein Schriftsteller schreiben, der nicht nur über ein großes Wissen, eine überlegene Urteilskraft und einen sprühenden Geist verfügt, sondern auch mit dem Herzen dabei ist, ein Schriftsteller, der, wo er urteilt und verurteilt, zugleich versteht, vielfach verehrt, nicht selten bewundert. Und indem Schweitzer nicht nur eine Vermessung und Beschreibung des gesamten Geländes vornahm, sondern überdies eine eigene Lösung beisteuerte, die, unabhängig von der kritischen Frage ihres Wahrheitsgehaltes, innerhalb dieses geistesgeschichtlichen Hochgebirges einen der imposantesten Gipfel bildet, rückt sein Name in der durchwanderten Region mit in die Reihe der Großen. Alles in allem haben wir ein wahrhaft glanzvolles, ein bereits klassisch gewordenes Buch vor uns, das, auch wenn es im Laufe der fortschreitenden Entwicklung einmal noch weit mehr als heute überholt sein sollte[114], seinen Wert und Reiz behalten wird, vielleicht »nicht« seine »bedeutendste« und »keines-

---

[111] *Robinson:* Einführung, S. 7.

[112] LJ S. 632.

[113] S. 5.

[114] Das Überholtsein bezieht sich, um dies ausdrücklich festzustellen, nur auf die fehlende Behandlung des letzten halben Jahrhunderts, d. h. der wissenschaftlichen Entwicklung seit der zweiten Auflage. Dagegen ist das Buch in der Darstellung der Forschungsgeschichte, soweit sie reicht, keineswegs überholt (vgl. *Kümmel,* Konsequente Eschatologie, S. 331).

wegs« »seine geschlossenste Leistung«[115], wohl aber seine wichtigste im Sinne sowohl der Originalität der Sicht als auch der Breite der Wirkung, und, noch abgesehen von dem hier zum ersten Male erschlossenen Stoffreichtum, durch seine blendend klaren Analysen, seine scharfsinnigen Kritiken und seine wundervollen Charakteristiken unter Schweitzers durchweg sehr anziehend geschriebenen wissenschaftlichen Werken das faszinierendste.

II. Die Kritik der vergeistigten Messianität und der nichtmessianischen Jesusauffassung

Drei Punkte sind es, an denen Schweitzer über den Rahmen der nur betrachtenden, Abgeschlossenes berichtenden Wissenschaftsgeschichte hinausging, indem er selbst in die Entwicklung eingriff und den Verlauf der Arbeit teils durch seine Kritik wesentlich beeinflußt hat, teils auch positiv entscheidend mitgestalten wollte.

Den ersten der kritischen Einsatzpunkte stellt die Auffassung dar, nach welcher »Jesus die realistischen messianischen Hoffnungen des zeitgenössischen Judentums zu vergeistigen versucht habe, als geistiger Messias und Gründer des ethischen Gottesreiches aufgetreten« »und zuletzt, als das Volk ihn nicht verstand und von ihm abfiel, zu dem Entschluß gelangt sei, für seine Sache zu sterben, um sie auf diese Weise zum Siege zu führen«[116]. Wenn der Liberalismus die Evangelien nicht mehr einfach mit den Augen des frommen, wohl gar inspirationsgläubigen Christen las, sondern historisch-kritisch untersuchte, so bedeutete dies keineswegs, daß damit das wissenschaftliche Interesse alleinherrschend geworden wäre oder auch nur überwogen hätte. Man machte sich, obwohl im einzelnen, vor allem in den literarkritischen Fragen, erhebliche Fortschritte erzielt wurden, im Grunde doch ein Jesusbild nach Wunsch, nach Bedarf und Geschmack, dessen Umrisse fast a priori feststanden. Der Jesus der liberalen Theologie redete nicht mehr die Sprache des alten Palästinas, statt dessen steht die deutsche Leben-Jesu-Forschung, wie Schweitzer mit einer seiner vielen ebenso originellen wie prägnanten Formulierungen sagt, seit den sechziger Jahren des 19. Jahrhunderts »unter dem Einfluß einer vornehmen, modern-religiösen Heimatkunst im weiteren Sinne«[117]. Jesus war danach beinahe ein moderner Mensch, weltaufgeschlossen und lebensbejahend. Das Gottesreich, das er verkündete und zu stiften beabsichtigte, war als ein ideales, lediglich geistiges, als »ein innerliches Reich der

[115] *Kantzenbach:* Schweitzer, S. 42.
[116] LD S. 37.
[117] LJ S. 342.

Sinnesänderung«[118] gemeint, und dementsprechend wollte er selbst der Messias nur in einem rein geistig verstandenen Sinne sein. Auch von seiner Wiederkunft kann er demnach allenfalls als einer unpersönlichen, im Geiste vor sich gehenden, gesprochen haben. Bei dieser gewaltsamen Vergeistigung handelt es sich auch nicht nur um eine dogmatisch bedingte Fehlinterpretation Jesu in einem einzelnen Punkte. Diese Verzeichnung erstreckt sich vielmehr auf das ganze Jesusbild und ist tiefer begründet. Das eigentliche Gebrechen besteht nach Schweitzers überzeugenden Darlegungen in dem »Mangel an Empfindung für das Große, Unvermittelte, Widerspruchsvolle und Ironische in Jesu Gedanken«: »er haftet allen liberalen Leben-Jesu von Strauß« — gemeint ist dessen zweites Leben-Jesu aus den sechziger Jahren — »bis herunter zu Oskar Holtzmann an«, weil sie »eine heroisch-phantastische Weltanschauung in eine vernünftige, bürgerlich-religiöse umdeuten« müssen[119]. Es ist nützlich, einmal eine einzelne Stelle aus einem solchen Werk auf sich wirken zu lassen, um zu sehen, wohin Autoren, die Geschichtsforschung zu betreiben vorgaben, d. h. wissenschaftliche Ansprüche machten und hoch geachtet waren, sich hier verirrt haben. Man lese etwa bei *Bernhard Weiß*: »Von Visionen, die Jesus geschaut, hören wir nichts; von solchen außerordentlichen Momenten, in denen die Schauer des Geistes Gottes ihn ergriffen, wußte er nichts; sein klares gottinniges Leben floß in schönem Gleichmaß dahin und bedurfte momentaner Erregungen nicht.«[120] Mit Geschichtsschreibung hat eine derartige Schriftstellerei mit heutigen Augen gesehen kaum noch etwas zu tun.

Die Texte wurden, rügt Schweitzer, nicht mehr so genommen, wie sie dastehen; mancherlei einem unpassend Erscheinendes wurde als unecht gestrichen, um so mehr aber psychologisch in sie hinein- und zwischen den Zeilen gelesen. Zu den Erfindungen der theologischen Biographen rechnet Schweitzer auch zwei angeblich sich voneinander abhebende Perioden im Leben Jesu, anfangs eine glückliche, erfolgreiche, und dann eine zweite, voller Mißerfolge und Widerstände, die ihn auf die Leidensbahn drängen. Das methodisch unmögliche »moderne Psychologisieren«[121] bei der Interpretation der evangelischen Texte, das im Grunde genommen auf ein bloßes Phantasieren hinausläuft, die Tendenz ferner, in der Beurteilung des Verhältnisses zwischen Johannes und den Synoptikern eine vermittelnde Haltung einzunehmen, von der sich nur die wissenschaftlich bedeutendsten Vertreter nach und nach freimachen, so daß sie das vierte Evangelium zuletzt als Geschichtsquelle aufgeben, eine gewisse Verwaschenheit schließlich dieses ganzen Jesusbildes, eines Jesus, der der Messias sein wollte und auch nicht sein wollte — das alles läßt die liberalen Jesusdarstellungen zu einem längst abgeschlossenen Kapitel der

118 S. 205.
119 S. 207.
120 *B. Weiß:* Leben, Bd. 1, S. 280.
121 LJ S. 216.

Geschichte dieser Wissenschaft werden. Noch schwerer als Schweitzers Ausführungen im einzelnen wiegt vielleicht seine allgemeine Feststellung: »Im Grunde sind die Werke von Renan, Strauß, Schenkel, Weizsäcker und Keim nur verschiedene Ausführungen eines in den Grundzügen feststehenden Schemas. Wenn man sie nacheinander liest, ist man durch die Gleichförmigkeit der Gedankenwelt geradezu erschreckt. Man hat alles, fast mit denselben Wendungen, schon beim andern gelesen.«[122] Damit wird deutlich, wie wenig objektive Substanz allen diesen Arbeiten innewohnt, daß vielmehr deren Ergebnis im Grunde der Herren eigener Geist war und schließlich ganz einfach dem Zeitgeist entsprang und entsprach.

Nachdem Schweitzer die Abwegigkeit eines solchen Jesusbildes ins volle Licht gesetzt und auch die Tatsache nicht verschwiegen hat, daß die liberal-kritische Schule auf halbem Wege stehengeblieben ist[123], wirkt freilich das Endurteil, die schon auf der nächsten Seite auftretende These, sie habe die Gedanken bis in die letzten Konsequenzen verfolgt, einigermaßen paradox und jedenfalls überraschend günstig. Gemeint und in der Tat wohl richtig daran ist, daß die Bemühungen der liberalen Leben-Jesu-Forschung »eine höhere geschichtliche Einsicht unbewußt herbeizwangen, die ohne sie nicht kommen konnte«[124]. Wie der Rationalismus »die natürliche Wundererklärung zu Ende gedacht und dadurch den Fortschritt unter Strauß herbeigeführt« hat, so hat die Arbeit des theologischen Liberalismus »die natürlich-psychologische Erklärung des Zusammenhangs der Taten Jesu und der Ereignisse seines Lebens zu Ende gedacht«, und sie »hat durch die Konsequenzen, zu denen sie getrieben wurde, die Erkenntnis vorbereitet, daß die natürliche Psychologie hier nicht die historische ist, sondern daß die letztere aus gewissen historischen Grundvoraussetzungen erst gewonnen werden müsse. So trat durch das Verdienst und die großartige Wahrhaftigkeitsarbeit der liberal-kritischen Schule anstelle der natürlichen die eschatologische Psychologie.«[125] Die Parallele des Rationalismus dürfte indessen zeigen, daß das Verdienst des Liberalismus, so gesehen, lediglich mittelbarer Art war, und zwar würde es vor allem darin bestehen, daß eine sich als unhaltbar erweisende Position dialektisch ihren Gegensatz hervorgebracht hat. Tatsächlich handelt es sich bei Schweitzer doch in erster Linie um ein strenges, aber gerechtes Gericht, das hier veranstaltet wird. Dieses gewiß gutgemeinte, aber eigentlich entsetzlich flaue und fade, manchmal ein wenig magisterhaft anmutende Jesusbild, dessen historischen Charakter man rühmte, während es in Wahrheit alles andere als historisch war, mußte einmal so sachkundig, gründlich und von hoher Warte aus bloßgestellt und damit überwunden werden. Auch ein so scharfer Kritiker Schweit-

[122] S. 200.
[123] S. 219.
[124] S. 220.
[125] S. 220 f.

zers wie *Wernle* hält seine Kritik des psychologischen Herumratens und Phantasierens für verdienstvoll[126].

Unerwartet, ein wenig hergeholt, ja, widerspruchsvoll, jedenfalls reichlich wohlwollend erscheint Schweitzers Urteil über die liberale Forschung aber nicht nur deshalb, weil die Vorbereitung jener Leistung von den Vertretern dieser Forschungsrichtung keineswegs beabsichtigt, vielmehr ihnen durchaus unbewußt war, sondern auch, weil diese positive Leistung noch längere Zeit auf sich warten lassen sollte. Mit der Einstellung, die Schweitzer im Kapitel über »Die liberalen Leben-Jesu« beschreibt und analysiert, hat er es nämlich mehr oder weniger auch noch später, bei der kritischen Darstellung der »modern-historischen« Auffassung, zu tun. Es erinnert an das nach Schweitzer »in den Grundzügen feststehende Schema« der älteren liberalen Leben-Jesu, wenn wir nun die geistreich formulierte Feststellung bei ihm finden: »Das ideale Leben-Jesu des ausgehenden neunzehnten Jahrhunderts ist das ungeschriebene von Heinrich Julius Holtzmann. Man erhält es, wenn man seinen Synoptikerkommentar und seine neutestamentliche Theologie ineinander liest. Ideal ist es, weil es ungeschrieben ist, nur in der Idee des Lesers, durch dessen mitschaffende Phantasie entsteht, und auch dann nur in ganz allgemeinen Umrissen.«[127] Die Forschung war, wie Schweitzer bemerkt, inzwischen vorsichtiger geworden. Holtzmann liefert nur »den Plan und das behauene Material«. Ein gewisser »historischer Skeptizismus« stellt sich ein. Außerdem hat die eschatologische Auffassung Fortschritte gemacht, vor allem mit der kleinen Schrift von Johannes Weiß »Die Predigt Jesu vom Reiche Gottes«. Doch die Mehrzahl der namhaften Forscher, wie etwa Wellhausen, Brandt, Jülicher, zeigte sich zwar von der neuen eschatologischen Sehweise berührt, verhielt sich aber weiterhin reserviert, ließ sie mindestens nicht voll zur Auswirkung kommen und stimmte in der Tendenz zur Läuterung, d. h. Vergeistigung der Zukunftserwartung mit der alten »liberalen« Anschauung im Grunde genommen immer noch weitgehend überein.

Schweitzers Kritik der Versuche, Jesu Reichserwartung und seinen Messiasbegriff zu vergeistigen, vor allem auch, ihm Weltbejahung, ja, Lebensfreudigkeit zuzuschreiben, war ohne Frage tief berechtigt. Gerade die Parole von der Lebensfreudigkeit Jesu läßt sich nur noch als Ausdruck einer bestimmten Phase der neueren Geistesgeschichte, aus einer Stimmung der damaligen Zeit heraus verstehen, so fern ist uns diese Sicht heute, nachdem Johannes Weiß und Schweitzer ihr Werk und ihre Wirkung getan haben. Zwar rannte Schweitzer in einzelnen Fällen mehr oder weniger offene Türen ein, so namentlich, was Bousset und Wernle betrifft, die zu einer stärkeren Betonung des Eschatologischen auch sicher gar nicht durch Schweitzer veranlaßt worden waren. Im ganzen aber

---

[126] *Wernle:* Rezension, 1906, Sp. 503.
[127] LJ S. 324.

wurde das Überholte und Unmögliche der modernisierenden Jesusdarstellung von keinem anderen so planmäßig, überzeugend und wirkungsvoll aufgezeigt. Neben seiner im vorigen Abschnitt gewürdigten Leistung als Historiker dieses Zweiges der Forschung und neben seiner Bedeutung als Begründer einer eigenen Lösung des Jesusproblems, die uns im folgenden Abschnitt zu beschäftigen haben wird, kann dieses Verdienst des Kritikers Schweitzer, mit dem wir es hier zu tun haben, nicht genug hervorgehoben werden.

Die »modern-historische« Jesusanschauung hatte etwas Zwiespältiges. Sie zeigte eine in die Zukunft weisende Tendenz, die rein wissenschaftliche, kritische, und eine der Vergangenheit verhaftete, im Liberalismus wurzelnde. In wissenschaftlicher Beziehung war Schweitzer, wie sich noch herausstellen wird, der modern-historischen Forschung gegenüber nur sehr teilweise im Recht: hinsichtlich der von ihr vernachlässigten Eschatologie, während sie mit der viel stärkeren Berücksichtigung der literarkritischen Problemlage Schweitzer durchaus überlegen war. Getroffen wurden durch seine Kritik vor allem die der modern-historischen mit der liberalen Auffassung gemeinsamen Elemente. Die beiden Grundgedanken der modern-historischen Leben-Jesu-Auffassung sieht Schweitzer in der schon vom Liberalismus gemachten »Annahme einer glücklichen galiläischen Periode, auf welche dann die Zeit des Niedergangs folgt«[128] und in der ja ebenfalls nicht neuen Ansicht, daß Jesus die zu seiner Zeit im jüdischen Volk verbreitete »naiv-realistische messianische Erwartung nicht geteilt habe«[129]. Wenn jene Periodisierung heute in Wegfall gekommen ist, so ist das allerdings weniger das Verdienst Schweitzers als die Folge eines veränderten, sehr viel kritischer gewordenen Verhältnisses des Geschichtsschreibers zu den Quellen. An der Überwindung der angeblich unrealistischen Eschatologie Jesu dagegen hat Schweitzer von allen in Betracht kommenden Forschern den größten Anteil. Wie sehr er im übrigen auch in der Kritik, die ihn als Meister einer sehr unbequemen Fragenstellung in den Details zeigt, doch nicht an untergeordneten Dingen haften bleibt, sondern aufs Ganze geht und produktiv-kritisch denkt, kommt nirgends besser als da zur Geltung, wo seine Auseinandersetzung mit der modern-historischen Jesusauffassung in einer schon erwähnten Alternative auf die entscheidende Frage zugespitzt wird: »Ist der Zusammenhang der Ereignisse des Lebens Jesu, sein Schicksal und das Aufkommen der Parusieerwartung in der Jüngergemeinde am verständlichsten unter der Annahme, daß er ausschließlich eschatologisch dachte, lehrte und handelte, oder unter der andern, daß er diese Weltanschauung milderte, vielleicht gar aufhob?« An diesem Punkte ist Schweitzer ganz in seinem Element, niemand sah hier schärfer als er.

---

128 ML S. 12.
129 LD S. 29.

In seiner Auseinandersetzung mit der modern-historischen Auffassung Jesu entdeckte Schweitzer einen Bundesgenossen, mit dem er sich in der Kritik zusammenfand, der jedoch positiv völlig anders dachte. Gleichzeitig mit Schweitzers Schrift über das Messianitäts- und Leidensgeheimnis, welche die kritische Einstellung gegenüber der übrigen damaligen Forschung im wesentlichen bereits voraussetzt und auch andeutet, wenn auch noch nicht wie später das Hauptwerk im einzelnen ausführt und belegt, war ganz unabhängig davon *William Wrede* in seinem bedeutenden Buch »Das Messiasgeheimnis in den Evangelien« (1901) weitgehend zu demselben Urteil über die Arbeit der Zeitgenossen gelangt. Es handelt sich hier um die vielleicht merkwürdigste Parallele in der Geschichte der Wissenschaft überhaupt. Schweitzer nennt das Zusammentreffen der beiden Bücher »zeitlich und sachlich gleich überraschend. Sie erschienen auf denselben Tag, lauten dem Titel nach fast gleich und stimmen in der Kritik der modern-historischen Auffassung des Lebens Jesu manchmal bis aufs Wort überein. Dabei sind sie doch von ganz verschiedenen Standpunkten aus geschrieben: das eine« (Wrede) »vom literarisch-kritischen, das andere« (Schweitzer) »vom eschatologisch-historischen.«[130]

Jülicher[131] hat Schweitzer im Hinblick auf die Darstellung seines Verhältnisses zu Wrede Legendenbildung vorgeworfen – das Zwillingspaar Schweitzer-Wrede existiere nur in seinen Visionen – und ihm eine »Lust zu eigenmächtiger Gruppierung« nachgesagt. Er nimmt auch daran Anstoß, daß Schweitzer von Wredes und seinem eigenen Standpunkt als von zwei »Schulen« spricht und findet den Namen »konsequenter Skeptizismus« für Wredes Standpunkt unzutreffend. Die zuletzt genannte Bezeichnung hat Schweitzer in der zweiten Auflage fallen lassen, und es muß anerkannt werden, daß der Einspruch gegen die Reklamation Wredes als Bundesgenossen großenteils gerechtfertigt ist[132]. Eine neue Schule hat Wrede nicht gestiftet. Sein Gegensatz zur Wissenschaft seiner Zeit ist in der Tat nicht so grundsätzlicher Art, wie man nach Schweitzers Zeichnung annehmen muß. Und was diesen selbst betrifft, so hat auch er im Bereiche der neutestamentlichen Forschung keineswegs im eigentlichen Sinne Schule gemacht. Trotzdem ist hervorzuheben, daß Schweitzers Behandlung seines Verhältnisses zu Wrede einen Höhepunkt des Werkes bildet: außerordentlich scharfsinnig, ist seine Sicht auch sachlich nicht ohne alle Berechtigung. Seine Bundesgenossenschaft mit Wrede bezüglich der damals bei manchen Autoren üblich gewordenen Art der Interpretation war jedenfalls keine Einbildung, sie bestand im Negativen wirklich, und es ist verständlich, daß sie ihm viel bedeutete, so sehr auch im ganzen der Gegensatz überwog.

Die Markuskritik, wie man sie damals betrieb, ist auf Kosten der Texte gegangen, das stellt auch Wrede fest: »Man subtrahiert und deutet um.«[133] Jeder der hier tätigen Forscher »verfährt schließlich so, daß er von den überlieferten Worten dasjenige beibehält, was sich seiner Konstruktion der Tatsachen und seiner Auffassung von geschichtlicher Mög-

---

130 LJ S. 368.
131 *Jülicher:* Linien, S. 8.
132 *Kümmel* pflichtet Jülicher ausdrücklich bei (Konsequente Eschatologie, S. 334).
133 *Wrede:* Messiasgeheimnis, S. 85.

lichkeit einfügen läßt, das übrige aber abstößt«[134]. Ein solches Verfahren war willkürlich und auch nicht konsequent. Hatte man sich einmal entschlossen, den Berichten zu mißtrauen und zahlreiche Stellen, die meisten wirklich eschatologisch-messianischen Worte, für mehr oder minder unecht, für später hinzugekommen oder doch übermalt zu halten, so lag es nahe, war nur folgerichtig und in gewisser Hinsicht notwendig, die Kritik auszudehnen und zu vertiefen. So gerät der messianische Anspruch des Nazareners, der für Schweitzer zum Kernbestand der Geschichte gehört, d. h. dem eschatologischen Denken Jesu selbst entspringt, bei Wrede in den Fluß der Problematik. Aber gerade weil die kritische Auseinandersetzung mit der übrigen Wissenschaft hier von so verschieden eingestellten Forschern unternommen wird, ist die Übereinstimmung um so bemerkenswerter.

Die Schilderung, die Schweitzer von dieser ihm und Wrede gemeinsamen Frontstellung gegen die übliche Jesusforschung der damaligen Zeit gibt, ist ein Meisterstück wissenschaftlicher Polemik. Wie immer, wenn die von ihm geübte Kritik ihm besonders wichtig ist, strömen Schweitzer die Bilder nur so zu.

> Seine eigene historisch-eschatologische Auffassung und die literarkritisch-skeptische Sicht Wredes, »die den Marsch der modernen Theologie bisher flankierten, haben ihre Vereinigung vollzogen, halten sie auf, umzingeln sie und zwingen sie, die Schlacht anzunehmen«[135]. Durch die beiden Standpunkten gemeinsam kritischen Beobachtungen ist »etwas mit ihr total Unvereinbares in die bisherige Theologie hineingetreten. Ihr ganzer Besitz ist bedroht. Sie muß ihn Schritt für Schritt wieder erkämpfen oder ihn aufgeben; sie hat kein Recht mehr, irgendeine Behauptung aufzustellen, ehe sie zu den neuen kritischen Grundfragen Stellung genommen hat. Von dieser Erkenntnis blieb sie« freilich »noch ziemlich weit entfernt. Man meldete ihr, daß die Mauer des Stauweihers Wasser durchlasse, und sie schickte ein paar Maurer, die Risse zu vermauern; als ob die Risse nicht besagten, daß die Mauer miniert sei und aus dem Fundament neu aufgeführt werden müsse. Sie kam nach Hause und fand die Pfändungsmarken an allen Möbeln, lebte aber behaglich darin weiter, ohne zu bedenken, daß sie sie verlöre, wenn sie ihre Schulden nicht begliche.«[136]

Der entscheidende Vorwurf, der sich gegen die »moderne« Theologie erhebt, ist, wie bereits erwähnt, derselbe, den Schweitzer schon der liberalen Schule gemacht hatte, daß sie, um ihr Leben-Jesu im Markustext zu finden, »eine Menge von Dingen, und zwar immer die Hauptsachen, zwischen den Zeilen lesen und sie durch psychologische Vermutungen zum Text hinzuerfinden« muß[137]. Markus weiß z. B. »von einer Entwicklung« Jesu »nichts; er weiß nichts von den pädagogischen Erwägungen, die das Verhalten Jesu zu den Jüngern und zum Volk bestimmen

[134] *Wrede:* Messiasgeheimnis, S. 86 f.
[135] LJ S. 368 f.
[136] S. 369 f.
[137] S. 370.

sollen; er weiß nichts davon, daß eine geistige und eine volkstümlich-politische Messiasidee im Herzen Jesu miteinander im Kampf lagen; er weiß auch nicht, daß in diesem Punkte ein Unterschied zwischen der Anschauung Jesu und der des Volkes bestand; er weiß nichts davon, daß der Esel beim Einzug in Jerusalem »die unpolitische Messianität symbolisiert«. »Er weiß weder, daß Jesus den Jüngern das Leidensgeheimnis erklärt, noch daß jene es einigermaßen verstanden haben.« »Er weiß nicht, daß die erste Periode eine Periode des Erfolgs, die zweite eine Periode des Mißerfolgs war.«[138] »Die psychologische Motivierung und die psychologische Verknüpfung der Ereignisse und Handlungen, die man bei Markus finden wollte, existieren nicht. Darum kann nichts dabei herauskommen, wenn man seine Darstellung mit vernünftiger Psychologie bearbeitet. Eine Unmenge von Schätzen der Gelehrsamkeit und des Wissens, der Kunst und der Künstelei« »ist verdorben und kann der wirklich historischen Forschung nicht mehr dienen.«[139]

Wrede und Schweitzer zwingen die Forschung, »den Markustext wieder unbefangen zu lesen und die Zusammenhänge, die sie bisher zwischen den einzelnen Perikopen entdeckte und als selbstverständlich ansah, einer ernsten Prüfung zu unterziehen«.

»Der Stoff, mit dem man die Einzelerzählungen zu einem Leben Jesu zusammenlötete, hält die Temperaturprobe nicht aus. Setzt man ihn der Kälte des kritischen Skeptizismus« (= Wrede) »aus, so bekommt er Risse, erreicht das eschatologische Feuer einen gewissen Grad« (= Schweitzer), »so schmelzen die Lötungen. In beiden Fällen fallen die Perikopen auseinander« – innerhalb des Reichtums an außerordentlich treffenden Bildern ein besonders gelungenes. Nicht minder originell ist auch das folgende: »Bisher löste man sich durch ein gewisses psychologisches Supplementärwissen Zuschlagkarten, die erlaubten, in der Leben-Jesu-Darstellung Schnellzüge zu benutzen, um nicht gezwungen zu sein, an jeder kleinen Station zu halten, umzusteigen, auf Anschluß zu warten und ihn eventuell zu verfehlen. Dieser Schalter ist nun geschlossen. Jede Perikope ist eine Station, und die Anschlüsse werden nicht garantiert.«[140]

Aber »nicht nur, daß kein in die Augen springender psychologischer Zusammenhang zwischen den Perikopen existiert: auf fast jeder Seite lassen sich positive ›Unzusammenhänge‹ entdecken. Die Markusdarstellung ist voll von Unerklärlichkeiten und Widersprüchen.«[141] Auch in dieser Beurteilung stimmt Schweitzer mit Wrede überein. Um das Befremdende, absolut Problematische der bei Markus vorliegenden Situation zu verdeutlichen, türmt Schweitzer Frage auf Frage an die übrige Forschung, die so viel wußte, die die Dinge so leicht nahm und so einleuchtend fand. Hier nur eine kleine Auswahl: »Woher wissen die

---

[138] ebd.
[139] S. 371.
[140] S. 371 f.
[141] S. 372.

Dämonischen, daß Jesus der Gottessohn ist? Wieso kann ihn der Blinde zu Jericho, indem er ihn als Davidssohn anruft, als Messias begrüßen, wo doch sonst niemand im Volke seine Würde kennt? Wie erklärt es sich, daß das Volk durch diese Zwischenfälle nicht auf andere Gedanken über Jesus geriet? Wie kommt der messianische Einzug zustande? Wie war er möglich, ohne ein Einschreiten der römischen Besatzung zu veranlassen? Warum wird er in den folgenden Streitreden als nicht geschehen vorausgesetzt? Weshalb figuriert er nicht im Prozeß Jesu?« »Was ist das Geheimnis des Reiches Gottes? Warum verbietet Jesus, seine Wunder bekanntzumachen, selbst da, wo es scheinbar zwecklos ist?« »Aus welchem Grunde offenbart er den Jüngern seine Würde erst zu Cäsarea Philippi, nicht im Augenblick, wo er sie aussendet? Woher weiß Petrus, ohne daß Jesus es ihm gesagt hat, welche Würde dem Meister zukommt? Warum soll und muß diese Würde bis zur Auferstehung Geheimnis bleiben? Weshalb charakterisiert Jesus seine Messianität durch den Titel Menschensohn? Und wie kommt es, daß gerade dieser dann in der urchristlichen Theologie ganz zurücktritt?« »Warum ist die Aussendungsrede eine Weissagung von Verfolgungen, für die empirisch keine Wahrscheinlichkeit vorlag und die auch nicht eingetroffen sind?« »Was bewog ihn, den Jüngern plötzlich von seinem Leiden, Sterben und Auferstehen zu reden und ihnen dabei weder das natürliche noch das moralische Warum zu erklären?« Und schließlich jene entscheidende Alternative: »Zog Jesus nach Jerusalem, um zu wirken oder um zu sterben?«[142] Daß richtiges Fragen der Erkenntnis Anfang ist und mehr wert sein kann als manche Antwort weiß man seit langem, selten aber ist dies so glänzend wie hier im Gegensatz zu so viel Scheinwissen demonstriert worden[143]. Schweitzer schließt die Auseinandersetzung mit der modernhistorischen Forschung wiederum durch ein Bild und dann durch die Formulierung einer uns auch schon bekannten radikalen Alternative ab: »Diese Probleme wurden von der natürlichen Psychologie wie von einer Schneeschicht bedeckt. Der Schnee ist geschmolzen, und sie ragen wie schwarze Felszacken aus den Berichten heraus. Es ist nicht gestattet, sich über diese Fragen hinwegzusetzen oder sie jede für sich zu lösen, indem man mildert und zurechtlegt, wodurch die berichteten Tatsachen dann einen ganz andern Sinn bekommen als den, welchen sie für den Evangelisten haben. Entweder ist der Markustext als solcher historisch und dann zu retten, oder er ist es nicht, und dann als Ganzes aufzugeben. Unhistorisch aber ist sicher jede Milderung des Wortlauts und was daraus gewonnen wird.«[144]

---

[142] S. 372 f.

[143] *Holtzmann* ließ sich freilich von solchen Fragen — er hat sie hier sogar gezählt: 44 auf 3 Seiten! — nicht beeindrucken. Er bemerkt ungerührt: »Sie sind entweder längst gelöst oder wie gar viele Fragen in dieser Welt überhaupt nicht zu beantworten« (Marcus-Kontroverse, S. 180).

[144] LJ S. 374.

Nach dieser bemerkenswerten Abrechnung mit der »modern-historischen« Leben-Jesu-Auffassung gehen Wrede und Schweitzer noch ein Stück Wegs weiter zusammen. »Die ganze Zusammenhangslosigkeit« der Markusdarstellung »mit ihren Widersprüchen rührt im letzten Grunde daher, daß sich zwei Darstellungen des Lebens Jesu, oder, besser gesagt, der öffentlichen Wirksamkeit Jesu ineinanderschieben: eine natürliche und eine gewollt übernatürliche« (welch letztgenannte die modern-historische Schule ignorierte oder zu beseitigen suchte). »Es ragt etwas Dogmatisches in die Schilderung dieses Daseins hinein, etwas, das sich um die Ereignisse, die den äußeren Verlauf desselben ausmachen, nicht kümmert. Das Dogmatische ist das Messiasgeheimnis Jesu und alle Geheimnisse und Verhüllungen, die damit zusammenhängen.«[145] Erst bei der Erklärung dieser von beiden Forschern gesehenen Lage führen die Wege nun auseinander: »Das Widerspruchsvolle zwischen der Wirklichkeit Jesu und seiner Messianität liegt entweder in dem Wesen des jüdischen Messiasbegriffs oder in der Vorstellung des Evangelisten begründet. Es gibt entweder die eschatologische Lösung, die dann mit einem Schlag die unabgeschwächte, unzusammenhängende und widerspruchsvolle Markusdarstellung als solche zur Geschichte erhebt, oder die literarische, die jenes Dogmatisch-Fremdartige als Eintrag des Urevangelisten in die Überlieferung von Jesus betrachtet und damit zugleich die Messianität aus dem historischen Leben Jesu tilgt. Tertium non datur.«[146] Schweitzer oder Wrede.

In die ursprüngliche geschichtliche Überlieferung vom Wirken des natürlichen Menschen Jesus, eines Lehrers und Wundertäters, wurde nach Wredes Ansicht die dogmatische Anschauung eingetragen, daß dieser Jesus als ein übermenschliches Wesen nach Motiven höherer Art, nach einem göttlichen Ratschluß handelte und deshalb dem natürlichen Menschen, dem Volke, aber auch den Jüngern im allgemeinen, unverständlich bleiben mußte, ja, daß er seine Messianität sogar absichtlich verhüllt habe, wobei freilich einige Ausnahmen zu verzeichnen sind. Das nach dieser Annahme bestehende Verhältnis bringt Schweitzer auch hier mit einem die Sache wahrhaft erleuchtenden Bilde zum Ausdruck: »Die Messianität Jesu steht in seinem Leben wie eine geschlossene Blendlaterne, die aber nicht ganz dicht geschlossen ist — da man sonst nicht merken würde, daß sie da ist — und einige grelle Strahlen entweichen läßt.«[147] Das Messianitätsgeheimnis hält Wrede allerdings nicht für die Erfindung des Markus — »wie käme Markus dazu, einen solchen Gedankengang in eine Tradition einzuführen, die nichts von ihm wußte? Dafür läßt sich keine Erklärung ersinnen«[148] — oder überhaupt eines einzelnen, sondern für eine Anschauung, die größere Kreise beherrscht haben muß, womit

---

[145] S. 374 f.
[146] S. 375.
[147] S. 377.
[148] *Wrede:* Messiasgeheimnis, S. 145.

jedoch »ein Anteil des Markus an seiner Darstellung und sogar ein wichtiger Anteil nicht geleugnet sein« soll[149]. Man kann »hier und da von einer Manier des Markus reden. Wie sich Traditionelles und Eigenes im einzelnen verteilt, wird auch eine besondere Untersuchung nicht durchweg feststellen. Man muß es vermischt lassen, wie es ist.«[150] Jedenfalls aber wird, so nimmt Wrede an, die wirkliche Geschichte von der fingierten überlagert. Unser ältestes Evangelium bietet »keine historische Anschauung mehr vom wirklichen Leben Jesu. Nur blasse Reste eines solchen sind in eine übergeschichtliche Glaubensauffassung übergegangen. Das Markusevangelium gehört in diesem Sinne in die Dogmengeschichte.«[151] »Die Messianität Jesu, wie wir sie in den Evangelien antreffen, ist« demnach »ein Produkt der sich die Geschichte zurechtlegenden Gemeindetheologie.«[152, 153]

Wie ist nun — das muß für Schweitzers Antipoden zum Hauptproblem werden — das Nebeneinander und Gegeneinander von Geheimhaltung und Offenbarung der Messianität Jesu, das die Darstellung des Markus beherrscht, möglich, was bedeutet es? Die Worte und Wunder Jesu bezeugen seine Größe und Macht, aber Jesus gebietet, darüber zu schweigen, er hüllt sich dem Volke gegenüber mit seiner Lehre ins Geheimnis, und auch die Jünger sind unfähig, ihn zu verstehen. Jedoch die Dämonen, Petrus und die Stimme vom Himmel sagen, Jesus sei der Christus oder der Sohn Gottes. Daß hier eine bestimmte Theorie zum Ausdruck kommt, wollte Wrede zeigen und hält er für erwiesen, und er fragt nun eben, wie man sich diese Vorstellung der verhüllten Messianität erklären soll. Sie kann, antwortet er, nur zu einer Zeit entstanden sein, da man von einem messianischen Anspruch Jesu auf Erden noch nichts wußte und die Messianität mit der Auferstehung beginnen ließ. Das Zurücktragen der Messianität ins Leben Jesu war dann ein sehr natürlicher Vorgang. Jesus, dachte man sich, mußte doch selbst darum gewußt und seine Verherrlichung erwartet haben. Andererseits wußte man noch deutlich, daß er der Messias erst als der Auferstandene geworden war. »Die Spannung beider Gedanken aber war gelöst, wenn man behauptete: er war es zwar eigentlich schon auf Erden, er wußte es natürlich auch, aber er sagte es noch nicht, er wollte es noch nicht sein.«[154] Wohl bemerkt Wrede vorsichtig, er wolle die Frage, ob Jesus sich wirklich für den

---

[149] ebd.
[150] S. 146.
[151] S. 131.
[152] LJ S. 376.
[153] Zieht man in Betracht, daß *Wrede* dem Evangelisten zwar einen wesentlichen Anteil an der Formung des Messiasgeheimnisses zuschreibt, die Anschauung selbst aber auf größere Kreise zurückführt, also eben als Gemeindetheologie ansieht, so erheben sich Zweifel an Schweitzers Recht, Wredes Theorie schlechthin als die literarische Lösung der seinigen als der historischen gegenüberzustellen. Zugegeben, daß der literarischen Frage bei Wrede ein viel größeres Gewicht zukommt, was ein großer Vorzug ist — als mehr oder weniger historisch sind sie eigentlich beide zu bezeichnen.
[154] *Wrede:* Messiasgeheimnis, S. 228.

Messias gehalten habe, nicht nebenbei entscheiden, er wolle nur ein Fragezeichen machen. Aber die Frage, ob Jesus sich entsprechend geäußert habe, wird von Wrede jedenfalls verneint: konnte die Anschauung von der geheimen Messianität »nur entstehen, wenn man von einem offenen messianischen Anspruch Jesu nichts wußte, so scheinen wir in ihr ein positives geschichtliches Zeugnis dafür zu haben, daß sich Jesus tatsächlich nicht für den Messias ausgegeben hat«[155].

Nachdem Schweitzer in Wrede einen Bundesgenossen im Kampf gegen das modern-historische Jesusbild begrüßt hatte, geht er nun dazu über, sich gegen Wredes eigene Theorie zu wenden. In der Auseinandersetzung mit ihr liegt der zweite kritische Höhepunkt der »Geschichte der Leben-Jesu-Forschung«. Schweitzer macht zunächst auf die Schwierigkeit aufmerksam, die für Wrede dadurch entsteht, daß er die Geheimnistheorie nicht auf den Evangelisten allein zurückführt, sondern bereits in der der Niederschrift zugrunde liegenden Tradition vorgebildet sein läßt; denn diese würde, wie unser Kritiker meint, den Stoff ganz anders verändert, viel unbefangener und vernünftiger, d. h. gewalttätiger und einheitlicher gestaltet haben, als es in den Berichten vom Einzug in Jerusalem und vom Verhör der Fall ist. Vor allem aber wirft die Szene von Cäsarea Philippi, wo ja nicht Jesus dem Petrus die Messianität offenbart, sondern umgekehrt Petrus diese seinem Herrn bekennt, die ganze Hypothese von einer Blindheit der Jünger über den Haufen. Diese drei messianischen Tatsachen – die drei wichtigsten überhaupt – kommen tatsächlich »außerhalb der eigentlichen Bauflucht der Wredeschen Theorie« zu liegen[156]. Die Annahme einer Tradition, die Markus lediglich übernimmt, untergräbt also Wredes »literarische Konstruktion, da dann immerhin mit der Möglichkeit zu rechnen ist, daß sie nicht nur ›umbildete‹ und ›erfand‹, sondern auch tatsächlich geschichtliche Erinnerungen enthielt«[157]. Schweitzer bedroht Wrede von zwei Seiten, wie sich in besonderem Maße an den Leidensberichten zeigt. Daß Jesus als Messias gestorben ist, weil er sich öffentlich als solchen bekannte, ist in keiner Weise mit der Geheimnistheorie in Einklang zu bringen. Man muß diesen Bericht entweder der Tradition zurechnen, die der Geheimnistheorie vorausgeht, womit, wie schon gesagt, die Möglichkeit, daß hier echtes geschichtliches Gut vorliegt, gegeben ist, so daß die Ungeschichtlichkeit erst noch zu beweisen wäre; oder man bezieht trotz der in der Sache liegenden Schwierigkeiten die Verurteilung Jesu wegen seines messianischen Anspruches in die Geheimnistheorie ein, hält diesen Bericht also für ungeschichtlich. Dann aber stellt sich die Frage: welches Interesse hatte »der Kreis, der die literarische Fiktion aufbrachte«, daran, »Jesum öffentlich als Messias und eben wegen seines Anspruches sterben zu lassen? Gar keines. Im Gegenteil«.

---

[155] S. 229.
[156] LJ S. 380.
[157] ebd.

»Denn damit widerspricht sich die Geheimnistheorie selbst und handelt wie jemand, der mühsam eine photographische Platte entwickelt und, fast zu Ende, die Läden aufreißt. So scheint wieder das natürliche messianische Licht in dem Raum, der nur von den Strahlen der Blendlaterne erhellt sein soll.«[158]

Mit der so gesetzten Zwickmühle nicht genug, wirft Schweitzer auch hier wieder eine Reihe von Fragen auf, die dem Gegner große Verlegenheiten bereiten müssen: »Wenn aber Jesus nicht als Messias verurteilt worden ist, warum wurde er dann zu Tode gebracht?«[159] Ferner: »Welches Interesse konnte die Gemeindetheologie haben, die Messianität Jesu in seine irdische Wirksamkeit zurückzudatieren? Keines. Paulus zeigt uns, mit welcher Gleichgültigkeit man im Urchristentum dem Leben Jesu gegenüberstehen konnte.«[160] Vor allem aber: wodurch will Wrede erklären, »wie die erste Generation zum Glauben an die Messianität Jesu gelangte, wenn er zeitlebens für alle, auch für die Jünger nur der ›Lehrer‹ war«? Dieses Argument erscheint bei Schweitzer in der folgenden geschliffenen Form: »Es ist nicht leicht, die Messianität aus dem ›Leben Jesu‹, besonders aus der Leidensgeschichte, zu eliminieren; viel schwerer hält es aber noch, wie schon Keim gesehen, sie nachher wieder in die Gemeindetheologie hineinzubringen.«[161] Wrede führt den Messiasglauben auf das von der Gemeinde vorausgesetzte Erlebnis der Erscheinung des Auferstandenen zurück. Schweitzer meint jedoch recht einleuchtend, daß »die ›Auferstehungserlebnisse‹, man mag sie fassen, wie man will, am natürlichsten aus Auferstehungserwartungen und diese ihrerseits am besten aus Auferstehungshinweisen Jesu verständlich sind«[162]. Wer dem nicht zustimmt, muß die Frage beantworten, wie eine Erscheinung des Auferstandenen für die Jünger plötzlich zum eschatologisch-messianischen Faktum werden konnte. Das ist keineswegs selbstverständlich und wird von Wrede nicht begründet. »Er ist sich nicht klar darüber, daß er aus den Visionen viel mehr herausholt, als in ihnen liegt.« »Die messianisch-eschatologische Wertung des ›Auferstehungserlebnisses‹ von seiten der Jünger setzt irgendwie messianisch-eschatologische Hinweise von seiten des historischen ›Lehrers‹ voraus, die dann der Auferstehung ihre messianisch-eschatologische Bedeutung gaben. Ohne es einzugestehen, postuliert Wrede messianische Hinweise Jesu.«[163] Damit hat Schweitzer seinen Kontrahenten in eine fast ausweglos erscheinende Lage hineinmanövriert. Es zeigt sich, daß der radikale Zweifel gar nicht immer so leicht ist, wie man vielleicht annimmt, und eben deshalb ist diese Auseinandersetzung besonders lehrreich.

---

158 S. 381.
159 ebd.
160 S. 382.
161 S. 383.
162 ebd.
163 S. 384.

Schweitzer war nicht der einzige Kritiker der Wredeschen Auffassung, die vielmehr seinerzeit auf weitgehende Ablehnung stieß[164]. Aber die Verhandlung ist wohl von keinem der damaligen Forscher so schneidig, so tiefdringend, so aufs Ganze gehend, fast möchte man meinen, so überlegen geführt worden wie von ihm. Auch ein Autor, der sie später wieder-aufgenommen hat und Schweitzers eigene Lösung ablehnt, *H. J. Ebeling*, hat seine Wredekritik meisterhaft genannt[165].

Erledigt wurde die Position Wredes durch Schweitzer bei aller Stärke seiner Argumentation dennoch nicht. Vielmehr lehrte die nun seit einem halben Jahrhundert mit großem Erfolg angewandte »formgeschichtliche« Betrachtung »die Wrede beschäftigende Problematik wieder in ihrer für die Kritik und das Verständnis des Evangeliums umfassenden Bedeutung begreifen«[166]. Das gilt vor allem für die Erkenntnis, daß der Aufbau des Markusevangeliums, wie *E. Schweizer* sagt, »in vielen Einzelheiten ganz unwahrscheinlich ist und daß man alles für eine Biographie Wichtige erst aus der Phantasie ergänzen muß. Schon Markus will Jesus als den Gottessohn verkünden, nicht aber eine an der inneren und äußeren Entwicklung interessierte Lebensbeschreibung Jesu vorlegen«[167]. Daß die Wiedergewinnung der methodischen Grundüberzeugungen Wredes zugleich eine Vertiefung seiner Fragestellung war[168], ist im Prozeß der wissenschaftlichen Arbeit so selbstverständlich, daß es nicht gegen Wredes Bedeutung überhaupt spricht. Ebensowenig wird diese dadurch beeinträchtigt, daß sich einige wichtige Korrekturen und Modifikationen an seinen Ergebnissen als notwendig erwiesen haben. Wenn Wrede das Messiasgeheimnis noch auf den Traditionsstoff hatte zurückführen wollen, so wird nunmehr der Evangelist Markus »in immer ausschließlicherem Maße zum Urheber der Theorie. Die formgeschichtliche Forschung greift konsequent zu der Annahme, daß lediglich schriftstellerische Motive walten«[169]. Die zur formgeschichtlichen Forschung neuerdings hinzugetretene »redaktionsgeschichtliche« hat diesen Sachverhalt noch unterstrichen. »Daß die Theorie des Messiasgeheimnisses zur Konzeption des Markus gehört« (*W. Marxsen*[170]), seinen »persönlichen Entwurf« (*H. Conzelmann*[171]) dar-

[164] Vgl. *H. J. Holtzmann:* Bewußtsein, S. 8.
[165] *H. J. Ebeling:* Messiasgeheimnis, S. 27.
[166] S. 96.
[167] *E. Schweizer:* Markus, S. 4.
[168] *Ebeling:* Messiasgeheimnis, S. 96 f.
[169] S. 56.
[170] *Marxsen:* Markus, S. 11.
[171] *Conzelmann:* Gegenwart, S. 294.
[172] Vgl. *Bultmann:* Tradition, S. 370 ff. — *Ders.:* Theologie, S. 33. — *Strecker:* Messiasgeheimnistheorie, S. 93. — Der Versuch *E. Sjöbergs* (Menschensohn), das Messiasgeheimnis dennoch als zur geschichtlichen Wirklichkeit des Lebens Jesu gehörig nachzuweisen und nur die Ausgestaltung zu einer Theorie dem Evangelisten zuzuschreiben, hat sich trotz der unbestreitbaren Qualität seiner Arbeit nicht durchsetzen können. Die Einsicht in den reflexiven und literarischen Charakter des Geheimnisgedankens stellt eine Erkenntnis dar, die schlechterdings nicht mehr rückgängig zu machen sein wird. — Vgl. auch *E. Schweizer:* Frage, S. 1.

stellt, darüber ist man sich heute wohl einig[172]. Insofern hat sich hier ein Einwand Schweitzers gegen Wrede durchgesetzt[173].

Daß die formgeschichtliche Forschung das grundsätzliche Recht Wredes bestätigt und würdigen gelehrt hat, ist freilich auch nur die eine Seite der Sache. Andererseits hat gerade die Formgeschichte der Wredeschen Lösung in gewisser Hinsicht den Boden entzogen. Durch die im nächsten Abschnitt noch zu besprechende Einsicht, daß die Evangelien als Bekenntnis- und Erbauungsschriften, nicht als historische Darstellungen zu werten sind, wird es nämlich unmöglich gemacht, »ein bestimmtes Bewußtsein um einen geschichtlichen Tatbestand aus dem Leben Jesu, der dem christlichen Glauben zuwiderliefe und von Markus bewußt verarbeitet wäre, zu postulieren«[174]. Wredes Erklärung des Messiasgeheimnisses als einer historischen Hilfskonstruktion wird denn auch, wenngleich Bultmann an ihr festhält, heute im allgemeinen abgelehnt. Aber die Erklärung der Geheimnistheorie wie auch die Frage, ob Jesus sich selbst überhaupt als Messias bezeichnet habe oder nicht, ist für Wrede im Grunde genommen gar nicht die Hauptsache. Das eigentliche Ziel seiner Untersuchung war, »das tatsächliche Vorhandensein einer Theorie des Markus nachzuweisen«[175], und dieser Nachweis ist ihm ohne jeden Zweifel gelungen. Das ist deshalb so bedeutsam, weil damit zusammenhängt »die durch die weitere Forschung immer wieder bestätigte Erkenntnis Wredes, daß Markus gar keine greifbare Anschauung vom Leben Jesu mehr hatte«[176, 177]. Wenn die Arbeitsweise schon des ältesten Evangelisten

---

[173] Aber auch der Ausdruck »Messiasgeheimnis« ist problematisch. Er kann, wie *Vielhauer* (Erwägungen, S. 201 ff.) gezeigt hat, »nur mit Vorbehalt gebraucht werden«, weil als der häufigste Titel bei Mk. der »Menschensohn« auftritt, der sich »in viel stärkerem Maße als der des Messias mit der Geheimnistheorie verknüpft« zeigt und weil von entscheidender Bedeutung für den Evangelisten der Titel »Sohn Gottes« ist.

[174] *Ebeling:* Messiasgeheimnis, S. 9.

[175] S. 16.

[176] ebd.

[177] Daß man auch hier nicht das Kind mit dem Bade ausschütten darf, daß das Fehlen der geschichtlichen Anschauung vom Leben Jesu auf seiten des Evangelisten das Durchscheinen einzelner geschichtlicher Erinnerungen durch seine Darstellung nicht völlig ausschließt, beweist die schon genannte lehrreiche Arbeit *J. Roloffs*. »Gewisse Grundzüge der Situation des Erdenwirkens Jesu sind« danach »von der Überlieferung bewußt festgehalten«, so »der Konflikt Jesu mit den geheiligten Einrichtungen des Judentums — Tempel und Sabbath —«, ferner »das Heilswirken in Machttaten und Zeichen« und die eigentümliche »Gemeinschaft Jesu mit seinen Jüngern und Anhängern« (Kerygma, S. 270 f.). Dieser Sachverhalt ist in der Tat sehr merkwürdig und gerade deshalb so erstaunlich, weil er eine Ausnahme inmitten der bei weitem überwiegenden unbedenklichen Fortentwicklung ursprünglicher Gegebenheiten darstellt. Die Erhaltung solcher Grundzüge in der vom Evangelisten verwendeten Tradition widerspricht jedenfalls nicht der Feststellung, daß Markus selbst keine rechte Anschauung von den Lebensverhältnissen Jesu besessen hat.

Schweitzer hat sogar den Spieß umgedreht und geistreich-ironisch argumentiert: »An sich ist es möglich«, daß Markus, »wie Wrede behauptet, ›keine wirkliche Anschauung mehr vom geschichtlichen Leben Jesu hatte‹« — »zum Glück für uns! Darum überlieferte er einfach Tradition und schreibt kein Leben-Jesu« (LJ S. 440 f.). — Aber das ist eben eine viel zu günstige Auffassung. Was Markus tatsächlich bietet, ist eine dogmatische Betrachtung des Lebens Jesu, die einzelne geschichtliche Elemente gerade noch eben erkennen läßt.

durch mangelnde Anschauung von der wirklichen Geschichte und durch eine so tiefgreifende Durchführung einer eigenen theologischen Konzeption an dem Überlieferungsstoff charakterisiert ist, so hängen offenbar alle auf dieser Grundlage gearbeiteten, d. h. den Markustext historisierenden Leben-Jesu in der Luft. Dadurch, daß den von der Tradition gebotenen Berichten eine Theorie übergestülpt worden ist und wir infolgedessen die Wirksamkeit Jesu durch die Wunderbrille des Messiasgeheimnisses sehen, wird die historische Verwertung der Marcinischen Darstellung weitgehend unmöglich. Die Skepsis Wredes hat sich insofern trotz der Fragwürdigkeit, wenn nicht Unhaltbarkeit einer seiner Folgerungen als ungemein fruchtbar und überwiegend gültig erwiesen, und man wird heute urteilen müssen, daß sein skeptisches Verhältnis zum Bericht des Markus in höherem Grade wegweisend gewesen ist als Schweitzers Zutrauen zu den Texten[178]. Wenn Wrede gerühmt werden konnte, insofern »seine historisch-kritische Arbeit zu neuen Erkenntnissen geführt hat, die auch heute noch die Forschung bestimmen«[179], so soll sich erst noch zeigen, ob dasselbe von Schweitzer gesagt werden kann. Erst nach der Beschäftigung mit Schweitzers eigener Leben-Jesu-Theorie im folgenden Abschnitt wird sich rückblickend auch fragen lassen, ob von ihr im gleichen Maße wie von Wredes Buch das Urteil gilt, daß, wenn nicht seine Lösung als ganze, so doch der entscheidende Gedanke, vor allem eine grundlegende Beobachtung jede Kritik überdauert und die Forschung, sei es auch als Ausgangspunkt für Weiterarbeit, nach wie vor und immer wieder beschäftigt. Erst dann wird sich insbesondere herausstellen, wie sehr Wrede darin jedenfalls im Recht war, daß den literarischen Fragen in der Leben-Jesu-Forschung ein bei weitem größeres Gewicht zukommt, als Schweitzer wahrhaben wollte. Dieser hat der von seinem Lehrer Holtzmann zu höchster Meisterschaft geführten literarkritischen Arbeit und deren weithin anerkannten Ergebnissen in ihrer Bedeutung für das Jesusproblem merkwürdig wenig Gewicht beigemessen und sich ihren Konsequenzen entzogen.

Man muß hier also genauer unterscheiden. Der rein sittliche Reich-Gottes-Begriff, die vergeistigte Messianität, überhaupt die Verkennung der eschatologischen Erwartung in ihrem durchaus realistischen Charakter und die von diesen Voraussetzungen ausgehende Konstruktion der Wirksamkeit Jesu, wie sie für die Anschauungen der zweiten Hälfte des 19. Jahrhunderts und noch für die Zeit Schweitzers überwiegend kennzeichnend waren, sind von ihm als historisch verfehlt aufgezeigt worden. Davon bleiben aber die Verdienste jener älteren Bemühungen um die literarkritischen Probleme und die Anerkennung gewisser Konsequenzen aus der literarischen Sachlage für die Leben-Jesu-Forschung selbst un-

---

[178] »Was sich begibt, läßt sich in gewissem Sinne als Triumph Wredes über Schweitzer bezeichnen (*W. Picht,* S. 248).
[179] *Strecker:* Wrede, S. 88.

berührt, Sachverhalte und Probleme, die, wie deutlich werden wird, Schweitzer vernachlässigt hat, während Wrede hier unmittelbar zu den wichtigsten Aspekten und Tendenzen der gegenwärtigen Forschung hinführt.

Wir können von hier aus zusammenfassend sagen: Das liberale Jesusbild und die auch in der »modern-historischen« Auffassung noch vielfach bevorzugte vergeistigte Messianität Jesu hat Schweitzer für immer überwunden, das ist sein unbestreitbares großes Verdienst[180]. In der noch wichtigeren Frage dagegen, ob im Markusevangelium — bei Hinzunahme des Matthäus — das Selbstbewußtsein Jesu und die entscheidenden Motive seiner Wirksamkeit unzweideutig sichtbar werden, wie Schweitzer annahm und Wrede bestritt, hat der Fortgang der Arbeit trotz der scharfsinnigen Gegenargumentation Schweitzers überwiegend zugunsten Wredes entschieden. In dieser Grundfrage, was die Einschätzung des Evangeliums als Geschichtsquelle angeht, hat nicht Schweitzer, sondern sein bedeutender skeptischer oder doch in viel höherem Grade kritischer Gegner richtig gesehen.

III. Der konsequent-eschatologische Jesus

Wenngleich für die Würdigung der Leistung Schweitzers hier, im Quellgebiet seines wissenschaftlichen Denkens und Arbeitens, eine einigermaßen gründliche, den Umfang der übrigen Abschnitte notgedrungen erheblich überschreitende Darstellung ohne weiteres gerechtfertigt erscheinen dürfte, so kann doch in dem gegebenen Rahmen eine erschöpfende Behandlung in der Weise einer eigenen Monographie über das Leben-Jesu-Problem bei Schweitzer selbstverständlich nicht beabsichtigt sein. Das Ziel ist lediglich, die wesentlichen Züge seines Jesusbildes und die hauptsächlichen Gesichtspunkte für dessen Beurteilung herauszustellen, wobei freilich manchmal etwas weiter ausgeholt werden muß, um die Problem- und Forschungslage verständlich zu machen. Die einschlägigen Fragen sind ungemein verwickelt und verzweigt, so daß man ohne Beschränkung und eine gewisse Vereinfachung nicht durchkommt. So werden einige nicht zentrale Probleme, wie etwa die Frage der eschatologischen Sakramente, beiseite gelassen. Ebenso wird auch das Schrifttum nur in einer bescheidenen Auswahl besonders instruktiven Beispielen, herangezogen. Dafür finden sich aber zahlreiche für den Stand der Forschung kennzeichnende oder maßgebliche Urteile im Wortlaut angeführt. Das geschieht einmal, um dem Leser die zur Sprache kommenden Aspekte möglichst authentisch zu bieten, weil hierbei schon Nuancen von Belang sein können. Daß der Verfasser es vielfach vorzieht, die für ihre nicht selten unterschiedlichen, zum Teil gegensätzlichen Urteile Verantwortlichen selbst reden zu lassen, anstatt ihre Äußerungen mit seinen eigenen Worten wiederzugeben, ist aber nicht nur in dem Streben nach Korrektheit begründet, es soll damit auch dem Eindruck vorgebeugt werden, hier breche irgend ein kleiner Autor einen Streit mit einem anerkannten und weltberühmten Forscher vom Zaun;

[180] »Seither ist den Versuchen einer Modernisierung des Jesusbildes ein Ende gesetzt« (*W. Picht*, S. 62).

handelt es sich doch vielmehr um die seit langem, ja, von Anfang an im Gange befindlichen Auseinandersetzung einer ganzen Wissenschaft mit einem bedeutenden Angehörigen ihrer Zunft, der freilich nicht nur später aus dem bekannten Motiv, äußerlich gesehen, aus ihr ausgeschieden ist, sondern im Grunde von jeher ein wenig aus der Art geschlagen war. Der Verfasser legt in diesem Abschnitt und in dem über Paulus lediglich die aus mancherlei Posten bestehende Endabrechnung vor. Er hofft, daß dabei vielleicht doch etwas mehr als nur eine Revue verschiedener Ansichten zustande kommt. Nicht zuletzt möchte das gewählte Verfahren auch einer möglichst vielseitigen und lebendigen Verdeutlichung der ebenso schwierigen wie wichtigen Probleme und der bei ihrer Bearbeitung auftretenden Perspektiven dienen. Es gilt, Orientierungspunkte zu setzen und Positionen abzustecken, damit der Leser die Möglichkeit erhält, die Thesen Schweitzers in den wissenschaftlichen Gesamtzusammenhang einzugliedern und sie zu beurteilen. Auch umstrittene Auffassungen lassen sich dabei nicht ganz umgehen; in der Kontroverse wird die Problematik manchmal erst recht greifbar. Um einen Eindruck von der Sachlage zu bekommen, muß man einige Züge der eigentümlichen dünnen, aber scharfen, anregenden und geradezu aufregenden Luft, die über diesem wie kein anderes immer und immer wieder umgepflügten Felde der Forschung liegt, eingeatmet haben. Eben deshalb sollte der Leser die wichtigsten Stimmen der Fachgenossen Schweitzers des öfteren unmittelbar vernehmen.

Die eigentliche Schwierigkeit bei diesem Abschnitt besteht darin, daß der Leserkreis eines solchen Buches nicht von vornherein fest umrissen ist, so daß es notwendig wird, einiges zu sagen, was dem einen zum Verständnis willkommen sein könnte, dem anderen hingegen als allzu bekannt überflüssig erscheinen mag. Ein allgemeines Rezept für die richtige Mitte zwischen Zuwenig und Zuviel gibt es hier nicht. Es kommt auf einen Versuch an.

1. Schweitzers Sicht, Voraussetzungen und Methode

Durch die Widerlegung der literarkritischen Lösung des Jesusproblems glaubt Schweitzer, den Weg freigemacht zu haben, um auf den in Betracht kommenden Zeugnissen eine wahrhaft historische Lösung begründen zu können. Er tritt den Berichten des ersten und des zweiten Evangelisten weitgehend mit Vertrauen und der Zuversicht gegenüber, daß es möglich ist, die uns in ihren Werken begegnende Jesusgestalt historisch zu erfassen und nachzuzeichnen: einen Jesus, der in den massiven Vorstellungen der Apokalyptik befangen war, die zeitgenössische Eschatologie jedoch in selbständiger Weise verwendet und umbildet. Dieser Jesus hat das Kommen des Menschensohns, der beim großen Umbruch ganz real auf den Wolken des Himmels erscheinen und das Reich Gottes heraufführen wird, von der nächsten Zukunft erwartet, und er war überzeugt, selbst der von Gott zum zukünftigen Menschensohn-Messias Ausersehene zu sein. Damit gelangen wir zum dritten Punkt, in welchem Schweitzer in die Leben-Jesu-Forschung eingegriffen hat. Nach seiner kritischen Auseinandersetzung mit dem geistig-sittlichen Messias der »modern-historischen« Schule und mit dem Zweifel Wredes an der Geschichtlichkeit des Messiasanspruchs Jesu überhaupt geht es nunmehr um die positive Entwicklung einer Anschauung vom Wesen und Wirken Jesu. Der scharfsinnigen Kritik an der übrigen Forschung gesellt sich hier die produktive Kraft der phantasiebedingten Vorstellung und die weit ausgreifende gedankliche Konstruktion.

Genau genommen war es freilich, zeitlich gesehen, eher umgekehrt. Eine Skizze der Geschichte Jesu, wie er diese sah, hatte Schweitzer schon in seiner Schrift über »Das Messianitäts- und Leidensgeheimnis« vorgelegt, die jedoch zunächst wenig beachtet wurde. Erst dadurch, daß er dann die eigene Auffassung in den Zusammenhang einer großen kritischen Geschichte der Jesusforschung hineinstellte, sollte sie eine größere Wirkung ausüben. Wenn *N. A. Dahl* bemerkt, »Schweitzers Stärke als Neutestamentler« liege »darin, daß er durch die Forschungsgeschichte lernte, wesentliche Probleme zu sehen und die Fragen scharf zu stellen«[1], so ist das sicherlich richtig, die Vertrautheit mit der Forschungsgeschichte ist ihm in der Tat außerordentlich zustatten gekommen. Es muß aber zugleich betont werden, daß seine eigene Lösung der Jesusfrage in jener Skizze von 1901 den wesentlichen Grundzügen nach schon vorliegt, also wie gesagt der eingehenden Beschäftigung mit der Geschichte dieses Zweiges der neutestamentlichen Wissenschaft vorausgeht. Auch Wrede konnte ihm in Übereinstimmung und Gegensatz lediglich zur nachträglichen Bestätigung seiner Auffassung dienen. Als wesentliche Voraussetzungen für Schweitzers eigene Theorie sind nur zwei Namen zu nennen: in negativer Hinsicht sein Lehrer Heinrich Julius Holtzmann, in positiver sein Vorläufer Johannes Weiß.

Schweitzer hat seine erste Leben-Jesu-Arbeit Holtzmann »in aufrichtiger Verehrung und treuer Anhänglichkeit dankbar« gewidmet, und *H. J. Ebeling* meint, diese Widmung bestehe auch sachlich zu Recht[2]. Das, worum Holtzmann unaufhörlich gerungen habe, »die alleinige Anerkennung des Mc-Aufrisses als ›im wesentlichen geschichtlich‹, das versuchte Schweitzer in kühnem Wurf als einzig mögliche und sinnvolle Behauptung historischer Kritik darzutun: der alte Glanz und die hinreißende Größe des radikalen Historismus lebt in der ›konsequenten Eschatologie‹ Schweitzers noch einmal in ganzer Größe auf«[3]. Dieses schöne und in gewisser Hinsicht sicherlich zutreffende Urteil erzeugt doch ein einseitiges und sogar schiefes Bild vom Verhältnis zwischen Schüler und Lehrer; denn was Schweitzer mit Holtzmann verbindet, ist eigentlich nur die allgemeine historische Einstellung jener ganzen Zeit, die Überzeugung, daß es möglich ist, die Gestalt des geschichtlichen Jesus und den Verlauf seines Wirkens an Hand der Quellen zu erkennen. Holtzmanns große Bedeutung bestand darin, daß er die Hypothese, nach welcher Markus das älteste Evangelium ist und einen zuverlässigen Plan des Lebens-Jesu enthält, »auf einen solchen Grad der Evidenz gebracht«

[1] *Dahl:* Messias, S. 158.
[2] *H. J. Ebeling:* Messiasgeheimnis, S. 25.
[3] ebd.

hatte, daß sie, wie Schweitzer sagt, »nicht mehr eine Hypothese genannt werden kann«[4].

Trotzdem geht Schweitzer einen anderen Weg. Für ihn ist die Frage der Priorität des Markus oder Matthäus, wie später auszuführen sein wird, noch keineswegs erledigt. Vor allem aber meint er: »Für die historische Forschung kommt nicht nur in Betracht, welcher Bericht eventuell der ältere ist, sondern auch, welches der vollständigere ist.«[5] Im Gegensatz zu der von ihm stark betonten Lückenhaftigkeit und Zusammenhangslosigkeit des Markus bietet das Matthäusevangelium nach seiner Ansicht so viel mehr, daß es in wesentlichen Punkten geradezu als Schlüssel zum Verständnis des Markustextes dienen kann. »Nicht aus Markus allein, sondern nur aus ihm und Matthäus zusammen läßt sich entnehmen, welche Geschehnisse im Laufe seines Auftretens für Jesus bedeutungsvoll waren.«[6] Von alleiniger Anerkennung des Markusaufrisses kann also nur in dem Sinne die Rede sein, daß Markus den Grundriß liefert, der jedoch noch der notwendigen Ausfüllung durch Matthäus bedarf. Und zwar bildete sich Schweitzer diese Ansicht bemerkenswerterweise schon als Student. Er hat es fesselnd beschrieben, wie ihm bei der Vorbereitung auf eine bei Holtzmann bevorstehende Fleißprüfung aus Anlaß der Bewerbung um ein Stipendium – um in Ehren zu bestehen, hat er, als er im Herbst ins Manöver zieht, sein griechisches Neues Testament mit im Tornister – an einem Ruhetag die Bedeutung von Matthäus 10 (Aussendung der Jünger) und 11 (Anfrage des Täufers) aufging[7]. Seitdem war er nicht nur von dem besonderen Wert des Matthäustextes überzeugt, weil dieser ihm entscheidend wichtige Aufschlüsse zu bieten schien, die bei Markus nicht zu finden sind, sondern über die literarische Frage hinaus wird er »an der damals für geschichtlich angesehenen Auffassung des Lebens Jesu irre«. »Als ich aus dem Manöver nach Hause kam, hatten sich mir ganz neue Horizonte aufgetan. Es stand mir fest, daß Jesus nicht ein von ihm und den Gläubigen in der natürlichen Welt zu gründendes und zu verwirklichendes Reich verkündigt habe, sondern eines, das mit dem baldigen Anbruch der übernatürlichen Weltzeit zu erwarten sei.«[8] Schweitzers Jesusanschauung steht also von Anfang an im Zeichen eines ausgesprochenen Gegensatzes zu der seines Lehrers.

Holtzmann hat, wie früher erwähnt, kein eigentliches »Leben Jesu« verfaßt und deutet manches nur an, ohne nach Art der meisten liberalen Leben-Jesu-Darstellungen zu popularisieren und zu vergröbern. Aber seine Grundanschauung teilt er mit ihnen, und so richtet sich Schweitzers Kritik auch gegen ihn, vor allem gegen die Vergeistigung des Gottesreiches und die Annahme, daß Jesus »mit der ihm selbst erst immer

---

4 LJ S. 202.
5 RG S. 76.
6 S. 77.
7 LD S. 5 ff.
8 S. 7

sicherer werdenden Erkenntnis, der Messias zu sein, zurückgehalten« habe, »bis die Seinen innerlich zur höheren Auffassung des Reiches Gottes und des Messias herangereift wären«[9]. Eine solchermaßen psychologisierende und Jesus dem modernen Verständnis näherbringende Deutung wird von Schweitzer entschieden verworfen. Seine Ablehnung des bis dahin herrschenden Standpunkts faßt Schweitzer in dem seither immer wieder zitierten berühmten Satz der Schlußbetrachtung zusammen: »Der Jesus von Nazareth, der als Messias auftrat, die Sittlichkeit des Gottesreiches verkündete, das Himmelreich auf Erden gründete und starb, um seinem Werke die Weihe zu geben, hat nie existiert. Er ist eine Gestalt, die vom Rationalismus entworfen, vom Liberalismus belebt und von der modernen Theologie in ein geschichtliches Gewand gekleidet wurde.«[10] Es steht außer Frage, daß dieses Urteil auch Holtzmann einschließt[11], ja, gerade ihm gilt, insofern jenes verbreitete Jesusbild wissenschaftlich in ihm kulminierte. Wie Schweitzer sich nicht vom Ausbau einer der Theorie seines Lehrers völlig entgegengesetzten Lösung abhalten ließ, so übrigens auch umgekehrt Holtzmann nicht von einer mehrmaligen, sehr scharfen kritischen Abrechnung mit den Methoden der Interpretation und den historischen Thesen seines früheren Schülers.

Eine wichtige positive Vorstufe zu Schweitzers Jesusauffassung bildet dagegen eine Schrift, die zehn Jahre vor seiner eigenen »Skizze« erschienen war: »Die Predigt vom Reiche Gottes« von *Johannes Weiß* (1891). Es ist freilich zu fragen, in welchem Sinne man von einer Vorstufe zu sprechen hat. Handelt es sich nur rein sachlich gesehen um eine solche oder auch um eine persönliche Voraussetzung für die Arbeit Schweitzers? *W. G. Kümmel* hat in seinem lehrreichen Überblick über Schweitzers Theorie im Urteil seiner Zeitgenossen[12] die drei Punkte bezeichnet, in denen Weiß ihr Vorläufer war.

Erstens ist die grundlegende eschatologische Auffassung des Reich-Gottes-Begriffs und der Messianität Jesu zu nennen. Weiß kommt das nicht hoch genug zu schätzende Verdienst zu, erkannt zu haben, daß Jesus nicht, wie vor allem Ritschl und seine Schule annahmen, das Reich Gottes als ein Reich allgemeiner Sittlichkeit auf dieser Erde hat gründen wollen, daß im Gegenteil dieser Grundbegriff seiner Verkündigung sich auf einen zukünftigen Zustand bezieht, der nicht »extrem innerweltlich, monistisch und ethisch«, sondern »radikal transzendent, dualistisch und religiös« bestimmt ist — mit diesen Begriffen kennzeichnet *F. Holmström*[13] die uns heute so geläufige, damals bahnbrechende Entdeckung von Joh. Weiß. Dementsprechend konnte Jesus sich nicht als den schon gegenwärtigen Messias proklamieren. Seine Wirksamkeit ist keine mes-

[9] LJ S. 203.
[10] S. 631; fast wörtlich auch schon RW S. 396.
[11] Vgl. *Holmström:* Denken, 1936, S. 73.
[12] *Kümmel:* Konsequente Eschatologie, S. 329.
[13] *Holmström:* Denken, 1936, S. 64.

sianische, sondern grundsätzlich wie die des Täufers eine bloß vorbereitende; Jesus ist ein Rabbi oder Prophet, er hat »mit dem Menschensohn nichts gemeinsam als den Anspruch darauf, es zu *werden*«[14], er ist nur und ausschließlich Messias designatus.

Was zweitens den Zeitpunkt des Endes betrifft, so hat, wie besonders hervorgehoben zu werden verdient, schon Weiß eine Entwicklung im Denken Jesu feststellen wollen: »Wir können erschließen, daß Jesus an einem früheren Punkte seines Wirkens die Reichserrichtung näher geglaubt hat, als es später der Fall war.«[15] Zunächst handelt es sich um »die Erwartung eines sehr nahen Endes«[16]. Die Aussendung der Jünger steht ganz unter dem Eindruck, »daß vor allem Eile nottut, daß keine Zeit zu verlieren ist«[17]. Dann »aber ist unter dem Druck bestimmter Verhältnisse im Bewußtsein Jesu eine Hinausschiebung des Termins eingetreten. Das sehnlichst Erwartete geschah einstweilen nicht«[18]. Er stößt auf die Stumpfheit seines Volkes und die Feindschaft der Führer. So »entsprang die Gewißheit Jesu, daß die Errichtung des messianischen Reiches noch nicht stattfinden könne, daß ein gewaltiges Hindernis, die Verschuldung des Volkes, aus dem Wege zu räumen sei und daß er das Ziel nicht erleben werde, sondern vorher dem Hasse der Gegner zum Opfer fallen müsse. Aber nach der religiösen Auffassung seines ganzen Lebens konnte dies nicht ein Scheitern seines Werkes, sondern mußte vielmehr ein Mittel zur Herbeiführung des Endziels sein. Und da die Sünde, die ihn ums Leben bringen wird, zugleich das Haupthindernis ist, daß das Reich komme, so erfaßt er in kühner Paradoxie den Gedanken oder der Gedanke faßt ihn, daß gerade sein Tod das Lösegeld sein solle für das der Vernichtung verfallene Volk (Mk. 10, 45)«[19]. Eine »erste eschatologische Verzögerung«[20], die Schweitzer als das grundlegende Erlebnis in der Entwicklung Jesu annimmt, hat also bereits Weiß der Sicht Jesu zugeschrieben, und ebenso sieht schon bei ihm Jesus seinen Untergang, wenn auch in einer anderen Weise, als Voraussetzung für den Eintritt des ersehnten großen Umbruchs an.

Wenn drittens Schweitzer die These vertritt, daß es für Jesus keine allgemeine Ethik des Gottesreichs gibt, sondern nur eine »Interimsethik«, eine Reihe von Anweisungen für die kleine Schar derer, die sich für das Gottesreich rüsten, und gültig nur für die kurze Zeit bis zu dessen Anbruch, so findet sich auch diese Auffassung schon bei Weiß ausgesprochen[21].

Angesichts einer so weitgehenden Übereinstimmung vermißt man in Schweitzers Schrift von 1901 eine Erwähnung des Umstandes, daß Weiß

---

[14] *J. Weiß:* Predigt[1], S. 24.
[15] S. 26.
[16] S. 27.
[17] S. 26 f.
[18] S. 27.
[19] S. 28.
[20] ML S. 104.
[21] *J. Weiß*, S. 49.

vor ihm ähnliche Ansichten vertreten hat[22, 23]. Dieses Schweigen ist in der Tat um so auffallender, als Schweitzer sich ja nicht nur durchweg außerordentlich interessiert zeigt an der historischen Entwicklung der von ihm behandelten Probleme, sondern sich dabei im allgemeinen auch die Anerkennung von Verdiensten der an der Arbeit Beteiligten besonders angelegen sein läßt. Das in diesem Falle so andersartige Verhalten ist auch nicht durch den Hinweis darauf zu erklären, daß er in seiner »Skizze« überhaupt nur wenig Literatur anführt; denn er macht immerhin einige Ausnahmen, nennt z. B. Arbeiten von Colani, Volkmar und Haupt[24], die unvergleichlich weniger wichtig sind als die von Weiß. Die Bemerkung *M. Goguels*, daß Schweitzer durch Weiß auf seine eigene realistische Interpretation des eschatologischen Denkens Jesu vorbereitet sein könnte[25], spricht eigentlich nur etwas Selbstverständliches aus und müßte, um das Verhältnis zwischen beiden wirklich zu erhellen, bestimmter gefaßt und eingeschränkt werden. Daß Schweitzer das Buch von Weiß bei der Niederschrift seiner eigenen »Skizze« gekannt hat, ist nicht nur eine Möglichkeit, sondern das Gegenteil, daß also der Verfasser einer Habilitationsschrift die wichtigste Erscheinung über sein Problem nicht gekannt haben sollte, nahezu ausgeschlossen. Dagegen ist es durchaus möglich, daß der Student, der Holtzmanns Vorlesung gehört und seinen Kommentar durchgearbeitet hatte[26, 27], von Johannes Weiß noch nichts wußte oder gar kannte und daß seine damals erlangte Auffassung also wirklich seine eigene Entdeckung war. Die Nichterwähnung von Joh. Weiß in Schweitzers »Skizze« ließe sich dann so verstehen, daß er sich bewußt war, seine entscheidende neue Einsicht unabhängig von Weiß gewonnen zu haben.

Wie immer es sich damit verhalten mag, das Außerachtlassen des Vorläufers in seiner ersten Leben-Jesu-Arbeit entspringt jedenfalls nicht einer Verkennung seiner Bedeutung. In seinem Hauptwerk läßt Schweitzer eine hohe Schätzung des kleinen (67 Seiten) und unkomplizierten Buches von Weiß erkennen. Gerade wegen seiner Einfachheit wird es für Schweitzer zu »einem der bedeutendsten Werke der historischen Theologie«[28]. Er rückt diese Schrift sogar, was bei ihm besonders viel heißen will, neben das erste »Leben Jesu« von Strauß, insofern sie wie dieses im Unterschied von der »Menge«, »die das Nichtmehrvereinbare noch vereinbaren zu können meint«, ein klares Entweder-Oder stellt,

---

[22] Vgl. *Kümmel:* Konsequente Eschatologie, S. 330.

[23] Völlig in ihr Gegenteil verkehrt wird die eindeutige Sachlage unbegreiflicherweise durch *Carl Schneider* (Jesubild, S. 18), wenn er schreibt, Weiß habe den eschatologisch-apokalyptischen Einfluß auf Jesus «in Fortführung von Gedanken Albert Schweitzers« betont!

[24] ML S. 13 f.

[25] *Goguel:* L'exégète, S. 144.

[26] LD S. 5.

[27] In der zweiten Auflage von *Holtzmanns* Handkommentar zu den Synoptikern (1892, Vorwort vom 1. Oktober 1891) ist die 1891 erschienene Weißsche Arbeit noch nicht verzeichnet.

[28] LJ S. 233.

jetzt das dritte große Entweder-Oder: entweder eschatologisch oder nicht eschatologisch[29]. Die Würdigung von Weiß inspiriert Schweitzer zu einer der schönsten Stellen seiner großen Darstellung: »Wie der Wanderer, der nach mühseliger Wanderung durch wogendes Riedgras endlich den Wald betritt, statt Sumpf festen Boden unter sich und statt biegsamen Schilfes unverrückbare Bäume um sich hat: also der Leser, der von Weiffenbach und Baldensperger zu Johannes Weiß kommt. Zu Ende die Theologie der Einschränkungen, der ›trotzdem‹, der ›andererseits‹, der ›nichtsdestoweniger‹! Den anderen mußte man Schritt für Schritt nachgehen, die Stege und Brücken betreten, die sie schlugen, die Umwege mitmachen, die sie für gut fanden, und durfte ihre Hand nicht loslassen, wenn man glücklich durch das Ineinander von geistigen und eschatologischen Ideen, welche sie bei Jesus statuierten, hindurchkommen wollte. Bei Weiß gibt es keinen ausgeklügelten Weg: siehe, das Land liegt vor dir.«[30, 31]

Allerdings ist die Übereinstimmung zwischen Schweitzer und Weiß keineswegs vollständig. Schweitzer urteilt bei aller Anerkennung für Weiß, daß dieser auf halbem Wege stehengeblieben sei. Er sieht den großen Mangel der Weißschen Arbeit darin, daß sie die Eschatologie nur auf die Predigt Jesu bezogen hat, »statt die ganze öffentliche Wirksamkeit«, den Zusammenhang der Ereignisse »von der neugewonnenen Erkenntnis zu beleuchten. Man ließ Jesum in einigen Hauptstücken seiner Lehre eschatologisch denken und reden, stellte aber im übrigen sein Leben uneschatologisch dar«[32]. Von Weiß aus geurteilt, war das jedoch völlig richtig und verstand sich eigentlich von selbst. Mit der Ersetzung des immanenten Reich-Gottes-Begriffs Kants und Ritschls als des Gegenstandes sittlicher Arbeit durch das eschatologische Reich, das Jesus »durch einen übernatürlichen Eingriff Gottes vermittelt denkt«, war, wenn man von der lediglich vorbereitenden Buße absieht, die Ausschaltung der Aktivität notwendig gegeben. »Eine menschliche Tätigkeit ist hierbei ganz ausgeschlossen«, bemerkt Weiß durchaus korrekt im Sinne der Apokalyptik[33]. Das Reich konnte demnach auch für Jesus nur Gegenstand der Erwartung, Wirkung eines zwar leidenschaftlich erhofften, aber aus einer anderen Dimension hereinbrechenden und deshalb letztlich einfach hinzunehmenden Geschehens sein. So sehr nun Schweitzer bezüglich des übernatürlichen und futurischen Charakters des Reiches Gottes mit Weiß einig ist, so wenig in der Ausschaltung der Aktivität von seiten des Menschen. Wie Schweitzer ihn sieht, gibt es für Jesus auch eschatologisches

---

29 S. 232.
30 ebd.
31 Diese lobende Anerkennung der Weißschen Schrift bezieht sich freilich vor allem auf die erste Auflage, während die zweite eine bedeutende »Abschwächung des eschatologischen Standpunktes« (LJ S. 332) zeigt, indem nun eben doch »andererseits« die nichteschatologischen Züge im Bilde Jesu zur Geltung gebracht werden. Man kann sich vorstellen, wie wenig Gefallen Schweitzer hieran gefunden hat.
32 LJ S. 390.
33 *J. Weiß*, Predigt[1], S. 24.

Handeln, bewußte Aktion mit dem Ziel, das Kommen der Gottesherrschaft herbeizuführen, ja, wohl gar »herbeizuzwingen«. Wenn also bei Weiß »die Lehre des Nazareners und die Geschichte seines Wirkens« »in verschiedenen Tonarten« gesetzt waren, wie Schweitzer feststellt, so unternimmt er selbst es nun, das Stück so umzuschreiben, daß es einheitlich wird. Dies macht das eigentliche Wesen der »konsequent-eschatologischen« Lösung aus[34]. Sie leitet aus der Erwartung des für die allernächste Zeit angenommenen Endes der natürlichen Welt auch Jesu Handeln ab, sein ganzes Auftreten, insofern die durch den Täufer eingeleitete Bußbewegung für Jesus ein Versuch zur Herbeizwingung des neuen Äons wird, dem er sich anschließt. Deshalb die Aussendung der Jünger, die eilends in den Städten Israels die Kunde von dem unmittelbar bevorstehenden Ende des gegenwärtigen Weltzustandes zusammen mit der Aufforderung zur Buße verbreiten sollen und die er vor dem Eintritt dieses Endes gar nicht mehr zurückerwartet – vielmehr nimmt er an, daß die dem Umbruch vorausgehende große Drangsal, durch welche die zum Reiche Auserwählten hindurchgehen müssen, die Jünger unterwegs überraschen wird –, dann die Erfahrung, daß er sich in dieser Erwartung geirrt hat, daß die Jünger, ohne von der letzten Not überfallen worden zu sein, gesund und frisch zu ihm zurückkehren. Auf die Enttäuschung Jesu hierüber folgt eine Zeit der inneren Einkehr, in der er sich vom Volke zurückzieht und mit sich zu Rate geht. Irgend etwas fehlte offenbar noch, damit das Reich kommen könnte. Die Bußbewegung hatte nicht ausgereicht, Gott hatte anders beschlossen, er hatte die Bitte des Vaterunsers, in der um Verschonung von der allgemeinen Drangsal (πειρασμός) gebeten wurde, erhört. Beim Suchen in der Schrift geht Jesus dann die Erkenntnis auf, daß es an ihm, dem zur Herrschaft im zukünftigen Reich Bestimmten, sei, zunächst als der leidende Gottesknecht die für die anderen außer Kraft gesetzte vormessianische Drangsal zu übernehmen, auf sich allein zu konzentrieren, an sich zu vollziehen. »Er muß für die andern leiden ..., damit das Reich komme.«[35] Deshalb zieht er nach Jerusalem, »einzig um dort zu sterben«[36].

Wenn Jesus schon nach der gewöhnlichen eschatologischen Auffassung weder der menschgewordene, über die Erde wandelnde ewige Gottessohn

---

[34] Es ist terminologisch unrichtig, wenn Schweitzers ältester und bedeutendster Anhänger, *Martin Werner* (Entstehung, S. 37) die Konstruktion der sogenannten konsequenten Eschatologie von Johannes Weiß »begründet« und von Albert Schweitzer »sukzessive ausgebaut« sein läßt. (Vgl. auch von dems.: Weg, Bd. 1, S. 104.) Schweitzer bezeichnet als »konsequente Eschatologie« nur das Bestimmtsein auch des Handelns Jesu, seiner gesamten Wirksamkeit, durch die Naherwartung. Lediglich seine eigene Auffassung hält er demnach im Gegensatz zu der von Weiß für konsequent. Richtig bemerkt z. B. *H. Schuster* (Eschatologie, S. 2): »Freilich war es nicht die ›konsequente‹ Eschatologie, die Weiß vorgetragen hat; die hat erst Schweitzer aus dem Ansatz von Weiß entwikkelt.« Auf Joh. Weiß ausgedehnt wird der Begriff »konsequent-eschatologisch« fälschlich neuerdings auch von *H. Zahrnt* (Sache, S. 62).

[35] LJ S. 434.

[36] S. 437.

des Johannesevangeliums noch der moderne »milde ethische Weisheitslehrer« der liberalen Theologie gewesen ist, der den Gedanken des Reiches Gottes nur in einem rein geistigen Sinne vertreten hat, sondern ein Prophet, der in der Erwartung des nahen Endtags lebte, der sich aber zugleich für den hielt, der von Gott zu dem an jenem Tag erscheinenden Menschensohn ausersehen ist, so wird dieser eschatologische Jesus nun in der konsequent-eschatologischen Auffassung Schweitzers zu einem schier monomanen Enthusiasten gesteigert, der, besessen von dem Gedanken an den baldigen, sehr nahen, zeitweise »stündlich«[37] erwarteten Anbruch des Gottesreichs, sich nicht nur als der bewußt war, welcher auf den Wolken des Himmels kommend der Messias-Menschensohn in dem neuen Reiche sein wird, sondern der sogar versuchte, schon in seinem menschlich-irdischen Dasein den Anbruch des Reiches selbst herbeizuführen. Das Neue, das Jesus bringt, liegt demgemäß nicht in der Vergeistigung einer ursprünglich massiv-realistischen Vorstellung, sondern darin, daß er diese realistische Vorstellung ganz ernst nimmt, d. h. sie bis ins letzte durchdenkt, sie auf seine Zeit und Person zuschneidet und anwendet: Das Ende steht unmittelbar bevor; die ihm bestimmte Würde bezieht sich zwar ganz und gar auf die Zukunft, sie strahlt aber schon auf seine irdische Menschlichkeit aus und verleiht ihm die für sein Auftreten bezeichnende Souveränität. Zur Hochspannung der intensivsten Zukunftserwartung und zu der Gewißheit seiner zentralen Stellung bei der bevorstehenden Weltwende kommt der Übergang von der Vorstellung zum Wollen, der Durchbruch zur Aktion.

Noch lebt Jesus als ein Mensch in der natürlichen Welt, aber sein Denken und Handeln wird schon nicht mehr durch die natürlichen Verhältnisse und Ereignisse der Umwelt, sondern allein durch seine Vorstellungen und Erwartungen bestimmt. Die Dogmatik überlagert nicht nachträglich die dem evangelischen Bericht zugrunde liegende Geschichte, wie Wrede meinte, sondern die Dogmatik bewirkt, produziert die Geschichte, indem Jesus aus Glaubensvorstellungen unmittelbar die praktischen Folgerungen zieht. Während der stark dogmatische Charakter eines berichteten Jesuswortes oder Vorgangs für Wrede und die gesamte kritisch-historische Forschung einen Einwand gegen dessen Geschichtlichkeit bildet, sagt Schweitzer umgekehrt: »Dogmatisch, darum historisch.«[38] Dabei soll vor allem auch das von Wrede der Tradition und der Fixierung durch Markus zugeschriebene Messias- und Leidensgeheimnis in das wirkliche Geschehen eingebettet, als echt erwiesen werden. Daß Jesus mit dem Wissen um seine zukünftige Würde unter die Leute ginge, wäre sinnlos; sie bleibt zunächst sein Geheimnis. Seine Hörer brauchen nicht zu erfahren, wer vor ihnen steht. Sie sollen nur die Botschaft vom nahenden Reich vernehmen, damit sie sich bereitmachen können. Lediglich mit-

---

[37] LJ S. 431.
[38] S. 432.

telbar gelangt das Bewußtsein seiner Bestimmung darin zum Ausdruck, daß er denen, die sich zu ihm bekennen, verheißt, der Menschensohn, von dem er stets in der dritten Person, wie von einem anderen, spricht, werde sich beim Erscheinen in seiner Herrlichkeit ihrer annehmen. Mit anderen Worten: von der Identität Jesu mit dem Menschensohn ahnen sie nichts, können sie gar nichts ahnen, da der Menschensohn ja in ihrer Vorstellung ein transzendentes Wesen ist, das einmal vom Himmel kommen, nicht als Mensch geboren wird. »Es war also in jeder Weise unmöglich, daß ein Jude jener Zeit zu andern trat und sprach: ›Ich bin der Messias; laßt uns das Reich Gottes gründen.‹«[39] Man harrte zunächst einmal auf den Vorläufer des Messias. Jesus kann deshalb dem Volk nur andeuten, »daß der Menschensohn mit ihm, der ihn verkündigt, absolut *solidarisch* ist«[40]. Der Täufer bringt ihn durch seine Anfrage, ob Jesus der Kommensollende sei, jener erwartete Vorläufer des Messias, der wiederkommende Elias, geradezu in Verlegenheit. Jesus vermag die Frage nicht zu bejahen, da er sich selbst für den Messias und den Täufer für den Vorläufer hält. Er will aber sein Geheimnis auch nicht preisgeben und erteilt deshalb jene merkwürdige, dunkle Auskunft, die unter Berufung auf sein Wirken darauf hinweist, wie weit die Zeit vorgeschritten ist. Nur durch die Besessenen, die ihn als den »Heiligen Gottes« und »Gottes Sohn« anrufen, ist sein Geheimnis von vornherein in Gefahr — die »Geister«, deren Herrschaft er bedrohte, erkannten ihn als den, der er war —, weshalb er sie zum Schweigen zu bringen sucht. Wahrscheinlich ist dieses bedenkliche Verhalten der Besessenen auch der Grund, warum Jesus sich immer wieder von der Volksmenge zurückzieht. Das Streben nach Geheimhaltung seiner Würde und seine auf Kundmachung ausgehende Lehrtätigkeit geraten insofern in Gegensatz zueinander. Auch den Jüngern offenbart er das Geheimnis seiner zukünftigen Würde nicht eigentlich. Es verhält sich eher so, daß es ihm zuletzt durch die Ereignisse entrissen wird. Nur seine drei intimen Jünger erhalten auf dem Berge bei der sogenannten Verklärung Aufschluß über ihn. Er verbietet ihnen jedoch auf dem Heimweg, den anderen davon zu sagen. Seit Cäsarea Philippi wissen sie dann aber darum, nicht durch Jesus selbst, sondern durch Petrus, und nun offenbart er ihnen sein Leidensgeheimnis, die Notwendigkeit der Hingabe seines Lebens für viele. Dem Volke indessen bleibt er auch dann noch der Prophet, allenfalls der erwartete Vorläufer des Messias. Der Vorläufer ist es, dem die Menge beim Einzug in Jerusalem zujubelt, und erst Judas muß dem Hohen Rate verraten, für wen Jesus sich hält. So starb Jesus, »weil zwei seiner Jünger das Schweigegebot gebrochen hatten«[41].

Durch den Gegensatz von Geheimhaltung und ihrer Durchbrechung kommt eine mächtige Spannung in das Geschehen, das zudem in einem

[39] S. 294.
[40] ML S. 39.
[41] LJ S. 442.

atemberaubenden Zeitmaß abläuft. Jesu ganze öffentliche Wirksamkeit dauert nicht einmal ein Jahr, vielleicht höchstens fünf oder sechs Monate[42], und sie schrumpft, wenn man die Periode, in der er vor dem Volk in die Einsamkeit entweicht, abrechnet, auf nur einige Wochen in Galiläa zusammen, zuzüglich weniger Tage zuletzt in Jerusalem[43]. Die Enttäuschung der anfangs, bei der Aussendung der Jünger, auf die kommenden Wochen oder Monate bezogenen Erwartung des Endes und dann die Erkenntnis, daß Gott es anders beschlossen hat, daß von ihm selbst das Opfer seines Lebens gefordert wird, bilden die Peripetie des Dramas, und in der Steigerung seines Lebens und Handelns zum Leiden und Sterben erreicht es die Katastrophe. Indem auch sein Ende am Kreuz mit den darauf folgenden Erlebnissen der Jünger und die nächsten Wochen das Reich nicht herbeiführen, wird Jesu Denken und Trachten zum zweiten Male und jetzt endgültig durch die Wirklichkeit desavouiert[44].

Wie immer man zu Schweitzers Unternehmen stehen mag: daß es groß angelegt und daß seine vor allem auf Intuition beruhende Theorie unvergleichlich reicher als die solide[45], viel nüchternere Arbeit von Johannes Weiß ist, läßt sich nicht leugnen. Großartig und in hohem Maße originell ist namentlich, wie Schweitzer vor keiner noch so kraß wirkenden Deutung haltmacht und auch vor den fremdartigsten und gewagtesten Vorstellungen und Bildern nicht zurückschreckt. So schreibt er Jesus nicht nur den Gedanken der Prädestination überhaupt zu, sondern sieht in ihm sogar den Grund dafür, daß Jesus das Geheimnis des Reiches in Gleichnissen mehr verhüllt als enthüllt. Die Nichterwählten sollen nämlich nicht etwa dadurch, daß sie näheren Aufschluß darüber erhalten, doch noch hineingelangen! Man wird lange suchen müssen, um einen Theologen zu finden, der Jesus ein so ungeheuerliches Motiv so unverblümt zutraut, bzw. Jesus seinem Gott zutrauen läßt. Von eigentüm-

---

[42] LD S. 33.

[43] ML S. 98; LJ S. 397.

[44] Für die von Jesus angenommene Aufeinanderfolge von Sterben, Auferstehen und Kommen als Menschensohn unterscheidet Schweitzer (LJ S. 433) zwei Möglichkeiten: daß Jesus »sich die drei Geschehnisse in einem Akte verlaufend vorstellte« oder, »wahrscheinlicher«, »als drei gesonderte Akte dachte«. Für die erste Möglichkeit »spräche der Verzweiflungsruf am Kreuz (Mk. 15, 34). Die göttliche Intervention, die der Herr für den Augenblick der höchsten Not erwartet hatte, blieb aus«. Die zweite Möglichkeit stützt Schweitzer mit dem Wort Mk. 14, 28: »Nach meinem Auferstehen will ich vor euch herziehen nach Galiläa.« — »Er nimmt wohl auch an, daß sich dann dort die weiteren Ereignisse seiner Verwandlung zum Menschensohn, seine Ankunft in den Wolken, das Gericht und das Herniederkommen der Herrlichkeit des Reiches Gottes abspielen werden.« Die Frage ist ohne Bedeutung für den Ablauf der Ereignisse. Schweitzers diesbezügliche Ausführungen werden nur erwähnt als Beispiel für den unüberbietbaren Realismus seines Denkens. Bemerkenswert ist, wie er aus der zweiten, ihm wahrscheinlicheren Möglichkeit noch historisches Kapital zu schlagen sucht: »Hat Jesus die drei Akte auseinandergehalten, so ist es ganz gut möglich, daß er seinen Jüngern in bestimmten Worten von seiner Auferstehung gesprochen hat. Es liegt kein Grund vor, die Stellen Mk. 8, 31, 9, 31 und 10, 34 als unecht oder überarbeitet anzusehen.«

[45] Vergleichsweise solide wenigstens, das wird man auch nach den von *R. Schäfer* (Reich, S. 77 ff.) geäußerten methodischen Bedenken immer noch sagen dürfen.

licher Schroffheit und Gewaltsamkeit ist auch der Gedanke, daß die Büßenden ihre Errettung von Gott zu erzwingen suchen, und die Art, wie Jesus am Ende sein Schicksal selbst provoziert durch das »gewaltsame Hineinzerren der Eschatologie in die Geschichte«[46]. Das Gräßliche und das Große, das Erbarmungswürdige und das Erhabene dieses Schicksals hat Schweitzer auch noch in einem nicht zu überbietenden drastischen Bilde zum Ausdruck gebracht:

> »Stille ringsum. Da erscheint der Täufer und ruft: Tuet Buße! Das Reich Gottes ist nahe herbeigekommen! Kurz darauf greift Jesus als der, welcher sich als den kommenden Menschensohn weiß, in die Speichen des Weltrades, daß es in Bewegung komme, die letzte Drehung mache und die natürliche Geschichte der Welt zu Ende bringe. Da es nicht geht, hängt er sich dran. Es dreht sich und zermalmt ihn. Statt die Eschatologie zu bringen, hat er sie vernichtet. Das Weltrad dreht sich weiter und die Fetzen des Leichnams des einzig unermeßlich großen Menschen, der gewaltig genug war, um sich als den geistigen Herrscher der Menschheit zu erfassen und die Geschichte zu vergewaltigen, hängen noch immer daran. Das ist sein Siegen und Herrschen.«[47]

Wie Jesus nicht gelehrt hat, »daß alle Menschen Gotteskinder sind. Diese Gnade kommt nur den Erwählten zu«[48], so dient sein Sterben einem sehr speziellen, ganz konkreten, eschatologisch motivierten Zweck: der Ablösung der vormessianischen Drangsal, die den zum Reiche Bestimmten bevorstand. Er stirbt also auch nicht für alle Menschen, sondern nur für die zukünftigen Reichsangehörigen, und nicht einmal für diese alle, sondern lediglich für die der letzten Generation, während die schon Gestorbenen durch die Auferstehung ohne weiteres ins Reich eingehen[49]. In der Drangsal sollte, wie Schweitzer in der »Skizze« und im Hauptwerk annimmt, die »auf der Welt lastende und das Kommen des Reiches noch aufhaltende Sündenschuld von den Gläubigen abgebüßt werden«, und Jesus hat demgemäß »sein stellvertretendes Sterben auch als einen Sühnetod angesehen«[50]. Diese Annahme hat unser Leben-Jesu-Forscher in seinem letzten Werk, »Reich Gottes und Christentum« nicht aufrechterhalten. Es »kann Jesus seinen Tod doch nicht als ein für Sündenvergebung gefordertes Opfer ansehen. Seine Vorstellung von dem ohne weiteres aus Gottes Barmherzigkeit kommenden Verzeihen läßt es nicht zu«[51]. Dies ist eines der ganz wenigen Male, daß eine früher vertretene Anschauung von Schweitzer zurückgenommen wird, und der einzige Fall einer solchen Korrektur in einem so wichtigen Punkte. Sehr bezeichnend ist, daß er dazu nicht durch Kritik von außen bestimmt wurde, sondern »auf Grund einer fortgesetzten Beschäftigung mit der spätjüdischen

---

[46] LJ S. 437.
[47] RW S. 637. In der zweiten Auflage hat Schweitzer auf dieses Bild verzichtet.
[48] LJ S. 415, Anm.
[49] RG S. 133.
[50] S. 142.
[51] ebd.

Eschatologie und dem Leidensgedanken Jesu«[52], d. h. also in einem immanenten Prozeß des Ausreifens seiner eigenen Anschauung. So erscheint diese erst in seinem nachgelassenen Spätwerk von dem letzten traditionell-dogmatischen Bestandteil, der über Johannes Weiß auch noch in sein eigenes Jesusbild eingegangen war, befreit und ausschließlich historisch-eschatologisch zugespitzt. Jesus denkt sich »seine Hingabe als eine Leistung, auf Grund deren die vormessianische Drangsal ausfallen soll«[53]. Dies hatte Schweitzer allerdings auch schon früher gemeint: »Ethisch betrachtet handelt es sich um eine Tat des Erbarmens und Mitleids denen gegenüber, denen die Drangsal bestimmt war und die sich vielleicht nicht darin bewährt hätten.«[54, 55]

Die Persönlichkeit Jesu, seine Verkündigung und sein öffentliches Auftreten erhalten bei Schweitzer eine Bestimmtheit, freilich auch Beschränktheit, wie sie sonst kaum irgendwo zu finden sind. Die Frische der Anschauung, mit der Schweitzer die Situationen und den Geschehensablauf vor uns hinstellt, und die Kraft des Denkens, mit welcher er Fragen aufwirft, Kriterien für die zu erwartenden Antworten aufstellt, Schlüsse zieht und die mannigfachen Erwägungen in das Endergebnis einmünden läßt, vereinigen sich zu einer außerordentlichen Wirkung. Das Überraschende und sehr Eigenartige liegt besonders darin, wie hierbei konservatives und radikal-kritisches Denken Hand in Hand gehen. Von der Voraussetzung einer auffallend positiven Einstellung zur Frage der Glaubwürdigkeit der Berichte ausgehend, wird eine Zeichnung ausgeführt, die hinsichtlich des Problems des Selbstbewußtseins Jesu etwa in der Mitte steht zwischen der Beziehung der vollen Messianität schon auf seine geschichtliche Gegenwart einerseits und der Bestreitung des Messiasbewußtseins Jesu überhaupt, wie sie damals von einzelnen besonders kritischen Forschern vertreten wurde, andererseits. Mit den einen verbindet Schweitzer die Betonung des Umstandes, daß der von Jesus verlangte Glaube nichts mit seiner Person zu tun hat, sondern sich auf die Botschaft vom Reiche bezieht[56], mit den anderen die Annahme, daß Jesus dennoch die Messiaswürde für sich im Sinne gehabt hat und von einem »unermeßlichen Selbstbewußtsein«[57] erfüllt war. Mit dem Endergebnis aber vermochte es dieses Jesusbild weder den einen noch den anderen recht zu machen, jenen nicht, weil ein solcher Jesus ihnen viel zu dogmatisch gesehen ist, und auch diesen nicht; denn wenn wir schließlich vor einem Messiasprätendenten stehen, der im Grunde genommen ein

---

[52] ebd.
[53] S. 142.
[54] LJ S. 437.
[55] Allein schon wegen dieses einen Ergebnisses ist die Veröffentlichung des nicht zu Ende geführten Werkes des Fünfundsiebzigjährigen, das in seiner sehr klaren und knappen Darstellung sonst nicht eben viel Neues bietet, zu begrüßen.
[56] ML S. 34.
[57] LJ S. 391.

Schwärmer und »apokalyptischer Fanatiker«[58] ist und sein Los selbst gewählt, sein Scheitern sich selber zuzuschreiben hat, so muß das, jeden ergreifend, doppelt erschütternd und entsetzlich für den sein, der gewohnt war, in Jesus den Gottessohn und Heiland der Welt zu sehen.

So einleuchtend und hinreißend und so viel kraftvoller und lebendiger die Zeichnung Schweitzers anmutet, verglichen mit dem heute so blaß und fade wirkenden denaturierten Jesusbild einer Zeit, welche die Bedeutung des Eschatologischen noch nicht erkannt hatte oder abzuschwächen suchte, so befremdend wirkte doch auf viele Betrachter dieser »Zukunftsfanatiker«, »der nichts sieht als die Glut des Weltbrandes und nichts hört als das Gellen der letzten Posaune«[59]. Und über das Bewußtsein der Fremdheit, das den modernen Menschen gegenüber der urchristlichen Geisteshaltung schon im allgemeinen befällt, geht ja die Wirkung des von Schweitzer gezeichneten Jesus auf das christliche Empfinden noch weit hinaus. Dieses mußte durch das Bild eines schließlich mit Recht gescheiterten Schwärmers schwer verletzt werden. So braucht man sich nicht zu wundern »über den ›erschreckenden Eindruck‹ oder gar das ›Entsetzen‹, das die ebenso ›seltsame‹ und ›phantastische‹ wie ›verletzende‹ und ›anstößige‹ Theorie Schweitzers bei den theologischen Zeitgenossen erregt« hat[60, 61].

Freilich können Geschmacks- und Glaubensurteile bei der historischen Betrachtung nicht maßgebend sein. Weder die Bewunderung der Großartigkeit dieses Bildes, seiner Kühnheit und Konsequenz, noch das Verwerfen so greller Farben und die Bedenken vom Standpunkte der Einstellung des Glaubens bilden Argumente, mit denen man die Ablehnung einer sonst gut begründeten historischen Ansicht zu rechtfertigen vermöchte. Vielmehr kann sich das wissenschaftliche Urteil über eine derartige Hypothese lediglich auf die allgemeine Frage der Reichhaltigkeit und Zuverlässigkeit der vorhandenen Quellen sowie auf die Fähigkeit des betreffenden Forschers beziehen, die betrachtete Gestalt zu deuten, also Nebenumstände und Hauptsache, Oberfläche und Tiefe, nachträgliche Eintragung und Ausstrahlung einerseits, den ursprünglichen Kerngehalt andererseits zu scheiden, und ferner darauf, ob es gelungen ist, die einzelnen Daten, Motive und Züge in einen einleuchtenden und gesicherten geschichtlichen Zusammenhang zu bringen.

Aber auch rein historisch gesehen ist der Eindruck in der Tat höchst zwiespältig. Zweifellos wird man durch Schweitzers Bild ungemein ge-

---

[58] *Weinel:* Jesus, S. 63.

[59] *Weinel:* Jesusbild, S. 27.

[60] Die Zusammenstellung dieser Prädikate bei *M. Werner* (Entstehung, S. 38). Schweitzer ist der Ansicht, daß es im letzten Grunde religiöse Bedenken sind, die der wissenschaftlichen Einsicht — er meint seine eigene Lösung — im Wege stehen (LJ S. 597). Ebenso urteilt *Werner* (Weg, Bd. 1, S. 105).

[61] Einen »wilden Apokalyptiker« nennt den Schweitzerschen Jesus noch wieder *Käsemann* (Sackgassen, S. 48).

fesselt. Trotz der »abstoßend-grellen apokalyptischen Farben«[62] scheint — es muß noch einmal gesagt werden — so gut noch niemand den Menschen Jesus auf dem Hintergrund seiner Zeit in Wesen und Wollen verständlich gemacht zu haben. Alle psychologischen Künste der liberalen Jesusdarstellung haben nicht entfernt zu einer derart spannungsvollen plastischen Anschauung geführt, wie Schweitzer sie erreicht, indem er sich aller modernisierenden Deutungen entschlägt und die Berichte so nehmen will, wie sie sind, ganz gleich, was dabei herauskommt. Die Kraft des Denkens, mit der er die Texte befragt, die vorliegenden Erklärungen beurteilt und neue Möglichkeiten ersinnt, läßt ihm einen Wurf gelingen, der eine große Zahl verwickelter Überlegungen voraussetzt und auf einen Punkt ausrichtet, wobei einige ganz neuartige und höchst eigenartige Deutungen im einzelnen gegeben werden, so etwa, daß Jesus im Täufer den wiederkommenden Elias, den Vorläufer des Messias, sieht, während das Volk Jesus selbst für den Elias hält, dem es beim Einzug zujubelt, oder daß Judas nicht den Aufenthalt Jesu, sondern sein Messiasgeheimnis dem Hohenpriester verrät. Indem solche Deutungen, schon jede für sich interessant genug, zusammenkommen und ineinandergreifen, entsteht vor uns ein Gemälde, das überquellenden Reichtum an Einzelzügen mit Einfachheit und Konsequenz des Ganzen vereinigt und insofern das Gepräge des Genialen besitzt. Dennoch sind die mangelnde Zustimmung und die Kritik, die Schweitzer von seinen neutestamentlichen Fachgenossen erfahren hat, keineswegs nur in Vorurteilen und Abneigungen oder gar persönlicher Verärgerung begründet[63], sondern vor allem in objektiven Sachverhalten und Bedenken historisch-kritischer Art, die sich auf grundlegende methodische Mängel und schwere sachliche Fehler beziehen. Geniale Schau ist eben doch nicht ohne weiteres schon wahr, Originalität kein unbedingtes Kriterium und Konsequenz und Einfachheit nicht von vornherein gleichbedeutend mit richtig[64]. In der Kritik der liberalen und überhaupt der nichteschatologischen Jesusanschauung ist Schweitzers Recht weitgehend unbestritten. Sehr beachtlich erscheint auch seine Kritik der Theorie Wredes, wenngleich über diese damit noch nicht das letzte Wort gesprochen war. Die eigentliche Frage ist jedoch, ob Schweitzer im Verhältnis zu Johannes Weiß recht hat, d. h. ob Schweitzers »konsequenter« oder der von ihm aus gesehen nicht konsequenten eschatologischen Auffassung der Vorzug gebührt. Die Wissenschaft seiner Zeit, wenigstens die deutsche, hat Schweitzer gegenüber sofort eine recht reservierte, durchweg sogar überwiegend ablehnende Haltung eingenommen, und seither hat das wachsende Interesse und bessere Verständnis für eschatologisches Denken den Widerstand gegen Schweitzers Jesustheorie keineswegs verschwinden lassen.

---

[62] *Loofs:* Jesus, S. 30.
[63] Wie z. B. *Seaver* annimmt. Vgl. S. 9, Anm. 3, des vorliegenden Buches.
[64] Daß »überraschende Einfachheit kein Kriterium der Wahrheit« ist, betont mit Bezug auf Schweitzers Hypothese *O. Cullmann* (Parusie, S. 420).

Vor dem Eintritt in die Erörterung der kritischen Fragen ist noch ein Blick auf Schweitzers methodische Einstellung zu werfen. Er hat sich von zwei allgemeinen Grundsätzen leiten lassen, einem negativen und einem positiven. Der negative, uns schon bekannt, läßt sich seiner Auseinandersetzung mit der liberalen und der modern-historischen Leben-Jesu-Forschung entnehmen und besteht in der Forderung, Schluß zu machen mit der willkürlichen Behandlung der Texte: mit dem Subtrahieren, Eliminieren, Retuschieren, Harmonisieren, Psychologisieren, Modernisieren und allem Zwischen-den-Zeilen-lesen. Widersprüche und Schroffheiten sowie »Un-Zusammenhänge« in den Texten sind für Schweitzer nicht Kennzeichen des Unechten. Sie sprechen ihm im Gegenteil *für* den Bericht und sind deshalb nicht zu beseitigen, sondern der Ausschöpfung besonders wert. Diese bewahrende Haltung bedeutet jedoch nicht, daß die Aufgabe des Historikers sich auf ein bloßes Referieren und ein möglichst vorsichtiges Interpretieren beschränken soll. Bestimmend ist für Schweitzer vielmehr die Erkenntnis, daß die Synoptiker »Anekdotensammlungen im besten geschichtlichen Sinne des Wortes« bieten[65], die einen durchgehenden Zusammenhang vielfach vermissen lassen. Diese Zusammenhangslosigkeit der Berichte und die dadurch bedingten Lücken haben zur Folge, daß ohne Konstruktion, d. h. ohne den Versuch der Rekonstruktion – dies wäre der zweite, nunmehr positive Grundsatz – nicht auszukommen ist. Die Texte sollen zwar genommen werden, wie sie sind, aber zu ihrer Verwertung bedarf es, namentlich um die Lücken auszufüllen, den Zusammenhang herzustellen, des fortgesetzten »historischen Experimentierens« auf Grund einer »historischen Intuition«[66], mit Hilfe der »historischen Phantasie«[67], mittels »nachschaffenden historischen Verständnisses«[68]. Schweitzer geht so weit zu erklären: »Jede Auffassung ist zugleich eine Vergewaltigung des Textes.«[69] Der Charakter des Problems bringt es mit sich, »daß an die Stelle der historischen Forschung das historische Experiment tritt«[70]. Vielleicht sollte man besser ein wenig abschwächend sagen, daß an die Stelle der *üblichen* historischen Methode hier *mehr* als sonst das Experimentieren tritt, daß also die historische Methode für einen Gegenstand wie den unsrigen auch oder vorwiegend im experimentierenden Konstruieren besteht. Schweitzer gibt jedenfalls damit nicht nur eine Beschreibung seines eigenen Verfahrens, sondern spricht, wie zugestanden werden muß, wenn auch stark pointiert, etwas aus, das bis zu einem gewissen Grade auf diesem Gebiet allgemein gilt. Die Quellenverhältnisse sind hier eben in der Tat so beschaffen, daß sich nicht selten mehrere Möglichkeiten der Interpretation

---

[65] LJ S. 7.
[66] S. 6.
[67] S. 7.
[68] S. 9.
[69] S. 7.
[70] S. 9.

und Konstruktion ergeben, je nachdem, welchen als relativ feststehend angenommenen Ausgangspunkt man wählt, welche Jesusworte etwa für authentisch gehalten werden oder welche Gesamtvorstellung vom Verlauf oder Sinn seines Wirkens dem jeweiligen Forscher, wenigstens als Arbeitshypothese, bereits vorschwebt. So verdient die Klarheit, mit der Schweitzer die Eigenart der methodischen Problematik in diesem Bereich herausgestellt hat, immerhin Anerkennung. Wünschenswert wäre dabei allerdings zweierlei gewesen. Erstens darf, was die »Vergewaltigung« der Texte betrifft, nicht aus der Not eine Tugend gemacht werden. Es gibt in dieser Hinsicht sehr erhebliche Gradunterschiede, und es wird zu fragen sein, ob nicht Schweitzer die Grenze des Erlaubten vielfach weit überschritten hat. Zweitens muß über den hypothetischen Charakter der so gewonnenen Ergebnisse volle Klarheit herrschen. Schweitzer hatte sich in seine Auffassung so sehr eingelebt, daß ihm dieses Bewußtsein des Hypothetischen zuweilen oder sogar durchweg abhanden zu kommen schien.

Nun besitzt die Evangelien- und Jesusforschung aber eine Reihe sicherer Erkenntnisse, die nicht mehr in Frage gestellt, ignoriert oder gar negiert werden dürfen. Gerade in dieser Beziehung gibt Schweitzer Anlaß zu schwersten Beanstandungen. Er legt wie gesagt Wert darauf, aus den Quellen, wie sie sind, ohne die allzu vielen üblich gewordenen Streichungen und Umdeutungen, das Geschehen ablesen zu können. Er glaubt, im Besitze des Hauptschlüssels zur Geschichte Jesu zu sein, der zu allen Türen paßt, und namentlich *M. Werner* hat als entscheidenden Vorzug der konsequent-eschatologischen Lösung hervorgehoben, daß sie einen »folgerichtigen geschichtlichen Zusammenhang« herzustellen vermag[71]. Aber dieser Vorzug täuscht und führt in die Irre. Gegen das von den Vertretern der konsequenten Eschatologie kreierte Geschichtskriterium der Einheitlichkeit des eschatologischen Geschichtsbildes wendet *Robinson* sehr mit Recht ein, es scheine »so sicher für die Echtheit zu sprechen«, »daß die eigentlich kritische Frage gar nicht in den Blick kommt«[72]. Es kommt eben zunächst überhaupt nicht darauf an, *daß* die Texte eine solche Deutung ermöglichen, wenn man sie nimmt, wie sie sind, sondern *ob* sie so, wie sie sind, als einigermaßen getreue Geschichtsberichte genommen werden dürfen. Ein an und für sich noch so guter Zusammenhang der Ereignisse hängt in der Luft, wenn sein Fundament ungenügend gesichert ist, und die scharf- und feinsinnigste Interpretation der Texte führt nicht zum Ziel, falls diese selbst als allzu unvollständig oder unzuverlässig gelten müssen. Den literarischen Problemen kommt hier mithin eine besonders wichtige, geradezu entscheidende Bedeutung zu[73].

---

[71] *M. Werner*, Entstehung, S. 67. — Vgl. auch von dems.: Persönlichkeit, S. 618.
[72] *Robinson:* Kerygma, S. 186.
[73] »Denn die Kärrner müssen ihre Arbeit gethan haben, sonst bauen die Könige Luftschlösser« (*Holtzmann:* Synoptiker, S. 2).

Es ist deshalb folgenschwer, daß Schweitzer bei der Begründung seiner Jesusauffassung eine gewisse Geringschätzung für die literarischen Probleme der Evangelienkritik erkennen läßt. Wenn es sich dabei nur um ein weniger großes persönliches Interesse handelte, er aber die Ergebnisse der literarhistorischen Forschung vorbehaltlos angenommen und seiner Konstruktion der geschichtlichen Vorgänge zugrunde gelegt hätte, wäre das nicht so wichtig, und *Werner* findet denn auch gerade in dieser Beziehung alles in Ordnung, da Schweitzer bei seiner Lösung das Johannesevangelium konsequent ausgeschieden und die synoptische Zwei-Quellen-Theorie konsequent respektiert habe[74]. Die Sache liegt indessen in Wahrheit keineswegs so einfach und einwandfrei. Wie verhält sich Schweitzer wirklich zu dieser Theorie, nach welcher eine der beiden Quellen für Matthäus und Lukas das Markusevangelium gewesen ist, das damit eindeutig am Anfang steht? Wenn Schweitzer das Lückenhafte des Markusberichts hervorhebt — er spricht von Zusammenhangslosigkeit, »Unzusammenhang« und Unordnung[75] —, so will er damit gewiß nicht auf Markus verzichten[76]. Er hatte ja die Alternative aufs Äußerste zugespitzt: »Entweder ist der Markustext als solcher historisch und dann zu retten, oder er ist es nicht und dann als Ganzes aufzugeben«[77], und ohne jeden Zweifel steht Schweitzer auf seiten des Entweder, d. h. der Bewahrung des Markus. Aber Markus ist in eschatologischer Hinsicht nicht ergiebig genug. Diejenigen Perikopen, die Schweitzer frühzeitig an der üblichen Jesusauffassung irremachten und ihn in die neue Richtung wiesen, ihn die intensive Naherwartung Jesu annehmen ließen, ihm Jesu Vorhaben aufschlossen und damit den bei Markus vermißten Zusammenhang in den Verlauf der Ereignisse brachten, hatte er im Matthäusevangelium gefunden, das ihm erstens »als das vollständigere das wertvollere« ist[78]. Weil es ihm das wertvollere ist, sucht er zweitens den Altersunterschied zwischen Markus und Matthäus herunterzuspielen. Für die Leben-Jesu-Forschung komme »es nicht darauf an, welches der beiden ältesten Evangelien ein klein wenig älter sein könnte als das andere«[79]. Und dann geht er noch einen Schritt weiter und erklärt drittens: »Diese literarische Frage wird sich überdies kaum je entscheiden lassen«[80], so als ob immer noch mit der Möglichkeit zu rechnen sei, daß Matthäus dem Markus vorausgegangen ist. Als Schüler Holtzmanns mußte er es besser

---

74 *M. Werner:* Entstehung, S. 61 f.
75 LJ S. 374.
76 Daß Schweitzer vom »Untergang des Markusevangeliums als Geschichtsquelle« spricht (LJ S. 339), hat *Holtzmann* zu dem Mißverständnis verführt, Schweitzer wolle den Markustext opfern (Marcus-Kontroverse, S. 25). Tatsächlich gibt diese Wendung jedoch nicht den Standpunkt Schweitzers wieder, sie bezieht sich vielmehr auf den der von ihm abgelehnten »modern-historischen Theologie mit ihrem Dreiviertels-Skeptizismus«.
77 LJ S. 374.
78 LJ 6. Aufl. S. XII.
79 ebd.
80 ebd. Vgl. auch RG S. 75.

wissen, müßte es ihm klargewesen sein, daß Matthäus nicht nur vollständiger, sondern auch ganz offensichtlich fortgeschrittener, weiterentwickelt, kurz, trotz des in ihm enthaltenen wahrscheinlich ältesten Gutes überhaupt, aus der »Spruchquelle«, als Ganzes unzweifelhaft jünger als Markus ist. Eine Diskussion hierüber kann es einfach nicht mehr geben. Mochte die Kritik des Schülers an seinem Lehrer hinsichtlich der rein historischen Probleme des Lebens Jesu, vor allem, was die Auffassung des Reich-Gottes- und des Messiasbegriffs betrifft, noch so berechtigt sein: in der literarhistorischen Frage nach dem Verhältnis der Synoptiker untereinander und beim synoptischen Problem insgesamt war Holtzmann gegenüber nichts zu machen. Sein Standpunkt war hier derart fundiert, daß, wer von seinen grundlegenden Erkentnissen abging, sich damit ohne weiteres ins Unrecht setzte[81]. Jedenfalls ist es nicht richtig zu sagen, Schweitzer habe die Zwei-Quellen-Theorie konsequent respektiert. Die von dieser beinhaltete Priorität des Markus stand Schweitzer keineswegs unbedingt fest[82].

Wenn Schweitzer bei Markus den Zusammenhang der Ereignisse vermißt und sich deshalb an Matthäus wendet, so steht es freilich in dieser Hinsicht mit der zweiten von Matthäus und Lukas benutzten Quelle, der aus dem den beiden Großevangelien gemeinsamen Gut erschlossenen Spruch- oder Redenquelle (auch Logienquelle, Q)[83], nicht besser, sondern eher noch weniger günstig. Als einer wahrscheinlich teils unzusammenhängenden, teils sachlich, jedenfalls nicht chronologisch geordneten Aneinanderreihung vorwiegend einzelner Sprüche war ihr über den von Schweitzer gesuchten Zusammenhang des Geschehens nichts zu entnehmen. Gerade für seine Lösung entscheidende Sprüche gehören denn auch, wie noch wieder *Robinson* hervorgehoben hat[84], nicht der Spruchquelle,

---

[81] Die Prioritätsfrage war nach *Holtzmanns* Ansicht (Stand, Sp. 2361) und vor allem mit durch ihn selbst zugunsten des Markus entschieden, »soweit überhaupt ein literarisches Problem zu lösen ist«, und die Zwei-Quellen-Theorie als ganze »durch Holtzmann so sorgfältig begründet, daß die Jesusforschung von da an diesen festen Boden nicht mehr aufgeben konnte« (Kümmel: Das NT, Geschichte, S. 185).

[82] *H. Schuster* (Eschatologie, S. 15) kann sich deshalb »des Verdachtes nicht erwehren, daß die Vertreter der konsequenten Eschatologie den Evangelisten Matthäus bevorzugen, weil sie bei ihm entscheidende Grundlagen für ihre konsequente Eschatologie zu finden meinen«. Aus dem hier als Verdacht geäußerten Sachverhalt macht Schweitzer eigentlich gar kein Hehl. — Vgl. *J. M. Robinson* (Einführung, S. 12): »In der Tat wird aus der Vorrede zur sechsten Auflage klar, daß Schweitzer die Zwei-Quellen-Theorie, die sein Lehrer Heinrich Julius Holtzmann als stichhaltige Grundlage für die Entscheidung des zweiten Entweder—Oder erfolgreich durchsetzte, bei seiner eigenen Lösung nicht verwenden konnte. Sie bedeutet in der Quellenfrage also einen Rückschritt. Wohl daran liegt es, daß sie in der von Schweitzer ausgearbeiteten Gestalt auch im kritischen Lager nicht akzeptiert wurde.«

[83] Auch die neueste, ungemein fruchtbare Spruchquellen-Forschung mit der Erkenntnis, daß die Spruchquelle »nicht nur einen traditionsgeschichtlichen Prozeß durchgemacht hat, sondern auch eine jüngere Traditionsschicht von einer älteren bzw. ältesten abzuheben ist« (*Schulz:* Spruchquelle, S. 51) — auch diese neueste Forschung steht bewußt auf den Schultern der früheren, insbesondere Holtzmanns, Wernles, Wellhausens, Harnacks (Schulz, S. 14. 18).

[84] *Robinson:* Einführung, S. 12.

sondern dem matthäischen Sondergut an. Insofern ist hier die normale Behandlung des Problems in ihr Gegenteil verkehrt worden. Anstatt von dem anerkannt verhältnismäßig alten Bestand (einerseits Q, andererseits Markus) auszugehen und zu versuchen, daraus eine Anschauung vom Verlauf und Sinn des Auftretens Jesu zu gewinnen, wie Holtzmann und mit ihm die neuere kritische Forschung überhaupt es getan hat, bevorzugt Schweitzer bei seinem intuitiven Konstruieren das relativ späte Matthäusevangelium als Ganzes und hält sich überdies mit Vorliebe an dessen am wenigsten gesichertes Sondergut. Dabei muß betont werden, daß die Behauptung *Werners*, wonach die konsequent-eschatologische Auffassung das Sondergut als sekundäre Quelle wertet und verarbeitet, »soweit es sich mit dem Stoff der primären Quellen« (Mk. und Q) »sachlich vereinbaren läßt«[85], dem Sachverhalt nicht entspricht. Von einer ausgesprochenen oder auch nur stillschweigenden Berücksichtigung des unterschiedlichen Wertes der »primären« und »sekundären« Quellen ist bei Holtzmanns berühmtem Schüler nichts zu bemerken. Vielmehr erklärt er einfach und unbedenklich: »Den Schlüssel zum Verständnis liefert Matthäus mit dem Material, das er über Markus hinaus liefert, insbesondere in dem Bericht über die Aussendung der Jünger und die bei dieser gehaltenen Rede (Mt. 10) und in dem über die Anfrage des Täufers und durch sie veranlaßten Äußerungen Jesu (Mt. 11).«[86] Daß für ihn in der Tat so entscheidende Logien wie 10, 23 (Ihr werdet mit den Städten Israels nicht zu Ende kommen, bis des Menschen Sohn kommt) und 11, 14 (Er [der Täufer] ist Elia, der da kommen soll) gar nicht aus der Spruchquelle stammen, erwähnt er mit keinem Wort. Die von ihm gegebene Richtlinie, daß der Verlauf der öffentlichen Wirksamkeit Jesu »weder aus Markus noch aus der Überlieferung der Spruchquelle, sondern nur aus beiden zusammen zu übersehen und zu rekonstruieren ist«[87], hat er somit selbst nicht befolgt[88].

Schließlich hat Schweitzer sich nicht nur im einzelnen in Gegensatz zu den wichtigsten literarhistorischen Forschungsergebnissen gestellt, sondern die längst allgemein anerkannte grundlegende Bedeutung der literarischen Verhältnisse für die Behandlung der Leben-Jesu-Probleme auch ganz grundsätzlich bestritten: »Literarische Prioritätsfragen, literarische Fragen überhaupt«, erklärt er rundweg, »haben zuletzt, wie schon Keim bemerkt, mit der Gewinnung der Vorstellung vom Gang der Ereignisse gar nichts zu tun, da eine solche den Evangelisten in klarer Weise jeden-

---

85 *M. Werner:* Entstehung, S. 62.

86 LJ 6. Aufl., S. XII.

87 LJ S. 607.

88 Kurz und gut zusammengefaßt wird dieses starke methodische Bedenken von *E. Stauffer* (Jesus, S. 165, Anm. 12): »Schweitzer stellt den Quellenwert des Matthäus m. E. zu hoch, läßt das Gegenzeugnis der Logienquelle« (in welcher der Autor keine Stütze für Schweitzers Ansicht findet) »außer Ansatz und baut seine Jesusdarstellung vorzugsweise auf solche Dicta auf, die doch wohl als nachjesuanisch gelten müssen.«

falls nicht vorschwebt«[89] – ein bei einem auf Wissenschaftlichkeit Anspruch machenden Theologen und noch dazu einem so kritischen Kopf ein völlig unbegreiflicher, schier unglaublicher Standpunkt.

2. Drei Vorfragen zur Unterrichtung über die Problemlage

1. Die Vernachlässigung und Geringschätzung der literarkritischen Verhältnisse ist Schweitzer von Anfang an vorgeworfen worden. Ihre Berücksichtigung vermißte *H. Weinel* schon in der »Skizze«: »Quellenkritik gibt es fast gar nicht. Alles ist echt, was paßt«[90], für Schweitzers Konstruktion paßt. Nicht anders urteilte dieser, der seinerzeit »modernen« Richtung angehörende Rezensent nach dem Erscheinen des Hauptwerks. Er sieht in der darin ausgeführten Theorie nur »blinde Voreingenommenheit, die denn auch fast jede literarische Besinnung vermissen läßt. Da wird alles echt, was sich irgendwie originell eschatologisch verstehen läßt«[91]. Ebenso tadelte *P. Wernle* die »Überspringung der Quellenanalyse«[92], ja, er steigert sein Bedenken angesichts der Schweitzerschen Thesen zu dem Ausruf: »Hier fehlt selbst das ABC in Kenntnis der traditionsgeschichtlichen Gesetze.«[93] In dem gleichen Sinne geißelte *F. Spitta* die Schweitzer »eigene Verachtung der ersten Voraussetzung für eine solche Geschichtsforschung, einer sorgfältigen Untersuchung der Quellen«[94]. Vor allem aber haben hieran auch die damals größten Autoritäten auf diesem Gebiet, Holtzmann und Jülicher, schweren Anstoß genommen. So beanstandete *Holtzmann*, daß die Gesetze der literarischen Kritik »bei Schweitzer Nebensache sind«[95], und *Jülicher* hielt den »entschlossenen Verzicht auf die Hilfe der literarischen Kritik« geradezu für »ungeheuerlich« und erklärte, Schweitzer habe damit »den Boden geschichtlich brauchbarer Forschung verlassen. Eine Kritik, die über Ereignisse aus fernster Vergangenheit ein Urteil fällen will, ohne zuvor alles getan zu haben, um die Überlieferung über diese Ereignisse genau kennenzulernen, und zwar, falls sie in mehreren Schichten vorliegt, das Verhältnis zwischen diesen und die Art der Beziehung einer jeden zu dem Forschungsobjekt«, »ist dogmatische, nicht historische Kritik«[96]. Daß in diesem erbitterten, ja, empörten Urteil nicht nur Verärgerung eines durch Schweitzers Kritik mitbetroffenen Forschers, sondern ein durchaus berechtigter und ganz unentbehrlicher methodischer Grundsatz zum Ausdruck kommt, ist unbestreitbar.

[89] LJ S. 441.
[90] *Weinel:* Rezension, S. 244.
[91] *Weinel:* Jesusbild, S. 28.
[92] *Wernle:* Rezension, 1906, Sp. 504.
[93] Sp. 505.
[94] *Spitta:* Streitfragen, S. 133.
[95] *H. J. Holtzmann:* Stand, Sp. 2419.
[96] *Jülicher:* Linien, S. 6.

Es handelt sich dabei im Grunde genommen auch um noch mehr als nur einen methodischen Grundsatz, ein bloßes regulatives Prinzip. Die Unterscheidung mehrerer Schichten in der synoptischen Überlieferung besaß schon zur Zeit, als die genannten Forscher ihren Einspruch gegen Schweitzers Verfahren erhoben, wenn auch im einzelnen Meinungsverschiedenheiten bestanden, im großen und ganzen tatsächlich den Rang einer völlig gesicherten, nicht mehr umzustoßenden Erkenntnis, die gewisse entscheidende sachliche Elemente enthält. »Jedes Absehen von der historischen Kritik, welche zwischen authentischem und nachösterlichem Gut scheidet, verdeckt«, wie heute *E. Käsemann* gegen Schweitzer gerichtet erklärt, »ein angemessenes Verständnis«[97]. Wenn also Schweitzer die Verschiedenwertigkeit der älteren und jüngeren Schichten der Überlieferung ignoriert, so hat er sich damit auf einen Weg begeben, vor dem nicht nur ein Schild »Vorsicht! Gefährliche Wegstrecke!« steht, sondern das andere: »Verbotener Weg! Für alle Fahrzeuge gesperrt!«[98]

Mindestens ebenso wichtig wie die Einsicht in die Eigenart der einzelnen synoptischen Evangelien mit den dahinterstehenden Interessen und Tendenzen sowie ihre zeitliche Datierung ist also die Bestimmung der zwischen ihren einzelnen Bestandteilen, den Berichten, Worten und Geschichten, bestehenden Verhältnisse. Eine notwendige Voraussetzung der Schweitzerschen Jesusauffassung ist vor allem, daß die großen Reden, namentlich die in Mt. 10 und 11, wirkliche, von Jesus tatsächlich so gehaltene Reden sind. Schon *Wernle* hat Schweitzer aber seinerzeit entgegengehalten, daß diese Reden nicht nur dem Evangelisten ihre zeitliche und örtliche Anordnung, ihren Rahmen, verdanken, sondern daß sie auch dem Inhalt nach lediglich Spruchsammlungen darstellen und daß die behandelten Themen solche der Urgemeinde, nicht Jesu sind[99]. Wenn die Reden aber als Sammlungen von Einzelworten aus den verschiedensten Zusammenhängen und Zeiten zu gelten haben, wie kann Schweitzer — fragte Loofs offenbar mit Recht — dann aus einer solchen Rede, »als hätte er von bestimmten Tagen datierte Stenogramme vor sich«[100], so weitgehende Schlüsse ziehen, wie er es tut[101]? Indem Schweitzer seine Auffassung damit empfiehlt, daß die Komposition der Synoptiker dadurch »viel einfacher und klarer« werde, wobei er sich ausdrücklich zu der Ansicht bekennt, daß Reden wie die Bergpredigt und die Aussendungsrede »in der Hauptsache so gehalten« wurden, »wie sie uns überliefert sind«[102], stellt er die Dinge auf den Kopf. Darauf, daß sich eine ihm günstig erscheinende Folgerung aus seiner Auffassung ergibt, kommt es nämlich in Wahrheit gar nicht mehr an, da die Sachlage genau umge-

---

97 *Käsemann:* Apokalyptik, S. 109.
98 Dieses Bild findet sich übrigens, freilich anders gewendet, schon bei *H. J. Holtzmann* (Bewußtsein, S. 43).
99 *Wernle:* Rezension, 1906, Sp. 504. Vgl. auch *Holtzmann:* Stand, Sp. 2420 f.
100 *Loofs:* Jesus, S. 123.
101 Vgl. *Schniewind:* Synoptikerexegese, S. 164.
102 ML S. VIII.

kehrt ist: daß die Reden Kompositionen sind, steht in einem Grade fest, daß ein Widerstand dagegen als durchaus zwecklos angesehen werden muß. Es kann nur gegen eine Hypothese sprechen, wenn sie sich auf eine so wenig begründete Voraussetzung stützt.

Aber es ist nicht nur die Verwendung der Reden als Reden, die unannehmbar ist, sondern vor allem auch die gesamte Verknüpfung des Geschehens, die von Anfang an als unmöglich empfunden wurde. Besonders treffend wird diese Ablehnung wiederum von *Jülicher* formuliert: »Das in all solcher Tradition Unzuverlässigste, die Angaben über Zeit, Ort, Anlaß und besonders Zusammenhang einzelner Jesusworte belastet er mit turmhohem Mauerwerk.«[103] Daß die damit berührten schwachen Seiten oder richtiger: die unhaltbaren Grundlagen der Schweitzerschen Lösung so früh herausgestellt worden sind, ist bemerkenswert; denn die in dieser Kritik zum Ausdruck kommende Gedankenrichtung hat die neutestamentliche Forschung im Verlaufe ihrer weiteren Entwicklung immer entschiedener eingeschlagen. Indem die von Karl Ludwig Schmidt, Martin Dibelius und Rudolf Bultmann begründete »formgeschichtliche« Betrachtung versuchte, hinter unsere Evangelien zurückzugehen und eine Vorstellung von den ursprünglichen Formen und Schichten der Tradition zu gewinnen, gelangte sie zu der Einsicht, daß die Verfasser der synoptischen Evangelien ihre Aufgabe im Redigieren der tradierten Stoffmassen gesehen, d. h. einzelne überkommene Geschichten, Erzählungen, Anekdoten, Legenden und Sprüche oder auch bereits Teilsammlungen von solchen nach sachlichen Gesichtspunkten zusammengestellt und durch einen von ihnen geschaffenen Rahmen – topographische und chronologische Einführungen und Überleitungen – verbunden haben. Dem zuerst von *Karl Ludwig Schmidt*[104] erbrachten Nachweis, daß dieser Rahmen schon im Markusevangelium ohne geschichtlichen Wert ist, kommt sicherlich durchschlagende Bedeutung zu. Immer mehr hat diese formgeschichtliche Untersuchung des Evangelienstoffes »erkannt, daß wir nur in den einzelnen Berichten und Jesusworten altes Überlieferungsgut vor uns haben, während die Reihenfolge der Berichte und die Zusammenstellung der Worte erst von den Evangelisten oder ihren Vorlagen geschaffen sind«[105]. So vieles im einzelnen umstritten bleibt: grundlegend und unverlierbar ist die später von *Kümmel* zusammenfassend formulierte allgemeine Erkenntnis, »daß die primäre Überlieferung nicht in der fortlaufenden Darstellung der Evangelien und erst recht nicht in der theologischen Deutung der Evangelisten zu finden ist, sondern ausschließlich in der mündlichen Einzelüberlieferung, die *hinter* den uns allein erhaltenen zusammenhängenden Evangelienschriften liegt«[106].

---

[103] *Jülicher:* Linien, S. 5.
[104] *K. L. Schmidt:* Rahmen.
[105] *Kümmel:* Anspruch, S. 432.
[106] *Kümmel:* Problem, 1960, S. 402.

Schließlich haben sich schon im Markusevangelium nicht nur der Rahmen, diese »lockere Verbindung ursprünglich einzelner Überlieferungsstücke«, und deren Reihenfolge als bloß sekundär herausgestellt, auch die letzten kleinen Einheiten selbst geben immer wieder Anlaß zu kritischer Prüfung. Es handelt sich darum, daß »diese einzelnen Überlieferungsstücke ihre Formung und damit teilweise auch ihre Umformung oder Entstehung den missionarischen, katechetischen und dogmatischen Interessen der palästinensischen und vielleicht auch der hellenistischen Urgemeinde verdanken«[107]. So betonte mit besonderem Nachdruck *Bultmann*, daß »nie für ein einzelnes Jesuswort der bestimmte Beweis seiner Echtheit zu führen ist«[108]. Es sind »in der Überlieferung nicht nur manche ältere Jesusworte bearbeitet worden, sondern es sind auch nicht selten Jesus Worte in den Mund gelegt worden, die in Wahrheit von jüdischen Lehrern gesprochen oder erst in der christlichen Gemeinde entstanden sind«[109]. Bultmann ging deshalb so weit zu sagen, »daß wir vom Leben und von der Persönlichkeit Jesu so gut wie nichts mehr wissen können, da die christlichen Quellen sich dafür nicht interessiert haben, außerdem sehr fragmentarisch und von der Legende überwuchert sind und da andere Quellen über Jesus nicht existieren«[110]. »Der Charakter Jesu, das anschauliche Bild seiner Persönlichkeit und seines Lebens ist für uns nicht mehr erkennbar.«[111]

Wenngleich Bultmann sich in dieser Hinsicht besonders skeptisch zeigt und andere Forscher das Ziel ein wenig weiter stecken möchten, so ist doch etwas von dieser resignierten Grundhaltung der ganzen formgeschichtlichen Arbeit notwendig eigen. Sie macht die Rekonstruktion des Lebens Jesu nicht nur zu einer überaus schwierigen Aufgabe, sondern die Frage nach dem historischen Kern, das Interesse daran, wie es »wirklich gewesen« ist, scheint danach überhaupt von einer unzutreffenden Voraussetzung auszugehen. Die Quellen sind so beschaffen, daß sie, wie *G. Bornkamm* sagt, ein »von Übermalung gereinigtes Bild niemals hergeben und die Jesus-Überlieferung von ihrem ersten Anfang an nicht nur den Osterglauben der Gemeinde voraussetzt, sondern in allen ihren Schichten von ihm mitgeprägt und gestaltet ist. An ihrem Anfang steht, wie immer auch sehr verschieden geartet, das Kerygma und nicht eine unmittelbar erreichbare historische Tradition, die dann erst sekundär von Glauben und Theologie der Gemeinde überdeckt« worden wäre[112], oder mit *Käsemann*s Worten: »Der historische Jesus begegnet uns im Neuen Testament, der einzigen wirklichen Urkunde über ihn, eben nicht, wie er an und für sich gewesen ist, sondern als der Herr der an ihn

---

[107] S. 393.
[108] *Bultmann:* Erforschung, S. 42.
[109] S. 36.
[110] *Bultmann:* Jesus, S. 11
[111] *Bultmann:* Erforschung, S. 42.
[112] *Bornkamm:* Glaube, S. 281.

glaubenden Gemeinde.«[113] – »Nie können wir diese Geschichte«, wie *E. Schweizer* hervorhebt, »gewissermaßen nackt, rein objektiv herausdestillieren: immer können wir sie nur als schon gedeutet hören.«[114] Das Markusevangelium steht »einem Predigtband näher als einer Lebensbeschreibung«[115]. Die Evangelien sind »als Erbauungsliteratur der Urgemeinde zu betrachten«[116]. »Keine Geschichtsbücher, sondern Lehr- und Werbeschriften« hatte sie schon *Jülicher* genannt[117].

Dennoch ist das Ziel, Jesus historisch näherzukommen, nicht völlig aufgegeben worden, weder außerhalb noch innerhalb der Bultmannschule. Vor allem betonte *Käsemann*, daß die Evangelisten, wenn sie auch das kerygmatische Interesse beherrscht, »dem in Gestalt von Evangelien Ausdruck« geben, »die als solche eben nicht Predigt, sondern Bericht sind«[118]. Wenn sie also »nicht Historiker im modernen Sinne und von wissenschaftlichen Ansprüchen völlig frei« sind[119], wenn »nicht Archivare, sondern Missionare« die Überlieferung gestaltet haben[120], so verbinden sie gleichwohl »historische Tendenzen mit dem Kerygma« und bedienen sich »einer historisierenden Darstellungsweise«[121], die die historische Fragestellung immer wieder herausfordert[122]. Allerdings bedeutet dieses erneute Auftauchen der historischen Fragestellung noch nicht, daß damit auch entsprechende Aussichten auf Erfolg gegeben sein müssen. Diese werden sich auf der Grundlage formgeschichtlicher Forschung stets in bescheidenen Grenzen halten. Andererseits können die durch sie bewirkten tatsächlichen Fortschritte von keiner Reflexion über methodische Probleme übersehen werden.

Gewisse Differenzen zwischen den ersten Formgeschichtlern und einigen Bultmannschülern hinsichtlich der bestehenden Erkenntnisaufgaben und -möglichkeiten können hier außer Betracht bleiben; denn auch die Begründer dieser Forschungsrichtung haben ja sehr wohl Urteile über den historischen Jesus abgegeben. Selbst *Bultmann* meinte schließlich, »mit einiger Vorsicht« einiges Charakteristische über Jesu Wirken und über seine Verkündigung aussagen zu können. Was er dagegen für ganz unmöglich hält, ist ein wirkliches Charakterbild und eine Biographie.

---

113 *Käsemann:* Problem, S. 194.
114 *E. Schweizer:* Glaube, S. 21.
115 *E. Schweizer:* Markus, S. 11.
116 *Robinson:* Kerygma, S. 98.
117 *Jülicher:* Geschichte, S. 44.
118 *Käsemann:* Sackgassen, S. 54.
119 ebd.
120 *Moltmann:* Theologie, S. 170.
121 *Käsemann:* Sackgassen, S. 54.
122 *Roloff* hält die »Alternative zwischen ›Glaubenszeugnissen‹ und ›historischen Dokumenten‹« überhaupt für falsch und hinfällig (Kerygma, S. 273) – eine Formulierung, die das früher erwähnte interessante Ergebnis einer unter besonderen Gesichtspunkten angestellten Untersuchung allzusehr verallgemeinern dürfte. Diese Alternative ist gewiß keine totale. Die Behauptung, es bestehe eine solche, muß also teilweise eingeschränkt und von Fall zu Fall geprüft, kann aber sicherlich nicht auf der ganzen Linie bestritten werden.

»Die größte Verlegenheit für den Versuch, ein Charakterbild Jesu zu rekonstruieren, ist die Tatsache«, die schon seinem Lehrer *Wilhelm Herrmann* zu schaffen gemacht hatte[123], »daß wir nicht wissen können, wie Jesus sein Ende, seinen Tod verstanden hat.«[124] Und hierin dürften diejenigen der Schüler Bultmanns, die in der historischen Zielsetzung etwas weiter als er gehen zu können glauben, kaum anders denken. In der Tat erscheinen, seitdem die formgeschichtliche Betrachtung sich durchgesetzt hat, noch so gründliche und feinsinnige Charakterstudien[125] historisch als nahezu wertlos. Erst recht ist man sich darüber allgemein im klaren, daß eine wirkliche Biographie Jesu oder auch nur ein biographischer Aufriß in großen Zügen nicht mehr gegeben werden kann. Gerade *Käsemann*, von dem die »neue Frage« nach dem historischen Jesus ausging, äußert sich darüber ganz eindeutig: »Bei einem Leben Jesu kann man schlechterdings nicht auf äußere und innere Entwicklung verzichten. Von der letzten wissen wir jedoch gar nichts, von der ersten fast nichts außer dem Wege, der von Galiläa nach Jerusalem, von der Predigt des nahen Gottes in den Haß des offiziellen Judentums und die Hinrichtung durch die Römer führte. Nur Phantasie kann sich zutrauen, aus diesen kümmerlichen Anhaltspunkten das Geflecht einer auch im einzelnen nach Ursache und Wirkung bestimmbaren Historie herauszuspinnen.«[126] Auch *G. Bornkamm*, der Verfasser der ersten Jesusdarstellung aus der Bultmannschule, hält die »Suche nach den bloßen Fakten der Geschichte« für »schwierig und weithin aussichtslos«[127]. Das Fazit aus dieser Problemlage hat *H. Conzelmann* gezogen: Da als primäre Quellen »nur die in den jetzigen literarischen Rahmen eingebauten Einzelüberlieferungen« in Betracht kommen und auch bei ihnen »von Fall zu Fall nach der Echtheit zu fragen« ist, »zumal ein Teil der Erzählungen ›ideale Szenen‹, nicht historische Ereignisse darstellt (Bultmann)«, »entfällt für einen großen Teil der Überlieferung die Möglichkeit, den genauen Ort im Leben Jesu zu fixieren. Wir kennen nicht mehr die Ereignisse und können vor allem keine äußere und innere Entwicklung rekonstruieren«[128]. Aber auch ein vergleichsweise konservativer, richtiger (nach seiner eigenen Terminologie): gemäßigt kritisch eingestellter Forscher wie *Kümmel* hält den »Verzicht auf eine *Biographie* Jesu im Sinne einer Schilderung der äußeren oder inneren Entwicklung Jesu« für zwingend[129]. Namentlich müssen wir auch nach Kümmels Ansicht »völlig verzichten«, »auf eine genetische Erklärung des Selbstverständnisses Jesu und ebenso auf eine pragma-

---

[123] Vgl. *Mahlmann:* Herrmann, S. 42 f.
[124] *Bultmann:* Verhältnis, S. 11.
[125] z. B. vor allem *Johannes Ninck:* Jesus als Charakter, sowie die von Schweitzer (LJ S. 580) besonders gerühmte, in der Tat »großartige Charakterschilderung« von *Karl Weidel:* Jesu Persönlichkeit.
[126] *Käsemann:* Problem, S. 212 f.
[127] *Bornkamm:* Jesus, S. 12.
[128] *Conzelmann:* Jesus, Sp. 623.
[129] *Kümmel:* Problem 1960, S. 393. Vgl. auch: Forschungsbericht, S. 87.

tische Erklärung seines Verhältnisses zu seinen Jüngern und seinen Gegnern«[130].[131] »Der Zweifel an der Möglichkeit, eine pragmatische Darstellung Jesu auf wissenschaftlichem Wege geben zu können, hat denn auch dazu geführt, daß innerhalb der deutschen Theologie« seit der von Wrede, Wellhausen u. a. geleisteten Kritik und der Begründung der formgeschichtlichen Forschung »kaum noch ein ›Leben Jesu‹ geschrieben wurde.«[132, 133]

Eben dies jedoch ist es ja, was Schweitzer noch versucht hat: zwar nicht mehr ein vollständiges »Leben Jesu« zu bieten, aber doch einen die entscheidenden Motive, Ziele, Unternehmungen und Wenden erkennenlassenden Abriß seiner öffentlichen Wirksamkeit und die Erfassung seines dahinterstehenden Selbstbewußtseins. Wenngleich Schweitzer behauptet, eine eigentliche Entwicklung habe Jesus gar nicht durchgemacht — er sei vielmehr von Anfang an fertig gewesen[134] —, so soll sich doch während des kurzen Zeitraums seines öffentlichen Wirkens eine große, entscheidende »Wandlung«[135] seiner ihm im Mittelpunkt stehenden Anschauung vollzogen haben, wie man sie zur inneren Entwicklung einer biographierten Persönlichkeit zu rechnen pflegt. In der Ablehnung der Möglichkeit einer solchen Erkenntnis stimmen die heute an der Jesusforschung beteiligten Autoren wie gesagt weitgehend überein. Wenn die Zeichnung einer inneren Entwicklung, einer derartigen »Wandlung« möglich sein sollte, müßten ja die Evangelisten »etwas vom wirklichen historischen Ablauf der Ereignisse gewußt haben und sich in ihrer Darstellung von diesem Wissen haben leiten lassen«[136]. Gerade dies nennt *Gräßer* »eine der fragwürdigsten Prämissen, die die konsequente Eschatologie macht«, eine Prämisse, die »von der Formgeschichte her zu bestreiten ist«[137]. Nicht nur Wrede hatte zur Zeit, als Schweitzer seine erste Jesusarbeit schrieb, für Markus den Besitz historischer Anschauung vom Leben Jesu verneint, auch Schweitzer selbst entschlüpfte später einmal das schon berührte Zugeständnis, daß die Evangelisten »eine klare Vor-

---

130 *Kümmel:* Problem 1960, S. 403.

131 Eine Nuance positiver, wenngleich im entscheidenden Punkt, hinsichtlich der Möglichkeit einer Biographie, im gleichen Sinne, äußert sich *Cullmann* (Bemerkungen, S. 142): »Prinzipiell schließt die Beschaffenheit der Quellen nur die Abfassung einer Biographie Jesu, nicht aber die Feststellung wesentlicher historischer Elemente aus, die sein Leben und seine Lehre betreffen.« Vgl. auch die mehrfach erwähnte Arbeit von *Roloff*.

132 *Kümmel:* Problem, 1960, S. 393.

133 Eine die Regel bestätigende Ausnahme bildet das Jesusbuch *E. Stauffers*, eine Ausnahme jedoch, die kaum geeignet ist, die obengenannten Urteile zu revidieren. Vgl. *Kümmel:* Problem, 1960, S. 399, sowie: Jesusforschung, S. 295.

134 ML S. 98 f. Danach ist Jesus seine Bestimmung bei der Taufe aufgegangen. Später (LJ S. 392) läßt Schweitzer das Erlebnis bei der Taufe als Geburtsstunde des Messiasbewußtseins Jesu dahingestellt sein und rechnet es zur unicheren Vorgeschichte.

135 LJ S. 434.

136 *Buri:* Problem, S. 101.

137 *Gräßer:* Problem, S. 10.

stellung vom Leben Jesu« nicht gehabt haben[138]. Anscheinend hat er gar nicht bemerkt, wie gefährlich diese Einsicht seiner ganzen Auffassung werden mußte. Die Anhänger Schweitzers spüren freilich, wie Gräßer feststellt, daß von der Formgeschichte her der eigentliche Angriff droht[139]. Aber nur droht? Es läßt sich doch nicht verkennen, daß die literarkritische Fragestellung, welche Schweitzers Position von vornherein außerordentlich gefährdete, ihr in der Entwicklung zur Formgeschichte den Boden vollends entzogen hat. Ein solches Maß von Wissen, wie Schweitzer es teils voraussetzt, teils erstrebte und gewonnen zu haben glaubte, gilt eben grundsätzlich als nicht mehr erreichbar. In der Erkenntnis, »daß eine wirkliche Biographie Jesu im Sinne einer Entwicklungsschilderung wissenschaftlich nicht mehr möglich ist« (Kümmel[140]), »nicht einmal« »im Zentrum seines öffentlichen Wirkens« (Dahl[141]), besteht von Bultmann und seiner Schule bis Kümmel, Cullmann und Althaus, unbeschadet gewisser unterschiedlicher Auffassungen, Einigkeit[142].

Das Urteil, daß die Ergebnisse der formgeschichtlichen Methode die Leben-Jesu-Auffassung Schweitzers aufs schwerste gefährden, würde auch dann bestehen bleiben, wenn man *J. Héring*[143] darin zustimmen wollte, daß Schweitzer wegen der von ihm betonten Zusammenhanglosigkeit des Markusberichts und mit Rücksicht auf seine Erkenntnis, daß es sich überhaupt bei den Synoptikern um »Anekdotensammlungen« handelt, als Vorläufer der formgeschichtlichen Schule gelten kann, eine These indessen, der sich in Anbetracht seines geringen Interesses für die literarischen Probleme nur sehr bedingt beipflichten läßt. Schweitzer versucht, die Geschichte Jesu unter weitgehender Ausschaltung der Literarkritik zu erkennen; in der formgeschichtlichen Betrachtung tritt eher umgekehrt die historische Erkenntnis hinter der literarkritischen Problematik zurück. Auch *Cullmann* meint, man könne Schweitzer als Vorläufer gewisser Erkenntnisse der Formgeschichte ansehen, »insofern er der Totengräber der Leben-Jesu-Darstellungen ist«[144]. Aber Schweitzer verwirft nur die zu vieles wissenden und modernisierenden Leben-Jesu-Werke, stellt jedoch die historische Leben-Jesu-Forschung nicht grundsätzlich in Frage, wie er ja auch selber den Versuch einer Rekonstruktion der Wirksamkeit Jesu bietet[145]. So ist das Verhältnis Schweitzers zur formgeschichtlichen Methode doch auch in dieser Beziehung überwiegend gegensätzlicher Art[146].

F. Buri gibt zu, daß eine ausführliche Rechtfertigung der konsequent-eschatologischen Auffassung gegenüber dem formgeschichtlichen Standpunkt bis heute

---

[138] LJ S. 441.
[139] *Gräßer:* Problem, S. 101.
[140] *Kümmel:* R. Otto, S. 198.
[141] *Dahl:* Jesus, S. 120.
[142] Das Urteil, daß das Material viel zu dürftig ist, um »eine wirkliche Biographie« zu ermöglichen, nennt auch *M. Werner* (Weg, Bd. 1, S. 101) »selbstverständlich richtig«, ohne jedoch daraus die Konsequenz zu ziehen.
[143] *Héring:* Holtzmann, S. 25 f.
[144] *Cullmann:* Eschatologie, S. 365.
[145] Vgl. *Kümmel:* Problem, 1960, S. 392. — *Ders.:* Problem, 1961, S. 417. — *Robinson:* Kerygma, S. 95 f.
[146] Daß Schweitzer die Anfänge der formgeschichtlichen Arbeit mit gewissen Einschränkungen ablehnt, stellt *R. Slenczka* (Geschichtlichkeit, S. 31) fest. — Zur Ablehnung der Formgeschichte durch die Schweitzersche Schule vgl. *M. Werner:* Entstehung, S. 52 ff.

noch fehlt[147]. Und dieses Fehlen ist, wie hinzugefügt werden muß, sicherlich nicht zufällig. Daß Schweitzer selbst nicht dazu gekommen ist, sich mit der formgeschichtlichen Schule auseinanderzusetzen, hat *M. Goguel* bedauert[148]. So verständlich und berechtigt dies Bedauern ist: liest man Schweitzers Vorwort zur 6. Auflage seines Hauptwerks, so möchte man bezweifeln, daß viel dabei herausgekommen wäre. Freilich soll, wie Cullmann erwähnt[149], Schweitzer über das schon genannte grundlegende Werk der Formgeschichte von Karl Ludwig Schmidt geurteilt haben, daß der Verfasser dort »die Sache richtig angepackt habe«. Wenn das stimmt, woran zu zweifeln kein Anlaß besteht, so hat ihn sein Spürsinn für das Bedeutende geleitet, ohne daß er doch in vollem Maße erkannt hätte, was für ein Sprengstoff hierin für seine eigene Sache lag. *U. Neuenschwander*[150] hält es für angezeigt, einige Einwände von formgeschichtlicher Seite kurz zu erwähnen, macht aber wie Buri keinen Versuch, sich mit ihnen auseinanderzusetzen. Es entsteht überhaupt der Eindruck, daß Schweitzers Anhänger die verba magistri auffallend oft und gern wiederholen, aber dort, wo es nun wirklich etwas zu tun gäbe, wenig Neigung zeigen, Hand anzulegen. Das hängt aber wohl auch mit dem später noch zu erwähnenden Umstand zusammen, daß es unter ihnen keine eigentlichen Fachleute gibt.

Sehr ernstzunehmende Einwände gegen die formgeschichtliche Methode sind hauptsächlich gerade von *Cullmann* vorgebracht worden, obgleich er ihr in ihren Anfängen selber nahestand und sich ihrer auch weiterhin in bestimmten Grenzen bedient. Daß die Bultmannschule diejenigen Jesusworte, die einer theologischen Tendenz der Urgemeinde entsprechen, fast regelmäßig als Gemeindebildung ansieht, hält er für »wissenschaftlich nicht gerechtfertigt«, weil dadurch die Gefahr einer Verengung der Perspektive entsteht[151]. Eine solche Übereinstimmung zwischen Urgemeinde und Jesus selbst könnte ja auch einmal der Wirklichkeit entsprochen haben. Diese Möglichkeit wird auch der gelten lassen müssen, der das erwähnte Kriterium im allgemeinen als richtig anerkennt. Bei den von Cullmann befürworteten Kriterien besteht jedoch die entgegengesetzte Gefahr; denn danach wäre es leicht möglich, daß ein Jesuswort zu Unrecht als echt angenommen wird. So hat *Robinson* sicherlich recht, wenn er meint, »die Tendenz, die Echtheitsfrage in den Fällen positiv zu beantworten, in denen sich die Argumente die Waage halten«, scheine ihm »ebenso eine ›Durchbrechung der ursprünglichen Neutralität‹ in der formgeschichtlichen Beurteilung der Echtheitsfrage« zu sein, »wie sie Cullmann[152] der Bultmannschule vorwirft«[153]. Es bleibt jedenfalls dabei: »Die Echtheit jener Jesuslogien, die weitgehend mit dem Kerygma übereinstimmen, ist durch methodologische Überlegungen bis auf weiteres in Frage gestellt«[154]. Der Unsicherheitsfaktor, der in der formgeschichtlichen Forschung bemerkbar ist, liegt im übrigen, wie betont werden muß, nicht allein an dieser Methode, sondern auch und vor allem an dem Gegenstand, um den sie sich bemüht.

Die Bedeutung der formgeschichtlichen Forschung unter dem hier interessierenden Gesichtspunkt ist auch weder an die Richtigkeit der von ihr angenommenen »Formen« im allgemeinen noch an die Geltung ihrer Urteile über die Echtheit oder Unechtheit von Jesusworten, im einzelnen Fall gebunden. Worin

---

147 *Buri:* Schweitzer als Theologe, S. 18.
148 *Goguel:* L'exégète, S. 150.
149 *Cullmann:* Eschatologie, S. 365.
150 *Neuenschwander:* Jesus, S. 58 ff.
151 *Cullmann:* Heil, S. 169 ff. — Ähnlich äußert sich *Marxsen:* Anfangsprobleme, S. 13 f. — Vgl. auch *Kümmel:* Problem, 1960, S. 402 f.
152 *Cullmann:* Bemerkungen, S. 149 ff.
153 *Robinson:* Kerygma, S. 185.
154 S. 190.

sie ohne jeden Zweifel recht hat, das ist die Auflösung der Berichte und Reden in Einzelstücke und die Betonung des Umstandes, daß die Persönlichkeit Jesu und ihre Geschichte den evangelischen Texten nicht unmittelbar zu entnehmen ist, sondern immer nur mittelbar erschlossen werden kann. Diese negativen Erkenntnisse sind also unabhängig von den mehr oder minder umstrittenen positiven Annahmen. Vielmehr besteht darin volle Übereinstimmung mit der wissenschaftlichen Sicht der vorangegangenen Generation in ihren führenden Vertretern. Ohne die »Nachwirkung in der Gemeinde können« wir – so hat es etwa *Wellhausen* ausgesprochen – »von der religiösen Persönlichkeit Jesu uns keine Vorstellung machen. Sie erscheint immer nur im Reflex, gebrochen durch das Medium des christlichen Glaubens«[155]. »Ein mehr oder weniger dichter Schleier sagenhafter Verhüllung des Wirklichkeitsbestandes hatte«, urteilt *Holtzmann,* »den zu überliefernden geschichtlichen Stoff bereits umwoben, als derselbe seine doch höchstwahrscheinlich erstmalige Aufzeichnung« im Markusevangelium fand[156]. Mit als erster hat O. *Pfleiderer* es ausgesprochen, »daß in der theologischen Umbildung der Geschichte unsere *sämtlichen* Evangelien prinzipiell auf gleichem Standpunkt stehen und der Unterschied zwischen Markus und den beiden anderen Synoptikern und dem Johannes nur ein *relativer Gradunterschied* zwischen den verschiedenen Schichten der theologischen Reflexion und des kirchlichen Bewußtseins ist«[157]. Und so erklärt auch *Jülicher:* »Ein tiefer Graben trennt nicht bloß die Johannesschriftstellerei von der synoptischen, sondern nicht minder die synoptische Geschichte Jesu von der wirklichen.«[158] – »*Alle* unsre Überlieferung über Jesus, Marcus und Q nicht ausgenommen, zeigt alte Geschichte und neuen Glauben in unlösbarer Vereinigung: das Jesusbild unserer Evangelien weist nicht bloß schmerzliche Lücken auf, es ist durchweg von einem Firnis überzogen, der stellenweise von dem Ursprünglichen gar nichts mehr durchscheinen läßt. Die Gemeinde hat *ihren* Christus verkündigt, die Botschaft von *ihrem* Christus auch durch einzelne ihrer Mitglieder aufzeichnen lassen; um den wirklichen Jesus bekümmerte sie sich nur insoweit, als er zu dem für ihren Glauben Lebendigen paßte.«[159] Was fehlt hier eigentlich noch gegenüber der heutigen, unter dem Stichwort Kerygma laufenden Sicht?

Aus derselben kritischen Gesamthaltung, die der gegenwärtigen Einstellung grundsätzlich in nichts nachsteht, hat *Wernle* gegen Schweitzers Konstruktion sofort eingewandt: »Der einzig sichere Ausgangspunkt müßte sein, daß wir ein direktes Wissen über Jesus überhaupt nicht besitzen, daß uns bekannt bloß Glaube und Überlieferung der Urgemeinde 30–40 Jahre nach seinem Tod sind, daß *alle* Jesusworte aus dem Glauben und dieser Situation *zunächst* müssen verstanden werden und daß es keinen anderen Weg gibt, an Jesus heranzukommen, als vorsichtige Rückschlüsse von dieser Tradition.«[160]

Mit der Feststellung, daß die Beschaffenheit der Quellen es nicht zuläßt, wesentliche Einzelheiten über den Verlauf und die entscheidenden Motive der Wirksamkeit Jesu auszumachen, ist, bevor wir in die Verhandlung über Schweitzers Leben-Jesu-Theorie selbst eintreten, eine erste Vorfrage, die wichtigste überhaupt, bereits entschieden. Denn es ergibt sich daraus von vornherein eine sehr ungünstige Prognose für das ganze

---

155 *Wellhausen:* Einleitung, S. 104.
156 *H. J. Holtzmann:* Marcus-Kontroverse, S. 30.
157 *Pfleiderer:* Urchristentum, S. 666.
158 *Jülicher:* Linien, S. 70.
159 S. 70 f.
160 *Wernle:* Rezension, 1906, Sp. 505.

Unternehmen. So viel, wie Schweitzer über Jesu Wollen und Wirken zu erkennen meinte, kann man gar nicht wissen, das hat die Forschung des letzten halben Jahrhunderts immer mehr eingesehen, das ist aber wie gesagt auch schon Schweitzers Zeitgenossen, insbesondere seinen ersten Kritikern, durchaus bewußt gewesen[161].

Nunmehr soll der Kreis der Betrachtung enger gezogen und zu zwei weiteren Vorfragen übergegangen werden, die das Selbstbewußtsein Jesu, namentlich sein Verhältnis zur Messiaswürde, und die Erwartung der Gottesherrschaft in zeitlicher Hinsicht betreffen. Während das Ergebnis bei den Erörterungen der ersten Vorfrage als völlig gesichert zu gelten hat, wird die Lage bei der zweiten und dritten sehr viel schwieriger, d. h. wir gelangen da auf stellenweise schwankenden Boden, auf dem manches mehr oder weniger umstritten bleibt.

2. Wie steht es mit dem Verhältnis Jesu zum Messiasgedanken? Wie stellt sich der Forschung, zunächst einmal ganz abgesehen von Schweitzers Lösung, dieses Problem dar? Die Ansichten waren früher sehr unterschiedlich und einander geradezu entgegengesetzt. Einige Forscher schrieben die über die Gestalt eines Rabbi oder Propheten hinausgehende Rangerhöhung Jesu der Entwicklung nach seinem Ende zu, hielten also seine Messianität für eine in der urchristlichen Gemeinde entstandene und in den Standpunkt Jesu eingetragene, zurückverlegte, vordatierte Glaubensvorstellung, so etwa, wie schon *Bruno Bauer* und *Volkmar*, namentlich *Wellhausen* (wenigstens überwiegend, sein Urteil hat etwas geschwankt) und *Wrede* sowie *A. Merx* und *W. Brandt*. Im allgemeinen hielt man es jedoch für »schwer begreiflich«, »wie Jesus im Glauben der Seinigen als Messias auferstehen sollte, wenn er für sie zuvor nur Lehrer oder höchstens Prophet gewesen war«[162]. Neben den konservativ eingestellten Forschern, für welche diese Beurteilung selbstverständlich war, sind hier außer *Holtzmann* vor allem *Harnack*, *Jülicher*, *Bousset*, *Heitmüller*, *Lietzmann* zu nennen.

Daß auch die formgeschichtliche Methode den vorhandenen Dissens nicht sogleich überwinden konnte, zeigt die an diesem Punkte entstandene Differenz zwischen ihren Begründern: »Als von Gott für die Zukunft erwählter Messias hat sich Jesus gewußt«, versichert *Dibelius*[163], wobei er allerdings betont, daß »Jesus während seines Wirkens die

[161] Wenn *W. Bremi* (Arbeit, S. 38) es so hinstellt, als ob es vor allem den deutschen Formgeschichtlern zuzuschreiben ist, daß »die biblischen Texte wieder beträchtlich unsicherer« geworden sind, »als sie einst für Schweitzer waren«, so ist das kaum zutreffend. Daß Schweitzer die Texte viel weniger kritisch beurteilte als wir heute, liegt nicht so sehr am Forschungsstand seiner Zeit wie an seiner eigenen eigenwilligen Einstellung. Die Formgeschichte hat die im wesentlichen durchaus schon erreichte Sicht der Zeitgenossen des jungen Schweitzer in diesem Punkte vor allem bestätigt und allerdings sehr erweitert und vertieft.

[162] *Holtzmann:* Bewußtsein, S. 37.

[163] *Dibelius:* Jesus, S. 85.

Messiasfrage nicht in den Vordergrund gestellt hat.«[164] Dagegen erklärt *Bultmann*: Jesus »ist nicht als König aufgetreten, sondern als Prophet und Rabbi – als Exorzist, mag man hinzufügen«[165]. Es ist nach Bultmann sehr die Frage, ob die Argumentation, welche den Glauben der Gemeinde aus einem ihm entsprechenden Selbstbewußtsein Jesu verstehen will, recht hat. »Denn ebenso möglich ist es, daß der Glaube an Jesu Messianität mit und aus dem Glauben an seine Auferstehung erwachsen ist.«[166] – »Die Szene des Messiasbekenntnisses des Petrus« »bietet keinen Gegenbeweis – im Gegenteil! Denn sie ist eine von Markus in das Leben Jesu zurückprojizierte Ostergeschichte, genau wie die Geschichte von der Verklärung Jesu.« – »Legende ist die Versuchungsgeschichte, die über die Art der Messianität Jesu bzw. über die Art des christlichen Messiasglaubens reflektiert.«[167] – »Legendarisch gefärbt ist die Geschichte vom Einzug in Jerusalem«, »und Legende hat sich vielfach über die Erzählung von der Passion Jesu gebreitet; denn für die Gemeinde, die den Gekreuzigten als den Messias verehrte, stand es natürlich alsbald fest, daß er auch als der Messias gekreuzigt worden sei.«[168] Insbesondere ist der ganze Bericht über das Verhör und die Verurteilung sekundär[169]. So findet man bei den ersten Formgeschichtlern die Behauptung des messianischen Selbstbewußtseins Jesu hart neben seiner entschiedenen Bestreitung.

Die weitere Entwicklung und gegenwärtige Lage innerhalb der eigentlichen formgeschichtlichen Schule ist nun dadurch gekennzeichnet, daß nicht mehr einfach Bejahung und Verneinung des Messiasbewußtseins Jesu einander gegenüberstehen, daß sich das Problem vielmehr in einer eigentümlichen Weise differenziert hat, wobei man sich gewissermaßen auf einer mittleren Linie trifft. Das sieht dann so aus, daß neben einer unmittelbar, formal, negativen eine mittelbar, im Grunde genommen, auf das Wesentliche gesehen, positive Beantwortung dieser Frage einhergeht. Man ist also weitgehend mit Bultmann in der negativen Annahme einig, daß »Jesus keinen der herkömmlichen jüdischen Erlösertitel auf sich selbst anwandte« *(Conzelmann[170])*. Andererseits scheint *Bultmann* selbst schon das Bestehen eines »Anspruchs« Jesu in der Weise angenommen zu haben, »daß sich an der Stellung zu ihm das Schicksal entscheidet«[171]. Dadurch ist eine in der Sache positive Ansicht vorbereitet, dergestalt, daß »Jesu Auftreten und seine Verkündigung eine Christologie impliziert, insofern er die Entscheidung gegenüber seiner Person als dem Träger des Wortes Gottes gefordert hat, die Entscheidung, von

---

164 S. 91.
165 *Bultmann:* Theologie, S. 28.
166 S. 27.
167 S. 28.
168 ebd.
169 *Bultmann:* Tradition, S. 290 ff.
170 *Conzelmann:* Gegenwart, S. 281.
171 *Bultmann:* Theologie, S. 27.

der das Heil oder das Verderben abhängt«[172]. Auf dieser Grundlage wird ein Standpunkt gewonnen, der den früheren Gegensatz mehr oder weniger überwunden zeigt. »Alle Stellen, in denen irgendein Messiasprädikat erscheint«, hält *Käsemann* für »Gemeindekerygma.«[173] Auch *G. Bornkamm*[174] ist der Ansicht, daß sämtliche Messiastitel (Christus, Menschensohn, Gottesknecht, Gottessohn) Jesus »vom Glauben der Gemeinde beigelegt« werden, so daß »Jesu Selbstbewußtsein nicht in der christologischen Titulatur greifbar ist« *(Conzelmann*[175]*)*. Dabei wird dieses nun aber nicht mehr auf das übliche Rabbi- oder Prophetentum beschränkt, sondern als etwas ganz und gar Einzigartiges angesehen, das die Gemeinde durchaus zutreffend im messianischen Sinne gedeutet hat. Bereits *J. Schniewind* betonte, daß gegenüber dem großen einzigartigen Selbstbewußtsein Jesu, das hinter jedem Wort und jeder Geschichte steht, wie sie uns von Jesus überliefert wird, »die Frage nach dem Titel nicht mehr die wichtigste ist«[176]. Damit wurde die heute herrschende Betrachtung angebahnt: man reflektiert nicht mehr über das Selbstbewußtsein Jesu, hinsichtlich dessen sich naturgemäß nichts Sicheres ausmachen läßt, sondern hält sich an den Anspruch, der in seinem Verhalten den Hörern gegenüber zum Ausdruck kommt, und an den Eindruck, den diese von ihm erfahren haben. So weist *Käsemann* vor allem auf die Antithesen der Bergpredigt hin (»Ihr habt gehört . . ., ich aber sage euch . . .«). Als entscheidend ist dabei hervorzuheben, daß hier »eine Autorität beansprucht wird, welche neben und gegen diejenige des Moses tritt. Wer aber Autorität neben und gegen Moses beansprucht, hat sich faktisch über Moses gestellt und aufgehört, ein Rabbi zu sein, dem ja immer nur von Moses abgeleitete Autorität zukommt«[177]. »Die Unerhörtheit des Wortes bezeugt seine Echtheit.«[178] Sie bezeugt ferner, »daß Jesus wohl wie ein Rabbi oder Prophet aufgetreten sein mag, sein Anspruch jedoch den jedes Rabbi und Propheten überschreitet«[179]. Im Hinblick auf diese und andere Worte wie die Stellungnahme zum Sabbatgebot und zu den Reinlichkeitsvorschriften, die alle das besondere Hoheits- und Vollmachtsbewußtsein Jesu zeigen und voraussetzen, ergibt sich die These: »Die einzige Kategorie, die seinem Anspruch gerecht wird, ist völlig unabhängig davon, ob er sie selber benutzt und gefordert hat oder nicht, diejenige, welche seine Jünger ihm denn auch beigemessen haben, nämlich die des Messias.«[180] Ebenso findet *Bornkamm* bei aller Zurückhaltung hinsichtlich des Gebrauchs der messianischen Titel durch Jesus selbst, daß

[172] *Bultmann:* Verhältnis, S. 16. Vgl.: Theologie, S. 46.
[173] *Käsemann:* Problem, S. 211.
[174] *Bornkamm:* Jesus, S. 159.
[175] *Conzelmann:* Jesus, Sp. 633.
[176] *Schniewind:* Selbstzeugnis, S. 10.
[177] *Käsemann:* Problem, S. 206.
[178] ebd.
[179] ebd.
[180] ebd.

»das ›Messianische‹ seines Wesens *in* seinem Wort und seiner Tat und der Unmittelbarkeit seiner geschichtlichen Erscheinung beschlossen ist«[181]. Sehr prägnant gelangt diese Sicht wiederum in der komprimierten Fassung des Lexikons zum Ausdruck: »Sein Leben war, äußerlich gesehen, unmessianisch. Eine Anerkennung als Messias hat er nicht gefordert; die hierauf zielenden Worte sind wahrscheinlich Gemeindebildung, und dies gilt wohl auch von den Menschensohnworten. Das Messiasgeheimnis steht aber hinter allen Worten und Taten. In der Person dessen, der *so* predigt und handelt, daß die Zeugen seliggepriesen werden können (Lk. 10, 23 f. par.), ist jede irdische Kategorie so weit überschritten, daß die Christusfrage sich unausweichlich erhebt und geradezu gemeint zu sein scheint.«[182] *Conzelmann* spricht von einer »indirekten Christologie« bei Jesus[183].

Daß Jesus den eigentlichen Messiastitel Christus, der »ohne eine diesseitig-politische Komponente schlechterdings nicht denkbar ist« (Hahn[184]), nicht für sich beansprucht hat, gilt heute als ziemlich sicher. Nach *Cullmann* bejaht Jesus die entsprechende Frage weder Kaiphas noch Pilatus gegenüber und betrachtet das Bekenntnis des Petrus sogar als »satanische Versuchung«[185]. Jesus bewahrt diesem Titel gegenüber jedenfalls »äußerste Zurückhaltung«[186]. Auch *Hahn* meint, daß er »höchstwahrscheinlich von Jesus zurückgewiesen worden« ist[187]. *Stauffer* findet überdies, daß er »niemals in einem klaren und unanfechtbaren Selbstzeugnis Jesu« vorkommt[188].

Nicht völlig geklärt erscheint hingegen das Menschensohn-Problem. Dieses ist besonders wichtig, weil der Würdename Menschensohn, der fast nur in den Evangelien und in ihnen ausschließlich im Munde Jesu begegnet, bei den Synoptikern als der häufigste überhaupt dasteht[189]. Grundlegend für jede Erörterung dieses Problems ist die Einteilung der synoptischen Menschensohn-Worte in drei Gruppen: die vom gegenwärtig wirkenden Menschensohn, die vom leidenden und auferstehenden und die vom kommenden Menschensohn[190]. In den Leidensweissagungen redet Jesus nicht von der Parusie, umgekehrt in den Parusieweissagungen nicht vom Sterben und Auferstehen des Menschensohns. Sie haben nach *Bultmann* »ursprünglich nichts miteinander zu tun«[191]. Daß die Leidensweissagungen, die in der Spruchquelle fehlen, die jüngste Gruppe darstellen und Jesus abzusprechen sind, ist weiterhin anerkannt. Die anderen Gruppen kommen beide in Q vor, doch hält Bultmann die Worte vom gegenwärtig wirkenden Menschensohn ebenfalls für sekundär. Nur die Sprüche vom kommenden Menschensohn schreibt er Jesus selbst zu. Daß die Parusieworte die ältesten

---

[181] *Bornkamm:* Jesus, S. 163.
[182] *Surkau:* Jesus, Sp. 279.
[183] *Conzelmann:* Jesus, Sp. 631. — Ders.: Methode, S. 13.
[184] *F. Hahn:* Hoheitstitel, S. 163.
[185] *Cullmann:* Christologie, S. 118 ff.
[186] S. 126.
[187] *F. Hahn:* Hoheitstitel, S. 179.
[188] *Stauffer:* Messias, S. 82.
[189] *Vielhauer:* Gottesreich, S. 55.
[190] Diese Einteilung ist bei uns vor allem durch Bultmann gebräuchlich geworden. Nach *J. M. Robinson* (Kerygma, S. 186, Anm. 15) geht sie auf Jean Héring zurück.
[191] *Bultmann:* Theologie, S. 31.

sind, nimmt man wiederum fast allerseits an[192]. Jedoch wird die Sache jetzt erst recht verwickelt. Wenn Bultmann diese Logien, in denen Jesus vom kommenden Menschensohn in der dritten Person spricht, als echt ansieht, so soll sich doch Jesus darin nicht auf sein eigenes Kommen beziehen, sondern vom Menschensohn als von einem anderen sprechen. Diese Auffassung hat sich auch *Bornkamm* zu eigen gemacht[193]. Von *H. E. Tödt*[194] ist sie noch einmal im einzelnen eingehend begründet worden, und sie wird auch von *Ferd. Hahn*[195] sowie einer Reihe anderer Autoren vertreten. Während nun im Gegensatz dazu Forscher wie *Kümmel*[196] und *Cullmann*[197] an der von den Evangelisten ihrerseits sicherlich gemeinten Identität zwischen Jesus und dem Menschensohn auch für das Bewußtsein Jesu selbst festhalten – auch *Stauffer* steht es »fest, daß Jesus sich als den Menschensohn bezeichnet hat«[198], und *O. Michel* ist es »durchaus wahrscheinlich«, daß Jesus »sich als erwählt weiß, im apokalyptischen Sinn zum Menschensohn erhoben zu werden»[199] –, gehen einige der Schüler Bultmanns mit einer »radikalkritischen Lösung«[200] nach der entgegengesetzten Seite über ihn hinaus.

Ph. Vielhauer beobachtete, daß »in keinem der einzelnen synoptischen Menschensohn-Worte eine Aussage über die Gottesherrschaft gemacht wird; auch dort nicht, wo vom kommenden Menschensohn die Rede ist«, d. h. in denjenigen Menschensohn-Worten, die nach der überwiegenden Ansicht die älteste Gruppe bilden. »Die Worte vom kommenden Menschensohn und die von der Gottesherrschaft gehören offenbar zwei verschiedenen Überlieferungssträngen der Herrenworte an.«[201] Daraus folgert Vielhauer: »Alle Worte vom kommenden Menschensohn stammen mit einer an Sicherheit grenzenden Wahrscheinlichkeit nicht vom historischen Jesus.«[202] Untermauert wird diese These durch den Nachweis, daß Gottesreich und Menschensohn auch in der spätjüdischen Eschatologie »nicht miteinander verbunden sind. Ihre Kombination legte sich für Jesus also auch von seinen religionsgeschichtlichen Voraussetzungen her nicht nahe«[203]. Und Gottesreich und Menschensohn kommen nicht nur in den ältesten synoptischen Zeugnissen nicht zusammen vor, Vielhauer geht noch einen Schritt weiter und behauptet, daß die Gottesherrschaft als lebendige Hoffnung gar keinen Platz läßt für die Gestalten des Menschensohnes und des Messias. »Vom strengen Begriff der Gottesherrschaft her ist es unmöglich, daß Jesus den kommenden Menschensohn erwartet oder gar sich mit ihm identifiziert hat.«[204] Wohl aber ist »unverkennbar, daß Jesus sich selbst in einer unauflösbaren Beziehung zum Gottesreich und seinem Kommen gesehen hat«[205], ohne irgendeine Beziehung also auf die Menschensohn-Vorstellung. Mit aller Bestimmtheit urteilt Vielhauer jedenfalls: »Kein Menschensohn-Wort ist authentisch. Jesus hat den Men-

---

192 Eine Ausnahme macht jedoch *E. Schweizer* (Menschensohn, S. 201), der umgekehrt urteilt, daß »die Parusieworte am unsichersten, die den Irdischen bezeichnenden Worte aber am sichersten sind«.
193 *Bornkamm:* Jesus, S. 206 ff.
194 *Tödt:* Menschensohn.
195 *F. Hahn:* Hoheitstitel, S. 27 ff.
196 *Kümmel:* Verheißung, S. 39 f. – Problem, 1960, S. 404.
197 *Cullmann:* Christologie, S. 154 ff.
198 *Stauffer:* Messias, S. 82.
199 *Michel:* Schweitzer, S. 129. – Vgl. auch: Umbruch, S. 314 f.
200 Diesen Begriff verwendet *G. Haufe:* Menschensohn-Problem, S. 134.
201 *Vielhauer:* Gottesreich, S. 58.
202 S. 80.
203 S. 87.
204 S. 88.
205 ebd.

schensohn nicht verkündigt.«[206] »Daß Jesus der ›Menschensohn‹ sei, ist ein Satz der Urgemeinde, nicht schon Jesu selbst.«[207] Die Beweiskraft der Argumentation ist wegen des geringen Umfangs des Materials nicht unumstritten[208], aber doch wohl als recht hoch zu bewerten. Zu dem Ergebnis, »daß kein einziges Wort vom kommenden Menschensohn als Jesuswort über alle Zweifel erhaben, daß die Parusieerwartung tatsächlich sehr schlecht bezeugt ist in der ältesten Tradition«, gelangt auch *E. Schweizer*, und er folgert daraus mit Vielhauer, daß Jesus das Kommen des Menschensohns wahrscheinlich nicht erwartet hat[209].

Für die in diesem Abschnitt anzustellende Betrachtung ist es weniger entscheidend, ob Jesus den Menschensohn-Titel überhaupt gebraucht hat oder nicht, als daß er ihn nicht auf sich selbst bezogen hat, und damit wenigstens muß heute sehr ernstlich gerechnet werden.

Bezeichnend für die Problemlage in der jüngsten Vergangenheit und Gegenwart ist es, daß selbst ein Theologe wie *Althaus* sich mit dem Verzicht auf die messianischen Titel im Munde Jesu abgefunden hat: »Was liegt denn daran, ob man diese Fragen mit ja oder nein beantwortet, wenn doch alle, die hier verschieden urteilen, darin eins sind, daß Jesus gewiß war, ›daß sich an der Stellung zu ihm das Schicksal entscheidet‹ (Bultmann)?«[210] Althaus dürfte damit freilich allzu einseitig als systematischer Theologe Stellung nehmen, dem es nicht so sehr auf die konkrete »Gestalt« selbst, als auf den bleibenden »Gehalt« dieser Gestalt ankommt[211]. Rein historisch gesehen lassen sich hier jedoch zwei Bedenken nicht unterdrücken. Erstens die Frage, ob eine zwischen dem nur prophetischen und dem messianischen Selbstbewußtsein liegende Möglichkeit eigentlich denkbar erscheint, ob also ein überprophetisches Selbstbewußtsein Jesu, in dessen Annahme die heutige Forschung sich weitgehend einig

---

206 *Vielhauer:* Jesus, S. 133.
207 S. 136.
208 Einwände allgemeiner Art hat *F. Neugebauer* gemacht, die sich zum Teil mit den von Cullmann (vgl. S. 145) erhobenen berühren. Für verfehlt hält Neugebauer vor allem den Grundsatz: »Was sich als im Urchristentum entstanden erklären läßt, ist nicht auf Jesus zurückzuführen«, oder auch Kriterien wie: »Echt ist, was sich nicht aus dem Judentum ableiten läßt, oder: Unecht ist, was mit dem Judentum übereinstimmt« (Jesus, S. 11). In solchen methodischen Voraussetzungen liegt zweifellos ein Problem, das in der folgenden Bemerkung einen guten Ausdruck findet: »Was hätte Jesus tun sollen — so fragt man sich — damit wenigstens ein Menschensohnwort als echt anerkannt werden kann? Entsprach Jesus den jüdisch-apokalyptischen Vorstellungen, dann ist es nichts mit der Echtheit, ging er aber über sie hinaus, dann ist es wieder nichts« (S. 12). Nicht ganz unberechtigt dürfte namentlich der Vorwurf sein, daß die dargelegten Beobachtungen »eine Echtheitsungewißheit zur Unechtheitsgewißheit erhebt« (S. 13). In der Tat ist die Sicherheit mancher Urteile auffallend. Es muß jedoch andererseits anerkannt werden, daß die hier in Zweifel gezogenen Grundsätze sich als ungemein fruchtbar erwiesen und zu so beachtlichen Ergebnissen geführt haben, daß der Schritt von der Echtheitsungewißheit zur Unechtheitsgewißheit, sofern man auf diesem Gebiet überhaupt von Gewißheit sprechen kann, vielfach recht nahe liegt und mitunter gerechtfertigt erscheint. Höchst sonderbar ist, daß Neugebauer schließlich den Spieß umkehrt und sich zu dem Grundsatz zu bekennen wagt, nicht die Echtheit, sondern die Unechtheit müsse bewiesen werden (S. 18). Durch eine derart unbegründete Forderung wird sich die erfolgreiche Forschung in der eingeschlagenen Richtung nicht aufhalten lassen.
209 *E. Schweizer:* Menschensohn, S. 192.
210 *Althaus:* Kerygma, S. 43.
211 ebd.

ist, nicht beinahe zwangsläufig auf den im vollen Sinne messianischen Anspruch zurückweist. Mit anderen Worten: Ist der Messias- und Menschensohn-Glaube für die Erklärung des einzigartigen Hoheitsbewußtseins Jesu nicht doch so oder so eine notwendige Voraussetzung? Diesen Einwand kann man in der Tat von heutigen Forschern ausgesprochen finden. So läßt nach *Kümmel* die »indirekte Christologie« »die Frage unbeantwortet, *warum* Jesus überhaupt im Zusammenhang seiner Verkündigung von der Gottesherrschaft einen so hohen Anspruch für seine Person erhob«[212]. Kümmel meint darüber hinaus, es sei in jener Zeit »einer sehr lebendigen Erwartung der Endzeit« »schwer vorstellbar, daß Jesus der Frage nach seiner Stellung zur Erwartung eines endzeitlichen Gesalbten oder eines himmlischen ›Menschen‹ oder eines Priestermessias angesichts seiner Endzeitverkündigung oder seines persönlichen Anspruchs überhaupt ausweichen *konnte*«[213], so daß sich insofern die Frage stellt, »ob Jesus seinen persönlichen Anspruch nicht doch schon selber in irgendeine Form der traditionellen Rettererwartung gekleidet hat«[214, 215].

Es läßt sich aber zweitens auch umgekehrt fragen: Wenn wirklich keiner der messianischen Titel von Jesus beansprucht worden ist, könnten dann nicht auch jene für eine indirekte Christologie sprechenden Züge eine bloße Ausstrahlung des im Zeichen einer direkten Christologie stehenden Gemeindeglaubens sein? Bei der grundsätzlichen Schwierigkeit bzw. Unmöglichkeit, die älteste Traditionsschicht scharf gegen die Wirklichkeit Jesu selbst abzusetzen, ist dieses Bedenken wohl nie ganz auszuschalten. Macht man etwa mit der von *S. Schulz* näher begründeten Annahme ernst, daß in der Spruchquelle die älteste Gemeinde überhaupt, das vom Enthusiasmus getragene palästinensische Judenchristentum, in Erscheinung tritt, daß Sprüche wie der vom Bekennen und Verleugnen Jesu die enthusiastisch-prophetische Verkündigung des erhöht-gegenwärtigen Menschensohnes Jesus darstellen[216] und daß hieraus erst in der jüngeren Schicht von Q die Verkündigung des irdischen Jesus geworden ist[217] — in den ältesten Q-Stoffen kommt nicht einmal sein Name vor![218] —, so werden die Grenzen zwischen dem Jesus des Gemeindeglaubens und dem geschichtlichen Jesus völlig fließend. Dann wäre es nicht unmöglich, jenes einzigartige Hoheitsbewußtsein, anstatt es auf Eindrücke, welche die Jünger vom irdischen Jesus empfangen haben, zurückzuführen, vielmehr primär in der urchristlichen Verkündigung des Erhöhten gegeben zu sehen, dessen Worte später dem irdischen Jesus in den Mund gelegt worden sind.

---

212 *Kümmel,* Anspruch, S. 433.
213 *Kümmel:* Anspruch, S. 433 f. — Vgl. auch: Problem, 1960, S. 404.
214 *Kümmel:* Problem, 1960, S. 434.
215 Ganz in demselben Sinne äußern sich *A. Vögtle* (Rezension Bornkamm: Jesus, Sp. 101) und schon *R. Otto* (Reich, S. 132).
216 *Schulz:* Spruchquelle, S. 66 ff.
217 S. 482.
218 S. 61.

Was bedeuten nun die teils verhältnismäßig gut gesicherten, teils noch recht umstrittenen Forschungsergebnisse und die dadurch geschaffene Lage für die Beurteilung der Theorie Schweitzers? Bei der Beantwortung dieser Frage muß man sich vor allem klarmachen, daß, wenn vom Messias und Menschensohn Jesus gesprochen wird, dabei zwei Vorstellungen zusammengehen, die ursprünglich aus ganz verschiedenen Ideenkreisen stammen und zum Teil durch sehr unterschiedliche Motive bestimmt sind. »Der Menschensohn ist ein präexistentes Himmelswesen und gehört der Apokalyptik an, der Messias ist der irdische, aus Davids Geschlecht stammende König der Endzeit und der Exponent der nationalen jüdischen Eschatologie.«[219] – »Die königlich davidische Linie der Messianität hängt mit der Wiederherstellung Israels und Jerusalems zusammen, die Menschensohn-Erwartung dagegen mit Auferstehung und Weltgericht.«[220] Dort ist von der »Restauration der Vergangenheit« die Rede, hier von »etwas nie Gewesenem, nur als Wunder Begreiflichem«[221]. Die undifferenzierte Begriffsbildung Messias-Menschensohn ist deshalb, wie besonders *Stauffer* betont, als verwirrend von vornherein abzulehnen[222]. Über die Verbreitung der beiden Vorstellungen und ihr Verhältnis zum Glaubensleben der Umwelt Jesu sind wir nicht genau unterrichtet. Während etwa *Michaelis* in Übereinstimmung mit Bousset eine »bei aller Unausgeglichenheit einheitliche Erwartung« voraussetzt[223], hält *Michel* einen Ausgleich dieser Vorstellungsreihen für schwer möglich[224]. »Messiaserwartung und Menschensohnaussage haben von Haus aus nichts miteinander zu tun, sondern stehen in verschiedenen traditionsgeschichtlichen Zusammenhängen.«[225] Schweitzer aber hat nun eben gerade einen derartigen Ausgleichsversuch gemacht, indem er »in einer kühnen Hypothese« annimmt, »daß die messianische Existenz Jesu in einer irdischen Seinsweise anzusetzen ist, die apokalyptische Verwandlung dagegen beim Eintreten des kommenden Aeons erfolgt«[226].

In der Tat bildet diese »kühne«, mit ihrer Verbindung von Gedankenkomplexen so verschiedener Art und Herkunft außerordentlich problematische Konzeption die Grundlage der gesamten Schweitzerschen Lösung. Daraus, daß der Täufer und Jesus selbst »nur eine verhältnismäßig geringe Anhängerschaft gewannen«, schließt Schweitzer, daß »der Glaube an Gericht, Reich und Messias im allgemeinen kein sehr lebendiger war«. »Die Zukunftshoffnungen gehören wohl zum Dogma, waren aber zu jener Zeit entweder gar nicht oder nur in gewissen Kreisen leben-

---

219 *Vielhauer:* Gottesreich, S. 56.
220 *Michel:* Schweitzer, S. 130.
221 *Lohmeyer:* Urchristentum, S. 158.
222 *Stauffer:* Messias, S. 81.
223 *Michaelis:* Täufer, S. 39.
224 *Michel:* Schweitzer, S. 130.
225 *Michel:* Umbruch, S. 315.
226 *Michel:* Schweitzer, S. 131.

dig.«[227, 228] Gleichwohl konnte die messianische Frage das Schriftgelehrtentum beschäftigen, und rein theoretisch bestand das Hauptproblem, das sich den Rabbinen stellen mußte, in der »Vollziehung der Synthese zwischen der prophetischen und der danielischen Eschatologie«[229]. Aber sie »blieben die Antwort schuldig«[230]. Jesus hat sie gegeben. Er hat das Problem »erkannt und auf die einzig mögliche Weise gelöst«, durch die Annahme, »daß die Existenz des Messias zuerst in einer irdischen Seinsweise verläuft, in der er aus Davids Geschlecht seinen Ursprung nimmt, sodann aber in eine überirdische übergeführt wird, wobei die mit der natürlichen Abstammung gegebenen Konsequenzen in Wegfall kommen«.

Um seinen zukünftigen Status weiß nach Schweitzer lediglich Jesus selbst. Die Jünger und erst recht das Volk sind ahnungslos, die drei intimen Jünger werden erst ganz zuletzt in sein Geheimnis eingeweiht. Nur dieses gegenwärtige Wissen um seine zukünftige Bestimmung zum Menschensohn ist genau genommen das Messianische an der Situation des Schweitzerschen Jesus. Der objektive Akzent liegt ganz und gar auf dem Menschensohn als einer futurischen Größe. Schweitzer fragt: War Jesus vom Tage der Offenbarung seines Messiasgeheimnisses an wenigstens für jene drei Jünger der Messias? Antwort: *»Er war es noch nicht.* Man muß sich immer wieder erinnern, daß das Reich und der Messias zusammengehören. Nun war das Reich noch nicht erschienen, also auch der Messias nicht.«[231]

Für Schweitzer ist also, kann man sagen, Jesus der Messias designatus, nicht mehr und nicht weniger. Für die Forschung der Gegenwart ist Jesus dagegen teils weniger, teils mehr. Einerseits nämlich stimmt die ganze Bultmannschule in dem Urteil überein: »Nicht ein einziges seiner Worte redet vom Messias designatus.«[232] Eher war Jesus der Endzeit-Prophet. Dabei wird andererseits eben jenes eigentümliche Hoheits- und Vollmachtsbewußtsein an ihm hervorgehoben, durch welches die später in der Gemeinde erfolgende Zuerkennung der messianischen Würde, wie man meint, als durchaus gerechtfertigt anzusehen ist. Und zwar soll sich diese von Jesus nicht dogmatisch verkündete, indirekte Christologie schon auf seine unmittelbare Gegenwart beziehen. Indessen ist offensichtlich, daß dieses Mehr für Schweitzer ein Zuwenig bedeuten muß. Mit einer Messianität, die eine bloße Form für einen im Grunde davon unabhängigen einzigartigen persönlichen Gehalt ist, könnte Schweitzer

---

227 LJ S. 285.
228 Ganz anders nimmt heute, wie erwähnt, *Kümmel* in fast allen Gruppen des Judentums zur Zeit Jesu eine sehr lebendige Erwartung der Endzeit an. Ebenso vertritt *M. Hengel* (Zeloten, S. 316) die Ansicht, daß die Naherwartung der Heilszeit »als beherrschende Grundstimmung unter der jüdischen Bevölkerung Palästinas weit verbreitet war«.
229 LJ S. 286.
230 S. 316.
231 ML S. 63.
232 *Bornkamm:* Jesus, S. 163.

nichts anfangen. Er braucht für seine Konstruktion eine dogmatisch bestimmte feste Substanz, von der die Form nicht ablösbar ist, d. h. die volle Menschensohn-Dogmatik. Tatsächlich spitzt sich diese Differenz zu einem kontradiktorischen Gegensatz zu. Die Messianität bezieht sich für Schweitzers Jesus ausschließlich auf sein übernatürliches Erscheinen in der Zukunft, während nach Käsemann, Vielhauer und Conzelmann das Messianische an Jesus, sofern man davon sprechen will, allein in seinem irdischen Leben, in seiner geschichtlichen Gegenwart liegt: »Er hat nicht einen anderen, den Menschensohn, als Vollstrecker des Weltgerichts erwartet. Er dachte aber auch nicht an seine eigene künftige ›Parusie‹ als Menschensohn. Was jetzt geschieht, ist die *ganze, endgültige* Ankündigung; es folgt nur noch das Gottesreich selber.«[233] — »Die Gestalt des Menschensohnes fehlt«, wie *Conzelmann* weiterhin ausführt, »in den Gleichnissen, in der pointierten Verheißung der Seligpreisungen. Sie fehlt nicht nur; es ist gar kein Platz für sie da. Ein solcher findet sich erst, als — nach Ostern — die Person Jesu in den Aufriß von Vergangenheit, Gegenwart und Zukunft eingezeichnet werden muß.« Der Jesuskonstruktion Schweitzers wird damit offensichtlich der Boden entzogen. Wo man dagegen in der jetzigen Forschung an dem Menschensohn-Bewußtsein Jesu festhält, ist dieser nun andererseits mehr, als er nach Schweitzers Theorie sein darf: keineswegs nur der Messias designatus. Indem nach *Kümmel* »in seiner Person die Kräfte der messianischen Zeit zu wirken begonnen haben«[234], ragt die Zukunft weit mehr schon unmittelbar in die Gegenwart des geschichtlichen Jesus hinein, als es für Schweitzers Konzeption möglich ist.

Unser Ergebnis der die zweite Vorfrage betreffenden Erörterung läßt sich dahin zusammenfassen, daß die Forschung sich nach wie vor gespalten zeigt. Wo zwar ein einzigartiges Hoheitsbewußtsein Jesu angenommen und sein Wirken eng an das Kommen des Reiches gebunden gedacht, für ihn selbst darin aber keine Rolle vorgesehen wird, seine zukünftige Parusie also fortfällt, ist für Schweitzers Auffassung die Grundlage beseitigt. Wo man andererseits Jesu Selbstbewußtsein im Sinne des zukünftigen Menschensohnes versteht und damit die von ihm gehegte Erwartung seiner Parusie für historisch hält, wird doch die schon in seiner irdischen Person erfüllte Gegenwart des Reiches so stark betont, daß die eschatologische Spannung, die von Schweitzer vorausgesetzte rein zukünftige Ausrichtung auch hier wesentlich beeinträchtigt erscheint. An dieser Stelle berührt sich die Problematik unserer zweiten Vorfrage eng mit der dritten.

3. Diese dritte und letzte Vorfrage, zu der damit übergegangen wird, bezieht sich auf den eschatologischen Charakter des Reiches Gottes in

---

233 *Conzelmann:* Jesus, Sp. 645.
234 *Kümmel:* Anspruch, S. 435.

zeitlicher Hinsicht, genauer: auf das Problem der Erwartung der Gottesherrschaft in mehr oder weniger naher Zukunft. »Wenn überhaupt von gesicherten Resultaten der geschichtlichen Bibelforschung gesprochen werden kann, dann ist unter den wenigen Erkenntnissen, die auf diesen Titel Anspruch erheben können, die vornehmste die, daß das ganze neutestamentliche Denken eschatologisch, endgeschichtlich orientiert sei«, stellte in den zwanziger Jahren *Emil Brunner* fest[235].» Die ›Eschatologie‹ ist also für das Evangelium nicht, wie es häufig von christlicher Theologie behauptet wurde, ein Anhang, eine Ergänzung, ein Lehrstück neben vielen anderen und ohne innige Verbindung mit der Botschaft selbst, sondern sie ist der Untergrund, gegen den das Ganze sich abhebt. Die ganze Glaubensanschauung ist eschatologisch bestimmt«, erklärte *G. Aulén*[236]. Und *Friedrich Heiler* – es werden hier absichtlich sehr verschieden eingestellte Autoren angeführt – nannte die Erkenntnis des eschatologischen Charakters des Evangeliums »die kopernikanische Tat der modernen Theologie«[237]. Um den in dieser Erkenntnis liegenden außerordentlichen Fortschritt voll würdigen zu können, muß man bedenken, daß das Reich Gottes von dem neben Schleiermacher einflußreichsten Theologen des 19. Jahrhunderts, *Albrecht Ritschl*, ganz und gar uneschatologisch als ein rein innerliches religiöses höchstes Gut und sittliches Ideal bestimmt worden war, dessen Verwirklichung Aufgabe der Glieder der Gemeinde sei. Man sollte sich auch daran erinnern, wie noch an der Jahrhundertwende ein *Harnack* in seinen Vorlesungen über »Das Wesen des Christentums« zu diesem Punkte Stellung genommen hat. Vollständig leugnen konnte er den zukünftig-endzeitlichen Sinn des Reiches Gottes bei Jesus nicht mehr, doch drängt er ihn durchaus in den Hintergrund. Diese bloß äußerliche Vorstellung teilt Jesus danach mit seinen Zeitgenossen. »Die andere Anschauung aber, daß das Reich Gottes nicht ›mit äußerlichen Gebärden‹ kommt, daß es schon da ist, sie war sein wirkliches Eigentum.«[238] – »Das Reich Gottes ist Gottesherrschaft, gewiß – aber es ist die Herrschaft des heiligen Gottes in den einzelnen Herzen.«[239] In schroffem Gegensatz zu einem, wie wir heute sagen müssen, derart unhistorischen Urteil des großen theologischen Historikers konnte ein Neutestamentler der folgenden Generation, wie *W. Michaelis* erklären, es sei »die Predigt Jesu auch darin durchaus einheitlich und der Täuferpredigt konform, daß sie nicht nur, was das Endgericht, sondern auch, was das Reich betrifft, als den Zeitpunkt des Erscheinens den zwar nahen, aber doch zukünftigen Termin des ›Abschlusses des Äons‹ verkündet«[240].

---

235 *Brunner:* Mystik, S. 257.
236 *Aulén:* Gottesbild, S. 32. Eben dies, daß die Eschatologie nicht wie in der Dogmatik am Schluß kommt, sondern den Ausgangspunkt bildet, betont hinsichtlich des Neuen Testaments auch *M. Albertz:* Botschaft, Bd. 2, 1. S. 194 ff.
237 *Heiler:* Katholizismus, S. 3.
238 *Harnack:* Wesen, S. 35.
239 S. 36.
240 *Michaelis:* Täufer, S. 80.

Die Einigkeit der Forschung hinsichtlich der zentralen Zukunftserwartung Jesu ist freilich wiederum nicht ganz vollständig. Wohl beginnt *Rudolf Bultmann* seine Darstellung der Neutestamentlichen Theologie recht kategorisch mit den Sätzen: »Der beherrschende Begriff der Verkündigung Jesu ist der Begriff der Gottesherrschaft (βασιλεία τοῦ θεοῦ). Ihr unmittelbar bevorstehendes Hereinbrechen, das sich schon jetzt kund tut, verkündigt er. Die Gottesherrschaft ist ein eschatologischer Begriff.«[241] — »Dieses grundlegende futurisch-eschatologische Verständnis der Verkündigung Jesu, zu dem J. Weiß und A. Schweitzer den Grund gelegt haben«, scheint, wie *Kümmel* bemerkt, »R. Bultmann so selbstverständlich zu sein, daß er keine Belege dafür anführt und auch keine abweichenden Meinungen erwähnt.«[242] Jedoch ist »diese Anschauung, daß Jesus die zeitliche Nähe des Kommens der Gottesherrschaft verkündet habe, seit jeher auf starken Widerstand gestoßen und in den letzten Jahren von neuem energisch bestritten worden«[243]. Man hat deshalb gemeint, daß sich das durch Weiß gestellte dritte große Entweder-Oder in der Leben-Jesu-Forschung, von dem Schweitzer sprach, »bis heute noch nicht durchgesetzt« habe[244]. Das zeigt vor allem die in England von *C. H. Dodd* begründete These von der »realisierten (realized) Eschatologie«, die bei uns in etwas anderer Weise durch *E. Stauffer* vertreten wird. Danach hat sich die Verkündigung Jesu auf die Gegenwart der Gottesherrschaft bezogen, nicht auf die Zukunft und vor allem nicht auf die nahe Zukunft. Die nicht zu bestreitenden in die Zukunft weisenden Worte werden vielmehr einer auf Jesus folgenden Rejudaisierung seiner Lehre zugeschrieben. Dodd neigt indessen zu einer starken Umdeutung der Texte und Stauffer setzt sich teilweise so sehr in Gegensatz zu den allgemein anerkannten methodischen Voraussetzungen und Ergebnissen der bisherigen wissenschaftlichen Arbeit[245] — wie er sich z. B. nicht scheut, die synoptische Darstellung an der johanneischen zu messen —, daß eine nähere Auseinandersetzung mit der rein präsentischen Eschatologie als Beschreibung der Anschauung Jesu in unserem Zusammenhang außer Betracht bleiben kann[246]. Sie ist von größter Unwahrscheinlichkeit[247].

Andererseits läßt sich nicht verkennen, daß, wenn man zunächst einmal als Belege für die Zukünftigkeit des Reiches alle Jesusworte aus-

---

[241] *Bultmann:* Theologie, S. 3.
[242] *Kümmel:* Naherwartung, S. 457.
[243] ebd.
[244] *Gräßer:* Parusieverzögerung, S. 3.
[245] Vgl. *Kümmel:* Jesusforschung, S. 291 ff., bes. 293 ff.
[246] Zu Dodd s. *Kümmel:* Verheißung, S. 17 ff., 118 ff., 126 ff., 136 f., 138. — Zu Stauffer s. *Kümmel:* Eschatologie, 1958, S. 53 f., ferner von dems.: Problem, 1960, S. 397 ff. — Zu beiden s. *Morgenthaler:* Reich.
[247] Wenn *E. Fuchs* (Zeitverständnis, S. 325) ebenfalls der Ansicht ist, daß »die Verkündigung der Nähe der Basileia eher dem Täufer und der Urgemeinde zugehören dürfte«, so gibt er dafür keinerlei Begründung. Ein hinreichender Anhaltspunkt für die Behauptung einer solchen Differenz zwischen Jesus und dem Täufer ist jedenfalls nicht ersichtlich.

scheidet, gegen deren Authentizität Bedenken erhoben werden könnten, wie z. B. die zweite Bitte des Vaterunsers[248] und die Menschensohnworte sowie vorsichtshalber auch noch Gerichtsverkündigung und Seligpreisungen, kein sehr ansehnlicher Bestand übrigbleibt. Als unverdächtig sind vor allem die Gleichnisse vom Unkraut (Mt. 13, 24 ff.) und vom Fischnetz (Mt. 13, 47 ff.) zu nennen, »in denen die Künftigkeit geradezu die Pointe bildet«[249]. Hinzu kommen würden selbstverständlich diejenigen Stellen, welche für Jesu Erwartung der großen Nähe des Reiches sprechen. Immerhin glaubt *Kümmel* urteilen zu können, »daß die Erwartung der Gottesherrschaft als einer zukünftigen Wirklichkeit in der Verkündigung Jesu so sicher bezeugt ist, daß ihre Leugnung als völlig unbegründet bezeichnet werden muß«[250].

Was nun die uns besonders interessierende Nähe der Gottesherrschaft angeht, so sind hier vorweg zwei Einwände literarischer Art zu erwähnen. Der eine besteht in dem Hinweis *Stauffers*, daß in der Logienquelle »kein einziges Wort vom nahen Weltende« gestanden habe, was »anscheinend noch gar nicht bemerkt worden« sei[251]. *Kümmel* meint zwar, die Tatsache, daß eine Vorstellung in Q fehlt, könne »nicht beweisen, daß diese Vorstellung zur Zeit der Abfassung dieser Quelle noch nicht existierte, da keine unserer Quellen den Charakter eines Kompendiums hat«[252]. Dagegen ließe sich aber sagen, daß das Fehlen einer so zentralen Vorstellung wie des nahen Weltendes mindestens recht merkwürdig und darüber hinaus doch immerhin verdächtig wäre. Indessen ist ja diese das zentrale Thema der Verkündigung bildende Nähe tatsächlich in Q denkbar deutlich ausgesprochen: »Gehet hin und verkündigt: Das Himmelreich« (Mt. 10, 7; Lk. 10, 9): »das Reich Gottes ist nahe herbeigekommen« (ἤγγικεν). Daß dies im zeitlichen Sinne »nahe gekommen« heißt und nicht im Sinne der realisierten Eschatologie als »gekommen = angekommen« verstanden werden kann, dürfte von *Kümmel* endgültig gezeigt worden sein[253]. Daß ferner die Ankunft des Reiches das Ende dieser Welt mit sich bringt, muß im Umkreis der Apokalyptik als selbstverständlich gelten. Wenn Stauffer die apokalyptischen Voraussetzungen von Jesus fernhalten will, so kann er das nur, indem er wie gesagt wichtigste Forschungsergebnisse außer acht läßt. Der Hinweis auf das Fehlen des nahen Weltendes in Q stimmt also höchstens dem äußeren Wortlaut nach, dem Sinne nach impliziert die kurze Formel der Verkündigung nach der Spruchquelle das nahe Ende.

---

248 Beim Vaterunser, dem »Gebetsformular der ältesten Judenchristenheit Palästinas«, ist die Zurückführung auf Jesus nach *Schulz* (Spruchquelle, S. 95, Anm. 245) »kaum beweisbar«.

249 *Conzelmann:* Jesus, Sp. 643.

250 *Kümmel:* Verheißung, S. 36.

251 *Stauffer:* Jesus, S. 117.

252 *Kümmel:* Eschatologie, 1958, S. 358.

253 *Kümmel:* Verheißung, S. 13 ff. — Naherwartung, S. 460.

Sehr viel weiter und tiefer geht der andere hier zu besprechende Einwand, die Behauptung *E. Linnemanns*, es gebe überhaupt »kein einziges Jesuswort, das ausdrücklich von der Nähe der Gottesherrschaft redet, dessen Echtheit nicht zum mindesten umstritten ist«[254]. Hiermit wird freilich zunächst beinahe eine Selbstverständlichkeit zur Sprache gebracht, insofern die Authentizität, die ja nie streng bewiesen werden kann, wohl bei jedem der in Betracht kommenden Worte unter irgendeinem Gesichtspunkt bereits einmal bezweifelt wurde. Vielfach möchte man allerdings schon diejenigen Jesusworte für echt halten, bei denen ein traditionsgeschichtlicher oder sachlicher Gegengrund nicht vorliegt. Bedenkt man jedoch, wie viele glückliche Umstände zusammenkommen müssen, damit angesichts aller Möglichkeiten der Veränderung und Neubildung — Mißverständnisse, Erinnerungstäuschungen, sorgloses phantasievolles Ausschmücken und Weiterspinnen bei allgemein unhistorischer Einstellung jener frühen Zeit, vor allem auch Übertragung von Worten des Erhöhten auf den geschichtlichen Jesus sowie dogmatische Motive und apologetische Interessen — ein Jesuswort durch alle diese Gefahren hindurch bewahrt wird, so läßt sich nicht verkennen, daß die Wahrscheinlichkeit dafür, auf einen echten Ausspruch Jesu zu stoßen, nicht groß ist und in keinem einzigen Fall Gewißheit darüber hergestellt zu werden vermag. Es ergeben sich immer nur historische Kannbestimmungen. Bei weitem nicht alles aber, was geschichtlich nicht unmöglich erscheint, braucht tatsächlich wirklich gewesen zu sein.

Gerade die irgendwie mit dogmatisch-apologetischer Fracht beladenen Jesusworte sind unter dem Gesichtspunkt der Echtheit besonders exponiert und anfechtbar. Das gilt, wie noch zu erörtern sein wird, vor allem für Worte, in denen eine zeitliche Frist genannt ist. Eine gewisse Vorsicht wird ferner angebracht sein gegenüber der erwähnten programmatischen Formulierung des Inhalts der Verkündigung Jesu, die sich auch Mk. 1, 15 (par. Mt. 4, 17) findet. (Das Reich Gottes ist nahe herbeigekommen.) *Kümmel* wie *Conzelmann* geben auch durchaus zu, daß sie »nicht Formulierung Jesu ist, sondern thematische Zusammenfassung seiner Predigt«[255] »und darum nicht ohne weiteres als Beleg für die Anschauung Jesu verwendet werden kann«[256]. Trotzdem ist sie nach der Ansicht dieser und der meisten kompetenten Autoren »sachgemäß wiedergegeben«[257]. Wenn man die Texte nimmt, wie sie sind, und nicht mit einer vorgefaßten Meinung im Sinne der realisierten Eschatologie an sie herantritt, kann »nicht daran gezweifelt werden, daß Jesus gemäß dem« oben genannten »Einzelspruch der Q-Überlieferung und der Zusammenfassung in Mk. 1, 15 das Nahegekommensein der Gottesherrschaft verkündet

---

[254] *Linnemann:* Gleichnisse, S. 138.
[255] *Conzelmann:* Jesus, Sp. 643.
[256] *Kümmel:* Naherwartung, S. 459.
[257] *Conzelmann:* Jesus, Sp. 643.

hat«[258]. Im einzelnen bleibt freilich fast alles unsicher. Als ein unverdächtiges Zeugnis ersten Ranges für die Naherwartung könnte man vielleicht wiederum ein Gleichnis ansehen, das vom Feigenbaum (Mk. 13, 28. par. Mt. 24, 32 f. Lk. 21, 29—31). So, wie das Grünen des Feigenbaumes auf das Nahen des Sommers hinweist, so wird aus gewissen Vorzeichen auf das bevorstehende Ende geschlossen. Wir haben nach *Kümmel* in diesem Einzelspruch, den er zu »der ältesten Tradition und damit zur sicheren Jesusüberlieferung« rechnet[259], »einen sicheren Beleg für die Tatsache, daß Jesus die eschatologische Vollendung von der nahen Zukunft erwartet hat und ihr baldiges Kommen durch Vorzeichen in der Gegenwart angezeigt wußte«[260]. Nur wird nicht jeder so zuversichtlich beim Vorliegen ältester Tradition schon »sichere« Jesusüberlieferung für gegeben halten. *Bultmann* läßt es unentschieden, ob das Wort »von Jesus gesprochen ist oder aus jüdischer oder christlicher Tradition stammt«[261]. Anzuerkennen ist, daß in diesem Spruch alles Dogmatisch-Tendenziöse fern zu sein scheint, so daß es als schlichter Ausdruck eines einfachen Gerichtetseins auf das nahe bevorstehende Kommen des Reiches genommen werden kann, ganz anders jedenfalls als das Wort Jesu an die Jünger beim letzten Mahl: »Ich werde nicht mehr vom Gewächs des Weinstocks trinken bis zu jenem Tage, wenn ich davon neu trinke im Reiche Gottes« (Mk. 14, 25. par. Mt. 26, 29), das gewiß bei dieser Gelegenheit gesprochen sein könnte, für dessen Echtheit man aber angesichts des ichbezogenen Charakters und des feierlichen Tones die Hand nicht ins Feuer legen möchte. Aber mit Sicherheit läßt sich wie gesagt nicht einmal das vergleichsweise harmlose Gleichnis vom Feigenbaum auf Jesus zurückführen. Die Nachbarschaft der sogenannten synoptischen Apokalypse in Mk. 13 ist, wenngleich nicht entscheidend, kaum dazu angetan, unser Vertrauen zu stärken. So erweist sich die Behauptung Linnemanns in der Tat als nicht unberechtigt. Nur darf man daraus nicht das Recht der präsentischen Eschatologie ableiten wollen. Jene Behauptung ist nur dazu angetan, zur Vorsicht anzuhalten und allzu großer Sicherheit zu wehren. Zur Beschreibung des Forschungsstandes genügt die Feststellung, daß einerseits die Begründung der Naherwartung bei jedem einzelnen Jesuswort diskutiert werden muß und mehr oder weniger zweifelhaft bleibt und daß man andererseits überwiegend und mit guten Gründen Jesus die Naherwartung der Gottesherrschaft zuschreibt. Diese dürfte insofern, um die Lage mit einem von Hans Driesch geprägten, ein wenig sonderbaren, aber gerade hier passend erscheinenden Gewißheitsgrad zu bezeichnen, »vielleicht wahrscheinlich« sein.

Ist mit dem angebrachten Vorzeichen der Vorsicht und Bescheidung die Nähe der Gottesherrschaft in der Verkündigung Jesu anzunehmen,

---

[258] *Kümmel:* Verheißung, S. 18.
[259] S. 16.
[260] S. 15.
[261] *Bultmann:* Tradition, S. 130.

so muß doch der genauere Termin im allgemeinen als unbestimmt gelten. Jesus hat zwar »die drängende Nähe des Endes in der verschiedensten Weise immer wieder verkündet« und insbesondere zur notwendigen Wachsamkeit gemahnt, daneben aber betont, »daß der Termin des Kommens unbekannt sei«[262]: »Wachet also; denn ihr wißt nicht, an welchem Tag euer Herr kommt« (Mt. 24, 42)[263].

Nun gibt es aber einige wenige Jesusworte, aus denen, ihre Authentizität vorausgesetzt, sich das Kommen des Reiches in der Vorstellung Jesu wenigstens ungefähr eingrenzen lassen würde, wobei allerdings mit einer möglicherweise verhältnismäßig längeren Frist zu rechnen ist. In Mk. 9, 1 (es sind etliche unter denen, die hier stehen, die den Tod nicht schmecken werden, bis sie das Reich Gottes machtvoll haben kommen sehen) »wird von bestimmten Leuten ausgesagt, daß sie nicht zu sterben brauchen, weil noch zu ihren Lebzeiten die Gottesherrschaft ἐν δυνάμει gekommen sein wird« (*Kümmel*[264]), und Mk. 13, 30 erklärt Jesus: »Dies Geschlecht wird nicht vergangen sein, bis das alles geschieht.« Hier ist ebenfalls »eindeutig das Kommen des Endes zu Lebzeiten dieser Generation vorausgesagt«[265]. Ebenso liegt es bei dem Einzelspruch Mt. 10, 23 aus der Aussendungsrede: »Ihr werdet mit den Städten Israels nicht fertig werden, bis der Menschensohn kommt.« Wiederum wird damit »das Kommen der Gottesherrschaft in die Lebenszeit der Jünger verlegt«[266]. Alle drei Logien stimmen, wie auch *Cullmann* feststellt, darin überein, daß Jesus »erwartet hat, das Reich Gottes werde kommen, solange wenigstens einige Angehörige seiner Generation am Leben sein werden«[267].

Wäre damit eine kürzere oder längere Zeitspanne gegeben, welche die Zeitgenossen Jesu vom Kommen des Reiches trennt, so scheinen andererseits ein paar Jesusworte irgendwie von seiner Gegenwart zu sprechen, von Wirkungen, die schon im Zusammenhang mit der Gottesherrschaft stehen und von seiner Person ausgehen. Dabei handelt es sich meistens um die Austreibung von Dämonen und die Besiegung des Satans, der nach jüdischer Auffassung in der Endzeit gebunden wird[268]. Darauf bezieht sich Mk. 3, 27 (u. par.): »Keiner kann in das Haus des Starken hineingehen und seinen Hausrat rauben, wenn er nicht zuerst den Starken gebunden hat.« Auch das merkwürdige Wort Lk. 10, 18, »Ich sah

---

262 *Kümmel:* Verheißung, S. 143.
263 Dieses »Wachet, denn ihr wisset nicht« kehrt wie ein »Leitmotiv« wieder (*Cullmann:* Heil, S. 183), so daß es des Rückgriffs auf das Logion Mk. 13, 32 (Über jenen Tag oder jene Stunde weiß niemand . . . auch nicht der Sohn), das wegen der Sohnesbezeichnung in dieser Form »im Munde Jesu schwerlich möglich« ist (*Kümmel:* Verheißung, S. 35), nicht bedarf.
264 *Kümmel:* Verheißung, S. 19.
265 S. 54 f.
266 S. 56 f.
267 *Cullmann:* Heil, S. 196.
268 *Kümmel:* Verheißung, S. 102.

den Satan vom Himmel fallen wie einen Blitz«, wird meistens in dem Sinne gedeutet, daß Jesus den Satan schon überwunden weiß. Ohne weiteres klar ist der Sinn von Mt. 12, 28 = Lk. 11, 20: »Wenn ich mit dem Geiste (Lk.: Finger) Gottes die Dämonen austreibe, dann ist also die Gottesherrschaft zu euch gekommen.« Hier zeigt sich »die Überzeugung Jesu, daß die zukünftige Gottesherrschaft in seinem Wirken bereits begonnen habe« *(Kümmel*[269]*)*. Dieselbe Bedeutung hat vor allem die Antwort Jesu auf die Anfrage des Täufers: »Blinde sehen und Lahme gehen, Aussätzige werden rein und Taube hören und Tote werden auferweckt und Armen wird die Frohbotschaft verkündigt« (Mt. 11, 5 = Lk. 7, 22). Diese Antwort beansprucht, »daß die Taten und die Verkündigung Jesu als Beweis für den Beginn der Gottesherrschaft angesehen werden sollen, und sie sieht diesen Beginn ausschließlich in Jesus und seinem Wirken sich vollziehen«[270]. Hierher gehört auch die Seligpreisung der Jünger durch Jesus (Mt. 13, 16 f. = Lk. 10, 23): »Wahrlich, ich sage euch, daß viele Propheten und Gerechte zu sehen begehrten, was ihr seht und sahen es nicht« und das schwierige Wort Lk. 17, 21 »Das Reich Gottes ist ἐντὸς ὑμῶν«. Hatte *Harnack* dieses »inwendig in euch« im wesentlichen präsentisch und ethisch als »die Herrschaft des heiligen Gottes in den einzelnen Herzen« verstanden, hatte *Michaelis* wie *Bultmann*, aber auch schon *Wernle* dagegen futurisch gesagt: Das Reich Gottes ist, »wenn es kommt, plötzlich« (Bultmann:), »mit einem Schlage«, »unter euch«[271], so übersetzt *Kümmel* nun wieder präsentisch, aber im realistischen Sinne: »Die Gottesherrschaft ist in eurer Mitte da«[272], nämlich in dem, der dies sagt, in Jesus. So kann, urteilt dieser Forscher, »kein Zweifel sein, daß die alte Überlieferung in *gleicher Weise* Worte Jesu enthält, die das Kommen der Gottesherrschaft und die Erscheinung des Menschensohns in Herrlichkeit verheißen und die die Gegenwart Jesu als beginnende Verwirklichung des verheißenen Eschatons verkünden«[273]. Aber auch eine Reihe von Handlungen am Ende seiner Wirksamkeit wie der Einzug in Jerusalem, die Tempelreinigung und die Veranstaltung des letzten Mahles beweisen nach Kümmel, »daß Jesus die kommende Heilsvollendung in seinem Wirken in die Gegenwart einbrechen sah«[274]. Damit soll jedoch der allgemeine futurische Charakter der Gottesherrschaft nicht aufgehoben werden. Vielmehr haben wir Jesu Wort, daß sie in ihm da ist, und ebenso die übrigen angeführten Stellen im Rahmen der futurischen Perspektive zu verstehen, derart, daß das Reich in der Gegenwart lediglich in einem einzelnen, einzigen Punkt realisiert erscheint, die Dimen-

---

[269] S. 101.
[270] S. 104.
[271] *Michaelis:* Täufer, S. 79. — Das Neue Testament, verdeutscht und erläutert von Wilhelm Michaelis. Bd. 1, S. 281. — *Bultmann:* Theologie, S. 5. — *Wernle:* Anfänge², S. 42 f.
[272] *Kümmel:* Verheißung, S. 26 ff., bes. 28.
[273] *Kümmel:* Eschatologie, 1958, S. 358.
[274] *Kümmel:* Verheißung, S. 114.

sion der Zukunft also an dieser einen Stelle gewissermaßen in die Gegenwart hineinragt. Die Anerkennung einer partiellen Präsenz verbindet sich mit der futurischen Grundansicht und ist von ihr nicht ablösbar. Bestimmend auch für die in Jesus schon gegenwärtige Erfüllung bleibt der gesamte eschatologische Hintergrund. Nicht allgemein, total, ist die Gottesherrschaft zur Zeit Jesu schon realisiert, nur in seiner Person kündigt sie sich an, wird sie bereits wirksam, ist sie bis zu einem gewissen Grade vorweggenommen. Die aus allen gewöhnlichen Verhältnissen herausfallende einzigartige Stellung, die Jesus schon während seines Auftretens für sich in Anspruch nimmt, schließt also nicht aus, »daß im Zentrum« seiner Verkündigung »die Ankündigung des nahen zukünftigen Kommens der Gottesherrschaft stand«[275].

Die hier dargelegte Auffassung, daß die eschatologische Verkündigung Jesu sich grundsätzlich auf die Zukunft bezieht, die nahe Zukunft, wobei er aber teilweise auch mit einer längeren Frist rechnet, andererseits in seiner Person die Gottesherrschaft schon gegenwärtig sieht, wurde vor allem von *Kümmel* in überaus subtilen Untersuchungen durchgeführt und in ähnlicher Weise von *Cullmann* vertreten. Der grundsätzlich futurische Charakter der Reich-Gottes-Verkündigung Jesu hat danach gegenüber dem Standpunkt der »realisierten Eschatologie« als vollauf gesichert zu gelten. Daß neben dieser futurischen Sicht Jesus die Gottesherrschaft in einer Reihe von Logien mit sich schon gekommen, angebrochen, Wirklichkeit geworden sieht, muß rein exegetisch ebenfalls anerkannt werden. Da »beide Aussagenreihen sich in gleicher Weise als alt erkennen lassen«[276], betonen Kümmel und Cullmann übereinstimmend, »daß es keine wissenschaftliche Berechtigung gibt, die eine der Aussagenreihen aus der Lehre Jesu auszuscheiden«[277]. Indessen, so sehr zuzugeben ist, daß die von jeher empfundene Schwierigkeit des Nebeneinander von Zukunfts- und Gegenwartsstellen nicht durch vorschnelle Streichung einer dieser Reihen erledigt werden darf, so bleibt doch zu überlegen, ob mit einem solchen Nebeneinander im Grunde nicht zu vereinbarender Aussagen das letzte Wort gesprochen sein kann. Im Hinblick auf dieses Nebeneinander — sogar von einem »paradoxen Ineinander« war die Rede[278] — fragt *A. Strobel:* »Soll Jesus wirklich so gedacht und gepredigt haben, oder stempeln wir ihn damit nicht vielmehr zu einem Abklatsch moderner Christlichkeit?«[279] In der Tat hat man sich die Gedankenwelt Jesu doch wohl erheblich einfacher und massiver vorzustellen. Mit handgreiflichen Widersprüchen und gewagten Paradoxien dürfte seinen Hörern, den Handwerkern, Bauern und Fischern Galiläas, wenig gedient gewesen sein. Es erscheint deshalb gerechtfertigt, wenn *Gräßer* erklärt: »Daß die

---

[275] S. 144.
[276] *Kümmel:* Eschatologie, 1958, S. 359.
[277] *Cullmann:* Heil, S. 182.
[278] *Bornkamm:* Jesus, S. 83.
[279] *Strobel:* Kerygma, S. 31.

sich teilweise widersprechenden Aussagen gleich ursprünglich seien, scheidet von vornherein als äußerst unwahrscheinlich aus.«[280] Auch müssen unter dem historischen Gesichtspunkt, sowohl was die Gegenwärtigkeit der Gottesherrschaft in Jesus betrifft, als auch bezüglich der Ausdehnung der Erwartung auf den ganzen Zeitraum der lebenden Generation nun doch beträchtliche Zweifel angemeldet werden.

Die schwersten Bedenken richten sich dabei gegen die Annahme einer relativ langen Zeit bis zum Anbruch des Reiches. »Macht man«, wendet Gräßer überzeugend ein, »ganzen Ernst damit, daß die Aussagen von der unmittelbaren Nähe des Endes älteste Tradition sind und am ehesten auf Jesus zurückgehen, so ist es äußerst unwahrscheinlich, daß daneben gleich ursprünglich die von einer gewissen Fernerwartung stehen sollen.«[281] Die einschlägigen Jesusworte sind infolgedessen sämtlich dem Verdacht ausgesetzt, erst von der Gemeinde gebildet worden zu sein, als sie sich Gedanken über die noch nicht erfolgte Parusie machte.

Mk. 9, 1 (Einige von denen, die hier stehen, werden den Tod nicht schmekken, bis sie das Gottesreich mit Macht kommen sehen) wird von *Schniewind*[282], *Kümmel*[283], *Michaelis*[284] und *Cullmann*[285] für echt gehalten, später angesetzt dagegen von *Wellhausen*[286], *Bultmann*[287], *Bornkamm*[288] und *Gräßer*[289]. Nach Bultmann und Gräßer handelt es sich um ein in der Gemeinde gebildetes Trostwort über das Ausbleiben der Parusie, von Bornkamm wird es als »ein alter urchristlicher Prophetenspruch, der in der Überlieferung zu einem Herrenwort geworden ist«, bestimmt[290]. Bezüglich der anderen hier hergehörigen Worte verläuft die Linie zwischen den Urteilen über echt und unecht ähnlich. Mk. 13, 30 (Dies Geschlecht wird nicht vergehen, bis dies alles geschieht) gilt Schniewind[291] und Cullmann[292] als Jesuswort, während Gräßer den Vers, obgleich er »nichts enthält, was der Verkündigung Jesu widerspräche«, ebenfalls als ein Trostwort im Hinblick auf das Ausbleiben bzw. die Verzögerung der Parusie ansieht. Von Bultmann[293] wird die Echtheit nicht einmal erwogen.

Während diese beiden Sprüche gewöhnlich mit dem später zu besprechenden Mt. 10, 23 b (Ihr werdet mit den Städten Israels nicht zu Ende kommen, bis der Menschensohn kommt) zusammengestellt werden, insofern alle drei das Ende für die lebende Generation ankündigen, stellt *Bornkamm* in Mk. 9, 1 eine gewisse Akzentverschiebung fest: Dieser Vers sagt »genauer: wenn auch viele noch darüber hinsterben, einige werden es erleben. Hier geht es also nicht mehr um die Verkündigung, daß über dieses ›Geschlecht‹ noch die Eschata hereinbrechen werden, sondern um die Zusage: einige werden bei der Parusie noch am

[280] *Gräßer:* Parusieverzögerung, S. 2.
[281] S. 57.
[282] *Schniewind:* Markus, S. 121.
[283] *Kümmel:* Verheißung, S. 19 ff.
[284] *Michaelis:* Verzögerung, S. 111 ff., bes. 116.
[285] *Cullmann:* Heil, S. 189 ff.
[286] *Wellhausen:* Marcus, S. 68.
[287] *Bultmann:* Tradition, S. 128.
[288] *Bornkamm:* Verzögerung, S. 48.
[289] *Gräßer:* Parusieverzögerung, S. 131 ff.
[290] Vgl. auch *Fuchs:* Verheißung, S. 67. 78.
[291] *Schniewind:* Markus, S. 175.
[292] *Cullmann:* Heil, S. 194.
[293] *Bultmann:* Tradition, S. 130.

Leben sein. Das aber heißt, daß die Gemeinde bereits die Verzögerung der Parusie erfahren hat und doch die zuversichtliche Hoffnung auf das Kommen des Menschensohnes in ihr nicht erloschen ist«.

Was nun die Worte angeht, die sich auf die mit und in Jesus schon angebrochene Gottesherrschaft beziehen, so entsteht die schon berührte Frage: Wie will man angesichts der Unmöglichkeit, innerhalb der ältesten Tradition eine klare und bestimmte Unterscheidung zwischen urgemeindlichem Gut und authentischen Jesusworten vorzunehmen, die Vermutung ausschließen, daß die in Betracht kommenden Logien schon die beginnende Christologie spiegeln? Eine solche Möglichkeit dürfte an Gewicht gewinnen, wenn man einmal versucht, sich die Lage einigermaßen konkret vorzustellen, was ja doch, ohne die Tragweite psychologischer Überlegungen auf diesem Gebiet überschätzen zu wollen, erlaubt sein wird. Kann unter Voraussetzung einer intensiven Erwartung des Gottesreichs, die mit dem nahen Ende aller Dinge und einer totalen Verwandlung der Welt rechnet, ein einzelner Mensch die Gottesherrschaft allein in seinem Wort und Wirken schon gegenwärtig gesehen und kann er mit einem derartigen Anspruch Eindruck gemacht und Glauben gefunden haben? Wer der im Gefolge eines ungeheuren katastrophalen Geschehens hereinbrechenden ganz neuen Welt harrt, dem können vor dessen Eintritt noch so verheißungsvolle Erlebnisse und Geschehnisse doch schwerlich mehr als Zeichen bedeuten, die auf die bevorstehende Erfüllung und Vollendung hinweisen. Insofern erklärt *Conzelmann* sicherlich mit Recht: »Man darf die jetzigen Zeichen« — »jetzig« selbstverständlich bezogen auf die Zeit des Wirkens Jesu — »nicht einfach mit dem Reich Gottes gleichsetzen.«[294] — »Präsent ist« »nicht das Reich, sondern dessen Ankündigung in den Taten Jesu.«[295] Diese Unterscheidung erscheint in der Tat außerordentlich einleuchtend und notwendig, und die Situation läßt sich nicht besser kennzeichnen als dadurch, daß der Hinweis auf das in den Dämonenaustreibungen sich zeigende Vorgeschrittensein der Zeit durch die Feststellung ergänzt wird: »Noch müssen Dämonen ausgetrieben werden.«[296] Schon vor dem eigentlichen Einsetzen dieser Diskussion hat *Michaelis*[297] betont, vom Gegenwartscharakter des Reiches lasse sich allein in dem Sinne sprechen, »daß wir von gegenwärtigen, zeitlichen ›Zeichen‹ des endzukünftigen, endzeitlichen Reiches reden«. In demselben Sinne meinte der ganz anders eingestellte *M. Werner*[298]: »Gegenwärtig ist« »nicht das Reich, sondern ein Anzeichen (und mehr als eines!) dafür, daß es in Bälde anbrechen wird«, und *Gräßer*, wiederum aus einer anderen Richtung kommend, versteht die Gegenwartsstellen ebenfalls »nicht in dem Sinne, daß die Gottesherrschaft schon Gegenwart

[294] *Conzelmann:* Gegenwart, S. 286.
[295] S. 286 f.
[296] *Conzelmann:* Methode, S. 10.
[297] *Michaelis:* Täufer, S. 86.
[298] *M. Werner:* Entstehung, S. 51 f.

ist, sondern nur in dem Sinne, daß sie im *Anbruch* ist.«[299] Das dürfte wirklich das Äußerste sein, was man positiv behaupten kann. Deshalb »ist an der Vorläufigkeit dessen, was Jesus tut und wirkt, unbedingt festzuhalten«[300]. Mit Bezug auf *Cullmanns* Satz »Weil das Reich schon in der Gegenwart angebrochen ist, *deshalb* wird es bald kommen«[301] erklärt neuerdings *Strobel*: »Tatsächlich ist das Reich bei Jesus noch in keiner Weise angebrochen, sondern es zeigen sich erst die Zeichen der Zeit!«[302] – »Diese Zeichen sind nicht der Beginn der Basileia selbst« *(Fuchs[303])*.

Geht man davon aus, daß die mit einer längeren Frist rechnenden Worte möglicherweise oder sogar sehr wahrscheinlich Gemeindebildungen sind und daß die Gegenwartsworte sich nicht auf die Gottesherrschaft selbst, sondern auf die Zeichen ihrer Nähe beziehen, so bleibt nur übrig, mit *Gräßer* anzunehmen, daß Jesus »das Ende in großer Nähe wußte. Diese Naherwartung hat als einzige Form seiner eschatologischen Hoffnung zu gelten«[304, 305]. Sowohl die Beziehung der Reichsverkündigung Jesu auf seine Gegenwart (Dodd, Stauffer) als auch das Nebeneinander von Gegenwart und einer auf die lebende Generation ausgedehnten Zukunft (Kümmel, Cullmann) wären dann also zurückzustellen, während die Formulierung *Bultmanns* vom nahe bevorstehenden Hereinbrechen der Gottesherrschaft, deren Richtigkeit in der Hauptsache schließlich auch *Kümmel* anerkennt[306], vergleichsweise wohl am meisten für sich hat.

Wenn etwa *Cullmann* in der »Spannung zwischen ›schon‹ und ›noch nicht‹« »das Charakteristische an Jesu Erwartung« erblickt: »Das Gottesreich ist *schon* da und: es ist *noch nicht* da«[307], so trifft eine solche Kennzeichnung gewiß für Paulus zu, kaum aber für Jesus. Auch muß es fraglich erscheinen, ob der Begriff der »sich realisierenden Eschatologie«, durch den *J. Jeremias* auf Vorschlag von *E. Haenchen* den früher auch von ihm verwendeten der »realisierten Eschatologie« ersetzt[308], die Situation Jesu voll befriedigend beschreibt. Diese Bestimmung dürfte annähernd der Sicht des späten *Joh. Weiß* entsprechen, der den Vergleich

---

299 *Gräßer:* Parusieverzögerung, S. 6.
300 S. 8.
301 *Cullmann:* Auffassung, S. 651.
302 *Strobel:* Kerygma, S. 41.
303 *Fuchs:* Zeitverständnis, S. 343.
304 *Gräßer:* Parusieverzögerung, S. 16.
305 Sehr mit Recht lehnt *Gräßer* für Jesus das gleichberechtigte Nebeneinander von »erfüllter Erwartung«, »Nächsterwartung«, »Naherwartung« und »Fernerwartung«, wie es *R. Morgenthaler* (Reich) annimmt, vor allem aber die Unterscheidung von Nah- und Nächsterwartung ab. Dieser »Unterschied ist im Blick auf die Sache bedeutungslos und in der Überlieferung nicht sicher zu greifen. Wer möchte sagen, ob Jesus mit Stunden oder mit Tagen gerechnet habe?« (Gräßer. S. 5).
306 *Kümmel:* Naherwartung, S. 470.
307 *Cullmann:* Reich, S. 449.
308 *J. Jeremias:* Gleichnisse, S. 227. — Für »die sich von jetzt ab verwirklichende Gottesherrschaft« spricht sich auch *Käsemann* (Problem, S. 212) aus.

mit einer dramatischen Entwicklung heranzieht: »Das Judentum steht noch an der Exposition, die Verkündigung Jesu hat die Jünger in die dramatische Verwickelung gehoben, nach dem Tode Jesu stehen sie im vierten Akt des Dramas, in dem die glückliche Lösung gesichert ist.«[309] Vorzuziehen sein wird demgegenüber der von *Gräßer* gewählte Vergleich mit einer Ouvertüre[310], insofern dabei deutlicher zum Ausdruck kommt, daß zwar die Aufführung schon begonnen hat, die eigentliche Handlung aber noch bevor-, die Hauptsache noch aussteht. Erlebt wird also in der Zeit Jesu keineswegs mehr als das Vorspiel, das jedoch für feine Ohren schon wesentliche Motive anklingen läßt.

Eine in diesem Sinne genommene eschatologische Einstellung Jesu würde nun auch der Auffassung Schweitzers einigermaßen entsprechen. Dem Gegenwartsmoment, dem »Schon« trägt er vor allem dadurch Rechnung, daß er von »Taten des messianischen Selbstbewußtseins«[311] spricht, und das von ihm verwendete Bild des Morgenrots – »noch ist die Sonne selbst nicht sichtbar, sondern sie ist nur da, sofern die Helligkeit von ihr ausgeht«[312] – paßt nicht schlecht zu der Beurteilung der Sachlage, wie sie sich etwa bei Michaelis und Gräßer findet. Das bedeutet aber, daß sich aus den sogenannten Gegenwartsworten kaum ein gewichtiger Einwand gegen Schweitzer herleiten läßt. Wenigstens für einen Teil des Bildes stimmt die neuere Forschung hier mit Schweitzer im wesentlichen überein.

Freilich vertritt Schweitzer nicht die einfache Naherwartung, sondern er spitzt diese zur Nächsterwartung zu. In ihr liegt für unsere Betrachtung der eigentliche Schwerpunkt des Problems. Während in der Messiasfrage Kümmel Schweitzer vergleichsweise nähersteht, als Bultmann und seine Schule es tun, ist in der Frage der Naherwartung umgekehrt eine Berührung Bultmanns mit Schweitzer zu verzeichnen[313]. Dagegen wird Schweitzers Ansicht, daß Jesus das Kommen der Gottesherrschaft noch vor seinem Tode erwartet habe, von *Kümmel* und *Cullmann* ganz verworfen, da eben aus Mk. 9, 1, wo das Erleben der Gottesherrschaft noch zu Lebzeiten nicht allen Zeitgenossen Jesu, sondern nur einigen verheißen wird, zu schließen ist, daß »das Eintreten der Gottesherrschaft nicht in einer sehr kurzen Frist erwartet sein« kann[314]. Damit wäre in der Tat ein entscheidendes Argument gegen die Nächsterwartung gewonnen. Wer indessen Bedenken trägt, einem einzelnen solchen Wort, das, auch wenn es nach Kümmel zur ältesten Tradition gehört[315], ebenso wie das einzige ähnlichen Inhalts, Mk. 13, 30, eben doch nicht mit Sicher-

---

309 *J. Weiß:* Entstehung, S. 479.
310 *Gräßer:* Parusieverzögerung, S. 7.
311 LJ S. 415.
312 ML S. 96.
313 Vgl. *Cullmann:* Heil, S. 22 ff. – Auffassung, S. 649, Anm. 1.
314 *Kümmel:* Verheißung, S. 22.
315 S. 21.

heit auf Jesus zurückgeführt werden kann, so viel Gewicht beizumessen, der wird es vorziehen, sich hier mit dem Urteil zurückzuhalten und sich Schweitzers Deutung zunächst einmal ohne Vorbehalt zu nähern.

Weniger erheblich ist, wie gesagt, in diesem Punkte der Abstand Bultmanns und einiger anderer Vertreter dieser Forschungsrichtung von Schweitzer. *Bultmann* hat stets daran festgehalten, daß Jesus das »unmittelbar bevorstehende Hereinbrechen« der Gottesherrschaft verkündigt[316]. *Conzelmann* spricht von »akuter Naherwartung«[317]. Wenn *Gräßer*, an sich mit Recht, von einer Differenzierung zwischen Nah- und Nächsterwartung nichts wissen will, so braucht das nicht unbedingt gegen Schweitzer zu sprechen, da Gräßers Ansicht, daß Jesus »das Ende in großer Nähe« wußte – es handelt sich um »Naherwartung im strengsten Sinne«[318] –, auch ohne den Begriff der Nächsterwartung ihr der Sache nach doch wohl einigermaßen entspricht. Ja, man könnte meinen, daß eine große Nähe mindestens ebensogut als Nächst- wie als Naherwartung zu bezeichnen ist. Erst recht gilt das von der genannten Formel Bultmanns. »Unmittelbar bevorstehendes Hereinbrechen der Gottesherrschaft«, »akute Naherwartung«, »Naherwartung im strengsten Sinne«, »ganz nahe Ankunft der Gottesherrschaft« – solche Stichworte werden, unter Verzicht auf alle höchst unsicher bleibenden zeitlichen Differenzierungen, den als relativ wahrscheinlich anzunehmenden Standpunkt Jesu vergleichsweise am besten beschreiben. Jedenfalls lassen sich die angeführten Bestimmungen als ein Rahmen nehmen, in den Schweitzers besondere Thesen, wie immer es sich mit ihnen im einzelnen verhalten mag, zunächst einmal hineingestellt werden können.

Bei dem hier angestellten Überblick interessierte weniger, wieviel Recht die verschiedenen Forschungsrichtungen für sich buchen können, als vielmehr die Frage, ob überhaupt in der neueren Betrachtung und Erörterung der Probleme Ansatzpunkte für die Schweitzersche Auffassung bemerkbar sind oder ob diese heute völlig isoliert dasteht. Insofern dürfte nun die vorgenommene Sondierung ergeben haben, daß für Schweitzers Sicht in der gegenwärtigen Forschung die Voraussetzungen im großen und ganzen fehlen. Von den einen wird die Naherwartung lediglich auf die Gottesherrschaft, nicht auch auf den Menschensohn bezogen noch gar Jesus als seine eigene Parusie erwartend gedacht. Andere lassen Jesus die Naherwartung des Reiches zwar mit seiner Person ver-

---

316 Gegen Käsemann, der die intensive Naherwartung der Gottesherrschaft erst durch die nachösterliche Geisterfahrung ausgelöst denkt, betonte *Bultmann* (Apokalyptik, S. 65) noch einmal: daß Jesus »mit dem unmittelbaren Bevorstehen des Hereinbrechens der Basileia gerechnet hat«, scheine ihm »nicht bezweifelt werden zu können«. *Schulz* (Frage, S. 40), der von der durch Käsemann entdeckten großen Bedeutung des urchristlichen Enthusiasmus ausgeht, schreibt die für die älteste Gemeinde von ihm herausgearbeitete intensive Naherwartung, anders als Käsemann, auch Jesus selbst zu. Er spricht von seiner »unbeirrbaren Hoffnung auf die ganz nahe Ankunft der Gottesherrschaft«.

317 *Conzelmann:* Gegenwart, S. 287.

318 *Gräßer:* Parusieverzögerung, S. 1.

binden, nehmen aber eine wesentliche Modifikation der Naherwartung vor, derart, daß er die Nähe einerseits zeitlich erheblich gedehnt, das Kommen des Reiches andererseits schon teilweise als in seiner Person erfüllt oder doch in etwa vorausgenommen gesehen hat. Immerhin fanden sich doch auch Formulierungen der Naherwartung Jesu (z.B. *Gräßer*) und sogar seines Selbstbewußtseins als Menschensohnes (z.B. *Michel*), die Schweitzer verhältnismäßig weit entgegenkommen. Demnach liegt es so, daß sich die allgemeine Prognose für Schweitzers Lösungsversuch durchweg nicht günstig, aber auch nicht absolut ungünstig darstellt. Nur ist es mehr als zweifelhaft, ob solche vereinzelten Berührungspunkte sich noch wesentlich zugunsten Schweitzers auszuwirken vermögen angesichts des völlig negativen Standes der durchaus grundlegenden ersten Vorfrage (bezüglich der Möglichkeit oder Unmöglichkeit, unter Berücksichtigung der Eigenart der Quellen das Wesentliche der äußeren und inneren Entwicklung Jesu zu erkennen). Darüber hinaus wird sich, wenn wir zur eingehenden Untersuchung seiner Theorie selbst übergehen, zeigen, daß diese auch bei der eigentlichen Nächsterwartung, wie sie Schweitzer annimmt, tatsächlich in einen scharfen Gegensatz zur gesamten übrigen neutestamentlichen Forschung gerät.

3. Drei umfassendere Aspekte

Nach dem Überblick über die wissenschaftliche Lage, von der aus Schweitzers Jesusbild zu beurteilen ist, wenden wir uns nunmehr dessen kritischer Betrachtung selbst zu. Dabei muß zunächst von einigen Aspekten und Einwänden die Rede sein, die nicht einzelne Punkte, sondern den Gesamtcharakter oder wenigstens ganze Seiten dieser Hypothese betreffen.

1. Während die kritisch-historische Forschung den dogmatischen Charakter von Aussagen Jesu im allgemeinen als Kriterium gegen ihre Geschichtlichkeit, d.h. Echtheit zu verwenden geneigt ist, erklärt Schweitzer, wie schon erwähnt, umgekehrt: Dogmatisch, darum historisch. Sein Jesus läßt sich in Reden und Tun durch bestimmte glaubensmäßig bedingte Überzeugungen und Vorstellungen über den Ablauf des von Gott verordneten Gesamtgeschehens leiten. Diese »ganze Vorstellung«, »als habe Jesus mit heller Bewußtheit ein eschatologisches Programm« »durchexerzieren wollen und müssen«, hat man nun, wie z. B. *H. Schuster* »gar zu doktrinär, nicht angemessen dem geheimnisvollen inneren Leben einer solchen Person«[319] gefunden. *Holmström* meint, durch die Annahme, Jesus handle in allem konsequent von der eschatologischen Naherwartung bzw. Nächsterwartung aus, durch diese »dogmatische Geschichte« also,

---

[319] *Schuster:* Eschatologie, S. 10.

komme ein intellektualistischer, lebloser Zug in das Jesusbild[320]. Was Schweitzer dem Jesus Fr. W. Ghillanys vorwirft, das gelte auch von seinem eigenen: auch »sein Jesus ist ohne Gemüt – eine eschatologische Maschine«[321]. Wird, so fragt in dem gleichen Sinne *H. Babel*, Jesus in der Theorie Schweitzers nicht ein Denker, der sich innerhalb eines intellektualistischen Schemas bewegt und dessen Leben von einem unerbittlichen Determinismus beherrscht ist? Erscheint uns Jesus nicht vielmehr als ein Mann des Gebets, der sich in Stunden großer Entscheidungen an Gott wendet, einen Gott, der nicht ein unversöhnliches Gesetz, sondern ein freier Wille ist?[322] Bedenken dieser Art, die durch die Stichworte intellektualistisch, doktrinär, dogmatisch, deterministisch-mechanistisch charakterisiert sind, werden vor allem von dem Bewußtsein des Unterschieds zwischen Prophetismus und Apokalyptik getragen und laufen auf den Vorwurf hinaus, Schweitzer mache aus dem Propheten Jesus einen Apokalyptiker[323], wenn auch einen »ethischen Apokalyptiker«[324]. Hier kommt ein vielfach empfundenes Unbehagen zum Ausdruck, so daß die Ablehnung der Auffassung Jesu als eines Apokalyptikers in der neueren Forschung weit verbreitet war. *Kümmel* hat sie auf die Formel gebracht, Jesus biete »nicht apokalyptische Belehrung, sondern eschatologische Verkündigung«[325]. Sie liegt aber mehr oder weniger auch bei *Bultmann* und seiner Schule zugrunde[326], wenngleich der Unterschied für Bultmann selbst nicht allzu beträchtlich ist: »Von der Apokalyptik unterscheidet sich Jesus nur insofern, als er keine Schilderung der Heilszukunft gibt.«[327]

Neuerdings findet die Entgegensetzung von prophetischer und apokalyptischer Einstellung jedoch nicht mehr allgemein und unbedingt Zustimmung. So bemerkt O. *Michel*: »Die zahlreichen Versuche, das prophetische Element vom apokalyptischen säuberlich zu trennen, arbeiten wohl alle mit einem letzten Mißverständnis des Apokalyptischen.«[328] Auch die im Anschluß an Kümmel z. B. von *Bornkamm*[329] angewandte Unterscheidung von eschatologischer Verkündigung oder Verheißung, die Jesus bringt, und apokalyptischer Belehrung, von der jene sich abheben soll,

---

[320] *Holmström:* Denken, 1936, S. 76.
[321] LJ S. 173; *Holmström,* S. 77, Anm. 1.
[322] *Babel:* Pensée, S. 154.
[323] *J. W. Bowman:* Schweitzer, S. 175.
[324] Indem Schweitzer urteilt, ohne sein Werk hätte Georges Tyrell Jesus nicht mit solcher Entschiedenheit als den »ethischen Apokalyptiker« zeichnen können (LD S. 41), scheint er diesen Begriff indirekt auch für sein eigenes Jesusbild anzuerkennen. *Grabs* (Schweitzer [Denker], S. 109) sieht darin jedenfalls wohl mit Recht die treffendste Kurzformel für Inhalt und Wesen der öffentlichen Wirksamkeit Jesu in der Sicht Schweitzers. Auch *M. Schmidt* (Schweitzer, S. 202) verwendet sie.
[325] *Kümmel:* Verheißung, S. 146.
[326] *Strobel:* Kerygma, S. 17 ff.
[327] *Bultmann:* Geschichte, S. 38.
[328] *Michel:* Schweitzer, S. 134.
[329] *Bornkamm:* Jesus, S. 85.

beginnt fraglich zu werden. »Auf keinen Fall wird«, wie *Strobel* erklärt, »das Problem der – religionsgeschichtlich gesprochen – ›apokalyptischen‹ Reichsverkündigung dadurch gelöst, daß der Ausleger anstelle des ›Apokalyptischen‹ mit einem heute weniger suspekten und belasteten Terminus, etwa mit dem des ›Eschatologischen‹, operiert«[330], und dieser »ist um so weniger brauchbar, als ihm in der heutigen theologischen Debatte gelegentlich schon nichts Endzeitliches mehr anhaftet.«[331] Die Haltung eines großen Teiles der Forschung – »man gibt zwar vor, an dem eschatologischen Jesusbild eines Johannes Weiß (wenn auch nicht A. Schweitzers!) festzuhalten, übersieht aber, daß er ganz unmißverständlich den ›apokalyptischen Charakter der Reich-Gottes-Idee‹ behauptete«[332] – ist in der Tat terminologisch alles andere als befriedigend. Darin zeichnet sich jedoch nunmehr deutlich ein Wandel ab. So spricht S. Schulz heute davon, daß in der ältesten Zeit, in den »prophetisch geleiteten Q-Gemeinden des palästinensisch-syrischen Grenzraumes«, »Prophetie und Apokalyptik eine unauflösliche Verbindung eingegangen« waren[333].

Diese Neuorientierung erfolgt auf Grund und im Zuge einer »Neueinschätzung und Rehabilitierung der Apokalyptik« *(Cullmann[334])*, wie sie namentlich *Käsemann* vorgenommen hat, der die Apokalyptik geradezu die »Mutter aller christlichen Theologie« nennt[335]. Besonders angelegen sein läßt sich die Aufgabe einer weitgehenden Neubewertung der Apokalyptik *A. Strobel*, der diese »nicht als literarisches Phänomen, sondern als neue Welterfahrung und Weltanschauung beurteilt« wissen will[336], als eine »nicht nur jüdische, sondern vielmehr eine gesamtantike, eine *epochale* Denkweise«[337]. Vor allem der Universalismus des Weltbildes und der Gottesanschauung sind dabei hervorzuheben: »Gott wird jetzt so groß gedacht, daß er nicht mehr nur als der allmächtige Herr der Geschichte in der Welt steht«, »sondern auch jenseits davon und über ihr.«[338] So findet Strobel im apokalyptischen Weltbild »Gedanken niedergelegt, die eine christliche Theologie unmöglich aufgeben kann«[339]. Auch wer weit davon entfernt ist, den Folgerungen dieses Autors in Richtung auf eine Aktualisierung der Apokalyptik für die Gegenwart zuzustimmen, wird anerkennen müssen, daß die Apokalyptik rein historisch gesehen eine wesentliche Horizonterweiterung darstellt. Wohl den wichtigsten Gesichtspunkt zu einer allgemeinen Würdigung dürfte schließlich *J. Moltmann* hervorgehoben haben: »Ohne Apokalyptik bleibt theo-

---

330 *Strobel,* Kerygma, S. 24.
331 *Strobel:* Kerygma, S. 25.
332 *Strobel,* S. 31. – J. Weiß: Predigt[1], S. 61.
333 *Schulz:* Spruchquelle, S. 63.
334 *Cullmann:* Heil, S. 42.
335 *Käsemann:* Anfänge, S. 100.
336 *Strobel:* Kerygma, S. 128.
337 S. 130.
338 *Strobel:* Apokalyptik, S. 132.
339 *Strobel:* Kerygma, S. 137.

logische Eschatologie stecken in der Völkergeschichte der Menschen oder in der Existenzgeschichte des einzelnen.«[340]

In zwei Punkten ergeben sich durch die neue Beurteilung der Apokalyptik auch für das Jesusproblem sehr bedeutsame Korrekturen. Erstens: Die bisher fast allgemein übliche Charakterisierung der Apokalyptik in der Weise, daß sie einen Versuch bilde, das Ende zu berechnen, ist sachlich falsch, erklärt *D. Rößler*[341]. Es ist deshalb ganz unangebracht, Jesus in diesem Punkte von der Apokalyptik abzuheben. Zweitens: Die Geschichte ist zwar determiniert[342], so daß man von völliger Passivität des Menschen sprechen muß[343], aber der Umstand, daß der göttliche Plan festliegt, wenn der Seher ihn kennenlernt[344], schließt für die Apokalyptik nicht aus, daß Gott der Handelnde ist[345]. Dieser anscheinend bisher kaum je richtig gesehene Sachverhalt wird im Anschluß an Rößler von *U. Wilckens* zurechtgerückt: »Im Sinne der apokalyptischen Theologie ist es der frei und kontingent handelnde Gott, der einerseits sein Handeln vorweg dem apokalyptischen Visionär ›offenbart‹, andererseits aber dieses selbst allein wirkt, dessen Freiheit des Tuns also durch die proleptische Offenbarung desselben in keiner Weise eingeschränkt wird.«[346] Die bisher für einleuchtend gehaltene Kennzeichnung der Apokalyptik als Deismus[347] wird jedenfalls bis zu einem gewissen Grade fragwürdig, wenn es stimmt, daß »nicht der mechanische Ablauf von selbständigen Ereignissen« in dem göttlichen Plan festgelegt ist, »sondern das Handeln Gottes mit Menschen und Völkern im Ablauf der Zeit«[348], ja, wenn es »wesentlich zum Plan der Geschichte« gehört, »daß er jeweils durch das immer wieder neue Eingreifen Gottes verwirklicht wird« (Rößler[349]). Offenbar kreuzen sich hier zwei im Grunde unvereinbare Anschauungen. Es ist aber hervorzuheben, daß sich auch bei Schweitzer beide ausgesprochen finden, sowohl der Plan als auch die Freiheit Gottes: »Durch den einmal festgelegten messianischen Schematismus ist die dahinterstehende göttliche Allmacht in keiner Weise gebunden!«[350] — »Über der dogmatisch-eschatologischen Notwendigkeit aber steht noch die Allmacht Gottes, die an nichts gebunden ist.«[351]

Während Jesus nach *Käsemann* »nicht konstitutiv durch die Apokalyptik geprägt« war[352], wird er nun von Wilckens und Strobel ausdrück-

---

340 *Moltmann:* Hoffnung, S. 124.
341 *Rößler,* Gesetz, S. 110.
342 S. 55.
343 S. 59.
344 S. 58.
345 S. 59.
346 *Wilckens:* Offenbarungsverständnis, S. 50.
347 *Moltmann:* Hoffnung, S. 122.
348 *Rößler:* Gesetz, S. 59.
349 ebd.
350 ML S. 85.
351 LJ S. 439.
352 *Käsemann:* Anfänge, S. 99. — Apokalyptik, S. 108. — Sackgassen, S. 48. 56.

lich in den Zusammenhang der Apokalyptik einbezogen. Eine Vorausberechnung des Endgeschehens, wie man sie der Apokalyptik immer wieder nachgesagt hat, ist nach *Strobel* nicht nur erstens nicht nachzuweisen[353], sondern »die wenigen Aussagen Jesu über den unbekannten Termin sind« »zweitens gerade apokalyptisch und nicht unapokalyptisch«. – »Die Redeweise vom unbekannten Termin erweist sich« »als typisches Lehrmotiv der Apokalyptik.«[354] Jesus dachte »hinsichtlich des Zeitpunktes in der streng theonomen Kategorie einer pazifistisch-quietistischen Apokalyptik«[355]. Ein Logion wie Mk. 13, 32 (Über jenen Tag und die Stunde weiß niemand ...) nennt Strobel »spezifisch apokalyptisch«[356]. Vor allem aber »widerspricht« es nach der Ansicht dieses Autors »aller Logik, daß der überlieferte Lehrsatz von der erfüllten ›Zeit‹, d. i. die zu Ende gekommene Heilsgeschichte, weniger konkret gemeint war als in der apokalyptischen Umwelt«[357]. Er muß »unter dem Aspekt einer gewissen Terminbestimmtheit der eschatologisch-apokalyptischen Verkündigung Jesu verstanden« werden[358]. Auf zwei Punkte von grundlegender und zentraler Bedeutung weist hier noch *Wilckens* hin, einmal darauf, daß die Voraussetzung für das Verständnis des persönlichen Anspruchs Jesu überhaupt der Anspruch proleptisch-eschatologischer Offenbarung in der Apokalyptik ist[359] und ferner, daß der Begriff der Königsherrschaft Gottes bei Jesus auf dem Hintergrund der apokalyptischen Theologie im Unterschied von der rabbinischen zu sehen ist[360]. So kann Wilckens vom »apokalyptischen Gesamthorizont Jesu« sprechen, der auch für sein Wirken und dessen Höhepunkt am Ende zu ziehen ist: »Jesus trieb die Auseinandersetzung mit der pharisäischen Theologie in dem Vertrauen auf die Spitze, daß Gott in seinem Geschick die Wahrheit seines Anspruchs erweisen werde.« – »Keineswegs unwahrscheinlich« »ist die Annahme, daß Jesus im Zusammenhang seines Geschickes in Jerusalem den allgemeinen Anbruch der eschatologischen Königsherrschaft Gottes und dann seinen Eingang, zusammen mit allen, die sich zu ihm bekannt haben, in das Leben des Neuen Aion erwartet hat.«[361] Daß Jesus »in der Tat bis zum letzten Atemzug die große Gottesoffenbarung erwartete«, erscheint auch *Strobel*[362] unbezweifelbar. Mit den angeführten neuen Erkenntnissen und besonders den zuletzt genannten Annahmen kommt die heutige Betrachtung offensichtlich den Anschauungen Schweitzers sehr nahe. Bezüglich der von Schweitzer vorgenommenen

353 *Strobel:* Kerygma, S. 85.
354 ebd.
355 S. 41.
356 S. 87.
357 S. 105.
358 S. 111.
359 *Wilckens:* Offenbarungsverständnis, S. 50.
360 S. 55.
361 S. 61.
362 *Strobel:* Kerygma, S. 41.

Einordnung Jesu in die Apokalyptik findet denn auch *Michel*, daß die Geschichte der Forschung ihn »heute in einem unerhörten Maße bestätigt«[363]. — »Die Konsequenz des apokalyptischen Ansatzes hat sich« »als stärker erwiesen, als Albert Schweitzer selbst gemeint hat.«[364]

Noch ein anderer Einwand ist früher gegen den apokalyptischen Charakter der Verkündigung Jesu erhoben worden, sofern man dabei nicht nur an den Prediger, sondern auch an die Hörer denkt. Wir müssen fragen, meint *Schuster*, »ob den *Jüngern*, den Fischern am See Genezareth dieses eschatologische Programm von Daniel-Henoch so vertraut war, daß sie selbstverständlich im Rahmen dieses Programms dachten und glaubten? Noch mehr sind wir verwundert, wenn wir« — bei Werner — »lesen, Jesus habe dieses Programm auch im *Volk* von Galiläa voraussetzen können«[365]. Wir müssen »fragen, ob nicht die Masse des Volkes den großen überweltlichen Messiaserwartungen der danielisch-henochischen Apokalyptik ziemlich fremd gegenübergestanden habe, ob sie nicht vielmehr völkisch-politische Hoffnungen auf ein irdisch gedachtes Reich Davids gehegt habe«[366].

Es ist jedoch zu bestreiten, daß die Annahme, »das ganze jüdische Volk habe damals in der danielisch-henochischen Apokalyptik gelebt«, »die Voraussetzung« darstellt, »mit der die konsequente Eschatologie rechnet«[367]. Schweitzer ist zwar der Ansicht, daß das Zukunftsbild der Predigt Jesu wie das der Apokalypsen Esra und Baruch »irgendwie den Anschauungen der Schriftgelehrten und also des Volkes entsprochen« haben wird, rechnet aber mit einer gewissen »Indifferenz des Volkes gegen die in Frage kommenden Hoffnungen«[368]. Eine nähere Bekanntschaft des Volkes mit apokalyptischem Gedankengut — von einem »Programm« spricht nur Schuster, nicht Schweitzer — ist für seine Konstruktion tatsächlich kaum erforderlich. Die Tatsache, daß Schweitzer seinen Jesus mit einer Art von apokalyptischem Plan rechnen läßt, heißt nicht, daß die Jünger oder gar weitere Kreise genaue Kenntnis davon gehabt haben müssen. Jesus vermeidet ja nach Schweitzer, der Volksmenge Einzelheiten über seine Erwartung und deren Hintergründe mitzuteilen. Worum es ihm geht, ist ausschließlich die Ankündigung des ganz nahen Reiches und die daraus folgende Mahnung an jeden einzelnen. Um den Sinn dieses Rufes und seinen Anlaß zu begreifen, bedurfte es damals keiner Akademietagungen oder Volkshochschulkurse über Apokalyptik. Weniger einschlägiges Wissen und Interesse, als ein heutiger Redner der Inneren Mission bei seinen Hörern auf den Straßen oder Plätzen einer Großstadt voraussetzen darf, können auch die Menschen jener Zeit nicht

---

[363] *Michel:* Schweitzer, S. 127.
[364] S. 131.
[365] *Schuster:* Eschatologie, S. 5 f. — *M. Werner:* Weg, Bd. 1, S. 106.
[366] *Schuster*, S. 6.
[367] S. 7.
[368] LJ S. 284.

besessen haben. Diejenigen Vorstellungen und Gedanken, die zum Verständnis der Verkündigung Jesu nötig waren, sind sicherlich dieser selbst unschwer zu entnehmen gewesen. Eine beträchtliche oder gar entscheidende Schwierigkeit für Schweitzers Auffassung ist hier jedenfalls nicht zu erblicken. Das Bangemachen mit der Apokalyptik dürfte also auch in dieser Beziehung nicht gelten[369].

2. Bei dem zweiten der hier zu besprechenden Probleme, die nicht einen einzelnen Punkt des Lebens Jesu oder die Interpretation einer einzelnen Stelle, sondern einen ganzen Sektor seiner Verkündigung in der Sicht Schweitzers betreffen, geht es um die Ethik. Wenn das Kommen des eschatologischen Reiches für Jesus im Mittelpunkt stand, wie Schweitzer annimmt, »so fällt seine ganze Ethik unter den Begriff der auf das Kommen des Reiches vorbereitenden Buße«[370], diese Buße nicht in der mehr negativen Bedeutung unseres heutigen Sprachgebrauchs, sondern in dem viel reicheren Sinne, der bei den Synoptikern vorliegt: Sinnesänderung (μετάνοια), »sittliche Erneuerung im Hinblick auf eine allgemeine sittliche Vollendung«[371]. Die neue Sittlichkeit, wie die Bergpredigt sie fordert, gibt keine zeitlose, allgemeingültige Regeln für das Leben in dieser Welt, sie soll im Gegenteil von der Welt frei machen. Die neue Sittlichkeit »macht geschickt zum Reiche Gottes«[372]. So bestimmen namentlich die Seligpreisungen »die zum Eintritt in das Himmelreich berechtigende sittliche Verfassung«[373]. – »Als Buße auf das Reich Gottes hin ist« »die Ethik der Bergpredigt Interimsethik.«[374] Sie gilt nur bis zum Anbruch des Gottesreiches. Das Gottesreich selbst ist »eine übersittliche Größe«[375]. – »Es gibt für Jesus keine Sittlichkeit des Gottesreiches«, da in ihm alle natürlichen Zustände aufgehoben sind[376].

Damit entsteht die große Frage: ist die ethische Verkündigung Jesu wirklich schlechthin Interimsethik? *Rudolf Otto* durchdenkt die Situation: »Was würde sich ergeben als reine und einzig mögliche Konsequenz aus dem bloßen Gedanken selber: das Ende ist nah? Offenbar nur dieses eine: also eile dich; tue Buße, damit du dem Gericht entgehst. Das hier Erforderte könnte nur sein ein eilends noch herbeigeführter Reueakt, eine Bitte um Vergebung, etwa noch eine schnelle gründliche Ergebung in die Barmherzigkeit des Richters. Was darüber hinausginge, das wäre

369 Im folgenden wird der Begriff der Eschatologie aus Gründen des einheitlichen Sprachgebrauchs nach wie vor verwendet, da er sich auf diesem Gebiet allgemein durchgesetzt hat. Gemeint ist dabei aber stets das Eschatologische im Sinne und auf dem Hintergrund der Apokalyptik.
370 ML S. 18.
371 ebd.
372 S. 19.
373 ebd.
374 ebd.
375 S. 22.
376 LJ S. 413

›inkonsequente‹ Eschatologie.«[377] Jesu Predigt von der Gerechtigkeit, »mit mannigfaltigen Beispielen aus Zeit und Leben und Lebenslagen«, bezieht sich nun aber jedenfalls »nicht auf die Situation eines ›letzten Stündleins‹«, »sondern auf dauernde Verhältnisse und Verhaltungen«[378]. Der Versuch, die Bergpredigt als »das Gesetz des Ausnahmezustandes zu verstehen für eine Welt, die schon im Feuerschein des unter kosmischen Katastrophen hereinbrechenden Weltendes und des in Bälde anbrechenden Gottesreiches liegt«, wird auch von *Bornkamm* abgelehnt. Obgleich Jesus »fraglos« »mit dem in Bälde hereinbrechenden Weltende gerechnet« hat[379], steht es außer Zweifel, »daß diese Deutung der Bergpredigt gleichsam eine apokalyptische Temperatur zuspricht, die sie nicht hat. Es ist ja nicht wahr, daß sie den Brandgeruch der kosmischen Katastrophe an sich trägt, so sehr sie die Botschaft von der kommenden Gottesherrschaft ist und zu der Gerechtigkeit ruft, ohne die keiner in das Reich eingehen wird. Oder besser und unbildlich gesagt: Diese Deutung macht offenbar das apokalyptische Weltende zum Motiv der Forderungen Jesu, während sie doch einzig darin begründet sind, daß die Liebe zum Nächsten und zum Feind, Reinheit, Treue und Wahrhaftigkeit der Wille Gottes sind«[380]. Ebenso erklärte schon *Schniewind*: »Die Nähe des Endes ist nirgends ethisches Motiv.«[381] Positiv gewendet sagt *Conzelmann*: »Auch wenn in der Tat jetzt letzte Stunde ist, so will doch Gott heute nichts anderes, als was er immer schon wollte.«[382] Unter Hinweis auf den absoluten Charakter der Forderungen Jesu lehnt auch *Bultmann* den Begriff der Interimsethik ab[383]. »Von einer Begrenzung des Gebotes Jesu auf eine kurze, ›letzte‹ Zeit, ist«, wie *H. D. Wendland* feststellt, »in den Texten nirgends die Rede.«[384] Schon *Johannes Weiß*, der als erster die eschatologische Interpretation der sittlichen Verkündigung Jesu vertreten hatte, gab später zu, daß »ganze Partien der uns überlieferten Reden gar nicht vom Gedanken des Reiches Gottes beherrscht« und »viele Worte Jesu« »ganz uneschatologisch« sind[385]. Ebenso erkennt *G. Sevenster* zwar an, daß einzelne rigoristische Gebote von der eschatologischen Situation wahrscheinlich nicht gelöst werden können[386], hält aber die Deutung der gesamten Sittenlehre Jesu als Interimsethik für eine ungerechtfertigte Verallgemeinerung. Es gibt in den Evangelien Ethik, die uns in keiner Weise an die eschatologische Situation denken läßt, sondern in Ton und Motivierung an die Ethik des Prophetentums und der jüdischen Weisheit

---

[377] *Otto:* Reich², S. 43.
[378] S. 44.
[379] *Bornkamm:* Jesus, S. 185.
[380] *Bornkamm:* Gegenwartsbedeutung, S. 1287.
[381] *Schniewind:* Messiasgeheimnis, S. 4.
[382] *Conzelmann:* Jesus, Sp. 637. — Vgl.: Methode, S. 11 f.
[383] *Bultmann:* Erforschung, S. 50.
[384] *Wendland:* Ethik des NTs, S. 18.
[385] *J. Weiß:* Entstehung, S. 449.
[386] *Sevenster:* Ethiek, S. 190.

erinnert[387]. *H. Windisch* hat es unternommen, die beiden Ströme der Weisheitslehre und der Heils- und Gerichtsverkündigung in ihrer Verschiedenheit und zugleich in ihrer Zusammenfassung verständlich zu machen. Die Radikalismen der Bergpredigt sind von beiden Strömen gespeist. »Der Radikalismus hängt nicht so sehr an dem Umstand der Nähe der Endoffenbarung und an der zufälligen Kürze der Frist, sondern an dem wesentlichen Umstand, daß der Zustand, für den man sich bereiten muß, die Herrschaft *Gottes* ist, daß die Forderung von *Gott* ausgeht, der jetzt durch den Mund Jesu etwas Ganzes und Vollkommenes fordert.«[388] Deshalb können »die Begriffe der ›Interimsethik‹ und der ›Ausnahmegesetzgebung‹ nicht das Wesentliche treffen«[389]. Am schärfsten hat seinerzeit *Wellhausen* Schweitzers Ansicht abgelehnt: »Sicherlich galt« Jesus »die Moral nicht, wie Ignoranten zu behaupten sich erdreistet haben, für eine provisorische Ascese, die nur in Erwartung des nahen Endes zu ertragen war und nur bis dahin ertragen werden mußte, sondern für den ewigen Willen Gottes im Himmel wie auf Erden.«[390] Auf den allgemeinsten und zugleich einen sehr präzisen Ausdruck wurde die Sachlage neuerdings von *Conzelmann* gebracht: »Während Ethik und Gotteslehre miteinander verknüpft sind, besteht zwischen diesen beiden Sachkomplexen und der Eschatologie keine Querverbindung.«[391]

So gewiß es demnach ist, daß Schweitzers Begriff der Interimsethik dem vollen Befund bei der Jesus zugeschriebenen sittlichen Verkündigung nicht entspricht, so ungeklärt bleibt doch der Sachverhalt als solcher. Die hier vorliegende schwierige Problematik ist wohl von niemandem so stark empfunden worden wie von *Bultmann*: »das Problem, wie sich die eschatologische und die sittliche Verkündigung zueinander verhalten«. Es ist — dies das Gegenstück zu jener Frage R. Ottos — »nicht leicht zu sagen, wie ein eschatologischer Prophet, der das Ende der Welt vor der Tür sieht, der das Gottesreich schon hereinbrechen spürt und um deswillen die Zeitgenossen, die dafür bereit sind, selig preist« — »wie dieser über Gesetzesfragen disputieren kann und Weisheitssprüche prägen wie ein jüdischer Rabbi (wie sich denn in der Tat wohl zu allen sittlichen Weisungen Jesu gleichlautende und verwandte Worte jüdischer Rabbinen finden), Worte, die nichts von jener eschatologischen Spannung enthalten«[392]. Da »die eschatologische wie die sittliche Verkündigung Jesu in gleicher Weise der ältesten Schicht der Überlieferung angehören«, kann »man schwerlich die eine oder die andere Seite als sekundär streichen«[393]. Immerhin geht Bultmann über diese Feststellung in zweifacher

---

387 S. 191.
388 *Windisch:* Bergpredigt, S. 11.
389 ebd.
390 *Wellhausen:* Einleitung[1] (1905), S. 107; in der 2. Aufl. (1911) nicht wiederholt.
391 *Conzelmann:* Grundriß, S. 144.
392 *Bultmann:* Erforschung, S. 15 f.
393 S. 50.

Hinsicht beträchtlich hinaus. Während Wellhausen die sittlichen Forderungen als das echte geschichtliche Gut ansah und die eschatologischen Worte im wesentlichen der Gemeinde zuschrieb, erklärt Bultmann umgekehrt, daß man für die »Weisheitsworte am wenigsten die Gewähr« hat, »daß es echte Jesusworte sind«[394]. Überdies aber hält er es für »möglich, daß in der Verkündigung Jesu die eschatologische Botschaft vom Kommenden eine viel größere Rolle gespielt hat«, »als es jetzt in der synoptischen Überlieferung der Fall ist«[395]. *Gräßer* lehnt die beiden extremen Lösungsmöglichkeiten — Jesus nur Rabbi oder aber nur eschatologischer Prophet — ab, gibt jedoch noch stärker als Bultmann der eschatologischen Seite den Vorzug: »Die Nähe des Endes erscheint nicht überall ausdrücklich als ethisches Motiv. Aber sie steht doch überall im Hintergrund!«[396] Die ethische Botschaft Jesu »ist ganz und gar im Lichte seiner eschatologischen Verkündigung zu sehen«[397]. Die Bergpredigt »ist nicht so etwas wie ein christlicher Tugendkatalog«, »sondern sie ist ein ›eschatologischer Stimulus‹« *(Dibelius)*, »eine ›Forderung des anderen Äon‹ *(G. Kittel)*«[398]. So findet *Gräßer*, wohl als einziger Forscher außerhalb des Schweitzerkreises, den Begriff Interimsethik »völlig sachgemäß«. »Die entscheidende Frage für die Ethik Jesu lautet« »nicht: Was ist in bezug auf die Welt zu tun? Sondern: Was ist in bezug auf das Reich Gottes zu tun? Wie werde ich sein teilhaftig? (Mt. 6, 33!)«[399] Es ist bemerkenswert, daß ein heutiger Autor sich in diesem Punkte so weitgehend mit Schweitzer identifiziert. Man muß auch zugeben, daß, wenn das nahe bevorstehende Ende Jesus wirklich im Mittelpunkt seines Denkens gestanden hat, die Interimsethik sich daraus folgerichtig ergibt. Nur wird es dann eben doch erforderlich, ihm einen großen Teil der unter seinem Namen laufenden sittlichen Gedanken und Weisungen abzusprechen. Ein so weitgehender Eingriff, so bedenklich er methodisch wäre, würde jedoch Forschern wie Bultmann und Gräßer noch eher möglich sein als Schweitzer, dessen Habitus ein verhältnismäßig konservatives Verhältnis zum Textbestand verlangt. So läßt sich sagen, daß Schweitzer zwar das Verdienst zukommt, den Begriff der Interimsethik stark in den Vordergrund gerückt und sich damit für eine an sich bestehende Möglichkeit eingesetzt zu haben, eine Möglichkeit aber, die zu seinen eigenen Voraussetzungen schlecht paßt und deshalb als Bestandteil seiner Theorie höchst fragwürdig bleibt. Gehören Jesu Weisheitssprüche allgemeiner Art nicht zu ihm, so würde dann auch vieles andere in der Überlieferung, das Schweitzer als historisch anerkennt und für seine Hypothese braucht, zweifelhaft werden. Gehören sie aber zu ihm, so

---

394 S. 38.
395 S. 13.
396 *Gräßer:* Parusieverzögerung, S. 72.
397 ebd.
398 S. 73.
399 ebd.

kann ihn das bevorstehende Ende nicht in einem derart hochgradigen Maße beschäftigt haben, wie die konsequente Eschatologie annimmt. Man mag sich also drehen und wenden, wie man will, der Begriff der Interimsethik enthält mehr Probleme, als er löst.

Wenn man indessen in dem falschen Verständnis der Ethik Jesu die Erklärung dafür hat sehen wollen, daß Schweitzers Konzeption sich in der Forschung so wenig durchgesetzt hat[400], so dürfte dieser Punkt, wie wichtig er auch sein mag, damit überschätzt werden. Die Entscheidung über das Schicksal der ganzen Theorie ist weniger von der Erörterung umfassender, verhältnismäßig allgemeiner Sachverhalte oder Probleme, die sich in verschiedener Weise begreifen und beleuchten lassen, als von der Interpretation einzelner Textstellen und von der eindeutigen Beantwortung enger umgrenzter Fragen zu erwarten. Bevor jedoch dazu übergegangen wird, muß noch ein besonders wichtiger Einwand umfassender Art zur Sprache gebracht werden.

3. Dieser dritte hier noch zu behandelnde allgemeine Gesichtspunkt betrifft den Gottesgedanken Jesu. Was ist das religionsgeschichtlich Neue an ihm, oder, noch allgemeiner gefragt: Gibt es an ihm überhaupt etwas Neues? *Bultmann* hat es bestritten und behauptet, der Gottesgedanke Jesu halte sich durchaus innerhalb des Judentums[401], *Karl Holl* die Frage umgekehrt leidenschaftlich bejaht und geäußert, er »habe nie verstanden, wie man bezweifeln konnte, ob Jesus gegenüber dem Alten Testament einen neuen Gottesgedanken gebracht habe«[402, 403]. Das vollkommen Neue ist, daß Jesus einen Gott verkündigt, »der mit dem sündigen Menschen etwas zu tun haben will«[404]. – »Zu behaupten, daß ein schwerer Sünder unter Umständen Gott besonders nahestehen könnte, das war« innerhalb des Judentums »unmöglich.«[405] – »Ein Gottesglaube, wie ihn Jesus predigte, wonach Gott dem *Sünder* sich gibt, das war der Tod alles ernsthaften sittlichen Strebens, das war nichts anderes als Gotteslästerung. Dafür haben ihn die Juden ans Kreuz gebracht.«[406] *Wendland* ist der Ansicht, daß »mit dem Gedanken des vergebenden Gottes, der den Sünder sucht und nicht den Gerechten, der Mittelpunkt der Gottesanschauung Jesu getroffen ist«[407], und *Jeremias* stellt fest: »Es gibt keine Parallele zu dieser Botschaft Jesu, daß es Gott mit den Sündern zu tun haben will.«[408] *E. Seeberg* hat es in sachlicher Übereinstimmung mit diesen Be-

---

400 *Schniewind:* Messiasgeheimnis, S. 4.
401 *Bultmann:* Jesus, S. 117 f., 129, 131, 160 ff.
402 *Holl:* Urchristentum, S. 19.
403 Eine Gegenüberstellung Bultmanns und Holls in dieser Frage findet sich bei *Wendland:* Eschatologie, S. 11 ff.
404 *Holl,* S. 18.
405 S. 20.
406 S. 21.
407 *Wendland,* S. 13.
408 *Jeremias:* Problem, S. 21.

stimmungen noch etwas schärfer, gewagter formuliert: Gott ist »der suchende Gott, der das liebt, was verlorengegangen ist. Gott liebt also die Sünder«[409].

Wenn man von Bultmann gesagt hat, daß er »den Heilscharakter der Gottesherrschaft zu wenig ins Auge faßt«[410], so gilt dies nun nicht weniger auch von Schweitzer. *J. Schniewind,* der einerseits den Gerichtsgedanken bei Schweitzer vermißt[411], findet andererseits, daß dessen Auffassung der gesamten Verkündigung Jesu als Bußpredigt letztlich das zu kurz kommen lasse, »was im Gegensatz zu Pharisäern und Täufer das Wesentliche an Jesus gewesen sein muß: die Sünderfreundschaft, die absolute Vergebung«[412]. Auf dasselbe läuft die Stellungnahme *Flückiger*s hinaus, wenn er hervorhebt, »daß in der konsequent eschatologischen Deutung gerade das Motiv der Errettung des Sünders, also das Gnadenmotiv, aus der Botschaft Jesu eliminiert wird. Die Frage, wie der Sünder gerettet werde im Gericht, wird nicht einmal mehr gestellt. Jesus will ja nicht retten, er will einzig das Reich herbeizwingen, und weil das Reich nicht kommen kann, ohne daß die Welt durch das Gericht hindurchgeht, folgt aus seinem Streben, daß er das Gericht über die Welt herbeizwingen will, jenes Gericht, in dem es nach spätjüdisch-apokalyptischer Erwartung kein Erbarmen für den Sünder geben kann«[413, 414]. – »Der im Jesus der Evangelien so bezeichnende und hervortretende Zug der Sünderliebe« wird bei Schweitzer auch von *Grabs* vermißt[415], der mit gutem Grund die Frage stellt, ob »der erwähnte Mangel in Schweitzers Jesusbild nicht doch im Zusammenhang mit« seiner »ungewöhnlichen Aktivität« steht[416], besser vielleicht gesagt: mit seinem einseitigen Aktivismus. Ebenso spricht *M. Schmidt* im Hinblick auf die nicht berücksichtigte »Sünderliebe Gottes«[417] von Schweitzers »Einseitigkeit«[418]. – »Das, was man das Evangelium im Evangelium genannt hat, das Gleichnis vom

---

409 *Seeberg*, Christus, S. 33.
410 *Wendland*, S. 61.
411 *Schniewind:* Messiasgeheimnis, S. 5.
412 S. 9.
413 *Flückiger:* Ursprung, S. 82.
414 *Gräßer* (Parusieverzögerung, S. 221) wirft Flückiger vor, daß er »den konsequenten Eschatologen *unterschiebt*, als meinten sie mit Naherwartung nur erbarmungsloses Gericht«. Das sei »nirgendwo so, nicht einmal bei Johannes dem Täufer«. Ob Schweitzer die Apokalyptik in dieser Hinsicht verzeichnet hat, ist hier nicht zu entscheiden. Aber daß für das von ihm selbst vertretene Jesusbild das Ende vor allem Katastrophe, Gericht ist und das Gnadenmotiv demgegenüber völlig in den Hintergrund tritt, dürfte unbestreitbar sein. Wenngleich Flückiger durchaus nicht in allem zugestimmt werden kann, so hat er doch in mehreren besonders wichtigen Punkten unzweifelhaft recht, und dazu gehört vor allem der Hinweis auf das Zukurzkommen des Gnadenmotivs bei Schweitzer.
415 *Grabs:* Schweitzer [Denker], S. 125.
416 S. 126.
417 *M. Schmidt:* Schweitzer, S. 208.
418 S. 207.

verlorenen Sohn«, »wurde — so erstaunlich es klingt — nicht in seinem Gewicht erfaßt.«[419]

Aber das Sonderbarste kommt noch. Es verhält sich nicht etwa nur so, daß in Schweitzers Jesusbild ein Zug fehlt, der gemeinhin als der wesentlichste und jedenfalls als der wichtigste angesehen zu werden pflegt. Schweitzer läßt diesen Zug nicht nur stillschweigend fallen, sondern er verkehrt ihn ausgesprochenermaßen und betont gerade ins Gegenteil. Jesus hat nach seiner Auffassung, wie schon kurz erwähnt, »nicht gelehrt, daß alle Menschen Gotteskinder sind. Diese Gnade kommt nur den Erwählten zu«[420]. Schweitzer findet die Idee der Erwählung (Mt. 22, 14: Viele sind gerufen, wenige aber auserwählt) auch nicht nur überhaupt bei Jesus vorliegen. Am auffallendsten ist, daß er ihr im Denken Jesu erstens eine »überragende Bedeutung«, zweitens eine besonders harte Ausprägung und drittens dafür Jesus auch noch die Priorität zuschreibt: »Auf die konsequente und fast grausige Fassung ist sie« »wohl erst durch Jesus gebracht worden«[421], und diese Zurückführung auf Jesus nimmt Schweitzer überdies ohne jede Notwendigkeit vor, ja, gegen die fast einstimmige Ansicht der übrigen Forschung! Während Jesus den Jüngern das Geheimnis des Reiches mitteilt, aufschließt, spricht er zu den Draußenstehenden nur in Gleichnissen, »damit sie sehenden Auges doch nicht sehen und offenen Ohres doch nicht verstehen, auf daß sie sich nicht bekehren und ihnen nicht vergeben werde« (Mk. 4, 11 f.; vgl. Jes. 6, 9 f.). Schweitzer sieht in der Prädestination »ein bedeutungsvolles Motiv der Lehrbeschränkung« ausgesprochen: »Jesus weiß, daß die Wahrheit, die er bringt, ausschließlich für bestinmmte Erwählte ist, daß das allgemeine und offene Bekanntwerden seiner Botschaft nur Gottes Pläne durchkreuzen kann.«[422] Während diese nach *Holtzmann* »jeder geschichtlichen Wirklichkeit Hohn sprechende Verstockungstheorie«[423] vor allem seit *Jülicher*[424] durchweg als die Ansicht des Evangelisten, nicht Jesu, verstanden wird[425], hat man neuerdings gefunden, daß der Verstockungsgedanke in Mk. 4, 11 f. überhaupt nicht das letzte Wort hat. Wohl ist die Jesajasstelle, auf die Markus sich bezieht, im hebräischen Text uneingeschränkt als Verstockung gemeint. Das μήποτε der Septuaginta wie auch das ihm entsprechende Wort der aramäischen Übersetzung ist jedoch

---

419 S. 208.
420 LJ S. 415, Anm.
421 S. 312.
422 S. 400.
423 *H. J. Holtzmann:* Marcus-Kontroverse, S. 38.
424 *Jülicher:* Gleichnisreden, T. 1, S. 143 ff.
425 Besonders entschieden hat sich hierüber *Bousset* ausgesprochen: »Es kann nichts verkehrter sein, als wenn der Evangelist Markus und ihm folgend die anderen Evangelisten das Urteil fällt, Jesus habe seine Gleichnisse zum Zwecke der Verstockung des Volkes gesprochen« (Jesus, S. 21). »Daß das alles blasse Theorie ist, die weder zu Jesu Verhalten zum Volk im allgemeinen stimmt noch zu seinem Charakter als Volksredner noch zu dem Wesen des Gleichnisses, sollte heute keines weiteren Beweises mehr bedürfen« (Kyrios, S. 67).

nach *Jeremias* doppel- oder sogar dreideutig. Es kann heißen: 1. »auf daß nicht«, 2. »ob nicht vielleicht«, 3. »es sei denn, daß.« Auf jeden Fall hat, wie Jeremias ausführt, die rabbinische Exegese das Jesajaswort in dem dritten Sinne gedeutet, und »dieses zeitgenössische Verständnis« »als Verheißung der Vergebung muß auch« für unsere Markusstelle »vorausgesetzt werden«[426]. Für Schweitzer handelt es sich dagegen um die eigentliche, endgültige Verstockung, und er scheut sich nicht, sie von Jesus selbst vertreten sein zu lassen: »Auf Grund welcher Vorstellung oder welchen Irrtums soll der älteste Evangelist eine so grauenhafte Theorie über die Gleichnisse erfunden haben?«[427] Die Antwort auf diese Frage hat man früher wohl in einem paulinischen Einfluß auf Markus sehen wollen, der sich hier ausgewirkt haben könnte. Davon ist man abgekommen. Aber anstatt nach irgendeiner Jesus entlastenden Möglichkeit Ausschau zu halten, kommt Schweitzer diese »grauenhafte« Theorie wie gerufen, um zu erklären, warum Jesus seine Messianität geheimzuhalten suchte. Vielleicht lag Jesus die Erwägung nahe, meint Schweitzer, »daß er sich nicht offenbaren dürfe, weil er dadurch die Nähe des Reiches allzu gewiß und sichtbarlich bezeugt hätte, so daß auch solche, denen es nicht bestimmt war, sich bekehrt hätten und durch den Glauben an ihn gerettet worden wären«[428]. Man kann verstehen, daß angesichts einer derartigen Interpretation die Frage aufgeworfen wurde, ob »damit nicht das Jesusbild in seinem innersten Wesen so verändert« ist, »daß er aufhört, der Herr unseres Glaubens zu sein«[429]? Freilich wäre das kein eigentlich historisches Argument. Wohl aber wird man als ein solches anzuerkennen haben, wenn es *Flückiger* »unerklärlich« erscheint, »wie die Botschaft, so verstanden, überhaupt Evangelium, frohe Botschaft, heißen konnte«[430]. Und diese Auffassung verficht Schweitzer nicht – es muß noch einmal wiederholt werden –, weil die Sachlage sie unbedingt erforderte, so daß man sich schweren Herzens mit ihr abfinden müßte, sondern im Gegenteil: gegen eine sich anbahnende einheitliche kritische Beurteilung vielmehr als eine mögliche Erwägung, die seinem Jesusbild entgegenkommt und sich ihm insofern empfiehlt! An die Stelle des Gottes, der den Sündern nachgeht und Sünden vergibt, tritt so ein Gott, der auf seiner einmal getroffenen Auswahl zu rettender Menschen besteht, und ein Jesus, der klug berechnend vorsorgt, daß jene Bestimmung Gottes auf keinen Fall umgangen werde, damit nicht etwa ein Nichtauser-

---

426 *J. Jeremias* (Gleichnisse, S. 13), *Marxsen* (Parabeltheorie, S. 269) und *Lohse* (Umwelt, S. 120) haben sich dieser Auffassung angeschlossen. Als noch gründlicher erledigt könnte die Verstockungstheorie gelten, wenn man berechtigt wäre, mit *Lohmeyer* (Markus, S. 84) in v 12 das ἵνα auf dem Boden der Koine auch als ein, wenngleich seltsames, »weil« zu verstehen. Freilich, läßt sich so nicht schließlich aus einem Text alles machen?

427 LJ S. 254.

428 S. 396.

429 *Schuster:* Eschatologie, S. 22.

430 *Flückiger:* Ursprung, S. 83 f.

wählter in das Reich hineingelangt. In der Tat, der Gottesgedanke Jesu, wie man ihn sich bisher vorstellte, konnte nicht stärker verfremdet werden, als es hier bei Schweitzer der Fall ist.

Jesu Zusammenhang mit der Apokalyptik ist, wie sich zeigte, keineswegs von der Hand zu weisen. Das Verständnis der sittlichen Verkündigung Jesu als Interimsethik folgte daraus allerdings nicht ohne weiteres. Es erwies sich vielmehr als recht problematisch. Nur dann würde diese Sicht nicht ganz unmöglich sein, wenn man es wagt, den größten Teil der sich ihr nicht einfügenden Aussagen Jesus abzusprechen. Dagegen wäre es wohl denkbar, daß der Gott Jesu nicht ganz so sehr ein Gott der Liebe war, wie anzunehmen man sich gewöhnt hat. Daß Schweitzer den Akzent hier um einiges verschiebt, bleibt immerhin erwägenswert. Wenn er aber Jesus den Gedanken der Prädestination zuschreibt, und zwar in dieser Form und mit dieser Motivation, so hört buchstäblich alles auf. Dabei ist es nicht einmal ausgemacht, ob sich die fragliche Anschauung überhaupt in den Rahmen der Apokalyptik einfügt, da die Prädestination im strengen Sinne der »allem persönlichen Tun des Menschen vorausgehenden Auswahl bestimmter Individuen für die Seligkeit« in der spätjüdischen Literatur »so gut wie gar nicht vorkommt«[431]. Auch daß sie in Spannung mit der »ethischen Errettungsidee« der Buße steht[432] oder sogar im Kampf mit ihr liegt[433], nimmt Schweitzer in Kauf. Es ist schwer zu sagen, ob man sich hier über die Gefährdung des Gottesgedankens oder die der sittlichen Einstellung[434] durch Schweitzers Thesen mehr wundern soll.

4. Schweitzers Verfahren in einzelnen Punkten

Nach der Erörterung einiger verhältnismäßig allgemeiner und umfassender Probleme, die sich freilich bei dem letzten Punkt schon auf die Frage der Auffassung eines einzelnen Jesuswortes zuspitzte, wird es nunmehr erforderlich, an Hand einiger Beispiele Schweitzers Art der Verwertung der Quellen in Augenschein zu nehmen. Indem von der zweifelhaften Glaubwürdigkeit dieser Quellen einmal abgesehen werden soll, fragen wir jetzt: Hat Schweitzer aus ihnen wirklich das herausgelesen, was darin steht, ergibt sich also seine Deutung tatsächlich aus den Texten, ist seine Lesart richtig oder doch naheliegend, wahrscheinlich oder wenigstens möglich? Schweitzer wollte ja mit dem Zwischen-den-Zeilen-lesen

---

431 *Volz:* Eschatologie, S. 109.
432 LJ S. 312.
433 S. 401.
434 Unter Hinweis auf die Unterscheidung zweier verschiedener Morallehren in den Evangelien bei Bayet (Les morales de l'évangile. 1927 S. 55), Verantwortlichkeit und Freiheit einerseits, Prädestination andererseits, sieht *Sevenster* (Ethiek, S. 15) den Fehler Schweitzers in der vollkommenen Vernachlässigung der ersteren.

der liberalen Leben-Jesu-Schreiber energisch Schluß gemacht sehen. Was hatten diese nicht alles mit psychologischem Scharfsinn hinzugedacht, um zu einem möglichst anziehend wirkenden, vor allem recht modernen Jesus zu gelangen! Wie gründlich hat Schweitzer mit der Methode und den Ergebnissen dieser Richtung abgerechnet! Wie steht es nun in dieser Hinsicht mit seinem eigenen Verfahren?

Der Einzug in Jerusalem etwa, ein besonders charakteristisches Beispiel Schweitzerscher Deutung, war »zwar von Jesu Seite ein Spiel mit seinem messianischen Selbstbewußtsein, aber von der Seite des Volkes unmessianisch, ein Eliaseinzug, ob dies dem Markus klar war oder nicht« — »in der Tat nicht nach dem Text«, wie *Wernle* seinem Referat lakonisch hinzufügt[435]. Das Volk, sagt Schweitzer, »dachte sich weiter nichts dabei«, wenn kurz vorher der blinde Bettler in Jericho den »Sohn Davids« an- und ausgerufen hatte. Schweitzers alter Lehrer *Holtzmann* bemerkt hierzu kopfschüttelnd: »Andere, die solche in keinem Text zu lesende Offenbarungen mitteilen, pflegt der Verfasser zu fragen: ›Woher weiß man das?‹«[436] und er beschwert sich über »das souveräne Schaffen von nirgends angedeuteten Zusammenhängen.«[437] Jülicher und Wernle fahren schwereres Geschütz auf. *Jülicher* urteilt: »Die Vergewaltigung von Gesetz und Regel geschichtlichen Untersuchens kann kaum ärger getrieben werden.«[438] *Wernle* spricht von einer »grauenhaften Verwüstung und Vergewaltigung der Quellen«[439], von einer »phantastischen Quelleninterpretation«[440], und fragt: »Hat gerade Schweitzer zu einer Kritik der psychologisierenden Kombinationskunst« der liberalen Schule »das geringste Recht? Ein Forscher, der genau weiß, daß Mt. 11, 14« (wo Jesus den Täufer als Elias, den Vorläufer des Messias, bezeichnet) »wenige Tage nach der Aussendungsrede gesprochen wurde und zwar, wie die ganze Rede in Abwesenheit der Jünger, die infolgedessen erst einige Zeit später das Eliasgeheimnis erfuhren, das Jesus damals der Menge kundgegeben hatte«, »oder der weiß, daß die Verklärung Mk. 9 nicht sechs Tage nach der Szene von Cäsarea Philippi, sondern nach einem sechstägigen Zusammensein mit dem Volk nach der Speisung erfolgte«, »ein Forscher, der einfach die psychologisierende Konstruktion mit der dogmatisch-eschatologischen vertauscht, sollte sich hüten, einen Stein auf eine Richtung zu werfen, die ihn eben darin, worin er sie verurteilt, kaum an Virtuosität erreicht.«[441] Derart genaue Zeitbestimmungen, hin-

---

435 *Wernle,* Rezension, 1906, Sp. 504.

436 *Holtzmann:* Bewußtsein, S. 25, Anm. 2. Den von Holtzmann beanstandeten Satz »Das Volk dachte sich weiter nichts dabei« (RW S. 393) hat Schweitzer in der zweiten Auflage (S. 394) fortgelassen, die Deutung der Szene aber sachlich und im übrigen auch fast wörtlich aufrechterhalten.

437 *H. J. Holtzmann,* S. 45.

438 *Jülicher:* Linien, S. 5.

439 *Wernle:* Rezension, 1906, Sp. 504.

440 Sp. 506.

441 Sp. 503.

sichtlich der »Verklärung« übrigens doch auch nur durch eine Umstellung im Text, eine Vertauschung der Reihenfolge von Petrusbekenntnis und Verklärung bewerkstelligt[442], sind in der Tat – und werden auch durch eine geringe Abschwächung mittels eines »wohl« und »wahrscheinlich« in der zweiten Auflage[443] kaum weniger – sonderbar. Noch merkwürdiger ist die erwähnte Abwesenheit der Jünger bei der Anfrage des Täufers und der daran anschließenden Rede, wozu der Kritiker sich die Frage erlaubt: »Woher besitzen wir sie denn?«[444] Den Verrat des Judas schließlich – Judas hat, wie früher schon erwähnt, nach Schweitzers Ansicht den Feinden nicht den Aufenthaltsort Jesu, sondern sein Messiasgeheimnis mitgeteilt – rechnet *H. Weinel* zu dem vielen, das »nur ein Lächeln erwecken« kann[445].

Angesichts der Kritik Schweitzers an der Methode der allzu vieles wissenden liberalen Leben-Jesu-Theologen sind so gewagte eigene Interpretationen in der Tat erstaunlich. *H. Stephan* wirft Schweitzer geradezu vor, er arbeite »aufs naivste mit demselben romanhaften, psychologisierenden Verfahren, das er bei den ›Liberalen‹ so trefflich zu verdammen weiß«, nur die Richtung ist anders. Während jene Jesus »gern so denken und handeln lassen, wie es ihrer modernen Empfindung gefällt, sucht Schweitzer stets die Möglichkeit, die unserm Gefühl am fremdesten bleibt«[446]: die apokalyptisch-dogmatische. Seine Kritik der liberalen Leben-Jesu ist zwar sicherlich berechtigt, aber offenbar nicht deshalb, weil die Deutung mit Hilfe von Psychologie und Phantasie überhaupt verboten wäre, sondern weil sie bei den Liberalen zu falschen, vom Zeitgeist diktierten Ergebnissen geführt hat, und die Frage wäre nur die, inwieweit Schweitzers Lösungsversuch als ihnen überlegen, historisch besser begründet gelten kann. Und da zeigt sich nun eben, daß seine Art zu sehen nicht nur sehr kühn ist, sondern daß dieser so besonders scharfsinnige Kritiker der bei anderen auftretenden Fehler, Mängel, Schwächen und Schwierigkeiten sich auch selbst auf außerordentlich gewagte, ja geradezu phantastische Auslegungen bzw. Hineinlegungen einläßt.

Schweitzer läßt sich auch nicht dadurch entlasten, daß man etwa einräumen wollte, es handle sich dabei um Einzelheiten, die innerhalb der Gesamtlösung nicht viel besagen, diese jedenfalls nicht entscheidend beeinträchtigen. Bedenklich ist vielmehr die ganze Art und Weise, wie Schweitzer mit den Texten umgeht, fast möchte man sagen: umspringt, wie er mit ihnen schalten und walten zu dürfen glaubt. Was hiergegen schon von den ersten Kritikern an Widerspruch geäußert worden ist, hat

---

[442] *K. Lüthi* (Judas, S. 144) erkennt diese Umstellung als an sich möglich an, hält jedoch die überlieferte Reihenfolge für richtig, weil die Verklärungsperikope das Bekenntnis zu Cäsarea Philippi voraussetze: durch die Verklärung bestätigt Gott, daß Jesus trotz seines Sprechens vom Leiden der Messias ist.
[443] LJ S. 429 f.
[444] *Wernle*, Sp. 505.
[445] *Weinel:* Rezension, 1902, S. 244.
[446] *Stephan:* Rezension, Sp. 1546.

später *G. Sevenster* vom Boden der formgeschichtlichen Forschung aus in seiner schon genannten, an sich einem spezielleren Thema gewidmeten Studie noch einmal zusammenfassend zur Sprache gebracht. Eine ganze Reihe von kritischen Feststellungen werden als Beispiele für zwei hauptsächliche Einwände angeführt, von denen der erste, ohne daß der genannte Verfasser das unmittelbar ausspricht, auf eine für einen sachkundigen Forscher wie Schweitzer auffallende Sorglosigkeit, Unbedenklichkeit, eine kaum verständliche Naivität in der Verwendung der Quellen, jedenfalls eine befremdende Unberührtheit von kritischen Erwägungen hinausläuft. Es fehlt ihm anscheinend, so auffallend dies ist, ganz an der Einsicht in die Eigenart der synoptischen Texte, welche die formgeschichtliche Betrachtung inzwischen aufgezeigt und zur Gewißheit erhoben hat, die aber auch schon zur Zeit, als Schweitzer seine Lösung des Problems erdachte und ausarbeitete, den kritischen Forschern im einzelnen mehr oder weniger bekannt war. In Verkennung dieser Eigenart legt Schweitzer, wie wir schon von Jülicher gehört haben, vor allem viel zu großen Wert auf die Einrahmung der Geschichten und Reden und mancherlei Angaben, die nicht zum ursprünglichen Bestand des überlieferten Stoffes gehören, sondern redaktionelle Zutaten sind, so vor allem die Reihenfolge der Perikopen, die geographischen Daten und allerlei Besonderheiten, die ohne jede wirklich sachliche Bedeutung sind. Ein instruktiver Beleg für die Überschätzung der Anordnung des Erzählgutes ist es, wenn Schweitzer daraus, daß das erste »Entweichen« Jesu im Anschluß an den Tag von Kapernaum stattfindet, schließt: »Also muß in dem, was Jesus damals an diesem Ort erlebt hat, irgendwie der Anlaß seines nachherigen Verhaltens zu suchen sein. Dann kann er aber nur in den Heilungen und der Begegnung mit Dämonischen liegen.«[447] Wer ein wenig mit diesen Dingen vertraut ist, sieht sofort, daß diese Folgerung als völlig gegenstandslos gelten muß. Ebenso steht es, wie gesagt, mit den meisten geographischen Angaben, etwa darüber, wo Jesus bei seiner Flucht vor der Menge gewesen ist[448], die Schweitzer ebenfalls ganz ernst und wichtig nimmt. Und dann die wiederum wie selbstverständlich hingenommene Anwesenheit einer Volksmenge, angesichts derer er fragt, woher diese in dem Augenblick kommt und was sie dort tut! Mit Recht erklärt Sevenster das für nutzlose Fragen, die nur auf einen falschen Weg führen können. Mit solch einer Menge wird tatsächlich nur ein Hintergrund geschaffen, d. h. sie gehört zu dem, was Bultmann »Regie-Material« nennt[449].

Ein recht bezeichnendes Beispiel dafür, wie an Textstellen, denen keinerlei historischer Gehalt innewohnt, weittragende Vermutungen und Hypothesen angeknüpft werden, ist bei der Verklärung die einfache

---

[447] LJ S. 399.
[448] *Sevenster:* Ethiek, S. 7.
[449] *Sevenster,* ebd. — *Bultmann:* Erforschung, S. 17. — Tradition, S. 367 f.

Anrede »Rabbi« für Jesus im Munde des Petrus, die Schweitzer ein Argument für seine Ansicht liefert, daß die Szene der Verklärung vor die von Cäsarea Philippi gestellt werden müsse, wo ja Petrus bekennt, daß Jesus mehr als ein Rabbi ist. Sevenster bemerkt dazu, ein Blick in die Konkordanz genüge, um zu entdecken, daß Petrus auch später, d. h. auch nach Cäsarea noch dieselbe Anrede gebraucht. Kaum mehr erforderlich ist in diesem Falle die Berufung auf die formgeschichtliche Forschung, die überzeugend dargetan hat, daß der Gebrauch eines solchen Titels in einem bestimmten Augenblick nicht die mindeste Bedeutung besitzt[450]. Sehr in Betracht kommt hier auch die Wendung »Wer Ohren hat zu hören, der höre!« Mk. 4, 23 und Mt. 11, 15, womit Schweitzer Jesus andeuten läßt, »daß in seiner Aussage ein überirdisches Wissen um die Pläne Gottes sich birgt, das nur die, welche Ohren dafür haben, d. h. die Prädestinierten, heraushören. Für die anderen sind es unverständliche Worte«[451]. Sevenster fragt: Aber warum steht derselbe Ausdruck nun auch Mt. 13, 43?[452] Zu den sonderbar naiv wirkenden Annahmen ist schließlich auch die Behauptung zu rechnen, daß »die Aussendungsrede als Ganzes und bis in die Einzelheiten geschichtlich« sei[453], eine These, die später noch einmal zu berühren sein wird. Das Prädikat »naiv« oder, wie man bei einem Manne von der Intelligenz und dem Wissen Schweitzers sagen muß: »anscheinend naiv« bzw. »gewollt naiv« für eine solche Einstellung und ein solches Vorgehen fällt wie gesagt nicht unter die Verantwortung des referierten Autors, drängt sich aber als Oberbegriff für die von ihm gebrachten Beispiele auf.

Dazu kommt etwas anderes. Sevenster prüft Schweitzers Behauptung, daß seine Lösung im Gegensatz zur »Willkür des Verfahrens« anderer Leben-Jesu-Forscher »das Einfache und Natürliche« darstelle[454], und gelangt dabei zu dem Ergebnis, daß Schweitzer im Gegenteil mit einer seltsamen Willkür zu Werke geht[455]. Hierin besteht das zweite Hauptbedenken unseres Kritikers. Daß Schweitzers Exegese nicht selten schnurgerade gegen die klar zu Tage tretende Bedeutung der Texte verstößt, wird u. a. mit den folgenden Beispielen belegt, die an Deutlichkeit nichts zu wünschen übrig lassen. Die wunderbare Speisung ist nach Schweitzer kein Wunder, sondern eine sakramentale Mahlzeit. »Mit dem Stücklein Brot, das er ihnen durch die Jünger austeilen läßt, weiht er sie zu Teilnehmern am kommenden messianischen Mahle.«[456] Der kritische Betrachter beschränkt sich darauf, mit leiser Ironie festzustellen: Nur mit einem Detail bekennt Schweitzer, nichts anfangen zu können, wenn er

---

[450] *Sevenster*, S. 7 f.
[451] LJ S. 405.
[452] *Sevenster*, S. 8.
[453] LJ S. 410.
[454] S. 597.
[455] *Sevenster*, S. 9.
[456] LJ S. 421.

nämlich — übrigens selbst ja wohl auch schon einigermaßen ironisch — schreibt: »Historisch ist daran alles, nur nicht die Schlußbemerkung, daß sie alle satt wurden.«[457] Schon *Weinel* hatte auch über dieses Kultmahl nur lächeln können[458], und *Wernle* meinte, »die Naivität, daß Jesus Jüngern und Volk in der Speisung Garantien für die Teilnahme am Gottesreich gibt, Garantien, die dann erst noch die Empfänger nicht verstehen, widerlegt sich selbst«[459]. In der Tat muß man hier fragen: Naivität oder Willkür oder beides? Über das »Entweichen« Jesu sucht Schweitzer eine bestimmte Theorie durchzuführen, er schreibt Jesus »eine eigentümliche Abneigung gegen die Öffentlichkeit« zu, seine Fahrten erwecken z. T. »den Eindruck von Versuchen, sich dem Volke zu entziehen«[460], und diese Theorie muß schon in Mk. 1, 35 ff. zu finden sein: »Wenn er Petrus und den Seinen als Grund des Entweichens angibt, daß er auch noch anderswo das Evangelium predigen wolle (Mk. 1, 38), so spricht er damit nicht seinen eigentlichen Gedanken aus.«[461] Später ist Jesu »ganzes Sinnen und Trachten alsbald darauf gerichtet, wie er vom Volk loskäme, um mit ihnen allein zu sein«[462], wozu *Sevenster* trocken bemerkt, Markus berichte leider einen ganz anderen Grund: man zieht sich zurück, um auszuruhen und zu essen[463]. Solche und andere Beispiele zeigen, wie wenig die konsequent-eschatologische Konstruktion darauf Anspruch machen kann, das Einfache und Natürliche zur Geltung zu bringen[464], wie sehr sie tatsächlich der Willkür in der Interpretation Tor und Tür öffnet.

Aber auch der Anspruch Schweitzers, ohne subjektive Kriterien, wie sie die von ihm kritisierten Forscher verwenden, zwischen echt und unecht scheiden zu können, hält der Nachprüfung nicht stand. Vollkommen subjektiv ist Schweitzer nach der Ansicht Sevensters vor allem im abwechselnden Gebrauch des Matthäus- und des Markusevangeliums. Der Autor findet es merkwürdig, wie Schweitzer im Zickzack längs der Perikopen von Matthäus und Markus seinen Weg verfolgt[465]. Ein besonders schlagendes und auch besonders schwerwiegendes Beispiel hierfür ist die Aussendungsrede Mt. 10, von der ein Teil bei Markus erst in Kap. 13 erscheint. Schweitzer entscheidet sich für Matthäus. Warum? — Andererseits: Daß Jesus die Aussendung der Jünger vornimmt, nachdem er in Nazareth verworfen worden ist, berichtet Markus, während Matthäus dies erst später erzählt. Hier paßt der Bericht des Markus wieder besser für Schweitzers Hypothese, daß Jesus auf Grund einer dogmatischen

---

457 LJ ebd. — *Sevenster*, S. 9.
458 *Weinel*, S. 244.
459 *Wernle*, Sp. 505.
460 LJ S. 397.
461 S. 398.
462 Mk. 6, 30—33. LJ S. 411.
463 *Sevenster*, S. 10.
464 ebd.
465 ebd.

Idee handelt, also wählt Schweitzer den Text dieses Evangeliums! — In den Angaben von Markus entdeckt er irgendwo eine Lücke von Belang, also muß Matthäus zur Hilfe kommen mit Kap. 10 und 11[466]. Mit der Kritik dieses Zickzackkurses gerade im Falle der Aussendung befinden wir uns, wie sich später zeigen wird, bereits an einem der Punkte, die über das Schicksal der Schweitzerschen Theorie entscheiden. Dieser Zickzackkurs ist freilich nicht ganz so willkürlich, wie es hiernach aussieht. Es liegt ihm tatsächlich eine berechnende Überlegung zugrunde. Und wo die Reihenfolge der Perikopen eine unüberwindliche Schwierigkeit für Schweitzers Auffassung bietet, da ist ihm jene Reihenfolge unwichtig. Die Verklärung muß dem Gespräch bei Cäsarea vorangegangen sein. Deshalb wird die Reihenfolge geändert[467]. Die unbedenkliche Hinnahme der Reihenfolge der Perikopen im Sinne des chronologisch-historischen Geschehens wurde vorhin als Beispiel eines Verfahrens angesehen, das uns naiv anmutet. Jetzt dagegen, wo Schweitzer die Reihenfolge nicht einfach hinnimmt, sondern für seine Zwecke zurechtrückt, kann das nur als Zeichen der Willkür oder vielmehr der bewußten Manipulation beurteilt werden; denn so läßt sich offenbar alles beweisen[468]. Ein noch allgemeinerer schwerer und sicherlich nicht unberechtigter Vorwurf ist schließlich der, daß Schweitzer auf nebensächliche Stellen nicht selten einen besonderen Nachdruck legt, während er belangvolle Angaben unter Umständen ohne weiteres vernachlässigt[469].

Hier möge noch ein weiterer Punkt erwähnt werden, der schon Holtzmann Anlaß zu einer tiefgreifenden Kritik gegeben hat. Es handelt sich um die Unterscheidung zweier kontrastierender Perioden im Auftreten Jesu. Die modern-historische Leben-Jesu-Forschung hat, wie schon früher erwähnt wurde, vielfach eine glückliche Anfangsphase und eine zweite voller Enttäuschungen und Mißerfolge angenommen. Schweitzer ist mit der Unterscheidung zweier Epochen einverstanden, kehrt jedoch ihr Verhältnis um[470]. Unerquickliche Diskussionen mit den Pharisäern, Lossagung von der Familie, Verworfenwerden in Nazareth, Vorwurf der Pharisäer, er stehe mit dem Teufel im Bund, der pessimistische Charakter der Aussendung der Jünger, denen er Drangsal und Not in Aussicht stellt, Anspielung auf schwere Katastrophen, nichts von bedeutenden Erfolgen — so sieht nach Schweitzer die erste Zeit aus. »Will man« »von einer Periode der Erfolge reden, so muß man die zweite als eine solche bezeichnen.«[471] — »Es ist die Zeit höchster Triumphe. Eine reichsgläubige

---

466 *Sevenster,* S. 10 f.
467 S. 11. — An diesem Punkt hat später auch *J. W. Bowman* (Religion, S. 243 f.) Anstoß genommen.
468 Daß Schweitzers Leben-Jesu-Theorie auf einer »ganz willkürlichen Kombination der Quellen« beruht, ist auch die Ansicht *N. A. Dahls* (Jesus, S. 120).
469 *Sevenster,* S. 15 f.
470 Diese Frage hat Schweitzer in seiner »Skizze« (ML S. 3 ff.) ausführlicher behandelt als in seinem großen Werk.
471 ML S. 5.

Volksmenge hängt ihm an und verfolgt ihn überall.«[472] — »Kaum landet er am Westufer, so sind sie schon wieder da. Ihre Zahl ist noch gewachsen und wächst immer fort (Mk. 6, 53—56). Daß sie ihn verlassen, daß sie auch nur die geringste Regung des Zweifels oder Abfalls gezeigt haben: davon wissen die Texte nichts. Nicht das Volk verläßt ihn, sondern er verläßt das Volk.«[473] Die heimliche Gefangennahme und hastige Verurteilung zeigt, »was der hohe Rat von dieser Volksbewegung zu Gunsten Jesu befürchtete«[474]. Die Kunst, mit der Schweitzer das bekannte Bild auf den Kopf stellt, ist bewundernswert. *Holtzmann*, selber der repräsentativste Vertreter der anderen Auffassung, hat jedoch an Schweitzers These kein gutes Haar gelassen: »Das summarische Verfahren, mit welchem Schweitzer sich über das durch gemeinsame Arbeit vieler errungene Ergebnis der heutigen Evangelienkritik hinwegsetzt, besteht darin, daß er die matthäischen Reden unbesehen nicht bloß als im vorliegenden Umfang treu überliefert, sondern auch als gerade zu der von der Ordnung des Matthäus an die Hand gegebenen Zeit gehalten und insofern inhaltlich und chronologisch über alle Zweifel erhaben behandelt. Daraus greift er dann jeweils gerade diejenigen Stellen heraus, welche von der Kritik als vorwegnehmende Einschaltungen aus späteren Zusammenhängen erkannt sind.«[475] — »Während Weissagungen von peinlichen Lagen, darein die Jünger geraten werden, von Verfolgungen und Prozessen, deren sie gewärtig sein müssen, zum guten Teil als vaticinia ex eventu die späteren Kämpfe der Gemeinde mit der Welt abspiegeln, sofern echt aber jedenfalls nur aus der Lage des Meisters selbst am Ende seiner abschüssigen Lebensbahn verstanden sein wollen, werden sie hier verkehrterweise in eine frühere, ja möglichst frühe Zeit verpflanzt.«[476] Was aber den Markusbericht, für sich genommen, betrifft, so bleibt Holtzmann dabei, daß sich aus Kap. 1—6 »genau das Bild« ergibt, welches Schweitzer »zerstört zu haben behauptet«[477]. Schon am ersten Tag ein großer Erfolg, dann ungeheurer Zulauf, massenhafte Heilungen, enorm gesteigerte Wundertaten. Und dann andererseits: »Durch ganz ebenso unzweifelhafte Zeugnisse begründet ist der entgegengesetzte Eindruck, den man aus der Darstellung Markus 7—9 (bis zur Reise nach Jerusalem) davonträgt«: Rückzüge und Fluchtwege, Leidensweissagungen. »Ganz in die Luft gebaut ist vollends die Konstruktion, wonach Jesus in der früheren Periode auch den Seinigen, in der späteren nur noch sich selbst Leiden in Aussicht stelle. Gerade erst die späteren, hinter das Petrusbekenntnis fallenden Worte sprechen ganz unmißverständlich

[472] S. 60.
[473] ebd.
[474] S. 6.
[475] *H. J. Holtzmann:* Marcus-Kontroverse, S. 191.
[476] S. 192 f.
[477] S. 193.

vom Leidensweg, den die Jünger in der Nachfolge des Meisters wandeln werden.«[478]

Dieser Zusammenstoß des in seiner Wissenschaft hochangesehenen und führenden Forschers mit seinem genialen einstigen Schüler allein schon in diesem einen Punkte ist ungemein aufschlußreich. Es prallen hier nicht etwa eine alte, mehr oder weniger überholte und eine neue, wissenschaftlich überlegene Einstellung, der die Zukunft gehört, aufeinander, sondern es stehen die in kontinuierlicher Arbeit Schritt vor Schritt setzende methodisch gesicherte Forschung einerseits und eine großartige, originelle Extravaganz andererseits, die anerkannte Grundsätze in den Wind schlägt und die bisherigen Ergebnisse der Vorgänger und Mitarbeitenden über den Haufen wirft, einander gegenüber. Manches in der Markusdarstellung beurteilt man heute gewiß viel kritischer als Holtzmann. Was z. B. von der stereotypen Volksmenge zu halten ist, wurde schon gesagt, und auch hinsichtlich der Zeitangaben denkt er allzu zuversichtlich, noch überzeugt von der Voraussetzung ausgehend, daß es möglich sei, eine wirkliche Entwicklung nachzuweisen. »Die Texte bieten«, wie nunmehr *Bornkamm* formuliert, »für solche Darstellung einer Entwicklung im Leben Jesu keinen sicheren Anhalt.«[479] — »Schon die Zeit der galiläischen Wirksamkeit Jesu ist nicht nur eine Zeit des Erfolges, sondern auch des Mißerfolges.«[480] Wenn in dieser Feststellung des »Nicht nur« immerhin eine beschränkte Rechtfertigung der Ansicht Schweitzers erblickt werden könnte, so ändert das doch nichts an dem Urteil, daß seine These auch in diesem Punkte weniger der sorgfältigen kritischen Beobachtung als einer einseitigen Auswahl und Interpretation der Berichte entsprungen ist, wie er sie für seine Zwecke brauchte. Vergleichsweise ist Holtzmanns Anschauung hier — das wird sich nicht bestreiten lassen — sehr viel besser begründet und methodisch solider als die Schweitzers. Vor allem in der Kritik an dessen methodischem Vorgehen hatte Holtzmann unzweifelhaft völlig recht, und aufs Ganze der Schweitzerschen Theorie gesehen wird man am Ende *Jülicher* zustimmen müssen, wenn er im Hinblick auf sie erklärt: »Ein Fortschritt kann in Sachen des Lebens Jesu nur durch eine Verfeinerung der kritischen Methoden herbeigeführt werden, nicht aber durch die souveräne Verneinung aller Methode.«[481]

5. Die vier Grundpfeiler der Konstruktion

Beim Übergang zur Erörterung einzelner durch Schweitzers Darlegungen aufgeworfener Probleme der Interpretation wurden bisher solche be-

---

[478] S. 195.
[479] *Bornkamm:* Jesus, S. 141
[480] ebd.
[481] *Jülicher:* Linien, S. 7.

sprochen, von denen sich zwar jedes für sich als recht bezeichnend für Schweitzers Art der Behandlung erwies, wobei aber seine Deutung jeweils zur Not korrigiert oder gestrichen werden könnte, ohne seine Auffassung als ganze zu gefährden. Im folgenden sollen nunmehr diejenigen Thesen ins Auge gefaßt werden, die als die eigentlichen Angelpunkte seiner Theorie, als Grundpfeiler der Konstruktion in dem Sinne anzusprechen sind, daß sie integrierende Bestandteile des Baues bilden, Träger des Ganzen, aus ihm selbst nicht herauslösbar. Als solche ergeben sich einer genaueren Analyse erstens das Moment der Aktivität in bezug auf das Kommen der Gottesherrschaft, ihr Herbeizwingen; zweitens die in der Aussendungsrede Mt. 10 gefundene Nächsterwartung der Parusie, mit der Jesus schon während der Jüngerreise gerechnet haben soll; drittens die dann bei der Rückkehr der Jünger über das Nichteintreffen seiner Erwartung in Jesus entstehende Enttäuschung und eine sich hieran anschließende innere Einkehr und Wandlung seiner Anschauung, die ihn zu der neuen Überzeugung führte, daß Gott die große letzte Drangsal vor dem Ende den Gläubigen ersparen will, sofern er, Jesus, sie durch das freiwillige Erleiden des Todes an sich vollziehen wird; viertens Jesu Entschluß, demgemäß durch sein Leiden und Sterben das Reich heraufzuführen, den er alsbald verwirklicht. Die Prüfung der Tragfähigkeit dieser vier Grundpfeiler muß über die Brauchbarkeit der ganzen Konstruktion entscheiden. Es versteht sich von selbst, daß die Untersuchung hier etwas eingehender zu sein und stellenweise auch die Details zu berücksichtigen hat[482].

1. Nach dem Wort Mk. 4, 11 ist »das Geheimnis des Reiches Gottes« den Zwölfen offen zugänglich, den anderen tritt alles (nur) in Parabeln entgegen, und Schweitzer fragt nun: was ist dieses Geheimnis des Reiches Gottes? »Es muß etwas mehr bergen als die einfache Nähe«, »und zwar etwas ungeheuer Wichtiges, da sonst Jesus hier leere Heimlichtuerei triebe.«[483] Das Geheimnis muß »irgendwie ausdrücken, warum das Reich jetzt kommen muß und woran man sieht, wie nah es ist. Denn daß es sehr nahe sei, hatten schon der Täufer und Jesus in öffentlicher Predigt

---

[482] *Babel* (Pensée, S. 138) nimmt als Pfeiler der Schweitzerschen Konstruktion neben dem entscheidenden Wort der Aussendungsrede (Mt. 10, 23) die Einsetzung des letzten Mahles und seine Interpretation als eschatologisches Sakrament. Es erscheint jedoch sehr fraglich, ob der Einsetzung des Mahles im Sinne Schweitzers eine so herausragende Stellung zukommt, ob nicht andere Perikopen, etwa Caesarea Philippi oder der Einzug in Jerusalem eine mindestens ebenso große, wenn nicht größere Bedeutung für Schweitzers Hypothese besitzen. Das letzte Mahl wäre in der Schweitzerschen Sicht gewiß eine wichtige Bestätigung seiner Theorie, kann jedoch mühelos aus der Gesamtkonstruktion herausgetrennt werden, d. h. es ruht nicht alles darauf, es handelt sich also nicht eigentlich um einen Grundpfeiler. Außerdem ist die Frage der eschatologischen Sakramente, wie schon gesagt, ein so schwankender Boden, daß sie einstweilen offenbleiben muß und jedenfalls nicht zur Entscheidung beitragen kann.

[483] LJ S. 402.

verkündet. Also muß das Geheimnis mehr enthalten«[484]. Mit Recht hat Schweitzer wie schon *J. Weiß* aus den Gleichnissen vom Sämann, vom Senfkorn, vom Sauerteig den Entwicklungsgedanken ausgeschlossen und statt dessen »das Unvermittelte« betont[485], »das an sich Negative, Unzulängliche der Anfangstatsache, auf die aber wie durch ein Wunder in bestimmter Zeit durch Gottes Kraft das andere folgt«[486]. Die Ansicht, daß diese Gleichnisse »nicht das Natürliche, sondern das Wunderbare« hervorheben, hat sich — kann man sagen — durchgesetzt. Nach Schweitzer sind sie aber auch »gar nicht darauf angelegt, gedeutet und verstanden zu werden«, es sind »Signale«, die »die Hörer darauf aufmerksam machen« sollen, »daß in den Sachen des Reiches Gottes ein Geheimnis sich vorbereitet, wie sie es in der Natur erleben«[487].

Hier entsteht zunächst die Frage, ob Schweitzer dem »Geheimnis des Reiches Gottes« nicht ein zu großes Gewicht beimißt. Dabei ist zu bedenken, daß erstens dieser Begriff nur an der einen genannten Stelle begegnet: »Euch ist das Geheimnis des Reiches Gottes gegeben.« Kann ein so vereinzeltes Vorkommen eine derart zentrale Bedeutung rechtfertigen, wie Schweitzer sie annimmt? Mk. 4, 11 f. ist zweitens nach Ansicht der meisten Exegeten ein den Zusammenhang unterbrechender Einschub, »ganz sekundär« *(Bultmann*[488]*)*, »eigenstes Gut und Zutat des Evangelisten« *(Bousset*[489]*)*. Schweitzer dagegen setzt die Authentizität wie selbstverständlich voraus und baut hierauf seine ganze Theorie auf! Drittens hat nur Markus die für Schweitzers Auffassung benötigte Einzahl »Geheimnis«. Die Parallelen bei Matthäus und Lukas bieten »Geheimnisse«, was sofort in eine andere, viel weniger prekäre, nach Ansicht mancher Erklärer die richtige Richtung führt. Und dazu muß man sich nun viertens die übliche Interpretation bzw. die sonst noch vertretenen Erklärungen des Wortes vom Geheimnis vergegenwärtigen und fragen, mit welcher Begründung und mit wieviel Recht Schweitzer die seinige vertritt und ob sie etwa den anderen vorzuziehen ist.

»Was hat man nicht alles in das geheimnisvoll klingende Wort ›Geheimnis des Reiches Gottes‹ hineingeheimnißt!«, ruft *E. Haenchen* aus. »Und doch ist hier nichts anderes gemeint als die sehr nüchterne Weisheit, die auch der gesunde Menschenverstand finden kann: es kommt auf praktische Bewährung an!«, also: »Aufforderung zu einem Christentum der Tat.«[490] Danach würde das Besondere, Paradoxe gewissermaßen in dem Kontrast zwischen der durch den Begriff Geheimnis erzeugten Erwartung und seinem demgegenüber ganz alltäglichen Inhalt liegen. Wem

---

[484] ebd.
[485] ebd.
[486] S. 403.
[487] ML S. 25.
[488] *Bultmann:* Tradition, S. 215.
[489] *Bousset:* Markus, S. 112. — So der Sache nach auch schon *Joh. Weiß* in der 2. Aufl., S. 109 ff.
[490] *Haenchen:* Weg, S. 170.

es wahrscheinlicher ist, daß in diesem Begriff etwas mehr Spannung und echte Sensation, etwas tatsächlich Besonderes enthalten ist, wird sich mit dieser Deutung kaum befreunden können.

Eine inhaltlich verhältnismäßig unbestimmte, beinahe nichtssagende und deshalb ebenfalls unbefriedigende Bedeutung des den Jüngern anvertrauten Geheimnisses ist sodann die Auskunft, es handle sich um »Aufschlüsse über das Reich Gottes« (*J. Weiß*[491]), »das eigentliche Geheimnis des Gottesreichs« (*Klostermann*[492]), den »Inhalt des göttlichen (Heils- und Gerichts-)Willens« (*H. J. Ebeling*[493]). Das sind offensichtlich mehr bloße Umschreibungen des Geheimnisses, als daß ein spezifischer Sachverhalt angegeben würde. Bedeutungsvoller, aber doch wohl reichlich vergeistigend dürfte eine Deutung wie die *Schniewinds* sein: »Im unscheinbaren Wort Jesu kommt die ewige Herrschaft Gottes, das Reich, das die Welt umspannt – im verachteten, erfolglosen Wort Jesu.«[494] Wenn Matthäus im Plural von den Geheimnissen der Himmelsherrschaft spricht (13, 11 = Lk. 8, 10), so denkt er »an alles, was Jesus seinen Jüngern in der Bergpredigt und Aussendungsrede gesagt hat«[495]. Etwas sehr Allgemeines hat auch *Wrede* zunächst im Auge, wenn er meint, daß »die gesamte Lehre Christi« unter den Begriff des Mysteriums fällt. Doch dürften wir der Sache schon näherkommen bei der Erklärung, daß »für Markus gewisse Dinge der eigentliche Kern des Mysteriums sind«[496]. Dabei wird mit *Marxsen*[497] und *E. Schweizer*[498] vor allem an das Kreuz, das paulinische »Wort vom Kreuz« zu denken sein. Nach Wrede lautet »ein Hauptstück dieses Mysteriums«: »Jesus ist der Messias, der Sohn Gottes.«[499] A. Schweitzer hält diese Auffassung für einen der schwächsten Punkte bei Wrede[500]. Ist sie das wirklich?

Mit den zuletzt genannten Auffassungen sind wir bei der ersten gehaltvolleren Möglichkeit angelangt: »Nur von *einem* Mysterium kann im Grunde auf christlichem Gebiet die Rede sein. Es betrifft die Sendung des Sohnes« (*Steinmeyer*[501]). Dem stimmt auch *Jülicher* zu: Die Jünger »befinden sich bereits im Besitze«, »sie haben in Jesus den Messias erkannt«[502]. – »Sie besitzen die grundlegende Erkenntnis, daß Jesus der Messias ist« (*Hauck*[503]).

---

491 *J. Weiß:* Markus S. 111.
492 *Klostermann:* Markus, S. 41.
493 *H. J. Ebeling,* Messiasgeheimnis, S. 184.
494 *Schniewind:* Messiasgeheimnis, S. 11.
495 *Schniewind:* Matthäus, S. 166.
496 *Wrede:* Messiasgeheimnis, S. 58.
497 *Marxsen:* Parabeltheologie, S. 268.
498 *E. Schweizer:* Frage, S. 2.
499 *Wrede,* S. 58.
500 LJ S. 386.
501 *Steinmeyer:* Parabeln, S. 11.
502 *Jülicher:* Gleichnisreden, T. 1, S. 123.
503 *Hauck:* Markus, S. 54.

Eine weitere Interpretation rückt nun das eschatologische Moment in den Mittelpunkt. »Der Begriff der βασιλεία τοῦ θεοῦ« »ist eschatologisch und umfaßt die ganze gewaltige Neuordnung der zukünftigen Welt« *(Wohlenberg*[504]*)*. *Conzelmann* sieht als das Geheimnis bei Markus einfach »das Kommen« des Reiches an. Sprechen dagegen Matthäus und Lukas »von den ›Geheimnissen‹«, »so blickt man nicht auf das Ereignis des Kommens, sondern auf das überzeitliche Wesen des Reiches«[505]. Nach *Jeremias* besagt Mk. 4, 11 f., »daß auch die Gleichnisse – wie alle Worte Jesu – nicht besondere ›Geheimnisse‹ verkündigen, sondern das Eine ›Geheimnis der Königsherrschaft Gottes‹, nämlich das Geheimnis ihres gegenwärtigen Anbruchs in Jesu Wort und Werk«[506]. Diese Auffassung des Geheimniswortes steht nicht eigentlich im Gegensatz zur vorher genannten Wredes u. a., unterscheidet sich aber von ihr eben durch den stärkeren eschatologischen Akzent. Indem die christologische Interpretation des Geheimnisses vom Reich im eschatologischen Sinne erfolgt oder umgekehrt die eschatologische Deutung messianisch zugespitzt und dabei eine zu allgemeine Deutung ausdrücklich abgelehnt wird, meint *Bornkamm*: Das Geheimnis »kann sich nicht auf einen allgemeinen Sinngehalt der βασιλεία, sondern nur auf die Tatsache ihres Anbruches beziehen«[507]. – »Kennen die Jünger die Reichsgeheimnisse, so heißt das, ihnen sind die Augen geöffnet für den Anbruch der messianischen Zeit.«[508] Von hier aus ist das den Jüngern geoffenbarte μυστήριον τῆς βασιλείας τοῦ θεοῦ »Jesus selbst als der Messias«[509]. Es geht also um »das Geheimnis der anbrechenden eschatologischen Stunde und des eschatologischen Boten, der Jesus ist« *(Grundmann*[510]*)*. Das Geheimnis der Gottesherrschaft ist, »daß sie entgegen dem Augenschein in Jesu Wirken gegenwärtig hereinbricht, auch wenn der neue Himmel und die neue Erde noch ausstehen« *(Goppelt*[511]*)*.

Schweitzer hält wie schon erwähnt das Nahen des Reiches als Inhalt des Geheimnisses nicht für ausreichend, da es ja keineswegs geheimgehalten worden ist. Nicht gesagt wird auch, »daß Jesus mit dem Menschen, der den Samen sät, sich selbst meint. Der Mensch spielt keine Rolle. Beim Senfkorn wird er nicht einmal erwähnt«[512]. Was ist also die in den Parabeln gemeinte Anfangstatsache? Schweitzer antwortet: »Daß gesät ist!«[513] Auf die Frage aber, woran man dabei konkret zu denken hat, gibt Schweitzer eine ganz neue, höchst eigenartige Auskunft: »Jesus

---

504 *Wohlenberg*, Markus, S. 126.
505 *Conzelmann:* Mitte, S. 95.
506 *Jeremias:* Gleichnisse, S. 14.
507 *Bornkamm:* μυστήριον, S. 824.
508 S. 825.
509 ebd.
510 *Grundmann:* Markus, S. 92.
511 *Goppelt*, Messias, S. 379.
512 LJ S. 403.
513 S. 402.

kann nur eine« Anfangstatsache »meinen: die vom Täufer geweckte und durch seine eigene Predigt nun weiter getragene Bußbewegung. Sie nötigt aus der Gewalt Gottes das Gottesreich herbei, wie die Menschensaat aus derselben unendlichen Macht die Ernte herbeizwingt.«[514] Hier wäre indessen zu fragen, ob Schweitzer nicht, um eine leere Heimlichtuerei Jesu zu vermeiden, umgekehrt zu einem allzu gewagten Rätselraten übergeht. Daß es sich bei dieser Deutung »um ein nachträgliches Erraten« handelt, gibt Schweitzer zu[515]. Nun ist ja nicht zu bestreiten, daß wir hier vor einer Art von Rätsel stehen[516]. Wenn aber Schweitzer es gelöst zu haben glaubt, so kommt es darauf an, ob seine Lösung überzeugt; das ist bei einem Rätsel immer entscheidend. Und sie macht seiner Kombinationsgabe gewiß alle Ehre, nur wirkt sie eben gerade gar nicht überzeugend. Auch wer ein Rätsel nicht zu enträtseln wußte, muß, sobald er die Auflösung erfährt, das »Ach ja!« erleben, vielleicht auch das Bedauern, nicht selber darauf gekommen zu sein. Und wo bei sehr schwierigen Rätseln, deren Lösung besonderen Könnern vorbehalten ist, dieses Bedauern mehr oder weniger fortfällt, wird doch die richtige Lösung hinterher von jedermann als völlig einleuchtend und zweifelsfrei empfunden. Davon kann bei Schweitzers Deutung nicht die Rede sein, und mit Ausnahme einiger weniger unentwegter Anhänger seiner Theorie wird sie auch von niemandem anerkannt. Sie mutet zwar kunstvoll, aber auch künstlich, allzu künstlich an, um nicht zu sagen, willkürlich, und sie ist, wie sich zeigen wird, sogar ganz abwegig.

Es ist durchaus möglich und wird auch überwiegend so verstanden, daß die Parabeln vom Sämann und vom Senfkorn, die sogenannten Kontrastgleichnisse, eben vor allem den Gegensatz zwischen dem kleinen Anfang und dem großen Ergebnis im Sinn haben. Wie aber kann man hier mit solcher Bestimmtheit und Betonung die Bußbewegung des Täufers als die gesuchte Anfangstatsache hinstellen? Um dies zu verstehen — oder auch nicht zu verstehen — ist in Betracht zu ziehen, daß Schweitzer sich dabei auf »ein andres Geheimniswort« stützt: Mt. 11, 12, in dem Jesus »die Tage des Täufers als eine Zeit bezeichnet, die auf das Kommen des Reiches wirkt«[517]: »Von den Tagen Johannis des Täufers an bis jetzt wird das Gottesreich vergewaltigt, und Gewalttätige reißen es an sich.« Es hat nach Schweitzer »mit dem Eingehen des einzelnen in das Reich nichts zu tun, sondern sagt einfach aus, daß seit dem Auftreten

---

[514] S. 403.
[515] S. 404.
[516] *Lohmeyer* (Gleichnisse, S. 321) ist der Ansicht, daß »wohl in allen Parabeln Rätsel und Geheimnis verborgen ist«. *Jeremias* (Gleichnisse, S. 12) nimmt den Begriff Parabel in Mk. 4, 11 überhaupt als »Rätselwort«, nicht als »Gleichnis«, weil sich nur so eine exakte Antithese ergibt: »Euch ist das Geheimnis enthüllt — ›die draußen‹ stehen vor Rätseln!« Ebenso *E. Schweizer:* Markus, S. 51. Vgl. auch *Marxsen:* Parabeltheorie, S. 264 ff. — Nach Schweitzer wird die »Verhüllungstheorie« zu Unrecht auf alle Gleichnisse ausgedehnt. »In der Hauptsache gilt sie wohl nur für die Gruppe der Gleichnisse von Mk. 4« (LJ S. 400).
[517] LJ S. 404.

des Täufers eine bestimmte Gesamtheit im Herbeinötigen und Herbeizwingen des Reiches begriffen ist. Die Erwartung Jesu ist also Reichserwartung auf Grund einer Tatsache, die eine Aktivität auf das Reich Gottes ausübt. Nicht er und nicht der Täufer ›arbeiten am Kommen des Reichs‹, sondern die Schar der Büßenden ringt es Gott ab, so daß es jeden nächsten Augenblick kommen muß«[518].

Erscheint schon der Umstand, daß ein einziger Ausspruch[519] eine Auffassung des Wirkens Jesu stützen soll, die so seltsam und zugleich von so großer Tragweite ist, als mißlich, so wird die Lage für Schweitzer erst recht schwierig durch die große Dunkelheit dieses Wortes, die so weit geht, daß sogar die bloße Übersetzung außerordentliche Schwierigkeiten bereitet[520]. Je nachdem erhält man sehr verschiedenartige und geradezu entgegengesetzte Sinngehalte.

Rein sprachlich bestehen für die Übersetzung der Verbalform βιάζεται sechs Möglichkeiten, die wegen der in unserem Zusammenhang außerordentlichen Bedeutung dieser Stelle hier in der Reihenfolge und Beurteilung des Theologischen Wörterbuchs zum Neuen Testament (Verfasser des Artikels *G. Schrenk*[521]) folgen: zwei mediale, zwei passivische in bonam partem, zwei passivische in malam partem:

1. Intransitiv-medial:	Die Gottesherrschaft bricht sich mächtig, mit Gewalt, Bahn.
2. Medial:	Die Himmelsherrschaft zwingt, vergewaltigt.
3. Passiv in bonam partem:	Das Himmelreich wird heilshungrig, ungestüm, gewaltsam, wie eine Beute (unter Aufbietung aller Kräfte) erstrebt.
4. Oder:	Die Himmelsherrschaft wird von Gott her machtvoll betrieben.
5. Passiv in malam partem:	Die Himmelsherrschaft wird (von den rücksichtslosen Eiferern) in gewaltsamer Aktion erstrebt.
6. Oder:	Die Himmelsherrschaft wird (von den streitbaren Gegnern) bekämpft, angefeindet, gehemmt.

Nr. 1 *(Zahn*[522], *Harnack*[523]*)* ist mit dem großen Nachteil verbunden, daß der erste Teil des Satzes keine Beziehung zum zweiten Teil (»Gewalttätige reißen

---

518 ebd.

519 Ganz verfehlt dürfte der Versuch *Martin Werners* (Weg. Bd. 1, S. 112) sein, über Schweitzer hinausgehend, das Moment der Aktivität, der Leistung in bezug auf die Erlangung des Reiches auch in den Gleichnissen vom Schatz im Acker und von der kostbaren Perle (Mt. 13, 44—46) zu finden. Abgesehen davon, daß »in ihnen nur der Wert der Gottesherrschaft mahnend aufgezeigt wird« (Kümmel: Verheißung, S. 118, Anm. 75), ist doch auch das *Erwerben* dieses Gutes, an das allenfalls noch gedacht werden könnte, etwas ganz anderes als das von der konsequenten Eschatologie gemeinte Herbeizwingen des noch gar nicht existierenden Reiches. Der von Werner gebrauchte, beide Arten des Erwerbs verbindende Ausdruck des »Sichbemächtigens« stellt keine tragfähige Brücke für eine so schwere Fracht dar.

520 Die soeben angeführte Übersetzung ist nur eine der möglichen. Der griechische Text lautet: ἀπὸ δὲ τῶν ἡμερῶν Ἰωάννου τοῦ βαπτιστοῦ ἕως ἄρτι ἡ βασιλεία τῶν οὐρανῶν βιάζεται καὶ βιασταὶ ἁρπάζουσιν αὐτήν.

521 *Schrenk:* βιάζομαι, S. 608 f.

522 *Zahn:* Matthäus, S. 427 ff.

523 *Harnack:* Matth. 11, 12. 13, S. 947 ff.

sie an sich«) besitzt, der am natürlichsten als Erläuterung zum Vordersatz aufgefaßt wird. Im zweiten Teil ist aber offenbar von einem feindselig-gewaltsamen Handeln die Rede. Nr. 4 würde sachlich mit Nr. 1 übereinstimmen, also dieselbe Schwierigkeit bieten. Nr. 2 ergibt überhaupt keinen brauchbaren Sinn. Diese drei sprachlich an sich möglichen Übersetzungen scheiden somit aus sachlichen Gründen aus.

Demnach bleiben drei weitere Möglichkeiten übrig. Nr. 3, »das ungestüme, heilshungrige Drängen« bezeichnend, »durch Luther volkstümlich geworden«, ist die Deutung *Schweitzers*, dem sich wie immer *Werner*[524] anschließt. Schon *Holtzmann*[525] und noch *Schniewind*[526] haben diesen lobenden Sinn bevorzugt vor dem tadelnden (Nr. 5), welch letzterer dem Standpunkt des Zelotismus entspricht. *Windisch*[527] schreibt die Beziehung des Wortes auf die religiöse Erwekkungsbewegung dem Matthäus zu, hält aber im Hinblick auf die starken Wendungen für möglich, daß es ursprünglich auf den Zelotismus gemünzt war und im Munde Jesu tadelnd gemeint gewesen wäre. Die Deutung auf den Zelotismus wird von *B. Weiß*[528] sowie von *Joh. Weiß*[529] für richtig und von *Knopf*[530] für wahrscheinlich gehalten, neuerdings auch von *Cullmann*[531] vertreten. *Wellhausen*[532], der sich wie dann auch *Klostermann*[533] für das passivische Verständnis von βιάζεται ausspricht, wendet doch wie *Harnack* gegen die Bezeichnung der Zeloten als βιασταί ein, daß sie nicht erst seit Johannes auftreten[534]. Es sind aber nach *Wellhausen* auch »schwerlich die Christen« gemeint. *Klostermann* läßt die Stürmerdeutung (Nr. 3) neben Nr. 6 offen, desgleichen *Grundmann*[535]. Da *Schrenk* sowohl die Stürmerauffassung als auch die Interpretation im Sinne des Zelotismus unbefriedigend findet, bleibt für ihn nur Nr. 6. Hierfür erklären sich auch *Dalman*[536], *Schlatter*[537], *Dibelius*[538], *Michaelis*[539], *Kümmel*[540], *Käsemann*[541], *O. Betz*[542] und *G. Strecker*[543].

Gegen die Interpretation als Stürmerspruch macht *Schrenk* mehrere schwerwiegende Gründe geltend, die hier wegen ihrer entscheidenden Bedeutung für einen der wichtigsten Punkte der Schweitzerschen Theorie wörtlich angeführt werden sollen. Zunächst pflegt das Verbum βιάζεσθαι, auf das hier alles ankommt, »sonst nicht lobenswertes Bestreben, sondern feindliche Gewalttat zu bezeichnen«[544]. Ferner ist in Betracht zu ziehen, »daß die Beurteilung der Stellung des Volkes zum Gottesreich in der ganzen Perikopenreihe Mt. 11, 1–24

---

524 *M. Werner:* Weg, Bd. 1, S. 124.
525 *H. J. Holtzmann:* Synoptiker, S. 236 f.
526 *Schniewind:* Matthäus, S. 144.
527 *Windisch:* Krieg, S. 35 f.
528 *B. Weiß:* Matthäus, S. 218 f.
529 *J. Weiß*, Predigt², S. 195 f.
530 *Knopf:* Einführung¹, S. 249. — 5. Aufl. S. 284.
531 *Cullmann:* Staat, S. 14 f. — Vgl. von dems.: Heil, S. 211.
532 *Wellhausen:* Matthäus, S. 53.
533 *Klostermann:* Matthäus, S. 98 f.
534 *Harnack*, S. 953.
535 *Grundmann:* Matthäus, S. 309.
536 *Dalman:* Worte, S. 115.
537 *Schlatter:* Matthäus, S. 368 f.
538 *Dibelius:* Täufer, S. 26 ff.
539 *Michaelis:* Matthäus, T. 2, S. 122 f. — In seiner Übersetzung des Neuen Testaments von 1934 (Bd. 1, S. 144) war Michaelis noch gemäß Nr. 1 verfahren.
540 *Kümmel:* Verheißung, S. 115.
541 *Käsemann:* Problem, S. 210.
542 *Betz:* Krieg, S. 127 ff.
543 *Strecker:* Gerechtigkeit, S. 167 f.
544 *Schrenk*, a. a. O., S. 609.

gerade die entgegengesetzte ist«[545], es wird als unbußfertig geschildert. »Das Hauptgewicht aber ist demjenigen Argument gegen die ›Stürmer‹-Auffassung des Spruches zuzumessen, das aus den sonstigen Aussagen Jesu über das Eingehen in die βασιλεία resultiert. Im Blick auf Mk. 10, 17 ff.; Mt. 5, 3 ff.; 7, 21 und zumal in unserem Kapitel auf 11, 27—29 ist es nicht denkbar, daß ihm die unangefochtene Aussage in den Mund gelegt wird, man könne mit Aussicht« auf[546] »Erfolg auch nur den Versuch unternehmen, die Herrschaft gewalttätig an sich zu reißen. Die Synagoge freilich weiß zu sagen von gewaltsamem Herbeiführen der Tage des Messias durch Buße, Halten der Gebote, sonderlich durch Torastudium und Wohltätigkeit. Das steht aber in diametralem Gegensatz zu allem, was die Synoptiker über den Eingang in die Herrschaft Gottes aussagen.«[547] Und die soeben berührte Schwierigkeit wird noch »verstärkt durch den Nachsatz. ἁρπάζεται kann wohl heißen: etwas durch entschlossenen Zugriff packen. Tritt es aber zusammen auf mit βιάζεσθαι und βιασταί, so ist durch diese gehäufte Hervorhebung des räuberisch-feindseligen Motivs der Grundgedanke der Gewalttat sichergestellt.« (Schrenk gibt mehrere Belege dafür, daß, wenn ἁρπάζειν mit βιάζεσθαι zusammensteht, es »regelmäßig das feindselige Rauben« bedeutet[548].) Dieses Argument allein wird man unvoreingenommen schon als nahezu zwingend anerkennen müssen, um wieviel mehr in Verbindung mit den übrigen!

Sachlich bei weitem nicht in demselben Grade möglich ist die Deutung auf den Zelotismus. »Es ist nicht einzusehen, was in der geschlossenen Darlegung des Matthäus, der über Propheten, Gesetz, Täufer, Jesus, βασιλεία Grundsätzliches komponiert, an dieser Stelle ein solcher Sonderhinweis auf ein abwegiges Trachten besagen sollte, wo doch vielmehr ein wichtiges Kennzeichen der gesamten Gegenwartslage zu erwarten ist.«[549]

So bleibt schließlich als die vergleichsweise beste Deutung diejenige übrig, »die das βιάζεσθαι auf die Feinde der Gottesherrschaft bezieht: sie wird bekämpft, angefeindet oder gehemmt von den streitbaren Gegnern. Der Vorzug dieser Erklärung ist ein zwiefacher. Einmal spricht für sie das Übergewicht der sprachlichen Parallelen. Sodann kann jetzt der Nachsatz in gleichgeartetem Sinne als einfache Erläuterung des feindseligen βιάζεσθαι aufgefaßt werden: die Gewalttätigen rauben es« [es?, *sie?* die Gottesherrschaft!]. Wem rauben sie sie? »Den Menschen«. Unter Hinweis auf die einzige Stelle, an der bei Matthäus das Wort ἁρπάζειν sonst noch vorkommt, und mit Verwendung ähnlicher Ausführungen bei demselben Evangelisten findet *Schrenk* auch hier den Gedanken vorliegen, »daß die gewalttätigen Gegner durch ἁρπάζειν die βασιλεία vor den Menschen zuschließen und die, welche hineinwollen, nicht hineinlassen[550]. *Dibelius* denkt bei den Gewalttätern an »unsichtbare Herrscher, denen die Welt untertan ist«, »Geistermächte«[551], *Schlatter* an »den Druck von oben, den Priesterherrschaft, Rabbinat und Obrigkeit auf das Volk legten«[552], *Michaelis* an Herodes Antipas und die Pharisäer[553], *Betz* an sämtliche soeben genannten Gegner, »sowohl feindliche Geistermächte als auch irdische Machthaber«[554], *Schulz* an »diese letzte, böse Generation in Israel überhaupt«[555]. Nach

---

545 ebd.
546 So doch wohl statt »Aussicht und Erfolg« bei Schrenk zu lesen.
547 ebd.
548 ebd.
549 S. 610.
550 *Schrenk*, ebd.
551 *Dibelius:* Täufer, S. 26.
552 *Schlatter:* Matthäus, S. 369.
553 *Michaelis:* Matthäus, S. 123.
554 *Betz:* Krieg, S. 128. — Dieser Deutung stimmt auch *Hengel* (Zeloten, S. 345) zu.
555 *Schulz:* Spruchquelle, S. 267.

Strecker[556] wird die Gottesherrschaft als in der Verkündigung Jesu bzw. Johannes des Täufers gegenwärtig gedacht. Durch die Ablehnung der eschatologischen Forderung leidet sie Gewalt.

In demselben Jahre, als Schrenks Artikel βιάζομαι im Theologischen Wörterbuch zum NT veröffentlicht wurde, hat *R. Otto* eine Lösung vorgeschlagen, welche die oben als Nr. 1 bezeichnete mit Nr. 3 kombiniert. Er übersetzt: »Seit den Tagen des Johannes bis jetzt übt das Himmelreich seine Gewalt, und die Gewalt-übenden erbeuten es.«[557] Aus der Not, daß bei mehreren der Übersetzungen bzw. Deutungen Vorder- und Nachsatz nicht zueinander passen wollen, wird hier sozusagen eine Tugend gemacht. »Einerseits: das Reich übt Gewalt, andererseits: die Gewaltübenden erbeuten es. Mit dieser Gegenüber- und Zusammenstellung ist die ganze Verkündigung Jesu mit ihren charakteristischen Spannungen ›summiert‹. Denn einerseits: Das Reich kommt und wirkt und fängt und packt und wächst ›von selbst‹, ohne daß ein Mensch dazutun kann. Und dennoch andererseits: nur mit Aufbietung aller ›Gewalt‹ in gespanntester Entschlußkraft dringt man hinein.«[558] »Besser, knapper, prägnanter als durch dieses Wort«, meint Otto, »konnte der Wesensunterschied der jesuanischen Zeit von den Tagen des Johannes und den Zeiten von Gesetz und Profeten nicht gekennzeichnet werden«[559], und er fügt hinzu: »Auch nicht geistvoller. Durch das feine Widerspiel von biazetai und biastai.«[560] Diese Interpretation ist selbst gewiß sehr geistvoll, aber eben doch wohl zu geistvoll. Sie vermag die massiven Bedenken sprachlicher und sachlicher Art nicht zu zerstreuen. Die Deutung des Vordersatzes bleibt nach wie vor ganz unsicher, und die sprachliche Form des Nachsatzes wäre bei dieser Deutung mindestens sonderbar, ja, geradezu ausgefallen. *Schrenk* wird demgegenüber recht damit behalten, daß durch die Zusammenstellung mehrerer in dieselbe Richtung weisender Wörter der Grundgedanke der Gewalt gesichert ist. So haben denn auch die neueren Autoren den Vorschlag Ottos nicht angenommen.

M. Werner hat sich Schweitzers Auffassung von Mt. 11, 12 vollständig zu eigen gemacht und genauer zu begründen versucht. Wenn er darauf hinweist, daß βιάζεσθαι »im altchristlichen Sprachgebrauch mehrfach auf die moralische Anstrengung bezogen« ist[561], so wird das von *Michaelis* für eine Minderzahl von Stellen in der Tat bestätigt, zugleich jedoch betont, daß die alte Kirche unsere Stelle nur deshalb nicht im nächstliegenden Sinne der feindlichen Gewalttat gedeutet hat, weil ihr Reichs-Gottes-Begriff völlig uneschatologisch war[562]. Werner behauptet zwar: »Daß die Tage des Messias durch Buße und Halten der Gebote ›gewaltsam‹ herbeigezwungen werden können, ist gut bezeugte jüdische Auffassung«[563]. Michaelis lehnt es aber offenbar mit vollem Recht ab, »die betreffenden jüdischen Aussagen, wonach die Ankunft des Messias durch Buße, durch das Halten der Gebote, durch das Studium der Gesetze oder durch Wohltätigkeit beschleunigt werden könne, als Ausdruck einer Lehre aufzufassen, wonach ›die Tage des Messias gewaltsam‹ herbeigezwungen werden könnten. Diesen Worten liegt nicht die Absicht zugrunde, zu einer solchen Beschleunigung des Jüngsten Tages (von einem gewaltsamen Herbeizwingen ist ohnehin nicht die Rede) aufzufordern, sondern es spricht aus ihnen die Absicht, zur Buße, zum Halten der Gebote usw. an und für sich zu ermuntern. Ein Wort etwa wie

---

556 *Strecker:* Weg, S. 171.
557 *Otto:* Reich, S. 79.
558 S. 82.
559 ebd.
560 ebd.
561 *M. Werner:* Entstehung, S. 70.
562 *Michaelis:* Herr, S. 66 f.
563 *M. Werner,* S. 70.

dieses: ›Wenn die Israeliten auch nur zwei Sabbattage vorschriftsmäßig hielten, so würden sie sofort erlöst werden‹, will nicht ein Mittel in die Hand geben, wie man die sofortige Erlösung herbeiführen kann, sondern es will die unbedingte Notwendigkeit, den Sabbat vorschriftsmäßig zu halten, anschaulich einprägen«[564]. Es kann also kein Zweifel darüber bestehen, daß in diesem entscheidenden Punkt auch der Schweitzerschüler eine sehr gewaltsame Interpretation betreibt und sein Gegner die vorurteilslose sachliche Auffassung vertritt.

Zur Beurteilung der Position Schweitzers war es notwendig, die anderen Möglichkeiten der Interpretation dieses für ihn so wichtigen Wortes Revue passieren zu lassen, damit deutlich wird, daß es jedenfalls mehrere Möglichkeiten gibt, die der Schweitzerschen vorzuziehen sind. Auf der anderen Seite bleibt, wie gesagt, auch die vergleichsweise beste nicht von Einwänden verschont, so daß die noch wieder von *E. Fuchs*[565] festgestellte Dunkelheit des Wortes nicht zu beheben ist. *Schniewind* rechnet die Auslegung dieses Verses zu »den schwierigsten Fragen der Evangelienerklärung«[566], *Bultmann* meint, daß er »kaum mehr sicher« zu deuten ist[567], schon *Knopf* nannte »ein non liquet das sicherste«, ganz abgesehen davon, daß man mit Recht fragen darf, »ob das Wort wenigstens in der vorliegenden Form von Jesus herrühren könne«; denn die Zeitangabe »setzt einen längeren Zeitraum zwischen den Tagen des Johannes und der Gegenwart voraus, während Jesus den Täufer doch nur eine kurze Zeit überlebt hat«[568]. Aber auch in dieser Frage gehen die Ansichten völlig auseinander, *Dibelius* z. B. hält den Spruch für sehr alt und sieht keinen Grund, ihn nicht auf Jesus zurückzuführen[569].

Auch die neueren Interpretationsversuche und Stellungnahmen haben die Meinungsverschiedenheiten nicht beheben können. *G. Braumann* stellt noch einmal die bekannten Alternativen heraus: »Was ist mit βιάζεται gesagt? Erfährt das Reich der Himmel Gewalt oder bricht es mit Gewalt hervor? Was ist mit den Gewalttätern gemeint? Sind es die Gegner Jesu und des Täufers oder sind es die Anhänger Jesu, die sich für die Sache Gottes einsetzen? Was bedeutet ἁρπάζουσιν? Sind auch hier die Gegner oder Anhänger Jesu gemeint?«[570] Einen schon berührten anderen wichtigen Gesichtspunkt an der vorliegenden Alternative hebt *Conzelmann* hervor: »Man kann schließen: Das Reich leidet Gewalt, also muß es da sein.« Aber: »Vielleicht bedeutet das Wort :Man versucht, das Reich mit Gewalt herbeizuführen, das ist verwerflich.«[571] *Dibelius* fand dagegen hier eine »Zwischenperiode in der Geschichte des Gottesreichs«: Es »ist in der Predigt bereits vorhanden, aber es ist noch nicht erschienen«[572]. Auch *Käsemann* denkt an die Gottesherrschaft, die »noch gehindert und weggerissen werden« kann[573]. Wie Dibelius rechnet auch Käsemann mit einem authentischen Wort Jesu, mit dem freilich schon Matthäus und Lukas nichts Rechtes anzufangen gewußt haben[574], *Braumann* führt das mangelnde Verständnis schon auf die Spruchquelle zurück[575], schreibt den Spruch aber nicht Jesus, sondern der palästinensischen Urgemeinde zu: er gehört in die »Auseinandersetzung der christlichen Gemeinde mit der nichtchristlichen Welt, die die junge

---

564 *Michaelis:* Herr, S. 68.
565 *Fuchs:* Frage, S. 156.
566 *Schniewind:* Matthäus, S. 143 f.
567 *Bultmann:* Tradition, S. 177 f.
568 *Knopf:* Einführung[1], S. 249. 5. Aufl. S. 284.
569 *Dibelius:* Täufer, S. 29.
570 *Braumann:* Gewalt, S. 105.
571 *Conzelmann:* Grundriß, S. 130 f.
572 *Dibelius:* Täufer, S. 26.
573 *Käsemann:* Problem, S. 211.
574 S. 210.
575 *Braumann:* Gewalt, S. 105 f.

Gemeinde verfolgt (βιάζεται) und ihr vorwirft, Jesus habe die Himmelsherrschaft gewaltsam an sich reißen wollen (ἁρπάζουσιν). Darauf würde die urchristliche Gemeinde antworten: Nicht Jesus oder sie selbst reißen die Himmelsherrschaft gewaltsam an sich, sondern die, die die Gemeinde gewaltsam verfolgen, begehen diesen Gottesfrevel«[576] — eine ganz neue, gewiß nicht unmögliche, aber vielleicht wiederum allzu fein ausgedachte, jedenfalls auch ganz unsicher bleibende Deutung. Daß in diesem zur Q-Quelle gehörigen Einzelspruch ein Wort des irdischen Jesus vorliegt, ist auch *Schulz* unwahrscheinlich. Er weist es erst »der jüngeren, hellenistisch-judenchristlichen Traditionsschicht« zu[577].

Keineswegs liegt es nun so, daß aus dem unbefriedigenden Stand des Interpretationsproblems wie auch der Echtheitsfrage Schweitzer profitieren könnte, derart, daß seine Auffassung den übrigen immerhin als gleichberechtigt an die Seite zu stellen wäre. Auch die neueren Autoren außerhalb der Schweitzerschule sind sich überwiegend gerade darin einig, daß der Stürmerspruch eben kein »Stürmerspruch« ist, wenigstens nicht im Sinne Schweitzers, und daß dessen Auslegung und Verwendung dieses Wortes sich als nicht haltbar erwiesen hat. Den »unguten« Sinn der Gewalttätigkeit hebt ausdrücklich *Michaelis* hervor[578]. *Schrenk*s Auffassung der »Gewalttat im schlechten Sinn« schließt sich auch *Kümmel* an[579], und wenn es nach ihm auch offenbleiben muß, wer hier als vergewaltigend und raubend gedacht ist, so wird doch als sicher herausgestellt, daß »im Rahmen der Predigt Jesu an Gewaltausübung gegen Gott nicht gedacht sein kann; die βιασταί müssen die Gottesherrschaft den Menschen zu rauben suchen«[580].

Die Stürmerauffassung macht in der Tat selbst einen allzu gewaltsamen Eindruck. »Schon die Kombination der ›Gewalttäter‹ mit der Bußbewegung des Täufers ist«, wie *Flückiger* hervorhebt, »durchaus willkürlich. Die Wendung ›seit den Tagen des Johannes bis jetzt ...‹ ist eine Zeitangabe. Jesus redet von einer ›Vergewaltigung der Gottesherrschaft‹, die schon zur Zeit des Johannes geschehen sei und die weiterhin andauerte, er sagt aber nicht, daß Johannes und seine Jünger selber die Gewalttäter seien.«[581] — »Jedenfalls erlaubt der ›Stürmerspruch‹ selber keine Beziehung auf den Bußgedanken, und von Johannes ist überdies zu sagen, daß er zur Buße aufgerufen hatte, *weil* das Reich nahe herbeigekommen sei, nicht aber, *damit* es herbeikomme. Die Reichserwartung ist Voraussetzung, nicht Folge der Bußpredigt.«[582] Vergegenwärtigen wir uns noch einmal abschließend, daß das Verbum βιάζεσθαι im Neuen Testament »vorherrschend die Bedeutung einer *feindseligen* Gewalttat«

---

576 S. 109.
577 *Schulz:* Spruchquelle, S. 263.
578 *Michaelis:* Matthäus, T. 2, S. 121 f.
579 *Kümmel:* Verheißung, S. 115.
580 ebd.
581 *Flückiger:* Ursprung, S. 23.
582 S. 23 f.

hat und daß diese Bedeutung »hier noch verstärkt« wird »durch die Parallelstellung mit ἁρπάζειν, das nicht ›herbeizwingen‹ heißt, sondern ›rauben‹, ›etwas unerlaubterweise für sich nehmen, was andern zukommt‹«[583], so kann man sich über die Kühnheit und Unbedenklichkeit der Deutung Schweitzers bei ihrem Entwurf und über seine spätere Insistenz gegenüber allen Einwänden nicht genug wundern.

Es ist wie gesagt an sich schon außerordentlich auffällig und mißlich, daß eine so weitgehende und tiefgreifende Hypothese wie die der aktiven Reichserwartung bzw. dessen Erzwingung im Grunde genommen auf einer einzigen Stelle aufgebaut wird. Dieser ganz einmalige Spruch, der die Begründung abgeben soll, ist aber zweitens, wie sich gezeigt hat, überaus dunkel und vieldeutig – »In der Tat gibt es fast nichts, was in Mt. 11, 12 nicht umstritten wäre« *(Braumann[584])* – und seine Interpretation durch Schweitzer drittens besonders anfechtbar und sehr unwahrscheinlich, während es andererseits viertens immerhin zwei Deutungen mit einem leidlich möglichen Sinn gibt (einen völlig einleuchtenden allerdings wohl kaum). Eine beträchtliche Dunkelheit und Unsicherheit läßt sich hier offensichtlich nicht überwinden. Angesichts dieser für Schweitzer in jeder Beziehung ungünstigen, wirklich fatalen Lage erscheint es nicht ganz unbegründet, daß schon früh gegen die konsequente Eschatologie der Vorwurf des Dilettantismus erhoben wurde[585], ein Vorwurf, der, so ungern man einen solchen Begriff mit dem Namen Schweitzers in Verbindung gebracht sieht, in methodischer Hinsicht, um die es dabei ja vor allem geht, hier nicht leicht zu entkräften ist.

Insbesondere muß noch einmal ein Umstand hervorgehoben werden, der schwerer als alles andere ins Gewicht fällt. Schweitzer beruft sich für seine Auffassung auf die Apokalyptik. Indessen, dieser so grundlegende »Gedanke, daß das Reich Gottes durch menschliche Aktivität herbeigezwungen werden könne, läßt sich«, wie namentlich wiederum *Flückiger* betont, »im apokalyptischen Schrifttum nirgends belegen«[586]. – »Der Gedanke, daß das Reich herbeigezwungen werden könnte, begegnet im Judentum überhaupt nur da, wo man eine diesseitige, politische Reichserwartung hegte, wie im Zelotismus. Für die Apokalyptik, die ein jenseitiges Reich erwartet, ist dagegen jede Einwirkung menschlicher Aktivität undenkbar.«[587] – »Die Vorstellung eines eschatologischen Zelotismus, wie sie von der konsequenten Eschatologie der Deutung des Lebens Jesu zugrunde gelegt wird, beruht also auf einer ganz ungeschichtlichen *Kombination* von Apokalyptik und (diesseitigem) Zelotismus.

---

583 S. 24.
584 *Braumann,* S. 104.
585 *Weinel:* Jesusbild, S. 27.
586 *Flückiger,* S. 38.
587 ebd.

Eine solche Verbindung hat es« »nie gegeben.«[588, 589] Und wenn man schon den Spruch auf das Zelotentum beziehen will, kann doch an dem dann ablehnend gemeinten Sinn kein Zweifel sein, und das ist im Hinblick auf Schweitzers Deutung letztlich entscheidend. *J. Weiß*, so sehr er ihr in einigen wesentlichen Punkten vorgearbeitet und sie teilweise vorweggenommen hat, urteilt denn auch hier völlig entgegengesetzt, daß es nämlich »eigentlich etwas Blasphemisches ist, auf Gottes Herrschaft Gewalt zu üben, die Herrschaft Gottes an sich reißen zu wollen, anstatt gehorsam, demütig und gläubig zu warten, bis es Gott gefallen wird, seine Herrschaft zu errichten«[590]. Die, »welche das Reich Gottes herbeizwingen wollen«, begehen in Jesu Augen »den größten Fehler, sie sind irreligiös«[591]. Schweitzers Deutung krankt mit anderen Worten, wie neuerdings *Strobel* betont, »an der historisch unerläßlichen Unterscheidung«, genauer: an dem Mangel einer solchen Unterscheidung »zwischen aktiver und passiver Apokalyptik«[592]. — »Die eschatologische Frömmigkeit Jesu war einem zelotischen Aktivismus diametral entgegengesetzt«, »sie unterlag den Gesetzen eines apokalyptischen Quietismus.«[593]

Man kann auch nicht sagen, daß die Kritik sich keine Mühe gegeben habe, das von Schweitzer in diesem Punkte gebotene Neue und Originelle zu würdigen, und daß sie nicht zu etwaigen Zugeständnissen bereit gewesen wäre. So meinte seinerzeit sogleich *Wernle*, es wäre trotz allem diese »Hypothese vom Herbeizwingen des Gottesreichs erst durch die Bußbewegung, dann durch Jesu Sühnetod immer noch eine geschichtliche Möglichkeit, falls einzelne Stellen der Evangelien bloß als Trümmer solcher Tradition könnten begriffen werden«. — »Aber einmal wird schon der Umstand, daß solche Stellen 30 bis 40 Jahre nach jenem verfehlten Herbeizwingen überliefert wurden, daran stutzig machen, ob sie von der Überlieferung je so verstanden worden sind. Sodann aber kann in der Frage, ob möglich oder unmöglich, nur eines entscheiden: der Gesamteindruck der Überlieferung. Und dieser hält das Bild Jesu mit der allerlebendigsten Gottesreichserwartung, aber gänzlich *ohne* dies Herbei*zwingen* und Herein*zerren* des Gottesreichs fest.«[594] Es dürfte »der Grundrichtung der Frömmigkeit Jesu diametral zuwiderlaufen«[595].

Wenn somit das Moment des Herbeizwingens nur durch jene eine sehr dunkle und umstrittene Stelle, nirgends aber sonst und unzweideutig zu belegen ist, so drängt sich andererseits die Vermutung auf, daß es seine

---

588 S. 38 f.
589 Umgekehrt hält allerdings *Hengel* (Zeloten, S. 317) die Unterscheidung zwischen »national-jüdischer« und »transzendenter Reichsgotteshoffnung« für unangebracht: »für die jüdische Eschatologie war beides stets untrennbar verbunden«.
590 *J. Weiß:* Predigt², S. 196.
591 *J. Weiß:* Predigt¹, S. 24 f.
592 *Strobel:* Kerygma, S. 43, Anm. 28.
593 S. 152.
594 *Wernle:* Rezension, 1906, Sp. 505.
595 *Weber:* Schriftforschung, S. 205.

eigene Brust sein könnte, der Schweitzer diesen Sinn entnommen hat. Die Richtung auf das sittliche Handeln ist in seinem seelisch-geistigen Haushalt offenbar so stark angelegt, daß sie zur beherrschenden wird und sich, wie auch sonst noch zu zeigen ist, auf Kosten der eigentlich religiösen Einstellung durchsetzt und auswirkt. Scharf, aber nicht unrichtig urteilt *Holmström*: »Der religiöse Sinn des transzendenten Reichsgottesgedankens, wie ihn Weiß gedeutet hat, wird bei Schweitzer in eine groteske Karikatur verdreht durch den heimlichen Einfluß, den seine eigene ethische Aktionsfreudigkeit auf seine Geschichtsdarstellung ausübt.« Die »›Herbeiführung‹ des erwarteten Ereignisses durch die sittliche Erneuerung, wodurch die nur passive ›eschatologische Ethik‹ in Weiß' Darstellung durch einen diametralen Umschlag in eine heroische ›ethische Eschatologie‹ verwandelt wird, ist, religiös betrachtet, eine grobe Gotteslästerung«[596]. Weder religiös noch historisch gedacht, nimmt sich Schweitzers Jesus trotz aller archaischen Züge doch allzu modern aus. Hinter diesem Jesusbild steht, worauf *Flückiger* hinweist, »der Typus des modernen doktrinären Aktivisten, der fanatisch an ein Ziel der Geschichte glaubt, das ›kommen muß‹, der aber zugleich sich selber für das Werkzeug der Geschichte hält, von dessen Aktivität es abhängt, daß die Dinge den Lauf nehmen, den sie nehmen müssen«[597].

Was den unreligiösen Charakter des aktivistischen Jesusbildes betrifft, so sollte man das Gewicht dieses Einwands freilich auch nicht überschätzen. Es ist doch kein Zweifel daran erlaubt, daß die in Rede stehende Anschauung in Schweitzers Sicht und Sinn mit Blasphemie nichts zu tun hat, daß bei dem Herbeizwingen des Reiches durch Jesus nicht an eine irgendwie mit Gott konkurrierende, seiner Ehre zu nahe tretende Aktion, sondern nur an ein letztlich von Gott gewolltes Unternehmen gedacht werden kann, was auch gar nicht ausschließt, daß Gottes Handeln dennoch der wesentliche, ja entscheidende Faktor ist und bleibt: »Wie die überreiche Ernte durch Gottes Wundermacht auf die Aussaat folgt, so kommt auch das Reich Gottes auf Grund der sittlichen Erneuerung durch die Menschen, aber ohne ihr Zutun.«[598] Der Begriff Herbeizwingen ist jedoch auf jeden Fall sehr mißverständlich und irreführend. *U. Neuenschwander*, der sich sachlich Schweitzers Deutung zu eigen macht, möchte denn auch diesen Ausdruck fallenlassen[599], wie auch Schweitzer selber in seinem letzten Werk ihn nicht mehr verwendet, wenngleich er in der Sache bei seiner Ansicht bleibt: »Durch die Buße (die Sinnesänderung), durch die sie sich auf das Kommen des Reiches vorbereiten«, »soll Gott bewogen werden, es anbrechen zu lassen.«[600] Die Frage ist nur, ob es mit dem Verzicht auf diese Vokabel hier getan ist. Problematisch, mehr als

---

596 *Holmström:* Denken, 1934, S. 322.
597 *Flückiger:* Ursprung, S. 40.
598 ML S. 99 f.
599 *Neuenschwander:* Jesus, S. 62.
600 RG S. 137.

problematisch ist eben doch auch die Sache selbst, der Gedanke der Aktivität des Menschen beim Anbrechen des Reiches. Auch ohne den befremdlichen Zug des »Herbeizwingens« muß jede Einwirkung auf Gott in dieser Beziehung für die Vorstellung Jesu als außerordentlich fragwürdig gelten. »Diese Einwirkung auf Gott«, bemerkt *Schniewind*, »ist genuine pharisäische Ethik. Gerade hiergegen richtet sich Jesu gesammelter Kampf; aber von Jesu Kampf gegen den Pharisäismus findet man bei Schweitzer kaum ein Wort.«[601] Und obgleich dieser Autor das strittige Logion, wie schon erwähnt, als »ein Wort des Lobes und nicht des Tadels« auffaßt, erklärt er doch Schweitzers Versuch, von hier aus das gesamte Leben Jesu zu verstehen, für eine »Konstruktion«, die »abgesehen von sonstigen Einwänden« »schon an der ersten«[602] »Vaterunser-Bitte und an allem, was Jesus von Gott sagt«, »scheitert«. — »Gott bezwingen, auf ihn durch irgendein Tun oder Leiden gleichsam einen Druck ausüben, ist das genaue Gegenteil zu Jesu Verhalten.«[603]

So kann das Ergebnis nur dahin zusammengefaßt werden, daß Schweitzers Konstruktion in diesem grundlegenden Punkte äußerst schwach begründet ist, ja, am üblichen kritischen Maßstab gemessen, kaum schlechter begründet sein könnte. Es hängt nicht nur alles an einem Haar, wie *Sevenster* meint[604], sondern dieses eine Haar ist auch noch besonders schwach und geradezu brüchig.

2. Aus der Parabel vom Sämann — oder sagen wir ruhig: aus dem Gleichnis; denn Schweitzer wenigstens verwendet es in der Tat als Gleichnis im eigentlichen Sinne — entnimmt nun unser Leben-Jesu-Architekt das Material nicht nur teilweise zum ersten Hauptpfeiler seiner Konstruktion: die Anfangstatsache, »daß gesät ist«, sondern auch für den zweiten, der den Endpunkt, den Termin der Ernte betrifft. Wer jenes Geheimnis weiß, daß die Bußbewegung das Reich herbeinötigt wie die Menschensaat aus derselben unendlichen Macht die Ernte, »der sieht mit andern Augen das Korn auf dem Felde wachsen und die Ernte sich bereiten, denn er erschaut in dem einen das andere und erwartet mit der irdischen Ernte die himmlische, die Offenbarung des Reiches Gottes«[605]. Nachdem Schweitzer in dieser Weise eine Gedankenverbindung zwischen der Ernte und dem Kommen des Reiches hergestellt hat, geht er noch einen Schritt weiter: »Faßt man den Gedanken näher an, so ist das Kommen des Reiches Gottes mit der Ernte, die sich vorbereitet, nicht nur symbolisch-logisch, sondern zeitlich-real verbunden. Die letzte Ernte

---

[601] *Schniewind:* Messiasgeheimnis, S. 4.
[602] Mehr doch noch eigentlich und vor allem an der zweiten!
[603] *Schniewind:* Matthäus, S. 144.
[604] *Sevenster:* Ethiek, S. 16.
[605] LJ S. 403. »Die Verbindung des Ernte- und des Gerichtsgedankens« ist nach Schweitzer »Gemeingut der Apokalyptik« (S. 410).

reift auf Erden!«[606] Das Gleichnis vom Sämann hat Jesus »zur Aussaat«[607], zur Zeit der Aussaat, genauer: als die Saat schon »im Boden schlummert«[608], gesprochen. »Wartet nicht auf die Ernte, sondern wartet auf das Reich Gottes! – so redete der geistige Sämann zu den Galiläern zur Zeit der Aussaat.«[609] – »Die Natur war Gottes Uhr. Mit der letzten Aussaat hatte er sie zum letzten Mal gestellt.«[610] – »Die logisch-zeitliche Kongruenz wird vollkommen, wenn man annimmt, daß die Täuferbewegung im Frühjahr eingesetzt hat, und beachtet, wie Jesus nach Mt. 9, 37 u. 38 zu den Jüngern, ehe er sie zur fliegenden Verkündigung der Nähe des Reiches Gottes aussendet, das merkwürdige Wort von der reichen Ernte redet. Es erscheint wie ein Abschluß des Gedankens der verheißenden Saatgleichnisse und erklärt sich am natürlichsten, wenn die Erntezeit gekommen war.«[611]

Wie eigenartig, tiefsinnig, großartig ist diese Sicht! Mit welcher Eindringlichkeit weiß Schweitzer dem Leser die in der Situation enthaltene Spannung zu vermitteln! Wie anschaulich ist das alles gedacht, wie ernst sind hier die Bilder genommen! Es ist, als sei ein bedeutender Dichter am Werk, vor allem auch darin, wie die Intuition Jesu bei Schweitzer unmittelbar in Wirklichkeit und Handlung umgesetzt wird: Ist diese »Deutung des Geheimnisses des Reiches Gottes richtig, so muß Jesus zur Erntezeit den Anbruch des Reiches Gottes erwartet haben. Das hat er wirklich getan. Darum sendet er die Jünger aus. Sie sollen« eilends[612] »in Israel verkünden, was kommen wird«[613]. Mt. 10, 23 a: »Wenn sie euch in der einen Stadt verfolgen, so fliehet in eine andere!« 23 b: »Denn wahrlich, ich sage euch: ihr werdet mit den Städten Israels nicht fertig werden, bis der Menschensohn kommt.« Hier, so erklärt Schweitzer, sagt Jesus den Jüngern »in dürren Worten«, »daß er sie in diesem Aeon nicht mehr zurückerwartet. Die Parusie des Menschensohnes, die mit dem Einbruch des Reiches logisch und zeitlich identisch ist, wird stattfinden, ehe sie mit ihrer Verkündigung die Städte Israels durcheilt haben«[614]. Lehrreich ist ein Vergleich mit *Johannes Weiß*. Darin, daß schon dieser die Aussendung der Jünger mit der Erwartung eines baldigen Kommens des Reiches verbindet[615], liegt eine der wichtigsten Vorstufen zu Schweitzers Leben-Jesu-Anschauung: »Es galt, die Predigt von dem kommenden Reiche zu vervielfältigen, den Samen des Wortes über weitere Flächen auszustreuen, als *ein* Sämann allein es vermochte. Wie aber ist dies Ver-

---

606 ebd.
607 ML S. 100.
608 S. 25.
609 S. 25 f.
610 S. 100.
611 LJ S. 404.
612 Schweitzer schreibt: »eilend«.
613 LJ S. 405.
614 ebd.
615 Diese Deutung hat sich später auch *M. Goguel* (Leben, S. 392) zu eigen gemacht.

fahren zu begreifen, wenn nicht unter der Voraussetzung, daß vor allem *Eile* not tut, daß keine Zeit zu verlieren ist?«[616] Weiß schreibt auch schon von Jesu kühnem Glauben an den »Anbruch des jungen Gottesfrühlings«[617]. Aber bei ihm ist das eben nur ein Bild, nicht mehr. Die Verkündigung und das Kommen des Reiches »zeitlich-real« auf Frühlingsaussaat und Erntezeit zu beziehen und Jesus den Anbruch noch vor Rückkehr der Jünger erwarten zu lassen, wäre Weiß kaum in den Sinn gekommen. Eben dieser ganz konkret-plastische Charakter der Erwartung Jesu bei Schweitzer wirkt beinahe suggestiv und jedenfalls ungemein faszinierend.

Vom kritischen Standpunkt der Geschichtsforschung aus gesehen, überrascht und befremdet indessen auch hier die Kühnheit und Sicherheit, mit der eine, falls überhaupt bestehende, sehr fernliegende Möglichkeit zu einer bestimmten Annahme verfestigt wird. Allenfalls, bestenfalls, könnte es sich dabei doch nur um eine diskutable Hypothese handeln. Ist sie wenigstens dies?

Auffällig und überaus verwegen erscheint es schon, daß Schweitzer zur Begründung seiner Anschauung zwei vereinzelte und überdies ungemein dunkle Jesusworte heranzieht, zwei »Geheimnisworte«. Bezüglich des ersten Pfeilers, der die aktive Herbeiführung der Gottesherrschaft betrifft, war das der sogenannte Stürmerspruch Mt. 11, 12. Hinsichtlich des zweiten Pfeilers, der den Termin für das Kommen des Reiches abstützen soll, ist es nun der genannte Ausspruch bei der Aussendung der Jünger Mt. 10, 23[618]. Hier, wo zur Sicherung der Grundlage der ganzen Konstruktion eine besonders sorgfältige und zuverlässige Begründung erforderlich wäre, wird beide Male ein Logion benutzt, das nicht nur betreffs seiner Echtheit und der darin vorausgesetzten Situation, sondern, was noch bedenklicher erscheint, schon in der Frage, was es eigentlich bedeutet, wovon es überhaupt spricht, zum Teil außerordentlich umstritten ist. Und was als besonders mißlich angesehen werden muß, beide Unsicherheiten bedingen und steigern sich noch gegenseitig. Wäre die Authentizität durch irgendeinen Umstand, etwa den Zusammenhang, in dem der Spruch steht, relativ gut gesichert, so könnte man etwas mehr über den möglichen oder gar wahrscheinlichen Beziehungspunkt und Gehalt vermuten. Umgekehrt würde ein eindeutiger Sinn des Logions die Entscheidung der Echtheitsfrage möglicherweise erleichtern. Dagegen läßt sich »für ein Wort, dessen Sinn dunkel ist«, »schwerlich die Frage entscheiden, ob man es Jesus zuschreiben darf oder nicht«[619, 620]. Allerdings geht die

---

616 *J. Weiß:* Predigt², S. 100.
617 S. 101.
618 Daß diese Stelle »ein Grundpfeiler der gesamten konsequent-eschatologischen Auffassung ist«, bemerkt auch *Michaelis:* Enttäuschung, S. 228.
619 *Linnemann:* Gleichnisse, S. 140.
620 Wie fraglich und unsicher bei diesem für Schweitzer entscheidend wichtigen Vers alles ist, ersieht man neuerdings am besten aus *Künzi:* Das Naherwartungslogion Matthäus 10, 23. Geschichte seiner Auslegung. Überraschend wirkt nach dem Referat über

Dunkelheit hier nicht ganz so weit wie beim Stürmerspruch. In einer besonders wichtigen Hinsicht ist, wie sich zeigen wird, der Sinn immerhin klar genug ersichtlich. Aber das meiste ist und bleibt fraglich.

Umstritten ist zunächst die Frage, ob das Vollenden, Fertigwerden, von dem in Vers 23b die Rede ist, sich auf die Flucht oder auf die Missionsarbeit bezieht, ob es also heißen soll entweder: »Ihr werdet mit den Städten Israels (auf eurer Flucht) nicht zu Ende kommen«, oder aber: »Ihr werdet die Städte Israels (durch eure Missionsarbeit) nicht zu Ende bringen«[621], bevor der Menschensohn kommt[622].

Unentschieden ist ferner, ob 23b (Ihr werdet nicht fertig werden ...) mit 23a (Wenn sie euch ... verfolgen, so fliehet ...) ursprünglich überhaupt eine Einheit bildet oder als selbständiges Logion anzusehen ist, woran schon ein älterer Forscher wie *Weiffenbach*[623] gedacht und wofür sich in neuerer Zeit vor allem *Kümmel*[624] ausgesprochen hat. Ist die zweite Vershälfte unabhängig von der ersten auszulegen, so hat sie mit der Flucht nichts zu tun. Ob dann die Missionsaufgabe als einzige Beziehungsmöglichkeit übrigbleibt, ist freilich wiederum unsicher. *Linnemann* gibt zu bedenken, daß für ein isoliertes Logion der Kontext nicht in Anspruch genommen werden darf[625]. *Vielhauer* lehnt die von Kümmel befürwortete Zerreißung der beiden Vershälften ab[626].

Nicht einheitlich beantwortet wird wie gesagt auch die Frage, ob das Wort Jesus oder einer späteren Zeit zuzuschreiben ist. Als authentisch beurteilen es u. a. *Weiffenbach* (jedoch nur 23b), *J. Weiß*[627], *Schniewind*[628], *Cullmann*[629], sowie ebenfalls 23b betreffend *Kümmel*[630]. Für seine Echtheit wird vor allem angeführt, daß es als unerfüllte Weissagung, die damit später als anstößig empfunden werden mußte, andernfalls nicht überliefert worden wäre. Aber dieses Argument beweist, wie *Vielhauer* einwendet, nur das hohe Alter des Spruches, nicht seine Echtheit; denn die Gemeinde machte keinen Unterschied zwischen den Worten des geschichtlichen Jesus und »den Worten des Erhöhten, die durch urchristliche Propheten geoffenbart wurden«[631]. Das Übergewicht dürfte deshalb immer mehr die Ansicht bekommen, nach der sich hier eine

---

so viele kritische Stimmen das am Schluß dargelegte ausgesprochen konservative Urteil des Autors.

621 *Künzi:* Naherwartungslogion, S. 5 f.

622 Auf die Flucht beziehen das Wort beispielsweise *B. Weiß, Holtzmann, Zahn, Schlatter,* auf die Missionstätigkeit *Wellhausen, Michaelis, Klostermann, Kümmel, Flückiger, Morgenthaler, Gräßer, Tödt.*

623 *Weiffenbach:* Wiederkunftsgedanke, S. 302 f.

624 *Kümmel:* Verheißung, S. 55. — Naherwartung, S. 466.

625 *Linnemann:* Gleichnisse, S. 140.

626 *Vielhauer:* Gottesreich, S. 64, Anm. 43.

627 *J. Weiß:* Predigt², S. 161, Anm. 1. — Matth., S. 310.

628 *Schniewind:* Matthäus, S. 131.

629 *Cullmann:* Heil, S. 195 f.

630 *Kümmel:* Verheißung, S. 56 f., Anm. 137. — Naherwartung, S. 468.

631 *Vielhauer:* Gottesreich, S. 66.

spätere Zeit, die Situation der verfolgten Gemeinde, spiegelt. Für eine dementsprechende Entstehung des Wortes votieren von den älteren Autoren *Strauß, Bruno Bauer, Keim, Holtzmann, Wellhausen.* Von den neueren hält beispielsweise *J. Leipoldt* es für einen »Spruch aus der Urgemeinde«[632], *Bultmann* erklärt es als vaticinium aus der Missionszeit[633]. Auf dem Hintergrund der nachösterlichen Parusieerwartung und des Kampfes gegen die Praxis der Heidenmission wird es auch von *Käsemann* gesehen[634]. Ebenso denkt *Tödt* an die »Situation einer ganz frühen judenchristlichen Mission«[635]. *Gräßer* gibt zwar zu, daß das Leben Jesu als Situation dieses Spruches nicht mit Bestimmtheit ausgeschlossen werden kann, hält ihn aber ebenfalls für einfacher und deutlicher verständlich als Trostspruch für die palästinensische Urgemeinde in ihrer angesichts des Missionsauftrags hoffnungslosen Lage[636]. Desgleichen meint *Vielhauer*, daß die Echtheitsfrage für diesen Vers auf Grund allein dieser Stelle sich nicht entscheiden lasse, jedoch habe »die Unechtheitshypothese die größere Wahrscheinlichkeit«[637]. Auch er sieht darin das »Trostwort eines prophetisch inspirierten Christen an seine Brüder in der Situation einer Verfolgung«[638]. Diese Ansicht macht sich auch *E. Jüngel* zu eigen, und zwar mit der Begründung, daß die von Jesus selbst unterschiedene Aussage der Gottesherrschaft und der Erwartung des Menschensohnes hier identifiziert sind[639]. Nach *E. Bammel* hat ein den spätjüdischen Vorstellungen entsprechender Spruch »von der eschatologischen Not und der Errettung der Auserwählten vor dem Ärgsten« »in mehrfacher Umbildung christliche Gestalt angenommen«[640]. In seiner heutigen Form hält auch dieser Autor ihn für ein »christliches Trostwort«. In keiner der rekonstruierbaren Formen aber habe der Spruch mit einem Missionsauftrag zu tun.

Neben den besprochenen strittigen Punkten besteht wenigstens in einer Hinsicht nunmehr weitgehende Einigkeit, bezüglich des Charakters der ganzen Aussendungsrede bei Matthäus sowie unseres Logions innerhalb ihrer. Ob man nun »die älteste und gedrungenste Form der Aussendungsrede Mk. 6, 7–11«, »eine einfache Missionsanweisung, am Schlusse eingerichtet für günstige wie für ungünstige Eventualitäten«, noch mit *Holtzmann* für historisch hält[641], d. h. auf Jesus zurückführt oder hinter »das Faktum der Aussendung von Jüngern zu Jesu Lebzeiten« etwa mit

---

632 *Leipoldt:* Verhältnis, S. 92, Anm. 65.
633 *Bultmann:* Tradition, S. 129.
634 *Käsemann:* Apologetik, S. 104.
635 *Tödt:* Menschensohn, S. 56 f.
636 *Gräßer:* Parusieverzögerung, S. 138 f.
637 *Vielhauer:* Gottesreich, S. 67.
638 S. 66.
639 *Jüngel:* Paulus, S. 238.
640 *Bammel:* Matthäus 10, 23. S. 91 f.
641 *H. J. Holtzmann:* Stand, Sp. 2421.

Linnemann heute überhaupt ein Fragezeichen macht[642], gleichviel: daß die Aussendungsrede in ihrer Form bei Matthäus nicht gehalten worden ist, sondern ein Konglomerat von Worten aus den verschiedensten Zeiten darstellt und daß unser Vers sich hier nicht an seinem ursprünglichen Ort befindet, steht jedenfalls seit langem fest[643]. Schon *H. Olshausen* fand (1830), daß Jesus von seinem Weggang und seiner Wiederkunft erst Mt. 12, 40; 16, 21–27; 17, 1 ff. redet[644] und daß an unserer Stelle die frühere und die spätere Aussendung sich verschmelzen[645]. Nach *de Wette* handelt es sich um eine Prolepsis der Wiederkehr von Kap. 24[646]. Ebenso beurteilte *H. A. W. Meyer* den Hinweis auf die Parusie als Antizipation[647]. Desgleichen zeigte *Weiffenbach*, daß »die viel spätere Verhältnisse voraussetzende Stelle Matth. 10, 17–22« »nichts anderes als eine unmögliche Antizipation und ein großartiger Anachronismus ist«[648]. Und dasselbe »gilt auch von unserem sich unmittelbar an die genannte Stelle anschließenden Verse 23 mit seiner Fluchtmahnung und seinem Wiederkunftstrost, zwei unverkennbaren Merkmalen der spätesten Periode des Lebens Jesus, ja, zum Teil noch späterer Zeit«[649]. Endlich versetzt auch *Holtzmann* unser Wort aus der Situation der Aussendung der Jünger, wo die Erwartung von Verfolgern ganz unmotiviert ist, in die »Letztzeit« Jesu[650]. »So lange vor dem eigenen Leidens- und Todesentschluß des Meisters ist eine Leidensweissagung für die Jünger« »nicht am Platze.«[651] Verschmelzung, Vorwegnahme, Prolepsis, Antizipation, Anachronismus: dieses Urteil bahnt sich somit schon seit der ersten Hälfte des vorigen Jahrhunderts an und festigt sich weiter[652].

Auseinander gehen die Ansichten schon wieder bei der Frage, ob der Vers die Nähe der Parusie meint oder nicht. Um was immer es sich bei dem Fertigwerden handeln mag, jedenfalls: Ihr werdet nicht damit fertigwerden, bis der Menschensohn kommt! Dieser Zusammenhang verlangt – so die wohl am nächsten liegende, schon früh vertretene Auffassung – etwas Nahes[653]. »Ihr werdet in der Verkündigung des Evangeliums noch nicht alle Städte Israels durchlaufen haben, bis des Menschen Sohn kommt. So nahe ist seine Parusie!«[654] Eine ferne Parusie kann hier

---

642 *Linnemann:* Gleichnisse, S. 140.
643 So wird bereits von *H. J. Holtzmann* (Marcus-Kontroverse, S. 193) »der ganz allgemein anerkannte und schon längst in den Kommentaren von De Wette, Bleeck, Meyer-Weiß nachgewiesene Kompositionscharakter jener Rede« hervorgehoben.
644 *Hermann Olshausen:* Commentar, S. 331.
645 S. 332.
646 *de Wette:* Matthäus, S. 145.
647 *Heinrich August Wilhelm Meyer:* Matthäus, S. 258.
648 *Weiffenbach:* Wiederkunftsgedanke, S. 298.
649 S. 299.
650 *H. J. Holtzmann:* Stand, Sp. 2421 f. – Marcus-Kontroverse, a. a. O., S. 188.
651 *H. J. Holtzmann:* Synoptiker, S. 233.
652 Vgl. z. B. *Goguel:* L'Exégète, S. 148 f. – Bowman: Quest, S. 190.
653 *Olshausen:* Commentar, S. 331.
654 *Weiffenbach:* Wiederkunftsgedanke, S. 303.

nur auf Grund einer Umdeutung angenommen werden[655], wenigstens, solange man das Wort auf den Standpunkt Jesu bezieht. Wie bei den beiden früher behandelten einen Termin enthaltenden Logien Mk. 9, 1 und 13, 30 finden *Cullmann* und *Kümmel* »auch hier das Kommen der Gottesherrschaft in die Lebenszeit der Jünger verlegt«[656]. Anders steht es, sobald man nicht unbedingt an der Echtheit des Logions festhält und es mehr aus der Sicht des Jahrzehnte später schreibenden Evangelisten beurteilt. Dann ergibt sich ohne weiteres ein größerer zeitlicher Spielraum. Nach *Strecker* denkt Matthäus, der das von ihm vorgefundene Logion in den Kontext eingeordnet hat, »nicht an die palästinensischen Städte«, »sondern an die von Juden bewohnten Städte des Erdkreises«. Dann aber »ist das Ende der Verfolgung nicht abzusehen und d. h. die Fernerwartung nicht auszuschließen«[657].

Schweitzer hat nun die Naherwartung im Anschluß an diese Stelle als eine Nächsterwartung gedeutet: Jesus erwartet die Jünger von ihrer Missionsreise nicht mehr zurück, vielmehr werden sie unterwegs von dem Endgeschehen überrascht werden, d. h. die dem Kommen des Reiches vorausgehenden Wehen, die große Drangsal durchmachen müssen. Für diese Deutung wird zunächst einmal die Echtheit des Logions benötigt. Mit ihr steht und fällt die ganze Theorie. Sollte es nicht von Jesus stammen, so würde die Verwendung, die es bei Schweitzer gefunden hat, von vornherein auszuschließen sein. Aber die Echtheit dieses Spruches allein genügt nicht. Die zweite unerläßliche Voraussetzung ist seine ursprüngliche Zugehörigkeit zu dieser Rede. Mit anderen Worten: Mt. 10, 23 muß nicht nur erstens von Jesus, sondern zweitens auch genau in dieser Situation, bei der Aussendung der Jünger, gesprochen, d. h. es müßte so, wie es dasteht, Bestandteil der in dieser Form wirklich gehaltenen Rede sein. Ist die genannte erste Voraussetzung nach allem äußerst fraglich, so muß die zweite, wie dargelegt, mit Bestimmtheit verneint werden. Daß »die Aussendungsrede als Ganzes und bis in die Einzel-

---

655 Eine solche Umdeutung bietet vor allem *Schniewind* (Matthäus, S. 131): »Wenn der Menschensohn vom Himmel erscheint, dann wird die Mission in Israel noch nicht vollendet sein.« Jesus hat hier, meint auch *Michaelis* (Matthäus, T. 2, S. 95), »sagen wollen: die Bekehrung aller Städte Israels, ganz Israels, werde längst nicht abgeschlossen sein, wenn der Menschensohn komme«. Und gar für *Flückiger* (Ursprung, S. 26) bekommt die Stelle den Sinn, »daß die Judenmission andauern werde bis ans Ende der Tage«. »Wenn dies wirklich der Sinn des Logions wäre«, argumentiert mit zwingender Logik *Cullmann* (Heil, S. 195), »so müßte der Ton auf der Erwägung liegen, daß die Bekehrung Israels ›erst‹ am Ende stattfindet, während doch unser Logion offenkundig das ›Schon‹ betonen will, wenn er sagt: ›Ihr werdet nicht fertig‹.« Auch *D. Bosch* (Heidenmission, S. 157) macht sich noch wieder die offensichtlich verkehrte, weil Nähe in Ferne verkehrende Sinndeutung zu eigen, verkehrt jedenfalls, solange man das Wort noch irgendwie auf die ursprüngliche Situation des Lebens Jesu bezieht.

656 *Kümmel:* Verheißung, S. 56 f. Vgl. *Cullmann:* Heil, S. 196. Der Unterschied von den beiden anderen Sprüchen liegt nach Cullmann (S. 194) darin, daß dieser »das Kommen des Gottesreiches (›des Menschensohns‹) nicht allgemein an die lebende Generation bindet, sondern präzis an eine in Ausführung befindliche und bei der Parusie nicht vollendete Aufgabe: die Mission in Palästina«.

657 *Strecker:* Gerechtigkeit, S. 41 f.

heiten geschichtlich« sei, wie Schweitzer meint[658], ist wohl die erstaunlichste Behauptung, die sich bei einem kritisch geschulten Theologen überhaupt denken läßt. Sie steht in totalem Gegensatz zum Ergebnis der gesamten neueren Forschung, daß die Rede »eine Komposition des Evangelisten Matthäus« ist, »deren Einzelteile wir in Mk. 6 und 13 und in Lk. 10 und 12 noch getrennt vorfinden«, wie seinerzeit schon *Wernle* in seiner Rezension Schweitzer entgegenhielt[659].[660]

Hinsichtlich der Anerkennung des kompositorischen Charakters dieser wie aller großen Reden sind sich die Vertreter der Echtheit unseres Logions mit deren Bestreitern seit langem einig. Wenn *Holtzmann* erklärte, das Wort gehöre in die Zeit, da Jesus seinen Tod vor Augen sieht[661], so könnte man denken, daß es unter Voraussetzung dieser zeitlichen Umstellung von Holtzmann jedenfalls für geschichtlich gehalten wird. Das ist jedoch kaum seine eigentliche Meinung. Tatsächlich gibt ihm der Vers Veranlassung zu der Frage: »Wo aber ist hier noch eine Spur der kurz vorübergehenden Aufgaben einer ersten probeweisen Aussendung?«[662] Das ganze Stück Mt. 10, 17—25 (= Lk. 12, 11 f.) ist inhaltlich Dublette zu Mt. 24, 9 f.; 13 f. und spiegelt »gleich letzterer Stelle parallel mit Mk. 13, 9—13 die Verfolgungen und Unbilden« ab, »welche den ersten Gläubigen nach 1. Th. 2, 14« »widerfuhren«[663]. Es ist deshalb nicht zu bezweifeln, daß Holtzmann mit Recht zu den Vertretern der Unechtheit unseres Wortes gezählt wird[664]. Und in der entscheidenden Beurteilung kommt ein heutiger Befürworter der Echtheit dieses Ausspruchs wie Kümmel auf dasselbe hinaus wie Holtzmann. Dieser fand, daß »der Evangelist der fraglichen Stelle überhaupt nicht im Zusammenhang der Missionsrede begegnet ist, sondern sie, um sie doch irgendwo unterzubringen, zwischen den Abschluß des 2. Teiles 10, 22 und den Anfang des 3. Teiles seiner Rede einschiebt«, so daß sie einen an den zweiten Teil »angeschweißten Nachtrag bildet«[665]. Sie ist also als »ein erratischer Block« zu betrachten inmitten eines Kapitels, das wie die anderen »großen Redekompositionen« der Kapitel 5—7; 13; 23—25, teil-

---

658 LJ S. 410.
659 *Wernle:* Rezension, 1906, Sp. 504.
660 Wenn *M. Werner* (Entstehung, S. 72) noch wieder (1941!) äußert, der große Vorteil der Schweitzerschen Exegese bestehe darin, daß die Rede sich »im Zusammenhang aller ihrer Einzelheiten als ein einheitliches Ganzes« erweise, so leistet er Schweitzer mit diesem Argument einen Bärendienst. Schlimmeres konnte dessen Auffassung gar nicht geschehen als der Hinweis, daß sie in Übereinstimmung mit einer Ansicht steht, die wissenschaftlich durchaus überwunden ist. Daß Schweitzer nicht mehr umlernen konnte und wollte, mag noch verständlich sein. Aber diese uneingeschränkte Unterstützung seitens seines bedeutendsten Schülers — anstatt daß dieser den Versuch gemacht hätte, die Position entsprechend der inzwischen erfolgten wissenschaftlichen Entwicklung zu modifizieren und so vielleicht einen Teil zu retten — mutet beinahe schon wie Verblendung an.
661 *H. J. Holtzmann:* Marcus-Kontroverse, S. 188.
662 *H. J. Holtzmann:* Synoptiker, S. 234.
663 S. 233.
664 *Künzi:* Naherwartungslogion, S. 102.
665 *H. J. Holtzmann:* Marcus-Kontroverse, S. 187 f., 190.

weise auch 11 und 18 sich »als kunstvolle, durch die sachliche Einheit der Gesichtspunkte zusammengehaltene« »Aneinanderreihung von Reden und Sprüchen Jesu aus den verschiedensten Zeiten und Situationen seiner Lehrtätigkeit« herausstellt[666]. Aus dem bloßen Vorkommen des Verses in dieser Rede geht mithin für seinen Bezug auf die Aussendung der Jünger durch Jesus gar nichts hervor. »Damit aber fällt«, wie Holtzmann mit wünschenswerter Klarheit und Entschiedenheit hervorgehoben hat, »das ganze verunglückte Abenteuer, das ihn Schweitzers phantasievolle Eschatologie riskieren läßt, dahin.«[667] Genauso urteilt mit der formgeschichtlich orientierten Forschung heute *Kümmel*, daß »das Logion 23 b ein Einzelwort ist, das zwar sachlich in die Aussendungsrede durchaus hineinpaßt, jedoch in keinem festen Zusammenhang mit seiner Umgebung steht«[668]. Eben damit aber wird die ganze Konstruktion auch in diesem Hauptpunkt unhaltbar.

Die von Schweitzer hier gemachten Voraussetzungen sind demnach teils außerordentlich fraglich, teils fraglos unzutreffend. Weitgehend ungeklärt ist der Sinn des für ihn zentralen Verses. Außerordentlich unsicher ist die Urheberschaft Jesu. Ganz unbegründet ist die Annahme einer Zugehörigkeit dieses freischwebenden Einzelspruchs zu einer wirklich gehaltenen Aussendungsrede und seine Deutung aus der ihr entsprechenden Situation. Aber die Sache stimmt bemerkenswerterweise auch dann nicht, wenn man einmal Schweitzer seine Voraussetzungen zugesteht, d. h. den Vers in den Zusammenhang dieser Rede stellt und aus ihr heraus zu verstehen sucht. Das hat *E. Haenchen* in zweierlei Hinsicht gezeigt.

Schon in Mk. 6, 10 (Wenn ihr in ein Haus gehen werdet, da bleibet innen, bis ihr von dannen zieht) geht es nicht um die »fliegende Mission«, wie sie Schweitzer annimmt; »denn bei einer solchen bleibt man nicht so lange an einem und demselben Ort, daß eine Übersiedlung von einer Familie in die andere in Frage kommt. Hier ist offensichtlich an die Gründung von Gemeinden gedacht: wenn die Mission an einem Ort Erfolge verspricht, bleibt man länger dort«[669]. Es verhält sich also so, »daß Gemeinden entstehen sollen. Damit ist schon gesagt, daß es sich hier tatsächlich nicht um eine Missionierung während der Lebenszeit Jesu handelt«. — »Vielmehr wird hier die nachösterliche Situation in die Zeit des Erdenlebens Jesu zurückgespiegelt.«[670] Immerhin hat Markus sich noch bemüht, in seiner kurzen Rede der Situation Jesu nahezukommen. Matthäus dagegen »dachte gar nicht daran, eine streng historische Darstellung der (angeblichen) Aussendungsrede Jesu zu geben. Vielmehr stellte er all das an Weissagungen für die christlichen Missionare zusammen, was er

---

666 S. 188 f.
667 *H. J. Holtzmann:* Stand, Sp. 2422.
668 *Kümmel:* Verheißung, S. 55.
669 *Haenchen:* Weg, S. 222.
670 S. 223.

in seinen verschiedenen Quellen fand und für Jesu eigene Worte hielt«[671]. Zu dem Umstand, daß auch Matthäus mit einem längeren Aufenthalt der Missionare in jedem Ort rechnet, was die von Schweitzer angenommene »fliegende Mission« »radikal« ausschließt[672], kommt bei ihm noch ein Zweites: Matthäus nimmt »die Weissagung von Verfolgungen mit in die Aussendungsrede hinein und zeigt damit den Wandel der Zeit: für Mk. (13, 9 ff.) sind die Verfolgungen, die man erlebt hat, erlebt und weiter erwartet, schon Vorboten des Endes. Sie gehören hinein in das eschatologische Drama. Für Mt. dagegen stellt sich die Lage anders dar: diese Verfolgungen sind Gegenwart, aber noch lange nicht das zukünftige Ende«[673]. Auch so gesehen sind wir damit von Schweitzers Auffassung weit entfernt.

Aber auch mit dem als Bestandteil der Rede genommenen Vers 23 selbst, dem »Hauptpfeiler für die Schweitzersche Konstruktion«, steht es, wie Haenchen zeigt, nicht besser. »In Wirklichkeit widerlegt eine genaue Betrachtung gerade dieses Verses die Schweitzersche Hypothese.«[674]

In seiner ersten Hälfte widerspricht der Gedanke an Verfolgungen wiederum dem Charakter der fliegenden Mission. Sehr anschaulich argumentiert Haenchen: »Wären wirklich die Jünger eilend mit der Botschaft ›Das Reich Gottes kommt!‹ durch die Dörfer und Städte gezogen, hätte dann diese Verkündigung eine Verfolgung ausgelöst? Wer sollte sie verfolgen?« Überhaupt aber haben die ins Auge gefaßten Verfolgungen nichts mit den »messianischen Wehen« zu tun. »Denn unser Vers macht sehr deutlich: die Verfolgung wird hier als ein rein lokales Ereignis aufgefaßt – in einem Ort verfolgt man die Missionare, im nächsten aber nicht. Sonst wäre es ja sinnlos, die Jünger aufzufordern, in diesen anderen Ort zu fliehen!«[675] – »Zur Verfolgung kann es erst kommen, wenn die Missionare an einem Ort länger bleiben und hier eine Gemeinde begründen, die aus der bisherigen – jüdischen oder heidnischen – Religionsgemeinschaft ausscheidet.«[676]

Nicht weniger überzeugend operiert Haenchen, nicht weniger ungünstig auch im Hinblick auf Schweitzer ist das Ergebnis, wenn die zweite Vershälfte mit hinzugenommen wird. Die Bedeutung des Gegenstandes und die Art der Argumentation rechtfertigt hier eine ausführliche wörtliche Wiedergabe. »Bei Verfolgung flieht in die nächste Stadt, denn ihr werdet ja vor der Ankunft des Menschensohnes doch nicht mit den Städten Israels fertig! Das ist eine seltsame Logik: Geht in eine andere Stadt, denn mit allen werdet Ihr ja doch nicht fertig! Aber sehen wir von dieser Logik einmal ab. Hier erhebt sich doch noch eine andere Frage:

---

671 S. 229.
672 S. 230.
673 ebd.
674 S. 231.
675 ebd.
676 S. 232.

Mt. wußte doch, daß die Jünger, aufs große Ganze gesehen, nicht verfolgt worden waren, und daß der Menschensohn nicht gekommen war. Wenn er trotzdem diese Worte überliefert hat, muß er sich doch dabei etwas gedacht haben. Welchen Sinn fand der Evangelist also darin?«[677] — »Was meint er also? Zunächst einmal nicht, daß Jesus als Menschensohn erschien, bevor noch die Zwölf von ihrer Reise zurückgekehrt waren. Also hatte Mt. hier jene weitere Perspektive vor Augen«: »Jesus gibt bei dieser ersten Mission schon die Anweisungen für alle christliche Mission, auch wenn dabei Lagen besprochen werden, welche während jener ersten Missionsfahrt gar nicht eintraten. Mt. findet also hier die Voraussage Jesu vor: Die christliche Mission in Israel werde noch nicht fertig sein, wenn der Menschensohn kommt. Heißt das nun: Er setzt eine baldige Wiederkunft Jesu voraus? Auf keinen Fall eine so schnelle, wie sie Schweitzer annahm. Denn seit Ostern war zur Zeit des Mt. schon ein halbes Jahrhundert vergangen.«[678] Indem Haenchen so Schweitzers Theorie in diesem Punkte auf ihrem eigenen Boden widerlegt, werden die übrigen kritischen Erörterungen auf das glücklichste ergänzt.

Es ist ein weiter Weg, den die Forschung hier zurückzulegen hatte, um einerseits die Differenz zwischen Markus und Matthäus, andererseits aber die Distanz beider zu Jesus selbst zu ermessen. »Während Markus nur von einer kurzfristigen Aussendung in Galiläa berichtet«, stellt Matthäus eine Anzahl isolierter Jesusworte zu einer Rede zusammen, die sich auf »die christliche Mission überhaupt« bezieht[679], »die spätere apostolische Mission«, »welche bis zur Parusie fortdauern sollte«[680], »und die apokalyptischen Zustände, wie sie Mt. 10, 17 ff. geschildert sind, treffen in gar keiner Weise zu auf die Verhältnisse, wie sie zur Zeit des Aufenthalts in Galiläa bestanden.«[681] Aber die Erkenntnis dieser Differenz zwischen Markus und Matthäus macht den kleineren Schritt aus im Vergleich mit dem von der Sicht Holtzmanns, für den jene »erste probeweise Aussendung« bei Markus noch dem »historischen Moment« angehört[682], zu der heute kaum mehr bestreitbaren Erkenntnis, daß auch Markus eine spätere Missionsinstruktion in das Leben Jesu zurück- bzw. vorverlegt hat.

Diese Verhältnisse, welche die Forschung nach und nach geklärt, die Sachverhalte, welche sie fortschreitend auseinanderzuhalten gelernt hat, werden von Schweitzer bewußt wieder zusammengesehen und ineinandergearbeitet, so daß die ganze Sache auf den früheren unkritischen Stand zurückversetzt erscheint, wobei er jedoch gerade für sich die wahrhaft kritische Sicht in Anspruch nimmt. Dadurch ist nun eine doppelte

---

677 ebd.
678 S. 233.
679 *Flückiger:* Ursprung, S. 25.
680 *B. Weiß,* Matthäus, S. 204, Anm.
681 *Flückiger:* Ursprung, S. 26.
682 *H. J. Holtzmann:* Stand, Sp. 2421.

zeitliche Verschiebung bewirkt. Einmal wird der Gedanke an Leiden und Verfolgung, wie er der Lage der urchristlichen Gemeinde in ihrer Auseinandersetzung mit der feindlichen Umwelt entsprach, schon Jesus in den Mund gelegt und von Matthäus ohne eine historische Zielsetzung, aus rein thematischen Gründen, d. h. durch Zusammentragen der auf die Mission bezüglichen Jesusworte in seinen großen Redekompositionen zum Teil vor der Passionsgeschichte und auch schon in der Aussendungsrede untergebracht. Diese Jesus untergeschobenen, bei der ursprünglichen Aussendung ganz unmotivierten Sprüche werden dann, von Schweitzer, anstatt sie wenigstens innerhalb des Lebens Jesu an die bestmögliche Stelle zu bringen, im Gegenteil in der früheren Zeit seines Wirkens endgültig fixiert, wobei aus späteren Verfolgungen, die einmal stattgefunden haben und noch stattfinden, und sich dann in den Jesusworten des Matthäus spiegeln, bei Schweitzer die den Jüngern gegebene Weissagung der bevorstehenden eschatologischen Drangsal wird, von der in 10, 23 gar nicht die Rede ist[683]. Nein, diese Aussendung der Zwölfe als »die Hauptaktion Jesu auf Grund der dogmatischen Idee, daß jetzt zur Erntezeit das Gottesreich kommt« — historisch gesehen läßt sich dazu nur wieder mit dem Rezensenten *Wernle* von 1906 sagen: »Kein Wort im Text davon.«[684] Kühner, großzügiger, aber auch eigenwilliger, eigenmächtiger, gewalttätiger, unbedenklicher und alles in allem unhistorischer konnte ein dem 20. Jahrhundert angehörender Forscher gar nicht verfahren.

Schon *Holtzmann* hatte seinem früheren Schüler vorgehalten, »daß es ein methodischer Fehler ist, eine Behauptung, welcher schlechterdings alle übrigen zu Gebote stehenden Zeugnisse widersprechen, auf eine einzige, isoliert dastehende und auf alle Fälle rätselhaft bleibende Stelle wie Mt. 10, 23 zu gründen«[685]. Was an Schweitzers Verfahren hier zu beanstanden ist, geht aber über diesen methodischen Fehler ja noch weit hinaus. Die Verkennung des unhistorischen, durchaus literarischen Charakters der Aussendungsrede, die Verwendung der Rede also als einer wirklich gehaltenen, und die Interpretation von Mt. 10, 23 auf Grund der vorausgesetzten geschichtlichen Einheit dieser Rede im Sinne der Nächsterwartung sind bei einem kritischen Forscher einfach unbegreiflich. *Cullmann,* der Schweitzers Erklärung von Mt. 10 wegen der formgeschichtlich erwiesenen historischen Unbrauchbarkeit des synoptischen Rahmens für »noch fragwürdiger« hält, »als sie ohnehin schon ist«[686], hat denn auch betont, »daß die überaus große Mehrzahl aller Fachgelehrten aus den verschiedensten Lagern« sie nicht annimmt. Sieht man von einigen wenigen unentwegten Anhängern der konsequent-eschatologischen Auffassung ab, die sich darauf beschränken, Schweitzer zuzustimmen, ohne sachlich Neues beizutragen, so ist bei aller Unsicherheit

683 *Michaelis:* Enttäuschung, S. 228 f.
684 *Wernle:* Rezension, 1906, Sp. 504.
685 *H. J. Holtzmann:* Marcus-Kontroverse, S. 188.
686 *Cullmann:* Parusie, S. 421.

im übrigen das ablehnende Urteil in diesem besonders wichtigen Punkte tatsächlich nahezu einstimmig. Die Annahme einer von Jesus gehegten Erwartung der Parusie schon während jener Verkündigungsreise der Jünger oder für die unmittelbar darauffolgende Zeit[687] scheidet deshalb als eine ernstzunehmende historische Möglichkeit aus. Schweitzers Behauptung, die ganze Aussendungsrede sei »nach ihrem klaren Wortlaut eine Weissagung auf die unmittelbar bevorstehenden Ereignisse der Endzeit«[688], ist, wie man nach allem sagen muß, ohne jeden Zweifel ein schweres Fehlurteil. Wenn auch diese Verwendung von Mt. 10, 23 vielleicht nicht ganz so künstlich und willkürlich wie die von Mt. 11, 12 erscheint, so ist doch der zweite tragende Pfeiler der Schweitzerschen Leben-Jesu-Theorie offensichtlich nicht weniger brüchig als der erste.

3. Die Verheißungen der Aussendungsrede gehen, wie Schweitzer feststellt, nicht in Erfüllung. Weder werden die Jünger in die letzte Drangsal geführt, noch gar ereignet sich dann die Parusie. »Gesund und frisch, voll stolzer Genugtuung kehrten die Jünger zum Herrn zurück (Mk. 6, 30).«[689] Damit gelangen wir zum dritten Grundpfeiler dieser Konstruktion. Hier muß zunächst darauf hingewiesen werden, daß die Jüngerrückkehr sich nur an der angegebenen Markusstelle findet. In dem Matthäusbericht, auf dem Schweitzer vor allem fußt, ist von einer Rückkehr nicht die Rede, und zwar, bei Berücksichtigung der ganz verschiedenartigen Ausrichtung des Markus- und des Matthäusberichts, sehr verständlicherweise. In der Lage der späteren christlichen Mission, wie sie Matthäus offenbar vor Augen hat, die ja noch weiterging, konnte eine Rückkehr der Apostel zu Jesus gar nicht in Betracht kommen[690]. Das Neue, Besondere, man möchte beinahe sagen: der Trick des Schweitzerschen Verfahrens besteht in der Kombination des Matthäustextes mit dem des Markus. Diese Ineinanderarbeitung ist von niemandem so durchsichtig gemacht worden, wie von *Kümmel*. Seine Analyse wird

---

687 Nach Schweitzers erster »Skizze« nimmt Jesus die Jüngerrückkehr eher als Bestätigung seiner Einstellung. Als sie zurückkehren und ihm berichten, »wie sie Gewalt über die bösen Geister hatten, heißt das für ihn: es ist alles bereit. So erwartet er jetzt den Reichsanbruch für die unmittelbare Zukunft, nachdem es ihm schon fraglich gewesen war, ob die Jünger vor diesem Ereignis zu ihm zurückkehren würden« (ML S. 102 f.). Während sich die Enderwartung hier also hauptsächlich auf die Zeit kurz nach der Rückkehr der Jünger und nur am Rande schon auf die Jüngerreise selbst bezieht, verschiebt sich das Verhältnis im Hauptwerk nach und nach. In RW (S. 385) heißt es von dem großen Aufruhr der Enddrangsal: »Er hatte ihn auch nach der Rückkehr der Jünger noch erwartet.« In LJ (S. 436) wird daraus: Eigentlich erwartet Jesus die Jünger vor dem Ende gar nicht mehr zurück, doch »vielleicht« hat er »nach der Rückkunft der Jünger noch einige Zeit auf die Offenbarung seiner Menschensohn-Herrlichkeit und das Kommen des Reiches gezählt«. Schließlich in seinem opus postumum bezieht Schweitzer diese frühe Erwartung der Parusie nur noch auf die Zeit der Verkündigung, d. h. allein der Jüngerreise (RG S. 127).

688 LJ S. 409.

689 S. 411.

690 *Flückiger*, S. 25 f. — Vgl. auch *Gräßer*, S. 139 f.

wegen ihrer großen Bedeutung wiederum am besten wörtlich angeführt. Es ist »natürlich richtig«, führt Kümmel aus, »daß Schweitzer Mt. 10, 23 streng innerhalb der Situation der bei der Aussendung der Jünger gehaltenen Rede, wie sie Matthäus berichtet, zu erklären vermag. Aber diese Möglichkeit verschafft sich Schweitzer nur dadurch, daß er stillschweigend die Situation von Mt. 10 mit der von Mk. 6 kombiniert: Matthäus setzt zwar als Gelegenheit für die Aussendungsrede die Aussendung der Jünger zur Mission voraus (10, 5 ff.), aber Schweitzer verschiebt diese Aussendungsrede dann sofort an die bei Mk. 6, 6 ff. gebotene Stelle, so daß nun die Rückkehr der Jünger und das Bestreben Jesu, sich von der Menge zu lösen (Mk. 6, 30 ff.), als zeitliche Folge der Aussendung erscheinen, obwohl Mt. 14, 13 in der Parallele zu Mk. 6, 30 die Rückkehr der Jünger gerade nicht berichtet. Diese Kombination erzeugt also einen *künstlichen* Zusammenhang zwischen Aussendungsrede und Jüngerrückkehr«[691]. Die Aufdeckung dieser Manipulation ist außerordentlich klärend[692].

Die Rückkehr der Jünger wird von Matthäus nicht nur nicht erzählt, sie wird auch, wie *Michaelis* betont hat, nirgends angedeutet[693]. Und noch ein weiterer Umstand ist in diesem Zusammenhang zu erwähnen, auf den ebenfalls *Kümmel* aufmerksam macht: Vers 23 b setzt auch »keineswegs voraus, daß die Erwartung des baldigen Kommens des Menschensohns eine Rückkehr der Jünger zu Jesus im Verlauf ihrer Verkündigungstätigkeit ausschließt. Die Nachricht, daß Jesus Jünger zur Mission ausgesandt habe und daß diese Jünger auch wieder zu ihm zurückgekehrt sind, widerspricht« »der Annahme keineswegs, daß Jesus den Jüngern das Eintreten der Gottesherrschaft vor der *völligen* Erledigung ihres Missionsauftrags verheißen habe«[694]. Schweitzer hat also in den Texten nicht etwas gefunden oder aus ihnen erschlossen, was der übrigen Forschung entgangen ist, sondern er hat auf Grund einer unzulässigen Kombination der Texte eine alle Verhältnisse verkürzende Perspektive an die Aussendungsrede und insbesondere an den Vers 23 herangetragen, eine Perspektive, die der historischen Lage eben nicht entspricht.

Mit Bezug auf die Schweitzer besonders wichtige Auffassung, daß

---

691 *Kümmel:* Verheißung, S. 56.

692 Wie immer hat sich *M. Werner* auch hier Schweitzers Ansicht völlig angeschlossen. Nur sie vermag, wie er meint, verständlich zu machen, »daß Jesus diese Rede anläßlich der gleichzeitig berichteten Jüngeraussendung wirklich im wesentlichen so gesprochen hat, wie das Matthäusevangelium sie wiedergibt« (Auffassung, S. 49), eine Argumentation, die angesichts der im Laufe der Zeit geklärten Sachlage nur noch mit einem Kopfschütteln bedacht werden kann. Daß aber »*gerade* unter Voraussetzung der Einheitlichkeit der Aussendungsrede auch Mt. 10, 23 b eine Aussage sein müßte, die *nicht* auf die unmittelbar an die Aussendung sich anschließenden Wochen, sondern auf einen längeren und späteren Zeitraum hinweist«, hat *Michaelis* ausgesprochen (Enttäuschung, S. 229).

693 *Michaelis:* Matthäus, T. 2, S. 96.

694 *Kümmel:* Verheißung, S. 57.

»die Nichterfüllung von Mt. 10, 23 die erste Parusieverzögerung bedeutet«[695], müssen wir demnach jetzt mit *Michaelis* sagen: »Es ist reine Eintragung, wenn dies Wort bedeuten soll, die Jünger würden die Parusie noch während ihrer Wanderung durch Galiläa erleben.«[696] Wo immer so etwas wie ein Bewußtsein der Parusieverzögerung zuerst zu erblicken sein mag, während oder unmittelbar nach der Aussendung kann davon jedenfalls nicht gesprochen werden. Diese Parusieverzögerung ist keine Entdeckung, sondern eine Erfindung Schweitzers.

Und nun spinnt er seinen Faden weiter. Das Wiederkommen der Jünger, ohne daß etwas geschehen war, mußte, wie er meint, »eine arge Enttäuschung« für Jesus sein[697]. Man kann sogar beinahe etwas wie Ratlosigkeit und Bedrängnis auf seiten Jesu herauslesen, wenn Schweitzer schreibt: »Nun plötzlich, im Momente der Rückkehr der Jünger nur einen Gedanken: Fort vom Volk! Sie aber folgen ihm nach.« — »Zuletzt ›entweicht‹ er nach dem Norden, weil er in Galiläa nicht allein sein kann und es durchaus sein muß. Die moderne Theologie hat recht: er flieht. Aber nicht vor den feindlichen Schriftgelehrten, sondern vor dem Volk, das sich an seine Sohlen heftet, um mit ihm auf die Offenbarung des Reiches und des Menschensohnes zu warten: ... vergebens zu warten.«[698] Diese Erfahrung greift aufs tiefste in sein ganzes Denken ein. »Ein Ereignis der übernatürlichen Geschichte, das stattfinden mußte, in jenem Zeitpunkte stattfinden mußte, blieb aus. Das war für Jesus, der einzig in der dogmatischen Geschichte lebte, das erste ›geschichtliche‹ Ereignis«, d. h. das erste Ereignis, das von außen in seine bisher geschlossene Glaubenswelt einbricht und seine Gedanken in eine andere Richtung lenkt, »das Zentralereignis, welches seine Tätigkeit nach rückwärts abschließt, nach vorn neu orientiert.«[699]

Es ist interessant zu sehen, wieviel zurückhaltender auch in diesem Punkt *Joh. Weiß* sich zeigt. Auch er hatte angenommen, daß »unter dem Druck trüber Erfahrungen« »im Bewußtsein Jesu eine Hinausschiebung des Termins eingetreten« sei[700]. Sogar von »enttäuschenden« Erfahrungen ist bei ihm schon die Rede. Aber diese Enttäuschung entsteht nicht unmittelbar, sondern nur mittelbar durch das Ausbleiben des Reiches. Sie bezieht sich zunächst auf die innere Verfassung der Menschen, darauf, daß »von den Früchten einer wirklichen μετάνοια« »noch wenig zu spüren« war[701]. Wenn Schweitzer nicht an den sittlichen Zustand der

[695] LJ S. 407.
[696] *Michaelis:* Enttäuschung, S. 230.
[697] Die Enttäuschung wird von Schweitzer ausdrücklich allerdings nur im Hauptwerk und auch da nur in einer Anmerkung (LJ S. 411) erwähnt. Sie liegt aber unausgesprochen allen seinen Darstellungen zu Grunde und ist ein notwendiges Glied in der Kette seiner Annahmen.
[698] LJ S. 411 f.
[699] S. 406.
[700] *J. Weiß:* Predigt², S. 100.
[701] S. 101.

angesprochenen Menschen denkt, sondern die Enttäuschung über die Tatsache der Jüngerrückkehr und damit das Ausbleiben der Parusie selbst meint, so ist diese Enttäuschung im Vergleich mit der Weißschen Auffassung in einer für Schweitzer charakteristischen Weise massiver, dramatischer, sensationeller, aber eben auch sehr viel prekärer und problematischer geworden. *Michaelis, Kümmel, Cullmann* haben übereinstimmend betont, daß eine solche Enttäuschung wiederum »*nirgends* in den Evangelien auch nur angedeutet ist«[702]. Sie besitzt »überhaupt keinen Anhaltspunkt in den Quellen«[703]. Über diese Annahme einer Enttäuschung Jesu ist in der Tat kein Wort mehr zu verlieren. Sie ist erdichtet.

»In dem Ringen mit der Tatsache des Ausbleibens des Reiches Gottes geht« Jesus nach Schweitzer »eine ganz neue Erkenntnis auf«[704], die des ihm allein bestimmten Leidens. Die vormessianische Drangsal soll nach Gottes Willen für die anderen außer Kraft gesetzt und auf ihn konzentriert werden[705]. Diese »Wendung« ist, wie *Flückiger* meint, »offensichtlich konstruiert, um den im ›Stürmerspruch‹ formulierten Gedanken auf Jesus selber übertragen zu können«[706]. Aus der (von Matthäus nicht berichteten) Rückkehr der Jünger und der (nicht berichteten) anläßlich jener Rückkehr in dem sich in die Einsamkeit zurückziehenden Jesus entstehenden Enttäuschung über das Ausbleiben derParusie leitet Schweitzer eine Wandlung im Denken Jesu ab, von der wir überhaupt nichts wissen und angesichts des Charakters der Quellen auch gar nichts wissen können. Diese entscheidende Wendung in der inneren Einstellung Jesu ist mithin ebenfalls reine Konstruktion. Im Hinblick auf das von Schweitzer überzeugend aufgedeckte Verfahren der früheren Leben-Jesu-Forschung, auf dem Wege psychologischer Konstruktion die eigenen Wunschbilder nachzuzeichnen, findet *Jeremias* es »geradezu tragisch«, daß Schweitzer »selbst dem Fehler der psychologischen Konstruktion erlag, wenn er unter Berufung auf Matthäus 10, 23 die Enttäuschung über das Ausbleiben des Endes für die große Wende im Leben Jesu erklärte, die ihn dazu veranlaßte, den Leidensweg auf sich zu nehmen, um auf diese Weise die Gottesherrschaft herbeizuzwingen«[707]. In allen synoptischen Texten steht, um noch einmal *Cullmann* anzuführen, »kein Wort davon«, »daß Jesus sich zurückgezogen habe *wegen der Parusieverzögerung*, ebensowenig, daß er durch seinen Tod das Reich Gottes im Zusammenhang mit dieser Verzögerung habe herbeizwingen wollen«[708]. Die große Wende im Denken und Leben Jesu ist also von Schweitzer nicht nur nicht erwiesen, sondern auch nicht einmal im geringsten wahrscheinlich

---

702 *Michaelis:* Enttäuschung, S. 229. Vgl. auch von dems.: Matthäus, T. 2, S. 96 f.
703 *Kümmel:* Verheißung, S. 56. — Vgl. auch *Cullmann:* Heil, S. 12. 194 f.
704 LD S. 31.
705 LJ S. 434.
706 *Flückiger:* Ursprung, S. 27.
707 *Jeremias:* Problem, S. 8.
708 *Cullmann:* Parusie, S. 420.

gemacht, vielmehr ausschließlich erdacht und selbst geradezu herbeigezwungen worden. Das bedeutet aber, daß der dritte Grundpfeiler, aus den drei Elementen Jüngerrückkehr, Enttäuschung und große innere Wende Jesu bestehend, nicht weniger hinfällig ist als die beiden vorher geprüften.

4. Jesus war nach Schweitzer bisher von der Voraussetzung ausgegangen, dem Kommen des Reiches müsse eine Zeit allgemeiner furchtbarer Leiden vorausgehen. Diese Voraussetzung stand freilich nicht absolut fest. »Mit der Möglichkeit, daß Gott in seiner Barmherzigkeit den Erwählten die vormessianische Drangsal erlassen könne, hat Jesus von jeher gerechnet. Im Vaterunser, das ein Gebet um das Kommen des Reiches Gottes ist, heißt er die Gläubigen darum bitten, daß Gott sie nicht in ›Versuchung‹ (πειρασμός) führe, sondern sie von dem ›Bösen‹ erlöse. Mit dieser Versuchung meint er nicht irgendein individuelles Versuchtwerden zur Sünde, sondern die Verfolgung, die unter Gottes Zulassung von dem ›Bösen‹, das heißt von dem Satan als dem Vertreter der widergöttlichen Mächte, am Ende der Tage über die Gläubigen gebracht werden soll.«[709] – »In dem Ringen mit der Tatsache des Ausbleibens des Reiches Gottes geht ihm dann die Erkenntnis auf, daß es erst kommen kann, wenn er, als der zukünftige Messias, durch sein Leiden und Sterben Sühne für die zum Reiche Erwählten geleistet und sie dadurch davon befreit habe, die vormessianische Drangsal durchmachen zu müssen.«[710] Auch diesen Leidensgedanken behandelt Jesus als ein Geheimnis, und zwar nimmt das Geheimnis des Leidensgedankens »das Geheimnis des Reiches Gottes wieder auf und setzt es fort. Zu der sittlichen Erneuerung, welche dem Geheimnis des Reiches Gottes zufolge auf das Eintreten des Reiches eine nötigende Gewalt ausübt, tritt die sühnende Todesleistung Jesu hinzu. Sie vollendet die Buße derer, die an das Kommen des Reiches glauben. Dadurch tritt Jesus den Gewalttätigen, die das Reich herbeinötigen, zur Seite. Die Gewalt, die er dabei anwendet, ist die denkbar höchste – er gibt sein Leben hin«[711]. In der Konzentration der Drangsal auf sich allein besteht also die ihm aufgegangene »ganz neue Erkenntnis«, die doch zugleich die Kontinuität in seiner Gedankenwelt wahrt. Das Leidensgeheimnis: seine Leidensgewißheit und der ihr entsprechende Leidensentschluß als Mittel zur Herbeiführung des Reiches bilden den vierten Grundpfeiler der Schweitzerschen Gesamtkonstruktion: Jesus geht nach Jerusalem, um zu sterben und dadurch den Anbruch des neuen Äons auszulösen.

Schweitzer bemerkt einmal mit Bezug auf eine seiner uns bereits bekannten Alternativen, »man könnte die Leben-Jesu danach einteilen, ob

---

709 LD S. 32.
710 S. 31 f.
711 ML S. 33.

sie Jesum nach Jerusalem ziehen lassen, um dort zu wirken oder zu sterben«[712]. Die historisch-kritische Sicht neigt im allgemeinen dazu, nicht von vornherein mit einem Todesentschluß Jesu zu rechnen, sondern das Betreten der Leidensbahn durch äußere Widerstände verursacht zu denken. Für Holtzmann oder Weizsäcker etwa war dies ausgemacht. Schweitzer behauptet dagegen, daß die Todesnotwendigkeit hier keine geschichtliche, sondern eine dogmatische, im Bewußtsein Jesu begründete sei, wie nach seiner Ansicht auch Jesu frühere Ankündigung von Verfolgungen für seine Jünger nicht durch die reale Situation, sondern sozusagen ideologisch bedingt war, d.h. dem Geheimnis des Reiches entsprach.

Schweitzers Identifizierung der dogmatischen Anschauungsweise mit der Geschichte selbst, die Annahme einer Produktion des Geschehens aus dogmatischen Vorstellungen Jesu heraus, erreicht an dieser Stelle ihren Höhepunkt. So tritt die konsequent-eschatologische Auffassung hier in totalen Gegensatz zur üblichen historisch-kritischen Betrachtung. Während die Forschung zur Zeit der Anfänge Schweitzers immerhin vielfach die Aufnahme des Leidensgedankens in die Messiaserwartung Jesus selbst zuzuschreiben bereit war[713], äußert *Holtzmann* sich in diesem Punkte wie gesagt schon eindeutig entgegengesetzt: »Die ältere, auf Übertragung paulinischer und johanneischer Gedankenreihen in das Bewußtsein Jesu beruhende Anschauung, welche die Notwendigkeit des Todes einfach aus dem messianischen Beruf selbst ableitete«, ist »falsch, d. h. durchaus ungeschichtlich.«[714] — »Eine göttliche Notwendigkeit ergab sich für ihn nicht unmittelbar aus dem gewollten Messiasberuf, sondern nur mittelbar aus den Umständen.«[715] Wenn es sich aber so verhält, so kann das Leiden und Sterben Jesu kein einzigartiges Geheimnis bilden, zu dem es Schweitzer macht. Dann steht es vielmehr grundsätzlich auf einer Ebene mit dem Geschick aller der Menschen, die der von ihnen vertretenen Sache bis zur letzten Konsequenz treu geblieben sind. Es gehört deshalb allein zum Leben Jesu, nicht in seine Predigt.

Was es mit dem Leidensgedanken Jesu in den evangelischen Berichten auf sich hat, zeigt sich besonders an den Leidensweissagungen. In ihnen, erklärt *Bultmann*, »ist freilich der jüdische Messias-Menschensohn-Begriff umgeprägt — oder besser: eigentümlich bereichert worden, sofern das Judentum die Vorstellung eines leidenden, sterbenden und auferstehenden Messias oder ›Menschensohnes‹ nicht kannte. Aber diese Neuprägung des Begriffes ist nicht von Jesus selbst, sondern von der Gemeinde ex eventu vorgenommen worden«[716]. *Cullmann* beanstandet allerdings, daß

---

712 LJ S. 437.

713 Noch *Knopf-Weinel* (Einführung, 1. Aufl., S. 269; 5. Aufl., S. 304) urteilen: »Die Aufnahme des Leidensgedankens in die Messiaserwartung ist Jesu eigene persönliche Erfahrung gewesen.«

714 *H. J. Holtzmann:* Lehrbuch, Bd. 1, S. 357.

715 ebd.

716 *Bultmann:* Theologie, S. 32.

»R. Bultmann glaubt, in seiner Theologie des Neuen Testaments diese Frage mit einem einzigen Satz abtun zu können: ›Kann ein Zweifel daran sein, daß sie (die Leidensweissagungen) alle vaticinia ex eventu sind?‹«[717] Indem Bultmann seine Argumentation in diesem Falle auf eine bloße Frage beschränkt und sich jede weitere Begründung erspart, dürfte jedoch die Lage wirklich besonders scharf gekennzeichnet werden. Im übrigen läßt sich die vermißte Begründung leicht mit einem einzigen Satz nachliefern, wie ihn *E. Schweizer* dafür gibt, daß die Leidensankündigungen »in dieser Form nicht auf Jesus zurückgehen können«: »Nicht nur sind viele Einzelheiten des tatsächlichen Ablaufs in oft stereotyper Form aufgeführt; es wäre vor allem das völlige Unverständnis der Jünger dem Geschehen in Jerusalem gegenüber unbegreiflich, hätte Jesus jenes so genau vorausgesagt.«[718] Es kann also in der Tat kaum ein Zweifel sein.

Dabei soll ein beschränktes Recht der Gegenargumentation nicht verkannt werden. Nach *Jeremias* spricht »stärkste Wahrscheinlichkeit« dafür, daß Jesus mit seinem gewaltsamen Tode gerechnet hat. Die Situation war so, daß er mit einer Anklage wegen Blasphemie und Sabbatbruchs rechnen mußte, für welche Verbrechen die Steinigung angedroht war. Aber auch die Geschichte mußte einen ungünstigen Ausgang seines Wirkens in Betracht ziehen lassen, hatte er doch das Märtyrerschicksal früherer Propheten vor Augen, und namentlich das Ende des Täufers »deutete ihm sein Schicksal voraus«[719]. Indessen, diese historische Möglichkeit bzw. Wahrscheinlichkeit von Erwägungen Jesu über sein zukünftiges Schicksal ist eine Sache, die evangelischen Leidensweissagungen sind eine ganz andere. Deren Geschichtlichkeit läßt sich nicht damit verteidigen, wie *Conzelmann* bemerkt, daß man sagt, »Jesus habe einen kommenden Zusammenstoß auf Tod und Leben voraussehen müssen. Denn diese Worte sprechen nicht eine scharfsichtige Analyse der Lage aus, sondern eine göttliche Notwendigkeit des Leidens. D. h. sie enthalten bereits die Deutung der Passion von Ostern her«[720]. — »Daß Jesus mit seinem frühen Tod gerechnet« hat, mag als »sehr wahrscheinlich angenommen werden« können[721] — darum geht es gar nicht in jenen Weissagungen. Schon *Jülicher* hat seinerzeit gegen Wrede zu bedenken gegeben, man könne die Leidensweissagungen Mk. 8—10 »als Gebilde des Evangelisten anerkennen« und brauche doch »auf die Überlieferung, daß Jesus seinen Tod vorausgesehen, meinetwegen vorhergeahnt hat, nicht zu verzichten«[722]. Schweitzer verschmäht mit Recht diesen vom entscheidenden Punkt abführenden Kompromiß und erklärt Ahnungen für eine moderne

[717] *Cullmann:* Christologie, S. 59; Bultmann: Theologie, S. 31.
[718] *Schweizer:* Menschensohn, S. 195.
[719] *Jeremias:* παῖς θεοῦ, S. 710 f.
[720] *Conzelmann:* Jesus, Sp. 630.
[721] *Lohse:* Märtyrer, S. 117.
[722] *Jülicher:* Linien, S. 28.

Erfindung. In jenen feierlichen Leidensweissagungen ist eben nicht ein Ahnen oder gewöhnliches menschliches Voraussehen seines Todes bzw. ein Mit-ihm-rechnen-können gemeint, sondern eine geheimnisvolle höhere Notwendigkeit, das intensive »Muß« (δεῖ). Nur daran kann Schweitzer gelegen sein, und diese Dogmatik der höheren Notwendigkeit Jesus zuzuschreiben, ist eben nicht möglich, denn die Leidensweissagungen »setzen die Passions- und Ostergeschichte bis ins Detail voraus« *(Bornkamm*[723]*)*, d. h. sie sind durchaus von der Gemeinde geprägt und ganz unabhängig von der möglichen und mehr oder weniger wahrscheinlichen Voraussicht seines Schicksals durch Jesus.

Diese Beurteilung ist nicht lediglich in einer allgemein-methodologischen Voraussetzung begründet, es gibt auch ein gewichtiges literarisches Argument gegen die Leidensweissagungen im Munde Jesu: den Umstand, daß der Leidensgedanke in der Spruchquelle nicht vorkommt, also der darin enthaltenen ältesten Schicht der Überlieferung[724] offenbar noch nicht angehört hat. Freilich muß man sich darüber im klaren sein, daß das argumentum ex silentio in diesem Punkte nicht absolut beweisend ist[725]. Schon im Hinblick auf das Fehlen eines ausdrücklichen Naherwartungswortes in der Spruchquelle (Stauffer) betont *Kümmel*: »Die Tatsache, daß eine Vorstellung etwa in der Redenquelle (Q) fehlt, kann nicht beweisen, daß diese Vorstellung zur Zeit der Abfassung dieser Quelle noch nicht existiert, da keine unserer Quellen den Charakter eines Kompendiums hat«[726], und dementsprechend hält er es auch für unseren jetzigen Zusammenhang (gegen Bornkamm und Tödt) für fraglich, »ob das Fehlen einer Ankündigung des Leidens Jesu und einer irgendwie gearteten Leidensgeschichte dahin gedeutet werden darf, daß Q das Passionskerygma *noch nicht* voraussetze.«[727] Jedoch ist die Lage in beiden Fällen nicht dieselbe. Bezüglich der Naherwartung gab es keinen ernsthaften Grund, der die Annahme eines späteren erstmaligen Aufkommens dieses zentralen Motivs rechtfertigen würde. Es ist auch leicht denkbar, daß manche Sprüche, welche die Naherwartung allzu unmittelbar zum Inhalt hatten, wegen ihres Nichteintreffens später beiseite gelassen worden sind. *Bultmann* hält es jedenfalls, wie schon früher erwähnt, für »möglich, daß in der Verkündigung Jesu die eschatologische Botschaft vom kommenden Menschensohn eine viel größere Rolle gespielt hat«, »als es jetzt in der synoptischen Überlieferung der Fall ist«[728]. Beim

---

723 *Bornkamm:* Jesus, S. 207.

724 Während die Frage, ob Q oder die von Mk. benutzte Tradition als älter anzusehen sei, vielfach offengelassen wird (z. B. *Bultmann:* Erforschung, S. 9), nennt *Stauffer* (Jesus, S. 117), die Logienquelle »höchstwahrscheinlich das älteste Buch der Christenheit«. *Schulz* formuliert vorsichtig, aber vielsagend, »daß die älteren Q-Stoffe die älteste Traditionsschicht im Urchristentum überhaupt widerspiegeln« (Frage, S. 38).

725 Vgl. *Kümmel:* Einleitung, S. 39.

726 *Kümmel:* Eschatologie, 1958, S. 358.

727 *Kümmel:* Einleitung, S. 39.

728 *Bultmann:* Erforschung, S. 13.

Leidensgedanken in dem bestimmten, dichten Sinne der Weissagungen liegt es aber umgekehrt. Sein Vorkommen im Munde Jesu ist überaus verdächtig, seine Entstehung in der nachösterlichen Gemeinde außerordentlich wahrscheinlich. Sein Fehlen in der Spruchquelle wiegt deshalb unvergleichlich schwerer. Es sieht in der Tat ganz danach aus, daß die Spruchquelle das Passionskerygma wirklich noch nicht voraussetzt und »von einer anderen theologischen Konzeption geprägt«, von einem anderen Hauptmotiv bestimmt ist, eben »dem Kommen der Herrschaft Gottes und dem Eingang in das Reich« *(Bornkamm*[729]*)*. »Das Urchristentum« — so zieht neuerdings *Schulz* das Fazit aus dem Befund der traditionsgeschichtlichen Forschung — »war keineswegs und in allen seinen Teilen vom Passionskerygma als dem Evangelium bestimmt.«[730] Ein gewisser Kreis scheint verhältnismäßig lange noch völlig unberührt von ihm gewesen zu sein. Damit wird zwar nicht ausgeschlossen, daß es daneben längst Gemeinden gegeben hat, in denen das Passionskerygma im Mittelpunkt stand und daß auch »Aussagen über das Leiden des Menschensohnes in sehr frühe palästinensische Traditionsschichten« »zurückreichen«[731]. Wenn *Goppelt* aber hinzufügt, »möglicherweise auf Jesus selbst«, so bezeichnet dieses »möglicherweise« doch eigentlich nur die Differenz, die das sehr Unwahrscheinliche vom ganz Unmöglichen trennt. Welcher Wert sollte dieser theoretischen Möglichkeit noch zukommen, wenn für die Darstellung der Passionsgeschichte schon auf der vormarkinischen Stufe »die durchgehende und ganze Szenen nicht nur gestaltende, sondern auch produzierende christologische Dogmatik« das »Hauptmotiv« ist *(Conzelmann*[732]*)*, und wie will man die Existenz einer ohne jedes Passionskerygma bestehenden »Q-Gemeinde« (Schulz) erklären, wenn Jesus selbst seine Passion vorausgesagt und in den Mittelpunkt gestellt haben sollte? Das Gegenteil dürfte, wie sich nicht bestreiten lassen wird, um ein Vielfaches wahrscheinlicher sein. Wo *Schulz* auf die Frage nach dem historischen Jesus zu sprechen kommt, ist denn auch vom Passionskerygma mit keinem Wort die Rede[733, 734].

Wie wenig sich positiv über Jesu Verhältnis zu seinem Tode aussagen läßt, hat mit besonderem Nachdruck *Bultmann* ausgeführt. Er schließt hierbei, wie schon an anderer Stelle bemerkt, an seinen Lehrer *Wilhelm Herrmann* an, der zuletzt eingesehen hatte: »Nicht einmal das ist« mit den Mitteln der historischen Forschung »sicher zu entscheiden, ob in dem Kreuzestode uns der siegende Wille des Erlösers erscheint oder ob das

---

729 *Bornkamm:* Evangelien, S. 759.
730 *Schulz:* Spruchquelle, S. 486.
731 *Goppelt:* Menschensohn, S. 24.
732 *Conzelmann:* Historie, S. 41.
733 *Schulz:* Frage, S. 40.
734 *Tödt* (Menschensohn, S. 133 f.) findet es offenbar mit Recht »unverständlich, wie innerhalb der synoptischen Tradition die Spruchgruppen vom kommenden und vom leidenden Menschensohn so streng geschieden bleiben konnten, wenn Jesus selbst der Urheber der Grundworte in beiden Gruppen gewesen wäre«.

ein Schicksalsschlag war, der einen uns im wesentlichen unbekannten Menschen getroffen hat.«[735] Sein Schüler spricht es dann wie gesagt klipp und klar aus, »daß wir nicht wissen können, wie Jesus sein Ende, seinen Tod verstanden hat«[736]. *Bultmann* findet es »symptomatisch, daß so gut wie allgemein angenommen wird, Jesus sei bewußt in Leiden und Tod gegangen und habe diesen als den organischen bzw. notwendigen Abschluß seines Wirkens verstanden«[737], und er fragt demgegenüber: »Aber woher wissen wir das, wenn die Leidensweissagungen von der kritischen Forschung als vaticinia ex eventu verstanden werden müssen?«[738] Sicher ist nur, daß Jesus »den Tod eines politischen Verbrechers erlitten hat«. Schwerlich »kann diese Hinrichtung als die innerlich notwendige Konsequenz seines Wirkens verstanden werden; sie geschah vielmehr auf Grund eines Mißverständnisses seines Wirkens als eines politischen. Sie wäre dann — historisch gesprochen — ein sinnloses Schicksal. Ob oder wie Jesus in ihm einen Sinn gefunden hat, können wir nicht wissen«[739]. Ja, Bultmann erspart dem Leser wirklich nichts, wenn er die Erörterung des Verhältnisses Jesu zu seinem Tod mit dem Satze abschließt: »Die Möglichkeit, daß er zusammengebrochen ist, darf man sich nicht verschleiern.« Und wie immer es sich hiermit verhalten mag, die Deutung der Katastrophe im Sinne eines »Mysteriums des sühnenden Opfertodes« weist selbst ein Bultmann so fernstehender Theologe wie *Althaus* der Ostererfahrung der ersten Christen zu. »Jesus selber hatte davon noch nicht geredet, kaum Andeutungen gemacht.«[740, 741]

Wie weit ist es von dieser Sicht der gegenwärtigen Forschung zu Schweitzers mit größter Bestimmtheit vorgetragenen Lösung! Die Weise, wie Schweitzer die so verschiedenartigen Menschensohnsprüche, ohne lange zu fackeln, auf einer Ebene aufträgt und die Logien vom Menschensohn, der leiden muß und auferstehen wird, als authentisch in seine Theorie einsetzt, so als ob es hier gar keine Fragen gäbe — die er doch so gut kennt! —, wie er also alle diese Worte als bare Münze nimmt, ohne einen Blick auf ihre Echtheit oder Unechtheit, auf die ganze hier

---

735 *Herrmann:* Ethik, S. 99.
736 *Bultmann:* Verhältnis, S. 11.
737 S. 11 f.
738 S. 12.
739 ebd.
740 *Althaus:* Evangelium, S. 21.
741 Vielleicht zu weit gegangen ist *Bultmann* lediglich mit der Ansetzung der Leidens- und Auferstehungsweissagungen in der hellenistischen Zeit. Nach *Tödt* entstammt wenigstens die zweite Leidensweissagung (Mk. 9, 31) »eindeutig dem palästinensischen Raum« (Menschensohn, S. 186). Auch das Wort, daß der Menschensohn nicht gekommen ist, sich dienen zu lassen, sondern zu dienen und sein Leben als Lösegeld (λύτρον) für viele zu geben (Mk. 10, 45), wird von *Jeremias* (Lösegeld, S. 258 ff.) und *Lohse* (Märtyrer, S. 117) für palästinensisch gehalten. Über die Zugehörigkeit zur »ältesten Überlieferung der Herrenworte« und die Feststellung, daß es »eindeutig palästinensischen Charakter trägt«, geht Lohse nicht hinaus, und auch Jeremias gibt zu, »nicht einen zwingenden Echtheitsbeweis geführt«, d. h. es nicht als authentisches Wort Jesu erwiesen zu haben (S. 262).

vorliegende historische Problematik zu werfen, will uns heute fast unbegreiflich erscheinen. Nur die beispiellose Vernachlässigung der literarischen Verhältnisse ermöglicht es ihm, seine eigenwillige These »dogmatisch, darum historisch« auch hier durchzuführen. Als überaus wahrscheinlich hat nach allem das Gegenteil zu gelten, d. h. daß es nach wie vor Schweitzer auch in diesem Punkte bei dem Urteil bleiben muß: Dogmatisch (in den synoptischen Berichten), darum *un*historisch.

Es ist nützlich, sich die Stellung Schweitzers in der Entwicklung der wissenschaftlichen Lage durch einen Vergleich klarzumachen. Im Jahr des Erscheinens seiner »Skizze«, welche die erste Ausführung seiner Jesustheorie enthält, veröffentlichte *G. Hollmann* eine Untersuchung über »Die Bedeutung des Todes Jesu«, die grundsätzlich historisch-kritisch vorgeht, aber nach Art der damals üblichen Betrachtung vielerlei als historisch glaubhaft halten zu können meint, was inzwischen längst aufgegeben worden ist. Die Darstellung der Synoptiker, als ob Jesus seinen Tod von Anfang an vorausgesehen habe, ist danach zwar in einem mitwirkenden dogmatischen Interesse begründet, aber es soll immerhin feststehen, daß Jesus, wenn auch nicht von Anfang an, so doch »seit dem Ende seiner galiläischen Wirksamkeit zu den Seinen über seinen Tod geredet hat«[742]. Jesus wurde »durch die Erfahrungen seines Lebens zur Aufnahme des Todesgedankens geführt«[743]. Er »hat seinen Tod nicht nur geahnt«, sondern »als unvermeidlich erkannt«[744]. Die Hinweise Jesu auf die Erfüllung der Schrift in seinen letzten Schicksalen sind allerdings schwerlich authentisch[745]. Dagegen werden die Messiasdeklaration zu Caesarea Philippi und die erste Leidensweissagung als geschichtlich genommen[746]. Was die übrigen Leidensweissagungen betrifft, so steht angeblich wiederum fest, daß Jesus noch mehrfach auf seinen Untergang hingewiesen hat. Andererseits bot sich hier für die »weiterbildende Tätigkeit ein weites Feld«[747]. Diesem überall einen mittleren Kurs steuernden Verfahren entspricht auch das Hauptergebnis der Untersuchung: Jesus hat seinen Tod nicht als Sühne angesehen, wohl aber hat er ihm eine besondere Bedeutung zugeschrieben: er sollte die Metanoia bewirken[748] und dadurch vielen bisher Ungläubigen Heil bringen[749]. In der schon genannten ziemlich genau 50 Jahre später vorgenommenen Untersuchung über den Sühnetod Jesu Christi in der urchristlichen Verkündigung von *E. Lohse* bleibt von einer solchen überall im Zeichen der Halbheit stehenden Konstruktion radikal nichts übrig. Da alle in Betracht kommenden Worte »ausnahmslos vom Kerygma der Gemeinde her gestaltet«,

742 *Hollmann:* Bedeutung, S. 15.
743 S. 28.
744 S. 31.
745 S. 61.
746 S. 10 f.
747 S. 29.
748 S. 118.
749 S. 125.

Jesus in den Mund gelegt sind, »kann von ihnen aus die Frage, welche Bedeutung der historische Jesus seinem bevorstehenden Tode beigemessen hat, nicht mehr sicher beantwortet werden«[750]. Daß der Sühnegedanke nicht auf Jesus selbst zurückgeht, wird von Lohse nicht ausdrücklich ausgesprochen, liegt aber mehr als nahe. Ungefähr zu derselben Zeit, als diese Untersuchung entstand, machte sich Schweitzer an seine letzte neutestamentliche Arbeit[751], in der er seine bis dahin vertretene Anschauung vom Sühnetod Jesu zurücknimmt, genau 50 Jahre also, nachdem Hollmann diese Erkenntnis schon erreicht hatte[752]. Sieht man sich die von Schweitzer vorgenommene Selbstkorrektur näher an, so wird deutlich, daß er nicht durch die wissenschaftliche Entwicklung um ihn herum zur Änderung seiner Ansicht gebracht worden ist. Die von Lohse beschriebene Sachlage wird auch nicht mit einem einzigen Wort erwähnt, die einschlägigen Aussprüche Jesu gelten Schweitzer noch als genau so historisch wie in seiner ersten Leben-Jesu-Schrift vor einem halben Jahrhundert. Vielmehr ist er in einem endogenen Prozeß der Reflexion folgerichtig zu einer Fortentwicklung bzw. Ablehnung seiner früheren Ansicht in diesem einen Punkte gelangt. Der Sühnegedanke, ihm persönlich ohnehin fernliegend, erscheint für seine Jesustheorie nicht durchaus notwendig und wird nunmehr ausgeschieden. In der Tat wird das Jesusbild dadurch noch konsequenter, noch Schweitzerscher, d. h. aber auch: noch mehr isoliert. Völlig einsam steht es nun da, ohne Kontakt mit der zeitgenössischen Forschung, die überwiegend nicht nur den Sühnegedanken, sondern auch die Leidensweissagungen mit ihrem dogmatischen Hintergrund in der Gemeindetheologie begründet sieht.

Was als historisch übrigbleibt von der Passionsgeschichte, formuliert kurz und knapp und karg *Conzelmann*: »Der Umfang dessen, was wir als sicheren Tatbestand feststellen können, ist minimal. Das gesicherte Kern-Faktum ist, daß Jesus gekreuzigt wurde. Daraus kann geschlossen werden, daß man ihn verhaftete und daß ein Gerichtsverfahren erfolgte.« — »Alles übrige am Ablauf der Ereignisse ist strittig. Einig ist man sich aber darüber, daß die Leidensgeschichte, wie wir sie lesen, von intensiver theologischer Deutung ist.«[753] Und wer immer noch meinen sollte, daß

---

[750] *Lohse:* Märtyrer, S. 116.
[751] RG S. V.
[752] Bezeichnend ist, daß Schweitzer trotz seines schließlichen Verzichts auf den Sühnetod immer noch Jesus den leidenden Knecht aus Jes. 53 auf sich beziehen läßt (RG S. 142), und zwar so, als ob dies völlig selbstverständlich sei, während schon für *Hollmann* »der tatsächliche Befund der Berichte nirgends einen Beweis« enthält, »daß der Ebed Jahwe in dem Selbstbewußtsein Jesu eine hervorragende Rolle gespielt hat« (Bedeutung, S. 86). Allerdings stehen sich die Ansichten hier auch heute noch schroff gegenüber — einerseits *Bultmann* (Theologie, S. 32), *Bornkamm* (Jesus, S. 205), *F. Hahn* (Hoheitstitel, S. 63 ff.), andererseits *Cullmann* (Christologie, S.67), *Jeremias* (παῖς θεοῦ, S. 710 ff.). Als Beobachter des Kampfgeländes erhält man den Eindruck, daß die Einbeziehung von Jes. 53 in das Selbstbewußtsein Jesu eine Stellung darstellt, die von den kämpfenden Truppen überrollt worden ist, so daß hier gut ausgerüstete tapfere Verbände in einem Kessel hinter der Hauptfront hinhaltenden Widerstand leisten.
[753] *Conzelmann:* Bedeutung, S. 37 f.

dieser Sachverhalt den geschichtlichen Charakter des Berichteten nicht völlig ausschließe, dem wird noch klipp und klar gesagt, »daß man sich den Gesamtablauf der Passionsgeschichte, so wie ihn die Evangelisten darstellen, nicht wohl als historisch vorstellen kann«[754]. Schweitzer und die heutige Jesusforschung sind, wie man sieht, auch hier durch einen Erddurchmesser voneinander getrennt.

Zu der Ungeschichtlichkeit des dogmatischen Leidensgedankens im Munde Jesu kommt ein zweiter schwerwiegender Einwand: die Jesus von Schweitzer zugeschriebene Gleichsetzung des Leidens mit der eschatologischen Drangsal, ungeachtet des Umstandes, daß, wie *Flückiger* ausführt, »die Drangsal nach allen Zeugnissen, auch nach Jesu eigenen Worten, stets als eine allgemeine kosmische Katastrophe vorgestellt worden ist, nie als das Leiden eines Einzigen«[755]. Diese Schwierigkeit wird von Schweitzer dadurch behoben, daß er »annimmt, Jesus sei damals zugleich auch zur Überzeugung gekommen, Gott habe ›in betreff der Drangsal anders beschlossen‹, indem er nämlich von diesem Zeitpunkt an die Drangsal nicht mehr allen Menschen auferlegt habe, sondern nur noch Jesus allein«[756]. Wiederum eine reine Konstruktion, wenn auch eine gut berechnete! »Durch solche Kombinationen wird« nach *Flückiger*s treffender Bemerkung »die Todesankündigung Jesu mit der behaupteten Absicht, das Reich herbeizuzwingen, in Einklang gebracht.« — »Da die Drangsal« »zwangsläufig die Weltkatastrophe nach sich ziehe«, hat Jesus in der Sicht Schweitzers »gemeint, er würde auf dem Umwege über das Erleiden der Drangsal auch das Reich herbeizwingen.«[757] In Wahrheit enthalten die in den Evangelien begegnenden Leidensweissagungen Jesu nicht den mindesten Anklang an die Drangsal, wie umgekehrt in der sogenannten synoptischen Apokalypse jede Bezugnahme auf das Leiden Jesu fehlt[758] und die Drangsal als eine allgemeine Notzeit im Sinne der Apokalyptik vorgestellt wird. Jedenfalls ist zu betonen, daß »sich keine einzige Stelle findet, weder in den Evangelien noch in der doch sonst für maßgeblich erachteten spätjüdischen Apokalyptik, welche erlaubte, die Drangsal als Sühneleistung zu verstehen«[759]. Wenn Schweitzer in seinem unvollendeten Alterswerk vom Sühnetod Jesu abrückt, so ist doch diese Änderung seiner Position für das Ganze seiner Konstruktion nicht von erheblicher Bedeutung; denn nach wie vor läßt er Jesus seine Hingabe »als eine Leistung, aufgrund deren die vormessianische Drangsal ausfallen soll«[760], denken, und von dieser Leistung gilt dasselbe wie das soeben von der Sühneleistung Gesagte: ihre Identifikation mit der Drangsal ist neutestamentlich oder spätjüdisch wohl kaum zu begründen.

---

754 S. 38.
755 *Flückiger:* Ursprung, S. 27.
756 ebd.
757 ebd.
758 S. 30. 29.
759 S. 33.
760 RG S. 142.

Über die Identifizierung seiner »natürlichen Hinrichtung mit der geweissagten vormessianischen Drangsal« hat wiederum schon *Wernle* seinerzeit geurteilt: »Kein Wort davon im Text.«[761] Sie verbietet sich in jeder Hinsicht.

Damit nicht genug, muß in diesem Zusammenhang noch ein weiteres Quidproquo beanstandet werden, das schon beim Erscheinen der »Skizze« vom Rezensenten in der Theologischen Literaturzeitung, *G. Hollmann*, dem kürzlich angeführten Autor, und später wohl kaum je wieder so klar formuliert worden ist: »Die geheimnisvolle kausale Verbindung«, die nach Schweitzer »zwischen Eschatologie und Leidensgedanke besteht, ist in den Texten nicht angedeutet. Wir haben stets nur den Ausblick auf das Ende, nicht ›eine kausale Verbindung zwischen dem Leiden und dem Eintreten des Reiches‹.«[762] In jüngster Zeit hat noch besonders *A. Strobel* darauf hingewiesen, daß die Annahme, Jesus habe durch seinen Tod das Reich herbeizwingen wollen, durch das Zeugnis der Evangelien nicht gedeckt wird, insofern nämlich diese »der kreatürlichen Todesangst Jesu mehrfach offen und ungeschminkt Ausdruck verleihen. Die Passionsgeschichte müßte bei einem auch nur ansatzweisen Recht der Hypothese A. Schweitzers ganz anders aussehen. Jesu Haltung vor Gericht ist nicht die des aktivzelotischen Selbstmörders«[763]. Der zuletzt berührte Gesichtspunkt ist auch schon von *Flückiger* in die Diskussion einbezogen worden: Wenn Jesus »die Absicht gehabt hätte, seinen Tod zu provozieren, dann hätte er zuallererst das Messiasgeheimnis öffentlich kundgeben müssen«[764]. Es verhält sich jedoch so, »daß auch nach Schweitzers eigener Darstellung gar nicht eine« »Provokation Anlaß zu seiner Gefangennahme und Verurteilung gegeben hat«, eine Provokation, die Schweitzer andererseits im ganzen allerdings behauptet und für entscheidend wichtig hält. Wie es wirklich gewesen ist, werden wir nie erfahren, aber eine von außen hereinbrechende Katastrophe dürfte jedenfalls weitaus wahrscheinlicher sein als jenes sehr künstlich anmutende von Jesus vorausgesehene, vorausgesagte, bewußt und absichtlich herbeigeführte Leiden, das dem urchristlichen Glauben entsprechend die Darstellung unserer Evangelien beherrscht und von Schweitzer als Geschichte ausgegeben wird.

So hat sich auch der vierte Grundpfeiler als brüchig erwiesen. Der Ursprung der Leidensweissagungen im Denken der Gemeinde, die Einsicht in die unmögliche Gleichsetzung des individuellen Leidens Jesu mit der eschatologischen Drangsal und die nichtbestehende Kausalverbindung zwischen Leidensleistung und Anbrechen des Reiches machen diesen Pfeiler dreifach untauglich. Dabei würde schon eines der dargelegten Argumente ausreichen, um seine Brüchigkeit deutlich werden zu lassen. Selbst wenn man also den Leidensgedanken Jesus selbst zusprechen wollte, so

---

761 *Wernle:* Rezension, 1906, Sp. 504.
762 *Hollmann:* Rezension, S. 468. – ML S. 33.
763 *Strobel:* Kerygma, S. 43. Vgl. auch S. 142 f.
764 *Flückiger:* Ursprung, S. 34.

würde sich an der mangelnden Tragfähigkeit dieser Hauptstütze nichts ändern, da ihre beiden anderen Elemente auf jeden Fall ausschließlich negativ zu beurteilen sind.

Der junge Schweitzer hatte in seiner »Skizze« vier Grundpfeiler des »modern-historischen« Lösungsversuches untersucht und behauptet: »Mit ihnen stürzt der ganze Bau zusammen.«[765] Man kann nicht umhin, ihm diese Feststellung zurückzugeben. Mit den im vorliegenden Abschnitt freigelegten und auf ihre Tragfähigkeit geprüften vier Pfeilern der Schweitzerschen Leben-Jesu-Theorie ist seinem eigenen Lösungsversuch jeder Halt genommen.

6. Das Statusproblem, insbesondere die Davidssohnfrage

Es bleibt an dieser Stelle noch ein Punkt zu besprechen übrig. Wenn Schweitzers Konstruktion des Auftretens Jesu in seinem hauptsächlichen Verlauf und entscheidenden Sinn nicht annehmbar war, weil sie mit einer Reihe von glaubensmäßigen Voraussetzungen, Motiven und Entschlüssen seines Wirkens rechnet, die der Nachprüfung nicht standhalten, so könnte seine Auffassung doch möglicherweise geeignet sein, Jesu Denken über sein Verhältnis zu Gott und den Menschen im allgemeinen, den für sein Selbstbewußtsein bestehenden charakteristischen Status seiner Person uns zu erschließen. Trotz der früher schon erwähnten Vorbehalte ist hier also noch einmal eingehender zu fragen, ob oder inwieweit wenigstens Schweitzers Theorie dieses Selbstbewußtseins haltbar erscheint, mit der er nicht ganz allein steht — in den Grundzügen ist sie vor ihm von *Johannes Weiß* und nach ihm von *Rudolf Otto*, in etwa auch von *Schniewind* vertreten worden: jenes eigentümliche »Doppelbewußtsein« *(Tödt)*, der Menschensohn nicht zu sein, aber der Menschensohn nach Leiden und Auferstehung demnächst zu werden, also zum Menschensohn ausersehen zu sein. Indessen bestehen auch in dieser Beziehung große Schwierigkeiten. Vor allem diese: die Ansicht, »daß Jesus vor der Öffentlichkeit vom Menschensohn wie von einem Anderen, vor den Eingeweihten aber von sich selbst als dem Menschensohn sprach, ist«, wie *Tödt* bemerkt, »nicht zu begründen; denn die Worte vom Erdenwirken des Menschensohnes« (im Unterschied von denen, die von dem in Zukunft kommenden Menschensohn reden), z. B. Mt. 8, 20: »Der Menschensohn hat nicht, wo er das Haupt betten kann«, der Spruch vom Menschensohn, der ißt und trinkt (Mt. 11, 19), die Stelle Mt. 12, 32 (ein Wort gegen den Menschensohn wird vergeben), solche Worte »fallen durchweg nicht (wie die Worte vom Leiden) unter die Stoffe der intimen Jüngerbelehrung nach dem Petrusbekenntnis«[766]. Es ist auch unverkenn-

[765] ML S. 12.
[766] *Tödt:* Menschensohn, S. 116, Anm. 38.

bar, daß Schweitzer, dem der apokalyptische Menschensohn ganz und gar im Vordergrund steht, durch die genannten Gegenwartsstellen ein wenig in Verlegenheit gebracht wird[767]. Wieder einmal zeigt sich damit, daß eine zunächst recht ansprechende Schweitzersche These mit dem Textbefund nicht wirklich übereinstimmt. Und was das Leiden des Menschensohns betrifft, so weist auch Tödt auf das besprochene Fehlen dieser Worte in der Logienquelle hin, so daß Schweitzers Lösung des Menschensohnproblems, deren »bestechende Einfachheit und Klarheit« gerade dieser Autor hervorhebt, doch schon daran scheitert[768]. So ist auch hier festzustellen: »Schweitzer setzt sich zugunsten einer spekulativen Rekonstruktion des Wirkens Jesu nach der angeblich konsequent-eschatologischen Logik über den traditionsgeschichtlichen Befund hinweg.«[769]

Dazu kommt noch ein Einwand ganz anderer Art, den *Bultmann* erhebt. »Daß Jesus angenommen habe, er werde dereinst zum Menschensohn *werden*«, findet er »zu phantastisch.«[770] Die Annahme der Verwandlung eines Menschen in den überirdischen Messias — »solche Phantastik mit ihren Konsequenzen« scheint ihm »durch die Tradition der Herrenworte nicht gerechtfertigt zu sein«[771]. Wieviel an Phantastik jener Zeit zumutbar war, wird sich freilich mit letzter Gewißheit nicht sagen lassen, aber es ist immerhin beachtenswert, daß Bultmann so entschieden davon abrückt und den Eindruck des Phantastischen in die negative Waagschale legt. Das angeführte Urteil äußert er im Zusammenhang seiner Behandlung der Davidssohnfrage. Schweitzers Deutung dieser Frage, die gewissermaßen die Probe aufs Exempel ist, wenden wir uns nunmehr zu.

Schweitzer bezeichnet die Frage Jesu, wie der Christus Davids Sohn sein könne, wenn David ihn doch (in Ps. 110) seinen Herrn nennt (Mk. 12, 35—37) als »Vexierfrage«[772], die Jesus »aus dem Bewußtsein seiner eigenen Abstammung heraus aufwerfen« konnte[773]. »Die Lösung des Rätsels ist« nach Schweitzer »die, daß der Messias in seiner irdischen Existenz dem David als sein Nachkomme untergeordnet ist, im kommenden Reiche aber als der Messias über ihm steht.«[774] Eine derartige Lösung scheint sehr plausibel zu sein und paßt ausgezeichnet in Schweitzers Gesamtanschauung hinein. Tatsächlich ist jedoch diese Frage, die ja von seiten Jesu eine Frage bleibt, d. h. von ihm nicht beantwortet wird, dazu

---

767 LJ S. 273 f.
768 *Tödt*: Menschensohn, S. 133, Anm. 8.
769 ebd.
770 *Bultmann:* Tradition, S. 145.
771 *Bultmann,* S. 145, Anm. 2. — Vgl.: Theologie, S. 30.
772 »Vexierfrage an die Pharisäer« (LJ S. 393), was nicht genau ist. Nach Mk. richtet sich die Frage nicht an die Pharisäer, das ist nur bei Mt. der Fall. In ML spricht Schweitzer selbst von diesem »Ausspruch an das Volk im Tempel« und fügt hinzu, erst Mt. habe »daraus eine Vexierfrage gemacht« (S. 65). Im Vorwort zur sechsten Auflage des Hauptwerks (S. XI) hält Schweitzer sich ohne weiteres an die matthäische Form.
773 LJ S. 395.
774 RG S. 116.

angetan, sich die Zähne daran auszubeißen. Ihre Interpretation ist außerordentlich umstritten, und zwar sind die Deutungen nicht nur wiederum sehr verschiedenartig, sondern auch hier sogar einander total entgegengesetzt. So fest den einen die Abstammung des Messias von David als Voraussetzung der Davidssohnfrage Jesu steht, so entschieden verstehen die anderen sie im Sinne gerade der Ablehnung der Davidssohnschaft. Und mit dem Nebeneinander von Ja und dem Nein nicht genug, bietet sich das Ja in einer Reihe von Varianten dar, und auch das Nein kann einen sehr unterschiedlichen Sinn haben, je nachdem, worin der positive Gegensatz zu der verneinten Davidssohnschaft gesehen wird. Überdies ist die Behauptung vertreten worden, daß unsere Frage weder ein Ja noch ein Nein als Antwort voraussetzt und ein weiterer Standpunkt, der für ein Ja oder ein Nein plädiert, je nachdem, welcher Zeit, welchem Fragesteller die Frage zugeordnet wird. Dies kommt nämlich noch hinzu, daß auch die Ansichten darüber, ob die Frage von Jesus gestellt oder ihm von einer späteren Zeit in den Mund gelegt worden ist, völlig auseinandergehen. Dabei hängt die Entscheidung über das Problem der Authentizität nicht nur teilweise von der Interpretation ab, sondern kann auch umgekehrt Konsequenzen für diese haben. Überhaupt ist die Ermittlung der erwarteten oder vorausgesetzten Antwort auf diese sonderbare Frage, die Lösung des merkwürdigen Rätsels, eine Sache weniger des logischen Scharfsinns — rein formal sind alle erörterten Deutungen, wenn nicht gleichberechtigt, so doch möglich — als des historischen Tastens und Abwägens.

Das gilt auch für die Auffassung — um diese vorwegzunehmen —, daß Jesus auf die Davidssohn-Frage eine Antwort weder im bejahenden noch verneinenden Sinne erwartet, sondern die ganze Frage hat abwehren wollen. *R. P. Gagg* findet: »Jede Antwort Jesu, ein Ja sowohl als ein Nein, gefährdet« ihn. »Ein Ja, weil es zur weiteren Frage, zur Präzisierung der messianischen Frage, drängte. Ein Nein, weil sich dann Jesus verleugnet hätte.« — »Sein Ziel ist der Abbruch der Diskussion.«[775] Hält man den Gesichtspunkt fest, daß Jesus hier in der Defensive spricht, so braucht in einer nicht ernst gemeinten Frage Jesu nicht unbedingt ein »dialektisches Spiel«, »fast ein Rabbinenwitz«, wie *Wrede* meint[776], gesehen zu werden. Aber erhärten läßt sich der bloß defensive Sinn nicht.

Von einer solchen eine Antwort ausschließenden Auffassung der Frage abgesehen, werden wir bei der Behandlung dieser Perikope zweckmäßigerweise fünf hauptsächliche Arten der Interpretation unterscheiden.

Eine erste Ansicht — sie ließe sich als die im weiteren Sinne konservative bezeichnen — führt die Frage auf Jesus zurück und nimmt die Abstammung des Christus von David als ihre Voraussetzung an. Dabei

---

[775] *Gagg:* Davidssohnfrage, S. 27.

[776] *Wrede:* Davidssohn, S. 167. — Vgl. die Ablehnung der Arbeit Gaggs durch C. *Burger:* Davidssohn, S. 54.

wird wohl in der Regel nicht verkannt, daß der Text unpersönlich-allgemein vom Christus spricht, jedoch überwiegend der Standpunkt vertreten, daß Jesus damit natürlich von sich selbst rede und im Bewußtsein seiner Abstammung seine Gegner in Verlegenheit bringe. So urteilt nicht nur *Zahn* (in seiner Erklärung der Parallelstelle bei Matthäus)[777], sondern außer Schweitzer auch eine Reihe kritischer eingestellter Autoren. Nach *Spitta*, der hier Schweitzer einmal ausdrücklich zustimmt, ist für Jesus »das eine vom anderen nicht zu trennen«: Davids Sohn ist er in diesem Äon, Davids Herr wird er bei Anbruch des zukünftigen Äons sein[778]. Jesus ist — so *Schniewind* —: »zugleich ein irdischer Mensch aus Davids Stamm und der kommende Weltrichter, der Herr aller Herren«[779]. Die Davidssohnschaft bezieht sich nach *Jeremias* auf »die irdische Erscheinung des verborgenen Messias«, Davids Herr ist er als »der Inthronisierte«[780]. Dagegen ist die Auffassung *Lohmeyers* in diesem Zusammenhang nur insofern zu nennen, als »in dem Bilde des Gottesknechts«, den »Gott zum Kyrios erheben wird, oder auch des noch verborgenen Menschensohnes, der alsbald wird offenbar werden«, »sich Davids Sohn und Davids Herr« einen[781]. Im übrigen handelt es sich jedoch für Lohmeyer um den Gegensatz zwischen einem geschichtlichen Messias und einem transzendenten »Herrn«, wobei Jesus »sich auf den Boden der apokalyptischen Menschensohn-Erwartungen« stellt und »nicht von Sich, sondern wie von einem Anderen« spricht[782].

Eine zweite, nicht ganz einheitliche Gruppe von Deutungen ist dadurch gekennzeichnet, daß mit der auch hier Jesus selbst zugeschriebenen Frage die Davidssohnschaft weniger betont, wenn auch nicht bestritten sein soll. Bei *Michaelis* ist noch von einem »nicht stark unterstrichenen, aber doch auch nicht gänzlich fehlenden kerygmatischen Charakter« der Davidssohnschaft die Rede[783]. Danach hätte Jesus seine Abstammung von David also nicht geradezu hervorgehoben, jedoch auch nicht als unwesentlich angesehen. Sachlich weiter in der Abwertung der Davidssohnschaft war früher schon *Wendt* gegangen, nach dem die Davidssohnschaft zwar keineswegs als unvereinbar mit der Messianität zu denken ist, aber nicht deren Grund und Wesen ausmacht[784], ähnlich *Dalman*[785]. *Cullmann* rechnet sogar mit der Möglichkeit, daß Jesus »jeden christologischen Wert der Davidssohnschaft bestreiten kann, ohne damit unter allen Umständen die Tatsache seiner davidischen Herkunft selber abstreiten zu müs-

---

777 *Zahn:* Matthäus, S. 647. — Ähnlich *Wohlenberg:* Markus, S. 323 f.
778 *Spitta:* Streitfragen, S. 162 ff.
779 *Schniewind:* Markus, S. 163.
780 *Jeremias:* Verheißung, S. 45.
781 *Lohmeyer:* Gottesknecht, S. 75.
782 *Lohmeyer:* Markus, S. 263.
783 *Michaelis:* Davidssohnschaft, S. 327.
784 *Wendt:* Lehre, S. 424 ff.
785 *Dalman:* Worte, Bd. 1, S. 234. 262.

sen«[786]. Auch *Grundmann* meint, daß »Jesus auf die Davidssohnschaft keinen Wert gelegt« hat[787]. Da aber Markus die Frage »in sein Evangelium aufnimmt und in ihr eine Entscheidung im Blick auf Jesu Messianität sieht, kann er sie nicht als Bestreitung der Davidssohnschaft Jesu verstanden haben«[788]. *Dibelius,* der diese Stelle für ein überarbeitetes Jesuswort hält, versieht sowohl die Abstammung Jesu von David als auch deren Bejahung in der Davidssohn-Frage mit einem Fragezeichen und urteilt ebenfalls, Jesus scheine auf diese Abstammung wenig Wert gelegt zu haben[789].

Die dritte, nunmehr ins Auge zu fassende Ansicht stimmt mit den beiden ersten noch darin überein, daß das Wort als ein echtes Jesuswort zu nehmen ist. Hinsichtlich des Sinnes der Frage wird dagegen nun rundweg die Ablehnung der Davidssohnschaft vertreten. Vier der bedeutendsten Vertreter einer großen Forschergeneration sind hier zu nennen: *H. Holtzmann, Wellhausen*[790], *Joh. Weiß*[791] und *Heitmüller*[792,793]. Ferner gehörte *M. Goguel*[794] hierher, mit einer gewissen Einschränkung auch *K. L. Schmidt*[795]. *Holtzmann* z. B. findet, daß Jesus seine messianischen Ansprüche nicht auf seine Abstammung gründen wollte, und fügt hinzu: »Wahrscheinlich aber hat er dies auch nicht gekonnt.«[796] Im Unterschied von dieser einfachen, rein negativen Auffassung des Wortes sieht *J. Weiß* die Lage differenzierter. Was Jesus betrifft, so weist dieser hier auf einen Fehler im Lehrgebäude der Schriftgelehrten hin und zeigt, daß er einen anderen Messiasbegriff hat als den landläufigen, politischen. »Ein ›Sohn Davids‹, der kraft seiner Abstammung den Thron seiner Väter besteigen wird, will er nicht sein.« Er hat den apokalyptischen Messiasbegriff im Sinn[797]. Der Evangelist hingegen kann Jesu Abstammung von David nicht haben leugnen wollen. Markus hat wohl »gegen jüdische Bemängelungen« hinsichtlich der Abstammung »sagen wollen, es komme nicht viel auf diesen Punkt an, Jesus sei mehr als ein Sohn Davids«. Vom Standpunkte Jesu aus stellt sich der Vers 37 bei dieser Auffassung als

---

786 *Cullmann:* Christologie, S. 134.
787 *Grundmann,* Jesus, S. 188.
788 *Grundmann:* Markus, S. 253.
789 *Dibelius:* Formgeschichte, S, 260 f. — Jesus, S. 35.
790 *Wellhausen:* Marcus, S. 104.
791 *Burger* (Davidssohn, S. 52) rechnet *Johannes Weiß* zu denen, die unsere Stelle für Gemeindetheologie halten. Diese Beurteilung findet sich jedoch erst in der Neubearbeitung der »Drei älteren Evangelien« (in den »Schriften des Neuen Testaments«) durch *W. Bousset.* Dagegen findet Weiß (2. Aufl. S. 190) hier Jesu eigenes Messiasbewußtsein ausgesprochen.
792 *Heitmüller:* Jesus, Sp. 364 f.
793 Weitere ältere Autoren, die in diesem Ausspruch eine Opposition gegen das davidische Element in der Messiasvorstellung gesehen haben, sind bei *Holtzmann* (Lehrbuch, Bd. 1, S. 311 f.) aufgeführt, u.a. Strauß, Volkmar, Weizsäcker, Schürer, Wernle.
794 *Goguel:* Leben, S. 155.
795 *K. L. Schmidt:* Jesus, Sp. 120.
796 *H. J. Holtzmann:* Lehrbuch, Bd. 1, S. 311.
797 *J. Weiß:* Markus, S. 190.

»eine gewöhnliche rhetorische Frage« dar, »die eine negative Antwort verlangt«[798]. Hat die Ansicht der ersten Forschergruppe den Vorzug, dem Standpunkt des gläubigen Lesers am meisten entgegenzukommen, besteht der Vorteil der in der zweiten Gruppe zusammengefaßten Deutungen darin, nach beiden Seiten offen zu sein, was hier freilich den Verzicht auf eine eindeutige Pointe bedingt, so bedarf es, um der dritten Deutungsmöglichkeit gerecht zu werden, einer gründlichen Besinnung und der Gewöhnung an eine zunächst vielleicht fremdartige Anschauungsweise. Wer sich aber einmal von der Einstellung des naiv-gläubigen Bibellesers abgesetzt hat und entschlossen ist, die möglichen Antworten unabhängig von vertrauten Vorstellungen historisch zu durchdenken, wird zugeben müssen, daß die Interpretation im Sinne der Ablehnung keineswegs weniger möglich erscheint als die Bejahung oder gar jenes etwas unbestimmte mehr oder weniger Wesentliche oder Unwesentliche der Davidssohnschaft, ja, daß erst hier eine klare Pointe entsteht, die vom Ton der Frage her die am nächsten liegende Lösung sein könnte. Freilich mutet auch diese Beurteilung, von heute aus gesehen, in einem Punkte fast naiv an: in der ohne viele Umstände erfolgenden Zuweisung des Wortes an Jesus selbst.

In der gegenwärtigen Forschung hat sich, zwar nicht auf der ganzen Linie, aber doch in zunehmendem Maße die Ansicht durchgesetzt, daß das Wort nicht von Jesus stammt[799]. Schon der Umstand, daß Jesus sich sonst nie über seine Messianität zum Volke äußert[800], ferner namentlich das »betont christologische Interesse dieses Überlieferungsstückes, im besonderen das Schwergewicht, das auf die Hoheitstitel fällt«[801] und schließlich die »ausgesprochen spitzfindig schriftgelehrte Art« der Argumentation[802] und deren eigentümlich unpersönlicher Charakter – »die Sache wird abgehandelt wie ein einfacher Lehrsatz«[803] – sprechen stark gegen die Authentizität. Außerdem und nicht zuletzt ist zu sagen, daß das Wort in eine spätere Zeit sehr viel besser hineinpaßt. *Wrede*, *Bousset*[804], *Bultmann*, *Klostermann*[805], *Bornkamm*, *Conzelmann*[806], *Haenchen*, *Stauffer*[807], *F. Hahn* sind sich deshalb darin einig, daß wir hier den Niederschlag von Gemeindediskussionen, von gemeindetheologischer Apologetik, also christologische Reflexionen, frühe christliche Schriftgelehrsamkeit vor uns haben. In der Interpretation gehen jedoch die Ansichten auch dieser Autoren noch einmal auseinander.

---

[798] *Burger:* Davidssohn, S. 56.
[799] S. 52.
[800] *Wrede:* Davidssohn, S. 170.
[801] *F. Hahn:* Hoheitstitel, S. 114.
[802] *F. Hahn*, ebd. – *Bultmann:* Tradition, S. 145. – *Wrede:* Davidssohn, S. 170.
[803] *Wrede*, ebd.
[804] *Bousset:* Kyrios, S. 4. – Markus, S. 188 f.
[805] *Klostermann:* Markus, S. 129.
[806] *Conzelmann:* Jesus, Sp. 630.
[807] *Stauffer:* Messias, S. 87.

Diejenigen Forscher, die in dieser Aufstellung die vierte Gruppe bilden würden, denken wie die der dritten vorwiegend an die Ablehnung der Davidssohnschaft bzw. des landläufigen Messiasideals, so Wrede, Bousset, Bultmann, Klostermann, auch Vielhauer. Schon *Wrede* scheint es »über jeden Zweifel erhaben zu sein: wenn in einer urchristlichen Schrift das Prädikat des Davidssohnes dem des Herrn Davids gegenübergestellt wird, wenn das im ausdrücklichen Gegensatze zu der Behauptung der Schriftgelehrten, der Messias sei Davids Sohn, geschieht, wenn die Frage dann lautet: wie oder woher ist er denn sein Sohn?, wenn dies offenbar die Pointe des Ganzen ist — denn es folgt ja nichts weiter: so kann das wirklich nur bedeuten«: »das Prädikat Davidssohn wird *negiert*«[808]. Auf eine besonders prägnante Formel bringt diese Beurteilung *Ph. Vielhauer*: Das Zitat von Ps. 110, 1 »wird polemisch gegen die Davidssohnprädikation ausgespielt; die Perikope setzt also die Kyriosprädikation des erhöhten Jesus als längst geläufig voraus«[809].

Andere Forscher — in unserer Übersicht die fünfte Gruppe —, vor allem Bornkamm, E. Schweizer, F. Hahn, gehen von der Antithese zur Synthese über. *Bornkamm* befürwortete eine Deutung, »die das *Verhältnis* von Davidssohnschaft und Herrsein des Messias zur Pointe des Wortes macht: was bedeutet es, daß der Herr Davids zugleich sein Sohn ist? Dann aber ist hier der Titel ›Davids Sohn‹ schon nicht mehr im genuin jüdischen Sinn als Hoheitstitel für den Messias gebraucht, sondern sein späterer christlicher Sinn vorausgesetzt, wonach die Abkunft von David den Messias im Stande seiner Menschlichkeit und Niedrigkeit im Gegensatz zu seiner Erhöhung und Herrschaft bezeichnet«[810]. Die Davidssohnschaft bedeutet für die Gemeinde, wie *E. Schweizer* ausführt, daß in Jesus »alle alttestamentlichen Hoffnungen und Verheißungen erfüllt seien«. Aber damit ist noch nicht das Entscheidende, sondern nur das Vordergründige ausgesagt. »Das wirklich Wesentliche« ist »erst mit Ostern geschehen, als Jesus in die Funktion des Gottessohnes« eingesetzt worden ist. Es handelt sich also um »so etwas wie eine Zweistufenchristologie«[811]. *Hahn* übernimmt den Begriff der Zweistufenchristologie, wie sie auch in Röm. 1, 3 f. zum Ausdruck kommt[812]. Die Davidssohnschaft charakterisiert die irdische Wirksamkeit Jesu »im Sinne einer vorläufigen Hoheitsstufe«[813]. Indem dabei Bestimmungen auftreten, die sich z. T. mit denen der ersten Gruppe der Interpretationen berühren — man denke an Schniewind, Jeremias oder auch an A. Schweitzer selbst —, schließt sich der Kreis. Aber wieviel besser vorstellbar ist eine solche Anschauung auf dem Boden der späteren Gemeinde als im Kopfe des

---

808 *Wrede:* Davidssohn, S. 168.
809 *Vielhauer:* Christologie, S. 164.
810 *Bornkamm:* Jesus, S. 206.
811 *E. Schweizer:* Markus, S. 147. — Vgl. auch von dems.: Glaube, S. 11.
812 *F. Hahn:* Hoheitstitel, S. 260 f.
813 S. 262.

geschichtlichen Jesus über sich selbst! So liegt hier eine Deutung vor, welche die Prädikationen Davidssohn und Herr zusammenfaßt und die zugleich eindeutig ist und von allen in Betracht kommenden Möglichkeiten wohl die beste Pointe ergibt.

Zu dieser Gruppe ist schließlich auch die schon mehrfach herangezogene jüngste und ausführlichste Arbeit zum Problem der Davidssohnschaft von *C. Burger* zu rechnen, die jedoch auch die Ablehnung der Davidssohnschaft berücksichtigt. Hier wird nämlich zunächst, wie schon von Wrede, ein einfacher, ohne weiteres ersichtlicher Sinn der Davidssohnfrage gefordert und vorausgesetzt: »Wenn das Gespräch mit einer unbeantworteten Frage enden kann, muß ja wohl auch der Sinn auf der Hand liegen – falls nicht das Ganze auf ein unlösbares Rätsel hinausläuft.«[814] Und dieser klare Sinn wird, wiederum in Übereinstimmung mit Wrede, in der »Polemik gegen das Postulat der Davidssohnschaft des Messias«[815] gesehen: »›Daß diese Erklärung die sachlichste und einfachste ist, wird kaum zu bestreiten sein‹, meint sogar einer ihrer Gegner.«[816] Mit diesem Urteil verbindet sich dann aber die bei J. Weiß u. a. auftretende Unterscheidung zwischen dem ursprünglichen Sinn eines etwa zugrundeliegenden Jesuswortes einerseits und der Sicht des Evangelisten andererseits. Für Markus, der ja auch den blinden Bettler Bartimäus in Jericho sich mit dem Rufe »Sohn Davids« an Jesus wenden läßt, kann der Sinn der Davidssohnfrage »nicht mehr in der Ablehnung des Prädikates, sondern nur noch in seiner Überbietung liegen«[817]: »Jesus ist mehr als Davidssohn. Er ist der Sohn Gottes.«[818] Mit dem Begriff der Überbietung ordnen sich diese Ausführungen in die fünfte Interpretationsgruppe ein, ohne daß damit das Recht der die Ablehnung der Davidssohnschaft verfechtenden Ansicht zurückgenommen würde. Beides also ist wahr: »Die Überlieferung scheint« »aus einer Gemeinde zu stammen, die von ihrem Herrn nicht zu sagen wußte, er sei ein Nachkomme Davids gewesen.«[819] Der Evangelist aber setzt die Davidssohnschaft voraus und meint das Herrsein als deren Überbietung.

Als Ergebnis aus den dargelegten Bemühungen sind zwei Punkte festzuhalten: 1. *Wenn* Jesus die Frage – in einem Streitgespräch – wirklich selbst erörtert haben sollte, was sich nicht ausmachen läßt, jedoch nach allem ganz unwahrscheinlich ist, so wollte er die Abstammung von David ablehnen. 2. Die Bejahung der nun nicht mehr genealogisch, sondern im Sinne eines christologischen Hoheitstitels verstandenen Davidssohnschaft gehört dem Denken der christlichen Gemeinde an, genauer: der hellenistisch-judenchristlichen Gemeinde[820].

---

814 *Burger:* Davidssohn, S. 56.
815 S. 71.
816 S. 56. Der hier angeführte Gegner ist *R. P. Gagg* (Davidssohnfrage, S. 20).
817 *Burger,* S. 64.
818 S. 66.
819 S. 71.
820 *F. Hahn:* Hoheitstitel, S. 115. Zu demselben Ergebnis gelangt Burger (S. 66. 70).

Von Schweitzers Lösung haben wir uns damit denkbar weit entfernt. Er scheint die Davidssohnfrage mehr wie ein Dichter zu behandeln, der eine bestimmte, in diesem Falle der überkommenen Auffassung entsprechende Idee lebendig veranschaulicht und uns suggerieren möchte, es könne durchaus nur so gewesen sein, als daß er historisch forschend alle Möglichkeiten ergründet, kritisch geprüft und vergleichend abgewogen hätte. Man muß sich vor Augen halten, wie anders etwa Schweitzers Vorläufer J. Weiß und sein Antipode Wrede sich zu dieser Perikope gestellt hatten. Wenn die genannten Forscher auch vielleicht noch nicht volle Klarheit erreicht haben, so gelangten sie eben doch schon zu sehr wichtigen Einsichten. *Weiß* empfindet, auf den Standpunkt Jesu bezogen, den ablehnenden Sinn der Frage, den Gegensatz Jesu zur landläufigen Messiasvorstellung, und sieht zugleich, daß andererseits der Evangelist die Abstammung Jesu von David nicht hat leugnen wollen. *Wrede* weist das Wort mit den entscheidenden Argumenten der Gemeinde zu und erkennt als möglichen Gegensatz zum Davidssohn den Gottessohn. Vor allem aber zeigt dann *Bultmann*, wie vorsichtig der Historiker Umschau halten und mit mehreren Möglichkeiten rechnen muß, wie wenig es hier also mit einem einseitigen Dekretieren getan ist. Er erwägt als mögliche Gegenbegriffe zum Davidssohn sowohl den apokalyptischen Menschensohn als auch den Gottessohn. Obgleich er für wahrscheinlich hält, daß das Wort eine spätere Bildung ist, stellt er doch fest, daß die Kritik der Davidssohnschaft vom Begriff des Menschensohnes aus auf die Urgemeinde oder sogar Jesus selbst zurückgehen könnte, während der Gegenbegriff Gottessohn im Sinne des hellenistischen Christentums den übernatürlichen Ursprung des Christus bezeichnen würde. Sollte aber der Sinn der sein, daß der Messias beides zugleich ist: Davidide und Menschensohn — auch diese ihm an sich ferner liegende Möglichkeit läßt Bultmann nicht unberücksichtigt —, »so hat das Stück erst recht keine Bedeutung für die Frage nach dem messianischen Charakter des Lebens Jesu«[821]. Für die messianische Deutung wird in diesem Zusammenhang Schniewind angeführt; Bultmann hätte auch Schweitzer nennen können, dessen Lösung, »daß Jesus angenommen habe, er werde dereinst zum ›Menschensohn‹ *werden*«, ihm wie gesagt »zu phantastisch« ist.

Mit den zuletzt gemachten Beanstandungen soll die in Schweitzers Lösung zum Ausdruck kommende spekulativ-kombinatorische Leistung nicht geleugnet werden. In dieser Hinsicht beachtenswert ist die Stellungnahme *Haenchens*, weil sie sich mit einer gewissen positiven Würdigung der Schweitzerschen Sicht zugleich im Sinne Bultmanns deutlich genug von ihr distanziert: »Albert Schweitzer hatte richtig erkannt: die Behauptung, der Messias sei ›Davids Sohn‹, war nur in der älteren jüdischen Messiasvorstellung sinnvoll, die in dem ›Gesalbten‹ einen irdischen König aus dem alten Königshaus erwartet. Als dann die Vorstellung eines

---

[821] *Bultmann:* Theologie, S. 30.

›transzendenten‹ Messias aufkam, wurde – soweit sie herrschte – die Davidssohnschaft des Messias sinnlos. Denn der transzendente Messias ist ein präexistentes himmlisches Wesen, das erst zum Gericht auf die Welt herniederkam. Erst in dem Augenblick, wo die Christen in dem Menschen Jesus das transzendente himmlische Messiaswesen erblickten, konnte es zu einer Verbindung zwischen den so verschiedenen Messiasvorstellungen kommen und damit zu einer Vereinigung der sich zunächst ausschließenden Prädikate ›Davids Sohn‹ und ›Davids Herr‹: Jesus ist als Mensch ein Sohn Davids, als himmlisches Wesen dagegen ist er Davids Herr. Nur wer also – wie Schweitzer selber – Jesus zutraut, daß er sich für ein Mensch gewordenes himmlisches Wesen gehalten habe, darf unsere Geschichte so deuten, daß Jesus hier das Geheimnis seiner Doppelexistenz den Schriftgelehrten – beinahe – verraten habe.«[822] Es ist zu begrüßen, daß damit so kräftig auf die fast unglaubliche Kühnheit einer solchen, alles andere als naheliegenden Anschauung hingewiesen wird[823].

So werden wir sagen müssen, daß Schweitzers Standpunkt hinsichtlich dieser Frage keineswegs so plausibel ist, wie es manchem seiner Leser auf den ersten Blick erscheinen mag. Er vertritt im Gegenteil von den verschiedenen in Betracht kommenden Möglichkeiten die historisch gesehen schwächste: eine im Rahmen seiner Gesamtauffassung brillante Lösung, im übrigen aber überaus prekäre Annahme.

Mithin unterliegt nicht nur die Wirksamkeit Jesu im einzelnen und in ihrem pragmatischen Zusammenhang, wie er sich Schweitzer darstellt, sondern auch der von ihm an der Davidssohnfrage demonstrierte allgemeine Status Jesu den größten Bedenken. Daß die spätere gläubige Gemeinde Jesus so sah, ist nicht nur vorstellbar, sondern sicher. Daß er selbst sich so gesehen haben sollte, ist dagegen außerordentlich schwer vorstellbar und jedenfalls keineswegs erwiesen.

7. Beurteilung einzelner Züge der Hypothese

Trotz des auf der ganzen Linie negativen Ergebnisses würde man gern zugeben, daß es auch einige Züge in Schweitzers Jesusbild gibt, die sich günstiger beurteilen lassen und die als historisch möglich teils in Betracht kommen, teils sogar anzuerkennen sind. *Werner* ist indessen allzu einseitig auf Schweitzer festgelegt, wenn er eine Reihe von Beispielen für die »paradoxe« Tatsache anführt, daß »die Gegner der konsequenten

---

[822] *Haenchen:* Weg, S. 417.

[823] Hier ist freilich eine gewisse Einschränkung zu machen. »Daß Jesus an seine eigene Präexistenz geglaubt hat«, hält Schweitzer nur für durchaus »möglich, wenn auch nicht wahrscheinlich« (LJ S. 310). In seiner eigenen Darstellung spielt diese Annahme eigentlich keine Rolle. An dieser Minderung der vollen Menschensohn-Vorstellung zeigt sich, daß auch Schweitzers Historismus Grenzen hat.

Eschatologie an den verschiedensten Punkten, der eine hier, der andere dort, *einzelne* konsequent-eschatologische Thesen selber übernehmen«[824]. Manche Thesen, die man vielleicht zunächst recht einleuchtend findet, erweisen sich bei näherem Zusehen doch auch als sehr zweifelhaft oder wenigstens nur teilweise richtig.

Am meisten hat wohl die eschatologische Interpretation des Vaterunsers für sich. Während Joh. Weiß nur die Bitte um das Kommen des Reiches — »die eschatologische Kernstelle« (Wendland[825]) — kurz erwähnt[826], nimmt Schweitzer, wie wir sahen, das ganze Vaterunser als »ein Gebet um das Kommen des Reiches Gottes«, sogar die Bitte um das Brot[827]. Die eschatologische Deutung des Vaterunsers ist mehrfach angenommen worden. *Jeremias* geht so weit zu sagen: »Sämtliche Bitten des Vaterunsers sind eschatologisch gemeint«[828], auch die Bitte um das Brot »für morgen«, das »Lebensbrot«[829], und die Bitte »Laß uns nicht der Versuchung anheimfallen«. Dabei meint das Wort Versuchung (πειρασμός) nicht »die kleinen Versuchungen«, sondern »die große Endversuchung, die vor der Tür steht«[830]. Hier handelt es sich jedoch nach Jeremias »nicht um Bewahrung *vor* der Versuchung, sondern um Bewahrung *in* der Versuchung«[831], was besagt, daß diese Bitte wohl eschatologisch verstanden werden muß, daß ihr aber der von Schweitzer behauptete Sinn — Verschonung *vom* πειρασμός[832] — gerade nicht zukommt[833].

Ähnlich verhält es sich mit den Seligpreisungen. Die »streng apokalyptische« Deutung der ältesten ersten drei bei Lukas findet wie die des

---

824 *Werner:* Entstehung, S. 69 f.
825 *Wendland:* Eschatologie, S. 38.
826 *J. Weiß:* Predigt, 1. Aufl. S. 17; 2. Aufl. S. 74.
827 Hier liegt einer der seltenen Fälle vor, daß sich bei Schweitzer die Entwicklung einer bestimmten Ansicht beobachten läßt. In ML ist von dem eschatologischen Charakter der drei ersten und der drei letzten Bitten die Rede (S. 86). In LJ (S. 421) wird dann auch die Bitte um das Brot in diese Interpretation einbezogen, freilich noch nicht in voller Deutlichkeit. Die Danksagung nach der Speisung am See, bei der »wohl nicht allein für die Speise gedankt, sondern für das kommende Reich und alle seine Güter«, »ist als das Gegenstück zum Herrengebet aufzufassen«, wo Jesus »die Bitte um das tägliche Brot so merkwürdig mitten in die dem Reich und der Verschonung vom πειρασμός geltenden hineinstellt«. Erst in RG (S. 138) wird die übliche Form der Bitte »Unser tägliches Brot gib uns heute« durch die rein eschatologische Auffassung ersetzt: »Unser Brot, das zukünftige, gib uns schon heute«.
828 *Jeremias:* Jesus, S. 52, Anm. 9.
829 *Jeremias:* Vater-Unser, S. 22 ff.
830 S. 27.
831 ebd.
832 LJ S. 435.
833 Nicht eindeutig äußert sich in diesem Punkte *S. Schulz* (Spruchquelle, S. 92), indem er Schweitzer wie auch Jeremias zustimmend nennt. Nicht leichter gemacht wird einem die Beurteilung auch durch die Ausführungen *Seesemanns* (πειρασμός, S. 30 f.): »Mit πειρασμός ist nicht so sehr die Versuchung des einzelnen als vielmehr das gesamte eschatologische Entsetzen, die gesamte Not der Endzeit gemeint. Doch bedeutet es auch die Versuchung des einzelnen.« Unter Hinweis auf Schweitzer meint jedenfalls auch dieser Autor, es gehe »allerdings nicht an, die Bitte nur in Jesu Naherwartung des Endes begründet zu sehen und in ihr nur eine Bitte um Bewahrung in oder vor den eschatologischen Drangsalen zu verstehen«.

Vaterunsers heute in *Schulz* einen entschiedenen Verfechter[834]. Keineswegs ist damit jedoch die Zustimmung zur prädestinatianischen Auffassung Schweitzers gegeben, der die Seligpreisungen »nicht als Aufforderung oder Vermahnung« begreift, »sondern als einfache Konstatation: in ihrer geistigen Armut, in ihrer Sanftmut, in ihrer Friedfertigkeit wird offenbar, daß sie zu den Erwählten des Reiches gehören«[835]. Mit dieser Eintragung der Prädestination auch in die Seligpreisungen dürfte Schweitzer wiederum allein stehen.

Ebenso wird die von Werner angeführte »Deutung der Tempelreinigung als eines provokatorischen Akts« durch R. Otto und Bultmann[836] doch wohl zu Unrecht auf Schweitzers Lösung bezogen. Revolutionär, aufrührerisch — nur davon spricht *Otto* —, ist Jesu Verhalten hier ja auf alle Fälle; provokatorisch im Sinne Schweitzers, d. h. dazu bestimmt, den Untergang des zum zukünftigen Messias Ausersehenen herbeizuführen, braucht es dagegen nicht unbedingt zu sein und kann es für *Bultmann* schon deshalb nicht sein, weil nach seiner Ansicht Jesus gar nicht an die Messianität der eigenen Person gedacht hat.

Originell und bis zu einem gewissen Grade auch einleuchtend wirken auf den ersten Blick Schweitzers Deutungen für die Anfrage des Täufers bei Jesus (Mt. 11, 2—6), für den Einzug in Jerusalem und für den Verrat des Judas. Es zeigt sich freilich alsbald, daß die befürwortete Erklärung der Täuferfrage ganz dahingestellt bleiben muß, weil wir hier einfach zu wenig wissen. Solange es zweifelhaft ist, ob mit dem, »der da kommen soll« (ὁ ἐρχόμενος) der Vorläufer des Messias oder aber dieser selbst oder auch keiner von beiden gemeint ist, fehlt die Voraussetzung, um über Schweitzers Auffassung, nach welcher der Täufer den wiederkommenden Elias im Auge habe, entscheiden zu können[837]. Aber auch davon abgesehen erscheint die Lage nahezu aussichtslos. Wir sehen, bemerkt *Dibelius*, »mit Sicherheit nur, wie sich der Gemeinde, die auf den Tod beider Männer, Johannes und Jesus, zurückschaut, der Tatbestand im

---

[834] *Schulz:* Spruchquelle, S. 78 ff.
[835] LJ S. 401.
[836] *Otto:* Reich, S. 176. — *Bultmann:* Jesus, S. 29.
[837] *Dibelius* (Täufer, S. 34), der Schweitzers Beziehung der Frage auf den erwarteten Elias ablehnt, hält den Ausdruck »der Kommende« (ὁ ἐρχόμενος) für einen terminus technicus des Urchristentums. »Er bezeichnet den κύριος bei der Parusie.« Nach *Michaelis* (Matthäus, T. 2, S. 114 f.) dagegen ist »›der Kommende‹ als Messiastitel nicht nachzuweisen«. Der Täufer schwankt; er »war eher geneigt, Jesus für einen weiteren Vorläufer zu halten«. Auch *Kümmel* betont, daß es sich um »keine übliche urchristliche und auch keine geläufige jüdische Messiasbezeichnung« handelt. Als unbegründet erklärt es dieser Autor aber auch, »den Täufer nur den ›Propheten‹ der Endzeit oder den Elias erwarten zu lassen« (Verheißung, S. 103). Für *Cullmann* ist es »nicht ganz deutlich«, ob Johannes seine »Prophetenrolle im Sinne eines Vorläufers des Messias oder im Sinne eines Vorläufers Gottes selber erfüllt« (Christologie, S. 23). Wahrscheinlich aber ist der Ausdruck ὁ ἐρχόμενος terminus technicus für den endzeitlichen Propheten (S. 35 f.). *F. Hahn* verbindet zwar keinen festen terminologischen Sinn mit diesem Begriff, sondern denkt einfach »an die in urchristlicher Verkündigung weitverbreitete Täuferaussage von dem ›nach mir Kommenden‹«, daneben aber auch an den endzeitlichen Propheten (Hoheitstitel, S. 393).

Lichte der alten Erwartungen darstellt; wir sehen aber nicht, ob bereits Jesus den Täufer für den wiederkehrenden Elias erklärt hat«[838]. Erst recht unklar bleibt eben, wen der Täufer in seiner Anfrage gemeint hat. Und dann diese Frage überhaupt! Während Dibelius wenigstens die Antwort in ihrer dichterischen Form Jesus zutraut[839], ist für *Bultmann* das ganze Stück (Mt. 11, 2—19) »wahrscheinlich oder sicher« Gemeindebildung[840]. Damit hängt Schweitzers Ansicht auch hier vollends in der Luft. *F. Hahn* findet seine Konzeption in diesem Punkte »weder auf Grund der spätjüdischen noch der urchristlichen Überlieferung haltbar«, wenngleich er anerkennt, daß das Problem der Vorläufertradition neben der Messiasauffassung von Schweitzer gesehen ist[841].

Was ferner die Geschichte vom Einzug betrifft, so ist sie historisch überhaupt schwer verwendbar, da sie von wunderbaren Motiven durchsetzt ist, so daß man nach *Bultmann* nicht sagen kann, ob dieser »Messiaslegende«[842] vielleicht ein geschichtlicher Vorgang zu Grunde liegt. Über die Feststellung, daß es so sein könnte — »Jesu Eintreffen in Jerusalem mit einer Schar von Festpilgern«[843] — läßt sich hier nicht hinauskommen. Der Kommende (Mk. 11, 9) in dem Ruf »Gepriesen sei der, der im Namen des Herrn kommt« (Ps. 118, 26) ist zwar nach *Kümmel* Jesus, »aber der Festpilgern gegenüber übliche Ruf weist auf keine besondere Würde Jesu hin«[844]. Der Einzug Jesu trug jedenfalls »im Sinne seiner Begleiter keinen messianischen Charakter«, was ja auch Schweitzer meint. Jedoch hat dessen »Annahme, Jesus sei von der Menge als ›der Prophet und der Elias‹ gefeiert worden« nach Kümmel »keinen Anhalt am Text«[845].

Dem Verrat des Judas schließlich kommt bei Schweitzer eine wichtige Funktion zu. Nach dessen Auffassung war ja Jesus nie als Messias aufgetreten, andererseits wurde er als Messias verurteilt. Judas bildet die Brücke zwischen Jesu Messiasgeheimnis und seiner Verurteilung als Messias. Der für die Verhaftung geeignete Aufenthaltsort Jesu ist für seine Feinde nebensächlich, den »konnten sie billiger haben«[846]. — »Die Hauptschwierigkeit« bestand nicht darin, »ihn zu verhaften, sondern ihn zu verurteilen.«[847] Zeugen hatten sie nicht, aber »der Hohepriester befindet sich« »im Besitz des Geheimnisses Jesu«. *Das* »war der Verrat des Judas«[848]! Schweitzers Hypothese ist gewiß innerhalb der großen Zahl

[838] *Dibelius* Täufer, S. 31.
[839] S. 35.
[840] *Bultmann:* Tradition, S. 22. 57.
[841] *F. Hahn:* Hoheitstitel, S. 393.
[842] *Bultmann:* Tradition, S. 281.
[843] ebd.
[844] *Kümmel:* Verheißung, S. 108.
[845] S. 109.
[846] LJ S. 442.
[847] ML S. 79.
[848] S. 80.

von Ansichten über diese zu Spekulationen einladende Figur besonders interessant und wiederum sehr originell, aber zugleich auch mehr als fragwürdig. Schon *Holtzmann* hat sie durch den Hinweis auf einen einfachen sprachlichen Sachverhalt erschüttert: »Was im Deutschen ›Verräter‹ heißt, bedeutet im Griechischen ›Überlieferer‹«[849] (ὁ παραδιδοὺς αὐτὸν ..., Mk. 14, 44). Auch der Täufer wird ja überliefert, übergeben (Mk. 1, 14 = Mt. 4, 12), nicht sonst irgendwie verraten![850] Daß dieser »Verrat« des Judas *H. Weinel* »nur ein Lächeln« abnötigen konnte, wurde schon erwähnt. Und vom Sprachlichen abgesehen ist über diese ganze Auffassung mit *K. Lüthi* zu sagen: sie »stützt sich nicht auf die Texte, sondern sie ergänzt die Texte. Alles Entscheidende ist eingetragen«[851], insbesondere die Bedeutung des Judas als des unentbehrlichen Zeugen für den Prozeß[852]. So kann man denen nicht ganz Unrecht geben, die wie *Dahl* Schweitzers Judas-Theorie »zum Gebiet des historischen Romans« rechnen[853].

Manchmal nimmt Schweitzers Deutung nicht nur Ergänzungen des im Texte Berichteten vor, sondern seine Interpretation erfolgt geradezu im Gegensatz zu dem ihm vorliegenden Text. So ist vor allem die Behauptung, Jesus habe in Caesarea Philippi sein Geheimnis nicht preisgegeben, vielmehr sei es ihm durch die Ereignisse entrissen worden[854], unrichtig[855]. Und zwar ist sie nicht nur im Text nicht begründet, sondern sie widerspricht auch eindeutig dem ganzen Sinn der Perikope, die ja damit eingeleitet wird, daß Jesus die Frage aufwirft, für wen ihn die Leute halten. Man hat doch offenbar kein Recht zu der Annahme, daß er das Thema wohl zur Sprache brachte, aber dann nicht mit der Sprache herauswollte.

So aufschlußreich derartige Beobachtungen sein können, die immer wieder zeigen, daß Schweitzers vielfach ungemein originelle und geistreiche Interpretationen meistens der Nachprüfung nicht standhalten – im Grunde genommen kommt es auf diese Einzelheiten gar nicht mehr an. Dadurch, daß seine Hypothese in einigen weniger zentralen Punkten vielleicht etwas besser abschneidet, in anderen Punkten dagegen sich wiederum als unhaltbar erweist, wird das Ergebnis hinsichtlich der eigentlichen Hauptsache nicht mehr entscheidend beeinflußt; denn ohne die genauer in Augenschein genommenen Grundpfeiler sind einzelne mehr oder weniger gut ausgeführte, aber nichttragende Wände für die Stabilität des Ganzen offenbar ohne Bedeutung, und umgekehrt kann der Bau durch Entdeckung weiterer schwacher Stellen kaum noch mehr gefährdet erscheinen, als dies ohnehin der Fall ist. Jedenfalls fehlt

---

849 *H. J. Holtzmann:* Bewußtsein, S. 35, Anm. 4.
850 ebd.
851 *Lüthi:* Judas, S. 142.
852 S. 144 f.
853 *Dahl:* Messias, S. 166.
854 LJ S. 431.
855 *Lüthi:* Judas, S. 143.

Schweitzers Anschauung vom Auftreten Jesu durchaus die Sicherung, nachdem die vier Hauptstützen sich als nicht tragfähig herausgestellt haben. Auf einem Gebiet, wo vielerlei unklar und umstritten bleibt und auf grundlegende Fragen nicht selten mehrere, zum Teil entgegengesetzte Antworten möglich sind, ist damit ein Ergebnis gewonnen, daß keinen Zweifeln und Einschränkungen unterliegt. Wenn nur einer der vier Hauptpfeiler für die Statik ausfiele, würde das Gebäude einstürzen. Sie haben sich aber alle vier als ungenügend erwiesen, und zwar nicht nur als unsicher, zu gewissen Bedenken Veranlassung gebend, sondern als von vornherein unbrauchbar. Dazu kommt noch, daß das Fundament der ganzen Theorie, Schweitzers Auffassung des Selbstbewußtseins Jesu, durchaus in der Luft hängt.

8. Das Urteil über die Theorie insgesamt

Wenn man gemeint hat, die konsequente Eschatologie ermögliche »tatsächlich die Lösung spezieller Einzelprobleme der Synoptikerexegese, denen auf einem anderen Wege überhaupt nicht beizukommen ist«[856], so kann diese Behauptung nach allem nichts mehr verschlagen. Als viel zu günstig erscheint auf jeden Fall das anschließende Urteil *M. Werners*, dabei gelinge »der Aufriß eines geschichtlichen Zusammenhanges, in den bei einem Minimum von reinen Hypothesen ein Maximum von synoptischen Einzeltraditionen in einer dem ›Markusplan‹ entsprechenden Weise folgerichtig eingeordnet werden kann«[857]. Was wir von diesem Minimum an Hypothesen zu halten haben, hat sich gezeigt. Und gar nicht mehr zu folgen vermag man diesem Schweitzerschüler, wenn er das Fazit zieht: »Die Konstruktion der konsequenten Eschatologie ist geschichtswissenschaftlich in Wahrheit derart glänzend ausgewiesen und gerechtfertigt, daß sie als die endgültige geschichtliche Lösung des Problems des historischen Jesus und des Urchristentums anerkannt werden muß.« Genau das Gegenteil ist der Fall. Schweitzers Lösung, ausgezeichnet durch »musterhaften Scharfsinn« und »geradezu geniale Kombinationsgabe«[858], wird gewiß immer als einer der interessantesten und großartigsten Lösungsversuche dastehen, hat aber zugleich, geschichtswissenschaftlich betrachtet, ohne Zweifel als gescheitert zu gelten.

Gegenüber der sonderbar doktrinär wirkenden Stellungnahme der Anhänger Schweitzers, die jede Kritik und Ablehnung seiner Auffassung als ein Ausweichen vor der durch die Sache geforderten Ansicht verwerfen – »ohne Diskussion werden die Thesen Albert Schweitzers übernommen, als ob seit 1913 die neutestamentliche Forschung zum Stillstand gekommen wäre« –, erklärt *Cullmann*, daß es nicht angeht, »den Anschein zu erwecken, als sei jeder in finster-

---

856 *M. Werner:* Entstehung, S. 74.
857 ebd.
858 *Brock:* Jesus.

stem Dogmatismus befangen, der A. Schweitzers exegetische Hypothesen über synoptische Texte nicht« bejaht[859]. Es verhält sich in der Tat umgekehrt: von einem gewissen Dogmatismus muß man vielfach in bezug auf die Schweitzerschule sprechen.

Auch innerhalb ihrer wird jedoch von den Einsichtigeren der hypothetische und problematische Charakter der Schweitzerschen Theorie heute nicht mehr geleugnet, und es wird gelegentlich auch zugegeben, daß gewisse Modifikationen an Schweitzers Jesusbild erforderlich sind. *Buri* kommt dabei freilich über Allgemeinheiten nicht hinaus. Er sagt nicht, wo und wie Schweitzers Thesen nun im einzelnen geändert werden sollten[860]. Etwas weiter geht *Neuenschwander*. Er macht auf die im Laufe der Zeit erfolgte Verschiebung der Fronten aufmerksam. »Nicht mehr Schweitzers Entdeckung von der durchgehenden eschatologischen Bestimmtheit Jesu ist als umstürzende Neuerung bestritten« – in dieser Hinsicht wird nur das Verschweigen von Schweitzers Namen beanstandet –, »sondern sein Glaube an die Geschichtlichkeit der evangelischen Berichte als konservativ kritisiert«[861]. Mit dem Verschweigen des Namens Schweitzer verhält es sich jedoch so, daß von Neuenschwander wie auch von anderen Autoren nicht gebührend unterschieden wird zwischen der schon vor Schweitzer erfolgten Entdeckung der allgemeinen eschatologischen Bestimmtheit der Gedankenwelt Jesu einerseits und der spezifischen Theorie Schweitzers andererseits, nach welcher auch Jesu Handeln ausschließlich eschatologisch ausgerichtet gewesen ist. Beide Male braucht von Schweitzer nicht unbedingt die Rede zu sein: dort nicht, weil die eigentliche Entdeckung nicht ihm zukommt, und hier nicht, weil Schweitzers »Entdeckung« keine wirkliche, gültige Entdekkung, sondern eine sehr bald ad acta gelegte Hypothese war. Daß dagegen Schweitzers »These, der Hauptteil des Bestandes der Evangelien nach Matthäus und Markus und insbesondere die Jesusworte seien als historisch zu beurteilen«, von heute aus gesehen als viel zu konservativ, »ja, veraltet« erscheint[862], wird von Neuenschwander nicht mehr bestritten.

Diese Stellungnahme bedeutet immerhin einen erheblichen Fortschritt, verglichen mit der erwähnten Werners und erst recht mit der von völliger Verkennung der Lage und von maßloser Überschätzung Schweitzers zeugenden weitverbreiteten Darstellung *Seavers*: »Als schöpferische Rekonstruktion des Lebens Jesu übertrifft Schweitzers Werk alle bisherigen wissenschaftlichen Versuche dieser Art und wird sich auch voraussichtlich auf Grund der zur Verfügung stehenden Quellenberichte nicht überbieten lassen.«[863] Würde sich dieses Urteil nur auf die Originalität und den imponierenden Eindruck dieser Theorie, sozusagen in ästhetischer Hinsicht, beziehen, so könnte man dem zustimmen. Es meint aber, daß Schweitzer der geschichtlichen Wirklichkeit nähergekommen sei als alle anderen, die sich um diesen großen Gegenstand bemüht haben, und insofern zeugt es von einer grotesken Ahnungslosigkeit. In Wahrheit muß man mit *Kümmel* feststellen, daß Schweitzers »psychologisch-pragmatische Konstruktion zweifellos sehr anfechtbar gewesen und als Ganzes nur von wenigen

---

[859] *Cullmann* (Parusie, S. 419) schreibt: bejahe.
[860] *Buri:* Schweitzer als Theologe, S. 18.
[861] *Neuenschwander:* Begegnung, S. 54. 53.
[862] *Neuenschwander*, S. 54.
[863] *Seaver:* Schweitzer, S. 196.
[864] *Kümmel:* Schweitzer, S. 15. – Konsequente Eschatologie, S. 328. Seinen reichhaltigen Aufsatz über »Die ›konsequente Eschatologie‹ Albert Schweitzers im Urteil der Zeitgenossen« (Heilsgeschehen, S. 328) eröffnet *Kümmel* mit dem Hinweis auf die Bemerkung *J. Hérings*, »daß die Mehrzahl der Thesen aus Schweitzers ›Geschichte der Leben-Jesu-Forschung‹ heute zum theologischen Gemeingut gehöre«, eine Bemerkung, die insoweit recht habe, »als die von A. Schweitzer aufgezeigte zentrale Bedeutung der End-

übernommen worden« ist[864]. Ja, der Sachverhalt wird damit eigentlich noch reichlich milde ausgedrückt. Schweitzers Konstruktion ist, wie man doch wohl sagen muß, nicht nur sehr anfechtbar, sondern insgesamt und in vielen Einzelheiten widerlegt, zu einem wesentlichen Teil gerade auch durch Kümmel. Einer der ersten Kritiker Schweitzers, *H. Weinel,* der bei Anerkennung der dem jungen Autor eigenen großen Begabung »fast alles in dieser Konstruktion falsch oder schief und überspannt« fand[865], dürfte damit rein sachlich in der Tat das letzte Wort behalten. Ein Urteil aus jüngster Zeit, von *F. W. Kantzenbach,* ist nicht mehr so engagiert und pointiert wie jenes, als die Theorie soeben das Licht der Welt erblickt hatte, eher distanziert, nüchtern, kommt aber auch nicht um die Feststellung herum: »Schweitzers historisch-theologische Forderung hat nur partielle Anerkennung erlangt. Kritische Einwände gegen die Durchführung seiner These überwiegen.«[866] Und so wäre auch die Tatsache, daß dieses Jesusbild nur von wenigen übernommen worden ist, noch zu ergänzen durch eine schon früher berührte, auf die zuerst Cullmann hingewiesen hat: von keinem einzigen Neutestamentler von Fach[867], wenigstens im Bereiche der deutschen Forschung.

Die fast allgemeine Ablehnung schließt nicht aus, daß Schweitzer »Dinge gemerkt und gesagt« hat, »die zwar unbequem sind, die aber nicht überhört werden können«[868]. Eine Anerkennung richtiger oder doch interessanter und erwägenswerter Einzelbeobachtungen steht jedoch auf einem ganz anderen Blatt als eine Zustimmung zu seiner Theorie im ganzen. Völlig zu Unrecht will umgekehrt *W. Bremi*[869] von umstrittenen Einzelurteilen bei Schweitzer seine »Gesamtschau«, seine »Hauptposition« unterscheiden, welch letztere sich angeblich »eine sehr weitgehende Anerkennung verschafft hat«, wobei diese Hauptposition mit Bultmanns These »Jesu Verkündigung ist beherrscht von dem Gedanken der unmittelbar bevorstehenden Gottesherrschaft« identifiziert wird. Gewisse Berührungen Bultmanns und seiner Schule mit Schweitzer sind allerdings, wie auch schon erwähnt, vorhanden[870]. Die Behauptung aber, daß in dieser Bultmannschen These die Hauptposition Schweitzers bestehe, ist ganz einfach falsch. Eine Apologie Schweitzers, die sich nicht einmal an seine Definition der konsequenten Eschatologie hält und seine wirkliche Hauptposition als ein nebensächliches Einzelurteil in den Hindergrund zu schieben sucht, ist allzu billig und auf jeden Fall durchaus nutzlos. Auf derselben Linie liegt die Äußerung *Babel*s, eigentlich die ganze neuere Theologie« habe den früher so umstrittenen Standpunkt von Albert Schweitzer in den Grundzügen übernommen[870a]. Damit wird dem Nichtfachmann Sand in die Augen gestreut. Anerkannt sind die nicht von Schweitzer stammenden Grundzüge der eschatologischen Auffassung, das meiste dagegen, was Schweitzer daraus gemacht oder dazu getan hat, ist der Ableh-

---

erwartung für die Verkündigung Jesu und des Paulus nicht mehr ernstlich in Frage gestellt wird«. Aber die Behauptung, daß die Mehrzahl der Thesen aus Schweitzers Jesus-Theorie heute zum theologischen Gemeingut gehöre, ist eben keineswegs zutreffend. Es läßt sich im übrigen fragen, ob Héring sich an der angeführten Stelle (Holtzmann, S. 25) wirklich auf die Mehrzahl der eigentlichen Thesen Schweitzers bezieht oder nicht vielmehr nur auf bestimmte Thesen wie etwa die, daß Jesus den Messiasbegriff vermeidet zugunsten des auf den Wolken des Himmels kommenden Menschensohns.

865 *Weinel:* Rezension, S. 244.

866 *Kantzenbach:* Schweitzer, S. 50.

867 *Cullmann:* Christologie, S. 47, Anm. — Vgl. von dems.: Parusie, S. 419.

868 *M. Barth:* Augenzeuge, S. 321, Anm. 209.

869 *Bremi:* Arbeit, S. 38 f.

870 Dabei ist vor allem an die Naherwartung und die Bedeutung der Parusieverzögerung in der Entwicklung über Jesus hinaus zu denken (vgl. *Cullmann:* Heil, S. 22 ff.).

870a *Babel* in Baur: Albert Schweitzer Gespräch 1967, S. 39.

nung verfallen. Aber wie oft muß das eigentlich noch gesagt werden, damit diese Vertuschungsmanöver endlich aufhören?

Wie wenig Schweitzers Theorie heute noch ernstlich zur Diskussion steht, zeigt sich etwa bei einem Forscher wie *U. Wilckens*, welcher mit der früher erwähnten Betonung der apokalyptischen Vorstellungswelt Jesu, namentlich im Hinblick auf den letzten Teil seiner Wirksamkeit und seines Geschicks, den allgemeinen Voraussetzungen der Schweitzerschen Sicht verhältnismäßig nahekommt und doch weit davon entfernt ist, dessen Gesamtlösung auch nur noch einmal zu erwägen.

Wie konnte man Schweitzers Leistung angesichts der starken Bedenken und durchschlagenden Einwände, die in diesem Abschnitt vorgeführt wurden, dermaßen überschätzen, wie es vor allem M. Werner, aber auch andere getan haben? Ist ein so positives Urteil irgendwie vereinbar mit der ablehnenden Stellungnahme der bedeutendsten Fachgenossen Schweitzers zur Zeit des Erscheinens seiner Leben-Jesu-Arbeiten? Hatte Schweitzer seine Thesen inzwischen ergänzt, berichtigt, gegen Angriffe gesichert und auf den neuesten Stand gebracht, oder hat sich umgekehrt die geistige Gesamtlage geändert und damit eine neue Beurteilung seiner Theorie angebahnt?

Was zunächst Schweitzer selbst betrifft, so hat er sich jedenfalls bis zuletzt im wirklich wesentlichen nicht geändert. Hätte er seine Thesen an einzelnen entscheidenden Stellen modifiziert, so wäre das in den Darlegungen dieses Abschnitts längst zu berücksichtigen gewesen. Ein Abrücken von der alten Gesamtkonzeption war bei Schweitzers Geistesart auch gar nicht zu erwarten, ja, es würde ihr völlig widersprochen haben. Man erinnere sich daran, daß die Kritik an seiner »Skizze« von 1901 und an der ersten Auflage des Leben-Jesu-Werks sich weitgehend einig war erstens in dem Bedauern über die Vernachlässigung der literarkritischen Methode und ihrer Ergebnisse, zweitens in dem Erstaunen über das auch bei Schweitzer zu beobachtende psychologisierende Verfahren, das er bei anderen so scharf verurteilt, und über den starken Einschlag der Phantasie hierbei, drittens in der Feststellung, daß, wie er Jesus gemäß einer dogmatischen Theorie handeln läßt, so auch bei Schweitzer selbst ein starkes systematisch-konstruktives Element in der Betrachtung enthalten ist, das sie geradezu beherrscht. »Der Systematiker übertrifft den Historiker«, hatte schon *G. Hollmann* in seiner Rezension der »Skizze« bemerkt[871], ebenso wie *Weinel* bei allen Einwänden sein Urteil über die Begabung des damals noch wenig bekannten jugendlichen Autors sehr bezeichnend dahin zusammenfaßt, daß dieser »nicht bloß phantasiereich und höchst temperamentvoll, sondern daß er auch verstandesmäßig sehr begabt« sei, nur liege »seine Begabung mehr nach der Seite systematisierender Logik als historischen Auffassungsvermögens, und die erstgenannten Eigenschaften überwiegen in ihm noch so stark, daß sie ihm die Ruhe des Urteils und den Blick für das Mögliche, auch

---

[871] *Hollmann:* Rezension, Sp. 467.

das Wissensmögliche rauben.«[872] Genau ein halbes Jahrhundert später sagt noch einmal *M. Goguel* von dem Exegeten Schweitzer, daß er mehr mit Intuition als methodisch, literarisch kritisch und historisch kritisch vorgehe. »Seine Stärke besteht in der systematischen Arbeit, nicht in der Analyse.«[873] Sie besteht auch nach *Picht* in der »rationalen Konstruktion«, Schweitzers Leistung ist ermöglicht »nicht durch eine überlegene Fähigkeit zur Erfassung geschichtlicher Vorgänge, sondern durch die Konsequenz seines rationalen Denkens«[874].[875] Nach *E. Barnikol* bekundet Schweitzers Vorrede zur 6. Auflage »deutlich, daß er von Anfang an mehr Systematiker« »als Historiker war«[876]. Einem solchen Manne des Temperaments, der Intuition einerseits, der systematischen Konstruktion andererseits liegt die Berücksichtigung der fortschreitenden historisch-kritischen Kleinarbeit in ihrer ganzen Breite fern. Während ein Forscher wie Bultmann zu seiner »Geschichte der synoptischen Tradition« ein Ergänzungsheft von 50 Seiten, das allein die neue Literatur verzeichnet, herausgab, in dessen Bearbeitung er sich mit einem anderen Forscher geteilt hat, weil das inzwischen erschienene einschlägige Schrifttum zu umfassend geworden ist, als daß ein einziger es aufzuarbeiten vermöchte, ließ Schweitzer sein Werk immer wieder in unveränderten Nachdrucken, nur einmal durch die soeben erwähnte Vorrede von 1950 ergänzt, hinausgehen. Das hängt bei ihm gewiß vor allem mit seinem so andersartigen, ihn voll beanspruchenden Beruf und dessen Schauplatz, weit abgelegen von einer wissenschaftlichen Bibliothek, zusammen. Es liegt aber auch und vielleicht noch mehr am Typus. In der zweiten Auflage hat er wohl die Darstellung der Leben-Jesu-Literatur fortgesetzt, ohne jedoch, abgesehen von wenigen stillschweigenden leichten Änderungen des Textes, in eine Auseinandersetzung mit der Kritik an seiner eigenen Auffassung einzutreten, und so wenig etwa ein Gundolf auf den Gedanken gekommen wäre, unter Anknüpfung an kritische Äußerungen Änderungen an seinem »Goethe« vorzunehmen, so wenig scheint Schweitzer jemals ernstlich eine verbesserte Neubearbeitung seines Jesusbildes ins Auge gefaßt zu haben[877].

---

872 *Weinel:* Rezension, S. 244.
873 *Goguel:* L'exégète, S. 149.
874 *W. Picht,* S. 240.
875 Genau umgekehrt urteilt sonderbarerweise *M. Schmidt* (Schweitzer, S. 200): In Schweitzer »war der Sinn für schlichte historische Beobachtung stärker ausgebildet« als das »eminente logische Raisonnement, das Wrede kennzeichnete«. Das trifft sicher nicht zu.
876 *Barnikol:* Leben, S. 146.
877 Wie Schweitzer selbst hielt auch sein ältester Anhänger *Martin Werner* die Lösung der konsequenten Eschatologie bis in die Einzelheiten für endgültig und keiner Änderung bedürftig. Sein erstes Hauptwerk, »Die Entstehung des christlichen Dogmas«, 28 Jahre nach Schweitzers »Geschichte der Leben-Jesu-Forschung« erschienen, übernimmt dessen Thesen ohne Einschränkung und ohne jedes Zugeständnis an die inzwischen geübte Kritik. Die zweite Auflage (1954) ist unverändert, und sein zweites Hauptwerk, »Der protestantische Weg des Glaubens« (Bd. 1, 1955, S. 104 f.), zeigt dasselbe unbeirrte Festhalten an Schweitzers Auffassungen im ganzen und im einzelnen.

Wenn man somit von einer Entwicklung der wesentlichen Ansichten Schweitzers nicht sprechen kann, hat sich dann vielleicht die Einstellung unserer Zeit, gemessen an der des beginnenden Jahrhunderts so sehr geändert, daß eine viel günstigere Beurteilung der Schweitzerschen Thesen, wie sie in dem Urteil Werners kulminiert, dadurch erklärt werden kann? Jedenfalls meint *Goguel*, daß die These der konsequenten Eschatologie jetzt gewiß viel mehr Anhänger besitzt als vor einem halben Jahrhundert[878]. Daß nicht sachliche Mängel der Schweitzerschen Hypothese, sondern Vorurteile der Fachgenossen schuld an dem von vornherein festzustellenden Ausbleiben der Zustimmung und Anerkennung waren, könnte *Kümmels* Darlegung der Sachlage vermuten lassen: »In dem Augenblick, in dem Schweitzers eschatologisches Jesusbild sich Beachtung erzwang, widersprach doch die Fremdheit des ganz in die jüdische Apokalyptik hineingestellten Jesus so sehr den hergebrachten Vorstellungen, daß auch kritisch eingestellte Forscher darin eine unhistorische Verzeichnung der Wirklichkeit sahen.«[879] Kümmel hebt auch hervor, daß die heutige neutestamentliche Forschung, »ganz anders bejahend zu Schweitzers Jesus- und Paulus-Deutung steht als einst die Zeitgenossen seiner Privatdozentenzeit«[880], und er führt diese Änderung des Urteils in der Tat auf Veränderungen des Bewußtseins der Zeit zurück, auf den »Zusammenbruch des liberalen Weltoptimismus und des konservativen Geschichtspositivismus« nach dem Ersten Weltkrieg sowie auf das Abrücken vom Naturalismus, das wachsende Verständnis für die Sachverhalte der Geschichtlichkeit und Existenz[881]. Mit dieser angeblich günstigeren neueren Beurteilung Schweitzers und ihrer Erklärung durch die veränderte geistige Lage verhält es sich jedoch nicht ganz so einfach.

Einmal wäre darauf hinzuweisen, daß Änderungen im Zeitbewußtsein wohl für das Verständnis des eschatologischen Denkens im allgemeinen von großer Bedeutung gewesen sein mögen und sicherlich sind, kaum aber für die wissenschaftliche Beurteilung und Geltung der Konstruktion und Argumentation im einzelnen den Ausschlag gegeben haben. Was von Holtzmann, Jülicher, Wernle, Weinel u. a. seinerzeit als durchaus falsch und unmöglich aufgezeigt worden ist, kann nicht später von Werner oder gar allgemein mit ebensoviel Recht für im wesentlichen zutreffend gehalten werden. Entweder waren jene im Irrtum mit ihrer Kritik oder es sind diejenigen, die heute weitgehend zustimmen zu können meinen. Von zwei einander entgegengesetzten Urteilen kann höchstens eines wahr sein, und wahr ist nicht immer das am meisten im Zuge der Zeitströmung liegende. Gewiß waren Schweitzers Kritiker zum Teil von einer gewissen Abneigung gegen sein eschatologisches Jesusbild erfüllt, aber mit ihrer Kritik, die hier mit voller Absicht so ausgiebig

---

878 *Goguel:* L'exégète, S. 143.
879 *Kümmel:* Das NT, Geschichte, S. 306.
880 *Kümmel:* Konsequente Eschatologie, S. 338.
881 S. 338 f.

herangezogen wurde, hatten sie ganz unabhängig von dieser Abneigung sachlich im wesentlichen recht. Nicht also die Stimmung und Strebungen des Zeitalters, die mangelnde Aufgeschlossenheit der Kritiker für das neue Jesusbild, sondern dessen nachweisbare Fehler sind der Hauptgrund für die Ablehnung der Schweitzerschen Lösung. Vor allem aber ist in diesem Zusammenhang noch einmal zu betonen, daß nicht deutlich genug unterschieden werden kann zwischen der Einsicht in die große Bedeutung der eschatologischen Erwartung für Jesus und seine Anhänger überhaupt einerseits und den Eigentümlichkeiten der Theorie der konsequenten Eschatologie andererseits. Die Erkenntnis der Bestimmtheit Jesu und des ganzen Urchristentums durch das eschatologische Denken hat sich zwar auch nicht völlig, aber doch weitgehend durchgesetzt, während umgekehrt die Theorie Schweitzers, im engeren Sinne, d. h. fast alle Besonderheiten seiner Auffassung eben überwiegend und mit vollem Recht von Anfang an abgelehnt worden sind und auch später wie gesagt nur wenige Anhänger gefunden haben. Diese Unterscheidung ist auch nicht etwa das Ergebnis einer erst allmählich eingetretenen Klärung der Sachlage, sie kommt vielmehr schon in jener bereits an anderer Stelle genannten frühen Besprechung der »Skizze« durch *G. Hollmann* besonders klar zum Ausdruck, indem der Rezensent den in der stärksten Betonung des eschatologischen Gesichtspunktes liegenden Grundzug des von Schweitzer gezeichneten Jesusbildes durchaus billigt, dabei aber eigentlich sämtliche Einzelheiten als Paradoxien bezeichnet und den entscheidenden Gedankengang in allen Hauptpunkten für unrichtig erklärt[882]. Dem entspricht die Feststellung Goguels, daß der Sieg der eschatologischen Anschauung nicht durch die konsequente Eschatologie herbeigeführt worden ist[883], wie auch *J. M. Robinson* treffend bemerkt, daß das, was Schweitzer zu Weiß hinzugesetzt hat, »gerade das« war, was »die neutestamentliche Wissenschaft des zwanzigsten Jahrhunderts wieder abziehen mußte«[884].

Ferner aber dürfen Schweitzers Jesus- und seine Paulusauffassung bei der Beurteilung nicht einfach zusammengefaßt werden. Wenn von der heutigen höheren Schätzung der Schweitzerschen Jesus- und Paulusauffassung die Rede ist, so gilt dies für seine Jesustheorie doch nur sehr teilweise. Soweit die positivere Einstellung auch ihr zugute kommt — so wäre jene Feststellung (z. T. in Übereinstimmung mit *Kümmels* eigenen Darlegungen[885]) weiter einzuschränken —, bezieht sie sich vorwiegend auf die (nicht von Schweitzer entdeckte und nicht nur von ihm vertretene) allgemeine Bedeutung der Eschatologie, während die speziellen Thesen seiner Konstruktion nicht nur kein uneingeschränktes Ansehen besitzen, sondern (im Unterschied von Kümmels Behauptung in dem genannten

---

882 *Hollmann:* Rezension, Sp. 467 f.
883 *Goguel:* L'exégète, S. 150.
884 *Robinson:* Einführung, S. 16.
885 *Kümmel:* Konsequente Eschatologie, S. 328.

Zusammenhang, aber in Übereinstimmung mit seinen anderen schon erwähnten Ausführungen und vor allem in Übereinstimmung gerade und besonders mit seinen eigenen Forschungsergebnissen) nicht einmal mehr als eine verhältnismäßig gut begründete Hypothese angesehen werden können. Nachdem schon die Kritik im ersten Jahrzehnt unseres Jahrhunderts das Schweitzersche Jesusbild aus guten Gründen nachdrücklich abgelehnt hat, ist es nach rund 70 Jahren durch die inzwischen eingetretenen Veränderungen in der Lage der Probleme und im Stand der Methoden vollends unmöglich geworden. Nicht nur haben Schweitzers Thesen sich im einzelnen als unhaltbar erwiesen, sondern, was viel mehr bedeutet, es hat sich inzwischen die Erkenntnis durchgesetzt, daß man in diesem Bereich überhaupt nicht in einer derartigen Weise vorgehen: argumentieren und konstruieren kann. Die Zeit, den Markustext so weitgehend als maßgeblich hinzunehmen und zur Grundlage für die Zeichnung des Auftretens Jesu bis in die Chronologie und Topographie hinein zu machen, war endgültig vorüber. Es gehörte schon die ganze Begabung Schweitzers dazu, um ein solches Unternehmen, unter Zurhilfenahme des Matthäus, überhaupt noch einmal durchzuführen. Aber annehmbar ist es auch durch ihn nicht geworden. Wrede war in seiner Kritik vielleicht zu weit gegangen, doch läßt sich seine Skepsis trotz aller gegen sie gerichteten scharfsinnigen Gegenargumente Schweitzers nicht wieder rückgängig machen. Wenn einst jemand darangehen sollte, Schweitzers »Geschichte der Leben-Jesu-Forschung« fortzusetzen, so wird sich zeigen, daß dessen eigene Hypothese ein Nebengleis darstellt, während die Hauptstrecke über Wrede zu der heute erreichten Station führt[886]. Als das wohl bedeutendste Werk der Evangelienforschung hat deshalb *Bultmann* Wredes Buch über das Messiasgeheimnis bezeichnet[887]. *Tödt* gibt nur einer inzwischen nahezu Allgemeingut gewordenen Ansicht Ausdruck, wenn er sagt: »Die Ergebnisse der formgeschichtlichen Erforschung der Evangelienstoffe verwehren uns eine Auslegung, die sich auf die Annahme stützt, daß der Markus-Aufriß im wesentlichen historisch ist; denn daran kann kein Zweifel sein«, »daß der Aufriß selbst von theologischen Gesichtspunkten bestimmt ist – unbeschadet aller Überlegungen, ob nicht gewisse Züge im Markus-Aufriß mit dem historischen Ablauf der Geschehnisse übereinstimmen.«[888] Damit aber ist das Urteil über Schweitzer gesprochen. Sein kühner Versuch, der aus der Not eine Tugend macht – von allen seinen Gedanken wohl der originellste und gewagteste –, die dogmatischen Elemente der Berichte, in deren Eliminierung einer der wichtigsten methodischen Grundsätze der

---

[886] Das überraschend günstige Urteil *Cullmanns* (Auffassung, S. 643), der Schweitzers Bedeutung für die Geschichte der Theologie des 20. Jahrhunderts darin sieht, daß er »die neutestamentlichen Hauptprobleme jedenfalls gestellt« hat, erscheint insofern doch als nur sehr teilweise richtig.
[887] *Bultmann:* Erforschung, S. 14.
[888] *Tödt:* Menschensohn, S. 253.

historisch-kritischen Forschung besteht, im Gegenteil als historisch zu nehmen und geradezu als Leitfaden für die Ermittlung des Geschehens zu benutzen, war eben doch von Grund auf verfehlt. Seine Durchführung hat die Reihe der Jesusbilder um ein höchst eigenartiges bereichert, aber er hat zugleich vom Wege der methodisch gesicherten Forschung abgeführt. In der Lösung der konsequenten Eschatologie werden, wie *Robinson* feststellt, »auf Schritt und Tritt« »entscheidende Dinge für historisch erklärt, deren Historizität heute nicht einmal mehr die gemäßigte Kritik behaupten möchte«[889].

Daß ein Forscher, der über einen so ausgeprägten kritischen Scharfsinn und eine so genaue Kenntnis der bisher geleisteten Arbeit mit ihren Mängeln und Fehlern verfügte, selber eine derart unkritische Lösung des Problems ersinnen konnte und gegen alle Einwände unbeirrt aufrechthalten zu müssen meinte, ist eine höchst sonderbare Tatsache, die der Erklärung bedarf. Auf einen Grund hat wiederum *Robinson* hingewiesen: Schweitzer hielt seine Rekonstruktion des Lebens Jesu für objektiv, »weil er die für die damalige Forschung charakteristische Modernisierung Jesu vermieden zu haben glaubte«[890]. Aber er setzte der Modernisierung ohne weiteres eine Archaisierung entgegen, anstatt vor einer Ausarbeitung des Inhalts zunächst die grundlegende methodische Frage hinreichend zu klären, »ob die Quellen überhaupt als Material für eine chronologische Biographie in Frage kommen«[891]. Dieser Umstand, daß Schweitzer die Berichte als, wenn auch unzusammenhängende, Berichte im eigentlichen Sinne nehmen zu dürfen meinte, daß er sie gewissermaßen in einer Ebene vor sich ausbreitet und das Geschehen teils aus ihnen abliest, teils durch Konstruktion aus ihnen gewinnen will, wobei er sich gleichsam immer in einer und derselben Dimension bewegt, ist das, was heute allzu einfach, merkwürdig flach, so erstaunlich positivistisch anmutet und von Grund auf zu beanstanden ist: das Fehlen des Blicks für die Vielschichtigkeit der Quellen, für die Notwendigkeit, zum gesuchten Gegenstand entweder durch das mit ihnen gegebene Medium, soweit es möglich ist, erst hindurchzustoßen, oder aber, wo dies nicht gelingt, sich zu bescheiden. Die Selbstverständlichkeit, mit der dieser Leben-Jesu-Forscher die Quellen vertrauensvoll handhabt, wie er sie kombiniert, gelegentlich auch durch Umstellungen seiner Deutung nachhilft und wie er vor allem die ganze so fruchtbare Unterscheidung verschiedener Schichten der Überlieferung völlig ignoriert, ist das, was bei allem sich darin aussprechenden Geist und Tiefsinn eigentümlich naiv und ganz und gar antiquiert wirkt, so daß man in gewisser Hinsicht sagen kann: Schweitzer »wurde so selber zu einem der letzten Vertreter der im 19. Jahrhundert üblichen Auffassung der Quellen«[892]. Aber so richtig dies ist, muß sogleich hinzu-

[889] *Robinson:* Einführung, S. 15.
[890] *Robinson:* Kerygma, S. 97.
[891] ebd.
[892] ebd.

gefügt werden, daß diese Auffassung der Quellen auch schon im 19. Jahrhundert und sogar in Schweitzers nächster geistiger Umwelt weitgehend überwunden worden war.

Andererseits bleibt es natürlich wahr, daß er einen entscheidend wichtigen schwachen Punkt der historisch-kritischen Forschung zur Zeit seiner Anfänge richtig erkannt hat, eben die Unterschätzung des eschatologischen Elements. Insoweit war seine Kritik berechtigt, und hier lernte die übrige Forschung hinzu, auch, wenn nicht sogar vor allem, von ihm. *Robinson* ist es wiederum, der das »problemgeschichtliche Paradox« erwähnt, »daß Wrede literarkritisch recht hatte, wenn er das Messiasgeheimnis von der markinischen Theologie ableitete, und Schweitzer historisch-kritisch, wenn er den eschatologischen Charakter von Jesu Auftreten feststellte«[893]. Und doch erscheint auch hier wieder eine Einschränkung angebracht. Es dürfte kaum übertrieben sein, wenn man ein wenig zugespitzt sagt: Was an der eschatologischen Auffassung Jesu wahrscheinlich richtig ist, stammt in der Hauptsache nicht von Schweitzer; was von Schweitzer stammt, ist überwiegend sicher nicht richtig[894]. Die Intervention eines genialen Einzelgängers hat die methodische Arbeit der im allgemeinen sehr viel nüchterner und weniger großzügig vorgehenden, auch weniger sensationell gestimmten übrigen Forschung auf die Dauer nicht aufzuhalten vermocht. Schweitzer war überzeugt, die »modern-historische« Auffassung Jesu in entscheidenden Zügen erledigt zu haben; tatsächlich aber hat sie ihn überlebt. Seine Jesustheorie ist heute nicht mehr diskutabel. Sie mutet darüber hinaus geradezu abenteuerlich an. Abenteuerlich ist ihr Gehalt, ihr Gegenstand: dieser extravagante dem Rad der Geschichte in die Speichen fallende Jesus. Abenteuerlich ist aber auch die Methode, mit der diese Theorie erarbeitet wurde: das Aufpfropfen eines radikalrevolutionären Reises auf einen konservativen Baum. So hat Schweitzer mit seinem Unternehmen nicht nur Jesus zum Abenteurer gemacht, er ist dabei auch selbst ein wissenschaftlicher Abenteurer geworden.

Wie sehr man indessen das so entstandene Jesusbild bedauern mag und so wenig seine Begründung wissenschaftlich befriedigt, könnte ihm nicht dennoch ein gewisses Recht zukommen im Hinblick auf den durch Schweitzers Konstruktion hergestellten geschichtlichen Zusammenhang, wie er besonders von *Werner* gerühmt wurde? Oder richtiger gesagt: zugestanden, daß auch dieser von Schweitzer hergestellte Zusammenhang der Geschehnisse nicht zu entschädigen vermag für die unzureichende Begründung in literarkritischer Beziehung, ist er nicht trotzdem, von besonders anfechtbaren Einzelheiten abgesehen, im großen und ganzen außerordentlich beachtlich? Wo alle jene kritischen Fragen nie mit letzter Gewißheit entschieden werden können, muß da nicht der Versuch erlaubt sein, einmal zu erkunden, wie weit man kommt, indem man sich entschlossen über sie hinwegsetzt? Und hat es sich denn nicht, als Experi-

---

893 *Robinson:* Einführung, S. 16.
894 Vgl. das auf S. 253 angeführte Urteil *Robinsons.*

ment genommen, schließlich doch gelohnt? Zieht Schweitzer, wenn er beschreibt, wie Jesus die letzte Ernte auf Erden reifen sieht, uns nicht in den Bann dieser unerhörten eschatologischen Spannung, und ist nicht der Ablauf der Ereignisse von einer inneren Logik erfüllt, die es trotz aller Bedenken verbietet, in dem Ganzen nur eine der ungezählten verfehlten Deutungen zu sehen? Könnte man nicht geradezu sagen: Für den Fall, daß Schweitzers Lösung im wesentlichen richtig ist, wäre es angesichts der schwierigen Sachlage keineswegs erstaunlich, daß sie, am kritischen Maßstab gemessen, nicht besser bewiesen werden kann; unter der umgekehrten Voraussetzung jedoch, daß sie falsch ist, muß man sich darüber wundern, wieviel sie immerhin erklärt, wie manche einzelne Elemente und Daten hier zueinander passen und sinnvoll ineinanderfassen. Gewiß also: man vermag nicht zu beweisen, daß es so gewesen ist. Aber wo kann man das überhaupt im Dämmerlicht so weit zurückliegender Zeiten und zumal auf einem Felde, das von gesteigerten Glaubenserwartungen beherrscht wird und wo an historisch getreue Berichte gar nicht zu denken ist? Der Nachweis, daß es nicht so gewesen ist oder gar sein kann, läßt sich doch wohl auch nicht führen. Bleibt also nicht die Möglichkeit, daß es sich in großen Zügen so oder ähnlich wenigstens teilweise verhalten hat, immerhin offen? Was die Terminfrage betrifft, so gibt auch ein die Naherwartung im Gegensatz zur Nächsterwartung betonender Forscher wie *Kümmel* zu, daß die Gottesherrschaft gemäß der Verkündigung Jesu jeden Augenblick hereinbrechen konnte. Wenn dem so ist, wer will dann behaupten, daß Jesus, während er zeitweise vielleicht mit einer größeren Frist rechnete, nicht zu anderer Zeit das Ende als unmittelbar bevorstehend ansehen konnte? Und zugegeben, daß die aktive Mitwirkung an der Herbeiführung der Gottesherrschaft eine nicht zu belegende Konzeption ist, muß man es deshalb für ganz unmöglich halten, daß eine innerlich unabhängige geistesmächtige, alle gewohnten Grenzen des Denkens und Handelns überschreitende Persönlichkeit eine derartige Idee erdacht und zu realisieren versucht hat? Hat Schweitzer nicht jedenfalls alles getan, was er tun konnte und was man angesichts der Unmöglichkeit, über das Wesentliche des Menschen Jesus mit historisch-kritischen Mitteln letzte Gewißheit zu erreichen, überhaupt verlangen kann, indem er eine Möglichkeit so zu durchdenken und auszubilden unternahm, daß sie Gestalt zu gewinnen scheint?

Sein Irrtum wäre dann nur der gewesen, daß er diese Möglichkeit als Wirklichkeit, als historische Erkenntnis ausgab, anstatt sie als Dichtung einzuführen, als einen denkbar gründlich vorbereiteten historischen Roman, der ohne Zweifel alle Leistungen auf diesem Gebiet in den Schatten stellt. »Verblüffende Originalität eignet dem Roman allerdings, den uns Schweitzer« »als das Resultat seiner Leben-Jesu-Studien anbietet«, das erkennt auch sein erbittertster Gegner, *Adolf Jülicher*, an[895]. »Nur

[895] *Jülicher:* Linien, S. 3 f.

als Erzeugnis einer lodernden Phantasie und eines starken Willens erweckt« diese Konstruktion »Interesse. Der Jesus, den Schweitzer als den Jesus der Evangelien verkündet, ist seinem Kopfe entsprungen, vorher fertig gewesen, ehe er in die Kleinarbeit an den Quellen eintrat; und bewunderungswürdig ist bloß die Kunst, mit der unser Autor sein seltsames Gespinst aus Fäden alter Überlieferung komponiert.«[896] Der möglichst exakte wissenschaftliche Historiker glaubte, mit diesen Worten ein literarisches Todesurteil auszusprechen. Aber so sehr er sachlich an sich recht hat, vielleicht ließe sich dem im Zusammenhang der hier angestellten Betrachtung eine etwas andere Wendung geben. Gewiß ist die Phantasie an dieser Schöpfung wesentlich beteiligt[897], und in der Neigung, die Texte als Ganzes zu nehmen, ohne bei jedem Vers aufs neue literarkritische Erwägungen anzustellen, kommt ebenfalls die Einstellung des Künstlers zum Ausdruck. In diesem Zusammenhang muß auch noch einmal an den stark subjektiven Einschlag in Schweitzers Jesusbild erinnert werden. Nicht ohne Grund hat man gefragt: »Trägt dieser heroische Jesus, dieser ›Moralist und Rationalist‹, der unbeirrt für die sittliche Vollendung eintritt und die Welt mit seiner mitleidigen Liebe umfängt, nicht einige Züge, die wir in der Biographie Schweitzers wiederfinden?«[898] Diese Frage kann kaum mehr eine Frage sein. In der Tat, wie ein Dichter hat Schweitzer beim Schaffen seines Jesusbildes in die eigene Brust gegriffen. Und zu dieser subjektiven Einstellung des Dichters gehört auch, daß Schweitzer durchweg die Augen vor anderen objektiv in Betracht kommenden Möglichkeiten verschließt, alles auf eine Karte setzt und sich unter Umständen sehr gewagten, um nicht zu sagen, völlig unkritischen Deutungen und Annahmen überläßt. Intuitiv-dichterisch ist die Grundidee, die Überführung der eschatologischen Erwartung in den Bereich der Aktivität, dichterisch ist die großzügige, dabei doch bis in die konkreten Einzelheiten sorgfältige Ausführung des Bildes, dichterisch auch die Bestimmtheit und Selbstverständlichkeit, die suggestive Art, mit der diese neuartige Auffassung unter Verkennung ihres äußerst problematischen Charakters vorgetragen wird. Und neben der Phantasie wurde von Jülicher sehr richtig auch der starke Wille hervorgehoben, der hier mit im Spiele ist. Wie der Schöpfer dieser Jesusgestalt ihr seinen eigenen unbändigen Willen einhaucht, so ist der Wille es auch, der die Möglichkeit zur Wirklichkeit erhebt, aus der Vermutung die bestimmte Aussage macht, eine bestenfalls sehr gewagte Hypothese als bewiesene Theorie in Kraft setzt, den geschichtlichen Roman als historische Erkenntnis proklamiert. Der Phantasiemensch und der Willens-

[896] S. 5.
[897] Von dem »höchst merkwürdigen Produkt eines phantasiereichen, von den kritischen Sorgen der anderen nicht angekränkelten Geistes« spricht auch *Spitta* (Streitfragen, S. 133), und von einer »phantastisch-genialen Konzeption« *H. J. Ebeling* (Parusieverzögerung, S. 25).
[898] *Roloff:* Schweitzer, S. 168.

mensch in Schweitzer haben sich zu diesem Werk vereinigt, der Künstler und der Moralist haben es gleichermaßen geschaffen. Nicht, daß Schweitzer nicht mehr begründet und erwiesen hat, ist sein Fehler — müßte man also sagen —, sondern nur dies, daß er sich in der Tonart vergriffen, in dem erkenntnismäßigen Vorzeichen geirrt hat und nicht einsehen wollte bzw. schließlich kaum mehr daran dachte, daß nach seinen eigenen methodischen Voraussetzungen und Richtlinien anderes und mehr als Hypothesen und phantasievolle Deutungsversuche hier gar nicht möglich ist. Das Leben Jesu kann auf Grund der literarkritischen Sachlage nur noch in sehr beschränktem Maße als Gegenstand der Forschung im eigentlichen Sinne gelten. Sofern es nicht mit den Augen des gläubigen Christen oder mit denen des genügsameren Historikers betrachtet wird, muß der Dichter das letzte Wort behalten.

Freilich, so berechtigt es sein mag, die Sache auch einmal von dieser Seite zu sehen, für sich allein wäre das Gesagte allzu einseitig und durchaus unzureichend. Mögen auch Phantasie und Wille dieses Jesusbild mitgeschaffen haben, es liegt schließlich doch nicht so, daß der Forscher in Schweitzer resigniert und dann der Dichter jenem die Feder aus der Hand genommen hätte. Er fabuliert nicht nur nicht ins Blaue hinein, auch der Vergleich mit einem wissenschaftlich außergewöhnlich gründlich vorbereiteten historischen Roman würde den Sachverhalt nicht entfernt treffen; denn der Romanschriftsteller, auch wenn er alle verfügbaren Kenntnisse gesammelt und verarbeitet hat, betätigt sich doch viel freier, ungebundener, als es bei Schweitzer der Fall ist. Der geschichtlich ernsthaft interessierte Romancier gesteht dem Wissen in der Regel nur eine mehr dienende Rolle zu; bei Schweitzer ist die Mitwirkung der Phantasie zwar unverkennbar, aber Ausgangspunkt und Ziel bleiben überwiegend wissenschaftlicher Art: auf Wahrheit gerichtet, Erkenntnischarakter beanspruchend, vor allem im Tenor der Formulierung von Thesen und Ergebnissen. Er beschäftigt sich mit dem Stoff, nicht um sich anregen zu lassen, die Atmosphäre zu studieren, dankbare Motive zu finden, sondern um der Sache, der Probleme selbst willen. Und dementsprechend ist das Ergebnis entscheidend nicht danach zu bemessen, als wie eigenartig die Konzeption und wie kraftvoll und farbig die Gestaltung sich ausnimmt, sondern in welchem Grade Probleme gesehen und gelöst werden, die anderswo nicht als solche erkannt oder nicht befriedigend behandelt worden sind. Ein Axiom bedeutet es für Schweitzer namentlich, »daß die Studien über die Predigt, die Psyche und das Selbstbewußtsein Jesu nur dann als wirklich ›sachlich‹ anzusehen sind, wenn sie sämtliche Tatsachen des öffentlichen Auftretens Jesu in Betracht ziehen und sie zu erklären suchen. Wo dies nicht geschieht, handelt es sich um historische Rechnungen, bei denen die Probe auf Richtigkeit unterlassen wird«[899]. Nicht also nur Eigenart, Tiefe, lebendige An-

[899] LJ S. 590.

schauung und Vielgestaltigkeit verlangt Schweitzer von dem zu zeichnenden Bilde, sondern vor allem sachliche Richtigkeit, Wahrheit. Eben weil hier nicht nur eine eigentümliche künstlerische Intuition und Phantasie, sondern auch ein großes Wissen, eminenter Scharfsinn und eine unerhörte Konsequenz am Werke sind und weil das Bild nicht nur genial angelegt, sondern auch ungemein reichhaltig in den Einzelheiten ausgeführt ist, mag es auf manchen weder gläubig noch ausgesprochen kritisch eingestellten Leser überzeugend wirken. Gerade die Verbindung von erkenntnismäßiger Einstellung und Phantasie, von Wissenschaft und Kunst, von Forschung und Dichtung, wobei jene Ziel und Anspruch bezeichnet, diese Hilfsstellung gibt, ist es, die dem Gegenstand so besonders angemessen zu sein scheint.

Indessen, sowenig man selbstverständlich die erkenntnismäßige Zielsetzung außer acht lassen darf, um Schweitzers Arbeit gerecht zu werden, unter dem Gesichtspunkt der Geltung muß es nach allem bei dem Urteil bleiben, daß er die Möglichkeiten des experimentierenden Konstruierens auf diesem Gebiet bei weitem überzogen hat. Dieses eben doch gelegentlich beinahe ins Fabulieren übergehende Schaffen hat gewiß die unvergleichliche Originalität seines Jesusbildes zustande gebracht, diesem aber rein wissenschaftlich gesehen schwer geschadet. Auch Dichtung und Wissenschaft sind zwei Herren, denen man nicht zugleich dienen kann. Schweitzer hat von seinem Lehrer Holtzmann gesagt, er sei Kritiker und Künstler zugleich gewesen[900]; von ihm selbst gilt dies sicherlich in noch weit höherem Grade. Bei Holtzmann war die beherrschende Rolle des wissenschaftlichen Moments doch nie zweifelhaft, in Schweitzer scheint trotz des wissenschaftlichen Charakters seines Anliegens und Anspruchs bei der Arbeit selbst manchmal der Dichter den Ausschlag zu geben. Jedenfalls ist dieses Jesusbild ein Zwitter geworden: keine überzeugende historische Leistung im methodisch-wissenschaftlichen Sinne und trotz starker künstlerischer Einschläge doch auch keine wirkliche Dichtung. Dennoch bleibt seine Konstruktion in Anlage und Durchführung großartig. Auch wer sie historisch-kritisch gesehen ablehnt — und das ist nach allem unvermeidlich —, wird sie bewundern müssen. Sie geht weiter, erscheint viel gewagter und prekärer als das vor allem von Johannes Weiß begründete übliche eschatologische Bild. Und ihr wird nicht damit Genüge getan, daß man sie entweder an dem Ansehen, das Schweitzer sich durch sein Wirken auf anderen Gebieten erworben hat, ohne weiteres teilnehmen läßt[901], oder daß man sich umgekehrt darauf beschränkt, den schockierenden Eindruck zu beschreiben, den manche Leute von ihr empfangen haben. Sie verlangte eine zum Teil ins Einzelne gehende Prüfung, aber auch bei entschiedener Ablehnung eine Würdigung, die

---

[900] PF S. 89.
[901] Vgl. *Michaelis:* Herr, S. 76.

nicht nur Bedenken und Einwände erhebt und Fehler für Fehler registriert, sondern auch für das Imponierende dieser Schau offen ist.

Worin besteht das ganz Besondere der Schweitzerschen Leistung? Erstens und vor allem ist hier der allgemeine Charakter seines Jesusbildes zu nennen. Anstatt der statisch wirkenden Gestalt des Gottmenschen der Kirchenlehre, dessen von vornherein feststehende ewige Bedeutung sich in seinem Leben, Sterben und Auferstehen nur noch zu erweisen hat, und anstatt des nicht minder statisch und ein wenig blaß anmutenden humanistischen Propheten der liberalen Theologie mit seinen idealen, aber teils nicht sehr profilierten, teils nicht mehr recht aktuellen Verheißungen und Forderungen sehen wir hier einen Menschen, an dem alles Eigenart, Dynamik, Spannung, Bewegung ist: schon die eigentümliche Spannung zwischen seinem abenteuerlichen Bewußtsein, zum Menschensohn bestimmt zu sein, und der zunächst erstrebten und längere Zeit durchgehaltenen Geheimhaltung dieses Bewußtseins, dazu die unerhörte Spannung, die durch die Nähe des stündlich erwarteten Weltendes entsteht, und die jene noch weiter steigernde Spannung, welche mit der Überführung der Vorstellung und Erwartung in die Sphäre des Handelns verbunden ist, und dann schließlich die plötzliche Aufhebung aller dieser Spannungen, der offene Anspruch und das totale Fiasko, wie es in so schonungsloser Härte kein anderer Theologe beschrieben hat.

Dazu kommt zweitens das Absehen vom Wertmoment bei seiner gleichzeitigen Aufrechterhaltung. Sieht man von dem Typus des möglichst objektiv vorgehenden, emotional unbeteiligten Historikers ab, der Jesus wie jeder anderen geschichtlichen Persönlichkeit gegenübertritt, so finden wir die einen, gläubig oder doch verehrungsvoll zu ihm aufsehend, einen ihnen nahe- und zugleich hochstehenden Jesus zeichnen, während einige andere, mit ihm zerfallen, ohne Hemmung ein von der Ablehnung bestimmtes Bild mit einer Häufung ungünstiger Züge malen. Schweitzer war, wie *E. Brock* bemerkt hat, »der erste an Jesus existentiell Interessierte«, »welcher seiner geschichtlichen Gestalt voll ins Auge schaute, ohne zuvor zu fragen, was danach aus jenem Interesse werden würde«[902], ja, noch weit mehr: ein Theologe, der Jesus liebt, und unermeßlich hoch stellt und sich doch nicht genugtun kann in seiner Verfremdung zum wie von einer fixen Idee besessenen Fanatiker, dessen Glauben, Hoffen, dessen ganzes Leben und Handeln von der Wirklichkeit widerlegt und vernichtet wird. Das hatte es noch nicht gegeben, das macht Schweitzers Leistung wirklich einzigartig.

Einzigartig ist aber noch etwas Drittes. Es soll hier nicht noch einmal auf das merkwürdige Nebeneinander von sehr konservativer Haltung gegenüber den Fragen der Texte und der Literarkritik einerseits, der revolutionären, äußerst radikalen Beurteilung und Zeichnung des geschichtlichen Sachverhalts selbst andererseits eingegangen werden. Aber

---

902 *Brock:* Schweitzer.

dieses Nebeneinander, das nicht nur sehr auffällig, sondern auch verdächtig ist, weil darin eine gewisse Willkür erscheint, hängt mit einem Umstand zusammen, um den es an dieser Stelle geht: das wiederum sehr sonderbare Zusammenkommen eines großen Fachwissens und hervorragenden kritischen Scharfsinns mit einer Unbedenklichkeit, Leichtfertigkeit und auch Willkür, die an Dilettantismus zu grenzen scheinen, ja, sich ihm in der Tat nähern; denn der Vorwurf des — freilich wirklich genialen — Dilettantismus wird auch nicht etwa, wie es *R. Grabs* versucht, durch den Hinweis abgewendet, daß diese Leistung »auch vor der Fachwelt und ihrem Urteil bestehen kann«, »mehr noch«, »zur Bewunderung nötigt«[903]. Einmal ist es um das Bestehenkönnen in diesem Falle offenbar weniger gut bestellt, als der angeführte Autor weiß oder wahrhaben will, und dann ist die Frage überhaupt verwickelter. Ein Werk verdient unter Umständen Bewunderung auch dann, wenn es vor der Fachwelt im strengen Sinne nicht zu bestehen vermag. Was bei Schweitzer in die Richtung des Dilettantismus weist, ist weniger das Dominieren des intuitiven Faktors bei der Konzeption seiner Hypothese, das auch bei allgemeine Anerkennung findenden Theorien begegnet, als die mangelnde Kontrolle bei der Ausführung, namentlich die willkürliche Auswahl des zu seinem Plan Passenden und damit ein von Anfang an zu beobachtendes Abweichen von einer gesicherten kritischen Methode, dann aber auch, fast noch auffälliger, das spätere völlige Unberührtbleiben von der Kritik und der Weiterarbeit der übrigen Forschung, das hartnäckige Beharren auf den einmal entwickelten Behauptungen, auch im einzelnen. Auf der anderen Seite waren das Wissen und die gesamte Bildung Schweitzers so sehr die eines Fachmannes und die anregende Wirkung seiner Thesen auf die Fachwelt immerhin so beträchtlich, daß das Prädikat dilettantisch, das vom rein methodischen Standpunkt aus nicht ganz abgewiesen werden kann, in diesem Falle erheblich an Sinn und Gewicht verliert. Auch dem sehr beschlagenen Dilettanten fehlt doch der vollständige Überblick und damit die Fähigkeit, anders als einseitig vorzugehen, während Schweitzer eine geradezu souveräne Einstellung zu den Problemen besitzt. Seine Einseitigkeit liegt weniger am Können als am Wollen, das heißt, bei ihm ist die Rolle des Außenseiters nicht im Fehlen eines Gesamtüberblicks oder in mangelnder intelligenzmäßiger und sachlicher Urteilsfähigkeit, sondern im Temperament, im Emotionalen, im Streben nach einer ganz neuen Auffassung seines Helden, fern allen konventionellen, allzu glatten Ansichten, letztlich in seinem Genie begründet, also zunächst nicht in einem Mangel, sondern eher im Reichtum, in einem Überschuß an Begabung, so sehr dieses Plus die Lösung der Aufgabe verbaut und insofern dann allerdings einen entscheidenden Mangel bedeutet.

Es ist aufschlußreich, wenn man von der »Geschichte der Leben-Jesu-

---

903 *Grabs:* Schweitzer [Denker], S. 22.

Forschung« her kommt, das Urteil eines maßgeblichen Vertreters der Musikwissenschaft über Schweitzers Bachwerk heranzuziehen. *Friedrich Blume* kennzeichnet dieses heute wohl »meistverbreitete aller Bach-Bücher, obwohl für uns ebenso veraltet wie gefährlich« als »das Resultat genialischer Intuition«, während es »in der wissenschaftlichen Fundamentierung« hinter dem Werk Spittas weit zurückbleibt. Aber Schweitzer »schöpfte aus tiefem, innerem Erleben« »und wußte dieses Erleben mit glänzender, gleichzeitig tiefsinniger und schlichter Darstellung zu verkünden«. — »Er verfolgte den Weg seiner« »Interpretation mit so viel intuitivem Verständnis und mit so viel Konsequenz, daß er zu einer folgenreichen Deutung gelangte.« — »Man kann Schweitzer in einem Atemzuge begeistert folgen und historisch Unrecht geben.« — »Was blieb, war der Eindruck lebenerfüllter Menschlichkeit«, die »geschichtliche Erscheinung aber aus Schweitzers genialischem Wurf verblaßte unter den« »Wandlungen des nächsten Jahrzehnts.«[904] Läßt sich das alles, wenn man anstelle des Namens Spitta den von Joh. Weiß einsetzt und statt vom nächsten Jahrzehnt von den folgenden Jahrzehnten spricht, nicht wörtlich auch von seiner Jesusauffassung sagen? Blume rechnet das Buch Schweitzers zu den größten Leistungen der Bachforschung, hält es aber keineswegs mehr für maßgebend. Kann das kritische Urteil über Schweitzers Jesus anders lauten oder läuft es nicht vielmehr in einer auffallenden und kaum zufälligen Weise auf dasselbe hinaus?

Schließlich ist noch eines nicht zu übersehen, daß Schweitzer nämlich, unabhängig von der Frage des Rechts oder Unrechts der konsequenten Eschatologie durch sie auf jeden Fall zur Durchsetzung des eschatologischen Gesichtspunkts überhaupt sehr erheblich beigetragen hat. Die eschatologische Bedingtheit der Gedankenwelt Jesu hätte auf Grund allein der Arbeit von Joh. Weiß und anderer Fachgelehrter in weiteren Kreisen wohl kaum in diesem Grade Beachtung gefunden, um so weniger, als Weiß die Erkenntnisse seiner bahnbrechenden Schrift später wieder abzuschwächen suchte, indem er »neben den düsteren Gerichtsverkünder einen harmonischen Sittenlehrer« stellte[905, 906]. Erst die radi-

---

904 *Blume:* Bach im Wandel, S. 33 ff. Bezeichnend für die im Kreise der Schweitzeranhänger anzutreffende unkritische, vorbehaltlos zustimmende Haltung ist es, daß durch Anführung der positiven Bestandteile dieses Urteils unter Weglassung aller negativen Bestimmungen der Leser zu der Meinung gebracht wird, er habe in Schweitzers Interpretation die uneingeschränkt auch heute noch schlechthin gültige Leistung der Bachforschung vor sich. Diese Berichterstattung, wie sie von *St. Godman* (Schweitzer, S. 276) gehandhabt wird, findet man dann wieder wörtlich übernommen in »Albert Schweitzer. Denken und Tat«, von *R. Grabs,* S. 69.

905 *Holmström:* Denken, 1936, S. 70. — Vgl. *J. Weiß:* Predigt², S. 134 ff.

906 »Während Johannes Weiß in der zweiten Aufl. seiner für die eschatologische Auffassung epochalen Schrift von 1892 im Jahre 1900 gewisse ›Abschwächungen des eschatologischen Standpunktes‹« (LJ S. 332) »vornahm — wie leicht hätte sich die Theologie dadurch verleiten lassen können, die eschatologische Frage ganz zu den Akten zu legen! — hat Schweitzer diese Frage ein für allemal unausweichlich gestellt. Insofern geht die Theologie des 20. Jahrhunderts von ihm statt von Weiß aus« (*Robinson:* Einführung, S. 14).

kale Form, in der Schweitzer die eschatologische Auffassung vertrat, in Verbindung mit den glänzenden Eigenschaften seiner Schreibweise, dürfte der Erkenntnis des eschatologischen Charakters der Gedankenwelt Jesu zum vollen Durchbruch verholfen haben.

Merkwürdig genug bleibt dabei immerhin die Tatsache, daß die heute durchweg anerkannte eschatologische Jesusauffassung ihren Einfluß und ihre Verbreitung in beträchtlichem Maße einer besonderen Hypothese verdankt, die in Fachkreisen alles andere als einheitlich angenommen ist, und daß das größere Publikum, das den Sinn und Gehalt dieser Hypothese Schweitzers im einzelnen gar nicht kennt, seinen Namen mit der üblichen eschatologischen Ansicht verbindet, an deren wissenschaftlicher Erarbeitung er, genau genommen, keinen Anteil hat. Auf diese Weise wird der Begründer der von den Fachgenossen überwiegend äußerst kritisch beurteilten konsequenten Eschatologie in den Augen der weiteren Öffentlichkeit nicht selten zum Entdecker einer Anschauung, die sich im übrigen weitgehend durchgesetzt hat, nur gerade von Schweitzer selbst als inkonsequent beurteilt worden ist — ein besonders schlagender Beweis dafür, daß der Ruhm sich weniger durch die Gesichtspunkte sachlicher Richtigkeit oder gar persönlicher Gerechtigkeit als vielmehr durch noch ganz andere Faktoren bestimmt zeigt: in diesem Falle einmal durch die Einzigartigkeit, die den eigenen Lebensweg dieses Leben-Jesu-Forschers auszeichnet, und dann die Übertragung der bereits bestehenden Schätzung seiner Persönlichkeit und ihres Wirkens auf ganz andere Leistungen, ferner durch die Tendenz zur denkökonomischen Vereinfachung verwickelter Sachverhalte und schließlich auch durch das Gesetz der Häufung: Wer da hat, dem wird gegeben. Nachdem der Name Schweitzers aus anderen Gründen zu höchster Geltung gekommen war, genügte den Kreisen der interessierten, doch nicht fachkundigen gebildeten Welt die Tatsache, daß er es überhaupt mit der Eschatologie zu tun hatte, um ihm eine Theorie zuzuschreiben, in deren Kritik und Korrektur Schweitzer in Wahrheit seine hauptsächliche Aufgabe auf diesem Gebiet und seine eigentliche Leistung gesehen hat.

Es wäre jedoch wiederum einseitig, bei der Feststellung, daß die vulgäre Urteilsbildung letztlich durch Oberflächlichkeit und mangelhaftes Wissen geleitet wird, stehen zu bleiben. Ein Gespür für Größe ist dabei gewiß mit beteiligt. Der Sachverhalt wird auch nicht erschöpfend beschrieben, wenn man hervorhebt, Schweitzers Lösung möge in einigen Einzelheiten Richtiges enthalten, als ganze könne sie nicht anerkannt werden. Das kann sie sicherlich nicht, dieses in den vorausgegangenen Darlegungen begründete Urteil darf keineswegs am Ende abgeschwächt werden. Wenn das Gesamturteil über die wissenschaftliche Lage zusammengefaßt werden soll, so läßt sich nur feststellen, daß die Waage sich endgültig zu Ungunsten Schweitzers gesenkt hat. Er hat in der Auseinandersetzung mit Wrede die Bedeutung der literarkritischen Arbeit in verhängnisvoller Weise unterschätzt und überhaupt verkannt, daß an ihr nicht vorbeizukommen ist, und der Versuch, Johannes Weiß durch eine konsequent-eschatologische Konstruktion zu ergänzen und entscheidend zu verbessern, muß als mißlungen gelten. Schweitzer ist teils zu konservativ vorgegangen, in der Behandlung der literarischen Fragen, teils zu radikal, bei der historischen Zeichnung selbst. Und doch wird damit nicht alles gesagt, was hier zu sagen ist. Hinzugefügt werden muß, daß, wenngleich der eschatologische Glaube Jesu von Schweitzer stark verzeichnet wurde, doch kein anderer so sehr den Finger darauf gelegt und derart plastisch veranschaulicht hat, was es heißt, die Erwartung des nahen Endes dieses Äons und den Anbruch des kommenden ganz ernstzunehmen, aus ihr heraus zu leben und zu handeln, zu leiden und in den Tod zu gehen. Darin ist die Anziehungskraft, welche diese Theorie trotz aller Einwände vielfach ausgeübt hat, wohl letztlich begründet. Auch wer alle ihre Fehler durchschaut, wird immer wieder von ihr beeindruckt. Noch nie ist das völlige Befangensein in einem ungeheuerlichen Irrtum so sehr in den Vordergrund gerückt und übertrieben worden, ohne Jesus dabei im mindesten abwerten zu wollen. Distanzierte und bewundernd aufblickende, realistische und idealistische Betrachtung haben sich hier vielmehr in einer einmaligen Weise zusammengefunden. Mit dem Kapitel »Die Lösung der konsequenten Eschatologie« seines großen Werkes verglichen, erbleichen andere Arbeiten wie die von Weiß, bemerkt *Babel.* »C'est par le génie, non simplement par la science, que notre auteur diffère essentiellement des autres.« [907] Und besonders zutreffend erscheint es, wenn in dem angeführten Zusammenhang mit dem Wort eines anderen Autors gesagt wird, einige Seiten dieses Kapitels hätten etwas Faszinierendes[908]. Aber mehr noch, nicht nur einige Seiten, die ganze Theorie, Schweitzers Jesusbild überhaupt besitzt etwas in hohem Grade Faszinierendes. Der Durchbruch der eschatologischen Auffassung Jesu bei Johannes Weiß war eine im wörtlichen Sinne bahnbrechende Leistung in der Geschichte der Forschung. Aber man wird, ohne ihm Unrecht zu tun, behaupten dürfen, daß seine ebenfalls »geniale«[909] kleine Schrift, die auch Schweitzer selbst so hoch stellte, doch nicht auf einer Ebene mit dessen eigener Darstellung steht, die bei aller Unhaltbarkeit seiner einzelnen Thesen im ganzen tiefer angelegt und viel reicher ausgeführt, jedenfalls unvergleichlich großartig ist, so daß zwar nicht eigentlich mit Recht, aber doch nicht ohne Grund sie und nicht die Arbeit von Weiß als eigentlich epochemachend gilt. Wissenschaftliche Richtigkeit und geistiger Rang sind zweierlei. Von Schweitzers Werk als ganzem, dem ohne die konsequent-eschatologische Lösung doch das Wichtigste fehlen würde, läßt sich ungeachtet ihrer Unhaltbar-

[907] *Babel:* Pensée, S. 140.

[908] *Babel* entnimmt dieses Prädikat der im vorliegenden Buch mehrfach angeführten Arbeit von *G. Sevenster* (Ethiek, S. 5), in der es allerdings alsbald kritisch absorbiert wird.

[909] *Kümmel:* Forschungsbericht, S. 85.

keit sagen, was von vielen bedeutenden und vorwiegend richtige Erkenntnisse enthaltenden Büchern nicht gesagt werden kann, daß es nicht nur der Geschichte der Wissenschaft, sondern der wissenschaftlichen Weltliteratur angehört, ja, daß es, wie Schweitzer selbst über das Straußsche Leben-Jesu geurteilt hat, »zum vollendetsten« gehört, »was die wissenschaftliche Weltliteratur kennt«. Den geschichtlichen Jesus hat Schweitzer nicht entdeckt, dennoch ist dieser mit seinem Jesusbild schon selber in die Geistesgeschichte eingegangen.

IV. Jesus als psychiatrisches Problem

Schweitzers Jesusauffassung ist mit schwerwiegenden Konsequenzen verbunden, nicht nur, was die Position des christlichen Glaubens betrifft, wovon später zu sprechen sein wird, sondern möglicherweise auch schon für das davon unabhängige Urteil über die Persönlichkeit Jesu in psychologisch-charakterologischer, ja, sogar in psychiatrischer Hinsicht. Unter Voraussetzung des messianischen Selbstbewußtseins Jesu im eigentlichen, d. h. eschatologischen Sinne und nun gar nach dem Verständnis der konsequent-eschatologischen Leben-Jesu-Theorie Schweitzers, auch nur in ihren Grundzügen, entsteht nämlich die Frage, ob ein Mensch, der sich für den kommenden Messias in einem demnächst anbrechenden Gottesreich gehalten hat und der sich mit dieser Vorstellung nicht etwa nur gelegentlich in Gedanken beschäftigte, sondern dessen ganze Wirksamkeit durch sie bestimmt wurde, der diese Überzeugung mit seinem — noch dazu von ihm herausgeforderten, geradezu gesuchten — Tode besiegelte, ob ein solcher Mensch noch zum Bereiche des gesunden Seelenlebens zu rechnen ist oder ob hier etwa die Kategorien der Psychiatrie, für welche die Messiasgestalten keine unbekannten Fälle sind, herangezogen werden müssen.

Die Frage ist durchaus nicht ganz neu. Der Fall Jesus war einigen Psychiatern aufgefallen, lange bevor Schweitzer sein Jesusbild konzipierte. Und andererseits wiederum: »Der Verdacht, daß die Psyche Jesu irgendwie krankhafte Züge aufweisen könne, wurde«, wie Schweitzer feststellt, »von der Geschichtsforschung ausgesprochen, lange ehe sich die Psychiatrie mit der Person des Nazareners beschäftigte«[1]. Um die dem Jesusproblem in psychiatrischer Beziehung gewidmete Arbeit Schweitzers, die im vorliegenden Abschnitt erörtert werden soll, verständlich zu machen, ist also erstens zu zeigen, daß die Theologie sich nicht nur in der Abwehr medizinischer Aspekte und Diagnosen mit diesem Thema befaßt hat, sondern von sich aus, auf Grund ihrer eigenen Ergebnisse und Fragestellungen darauf stieß. Zweitens wird ins Auge zu fassen sein, daß das Jesus-

---

[1] PB S. 2. – Eine Übersicht über das Schrifttum findet sich bei *Lange-Eichbaum/Kurth:* Genie[6], S. 418 ff.

problem von psychiatrischer Seite in einer Weise behandelt worden ist, die die Kritik sowohl des Theologen als auch des Mediziners Schweitzer hervorrufen mußte. Drittens und hauptsächlich haben wir die Bedeutung seiner eigenen Stellungnahme in dieser Kontroverse auf ihr Recht und ihre Tragweite hin zu untersuchen.

Es war kein geringerer als *David Friedrich Strauß*, der zuerst im Ernst den Finger auf das psychiatrische Problem legte, wenn er ihn auch sogleich noch für längere Zeit wieder zurückzog. Schon in seinem ersten »Leben Jesu« (1835) meldet sich dieser Gesichtspunkt zum Wort, um jedoch hier noch abgewiesen zu werden. Der Scheu, Jesus den Anspruch auf die messianische Würde zuzutrauen, weil man ihn damit zum »Schwärmer« zu machen glaubt, tritt Strauß mit dem Hinweis entgegen, daß auf dem supranaturalistischen Boden jener Zeit und im Rahmen der allgemeinen jüdischen Anschauungen und Erwartungen eine solche »abenteuerliche Vorstellung« »auch einen besonnenen Mann in sich hineinziehen konnte«[2]. Weiter geht in der Bewertung dieser Vorstellung das spätere »Leben Jesu für das deutsche Volk« (1864). Während jemand, der sich eines früheren Daseins vor seiner Geburt zu erinnern meint, »uns geradezu ein Verrückter ist«, liegt es bei der Erwartung der Wiederkunft allerdings nicht ganz so schlimm, jedoch auch noch schlimm genug: »Wer nach seinem Tode wiederzukommen erwartet, in einer Art, wie nie ein Mensch wiedergekommen ist, der ist uns, weil in bezug auf die Zukunft eher eine Einbildung möglich ist, zwar nicht gerade ein Verrückter, aber doch ein arger Schwärmer«[3], »ein Schwärmer, und zwar nicht geringen Grades«[4]. Daß jemand ein solches Wiederkommen als möglich überhaupt in Betracht zieht, ist dabei nicht einmal das Entscheidende: »Dergleichen von sich selbst erwarten, ist noch etwas ganz anderes, als es im allgemeinen nur erwarten, und wer es von sich und für sich erwartet, der will uns nicht allein als Schwärmer erscheinen, sondern wir sehen auch eine unerlaubte Selbstüberhebung darin, wenn ein Mensch (und nur von einem solchen reden wir hier durchaus) sich einfallen läßt, sich von allen übrigen auszunehmen, daß er sich ihnen als künftigen Richter gegenüberstellt.«[5] Noch einmal sucht Strauß solche Bedenken zu beschwichtigen: »Freilich, wenn Jesus überzeugt war, der Messias zu sein und die Danielische Weissagung auf den Messias bezog, so mußte er auch die Erwartung haben, ihr gemäß dereinst mit den Wolken des Himmels zu kommen.«[6] Dennoch bleibt diesem kritischen Kopfe »der Brocken mit der Wiederkunft zu stark«. Brieflich

---

[2] *Strauß:* Leben (kritisch), Bd. 1, S. 494.
[3] *Strauß:* Leben (Volk), S. 236.
[4] S. 237.
[5] *Strauß*, S. 242. – *Lange-Eichbaum* (Genie[3], S. 384) und *Kurth* (Genie[6], S. 418) halten dieses Zitat aus dem »Leben Jesu für das deutsche Volk« in Th. Zieglers Straußbiographie, indem sie eine Wendung Zieglers mißverstehen, irrtümlicherweise für einen Satz aus dem sogleich zu erwähnenden Brief Straußens an W. Lang.
[6] *Strauß:* Leben (Volk), ebd.

gesteht er, er habe ihn »nicht herunterbringen können«[7]. Strauß vermag deshalb diese Idee, die in seinen Augen »dem Wahnsinn ganz nahesteht«[8], Jesus nicht recht zuzutrauen, wie denn überhaupt das eschatologische Moment in Straußens zweitem »Leben Jesu«, sehr zum Mißvergnügen Schweitzers, ungebührlich in den Hintergrund tritt und die Jesusgestalt in liberaler Manier vergeistigt wird. Alles in allem liegt jedenfalls eine schwere Unstimmigkeit darin, daß Strauß die Parusie-Erwartung auf dem Boden des auch von ihm angenommenen Messiasbewußtseins Jesu für notwendig und natürlich hält und dann doch wieder in ihren Konsequenzen unerträglich findet und deshalb nicht recht wahrhaben möchte. Erst in seinem Alterswerk »Der alte und der neue Glaube« (1872) kommt die Bewegung zur Ruhe, tritt an die Stelle des Schwankens in diesem Punkte die sehr bestimmte, eiskalte Feststellung: »Entweder ist auf unsere Evangelien überall nichts Geschichtliches zu begründen, oder Jesus hat erwartet, zur Eröffnung des von ihm verkündigten Messiasreichs in allernächster Zeit in den Wolken des Himmels zu erscheinen. War er nun der Sohn Gottes oder sonstwie ein höheres übermenschliches Wesen, so ist dagegen nichts einzuwenden, außer daß es nicht eingetroffen ist, daß mithin, der es vorhersagte, ein göttliches Wesen nicht gewesen sein kann. War er aber dies nicht, sondern ein bloßer Mensch, und hegte doch jene Erwartung, so können wir uns und ihm nicht helfen, so war er nach unsern Begriffen ein Schwärmer.«[9]

Jahrzehnte vor Strauß war das Problem übrigens schon von *C. F. Stäudlin* leise berührt worden. Ein Jesus, »welcher wähnt, daß er nach seinem Tode sichtbar auf die Erde wiederkommt und dann noch unter der damaligen Generation sein Reich eröffnen werde« . . ., »wäre ein Schwärmer mit einem, wenigstens in Rücksicht auf gewisse fixe Ideen, zerrütteten Verstandes gewesen«. Aber so ist Jesus diesem Autor, wie er versichert, in den heiligen Urkunden nicht erschienen[10]. Und dann hielt auch *Gustav Volkmar,* im entscheidenden Punkt sogar noch über Strauß hinausgehend, die Annahme, daß Jesus für sich eine Parusie im realistischen Sinne — »auf der Wolke mit fliegenden Engeln« — erwartet habe, für eine »Verdächtigung Jesu auf Schwärmerei (nein, dann einfach auf Verrücktheit!)«[11], eine Verdächtigung, die dieser Forscher, nicht anders als jener Stäudlin, weit von sich weist. Dagegen meinte *Karl Hase,* der sich früher ebenfalls gescheut hatte, Jesus die »unerhörte Schwärmerei« einer solchen auf sich selbst bezogenen realistischen Zukunftserwartung zuzuschreiben, später doch, daß gewichtige Gründe für diese Einstellung sprechen, nur daß er den Vorwurf der Schwärmerei nunmehr fallen ließ[12].

---

[7] *Strauß* in einem Brief an Wilhelm Lang 1864, zit. bei *Ziegler:* Strauß. T. 2, S. 608.
[8] Aus demselben Brief, bei *Ziegler,* S. 609.
[9] *Strauß:* Glaube, S. 52.
[10] *Stäudlin:* Auslegung, S. 17.
[11] *Volkmar:* Evangelien, S. 550.
[12] *Hase:* Geschichte, S. 677.

Auf einen ersten kritischen Höhepunkt hatte die Erörterung des Problems, Strauß zeitlich überholend und sachlich übertreffend, inzwischen *Ludwig Noack*[13] gebracht, der ebensosehr psychologisch wie historisch interessiert war[14]. Er verzichtet unter Voraussetzung des vollen von den Texten beschriebenen Sachverhalts auf jeden Abschwächungsversuch in psychiatrischer Hinsicht. Lediglich durch Abstriche an den Berichten selbst würde nach seiner Ansicht eine in diese Richtung weisende Konsequenz zu vermeiden sein. Hält dagegen »der blinde Offenbarungsglaube« »den ganzen Inhalt der evangelischen Geschichte in ihrer überlieferten Gestalt als historische Wahrheit und Wirklichkeit fest«, so wird deutlich, »daß er damit in das Leben und Bewußtsein Jesu Zustände und Vorgänge hereinbringt, welche, wo sie sonst in einer wenn auch geistig noch so hervorragenden Persönlichkeit vorkommen, kaum anders denn als Störungen des gesunden Seelenlebens sich auffassen lassen«[15]. Die äußerste Konsequenz wird hier schonungslos ausgesprochen: Weil Jesus »lieber das Leben als seine Einbildungsvorstellung, der himmlische Menschensohn zu sein, aufgeben will, erscheint ihm die Hingabe des Lebens als eine ihm vom himmlischen Vater auferlegte Pflicht, der Tod als ein notwendiges Opfer. Ein Opfer war es in der Tat, das er seinem Größenwahn bringt und das ihm leicht erscheint, solange die Aufregung des Selbstgefühls dauert«[16]. Erst »mit den letzten Worten des Sterbenden« »brachen endlich Bewußtsein und Selbstgefühl mitsamt der Wahnvorstellung, die ihn beherrscht hatte, in Trümmer«[17].

Je mehr nun die kritisch-historische Betrachtung allgemein zu der Erkenntnis fortschreitet, daß Jesus tatsächlich ein Selbstbewußtsein eigen gewesen ist, das an die Grenzen der Menschheit rührt, desto prekärer wird die Lage. Dabei sind jedoch zwei Auffassungen zu unterscheiden. Nach der einen, der historisch-kritischen selbst, bleibt die Grenze zu krankhafter Schwärmerei für die Sicht des Historikers trotz allem gewahrt. Nach *Heitmüller* »erschrecken« wir »fast über die Höhe dieses Bewußtseins«, das zwar »keineswegs ein göttliches Selbstbewußtsein, aber doch ein den Rahmen der Menschheit fast überschreitendes« ist, »bei dem wir uns fragen möchten, ob es mit Gesundheit und Klarheit des Geistes vereinbar sein kann«[18]. Doch es soll dabei bleiben: »Der Dichter der Gleichnisse, der Former der Sprüche war wie je ein Mensch gesund.«[19] Ähnlich sieht *Wernle* hier den Punkt gegeben, »wo Schwärmerei und ernste Hoffnung sich nahe berühren«[20]. Der Vorwurf der Schwärmerei wird durch die Be-

---

[13] *Noack:* Stifter, S. 1 ff.
[14] *W. Kurth* (Lange-Eichbaum[6], S. 423) bezeichnet Noack als »einen frühen Vorläufer« der Pathographen; er erwähnt nicht, daß Noack von Haus aus Theologe war.
[15] *Noack:* Stifter, S. 3.
[16] S. 11.
[17] S. 12.
[18] *Heitmüller:* Jesus, Sp. 375.
[19] Sp. 382.
[20] *Wernle:* Jesus, S. 243.

hauptung zu entkräften versucht, der Schwerpunkt liege bei Jesus ganz nüchtern auf der Ethik[21]. Daß »im Rahmen der allgemeinen Geistes- und Religionsgeschichte« »allen Ernstes die Frage« auftaucht, »ob hier nicht ein Schwärmer redet und handelt, der rätselhaft und unheimlich, ungesund und unklar ist«, so daß »eine psychiatrische Beurteilung der Person akut« wird, erwähnt dann auch *Karl Ludwig Schmidt*[22]. Auch er verneint sie aus historischen Gründen.

Anders liegt es bei der zweiten in diesem Zusammenhang zu besprechenden Ansicht, welche den historisch-kritischen Standpunkt nicht teilt, sondern von außen betrachtet und die psychiatrische Perspektive nur theologisch-dogmatisch vermeiden zu können glaubt. Hier ist vor allem auf die Stellungnahme *H. Werner*s hinzuweisen, der zwar ebenfalls versichert, es werde »nie gelingen, Jesum mit haltbaren Gründen für geisteskrank zu erklären«[23], der aber einen Psychopathen Jesus in der Tat für die Konsequenz der liberalen bzw. überhaupt der rein historisch-kritisch eingestellten Theologie hält[24]. Damit bekommen wir genau das Gegenstück zu Noacks Beurteilung. Hatte dieser den »blinden Offenbarungsglauben« für eine pathologische Auffassung verantwortlich gemacht, so wird eine solche nach Werner gerade durch die historisch-kritische Anschauung nahegelegt. Der Gedankengang dieses als früheren Irrengeistlichen im Umgang mit Geisteskranken erfahrenen und theologisch klar denkenden Autors wirkt, nachdem wir uns von der ersten Verwunderung und Bestürzung erholt haben, gar nicht so abwegig. Gewisse übermenschliche Züge in der Erscheinung Jesu, so führt Werner aus, die man zunächst einfach auf das Konto der Erzähler gesetzt hatte, haben sich auf die Dauer als schwer zu beseitigen erwiesen. Sie sind deshalb von der historischen Forschung im Rahmen der grundsätzlich nicht übernatürlichen, sondern natürlich-menschlich verstandenen Persönlichkeit Jesu als unbestreitbar anerkannt. Dadurch wird diese Zeichnung nun aber nicht nur widerspruchsvoll, sondern darüber hinaus außerordentlich gefährlich. Bei einer menschlich-übermenschlich-göttlichen Persönlichkeit, auf die der christliche Glaube sich bezieht, fallen solche Züge nicht auf; im Gegenteil wird man sie da erwarten müssen. Bei einem Nichts-als-Menschen dagegen ist ein derart übermenschliches Selbstbewußtsein im Rahmen geistiger Gesundheit nicht vorstellbar. Es kann nur als krankhaft beurteilt werden, und zwar kommt in diesem Falle lediglich Paranoia in Betracht. Werner denkt, wie gesagt, nicht daran, sich diese Diagnose zu eigen zu machen, er postuliert sie lediglich auf dem von ihm nicht geteilten rein historischen Standpunkt. Er selbst steht auf dem Boden des unverkürzten Christusglaubens und wendet sich gegen eine bestimmte, diesem nicht gemäße Auffassung von Jesus, die ihn zu einem bloßen Menschen macht, zugleich aber ihm dann doch zum Teil

---

[21] S. 249 ff.
[22] *K.L. Schmidt:* Jesus, Sp. 147 f.
[23] *H. Werner:* Gesundheit, S. 21.
[24] *H. Werner:* Jesus, S. 347 ff.

übermenschliche Züge verleiht. »Hatte Jesus kein anderes Recht, die einzigartige und ausschließliche, alles Menschliche übersteigende Stellung in der Welt Gottes und Gott selbst gegenüber zu beanspruchen, als ihm die liberale Theologie zugesteht, so ging er nicht bloß« bis an die Grenze eines erhabenen Wahnsinns, sondern dann überschritt er sie »mitten in den Wahnsinn hinein. Der historische Jesus der liberalen Theologie ist und bleibt ein Geisteskranker«[25]. »Nicht direkt für wahnsinnig«, aber doch für einen »Schwärmer«, eine der »pathologischen Gestalten der Geschichte« meinte einen rein menschlichen Jesus mit einem so hoch gesteigerten Selbstbewußtsein auch *H. Jordan*[26] halten zu müssen.

Womöglich noch etwas mehr zugespitzt wird die Problematik durch einen so namhaften historischen Theologen wie *Friedrich Loofs*. Er urteilt, daß »die mit einem rein menschlichen Leben rechnende Leben-Jesu-Forschung« nur die Wahl zwischen Skylla und Charybdis hat: sie führt nicht nur tasächlich, sondern auch mit innerer Notwendigkeit entweder zur Skepsis — »wir wissen von Jesus fast nichts, denn die Überlieferung hat zu wenig Verläßliches über ihn uns aufbewahrt« — oder zu dem Ergebnis: »Jesus war einer der religiösen Schwärmer, die es zwar gut meinten, aber doch der Versuchung, sich auf unerfüllbare phantastische Hoffnungen einzulassen, nicht widerstanden und durch sie zur Selbstüberschätzung gebracht wurden.«[27] Dieser Alternative zu entgehen, ist nur möglich, wenn man die Voraussetzung, Jesus sei ausschließlich menschlich und also rein historisch zu verstehen, fallen läßt und auf den Standpunkt des Glaubens tritt: er war mehr als ein Mensch — eine Betrachtung, die später auch *J. Schniewind* befürwortet, indem er ausdrücklich an Loofs anknüpft[28]. Besonders bemerkenswert ist hier schließlich die Einstellung eines noch heute so angesehenen systematischen Theologen der vorletzten Generation wie *Wilhelm Herrmann*, weil er den Gesichtspunkt erheblich erweitert, indem der Ton von der Parusie-Erwartung Jesu auf seinen Absolutheitsanspruch überhaupt gelegt wird. Herrmann bezeichnet das »Bild des inneren Lebens Jesu, das den nach Gott verlangenden Menschen festhält« und überzeugt, »obgleich es aller sonstigen Erfahrung widerspricht«, deshalb als »im strengsten Sinne wunderbar«; »denn es ist uns unfaßbar, wie ein Mensch, ohne irrsinnig zu sein, sich so wie Jesus in den Mittelpunkt der Geschichte stellen und an seine Person das Schicksal der Menschheit knüpfen kann«[29]. Diese Äußerung besagt in unserem Zusammenhang zwar insofern nicht allzuviel, als Herrmann die psychiatrische Deutung Jesu kaum ernstnimmt und ihre Erwähnung gewissermaßen nur benutzt, um auf ihrem Hintergrund die unsagbar große Bedeutung Jesu, wie er ihn sieht, ins Licht zu setzen. Um so schwerer aber wiegt ein sol-

---

[25] S. 383.
[26] *H. Jordan:* Jesus, S. 54.
[27] *Loofs:* Jesus, S. 126 f.
[28] *Schniewind:* Selbstzeugnis, S. 21.
[29] *Herrmann:* Christus, S. 318 f.

ches mit der psychiatrischen Sicht spielendes Urteil, wenn ein anderer den darin enthaltenen Sprengstoff zur Entzündung bringen sollte, wenn also ein Betrachter, dem das Wunderbare »im strengsten Sinne« hier nicht ganz so fest steht, Herrmann beim Wort nimmt und tatsächlich meinen würde, daß nur ein Irrsinniger sich eine derartige Rolle zuschreiben kann[30].

Der Glaube ist bekanntlich nicht jedermanns Ding und vor allem nicht Sache des guten Willens. Die Bewahrung Jesu vor dem Verdacht des Wahnsinns oder auch nur der krankhaften Schwärmerei allein auf dem Wege des Glaubens muß deshalb sehr bedenklich erscheinen. Diese Argumentation gleicht offenbar einem Spiel mit dem Feuer. Auf die Situation, die durch das Entweder-Oder von Gläubigkeit und psychiatrischer Beurteilung Jesu, diese reichlich pikante Alternative »entweder Gott oder Narr«[31], für die theologische Apologetik entsteht, ist in diesem Zusammenhang nicht einzugehen. Der Hinweis selbst aber auf die Problematik eines solchen »kritischen« Jesusbildes ist für unsere Betrachtung wichtig. Er läßt sich als Ergänzung zu der historischen Erledigung der liberalen Jesusauffassung durch Schweitzer ansehen. Hervorgehoben werden muß dabei namentlich die von H. Werner vorgenommene Abfertigung des zur Widerlegung einer psychiatrischen Diagnose immer wieder gebrauchten Arguments, das in der Bezugnahme auf die andersartigen, dem heutigen Menschen fremden Voraussetzungen Jesu besteht: »Man rede uns nicht von dem, was ein Orientale jener Zeit alles für möglich halten und glauben mochte. Auch die Israeliten jener Tage hatten ein lebhaftes Gefühl von dem, was den Menschen von Gott scheidet.«[32] Wir werden dem sogar hinzufügen dürfen: gerade die Israeliten hatten es! »Mochte die ganze religiöse Luft in gewissen Kreisen damals von solchen Ideen durchtränkt sein, so konnte ein gewöhnlicher Mensch diese nur dann in seiner Person realisiert sehen, wenn er ein Psychopathe war.«[33] Nicht eschatologische Vorstellungen und Erwartungen im allgemeinen sind nämlich irgendwie verdächtig: »Wahn aber ist es«, stellt *H. Werner* fest, »sobald er es von sich selber glaubt«[34], worauf schon Strauß hingewiesen hatte und wie es später der moderne Psychiater bestätigen wird: »Das Wahnhafte, das Kranke ist« »nie der abergläubische oder sonstwie unsinnige *Inhalt*,

[30] Mit Herrmann berührt sich die Stellungnahme *J. Naumanns* (Auffassungen, S. 258): »Entweder ist Jesus geisteskrank oder es ist ein Geheimnis in ihm.« Eine »wahnsinnige Selbstüberhebung« findet sich in einer ebenfalls nicht ernst gemeinten Alternative auch bei *Jülicher*, die jedoch nicht so klar wie bei den anderen angeführten Autoren formuliert wird. Der Gegensatz zur Annahme einer wahnsinnigen Selbstüberhebung ist hier einfach das »Zugeständnis eines neuen Geistes voll neuer Gewalt, der natürlich auch die Zukunft für sich in Anspruch nahm« (Geschichte, S. 60). Wenn auf diesem Wege ein schrankenloses Selbstbewußtsein als »natürlich« hingestellt werden soll, so läßt sich nur sagen, daß dem Problem, ehe es recht ernst wird, die Spitze abgebrochen ist.

[31] Diese die besprochene Auffassung karikierende Formel findet sich bei dem selbst der freisinnigen Richtung angehörenden, also jener Formel denkbar fernstehenden Theologen *Heinrich Weinel* (Jesubild, S. 73).

[32] *H. Werner:* Jesus, S. 376.

[33] *H. Werner:* Gesundheit, S. 44.

[34] *H. Werner:* Jesus, S. 368.

sondern die Beziehung einer Größenvorstellung auf sich *selbst« (Lange-Eichbaum*[35]), auf die eigene Person.

Für das Jesusbild Schweitzers gilt nun der von H. Werner herangezogene Gesichtspunkt noch in erhöhtem Grade; denn der von ihm gezeichnete Jesus hält sich ja grundsätzlich ebenfalls innerhalb des Natürlich-Menschlichen, hebt sich aber zugleich von dem liberalen Jesus durch seine Schroffheit und ein unseren Werten und Maßstäben vielfach ins Gesicht schlagendes paradoxes Denken und Handeln scharf ab. Schweitzer ist infolgedessen wiederholt darauf aufmerksam gemacht worden, daß Jesus in seiner Darstellung krankhafte Züge trage. An O. *Holtzmanns* Betonung des Ekstatischen bei Jesus[36] hatte Schweitzer sachgemäß beanstandet, daß der Begriff der Ekstase, die »im gewöhnlichen Verständnis« »ein abnormer, vorübergehender überreizter Zustand« ist — »Ekstatiker war Jesus etwa bei der Taufe und vielleicht bei der Verklärung« — zu Unrecht für etwas Bleibendes benutzt wird, das mehr »eschatologische idée fixe« sei[37]. Auf diesen Begriff lenkte *H.J. Holtzmann* im Hinblick auf den von Schweitzer herausgearbeiteten Jesus die Aufmerksamkeit: » ›Idée fixe‹ — man kann das Wort nicht vergessen, wenn man sich ›dieses gewaltsame Hineinzerren der Eschatologie in die Geschichte‹ ansieht, wie es das Leben des Messias« bei Schweitzer »von Anfang bis zu Ende erfüllt«[38]. So betonte auch *H. Werner*, daß das von Schweitzer entworfene Lebensbild Jesu nicht geeignet sei, den Verdacht des Pathologischen von sich abzuwenden; denn dieser Jesus, von dem man früher nicht ahnte, »wie enthusiastisch« er war, »wie er die Vernunft mit Füßen trat«[39] und mit Bezug auf den Schweitzer selbst kritisch (gegen von Soden) gefragt hatte, ob »ein Mensch mit einer weltflüchtigen Ethik, die sich zuletzt zu Reden wie in Mt 19, 12«[40] »versteigt, nach unseren Begriffen ›kerngesund‹« sei[41], — dieser Jesus »ist in seinem gesamten Tun, Lehren und Leiden so konsequent von eschatologischen Erwartungen beherrscht, daß man ihn den Geistesgestörten einreihen muß«[42]. In dem gleichen Sinne wie Werner äußerte sich *Theobald Ziegler*, der Straußbiograph und einstige philosophische Lehrer Schweitzers: »Wer Schweitzers eschatologisches Jesusbild kennt, der wird Strauß recht geben müssen: das ist nicht die Ideenwelt eines gesunden,

[35] *Lange-Eichbaum* Genie[3], S. 391.
[36] O. *Holtzmann:* Ekstatiker.
[37] LJ S. 331, Anm. 1. (RW S. 298).
[38] *H. J. Holtzmann:* Bewußtsein, S. 80. Vgl. auch: Stand, Sp. 2419. – *Kurth* (Lange-Eichbaum[6], S. 419) verwechselt Heinrich Julius Holtzmann mit Oskar Holtzmann.
[39] LJ S. 34.
[40] Schweitzer bezieht sich hier auf das Wort von dem um des Himmelreichs willen Verschnittenen, auf das noch zurückzukommen sein wird.
[41] RW S. 306.
[42] *H. Werner:* Gesundheit, S. 12 f. – Wenn Schweitzer diese Ansicht nur »interessant« findet (LJ S. 366), ohne sich näher dazu zu äußern, so ist das wohl in seiner festen Überzeugung begründet, mit der eigenen Lösung des Jesuproblems den psychiatrischen Verdacht endgültig abgewehrt zu haben. Die nicht von der Hand zu weisende Logik der anderen Arbeit Werners, in welcher der Jesus der liberalen Theologie als Geisteskranker hingestellt wird, scheint Schweitzer nicht erkannt zu haben (vgl. LJ S. 589).

sondern eines pathologischen, geisteskranken Menschen.«[43] Und grundsätzlich nicht anders, wenn auch zurückhaltender, urteilt 50 Jahre später ein Theologe vom Range *Emil Brunners*: »Gewiß ist ein großer Mensch, der auf sich die Messiasdogmatik des Judentums anwendet, ein Phantast, an der Grenze dessen, was wir heute einen Psychopathen nennen.«[44]

Es braucht kaum nochmals hervorgehoben zu werden, daß keiner der genannten theologischen Autoren sich selbst für den psychiatrischen Standpunkt entscheidet, aber es ist jedenfalls beachtenswert, daß die Fragestellung als solche innerhalb der theologischen Betrachtung immer wieder auftritt. Nur dies zu zeigen war der Zweck der bisherigen Ausführungen: daß das Problem nicht von der Psychiatrie willkürlich oder gar böswillig erfunden worden ist, sondern sich ganz sachlich, geradezu zwangsläufig aus der historisch-theologischen, z. T. auch aus der dogmatisch-apologetischen Problematik ergeben hat. »Fast scheint es, als wolle sich die auf dem großen Weltmarkt geführte christologische Debatte zuletzt in dieser Richtung zuspitzen«, urteilte in seinen letzten Jahren *Holtzmann*[45], und keine zehn Jahre später stellte *H. Windisch* fest: »Daß die Leben-Jesu-Forschung auch auf ein psychiatrisches Problem hindrängt, ist längst bekannt und anerkannt.«[46] Auch *Loofs* nennt dies eine »Tatsache«[47].

Im Unterschied von den Theologen, die begreiflicherweise nur sehr widerstrebend das Vorliegen krankhafter Symptome als möglich in Erwägung zogen und sich im wesentlichen darauf beschränkten, die gefährlichen Konsequenzen einer von ihnen selbst abgelehnten Auffassung zu erörtern, um letztlich doch den Verdacht einer Geisteskrankheit so oder so abzuwehren, haben sich einige Mediziner ohne solche Hemmungen der Frage angenommen, ob in der Erscheinung Jesu etwa ein pathologischer Sachverhalt gegeben sei, und diese Frage entschieden bejaht, indem sie auf eine Psychose erkannten und mehr oder weniger eindeutig die Diagnose Paranoia oder Paralyse stellten. Der erste Psychiater, der sich in dieser Weise aussprach, war *Jules Soury*[48]. Im Vordergrund steht auch den Medizinern durchweg das auffallende Selbstbewußtsein. Einer gründlichen Untersuchung des damit aufgeworfenen Problems, das von dem Historiker der Leben-Jesu-Forschung gebucht und nach dem Urteil einiger Theologen gerade auch durch seine eigene Jesusauffassung nahegelegt worden war, konnte Schweitzer somit nicht ausweichen, dies um so weniger, als er feststellen mußte, daß die von theologischer Seite sowie von einem

---

[43] *Ziegler:* Strauß, S. 609.
[44] *Brunner:* Schöpfung, S. 345.
[45] *H .J. Holtzmann:* Bewußtsein, S. 81.
[46] *Windisch:* Referat 1913, S. 441.
[47] *Loofs:* Jesus, S. 54.
[48] *Soury:* Jésu et les Evangiles. Paris 1878. Der Verfasser war, wie Schweitzer (LJ S. 363, Anm.) mitteilt, der ehemalige Sekretär Renans. Da er mit seiner Studie Anstoß erregte, arbeitete er sie mit dem Ausdruck des Bedauerns wegen seiner früheren Stellungnahme zu einem farblosen Leben Jesu um (3. Aufl. u. d. T.: Jésu et la Religion d'Israel. Paris 1898).

christlich eingestellten Psychiater geführte Auseinandersetzung mit der psychiatrischen Deutung Jesu »ausschließlich apologetisch gehalten« war und »auf den wissenschaftlichen Kern der Frage« nicht einging[49]. Man darf es deshalb als ein besonders glückliches, geradezu einmaliges wissenschaftsgeschichtliches Zusammentreffen betrachten, daß nun der zum Mediziner gewordene Theologe und Leben-Jesu-Spezialist selber diesem Problem sachverständig weiter nachgehen konnte. In seiner medizinischen Doktordissertation über »Die psychiatrische Beurteilung Jesu« (1913) unterzog Schweitzer die damals neuesten einschlägigen Facharbeiten einer Prüfung[50].

Nach dem im Vorausgehenden gegebenen Überblick über die Entstehung des Problems erscheinen vor Eintritt in die eigentliche Verhandlung einer so heiklen Frage noch einige Vorbemerkungen angebracht. Zunächst ist die Hemmung zu erwähnen, die hier nicht nur der gläubige Christ — ihm muß auf den ersten Blick schon die Fragestellung als blasphemisch gelten —, sondern auch derjenige empfindet, der sich von der gläubigen Verehrung des Gottmenschen Jesus Christus gelöst hat, den Menschen Jesus von Nazareth jedoch nach wie vor zu den Großen in der Geschichte der Menschheit zu zählen gewöhnt ist und sich dagegen sträubt, daß ihm dessen Bild auf diese Weise beeinträchtigt wird. Dazu wäre zu sagen, daß selbstverständlich niemand genötigt werden soll, sich mit dieser Frage zu beschäftigen. Man kann die einschlägigen Veröffentlichungen ungelesen lassen, darf jedoch der Untersuchung eines Problems, das sich durchaus sachlich entwickelt hat und auf jeden Fall nach einer Klärung und Stellungnahme verlangt, nicht kurzerhand jede Berechtigung absprechen. Die Wissenschaft, die vor den atomphysikalischen Erkenntnissen menschheitsgefährdender Art nicht haltmachen konnte, hat auch hier ihren Weg weiterzugehen. »Sollte es sich«, erklärt Schweitzer selbst, »wirklich herausstellen, daß dem Mediziner die Anschauungswelt Jesu irgendwie als ›krankhaft‹ gelten muß, so darf dies unbeschadet aller daraus zu ziehenden Konsequenzen und des sich für viele ergebenden Anstoßes nicht unausgesprochen bleiben, da die Ehrfurcht vor der Wahrheit über alles zu stellen ist«[51].

Aber auch dem, der bereit ist, sich dem Problem mit gebührendem Ernst

---

[49] LJ S. 365.

[50] Die älteren psychiatrischen Arbeiten (die erste von *L. Noack* 1859) sind bei *Lange-Eichbaum/Kurth* aufgeführt. Schweitzer behandelt in der genannten Dissertation die Veröffentlichungen dreier Psychiater: *D. Loosten* (Pseudonym für *Georg Lomer*): Jesus Christus vom Standpunkte des Psychiaters. 1905. — *William Hirsch:* Religion und Zivilisation vom Standpunkte des Psychiaters. Aus d. Engl. 1910. Über Jesus S. 87 bis 164. — *Charles Binet-Sanglé:* La folie de Jésus. Bd. 1. 3. Aufl. 1911; Bd. 2. 1910; Bd. 3. 1912. Ein 4. Band ist erst nach Schweitzers Untersuchung, 1915, erschienen. — In der Buchausgabe seiner Arbeit nimmt Schweitzer am Schluß noch kurz Stellung zu der Abhandlung eines Nichtmediziners, *Emil Rasmussen:* Jesus. Eine vergleichende psychologische Studie. Aus dem Dän. 1905, welche Parallelen aus der Religionsgeschichte beibringt, jedoch psychiatrisch zu wenig fundiert ist.

[51] PB S. VI.

und Takt zu nähern, treten außerordentliche Schwierigkeiten entgegen. Vor allem kommt, wenn schon die Personalunion von Theologie und Medizin äußerst selten ist, die für diese Frage erforderliche besondere Verbindung der neutestamentlichen und der psychiatrischen Fachwissenschaft naturgemäß kaum noch einmal vor. Auch Schweitzer verfügte, obwohl er über ein Jahr daran gegeben hat, sich »in das uferlose Paranoiaproblem einzuarbeiten«[52], nicht über eine längere psychiatrische Erfahrung und wird deshalb auf diesem schwierigen Gebiet von einem Fachmann wie *Lange-Eichbaum* nicht für zuständig gehalten[53], für nicht zuständig aber auch überhaupt als Theologe, der als solcher »ohne affektive Gebundenheit und Katathymie«[54] dem genannten Autor nicht denkbar erscheint. Nun dürfte es freilich über jeden Zweifel erhaben sein, daß Schweitzer sich weitgehender Sachlichkeit befleißigt hat. Eine andere Frage ist die, ob etwa eine unbewußte Voreingenommenheit in die Untersuchung hineingewirkt und die Entscheidung in einem bestimmten Sinne beeinflußt, vielleicht sogar vorweggenommen haben könnte.

Umgekehrt besteht aber auch für den Psychiater eine große Schwierigkeit, die nämlich, sich von der geistigen Welt, in der Jesus gelebt hat, eine einigermaßen zutreffende Vorstellung zu machen. Dabei handelt es sich nicht nur um die Gefahr so grober Fehler hinsichtlich der historischen Voraussetzungen, wie sie sogleich zu erwähnen sind, sondern selbst für einen Mediziner, der umfassende theologische Vorstudien getrieben hat, gilt doch, daß er hier in einem unvergleichlich schwierigen Gelände zu operieren gezwungen ist und vom historischen Theologen in einem Maße abhängig wird, das bedenklich erscheinen muß, sofern man berücksichtigt, daß der Historiker seinerseits bei der Gestalt Jesu über die Erörterung von Möglichkeiten und Vermutungen vielfach kaum hinausgelangt.

Indessen rechtfertigen diese in der Person des Betrachters wie in der Sache liegenden Schwierigkeiten nicht eine Umgehung des Problems überhaupt. Das Mögliche muß unter allen Umständen getan werden. *Eine* Forderung ergibt sich aus dieser Sachlage allerdings unabweisbar: die eines besonders behutsamen Vorgehens. Neben der Ausschaltung erkenntnisfremder Interessen — hämische Freude am Herunterziehen und Wegerklären des Hohen und Großen ebenso wie ein im Interesse des Ansehens und der Autorität Jesu erfolgendes stures Nichtsehenwollen auffälliger, vielleicht verdächtiger Sachverhalte — ist hier nichts so wichtig wie das Vermeiden einer Übereilung auf dem Wege zum Ergebnis und, nachdem ein solches möglicherweise gewonnen ist, die einer Überschätzung seiner Sicherheit. Das Bewußtsein einer etwaigen Mehrdeutigkeit des Befundes und damit des Hypothetischen aller Aussagen über einen solchermaßen zweifach schwierigen Gegenstand hat durchaus bestimmend zu sein. Vor

---

[52] LD S. 92.

[53] *Lange-Eichbaum:* Genie[3], S. 390.

[54] ebenda. — Katathymie ist »die Umbildung der seelischen Inhalte unter der Wirkung des Affektes« (*Kretschmer:* Psychologie, S. 76).

allem sollte man stets bedenken, daß »abnorm« ein relativer Begriff und nicht ohne weiteres mit »pathologisch« gleichzusetzen ist[55], umgekehrt freilich auch einräumen, daß Phänomene der numinosen Sphäre, die wir in strahlendem Licht zu sehen gewohnt sind, unter Umständen eine sehr dunkle Wurzel oder doch Komponente haben können.

Schweitzer weist überzeugend nach, daß die ihm vorliegenden Untersuchungen von psychiatrischer Seite an schweren Fehlern leiden. Vor allem lassen sie die Berücksichtigung der historischen Voraussetzungen vermissen. Sie verfahren in der Auswahl und Benutzung der Quellen durchaus unkritisch, verwenden z. B. das Johannesevangelium — drei Viertel ihres Materials stammen aus diesem![56] — sowie ausgesprochen legendenhafte Bestandteile der Synoptiker[57]. Sie erörtern mithin Symptome und Diagnose eines unhistorischen Patienten. Indem z. B. *W. Hirsch* die Geburtsgeschichte[58] und ein dem Auferstandenen in den Mund gelegtes Wort (Mt 28, 18: »Mir ist gegeben alle Gewalt im Himmel und auf Erden«)[59] anführt, schlägt er jedem historischen Sinn ins Gesicht und verwirkt das Recht, in dieser Angelegenheit ernst genommen zu werden. Ferner fassen diese Arbeiten Vorstellungen, die vom modernen Standpunkt gesehen höchst fremdartig und unsinnig wirken, in der Umwelt Jesu aber geläufig waren, ohne weiteres als krankhaft auf, ein offensichtlich unmögliches Verfahren. Manchmal handelt es sich wohl auch einfach um ein allzu flüchtiges Lesen des Textes, so wenn Hirsch die Geschichte von der Verklärung Jesu auf dem Berge (Mk 9, 2—8) als Beleg für Halluzinationen Jesu nimmt[60], während die Erscheinungen nach dem Bericht gar nicht Jesus, sondern den drei intimen Jüngern zuteil werden[61]. Aber auch rein medizinisch gesehen hält Schweitzer die von ihm geprüften Arbeiten für wertlos. »Unter Zuhilfenahme von hypothetischen Symptomen konstruieren sie Krankheitsbilder, die selbst Artefakte sind und überdies sich in die von den Autoren diagnostizierten klinischen Krankheitsformen nicht restlos einreihen lassen.«[62]

Bei dem Material, das als symptomatisch für eine geistige Erkrankung Jesu von Interesse sein könnte, werden von Schweitzer unterschieden: Wahnideen, Halluzinationen, affektbedingtes Verhalten und sonstiges auffälliges, sinnlos anmutendes Handeln.

Die Frage der Wahnideen betreffend stellt Schweitzer, zweifellos mit vollem Recht, fest, »daß alle religiösen Vorstellungen, die Jesus mit seinen Zeitgenossen teilt und als Tradition übernommen hat, nicht als krankhaft bezeichnet werden dürfen, selbst wenn sie unseren modernen Anschauun-

55 *Mörchen:* Betrachtung, S. 424.
56 PB S. 15.
57 S. 16.
58 *W. Hirsch:* Religion, S. 128 f.
59 S. 107.
60 S. 110.
61 PB S. 38.
62 S. 44.

gen durchaus fremd und unbegreiflich erscheinen«[63]. Berücksichtigt man das, so läßt sich eigentlich nur Jesu Selbstbewußtsein als verdächtig ansprechen, und gerade dieses findet nun Schweitzer keineswegs so sinnwidrig, wie es auf den ersten Blick anmuten kann. Der Gegensatz zwischen der Stellung des Zimmermannssohnes und des Messias-Menschensohnes wird nämlich, meint er, viel weniger kraß und schreiend und sogar weitgehend verständlich, wenn wir bedenken, daß erstens der ältesten Überlieferung (Röm. 1, 3; Mk 10, 47) zufolge Jesus aus dem Geschlechte Davids stammt und zweitens die apokalyptische Erwartung die kommende Verwandlung in der Art einer Umwertung der Werte vorstellt. Ihr gemäß ist es gefordert, »daß der, der in der zukünftigen Welt die höchste Stelle einnehmen sollte, hier im natürlichen Weltlaufe, zu den Geringen und Verachteten gehörte. Also konnte als zukünftiger Messias nur ein in Niedrigkeit und Armut lebender Abkömmling Davids in Betracht kommen. Wurde das Weltende als ganz nahe erwartet, so mußte dieser schon geboren sein und unter dem das Ende der Zeiten erlebenden Geschlecht gesucht werden«[64]. Wenn damit der Messiasanspruch Jesu seiner Entstehung nach »bis zu einem gewissen Grade motiviert« erscheint[65], so befindet sich, wie Schweitzer hervorhebt, auch die weitere Entwicklung, die dieser Anspruch durchmacht, im Einklang mit der Gesamtanschauung. Sie ist durch äußere Ereignisse bedingt, auf die Jesus sinnvoll reagiert. »Das Ausbleiben der erwarteten messianischen Drangsal und des Reiches« nach der Aussendung der Jünger sowie »der in jene Zeit fallende Tod Johannes des Täufers«, so erklärt uns der Leben-Jesu-Forscher, »bringen eine Wandlung in der Leidensvorstellung hervor, auf Grund deren Jesus nicht mehr wie bisher annimmt, er werde mit den Erwählten zusammen in den schon überirdischen Charakter aufweisenden ›Wehen des Messias‹ leiden.« Diese Vorstellung wird vielmehr außer Kraft gesetzt, Jesus erwartet Leiden und Tod jetzt »als ein historisches Ereignis in der natürlichen Weltzeit« und zwar für sich allein, und er nimmt an, daß im Hinblick auf sein Leiden und seinen Tod »den andern das Leiden, durch das sie hindurch müßten, erspart wird«[66]. Eine solche »Modifizierung der Anschauung«, stellt nach den Erklärungen des Theologen nun der Mediziner Schweitzer fest, »setzt eine Beeinflußbarkeit voraus, die den paranoischen Wahngebilden, welche sich nach einem feststehenden Typus entwickeln, nicht zukommt«[67]. Auch sind die Gegner Jesu keineswegs wahnhafter Art: er hatte wirklich Gegner, und ihnen gegenüber »verhält er sich diametral anders« als »ein verfolgter Geisteskranker. Er bleibt nicht inaktiv oder beschränkt sich nicht auf die Abwehr, wie so viele verfolgte Kranke«[68].

[63] S. 38.
[64] S. 34.
[65] S. 35.
[66] S. 36.
[67] ebd.
[68] ebd.

Was sodann die Halluzinationen angeht, die man bei Jesus gefunden hat, so müssen sie nach Schweitzer größtenteils als unhistorisch angesehen werden, insbesondere sicherlich die Versuchungsgeschichte und die Erscheinung des Engels in Gethsemane. Historisch zweifelhaft ist ihm auch die Stimme aus dem Himmel bei der Taufe, die merkwürdig an einen Vers des 2. Psalms anklingt, und, vorausgesetzt, daß sie geschichtlich sein sollte — es würde sich dann vom psychiatrischen Standpunkt »um kohärente gleichzeitige Sinnestäuschungen auf optischem und akustischem Gebiet« handeln —, so gestattet sie doch als ein einzelnes Ereignis nicht den Schluß auf das Bestehen einer Geisteskrankheit[69]. »Affektiv gefärbte Sinnestäuschungen« »finden sich nicht nur bei Geisteskranken. Sie kommen auch bei affektiv sehr erregbaren Individuen vor, die aber durchaus noch in die Gesundheitsbreite fallen können«[70].

Keine Bedeutung legt Schweitzer schließlich dem angeblich affektiv bedingten Verhalten Jesu bei. Das mehrfach erwähnte psychiatrisch interessante Entweichen an einen anderen Ort hängt nach seiner Ansicht in Wahrheit nicht mit Stimmungsschwankungen zusammen, sondern mit dem Bestreben Jesu, Volksansammlungen zu meiden. Auch sein Mangel an Familiensinn kann nicht als ein krankhaftes Merkmal genommen werden; denn Jesu ablehnende Haltung gegenüber der Familie ist durchaus verständlich, er nimmt sie ein, »weil ihn die Angehörigen nach Hause holen und am öffentlichen Auftreten verhindern wollen«[71]. Das sonderbare Wort über die Eunuchen ferner (Mt 19, 12), aus dem man auf einen Mangel an geschlechtlichem Empfinden geschlossen hat, faßt Schweitzer, wie noch zu besprechen sein wird, ganz anders auf. Und für die den Psychiatern als sinnlos erscheinende Handlung der Verfluchung des Feigenbaums (Mk 11, 12—14) hält er wiederum eine andere, ebenfalls mit zeitgeschichtlichen Vorstellungen arbeitende Interpretation bereit, auf die auch noch zurückzukommen ist.

So gelangt Schweitzer zu dem Ergebnis: »Die einzigen psychiatrisch eventuell zu diskutierenden und als historisch anzusehenden Merkmale — die hohe Selbsteinschätzung Jesu und etwa noch die Halluzination bei der Taufe — reichen bei weitem nicht, um das Vorhandensein einer Geisteskrankheit nachzuweisen.«[72] Es erhebt sich nun die Frage, ob Schweitzer damit das letzte Wort gesprochen hat. Darüber, daß die von ihm geprüften Untersuchungen abgetan sind, gibt es keinen Zweifel. Ihre Untauglichkeit ist von ihm unwiderleglich erwiesen worden. Das schließt indessen nicht aus, daß sie dennoch auf einer richtigen Fährte gewesen sein könnten. Diesen Standpunkt vertritt derjenige Autor, der als einziger nach Schweitzer die Angelegenheit noch einmal aufgenommen hat, der Psychiater *Wilhelm Lange-Eichbaum* in der pathographischen Studie über Jesus, die sich

---

[69] S. 39.
[70] ebd.
[71] S. 41.
[72] S. 44.

in seinem schon angeführten großen Werk »Genie, Irrsinn und Ruhm« findet[73]. Er leugnet nicht die Schwäche der genannten psychiatrischen Arbeiten, meint aber, Schweitzer habe zu Unrecht ihre richtigen Grundgedanken an dieser Schwäche gemessen[74]. Lange-Eichbaums Behandlung des Problems steht auf einer beträchtlich höheren Ebene als die von Schweitzer nachgeprüften Schriften. Dieser Psychiater hat sich offenbar ernstlich um einen Überblick über die historische Problemlage bemüht, und seine Einstellung scheint nicht von einer gleich starken Abneigung gegen die Person Jesu bestimmt zu sein wie die jener Autoren. Dennoch gelangt er zu demselben Ergebnis wie seine Vorgänger, nicht nur im allgemeinen, sondern auch zu ungefähr derselben Diagnose, obgleich ihm an dieser weniger gelegen ist.

Lange-Eichbaums großes Werk wurde in der vierten Auflage und nochmals in der sechsten von *Wolfram Kurth* stark umgearbeitet, wobei der Bearbeiter sich in dem Abschnitt über Jesus von dem verstorbenen Verfasser in bemerkenswerter Weise distanziert. Diesem sei vielleicht nicht völlig bewußt gewesen, daß er sich »mit dem Problem des Glaubens auseinandersetzen« wollte. Er »hat bewußt nichts anderes getan, als nur Wissenschaft – die positivistische seiner Zeit – getrieben. Er glaubte, mit dem von ihm vorgefundenen Material eine Frage lösen zu können, die doch immer weiter offenbleiben wird und muß«. »Die vorliegende Problematik sprengt die herkömmlichen Kategorien, mit denen man sonst mit Hilfe unseres wissenschaftlichen Rüstzeuges und der üblichen logischen Schlüsse an die Beantwortung der Frage herangehen kann: wie ist die oder jene Persönlichkeit strukturiert.« Es bleibt außerdem fraglich, »ob es möglich sein wird, trotz aller modernen historischen und textkritischen Erkenntnisse, wie sie vor allem die evangelische Theologie der letzten Jahrzehnte bietet, die Probleme in den Evangelien zu lösen, auf deren Kenntnis sich schließlich unser kritisches Urteil aufbauen muß«[75]. Diese Einschränkungen sind vollauf berechtigt; Lange-Eichbaums Einstellung zum Jesusproblem ist zwar sachlicher als die der früheren psychiatrischen Autoren, aber doch auch noch reichlich unbefangen und allzu selbstsicher. Trotzdem ist seine Behandlung des Falles Jesus der des gewiß verdienstvollen Neubearbeiters in einer Hinsicht vorzuziehen. Lange-Eichbaum ist mit dem ganzen Herzen bei der Sache, Kurth dagegen empfand das Problem zunächst als ein so heißes Eisen, daß er es offenbar nur zu gern umgangen hätte, und wenn er sich schließlich doch – hauptsächlich auf theologischen Rat, wie er anfangs zu bemerken nicht unterläßt – entschlossen hat, es nicht in dem Buche fehlen zu lassen, so sichert er sich dabei mit dem Bekenntnis ab, daß er in der Persönlichkeit Jesu »Gottes Sohn erkennt und verehrt«, und »über diese Glaubensaussage hinaus nichts kritisch äußern kann«[76].

So würde man sich die Überwindung jener positivistischen Beschränktheit des ursprünglichen Verfassers freilich nicht gewünscht haben. Was könnte ein Autor, der ein derartiges Glaubensbekenntnis an den Ausgangspunkt seiner Untersu-

---

[73] *Lange-Eichbaum*[3], S. 379–404. Über die Neubearbeitung des Werkes von der vierten Auflage an vgl. die nächsten beiden Absätze.

[74] *Lange-Eichbaum:* Genie[3], S. 389.

[75] *Lange-Eichbaum/Kurth*[6], S. 403 f.

[76] *Lange-Eichbaum/Kurth*[4], S. 334. Die zuletzt angeführten Stellen sind in der 6. Auflage begrüßenswerterweise fortgefallen, bleiben aber als persönliche Voraussetzung der sachlichen Stellungnahme aufschlußreich.

chung setzt, uns hier noch zu sagen haben? Die Richtung, in der das Ergebnis liegen wird, ist ja dadurch bereits festgelegt, und so findet Kurth denn auch, die Arbeit Schweitzers gebe »wesentlichste Aufklärung und dürfte modernster Auffassung dieser Problematik entsprechen, so daß Veranlassung besteht, sich dieser anzuschließen«[77]. Ein solches Verfahren hat sicherlich den Vorzug, Anstoß zu vermeiden. Nur läßt sich die Frage nicht unterdrücken, ob es im Rahmen einer Neubearbeitung des Werkes von Lange-Eichbaum gutgeheißen werden kann; denn dieses hatte mit beachtlichen Gründen Kritik an Schweitzers psychiatrischer Studie geübt, und eine Neubearbeitung darf wohl und muß selbstverständlich unter Umständen über den ehemaligen Verfasser hinausgehen, indem sie dessen Einseitigkeit berichtigt. Daß sie sich aber in diesem Falle einfach *gegen* ihn wendet und zu der von Lange-Eichbaum verworfenen Stellungnahme Schweitzers auf der ganzen Linie zurückkehrt, erscheint weder mit Rücksicht auf den Verfasser noch im Interesse eines Fortschritts in der Sache angezeigt. Deshalb halten sich die folgenden Ausführungen trotz des hervorgehobenen besseren Verständnisses für das sehr Problematische der historischen Sachlage sowie trotz gewisser formaler Vorzüge dieses Abschnitts in der Neubearbeitung – übersichtliche Einteilung und Glättung der Darstellung – an die von Lange-Eichbaum noch selbst bearbeitete dritte Auflage. Es wird sich zeigen, daß er, weit davon entfernt, seine psychiatrische Jesusauffassung bewiesen zu haben, in seiner Kritik an Schweitzer zwar durchaus nicht überall, aber teilweise im Recht war und jedenfalls nicht einfach in seinem eigenen berühmten Buch durch den Standpunkt Schweitzers ersetzt werden durfte.

Lange-Eichbaum nimmt den Historiker Schweitzer als Autorität, schätzt dagegen sein psychiatrisches Urteil gering ein. Es sind in der Hauptsache zwei Einwände, die er gegen Schweitzer erhebt, ein allgemeiner und ein spezifisch psychiatrischer. Bei dem allgemeinen Einwand handelt es sich um den Vorwurf, daß Schweitzer »mit zweierlei Maß mißt: *dieselbe* Anschauung ist, wenn er *selbst* sie hat, richtig, wenn der böse Psychiater sie vorträgt, natürlich grundfalsch«[78]. So tadelt Schweitzer W. Hirsch vor allem wegen dessen These: »Alle seine« (Jesu) »Reden, Lehren und Predigten kulminieren in einem Wörtchen: ›Ich‹ «, wobei Hirsch Stellen aus dem Johannesevangelium anführt und ferner Sprüche über den Menschensohn aus den Synoptikern, »ohne zu bemerken, daß dort Jesus nicht von seinem ›Ich‹ redet, da er die Identifizierung seiner Person mit dem Menschensohn überhaupt nicht vollzieht«[79]. »Diese Widerlegung soll doch heißen«, erklärt Lange-Eichbaum: »Bei Jesus kulminiert nicht alles im Ich; denn das Johannesevangelium ist unbrauchbar, und Jesus meint mit Menschensohn gar nicht sich selbst. Man höre nun aber, was Schweitzer *selbst* von Jesus aussagt: ›Tatsächlich aber blitzt überall aus Jesu Reden und Tun das messianische Selbstbewußtsein heraus‹.« »Also: wenn ein Psych-

---

[77] *Lange-Eichbaum/Kurth:* Genie[6], S. 432. – Daß *Kurth* auch die historische Lösung Schweitzers, »mit Kritik gelesen, von den theologischen für die beste« hält – sie scheint ihm »der geschichtlichen Wirklichkeit am nächsten zu kommen« (S. 405) –, sei nebenbei bemerkt, weil sich darin zeigt, wie wenig kritisch sein Urteil auf diesem Gebiet ist, trotz seines Referierens über zahlreiche theologische Publikationen.
[78] *Lange-Eichbaum*[3], S. 391 (im folgenden wird die 3. Aufl. einfach zitiert als: Lange-Eichbaum).
[79] PB S. 10.

iater *genau* das gleiche sagt wie Schweitzer selbst, so wird er herabgesetzt.«[80] Man muß freilich bezweifeln, daß sie wirklich genau dasselbe sagen bzw. meinen, bezweifeln vor allem, ob Lange-Eichbaum sich das von Schweitzer vertretene eschatologische Verständnis Jesu ganz zu eigen gemacht hat. Wenn der Autor etwa das Neue, das Jesus bringt, in den Satz faßt: »Ich, ich bin der Messias«[81], oder wenn er den Kernpunkt der Paranoiafrage darin erblickt, »daß Jesus sich selbst für ein überirdisches Wesen hielt«[82], so scheint das dem eschatologischen Jesusbild, nach welchem jene Sätze eigentlich ins Futurum übertragen werden müßten, nicht in vollem Maße zu entsprechen, erklärt Schweitzer es doch ausdrücklich für »in jeder Weise unmöglich, daß ein Jude jener Zeit zu andern trat und sprach: ›Ich bin der Messias‹ «[83]. Und es dürfte gerade für die Frage der psychiatrischen Beurteilung einen nicht unbeträchtlichen Unterschied ausmachen, ob der johanneische Jesus gewissermaßen eindimensional-dogmatisch verkündet: »Ich bin das Brot des Lebens«, »Ich bin das Licht der Welt«, »Ich bin der Weg, die Wahrheit und das Leben«, »Ich und der Vater sind eins«, oder ob nach der Schweitzerschen Auffassung in Jesus das zweidimensionale Bewußtsein entsteht, er sei derjenige, den Gott im kommenden Äon zum Messias machen, der in einer neuen, ganz anderen Existenzform als der Menschensohn erscheinen wird. Gewiß sieht auch Schweitzer in Jesus »die vulkanische Natur eines unermeßlichen Selbstbewußtseins«, aber er weist zugleich als auf »eines der gesichertsten Ergebnisse der modernen Forschung«[84] darauf hin, daß Jesus seine Überzeugung, zum Menschensohn bestimmt zu sein, nicht hat in seine durchaus im Vordergrund stehende Ankündigung des Reiches mit hineinspielen lassen. Auch bemüht Schweitzer sich ja darum, dieses Selbstbewußtsein aus den Voraussetzungen der spätjüdischen Apokalyptik verständlich zu machen.

Um nicht einseitig zu urteilen, waren solche Gesichtspunkte gegen Lange-Eichbaum zur Sprache zu bringen. Dennoch ist nun festzustellen, daß seine Einwände gegen Schweitzer zum Teil nicht unbegründet sind. Dieser mußte als Historiker gewiß Wert darauf legen, daß das Zurücktreten Jesu hinter seiner Reichspredigt angemessen berücksichtigt wird. Für den Psychiater kann diese Zurückhaltung Jesu indessen nicht allzuviel besagen, falls Schweitzer darin recht hat, daß das messianische Selbstbewußtsein tatsächlich aus Jesu Reden und Tun überall herausblitzt. Und wenngleich die von Lange-Eichbaum gewählte Formulierung dieses Selbstbewußtseins »Ich bin der Messias! Ich bin ein Gott«[85] ganz abwegig erscheint — auch in seiner psychiatrischen Arbeit bezeichnet Schweitzer es

---

[80] *Lange-Eichbaum,* S. 391.
[81] S. 383.
[82] S. 389.
[83] LJ S. 294.
[84] PB S. 21.
[85] *Lange-Eichbaum,* S. 394.

unzweideutig als ein Mißverständnis, Jesus meine, »daß er schon als natürlicher Mensch, zu seinen Lebzeiten, der Messias sei«[86] —, so genügt doch für den Psychiater durchaus, daß Jesus sich nach Schweitzer allen Ernstes für den zukünftigen Messias im Sinne des Menschensohnes hält. Bedenkt man ferner, daß dieser in den Bilderreden Henochs, die hier vor allem maßgebend sind, als präexistent, schon vor der Weltschöpfung daseiend gedacht wird, so scheint die rein futurische Ausrichtung des Bewußtseins Jesu damit auch wieder wesentlich eingeschränkt, wenn nicht sogar im Grunde in Frage gestellt zu werden. Schweitzer unterläßt es in seiner psychiatrischen Untersuchung wohlweislich, die Präexistenz des Menschensohns auch nur flüchtig zu erwähnen, aber, obschon »keines der Menschensohnworte innerhalb der synoptischen Überlieferung an den Präexistenzgedanken anknüpft«[87], erklärt er es in seinem Hauptwerk, wie schon früher erwähnt, für »möglich, wenn auch nicht wahrscheinlich, daß Jesus an seine eigene Präexistenz geglaubt hat«. Der Hymnus Mt 11, 25—30 (Ich preise dich, Vater, ...) gebe in dieser Hinsicht zu denken, insbesondere das Wort »Alles ward mir übergeben von meinem Vater ...« könne »aus dem Bewußtsein der Präexistenz gesprochen sein«[88].[89] In seinem unvollendeten Spätwerk spricht er dagegen Jesus das Bewußtsein, eine Inkarnation des präexistenten Menschensohnes zu sein, ohne Einschränkung ab.[90] Wie dem auch sei, gar nicht wegzudenken von der Gestalt des Menschensohns ist jedenfalls die Funktion des Weltrichters[91], ja, die eigentlich zukünftige Gerichtsbarkeit übt Jesus nach Schweitzer proleptisch schon während seiner irdischen Wirksamkeit aus, wenn er mehreren Städten das vernichtende Urteil spricht (Mt 11, 20—24)[92], wie er ja auch umgekehrt die Vollmacht beansprucht und gebraucht, Sünden zu vergeben (Mk 2, 10), ein Recht, das sonst Gott allein vorbehalten ist (Mk 2, 7). Ein Mensch, der möglicherweise mit seiner ihm allein zukommenden Präexistenz rechnet, der sich jedenfalls zum zukünftigen Weltrichter berufen oder doch die entscheidende Stimme beim dereinstigen Gericht zu haben glaubt — Schweitzer wirft selbst einmal die Frage auf: »Wer aber war

---

[86] PB S. 20.

[87] *Tödt:* Menschensohn, S. 258. *Tödt* beschreibt den Sachverhalt sogar als »strenge Abgeschlossenheit« der synoptischen Menschensohnworte gegen Präexistenzaussagen.

[88] LJ S. 310.

[89] Auch *Cullmann* (Christologie, S. 166 f.) weist, obschon er diese Frage für schwer beantwortbar hält, die Möglichkeit, daß Jesus an seine Präexistenz gedacht haben könnte, nicht ganz von der Hand. Man muß auch wohl urteilen, daß das Fehlen einer entsprechenden Aussage in den kurzen Menschensohnworten kein entscheidendes negatives Indiz ist. Wenn zum apokalyptischen Begriff des Menschensohns die Präexistenz nun einmal gehört hat, so brauchte Jesus keine Veranlassung zu haben, sie ausdrücklich zu erwähnen.

[90] RG S. 118.

[91] *Cullmann:* »Die eigentliche eschatologische Funktion des kommenden Menschensohns ist, wie schon in den spätjüdischen Texten, vor allem im äth. Hennoch, das *Richten*«. Die Bezeichnung Jesu als Richter ist geradezu ein »Aspekt des Menschensohngedankens« (Christologie, S. 160).

[92] LJ S. 417.

derjenige, dessen Ja und Nein bei Gott über das Schicksal der Menschen beim Gericht entschied?«[93] –, ein Mensch, der schon zu seinen Lebzeiten einerseits ganze Städte aburteilt, andererseits sich die Vollmacht der Sündenvergebung zugelegt haben soll und der alles in allem ein »unermeßliches Selbstbewußtsein« erkennen läßt: gehen hier nicht wirklich Irdisches und Überirdisches, Menschliches und Göttliches in sehr sonderbarer Weise ineinander über? Müßte man nicht zugeben, daß Lange-Eichbaum hier vom Historiker Schweitzer ein Jesus vorgestellt wird, der den Psychiater in der Tat interessieren kann, den dieser von Berufs wegen ernst nehmen *muß*, viel ernster wenigstens, als Schweitzer selbst dies tut?

Einen ähnlichen Widerspruch in der Argumentation Schweitzers erblickt Lange-Eichbaum bei der Frage des Auftretens von Verfolgungsideen. Den Psychiatern gegenüber leugnet Schweitzer sie[94], »an *anderen* Stellen«[95] »weist er *selber* daraufhin«[96], da läßt er Jesus »ohne sichtbarlichen äußeren Anlaß« »von nahe bevorstehenden Verfolgungen« sprechen. Damit wird nun freilich deutlich, wie sehr der Historiker und der Psychiater aneinander vorbeireden. Lange-Eichbaum scheint auch hier die Schweitzersche Leben-Jesu-Auffassung nicht völlig verstanden oder doch nicht genügend berücksichtigt zu haben. Andererseits ist nicht zu leugnen, daß der medizinische Aspekt in diesem Punkte von Schweitzer nicht sehr gründlich erwogen wird. Das Bewußtsein Jesu von kommenden Verfolgungen gehört ja durchaus in die Theorie unseres Leben-Jesu-Forschers hinein, erklärt er doch Jesu ganze Wirksamkeit aus den ihm zugeschriebenen dogmatischen Voraussetzungen, zu denen in erster Linie auch die Erwartung von Leiden im Zusammenhang der bevorstehenden allgemeinen Drangsal zählt. Die psychiatrische Deutung geht in eine ganz andere Richtung. Bei dem Bestreben, sie zu widerlegen, scheint dem Mediziner Schweitzer in der Tat nicht mehr ganz gegenwärtig zu sein, daß der Ausgangspunkt, die Feststellung des Gedankens an Verfolgungen bei Jesus, beiden Betrachtungen gemeinsam und von ihm selbst als Theologen bereits anerkannt und hervorgehoben worden ist. Anders gesagt: der Historiker in Schweitzer überwiegt so sehr, daß er sich, im vermeintlichen Besitze eines besseren Verständnisses der Verfolgungsideen, der Sicht des Psychiaters, ohne es zu wollen, von vorneherein verschließt. Jedenfalls ist es begreiflich, daß der zünftige Psychiater, dem ja die Annahme der historischen Hypothese Schweitzers mit Haut und Haaren nicht ohne weiteres zugemutet werden kann, in dieser Behandlung der Frage einen Widerspruch empfindet und das Rechnen Jesu mit Verfolgungen, »die der empirischen Grundlage entbehren« – von »Gewitterprophezeiungen unter blauem Himmel« spricht Schweitzer[97] – für verdächtig hält.

---

[93] S. 415.
[94] PB S. 36.
[95] LJ S. 367. 388.
[96] *Lange-Eichbaum,* S. 392.
[97] LJ S. 388.

Widerspruchsvoll erscheint Lange-Eichbaum auch Schweitzers Stellungnahme zu dem »Wort über die Eunuchen und die, die sich um des Reiches Gottes willen zu solchen gemacht haben« (Mt 19, 12).[98] »Auch Schweitzer findet mehrfach dieses Wort ›auffällig‹[99]. Aber ›die Pathographen, die aus ihm ein krankhaftes sexuelles Empfinden herauslesen wollen, sind jedoch im Irrtum. Sie bemerken nicht, daß Jesus sich kurz vorher (Mt 13, 3–9) über die Ehe sehr natürlich und bejahend geäußert hat.‹ Und was sagt Schweitzer selber an *anderer* Stelle: ›Ist ein Mensch mit seiner weltflüchtigen Ethik, die sich zuletzt zu Reden wie in Mt 19, 12 versteigt, nach unsern Begriffen kerngesund?‹[100] *Mehr* haben die Pathographen ja auch nicht sagen wollen: sexuell abwegig, abnorm.« Tatsächlich seien, findet Lange-Eichbaum, die Äußerungen Jesu Mt 19, 3—12 »*durchaus* nicht ›sehr natürlich und bejahend‹; das übersieht nun wieder Schweitzer«[101]. Hier dürfte jedoch in Wahrheit Lange-Eichbaum etwas übersehen oder in seiner Bedeutung verkannt haben. Es fragt sich nämlich, was man unter »natürlich und bejahend« auf diesem Gebiet versteht. Daß als natürlich und bejahend etwa nur ein hemmungsloses Nachgeben gegenüber allen geschlechtlichen Reizen und Begehrungen zu gelten hat, kann ja wohl nicht gemeint sein. Wer wie Jesus die aus jedem beliebigen Grunde erfolgende Entlassung der Frau aus der Ehe ablehnt, wird sich doch damit noch nicht dem Verdacht aussetzen, sexuell unnatürlich, verneinend zu empfinden! Bei der Beurteilung der dem Eunuchenwort vorausgehenden Verse sollte man deshalb getrost Schweitzer und nicht Lange-Eichbaum folgen; es gibt keinen Grund, Jesu Einstellung hier nicht »natürlich und bejahend« zu finden. Die Frage kann sich also nur auf das Eunuchenwort selbst beziehen. Wenn nun dabei Lange-Eichbaum Schweitzer gegen Schweitzer ins Feld führt, sofern dieser selbst die kerngesunde Beschaffenheit Jesu im Hinblick auf das problematische Wort in Frage gestellt habe, so muß darauf hingewiesen werden, daß dies nur in der ersten Fassung seines Hauptwerks der Fall ist, nicht in der zweiten Auflage, die in demselben Jahre wie die Arbeit zum psychiatrischen Problem erschien und in die der angeführte Fragesatz (Kerngesund?) nicht aufgenommen wurde; denn inzwischen hatte Schweitzer eine andere Deutung für das merkwürdige Wort gefunden. Danach sieht Jesus entsprechend der Umkehrung aller Verhältnisse im neuen Äon »in den Eunuchen die Verachteten, die im Reiche Gottes, wie die Kinder, zu Ehren bestimmt sind, weil sie vorher zu den Zurückgesetzten gehörten. Im Anschluß daran spricht er es als eine geheimnisvolle Vermutung aus, daß Menschen, um der besonderen zukünftigen Ehren teilhaftig zu werden, sich selber in die Klasse dieser Verachteten versetzt haben. Für ihn« selbst jedoch, Jesus, kann dieser Fall »nicht in Betracht kommen, weil er in der Abstammung

---

[98] PB S. 41.
[99] *Lange-Eichbaum*, S. 391; PB S. 41.
[100] *Lange-Eichbaum*, S. 391 f.; RW S. 306.
[101] *Lange-Eichbaum*, S. 392.

von David eine ganz einzigartige Anwartschaft auf eine hohe Stelle im Reiche Gottes besitzt. Das Wort hat also mit dem geschlechtlichen Empfinden nichts zu tun.«[102] Diese Erklärung Schweitzers ist immerhin beachtenswert, wenngleich sie die Bedenken vielleicht nicht völlig ausräumt.

Der zweite, der eigentliche psychiatrische Einwand Lange-Eichbaums gegen Schweitzers Stellungnahme besteht in dem Vorwurf, daß Schweitzer sich bemühe, »die *Einzel*symptome aus den früheren pathographischen Analysen eins nach dem andern zu zerpflücken«, was Lange-Eichbaum für den »*Haupt*fehler, einen großen Fehler der *Methode*« hält. »Man darf nicht, wie Schweitzer es tut, von einer Psychose, die doch eine Funktion ist, eine Struktur, ein Ganzes, eine Art organisch Gewachsenes — man darf davon nicht Stück für Stück herunterschneiden.« »Man muß den Blick aufs *Ganze* richten und alles wird dem Kundigen sofort klar.«[103] »In Wirklichkeit sind nämlich gerade Schweitzers theologische Darstellungen Jesu die *besten* Pathographien, die es gibt.« »Das Wesentliche, die Grundzüge würden bei den Pathographen noch viel einfacher und stärker herausgekommen sein, wenn sie *seine«* (Schweitzers) »Geschichte zur Hand gehabt hätten. Denn die *Grundzüge* sind psychiatrisch überhaupt nicht zu verkennen.«[104] Die Behauptung einiger Theologen, daß Schweitzers Jesusbild psychiatrisch verdächtig sei, wird somit vom Psychiater vollauf bestätigt.

Ihm stellt sich die Sachlage wie folgt dar: Ein »einfacher, ungebildeter, aber bibelfester Handwerker, der noch tiefer als viele seiner Zeitgenossen in ein abergläubisches, archaisch denkendes Milieu eingebettet ist.« »Er fühlt sich berufen« »zum kommenden Messias, zum Herrscher und Weltenrichter im Reiche der Herrlichkeit und handelt danach. Einzelne ekstatische Erlebnisse mit Visionen und Stimmen haben ihm die Erleuchtung und Berufung« »angekündigt. Wir sehen diesen Mann fast ausschließlich in einem Zustande von hochfahrender Reizbarkeit und starker Egozentrizität. Seiner Familie, auch der Mutter, steht er fremd, ablehnend, sogar schroff gegenüber. Sein Leben kennt keine Frauenliebe, Geschlechtslosigkeit preist er als Ideal. Die Seinen und seine Genossen halten ihn für *verändert* gegen früher und nehmen Anstoß an seinen Reden. Man nennt ihn ›von Sinnen‹, dämonbesessen.« »Eine Wolke von Heimlichkeit und Unheimlichkeit schwebt um ihn. Er spricht dunkel, er verhüllt absichtlich. Menschen und Welt kommen ihm zeitweise unheildrohend vor; das Weltende naht, Verfolgungen stehen bevor.« »Unruhiges Umherwandern, unstete, arbeitsfremde Lebensweise. Scheues Entweichen bei Nacht. Unheimliches Leiden wird kommen, muß sein, denn sonst kommt das Reich nicht, das Messiastum nicht. Leidensbereitschaft und doch angstvolles Zittern davor. Traumhaft gleitet das Leben dieses Mannes dem Abgrund

---

102 PB S. 42.
103 *Lange-Eichbaum,* S. 393.
104 ebd.

zu.« »In gewaltiger Erregung klingt das Leben aus: Einzug in die Hauptstadt, Drohreden, Tempelaustreibung — alles ohne Ziel und Vernunft für diese irdische Welt. Endlich fällt die Maske: *ich* bin der Messias!«[105] Schweitzer hatte Punkt für Punkt einzeln im Rahmen des Normalen zu deuten gesucht; Lange-Eichbaum sagt zum *Ganzen*: »Kann ein vernünftiger, kritischer Mann, der Kinderglauben und Kindervorurteile abgeschüttelt hat, ernsthaft zweifeln, daß hier eine *Psychose* vorgelegen hat? Diese Psychose ist für den Geschulten *so* deutlich, daß er meint, auch der Laie *müsse* sie erkennen. Jesu Schicksal ist ohne Psychopathologie *überhaupt* nicht zu begreifen. Das dunkle Gefühl der historischen Theologie seit 100 Jahren war vollkommen auf dem rechten Wege, und wer die Literatur im Längsschnitt überblickt, sieht mit unheimlicher Klarheit: der Gedanke, Jesus war ein Geistesgestörter, ist für die wissenschaftliche Erkenntnis gar nicht mehr aufzuhalten, er ›marschiert‹. Zuerst hat die Wissenschaft Jesus von seinem Gottesthron heruntergeholt und ihn als *Menschen* erkannt; nun wird sie ihn auch noch als *Kranken* erkennen lernen.«[106]

In der Frage der Diagnose legt Lange-Eichbaum sich nicht fest: »Die Diagnose ist für uns nicht wichtig. Eine paranoische Psychose — das muß genügen. Vielleicht echte Paranoia, vielleicht Schizophrenie, noch ohne Zerfall, in der Form einer Paraphrenie. Oder eine Paranoia auf dem Boden eines früheren leichten schizophrenen Schubes. Wer in den Lehrbüchern nachliest«, »muß *erschrecken* über die *schlagende* Ähnlichkeit der Bilder.«[107] »Das Weltuntergangsgefühl« z. B. »ist bei Paranoia wie besonders bei beginnender Schizophrenie etwas ganz Alltägliches.«[108]

Wollte man Lange-Eichbaum entgegenhalten, irgendein Paranoiker könnte nicht Ausgangs- und Mittelpunkt für eine Erscheinung wie das Christentum geworden sein, so würde er uns auffordern, sein Buch zur Hand zu nehmen; denn nun gelangt er erst zu seinem eigentlichen Thema. Er wird uns auf die von ihm erkannten Gesetze des Eindrucksvollen und der Ruhmbildung verweisen und feststellen, daß auch in diesem Falle wieder »das ›Werk‹ des ›Genies‹ gar nicht von ihm« ist. »Im Gegenteil: das Werk der Gemeinde, der Apostel schuf erst den *Schöpfer* Jesus, als solchen.« »Der Akkord mit dem ausgeprägten *Sanctum* entstand erst« später »aus einer ungeheuer verwickelten *Konstellation*. Das bißchen freisinnige Lehre (gegen die Pharisäer) wäre sonst schnell verraucht gewesen, wie so vieles in der Geschichte.«[109] Die Problematik der von Lange-Eichbaum begründeten, mit einer Fülle von Material unterbauten Theorie des Genies steht hier nicht zur Erörterung, es geht uns lediglich darum, wie man sein psychiatrisches Jesusbild beurteilen soll. Schweitzer hat sich mit Lange-

---

105 S. 394.
106 ebd.
107 S. 400. Lange-Eichbaum nennt die Werke von *Bleuler* und *Kräpelin*.
108 *Lange-Eichbaum*, S. 398.
109 S. 402 f.

Eichbaum nicht auseinandergesetzt.[110] Wir können also nur fragen, ob Schweitzers Kritik an der früheren psychiatrischen Beurteilung Jesu auf Lange-Eichbaum ausgedehnt werden darf, bzw. wenigstens Mittel an die Hand gibt, um dessen Sicht zurückzuweisen, oder ob man festzustellen hat, daß mit Lange-Eichbaums Pathographie eine neue Lage eingetreten ist, an die Schweitzers Kritik der pathologischen Auffassung Jesu nicht heranreicht.

Indessen handelt es sich dabei nicht um ein solches strenges Entweder-Oder. Es wird im Folgenden zu zeigen sein, daß im Vergleich mit denjenigen Schriften von psychiatrischer Seite, die Schweitzer zum Gegenstand seiner Untersuchung gemacht hat, aber auch im Vergleich mit Schweitzers eigener Stellungnahme, die Lage durch das Eingreifen Lange-Eichbaums allerdings ernster geworden ist. Im Gegensatz zu seinen Vorgängern stellt Lange-Eichbaum ja eben, wie schon betont, ausdrücklich fest, »daß nicht etwa der archaische *Inhalt* des Größenwahns (die Messiasidee) entscheidend ist, sondern die Verbindung dieses Inhalts mit dem *Ich* des Nazareners«[111]. Einer Kritik wie der Schweitzers an den Schriften jener älteren Psychiater ist damit in einer entscheidenden Hinsicht vorgebeugt. Lange-Eichbaum läßt ferner, obgleich er hier, wie gesagt, nicht immer klar genug unterschieden hat, keinen Zweifel darüber bestehen, daß ihm nicht nur der volle, auf die Gegenwart bezogene Messiasanspruch, sondern auch schon das Bewußtsein des Messias designatus bei Jesus völlig ausreicht, um die Zuständigkeit des Psychiaters für gegeben zu halten. Schweitzers Bemerkung, die »Überwertigkeit einer Vorstellung« wie des Messiasbewußtseins berechtige nicht, »sie als Äußerung einer Psychose anzusehen«[112], sieht unserem Pathographen sehr nach einer Verlegenheitsphrase aus, weil tatsächlich nicht die bloße Überwertigkeit irgendeiner Vorstellung bei dem Messiasanspruch zur Erörterung steht, sondern ganz einfach Größenwahn.[113] Auf der anderen Seite ist es bedauerlich, daß Lange-Eichbaum die von Schweitzer diesem Problem gewidmete Arbeit in psychiatrischer Hinsicht so wenig ernst nimmt. Demgegenüber wird es erforderlich, Schweitzers positive Leistung wie auch die Mängel seiner Studie nunmehr in den Hauptpunkten herauszustellen und gegeneinander abzuwägen. Auf jeden Fall haben sich bei seiner Kritik der psychiatrischen Arbeiten, mit denen er es seinerzeit zu tun hatte, einige Erkenntnisse ergeben, die von bleibender Bedeutung sind, wobei jedoch gefragt werden muß, ob damit das Problem in vollem Umfang und endgültig als erledigt betrachtet werden kann.

Bemerkenswert ist zunächst, um mit dem mehr Peripheren zu begin-

---

[110] Die zweite Auflage seiner Arbeit (1933) ist ein photomechanischer Nachdruck. Lange-Eichbaums wichtige Behandlung des Problems wird infolgedessen nicht einmal genannt.

[111] *Lange-Eichbaum,* S. 395.

[112] PB S. 36.

[113] *Lange-Eichbaum,* S. 392.

nen, eine wie geringe Rolle nach Schweitzer die Halluzinationen spielen, da sie größtenteils nicht als geschichtlich gelten können. Zwar rechnet Schweitzer bei Jesu Taufe immerhin mit der Möglichkeit einer wirklichen Sinnestäuschung, die er jedoch, wie schon erwähnt, als vereinzeltes Vorkommnis psychiatrisch nicht für bedenklich hält. Nicht ganz befriedigend wird das »Verhalten des Affekts« behandelt. Gewiß meint Schweitzer gezeigt zu haben, daß Jesu ablehnendes Verhältnis zu seiner Familie nichts Auffallendes hat und daß sein Hin- und Herziehen nicht in Stimmungsschwankungen begründet sein muß. Nur ist dabei, was wenigstens den zuletzt genannten Punkt betrifft, Schweitzers historisch doch allzu schwach gesicherte Sicht vorausgesetzt. Vor allem aber fehlt bei ihm ein näheres Eingehen auf das später von Lange-Eichbaum hervorgehobene reizbare, gelegentlich hochfahrende Wesen Jesu, sein schroffes, schneidend abweisendes Betragen und die fanatische Unduldsamkeit, die diesen Psychiater zu einer sehr ungünstigen charakterologischen Beurteilung führen sollte. Während Schweitzers Ergebnis hinsichtlich der Halluzinationen recht überzeugend wirkt, ist die Untersuchung der affektiven und charakterologischen Seite des Problems reichlich kurz geraten, und sie läßt den Willen, den Erscheinungen ohne jeden Vorbehalt auf den Grund zu gehen, nicht in dem gleichen Maße erkennen wie die übrigen Ausführungen.

Den sicherlich wichtigsten Teil seiner Arbeit bildet aber die Untersuchung auf Wahnideen, wie überhaupt hier der Schwerpunkt des psychiatrischen Gesamtproblems liegt. Deshalb muß die darauf sich beziehende Argumentation Schweitzers, in der die historische und die psychiatrische Betrachtung geschickt ineinander greifen, wenn auch die historische überwiegt, im folgenden noch genauer ins Auge gefaßt werden.

Schweitzers Bemühungen in historischer Beziehung bestehen ja in dem Versuch, das Selbstbewußtsein Jesu aus bestimmten, ihm eigenen dogmatischen Voraussetzungen verständlich zu machen. Zu ihnen gehört, um an früher Dargelegtes noch einmal zu erinnern, vor allem die von Jesus vorgefundene Synthese der alten prophetischen und der neueren apokalyptischen Messiasvorstellung. Nach der prophetischen Ansicht sollte der Herrscher der Zukunft, der Gesalbte (= Messias), ein Sproß aus Davids Geschlecht sein. Da es kein regierendes Geschlecht Davids mehr gab, erwartet das Buch Daniel dagegen, daß Gott die Herrschaft einem Engelwesen in menschlicher Gestalt (»wie eines Menschen Sohn«) übertragen werde. In der späteren Apokalyptik wird dieser »Menschensohn« mit dem Messias zusammengelegt. Dadurch entsteht die Frage, wie ein Engelwesen, das keine menschliche Abstammung besitzt, zugleich der Messias sein könne, der aus Davids Geschlecht geboren werden muß.[114] Eine Lösung dieses Widerspruchs ist nur möglich, wenn man, wie bereits im vorigen Abschnitt besprochen, annimmt, daß derjenige, der als Messias erscheinen soll, zunächst als natürlicher Mensch in der irdischen Welt lebt und

[114] PB S. 20.

bei der großen Verwandlung am Ende dieses Äons in die überirdische Seinsweise übergeführt wird.[115] Eine solche zweifache Seinsweise des Messias war jedoch in der Ideenwelt des Judentums nicht vorgesehen, diese war mannigfaltig, widerspruchsvoll und ungeklärt. Jesus hat »als einziger unter den damaligen Schriftgelehrten sich mit dem Zentralproblem, in dem alle Schwierigkeiten der damaligen eschatologischen Vorstellung zusammenliefen, zu beschäftigen gewagt. Dadurch erweist er sich der Nachwelt als der größte der Rabbinen.«[116] [117] Nimmt man noch die Jesus mit dem Täufer gemeinsame Erwartung des nahe bevorstehenden Endes des Äons hinzu, so mußte Jesus, meint Schweitzer, den zukünftigen Messias unter den zu seiner Zeit lebenden Davidsabkömmlingen suchen.[118] Weit davon entfernt, einem Wahn verfallen zu sein, würde Jesus also durch die Inangriffnahme und Beantwortung dieser Frage vielmehr, allgemein gesehen, eine große geistige Leistung vollbracht und, was insbesondere die Einbeziehung seiner eigenen Person betrifft, unter Voraussetzung seiner davidischen Abstammung — als ein Sohn Davids wird er ja beispielsweise, wenigstens nach Matthäus, auch beim Einzug begrüßt — einen recht plausiblen Schluß gezogen haben. Somit wäre dargetan, wie Jesus auf Grund einer nicht nur verständlichen, sondern auch durchaus verständigen und sogar außerordentlich scharfsinnigen und sachlich sehr bedeutsamen Überlegung über ein Problem, das durch die allgemeine Situation aufgegeben war, zu der Annahme seiner Bestimmung zum Messias gelangen konnte.

Lange-Eichbaum ist so sehr auf den psychiatrischen Gesichtspunkt festgelegt, daß er sich bei dieser historischen Argumentation, obwohl er sie zur Kenntnis genommen hat, nicht lange aufhält: die Sache ist von seinem Standpunkt aus allzu klar. Demgegenüber werden wir, um Schweitzer gerecht zu werden, anerkennen müssen, daß das Unternehmen, die Entstehung des Messiasbewußtseins in Jesus auf dem Hintergrund der allgemeinen geistigen und im Rahmen seiner persönlichen Lage historisch-psychologisch zu rechtfertigen, verdienstlich ist. Seine Darlegungen dürften weit und breit das einzige sein, was über diese so wichtige Frage, ohne sie von vornherein zu bagatellisieren, im Sinne einer sachlichen Abweisung der psychiatrischen Deutung vorgebracht worden ist. Freilich kann ihm ein überzeugendes Ergebnis dabei nicht bescheinigt werden; es ist vielmehr darauf hinzuweisen, auf einer wie schmalen Grundlage diese Lösung beruht. Einmal müßten wir eine ausgesprochen theoretische Einstellung und Begabung Jesu annehmen, ihn als einen Denker ansehen, der

---

[115] PB S. 22; vgl. schon LJ S. 316.
[116] LJ S. 316.
[117] Überhaupt ist die in den Reden Jesu vorausgesetzte Eschatologie — Schweitzer hält für die wahrscheinlichste Annahme die, daß sie Jesus selbst zuzuschreiben ist — charakterisiert durch eine Reihe eigenartiger Einzelheiten, »das Werk eines genial und souverän gestaltenden Geistes« (LJ S. 313).
[118] PB S. 33.

das brennendste religiös-weltanschauliche Problem seiner Zeit in einwandfreier Weise bewältigt hat.[119] Und sodann müßte die These, daß Jesus sich als Abkömmling Davids angesehen habe, erhärtet werden. Was die erste dieser Voraussetzungen betrifft, so fragt es sich, ob Jesus dadurch nicht allzusehr auf die Ebene des Paulus gerückt wird. Auch in Schweitzers Paulusdarstellung hat man eine gewisse Überbetonung des Denkers gefunden. Wie immer es sich mit Paulus in dieser Hinsicht verhalten mag: daß auch Jesus, wenn er ganz und gar in einer intensiven eschatologischen Erwartung lebte, zugleich die damit verbundenen theoretischen Probleme gestellt, durchdacht und in selbständiger, höchst origineller Weise gelöst hat, bleibt mindestens zweifelhaft. Erst recht unsicher ist die zweite Voraussetzung, nach der Jesus das Bewußtsein eines genealogischen Zusammenhangs mit König David gehabt haben soll. Von *W. Hirsch* ist die Behauptung der davidischen Abstammung sogar umgekehrt als psychiatrisches Symptom[120], als »genealogische Größenidee«[121] gedeutet worden. Lange-Eichbaum will lieber dem Historiker *Eduard Meyer* folgen, »der die Frage gar nicht diskutiert, sondern einfach sagt: ›Die Abstammung von David wird später angenommen, um zu beweisen, daß Jesus wirklich der verkündete Messias war‹ «[122]. Es hängt mit der manchmal merkwürdig konservativen und unkritischen Einstellung des Neutestamentlers Schweitzer zusammen, daß er mit der vermeintlich genealogischen Behauptung der Texte als einem, wenigstens teilweise, gesicherten Sachverhalt ohne weiteres rechnen zu können glaubt, während der Mediziner Lange-Eichbaum sich die kritisch-historische Ansicht zu eigen gemacht hat, die, wie z.B. *Heitmüller,* der davidischen Herkunft Jesu »als einem vermutlichen Erzeugnisse der messianischen Dogmatik mit Zweifeln« gegenübersteht[123].

Allerdings ist die neutestamentliche Wissenschaft in der Abstammungsfrage alles andere als einer Meinung. Es läßt sich nicht vermeiden, auf die hier bestehende Kontroverse kurz einzugehen, weil man ohne ihre Berücksichtigung nicht zu einem Urteil über Schweitzers Behandlung unseres Problems gelangen kann. Seine Abweisung der psychiatrischen Beurteilung des Falles Jesus, soweit sie die eigentlich medizinische Seite betrifft, ist keine besonders hervorragende Leistung; sie würde mancher wissenschaftlich interessierte Psychiater, vorausgesetzt, er hätte sich die notwendigen

---

119 Die hohe Einschätzung der denkerischen Bedeutung Jesu zeigt sich zuerst in der 2. Auflage des großen Jesuswerks, in dem das Kapitel über die eschatologischen Vorstellungen zur Zeit Jesu sehr viel ausführlicher gehalten und um grundlegende eigene Darlegungen über diese Verhältnisse vermehrt ist. In der 1. Auflage hieß es auf der letzten Seite: »Er ist nicht ein Lehrer und Grübler, sondern ein Gebieter und Herrscher« (RW S. 401). In der 2. Auflage findet sich der negative Teil dieses Satzes nicht mehr (LJ S. 642).

120 *W. Hirsch:* Religion, S. 108.

121 *Lange-Eichbaum,* S. 399.

122 ebd.

123 *Heitmüller:* Jesus, Sp. 365.

Kenntnisse auf dem Gebiete der historischen Jesusforschung zugelegt, auch bewerkstelligt haben können. Erst mit seiner eigenen historischen Jesustheorie bringt Schweitzer eine neue und sehr eigenständige Note auch in das psychiatrische Problem. Welche Bedeutung seiner Stellungnahme dabei zukommt, läßt sich deshalb erst ausmachen, wenn das Recht oder Unrecht seiner dafür in Betracht kommenden historischen Beweisgründe erörtert worden ist, was eben wiederum zur Voraussetzung hat, daß seine historische Auffassung auch hier im Zusammenhang mit dem Stande der übrigen Forschung gesehen wird.

Welche Sachverhalte kommen für die Annahme einer Abstammung Jesu von David in Betracht?

Da sind zunächst die den Zusammenhang Jesu mit David angebenden Stammtafeln bei Matthäus und Lukas. Gegen ihren Wert spricht schon der unhistorische Charakter dieser evangelischen Vorgeschichten im allgemeinen. Auch *Michaelis*, selbst ein Befürworter der davidischen Abstammung Jesu, bemerkt, daß »die Fixierung dieser Materialien ein verhältnismäßig spätes Stadium der evangelischen Überlieferung darstellt«[124]. Auffallend ist sodann vor allem, daß die Stammtafeln alles andere als Übereinstimmung zeigen. »Die Differenzen der beiden Register sind«, wie *Wrede* feststellt, »durch keine Kunst auszugleichen. Schon beim Vater Josephs gehen sie auseinander; in der Reihe von Jesus bis David berühren sie sich überhaupt nur in ein paar Namen, und nicht einmal die Zahl der Generationen ist annähernd gleich. Dieses Auseinandergehen spricht an sich schon dagegen, daß hier geschichtliches Wissen vorliegt. Wir hätten schwerlich zwei Stammbäume, wenn von ältester Zeit an ein wirklich aus Josephs Hause stammender in die Überlieferung der Gemeinde übergegangen wäre. Aber auch a priori ist es wenig glaublich, daß die Christengemeinde, die zur Zeit unserer Evangelien von der Kindheit Jesu kaum etwas weiß, was der Prüfung standhält, zuverlässige Kunde von der Ahnenreihe eines obskuren galiläischen Zimmermanns besessen haben sollte. Dazu kommt, daß die Register sicherlich nicht nur einem harmlosen Chronisteninteresse, einer bloßen genealogischen Liebhaberei ihr Dasein verdanken. Eine solche könnte mit im Spiele sein, aber maßgebend war dabei jedenfalls eine Idee und ein Zweck. Jesus sollte durch die Stammbäume eben als Davidssohn erwiesen und beglaubigt werden.«[125] In demselben Sinne äußert sich *Heitmüller*: »Daß diese beiden Geschlechtertafeln schlechterdings nicht miteinander zu vereinigen sind, hätte man nie bestreiten dürfen. Spotten sie aller Ausgleichsversuche, so scheint die Frage, welche von beiden die wahrscheinlichere ist, überflüssig.« »Es sind eben zwei Versuche, den Glauben an die davidische Herkunft genealogisch zur Darstellung zu bringen«[126], ein Theologumenon »durch Aufstellung von

---

[124] *Michaelis:* Davidssohnschaft, S. 321.
[125] *Wrede:* Davidssohn, S. 156.
[126] *Heitmüller:* Jesus, Sp. 364.

Stammbäumen historisch zu verifizieren« (*Conzelmann*[127]), »ein Stück judenchristlicher Apologetik« (*J. Weiß*[128]). *Wrede* kennzeichnet den Charakter dieser Genealogien, indem er mit feiner Ironie bemerkt, »daß sie auf ganz verschiedenen Wegen zum gleichen Ziele führen, nämlich eben zur Abstammung Jesu von David«[129]. »In ihrer widerspruchsvollen Doppelheit« beweisen die Stammbäume auch nach *Haenchen*: »Ein Stammbaum Jesu, der ihn tatsächlich auf David zurückgeführt hätte, hat nicht existiert.«[130]

Daß die Widersprüche in den Geschlechtsregistern bei Matthäus und Lukas nichts gegen die davidische Herkunft besagen, wie Schweitzer meint[131], ist also sicherlich nicht richtig. Widersprüche sind stets bedenklich; denn mit der Möglichkeit einer Manipulation muß dann in solchen Fällen immer gerechnet werden. Das berechtigte Element dessen, was Schweitzer im Sinne hat, bringt *Dalman* präziser zum Ausdruck: »Natürlich konnte eine Familie als davidisch gelten und von David wirklich abstammen, auch ohne daß sie zuverlässige Genealogien besaß, welche dies beweisen.«[132] »Daß in der Familie Josephs die Meinung geherrscht habe, sie gehöre zu den Nachkommen Davids, wird man als möglich nicht bestreiten«, gibt auch *Heitmüller* zu[133]. Aber diese Möglichkeit wird sehr fragwürdig angesichts des Umstandes, daß »die Herkunft aus dem hochberühmten Hause Davids ein ganz selbstverständliches Stück der messianischen Dogmatik« war. Merkwürdigerweise wird mit dem davidischen Familienbewußtsein trotzdem von einigen Forschern auch heute noch gerechnet. *Cullmann* meint, die Stammbäume kämen immerhin als Zeugnis dafür in Betracht, »daß jedenfalls in den Jahren zwischen 70 und 90 die Tradition fixiert war, nach der Jesu Familie aus der königlichen Familie Davids hervorgegangen ist«, und es sei »zwar nicht unmöglich, aber doch schwer anzunehmen, daß man gleichsam« unter den Augen von damals noch am Leben befindlichen Gliedern dieser Familie »eine solche Tradition erst erfunden hat«[134]. *F. Hahn* nimmt sogar an, daß es sich in den Stammbäumen zwar nicht »im einzelnen um echte Familientraditionen handelt«, wohl aber, »daß sich die Familie Jesu ihrer Zugehörigkeit zur Sippe Davids bewußt war, Jesus also tatsächlich dem Geschlecht Davids entstammt«[135]. Mit offensichtlichem Recht stellt dagegen *Vielhauer* fest: Tatsächlich »läßt die Verschiedenheit der Stammbäume nur den einen

---

127 *Conzelmann:* Jesus, Sp. 627.
128 *J. Weiß:* Urchristentum, S. 90.
129 *Wrede:* Davidssohn, S. 158.
130 *Haenchen:* Weg, S. 416.
131 LJ S. 39 f.
132 *Dalman:* Worte, S. 263.
133 *Heitmüller:* Jesus, Sp. 364. — Was Heitmüller als Möglichkeit und auch *Joh. Weiß* (Urchristentum, S. 89) als »nicht unwahrscheinlich« bezeichnet hatte, meint *Karl Ludwig Schmidt* (in dem entsprechenden Artikel RGG² Bd. 3, Sp. 120) als wirklich unterstellen zu dürfen.
134 *Cullmann:* Christologie, S. 130.
135 *F. Hahn:* Hoheitstitel, S. 244.

Schluß zu, daß es sich bei ihnen nicht um alte Traditionen, sondern um junge Konstruktionen handelt – womit über die wirkliche Herkunft Jesu natürlich nichts gesagt ist«[136]. Ebenso wendet *C. Burger* gegen Hahn ein: »Der Stammbaum ist nicht nur ›im einzelnen‹, sondern im ganzen die Konstruktion eines LXX-Lesers und erlaubt keinen Rückschluß auf das Familienbewußtsein Josephs, geschweige denn auf die tatsächliche Abstammung Jesu«[137]. Das Vorhandensein eines derartigen Familienbewußtseins – das einzige, was im Gegensatz zur Abstammung selbst allenfalls diskutabel ist – muß deshalb mit einem großen Fragezeichen versehen werden. Vielerlei, das uns undenkbar erscheint, war in jener Zeit gang und gäbe, und Nachrichten und Behauptungen tatsächlicher Art, zumal wenn sie irgendwie mit Dingen des Glaubens zusammenhängende Verhältnisse betreffen, hatten damals ein sehr viel leichteres spezifisches Gewicht. Mehr als um eine sehr unbestimmte Möglichkeit kann es sich dabei also nicht handeln. Zutreffend und erschöpfend wird dieser Punkt von *Haenchen* erledigt: »Ob in der Familie so etwas wie die – nicht näher belegbare – Überzeugung bestand, ›wir stammen von David ab!‹, wissen wir nicht. Notwendig ist eine solche Annahme keineswegs. Es ist vielmehr gut möglich, daß erst der christliche Glaube, Jesus sei der Messias, zusammen mit der jüdischen Überzeugung, der Messias werde ein Nachkomme Davids sein, diese Überzeugung hervorgerufen hat, Jesus stamme von David ab.«[138]

Die von Matthäus und Lukas gebotenen Genealogien sind mithin sekundär: der Stammbaum Jesu wurde seiner Würde angepaßt. Hierüber dürfte ein Zweifel kaum mehr erlaubt und jede weitere Verhandlung überflüssig geworden sein.

»Scheiden die Genealogien aus dem Beweismaterial für Jesu davidische Herkunft aus«[139], so könnte es anders stehen mit der frühesten hier in Betracht kommenden Aussage, der des Paulus, daß der Sohn dem Fleisch nach aus dem Samen Davids hervorging: Röm. 1, 3. *H. H. Wendt* bestreitet im Hinblick auf die Bestimmtheit dieses Zeugnisses kategorisch das Recht, an der wirklichen Abstammung Jesu von David zu zweifeln[140]. Ebenso meint *Michaelis*: »An der Gültigkeit der Aussage Röm. 1, 3 kann nicht gezweifelt werden«[141], ja, ihm würde diese eine Stelle »als Beleg für Jesu Davidssohnschaft vollauf genügen, und dieser eine Beleg vermag«, wie er hinzufügt, »sogar nachträglich die Fragwürdigkeit einiger anderer Belege zu mildern oder zu beheben«[142]. Auch *Cullmann* nimmt die Paulusstelle als Beweis dafür, daß »schon vor Paulus' Zeiten« »die Davidssohn-

---

136 *Vielhauer:* Christologie, S. 186.
137 *Burger:* Davidssohn, S. 100.
138 *Haenchen:* Weg, S. 416.
139 *Wrede:* Davidssohn, S. 158.
140 *Wendt:* Lehre, S. 425.
141 *Michaelis:* Davidssohnschaft, S. 323.
142 ebd.

schaft Jesu völlig feststand«[143]. Selbstverständlich lassen die genannten Autoren nicht außer acht, daß die Bezeichnung Davidssohn auch ein messianischer Titel ist, aber sie halten es für »die unerläßliche Voraussetzung«, »daß der, den man so nennt, auch genealogisch Davidide ist«[144]. Indessen ist dies eben sehr die Frage und wird von anderer Seite entschieden bestritten. Nach *Bultmann* hat »Davidsson« primär »nicht einen genealogischen Sinn«, sondern ist »ein Titel«, gleichbedeutend mit Messias, König der Endzeit, »wenn auch dann genealogische Spekulationen daran geknüpft wurden«[145]. Trotz des genealogischen Klanges gibt Paulus in dem angeführten Zusammenhang, wie *Wrede* betont, »nicht eine beliebige Familiennachricht«, sondern »eine theologische Aussage«, so daß das Alter der Stelle in diesem Falle nichts bedeutet. Paulus hat den Glauben an Jesu Davidssohnschaft übernommen. »Kritische Prüfung derartiger Prädikate nach genealogischen Maßstäben aber hat den Christen der Urzeit fern gelegen. Die Weissagung forderte die Annahme davidischer Abstammung mit zwingender Macht, sie war der vollgültige Beweis dafür. Und positive Nachrichten, die sie ausgeschlossen hätten, gab es nicht.«[146] Der Gebrauch der messianischen Würdebezeichnung »Davids Sohn« braucht, wie schon *Holtzmann* hervorhebt, mit einem genealogischen Wissen so wenig verbunden gewesen zu sein, wie die, welche ihn »Messias« nannten, dabei an eine Salbung gedacht haben[147]. Auf noch »eine schöne Parallele und eigentlich mehr als eine Parallele, nämlich sozusagen eine Seite der Sache selbst« weist *Wrede* hin: »die Tradition über die Geburt Jesu in Bethlehem, der Davidsstadt. Daß Jesus *nicht* in Bethlehem, sondern in Nazareth geboren ist, kann schwerlich bezweifelt werden. Er heißt immer Nazarener oder Nazoräer und nicht Bethlehemit. Er wird immer als Galiläer gedacht, nicht als Judäer.« Aber »der Glaube, daß es so sein müsse (nach dem untrüglichen Worte der Weissagung), hat den Glauben geschaffen, daß es so *gewesen sei*, und was besonders bemerkenswert ist, in diesem Falle hat er es sogar getan, obwohl eine andersartige, entgegengesetzte Tradition vorhanden war«[148]. Damit ist nur sehr hübsch illustriert, was der Forschung heute weithin feststeht, daß es sich hier um Dogmatik, nicht um Genealogie handelt. So nimmt *Bultmann* an, daß Röm. 1, 3 sich an eine überlieferte Bekenntnisformel anlehnt[149]. Ebenso spricht *Conzelmann* von einem bekenntnishaften Satz[150]. Diese Paulusstelle ist also wenig beweiskräftig.

In den synoptischen Evangelien wird Jesus einige Male als »Sohn Da-

---

143 *Cullmann:* Christologie, S. 131.
144 *Michaelis:* Davidssohnschaft, S. 323.
145 *Bultmann:* Bekenntnis, S. 249.
146 *Wrede:* Davidssohn, S. 164.
147 *H. Holtzmann:* Lehrbuch, Bd. 1, S. 312.
148 *Wrede,* a.a.O., S. 164 f. – Die Parallele mit Bethlehem findet sich auch bei *Holtzmann:* Lehrbuch, S. 313, desgl. bei Rudolf *Knopf:* Nachapostol. Zeitalter, S. 363.
149 *Bultmann:* Theologie, S. 52. 473.
150 *Conzelmann:* Jesus, Sp. 626 f.

vids« angeredet, und zwar meistens von Kranken, die ihn um Hilfe anflehen. Die einschlägigen Stellen stehen jedoch mit einer Ausnahme nur bei Matthäus, der eine deutliche Vorliebe für dieses Leitmotiv zeigt. Er trägt es an mehreren Stellen ein, wo Markus die Formel nicht hat. Überdies sind zwei dieser Perikopen, in denen der Ruf »Sohn Davids« jedesmal zwei Blinden in den Mund gelegt wird, offensichtlich Dubletten. Nicht nur *Wrede* hält die Matthäusstellen für »ein höchst zweifelhaftes Material«[151], auch *Michaelis* als Anhänger der davidischen Abstammung Jesu nimmt an, daß es sich bei Matthäus »nicht um die Nachwirkung einer oder mehrerer anderer Quellen handelt, die Matthäus über Markus (und die Logienquelle) hinaus noch zur Verfügung gehabt hätte und hinter denen eine gleich alte oder noch ältere Tradition« »zu vermuten wäre. Vielmehr wird es sich, und zwar wohl in allen Fällen, um eine von Mathäus vorgenommene Erweiterung handeln«[152]. Es bleibt dann eine einzige Stelle, eben die bei Markus (10, 47 f. mit Parallele bei Lukas) übrig: ein blinder Bettler am Wegrand bei Jericho, der, als er hört, Jesus von Nazareth komme vorbei, laut zu rufen beginnt: »Sohn Davids, Jesus, erbarme dich meiner!« und alsbald von Jesus geheilt wird. Michaelis gibt zu, es sei »für den, der ganz strenge Forderungen an die Zuerkennung geschichtlicher Glaubwürdigkeit stellt, ein absolut zwingender Nachweis dafür, daß der Blinde diese Anrede gebraucht hat und daß vor allem Jesus Davidide gewesen ist«, nicht geliefert, »indem es als nicht unmöglich erscheint, daß, obschon das nicht sehr wahrscheinlich ist, die bei Matthäus zu beobachtende Tendenz, die Davidssohnschaft Jesu im Interesse des Erweises seiner Messianität zu betonen, schon bei Markus und in der alleräItesten Überlieferung wirksam gewesen sein könnte«[153]. Hier wäre nur zu fragen, warum das Vorhandensein dieser Tendenz in der Zeit vor Matthäus und insbesondere bei Markus nicht wahrscheinlich sein soll. Spricht nicht im Gegenteil alles dafür? Auch Schweitzer will seiner ganzen Einstellung gemäß von der messianischen Bedeutung des Begriffs Davidssohn nichts wissen, er nimmt diese Anrede — ganz naiv, möchte man beinahe sagen — als »den allgemeinen ehrenvollen Familiennamen des Propheten von Nazareth«[154]. Sehr kritisch denkt dagegen auch hier Schweitzers Antipode *Wrede*: »Der Ruf des Blinden von Jericho« »ist keine Nachricht, auf die man Häuser bauen kann. Daß die Evangelisten und ihre Vorgänger authentischer Tradition bedurft hätten, um eine ihrer Figuren Jesus mit messianischem Namen anreden zu lassen, ist eine Vorstellung, die sich nicht halten läßt.«[155] Damit wird etwas entscheidend Wichtiges festgestellt. Es geht nämlich gar nicht darum, ob man den Ruf des blinden Bettlers vielleicht als historisch, wenn auch nicht als sicher, so doch als mehr oder

[151] *Wrede:* Davidssohn, S. 159.
[152] *Michaelis:* Davidssohnschaft, S. 318.
[153] S. 321.
[154] LJ S. 394.
[155] *Wrede:* Davidssohn, S. 160.

weniger wahrscheinlich ansehen kann. Die Sache liegt von vornherein umgekehrt für den, der sich einmal klarmacht, als *wie* unwahrscheinlich es gelten muß, daß ein solcher vereinzelter Ruf in einer Wundergeschichte, die »in der vorliegenden Form eine späte Bildung ist«[156], einer geschichtlichen Situation wirklich entspricht, geschweige ein Argument für die Abstammung Jesu von David enthält[157]. Hierzu kommt noch, daß in der Erzählung bei Markus Spannungen zu bemerken sind, vor allem eine zweifache Anrede Jesu – neben Davidssohn« auch die altertümliche »Rabbi« –, so daß es sich offenbar um die Überarbeitung einer nicht mehr rekonstruierbaren ursprünglichen Fassung handelt[158]. Die Anrede »Sohn Davids« in Verbindung mit der Bitte »erbarme dich« hat hier »nicht nur messianologischen, sondern bereits christologischen Klang« (*Burger*[159]). Wer die Sache unvoreingenommen betrachtet, wird deshalb nicht umhin können, diesen Ruf als ernstzunehmenden genealogischen Beleg zu streichen.

Noch weniger beweiskräfig ist selbstverständlich, daß, wie *Zahn* ins Feld führt, Jesus sich diese Anrede habe gefallen lassen[160], als wenn jemand zugegen und bereit gewesen wäre, seinen etwaigen Widerspruch zu Protokoll zu nehmen! Ähnlich steht es mit dem Hinweis auf das Verhalten seiner erbittertsten Feinde, die nie den leisesten Versuch gemacht haben, »die davidische Abkunft Jesu zu bestreiten«[161]. Treffend bemerkt dazu *Wrede*: »In der Tat, wir hören nichts davon, daß man Jesus den Mangel davidischer Abstammung vorgerückt hat. Leider nur auch ebensowenig davon, daß seine Anhänger oder er selbst auf die Herkunft von David verwiesen hätten.«[162]

Allerdings spricht nach Markus an einer Stelle (12, 35–37) Jesus selbst vom Davidssohn. Dabei handelt es sich aber nicht um eine Aussage, sondern, wie sich im vorigen Abschnitt zeigte, um eine sehr verschieden interpretierbare bloße Frage, die auch mit hoher Wahrscheinlichkeit als nicht authentisch anzusehen ist und, wenn Jesus diese Frage wirklich gestellt haben sollte, doch keineswegs die Behauptung seiner davidischen Abstammung voraussetzen muß. Die Überlieferung über dieses Streitgespräch schien, wie auch schon erwähnt, dem Verfasser der neuesten Arbeit zu diesem Problem »aus einer Gemeinde zu stammen, die von ihrem

---

156 *Bultmann:* Tradition, S. 228.

157 Auch wenn *Roloff* (Kerygma, S. 121 ff.) zuzugeben ist, daß die Perikope mit ihren konkreten Zügen (Lokalisation in Jericho und der Name Bartimäus) aus dem Rahmen der üblichen Wundergeschichten herausfällt, wird man doch stärkste Bedenken dagegen haben müssen, in die damit gegebene »historisierende Intention« (S. 125) auch die Anrede mit dem Davidssohn-Titel einzubeziehen. Die Möglichkeit, daß der Ruf »ein Rest geschichtlicher Erinnerung ist«, die Roloff nicht völlig von der Hand weisen zu können meint, dürfte wohl denkbar gering einzuschätzen sein.

158 *F. Hahn:* Hoheitstitel, S. 262.

159 *Burger:* Davidssohn, S. 44 ff.

160 *Zahn:* Matthäus, S. 647. So auch noch wieder *Michaelis:* Davidssohnschaft, S. 318.

161 *Zahn:* Matthäus, S. 647. — Grundriß, S. 18. Auch *Jeremias* (Jerusalem, S. 325) bedient sich dieses Arguments, ebenso wiederum *Michaelis:* Davidssohnschaft, S. 322.

162 *Wrede:* Davidssohn, S. 161.

Herrn nicht zu sagen wußte, er sei ein Nachkomme Davids gewesen«[163]. So, wie das Wort von Markus berichtet wird, spricht hier nicht Jesus von seiner Abstammung, sondern ein Christ der hellenistischen Zeit reflektiert über ein dogmatisches Problem, wobei er die Bezeichnung Davidssohn im Sinne eines christologischen Hoheitstitels verwendet, der nur von außen gesehen einen genealogischen Anstrich hat und deshalb für die Abstammungsfrage nichts besagt. Es ist also nicht so, daß die Perikope dem Zwecke Schweitzers, auf dem Wege über die von ihm angenommene Abstammung Jesu von David das Bewußtsein seiner Messianität verständlich zu machen und so die psychiatrische Perspektive abzuwehren, dienlich sein kann. Sie möchte in seiner Deutung sogar viel eher geeignet sein, eben diese Perspektive nahezulegen oder zu verstärken, in eine so phantastische Beleuchtung sahen wir durch sie das Denken Jesu versetzt, der danach mit seiner, des Nachkommen Davids Verwandlung in den himmlischen Menschensohn gerechnet haben müßte.

Es steht mit der Davidssohn-Frage jedenfalls nicht besser als mit den Stammtafeln und dem Rufe des blinden Bettlers in Jericho. Die Abstammung Jesu von König David ist keiner dieser Stellen zu entnehmen. Als einziger überhaupt diskutierbarer Beleg fand sich Röm. 1, 3, und auch dieser vereinzelte Vers ist, wie dargelegt wurde, im genealogischen Sinne kaum zu gebrauchen und bedeutet angesichts des Fehlens jeder weiteren, ernstzunehmenden Bezeugung so gut wie nichts. Man kann deshalb schwerlich anders, als die Aussage über die davidische Abstammung Jesu nicht in der Geschichte, sondern im Glauben begründet sehen. Wie bei dieser Sachlage immer noch manche Autoren diese tatsächlich denkbar schlecht begründete Genealogie als feststehend bezeichnen können[164], ist ihr Geheimnis.

Burger bemerkt sogar, die Stimmen, die es für wahrscheinlich oder sicher halten, daß Jesus aus dem Hause Davids stammte, seien »nicht verklungen, sondern eher noch zahlreicher geworden«[165]. Man möchte mei-

---

[163] *Burger:* Davidssohn, S. 71.

[164] Ethelbert *Stauffer* (Jesus, S. 22) meint, es »dürfte die davidische Abstammung Jesu historisch feststehen«. – *F. Hahn* (S. 250) behauptet, »daß die davidische Herkunft Jesu nicht bestritten werden kann«. – *Michaelis* (S. 323) genügte, wie berichtet, allein Röm 1,3 als Beleg für Jesu Davidssohnschaft, und er hält es für »vollendet unwahrscheinlich, daß die entsprechenden Aussagen des Neuen Testaments unbegründete Behauptungen sein sollten, hervorgegangen lediglich aus dem Wunsch, für den Nachweis der Messianität Jesu auch dieses Requisit beizubringen«. – Auch *Jeremias* (S. 324) urteilt, man werde der »Behauptung der davidischen Herkunft Josephs Glauben schenken dürfen«. – Ebenso spricht *Gagg* (Davidssohnfrage, S. 22) sich dahin aus, daß »zu zweifeln kein ernsthafter Grund vorliegt«. – Vgl. demgegenüber die Feststellung *Burgers*: »Von Gewicht ist die Beobachtung, daß sich im gesamten Stoff der Evangelien keine Überlieferung zum Thema Davidssohn findet, die mit einiger Sicherheit auf Jesus selbst zurückgeführt werden könnte. Es muß deshalb bezweifelt werden, daß ihn das Wissen, Nachkomme Davids zu sein, bei seinem Auftreten bestimmt hat, zumal nicht mehr auszumachen ist, ob seine Familie wirklich der Meinung war, dem Hause Davids anzugehören« (S. 165).

[165] S. 10.

nen, daß seine Untersuchung dazu angetan ist, hierin einen Wandel eintreten zu lassen, obgleich sie gar nicht die Absicht hat, »von neuem das historische Problem der Abstammung Jesu von David aufzurollen, vielmehr als traditionsgeschichtliche Studie die Geschichte der Davidssohnschaft Jesu in der ältesten Christenheit nachzuzeichnen«[166]. Ihr Ergebnis ist in äußerster Kürze: »In der ältesten Jesus-Überlieferung nicht bezeugt, in der Auseinandersetzung der frühen Gemeinde mit dem Judentum sogar abgewehrt, gewinnt die Vorstellung vom Davidssohn im Bekenntnis hellenistisch-judenchristlicher Kreise christologische Bedeutung.«[167] Trotz der wie gesagt bescheideneren Zielsetzung der genannten Arbeit stellt sich rückblickend der Eindruck ein, »der Umstand, daß am Anfang dieser wechselvollen Geschichte nicht die Erzählung, sondern das Bekenntnis steht und die Kritik daran nie ganz verstummt, könnte« »dahin gedeutet werden, daß Jesus nicht durch seine Geburt, sondern durch Ostern und das Glaubensbekenntnis der Gemeinde zum Davididen wurde«[168].

Daß Schweitzer mit der Ableitung des Messiasbewußtseins Jesu aus der Tatsache seiner Abstammung von David die historisch-kritische Ansicht auf den Kopf gestellt hat, war ihm durchaus klar. Er hebt ausdrücklich hervor: »Nach der bisherigen Anschauung machte die urchristliche Gemeinde den Herrn zum Davidssohn, weil sie ihn für den Messias hielt. Es wäre an der Zeit, daß man ernsthaft erwöge, ob nicht umgekehrt Jesus sich für den Messias hielt, weil er ein Davidssohn war.«[169] Diese These ist ebenso originell wie kühn, aber nach allem eben auch mehr als fragwürdig. Sie hatte schon zur Zeit ihrer Aufstellung wenig Aussicht auf Annahme[170].

In seiner psychiatrischen Arbeit hält Schweitzer sich mit der Abstammungsfrage, so wichtig sie für seine Zielsetzung war, nicht lange auf, sie »darf als gesichert gelten«[171]. Dabei stützt er sich lediglich auf den Ruf des Blinden nach Markus und auf das Rufen des Volkes beim Einzug in Jerusalem nach Matthäus (21, 9) sowie auf Röm. 1, 3, ohne auf die diese Deutung ausschließenden und im Falle der Matthäusstelle gegen ihren geschichtlichen Charakter sprechenden Gründe auch nur mit einem Wort einzugehen. Dagegen spielen die Stammtafeln wegen der legendären Art der evangelischen Vorgeschichten auch für ihn keine Rolle, und seine frü-

---

[166] S. 15.
[167] S. 177.
[168] S. 178.
[169] LJ S. 395.
[170] Immerhin hat *Spitta* (Streitfragen, S. 162; vgl. auch S. 171), der Schweitzer im allgemeinen sehr kritisch gegenüberstand, ihm in diesem Punkte zugestimmt. Ohne Bezugnahme auf Schweitzer meint neuerdings auch O. *Betz* (Bewußtsein, S. 43): »Glaubte Jesus, er sei Davidide« – daß er es war, wird gut bezeugt genannt –, »so liegt es nahe, daß seine Vollmacht im Messiasbewußtsein Ausdruck fand«. Ausdrücklich bestritten wird diese »psychologische« Erklärung des Selbstbewußtseins Jesu dagegen von *Cullmann* (Christologie, S. 134).
[171] PB S. 17.

her und später vertretene Erklärung der Davidssohn-Frage[172] bleibt in der psychiatrischen Untersuchung zum Glück ebenfalls unerwähnt. Ein Maximum an Behauptung erhält ein Minimum an Begründung.

Es war notwendig, die außerordentliche Schwäche der Schweitzerschen Argumentation in diesem Punkte zunächst von der rein historischen Seite zu beleuchten, bevor die Konsequenz für das psychiatrische Problem ins Auge gefaßt wird. Vergegenwärtigt man sich, daß für die tatsächliche Abstammung Jesu von David kaum etwas von wirklichem Gewicht anzuführen ist — es bleibt nur die ganz allgemeine Möglichkeit, daß es zur Zeit Jesu noch Nachkommen Davids gegeben haben kann und daß er selbst zu diesen gehört haben könnte —, vergegenwärtigt man sich diese Sachlage, so mutet der Versuch, die Genealogie Jesu für das psychiatrische Problem heranzuziehen, geradezu abenteuerlich an, und dies sogar in zweifachem Sinne. Ist es schon abenteuerlich, mit einer derart schlecht gestützten, ganz unwahrscheinlichen historischen Hypothese als sicher zu rechnen, so erst recht, sie für die Entschärfung einer so ernsten und delikaten Frage wie der der psychiatrischen Beurteilung Jesu zu verwenden.

Außerdem fragt es sich noch, ob Schweitzers historische Lösung, selbst wenn wir die Annahme der davidischen Abstammung Jesu einmal als richtig unterstellen wollen, für die psychiatrische Frage Entscheidendes herzugeben vermag. Welcher Psychiater würde sich wohl, mit einer derartigen Untersuchung befaßt, durch den Umstand, daß der Untersuchte sich auf seine Abkunft beruft, von dem Verdacht, um den es hier geht, abbringen lassen? Diese Art der Entstehung einer auf die eigene Person bezogenen Größenvorstellung vermöchte den Fall vielleicht dem Verständnis zunächst ein wenig näher zu bringen, indem die tatsächliche oder vermeintliche Abstammung das auslösende Moment für einen krankhaften Prozeß gebildet haben könnte, würde aber einen solchen jedenfalls nicht ausschließen. In der Tat bricht auch Schweitzer die Untersuchung hier nicht sogleich ab, und es zeugt von anerkennenswerter Unvoreingenommenheit und Sachlichkeit, daß unser theologischer Mediziner, der die Stellungnahme Jesu mit Rücksicht auf seine Abstammung »bis zu einem gewissen Grade psychologisch motiviert« findet, dennoch über Jesus urteilt: »Aber die Tatsache selbst, daß er sich als denjenigen ansah, der die überirdische Erbschaft des davidischen Geschlechts antreten sollte, bleibt immerhin auffallend.«[173]

Schweitzer ist nun der Meinung, der einzig »mögliche Beweis, daß es sich beim Messiasanspruch Jesu um einen krankhaften Bewußtseinsinhalt handele, könnte durch das weitere Schicksal eines sich daran anschließenden Wahnsystems erbracht werden«[174]. Die Frage ist deshalb, »ob die Veränderung, die während des für die Beobachtung in Betracht kommen-

---

[172] ML S. 65; LJ S. 393; RG S. 116.
[173] PB S. 35.
[174] ebd.

den Jahres in den Anschauungen Jesu nachgewiesen werden kann, Merkmale erkennen läßt, die an die Evolution eines Wahnsystems erinnern«[175]. Schweitzer verneint sie. Beeinträchtigungs- und Verfolgungsideen haben nie bestanden. Die Wandlungen in der Auffassung Jesu sind keine Auswirkung bloß innerer Ursachen, sondern »jedes Mal durch äußere Ereignisse bedingt und stellen durchaus logische und mit der Gesamtanschauung in Einklang stehende Schlußfolgerungen dar«[176], so vor allem die früher besprochene neue Ausrichtung seiner Vorstellungen und Absichten, nach dem Ausbleiben des während der Missionsreise der Jünger erwarteten Reichsanbruchs, insbesondere die Übernahme des den Erwählten bestimmten Leidens auf sich allein. Der sich in diesen Wandlungen erweisenden Beeinflußbarkeit Jesu erkennt Schweitzer sicherlich mit Recht großes Gewicht zu, und dasselbe gilt für die Reaktionsweise Jesu seinen Gegnern gegenüber. Sie ist nicht stereotyp, sondern jeweils durchaus sinnvoll. Auch das »bewußte Hinarbeiten auf seinen Tod« kann man nach Schweitzer nicht, wie *Binet-Sanglé* es tut, als »krankhafte Selbstaufopferung« bezeichnen. Während die psychiatrische Sicht – das »Opfer« als Selbsttäuschung, der Opfergedanke »gleichsam eine *intellektuelle* Rechtfertigung der *biologischen* Todessehnsucht« – sich darauf beruft, daß nach Auskunft unseres historischen Sachverständigen kein natürlicher Grund zur Todesnotwendigkeit für Jesus vorlag[177], erscheint sein Verhalten im Rahmen der Schweitzerschen Leben-Jesu-Lösung gerade auch in dieser Beziehung hinreichend begründet. Der Opfertod ist ein notwendiger Bestandteil seines messianischen Denkens und Handelns[178].

In dem zuletzt Dargelegten dürfte der hauptsächliche Wert der Schweitzerschen Arbeit an dem psychiatrischen Problem zu sehen sein; denn den Nachweis, daß die Vorstellungswelt und das Verhalten Jesu nicht notwendig im Sinne eines ausgebildeten Wahnsystems aufzufassen sind, wird man als gelungen bezeichnen können. Nur erscheint es zweifelhaft, ob sich die Frage der Entwicklung eines Wahnsystems an Hand eines Zeitraums von einem einzigen Jahr endgültig entscheiden läßt. Und zweifelhaft ist wohl auch die Bedeutung dieses Ergebnisses für das Gesamtproblem, d. h. dahingestellt bleiben muß, ob die Frage der psychiatrischen Beurteilung so ganz von der Frage des Vorliegens eines schon ausgebildeten Wahnsystems abhängig gemacht werden darf.

Mutet nicht auch ohne die Beobachtung eines solchen das Selbstbewußtsein Jesu, einmal ganz unbefangen, rein menschlich gesehen, nach wie vor sehr sonderbar an, ist es nicht in der Tat auffällig? Trotz der Bestreitung eines krankhaften Befundes durch Schweitzer wird sich jenes schon von Strauß empfundene Unbehagen bei dem, der den Fall ganz nüchtern durchdenkt, zumal wenn man das bewußte Hinarbeiten Jesu auf seinen

175 ebd.
176 S. 35 f.
177 *Lange-Eichbaum*, S. 398, LJ S. 432.
178 PB S. 36 f.

Tod hinzunimmt, nicht völlig beheben lassen. Ein solches Den-Tod-Suchen steht freilich historisch keineswegs fest, es muß im Gegenteil als sehr ungewiß, ja, äußerst problematisch gelten. Aber gerade weil Schweitzer in seiner Jesuszeichnung das Fehlen aller äußeren Notwendigkeit dieses Endes so stark betont, fragt es sich, ob die behaupteten dogmatischen Voraussetzungen Jesu genügten, um sein Verhalten innerhalb der Grenzen eines normalen Seelenlebens verständlich zu finden.

Entschieden zu wenig Beachtung schenkt Schweitzer schließlich dem allgemein menschlichen Verhalten Jesu. Wirklich nicht übelnehmen kann man dem Psychiater z. B., daß er die Geschichte von der Verfluchung des Feigenbaumes verdächtig findet. Schweitzers Stellungnahme in diesem Punkte ist ein gutes Beispiel für seine Art der Argumentation in ihrer Stärke und Schwäche. Er stellt diese Erzählung wiederum in den Rahmen der eschatologischen Erwartung, die auch die Natur an der Verwandlung teilhaben läßt. »Während alle andern Gewächse wunderbare Fruchtbarkeit erlangen werden, soll« der Feigenbaum, »weil er den unerkannten, in irdischer Niedrigkeit hungernden Messias durch seinen Blätterschmuck täuschte, unfruchtbar bleiben. Da vom Augenblick des Weltendes an der Messias der Herrscher über die ganze Welt ist, kündigt Jesus hier nur ein Urteil an, dessen Vollstreckung er in seiner zukünftigen Macht liegend glaubt. Es handelt sich also nicht um ein sinnloses Toben gegen die Naturordnung, sondern um eine Art Vorwegnahme zukünftiger Befugnisse, die er auch sonst übt.«[179] Der Fluch bezieht sich also nicht auf diese natürliche Weltzeit, vielmehr auf den bevorstehenden Äon, d. h. die Unfruchtbarkeit ist »für die Ewigkeit« gemeint[180]. Dieser in Schweitzers eschatologischer Gesamtauffassung wurzelnden Erklärung ist Konsequenz und Originalität nicht abzusprechen. Trotzdem vermag sie nicht zu befriedigen. Schweitzer übersieht, daß seine Interpretation gegen den Psychiater unwirksam bleiben muß, weil das Verhalten Jesu dabei nicht weniger auffällig erscheint. Was kann — so möchte man fragen — der arme Baum dafür, daß er, da es noch nicht Zeit war, wie der Evangelist (Mk 11, 12) berichtet, keine Früchte trägt und dadurch das Verlangen des zukünftigen Messias enttäuscht? Diese Verfluchung eines Baumes, als geschichtlicher Vorgang genommen, ist wirklich überaus anstößig und kann psychiatrisch gesehen nur als Beleg für maßlose Egozentrizität in Verbindung mit außerordentlicher Reizbarkeit verstanden werden, während sie als Produkt der Phantasie genommen, als Legende, »Wundergeschichte« (*Bultmann*[181]) oder Novelle sofort einleuchtend wird und durchaus harmlos wirkt. Schweitzers Rettungsversuch ist hier deshalb sachlich nutzlos in bezug auf den zu Rettenden, und er könnte überdies nicht sehr vorteilhaft er-

---

[179] PB S. 43.
[180] S. 42.
[181] *Bultmann:* Tradition, S. 352 f. *Dibelius* (Formgeschichte, S. 103) meint, daß diese für das Evangelium nicht typische Erzählung vielleicht aus einem Gleichnis erwachsen ist.

scheinen im Hinblick auf den Retter; denn auch wer aus historischen Gründen weit davon entfernt ist, Jesus das Erzählte im pathologischen Sinne anlasten zu wollen, wird doch in der Interpretation Schweitzers nicht gerade einen Beweis für eine ganz vorurteilslose Einstellung erblicken können. Es wäre richtiger gewesen, diese Perikope unumwunden als belastend, mindestens verdächtig oder doch höchst sonderbar zuzugeben, wenn man es nicht vorzieht, sie historisch fallen zu lassen, was wie gesagt viel näher liegt. Der Stolz darauf, seine Deutung auch in diesem Falle als Schlüssel erweisen zu können, hat Schweitzer hier offensichtlich in die Irre geführt.

Oder man nehme den Einzug in Jerusalem! Er ist in Schweitzers Konstruktion ein Glanzstück, von dem die Kritik jedoch, wie man sich erinnern wird, kaum etwas übrig gelassen hat. Der Psychiater ist deshalb nicht verpflichtet, für diesen Vorgang Schweitzers historische Motivation anzuerkennen. Ihm, *Lange-Eichbaum*, stellt sich der Einzug dann folgendermaßen dar: er ist »zweifellos das Ergebnis gesteigerter Erregung; Jesus steht psychotisch in Flammen. Auch für Laien und sogar Theologen hat dieser Einzug etwas Peinliches, Unsinniges«[182]. W. Hirsch »nennt die Szene auf dem Esel ›absurd und lächerlich‹, auch Schweitzer findet sie peinlich. *Nur*, um die Messias-Weissagung aus Sacharja IX, 9 zu erfüllen und auch nur *insgeheim* für sich selbst und die Jünger. Traurig oder tragikomisch: ein ›Narrenkönig‹ reitet ein. Nirgends zeigt sich das Planlose, Ziellose des Psychotischen deutlicher als in Jerusalem; es fehlt seinem Handeln jegliche Logik. Was *will* Jesus eigentlich, es zerrt ihn bald dahin, bald dorthin. Weltliche Macht? Ja und nein. Messias-Anspruch? Ja und nein. Herausforderung und Sterbenwollen? Nein und ja.«[183] Ist diese Interpretation vom Standpunkte des Psychiaters wirklich so viel gewagter, unrealistischer als die Schweitzers vom Standpunkt des Historikers?

Beim Vergleich beider Problemlösungen wird man urteilen müssen, daß Lange-Eichbaum sich hier in gewisser Hinsicht sogar in einer günstigeren Lage befindet, d. h. in größerer Übereinstimmung mit der Betrachtungsweise seiner eigenen Wissenschaft, in der Frage der davidischen Abstammung, wie schon bemerkt, auch mit der kritisch-historischen Ansicht. Lange-Eichbaum könnte auf ein einzelnes Symptom verzichten, ohne daß seine gesamte Auffassung zusammenbricht; die Schweitzers ist in viel höherem Grade an die Abstammung Jesu von David gebunden, obgleich auch diese sich uns letztlich als nicht entscheidend herausgestellt hat. Auf der anderen Seite muß sich freilich, wer von der Einsicht durchdrungen ist, einen wie unsicheren Boden das meiste über die Person Jesu Berichtete darstellt, über die Sicherheit wundern, mit welcher der Vertreter einer psychiatrischen Diagnose seine Ansicht verficht. Wenn Lange-Eichbaum von seinen Vorgängern sagt, sie seien »von vornherein zu — gläubig«,

---

[182] *Lange-Eichbaum*, S. 399.
[183] ebd.

weil sie an das Johannesevangelium als an eine historische Quelle glauben und »das stark Transformierende« auch schon bei Lukas nicht sehen[184], so ist diese zu große Gläubigkeit den Quellen gegenüber auch bei ihm selbst wahrzunehmen. Markus und Matthäus sind ihm sozusagen »Evangelium«, er zitiert daraus völlig unbedenklich auch solche Stellen, etwa aus der sogenannten synoptischen Apokalypse, die Jesus mit Bestimmtheit abgesprochen werden müssen, als ob der Verfasser von der Unterscheidung relativ alter und jüngerer Schichten innerhalb dieser beiden Evangelien noch nichts gehört habe. Zu gläubig ist er aber vor allem auch seinem theologischen Gewährsmann Schweitzer gegenüber, dessen Jesusbild er in den Hauptzügen als feststehend übernimmt. Wenn er daneben den psychiatrischen Einwand gegen Schweitzer erhebt, dieser kenne nur Einzelsymptome, die er Stück für Stück zerpflücke, statt sich an die Gesamtstruktur der Erscheinung Jesu zu halten, so dürfte auch dieser Forderung eine Verkennung der Sachlage und Problematik zu Grunde liegen. Das Ganze, auf dessen Erfassung es gewiß ankommt, kann doch vom Psychiater nur erkannt und beurteilt werden, wenn zunächst einmal die einzelnen Merkmale durch unmittelbare Beobachtung gesichert sind, was bei einem Menschen der Vergangenheit nicht der Fall ist und die Einschaltung des die Einzelheiten erforschenden Historikers erforderlich macht. Eine Persönlichkeit gar, die uns nicht nur zeitlich und gedanklich so fern steht, sondern bei der auch manche Züge derart undeutlich und unsicher sind und die infolgedessen als ganze mehrdeutig und umstritten ist, psychiatrisch untersuchen zu wollen, erscheint deshalb im Grunde genommen überhaupt als ein äußerst fragwürdiges Unternehmen, fragwürdig schon in methodischer Beziehung[185] und erst recht fragwürdig natürlich im Hinblick auf das Ergebnis, sei dieses positiv oder negativ. Hiermit wird nun allerdings auch Schweitzers eigene Stellungnahme in diese Fragwürdigkeit einbezogen; denn was ist letztlich damit gewonnen, daß wir, das Recht seiner Argumentation einmal vorausgesetzt, mit ihm sagen dürfen: die einzigen möglicherweise psychiatrisch zu diskutierenden Merkmale, die als historisch gelten können, »reichen bei weitem nicht hin, um das Vorhandensein einer Geisteskrankheit nachzuweisen«? Gewiß, *nachweisen* läßt sich eine solche nicht, das kann sogar behauptet werden, ohne die Richtigkeit der historischen Hypothesen Schweitzers zu unterstellen. Nur: ist dieses Ergebnis nicht allzu bescheiden? Die Lage ist doch vielmehr die, daß schon die Möglichkeit, Jesus in psychiatrische Beleuchtung zu rücken, stark beunruhigend wirken muß, und zu fragen wäre deshalb, ob für die Zunkunft dieser *Möglichkeit* vorgebeugt worden ist oder vorge-

---

184 S. 389.

185 Ein psychiatrisches Gutachten stützt sich, wie schon in der damaligen Diskussion von dem Psychiater *F. Mörchen* (Betrachtung, S. 423) betont wurde, auf erstens die Vorgeschichte des Falles, die Anamnese, zweitens die eigene Beobachtung des Gutachters. Der zweite Teil falle in bezug auf Jesus ganz fort, aber auch der erste sei wegen der Beschaffenheit der Quellen nur sehr teilweise und sehr bedingt möglich.

beugt werden kann. Was Schweitzers Ergebnis betrifft, daß die vorliegenden Verdachtsmomente für einen Nachweis nicht ausreichen, so gewährleistet es die Ausschaltung einer derartigen Möglichkeit eben doch keineswegs. Deshalb ist es freilich auch umgekehrt der theologischen Apologetik nicht erlaubt, aus der Schwierigkeit der Frage und der notwendigen Unsicherheit des Ergebnisses Kapital zu schlagen. Auch wer Schweitzer zugibt, daß die Symptome für die Annahme einer Erkrankung nicht ausreichen, und wer eine Diagnose in diesem Falle für allzu verwegen, für geradezu vermessen hält, darf doch dem Psychiater von seinem Standpunkt aus den Eindruck nicht verdenken: »Da stimmt etwas nicht«[186]. Wenn wir auch hinter jede Vermutung und erst recht hinter eine eigentliche Diagnose drei Fragezeichen setzen müssen, so bleibt hier doch gar zu leicht etwas hängen.

Können wir also einerseits Lange-Eichbaum angesichts der überaus schwierigen Problemlage seine mit so großer Sicherheit vorgetragene These von dem psychotischen Charakter des Falles Jesus nicht als erwiesen abnehmen, so läßt sich andererseits auch Schweitzers Ergebnis nicht völlig befriedigend finden. Sein Urteil, daß eine eigentliche Geisteskrankheit nicht nachweisbar ist, soll gern und muß unbedingt anerkannt werden. Dies schließt aber den Eindruck nicht aus, daß eine so tiefreligiöse und sittliche, offenbar auch mit einem sicheren Blick für die Fragen der sittlichen Erkenntnis begabte Persönlichkeit ein disharmonischer, reizbarer und phantastischer Mensch gewesen sein könnte, der am Leben gelitten hat, bevor er Halt an der ihm zur fixen Idee werdenden Erwartung des nahenden Reiches und seiner eigenen Mitwirkung dabei fand und später zum Kristallisationspunkt eines neuen Glaubens wurde. Und eben darin, gezeigt zu haben, daß dieser Verdacht durchaus nicht einfach aus der Luft gegriffen ist, liegt trotz ihrer Mängel die Bedeutung der pathographischen Studie Lange-Eichbaums. Sie wird durch die Widerlegung, die Schweitzer jenen älteren Arbeiten hat zuteil werden lassen, nicht oder doch nur zum Teil getroffen.

Die Situation, wie sie sich damit ergibt, ist eigentümlich. Während es unserer Zeit immer schwerer fällt, ein Verhältnis zu Jesus als dem Gottmenschen im altgläubigen Sinne zu finden, meinte die historische Theologie zugleich, weitgehend darauf verzichten zu müssen, Jesu Wesen und Wollen im Rahmen der üblichen religionsgeschichtlichen Möglichkeiten als das eines bloßen Weisheitslehrers oder Propheten zu begreifen. Das hatte eine bedenkliche Konsequenz. Der Absolutheitsanspruch ohne das im Glauben gesetzte positive Vorzeichen legte, ob man wollte oder nicht, den Verdacht des Abnormen, mindestens die psychiatrische *Frage*stellung, nahe. Die vereinigten medizinischen und historischen Anstrengungen Schweitzers, die Frage negativ zu entscheiden, ergaben wohl einen persönlichen Achtungserfolg, aber keinen durchschlagenden Erfolg in der

---

[186] *Lange-Eichbaum*, S. 383.

Sache. Die Lage ist deshalb in Wahrheit doch ernster, als er auf Grund seiner eigenen Auffassung und seiner Beurteilung jener früheren Arbeiten angenommen hat.

Letztlich handelt es sich offenbar um eine grundsätzliche Antinomie zwischen der gläubigen oder im weiteren Sinne emotional bedingten, positiven Stellungnahme zu der Person Jesu einerseits und ihrer persönlich unbeteiligten, mehr oder weniger kritischen Betrachtung andererseits. Aus der unbeteiligten, nichtgläubigen Sicht würde der Anspruch Jesu dem psychiatrischen Verdacht zumindest verfallen *können*, wird sich wenigstens diese Frage immer wieder einmal stellen, wie auch die endgültige Antwort lauten mag. Von einer »Umnachtung des Geistes« bei diesem »einsamen, verschlossenen Fanatiker«, »der sich abergläubisch dem Wahn ergeben hat«, von den unübersehbaren »Zeichen des Hochmuts« hat z. B. auch ein Schriftsteller gesprochen, der weder Theologe noch Mediziner war, dem aber Schweitzer immerhin »scharfe historische Beobachtung« nachsagt, *Hermann Dulk*[187]. Ebenso stellt *Eduard von Hartmann*, der von allen deutschen Philosophen des 19. und beginnenden 20. Jahrhunderts am meisten von theologischen Dingen verstanden hat und von Schweitzer mit unverkennbarer Hochachtung, wenn auch mit Bedauern wegen seiner Einstellung behandelt wird, einen »Zustand abnormer Steigerung des Selbstgefühls« bei Jesus fest[188]. Für Hartmanns Verhältnisse klingt das Urteil »ein stiller Fanatiker und transzendenter Schwärmer«[189] noch recht gemäßigt. Ein Schwärmer, »der gefährlichste Schwärmer«, »der je auf Erden gelebt hat«, ist Jesus für *Ernst Horneffer*, jedoch sieht dieser darin keinen psychiatrischen Fall, sondern einen Charakterzug.[190][191] Im allgemeinen wird man bezweifeln dürfen, daß es für den vom Wissen um psychiatrische Gesichtspunkte belasteten Betrachter, sofern er sich nicht entweder im christlichen Sinne ausgesprochen gläubig verhält oder aber sich jedes Gedankens über das menschliche Problem Jesus entschlägt, auf die Dauer vermeidbar war, auf diese Fährte zu geraten. Wenn der Glaube sich an Jesus hält, weil er mehr war als ein Mensch wie wir alle, so *muß* wohl umgekehrt der Unglaube an einer Gestalt, die sich eine alles Menschenmaß überschreitende Bedeutung beimißt, Anstoß nehmen. Sie wird ihm beinahe zwangsläufig verstiegen, überheblich, »nicht normal« erscheinen. Damit ist also nicht eine unerhörte Gotteslästerung, sondern im Grunde nur eine subjektive Selbstverständlichkeit ausgesprochen: dem jenseits

---

[187] *Dulk:* Irrgang, T. 2, S. 281. 285 f. 279. – LJ S. 357 f.
[188] *E. von Hartmann:* Christentum, S. 66.
[189] S. 72.
[190] *Horneffer:* Jesus, S. 32 f.
[191] Im Zusammenhang der soeben genannten einschlägigen Schriften von philosophischer Seite sei erwähnt, daß die Abhandlung des Göttinger Philosophieprofessors *Julius Baumann* »Die Gemütsart Jesu« weder eine charakterologische Untersuchung darstellt, wie der Titel vermuten lassen könnte, noch, was hier interessieren würde, eine ernstliche Berücksichtigung psychiatrischer Gesichtspunkte bietet. Der Autor begnügt sich damit, das Selbstbewußtsein Jesu mit den Begriffen Nervenüberreizung und Suggestion zu erledigen (S. 40).

aller normalen Grenzen und Maßstäbe liegenden Absoluten für den gläubigen Christen entspricht als Kehrseite das Abnorme im möglicherweise pathologischen Sinne für die nichtgläubige Einstellung. Der Christ wird sich mit dieser Sachlage in der Weise abfinden, daß er darin die Torheit der Welt erblickt, die das Absolute nicht zu fassen vermag, weil uns dafür nur negative Kategorien zur Verfügung stehen, ja, er wird jenen Verdacht geradezu mit in das Kreuz seines Herrn einbeziehen, zu dessen irdischer Gestalt das Verkanntwerden und Leiden gehört.

Ohne die Haltung des Glaubens hat der Mensch unserer Tage es jedenfalls nicht mehr so leicht wie frühere Zeiten, anstelle des Gottessohnes und Erlösers in Jesus einen großen, weisen und edlen, durchaus »normalen« Menschen zu verehren. Die geistige Luft ist härter geworden, die in Betracht kommenden Möglichkeiten treffen in einem nicht mehr zu überbietenden Gegensatz aufeinander. Der einzigartigen Offenbarung Gottes, dem Mittler zwischen Gott und Menschen, dem Heiland der Welt, der zugleich »das Urbild eines gesunden Menschen«[192], »der einzige ganz normale Mensch« ist, »den die Geschichte kennt«[193], steht nun ein »extrem schizoider Psychopath« gegenüber, »überempfindlich, reizbar, ausfallend«, »ein zwiespältiger, neurotisch gespannter Charakter«[194], autistisch-egozentrisch[195], dabei depressiv und kühl, aber zugleich von affektiver Maßlosigkeit, von der »fanatischen Unduldsamkeit der Schizoiden gegen alle Andersgläubigen«[196], dessen Denken und Handeln in einem ungeheuerlichen Anspruch gipfelt und zerbricht. Wer es nicht vorzieht, vorsichtigerweise überhaupt die Hände von dieser Materie zu lassen, der wird sich in Kenntnis der psychiatrischen Möglichkeiten einerseits und der historischen Problematik andererseits veranlaßt sehen, hier zwar nichts für erwiesen zu halten, wohl aber mit allem zu rechnen, nicht in dem Sinne, daß die psychiatrische Lösung des Problems als *die* Lösung zu gelten hätte, keineswegs, jedoch so, daß sie in dem soeben angegebenen eingeschränkten Sinne nicht von vornherein von der Hand gewiesen, nicht ganz ausgeschlossen werden kann.[197]

---

[192] *Ninck:* Jesus, S. 282.
[193] *H .Werner:* Gesundheit, S. 62.
[194] *Lange-Eichbaum,* S. 397.
[195] S. 396.
[196] S. 397.
[197] Deshalb dürfte das Urteil *Kümmels* (Schweitzer, S. 19), der die Bedeutung der Schweitzerschen Fragestellung in dem »wichtigen Nachweis« sieht, »daß ein einzigartiger religiöser Anspruch mit den Symptomen einer pathologischen Selbsteinschätzung nicht zusammenfällt«, zwar richtig sein, aber doch einen reichlich positiven Eindruck von der tatsächlich vorliegenden Leistung erzeugen. Dasselbe gilt schon von dem Urteil *J. Leipoldts* über Schweitzers Arbeit: »Hier weiß sich der Leser an der sicheren Hand eines Forschers, der sowohl in der Beurteilung der Geschichtsquellen wie in der Anwendung der pathographischen Arbeitsweise Fachmann ist« (Jesusbild, S. 161). Wenn dieser Autor sich von der Untersuchung Schweitzers so sehr befriedigt zeigt, so hat er den Ernst der Lage offensichtlich nicht in vollem Maße empfunden, jedenfalls nicht klar erkannt. Ganz abwegig ist es, wenn die Möglichkeit des Größenwahns damit abgelehnt wird, daß Jesus zwar der Messias sein, aber als solcher leiden wollte (S. 163).

Die Möglichkeit einer psychiatrischen Betrachtung Jesu läßt sich auch nicht durch zwei Erwägungen ausschalten, mit denen versucht werden könnte, sie zu umgehen oder zu verwerfen.

Einmal hat man es nicht selten als widersinnig hinstellen wollen, daß Worte und Gleichnisse von einer Tiefe, wie sie die von Jesus berichteten aufweisen, auf einen Paranoiker zurückgeführt werden. Wer so argumentiert, macht sich die Sache zu leicht, indem er die genaue Fassung des Begriffs Paranoia ignoriert. Die Lehrbücher der Psychiatrie betonen, daß neben der Entwicklung eines Wahnes, etwa eines Verfolgungs- oder Größenwahns, die Persönlichkeit im übrigen »voll intakt« bleibt und daß man ihr deshalb außerhalb des Wahnes »nicht das geringste Krankhafte« anmerkt[198]. Ein Paranoiker, »wenn er sonst intelligent ist«, kann »Pfarrer, Architekt, Hochschulprofessor sein und, abgesehen von indirekten Schwierigkeiten infolge der Wahnideen, seinem Berufe sehr gut gerecht werden«[199]. Ein Wahn braucht überhaupt nicht mit einer eigentlichen Psychose verbunden zu sein. Von Wahn gesprochen wird »stets bei solchen unrichtigen Ideen, denen gegenüber ihr Träger eine kritische Einstellung auch nicht mehr in vorübergehenden Ansätzen aufzubringen vermag«[200]. Sowenig damit die etwaige Anwendung des Begriffs paranoisch auf eine Gestalt wie Jesus verharmlost werden soll, so notwendig ist es, sich diesen Begriffsgebrauch gegenwärtig zu halten, um nicht mehr damit zu verbinden, als er enthält.

Mit einer zweiten Erwägung steht es in gewisser Hinsicht umgekehrt. Die in der deutschen neutestamentlichen Forschung der Gegenwart vorherrschende Ansicht, nach welcher Jesus keinen der messianischen Titel für sich in Anspruch genommen und sich insbesondere wohl auch nicht als den zum himmlischen Weltrichter bestimmten Menschensohn verstanden hat[201], könnte den Anschein erwecken, als ob das psychiatrische Problem damit im wesentlichen entschärft worden sei. Das läßt sich indessen schwerlich behaupten. Manche der von Jesus berichteten Worte und Taten werden ja, ohne daß er seine Person in irgendeiner Weise auf das Amt und die Würde des Messias-Menschensohns bezogen hat, dann nur noch merkwürdiger, auffallender. Das in seinem Wirken und einigen Worten zum Ausdruck kommende Vollmachts- und Hoheitsbewußtsein, das namentlich von *Käsemann* und *Bornkamm*, aber auch anderen Forschern stark betont wurde, ist so weit gegangen, daß sich für ihn das ewige Schicksal der ihm begegnenden Menschen an der Einstellung zu ihm, dem Menschen Jesus, entscheiden sollte[202], vorausgesetzt, daß man in dem Ausspruch »Wer immer sich zu mir bekennt vor den Menschen, zu dem

[198] *Ewald:* Neurologie, S. 474.
[199] *Bleuler:* Psychiatrie, S. 474.
[200] Hans *Binder:* Dauerzustände, S. 194.
[201] *Bornkamm:* Jesus, S. 163. 208.
[202] »Die Stellungnahme zu Jesus von Nazareth hat für jeden einzelnen eine ewige Konsequenz« (*Haufe:* Menschensohn-Problem, S. 141).

wird sich auch der Menschensohn bekennen vor den Engeln Gottes« (Lk 12, 8 f.; vgl. Mk 8, 38) mit Bornkamm das Urgestein der Überlieferung, Jesu eigene Worte sehen darf[203]. »Ein unüberbietbarer Anspruch Jesu liegt«, wie *Tödt* bemerkt, »in dieser Forderung. Kein Prophet in Israel hat den Anspruch erhoben, daß man sich zu ihm bekenne.«[204] Daß Jesus sich mit dem Menschensohn nicht identifiziert, bedeutet also keine entscheidende Minderung seines Selbstbewußtseins. Man müßte sogar das Gegenteil annehmen, wenn *Vögtle* recht hat, nach dem Jesus hier den Menschensohn »als *seinen* Funktionär« erklärt[205]. Wenn man auf dieses Logion als zu unsicher verzichtet[206], so bleibt freilich immer noch Lk 11, 20, das nach Bultmann »den höchsten Grad der Echtheit« beanspruchen kann, den wir für ein Jesuswort anzunehmen in der Lage sind[207]: »Wenn ich mit dem Finger Gottes die Dämonen austreibe, so ist die Gottesherrschaft zu euch gekommen.« Darin zeigt sich nach *Kümmel* »die Überzeugung Jesu, daß die zukünftige Gottesherrschaft in seinem Wirken bereits begonnen habe«[208], der Anspruch, »daß in seiner Person die Kräfte der messianischen Zeit zu wirken begonnen haben«[209]. Höher kann die Einschätzung der eigenen Person hinsichtlich ihrer allgemeinen Bedeutung kaum gesteigert werden; denn dieses Wort deutet »Jesu Taten als Taten des erwarteten Heilsbringers der Endzeit«[210], ebenso wie Jesus Lk 10, 23 f. »seine Jünger selig preist, weil sie sehen und hören dürfen, was Propheten und Könige nicht sehen und hören durften«[211]. Wenn andererseits nach der neuesten Auffassung Jesus die Reichs-Gottes-Erwartung »so fest mit seinem jetzigen Auftreten verknüpft, daß für eine andere Zwischengestalt zwischen Gegenwart und Anbruch des Reiches kein Raum ist, aber

---

203 *Bornkamm:* Jesus, S. 161.
204 *Tödt:* Menschensohn, S. 40.
205 *A. Vögtle:* Grundfragen, Sp. 103.
206 Die Ansichten hierüber gehen weit auseinander. *F. Hahn* (Hoheitstitel, S. 33) rechnet wie *Bornkamm* mit einem echten Jesuswort. Für wahrscheinlich echt hält es auch *Tödt* (S. 37). Nach *Kümmel* läßt sich der ursprüngliche Wortlaut des auch von ihm als Jesu eigene Äußerung angesehenen Spruches zwar nicht wiederherstellen, aber der Sinn ist klar: »daß das Verhalten Jesus gegenüber in der Gegenwart entscheidend ist für die dem Menschen im Endgericht widerfahrende Entscheidung« (Verheißung, S. 39 f.). *Marxsen* (Anfangsprobleme, S. 25 ff.) bejaht das Alter des Wortes ebenfalls unbedingt, gibt jedoch zu, daß gegen die Authentizität durchaus erwägenswerte Argumente vorgebracht werden, so daß das Urteil fraglich bleibt. Nach *Käsemann* kann das Wort in seiner jetzigen Fassung weder bei Mk noch bei Mt auf Jesus selbst zurückgeführt werden (Sätze, S. 79). Es ist vielmehr ein urchristlicher Prophetenspruch (Apokalyptik, S. 108). Als »ein altertümlich-palästinensischer Prophetenspruch« wird Lk 12,8 f. auch von *Schulz* (Spruchquelle, S. 66 ff.) genommen. Jedenfalls gehört auch dieses wie alle Menschensohn-Worte nach *Vielhauer* (Gottesreich, S. 79) »in eine Schicht der Überlieferung, die nicht mehr vom historischen Jesus stammt«. Desgleichen findet *Conzelmann* (Grundriß, S. 155) es im Munde Jesu unverständlich. Man braucht kein Prophet zu sein, um zu sehen, daß der Zweifel hier das letzte Wort behalten wird.
207 *Bultmann:* Tradition, S. 174.
208 *Kümmel:* Verheißung, S. 101.
209 *Kümmel:* Anspruch, S. 435.
210 ebd.
211 ebd.

auch nicht für seine eigene vorausgehende Entrückung und ›Parusie‹ « (*Conzelmann*[212]), dann wird damit zwar der Anstoß, an dem die psychiatrische Fragestellung zuerst entstanden ist, beseitigt, erscheint aber die menschlich-geschichtliche Existenz Jesu immer noch so sehr ins Absolute gesteigert, daß das Problem wiederum aufzubrechen droht: das alte Problem, wie man einen natürlichen Menschen mit einem ganz und gar übermenschlichen Anspruch zu beurteilen hat.

Ein solches alle normalen Maßstäbe hinter sich lassendes Selbstbewußtsein ist ein höchst zweischneidiger Sachverhalt; denn er unterliegt offenbar immer noch jener doppelten Möglichkeit der Betrachtung: Jesu Anspruch kann entweder gläubig bejaht, oder, ohne die Voraussetzung des Glaubens, unter dem psychiatrischen Gesichtspunkt außerordentlich auffällig gefunden werden. Dieses jeden Vergleichs spottende Vollmachts- und Hoheitsbewußtsein muß ja einem von der Sicht des christlichen Glaubens unabhängigen Denken nicht weniger anstößig erscheinen als die Erwartung Jesu, demnächst zum Weltrichter eingesetzt zu werden. Ob ein Mensch sich in einer zukünftigen transzendenten Daseinsform zur Ausübung des Weltgerichts bestimmt glaubt oder das ewige Schicksal der Mitmenschen an seine gegenwärtige irdische Person gebunden erklärt, oder das Kommen des Reiches mit seinem eigenen Auftreten eng verknüpft weiß, das bleibt sich letztlich beinahe gleich. Ohne die gläubige Haltung erscheint ein rein existentieller Anspruch sogar fast noch ungeheuerlicher als ein stärker mit dem Vorzeichen des religiösen Mythos versehener. Und von den Historikern, welche dieses Vollmachtsbewußtsein Jesu als eine relativ sichere letzte geschichtliche Gegebenheit hinstellen, sagt uns doch keiner, was etwa ein nicht von jener gläubigen Voraussetzung ausgehender Psychiater sich bei einer solchermaßen alle Bedingungen und Schranken des menschlichen Geistes verleugnenden Gestalt denken soll. Nur die uneingeschränkte Abtragung des Absolutheitsanspruchs aus dem Bilde Jesu könnte dem Verdacht ein für allemal die Grundlage entziehen. Eine derartige »Rettung« würde jedoch, ganz abgesehen davon, daß sie für jede christliche Einstellung unerträglich sein müßte, auch rein historisch gesehen jedenfalls in die Schweitzers Lösung entgegengesetzte Richtung führen.

Angesichts der Bedeutung des Problems, um das es hier geht, war es unerläßlich, einen flüchtigen Blick über Schweitzer hinaus zu werfen und festzustellen, daß es durch ihn und seit ihm zu bestehen keineswegs aufgehört hat. Dabei handelte es sich im vorliegenden Abschnitt doch nicht so sehr um eine Beurteilung der Persönlichkeit Jesu als vielmehr eine solche der Leistung Schweitzers, zu dessen Arbeitsbereich eben auch dieses Problem gehörte. Da aber liegt es, wie jetzt gesagt werden kann, so, daß Schweitzer die psychiatrischen Studien, die Gegenstand seiner Prüfung waren, überzeugend zurückgewiesen und außerdem selber einen in-

---

[212] *Conzelmann:* Jesus, Sp. 631.

teressanten positiven Beitrag geliefert hat, um das messianische Selbstbewußtsein Jesu im Rahmen eines gesunden Seelenlebens verständlich zu machen. Insofern dürfte seine Leistung allem, was sonst zu dieser Frage geäußert worden ist, turmhoch überlegen sein. Zu einer vollständigen Erledigung des Problems im Sinne der Ausschaltung der psychiatrischen Fragestellung reicht es jedoch nicht aus, historisch ganz unkritische medizinische Arbeiten zu widerlegen und daneben eine naturgemäß unsicher bleibende und in diesem Falle sogar äußerst schwache historische Möglichkeit aufzuzeigen. Ist Schweitzer mit seiner Annahme der davidischen Abstammung Jesu nicht im Recht – und dies muß, wie sich uns ergeben hat, als sehr viel wahrscheinlicher gelten –, aber selbst wenn er damit recht hätte, so fragt sich immer noch, ob ein Mensch, der, wie Schweitzer meint, allen Ernstes erwartete, demnächst als der Menschensohn auf den Wolken des Himmels zu erscheinen, oder der nach dem Urteil der heutigen Forschung das ewige Schicksal seiner Mitmenschen von der Stellungnahme zu sich abhängig wußte und in seinem Wirken die Gottesherrschaft anbrechen sah, für völlig »normal« (nun eben wirklich im medizinischen Sinne) zu halten, ob innerhalb eines gesunden Denkens ein solches Selbstbewußtsein, ein so unerhörter Anspruch überhaupt denkbar ist.[213] Wir haben uns im allgemeinen daran gewöhnt, diese durch die Bibel vertrauten Vorstellungen ohne weiteres hinzunehmen und auf sich beruhen zu lassen, so daß es für die meisten einer besonderen Distanzierung und Konzentration bedarf, um das Problem auch nur zu sehen oder gar seinen Ernst zu empfinden, zumal wenn es sich dann noch herausstellt, daß die Frage wissenschaftlich mit Sicherheit weder bejaht noch verneint werden kann. Ihre Nichtbeantwortbarkeit bedeutet hier jedoch nicht, daß ein Scheinproblem vorliegt; es handelt sich um eine echte Frage, und diese Frage bleibt.

Um Schweitzers Leistung auf diesem Gebiet genau zu bestimmen, sei nunmehr zusammenfassend das Folgende festgehalten:

1. a) Die Widerlegung einiger älterer, die psychische Gesundheit Jesu in Zweifel ziehender bzw. verneinender Arbeiten war notwendig, und sie ist Schweitzer ohne Frage gelungen, jedoch wegen deren verhältnismäßig niedrigen Niveaus nicht allzu hoch zu veranschlagen.

---

[213] Falls Jesus an seine eigene Präexistenz geglaubt haben sollte, was Schweitzer, wie erwähnt, für möglich, wenn auch nicht wahrscheinlich hält, so wäre das ein weiterer sehr auffälliger Sachverhalt. Dasselbe gilt für den Fall, daß Jesus Sünden vergeben hat, was *Cullmann* als eine »kaum zu bestreitende und auch selten bestrittene Tatsache« bezeichnet, und zwar Sündenvergebung »aus eigener Vollmacht heraus« (Heil, S. 177). Die Hauptstelle dafür (Mk 2,5) wird jedoch von *Bultmann* (Tradition, S. 12 ff.) wohl mit Recht für einen sekundären Einschub und auch von *Conzelmann* (Grundriß, S. 153) für eine in der Gemeinde formulierte dogmatische Aussage gehalten. *Vielhauer* (Jesus, S. 121) »scheint die Sündenvergebung kein charakteristischer Zug des Wirkens Jesu gewesen zu sein«. Im obigen Zusammenhang dürfen Präexistenzbewußtsein und Sündenvergebung mithin als sehr fraglich außer Betracht bleiben.

b) Immerhin enthält Schweitzers Untersuchung eine Reihe von Feststellungen, die für jede Beschäftigung mit dem Jesusproblem vom psychiatrischen Standpunkt aus wichtig sind. Vor allem der These »Die Identifizierung des Fremdartigen« »mit dem Krankhaften verrät eine laienhafte Betrachtungsweise«[214] kommt grundlegende methodische Bedeutung zu. Insofern läßt sich sagen, daß die Personalunion von Theologie und Medizin sich hier durchaus bewährt hat. Der Historiker kann den Psychiater vor Abwegen und Fehlschlüssen bewahren. Dieses Urteil ist unabhängig von dem über Schweitzers eigene historische Lösung.

c) Der ernsteste, wenn auch keineswegs durchschlagende Angriff auf Jesus von psychiatrischer Seite ist erst nach Schweitzers Untersuchung erfolgt und auch später von diesem nicht mehr zum Gegenstand einer Auseinandersetzung gemacht worden.

2. Die Bedeutung von Schweitzers eigener historischer Sicht für das psychiatrische Problem ist zweischneidig.

a) Einerseits hat das von ihm geschaffene Jesusbild die psychiatrische Fragestellung besonders brennend werden lassen. Nicht nur Theologen haben es als in dieser Hinsicht bedenklich empfunden, auch demjenigen Psychiater, der sich nach Schweitzer am gründlichsten mit dem Jesusproblem beschäftigt hat, gelten dessen historische Darstellungen Jesu als die besten Jesus-Pathographien, die es gibt.

b) Auf der anderen Seite ist anzuerkennen, daß Schweitzer sich mehr als jeder andere um eine tiefer begründete Widerlegung des psychiatrischen Verdachts bemüht hat.

c) Schweitzer überschätzt jedoch bei weitem die Sicherheit seiner an sich originellen Hypothese, nach welcher Jesus erstens eine eigene Theorie der zweifachen Seinsweise des Messias als Synthese von prophetischer und apokalyptischer Messiasvorstellung erdacht und vertreten, betätigt und erlitten hat, und zweitens zu der Annahme, selbst zum Menschensohn bestimmt zu sein, durch seine Zugehörigkeit zur Nachkommenschaft Davids angeregt worden ist. Diese Hypothese, die in ihrer Anwendung auf das psychiatrische Problem die gesamte übrige Diskussion hierüber in den Schatten stellt, ist doch zu schön, zu gut ausgedacht, zuwenig breit fundiert, um wahr zu sein. Außerdem reicht auch sie, ihre Richtigkeit einmal vorausgesetzt, psychiatrisch gesehen nicht aus, um den bestehenden Verdacht endgültig zu beseitigen.

3. a) Nicht, daß Schweitzer nicht mehr geleistet hat, ist ihm vorzuwerfen; eine eindeutige positive oder negative Lösung des psychiatrischen Jesusproblems erscheint vielmehr gar nicht möglich. Eben darin aber,

---

[214] LJ S. 367.

dies verkannt und angenommen zu haben, mit seiner medizinischen Kritik und seiner theologischen Konstruktion seien die Akten der Psychiatrie über den Fall Jesus geschlossen, besteht der eigentliche Fehler seiner Rechnung. Er hat seine Leistung über-, den Ernst des Problems unterschätzt.

b) Wägt man beide Seiten, Schweitzers theologische und seine medizinische Leistung in dieser Sache, so muß sogar geurteilt werden, daß die durch sein eigenes Jesusbild nahegelegte psychiatrische Fragestellung beträchtlich schwerer ins Gewicht fällt als die in seiner Jesusauffassung zwar enthaltenen, aber historisch ganz unsicheren entlastenden Momente, schwerer auch als die ihm gelungene Widerlegung der psychiatrischen Diagnose von seiten jener wenig kompetenten medizinischen Autoren.

So gelangen wir auch hier zu einem Urteil, das Anerkennung und Ablehnung zugleich enthält. Daß Schweitzer die Bedeutung und Aktualität des psychiatrischen Jesusproblems erkannte und sich zum ersten Male, was sowohl die Medizin als auch die Theologie betrifft, ernsthaft seiner angenommen hat, ist zweifellos in hohem Maße verdienstvoll und die Art und Weise, wie er seine Behandlung mit der von ihm vertretenen historischen Anschauung zu verbinden gewußt hat, ebenso eigenartig wie andererseits naheliegend: dieser Versuch mußte in der Tat einmal unternommen werden. Daß er nicht als geglückt bezeichnet werden kann, daß Schweitzer das Problem nicht endgültig gemeistert hat, liegt wohl weniger an der ihm fehlenden psychiatrischen Erfahrung als an seinen nicht annehmbaren historischen Voraussetzungen, daneben aber vielleicht auch an einem letzten, ihm nicht voll bewußt gewordenen inneren Widerstand gegen die Erörterung einer solchen Thematik, der ihn persönlich ehrt.

V. Der Denker Paulus

Wenn dieser Abschnitt erheblich kürzer ausfällt als die Ausführungen über die Jesusforschung, so heißt das nicht, daß die Beschäftigung mit Paulus und seiner Deutung durch Schweitzer weniger wichtig oder weniger interessant oder weniger schwierig wäre. Bestimmt nicht weniger schwierig: Im Unterschied von der bei Jesus gegebenen Lage lassen die Briefe des Apostels zwar einige Züge seiner Persönlichkeit ziemlich deutlich hervortreten, bieten aber keine systematische Vollständigkeit und Ausgeglichenheit seines Denkens, und in wichtigen Punkten entsteht der Eindruck mehr oder weniger großer Spannungen, so daß es zu untersuchen gilt, wie die verschiedenen Linien miteinander zu vereinbaren sind oder welche von ihnen etwa die Hauptlinie darstellt. Dazu kommen sehr verwickelte Probleme, was das Verhältnis des Paulus zu seiner geistigen Umwelt betrifft. Alles in allem ist Paulus ohne Zweifel das am meisten komplexe Phänomen des Neuen Testaments. Den dadurch entstehenden Fragen, soweit sie sich auf die Auseinandersetzung mit Schweitzers Arbeit beziehen, genauer nachzugehen, wäre sicherlich von Interesse gewesen. Daß es höchstens andeutungsweise geschehen kann, ist vor allem Ausdruck bitterer Not, der Raumnot: das Buch durfte aus naheliegenden Gründen nicht noch umfangreicher werden. Der Verfasser glaubte aber auch, eine so ausführliche Behandlung, wie sie bei der Jesusforschung unvermeidlich war, hier vielleicht nicht allen Lesern zumuten zu dürfen. Deshalb wird versucht, vermittelst eines knappen Überblicks über die Forschung in stärker geraffter, mehr summarischer Form, doch wiederum so, daß auch der Fernerstehende sich einigermaßen ins Bild gesetzt findet, ein begründetes Urteil über Eigenart, Wert und Grenzen der Leistung Schweitzers auf diesem Gebiet zu formulieren.

Das für Schweitzers Schaffen charakteristische Nebeneinander von Bemühung um eine Problemlösung, wie sie ihm notwendig und richtig erscheint, und historischem Interesse an der vor ihm geleisteten wissenschaftlichen Arbeit zeigt sich, wie schon früher bemerkt, auch hinsichtlich des Apostels Paulus. Aber umgekehrt wie bei der Jesusforschung nimmt er bei Paulus zuerst die Forschungsgeschichte in Angriff, die ursprünglich als Einleitung für die Darlegung seines eigenen Paulusbildes gedacht war, sich dann jedoch selbst zu einem Buch von fast 200 Seiten auswuchs[215 216], und während der ersten Jesusskizze schon fünf Jahre später die umfangreiche Geschichte der Leben-Jesu-Forschung folgte, liegen zwischen der verhältnismäßig knapp gehaltenen kritischen »Geschichte der Paulinischen Forschung« (1911) und der seine positive Anschauung ausführenden »Mystik des Apostels Paulus« rund 20 Jahre, obgleich das zweite Werk beim Erscheinen der forschungsgeschichtlichen Vorarbeit schon so weit gediehen war, daß er es, wie er meinte, in wenigen Wochen hätte druckfertig machen können[217]. Indessen, diese Wochen standen ihm eben damals nicht und später erst recht nicht zur Verfügung. So konnte das Hauptwerk, das »alsbald« nach der Forschungsgeschichte hatte erscheinen sollen[218], immer wieder unterbrochen und verzögert durch die neue berufliche Wirksamkeit, erst 1930 an die Öffentlichkeit treten.

Man hat die »Geschichte der Paulinischen Forschung« Schweitzers »schwächste Leistung« genannt[219]. Es verhält sich jedoch keineswegs so, daß dieses Buch ebensogut hätte ungeschrieben bleiben können. Die Geschichtsschreibung dieses Forschungszweiges war vielmehr eine höchst notwendige Sache, und man kann sich nur wundern, daß nicht irgendein anderer Neutestamentler, dem seine ganze Kraft für ein so bedeutendes Thema zur Verfügung stand, sich ihrer längst angenommen hatte, sondern erst ein Mann kommen mußte, der sich zur Zeit der Abfassung dieser Arbeit genötigt sah, die Anstrengungen eines medizinischen Studiums

---

[215] MP S. VII.

[216] Aus einer beabsichtigten Fortführung der »Geschichte der Paulinischen Forschung« in einer zweiten Auflage (MP ebd.) ist, wie aus anderen Plänen, nichts geworden. Die 2. Auflage von 1933 ist ein photomechanischer Abdruck der ersten.

[217] LD S. 107.

[218] PF S. X.

[219] *Kantzenbach:* Schweitzer, S. 63.

mit der Wahrnehmung mancherlei anderer wissenschaftlicher und künstlerischer Aufgaben zu verbinden. Aber es war eben sein ureigenes, unabweisbares Anliegen, den eschatologischen Gesichtspunkt nach seiner Demonstration in der Jesusforschung auch für Paulus durchzuführen. Die unbedingte Notwendigkeit dieser Forschungsgeschichte und die dabei wiederum bemerkbare völlige Eigenständigkeit der Betrachtung rechtfertigen das Unternehmen jedenfalls in vollem Maße. Gewiß ist das sparsam und nüchtern geschriebene Buch nicht entfernt so großartig wie die »Geschichte der Leben-Jesu-Forschung«, deren Glanz ihm abgeht. Sein Verfasser hat keine rechte Muße mehr, er will nur einen seit Jahren gehegten Plan schlicht und recht erledigen. Immerhin lassen die Energie und Klarheit der Gedankenführung, die Sicherheit des Urteils, und eine auch hier wieder auftretende größere Anzahl treffender und z. T. außergewöhnlich schöner Bilder sofort erkennen, daß da nicht irgendein beliebiger Autor am Werke war.

Was freilich Schweitzer bewogen hat, sein Buch als »Geschichte der Paulinischen Forschung seit der Reformation« zu bezeichnen, ist schwer begreiflich; denn der Vorwurf, daß man »von der wirklich geleisteten älteren Arbeit seit der Reformation so gut wie gar nichts« erfährt[220], lag nur allzu nahe – O. *Holtzmann* hat sich in seiner Rezension[221] die nicht sehr große Mühe gemacht, die der Reformationszeit gewidmeten Zeilen – in der Tat: Zeilen, nicht Seiten – zu zählen: es sind gerade acht, genauer: sieben und eine halbe, und sie enthalten nicht einen einzigen Namen! Hätte Schweitzer die Reformation aus dem Buchtitel herausgelassen und (wie in der Geschichte der Jesusforschung) sogleich mit der ihm in jeder Hinsicht weitaus näherliegenden Zeit der Aufklärung eingesetzt, wie es schon auf Seite 2 tatsächlich geschieht, so würde daran weniger Anstoß zu nehmen gewesen sein, als es jetzt der Fall ist.

Wichtiger erscheinen andere Beanstandungen: »Willkürliche Auswahl, einseitiges Urteil, dürftige Behandlung wichtiger Phasen, Ignorieren bedeutsamer Diskussionen« meinte *H. Windisch* dem Buch vorwerfen zu müssen[222], indem er noch hinzufügte: »Schweitzer ist kein Historiker im idealen Sinne des Wortes, er hat viel zu viel Temperament und ist mit seinem Interesse viel zu sehr auf bestimmte Probleme und bestimmte Auffassungen festgelegt.«[223] Aus der Stellungnahme zur »Geschichte der Leben-Jesu-Forschung« sind uns derartige Äußerungen bekannt, und etwas ist gewiß auch hier daran. »Aber man wird seinem Buch nur dann gerecht«, erkennt auch der genannte Kritiker an, »wenn man es als eine historische Einleitung zu Schweitzers eigener Arbeit am Paulinismus« nimmt. »Schweitzer hat vor, eine eigene Auffassung zu begründen«, und

---

220 *Wernle:* Renzension, 1914, Sp. 517.
221 O. *Holtzmann:* Rezension, Sp. 974.
222 *Windisch:* Rezension, 1914, S. 174.
223 Die »höchst temperamentvolle Beurteilung nur sehr großzügig besprochener Arbeiten« hebt auch O. *Holtzmann* in seiner Rezension (Sp. 974) hervor.

diese Auffassung wird, nach den von ihm bereits darüber gemachten Andeutungen, durch den genannten Rezensenten sogar als im wesentlichen richtig beurteilt.

Das »Temperament« eines Autors hat ja im übrigen auch sein Gutes. Und wenn sich eine gewisse Einseitigkeit in der Betrachtung und Beurteilung nicht verkennen läßt, so ist sie allerdings mit Schweitzers Zielsetzung verbunden und deshalb nicht nur teilweise entschuldbar, sondern zugleich auch sachlich mehr oder weniger begründet. Was aber die »Willkür der Auswahl« und die »dürftige Behandlung« mancher Partien betrifft, so gehen diese doch nicht so weit, daß nicht ein im ganzen recht brauchbarer Überblick entstanden wäre. Wohl würde man sich nicht nur hier und da etwas mehr Ausführlichkeit, sondern auch einzelne eindrucksvoll hervortretende Höhepunkte der Forschungsgeschichte wünschen, wie sie das Jesuswerk so anziehend machen. Aber ihr Fehlen liegt weniger an dem Geschichtsschreiber als an seinem Gegenstand, der bedeutende Erhebungen nicht in dem gleichen Maße wie dort bietet. Gewiß hebt sich in der älteren Zeit Ferd. Christian Baur mit seiner Erkenntnis zweier Parteien in der ältesten Christenheit aus der übrigen Forschung ab. Aber Baur, dessen Behandlung auf ganzen drei Seiten Windisch bedauert, gab mit seiner Hegelei doch nicht mehr allzuviel her, und man kann Schweitzer kaum verdenken, daß er sich an ihm nicht wirklich interessiert zeigt, ganz anders als an Holtzmann, dessen Paulusbehandlung Schweitzer in einem besonderen Abschnitt sehr kritisch und sicherlich richtig beurteilt, sowohl die »atomistische« Art der Darstellung als auch die ganze Sicht, die überall aus dem von Paulus objektiv Gemeinten immer erst ein Subjektives macht. Man hat gesagt, die »Geschichte der Paulinischen Forschung« sei weniger eine Geschichte der Forschung als eine »Kritik der bisher geleisteten Arbeit«[224]. Aber schließen diese einander aus? Gerade die Auseinandersetzung mit Holtzmann zeigt, daß eine solche Kritik sich durchaus in eine geschichtliche Darstellung einfügt und sie wesentlich bereichern kann. Die kritische Betrachtung macht die Geschichte interessant und lebendig. Freilich wird deutlich, wie weitgehend ein Holtzmann und erst recht Baur hier wirklich schon reine Geschichte geworden sind.

Fragt man, zu welchen Punkten der paulinischen Forschungsgeschichte Schweitzer mit dem, was ihn eigentlich bewegt, noch eine wirkliche Beziehung besitzt, so ist vor allem das Aufkommen der Unterscheidung zwischen zwei verschiedenen Erlösungsgedanken bzw. Gedankenreihen zu nennen, der »juridischen« und der »ethisch«-»physisch«-»mystischen« (Lipsius, Lüdemann, Pfleiderer), deren Behandlung nur leider ein wenig abstrakt bleibt. Daß dabei ähnlich wie in dem Parallelwerk über Jesus den Forschern »mit dem Sinn für das Naturhafte und Massive, z. T. sogar Eschatologische«[225] Schweitzers Vorliebe gehört, ist zuzugeben, aber,

---

[224] *E. Vischer:* Referat, S. 247.
[225] *Wernle:* Rezension: 1914, Sp. 517.

von heute aus gesehen, im großen und ganzen doch auch für angebracht und berechtigt zu halten. Im übrigen sind, bevor er zu dem eigentlich aktuellen Problem gelangt, noch zwei Forscher, die zu seiner Zeit überleiten, von unmittelbarem Interesse für ihn. Der eine ist Richard Kabisch, auf den erst Schweitzer die Aufmerksamkeit lenkte. Kabisch hat »die großen Paradoxien des Paulinismus« »zum ersten Male klar aufgedeckt und ihrem wirklichen, d. h. eschatologischen Wesen nach beschrieben. Sie aber begreiflich zu machen, versuchte Kabisch nicht«[226]. Vor allem unterließ er es, die paulinische Eschatologie mit der des Täufers und der Jesu zu vergleichen. Diese teils zustimmende, teils ablehnende Beurteilung seines Vorgängers in der Herausstellung der eschatologischen Grundlagen bei Paulus entspricht seinem positiv-negativen Urteil über den Vorgänger in der Jesus-Forschung, Johannes Weiß.

Die andere hier in Betracht kommende Forschergestalt ist sein uns von der Jesusforschung bekannter Bundesgenosse und Antipode William Wrede, dessen Paulusbüchlein Schweitzer, wie in der »Geschichte der Leben-Jesu-Forschung« die Werke von Reimarus und Strauß, zur »Weltliteratur« rechnet — immer das höchste von ihm zu vergebende Prädikat. Die kurze kritische Auseinandersetzung mit Wrede ist neben dem Abschnitt über Holtzmann ein Höhepunkt in Schweitzers Buch, wenngleich sie nicht das wirklich einmalige Niveau der Kontroverse beim Jesusproblem erreicht. Das Verhältnis beider zueinander dort wiederholt sich hier: Übereinstimmung in einigen wichtigen Punkten bei weitgehendem Gegensatz in vielleicht noch wichtigeren. Beide lehnen die üblich gewordene, vor allem von Holtzmann begründete und praktizierte Unterscheidung von Religion und Theologie des Apostels ab und halten sich an den Denker, d. h. beiden steht der Theologe Paulus ganz und gar im Vordergrund. Beide erkennen der im allgemeinen als Hauptstück aufgefaßten Rechtfertigungslehre nur untergeordnete Bedeutung zu. Beide betonen den »naturhaften« Charakter der paulinischen Erlösungslehre. Aber nach Wrede erlöst Christus durch sein Erdendasein die Menschheit als Gattung, nach Schweitzer bringt er das Heil nur den Erwählten. Vermißt werden von Schweitzer bei Wrede eine Antwort auf die Frage, worauf sich die »mystische« Gemeinschaft mit Christus gründet, sowie eine Erklärung der widerspruchsvollen Stellung des Paulus zum Gesetz. Vor allem aber wird das Verhältnis zwischen Jesus und Paulus ganz entgegengesetzt gesehen. Während Schweitzer den Akzent auf das Jesus und Paulus Gemeinsame setzt, ist Paulus für *Wrede* »im Vergleich mit Jesus eine neue Erscheinung«. »Er steht von Jesus viel weiter ab als Jesus selbst von den edelsten Gestaltungen jüdischer Frömmigkeit.«[227] Christus ist bei Paulus »nicht mehr jüdischer Messias, sondern Weltheiland«[228]. Pau-

---

[226] PF S. 47.
[227] *Wrede:* Paulus, S. 95.
[228] S. 96.

lus ist es, der »das Christentum zur Erlösungsreligion gemacht hat«[229]. Auch hier wiederum, wie in der Jesusforschung, schürzt Wrede den Knoten, um den es für Schweitzer im folgenden gehen wird. Ohne daß Wrede den Begriff Hellenismus verwendet, bildet seine Paulusdarstellung den Auftakt zu der großen Fehde, in die Schweitzer jetzt auszieht.

Sobald nicht mehr die »griechische« Paulusauffassung (Baur, Holsten, Lüdemann, Pfleiderer u. a.). d. h. vor allem die Zurückführung des paulinischen Dualismus von Geist und Fleisch auf den Platonismus zur Erörterung steht, sondern nun eben der Hellenismus im eigentlichen Sinne ins Blickfeld tritt, beginnt für Schweitzer der wichtigste, wirklich aktuelle Teil der Forschungsgeschichte. Dabei sind als »hellenistische« Religionsformen mit *Reitzenstein* u. a. allgemein solche anzusehen, »in denen orientalische und griechische Elemente sich mischen«[230]. Um diese Mischung, den sogenannten Synkretismus, geht die Auseinandersetzung. Sie findet bei Schweitzer statt unter der Überschrift »Die religionsgeschichtliche Erklärung« des Paulinismus, die er jedoch als die Zurückführung auf den Hellenismus unter Ausschluß des Judentums versteht, wobei er statt »hellenistisch« bedauerlicherweise mitunter noch »griechisch« sagt[231]. Die Wendung gegen die »religionsgeschichtliche« Betrachtung und die dabei gebrauchte Terminologie ist namentlich von Reitzenstein beanstandet worden, und sicherlich muß ihm darin zugestimmt werden: »Wenn Schweitzer selbst Apokalyptik und Eschatologie als eine spätjüdische Sonderentwicklung betrachtet, die starken babylonischen und persischen Einfluß aufweist, so unterwirft er natürlich auch sie der religionsgeschichtlichen Betrachtung.«[232] Allerdings standen bei dieser auch anderen Autoren die neu in den Gesichtskreis tretenden Religionen außerhalb des alttestamentlich-jüdischen Bereichs nicht selten im Vordergrund[233]. Die an sich richtigere umfassende Bedeutung von »religionsgeschichtlich« ist Schweitzer jedoch offensichtlich durchaus bewußt, wenn er erläutert: »Religionsgeschichtlich forschen will besagen, daß man die einzelnen Religionen nicht isoliert, sondern den gegenseitigen Beeinflussungen, die offen oder insgeheim spielen, nachzugehen entschlossen ist«[234], und er fügt hinzu: »Im Grunde handelt es sich also um eine selbstverständliche Forderung

[229] S. 103.
[230] *Reitzenstein:* Mysterienreligionen, S. 2.
[231] Schweitzer bedauert mit Recht den »ungenauen Sprachgebrauch« der unter »hellenistisch« sowohl das »Jüdisch-Hellenistische« als auch das »Griechische als solches« verstand (PF S. 51). Aber diese terminologische Unklarheit wird auch von ihm selber lange nicht überwunden.
[232] *Reitzenstein:* Religionsgeschichte, S. 2 f. – Vgl. auch *E. Vischer:* Referat, 1913, S. 250.
[233] Noch die das gesamte Material verarbeitende »Religionsgeschichtliche Erklärung des Neuen Testaments« von *Carl Clemen* führt trotz der dagegen geäußerten Einwände auch in der zweiten Auflage (1924) den Untertitel »Die Abhängigkeit des ältesten Christentums von nichtjüdischen Religionen und philosophischen Systemen«. Mit der Verteidigung dieser Terminologie beginnt das Vorwort.
[234] PF S. 137 f.

wissenschaftlicher Methode, die nur deswegen einen besonderen Namen erhielt, weil sich die theologische Forschung ihr gegenüber so lange verschloß.«[235] Schweitzer ist jedenfalls weit davon entfernt, sich bei seinem Verfahren etwa von apologetischen Gesichtspunkten, wie sie damals mitunter noch in die historische Arbeit hineinwirkten, bestimmen zu lassen. Daß die religionsgeschichtliche Forschung dem Vergeistigen des Paulinismus ein Ende setzte, hebt er sogar anerkennend hervor[236], hatte er doch schon in der älteren paulinischen Forschung nichts so positiv bewertet wie die Herausarbeitung der »naturhaften«, geradezu physischen Qualität des Pneuma. Seine tatsächlich ablehnende Einstellung zur »religionsgeschichtlichen« Erklärung des Paulinismus rührt mithin hauptsächlich daher, daß deren Vertreter sich vielfach einseitig für die nichtjüdischen Einflüsse interessierten. Im Sinne Schweitzers muß die religionsgeschichtliche Methode, auf Paulus bezogen, dahin zielen, ihn im Gegenteil aus dem Spätjudentum zu verstehen. Wer dies tut, wie er selbst, ist nach seiner Ansicht der »wahre ›Religionsgeschichtler‹ «[237], während er es für ein wissenschaftliches Abenteuer hält, Paulus unmittelbar mit dem Orient in Zusammenhang zu bringen. Wenn Schweitzer also den Begriff ›Religionsgeschichtlich‹ enger faßt und ihm den des Jüdischen, Apokalyptischen, Eschatologischen entgegenstellt und wenn Reitzenstein eine solche Entgegensetzung von Religionsgeschichtlich und Eschatologisch schief nennt[238], so ist dieser zweifellos im Recht, ohne doch jenem damit eigentlich Neues zu sagen. Immerhin sollte festgehalten werden: Die hellenistische Erklärung des Paulus ist weder mit der älteren »griechischen« gleichzusetzen noch macht sie das Ganze der richtig verstandenen religionsgeschichtlichen Betrachtung aus.

Beanstandet wird von *Reitzenstein* außerdem Schweitzers Gebrauch des Begriffs Eschatologisch in dem eingeschränkten Sinne der Beziehung auf den unmittelbar bevorstehenden Weltuntergang bzw. die Welterneuerung[239]. An sich könnte der fragliche Begriff gewiß, wie dieser Forscher es vorzieht, für sämtliche Vorstellungen und Lehren vom Ende aller Dinge, u. U. auch des einzelnen, also im weitesten Sinne benutzt werden. Aber hier wird man Schweitzer das Recht zugestehen müssen, sich an die durch ihn selbst mitgeprägte und weithin maßgebend gewordene Terminologie zu halten. Im folgenden wird Hellenistisch durchgehend im Sinne Reitzensteins, Eschatologisch dagegen vorwiegend im Sinne Schweitzers genommen.

Bei der Kontroverse zwischen beiden, die als Straßburger Hochschullehrer persönlich miteinander bekannt waren und sich gegenseitig schätzten, ging es um eine in der Tat wichtige Sache. Der bedeutende Philolo-

---

[235] S. 138.
[236] S. 186.
[237] ebd.
[238] *Reitzenstein:* Religionsgeschichte, S. 2.
[239] S. 4.

ge, großer Kenner des Hellenismus und feinsinniger Mitbegründer der religionsgeschichtlichen Forschung hat Wesentliches zur Erkenntnis der Mysterienreligionen und ihres Einflusses auf die Welt des frühen Christentums beigetragen. Schweitzer andererseits, mit dem Paulinismus in höherem Grade vertraut und ihm in der kraftvollen Eigenart seines Denkens begegnend, hatte seine Gründe, warum er von der Diagnose Hellenismus, Synkretismus nichts wissen wollte, verkannte aber das Berechtigte in der Einstellung und Zielsetzung seines Gegners. Die Wahrheit lag dabei also nicht ausschließlich auf seiten des einen oder des anderen. Reitzenstein hat die Forschung zweifellos wesentliche Anregungen und eine beträchtliche Horizonterweiterung zu verdanken. Besonders beachtenswert waren der Hinweis auf gewisse hellenistische Mythen sowie die These, daß Paulus grundlegende Begriffe wie vor allem das Wortpaar γνῶσις und πνεῦμα »überwiegend hellenistisch-religiösem Sprachgebrauch entnommen hat«[240], so daß solche von ihm benutzte termini technici über ihren Sinn im Sprachgebrauch seiner Zeit befragt werden müssen[241]. Daß sowohl mythische Vorstellungen als auch eine Reihe von Begriffen aus der religiösen Sprache der Mysterien auf Paulus eingewirkt haben, läßt sich nicht mehr bezweifeln, die Frage ist nur, wie weit und in welcher Weise.

Erst hierin lag das eigentliche Problem. Schweitzer hebt anerkennend hervor, »daß Reitzenstein mit der leblosen Vorstellung, als ob Paulus seine Theologie aus dem jüdischen Denken einfach in die griechische Sprache übersetzt hätte, aufräumt und nachweist«, »daß er mit den Ausdrücken und Begriffen auch Anregungen zur Darstellung seiner Gedanken übernommen hat«. Paulus fand eben im Griechischen, wie Schweitzer in seiner Weise sagt, »ein Tonsystem vor, in welchem ihm die Modulationen, die er für die Entwicklung seiner Themen brauchte, zur Verfügung standen«[242]. Das Problem besteht nun darin, als wie eng der Zusammenhang von Wort und Sache anzusehen ist. Reitzenstein meint, daß mit den Worten weitgehend die Sache mit übernommen wird, nach Schweitzer hat Paulus das Begriffsmaterial, das er mit der Mystik seiner Zeit teilt, stärker umgeprägt[243]. Dabei sind sich beide darin einig, »daß einzelne Werte und Begriffe nicht allzuviel besagen, sondern daß es vor allem ›auf Zusammenhänge der Stellen‹ ankommt«. Schweitzer fragt: »Sind die Gedankenprobleme des Paulus mit denen der Mysterienreligionen verwandt?« Und diese Frage wird von ihm ebenso entschieden verneint wie von Reitzenstein bejaht. In Wahrheit verhält es sich wohl so, daß sie gar nicht allgemein, sondern nur von Fall zu Fall beantwor-

---

240 *Reitzenstein:* Mysterienreligionen, S. 75.
241 In dem Straßburger Vortrag, der den Hauptteil seines bekannten Buches bildet, werden außer den beiden oben genannten Begriffen noch angeführt: ψυχικός und πνευματικός, φωτίζειν, δόξα, μορφοῦσθαι bzw. μορφή, σώζεσθαι und σωτηρία.
242 PF S. 170 f.
243 Vgl. auch *Deißner:* Paulus, S. 146.

tet werden kann: zum Teil verwandt, einmal mehr, einmal weniger, zum Teil durchaus nicht. Wenn etwa die Vorstellung der Vergottung des noch im Diesseits lebenden Menschen, dieses Verwandlungswunder an der eigenen Person, nach Reitzenstein aus den Mysterienreligionen stammt, so konnte Schweitzer dem mit Recht entgegenhalten, daß es für Paulus eine eigentliche Vergottung des Gläubigen gar nicht gibt, wie Schweitzer denn auch besonders betont, daß Paulus überhaupt keine Gottesmystik, sondern nur Christusmystik kennt. Ob dem von Schweitzer ebenfalls stark hervorgehobenen Umstand, daß Paulus, »wo er von der Umwandlung des Menschen zu einer neuen Kreatur redet, sich mit den Worten Tod und Auferstehung behilft«, »ohne jemals die naheliegende Vorstellung der Wiedergeburt heranzuziehen«[244], die den Mysterienreligionen und Johannes so geläufig ist, wirklich das gleiche Gewicht zukommt oder einfach einen Zufall darstellt[245], ist schwer zu entscheiden. Man vermag eigentlich »nicht zu sehen, daß der paulinische Gedanke der neuen Schöpfung sachlich etwas anderes meint als das spätere neutestamentliche Schrifttum mit dem Ausdruck ›Wiedergeburt‹ «[246]. Andererseits kann man Schweitzer, gerade wenn man auf den sprachlichen Befund Wert legt, sein Pochen auf diesen Punkt nicht verdenken; denn daß der Begriff Wiedergeburt im allgemeinen eine uneschatologische Weltanschauung voraussetzt[247], muß ihm zugegeben werden. Aus größerem zeitlichen Abstand gesehen, dürfte es so liegen, daß die Verwandtschaft des Paulus mit den Mysterienreligionen von Schweitzer unterschätzt, von Reitzenstein überschätzt worden ist. Als Verfechter einer Betrachtung, die Paulus grundsätzlich in den Zusammenhang des Hellenismus hineinstellt, hat sich der Philologe durchgesetzt. Den tieferen Blick für die Eigenart des Apostels, insbesondere für die bei ihm erfolgende Einschmelzung und starke Umprägung der hellenistischen Elemente, werden wir trotzdem der gewollt engen und sicherlich ergänzungsbedürftigen Einstellung des Theologen zuerkennen[248].

Wie überall, wo Schweitzer ein Problem in Angriff nimmt, bringt er zunächst eine ebenso knappe wie klare Übersicht über das Material, die in Betracht kommenden Sachverhalte, hier vor allem über die Mythen und Kulte der Mysterienreligionen[249]. Als diese über den engeren Kreis der Fachleute hinaus zuerst bekannt wurden und ein gewisses Aufsehen erregten, bestand vielfach die Neigung, nunmehr überall Ähnlichkeiten christlicher Vorstellungen und sakraler Gebräuche mit ihnen festzustellen

---

[244] PF S. 149 f.
[245] *Heitmüller:* Taufe, S. 17.
[246] *Mundle:* Christusmystik, Sp. 770. – Vgl. auch *Bultmann:* Ethik, S. 45.
[247] PF S. 169.
[248] *K. L. Schmidt* (Eschatologie, S. 290) bemerkt: Richard Reitzenstein und Albert Schweitzer »müssen zusammen. Reitzenstein hat die Exaktheit der Beschreibung und Einzelerklärung für sich, Schweitzer die Folgerichtigkeit der Fragestellung, die sich mit Stoffsammlung nicht zufriedengibt«.
[249] PF S. 141 ff.

und das Verhältnis kurzerhand einseitig als Abhängigkeit der christlichen Seite zu begreifen, obgleich die kultische Verehrung in den Mysterien großenteils ursprünglichen Vegetationsgottheiten galt, so daß die wesentliche Andersartigkeit der christlichen Glaubensanschauungen auf der Hand liegt. Gegenüber einer sich darin ausdrückenden Oberflächlichkeit, Leichtgläubigkeit und einem Schuß Sensationslust prüft Schweitzer die Verhältnisse ausgesprochen nüchtern und vorsichtig: »Gewisse Analogien sind nicht zu leugnen. Es fragt sich nur, wie weit sie reichen.«[250] So meint er, hinsichtlich der Sakramente erscheine es leicht, Gemeinsamkeiten aufzuzeigen. »Bei näherem Zusehen ergibt sich aber, daß es äußerst schwer ist, über die Feststellung allgemeinster Ähnlichkeit hinauszukommen.«[251] Was das sakramentale Mahl betrifft, so versagt der Tatbestand im entscheidenden Punkt: »Ein Essen und Trinken des Leibes und Blutes des Herrn kennt Paulus nicht.«[252] Und während der Apostel eine Taufe auf den Namen einer göttlichen Persönlichkeit voraussetzt, wissen wir von einer auf den Namen des Osiris, Attis oder Mithra geübten nichts[253]. Daß die Mysterienreligionen als Erlösungsreligionen zum Christentum eine Parallele bilden, ist zuzugeben[254], aber ihre Mythen und Kulte kennen keinen eigentlichen »Erlösergott«, »der für die Menschen in die Welt kam, starb und auferstand«, dieser wird erst »durch Verallgemeinerung, Abstraktion und Konstruktion geschaffen«[255]. Mit Recht beanstandet wird von Schweitzer aber auch, daß man auf »religionsgeschichtlicher« Seite von Jesus als Erlösergott spricht; denn Jesus ist kein eigentlicher »Gott, sondern nur ein himmlisches Wesen, das mit der Heraufführung der neuen Welt betraut ist«[256].

Abgesehen davon, daß wir, wie Schweitzer betont, über Paulus viel besser unterrichtet sind als über die Mysterienreligionen, will er auch die chronologische Frage berücksichtigt wissen. Die Mysterienkulte finden nach seiner Ansicht erst vom Beginn des zweiten christlichen Jahrhunderts an Verbreitung. Für sicher hält er, daß Paulus sie in der uns vorliegenden Form nicht gekannt haben kann[257]. Vor allem aber haben die zentralen Anschauungen einen ganz andersartigen Chrakter. Die paulinische Mystik ist geschichtlich-eschatologisch ausgerichtet, die Mystik der Mysterienreligionen hingegen ihrem Wesen nach geschichtslos[258]. Auch trägt diese individualistischen Charakter, während es sich für Paulus um ein die Gesamtheit betreffendes Geschehen handelt. Schweitzer bringt hier ein überaus bezeichnendes Bild, wenn er auch allzu bescheiden des-

---

250 S. 148.
251 S. 152 f.
252 S. 159.
253 S. 162.
254 S. 148.
255 S. 151.
256 S. 152.
257 S. 150.
258 S. 176.

sen Geschmacklosigkeit zu entschuldigen bittet: »In den Mysterienreligionen steigen die Einzelnen auf einer Treppe stufenweise zur Vergottung hinauf; im Paulinismus springen sie miteinander auf den in Bewegung befindlichen Aufzug, der sie in eine neue Welt bringt.«[259] Zwei weitere wesentliche Unterschiede zwischen der hellenistischen Mysterienfrömmigkeit und Paulus, auf die *K. Deißner* später hingewiesen hat, scheinen Schweitzer noch nicht beschäftigt zu haben: Dort verschwimmen die Grenzen zwischen dem Mysten und der Gottheit, bei Paulus bleibt die Verschiedenheit zwischen dem Gläubigen und Christus gewahrt. Dafür ist aber die Einigung des Mysten mit der Gottheit in der Ekstase ein vorübergehendes Erlebnis, während Paulus sein ganzes Leben als »in Christus« gebunden weiß[260]. Doch auch ohne die Berücksichtigung der zuletzt angeführten Differenzen ist der Sachverhalt für Schweitzer klar: Paulinismus und Hellenismus haben nur die Sprache, aber keine Gedanken gemeinsam. So ergibt sich, wiederum in einem für Schweitzer besonders charakteristischen Bilde, das Urteil: »Orientalisch-griechische und paulinische Mystik als entsprechende Größen zu behandeln, heißt ein Stück im Zweiviertel- und eines im Dreivierteltakt miteinander aufführen und dabei einen einheitlichen Rhythmus heraushören«[261].

Schweitzer bietet in dieser Auseinandersetzung überwiegend sehr verständige Beobachtungen und begründete Überlegungen. Daß seine Kritik mancher »religionsgeschichtlicher« Ansichten viel Eigenes und Beachtenswertes enthält, erkennt auch *Reitzenstein* an.[262] Indessen, so richtig Schweitzers Einwände und Thesen in einzelnen Punkten sind, er denkt nicht daran, daß verschiedene Gewässer, die sich unserem Blick als unabhängig voneinander darstellen, dennoch unterirdisch zusammenhängen können. Diese Möglichkeit zieht er sonderbarerweise gar nicht in Erwägung. *W. Heitmüller,* einer der ersten religionsgeschichtlich arbeitenden Neutestamentler, hat einmal in einem Vortrag zwei andere, näherliegende Bilder gebraucht: »Das junge Christentum lebte in einer Luft«, die »mit Mysterien-Bazillen geschwängert war, und wuchs auf einem Boden, der durch den Verfall und Synkretismus verschiedenster Religionen gedüngt und gelockert und speziell auch geeignet war, alte Keime und Triebe neu aufsprießen zu lassen.«[263] Bei Abfassung seiner Geschichte der paulinischen Forschung bemerkte dazu der damalige Medizinstudent Albert Schweitzer trocken: »Eine mit Bakterien geschwängerte Luft gibt es nicht. Die medizinische Wissenschaft hat schon längst erwiesen, daß diese Vorstellung auf einem Irrtum beruht, insofern als die Luft so gut wie

---

259 S. 175.
260 *Deißner:* Paulus, S. 115 f.
261 PF S. 174.
262 *Reitzenstein:* Religionsgeschichte, S. 2.
263 *Heitmüller:* Taufe, S. 52.

frei von Keimen ist«[264]. Das beweist jedoch nur, daß nicht ein jeder so gute und einwandfreie Bilder zu prägen imstande ist wie Schweitzer. Der Vergleich hinkt also, zugegeben, aber mit dem, was Heitmüller mit ihm sagen wollte, könnte er dennoch recht gehabt haben und hat er, wie man wohl sagen muß, recht gehabt. Auf dem Gebiet der Geistesgeschichte gibt es ohne Zweifel die Erscheinung, daß bestimmte Tendenzen und Gedanken »in der Luft liegen«, ohne ersichtlichen Grund virulent werden und sich bemerkbar machen: plötzlich sind sie akut und aktuell. Mögen unmittelbare Abhängigkeiten schwer nachweisbar und bei dem spärlich erhaltenen Material noch schwerer chronologisch fixierbar sein und mögen wir noch so wenig anzugeben vermögen, auf welchem Wege einzelne Elemente weitergetragen worden sind und gewirkt haben: daß es eine bewegte Zeit des Hin- und Herflutens der geistigen Strömungen war, läßt sich nicht mehr bezweifeln. So stellt ein heutiger religions- und geistesgeschichtlicher Forscher, *H.-J. Schoeps,* ganz ähnlich wie einst Heitmüller fest: »Was uns die Forschungen der religionsgeschichtlichen Schule in jedem Fall erkennen lassen, ist die geistige und religiöse Atmosphäre, in der Paulus und die Gemeinde lebten. Und sie ist unleugbar von den Vorstellungen der antiken Mysterienreligionen geschwängert gewesen«[265]. Obgleich gerade für diesen Autor die im Judentum sitzenden Wurzeln des Apostels im Vordergrund stehen, fährt er fort: »So ist etwa der Gedanke der sakramentalen Teilnahme am Tode einer Gottheit, die uns heute so schwer vorstellbar erscheint, dem antiken Denken wohl vertraut gewesen und Paulus hat für seine aus« »anderen Quellen fließende Lehre manche Anknüpfungspunkte gehabt. Attis, Osiris oder Dionysos waren« »auch sterbende und auferstehende Götter.« »Paulus muß in der Tat von seinen hellenistischen Diasporarvoraussetzungen aus erklärt werden, obgleich hierfür nur der jüdische Hellenismus in Frage kommt, durch den der pagane Hellenismus mit seinen Mysterienkulten durchgefiltert wurde. Freilich mag er diesem auch direkt begegnet sein. Zumal in der zentralen Soteriologie des Apostels und in der sogenannten Sakramentsmystik sind Einwirkungen dieser Kulte mindestens im Modellsinn unverkennbar.«[266] Namentlich *Bultmann* hat sich nie abhalten lassen, eine der Hauptthesen der »Religionsgeschichtler« anzuerkennen: »Aus den hellenistischen Mysterienreligionen stammt die Vorstellung vom sterbenden und wieder zum Leben erwachenden Gott-Heiland und von den Sakramenten (Taufbad und heiliges Mahl), durch die der Myste am Schicksal der Gottheit teilgewinnt«[267]. »Der Kyrios Jesus Christus wird nach Art einer Mysteriengottheit verstanden.«[268] Deshalb erklärt *Conzelmann* »die Bestreitung hellenistischer Elemente« durch Schweitzer

[264] PF S. 161.
[265] *Schoeps:* Paulus, S. 8.
[266] S. 38.
[267] *Bultmann:* Jesus und Paulus, S. 211 f.
[268] *Bultmann:* Urchristentum, 1949, S. 197

für »gewalttätig. Nicht aus dem Judentum abgeleitet werden können: Sakramentslehre, Kyrioschristologie, Pneumatismus«[269]. Die Botschaft von der Heilstat Gottes »trifft den Juden als Juden und den Heiden als Heiden. Hier wie dort werden vorhandene Ideen aufgenommen, um diese Heilstat auszulegen«[270]. Dabei handelt es sich weniger um eine literarisch belegbare unmittelbare Übernahme einzelner Vorstellungen und Lehren aus bestimmten Vorlagen als um den gemeinsamen geistigen Lebensraum, der von ihnen erfüllt war. »Daß der Apostel mit Bewußtsein Anleihen bei jenen Mysterienreligionen gemacht habe«, hielt schon *Heitmüller* für »ausgeschlossen«[271]. Das heißt aber nicht, daß nicht Zusammenhänge bestanden, die weder zufällige Übereinstimmungen noch bewußte Nachahmungen, aber eben doch »Abhängigkeit auf seiten des Paulus« darstellten. Nicht etwa die Vorstellung eines bestimmten leidenden, sterbenden und auferstehenden Gottes ist Muster für die christliche Anschauung geworden – insofern ist Schweitzer völlig im Recht –, aber über diese einzelnen Göttergestalten wächst hinaus, worauf *Bousset* hingewiesen hat, die die hellenistische Frömmigkeit »mit mystischer Gewalt« ergreifende eine Idee »von der sterbenden und auferstehenden, heilbringenden Gottheit«[272]. In diesem Sinne meint Bousset, und nur in diesem allgemeinen Sinne stimmt es: »Man wird sich dem Eindruck nicht entziehen können, daß hier die geistige Atmosphäre gegeben ist, innerhalb deren das paulinische Mitsterben und Mitauferstehen mit Christus steht«[273]. Der Unterschied zwischen Mysterienweihe und Taufe: die Naturgottheit und die fast magische Wirkung des Ritus dort, die geschichtliche Persönlichkeit des Christus Jesus sowie die zentrale Bedeutung von Glaube und Gehorsam hier, ist unverkennbar.[274] Dennoch fließt an dieser Stelle ein Gedanke ein, »der mit dem Mysteriengedanken verwandt ist: Die Taufe verleiht Anteil am Schicksal Christi. Sie ist ein Mitsterben und Mitauferstehen mit ihm«[275]. Daß mit dieser Verwandtschaft nicht eine bloße Analogie, sondern ein wirklicher Zusammenhang gegeben ist, darf als wahrscheinlich gelten, »da man den Gedanken der Schicksalsgemeinschaft nicht aus dem Taufritus selbst entwickeln kann«[276]. Aus der tiefgehenden Verschiedenheit läßt sich also keinesfalls auf Unabhängigkeit schließen.

Besonders interessant für die Frage des Verhältnisses zwischen Paulus und dem Hellenismus wäre hier eine Beschäftigung mit dem Problem, in welchem Boden der christliche Kyriosbegriff gewachsen ist. Ihm kommt in diesem Zu-

---

[269] *Conzelmann:* Grundriß, S. 178.
[270] *Conzelmann:* Geschichte, S. 56.
[271] *Heitmüller:* Taufe, S. 24.
[272] *Bousset:* Kyrios, S. 135.
[273] S. 139.
[274] *E. Lohse:* Umwelt, S. 179. – Vgl. auch *Deißner:* Paulus, S. 126 f.
[275] *Conzelmann:* Grundriß, S. 66.
[276] S. 67.

sammenhang derselbe hohe Grad an Gewicht, aber auch an Schwierigkeit und Unsicherheit zu wie in der Jesusforschung dem Menschensohnproblem. Boussets bedeutendes Werk »Kyrios Christos«, durch das es in den Mittelpunkt der Diskussion gerückt wurde, erschien freilich erst zwei Jahre nach Schweitzers Buch über die paulinische Forschung, und in dem letzteren spielt das Problem noch keine Rolle. Auf jeden Fall wissen wir, daß Paulus »den Titel Kyrios schon in festem Gebrauch vorgefunden« hat[277]. Der These, daß er aus der Gottesbezeichnung in der Septuaginta stammt und daß eine Entwicklung von der Urgemeinde über das hellenistische Judenchristentum zum Heidenchristentum anzunehmen ist *(Dalman, Cullman, E. Schweizer, F. Hahn)*, steht jedoch die Ansicht vom ausschließlich hellenistischen Charakter der Kyriosprädikation Jesu (Bousset, Bultmann, Vielhauer) gegenüber. »Die Selbstverständlichkeit, die Kyriostitel und Kyrioskult« für Paulus haben, zeigt nach *Bultmann*, »daß Paulus eine hellenistisch-syrische Form des Christentums voraussetzt, an die er sich angeschlossen hat«[278]. In der neueren Auseinandersetzung wird gegen Hahn[279], von *Vielhauer*[280] betont, daß die vorpaulinische Akklamation Kyrios Jesus »sich mit Sicherheit nur auf die heidenchristliche, nicht auf die hellenistisch-judenchristliche Gemeinde zurückverfolgen« läßt[281]. Das Bekenntnis zum Kyrios Jesus wäre dann im Gegensatz zu den heidnischen Kyrioskulten, d. h. jedoch zugleich: im Zusammenhang mit ihnen zu sehen. *Conzelmann* hält das Problem für ungelöst[282], stellt aber wenigstens fest, daß die christliche Verwendung des Titels aus der Septuaginta nicht abzuleiten ist[283]. Als sicher erscheint jedenfalls, daß sein Sinn im Vergleich mit der Urgemeinde auf hellenistischem Gebiet ein ganz anderer geworden ist. Der Ruf Maranatha, die Bitte der Urgemeinde »Herr, komm!«, ist »Ausdruck einer rein apokalyptischen Christologie«; die hellenistische Gemeinde ist dagegen »zur Verehrung des gegenwärtig herrschenden Herrn versammelt. Der Ruf heißt jetzt: κύριος Ἰησοῦς. Er ist nicht mehr Bitte, sondern Akklamation und Proklamation«[284]. Wegen der Umstrittenheit des Kyriosproblems und auch, weil Schweitzer es wie gesagt noch nicht eingehender behandelt hat, wird es hier ausgeklammert.

Wie fraglich immer die Beziehungen des ältesten Christentums zu den Mysterienkulten in jedem einzelnen Punkt bleiben, so wenig leidet es noch den geringsten Zweifel, daß wir im ganzen berechtigt sind und gar nicht darum herumkommen, es in den religionsgeschichtlichen Rahmen der Zeit hineinzustellen. Das hat vielleicht niemand so überzeugend zum Ausdruck gebracht wie derjenige Forscher, der entscheidend zur Einführung der religionsgeschichtlichen Betrachtung in ihrer Anwendung auf das Alte und Neue Testament beigetragen hat, *Hermann Gunkel*. In seiner kleinen Schrift »Zum religionsgeschichtlichen Verständnis des Neuen Testaments« (1903) bemerkt er ungemein anschaulich: »Der Alttestamentler, der im Neuen Testament zuerst zu den Synoptikern kommt, gelangt dort in eine Welt, in der er sich bald zu Hause fühlt; hier weht ein

---

277 S. 101.
278 *Bultmann:* Bedeutung, S. 189 f.
279 *F. Hahn:* Hoheitstitel, S. 67–125.
280 *Vielhauer:* Christologie, S. 147–167.
281 S. 165.
282 *Conzelmann:* Grundriß: S. 102.
283 S. 103.
284 S. 101.

Geist, den er wohl versteht, den er ja von den edelsten Propheten her kennt.« »Ein ganz anderes Bild aber gewährt der größte Teil des übrigen Neuen Testaments, besonders die Schriften des Paulus und Johannes. Hier trifft der Alttestamentler auf Schritt und Tritt Dinge, für die er schlechthin keine Analogie hat und die er geschichtlich nicht verstehen kann. Man denke an Gedanken wie die Wiedergeburt, Gottessohnschaft im metaphysischen Sinne, Versöhnung durch Christi Tod, mystische Verbindung Christi mit der Kirche, Schöpfung der Welt durch Christus u.a.m.«[285] »Wie ist dies Neue ins Urchristentum gekommen?« Hier hat »ein außerordentlich starker fremder Faktor miteingewirkt«, der verantwortlich ist für den Dualismus, für »die Sehnsucht nach Erlösung, die Lehre von den Sakramenten«. Dieser fremde, neue Faktor ist die »orientalische Gnosis«[286]. Wenn Gunkel erklärt: »Nicht das Evangelium Jesu, wie wir es vorwiegend aus den Synoptikern kennen, aber das Urchristentum des Paulus und des Johannes ist eine synkretistische Religion«, so erlaubt er sich damit freilich eine gewisse Vereinfachung. Gerade dieser Forscher wußte sehr wohl, daß namentlich in der Eschatologie Jesu schon nichtjüdisches Denken mitwirkt. Aber das, was nunmehr vor allem mit der Gnosis hereinkommt und etwas weitgehend Neues entstehen läßt, ist ein ungleich stärkerer Schub.

Früher wurde der Gnostizismus allerdings für eine innerchristliche Erscheinung gehalten, als eine sehr beachtliche Sekte angesehen, die sich vielfach zu einem gefährlichen Konkurrenten des jungen Christentums entwickelte und mit der in Auseinandersetzung das junge Christentum sich erst seines eigentlichen Wesens bewußt geworden ist. »Dieses Bild wandelte sich jedoch, als man begann, die Anfänge der christlichen Kirche auf dem Hintergrund der Religionsgeschichte zu betrachten. Dabei zeigte sich, daß die Gnosis keineswegs allein als ein Gebilde im Rahmen der frühen Kirchengeschichte angesehen werden kann, sondern daß sie eine weitverzweigte Bewegung in der hellenistischen Welt darstellt, die Einflüsse aus verschiedenen Religionen und geistigen Bewegungen aufnahm, vor und neben dem Urchristentum sich ausbreitete und dann in mannigfacher Weise Verbindungen mit christlichen Elementen einging« (*E. Lohse*[287]).

Die hauptsächlichen Merkmale dieser Gnosis brauchen hier nur stichwortartig genannt zu werden: vor allem »der dualistische Grundzug«[288], der extreme metaphysische Dualismus zwischen einer göttlichen Lichtwelt und der gottfernen satanischen Welt der Materie, die ganz im argen liegt, dann der Mythos von der Seele, die ihren Ursprung in der himmlischen Lichtwelt hat, durch ein Verhängnis in die fremde, von Dämonen beherrschte Welt fällt und in den Leib gebannt wird. Aber »die höchste Gottheit erbarmt sich der gefangenen Licht-

---

285 *Gunkel:* Verständnis, S. 85 f.
286 S. 87 f.
287 *Lohse:* Umwelt, S. 187 f. – Vgl. *Bultmann:* Paulusforschung, S. 19.
288 *Lohse:* Umwelt, S. 187.

funken und sendet zu ihrer Erlösung eine himmlische Lichtgestalt – ihren Sohn – hinab, verkleidet in das Gewand des irdischen Leibes, damit die Dämonen ihn nicht erkennen. Er ruft die Seinen zu sich, weckt die Schlafenden, erinnert sie an ihre himmlische Heimat und belehrt sie über den Rückweg«[289], damit die einzelne Seele »durch die sieben Himmelssphären aufsteigen und sich mit dem göttlichen Urquell wieder vereinen kann«[290]. Dem kosmologischen Dualismus entspricht der schroffe anthropologische Dualismus zwischen Fleisch und Geist sowie zwischen dem Hyliker und dem Pneumatiker, jener in den Fesseln der Materie verharrend, dieser durch den Ruf des Gottesbotens geweckt, das geistige Wesen seines Selbst erkennend und sich durch Askese aus der Macht des Fleisches befreiend. Erkenntnis und Aktivität sind jedoch nur der eine Aspekt dieses Prozesses. Fleisch und Geist werden nämlich nicht nur als Kräfte im einzelnen Menschen aufgefaßt, sie stellen Weltmächte dar, die sich einen »unaufhörlichen Kampf« liefern, wobei der Mensch »Objekt dieses Kampfes« ist[291]. Und zwar gilt das Pneuma als »feinste himmlische Stofflichkeit, die in den Menschen einzudringen vermag und ihm dann eine neue Natur verleiht«[292]. Erlöst wird der Mensch dadurch, »daß das Pneuma in seine irdische Natur einbricht und ihn für die Himmelswelt zurückerobert. Das Ergebnis solchen Geschehens heißt ›Verwandlung‹ «[293].

Der Zusammenhang des paulinischen Denkens mit der hellenistischen Gnosis steht außer Frage. Hier seien nur ein paar, die allerwichtigsten Punkte, in denen er sich von ihr deutlich beeinflußt zeigt, einfach kurz aufgezählt: die Lehre von den zwei Aionen sowie dem »Gott dieses Aions« (2. Kor 4, 3 f.) bzw. den Archonten, den dämonischen Beherrschern dieses Aions (1. Kor 2, 6–8), der ganze metaphysische Dualismus von Sarx und Pneuma, die »gleichsam kosmische Bedeutung« des Fleisches, so daß der Mensch wie in Gal 5, 17 »nicht als Subjekt, sondern als Objekt des Kampfes zweier Welten erscheint«[294]; sodann die eigentümliche Terminologie »psychisch« und »pneumatisch« im Sinne eines Gegensatzes (1. Kor 2, 14 f.; 15, 44 f.) – »weder vom griechischen noch vom alttestamentlichen Sprachgebrauch her ist diese abwertende Bedeutung von ›psychisch‹ zu erklären«[295] –;ferner die Lehre vom »Fall« (Röm 5, 12–17; 8, 19–22) und vor allem eben der Erlösermythos, d. h. »die Vorstellung vom Herabstieg des himmlischen Christus in menschlicher Verkleidung, die ihn den Archonten unverkennbar macht« (1. Kor 2, 7 f.)[296]. Wenn Jesus Christus dabei Knechtsgestalt annimmt« (Phil 2, 7), so ist die Gleichsetzung von Menschsein und Sklavesein in solcher »metaphysischer Allgemeingültigkeit« ebenfalls weder aus dem klassischen Griechentum noch aus dem Judentum, sondern wiederum nur im Blick auf diesen Bereich des hellenistischen Denkens zu begreifen[297]. Der gnostischen Vorstellungsweise entspricht auch, daß Paulus Tod und Auferstehung Christi als ein »kosmisches Ereignis« versteht, »durch welches dem ›Alten‹ ein Ende gemacht und das Neue heraufgeführt worden ist (2. Kor 5, 17). Christus hat für Paulus die umrissene Gestalt eines menschlichen Individuums verloren (wie er denn von dem ›Christus nach dem Fleisch‹ nichts mehr wissen will, 2. Kor 5, 16) und ist zu einer gleichsam kosmischen Gestalt

---

[289] *Bultmann:* Urchristentum, 1949, S. 183.
[290] *Lietzmann:* Geschichte, S. 177.
[291] *Käsemann:* Anliegen, S. 18.
[292] S. 17.
[293] S. 18.
[294] *Käsemann:* Leib, S. 104.
[295] *Bultmann:* Urchristentum, 1949, S. 212
[296] *Bultmann:* Paulusforschung, S. 18.
[297] *Käsemann:* Analyse, S. 73.

geworden, zu einem ›Leibe‹, zu dem alle gehören, die durch Glauben und Taufe ihm zu eigen geworden sind (1. Kor 12, 12 f.; Gal 3, 27 f.). Denn ›in ihn hinein‹ wird man getauft (Gal 3, 27) und ›in Christus‹ bewegt sich hinfort das christliche Leben«[298]. Durch die Erlösung wird der Mensch bei Paulus wie in der Gnosis verwandelt, mit Christus und den Mitchristen ist er fortan verbunden zum »Leibe Christi« (1. Kor 12, 12. 27; Röm 12, 4 f.)[299].

Die den gnostischen Voraussetzungen der paulinischen Christologie gewidmete aufschlußreiche Arbeit *Käsemanns* hat in besonderem Maße erkennen lassen, wie tief das gnostische Denken, so fremdartig es uns mit seinen sonderbaren Identifikationen – Urmensch = Erlöser; Urmensch-Erlöser = Aion; Aion = Eikon (Urbild) – erscheint, in das des Paulus hineinreicht. Gerade auch der Begriff des Leibes Christi ist danach in gnostischen Vorstellungen begründet. Er ist nicht etwa vom stoischen Organismus-Gedanken, sondern vom Aion-Begriff aus zu verstehen[300]. Wie die Sarx, so ist auch das Pneuma, der Christusleib, eine Art Aion, in dem sowohl der Christus wie der einzelne die geschichtliche Besonderheit verlieren. »Beide stellen fortan geradezu einen ›Sachverhalt‹ dar, den für beide nämlich identischen Sachverhalt des Pneuma. Nur daß der einzelne Pneuma ist allein als ›Glied‹ und ›in Christus‹, während Christus der GesamtAion ist.«[301]

Wesentliche Gesichtspunkte und Zusammenhänge sind gerade hinsichtlich der Gnosis schon von *Reitzenstein* erkannt und Schweitzer entgegengehalten worden, während dieser sie zwar für sein Paulusbild tatsächlich auch weitgehend berücksichtigt, das aber eigentlich und wenigstens ausdrücklich nicht wahrhaben will, wenngleich gelegentlich ein leises Eingeständnis herauszuhören ist[302]. Hier haben Reitzenstein und Bousset ohne Frage weiter gesehen und folgerichtiger geurteilt. Paulus als »jüdischen Gnostiker« stellte Reitzenstein der zukünftigen Forschung als Ziel hin[303], ja, er bezeichnet ihn wohl gar einmal als »den größten aller Gnostiker«[304], »cum grano salis – Gnostiker«, meint auch *Heitmüller*[305], wobei sich diese Einschränkung auf den Unterschied zwischen der Gnosis im weiteren und im engeren Sinne bezieht. Das Eingebettetsein des paulinischen Denkens in die große gnostische Gesamtströmung der Zeit ist in der Tat unverkennbar, sein tiefer Gegensatz zur Gnosis im engeren Sinne allerdings nicht minder, das muß sofort hinzugefügt werden.

Voraussetzungen, Standpunkt, Ziel, Weg, Konsequenzen sind in entscheidender Hinsicht verschieden. Schlecht ist der Gnosis die Materie, im Urchristentum der Mensch und sein Wollen[306]. Die Situation des Menschen ist »nach gnosti-

---

298 *Bultmann:* Urchristentum, S. 220.
299 Vgl. zum Ganzen *Haenchen:* Gnosis und NT, Sp. 1652 f.
300 *Käsemann:* Leib, S. 160 ff.
301 S. 184.
302 »Woher weiß denn Holtzmann, daß Paulus zuletzt doch kein reiner Gnostiker ist? Die ganze Art seines Systems läßt ihn als solchen erscheinen« (PF S. 84). Vgl. auch PF S. 128.
303 *Reitzenstein:* Religionsgeschichte, S. 26.
304 *Reitzenstein:* Mysterienreligionen, S. 86.
305 *Heitmüller:* Problem, S. 324. Vgl. später z.B. auch *v. Campenhausen:* Glaube, S. 184.
306 *G. Kittel:* Religionsgeschichte, S. 92.

scher Lehre Schicksal, Verhängnis, nach urchristlicher Auffassung zwar auch dieses, aber zugleich Schuld«[307]. Gott ist im Urchristentum nicht wie in der Gnosis eine »metaphysische Wesenheit«, die durch Eigenschaften wie Licht, Leben, Unsterblichkeit beschrieben werden kann, sondern »tätiger Wille«. »Wenn Paulus Gottes χάρις verkündet, so verkündet er nicht eine bisher nicht erkannte oder nicht gewürdigte Eigenschaft Gottes, also nicht einen neuen, gereinigten Gottesbegriff, sondern er redet von einer neuen Heilstat Gottes.«[308] So bezieht sich hier auch das Kommen des Erlösers im Unterschied von der Gnosis nicht auf eine »mytische Vorzeit«, sondern es handelt sich nach christlichem Glauben um ein »geschichtliches Ereignis«: »das Auftreten Jesu von Nazaret und seine Kreuzigung«[309]. Die geschichtliche Gestalt des Erlösers in einen gnostischen Mythos zu verflüchtigen, hat man auf christlicher Seite stets abgelehnt. Auch Paulus hat, sowenig das Leben des irdischen Jesus bei ihm im übrigen eine Rolle spielt und so nahe er mit der erwähnten Erklärung, daß er Christus nach dem Fleisch nicht mehr kennen will, der Gnosis gekommen ist, die hier verlaufende Grenze doch niemals überschritten: das Kreuz bleibt die harte geschichtliche Wirklichkeit, ohne die der Paulinismus nicht denkbar ist. Ferner: »Der Gnostiker ist ein durch seine Natur Geretteter«, »der Christ durch seinen Glauben. Daher ist für die christliche Religion die charakteristische Bezeichnung auch nicht Erkenntnis (γνῶσις), sondern Glaube (πίστις)«[310]. »Die Erlösung der Welt heißt in der Gnosis Vergottung, im Neuen Testament Vergebung.«[311] Schließlich steht ein gewisser Individualismus des Gnostikers in charakteristischem Gegensatz zu dem im Begriff des »Leibes Christi« zum Ausdruck kommenden korporativen Denken. Die Haltung des Gnostikers ist überhaupt die der Distanzierung, er übt Abstinenz und Askese[312], der Christ beweist die Erneuerung seiner Existenz in der Liebe[313]. Daneben ist freilich der Einschlag der gnostischen Anschauung bei Paulus in diesem Punkte, vor allem hinsichtlich seiner Einstellung zum sexuellen Bereich, besonders deutlich.

Für die Erforschung der Anfänge des Christentums im letzten halben Jahrhundert ist es kennzeichnend, daß die für Schweitzer noch so schwerwiegende methodische Meinungsverschiedenheit hinsichtlich der Einbeziehung des Hellenismus im allgemeinen keine Rolle mehr spielt. Schon am Anfang der zwanziger Jahre zählte *K. L. Schmidt* unter die entscheidenden Erkenntnisse der neueren Forschung die des hellenistischen Charakters des Urchristentums[314]. Für *Dibelius* ist die Berechtigung der Arbeit in dieser Richtung gar keine Frage. *Bultmann*, dieser besonders gute Kenner der Gnosis, hat von jeher den hellenistischen Anteil am Urchristentum hoch eingeschätzt und dabei als »das Wichtigste« beurteilt, »daß Jesu Person und Werk mit den Begriffen des gnostischen Mythos interpretiert wurde«[315], wie er überhaupt betont, daß gnostische Gedanken »hinter wichtigen paulinischen Theologumena« stehen und »weit-

---

307 *Bultmann:* Urchristentum, 1949, S. 213.
308 *Bultmann:* Problem, S. 135.
309 *Bultmann:* Urchristentum, 1949, S. 223. – Vgl. auch *Schaeder:* Orient, S. 250.
310 *Bultmann:* Urchristentum, 1949, S. 225.
311 *Kittel:* Religionsgeschichte, S. 92.
312 *Bultmann:* S. 190.
313 S. 229.
314 *K. L. Schmidt:* Eschatologie, S. 280.
315 *Bultmann:* Urchristentum, 1949, S. 219.

hin die Voraussetzung ihrer Begrifflichkeit« bilden[316]. Daneben aber hat gerade Bultmann auch die Unterschiede und die Eigenart des frühen Christentums gegenüber dem Gnostizismus mit kräftigen Strichen gezeichnet. So selbstverständlich also die Heranziehung religionsgeschichtlicher Gesichtspunkte gehandhabt wird, so fern liegt jetzt die früher hier und da aufgetretene Tendenz, fremde Einflüsse zu überschätzen und die Eigenart des Christlichen gewissermaßen wegzuerklären. Wie sehr frühere gelegentliche Übertreibungen und Schwächen dieser Forschungsrichtung überwunden worden sind und in welchem Maße sie sich immer mehr durchgesetzt hat, läßt sich für die nächste Forschergeneration besonders gut am Beispiel der Arbeit *Käsemann*s ersehen, der fast in einem Atemzug die hellenistischen Voraussetzungen als notwendig zum Verständnis paulinischer Anschauungen bezeichnen und von dem radikalen Bruch des Paulus mit der Tradition der hellenistisch-gnostischen Frömmigkeit sprechen kann.

»Der Versuch, die paulinische Abendmahlslehre aus dem Zusammenhang mit hellenistischen Kultmahlen zu erhellen, ist im wesentlichen gescheitert.« Es »beschränken sich die vorhandenen Analogien auf Einzelheiten, die weder historisch konkret ein Abhängigkeitsverhältnis konstatieren noch die in sich geschlossene Anschauung des Apostels hinreichend und in der Tiefe aufdecken lassen. Aber es wäre ein Irrtum, daraus zu folgern, daß ein hellenistischer Einfluß überhaupt geleugnet werden könnte. Das Gegenteil ist der Fall. So gut wie die gesamte Interpretation der überkommenen Abendmahlstradition durch Paulus steht im Zeichen der Übernahme und Abwandlung des gnostischen Mythos vom Urmensch-Erlöser, wie ein Gleiches auch von der paulinischen Christologie gilt. Einzig von da aus erklärt sich historisch die für Paulus so kennzeichnende Verbindung von Sakrament und Christusleib der Kirche«[317].

Dabei wird aber die Eigenart der paulinischen Position erst recht erkennbar. Das Sakrament sichert weder vor dem Abfall noch vor der Verwerfung. »Es ist gerade nicht Garantie des Heils, sondern« »Ruf zum Gehorsam, Ermöglichung der Glaubensentscheidung wider die Anfechtung zum Ungehorsam. Trifft solche Interpretation aber zu, dann ist damit zugleich schon gesagt, daß Paulus zum mindesten an dieser Stelle radikal mit der Tradition hellenistisch-gnostischer Erlösungsfrömmigkeit gebrochen hat, wie sie in Korinth festgehalten wird. Er hat das sakramentale Geschehen jedenfalls nicht mehr als eine Art Naturvorgang verstanden«[318]. Gleich darauf wird dann wieder hervorgehoben: »Gerade seine Pneumalehre ist ohne die Einsicht in ihre hellenistischen Voraussetzungen gar nicht verständlich, und er hat sogar wie seine hellenistische Umwelt von einer Verwandlung des Menschen durch das Pneuma sprechen können.«

Das Problem, inwiefern in der paulinischen Sakramentsauffassung die Vorstellung eines realistischen Naturvorgangs einerseits vorausgesetzt und enthalten, andererseits überwunden ist, wurde von Bultmann in einer Anmerkung behandelt, die es in sich hat. Es liegt demnach nicht so, »daß Paulus die Mysteriengedanken, etwa aus pädagogischen Gründen, im Sinne einer symbolischen Beschreibung gebrauchte, sondern er denkt als antiker Mensch ganz realistisch. Er meint also in der Tat, daß durch die Sakramente ein Stoff, ein Kraftstoff in die Christen eingeführt wird – und auch seine körperlichen Wirkungen hat.

[316] *Bultmann:* Paulusforschung, S. 18.
[317] *Käsemann:* Anliegen, S. 11 f.
[318] S. 18 f.

Aber das Entscheidende ist dies, daß er das Sein der Christen im Grunde nicht als ein Natur-Sein, sondern als geschichtliches Sein versteht«, jedoch kann Paulus »sich dieses Sein nur in den dafür unzulänglichen Begriffen des Natur-Seins vorstellig machen«[319]. Hier dürfte der Historiker den Sachverhalt so weit geklärt haben, wie dies überhaupt angängig ist. Dabei kommt die Tiefe der paulinischen Glaubensanschauung zur Geltung, zugleich aber zeigt sich, daß Paulus in diesem Punkte an die Grenze seiner Möglichkeiten zur denkerischen Bewältigung des neuen Zustandes gelangt ist.

Es kann keine Rede davon sein, daß die religionsgeschichtliche Forschung Paulus im Hellenismus untergehen läßt. Wohl »bedient Paulus sich auf breitester Front der Vorstellungen und Termini seiner hellenistischen Umwelt«[320]. Aber mit dieser Feststellung ist nicht alles gesagt. Man muß auch fragen, was er aus ihnen gemacht hat. Er ist ja eben doch kein echter Gnostiker geworden, hat vielmehr eine durchaus eigene Position eingenommen, die im Verlaufe der weiteren Entwicklung in schärfsten Gegensatz zur Gnosis geraten sollte. Paulus greift Elemente der Umwelt auf, aber entscheidend ist, wie er sie gebraucht und was und wieviel sie bei ihm bedeuten. Er teilt »die Voraussetzungen seiner Zeit und zieht daraus doch andere Konsequenzen«[321]. Die Erkenntnis, daß und inwiefern er sich mit der Gnosis berührt, weit davon entfernt, die Anerkennung seiner Besonderheit zu gefährden, muß sogar als Voraussetzung, ihn zu verstehen, angesehen werden. Die auf dem Hintergrund des Gemeinsamen erscheinenden tiefen Gegensätze lassen die volle Eigenart des Paulus erst recht hervortreten.

Während Schweitzer in der »Geschichte der Paulinischen Forschung« gelegentlich, namentlich gegen Ende des Buches, schon seine eigene Paulusauffassung durchblicken läßt, nimmt er umgekehrt im Hauptwerk die Auseinandersetzung mit dem von ihm abgelehnten Paulusbild noch einmal kurz auf. Hierbei ist zu begrüßen, daß der unglückliche Begriff der »griechischen« Pauluserklärung nunmehr konsequent durch den zutreffenden »Hellenistisch« ersetzt wird. Aber aus diesem ist nach wie vor das Jüdische ausgeschlossen. Es bleibt also bei der Alternative »Hellenistisch oder Jüdisch?«[322], und das erklärte Ziel Schweitzers besteht in der Ableitung der paulinischen Christusmystik aus der jüdischen Eschatologie. Hinsichtlich seiner Widersacher hat Schweitzer inzwischen erkannt, daß ihm der bei weitem bedeutendste in dem früh verstorbenen Bousset erstanden war. Aber wenngleich Schweitzer dessen (und Reitzensteins) anfechtbare Punkte mit sicherem Blick herausfindet, ist der Ertrag dieser erneuten Auseinandersetzung letztlich nicht beträchtlich. *Bultmann* hat die Polemik gegen die Religionsgeschichtler deshalb die schwächste Seite des Buches genannt[323].

---

319 *Bultmann:* Kirche, S. 167.
320 *Käsemann:* Analyse, S. 92.
321 *Käsemann:* Anliegen, S. 20.
322 MP S. 27.
323 *Bultmann:* Rezension, Sp. 1154.

Einen günstigen Anlauf für die Entwicklung seiner Paulusdarstellung gewinnt Schweitzer, indem er sich von der *Adolf Deißmanns* absetzt. Dieser hatte die paulinische Christusmystik hauptsächlich auf die Christusvision in Damaskus zurückgeführt, ohne freilich zu erklären, wie der Glaube an die Messianität Jesu, die Paulus dabei gewiß geworden war, zur Mystik des »Seins in Christus« wurde. Die Tendenz Deißmanns »geht darauf aus«, wie Schweitzer scharf bemerkt, »mit der Idee aufzuräumen, als ob Paulus ein Denker gewesen sei«[324]. In der Umkehrung dieser Zielsetzung sieht Schweitzer die Aufgabe seines eigenen Unternehmens: in der völligen Zurückdrängung der psychologischen Betrachtung und der entschiedenen Verlagerung des Interesses auf die theologische Gedankenwelt und Leistung des Apostels.

Wie in Schweitzers Jesusbild *ein* Gedanke die Grundlage für alles Übrige bildet, die Ausstrahlung der Nächsterwartung auf das Handeln Jesu, die aktive Herbeiführung der Gottesherrschaft, so wird auch seine Paulusansicht durch ein alles beherrschendes Moment bestimmt: Paulus ist vor allem Denker, und seine Leistung besteht darin, die Konsequenzen aus der Situation gezogen zu haben, wie sie nach der Auferstehung Jesu entstanden war. Die Parusie wird weiterhin erwartet, aber die Auferstehung ist bereits das entscheidende kosmisch-eschatologische Ereignis gewesen, das die Gesamtheit der Erwählten in einen eigenartigen Zwischenzustand versetzt hat. Äußerlich gesehen leben sie noch in der natürlichen Welt, tatsächlich sind sie aber schon im Übergang von dem natürlichen in einen übernatürlichen Zustand begriffen. Genauer genommen verhält es sich so, daß sie »in Wirklichkeit nicht mehr natürliche Menschen, sondern, wie Christus selber, bereits übernatürliche Wesen sind, nur daß es an ihnen noch nicht offenbar ist«[325].

Durch eine Anzahl großartiger Bilder sucht Schweitzer diesen eigentümlichen Zustand des Übergangs zu verdeutlichen:

> »Die anderen Gläubigen meinen, der Zeiger der Weltuhr stehe unmittelbar vor dem Beginn der neuen Stunde, und warten auf den Schlag, der diese verkünden soll. Paulus sagt ihnen, daß er schon darüber hinausgerückt ist, und daß sie den Schlag, als er bei der Auferstehung Jesu erfolgte, überhört haben. Hinter dem stehengebliebenen äußeren Schein der natürlichen Welt ist ihre Verwandlung in die übernatürliche im Gange, wie die Bühne sich hinter dem Vorhang verändert.«[326]
>
> »Die fundamentale Bedeutung des Sterbens und Auferstehens Jesu besteht nach Paulus also darin, daß damit das Sterben und Auferstehen in der ganzen Leiblichkeit der zum messianischen Reich Erwählten in Gang gebracht wird. Diese ist wie ein aufgespeicherter Brennstoff, auf den das dort entzündete Feuer alsbald übergreift.«[327]

---

[324] MP S. 35.
[325] MP S. 111.
[326] S. 100.
[327] S. 111.

»Im Bereiche der Leiblichkeit der mit Christo zusammengehörenden Erwählten ist mit dem Tode und der Auferstehung Jesu der Frühling des überirdischen Seins schon angebrochen, mag auch sonst in der Welt noch der Winter des natürlichen Seins herrschen.«[328]

»In gewaltiger Paradoxie setzt Paulus an die Stelle der Wirklichkeit, wie sie sich für die sinnliche Wahrnehmung darstellt, diejenige, die für das Denken gilt, das sich über die Stunde der Weltzeit im klaren ist. Er weiß, daß die unvergängliche Welt im Begriff ist, in aufeinanderfolgenden Stößen aus dem Ozean der Vergänglichkeit aufzusteigen. In der Auferstehung Jesu, als des ›Erstlings der Entschlafenen‹ (I. Kor 15, 20), ist bereits ein Eiland derselben sichtbar geworden. Dieses ist aber nur ein Stück einer größeren Insel, die unter den Fluten bereits im Emporsteigen begriffen ist und von ihnen nur gerade noch so weit bedeckt wird, daß sie noch nicht sichtbar ist. Diese größere Insel ist die Leiblichkeit der mit Christo zusammengehörenden Erwählten. In ihrer Verwandlung und vorzeitigen Auferstehung wird dieses weitere Stück unvergänglicher Welt alsbald emportauchen. Hernach steigt in zeitlich getrennten Stößen um diese Insel Land um Land auf. In der messianischen Zeit wird die ganze Natur unvergängliches Wesen annehmen. Als letztes Ereignis der Erneuerung der Welt kommt dann, am Ende des messianischen Reiches, die allgemeine Totenauferstehung. Mit ihr ist das ganze Festland der Unvergänglichkeit sichtbar geworden.«[329]

Jesus und Paulus ist gemeinsam die eschatologische Weltanschauung und insbesondere die eschatologische Erwartung. Der Unterschied zwischen ihnen ist nur durch die jeweilige Weltzeit bedingt:

»Beidemale ist es dasselbe Gebirge. Jesus erschaute es als vor ihm liegend; Paulus aber steht darin und hat die ersten Anhöhen schon hinter sich.«[330]

Die an sich einfache Grundauffassung Schweitzers wird durch verschiedene Umstände etwas verwickelt. Einmal dadurch, daß der schon Wirklichkeit gewordene Zustand des Seins in Christus als »naturhaft« bezeichnet wird. Dieser Begriff ist offensichtlich nicht etwa mit »natürlich« gleichbedeutend, sondern soll die übernatürliche Seinsweise als eine nicht rein geistig, bloß gedanklich oder ethisch bestimmte, subjektive, charakterisieren, er beschreibt sie m. a. W. als eine objektive, ontische, ganz realistisch zu nehmende, substantielle, wie frühere Paulusforscher in dieser Hinsicht geradezu von »physisch« gesprochen hatten. Mit der religionsgeschichtlichen Schule ist Schweitzer sich jedenfalls darin einig, daß der Geist wie für das Urchristentum überhaupt, so auch für Paulus als eine Art feinmateriellen Fluidums gedacht werden muß.

Handelte es sich bei dem soeben erwähnten Punkt um einen problematischen Begriffsgebrauch, der zunächst einmal einfach beachtet sein will, so wird das von Schweitzer gezeichnete Paulusbild nun auch sach-

---

[328] ebd.
[329] S. 113.
[330] S. 114.

lich verwickelt dadurch, daß er nicht weniger als drei verschiedene Erlösungslehren unterscheidet: »eine eschatologische, eine juridische und eine mystische«. »Nach der eschatologischen sind die Erwählten erlöst, weil durch Tod und Auferstehung Jesu Christi das Ende der Herrschaft der Engelmächte und damit das Ende der natürlichen Welt herbeigeführt wird. Es ist also gewiß, daß er bald in seiner Herrlichkeit erscheinen und seine Erwählten, ob sie schon tot oder noch lebendig sind, in die messianische Herrlichkeit eingehen läßt.«[331] »Die juridische Erlösungslehre von der Gerechtigkeit aus dem Glauben beruht auf der Idee des Sühnetodes Jesu.«[332] Die mystische Erlösung ergibt sich daraus, daß die Erwählten »in Christus« sind und daß die Gesamtheit der Gläubigen seit der Auferstehung mit Christus den »mystischen Leib Christi« bildet. Sie leben zwar äußerlich noch in der natürlichen Welt, sind aber über sie vermöge der Zugehörigkeit zum Leibe Christi im Grunde schon hinausgewachsen.

Daß Paulus nicht nur *eine* Erlösungslehre bietet, erschien seit langem deutlich: von der juridischen hatte man sich gewöhnt, die mystische zu unterscheiden. Schweitzer setzt diesen beiden nicht nur eine dritte an die Seite, sondern er verlagert auch die Gewichte. Einmal wird die juridische, die schon Wrede zu einer bloßen Kampfeslehre, im Zusammenhang mit der missionarischen Wirksamkeit stehend, herabgestuft hatte, bei Schweitzer zu einem ausgesprochenen »Nebenkrater«. Sodann aber erhält nicht etwa, wie man bei Schweitzer eigentlich erwarten würde, die eschatologische Erlösungslehre rangmäßig den ersten Platz, sondern die »mystische«. Gedanklich und auch sachlich steht ihm allerdings die eschatologische voran, insofern sie die Voraussetzung der mystischen ist. Diese geht aus ihr hervor, doch sie ist im Grunde mit ihr identisch: Die »ganze Mystik der zugleich mit der Menschheit in Verwandlung begriffenen Welt ist nichts anderes als die eschatologische Vorstellung von der Erlösung von innen her geschaut«[333]. Aber diese innerliche Lehre rückt nun ins Zentrum der Schweitzerschen Paulusauffassung, wie sie seinem Buch auch den Namen gegeben hat.

Neben der juridischen und der mystischen Erlösungslehre hatte man wohl auch sonst schon eine dritte bei Paulus gefunden, die sakramentale. Aber sie spielte auch für die religionsgeschichtlich ausgerichtete Theologie im Grunde eine untergeordnete Rolle. Die Sakramente hatte Paulus übernommen, sie waren ein Zugeständnis an Tradition und Umgebung, an eine Anschauung, die »der Grundrichtung der paulinischen Theologie widerspricht«[334], ein »Fremdkörper«, ein »beibehaltener Rest einer überwundenen Stufe«[335]. Zwar erlangt die sakramentale Anschauung auch für Schweitzers Paulusauffassung keine selbständige Bedeutung, sie wird

---

331 S. 25.
332 ebd.
333 S. 113.
334 *Heitmüller:* Taufe, S. 75.
335 *Weinel:* Theologie, S. 271.

nicht als eine besondere Erlösungslehre neben den anderen aufgeführt, aber das Sakrament wird als etwas sehr Wesentliches, Unerläßliches in die mystische Erlösung mit einbezogen. Dadurch kommt noch eine weitere Verwicklung, ja, Spannung in das Bild. Die Mystik, wenigstens die höhere, wird im allgemeinen und in gewisser Hinsicht auch von Schweitzer für eine Sache der Innerlichkeit gehalten, Mystik entsteht durchweg durch Konzentration und Versenkung; verhältnismäßig fern liegen ihr in der Regel kultische Riten. Nicht so die paulinische Christusmystik in Schweitzers Sicht: »Nicht im Momente des Gläubigwerdens und nicht durch den Glauben als solchen« wird die Zugehörigkeit zum Leibe Christi verwirklicht, sondern »erst in der Taufe«[336]. »Ohne Taufe kein Sein in Christo!«[337]

Obgleich Schweitzer das Jesus und Paulus Gemeinsame stark betont, findet er im Schema der Eschatologie beider einen tiefgehenden Unterschied. Jesus kennt wie die Apokalypsen Daniel und Henoch nur eine einfache Eschatologie: *eine* Auferstehung, *ein* Gericht, *ein* Reich Gottes. In diesem leben Erwählte aus allen Menschheitsgenerationen, und es ist endgültig. Paulus dagegen hat in der Art, wie sie später in den Apokalypsen Baruch und Esra ihren Niederschlag fand und wie sie auch die Schriftgelehrten vertraten, eine »gedoppelte« Eschatologie: das messianische Reich der Propheten als etwas Vorübergehendes für die Erwählten der letzten Generation, dem das ewige Gottesreich auch für die übrigen Erwählten erst folgt. Hier gibt es also nicht nur zwei Reiche, zwei Seligkeiten, sondern auch zwei Gerichte. Nach der Eschatologie Jesu ergeht das Weltgericht über die Überlebenden der letzten Generation und zugleich über die ganze, beim Anbruch des Reiches auferstandene Menschheit. In den Apokalypsen Baruch und Esra wird die Totenauferstehung ans Ende des messianischen Reiches verlegt. Nun ist aber die Eschatologie des Paulus nicht nur »eine ganz andere als die Jesu«[338], sondern er übernimmt auch nicht einfach die der Schriftgelehrten, trägt vielmehr »eine Vorstellung in sie hinein, die ihrer ganzen Logik zuwiderläuft. Er behauptet nämlich, daß die Teilhaber an dem vorübergehenden messianischen Reich sich bereits in der Seinsweise der Auferstehung befinden«. Bei den im Glauben an Jesus Verstorbenen liegt ja ein Fall vor, der in der überlieferten jüdischen Eschatologie nicht vorgesehen war. Sie haben »ihre Zugehörigkeit zum kommenden Messias und seinem Reiche bereits fest gemacht« und brauchen nicht auf die nach Ablauf des messianischen Reiches stattfindende allgemeine Totenauferstehung (für alle übrigen) zu warten, sondern werden »durch eine vorherige besondere Auferstehung der Herrlichkeit des messianischen Reiches in derselben Weise teilhaftig wie die anderen Erwählten der letzten Generation«[339]. Bei Paulus und

---

[336] MP S. 117.
[337] S. 118.
[338] S. 91.
[339] S. 93.

nur bei ihm gibt es also nach Schweitzer auch zwei Auferstehungen. Er ist der »Schöpfer dieser Lehre«[340].

Den entschlafenen Gläubigen wird die vorzeitige Auferstehung zuteil und die überlebenden Gläubigen der letzten Generation werden verwandelt werden. Diese Annahme findet ihre Begründung in der Mystik des »Seins in Christus«. Der Gedanke des Paulus ist der, daß »die Gläubigen in geheimnisvoller Weise das Sterben und Auferstehen Christi mitmachen und auf diese Weise aus ihrer natürlichen Existenz herausgerissen und eine Menschheitsklasse für sich werden. Wenn das messianische Reich anbricht, sind diejenigen von ihnen, die dann noch am Leben sind, nicht natürliche Menschen wie andere, sondern solche, die mit Christo irgendwie Sterben und Auferstehen durchgemacht haben und daher der Seinsweise der Auferstehung teilhaftig werden können, während die anderen Menschen dann dem Sterben verfallen. Ebenso sind die, die in Christo sterben, nicht Tote wie andere, sondern solche, die durch das Sterben und Auferstehen mit Christo fähig geworden sind, vor den anderen aufzuerstehen.«[341] Während die mystische Zugehörigkeit des Christen zum Leibe Christi durch die Taufe begründet ist und die mystische Erlösungslehre als ganze die eschatologische voraussetzt, knüpft hier eine Besonderheit der paulinischen Eschatologie umgekehrt an seine mystische Anschauung an. Die verschiedenen Elemente sind also bei Paulus bzw., wie man zunächst einmal sagen muß, bei Paulus in der Auffassung Schweitzers, eng verzahnt.

Der »mystische Leib Christi« ist nicht etwa ein Bild, sondern, wie schon betont, eine »naturhafte« Größe[342], insofern »die Erwählten miteinander und mit Jesu Christo an einer Leiblichkeit teilhaben, die in besonderer Weise der Wirkung von Sterbens- und Auferstehungskräften ausgesetzt ist«[343]. Die Grundvorstellung ist die, »daß die Erwählten an derselben Leiblichkeit teilhaben«[344]. Wie »naturhaft« die Gemeinschaft mit Christus vorgestellt ist, zeigt der Umstand, daß Paulus sie in Parallele setzt zur leiblichen Gemeinschaft zwischen Mann und Frau[345]. Aus der naturhaften Art der Verbundenheit mit Christus erklärt sich auch, daß »sie durch andere, mit ihr nicht verträgliche naturhafte Verbundenheit außer Kraft gesetzt« wird[346]: Unzucht, Beschneidung nach der Taufe und Beteiligung an den Götzenopfermahlen[347]. Weil der Gläubige teilhat am Leibe Christi, teilt er auch sein Sterben und Auferstehen. Dieses Sterben tritt bei ihm als Leiden, der in Bildung begriffene Auferstehungszustand in dem Besitz des Geistes in Erscheinung. So ist »in dem Auftreten

[340] S. 94.
[341] S. 97.
[342] S. 113.
[343] S. 116.
[344] S. 122.
[345] S. 128.
[346] S. 129.
[347] S. 130.

des Geistes ein Hervorbrechen der messianischen Herrlichkeit in der natürlichen Welt zu sehen«[348]. »Der Besitz des Geistes zeigt den Gläubigen an, daß sie bereits der natürlichen Seinsweise enthoben und in die übernatürliche versetzt sind.«[349]

»Das Gesetz gehört mit der natürlichen, unter der Herrschaft der Engelwesen stehenden Welt zusammen.« Es »gilt also nicht mehr für die, die in Christo Jesu sind«[350]. »In dem äußerlichen Zustand, in dem jemand seine Erwählung wirklich werden ließ, das heißt gläubig wurde, soll er auch als Gläubiger verharren.« Der gläubig gewordene Jude muß als Jude weiterleben, der Nichtjude als Nichtjude. Der gläubig gewordene Heide darf deshalb das Gesetz nicht annehmen. Das ist die »Theorie des status quo«, die durch die Mystik des »Seins in Christo« gefordert wird[351]. »Von dem Augenblick an, wo jemand in Christo ist, ist seine Wesenheit hierdurch völlig bestimmt. Seine natürliche Seinsweise und alle mit ihr gegebenen Umstände sind bedeutungslos geworden. Er ist wie ein auf Abbruch verkauftes Haus, an dem alle Reparaturen sinnlos sind.«[352]

Die Lehre von der Gerechtigkeit aus dem Glauben schließlich steht nach Schweitzer zwar noch in einer gewissen Verbindung mit der eschatologischen und der mystischen Anschauung, aber sie hat sich verselbständigt und erscheint ihm als eine Art Sackgasse. Die Gerechtigkeit ist eigentlich futurisch gemeint. »Gerecht sein will heißen, durch das Halten der Gebote Anrecht darauf zu bekommen, beim kommenden Gericht gerecht gesprochen« zu werden. »Bei Paulus tritt an die Stelle des Haltens des Gesetzes der Glaube an die erlösende Kraft des Todes Jesu Christi.« Diese Lehre ist also »nur eine besondere Formulierung der Tatsache der Unvereinbarkeit von Gesetz und Eschatologie«[353]. Ist damit der eschatologische Ausgangspunkt dieser Lehre bezeichnet, so besteht die Beziehung zur »mystischen« Erlösungslehre in folgendem: »Daß die Gerechtigkeit unmittelbar aus dem Glauben kommt, kann Paulus nur in uneigentlichem Sinne meinen, da es sachlich unmöglich ist«; denn »der Glaube als solcher hat keine effektive Bedeutung«[354]. Eigentlich müßte es heißen: »Gerechtigkeit auf Grund des Glaubens durch das Sein in Christo«, aber das ist zu umständlich. So neigt Schweitzer zu der Ansicht, daß »die Lehre von der gedanklich, durch den Glauben angeeigneten Erlösung nur ein aus der umfassenden Erlösungslehre der Mystik herausgebrochenes Fragment ist«[355]. Am Ende stehen jedenfalls ganz verschiedene Lehren von der Sündenvergebung: »Nach der einen vergibt Gott auf Grund des

[348] S. 164.
[349] S. 166.
[350] S. 185.
[351] S. 191.
[352] S. 192.
[353] S. 201.
[354] S. 202.
[355] S. 215 f.

Sühnetodes Jesu; nach der andern tut er dies, indem er durch das Sterben und Auferstehen Jesu mit dem Fleische zugleich auch die Sünde vernichtet sein läßt.«[356] Im zweiten Falle handelt es »sich also nicht so sehr um ein Vergeben der Sünde als um eine Vernichtung derselben«[357]. Schweitzer räumt ein, daß diese Sündenvergebung als Sündenvernichtung für unser Empfinden »etwas zu Sachliches und Objektives« an sich hat[358]. Doch macht er kein Hehl daraus, daß er sie der Lehre von der Gerechtigkeit aus dem Glauben, die historisch gesehen am wirksamsten geworden ist, bei weitem vorzieht. Er hält dieses »Fragment einer Erlösungslehre«[359] für ein »unnatürliches Gedankenerzeugnis«; denn indem Paulus von ihr aus bei der Ablehnung der Werke überhaupt anlangt, schneidet er sich den Weg zur Ethik ab.[360] Das macht ihm jedoch nichts aus, weil in seiner Mystik die Ethik in natürlicher Weise mit der Erlösung verbunden gedacht wird.

Während Schweitzer den juridischen Erlösungsweg als eine Sackgasse ansieht, einen »Nebenkrater, der sich im Hauptkrater der Mystik der Erlösungslehre des Seins in Christo bildet«[361], läßt die eschatologische Anschauung eine zweifache Beurteilung zu. Einerseits nämlich stellt sie den Kern des Paulinismus dar. In dieser Erkenntnis erblickt *Kümmel* eines der Hauptverdienste des Schweitzerschen Pauluswerks: Schweitzer »hat endgültig erwiesen, was man vor ihm nicht so klar gesehen hatte, daß Paulus tatsächlich alles Erlösungsgeschehen, alle Botschaft von Christus, alles Handeln des Christen nur als Teil der Wahrheit faßt, daß das Ende dieser Welt vor der Türe steht und daß mit Christus der kommende Äon schon angebrochen ist.«[362] Mit der Auferstehung Christi ist »der neue Äon für die mit ihm Verbundenen schon Wirklichkeit geworden« – darin, »die Bedeutung dieses bis dahin von der Paulusexegese beinahe vergessenen Gedankens für das Verständnis der ganzen paulinischen Gedankenwelt klargemacht zu haben«, sieht auch *E. Percy* »das große Verdienst« Schweitzers.[363] Man kann die Bedeutung seiner Arbeit »schon daran ermessen, daß vor ihrem Erscheinen so gut wie niemand bei der Behandlung des Gedankens der Christusgemeinschaft des Gläubigen bei Paulus dessen Zusammenhang mit der jüdisch-urchristlichen Zwei-Äonenlehre einsah; nach dem Erscheinen der Arbeit Schweitzers ist es dagegen in dieser Hinsicht ganz anders geworden und dadurch wurde ein ganz neues Verständnis der paulinischen Gedankenwelt ermöglicht.«[364]

Andererseits ist es möglich, den Gedanken der eschatologischen Erlö-

---

[356] S. 218.
[357] S. 217.
[358] S. 218.
[359] S. 221.
[360] S. 220.
[361] ebd.
[362] *Kümmel:* Enderwartung, S. 38.
[363] *Percy:* Leib, S. 32 f., Anm. 69.
[364] ebd.

sung, wenn man über Paulus hinausblickt, als ein bloßes Gerüst zu betrachten, das den Bau ermöglicht hat, um später wieder abgebrochen zu werden. Indem Paulus »den eschatologischen Glauben an Jesum und an das Reich Gottes zur Mystik der Gemeinschaft mit Jesu Christo ausdenkt, gibt er ihm eine Fassung, in der er fähig wird, das Hinfälligwerden der eschatologischen Erwartung zu überdauern«.[365] Schon bei Paulus selbst ist ja die Richtung auf die Zukunft hin nicht mehr die einzige. *Bultmann* sieht hierin geradezu »das Entscheidende«, das von Schweitzer »richtig gesehen« wurde: »Was für Jesus Zukunft ist, das ist für Paulus schon Gegenwart oder beginnt es zu werden.«[366] Die von Schweitzer vorgenommene Zurückführung des Unterschieds zwischen Jesus und Paulus auf die »veränderte Weltzeit«[367] und die daraus folgende verschiedene Blickrichtung ist so überzeugend und zweifellos richtig, daß man fragen könnte, ob sie wirklich so bemerkenswert und verdienstvoll ist oder nicht vielmehr beinahe eine Selbstverständlichkeit darstellt. Es kommt indessen manchmal darauf an, daß ein an sich auf der Hand liegender Sachverhalt endlich in seiner vollen Bedeutung bemerkt und präzis formuliert wird. Tatsächlich findet sich in der damaligen dem Problem »Jesus und Paulus« gewidmeten Literatur der Gesichtspunkt der verschiedenen zeitlichen Situation höchstens einmal eben gestreift.[368] Erst Bultmann ist es, der im Jahre vor dem Erscheinen des Schweitzerschen Werkes den Sachverhalt auf die prägnante Formel bringt: »Jesus blickt in die Zukunft, auf die kommende Gottesherrschaft, freilich auf die jetzt kommende bzw. anbrechende, Paulus aber blickt zurück: die Wende der Äonen ist schon erfolgt.«[369] Durch den Hinweis auf die Priorität Bultmanns in diesem Punkte wird Schweitzer gewiß nichts genommen; denn angesichts der durch die Umstände bedingten sehr langsamen Entstehung seines Buches läßt sich nicht bezweifeln, daß diese Sicht, die ja wohl sogar die Keimzelle seiner Paulusanschauung bildet, seit langem seine eigene war. Auch ist der Gesichtspunkt der von Jesus verschiedenen Blickrichtung durchaus noch nicht alles, was er gesehen hat. Es verhält sich ja so, daß Paulus eben keineswegs nur zurückblickt. Das für ihn Charakteristische ist nach Schweitzer vielmehr gerade, daß er in beide Richtungen blickt: zurück und vorwärts, auf die Auferstehung *und* die Parusie. Von dieser ist in Bultmanns großem Paulusartikel[370], der im selben Jahr wie Schweitzers »Mystik des Apostels Paulus« erschien, sonderbarerweise mit keinem Wort die Rede. Er zergliedert die Anthropologie des Paulus bis ins einzelne, aber daß der paulinische Christ zwischen den Zeiten lebt, wird nicht gesagt. In seiner Rezension des Schweitzerschen Werkes hebt Bultmann diesen Punkt dann

---

365 LD S. 187.
366 *Bultmann:* Rezension, Sp. 1156.
367 MP S. 115.
368 *J. Kaftan:* Jesus, S. 58. – *Jülicher:* Paulus, S. 62.
369 *Bultmann:* Bedeutung, S. 200.
370 *Bultmann:* Paulus, (RGG^2).

jedoch als das Hauptproblem des Paulus gebührend hervor: »Es liegt darin, daß in Jesu Auferstehung das entscheidende kosmisch-eschatologische Ereignis geschehen ist, mit dem die Endzeit beginnt, und daß doch die Vollendung noch aussteht, bis Jesus wiedergekommen ist. Diesen eigentümlichen Zwischenzustand zwischen Auferstehung und Wiederkunft Jesu, den die jüdische Apokalyptik naturgemäß nicht voraussehen konnte, gilt es zu begreifen, die eigentümliche Existenz der Gläubigen, für die die Erlösung Gegenwart und doch noch Zukunft ist, gilt es zu explizieren.«[371] In dem durch die gegebene Situation, durch den fortgeschrittenen Stand der Weltuhr bedingten Problem besteht also das Besondere des Paulus und der dadurch für ihn entstehenden theologischen Aufgabe. Die von Jesus verschiedene Blickrichtung bezeichnet aber für Paulus eben nur das Problem, seine Lösung besteht in der Annahme jenes Zwischenzustandes, und die allgemeine Eigenart dieses Zustandes zwischen den Zeiten in der Sicht des Paulus — von den Einzelheiten sei hier noch abgesehen — hat wirklich niemand so klar erkannt und so großartig beschrieben wie Schweitzer. In der Erfassung dieses Zustandes, in dem der alte und der neue Äon in einzigartiger Weise »ineinandergeschoben« sind, erst hierin liegt »das Entscheidende« seiner Leistung auf dem Gebiete der Paulusforschung.

Zu ihrer Kennzeichnung gehört aber noch die Herausstellung eines weiteren Punktes: es ist der nichtsubjektive, nichtindividualistische Charakter des Geschehens, in welchem der paulinische Christ steht. »Schweitzer hat mit dieser Darstellung«, wie wiederum *Kümmel* hervorhob, »endgültig die Vorstellung überwunden, als sei die Erlösung bei Paulus ein individuelles Geschehen, in dem durch die Berührung des Menschen mit dem göttlichen Geist die Erlösung von der fleischlichen Natur und die Erhebung zur Freiheit der Kinder Gottes geschieht; das Wirken des Geistes ist vielmehr endgültig geschehen als Teil des ganzen eschatologischen Erlösungskampfes, in dem die Geisterwelt vernichtet und die Christen in das kosmische Geschehen hineingerissen werden.«[372] »Von des Menschen Hineingerissenwerden in das zeitliche Geschehen eines kosmischen Dramas« ist auch in *Bultmanns* Referat über Schweitzers Pauluskonzeption die Rede: »Nicht im *Subjektiven* also spielt sich die Beziehung zwischen Gott und Mensch und das Mittlertum Jesu ab, sondern im *objektiven* kosmischen und sakramentalen Geschehen.«[373] [374] In diesem Punkte war, worauf Bultmann hinweist, Schweitzers Sicht allerdings nicht ganz neuartig, sondern, wie mehrfach erwähnt, vorbereitet worden durch Wredes »Paulus«. »Neu aber ist es, wie konsequent und umfassend« die paulinische

[371] *Bultmann:* Rezension, Sp. 1156.
[372] *Kümmel:* Enderwartung, S. 38.
[373] *Bultmann:* Rezension, Sp. 1155.
[374] Ebenso hält *Dibelius* (Glaube, S. 109) es für »das größte Verdienst« des Schweitzerschen Buches, den »objektiven und radikalen Charakter des Heilsvollzuges erfaßt und dargestellt zu haben«.

Anschauung entwickelt und »als eschatologische aus den Voraussetzungen der jüdischen Eschatologie begriffen wird«.

Das Recht und die Großartigkeit der Schweitzerschen Auffassung und Darstellung in der Hauptsache schließen nicht aus, daß sich auch hier eine Reihe von Fragen, Bedenken und Einwänden erhebt. *Percy* würdigt das »große Verdienst« Schweitzers an der angeführten Stelle mit dem bezeichnenden Zusatz »trotz der Vergröberung und Verzerrung, deren er sich in seiner Paulusinterpretation schuldig macht«. Damit dürfte etwas für Schweitzer ungemein Charakteristisches ausgesagt sein. Er hat ausgezeichnete Beobachtungen, glänzende Intuitionen, bedeutsame Folgerungen und Vorschläge aufzuweisen, aber ihm ist zugleich eine deutliche Neigung eben zur Vergröberung eigen, die bisweilen zur Verzerrung führt. In viel höherem Grade zeigte sich das in seiner Jesustheorie, so daß von der Fülle der interessanten und faszinierenden Aspekte und Thesen zuletzt wenig Haltbares übrigblieb. In seinem Verhältnis zu Paulus macht sich dieselbe Eigenart bemerkbar, wenn auch bei weitem nicht in demselben Grade und in allen Punkten.

1. Zuerst ist davon zu sprechen, ob auf die dargestellte Position der Begriff »Mystik« anwendbar ist, den Schweitzer zum Titel seines Werkes gemacht hat. Vorweg sei darauf hingewiesen, daß er auch in ganz anderen Zusammenhängen, wie noch auszuführen sein wird, von einem viel zu weiten, unbestimmten Begriff der Mystik ausgeht. Für ihn liegt Mystik schon »überall da vor, wo ein Menschenwesen die Trennung zwischen irdisch und überirdisch, zeitlich und ewig als überwunden ansieht und sich selber, noch in dem Irdischen und Zeitlichen stehend, als zum Überirdischen und Ewigen eingegangen erlebt«[375]. Zur Klarheit ist hier nur zu gelangen, wenn man diesen Begriff enger faßt und den Ausgangspunkt bei *Heilers* Unterscheidung zweier religionsgeschichtlicher Typen nimmt, des prophetischen, dem das Bewußtsein des Abstandes zwischen Mensch und Gott im Vordergrund steht, und des mystischen, von welchem der Abstand, wenn überhaupt, nicht als so stark und bedeutsam, vielmehr als weitgehend überwindbar empfunden wird. An die Stelle des Abstandes dort tritt hier das Streben nach Einigung oder sogar das Bewußtsein der wesentlichen Einheit. Bei Paulus gibt es, wie Schweitzer betont, überhaupt »keine Gottesmystik, sondern nur Christusmystik«[376]. Aber auch diese wird von Schweitzer in einem allzu weiten Sinne genommen, wenn er sie definiert als »gedanklich begriffene und im Erleben verwirklichte Zusammengehörigkeit mit Christo als unserem Herrn«[377].

Das Problem »Paulus und die Mystik« hat *Martin Dibelius* so feinsinnig und erschöpfend behandelt[378], daß es hier nur zu referieren gilt. Danach

---

[375] MP S. 1.
[376] S. 3.
[377] S. 367.
[378] *Dibelius:* Glaube, S. 94 ff. – Mystik, S. 134 ff.

kann es, wie früher schon *Deißner*[379] gezeigt hatte, kein Zweifel sein, daß Paulus ein »Vertreter des prophetischen, nicht des mystischen Frömmigkeitstypus« ist[380]. Der Christ ist »nicht mehr im ›Fleisch‹ (Röm 7, 5), er ist erlöst (Röm 8, 24; 1. Kor 6, 11), er ist eine ›neue Kreatur‹ (2. Kor 5, 17), aber er hat noch im Fleisch zu leben (Gal 2, 20), er harrt der Erlösung (Röm 8, 23; 13, 11), er hat im ›Geist‹ nur ein ›Angeld‹ der kommenden Herrlichkeit (2. Kor 1, 22; 5, 5; Röm 8, 23). Wer so spricht, ist nicht Mystiker.«[381] »Das Christsein wird also auch von Paulus nicht wesentlich als mystisch dargestellt.«[382] Auf der anderen Seite wählt er, »um das Wunder des neuen Lebens darzustellen«[383], gern mystische Worte oder Bilder, so wenn er davon spricht, daß die Christen die Herrlichkeit des Herrn schauen und durch dieses Schauen zu Trägern dieser Glorie verwandelt werden (2. Kor 3, 18) oder daß alle auf Christus Getauften mit Christus bekleidet worden sind (Gal 3, 27).[384] Es liegt dem Apostel jedoch nichts daran, »im Bannkreis der mystischen Aussagen zu verharren«[385]. So folgt in Gal 2, 20 »auf die mystische Aussage von der Verbindung mit Christus« (»Ich bin mit Christus gekreuzigt; nun lebt nicht mehr mein Ich, sondern Christus lebt in mir«) unmittelbar »die prophetische vom Glauben«: »Was ich aber jetzt (noch) im Fleisch zu leben habe, das lebe ich im Glauben an den Gottessohn . . .«.[386] Paulus weiß ferner von eigenen Ekstasen und Visionen zu berichten. Aber er setzt diese sofort wieder herab. In der Versammlung der Gemeinde will er lieber fünf verständliche Worte sagen, um die anderen zu belehren, als tausend Worte in Zungenrede (1. Kor 14, 19). »Zungenrede gehört zu dem, was ›aufhören wird‹, aber die Liebe ›höret nimmer auf‹ (1. Kor 13, 8).«[387] Auch von den Visionen, die er als Begnadigung erfahren hat, macht er keinen wesentlichen Gebrauch. Vor allem ist seine Christusmystik keine Mystik der Identität: »Christus lebt in mir, ich vermag alles in ihm, — das kann Paulus sagen, aber nicht: ich bin Christus und er ist ich.«[388] Und was nicht weniger wichtig ist: wie Paulus »keine fruitio, kein Genießen Gottes«, überhaupt keine Gottesmystik kennt, so ist auch in seinem Verhältnis zu Christus »alles auf das Ende hin gerichtet; darum gibt es keine Ruhe«, »kein genießendes Verweilen«, »es gibt nur Spannung«.[389]

Ähnlich und noch etwas bestimmter beschreibt *F. Büchsel* den Sachverhalt: Es fehlt Paulus »das Mit-sich-selbst-beschäftigt-sein des Mystikers. Wo er von sich selbst redet, redet er lieber von seiner Schwachheit 2. Kor

---

[379] *Deißner:* Paulus, S. 140.
[380] *Dibelius:* Mystik, S. 136.
[381] *Dibelius:* Glaube, S. 104.
[382] S. 105.
[383] *Dibelius:* Mystik, S. 148.
[384] S. 140 ff.
[385] S. 152.
[386] S. 151 f.
[387] S. 154.
[388] S. 155 f.
[389] S. 156.

12, 9«, »von seinen Kämpfen 1. Kor 9, 27, von seinem Noch-nicht-haben Phil 3, 7–14«.[390] »Paulus ist nie am Ziel, wo man aufhören kann, er ist auf dem Wege, wo man vorwärts muß.« »Seine Frömmigkeit ist Bewegung, nicht Ruhe.« »Alles Mystische in der Frömmigkeit des Paulus mündet schließlich in etwas ganz Unmystisches: die Frömmigkeit sittlichen Strebens. Aufs Letzte gesehen ist Paulus durchaus ›Leistungsmensch‹.«[391] In demselben Sinne hatte schon *Johannes Weiß* festgestellt: »In dieser rastlosen, tatkräftigen, immer in ethischer Spannung begriffenen Natur ist für seliges Ausruhen im Herrn kein Raum.«[392] *Dibelius* gelangt zu dem überzeugenden Schluß: Paulus »weiß von Mystik, aber er ist kein Mystiker«.[393] Seine Mystik »weist nur in eingeschränktem Maße die Kennzeichen der Mystik auf«.[394] »Mystik ist ein Element der paulinischen Frömmigkeit«[395], aber seiner Theologie kommt eine »durchaus unmystische Struktur« zu.[396] Das hat übrigens auch Schweitzer durchaus gesehen. Wenngleich er Paulus als Mystiker nimmt, gibt er zu, daß dessen »Mentalität« nicht die des Mystikers ist, wie er auch von einer »nichtmystischen Weltanschauung« bei Paulus spricht.[397]

Nach allem werden wir sagen müssen: *die* Mystik des Apostels Paulus gibt es nicht. *Bultmann* hat denn auch in seiner überwiegend sehr anerkennenden Besprechung des Schweitzerschen Buches den Ausdruck Mystik sofort beanstandet. Auch sonst ist dieser Begriff in seiner Anwendung auf Paulus beim Erscheinen des Werkes als verwirrend, mißverständlich und falsch abgelehnt worden, so von *Aulén*[398] und sehr entschieden von *Wendland*: »Die Heilsgegenwärtigkeit im Neuen Testament überhaupt wie bei Paulus ist, wenn man einen klar bestimmten Begriff der Mystik aufrechterhalten will, etwas völlig anderes als mystische Verbundenheit mit dem Göttlichen«, der Gedanke des richtenden und rechtfertigenden Gottes schließt sie aus.[399] [400]

Die Unangemessenheit des Begriffs Mystik für Paulus wird mittelbar dadurch bestätigt, daß manche Autoren sich veranlaßt sahen, ihn durch Zusätze einzuschränken: reagierende im Unterschied von agierender Mystik (*Deißmann*), Glaubensmystik oder Hoffnungsmystik *(H. E. Weber)*, objektive Mystik statt Erlebnismystik *(Joh. Schneider)*, gestaltende im Gegensatz zur entstaltenden

---

390 *Büchsel:* »In Christus«, S. 155.
391 S. 155 f.
392 *J. Weiß:* Urchristentum, S. 359.
393 *Dibelius:* Mystik, S. 154.
394 S. 155.
395 *Dibelius:* Glaube, S. 98.
396 S. 111.
397 MP S. 26.
398 *Aulén:* Gottesbild, S. 48 f.
399 *H. Wendland:* Ethik und Eschatologie, S. 809.
400 Schon *Heiler* (Bedeutung, S. 21) räumte ein, daß bei Paulus nicht von Mystik im konsequenten Sinne gesprochen werden kann, wenngleich er die Ansätze zu der späteren christlichen Mystik bei ihm schon deutlich und kräftig gegeben sieht. Die Ablehnung der Bezeichnung Mystik für Paulus wird auch von Autoren aus der neuesten Zeit geteilt: *Schoeps:* Paulus, S. 224, Anm. 2. – *Ridderbos:* Paulus, S. 22.

Mystik *(R. Steiger)*, eschatologische Mystik (Schweitzer)[401]. Von der Feststellung aus, daß die Distanz des Menschen zu Gott bei Paulus immer gewahrt bleibt, äußert sich mit besonderer Klarheit *G. Schrenk:* »Man sage also ›Distanzmystik‹, um die contradictio in adjecto in letzter Formulierung zu haben, die man auch dann unterstreicht, wenn man ›Persönlichkeitsmystik‹, ›Willensmystik‹, ›Geschichtsmystik‹, ›Glaubensmystik‹ sagt. Das alles ist eben im Grunde: ›Distanzmystik‹ – also keine Mystik.«[402] Die Notwendigkeit großer Einschränkungen bei der Anwendung des Mystikbegriffs auf Paulus betont neuerdings auch *F. Neugebauer*[403].

Einen kennzeichnenden Ausdruck der paulinischen Christusmystik hat man in der häufig bei dem Apostel vorkommenden Formel »in Christus« sehen wollen. Vor allem *A. Deißmann* hat diese Auffassung begründet: »Christus ist das Element, innerhalb dessen der Christ lebt.«[404] Diese Formel »charakterisiert das Verhältnis des Christen zu Jesus Christus als ein lokal aufzufassendes Sichbefinden in dem pneumatischen Christus«[405]. Es handelt sich um die »Vorstellung des Verweilens in einem der Luft vergleichbaren Pneuma-Elemente«[406]. Sie ist also »plastisch mystisch empfunden«[407].

Aber schon bald zeigte *Joh. Weiß*, daß das »in Christus« (ἐν Χριστῷ) an einigen Stellen gar keine selbständige Formel ist, daß das ἐν vielmehr manchmal einfach von einem Verbum abhängt, das Paulus in einer dem Hebräischen verwandten Weise konstruiert, daß die Formel ferner in ganz nüchternen, »geschäftlichen Sätzen«[408] vorkommt, bei denen von Mystik keine Rede sein kann, oder sich zwar in höheren Zusammenhängen findet, wo aber »nicht das Leben der Christen, sondern die objektiven Heilsgüter als ἐν Χριστῷ gegeben bezeichnet werden«[409], so daß etwa die Bedeutung »auf Grund von« anzunehmen ist. Teilweise wird jedoch die »spezifisch-pneumatische mystische Formel« Deißmanns von Weiß als richtig anerkannt, nur nimmt sie einen »geringeren Raum« ein, als jener behauptet.

Viel weiter ging fast 50 Jahre später *Büchsel* in der Auflösung der einheitlichen Formel sowie auch ihres mystischen Sinnes. Das ἐν ist nach ihm teils instrumental, teils kausal, teils modal zu verstehen, der instrumentale Gebrauch überwiegt – Phil 4, 13: »Ich vermag alles *durch* den, der mich stark macht«[410]. Ganz verworfen wird jetzt das lokale, räumliche und damit zugleich das mystische Verständnis des ἐν. »Aus all diesem ergibt sich eine bedeutsame Folgerung: in dem εἶναι ἐν ... liegt gar nichts Mystisches.«[411]

Da Paulus »die Formel offenbar auf das Christsein jedes Gemeindegliedes anwenden kann«, folgt auch für *Dibelius* »ohne weiteres, daß sie frei von jeder mystischen Temperatur ist«[412]. In einigen anderen Aussagen klingt freilich »das volle Pathos des wunderbaren neuen Daseins«[413]. Namentlich 2. Kor 5, 17 (»Ist einer in Christus, so ist er eine neue Schöpfung«) scheint »ganz von Mystik gefüllt zu sein«[414]. Nach allem aber, was Dibelius selbst über das Verhält-

---

401 Angeführt bei *Dibelius:* Glaube, S. 97; Paulus u. d. Mystik, S. 136.
402 *Schrenk:* Geschichtsanschauung, S. 55.
403 *Neugebauer:* In Christus, 1961, S. 13.
404 *Deißmann:* »In Christo Jesu«, S. 81.
405 S. 97.
406 S. 98.
407 *Deißmann:* Paulus, S. 111.
408 *J. Weiß:* Probleme, S. 13.
409 S. 31.
410 *Büchsel:* »In Christus«, S. 146.
411 S. 152.
412 *Dibelius:* Mystik, S. 147.
413 ebd.
414 S. 148.

nis des Paulus zur Mystik ausführt, kann man auch hier nur von einem der Mystik ähnlichen, angenäherten Bewußtsein der »Durchdringung mit göttlicher Kraft«, nicht von eigentlicher Mystik sprechen.

Weiß hatte neben der von ihm noch festgehaltenen mystischen Bedeutung des »in Christus« auch eine Beziehung auf die »objektiven Heilsgüter« beobachtet. Ebenso erkannte *Weber* später an, daß die »objektive«, »instrumentale« Fassung, die auf das heilsschaffende Handeln Gottes in der Geschichte zielt, ein anderer, selbständiger Gebrauch der Formel gegenüber dem ist, den auch er noch den »mystischen« nennt[415], wenngleich er sofort wieder vom »Ineinanderfließen« und vom »Mitklingen« der mystischen Bedeutung bei der heilsgeschichtlichen Perspektive spricht. Diese letztere ist nun für die neuere Betrachtung durchaus in den Vordergrund gerückt. Häufig faßt, wie *Bornkamm* formuliert, »die Wendung ›in Christus‹ zusammen, was durch Christus an den Glaubenden geschehen ist und das Heil begründet«[416]. Mit Mystik haben solche »Aussagen weniger gemein, auch wo sie sich ihrer Sprache nähern«[417]. *Bultmann* hat die in der heilsgeschichtlichen Perspektive vorherrschende Bedeutung des ἐν im Sinne von »durch« oder »auf Grund von« mit der »In«-Form zu verbinden gewußt: Das »Sein in Christus« ist »grundsätzlich keine Mystik, sondern eben das Leben in der neuen durch Christus bestimmten geschichtlichen Möglichkeit«[418]. »Das ἐν Χριστῷ, weit entfernt, eine Formel für mystische Verbundenheit zu sein, ist primär eine ekklesiologische Formel und bezeichnet das Eingefügtsein in das σῶμα Χριστοῦ durch die Taufe.«[419] (Von hier aus hat die Formel auch »einen erweiterten Gebrauch gewonnen«, dergestalt, daß sie »oft nur allgemein die Bestimmtheit durch Christus ausdrückt und ein noch fehlendes Adjektiv oder Adverb ›christlich‹ ersetzt«[420]. In ähnlichem Sinne, d. h. lokal, regional, nun aber keineswegs mystisch wird »in Christus« auch von *Oepke* genommen: »Die Gläubigen sind durch die Taufe aus der Sünden- und Todesregion des ersten Urmenschen in die Gerechtigkeits- und Lebensregion des zweiten versetzt worden.«[421]

Damit wird deutlich, daß hier eine eschatologische Aussage erfolgt. »Durch ›in Christus‹ ist« nach *Bultmann* »nicht ein persönliches oder mystisches Verhältnis zu Christus bezeichnet, sondern ein eschatologisches Faktum«[422]. Dem heilsgeschichtlich-eschatologischen Sinn des »in Christus« ist *Neugebauer* weiter nachgegangen. »Christus ist verstanden als Heilsgeschehen. Sicher ist Christus eine Person, aber diese Person ist von Paulus als eschatologische Heilstat Gottes interpretiert. Dieses Verständnis aber läßt sich kaum mit der Christologie der Mystik, die von der Vorstellung der pneumatischen Persönlichkeit lebt, auf einen Nenner bringen.«[423] » ›In Christo‹ bedeutet also: bestimmt sein durch das eschatologische Geschehen von Kreuz und Auferstehung, einbezogen sein in diese ›Geschichte‹.«[424] An sich ist jedes lokale bzw. räumliche Verständnis, das ja immer eine Affinität zum mystischen besitzt, diesem Autor verdächtig. Aber sehr angemessen erfindet er hier ein »geschichtliches ἐν«; denn dieses ἐν ist »am Geschehen orientiert«. Das Paulinische ἐν steht jenseits unserer Begrifflichkeit von Raum und Zeit. Es liegt »vielmehr eine eigenartige Einheit von

---

415 *Weber:* »In Christo«, S. 220 f.
416 *Bornkamm:* Paulus, 1969, S. 164.
417 ebd.
418 *Bultmann:* Paulus (RGG^2), Sp. 1041.
419 *Bultmann:* Theologie, S. 312.
420 ebd.
421 *Oepke:* ἐν Χριστῷ Ιησοῦ, S. 538.
422 *Bultmann:* Kirche, S. 171.
423 *Neugebauer:* In Christus, 1961, S. 55.
424 *Neugebauer:* »In Christo«, 1957, S. 132.

Raum und Zeit vor, die uns sprachlich vielleicht noch in dem Wort Geschichte greifbar wird, eine Einheit von Räumlichkeit und Zeitlichkeit, von Leiblichkeit und Geschehen«[425]. Damit dürfte ein Höchstmaß an erschließender Interpretation und begrifflicher Klärung erreicht sein: die völlige Abwendung von Deißmanns verfehlter Erklärung des »in«, mit der die Diskussion begann, führt damit in gewisser Weise zugleich zur Rehabilitierung der lokalen Bedeutung. So gelangen wir, indem Schweitzers Begriff Mystik endgültig verworfen wird, dennoch in größte sachliche Nähe zu seiner Sicht.

Schweitzer nimmt das »Sein in Christus« als »eine sprachliche Verkürzung der Teilhabe am mystischen Leibe Christi«[426]. In dieser Hinsicht berührt er sich mit der genannten, wenige Jahre später veröffentlichten Untersuchung *Käsemanns*, die den »Leib Christi«, wie bereits früher erwähnt, auf die Gnosis zurückführt.[427] Das »in Christus« wird von Paulus interpretiert als »in der Kirche sein«. Das besagt, »daß wie der ›historische Jesus‹ für Paulus eine unvollziehbare Vorstellung ist, so auch die einzelnen Glieder individuell gesehen gar nichts bedeuten«[428]. Gegen Bousset wendet sich Käsemann, wenn er feststellt, man könne nicht sagen, daß Paulus die »Kult- und Gemeinde-Mystik in der Glut des Erlebens zu individueller Mystik umgestaltete«[429]. »Mit Schweitzer ist vielmehr zu behaupten«[430]: Die Mystik des Paulus ist »nichts anderes als die Lehre von dem auf Grund des Todes und der Auferstehung Jesu erfolgten In-Erscheinung-Treten der präexistenten Kirche«[431]. Wie wenig es sich bei dem »in Christus« um Mystik und wie sehr es sich dabei um Gnosis handelt, macht Schweitzer selbst ungewollt und ohne daß der Begriff Gnosis von ihm benutzt wird, recht klar, wenn er über den verkürzten Ausdruck — »Sein in Christus« anstatt »Teilhabe am mystischen Leibe Christi« — sagt: »Weil in ihm nicht mehr enthalten ist, führte er die von ihm ausgehende Forschung in die Irre. Er verleitete sie dazu, das, was sich nach Paulus als ein kollektives und objektives Geschehnis an den Gläubigen ereignet, als ein individuelles und subjektives Erleben erklären zu wollen.«[432]

Das »in Christo« bildet geradezu »das Gegenstück zu ›im Gesetz‹ «[433].[434] »Das ›Sein im Gesetz‹ ist mit dem ›Sein im Fleische‹ gegeben. Für gewöhnlich gebraucht Paulus dafür den natürlicheren Ausdruck ›Sein unter dem Gesetz‹.« »Aber um einen Parallelausdruck zum ›Sein im Fleische‹ und ›Sein in Christo‹ zu haben, redet er auch vom ›Sein im Gesetze‹.«[435] Im Hintergrund steht offenbar auch hier die Vorstellung von den beiden Äonen.

In seiner Rezension des Schweitzerschen Buches bemerkt *Bultmann* konziliant, es tue wenig zur Sache, wenn man — wie ja auch er seinerseits — den Ausdruck Mystik beanstandet. Tatsächlich bedeutet jedoch die Frage, ob Paulus im Lichte der Mystik zu verstehen ist oder nicht, jedenfalls weit

---

425 S. 138.
426 MP S. 123.
427 »E. Käsemann bringt« »die Vorstellung A. Deißmanns und A. Schweitzers über einen ›pneumatischen Christusleib‹ zu Präzision und Konsequenz« (*Neugebauer:* In Christus, 1961, S. 28).
428 *Käsemann*: Leib, S. 183.
429 *Bousset:* Kyrios, S. 107.
430 MP S. 116 f.
431 *Käsemann:* Leib, S. 183.
432 MP S. 123.
433 S. 124.
434 Hier berührt sich Schweitzer mit der ein Jahr vorher erschienenen Arbeit *E. Lohmeyers:* Die Grundlagen paulinischer Theologie. 1929, S. 141 ff.
435 MP S. 124.

mehr als einen Streit um Worte. Gerade weil die Innigkeit seines persönlichen Christusverhältnisses ihn manchmal in die Nähe der Mystik zu rükken scheint, ist es wichtig, daß diese Sicht richtiggestellt wird. Schweitzers Werk bildet in dieser Beziehung zeitlich und sachlich die Wasserscheide der verschiedenen Auffassungen. Die dialektische Theologie hatte in den zwanziger Jahren den Boden für die Erkenntnis bereitet, daß man den Begriff Mystik nicht so großzügig und bedenkenlos auf den christlichen Glauben anwenden dürfe, wie es vielfach geschehen war, und 1927 hatte *G. Heinzelmann* in seiner Schrift »Glaube und Mystik« Klarheit über das streng gegensätzliche Verhältnis zwischen diesen beiden Einstellungen geschaffen. 1929 war auch schon die Anwendung auf Paulus gemacht worden, indem *Lohmeyer* ihm eine »mehr oder minder verschwommene Christusmystik« ausdrücklich absprach.[436] Im folgenden Jahre, demselben, in welchem »Die Mystik des Apostels Paulus« erschien, nahm jedoch auch *Weber* den von Schweitzer schon früher[437] gebrauchten Begriff der »eschatologischen Mystik« noch einmal auf und ergänzte ihn durch »Hoffnungsmystik« und »Glaubensmystik«.[438] Die negative Einsicht, daß das Reden von »mystischen Klängen« allzu unbestimmt und der Begriff der eschatologischen Mystik eine contradictio in adjecto ist, würde vielleicht allein nicht genügt haben, wenn nicht die positive Erkenntnis sich Bahn gebrochen hätte, um was es sich nun eigentlich handelt. Insofern war es wichtig, daß *Bultmann* in seiner Rezension des Schweitzerschen Buches nicht nur von Mystik im Zusammenhang mit Paulus nichts wissen wollte und betonte: »Von solcher kann auch nach der Darstellung des Verfassers keine Rede sein«, sondern daß er positiv hinzufügte: »Der Titel des Buches sollte m. E. lauten: Die Gnosis des Apostels Paulus. Denn eschatologische Gnosis ist die paulinische Theologie in dieser Darstellung.«[439] [440] Nachdem in einer wichtigen Einzelfrage *Käsemanns* »ekklesiologisch orientierte Untersuchung« die Diagnose »Gnosis« für Paulus bestätigt und ergänzt hatte, »verschwindet der Ausdruck« Mystik im Sinne einer »individualisierenden Christusmystik« dann »im Raum der protestantischen Theologie ab 1934 fast vollständig«.[441] [442] Es war eine Erlösung. Schweitzer hat also, obgleich der unzutreffende Begriff der Mystik auch seinem Werk äußerlich noch den Stempel aufdrückt, zur Erkenntnis des nichtmy-

---

[436] *Lohmeyer:* Grundlagen, S. 145.
[437] PF S. 188.
[438] *Weber:* Eschatologie, Kap. 2.
[439] *Bultmann:* Rezension, Sp. 1154.
[440] Obgleich *Weber* nicht so scharf zwischen Mystik und Gnosis unterscheidet, findet auch er in seiner Rezension (1930, Sp. 405 f.), daß die paulinische Mystik in der Darstellung Schweitzers wesentlich Gnosis ist.
[441] *Neugebauer:* In Christus, 1961, S. 29.
[442] An der mystischen Auffassung festgehalten wird auf katholischer Seite, so vor allem von *A. Wikenhauser:* Die Christusmystik des Apostels Paulus. Schweitzers Werk mit demselben Titel ist darin nur im Literaturverzeichnis berücksichtigt, in der Auseinandersetzung dagegen völlig übergangen.

stischen Charakters des Paulinismus wesentlich, ja, entscheidend beigetragen.

2. Schweitzers These, die Rechfertigungslehre sei nur ein »Nebenkrater«, ist nicht neu, sie entspricht auch der Ansicht einiger bedeutender religionsgeschichtlich eingestellter Neutestamentler, wie besonders *Boussets*, der meinte, die Verkündigung vom rechtfertigenden Glauben stamme aus der Praxis der paulinischen Heidenmission. »Die Christusgemeinschaft ist das prius, der Bruch mit dem Moralismus des Gesetzes das posterius.«[443] Vor allem aber hat, wie schon früher berührt, *Wrede* geurteilt, man könne das Ganze der paulinischen Religion darstellen, ohne von dieser Lehre, die für die Reformation den Zentralpunkt bedeutete, überhaupt Notiz zu nehmen. Sie trete »überall nur da auf, wo es sich um den Streit gegen das Judentum handelt«, »sie ist die Kampfeslehre des Paulus«[444].[445] Es läßt sich nicht leugnen, daß die Paulusauffassung der genannten Forscher, namentlich auch Schweitzers selbst, ihre Geschlossenheit durch diese Zurückdrängung der Rechtfertigungslehre gewinnt, aber, wie man sagen muß, auf Kosten des Gesamtbefundes. Mag die Reformation sie einseitig in den Vordergrund gerückt und zuwenig deren eschatologischen Gehalt berücksichtigt haben, so ist doch die Herabstufung zu einer mehr zufälligen, durch die Umstände veranlaßten Nebensache nicht nur erst recht einseitig, sondern überhaupt undurchführbar. Sie ist deshalb von so verschieden ausgerichteten Autoren wie *Dibelius* und *Bultmann* einerseits *Schrenk* und *Oepke* andererseits, aber auch von *Wendland, Grundmann, Kümmel, Käsemann, Bornkamm, Fuchts* u. a. unzweideutig abgelehnt worden. So findet es Dibelius (gegen Schweitzer) nicht angezeigt, »die Rechtfertigungslehre als nebensächlich, fragmentarisch und unnatürlich zurückzuschieben«[446]. Für *Wendland,* der »die Zerreißung der Theologie des Paulus in eine sog. ›juridische‹ und eine sog. ›mystische‹ Gedankenreihe« falsch nennt, ist die Rechtfertigungslehre im Gegenteil »die Mitte der paulinischen Botschaft«[447]; denn »die Theologie des Paulus ist Eschatologie«[448] und »die Rechtfertigungslehre ist die Auslegung und Anwendung dieser paulinischen Eschatologie auf die Stellung des Menschen vor Gott«, insofern Gerechtigkeit »eschatologisches Heilsgut« ist, wirkliche Gerechtigkeit aber das Leben bedeutet und Leben wiederum ein »streng eschatologischer Begriff« ist.[449] So tadelt auch *Bornkamm* die besagte »Zerreißung«[450] und hält *Käsemann* die Rechtfertigungslehre für das Zentrum

---

[443] *Bousset:* Herr, S. 53.
[444] *Wrede:* Paulus, S. 72.
[445] Auch *Schoeps* (Paulus, S. 206) hat sich diese Ansicht zu eigen gemacht.
[446] *Dibelius:* Glaube, S. 109.
[447] *Wendland:* Mitte, S. 35.
[448] S. 8.
[449] S. 25.
[450] *Bornkamm:* Paulus (RGG^3), Sp. 187.

der paulinischen Theologie[451]. Nach Bornkamm ist des Paulus »ganze Verkündigung, auch dort, wo seine Rechtfertigungslehre nicht ausdrücklich zur Sprache kommt«, »nur dann richtig verstanden, wenn sie im engsten Zusammenhang mit dieser verstanden und auf sie bezogen wird«[452].

Für die richtige Sicht ist der Umstand wichtig, daß Ausdrücke und Gedanken der beiden unterschiedenen Reihen unmittelbar nebeneinander vorkommen. So weist namentlich *Schrenk* darauf hin, daß »Rechtfertigungslehre und Christusverbundenheit im Sinne der Gleichgestaltung mit dem Christusschicksal (›Mystik‹) immer wieder zusammenstehen«[453]. Eine Hauptstelle für dieses Zusammen ist Gal 2, 16—21. »Auch die außergewöhnliche Fassung in 2. Kor 5, 21« »zeigt die enge Verbindung beider Reihen«: weil der Christus für uns stellvertretend zur Sünde wird, können wir Gerechtigkeit in ihm werden (γενόμεθα): »Hier wird der Zurechnungsgedanke durch die Kopula γενόμεθα zum Seinsgedanken umgeformt.« »Auch Phil 3,7—11 ist die ›juridische‹ mit der ›mystischen‹ Gedankenreihe vereinigt«, und, was besonders bedeutsam erscheint: »Im gesamten Abriß des Römerbriefes können Rechtfertigungszustand und ›Sein in Christus‹ niemals voneinander gelöst werden.«[454]

Dieser Sachverhalt sollte freilich nicht zu dem Schluß verleiten, die Herausarbeitung der Verschiedenheit beider Reihen, wie sie sich in der Forschung des 19. Jahrhunderts ergeben hat, sei im Grunde überflüssig oder gar falsch gewesen. Vor allem *Kümmel* gibt ausdrücklich zu, daß es sich um eine Antinomie handelt, »die schwierigste Antinomie« sogar.[455] Es geht vielmehr nur darum, daß, was mit Recht gedanklich unterschieden wird, nicht sachlich auseinandergerissen werden darf. So betont auch Kümmel, daß »Paulus die Rechtfertigungslehre nicht bloß in den Kampfschriften Gal und Röm, sondern ebenso 1 Kor 6, 11; 2 Kor 5, Phil 3, Kol 2, 11 ff. verwertet. Und gerade Phil 3, 8 ff. zeigt die Vermischung von Termini der beiden Gedankenreihen«[456].

In dem gleichen Sinne argumentiert *E. Schweizer:* »In der Tat scheinen sich die beiden Aussagen zu widersprechen. Besagt die erste, daß Christus den Sühnetod unter dem Fluch des Gerichtes für uns, an unserer Stelle gestorben ist, damit wir nicht unter den Fluch des Gerichtes müßten, so erklärt die zweite, Christus sei (gestorben und) auferstanden, damit wir mit ihm (sterben und) auferstehen. Nun fällt aber auf, daß beide Aussagen bei Paulus im gleichen Satz zusammengeschlossen sind. So formuliert 2 K 5, 14: ›Einer ist für alle gestorben, also sind alle gestorben‹.«[457] Während in den folgenden Versen A. Schweitzer eine Beziehung auf den Sühnetod bestreitet[458], zeigen die Verse

---

[451] *Käsemann:* Fragen, S. 22.
[452] *Bornkamm:* Paulus, 1969, S. 128.
[453] *Schrenk:* δικαιοσύνη, S. 212.
[454] ebd.
[455] *Kümmel:* Enderwartung, S. 46.
[456] ebd.
[457] *E. Schweizer:* Mystik, S. 250.
[458] MP S. 217.

14–21 nach *W. Grundmann* klar, »daß Mystik und Rechtfertigung bei Paulus zu einer Einheit verbunden sind«[459]. »Wäre nicht der Tod Jesu Christi Sühnetod, dann könnte sein Tod nicht die Folge des Mitsterbens mit ihm, das der Gläubige und Getaufte erfährt, haben. Als Sühnetod hat er allein den Wert, den die Mystik ihm gibt im Mitsterben mit Christus. In diesem Mitsterben zeigt es sich, daß sein Tod kein gewöhnlicher, sondern ein besonderer Tod ist. Seine Besonderheit liegt aber nur darin, daß er Sühnetod ist, Tod ὑπέρ. In dem ὑπέρ gründet das σύν. Die Scheidung, die Albert Schweitzer macht, ist also nicht berechtigt.«[460] »Daß Paulus jedenfalls seine Rechtfertigungslehre und seine Mystik als eine Einheit empfunden hat«, daran kann demnach kein Zweifel sein.

Über die Feststellung des dargelegten Sachverhalts hinaus mögen hier noch zwei Bemerkungen angebracht sein. Erstens geht es um folgendes: Einerseits läßt sich die Unterscheidung der beiden Gedankenreihen als das Ergebnis einer Abstraktion ansehen, die das Verständnis des Paulus fördern kann, aber nicht hindern soll. *Oepke*, der Paulus »von der abstrakten Unterscheidung einer juridischen und einer mystischen Gedankenreihe« »weit entfernt« findet, glaubt geradezu sagen zu können: »Die forensische Rechtfertigung mündet in vollem Strom in die pneumatische Christusgemeinschaft.«[461] »Die ›Christusmystik‹, sofern man von ihr reden kann, erscheint bei Paulus überall als Stockwerk, das getragen wird von dem Fundament der Gerechtigkeit aus dem Glauben.«[462] Andererseits ist es aber auch möglich, gerade weil es sich bei der Unterscheidung um eine Abstraktion handelt, beide Reihen mit *Schrenk* als Bilder aufzufassen, von denen jedem seine besondere Funktion zukommen würde, insofern dem Rechtfertigungsbegriff die Aufrechterhaltung der Distanz obliegt, während die »mystischen« Termini das Moment der Nähe, der Verbundenheit zur Geltung bringen. Aber wenn auch die Rechtfertigungsformel, so gesehen, für Schrenk »ein Ausdruck neben anderen« ist, so wird man ihr doch mit *Kümmel* ein besonderes Gewicht zuerkennen müssen; denn »sie ist für Paulus die eigentliche Denkform für das eschatologische Geschehen«[463], eben das »Fundament« (Oepke), auf dem sich das »Stockwerk« der »Christusmystik« erhebt, in dem Sinne, daß »erst die Pneumatologie das Werk der Rechtfertigung vollendet« (Schrenk[464]).

Eine bemerkenswerte Wendung gibt zweitens *Kümmel* der Feststellung einer Spannung zwischen beiden Gedankenreihen durch den Hinweis, daß »die mystische Terminologie nur einen Teil des christlichen Seins beschreibt, nämlich die Gegenwart, während der eschatologische Rechtfertigungsgedanke das ganze Christsein unter Gottes Handeln in Vergangenheit, Gegenwart und Zukunft stellt. Das geschichtlich-endgeschichtliche

[459] *Grundmann:* Gesetz, S. 65.
[460] ebd.
[461] *Oepke:* βάπτω, S. 539.
[462] *Oepke:* Leib, S. 365.
[463] *Kümmel:* Enderwartung, S. 46.
[464] *Schrenk:* δικαιοσύνη, S. 212.

Verständnis der paulinischen Heilslehre läßt so zwar die Spannungen in den paulinischen Gedanken nicht verschwinden, wohl aber in ihrer inneren Notwendigkeit verstehen«[465]. »War der Rechtfertigungsgedanke zunächst das Grundlegende, so ist er hier das Ganze im Unterschied von dem mystischen« Teilaspekt. Diese von Kümmel gegebene Erläuterung der Spannung dürfte nicht nur sehr einleuchtend sein, sie erscheint auch als diejenige Lösung des Problems, die gerade Schweitzer unter dem von ihm bevorzugten eschatologischen Gesichtspunkt eigentlich hätte vertreten müssen, wenigstens soweit er rein historisch dachte und nicht einer daneben bei ihm bestehenden Abneigung gegen die Rechtfertigungslehre nachgab.

Eben dies aber ist mit *Conzelmann* Schweitzer vorzuwerfen: Die Rechtfertigungslehre wird bei ihm »nicht durch exegetische Argumentation an den Rand gedrängt, sondern auf Grund der Theologie des Exegeten«.[466] Und zwar dürfte es sich dabei um zweierlei handeln. Einmal tritt, worauf noch in anderem Zusammenhang zurückzukommen sein wird, in Schweitzers eigener Theologie der für Paulus so zentrale Begriff des Glaubens überhaupt auffallend zurück. Das wirkt sich auch auf seine Auffassung des Apostels aus.[467] Vor allem aber richtet sich zweitens gegen den Rechtfertigungsglauben ein starkes Vorurteil des Ethikers Schweitzer. Nach seiner Ansicht langt Paulus bei einem Glauben an, »der die Werke des Gesetzes und damit Werke überhaupt ablehnt. Er schneidet sich also den Weg zur Ethik ab.«[468] In diesem Urteil sieht *Wendland* offenbar mit Recht eine unzulässige »Verwechslung von ›Gesetzeswerken‹ und ›Werken‹«. »Beides ist wohl zu scheiden. Gesetzeswerke sind die Werke als Heilsweg und als menschliche, vor Gott zu präsentierende Leistung. Solche Präsentierbarkeit der Werke vor Gott weist Paulus aufs schärfste ab. Aber damit nicht die Werke! Werke fordert er so gut wie Jesus, so gut wie die Paränese aller neutestamentlichen Zeugen.«[469] Die »Forderung des Guten« wird durch die Rechtfertigung, durch das »in Christus« nicht aufgehoben.[470]

Es ist erstaunlich und nur durch seine eigene stark rationalistische Einstellung erklärbar, daß Schweitzer das wohl verbreitetste Vorurteil gegen den Paulinismus ohne weiteres übernimmt. Derjenige Theologe, der die Qualitäten des Apostels als Denkers am meisten unterstrichen hat, traut ihm hier eine grobe Verwechslung und eine Verkennung der elementarsten Verhältnisse des religiös-sittlichen Lebens zu! Wäre die Rechtfertigung so zu beurteilen, wie Schweitzer es tut, so könnte man die Formel

---

[465] *Kümmel:* Enderwartung, S. 47.
[466] *Conzelmann:* Grundriß, S. 178.
[467] Dieses Zurücktreten des Glaubens in Schweitzers Paulusdarstellung fand schon *Weber* (Rezension Sp. 407) auffällig. Von einer Verkürzung des paulinischen Glaubensbegriffs durch Schweitzer spricht auch Grundmann (Gesetz, S. 64, Anm. 19).
[468] MP S. 220.
[469] *Wendland:* Mitte, S. 37 f.
[470] *Wendland:* Ethik und Eschatologie, S. 782.

»Nebenkrater« als einen Versuch zur »Rettung« des Paulus gelten lassen. Tatsächlich bedeutet diese These jedoch im Grunde das Eingeständnis, zum innersten Kreis des paulinischen Denkens nicht vorgedrungen zu sein. Nicht die Minderung des ganzen Komplexes, sondern seine Erhellung durch eine Analyse nach allen Richtungen und das dadurch zu erreichende Verständnis der bestehenden Spannungen ist zu fordern. Mag die Auseinandersetzung mit dem Gesetz Paulus zu noch so abstrusen Gedankengängen verführen, der Rechtfertigungsglaube bleibt das Herzstück seiner Existenz. »Daß Schweitzer die Rechtfertigung nicht einordnen kann«[471], ist der größte Mangel seiner Arbeit.

3. Die Eschatologie, wie die Aussagen der paulinischen Briefe sie enthalten und voraussetzen, will Schweitzer nicht nur in vollem Umfang berücksichtigt, sondern auch in ihrem ganzen Aufriß genauer bestimmt wissen. Ihr gilt wie immer seine besondere Aufmerksamkeit, so daß sich hier, wie man es von seiner Jesusforschung kennt, ein wahrer Sturzbach von Fragen ergießt.[472] Von ihnen sei hier nur die erwähnt, ob es eine oder zwei Auferstehungen und einen oder zwei Gerichtsakte gibt und wann diese stattfinden. Jedoch kommen auch noch andere im Zusammenhang mit der Eschatologie stehende Punkte in Betracht, an die Schweitzer innerhalb jener Häufung von Fragen nicht denkt. Man muß nun aber umgekehrt fragen, ob Schweitzer in dieser Beziehung nicht zuviel wissen will und, was noch bedenklicher wäre, manchmal zuviel zu wissen meint, indem er Deutungen vornimmt, die gewiß immer interessant sind, sich dann aber doch als höchst fragwürdig, nicht selten auch als durchaus abwegig herausstellen.

a) Ein besonders gewichtiger Fall einer solchen auf den ersten Blick sehr anziehenden, jedoch schwerlich haltbaren These ist Schweitzers Auffassung der paulinischen Gesetzeslehre, genauer der Zuordnung des Gesetzes zur natürlichen Welt und seiner Aufhebung durch die mit Jesu Tod und Auferstehung erfolgende Äonenwende. »Das Gesetz gehört mit der natürlichen, unter der Herrschaft der Engelwesen stehenden Welt zusammen.« »Die Engelherrschaft ist durch Jesu Tod und Auferstehung zu Tode getroffen«, »das Gesetz gilt also nicht mehr für die, die in Christo Jesu sind«[473]. Ausgangspunkt für diese Auffassung ist die Aussage Gal 3, 19 von der Verordnung des Gesetzes durch Engel (διαταγεὶς δἰ ἀγγέλων). Aus der spätjüdischen »Theorie, daß das Gesetz von Engeln gegeben sei, zieht Paulus« »Folgerungen, die den andern Vertretern derselben fern liegen. Wenn diese dabei stehen bleiben, daß das Gesetz im Auftrage Gottes durch Engel kund getan worden sei, schreitet er zu der nur bei ihm vorkommenden Behauptung fort, daß der dem Gesetze bewiesene Gehor-

---

[471] *Kümmel:* Enderwartung, S. 39.
[472] PF S. 187.
[473] MP S. 185.

sam gar nicht Gott, sondern nur den Engeln erwiesen werde. Durch das Gesetz seien die Menschen unter die Vormundschaft der ›Weltelemente‹ (στοιχεῖα τοῦ κόσμου Gal 4, 3; 4, 9) getan, die sie in Abhängigkeit von sich erhielten, bis Gott sie durch Christus vom Fluche des Gesetzes frei machte (Gal 4, 1—5).«[474]

Nun ist unverkennbar, daß Paulus dem Gesetz in Gal 3, 19 eine gewisse »Minderwertigkeit gegenüber der Verheißung«[475] zuschreibt und daß infolgedessen Gott von ihm distanziert werden soll. Die Tradition von der Mitwirkung der Engel bei der Gesetzgebung wird, wie schon *Dibelius* in einer seiner ersten Untersuchungen dargelegt hat, von Paulus »in das Gegenteil verkehrt. Zum Preise des Gesetzes wurde sie erzählt; Paulus braucht« (d. h. gebraucht) »sie, die Inferiorität des Gesetzes nachzuweisen«[476].[477] Paulus will hier »zeigen, daß das Gesetz um zwei Stufen weiter von Gott entfernt ist als die Verheißung«[478]. Wie weit sich die Distanzierung Gottes ausgewirkt hat und wie weit dementsprechend die Funktion der Engel in dieser Beziehung gegangen ist, darüber sind die Ansichten geteilt.

Manche Exegeten gestehen den Engeln nur eine vermittelnde Rolle zu. Sie sind »Mittelspersonen«[479], »schalten« aber bei der Gesetzgebung nach *Oepke* »relativ selbständig«, »nicht ohne Gott«, »aber auch nicht in seinem Auftrage«[480], nach *Schrenk* dagegen »in seinem Auftrage«[481]. Wie dabei letztlich Gottes Verhältnis zum Gesetz zu denken ist, wird sehr verschieden nuanciert und sogar ganz entgegengesetzt beurteilt. *Everling* nahm an, daß »nach der positiven, dogmatischen Ansicht des Paulus Gott selbst Urheber des Gesetzes ist«[482]. Ebenso erklärt *Dibelius,* Paulus würde »nie geleugnet haben, daß der Urheber des Gesetzes im letzten Grunde Gott selber sei«[483]. *W. Gutbrod* geht so weit zu sagen: »Auf die Vermittlung durch die Engel (an eine Urheberschaft derselben zu denken, ist man durch nichts berechtigt) ist« »kaum Gewicht zu legen, das Ganze ist für Paulus nur ein Nebengedanke«[484]. »Die Deutung des διαταγεὶς δἰ ἀγγέλων auf eine wirkliche Urheberschaft der Engel bezüglich des Gesetzes« beurteilt auch *P. Bläser* als »zu der allgemeinen Auffassung des Apostels über den Ursprung des Gesetzes in krassestem Widerspruch« stehend[485]. »Als unbezweifelbare Tatsache steht für Paulus wie für ganz Israel fest, daß das Gesetz Gott als Urheber hat.«[486]. Auch im Galaterbrief ist »das Gesetz die heilige Gottesordnung«, »Ausdruck des heiligen Willens Gottes«[487].

Umgekehrt findet *Lietzmann* in diesem Vers die Meinung, »daß das Gesetz

---

[474] S. 71.
[475] *Bläser:* Gesetz, S. 54.
[476] *Dibelius:* Geisterwelt, S. 28.
[477] *G. Ebeling:* (Gesetz, S. 287) spricht von seiner »eingeschränkten Dignität«.
[478] *Dibelius*: Geisterwelt, S. 26.
[479] *Everling:* Angelogie, S. 64.
[480] *Oepke:* Galater, S. 82.
[481] *Schrenk:* Geschichtsanschauung, S. 71, Anm. 108.
[482] *Everling:* Angelogie, S. 64.
[483] *Dibelius:* Geisterwelt, S. 26.
[484] *Gutbrod:* S. 110.
[485] *Bläser:* Gesetz, S. 51.
[486] S. 44.
[487] S. 219.

nicht von einer Persönlichkeit (Gott), sondern von einer Vielfalt (den Engeln) herrührt, also nicht absolut göttlich«, ja, sogar »in direkten Gegensatz zu Gottes Absicht gestellt« ist[488].[489] Auch die Erklärung von *Beyer-Althaus* zielt in diese Richtung. Danach besagt die Stelle »nicht allein, daß das Gesetz nur mittelbar von Gott stammt, sondern daß er es überhaupt nicht gegeben hat«. Das Gesetz »ist nicht sein eigenster Wille und eigenes Werk«[490].

Eine vermittelnde Ansicht äußert *H. Schlier,* wenn er Paulus mit der Ansicht, daß das Gesetz »ein nur mittelbares und deshalb verdorbenes göttliches Gesetz ist«, »*auf dem Wege* zu einem gnostischen Verständnis des Gesetzes« findet[491], andererseits Paulus in der Überlieferung von der Vermittlung durch die Engel »nicht den widergöttlichen Ursprung bzw. das widergöttliche Wesen des Gesetzes angedeutet« sehen läßt. »Seinem Wesen, seinem Ursprung nach ist das Gesetz für ihn nach wie vor Gottesgesetz.«[492] Auch *Oepke* urteilt, Paulus komme gnostischen Überlieferungen sehr nahe. Ob aber »Paulus nur sagen will, das Gesetz stamme bloß *mittelbar* von Gott« »oder ob er die viel weitergehende Meinung vertritt, das Gesetz stamme *überhaupt* nicht von Gott, es sei ein Gegenunternehmen (feindlicher?) Engel gegen die Verheißung Gottes«, ist diesem Autor fraglich. Das unserem Vers Vorhergehende scheint ihm eher für die zuletzt genannte Anschauung zu sprechen, während das Folgende beweist, »daß Gott nicht gänzlich ausgeschaltet wird«[493]. Auch Gal 4, 14, wo Paulus sich von der Gemeinde wie ein Engel Gottes aufgenommen sieht, »warnt davor, den Gegensatz zwischen Gott und Engeln zu überspitzen«[494]. Gerade eine so behutsame, nach allen Seiten offene Betrachtung wie die zuletzt angeführte dürfte zeigen, daß die Rechnung nicht glatt aufgehen kann, daß Paulus in diesem Punkte vielmehr eine im einzelnen nicht klar ersichtliche, im Gesamtzusammenhang seines Denkens mehr oder weniger widerspruchsvolle Anschauung vertritt. Nimmt man den Vers für sich, so kommt man kaum darum herum, ihn mit *Bultmann* ohne Abstriche als »gnostischen Mythos«[495] anzusehen, der von Paulus für seinen Zweck verwendet wird, das mosaische Gesetz abzuwerten. In dem Maße, wie die Engel hier als Urheber des Gesetzes und als böse betrachtet werden, widerspricht diese Vorstellung jedenfalls seinen anderweitigen unzweideutigen Bekundungen, daß das Gesetz von Gott stamme (Röm 7, 22. 25; 8, 7) und daß es heilig, gerecht und gut (Röm 7, 12.16) sei. Und hier, in Röm 7 verläuft doch offenbar der Hauptstrang des paulinischen Denkens, wie ihn Bultmann formuliert: »Gott hat das Gesetz« »nur scheinbar der Sünde überlassen, in Wahrheit ist es sein Werkzeug geblieben«[496]. Die von Paulus betonte Unerfüllbarkeit des Gesetzes bedeutet nicht, daß es nun abgewirtschaftet habe. Es sollen nur die Spannungen des jüdischen Gesetzesbegriffs aufgezeigt werden. »Aber es bleibt dabei«, meint auch *Neugebauer:* »Das Gesetz ist heilig, gerecht und gut.«[497]

Es ist nun sehr bezeichnend für Schweitzer, daß er auf einem einzigen schwierigen und umstrittenen Vers unter Außerachtlassung mehrerer an-

---

488 *Lietzmann:* Galater, S. 23.
489 Außer Lietzmann ist auch *A. Loisy* Schweitzer mit dieser Deutung vorangegangen.
490 *Beyer-Althaus:* Galater, S. 29.
491 *Schlier:* Galater, S. 157 f.
492 S. 158.
493 *Oepke:* Galater, S. 82.
494 ebd.
495 *Bultmann:* Theologie, S. 270.
496 *G. Bornkamm:* Sünde, S. 61.
497 *Neugebauer:* In Christus, 1961, S. 74.

derer, in die entgegengesetzte Richtung weisender Stellen, seine Gesamtanschauung aufbaut. Wir kennen dieses Verfahren nur zu gut von seiner Jesus geltenden Arbeit. Freilich ist zuzugeben, daß es im Falle von Gal 3, 19 ein wenig günstiger liegt als dort; denn man kann nicht leugnen, daß er eine mögliche Deutung wenigstens dieses einen Verses, vom übrigen Paulus einmal abgesehen, vertritt und mit ihr nicht in dem Grade isoliert dasteht, wie es bei seinen Jesus betreffenden Thesen der Fall ist. Daß aber die unzweideutigen Äußerungen, die von einem ganz anderen Verhältnis Gottes zum Gesetz sprechen, von Schweitzer gar nicht berücksichtigt werden, geschweige daß sie ihn in seiner Auffassung unsicher gemacht hätten, ist außerordentlich befremdlich.

Nicht minder bezeichnend als die Anknüpfung an diese eine sehr problematische Stelle Gal 3, 19 ist der Umstand, daß Schweitzer die hier immerhin nahegelegte, in die Richtung der Gnosis weisende Interpretation nun ohne weiteres auf einen anderen, wiederum mehrdeutigen Vers bezieht. Die Engel, die nach Gal 3, 19 das Gesetz gegeben haben, sind nach Schweitzer die »Weltelemente« (στοιχεῖα εοῦ κόσμου) in 4, 3, unter deren Vormundschaft die Menschen stehen, bis Gott sie durch Christus daraus befreit. Berücksichtigt man, was alles die στοιχεῖα sein können — Grundelemente, Grundsätze, Grundstoffe, Grundlagen, Gestirne, Dämonen[498] —, so erscheint, auch wenn in diesem Falle das All beseelende kosmische Mächte für das weitaus Wahrscheinlichste zu halten sind, die Kombination mit 3, 19 recht fraglich. Daß Paulus die Engel von 3, 19 mit den στοιχεῖα gleichsetzt, findet Oepke »durch nichts angedeutet«.[499] Die Identifizierung dieser kosmischen Mächte mit den Engeln, welche die Gesetze verordnet haben, ist aber die notwendige Voraussetzung für Schweitzers Gleichung: natürliche Welt = Engelherrschaft = Zeit bzw. Bereich der Geltung des Gesetzes, und für das behauptete »Nebeneinander« von »In-Kraft-Sein« und »Außer-Kraft-Sein des Gesetzes gemäß der Verschiedenheit des Weltzustandes im Bereiche des Seins in Christo und außerhalb desselben«[500]. Diese Annahme verschiedener »Bereiche« ist, auch abgesehen von jener unsicheren Interpretation und Kombination allzu ontologisch-dualistisch gedacht; denn wenn Christus des Gesetzes Ende (τέλος) ist, so wird mit dessen »episodenhaftem Charakter«[501] nicht die Geltung des Gesetzes überhaupt außer Kraft gesetzt, sondern Christus »ist das Ende für das Gesetz als Heilsweg« (*Bultmann*[502]): »Sofern das Gesetz seinem Inhalt nach Gottes Willen, Gottes Forderungen enthält, bleibt es natürlich in Geltung«[503], oder, von der anderen Seite aus betrachtet: »Das Gesetz als Wille Gottes gilt wohl noch, als Weg zur Gerech-

---

[498] Vgl. *Oepke:* Galater, S. 94 ff.
[499] S. 96. 92.
[500] MP S. 186.
[501] *Ebeling:* Gesetz, S. 287.
[502] *Bultmann:* Christus, S. 48.
[503] S. 53.

tigkeit hat es aufgehört.« (*Maurer*[504]). »Trotz der scheinbar gegenteiligen Aussage 3, 19 steht für Paulus überall Gott hinter dem Gesetz. Rö 7, 7—25 ist nur zu verstehen, wenn das Gesetz in seiner ganzen unentrinnbaren Schärfe ernst genommen, wenn die Heiligkeit und göttliche Autorität des Gebotes in ihrer vollen Schwere betont wird.«[505] Wäre das Gesetz ungöttlich, bemerkt *Wendland*, so »brauchte ja die Freiheit vom Gesetz nicht durch die Erfüllung des Gesetzes zustande zu kommen«[506]. Soweit aber Christus wirklich sein Ende ist, ist dieses Ende, wie *Conzelmann* festsellt, »kein kosmischer Prozeß«[507]. Es bedeutet nach *Gutbrod* »nicht einfach, daß die Zeit des Gesetzes vorüber sei mit dem Kommen Jesu; Gesetz und Christus lösen sich nicht zeitgeschichtlich, auch nicht religionsgeschichtlich ab«, sondern »heilsgeschichtlich«[508][509]. Wegen der großen grundsätzlichen Bedeutung, die Schweitzers Auffassung von der Ablösung des Gesetzes durch Christus zukommt, sei hier abschließend noch die unmittelbar auf Schweitzers Auffassung zielende kritische Stellungnahme von *U. Wilckens* angeführt: »Daß das Gesetz seine Relevanz verliere, wo das messianische Reich beginnt, ist eine jüdisch nicht belegbare These.«[510][511] »Im übrigen trifft sie auch keineswegs die Meinung des Paulus! Paulus verkündigt nicht deswegen Christus als das ›Ende des Gesetzes‹ (Röm 10, 4), weil mit Christi Gekommensein die *Zeit* des Gesetzes aufhört, sondern weil er die Heilszugehörigkeit statt durch das Gesetz durch den stellvertretenden Tod Christi gegeben behauptet.«[512]

Wenn das Gesetz nach der Ansicht Schweitzers für Paulus Engelherrschaft im gottfernen, wenn nicht Gott entgegengesetzten Sinne bedeutet, so tritt er damit »aus der Gedankenwelt des Judentums heraus und bereitet den Gnostizismus vor«[513]. Daß Paulus an der fraglichen Stelle gnostischen Überlieferungen nahekomme, sich auf dem Wege zu einem gnostischen Gesetzesverständnis befinde, haben, wie erwähnt, auch andere Forscher anerkannt. Die Folgerungen aus seiner Interpretation dieses Verses und die Kombination mit anderen Aussagen führen Schweitzer aber

---

504 *Maurer:* Gesetzeslehre, S. 53.
505 S. 86.
506 *Wendland:* Ethik und Eschatologie, S. 780.
507 *Conzelmann:* Grundriß, S. 247.
508 *Gutbrod:* νόμος, S. 1068.
509 Zu Röm 10,4 erklärt O. *Michel* (Römer, S. 255): Paulus »will sagen, daß in Jesus Christus das Gesetz als Heilsordnung Gottes seinen Abschluß und seine Grenze gefunden habe, daß also mit ihm eine neue Weltzeit begonnen hat, in der das erfüllte Gesetz und die Erfüllung des Gesetzes regieren«.
510 *Wilckens:* Bekehrung, S. 291.
511 Zu Schweitzers Behauptung: »Wo das Böse nicht mehr existiert, hat logischerweise auch das Gesetz nichts mehr zu tun« (MP S. 189), bemerkt *Wilckens:* »Nicht einmal die rabbinischen Texte, deren Tora-Verständnis dieser Satz Schweitzers strukturell entspricht, haben einen solchen Schluß aus der eschatologischen Erwartung der Tilgung des Bösen gezogen; im Bereich apokalyptischer Theologie wäre er a limine ausgeschlossen« (Bekehrung, S. 291, Anm. 2).
512 *Wilckens:* Bekehrung, S. 291.
513 MP S. 72.

tatsächlich weit tiefer in die Gnosis hinein, als es dem Gesamtbild, das wir von Paulus besitzen, entspricht.

Im einzelnen gelangt Schweitzer zu geradezu phantastischen Vorstellungen. »Schlüsse, wie Schweitzer sie an dieser Stelle zieht«[514] – »die Engel hätten gedacht« »ihren Zweck, das jüdische Volk unter ihrer Gewalt zu haben, am besten durch ein unerfüllbares Gesetz erreichen zu können« – sind, wie *Gutbrod* urteilt, »zweifellos Konstruktionen«[515].

»Das Gesetz sei von bösen Engeln den Menschen gegeben, um sie in das Verderben zu ziehen«, hält auch *Bläser* für eine »seltsame« Idee[516]. Mit nicht weniger Recht seltsam findet dieser Autor das Beweisverfahren Schweitzers, um Gal 4, 5 »die Aufhebung des Gesetzes zu erklären. Für Schweitzer ist das Gesetz auch eine neben Gott und sogar gegen Gott stehende Größe, eine Einrichtung der bösen Engel. Schweitzer«[517] »argumentiert folgendermaßen: ›Im Gesetze steht, daß, wer am Holze hängt, verflucht ist (Dt 21, 23). Jesus hat am Holze gehangen, kann aber nicht verflucht sein (wegen seines göttlichen Wesens). Also ist ein Fall eingetreten, wo das Gesetz nicht gilt. Da es aber entweder überhaupt gilt oder überhaupt nicht gilt, ist es durch diesen einen Fall außer Kraft gesetzt.‹ Diese Argumentationsweise Schweitzers erklärt sich wohl aus seiner Grundhaltung, den Sühnecharakter des Todesleidens in Abrede zu stellen«[518], »aber mit dem Wortlaut hat diese Argumentation kaum etwas zu tun«[519].

Schweitzer bietet hier wie so oft eine interessante, geistreiche, aber schiefe und letztlich unrichtige These. Die Art und Weise, wie er sie auf einer äußerst schmalen Grundlage, in diesem Falle eigentlich einer einzigen, recht sonderbaren Stelle und deren umstrittener Deutung aufbaut und ausbaut, erinnert, um dies hier abschließend noch einmal zu betonen, allzu sehr an das Feuerwerk, das er in der Jesusforschung abbrennt: reizvoll, glänzend, großartig, aber nicht greifbar und ohne Bestand. Gewiß ist der gnostische Einschlag bei Paulus auch in diesem Punkte unverkennbar. Aber Schweitzer weitet ihn übermäßig aus und erreicht dadurch die von ihm befürwortete Sicht, die eine Verschiebung, Zuspitzung und zugleich Vergröberung des von der Forschung erarbeiteten Paulusbildes darstellt. In Wahrheit sind die dem gnostischen Einschlag entsprechenden ontologischen Elemente durchsetzt von einer heilsgeschichtlichen Perspektive, die erst den ganzen und eigentlichen Paulus ausmacht. Ihr wird Schweitzer mit seiner Auffassung von der Gesetzesherrschaft ebensowenig gerecht wie hinsichtlich der Rechtfertigungslehre. Er rückt das Verhältnis von Gesetzes-Äon und Christus-Äon zu sehr auf die Ebene eines metaphysischen Dualismus zweier substantiell verschiedener Strukturen, so daß die eigentlich religiös-ethische Dimension zu kurz kommt. Das Recht der objektivistischen Paulusauffassung dürfte damit überschritten sein

---

514 Besonders MP S. 71 ff. 208 ff.
515 *Gutbrod:* Anthropologie, S. 110.
516 *Bläser:* Gesetz, S. 140.
517 MP S. 73.
518 S. 207. 216.
519 *Bläser:* Gesetz, S. 219.

und diese als ergänzendes Korrektiv eine Betrachtung fordern, welche die subjektive (oder, wenn man lieber will: existentielle) Seite des Christseins wieder stärker berücksichtigt.

b) Paulus schreibt 1. Kor 7, 17: »Wie jedem der Herr es zugeteilt hat, wie jeden Gott berufen hat, so soll er wandeln. Also verordne ich es in allen Gemeinden«, und in Vers 20: »In dem Stande, in dem er berufen wurde, darin soll jeder bleiben.« Vers 24 wiederholt noch einmal fast wörtlich den Vers 20. Was damit gemeint ist, wird von Paulus an verschiedenen Beispielen gezeigt, die Schweitzer, wie folgt, wiedergibt: »Wurde jemand also als Sklave gläubig, so soll er« »die Freiheit, auch wenn sie ihm angeboten wird, nachher nicht annehmen (1. Kor 7, 21—22); wurde er als Verheirateter gläubig, so soll er verheiratet bleiben und sich nicht einreden lassen, daß er und seine Frau, um der Heiligung auf das kommende Reich willen, nun miteinander leben müßten, als wären sie nicht verheiratet (1. Kor 7, 3—5; 7, 10—11); wurde jemand als ledig oder verwitwet gläubig, so soll er ledig oder verwitwet bleiben, und zwar schon deswegen, weil er in diesem Stande insofern am besten daran ist, als er seine Gedanken ganz auf Christum richten kann, wohingegen Verheiratete noch durch die Sorge um den ihnen zugehörigen Menschen in Anspruch genommen werden (1. Kor 7, 8; 7, 32-35). In derselben Weise soll, wer als Unbeschnittener berufen wurde, unbeschnitten bleiben, und wer als Beschnittener gläubig wurde, nichts unternehmen, um als Unbeschnittener zu gelten (1. Kor 7, 18).« Schweitzer sieht hier eine »Theorie des status quo« gegeben. Sie lautet: »In dem äußerlichen Zustande, in dem jemand seine Erwählung wirklich werden ließ, das heißt gläubig wurde, soll er auch als Gläubiger verharren.«[520] Mit dem bisher Gesagten wurde Paulus lediglich referiert und für seine Stellungnahme von Schweitzer eine recht passende Bezeichnung gewählt.

Nun schreitet Schweitzer fort zu der Behauptung: »Diese Theorie des status quo ist durch die Mystik des Seins in Christo gefordert. Von dem Augenblick an, wo jemand in Christo ist, ist seine Wesenheit hierdurch völlig bestimmt. Seine natürliche Seinsweise und alle mit ihr gegebenen Umstände sind bedeutungslos geworden. Er ist wie ein auf Abbruch verkauftes Haus, an dem alle Reparaturen sinnlos sind. Nimmt er dennoch Änderungen an seiner natürlichen Seinsweise vor, so mißachtet er die Tatsache, daß seine Wesenheit hinfort durch das Sein in Christo, nicht durch irgend etwas, das auf das natürliche Sein Bezug hat, bestimmt ist. Die natürliche Seinsweise ist also nicht in dem allgemeinen Sinne bedeutungslos geworden, daß nun gleichgültig ist, was mit ihr etwa noch vorgenommen wird, sondern in dem besonderen, daß nicht mehr an sie gerührt werden darf. Der Kontrakt über das verkaufte Haus besagt, daß es nur zwecks Abbruchs überlassen wurde und also nichts unternommen werden

---

[520] MP S. 191.

darf, um es bewohnbar zu erhalten oder gar wohnlicher zu machen.«[521] Am Beispiel des Sklaven weist Schweitzer auf die volle Bedeutung dieser Theorie hin: »Wenn Paulus sich den Vorwurf gefallen lassen muß, daß er sich in Christi Geist nicht gegen die Sklaverei aufgelehnt habe«, »so ist daran die Theorie des status quo Schuld. Seine Mystik erlaubte ihm nicht, anders zu denken.«[522] Wie ernst es Paulus mit seiner Entscheidung ist, wird besonders deutlich daran, daß er (in Vers 21) dem Sklaven, wenn dieser die Möglichkeit hat, frei zu werden, rät, gleichwohl (und sogar: »um so lieber«) in seinem Stande zu bleiben[523]. Schweitzer betont abschließend, die von Paulus gepredigte Freiheit vom Gesetz ergehe »nicht im Geist der Freisinnigkeit. Er zwingt Juden und Nichtjuden, das zu bleiben, was sie im Momente des Gläubigwerdens waren. Der Vorkämpfer der Freiheit der Heidenchristen ist zugleich ihr Tyrann«[524]. Was hier von den Juden und Heiden gesagt wird, gilt für alle in Betracht kommenden Beispiele: es handelt sich nicht um eine im Freisinn begründete Großzügigkeit oder Lässigkeit, wie sie etwa in der Exegese Boussets ein wenig anzuklingen scheint: »Man soll möglichst die Dinge so stehen lassen, wie sie stehen«, Paulus hebt »gegenüber allen jenen unwichtigen Außendingen das schlichte Halten der Gebote Gottes hervor«[525], sondern um eine sehr bestimmte Direktive. Man kann Schweitzer deshalb nicht verdenken, daß er hier eine wirkliche und wichtige Theorie vorliegen findet, die ihrerseits in der zentralen Position des Paulus begründet ist.

Beides wird jedoch von *Gutbrod* bestritten: Das große Gewicht, das Schweitzer der Lehre vom status quo beimißt, hält er für »exegetisch nicht begründet« und »reine Konstruktion«, und ihre Zurückführung auf die »Mystik« des Seins in Christus beurteilt er als »völlig schleierhaft«, sie werde »nur behauptet«, ebenfalls »ohne jede Begründung«[526].

Wie ist Schweitzers Status-quo-Theorie und ihre Kritik durch den genannten Autor zu beurteilen? Diese Kritik wendet sich vor allem gegen die schon angeführte Behauptung, die natürliche Seinsweise sei »nicht in dem allgemeinen Sinn bedeutungslos geworden, daß nur gleichgültig ist, was mit ihr etwa noch vorgenommen wird, sondern in dem besonderen, daß nicht mehr an sie gerührt werden darf«. Das sei »so ziemlich das genaue Gegenteil von dem, was Paulus hier sagt«[527]. Dies ist die entscheidende Frage: hat Schweitzer mit seiner Interpretation der paulinischen Vorschriften und Ratschläge recht, so dürfte gegen die Zurückführung der Status-quo-Theorie auf die Position der doppelten Seinsweise

[521] S. 191 f.
[522] S. 192.
[523] Rein sprachlich könnte hier auch das Gegenteil herausgelesen werden, aber es ist nach der Ansicht der meisten Experten keine Frage, daß der gesamte Kontext den oben genannten Sinn verlangt.
[524] MP S. 193.
[525] *Bousset:* Korinther, S. 104.
[526] *Gutbrod:* Anthropologie, S. 240.
[527] ebd.

nichts Wesentliches einzuwenden sein. Im Gegenteil wirkt diese außerordentlich ansprechend und auf keinen Fall so abwegig wie manche andere Schweitzersche Thesen. Hat er dagegen mit jener Interpretation der genannten Verse von 1. Kor 7 nicht recht, gelangt er damit gar, wie Gutbrod meint, zum Gegenteil des von Paulus Gesagten, so braucht von Schweitzers Begründung der paulinischen Stellungnahme in der sogenannten Mystik des Seins in Christus gar nicht mehr die Rede zu sein.

Das Mißliche ist nun, daß sich die entscheidende Frage kaum mit völliger Bestimmtheit beantworten läßt. Offenbar meint Paulus doch mehr als nur, daß es auf die äußeren Umstände der natürlichen Seinsweise nicht mehr ankomme, sonst könnte er ja schreiben, das möge jeder halten, wie er will. Er verkündet vielmehr einen »Grundsatz«, eine »Losung«[528], eine »Mahnung, an den äußeren Lebensverhältnissen nicht zu rütteln«[529]. Wenn es sich aber so verhält, daß z. B. der Jude seinen »Stand« nicht ändern *soll*[530], was ist das anderes als daß, wie Schweitzer sagt, nicht mehr an die natürliche Seinsweise »gerührt werden darf«? Daß dies das genaue Gegenteil des von Paulus Gesagten sei, läßt sich doch wohl nicht behaupten. Freilich ist mit dieser Feststellung das Spiel für Schweitzer hier noch nicht ganz gewonnen. Es ist wahr: Paulus äußert sich sehr bestimmt, es ist ihm offenbar mit dem status quo ernst. Aber ob diese Einstellung nun wirklich so grundsätzlich gemeint ist, wie Schweitzer annimmt, und ob sie tatsächlich so tief in dem Gedanken der doppelten Seinsweise begründet ist, wird sich nicht mit Sicherheit entscheiden lassen. Es wäre immerhin möglich, daß Schweitzers Neigung, aufs Ganze zu gehen, wenig bestimmte Vorstellungen oder Erwägungen zu einer Doktrin zu verdichten, Folgerungen zuzuspitzen und so zu sehr massiven Ergebnissen zu gelangen, sich auch hier ausgewirkt hat. Ein durchschlagender Gegengrund gegen seine Auffassung liegt jedoch eigentlich nicht vor. Die Schärfe der an seiner These geübten Kritik erscheint insofern übertrieben. Schweitzers Sicht ist in diesem Punkte jedenfalls erheblich günstiger einzuschätzen als wie gesagt in anderen.

c) Unterschiedlich beurteilt wird auch Schweitzers Bezeichnung der Gemeinschaft der Erwählten mit Christus, ihres gemeinsamen Teilhabens an derselben Leiblichkeit als »naturhaft«[531]. Wenn *Bultmann* »darin nur eine Reproduktion, nicht eine wirkliche Interpretation paulinischer Sätze vorzuliegen« scheint[532], so könnte man eine solche Reproduktion bei einer rein historischen Zielsetzung immerhin für belangvoller halten als etwa eine moderne existentialistische Interpretation. *Dibelius* meint sogar, im Hinblick auf das Sterben mit Christus und die so herbeigeführte Vereinigung mit ihm an dem naturhaften Charakter solcher Ausdrücke nicht

---

528 *Wendland:* Korinther, S. 59 f.
529 *Bachmann:* Korinther, S. 274.
530 *Conzelmann:* Korinther, S. 151.
531 MP S. 126 ff. 287.
532 *Bultmann:* Rezension, Sp. 1158.

zweifeln zu dürfen, so daß er diesen Sachverhalt bei Schweitzer zu Recht hervorgehoben findet[533]. Andere Autoren haben hingegen an diesem Begriff Anstoß genommen. So hält vor allem *Kümmel* für entscheidend wichtig, »daß Paulus die eschatologische Erlösung nicht naturhaft, sondern geschichtlich versteht«[534], und neuerdings hat noch wieder *Wilckens* die Erklärung der eschatologischen Teilhabe »als Teilhabe an einer mit der Leiblichkeit des auferstandenen Jesus identischen, übernatürlichen Leiblichkeit« als »ein grobes Mißverständnis« bezeichnet[535].

Bei der Erörterung über den Begriff »naturhaft« wird man sich vor allem darüber klarwerden müssen, was hier als Gegenbegriff zu nehmen wäre. Soll naturhaft bedeuten, daß das Sterben und Auferstehen »keineswegs nur ›symbolhaft‹, sondern wirklich ernst gemeint«, realistisch zu verstehen sei[536], so ist Schweitzer mit der Verwendung dieses Begriffs durchaus im Recht. Dasselbe gilt für den Gegensatz des Naturhaften zum bloß Subjektiven[537]. Zweifellos hat ja Paulus ein transsubjektives, objektives Geschehen im Auge. Wenn Schweitzer sich andererseits darauf beruft, daß die Gemeinschaft mit Christus bei Paulus als »gleichartig mit der leiblichen Gemeinschaft zwischen Mann und Frau gedacht ist«[538], so wird deutlich, daß die Gleichartigkeit cum grano salis gilt, d. h. daß hier ein Vergleich, keine Behauptung der Identität vorliegt. Nimmt man aber mit *Kümmel* als Alternative zum Naturhaften das Geschichtliche, so erhebt sich die Frage, ob damit im Sinne des Paulus wirklich eine Alternative im strengen Sinne gegeben ist. Wie er beim Sakrament anscheinend weitgehend von der Vorstellung der Substanz geleitet wird, wie er diese dann aber, teils mehr, teils weniger ins Geistig-Sittliche überführt, so könnte er auch den Zustand des Seins in Christus überhaupt aufgefaßt haben: metaphysisch-gnostisches und heilsgeschichtliches Denken in enger Verflechtung. Das letztere kommt bei Schweitzer allerdings nicht recht zur Geltung, aber daß die paulinische Erlösungslehre »in steter Umsetzung aus dem Naturhaften ins Geistige und Ethische« begriffen ist, betont auch er[539]. So gesehen würde der Begriff »naturhaft« zwar als mißverständlich nicht besonders glücklich, aber nicht völlig abwegig sein, wenn man ihn im Sinne einer übernatürlichen Wirklichkeit nimmt, welche die natürliche überlagert. »Die grundlegende Einsicht Schweitzers« hält jedenfalls auch *Wilckens* für richtig: »Daß nämlich Paulus die Heilsbedeutung des Todes und der Auferweckung Jesu in der Konzentration der apokalyptischen Endereignisse auf das Geschick Jesu sieht, an dem teilzunehmen die Erwählten als Christen begnadet sind.« In der Charakterisierung des von Paulus angenommenen gegenwärtig-eschatologischen Zwischen- bzw.

533 *Dibelius:* Glaube, S. 112.
534 *Kümmel:* Enderwartung, S. 40.
535 *Wilckens:* Bekehrung, S. 290.
536 *Mundle:* Christusmystik, Sp. 768.
537 ebd.
538 MP S. 128.
539 S. 374.

Übergangszustandes dürfte an sich Schweitzers Stärke liegen, obgleich seine Terminologie zu wünschen übrig läßt. Vielleicht meint er mit dem anfechtbaren Begriff etwas wenigstens teilweise Zutreffendes, ebenso wie mit der Hervorhebung der Status-quo-Theorie, mag er diese auch reichlich massiv formuliert haben, ein Punkt des paulinischen Denkens getroffen ist.

d) Zu den vielen Fragen der paulinischen Eschatologie, die Schweitzer beantwortet wissen will, gehören vor allem die über Auferstehung und Gericht: »Gibt es eine oder zwei Auferstehungen und einen oder zwei Gerichtsakte?« »Kennt Paulus eine allgemeine Totenauferstehung? Wenn ja, wann findet sie statt? Ist sie von einem Gerichtsakt begleitet oder erstehen nur die Erwählten?« Der Meister des Fragens meint: »Erst wenn die paulinische Eschatologie auf alle ›müßigen‹ Fragen, die in dieser Art überhaupt gestellt werden können, Antwort gibt, ist sie wirklich verstanden und erklärt. Es muß irgendwie gelingen, sie durch Auffinden ihrer inneren Logik aus den überlieferten, zerstreuten Notizen zu rekonstruieren.«[540] Schweitzers Antwort war die These der »gedoppelten Eschatologie«, so daß sich die folgende Reihenfolge der Ereignisse ergibt: Wiederkunft Jesu – Auferstehung der im Glauben an ihn Entschlafenen sowie Verwandlung der am Leben befindlichen Erwählten in die Seinsweise der Auferstehung — messianisches Gericht über beide Gruppen — ihre Teilnahme am messianischen Reich, nicht in friedvoller Seligkeit, sondern als Kampf mit den Engelmächten und deren Überwindung durch Christus und die Seinen, zuletzt Überwindung des Engels des Todes – Ende des messianischen Reiches – allgemeine Totenauferstehung, d. h. aller Menschen, die jemals gelebt haben, Entscheidung, welche Wesen zur ewigen Seligkeit eingehen und welche dem ewigen Tod verfallen – Zurückgabe der Macht des Messias an Gott.

Mit diesem Aufriß hat Schweitzer indessen wenig Anklang gefunden. *J. Héring* kann sich nicht vorstellen, daß Verlorene noch einmal auferstehen sollen, nur um abgeurteilt zu werden und dann endgültig vernichtet zu werden[541]. Nicht nur das zweite Gericht, sondern auch die zweite Auferstehung entfällt deshalb nach der Ansicht dieses Forschers. Schweitzer hat, wie Héring betont, selber zugegeben, daß in der Hauptstelle, 1. Kor 15, 22–24, die zweite Auferstehung nicht einmal erwähnt wird – Schweitzer rechnet sie samt folgendem Endgericht einfach unter den allgemeinen Begriff des »Endes«, d. h. zu dem, was »als bekannt vorausgesetzt« wird[542] – und Schweitzers Kritiker fährt fort, daß er sie auch anderswo nicht gefunden habe[543]. Aber auch ein besonderes vorläufiges messianisches Reich (im Sinne der Apolypsen Baruch, Esra und Johannes) wird

[540] PF S. 187.
[541] *Héring:* Saint-Paul, S. 303 f.
[542] MP S. 69.
[543] S. 304.

weder 1. Kor 15[544] noch in irgend einem anderen paulinischen Text erwähnt. 1. Thess 4, 17 (»und dann werden wir alle Zeit mit dem Herrn zusammensein«) spricht im Gegenteil für ein endgültiges Ende und schließt nach Héring jeden Gedanken an ein darüber hinausgehendes Geschehen aus[545]. Dementsprechend stellt auch *Kümmel* fest, daß »sich bei Paulus weder eine doppelte Auferstehung noch eine Trennung von messianischer und ewiger Herrlichkeit nachweisen« läßt[546].[547] *Weber* meinte, angesichts dieser Thesen »das Empfinden der Konstruktion nicht abschütteln« zu können[548]. Ebenso hatte *Dibelius* den Eindruck, daß Schweitzer mit seinen Ausführungen über zwei Seligkeiten und zwei Auferstehungen »die Gedanken des Paulus weniger interpretiert als vielmehr weiter und zu Ende konstruiert«[549]. Auch *Conzelmann* hält die doppelte Auferstehung für »gewaltsam in den Text eingelesen«[550].

Aber nicht nur hat Schweitzer die von ihm aufgeworfenen Fragen nicht überzeugend beantwortet; man muß auch bestreiten, daß so überhaupt gefragt werden darf, als ob es vor allem auf ein eschatologisches System und den Zusammenhang seiner einzelnen Teile ankomme. Gewiß ist die Frage an sich, der Versuch, einmal nachzusehen, ob und gegebenenfalls wie sich die einzelnen Vorstellungen zusammenfügen, legitim. Aber diese Zielsetzung darf nicht übertrieben und nicht festgehalten werden, wenn sich herausstellt, daß eine wirkliche Systematik nicht besteht oder wenigstens nicht erkennbar ist. Einmal ist hier die Beobachtung *Holtzmanns* wichtig, daß sich die paulinische Eschatologie »als eine im Fluß befindliche, unter dem Einfluß von Erlebnissen fortschreitende Vorstellungsweise darstellt«[551]. Ferner macht *Schlatter* darauf aufmerksam, »mit welcher unsystematischen Lückenhaftigkeit« Paulus »trotz der Gewalt seines Denkvermögens den eschatologischen Stoff behandelt«[552]. Wenn Paulus aus der Gefangenschaft schreibt: »Ich hätte wohl Lust, von hier zu scheiden und bei Christus zu sein« (Phil 1, 23), so läßt er sogar das gesamte eschatologische Schema beiseite: »Weder die Auferstehung der Toten noch die Wiederkunft und der endgültige Anbruch des neuen Äons werden vorausgesetzt«, stellt in der neuesten und eingehendsten Untersuchung dieses Problems *P. Hoffmann*[553] fest. »Paulus denkt an dieser Stelle allem Anschein nach an eine Gemeinschaft der verstorbenen Christen mit dem erhöhten Christus im Himmel. Ihre weltanschauliche Grundlage ist die

---

544 *H. J. Holtzmann* (Lehrbuch, S. 228) hatte hier »immerhin einen chiliastischen Zug« anerkennen zu müssen gemeint.
545 MP S. 315.
546 *Kümmel:* Enderwartung, S. 39.
547 Nach *Mundle* (Christusmystik, Sp. 769) sind sie 1. Kor. 15, 24 »nur eben angedeutet«.
548 *Weber:* Rezension, 1930, Sp. 404.
549 *Dibelius:* Glaube, S. 107 f., Anm. 19.
550 *Conzelmann:* Grundriß, S. 178.
551 *H. J. Holtzmann:* Lehrbuch. Bd. 2, S. 218.
552 *Schlatter:* Jesus, S. 111.
553 *P. Hoffmann:* Toten, S. 313.

jüdische Vorstellung vom himmlischen Paradies.«[554] Die Unausgeglichenheit, die sein Denken hier zeigt, ist offenbar viel beträchtlicher als irgendwelche Unterschiede innerhalb der eigentlichen eschatologischen Vorstellungen.[555] Deshalb ist zu bezweifeln, ob man »überhaupt bei dem Apostel eine systematisch so klar durchdachte Anschauung von den letzten Dingen voraussetzen darf, wie Schweitzer es tut«[556]. Nicht nur Schweitzers Antworten also, schon seine Fragen lassen, wie kaum anders zu erwarten, jenes übermäßig stark ausgebildete systematisch-konstruktive Interesse erkennen, das auch seine Jesusforschung kennzeichnet. Die »innere Logik«, die er in diesen Dingen voraussetzt, beginnt hier unsachgemäß zu werden. Derartige Fragen und Erwägungen sind gewiß nicht aus der Luft gegriffen, aber sie führen nicht sehr weit, und die Antworten erweisen sich großenteils als nicht haltbar. Schweitzer will zuviel wissen.

e) Zu der soeben angeführten Stelle Phil 1, 23 bemerkt *Hoffmann* noch: von dem Gedanken der Christusgemeinschaft her werden Fragen wie die »des Verhältnisses von Zukunft und Jenseits« für Paulus »uninteressant«[557]. Die Frage ist nun, ob nicht bei Schweitzer umgekehrt das paulinische Bewußtsein der persönlichen Christusgemeinschaft, die Hauptsache also, trotz aller Betonung der »Mystik« zu kurz kommt. Es scheint nur ein einziger Autor zu sein, dem dieser Punkt aufgefallen ist, *W. T. Hahn*: »Schweitzer nimmt das ›mit Christus‹ nicht prägnant genug.«[558] Es verhält sich nämlich so, daß Schweitzer »das Mitsterben usw. nicht unmittelbar auf das Christusgeschehen bezieht, sondern zwischen dieses und die menschliche Existenz ›Auferstehungskräfte‹ einschaltet«[559]. »Handelt es sich aber beim Mitsterben usw. um ein Durchdrungenwerden von letztlich unpersönlichen Kräften, die von jenem Geschehen ausgehen, so besteht keine Gemeinschaft mit der Person des Christus in diesem Geschehen, sondern nur eine Entsprechung«[560] – eine sehr zutreffende und nicht unwichtige Beobachtung. Die Christusmystik des Paulus ist nach Schweitzer vor allem ein System. Seinen Zusammenhängen im einzelnen geht er nach, die so charakteristische Innigkeit des paulinischen Christusverhältnisses kommt bei ihm kaum zur Geltung.

f) Das Zurücktreten des persönlichen Christus in Schweitzers Paulusauffassung hat ein Seitenstück in der Art seiner Behandlung des göttli-

---

554 S. 322.

555 Schweitzers Auskunft, die hier eine »Überspannung der in der Mystik des Seins in Christo gegebenen Auferstehungserwartung« sieht (MP S. 136), reicht wohl nicht aus. Für die Annahme aber, daß Paulus hier »eine besondere Hoffnung« zu Worte kommen läßt, »die er für sich auf Grund seines Selbstbewußtseins hegt«, im Hinblick auf seinen zu erwartenden Märtyrertod (ebd.), also eine Ausnahmelösung, findet *Hoffmann* (S. 290; vgl. S. 21) keine Grundlage im Text. – Vgl. auch *Conzelmann:* Grundriß, S. 209.

556 *Mundle:* Christusmystik, Sp. 769.

557 *P. Hoffmann:* Toten, S. 315.

558 *W. T. Hahn:* Mitsterben, S. 77.

559 S. 75 f.

560 S. 77.

chen Wirkens. Dieser Sachverhalt wird wiederum nur von einem der stellungnehmenden Autoren zur Sprache gebracht, und zwar von *Kümmel*. Es kann nach ihm nicht zweifelhaft sein, »daß für Paulus Gott in allem Heilsgeschehen der Handelnde ist. Merkwürdigerweise hat Schweitzer diese treibende Kraft hinter allem paulinischen Denken übersehen.«[561] Das kommt nirgends so deutlich zum Ausdruck wie in jenem besonders schönen, aber eben doch unzulänglichen Bilde, auf das auch Kümmel hinweist: wie die unvergängliche Welt für Paulus »in aufeinanderfolgenden Stößen aus dem Ozean der Vergänglichkeit aufsteigt«. Erst am Ende dieses Prozesses wird auch für den Schweitzerschen Paulus Gott alles in allem sein, aber während des Verlaufs tritt dieser in auffallender Weise zurück. Nun mag der mehr oder weniger ferne Gott für die Apokalyptik wie für die Gnosis bezeichnend sein, für Paulus ist Gott doch immer der machtvoll wirkende Gott Israels, der Gott der Heilsgeschichte, der im einstweiligen Ruhestand nicht denkbar ist.

4. Daß sich bei Paulus nicht nur der Einfluß der rabbinischen Schulung zeigt, sondern daß er überhaupt die Erkenntnis (Gnosis) hoch schätzt, so daß das ganze Christentum bei ihm »bis zu einem gewissen Grade als ein Gedankenbau« erscheint, hatte schon *Wrede* betont[562]. Auch *Bousset* hat in ihm den »Mann des Gedankens, und zwar eines sehr reflektierten Denkens« gesehen. »Er ist nicht bloß der Praktiker, der seine Gedanken hinausschleudert, ohne sich irgendwie um ihre Einheit zu kümmern.«[563] Aber erst für Schweitzer ist Paulus »ein logischer Denker« und seine »Mystik ein vollendetes System«[564]. Die Ansichten über den Anteil des theoretischen Antriebs und Interesses bei dem Apostel gehen auseinander. Hinsichtlich der Christologie schätzt *Michel* diesen Anteil recht hoch ein: »Der Christus des Paulus ist auch aus der Auseinandersetzung mit fremder Spekulation und Gnosis und aus der eigenen Spekulation und Gnosis des Paulus herausgewachsen. Paulus ist gewiß Missionar und Praktiker, aber er ist auch Theologe und Theoretiker.«[565] Umgekehrt setzt *Goguel*, gegen Schweitzer gerichtet, den Akzent: Paulus ist ein Denker und Theologe, aber er ist vor allem Prediger und Missionar[566]. *J. Schneider* beanstandet, daß Schweitzer »die Entstehung der paulinischen Mystik so darstellt, als habe Paulus als Denker vor Problemen und Denkschwierigkeiten gestanden, die er dann durch die Entwicklung seiner mystischen Gedanken gelöst habe«.[567] Schweitzer verkennt übrigens keineswegs, daß die paulinische Erlösungslehre »in tiefem Denken und zugleich in unmittelbarem Erleben entstanden ist«, gerade darin sieht er ihre Einzigartig-

---

561 *Kümmel:* Enderwartung, S. 40.
562 *Wrede*, Paulus, S. 48.
563 *Bousset:* Herr, S. 68.
564 MP S. 140.
565 *Michel:* Entstehung, S. 332.
566 *Goguel:* L'Exégète, S. 155.
567 *J. Schneider:* Eschatologie, S. 125

keit.[568] Tatsächlich gilt jedoch sein Interesse einseitig dem Denken des Paulus.

Aber es geht hier nicht nur um das Ausmaß seiner theoretischen Einstellung überhaupt. Fragwürdig erscheint namentlich die auffallende Betonung des logisch-systematischen Elements. *Bultmann* hat entscheidend gegen Schweitzer einzuwenden, daß er »das Denken des Paulus als ein Spekulieren und Rechnen mit gegebenen Größen vorstellt«[569], und *Goguel* sieht Schweitzers Interpretation ein wenig nach schematischer Konstruktion aus.[570] In Wahrheit ist Paulus nicht so systematisch.[571] Er will, wie *Dibelius* hervorhebt, »mit seinem Denken nicht neue Erkenntnisse gewinnen, sondern ihm aufgedrängte (von Gott durch seine Bekehrung aufgedrängte!) Erkenntnisse rechtfertigen. Was sich zum Schluß ergibt, ist nicht ein System.«[572] [573] Diese Erklärung korrigiert wohl am besten die Art, wie Schweitzer aus seinem eigenen Hang zu einem für das Verständnis geschichtlicher Verhältnisse manchmal reichlich schematisch-systematischem Denken die Haltung des Apostels verzeichnet.

Nur zwei Bemerkungen seien dem Dargelegten noch hinzugefügt. Wenn Schweitzer Paulus vor allem als systematischen Denker versteht, so verdient in diesem Zusammenhang erwähnt zu werden, daß dessen Denken starke Spannungen, wenn nicht geradezu Widersprüche aufweist, was insbesondere die Anschauungen über das Gesetz, über die Prädestination und über das Wesen des sakramentalen Vorgangs, zumal bei der Taufe, betrifft. Ein wirklich systematischer Denker würde doch wohl versucht haben, ein wenig mehr auszugleichen und zu glätten.

Als Schweitzers größtes Verdienst in der Paulinischen Forschung gilt mit Recht die Ablösung des subjektivistisch-individualistischen Erlösungsbegriffs durch die Erkenntnis, daß es sich für Paulus um ein objektives und zugleich kollektives Geschehen handelt. Freilich stellt Schweitzer nun eben den dem Objektiven zugewandten Denker so einseitig in den Vordergrund, daß der ganze Mensch Paulus dahinter sehr zurücktritt. Gewiß lag eine Gesamtwürdigung des Apostels nicht innerhalb der Aufgabe, die Schweitzer sich vorgenommen hatte. Es dürfte jedoch angebracht sein, die auch von Schweitzer anerkannte »Größe seiner Persönlichkeit« vielleicht etwas mehr hervorzuheben. Paulus war in der Tat nicht nur ein bedeutender Denker und auch nicht nur der große Missionar, sondern diejenige Gestalt des ältesten Christentums, die uns am deutlichsten und eindrucksvollsten als Mensch entgegentritt, als ein ungemein komplexer Mensch mit seinem Widerspruch: ebenso bewegt wie fest, ebenso zart wie energisch. Welcher echte und noch so tiefe Mystiker könnte es an lebens-

---

[568] MP S. 375.
[569] *Bultmann:* Rezension, Sp. 1156.
[570] *Goguel:* L'Exégète, S. 153.
[571] S. 157.
[572] *Dibelius:* Glaube, S. 107.
[573] Den »systematischen Zug« beanstandet auch *W. Mundle:* Christusmystik, Sp. 767.

voller Dialektik mit diesem Manne aufnehmen, der sich seiner Schwachheit rühmt (2. Kor 11, 30) und sich zu denen rechnet, welche er (2. Kor 6, 8—10) beschreibt »als die Unbekannten und doch bekannt, als die Sterbenden und siehe, wir leben, ... als die Armen, die doch viele reich machen, als die nichts haben und doch alles haben«? Immerhin: wenn Schweitzer in seiner schlichten, sachlichen Weise über das Leiden des Paulus spricht, kommt dabei auch für die Persönlichkeit mehr heraus, als bei manchen früheren Erörterungen über dessen religiöse Erlebnisse.

5. Von dem oft verhandelten vielschichtigen Problem »Jesus und Paulus« bzw. »Paulus und Jesus« sei hier nur ein einziger Punkt ganz kurz gestreift. Schweitzer sieht vor allem, wie dargelegt, das ihnen Gemeinsame. Lediglich in der Eschatologie hebt er auch den Gegensatz hervor. Nachdem jedoch *Héring* gegen Schweitzer gezeigt hat, daß Paulus gar nicht die »gedoppelte« Eschatologie, sondern wie Jesus die »einfache« vertritt, rückt er damit noch näher an diesen heran, als selbst Schweitzer annahm.[574] Aber diese Verhältnisbestimmung ist einseitig; »so wichtig die eschatologische Frage ist, sie ist doch, auf das Ganze der paulinischen Geschichtsauffassung gesehen, nicht alles«[575], und erst recht nicht innerhalb seines gesamten theologischen Denkens. Sehr anders als von der Eschatologie aus stellt sich das Verhältnis dar, wenn man die Christologie nimmt. Dann liegt zwischen Jesus und Paulus jene tiefe Kluft, die *Gunkel* so anschaulich schilderte: auf der einen Seite der Jesus, der zunächst einmal eine prophetische Erscheinung, wenn auch der Endzeitprophet, war, wie immer sein Selbstbewußtsein sonst noch beschaffen gewesen sein mag, und auf der anderen Seite, bei Paulus, ein Christus, der bis zur Präexistenz und Beteiligung an der Weltschöpfung gesteigert ist. Kann der Abstand des paulinischen Denkens von der Einstellung Jesu größer überhaupt gedacht werden? Dieser Gesichtspunkt muß der so einseitigen Verhältnisbestimmung Schweitzers ergänzend hinzugefügt werden. Im ganzen genommen hat dieses Verhältnis letztlich *Wrede* doch richtiger gesehen: »Jesus weiß von dem, was Paulus das ein und alles ist, — nichts.«[576]

6. Wenden wir uns am Ende noch einmal demjenigen Anliegen Schweitzers zu, von dem er ausgegangen ist, Grundzüge der paulinischen Theologie aus der jüdischen Eschatologie zu erklären, so ist dieser Ansatz noch wieder durch *Wilckens* als »eine der wichtigsten und fruchtbarsten Hypothesen der letzten Jahrzehnte neutestamentlicher Forschung« beurteilt worden[577]. So sehr sicherlich die Eschatologie des Judentums an erster Stelle stehen muß, so bedauerlich ist nur die einseitige Stoßrichtung der Schweitzerschen Arbeit gegen die angemessene Berücksichtigung des

---

574 *Héring:* Saint-Paul, S. 315.
575 *Schrenk:* Geschichtsanschauung, S. 51.
576 *Wrede:* Paulus, S. 94.
577 *Wilckens:* Bekehrung, S. 287.

Hellenismus. Sie war spätestens zur Zeit seines zweiten Paulusbuches, im Grunde schon vorher, überholt infolge der »wesentlichen Erweiterung«, die der Begriff des Hellenismus durch die religionsgeschichtliche Forschung erfahren hat: »Nicht nur Stoa und Mysterienreligionen, auch iranische Mythen und jüdische kosmische Lehren gehören«, wie *Dibelius* bemerkt, »in seinen Bereich. Das Judentum als Ganzes, dem Paulus entstammt, kann nicht in einen ausschließlichen Gegensatz zum Hellenismus gebracht werden.«[578] *Bultmann* bezeichnet das Judentum des Paulus geradezu als »ein hellenistisches Judentum«, »in dem sich alttestamentliche Tradition, rabbinische Schriftgelehrsamkeit und hellenistische Motive – sowohl die vom hellenistischen Judentum übernommene Aufklärung wie orientalische Kosmologie und eschatologische Spekulation – mischen.«[579] Von einer durchaus gleichmäßigen Einschätzung aus kann Bultmann in der Rechtfertigungslehre die zentralen Gedanken des Paulus finden und zugleich erklären, daß der Apostel nicht nur mit seiner theologischen Begriffsbildung den Kult und die Mythologie hellenistischer Gemeinden voraussetze, sondern daß »er selbst positiv an der Hellenisierung des Christentums beteiligt« sei, ohne deshalb das Christentum an den Hellenismus auszuliefern[580]. Paulus vereinigt in sich »palästinensische und hellenistische Motive«, und es gehört zu seinem Werk, die Einheit zwischen palästinensischer und hellenistischer Gemeinde »fest gefügt« zu haben[581]. Daß Schweitzer nur die eine Seite und auch diese nur teilweise, allerdings großartig sieht, die andere aber, obgleich er sie doch weitgehend berücksichtigt, als hellenistisch leugnet, darin besteht der auffallendste Mangel seiner Sicht. Weil er die eine von beiden Seiten nicht wahrhaben will, kann er natürlich erst recht nicht sehen, daß hier keine einfache Addition, sondern eine sehr eigenartige Synthese, eine wirkliche Neuprägung vorliegt. Paulus ist nicht nur als Mensch eine »neue Schöpfung« geworden, er war auch religions- und geistesgeschichtlich selber ein Neuschöpfer, in einem umfassenderen Sinne, als Schweitzer anerkennt, wenn er Paulus als den Denker hinstellt, der die Eschatologie Jesu der inzwischen fortgeschrittenen Zeit entsprechend weitergebildet hat.

Der Sachverhalt der in der paulinischen Theologie erfolgten Neuprägung ist immer deutlicher geworden, obgleich er sich begrifflich nicht leicht fassen läßt. *G. Delling* hat das neuere Paulusverständnis von zwei Auffassungen abgehoben[582]: »Die eine interpretiert – z. T. in Nachwirkungen des 19. Jahrhunderts (vgl. z. B. A. Ritschl) – das Heilsverständnis bei Paulus primär von sog. ethischen Kategorien her – bis hin zur Auffassung des Glaubens als eines neuen Selbstverständnisses des Menschen –, die andere geht von einem bei Paulus vorausgesetzten Substanz- bzw. Raumdenkens aus, das man mit erlebnismäßigen Begriffen religiös zu deuten suchte (πνεῦμα, ›in Christus‹ usw).« Bei

---

[578] *Dibelius:* Glaube, S. 96.
[579] *Bultmann:* Urchristentum, 1932, S. 6.
[580] S. 4.
[581] S. 5.
[582] *Delling:* Paulusverständnis, S. 120.

Schweitzer sieht Delling in dem unverbundenen Nebeneinander der sog. Christusmystik und des Gedankens der Rechtfertigung beide Auffassungen zum Ausdruck kommen, während eine solche »Aufspaltung« heute durch ein neues Paulusverständnis überwunden wird. »Diesem erscheint die sog. mystische, erlebnismäßige Paulusinterpretation als ein radikales Mißverständnis des Paulus; die ›ethische‹ sieht immerhin nicht unwichtige Aspekte der Paulinischen Theologie, wenigstens sofern sie nicht dialektisch den Glauben von der Heilsgeschichte (im eigentlichen Sinn des Wortes) löst.«[583]

Es erscheint jedoch fraglich, ob diese an sich sehr instruktiven Bestimmungen geeignet sind, gerade Schweitzers Leistung angemessen einzuordnen und zu bewerten. Der vorliegende Abschnitt ist von einem engeren Mystikbegriff ausgegangen, der zwar in naher Beziehung zum »Raumdenken« steht, aber das »Substanzdenken« unberührt ließ. Von da aus ergab sich, daß Schweitzers Paulusdeutung trotz seiner Terminologie gar nicht die mystische ist, daß im Gegenteil in der entschiedenen Distanzierung des Paulus von der eigentlichen Mystik sogar ein wesentliches Verdienst Schweitzers gesehen werden muß, während ein Einschlag des Substanzdenkens allerdings in Schweitzers Paulus gegeben, aber eben nicht nur bei diesem, sondern, was vor allem einen bestimmten Zug seiner Sakramentsauffassung betrifft, bis zu einem gewissen Grade bei dem geschichtlichen Paulus selbst zu verzeichnen ist. Was aber die »ethische« Paulusinterpretation anlangt, so zeigt sich der Mangel der Schweitzerschen Ansicht wohl weniger in der Abspaltung einer »mystischen« Auffassung als vielmehr in der Geringschätzung der Rechtfertigungslehre an sich. Die »ethische« Auffassung erkennt Delling bis zu einem gewissen Grade an, sofern sie nicht den Glauben von der »Heilsgeschichte« löst. Mit diesem letzten Begriff, mag er noch so problematisch sein, wird hier noch einmal ein entscheidend wichtiges Element genannt: entscheidend für das Verständnis des paulinischen Denkens selbst und zugleich den entscheidenden Mangel des Schweitzerschen Paulusbildes bezeichnend. Schweitzer hat die mystische Paulusdeutung erfolgreich abgewehrt, und er hat den gnostischen und den apokalyptischen Paulus eindrucksvoll herausgearbeitet, jedoch eine Leerstelle dort gelassen, wo die »heilsgeschichtliche« Sicht, oder wie immer man dieses bei ihm zu kurz kommende Element nennen will, zur Geltung gebracht werden müßte. Das heilsgeschichtliche Element aber läßt sich nicht aus einem richtigen Verhältnis des Mystischen und des Ethischen gewinnen, es stellt vielmehr eine selbständige grundlegende Kategorie dar.[584]

Obgleich »Die Mystik des Apostels Paulus« nicht so berühmt geworden ist wie die »Geschichte der Leben-Jesu-Forschung«, hat man sie manchmal bei weitem über diese gestellt. *Seaver* nennt die »Mystik« das größere Werk, »größer in seiner Weite, größer in seiner Tiefe, größer in seiner Gelehrsamkeit und viel größer in seiner Originalität«[585]. Dieser Vergleich bedarf der Korrektur und der Ergänzung. An Weite und Gelehrsamkeit dürfte die Geschichte der Jesusforschung keineswegs zurückstehen, und

---

583 S. 120 f.

584 O. *Michel* (Christus, S. 14, Anm. 8) erklärt: »Die theologische Ausdrucksweise des Paulus arbeitet mit dem Material, das sowohl die spätjüdische Apokalyptik als auch die hellenistische Mystik ihm darboten. Inhaltlich bringt er eine Sache, die weder von hier aus noch von dort aus verstanden werden kann.« Gemeint ist sicherlich, daß Paulus aus Apokalyptik und Hellenismus nicht *vollständig* erklärt, abgeleitet werden kann: denn *ohne* beide ist er ja bestimmt *nicht* zu *verstehen.*

585 *Seaver:* Schweitzer, S. 266. (Die engliche Originalausgabe hat dem Verfasser nicht vorgelegen.)

hinsichtlich der Originalität läßt sich mindestens streiten, insofern seine neu- und eigenartige Betrachtung ja doch zuerst an Jesus durchgeführt wurde. Wenn man jedoch Tiefe als Reife versteht, so verdient das Pauluswerk sicherlich den ersten Platz. Auch dürfte es in noch höherem Grade aus einem Guß sein. Sein wichtigster Vorzug aber ist in anderer Richtung zu sehen, in der erkenntnismäßigen Geltung des Gehalts. *Kümmel* hat die größere Schätzung, welche Schweitzers Jesus- und Paulusdeutung in der neueren neutestamentlichen Forschung im Vergleich mit der Zeit seiner Anfänge genießt, auf die veränderte allgemeine Bewußtseinslage zurückgeführt. Was indessen das Paulusbuch betrifft, so müßte wohl in erster Linie in Anschlag gebracht werden, daß es nicht wie Schweitzers Jesustheorie eine sehr fragwürdige und seit langem beiseitegelegte Hypothese darstellt, sondern in viel stärkerem Maße wertvolle, ja, grundlegende und weittragende positiv zu beurteilende wissenschaftliche Thesen und Aspekte bietet, wie sie gerade auch von Kümmel hervorgehoben worden und ganz unabhängig von Zeitströmungen als gültig anzuerkennen sind. Es war weniger sensationell und hat weniger Wellen geschlagen als das Jesuswerk, aber es ist ihm ein erheblich höherer Erkenntniswert zuzuschreiben. Während die bleibende Bedeutung bei jenem hauptsächlich in der kritischen Darstellung der Geschichte der Forschung bestand, liegt der Schwerpunkt der paulinischen Forschung Schweitzers in seiner eigenen Deutung. Das Pauluswerk gehört deshalb ohne Zweifel zu den bedeutendsten Büchern über den Apostel, und das Prädikat »genial«[586] ist kaum zu hoch gegriffen. Entschieden zurückgewiesen werden muß allerdings eine Beurteilung im absoluten Superlativ, wie sie wiederum Seaver zum Ausdruck bringt. Danach wäre es »bei weitem die bedeutendste Untersuchung über das Denken des Apostels«, die nicht nur »jemals hervorgebracht worden ist«, sondern »die aller Wahrscheinlichkeit nach jemals hervorgebracht werden kann«[587]. Abgesehen davon, daß sich der Zukunft nicht in solcher Weise vorgreifen läßt, sind bei diesem Urteil nicht die schwerwiegenden Mängel in Rechnung gestellt, welche die positiven Seiten nicht ganz vergessen machen. Die Einseitigkeit des Schweitzerschen Interesses hat zwar in diesem Falle zur Aufdeckung wichtiger Elemente und Verhältnisse geführt, aber eben doch auch hier das Entstehen eines völlig abgewogenen und wirklich abgerundeten endgültigen Paulusbildes verhindert.

Was ungeteilte Anerkennung verdient, ist die Form dieser Darstellung. Daß ein so schwieriger Stoff ohne Verkürzung oder Verflachung so verständlich und geradezu durchsichtig gemacht wird, kommt sehr selten vor, zumal in Verbindung mit einer derart eigenständigen Betrachtungsweise. Schweitzer hat wie in der Geschichte der Jesusforschung so auch in seiner »Geschichte der Paulinischen Forschung« William Wrede ein Denkmal gesetzt, indem er von der »einzigartigen Schönheit« seines Paulus-

---

586 *Weber:* Rezension, Sp. 407. – *J, Schneider:* Eschatologie, S. 111.
587 *Seaver:* Schweitzer, S. 267.

büchleins spricht, das er, wie schon erwähnt, zur »Weltliteratur« rechnet. Nun ist dies kein streng definierter Begriff und die Zurechnung dazu mancherlei Zufälligkeiten ausgesetzt. Aber vergleichsweise wird man sagen dürfen, daß »Die Mystik des Apostels Paulus« dem Wredeschen »Paulus« mindestens ebenbürtig ist. Nicht nur vorbildliche Allgemeinverständlichkeit, große Originalität und bedeutsame neue Erkenntnisse sind Schweitzers Werk nachzusagen, nicht zuletzt ist auch ihm eine eigenartige, einzigartige Schönheit eigen.

VI. Verzögerung und Ausbleiben der Parusie in der weiteren Geschichte des Christentums

Schweitzers These der schon von Jesus erlebten und als Motiv in sein Denken und Wirken eingehenden Verzögerung der erwarteten Parusie hat sich nicht durchsetzen können. Aber daß die Parusieverzögerung für die erste christliche Generation zu einem Anliegen und Problem wurde, ist unverkennbar. Kaum jemand wird heute noch die Ansicht von *Michaelis* teilen, daß der einzige Beleg für die Sorge wegen der Verzögerung oder des Ausbleibens der Parusie im Neuen Testament eine Stelle des 2. Petrusbriefes (3, 1 ff.) sei[588], während es in den Synoptikern keinen Anhaltspunkt für eine Beschäftigung mit diesem Gedanken gebe[589]. Daß schon der älteste Evangelist »unter dem Eindruck der sich verzögernden Parusie steht und ihr hier und da Rechnung trägt« (*Gräßer*[590]), und daß dann »Lukas auf das Festhalten der Naherwartung entschlossen verzichtet« und dadurch zu einer neuen Schau der Geschichte bis zu dem in die Ferne gerückten Ende gelangt (*Conzelmann*[591]), gehört zum gesicherten Erkenntnisbestand.

Schweitzer ist darüber jedoch sehr erheblich hinausgegangen, indem er diesen hinsichtlich der älteren Gemeinde fraglos äußerst fruchtbaren Gesichtspunkt auch auf die weitere Entwicklung übertrug: »Die ganze Geschichte des ›Christentums‹ bis auf den heutigen Tag, die innere wirkliche Geschichte desselben, beruht auf der ›Parusieverzögerung‹, d. h. auf dem Nichteintreffen der Parusie, dem Aufgeben der Eschatologie, der damit verbundenen fortschreitenden und sich auswirkenden Enteschatologisierung der Religion.«[592] [593] Von *M. Werner*[594] wurde die damit ange-

588 *Michaelis:* Verzögerung, S. 107.
589 S. 123.
590 *Gräßer:* Parusieverzögerung, S. 219.
591 *Conzelmann:* Mitte, S. 127.
592 LJ S. 407.
593 Die »Enteschatologisierung wurde seinerzeit von *Stephan* (Rezension, Sp. 1547) als Wortungeheuer getadelt. Der Begriff war aber offenbar so unentbehrlich, daß er sich durchgesetzt hat und heute beinahe selbstverständlich wirkt.

regte Sicht für die Dogmengeschichte durchgeführt, und Schweitzer selbst gab einen in diesem Sinne gehaltenen Überblick in dem Aufsatz »Die Idee des Reiches Gottes im Verlaufe der Umbildung des eschatologischen Glaubens in den uneschatologischen« (1953). »Von der zweiten Generation an ist das Anbrechen des Reiches für die Gläubigen zu einem in die Ferne entrückten Ereignis geworden. In den späteren wird die Ferne zur unendlichen Ferne.«[595] »Das spätere Christentum wird aus der Religion des Glaubens an das Reich Gottes die des Glaubens an die Auferstehung und der Sündenvergebung. Aus dem lebendigen Glauben an das Reich Gottes wird ein unlebendiger.«[596] Im »neuzeitlichen protestantischen Christentum erwacht der Glaube an das Reich Gottes zu neuem und neuartigem Leben, indem es für ihn aus einer eschatologischen, kosmischen, einmal von selbst kommensollenden Größe zu einer uneschatologischen, geistig-ethischen wird, an deren Verwirklichung die Menschen mitzuarbeiten haben.«[597]

So richtig diese Charakteristik der Entwicklung des Christentums im großen fraglos ist und sowenig das Ausbleiben der Parusie als *ein* möglicherweise heranzuziehender Gesichtspunkt übersehen werden darf, ein so einseitiges Ergebnis erhält man, wenn darin, wie bei Schweitzer und Werner, der einzige Faktor und Motor der Entwicklung erblickt wird, »das eine große Problem, mit dem sich das Urchristentum abgequält habe«[598]. »In dieser Einseitigkeit und Übertreibung« sieht *H. Schuster* mit Recht »den Kardinalfehler der ganzen Betrachtung. Einen solchen Passepartout für die Geschichte gibt es nicht.«[599] Aber eine derartige Auffassung stellt nicht nur eine bedenkliche Simplifizierung des sehr komplexen Sachverhalts dar, sie ist auch allzu rationalistisch, schematisch und negativ, als ob das Leiden unter dem Nichteintreffen der Parusie auf dem Wege der Problemlösung zu einer Ersatzbeschaffung geführt hätte. Den wirklichen Atem der Geschichte hat *Cullmann* weit besser wahrgenommen, wenn er betont, wir dürften »nicht meinen, die Christen hätten sich enttäuscht hingesetzt und darüber nachgegrübelt, wie es sich erkläre, daß Jesus das Ende für die Zeit seiner Generation vorhergesagt hat, wo dieses doch nicht eingetroffen sei. Die Einschaltung einer gedehnten Zwischenzeit in eine Heilsgeschichte war nicht ein theologisches Fündlein, nicht eine ›Verlegenheitslösung‹. Sie war überhaupt nicht primär *Lösung eines Problems,* sondern heilsgeschichtliche *Deutung* neuer Ereignisse.«[600] »Nicht die Enttäuschung und nicht ein auf Enttäuschung beruhendes Nachdenken, sondern die Freude über jene Ereignisse«, die inzwischen eingetre-

[594] *M. Werner:* Entstehung.
[595] IR S. 3.
[596] S. 5.
[597] S. 16.
[598] *Cullmann:* Heil, S. 218.
[599] *Schuster:* Eschatologie, S. 20.
[600] *Cullmann,* Heil, S. 221.

ten waren, hat hier Geschichte gemacht. Gemeint sind die Erfahrungen von Ostern und Pfingsten. Diese Geschichtsbetrachtung ist auch dann überzeugender als die der konsequenten Eschatologen, wenn man das Osterereignis nicht als Auferstehung im ursprünglichen und eigentlichen Sinne, sondern als die Entstehung des Glaubens an den Auferstandenen nimmt. Das Gleiche gilt für Pfingsten. Cullmann urteilt: »Der Heilige Geist ist nicht als ein Parusieersatz erfunden worden, sondern er wurde als Realität erlebt.« Diesem Satze wird auch der zustimmen können, der dieses Erlebnis nicht dogmatisch, sondern phänomenologisch versteht. Schon die Geschichte des alten Christentums ist jedenfalls viel reicher, als Schweitzers Schema anzunehmen erlaubt. Wichtiger als das Ausbleiben der Parusie findet Cullmann, um das Schwächerwerden der eschatologischen Haltung zu erklären, das Aufhören der Geisterfahrungen und den Hellenisierungsprozeß.[601] Erst recht unzulänglich und unzutreffend ist es, wenn Schweitzer und ihm folgend Werner das Problem der Parusieverzögerung als hauptsächlichen Hebel bei der Deutung der späteren Entwicklung benutzen. Damals hatte sich der Strom der christlichen Geschichte längst selbständig gemacht, er wurde aus vielerlei Zuflüssen gespeist und bedurfte nicht mehr eines einzigen aus der Reflexion stammenden Antriebs.

Die Wernersche Geschichtskonstruktion steht außerhalb der diesem Buch gesteckten Grenzen, und Schweitzer selbst hat seine Anregung nicht mehr im einzelnen auf die spätere Entwicklung angewandt. Hier sollte dieses von ihm in die Diskussion eingeführte problematische historische Motiv lediglich kurz gesondert herausgestellt werden: als ein interessanter und wie gesagt bis zu einem gewissen Grade sehr fruchtbarer Gesichtspunkt, der aber, verabsolutiert, eben auch als sehr einseitig und simplifizierend zu beurteilen ist, viel zu rationalistisch-schematisch gedacht, wie so oft, wenn Schweitzer es mit der Geschichte zu tun hat. Anders wird das Urteil lauten, sobald man den Bereich der Geschichte verläßt und sich der systematischen Fragestellung zuwendet.

---

[601] *Cullmann:* Eschatologie, S. 372 ff.

ZWEITES KAPITEL

Der theologische und religionsphilosophische Standort Schweitzers und sein Verhältnis zum Christentum

I. Die Enteschatologisierung und die je aktuelle Bedeutung Jesu

Welche Konsequenzen hat Schweitzer aus seinem historischen Jesusbild für den Menschen im allgemeinen gezogen? Was bedeutet die Person Jesu für Schweitzer selbst, was vermag sie überhaupt auf seinem Standpunkt noch zu bedeuten, und wie ist diese Bedeutung zu beurteilen? Welche Funktion für unser Leben kommt einem Jesus zu, der in einer so fremden Gedankenwelt lebte und sich bezüglich der im Vordergrund seines Sinnens und Trachtens stehenden Zukunftserwartung so vollständig irrte, wie es sich Schweitzer ergeben hat? Welchen Wert kann ein solcher Jesus für die Fragen und Nöte des Menschen der Gegenwart besitzen? Und *daß* dieser Jesus sich in einem äußerst schwerwiegenden Irrtum befunden hat, läßt sich ja keinen Augenblick verkennen.[1] Wie hat man früher an einigen Jesusworten herumgedeutelt, um den Christus und Gottessohn nicht eines Irrtums zeihen zu müssen! Und wie ist man dabei vor allem mit dem Begriff der Parusie des Christus, der Ankunft des Herrn in seiner Herrlichkeit, umgesprungen, um die ganze Verlegenheit ein für allemal aus der Welt zu schaffen! Das bekannteste Beispiel eines derartigen Verfahrens bildet die Stellungnahme *Karl Barths* in seinem »Römerbrief«: »Will das unnütze Gerede von der ›ausgebliebenen‹ Parusie denn gar nie aufhören? Wie soll denn ›ausbleiben‹, was seinem Begriff nach überhaupt nie ›eintreten‹ kann?«[2] Barth nennt die Erwartung eines eigentlichen »Endes« »die Erwartung eines groben, brutalen

[1] Freilich meint selbst noch ein so ernstzunehmender Neutestamentler wie *W. Michaelis*, »auch die Schwierigkeit, die durch das Wort Mark. 9,1 entstehen kann (einmal unterstellt, daß dies Wort wirklich eine genaue Befristung des Jüngsten Tages enthält)« — was Michaelis seltsamerweise bestreitet — halte »sich in so engen Grenzen, daß es uns als vermessen erscheinen müßte, wollten wir daraufhin behaupten, Jesus habe sich geirrt« (Herr, S. 59). Dagegen kann es nach *Kümmel* »keine Frage sein, daß diese Voraussage Jesu nicht eingetreten ist, und es ist darum unmöglich zu behaupten, Jesus habe sich in dieser Frage nicht geirrt« (Verheißung, S. 141). Und auch *Cullmann* erklärt, es müsse »wohl dabei bleiben, daß Jesus zu diesem Punkt gelegentlich Voraussagen gemacht hat, die in ihrem präzisen Sinn nicht eingetroffen sind« (Reich, S. 445; vgl. auch: Hoffnung, S. 391).

[2] *Barth:* Römerbrief², S. 484.

theatralischen Spektakels«[3] und er ersetzt diese Ausrichtung auf einen einzelnen Augenblick in der Zukunft durch die Besinnung auf »den ewigen Augenblick der Erscheinung, der Parusie, der Gegenwart Jesu Christi«[4]. »Von der *wirklichen* Endgeschichte wird zu *jeder* Zeit zu sagen sein: ›Das Ende ist nahe‹.«[5] Diese Einnebelung des springenden Punktes konnte nicht weiterführen; denn in Wahrheit schließt der Begriff der Parusie ihr Eintreten selbstverständlich *nicht* aus, im Gegenteil, an ein Nichteintreten haben, soviel wir wissen, Jesus und Paulus nicht einmal von ferne gedacht. Durch eine solche begriffliche Manipulation war die Angelegenheit nicht zu bereinigen.

Zu dieser später durch ihn selbst widerrufenen Stellungnahme Barths stellt diejenige Schweitzers den äußersten Gegensatz dar. Kein anderer Theologe hat nicht nur das Irren Jesu betreffs der Naherwartung, sondern auch das damit verbundene Scheitern der Eschatologie überhaupt so schonungslos eingestanden und so angelegentlich herausgestellt wie er. Bereits in seiner ersten Arbeit über diesen Gegenstand spricht er es aus, daß mit Jesu Tod »seine Eschatologie unmöglich wird«[6]. In der ersten Auflage des Hauptwerkes wählt er dann zur Kennzeichnung des Fiaskos Jesu einen unüberbietbar harten Ausdruck: »Statt die Eschatologie zu bringen, hat er sie vernichtet«[7]. In der Neubearbeitung wird zwar diese schroffe Formulierung aufgegeben, in der Sache selbst aber um nichts zurückgesteckt. Auch hier ist das von Schweitzer angenommene »gewaltsame Hereinzerren der Eschatologie in die Geschichte« »zugleich ihre Aufhebung«[8]. Freilich tritt neben diese Feststellung nunmehr eine positive Betrachtung, die uns noch beschäftigen wird, die jedoch keineswegs einen Abstrich an jenem negativen Ergebnis selbst und seinen Folgen bedeutet. *J. Moltmann* hat Schweitzers auf unsere Lage bezügliche Ansicht mit dem Satze beschrieben: »Die Erfahrung von zweitausend Jahren ausgebliebener Parusie macht heute Eschatologie unmöglich.«[9] Und das ist ja nicht nur Schweitzers Meinung, auch *Bultmann* hat es klipp und klar ausgesprochen: »Die mythische Eschatologie ist im Grunde durch die einfache Tatsache erledigt, daß Christi Parusie nicht, wie das Neue Testament erwartet, alsbald stattgefunden hat, sondern daß die Weltgeschichte weiterlief und — wie jeder Zurechnungsfähige überzeugt ist — weiterlaufen wird.«[10]

Es erscheint allerdings verständlich, daß die Theologie solches Tabularasa-machen nicht einstimmig gebilligt hat. Schweitzers klare radikale

---

[3] ebd.
[4] S 483.
[5] S. 60.
[6] ML S. 97.
[7] RW S. 367.
[8] LJ S. 437.
[9] *Moltmann:* Hoffnung, S. 33.
[10] *Bultmann:* Entmythologisierung, S. 18 f.

Haltung wurde für Verständnislosigkeit gehalten. *Moltmann* etwa nennt es »das Erschreckende an Schweitzers Werke«, »daß ihm jeder Sinn für Eschatologie abging«[11], und schon *Holmström,* wie wohl den meisten Betrachtern, stellt sich der Sachverhalt so dar, daß durch die Katastrophe des Ersten Weltkriegs der »innerweltliche Kulturoptimismus« erst zerbrochen werden mußte, um der urchristlichen Eschatologie Geltung zu verschaffen.[12] Schweitzers eigenes Christusbild erscheint Holmström als »ein rationalistisches Erbe der modernen Humanitätsreligion«.[13] Insbesondere der Sinn des Todes Jesu wird »bei Schweitzer durch die verstümmelte Perspektive der liberalen Christologie verdeckt und in einen Unsinn verdreht«[14]. Als verstümmelt stellt sich dem Autor diese Perspektive dar, weil das Todesereignis auf Golgatha »als nur ein tragisches und totales Fiasko« gedeutet wird, weil Schweitzer »gar nicht mit Auferstehung und Erhöhung als geschichtlich denkbaren Realitäten rechnet«, »weil er selbst als ganz selbstverständlich die liberale Auffassung von Jesus als einem ›bloßen Menschen‹ noch teilt«[15]. Es läßt sich auch nicht bestreiten, daß Schweitzers Sicht in der Tat zum Teil mit den Begriffen Kulturoptimismus, Rationalismus, Liberalismus in Verbindung gebracht werden kann. Mit einer derartigen Etikettierung ist hier indessen nicht viel gewonnen. Wenn die Auferstehung, wie heute ziemlich allgemein zugestanden wird, theologisch im Zusammenhang des eschatologichen Geschehens gesehen werden muß, so ist doch dem Historiker nicht zuzumuten, daß er sich eine solche glaubensmäßige Anschauungsweise ohne weiteres zu eigen macht. Wenn er sich auf die Ereignisse der raumzeitlichen Dimension und dem Analogieverfahren zugängliche Verhältnisse beschränkt und die »Auferstehung« als grundsätzlich innerhalb der immanenten Wirklichkeit bleibende Erlebnisse der gläubigen Jünger versteht (auch wenn sie im einzelnen unerklärlich sind) — das sollen die Anführungszeichen, mit denen der Begriff Auferstehung von Schweitzer versehen wird, doch wohl besagen —, so teilt er diese Einstellung nicht nur mit der liberalen Theologie, sondern mit jedem historisch-kritischen Denken.[16] Daß darin eine bestimmte Voraussetzung liegt, ist zuzugeben, anzuerkennen aber auch deren Unentbehrlichkeit und weitgehende prak-

---

11 *Moltmann:* Hoffnung, S. 32.
12 *Holmström:* Denken, 1936, S. 179.
13 S. 84.
14 S. 123.
15 *Holmström:* Denken, 1934, S. 323.
16 Wenn *Grabs* (Schweitzer [Denker], S. 172 f.) meint, es sei »aufschlußreich«, daß Schweitzer sämtliche Worte wie »Auferstehung«, »Osterbotschaft«, »Osterglaube«, »Ostererlebnis« in Anführungszeichen schreibt, so kann man das gelten lassen, aber eben doch nur in dem Sinne, daß als aufschlußreich hier das nahezu Selbstverständliche bezeichnet wird, das, was jedenfalls selbstverständlich sein sollte. Schweitzer: »Daß das ›Geschichtliche‹ und ›Wirkliche‹ des Berichteten in Visionen und nur in solchen besteht und bestehen kann, wird in manchen ›kritisch-historischen‹ Arbeiten nicht mehr mit der wünschenswerten Klarheit ausgesprochen« (LJ S. 630).

tische Geltung innerhalb der historischen Arbeit. Gewiß wäre ein Forscher ohne jedes Verständnis für verwickelte seelische Geschehnisse und die Eigenart religiösen Erlebens hier fehl am Platze[17]. Daß überdies die Ostererlebnisse rein historisch gesehen den Angelpunkt des christlichen Glaubens bilden, ist heute wiederum allgemein anerkannt. Aber wie immer man darüber denken mag, der Umstand, daß Schweitzer auf dem Boden der für die historisch-kritische Methode grundlegenden Voraussetzungen eines Ablaufs der Ereignisse im Rahmen der raumzeitlichen Kausalität steht, rechtfertigt allein noch nicht, seinen Standpunkt als ein Steckenbleiben im Liberalismus anzusehen.

Was nun die Eschatologie im engeren Sinne betrifft, so entsteht die Frage, ob ihr gegenwärtiger Stand so beschaffen ist, daß dem, der sich von ihr distanziert, dies verdacht und als Rationalismus und Liberalismus ausgelegt werden darf, was hier einer entschiedenen Disqualifizierung gleichkommt. Für die Zeit, in der Schweitzer aufgewachsen ist und dann seine Arbeiten über Jesus geschrieben hat, galt freilich in der Tat das von *Ernst Troeltsch* erwähnte Wort eines »modernen Theologen«, »das eschatologische Bureau sei heutzutage zumeist geschlossen«[18]. Inzwischen ist das jedoch bekanntlich ganz anders geworden, es ging während der letzten Jahrzehnte in dem besagten Büro ein und aus wie in einem Taubenschlag. Nur fragt es sich — und das wäre hier zunächst die eigentliche Frage — was bei diesem Betrieb herausgekommen ist.

Die Ersetzung der in der Zukunft liegenden Endzeit mit der Parusie des Christus durch eine Eschatologie des »ewigen Augenblicks«, einer Parusie, der wir nicht näherkommen, sondern »zu jeder Zeit« nahe, gleich nahe sind, war bei *Barth* in seiner zweiten Bearbeitung des Römerbriefs eine zwar sehr wirkungsvolle, aber vorübergehende Stellungnahme, entstanden unter dem Einfluß des Platonismus, exegetisch gesehen eine ausgesprochene Verschlimmbesserung. In der ersten Auflage dieses Werkes hatte er noch ganz unbedenklich von einer »Geschichte Gottes auf Erden« gesprochen, die »eine Reihe von verschiedenen Phasen durchläuft«[19] und dementsprechend von einer »anderen« Stunde, die

---

[17] *H. J. Ebeling* (Messiasgeheimnis, S. 105 ff.) ruft dem Historiker, der die Gewißheit antrifft: »Der Auferstandene selbst, der den Jüngern begegnete, hat diesen Glauben erweckt und begründet« ein Halt für sein Bemühen zu erklären zu und weist auf Visionen Mohammeds und visionäres Erleben Augustins als analoge Beispiele hin. Damit dürfte jedoch unter dem wissenschaftlichen Gesichtspunkt zuviel gefordert und zugleich dem Anliegen des christlichen Glaubens zuwenig gegeben werden. Wohin würde es führen, wenn vom Religionsgeschichtler verlangt werden sollte, alle berichteten Erlebnisse als tatsächliche Berührung mit einer transzendenten Realität zu verstehen, bei der die Zuständigkeit der Kritik aufhört? Was wäre andererseits dem christlichen Glauben damit gedient, daß die Auferstehung Jesu auf eine Ebene mit den Phänomenen der übrigen Religionsgeschichte gestellt wird? Zweifellos ist doch dem Glauben die Auferstehung Jesu Christi etwas schlechthin Einzigartiges, das dem Historiker durch keinerlei Parallelen nähergebracht zu werden vermag.

[18] *Troeltsch:* Glaubenslehre, S. 36.

[19] *Barth:* Römerbrief[1], S. 393.

kommen wird, »da wird der neue Himmel und die neue Erde, deren wir jetzt warten, vorhanden sein«[20]. Und in der »Kirchlichen Dogmatik« hat er dann die »transzendentale«, »überzeitliche« Eschatologie wieder aufgegeben und sogar ausdrücklich vor ihr gewarnt.[21] Von *Bultmann* dagegen wurde sie nach wie vor unentwegt vertreten. Zwar kann für ihn als Historiker »kein Zweifel sein, daß Jesus wie seine Zeitgenossen ein gewaltiges eschatologisches Drama erwartet hat«[22], und so stellt er in seiner »Theologie des Neuen Testaments« Jesu hierauf bezügliche Verkündigung durchaus realistisch dar. Dem Hermeneuten Bultmann dagegen ist dieses Drama ein Mythos und »das Ereignis des Kommens der Gottesherrschaft« »nicht eigentlich ein Ereignis im Ablauf der Zeit, das einmal kommt«. »Steht der Mensch in der Entscheidung und charakterisiert ihn eben dies wesentlich als Menschen, so ist ja immer letzte Stunde.«[23] Dieselbe Einstellung findet sich bei *Tillich:* »Das Eschaton« »als Endkatastrophe ist eine Mythologisierung«[24]. Das Eschaton, wie er es meint, »ist nicht mehr ein Gegenstand der Phantasie über eine unendlich ferne (oder nahe) Katastrophe in Raum und Zeit, sondern Ausdruck« »für die Tatsache, daß wir in jedem Augenblick vor dem Angesicht des Ewigen stehen«[25]. Diese »transzendentale«, »überzeitliche«, »präsentische«, »aktuelle« Eschatologie ist nun gewiß nicht nur dazu bestimmt, den toten Punkt der nichtgeschehenen Parusie zu überwinden; sie hat noch tiefere Gründe. Sie soll einmal überhaupt den mythischen Charakter der herkömmlichen Eschatologie beseitigen helfen, und sie soll die Eschatologie vor allem aus der mehr oder weniger neutralen Vorstellung und uns verhältnismäßig unbeteiligt lassenden Erwartung eines ungewissen fernen zukünftigen Geschehens und Zustandes zu einem uns unmittelbar angehenden existentiellen Anliegen in der Gegenwart werden lassen: in jedem Augenblick steht der Mensch vor dem »Letzten«, hat er sich für oder gegen das Ewige zu entscheiden. Prüft man aber, ob ein solches Transponieren von der zeitlichen Ebene ins Nichtzeitliche bzw. Überzeitliche, je Gegenwärtige möglich ist, so fällt das Ergebnis negativ aus.

Besonders O. *Cullmann* hat in der Auseinandersetzung mit der überzeitlichen, das Futurum des Kommens im realen Sinne ausschließenden Eschatologie überzeugend gezeigt, daß Eschatologie im christlichen Bereich »ein ganz und gar temporaler Begriff« ist. »Alles Reden von Eschatologie, sofern es deren ganz und gar linear-zeitlichen Charakter mißachtet, hat in Wirklichkeit mit Eschatologie nichts mehr zu tun. Der

---

[20] S. 394.
[21] *Barth:* Kirchliche Dogmatik, Bd 1, 2. S. 55 f. Bd 2, 1. S. 716.
[22] *Bultmann:* Jesus, S. 36.
[23] S. 47.
[24] *Tillich:* Verwirklichung, S. 138.
[25] *Tillich:* Theologie, Bd 3, S. 447.

temporale Zukunftscharakter ist aufrechtzuerhalten«[26], eine Forderung, die nicht stark genug unterstrichen werden kann. Das Wort Eschatologie hat etymologisch »nur eine temporale Bedeutung«. Mit vollem Recht erklärt deshalb Cullmann: »Wenn aber — wie dies in der Bultmann-Schule geschieht — gerade das Zeitliche in dem durch den Ausdruck ἔσχατα gemeinten Sinn aufgegeben wird, so sollte man konsequenterweise auch den Terminus aufgeben.« »Die Worte ›Eschatologie‹ und ›eschatologisch‹ beziehen sich auf die *Endzeit,* nicht auf die *Entscheidungszeit.* Gewiß ist die Endzeit Entscheidungszeit, aber nicht jede Entscheidungszeit ist Endzeit.«[27] Mit Bezug darauf, daß *Bultmann* in seinem überzeitlichen Sinne dennoch von »echter Zukunft« spricht, stellt auch *Althaus* fest: »Die ›echte Zukunft‹ ist auf alle Fälle zeitliche Zukunft.«[28]

Gerade *Cullmann,* der sich für die Linie der Zeit als Voraussetzung jeder echten Eschatologie so nachdrücklich eingesetzt hat, schwächt andererseits die Tragweite der Parusieverzögerung und die Bedeutung der Parusie überhaupt auch selbst wieder auffallend ab, wobei der Name dieses Theologen nur als hervorragendes Beispiel für eine verbreitete Tendenz steht. Die Parusie wird zwar als endzeitliches Ereignis nicht aufgegeben, jedoch in den Hintergrund gerückt, zu einer Nebensache gemacht gegenüber der Hauptsache, dem, was schon geschehen *ist,* der Auferstehung Jesu von den Toten. Für die Gläubigen liegt das Zentrum des Glaubens seit dem Ostergeschehen nicht mehr in der Zukunft; das Entscheidende hat sich bereits ereignet, die Verheißung hat sich erfüllt, ist Wirklichkeit geworden. Nur das Ende, die letzte Vollendung steht noch aus. Ob diese nun früher oder später eintritt, ist nicht primär wichtig. Das gilt auch noch für unsere Tage. Indem Jesus nicht im Tode geblieben, sondern als der Lebendige offenbar geworden ist, können die an ihn Glaubenden gewiß sein, daß der Tod für sie nicht das letzte Wort behalten wird. Sie haben seinen Geist und dürfen getrost auf das Ende hoffen. Wenn diese Sicht auch nicht die des geschichtlichen Jesus war — die »Auferstehung« scheint den Jüngern, sofern hier überhaupt noch eine geschichtliche Situation durchscheint, etwas ganz Unerwartetes, Überraschendes gewesen zu sein —, so ist damit doch der Sachverhalt historisch für das Urchristentum und phänomenologisch für das Christentum überhaupt zweifellos richtig beschrieben. Unter dem Gesichtspunkt der

---

[26] *Cullmann:* Hoffnung, S. 382. Vgl. von demselben: Christus und die Zeit. S. 68 ff. Desgl. *Kümmel:* Verheißung, S. 136 ff. — M. Werner: Entstehung, S. 43 ff. — »Daß die Zeitform für die neutestamentliche Eschatologie unerläßlich ist«, betont übrigens ganz richtig bereits *F. Buri:* Eschatologie, S. 23.

[27] *Cullmann:* Heil, S. 61.

[28] *Althaus:* Letzte Dinge, S. 4. Wenn Althaus hinzufügt: »Man weiß bei Bultmann nie recht, ob denn nun die ›echte Zukunft‹, ›das auf den Menschen Zukommende‹ jemals kommt oder immer Zukunft bleibt«, so wäre dazu zu bemerken, daß Bultmann in dem vorhin zuerst angeführten Satze eigentlich doch unzweideutig sagt, sie komme *nicht.*

Wahrheitsfrage ist indessen zu sagen, daß die Lage, von heute aus betrachtet, damit in einem viel zu günstigen Licht gesehen wird. Einmal vermag jenes immer mehr ins Dämmer der Vergangenheit zurücktretende Geschehen, dem der christliche Glaube seine Entstehung verdankt, uns nicht mehr den Halt zu geben, der ihm hier zugemutet wird. War die Auferstehung früher nur von Freigeistern beargwöhnt, bezweifelt, bestritten worden, so wird sie in der geistigen Welt von heute sogar für die Theologie als Faktum höchst fragwürdig. Ein Ersatz für die ausgebliebene Parusie kann dieser von den Wellen des naturwissenschaftlichen Denkens, der Geschichts- und Erkenntniskritik, der religionsgeschichtlichen Parallelen, der religionspsychologischen Problematik umspülte und angenagte Felsen einer in Anführungszeichen gesetzten Auferstehung bestimmt nicht sein.

Was sodann die Parusie selbst angeht, so trifft es keineswegs zu, daß die Frage der kürzeren oder längeren Dauer der Wartezeit bis zu ihrem Eintritt nicht wesentlich sei. Cullmann vergleicht die Lage, wie schon früher erwähnt, mit einem Bild aus dem Kriege. Die Entscheidungsschlacht ist bereits gewonnen, der Gedanke an den errungenen Sieg und seine Auswirkungen begründen nun die Hoffnung auf den Endsieg und den Friedensschluß.[29] Dieser Vergleich dürfte in Wahrheit eher für die entgegengesetzte These sprechen. Wenn der Endsieg sich immer weiter hinauszieht und an Friedensschluß gar nicht zu denken ist, so wird sich in zunehmendem Maße die Einsicht einstellen, daß die siegreiche Schlacht zwar vielleicht eine große militärische Leistung gewesen sein mag, aber eben nicht ausgereicht hat, um den Krieg zu entscheiden, also doch keine Entscheidungsschlacht im eigentlichen Sinne war[30], so daß der Krieg trotz jenes Sieges noch verlorengehen kann — eine Möglichkeit, mit der, je mehr Zeit verstreicht, desto ernsthafter gerechnet werden muß. Mit jedem Tage, den die Geschichte weitergeht, ihre angebliche Mitte, Jesus Christus, tiefer in der Vergangenheit versinkt und die Zukunft unabsehbar sich ausdehnt, wird das Mißverhältnis innerhalb der Gesamtanschauung von bereits geschehener Erfüllung und noch ausstehender Vollendung größer und größer. Ein sich steigernder Zweifel führt schließlich zu der Erwägung, daß nicht nur das nahe Bevorstehen der Parusie, sondern diese selbst eine irrige Annahme sein könnte. Wenn Cullmann betont, daß durch die Verzögerung der Parusie, durch die Dehnung der Zeit bis zu ihrem Eintritt, das Zeitschema selbst, d. h. die Unterscheidung zweier Äonen nicht berührt werde, daß wir mit Jesus auf jeden

---

[29] *Cullmann:* Parusie, S. 415. — Reich, S. 449 ff. — Christus und die Zeit. S. 86 f. — Heil, S. 157. 163. 217.

[30] »In dem Maß, als der Victory Day nach einem als ›Entscheidungsschlacht‹ gewerteten Datum ausbleibt, wird gerade der Entscheidungscharakter eines solchen Ereignisses in Frage gestellt«, wandte schon *Buri* (Problem, S. 111) gegen Cullmann ein. Auch *Gräßer* (Problem, S. 15) lehnt dieses Bild als eine zu einfache Lösung des Problems ab.

Fall »in die letzte Phase dieses Äons eingetreten sind und daß nunmehr das Ende jederzeit kommen kann«[31], so wird die Situation damit verharmlost. Ist nicht vielmehr das Gegenteil richtig? Durch die starke und unabsehbare Dehnung der Zeit verliert offenbar jene ganze Geschichtsbetrachtung nach dem Schema verschiedener Äonen ihre Verständlichkeit und Verbindlichkeit. Tatsächlich wird ja das immer geringer werdende eschatologische Gepäck von der neueren Theologie als immer schwerer, drückender empfunden. Die sogenannte Terminfrage ist deshalb, so leicht man sie zunächst beiseite schieben mochte, eines Tages und nun schon seit langem nicht mehr von untergeordneter Bedeutung, erscheint doch der Unterschied zwischen Nächst- und Naherwartung von uns aus gesehen als nur sehr, geradezu verschwindend geringfügig und praktisch sogar als völlig belanglos; denn die Naherwartung, bei der es sich allenfalls um einen Spielraum von einigen Jahrzehnten handeln konnte, ist ja nicht weniger als die Nächsterwartung so gründlich enttäuscht worden, daß von »Parusieverzögerung« zu sprechen eigentlich schon stark euphemistisch erscheint. Mit der Ausflucht »Es ist noch nicht aller Tage Abend« ist es hier nicht mehr getan. Es handelt sich allem Anschein nach nicht um eine Zugverspätung, sondern um die Stillegung der ganzen Strecke. Man pflegt dann nicht mehr länger zu warten, sondern muß sich anders einrichten. So übertrieben, ja, falsch es, historisch gesehen, ist, daß Schweitzer und seine Schule die ausgebliebene Parusie zum entscheidenden Faktor in der Entwicklung des alten Christentums machen wollten, so viel spricht dafür, diesen negativen Sachverhalt in systematischer Hinsicht mit Schweitzer sehr ernst zu nehmen, und das heißt hier: ihn endgültig von der Tagesordnung abzusetzen.

Die Frage der Parusieverzögerung ist jedoch nicht einmal die einzige Schwierigkeit. Für die Theologie, soweit sie die Eschatologie nicht in einer Weise umdeutet, die ihrer Streichung gleichkommt, wird nämlich nun immer mehr zum Hauptproblem die allgemeinere Frage, wie das Verhältnis von Zeit und Ewigkeit überhaupt zu bestimmen sei. Hier ist vor allem die Position des Spezialisten der Eschatologie, *Paul Althaus*, von Interesse, der wie Barth eine starke Wandlung durchgemacht hat. Auch Althaus hatte in den ersten Auflagen seines Hauptwerkes »Die letzten Dinge« eine »aktuelle«, übergeschichtliche Auffassung der Eschatologie vertreten und die »Endgeschichte« unumwunden abgelehnt. Später kündigt sich eine andere Sicht an, von der vierten Auflage (1933) an findet er, viel entschiedener noch als Barth, zur echten Eschatologie zurück. Die Parusie gilt ihm gewiß auch dann noch als »das Ende der Geschichte«, jedoch »schreitet« die Geschichte nun wieder »in der Zeit auf dieses Ende zu«, »und das Ende kommt zu bestimmter Zeit, ›Tag und Stunde‹«. »Insofern ist die Parusie ein geschichtlich-zeitliches Ereig-

---

[31] *Cullmann:* Heil, S. 197.

nis so gut wie der Tod.«[32] Dennoch ist die Parusie ein zeitliches Ereignis eben doch nur als das Ende der Geschichte. Ihrem positiven Gehalt nach »sprengt« sie »die Gestalt dieser Welt und ist jenseits, außerhalb ihrer«[33], eine Anschauung, die vor allem das kühne Denken *Karl Heims* beherrscht. Die Zeit ist danach »das Dasein der gefallenen, d. h. der aus der Unmittelbarkeit zu Gott herausgefallenen Schöpfung«[34]. In der Form der Zeit, in der Gott ja unsichtbar ist, liegt etwas »Ungelöstes«. »Wenn Gott ist, so muß es eine Aufhebung der Zeit geben, eine Enthüllung ihres jetzt noch verborgenen Ewigkeitsgehaltes.«[35] Wir müssen also »ernst und nüchtern« »mit dem Ende der ganzen zeitlichen Weltform« rechnen.[36] Noch aber gilt die Zeit: »Der Zeiger der Weltenuhr rückt unaufhaltsam vorwärts dem Zwölf-Uhr-Schlag entgegen.«[37] »Alle Phantastereien, die die christliche Hoffnung in Mißkredit gebracht haben, dürfen uns nicht irre machen an der Sache selbst, an der Wahrheit, daß ein Ende kommt.«[38] »Die Erwartung der Wiederkunft Christi ist nicht ein phantastischer Traum, sondern eine nüchterne Glaubensaussage, die unvermeidlich ist, sobald wir den tieferen Zusammenhang zwischen Zeitlichkeit und Gottesferne durchschaut haben.«[39] Ist dieser Gedankengang aber wirklich so ernst und nüchtern? Erscheint er nicht vielmehr nur reichlich naiv und anspruchsvoll? Was ist das für eine Argumentation: weil die Welt, in der wir leben, Mängel zeigt und weil sie zeitlich ist, muß es eine Welt geben, die nicht zeitlich ist? Wie sollte eine nichtzeitliche Welt überhaupt gedacht werden? Und nun soll es sie gar geben *müssen?*

Durch die Heimsche Anschauung von der Vergänglichkeit der Zeit wird der Weg freizumachen versucht für die Vorstellung der Parusie und die Möglichkeit einer jenseits des eschatologischen Umbruchs liegenden andersartigen, höheren Wirklichkeit überhaupt. Der Augenblick, der mit dem Ende unserer Zeit die Parusie bringt, ist »von der einen Seite gesehen ein letzter Zeitpunkt, von der anderen Seite gesehen Ewigkeit«[40]. Auf dieser Grundlage stellt sich die Sache nach *Althaus* dann so dar, daß »das letzte Geschlecht die Parusie wohl als Ende, als Tod der Geschichte erleben« wird. »Aber das Sehen des Menschensohnes (Mark. 13,26) wird kein geschichtliches Erleben mehr sein.« Es ist »als solches kein endgeschichtliches, sondern das geschichtsendende Ereignis«[41]. Man wird zugeben müssen, daß im Gegensatz zur transzendentalen »Eschato-

---

[32] *Althaus:* Letzte Dinge, S. 250.
[33] S. 251.
[34] *Heim:* Zeit, S. 553.
[35] S. 51.
[36] S. 54.
[37] ebd.
[38] S. 55.
[39] ebd.
[40] S. 52.
[41] *Althaus:* Letzte Dinge, S. 251.

logie«, bei der schon der Begriff nicht ohne Anführungszeichen stehen kann, hier die Eigenart des christlichen Zeitgefühls, das Gerichtetsein der Geschichte auf das Ende hin, das von der Haltung des Glaubens nicht wegzudenken ist, gewahrt bleibt, ohne das wir schließlich bei dem gefürchteten mythischen »Spektakel« anlangen. Aber das bleibt eben doch erstens eine bloße, erkenntnistheoretisch durch nichts gerechtfertigte Spekulation, die zweitens mitten in den Widerspruch hineinführt, was besonders deutlich in der Formulierung wird, mit der sich *G. Hoffmann* für diese Lösung einsetzt: »Der Eintritt der Ewigkeit darf weder *rein* überzeitlich, noch *rein* endzeitlich, sondern muß *sowohl überzeitlich als endzeitlich* verstanden werden.«[42] Feuer und Wasser, beides? Und diese Spekulation ist drittens rein negativer Art, ohne irgend einen Zusammenhang mit der Welt der Erfahrung. Das Gewisseste, das es für uns gibt, die unausweichliche Zeitlichkeit alles Erlebens, sollen wir aufgeben, um dafür eine Möglichkeit einzutauschen, von der Althaus selbst sagt, daß sie »jenseits aller unserer, der geschichtlichen Menschen, sinnlichen, geistigen, geistlichen Erlebnismöglichkeiten« liegt.[43] Schwerlich kann eine derart in der Luft hängende und so ganz und gar negative Aussage als annehmbare Grundlegung einer ernstzunehmenden Eschatologie betrachtet werden. Die ansprechende Form, die Althaus dem Heimschen Gedanken gibt, vermag nicht darüber hinwegsehen zu lassen, daß wir es dabei mit einer Art Märchenmotiv zu tun haben. Nicht nur der königliche Hofstaat, die ganze Menschheit müßte, wenn die Zeit aufgehoben wird, in einen Dornröschenschlaf versinken, und dies nicht nur für 100 Jahre, sondern ein für allemal; denn es ist nicht einzusehen, wie es ohne Zeit ein Erwachen und dann einsetzendes gehaltvolles Erleben geben könnte.

Sobald man aber über diese negative Bestimmung der zukünftigen Welt als zeitlos hinausgeht und etwa mit *Künneth* die Parusie als den »Anbruch vollendeter Geschichtlichkeit« versteht[44], wird sofort erst recht die Sphäre des Mythischen betreten, was sich hier nicht nur in der Begründung der Eschatologie in der leiblich verstandenen Auferstehung Jesu, sondern auch in der Bejahung eines »Zwischenreichs« und sogar der »Satanologie« zeigt. Die Lage ist also diese: Die transzendentale Eschatologie des ewigen Augenblicks erkauft die Entmythologisierung mit dem Verzicht auf echte zeitliche Zukunft und das ihr entsprechende charakteristische Richtungsgefühl des Christen. Eine solche »Eschatologie« ist keine Eschatologie mehr. Die die volle Bejahung der Zeit wagende Eschatologie andererseits führt zum Mythos zurück und erscheint immer mehr indiskutabel. Der sachlich dazwischenliegende Lösungsversuch, bei dem die Zeitform wohl für den Weg zum Eschaton gilt, mit dessen Eintritt aber abgelöst wird, mag weniger Angriffsflächen als die

---

[42] *G. Hoffmann:* Problem, S. 103.
[43] *Althaus*, S. 251.
[44] *Künneth:* Auferstehung, S. 240.

beiden extremen Positionen bieten, ist jedoch als eine reine Konstruktion zu beurteilen, gegen die sich das generelle Bedenken richtet, daß Leben und Erleben, die es ja schließlich in irgendeiner Weise auch im Reiche Gottes geben soll, ohne zeitliche Struktur nicht denkbar sind. Die Bedeutung des neuesten eschatologischen Versuchs schließlich, *J. Moltmanns* »Theologie der Hoffnung«, wird darin zu erblicken sein, daß er das Wesen der eschatologischen Hoffnung wieder herstellt und ergründet, wobei die heute beliebte präsentische Umdeutung, namentlich der Existentialtheologie überzeugend zurückgewiesen und unter Anknüpfung an den Begriff der Verheißung die geschichtlich-zukünftige Ausrichtung christlicher Eschatologie als unabdingbar aufgezeigt wird.[45] In dem Bemühen um eine positive Begründung der eschatologischen Hoffnung geht Moltmann indessen nicht über das Einsetzen bei der anscheinend ohne Abstriche verstandenen Auferstehung Jesu hinaus. Wie Heim und Althaus als Voraussetzung der Eschatologie eine andere Wirklichkeit als die uns bekannte, eine Seinsform ohne Zeit, benötigen, so fordert Moltmann, um der Auferstehungsverkündigung Raum zu schaffen, einen neuen Begriff von Geschichte, für den die grundsätzliche Voraussetzung einer allem Geschehen zugrunde liegenden Gleichartigkeit (Troeltsch) nicht gelten soll.[46] Wenn auf diese Weise die Auferstehung als der Archimedische Punkt gewonnen wäre, mag die eschatologische Hoffnung lebensfähig werden. Wer jedoch eine solche Forderung für zuviel verlangt und den von Moltmann eingeführten Begriff des »Hoffnungswissens«[47] für eine petitio principii, für erkenntnistheoretisch nicht vertretbar hält, der sieht sich vergeblich nach einem Strohhalm um. Wer also vielleicht zwar glauben möchte, aber nicht bereit ist, das Denken, das zu immer neuen unerhörten Erfolgen im Erkennen und Handeln geführt hat, für die Annahme einer so zweifelhaften, vernunftgemäß gesehen geradezu abenteuerlichen Existenzform in Kauf zu geben, muß zu dem Ergebnis gelangen, daß von einer einigermaßen glaubhaften Theologie der Hoffnung auf einen neuen Himmel und eine neue Erde weit und breit nichts zu sehen ist. Nein, der Herr Jesus wird so wenig wiederkommen, wie der Kaiser Friedrich Barbarossa.

Trotz alledem kann man die Meinung vertreten finden, daß die eschatologische Einstellung nicht unbedingt überholt zu sein brauche, sondern im Gegenteil heutzutage in gewisser Hinsicht sogar überaus zeitgemäß sei. »Dürfen wir«, so fragt z. B. *Cullmann,* »im Zeitalter der Atombombe wirklich so sicher sein, daß die Weltgeschichte ewig weiterlaufen wird? Sollten wir nicht gerade heute wieder mehr Verständnis

---

[45] In mancher Hinsicht begegnet sich Moltmann mit dem wenige Jahre früher erschienenen Werk von *Paul Schütz:* Parusia, das weit ausholt, aber im Entscheidenden weniger prägnant ist.
[46] *Moltmann:* Hoffnung, S. 159.
[47] S. 34.

haben für die biblische Erwartung?«[48] Von der Möglichkeit eines »Wiederauflebens« der biblischen Eschatologie im Zusammenhang mit der »schrecklichen Vision«, »daß die moderne Technik, besonders die Atomphysik, die Zerstörung über unsere Erde bringen kann«, ist auch einmal bei *Bultmann* die Rede.[49] Finden wir nicht in der Tat ein nahes Ende der Welt, unserer Welt wenigstens, mehr denn je in den Bereich des Möglichen gerückt, hat man nicht geradezu den Eindruck, es müßte ein Wunder geschehen, wenn dieses Ende in absehbarer Zeit *nicht* eintreten soll? Die Naherwartung des »Endes noch für die damals lebende Generation«, erklärt *Karl Jaspers*, »war der sittlich-religiös wirksame Irrtum Johannes' des Täufers, Jesus' und der ersten Christen. Jetzt aber stehen wir vor der realen Möglichkeit eines solchen Endes. Nicht mehr ein fiktiver Weltuntergang, überhaupt kein Untergang der Welt, sondern die Tötung allen Lebens auf der gesamten Erdoberfläche ist die mögliche Realität, mit der von nun an zu rechnen ist, und zwar — bei dem wachsenden Tempo aller Entwicklungen — schon in naher Zukunft.«[50] Schweitzer selbst schreibt: »In der Erwartung des Weltendes setzten die ersten Gläubigen ihr Hoffen auf das Reich Gottes. Wir tun es in Erwartung des Endes der Menschheit.«[51] Die Selbstvernichtung der Menschheit, ein Gedanke, der noch bei Eduard v. Hartmann merkwürdig phantastisch anmutete, ist, wie man gesagt hat, heute »vollziehbar« geworden. Liegt also die eschatologische Perspektive uns nicht eigentlich mindestens ebenso nahe wie Jesus und den Seinen? Indessen, das Christentum glaubte an das Wunder, das das Ende bringen oder zusammen mit dem Ende eintreten würde: *wir* meinen des Wunders zu bedürfen, um der das Ende bedeutenden Katastrophe zu entgehen, ohne doch mehr den rechten Glauben an ein solches Wunder aufbringen zu können. Der wesentliche Unterschied »zwischen den Ängsten der heutigen Menschheit und der neutestamentlichen Ankündigung des Endes«, wie er besonders auf der der eschatologischen Hoffnung gewidmeten Weltkirchenkonferenz von Evanston (1954) klar herausgestellt wurde, besteht darin: »Wir fürchten uns vor Menschen, die ihre Macht zur Auslösung grauenhafter Katastrophen mißbrauchen könnten.« »Aber nach den neutestamentlichen Aussagen sind die Katastrophen der Endzeit nicht nur menschliche Untat oder Auswirkung menschlichen Versagens, sondern *Gottes* Tat.«[52] Indem nunmehr die Herbeiführung des Endes durch Menschen zu befürchten ist, kann auch die Rettung nur noch von Menschen erwartet werden. Schweitzer erklärt ausdrücklich: »Nicht mehr können wir, wie

---

[48] *Cullmann:* Reich, S. 455.
[49] *Bultmann:* Jesus Christus, S. 150.
[50] *Jaspers:* Atombombe, S. 21 f.
[51] IR S. 20.
[52] *Schlink:* Christus, S. 135. Daß die Möglichkeit eines kollektiven Selbstmords der Menschheit durch atomare Waffen nichts mit der neutestamentlichen Reichserwartung zu tun hat, stellt auch *Babel* (Pensée, S. 84) fest.

die Geschlechter vor uns, in dem Glauben an das am Ende der Zeiten von selbst kommende Reich Gottes verbleiben. Für die Menschheit, wie sie heute ist, handelt es sich darum, das Reich Gottes zu verwirklichen oder unterzugehen.«[53] Wenn *E. Schlink*, der Hauptreferent auf der erwähnten Konferenz, entschieden an der christlichen Hoffnung festhalten wollte — »Der Aufruhr dieser Welt ist den Hoffenden das sichere Vorzeichen des Kommens Christi«[54] —, so wird man sagen müssen, daß das allgemeine Bewußtsein der Gegenwart von einer solchen Hoffnung denkbar weit entfernt ist. Das Ende mit Schrecken, mit dem als einer alles andere als unwahrscheinlichen Möglichkeit im Verlaufe dieser oder einer der nächsten Generationen wir, auch wenn man das Gegenteil immer wieder hoffen möchte, zu rechnen genötigt sind, hat jedenfalls mit christlicher Eschatologie nichts zu tun.[55] Viel eher würde umgekehrt diese katastrophale Zukunftsperspektive, im Gegensatz zur christlichen Enderwartung bar jeder Hoffnung, dazu angetan sein, von dem heutigen Menschen als ein Zeugnis mehr gegen das göttliche Weltregiment verstanden zu werden. In dem bloßen Rechnen mit der Möglichkeit eines nahen Endes liegt also an sich keineswegs schon ein Element christlicher Geschichtsbetrachtung bzw. Eschatologie. Aber auch für den Christen ist die eschatologische Hoffnung im allgemeinen sehr in den Hintergrund getreten und, soweit er die theoretische Problemlage kennt, vielfach zu einer Quelle der Unsicherheit und Verlegenheit geworden. Die Neubelebung der Eschatologie im theologischen Denken nach dem Ersten Weltkrieg hat hieran im Grunde nichts geändert. Was da geboten wird, ist entweder zuviel oder zuwenig. Eine Eschatologie, die noch mit einem, wenn auch fernen, echten Ende und mit realen Gehalten in der Zukunft rechnet, erweist sich immer wieder als erkenntnismäßig nicht durchführbar. Die uneigentliche Eschatologie umgekehrt, die den Gedanken an ein wirkliches Ende aufgegeben hat, den Begriff Eschatologie aber zu

---

[53] IR S. 20.

[54] *Schlink*, S. 142.

[55] Daß ein durch menschlichen Mißbrauch der Atomkräfte bewirktes Chaos »etwas durchaus anderes als ein durch göttliches Eingreifen herbeigeführtes Ende« wäre, hat auch *Bultmann* ausgesprochen (Hoffnung, S. 24). Dagegen möchte *E. Brunner:* Ewige, S. 167 f.) ein Aufhören der Menschheitsgeschichte, ganz gleich, ob es durch eine Naturkatastrophe von globalem Ausmaß oder durch einen von dem Menschen selbst ausgelösten Naturprozeß eintritt, als »das diesseitige Bild« der im Jenseits erfolgenden Parusie nehmen. Hier zeigt sich, daß bei der Annahme einer zeitlosen Wirklichkeit und einem unter dieser Voraussetzung befürworteten Dualismus bzw. Parallelismus von zeitlichem Diesseits und zeitlosem Jenseits das Denken aus Rand und Band gerät. Wenn *H. Graß* (Denken, S. 75) diesen Gedanken als einen »wenig überzeugenden Versuch« bezeichnet, »das alte apokalyptische Welt- und Geschichtsbild mit einem anderen Ausgang der Menschheitsgeschichte in Einklang zu bringen«, so dürfte das noch sehr milde geurteilt sein. Wird hier nicht ein Problem durch Begriffe, mit denen sich alles machen läßt, totgeschlagen statt gelöst oder auch nur ernsthaft erörtert, damit aber das Problem selbst in Verruf und die Eschatologie überhaupt um jeden Kredit gebracht?

Unrecht beibehält, ist glaubensmäßig uninteressant und meistens auch noch gedanklich außerordentlich eintönig, ja, dürftig.[56]

Angesichts einer so wenig vertrauenerweckenden Lage der Eschatologie fragen wir noch einmal: Läßt sich Schweitzers negatives Verhältnis zu ihr allein auf sein mangelndes Verständnis zurückführen? Daß er die Eschatologie Jesu zum Teil stark verzeichnet hat und überhaupt einer echten eschatologischen Haltung fernsteht, ist ja wahr. Aber ist das der einzige Grund dafür, daß er nicht mehr mit ihr rechnet? Ist diese seine Ablehnung nicht auch objektiv begründet in der Lage der Eschatologie selbst? Hatte er nicht bezüglich der Frage, was uns heute eine echte Eschatologie noch sein kann, allen Grund dazu, sich von ihr abzuwenden? Hat er nicht damit das negative Ergebnis der weiteren theologischen Entwicklung, die durch eine zunehmende Zersetzung der eschatologischen Gehalte gekennzeichnet ist, nur vorweggenommen? Nein, in mangelndem Verständnis für das eschatologische Anliegen, die eschatologische Haltung als solche allein ist ihre Eliminierung durch Schweitzer bestimmt nicht begründet. Er hat sehr wohl gewußt, warum er auf sie verzichtete und sein Denken, Wollen und Handeln und auch sein Hoffen auf eine von Menschen zu erstrebende und zu verwirklichende neue Erde beschränkte.

Auffallend ist nur, wie wenig schwer Schweitzer den eschatologischen Irrtum Jesu hinsichtlich dessen religiös-sittlicher Geltung im übrigen und im ganzen nimmt. Dies wird allerdings wirklich daran gelegen haben, daß er von Anfang an »nicht viel von Eschatologie hielt«[57], daß sie ihm im Grunde genommen nie etwas bedeutet hat. Wohl gibt er zu, darunter gelitten zu haben, »aus Wahrhaftigkeit etwas vertreten zu müssen, das dem christlichen Glauben Anstoß bereiten muß«[58]. »Für mich selber ist aber«, wie er betont, »Jesus trotzdem geblieben, was er mir war. Keinen

---

[56] *H. Graß:* (Denken) setzt sich nach Ablehnung der endgeschichtlich-heilsgeschichtlichen und der präsentisch-existentiellen Eschatologie für eine »Jenseitseschatologie« ein, die sich auf den einzelnen und sein Schicksal nach dem Tode bezieht. Daß damit ein legitimes Interesse des christlichen Glaubens berührt wird, ist unbestreitbar. Der Begriff Eschatologie sollte jedoch der Gesamtvollendung vorbehalten bleiben. Deshalb wird auf diesen Vorschlag hier nicht eingegangen. Es kommt hinzu, daß für ein kritisches Denken auch die Jenseitseschatologie allzu schwach, bzw. allzu wenig begründet, allzu fragwürdig erscheint. Über die Beschreibung des Anliegens hinaus lassen sich hier gehaltvolle und zugleich glaubhafte Aussagen kaum machen. Die Schwierigkeiten sind, wenn auch vielleicht nicht in demselben grotesken Ausmaß wie in der Gesamteschatologie, im Grunde ganz ähnlich.
Über die verzweifelte Lage, in der sich die Eschatologie schon seit langem befindet, unterrichtet sehr instruktiv *Buri* in dem schon genannten Buch (Bedeutung). Es leidet jedoch daran, daß der Albert Schweitzer nahestehende Verfasser die von ihm gemusterten Entwürfe und Konstruktionen, auch wenn sie noch echte eschatologische Elemente enthalten, bereits als enteschatologisiert bezeichnet, weil in ihnen die eschatologische Grundhaltung nicht mehr das Zentrum bildet, während er für seine eigene nun in der Tat völlig enteschatologisierte Lösung den Begriff Eschatologie weiterhin in Anspruch nimmt. Darüber wird noch zu sprechen sein.

[57] *Robinson:* Kerygma, S. 97.

[58] IR S. 18.

Augenblick habe ich darum ringen müssen, in ihm weiter die höchste geistige und religiöse Autorität zu sehen, weil seine Vorstellung von dem baldigen Kommen eines überweltlichen Reiches Gottes nicht in Erfüllung gegangen ist.«[59] Wir werden sehen, inwiefern und warum Schweitzer in dieser Hinsicht so unbesorgt sein konnte. Wer nicht seine besonderen Voraussetzungen teilt, wird diesen Punkt sehr viel ernster und schwerer nehmen. »Dem heutigen Menschen«, sagt *F. Buri,* »muß dieser in der Weltenderwartung lebende, eschatologische Jesus Schweitzers noch viel altertümlicher und fremdartiger vorkommen als der Christus des Dogmas«, und der genannte Autor stellt von hier aus die Frage: »Was sollen wir mit einem Jesus anfangen, der sich in seiner Erwartung des Gottesreiches getäuscht hat? Sollen wir diesen an der Wirklichkeit gescheiterten Phantasten den Schwärmern und Sektenleuten überlassen, die für diesen eschatologischen Charakter seiner Verkündigung immer ein Gehör gehabt und sich dadurch zu manchen Torheiten haben verleiten lassen? Was bleibt vom Urchristentum noch anderes übrig als eine Reihe von getäuschten Hoffnungen? Ist es angesichts dieser Lage überhaupt noch möglich, ein Christ zu sein?«[60]

In der Tat, es geht hier nicht mehr nur um das Urchristentum, sondern um das Christentum überhaupt; denn die Naherwartung, die sich als Illusion erwiesen hat, »drückt«, wie *Cullmann* es ausspricht, »Jesu ganzer Lehre« »den Stempel der Illusion auf«, und wenn Schweitzer sich trotzdem als Christ versteht, so »fehlt« nach Cullmanns sehr richtiger Bemerkung, »eine eigentliche Begründung und Rechtfertigung dieser doppelten Haltung«[61]. Für Schweitzer war indessen seine Zugehörigkeit zum Christentum keine Frage. Er sah hier gar kein Problem, und zwar deshalb nicht, weil er das Christentum von vornherein in einem stark reduzierten Sinne verstanden hat. Diese Frage des uns heute noch angehenden Christentums, auf die er namentlich in der Schlußbetrachtung seines großen Jesuswerkes und in dem Abschnitt »Der historische Christus und das heutige Christentum« seiner Selbstdarstellung zu sprechen kommt, ist vom Standpunkt der Gegenwart und für die Beurteilung der inneren Situation des Christentums, mit der wir es zu tun haben, aber auch für die der eigenen Stellung Schweitzers noch bedeutsamer als seine glänzende Darstellung der in der Leben-Jesu-Forschung geleisteten geschichtswissenschaftlichen Arbeit, bedeutsamer auch als seine scharfsinnige Kritik der verschiedenen Leben-Jesu-Theorien und die außerordentlich eigenartige, freilich auch sehr anfechtbare Lösung, die er selbst geboten hat. Zwar war er als Historiker nicht ohne weiteres verpflichtet, auch noch Probleme der systematischen Theologie in Angriff zu nehmen,

---

[59] ebd.
[60] *Buri:* Schweitzer als Theologe, S. 9.
[61] *Cullmann:* Heil, S. 22.

aber er hat sich der hier fast zwangsläufig entstehenden Aufgabe nicht entzogen.

Um was es nunmehr geht, ist, um es noch einmal herauszustellen, die Frage: Was vermag uns nach Schweitzers Ansicht ein Jesus noch zu bedeuten, bei dem sich nicht nur die Erwartung des nahen Weltendes als ein ungeheurer Irrtum erwiesen, sondern der für den heutigen Menschen mit dem Weltende schlechterdings nichts mehr zu tun hat, dessen Zukunft in der Weise einer Wiederkunft oder richtiger Ankunft als Menschensohn-Messias in einem realen Sinne überhaupt nicht mehr Gegenstand des Glaubens und Hoffens sein kann? Inwiefern kommt ihm dennoch weiterhin Autorität zu? Was hat — so fragen wir also jetzt — Schweitzer hierzu zu sagen? Und was hat seine Aussage uns zu sagen, was bedeutet sie hinsichtlich ihrer Geltung?

Nicht nur Kritiker Schweitzers haben die religiöse Unbrauchbarkeit seines Jesusbildes, die die Kehrseite von dessen Originalität bildet, betont; er selbst erkennt sehr deutlich, daß der Ertrag der historischen Arbeit auf diesem Gebiete enttäuschend ist. »Es gibt nichts Negativeres als das Ergebnis der Leben-Jesu-Forschung«, heißt es schon am Ende der ersten Auflage seines Buches[62], und auch in der zweiten bestätigt er denen, die im Hinblick auf diesen Ertrag gern von »negativer Theologie« reden: »Er ist negativ.«[63] Der historische Jesus, wie er sich dem Forscher darstellt, wird »für unsere Zeit immer etwas Fremdes und Rätselhaftes behalten«[64]. Ungemein eindrucksvoll weiß Schweitzer auch eine solche negative Aussage zu formulieren: »Es ist der Leben-Jesu-Forschung merkwürdig ergangen. Sie zog aus, um den historischen Jesus zu finden, und meinte, sie könnte ihn dann wie er ist, als Lehrer und Heiland in unsere Zeit hineinstellen. Sie löste die Bande, mit denen er seit Jahrhunderten an den Felsen der Kirchenlehre gefesselt war, und freute sich, als wieder Leben und Bewegung in die Gestalt kam und sie den historischen Menschen Jesus auf sich zukommen sah. Aber er blieb nicht stehen, sondern ging an unserer Zeit vorüber und kehrte in die seinige zurück.«[65] Und dieser Jesus ist uns nicht nur fremd, Schweitzer verschweigt auch nicht, daß geradezu schädliche Wirkungen von ihm ausgegangen sind: Jesus »zerstörte die Welt, in die er hineingeboren war; an ihm scheint das geistige Leben unserer Zeit zugrunde zu gehen, weil er erstorbene Ideen« »zum Kampf gegen unser Denken führt und das Wahre und Gute, das sein Geist in uns schafft, wieder selbst vernichtet.«[66] Wann je hätte ein Theologe eine solche Feststellung zu treffen gewagt? Kein Wunder, daß Schweitzer bekennt: »Die Genugtuung, die

[62] RW S. 396.
[63] LJ S. 631.
[64] ebd.
[65] ebd.
[66] LJ S. 2.

ich darüber empfinden konnte, so manche historische Rätsel der Existenz Jesu gelöst zu haben, war von dem schmerzlichen Bewußtsein begleitet, daß diese geschichtliche Erkenntnis der christlichen Frömmigkeit Unruhe und Schwierigkeiten bereiten werde.«[67] Er fügt jedoch diesem Geständnis den schönen Satz hinzu: »Ich tröstete mich aber mit dem mir von Kindheit her vertrauten Worte des Apostels Paulus: ›Wir vermögen nichts wider die Wahrheit, sondern nur für die Wahrheit‹.«[68] Und »jede Wahrheit« bedeutet »zuletzt einen Gewinn«. »Unter allen Umständen ist die Wahrheit wertvoller als die Nichtwahrheit. Dies muß auch von der geschichtlichen Wahrheit gelten. Auch wenn sie der Frömmigkeit befremdlich vorkommt und ihr zunächst Schwierigkeiten schafft, kann das Ergebnis niemals Schädigung, sondern nur Vertiefung bedeuten. Die Religion hat also keinen Grund, der Auseinandersetzung mit der historischen Wahrheit aus dem Wege gehen zu wollen.« Tatsächlich ist man ihr lange Zeit ausgewichen, sie wurde verdeckt, verdünnt oder umgebogen. »Heute« — so schrieb Schweitzer 1932 — »ist die Lage des Christentums die, daß es die so vielfach versäumte offene Auseinandersetzung mit der historischen Wahrheit nur unter schweren Kämpfen nachholen kann.«[69] Von sich bekennt er: »Weil ich über meiner Beschäftigung mit der Geschichte des früheren Christentums es so oft mit den Folgen seiner Verfehlungen gegen die geschichtliche Wahrheit zu tun hatte, bin ich ein Eiferer für die Wahrhaftigkeit unseres heutigen Christentums geworden.«[70]

Eine derart freie Haltung gegenüber den Zielen und Ergebnissen des historischen Forschens kann Schweitzer indessen nur einnehmen, weil die Geschichte, so sehr sie ihn erkenntnismäßig interessiert und beschäftigt hat, nicht in das Innerste seiner persönlichen Einstellung hineinreicht. Ganz anders steht es damit also bei ihm als für das strenggläubige Christentum, dem die Person Jesu und bestimmte Ereignisse der urchristlichen Geschichte eine absolute religiös-metaphysische oder, wie man heute lieber sagt, existentielle Bedeutung besitzen, anders aber auch als für die freisinnige Theologie, die den modernen Menschen an die modern verstandene menschliche Gestalt Jesu heranführen wollte. Die Bedeutung Jesu im vollen christlichen Sinne liegt außerhalb des Schweitzerschen Gesichtskreises, doch auch die Anknüpfung an die geschichtliche Persönlichkeit Jesu nach Art des Liberalismus ist ihm nicht mehr möglich, und zwar »einmal, weil dieser Jesus so nie existiert hat. Dann aber, weil geschichtliche Erkenntnis wohl Klärung vorhandenen geistigen Lebens bringen, aber nie Leben wecken kann.«[71] »Wir meinten, wir müßten

[67] LD S. 42.
[68] ebd.
[69] ebd.
[70] LD S. 43.
[71] LJ S. 632.

unsere Zeit den Umweg über den historischen Jesus, wie wir ihn verstanden, machen lassen, damit sie zum Jesus käme, der in der Gegenwart geistige Kraft ist. Der Umweg ist nun durch die wahre Geschichte versperrt.«[72] Der selbst aus der Schule der liberalen Theologie hervorgegangene Forscher, der zugleich ein Denker ist und sich als solcher Rechenschaft über den derzeitigen Stand der Dinge gibt, hat den Grundstein aus diesem Gebäude herausgebrochen.

Um nach dem Abbau zu einem Aufbau zu gelangen, knüpft Schweitzer in der Schlußbetrachtung der zweiten Auflage dann aber an einen Gedanken und Begriffe an, die zunächst seiner Kritik verfallen waren. Der Liberalismus hatte innerhalb der Gedankenwelt Jesu Bedingtes und Unbedingtes, Vergängliches und Bleibendes unterschieden. Dieses Verfahren wurde von Schweitzer mit Recht beanstandet. Sobald er sich jedoch der Frage nach der Bedeutung Jesu für uns heute zuwendet, sieht er sich genötigt, die Unterscheidung von Bedingtem und Unbedingtem wieder aufzunehmen. »In jeder Weltanschauung sind zeitlich Bedingtes und zeitlich Unbedingtes in- und nebeneinander, weil sie darin besteht, daß ein Wille das Vorstellungsmaterial durchdringt und gestaltet.«[73] Schweitzer gibt das Vorstellungsmaterial Jesu ohne Bedenken preis. Nur dem Jesus beseelenden Willen erkennt er absolute Bedeutung zu, während »die durch den Wandel in dem Vorstellungsmaterial bedingten Differenzen« »letztlich sekundärer Art« für ihn sind.[74] Wenngleich also »das freisinnige Christentum darauf verzichten« muß, seinen Glauben vorstellungsmäßig »der Lehre Jesu gleichzusetzen«, »hat es dennoch den Geist Jesu nicht wider sich, sondern für sich«[75]. Hier liegt offenbar ein Einwand nahe, den *F. Traub* besonders überzeugend zum Ausdruck gebracht hat: »Immer und immer wieder wird der ›liberalen‹ Leben-Jesu-Forschung als ihr fundamentaler Fehler vorgehalten, daß sie ihren Helden vergeistigt und modernisiert, indem sie zwischen Vergänglichem und Bleibendem in seiner Verkündigung unterscheidet. Und jetzt? Was ist denn die Rede von dem Urgedanken und dem Vorstellungsmaterial [so im Zitat] Anderes als die verpönte Unterscheidung von Bleibendem und Vergänglichem? Schweitzer tut hier genau dasselbe, was er seinen ›liberalen‹ Gegnern vorwirft. Auch er stellt den Jesus seiner Zeit in unsere Zeit hinein, aber auch er nicht den ganzen Jesus: das Vorstellungsmaterial läßt er dahinten; nur den ›Urgedanken‹ nimmt er herüber.«[76]

Es besteht freilich ein grundsätzlicher Unterschied zwischen historischer und systematischer Betrachtung. Was dort verboten ist, kann hier erlaubt, ja, geboten sein, vorausgesetzt, daß das Wesentliche der Sache,

---

[72] LJ S. 633.
[73] LJ S. 634.
[74] ebd.
[75] LD S. 48. S. 15.
[76] *Traub:* Glaube, S. 15.

die dem Historiker des Christentums und dem systematischen Theologen gemeinsam ist, dabei gewahrt bleibt.[77] Schweitzer hat den Liberalen nur vorgeworfen, daß das geschichtliche Bild Jesu durch sie modernisiert und damit verfälscht worden ist; er hat ihnen nicht das Recht bestritten, sich für den eigenen Gebrauch an dasjenige bei Jesus zu halten, was ihnen als wichtig und wertvoll erscheint. Dieses Recht kann man also auch Schweitzer selbst nicht absprechen. Nachdem er einen historischen Jesus gezeichnet hat, der überaus unmodern und fremdartig wirkt, und nachdem er insofern der Verpflichtung des Geschichtsforschers zu unbestechlicher Sachlichkeit bis zum äußersten genügt hat, muß es ihm bei der Behandlung der Frage, was uns heute Jesus zu sein vermag, unbenommen bleiben, das ihm an Jesus Bedeutsame herauszustellen. Eine Inkonsequenz kann darin nicht erblickt werden. Zu beanstanden ist nur das Ergebnis, das Schweitzer vermittels dieser seiner Unterscheidung von Bleibendem und Vergänglichem gewinnt, wie sich sogleich zeigen wird, wenn wir seinen Gedankengang weiter verfolgen.

Die Versuche, von der Gesamtheit der Weltanschauung Jesu abzusehen, dagegen einzelne Elemente für dauernd gültig zu erklären, also »die Bedeutung Jesu für uns in seiner Offenbarung des ›Vatergottes‹, der Gotteskinderschaft der Menschen und dergleichen bestehen zu lassen« — so wollte es doch der Liberalismus —, mußten nach Schweitzers Ansicht »notwendig zu einer engen und eigentümlich matten Auffassung seiner Religion führen«[78]. In Wahrheit, meint er, vermag Jesus uns »nicht eine Autorität der Erkenntnis, sondern nur eine des Willens zu sein. Seine Bestimmung kann nur darin liegen, daß er als ein gewaltiger Geist Motive des Wollens und Hoffens, die wir und unsere Umgebung in uns tragen und bewegen, auf eine Höhe und zu einer Klärung bringt, die sie, wenn wir auf uns allein angewiesen wären und nicht unter dem Eindruck seiner Persönlichkeit ständen, nicht erzielen würden, und daß er so unsere Weltanschauung, trotz aller Verschiedenheit des Vorstellungsmaterials, dem Wesen nach der seinen gleichgestaltet und die Energien wachruft, die in der seinigen wirksam sind. Das letzte und tiefste Wissen von den Dingen kommt aus dem Willen.«[79] Im Willen ist es auch, wie Schweitzer betont, hauptsächlich begründet, daß uns Jesus so fremd erscheint. »Wenn unsere Zeit und unsere Religion die Größe Jesu nicht erfaßt haben und vor dem Eschatologischen in seinen Gedanken zurückschrecken, so lag dies nur zum Teil daran, daß sie sich mit dem damit gegebenen Fremdartigen nicht abzufinden vermochten. Der ent-

[77] *Meili* (Lehre, Sp. 209) hat »manchmal den Eindruck, daß Schweitzer als Historiker großartig findet, was er als moderner Mensch meint ablehnen zu müssen«. Demgegenüber wird man fragen dürfen, ob dieses Verhalten etwas so Besonderes und gar zu Beanstandendes darstellt und nicht vielmehr sehr verständlich und jedenfalls durchaus erlaubt ist.

[78] LJ S. 635 f.

[79] S. 636.

scheidende Grund war ein anderer. Es fehlte ihnen die starke Ausprägung des Wollens und Hoffens auf die sittliche Endvollendung der Welt, die für Jesus und seine Weltanschauung entscheidend sind. Die Eschatologie im allgemeinsten und weitesten Sinne kam bei ihnen zu kurz.«[80] Es fehlte der ethische Enthusiasmus. Es sind »in unserer Kultur, die Religion mitinbegriffen, nicht genug ethische Energien und Ideale vorhanden«[81]. Und doch überragt deren Bedeutung alles andere. »Nicht mehr wie die, die der Predigt Jesu lauschen durften, erwarten wir, daß das Reich Gottes sich in übernatürlichen Ereignissen verwirklichen werde. Wir halten dafür, daß es allein durch die Kraft des Geistes Jesu in unseren Herzen und in der Welt entsteht. Das einzige aber, worauf es ankommt, ist, daß wir von der Idee des Reiches Gottes so beherrscht sind, wie Jesus es von den Seinen verlangt. Den gewaltigen Gedanken der Seligpreisungen der Bergpredigt, daß wir durch die Liebe Gottes erkennen und ihm angehören, stellt Jesus in die spätjüdisch-messianische Erwartung hinein, ohne irgendwie darum besorgt zu sein, diese realistischen Vorstellungen vom Reiche Gottes und der Seligkeit zu vergeistigen. Aber die Geistigkeit, die in dieser Religion der Liebe liegt, kann nicht anders, als nach und nach wie ein läuterndes Feuer auf alle Vorstellungen, die sich mit ihr verbinden, übergreifen. So ist es dem Christentum bestimmt, sich in einem stetigen Prozeß der Vergeistigung zu entwickeln.«[82] Auch hierfür findet Schweitzer ein eigenartiges Bild: »Die spätjüdisch-messianische Weltanschauung ist der Krater, aus dem die Flamme der ewigen Religion der Liebe hervorbricht.«[83] Mit den Begriffen der Vergeistigung des Christentums und der Religion der Liebe werden nun in der Tat unverkennbar Hauptstücke des theologischen Liberalismus sichtbar.

Von der Überzeugung geleitet, daß nicht die Glaubensvorstellungen, die Ideen als solche, wichtig sind, sondern die Motive, die sich aus ihnen für den Willen ergeben, glaubt Schweitzer, den wahren Kern der Eschatologie herausgeschält zu haben. »Das Entscheidende ist das Enthusiastische und Heroische der Weltanschauung, das aus dem Wollen des Reiches Gottes und dem Glauben an dasselbe kommt.« »Wir besitzen nur so viel von ihm«, d. h. von Jesus, »als wir uns das Reich Gottes predigen lassen.«[84] »Daß er eine übernatürlich sich realisierende Endvollendung erwartet, während wir sie nur als das Resultat der sittlichen Arbeit begreifen können, ist mit dem Wandel in dem Vorstellungsmaterial gegeben«, und dieses ist für Schweitzer wie gesagt letztlich belanglos. »Nur darauf kommt es an, daß wir den Gedanken des durch sittliche Arbeit zu schaffenden Reiches mit derselben Vehemenz denken, mit der er den«

[80] S. 636.
[81] S. 637.
[82] LD S. 44.
[83] S. 45.
[84] LJ S. 638 f.

des[85] »von göttlicher Intervention zu erwartenden in sich bewegte, und miteinander wissen, daß wir imstande sein müssen, alles dafür dahinzugeben.«[86]

Diese Auffassung mag einem ausschließlich praktisch-ethischen Denken, dem die sittliche Tat alles gilt, berechtigt und sogar vorbildlich erscheinen; eine weniger einseitige geistige Einstellung, doch auch unter dem Gesichtspunkt des christlichen Glaubens kann sie nicht befriedigen. Es spricht sich eine erstaunliche Geringschätzung der nichtpraktischen Interessen des Geisteslebens darin aus, die zu dem merkwürdigen Ergebnis führt, daß der Entdecker oder richtiger Erfinder des konsequent-eschatologischen Jesus die Bedeutung des Eschatologischen im eigentlichen Sinne für den heutigen Christen wieder aufhebt, es für eine nur historische Angelegenheit erklärt, die uns im Grunde genommen nichts anzugehen braucht, während er dann einen ganz neuen, viel weiteren, rein ethischen Begriff von Eschatologie bildet, dem er eine zentrale, dauernde Bedeutung zuschreibt. Diese höchst charakteristische, mit seiner agnostizistischen Grundhaltung einerseits, mit der dominierenden Ausrichtung auf das Sittliche andererseits zusammenhängende Wendung ist weit davon entfernt, allgemeine Geltung beanspruchen zu können. Nein, das vorstellungsmäßige Element wiegt auch in der Religion schwerer. Insofern muß hier nun doch dem Einwande *Traubs* in vollem Maße zugestimmt werden: »Wenn Jesus alles von Gott erwartet, wir von unserer sittlichen Arbeit, so ist das wahrlich kein Unterschied bloß im ›Vorstellungsmaterial‹, sondern in der religiösen Grundanschauung selbst.«[87] Die Übereinstimmung derer, die guten Willens sind, in allen Ehren, aber wo die religiöse Grundlage, das Weltbild, der geschichtsphilosophische Horizont und die ganze Einstellung zum Leben mit den sich daraus für das Handeln ergebenden Zielen so durchaus anders und geradezu entgegengesetzt sind, wo auf der einen Seite alles abzielt auf die in naher Zukunft erwartete übernatürliche Verwandlung des gegenwärtigen Weltzustandes durch den Eingriff Gottes, auf die es lediglich sich zu rüsten gilt, und auf der anderen Seite die Menschheit sich im Rahmen des Gegebenen allein auf ihr eigenes Tun und Lassen angewiesen sieht, das, sofern sie nicht eines Tages Selbstmord begeht, im Verlaufe unermeßlicher Zeiträume in allmählicher Entwicklung oder in einem Auf und Ab von Fortschritt und Rückschritt ihr Schicksal gestalten wird, da ist nicht das Gemeinsame primär und das Trennende bloß sekundär, sondern unbeschadet einer gewissen Zusammengehörigkeit aller vom Ideal des Guten und vom Willen zu seiner Verwirklichung Beseelten, überwiegt hier doch in einem überwältigenden Maße der Eindruck der Verschiedenartigkeit und Fremdheit. Das von Schweitzer erstrebte Reich Gottes ist, um

---

[85] So ist hier offensichtlich der Text zu ergänzen.
[86] LJ S. 639.
[87] *Traub:* a.a.O., S. 15.

es ganz deutlich zu sagen, nicht das von Jesus gemeinte, es ist kein anderes als das des überzeugten Atheisten *Ernst Bloch.* Diese Vorstellungen des Reiches unterscheiden sich nicht nur ontologisch, hinsichtlich der Dimension (das eine aus der Transzendenz hereinbrechend und die Immanenz in die Transzendenz hineinreißend, das andere rein immanent), sondern auch axiologisch-qualitativ: das eine religiös, von numinosem Charakter, das andere Gegenstand ausschließlich sittlichen Wertens, Strebens und Handelns.

Schweitzer scheint das Fragwürdige seiner Unterscheidung zwischen Vergänglichem und Bleibendem in der Weltanschauung auch selbst bemerkt zu haben. Wenn er aber die entscheidende Fragestellung dann so formuliert: »Wie würde der in seiner Unmittelbarkeit und Bestimmtheit und in seinem ganzen Umfang erfaßte Wille Jesu sich in unserem Vorstellungsmaterial ausleben?«[88], so stehen einander nach wie vor vergängliches Vorstellungsmaterial und bleibender Wille gegenüber. Ein Abstrahieren von diesem Vorstellungsmaterial, von der eschatologischen Weltanschauung im eigentlichen Sinne, auf deren Boden er steht, ist jedoch für Jesus gar nicht denkbar, oder umgekehrt: den »Urgedanken« seiner Weltanschauung würde Jesus selbst in der Übertragung etwa in die Ehrfurcht vor dem Leben, wie Schweitzer sie fordert, überhaupt nicht wiedererkennen. An diesem Punkte ist deshalb auch der Hinweis auf den Widerspruch in Schweitzers Stellungnahme, z. B. von seiten *Holmströms* in der Tat berechtigt: »Wenn es heißt, daß auch für den Reich-Gottes-Gedanken und die Weltanschauung Jesu ›die starke Ausprägung des Wollens und Hoffens auf die sittliche Endvollendung‹ entscheidend ist, so scheint Schweitzer nicht zu merken, daß er sich durch die Einführung eines solchen Begriffes der ›Eschatologie im allgemeinsten und weitesten Sinne‹ desselben Fehlers schuldig macht, den er überhaupt an der Theologie seiner Zeit tadelt, daß man nämlich in Jesus seine eigenen modernen Ideale hineinliest.«[89] Die Ausrichtung auf die sittliche Endvollendung der Welt ist eben in Wahrheit überhaupt nicht Eschatologie im religiösen und erst recht nicht im spezifisch christlichen Sinne. Der Begriff der »ethischen Eschatologie«[90], der nichts von göttlichem Handeln und

---

[88] LJ S. 635.

[89] *Holmström:* Denken, 1936, S. 97 f. — Ebenso beanstandet *Cullmann*, daß Schweitzer das Verfahren, das er als Exeget und Historiker aufgezeigt und gerügt hat, als Dogmatiker selbst anwendet, »wenn er die von ihm als zentral erkannte Eschatologie aus dem Evangelium eliminiert« (Hoffnung, S. 383; ähnlich: Eschatologie, S. 377). Auch *Beintker* urteilt, die Unterscheidung »zwischen der uns fremden, zeitgebundenen, ›apokalyptischen‹ Eschatologie Jesu und ›Eschatologie im allgemeinsten und weitesten Sinne‹, wie sie bei uns *nicht* zurücktreten soll«, verkenne — »ganz abgesehen von Schweitzers einseitig ethischem Verstehen Jesu — in gewissem Sinne doch, was für eine zeitgebundene Nähe und Einmaligkeit mit dem eschatologischen Evangelium *selbst* uns begegnet, indem sie es durch modernes ›Vorstellungsmaterial‹ besser zum Reden bringen zu können meint, dabei aber in die Gefahr einer Überfremdung des Evangeliums kommt« (Eschatologie, S. 426).

[90] LJ S. 638.

schon gar nichts von einem Abbruch der Geschichte und einer übernatürlichen Verwandlung enthält, ist eine sehr überraschende, höchst sonderbare Erfindung Schweitzers, mit der er sich in Widerspruch zu seiner eigenen Terminologie setzt. »Von Eschatologie sollte man nur da reden, wo es sich um das in unmittelbarer Nähe erwartete Weltende und die damit gegebenen Ergebnisse und Ängste handelt«[91] — so hatte Schweitzer den Begriff sehr richtig und klar festgelegt, um zwei Jahre später seine eigene Position im Begriff der »ethischen Eschatologie« zusammenzufassen, der jenem einwandfreien, in jeder Hinsicht empfehlenswerten Begriff schnurstracks zuwiderläuft. Eschatologie meint auf dem Boden des Christentums ein ganz bestimmtes übernatürliches Geschehen, dessen Ablösung von diesem Hintergrund als durchaus unzulässig beurteilt werden muß, weil dadurch eine Verwischung aller festen Umrisse entsteht. Die grundsätzliche Unklarheit, um die es sich hier handelt, kommt besonders deutlich in der Wiederholung des Wortes »Ende« im Begriff der sittlichen »Endvollendung« zum Ausdruck. Im rein sittlichen Bereich ist nur der wertmäßige Begriff »Vollendung« am Platze, das Merkmal des zeitlichen »Endes« dagegen nicht nur überflüssig, sondern gar nicht dahingehörig, unangemessen, da es innerhalb der Zeit kein absolutes Ende gibt, das eben nur der religiöse Mythos, das apokalyptische Denken, kennt. Eine »Endvollendung« kann, wenn dieser Begriff nicht etwas Schillerndes erhalten soll, nur die echte, seinsmäßig verstandene sein, die für Schweitzer nicht mehr in Betracht kommt. Die von ihm selbst vertretene sittliche Endvollendung, die ethische Eschatologie, ist eine enteschatologisierte Eschatologie — ein hölzernes Eisen, im wahrsten Sinne des Wortes ein Unding. In der Tat: eine »zwiespältige und fast verzweiflungsvolle Situation des radikalen Eschatologen« (*Barnikol*[92]) man kann das kaum anders nennen. — Daß Schweitzer den Unterschied zwischen der religiös-transzendenten Eschatologie und einem sittlich-immanenten Streben und Fortschritt für so geringfügig hält und darüber hinaus den Unterschied zwischen Religion und Sittlichkeit überhaupt nicht in Rechnung stellt, ist ein Fehler, der in seinem einseitigen, fast ausschließlich ethisch bestimmten Interesse begründet liegt.[93] Im Hinblick darauf, daß »Schweitzer als Exeget jeder Umdeutung des Neuen Testaments abhold ist«, klafft jedenfalls, wie auch *Cullmann* hervorhebt, »ein nicht zu überspringender Graben zwischen seiner exegetischen und seiner religionsphilosophischen Einstellung«[94].

---

[91] PF S. 178.
[92] *Barnikol:* Leben, S. 241.
[93] »Ein fast völliger Wegfall der auf das Jenseitige gerichteten Bestrebungen des Christentums« bei Schweitzer wurde schon von *K. Raab* (Schweitzer, S. 85) festgestellt als Folge der »Ablehnung der Eschatologie als eines kosmischen Ereignisses«. Das bringt mit sich »eine Verschiebung des Akzentes auf die diesseitigen Werte, also ein starkes Hervortreten der Ethik«.
[94] *Cullmann:* Heil, S. 14.

Fragen wir, warum eigentlich Schweitzer diese sachlich nicht notwendige und nicht einmal mögliche Anknüpfung an den seinem eigenen Denken so gar nicht gemäßen Begriff der Eschatologie vorgenommen hat, so wird man an den Wunsch zu denken haben, sein Hauptanliegen, das sittliche, in eine innere Beziehung zur Gestalt Jesu zu bringen. Deshalb präpariert er einen »Urgedanken« Jesu heraus, der die Brücke zum heutigen Menschen herstellen soll. Es kann aber kein Zweifel darüber bestehen, daß die so versuchte Aktualisierung der Einstellung Jesu nicht gerechtfertigt und unmöglich ist, daß Schweitzer sie deshalb »besser unterlassen«[95] und auf den unglücklichen Begriff einer Eschatologie in seinem Sinne verzichtet hätte.

Wie Schweitzers historischer Ansatz von Martin Werner ausgeführt wurde, so hat seinen systematischen Ansatz namentlich *Fritz Buri* weiterentwickelt.[96] [97] Von dem eschatologischen Vorstellungsmaterial des Neuen Testaments, das ihm bloße Form ist und als vergänglich und überholt gilt, unterscheidet Buri den aller Eschatologie gemeinsamen Grundgedanken und eigentlichen Inhalt, den sittlichen Willen zur Weltvollendung. Buri lehnt also mit Schweitzer jede Art von »Weltendtheorie« und »Weltvollendungspostulat« ab und bekennt sich lediglich zu der »im menschlichen Willen zur Lebensvollendung« gegebenen Möglichkeit der »Sinnverwirklichung« und »zum Wirken auf die erkannte Sinnvollendung hin«, womit die »Möglichkeit zu eschatologischem Geschehen« gegeben sein soll. Nun ist jedoch *diese* Vollendung als angeblicher Grundgedanke und gültiger Gehalt aller Eschatologie etwas so Abstraktes, so unbestimmt, dünn und blaß und nicht einmal spezifisch religiös, während die urchristliche Eschatologie auf einen bestimmten konkreten, dynamisch-gehaltvollen religiösen Akt und Zustand gerichtet ist, auf den das göttliche Tremendum und Fascinosum ausstrahlt, daß der Versuch, zwischen so verschiedenen Einstellungen und Tendenzen vermittels der Unterscheidung von Inhalt und Form einen Ausgleich vorzunehmen, nur als völlig verfehlt angesehen werden kann. Nicht um das Verhältnis von Form und Inhalt, sondern um das eines ausgesprochen und unüberbrückbaren sachlichen Gegensatzes handelt es sich hier. Bei aller geforderten gläubigen Anspannung und sittlichen Anstrengung des Menschen ist das durchaus und einzig Entscheidende in der urchristlichen wie in aller wirklich christlichen Eschatologie jenes zukünftige Eingreifen Gottes, durch das unter diesen Äon der Schlußstrich gezogen und eine ganz neue Welt heraufgeführt wird. Für Buri fällt wie für Schweitzer nicht nur die Unterscheidung zweier absolut wesensverschiedener Weltzustände, sondern auch der Gedanke eines ein für allemal erfolgenden, endgültigen Eingriffes Gottes fort. Der dann allein noch interessierende sittliche Wille zur wertmäßig verstandenen Vollendung hat subjektiv und objektiv so wenig mit der christlichen Haltung gemein, daß die Zusammenfassung beider durch den Begriff der Vollendung auf eine bloße Äquivokation hinausläuft. Nur im Sinne einer Ablösung *dieses* Äons durch den *kommenden* beim Erscheinen des Herrn kann auf dem Boden des

---

[95] *Traub:* Glaube, S. 16.

[96] *Buri:* Eschatologie, S. 166 ff.

[97] Schweitzers hauptsächliche theologische Anhänger — Martin Werner, Fritz Buri, Ulrich Neuenschwander — sitzen oder saßen ebenso wie ihre bedeutendsten Gegner — Wilhelm Michaelis, Oscar Cullmann, seinerzeit, als diese Diskussion anfangs der vierziger Jahre ihren Höhepunkt erlebte, auch Werner Georg Kümmel — in der Schweiz. So fand diese durch Werners »Entstehung des christlichen Dogmas« ausgelöste Diskussion auch überwiegend in theologischen und kirchlichen Zeitschriften der Schweiz statt.

Christentums sinnvollerweise von Eschatologie die Rede sein. Niemand würde diesen Begriff heute noch verwenden, wenn nicht eben diese Bedeutung zu Grunde läge und mehr oder weniger auch an sie gedacht würde. In diesem allein in Betracht kommenden Sinne aber kommt die Eschatologie für Buri wie für Schweitzer eben durchaus nicht mehr in Betracht. Umdeutungen mit Hilfe terminologischer Manipulationen sind ebenso unerlaubt wie zwecklos. Es ist bedauerlich, daß Buri nach seiner sehr zu begrüßenden gründlichen Aufräumungsarbeit auf dem Gebiete der dogmatischen Eschatologie eine derartige Einebnung der Begriffe vornimmt, nur um die mit dem Wort Eschatologie anklingende Assoziation beizubehalten, anstatt unumwunden zu sagen, daß sein sachlicher Gehalt samt und sonders fortgefallen ist und der Begriff infolgedessen im Register gestrichen werden müßte. Daß ein Autor, der den illusionären Charakter der echten Eschatologie so klar erkennt und besonders hervorhebt, es für vertretbar hält, sich weiterhin mit der Hülse dieses Wortes zu behelfen, während er dessen Gehalt längst aufgegeben hat, kann nur noch ein Kopfschütteln hervorrufen.[98]

Sehr mit Recht erklärt wiederum *Cullmann,* es sei »schwer verständlich, daß Albert Schweitzer und besonders seine Schüler, die Vertreter der sogenannten konsequenten Eschatologie, das, was sie geschichtlich als Zentrum des neutestamentlichen Glaubens erkannt haben, theologisch ablehnen und, wie mir scheint, sehr inkonsequenterweise trotzdem diesen Glauben bejahen. Sie halten irgendein anderes Element fest, das sich neben anderen Elementen *auch* in diesem christlichen Glauben finden läßt, das sie nun aber gerade loslösen von der *historisch* von ihnen als Kern anerkannten Grundvoraussetzung des Neuen Testaments. Dieses willkürlich ausgewählte Element (etwa ›die Ehrfurcht vor dem Leben‹) bezeichnen sie nur deshalb als wesentlich, weil es von irgendeiner philosophischen Beurteilung unserer ›Existenz‹ aus, also von einer Position aus, die mit christlicher Botschaft an sich nichts zu schaffen hat, als etwas Entscheidendes erscheint“[99].

Noch deutlicher wird Cullmann mit dem folgenden Vergleich: »Wenn ein Buddhist nicht etwa irgendeine buddhistische Lehre, sondern die buddhistische Zentrallehre bestreitet, so pflegen wir ihn nicht mehr als Vertreter des Buddhismus zu betrachten, auch wenn er mit noch so viel Scharfsinn die Unmöglichkeit jener Zentralstelle nachweist.« Da die Vertreter der konsequenten Eschatologie die Naherwartung des Endes für das Zentrum der neutestamentlichen Verkündigung halten und radikal ablehnen müssen und da sie ferner die urchristliche Überzeugung, daß das entscheidende Heil in Christus bereits erschienen ist, als eine Folge jenes Irrtums der Naherwartung ansehen, müssen sie konsequenterweise auch diesen Glauben an das in Christus bereits erschienene Heil ablehnen. »Die dogmatische ›Konsequenz‹«, d. h. das Urteil über die Christlichkeit oder Nichtchristlichkeit eines solchen Standpunkts »sollte sich von selbst ergeben ...«[100]. *Sollte!*

Der Aufwand, den Buri macht, um zu einer Sinngebung des Lebens zu gelangen, die er ohne den negativen Umweg über das Christentum genau so gut oder vielmehr leichter und eindeutiger hätte haben können, ist einfach grotesk. »Als ob es hierzu gerade dieses *neutestamentlichen* Irrtums bedürfte«, bemerkt Cullmann, der auch insofern den Nagel auf den Kopf trifft.[101] »Mit dieser Feststellung der Sinnlosigkeit des neutestamentlichen *Zentralglaubens* an ein gött-

---

[98] Betrachtungen, welche die christliche Eschatologie als Mythologie nehmen und sich im Sande der Begriffe »Vollendung« und »Sinn« verlaufen, bietet auch, ohne daß dabei auf Buri Bezug genommen wird, die kleine Schrift von *J. Richter:* Welt-Ende?

[99] *Cullmann:* Christus, S. 44.

[100] *Cullmann:* Parusie, S. 424 f.

[101] S. 425.

liches Heilsgeschehen die Sinngebung unserer Existenz zu verbinden und in dieser negativen Anknüpfung die legitime ›Verwendung‹ der urchristlichen Eschatologie für die ›kirchliche Verkündigung‹ zu sehen, ist Umdeutung der neutestamentlichen Botschaft und sogar mehr als Umdeutung. Im Hinblick auf diesen dogmatischen Ausgang, zu dem bei A. Schweitzer selber Ansätze vorliegen, muß gesagt werden, daß die theologiegeschichtlich so wertvolle und exegetisch jedenfalls anregende ›Geschichte der Leben-Jesu-Forschung‹ des großen Theologen mit ihrem Nachweis der für das 19. Jahrhundert charakteristischen Umdeutungen eigentlich umsonst geschrieben worden ist.« [102] [103] In der Tat, die Neigung der Schweitzerschüler, auf der nichterfolgten Parusie herumzureiten und die ganze Eschatologie als »eine positiv zu bewertende Illusion«[104] hinzustellen, mutet im höchsten Grade wunderlich an. Einen sehr einleuchtenden Ausdruck hat dieser Verwunderung neben Cullmann auch *Michaelis* gegeben: »Man sieht nicht recht ein, warum man sie nicht ganz in Ruhe läßt und sie einem Museum menschlicher Irrtümer oder einem Campo santo fixer Ideen überweist.«[105] Von einer einst noch so wichtigen, nunmehr aber gründlich abgelebten Glaubensvorstellung heute so viel Wesens zu machen und auf sie einen Gedanken aufzupfropfen, der gar keiner fremden Stütze bedarf, macht einen gekünstelten und eigentümlich verschrobenen, beinahe perversen Eindruck. Würde es nicht wirklich genügen, wenn man das Nichteingetroffensein dieser Verheißung nicht mehr leugnet bzw. offen zugibt, im übrigen aber diese nun eben nicht mehr neue Erkenntnis den Gegnern des Christentums überließe, unter denen sich immer einige finden, die so etwas gern breittreten und wiederkäuen? Jedenfalls dürfen jene Theologen nicht glauben, daß sie mit der nichtstattgefundenen Parusie und ihrem Kommentar dazu die Sache noch sonderlich interessant machen und darüber hinwegsehen lassen können, wie herzlich wenig positiv Neues sie statt dessen zu bieten haben.

Im übrigen wäre noch festzustellen, daß diese Überführung der Eschatologie in die existentialistische Frage nach der Sinngebung des Lebens eine Metabasis eis allo genos darstellt. Sehr gut bemerkt *Schütz* in der Auseinandersetzung mit M. Werner: »Die Frage nach der Parusie ist Frage nach der Anwesenheit und der Mitteilung von Anwesenheit. Sie ist keine Sinnfrage, sondern eine Seinsfrage. Die Antwort, wenn es sie gibt, geht weit über allen Sinn hinaus.«[106] Damit ist aber auch gesagt, daß diese Metabasis zugleich den Übergang vom christlichen zum nichtchristlichen Denken bedeutet.

Daß das Problem der Enteschatologisierung einerseits alt ist, andererseits in enger Beziehung steht zu dem zwar ebenfalls nicht neuen, aber von *Bultmann* besonders in den Vordergrund gerückten Anliegen der Entmythologisierung, braucht kaum gesagt zu werden. Die mythische Eschatologie soll eine existentielle Interpretation erhalten. Die Behauptung, daß die These von der Notwendigkeit der Entmythologisierung die dogmatische Konsequenz aus dem dogmengeschichtlichen Prinzip der fortschreitenden Enteschatologisierung ist,

---

[102] S. 426.

[103] *Marchall:* (paradoxe, S. 86) will die Paradoxie, die darin besteht, daß der Begründer der konsequent-eschatologischen Auffassung des Urchristentums für unsere Zeit ein enteschatologisiertes Christentum befürwortet, nicht leugnen, hält diese Paradoxie jedoch nicht für inkonsequent. Aber was soll das heißen? Was hier mit der beliebten Etikette »Paradoxie« versehen wird, ist tatsächlich eine denkbar starke Inkonsequenz, ein unerhörter, durch nichts gerechtfertigter Widerspruch. Indem man statt dessen Paradoxie sagt, wird die Sache um nichts besser.
Verkannt wird das für den christlichen Standpunkt völlig Abwegige der Gedankengänge Buris von *Beintker:* Eschatologie, S. 426 ff.; 437.

[104] *Buri:* Eschatologie, S. 140.

[105] *Michaelis:* Eschatologie, S. 198.

[106] *Schütz:* Parusia. S. 342 f.

wie *Buri* erklärt[107], entspricht allerdings wohl nicht ganz dem hier bestehenden sachlogischen Verständnis. Genau genommen stellt die Enteschatologisierung ein Teilproblem der Entmythologisierung dar.[108] Gewisse existentialistische Züge im weiteren Sinne lassen sich übrigens schon bei Schweitzer finden. Vor allem ist dabei zu denken an das die objektiv-kritische Erforschung des Lebens Jesu ergänzende, von Schweitzer geforderte »Verstehen von Wille zu Wille« sowie das Verhältnis des unbedingten Gehorsams gegenüber dem Willen Jesu. Während aber etwa Buri Schweitzer mit Bultmann und Jaspers konfrontiert[109], sieht die vorliegende Arbeit bewußt davon ab; denn die entscheidende Problematik ist bei Schweitzer zwar im Grunde dieselbe, sie wird aber von ihm noch unbefangener und einfacher behandelt, so daß ihre Erörterung durch eine Bezugnahme auf die neuere Diskussion kaum gefördert, eher erschwert werden würde.

Wenn Buri sich hinsichtlich der beanstandeten Überführung des Begriffs Eschatologie in den rein sittlichen Bereich immerhin grundsätzlich in Übereinstimmung mit Schweitzer befindet und die von diesem gegebene Anregung einer »ethischen Eschatologie« lediglich weiter ausführt, so klingt bei ihm daneben eine darüber hinausgehende Stellungnahme an: »Unsere Eschatologie kann heute, für unser persönliches Schicksal nach dem Tode wie für die Zukunft der Menschheit im ganzen, nur in dem Hinweis auf die unendlichen Schöpfungsmöglichkeiten Gottes bestehen.«[110] Damit wird wenigstens die Dimension des Religiösen erreicht, wenngleich zu bestreiten ist, daß diese im christlichen Sinne verstanden werden muß oder auch nur kann. Wiederum sehr mit Recht fragt ein Kritiker Buris, *A. Rich:* »Ist hier überhaupt die Realität der neutestamentlichen Hoffnung, die doch gerade nicht auf einer bloßen Möglichkeit, sondern auf der geschichtliches Ereignis gewordenen Wirklichkeit des richtenden und erlösenden Heilshandelns Gottes im Menschen Jesus von Nazareth, dem Gekreuzigten und Auferstandenen, gründet, erfaßt?«[111], eine Frage, die sich nur mit einem runden Nein beantworten läßt.

Wie sehr es sich bei dem eschatologischen Charakter der Botschaft Jesu um deren wesentlichen Gehalt handelt und wohin man gelangt, wenn man diesen aufgibt, das ist es, was durchaus gegen seine Absicht Buri gezeigt hat. Nur hierin läßt sich die Bedeutung seiner Darlegungen erblicken. Demgegenüber hat *Cullmann* hundertmal recht, wenn er erklärt: »Die christliche Verkündigung bejahen oder ablehnen heißt nicht, irgendein Element bejahen oder ablehnen, das sich auch in ihr finden läßt, sondern es heißt, das wirkliche Zentrum dieser Verkündigung bejahen oder ablehnen.«[112]

Weiter über Schweitzer hinaus als Buri stößt ein anderer Angehöriger der Schweitzerschen Schule vor: *U. Neuenschwander.* Er beanstandet, daß Schweitzer sich mit seiner Neukonzeption des Gottesreichgedankens »noch innerhalb der Hoffnungen auf ein vollendetes, sittliches Kulturreich als Ergebnis der Entwicklung« bewegt.[113] »In dieser Beziehung — aber nur in ihr! — ragt er noch in den alten Liberalismus hinein; diese immanente Konzeption des Gottesreichs als realer Hoffnung und nicht nur als« Leitgedankens[114] »steht in gewisser Spannung zu seiner dualistischen Weltschau, die er in ›Kultur und Ethik‹ ent-

---

[107] *Buri:* Problem, S. 98 f.
[108] Zum Verhältnis von Enteschatologisierung und Entmythologisierung vgl. *Neuenschwander:* Dogmatik, S. 142 ff.
[109] *Buri:* Schweitzer und Jaspers. — Ders.: Charakter, S. 50 ff.
[110] *Buri:* Glaube, S. 118.
[111] *Rich:* Liberalismus, S. 304.
[112] *Cullmann:* Christus, S. 45.
[113] *Neuenschwander:* Theologie, S. 100.
[114] So statt: »Leitgedanken« im Text.

wickelt hat und die für die Gedankengänge des neuen Liberalismus wegleitend geworden ist.«[115] Für die neue Anschauung, die von der »fundamental zwiespältigen Weltstruktur« ausgeht, reichen alle einzelnen Maßnahmen des sittlichen Handelns nicht aus, um die Lage gründlich zu ändern, sie sind Tropfen auf dem heißen Stein. Es bedarf einer grundlegenden »Umwandlung«, einer »Neuschöpfung«. Im Menschen ist diese Möglichkeit allerdings gegeben, insofern spricht auch Neuenschwander von einer bereits »realisierten Eschatologie«. »Es bleibt aber die Frage nach der totalen Realisierung übrig«, wobei es sich »um die Umwandlung bzw. Neuschöpfung der gesamten Weltstruktur handeln würde«, die »nur als radikales Weltende gedacht« werden könnte.[116] Bei der Frage nach einer solchen Möglichkeit zieht sich unser Autor freilich sofort auf die docta ignorantia zurück. Auch bleibt ihm praktisch entscheidend wichtig die immanent-sittliche Einstellung: »Es mag auf Grund des Glaubens unsere *Hoffnung* sein, daß Gottes Liebe diese Welt nicht als endgültige anerkennt. Unsere *Aufgabe* aber liegt nicht im Warten auf dieses Ereignis.« »Vorläufig stehen wir in der Arbeit im Diesseits.«[117] Es ist bemerkenswert, wie Neuenschwander, überwiegend auf dem Boden des Schweitzerschen Denkens befindlich und mit dessen Begriffen (Zwiespältigkeit der Welt, docta ignorantia) arbeitend, hinsichtlich einer echten Eschatologie einen Schweitzer gegenüber unabhängigen Standpunkt gewinnt, ohne daß sich dieser jedoch fühlbar auswirkt. Das Ganze dieser Probe neuliberaler Theologie wird durch eine harmonisierend-eklektizistische Haltung gekennzeichnet, die von der gewagten, radikalen, aber auch originelleren Konzeption Schweitzers stark absticht.[118]

Indem bei Neuenschwander wenigstens von ferne wieder die Möglichkeit einer wirklichen eschatologischen Lösung, einer echten Endlösung, auftaucht, erfolgt zwar, wie anzuerkennen ist, in diesem Punkte eine spürbare Annäherung an die eigentlich christliche Position, zugleich muß aber noch einmal betont werden, daß Schweitzer hier nicht etwa zurückgeblieben und nun von einer besseren Anschauung überholt worden ist. Wenn er sich auf den »Gedanken des durch sittliche Arbeit zu schaffenden Reiches« beschränkt, so dürfte sich darin nicht so sehr ein im alten Liberalismus steckengebliebener Theologe wie ein moderner, diesseitig gerichteter und vor allem ethisch interessierter Denker aussprechen, der sich der nicht mehr vertretbaren Erwartung einer übernatürlichen Verwandlung entschlagen hat und dessen unter bewußtem Verzicht auf transzendente Hoffnungen entfalteter Aktivismus nur um so eindrucksvoller wird. Insofern kann man hierin nicht einen Mangel, sondern eine besonders beachtenswerte Haltung erblicken.

Während Buri eine immerhin bei Schweitzer vorhandene Tendenz weiterführt und die Entchristlichung der gesamten Position — sofern wir uns durch Begriffe, die ihres ursprünglichen und allgemein üblichen Sinnes beraubt sind, nicht verwirren lassen — vollends deutlich macht, lenkt Neuenschwander in bescheidenen Grenzen zum Gehalt der christlichen Eschatologie zurück, was freilich nur dadurch möglich wird, daß er sich von Schweitzer insoweit distanziert. Beträchtlich weiter geht in dieser Hinsicht ein anderer Anhänger Schweitzers, *M. Strege*. Auch er empfindet, am Standpunkt des christlichen Glaubens gemessen, mit Recht Mängel an der Schweitzerschen Anschauung, und er möchte diese Mängel abstellen und Schweitzer durch eine Ergänzung im christlichen Sinne verbessern, indem er in einer bestimmten Beziehung einer massiven Gläubigkeit das Wort redet. Die eigentliche Eschatologie allerdings, die uni-

---

[115] S. 101.
[116] S. 107.
[117] S. 108.
[118] Den eklektizistischen Charakter der Theologie Neuenschwanders hat *Rich* (Liberalismus, S. 297) hervorgehoben.

verselle, den Umbruch des Äons betreffende, ist auch für ihn mit der Tatsache der ausgebliebenen Parusie erledigt. An ihre Stelle soll jedoch eine individuelle Eschatologie treten, die mit dem Tode des einzelnen einsetzt, die »Jenseitseschatologie« (Graß) also.

Es ist nicht zu verkennen, daß Strege mit *einem* Einwand an den wundesten Punkt der Schweitzerschen Theologie rührt, wenn er nämlich fragt, inwiefern Gott bei Schweitzer der Gott der Liebe sein könne, eine Frage, die uns noch beschäftigen wird. Jedenfalls läßt sich die Meinung nicht ganz von der Hand weisen, daß die Lebensangst des Menschen »durch Schweitzers Weltanschauung nicht oder zum mindesten nicht genügend gebannt werden« kann[119]. Insbesondere hat Strege nicht Unrecht, wenn er das Reich Gottes als Einssein mit dem unendlichen Willen zum Leben in der Hingabe dadurch in Frage gestellt findet, daß dieses Einssein durch den Tod aufgehoben wird. Wem das Zentrum der evangelischen Verkündigung »die Botschaft von der Auferstehung und vom ewigen Leben« ist, der wird in der Tat einen Mangel darin erkennen, daß »diese letzte Zielsetzung in Schweitzers Weltanschauung fehlt«[120]. Der Versuch, diesem Mangel abzuhelfen und die Weltanschauung Schweitzers mit dem Gedanken des ewigen Lebens anzureichern[121], muß indessen als aussichtslos und im Sinne Schweitzers sogar als abwegig beurteilt werden.

Strege leitet sein Unternehmen mit der These ein: »Außer und neben dem Willen zum Leben erlebe ich den Willen zur Freude.« »Diese winzige und unscheinbare Erweiterung und Ergänzung des Schweitzerschen Standpunktes wird eine nähere Beziehung zwischen seinem Denken und dem christlichen Glauben möglich machen, der ja als Auferstehungshoffnung eine Freude am ewigen Leben« enthält.[122] Der Nerv der Darlegung liegt dann in den folgenden Sätzen bloß: »Für das Sehnen des Herzens und für die Theologie kann ein katastrophales Weltende entbehrt werden, da mit diesem Ende keine Heilsgüter verbunden sind, die ohne es nicht zu erreichen wären. Die Eschatologie einer individuellen Auferstehung kann nicht entbehrt werden. Es besteht keine Denkschwierigkeit und auch keine Glaubensschwierigkeit, sie sofort bei dem Tode eintreten zu lassen. Das eschatologische Heil ist die Auferweckung zum ewigen Leben und zur ewigen Freude. Das Problem der Mystik des Einswerdens mit Gott wird im eschatologischen Glauben an die Auferstehung gelöst.«[123] Da wäre nun doch zu fragen, ob diese Lösung es sich nicht allzu leicht macht. Glaubt Strege wirklich, auf allgemeine Zustimmung rechnen zu dürfen, wenn er sagt, daß die Auferstehung beim Tode des einzelnen keinen Denk- und Glaubensschwierigkeiten ausgesetzt sei? Und darf so ganz außer acht gelassen werden, daß Gottesmystik und Auferstehungsglaube im allgemeinen sehr verschiedenartige religionsgeschichtliche Typen darstellen? Eine solche Additionsrechnung, ein Verfahren, das den Standpunkt Schweitzers kurzerhand durch eine lediglich auf den einzelnen bezogene Eschatologie ergänzen zu können meint, weil Mystik und Glaube zusammengehören[124], ist nicht nur den größten sachlichen Bedenken ausgesetzt, mehr und weit schlimmer noch: es verrät einen Mangel an Stilgefühl.

Ferner muß auch hier noch einmal gegen die Terminologie Einspruch erhoben werden. Eine ausschließlich individuelle Eschatologie ist eben nicht die spezifisch christliche, um die allein es geht. Rein sachlich ist sodann die Begründung

---

[119] *Strege:* Reich, S. 79.

[120] S. 56. *Strege* schreibt: daß »bisher« diese letzte Zielsetzung »noch« fehlt, als ob so etwas damals von Schweitzer noch hätte erwartet werden können!

[121] S. 57.

[122] S. 74.

[123] *Strege:* Eschaton, S. 75.

[124] *Strege:* Reich, S. 118.

der Hoffnung des ewigen Lebens in dem Willen zur Freude ohne jeden Erkenntniswert, sie ist im Gegenteil eine philosophische Ungeheuerlichkeit. Ein so ungeniertes Ansteuern der guten alten Glückseligkeit dürfte aber auch theologisch genommen ganz und gar überholt sein. Von der Unmöglichkeit der Argumentation selbst einmal abgesehen, muß diese Lösung, die nach Strege nur eine »winzige« Ergänzung des Schweitzerschen Standpunkts bildet, im Hinblick auf dessen Einstellung geradezu abgeschmackt genannt werden. Was für ein Unrecht wird unserm gerade hier so spröden, eindeutig enthaltsamen Denker durch dieses Ansinnen angetan! Schon in dem Ansatz des Gedankenganges, der Feststellung, daß wir einen Willen zur Freude in uns erleben, läßt sich nur eine Parodie auf Schweitzers ethisches Prinzip des Willens zum Leben erblicken. Mag man auch der Behauptung noch so sehr beipflichten: »Mystik jeglicher Art ohne Ausblick auf ewiges Leben stellt eine schwindsüchtige Glückseligkeit dar, auch Schweitzers Mystik der Ehrfurcht vor dem Leben«[125] — daß diese, konsequent innerhalb ihrer Möglichkeiten bleibend, über eine solche schwindsüchtige Glückseligkeit nicht hinausgeht, gerade das erscheint überaus bezeichnend und bedeutsam. Wenn Schweitzer in allen seinen Schriften mit keinem Wort von einem Leben nach dem Tode spricht, so hat er das sicherlich nicht einfach vergessen. Dieses Schweigen ist vielmehr außerordentlich beredt und vielsagend, die Zurückhaltung, ja, Armut in diesem Punkt ohne Zweifel bewußt und gewollt und die These »Wir kommen mit dem Tode in das Reich Gottes« bestimmt nicht in seinem Sinne. Eine feste christliche Hoffnung dürfte es bei ihm auch in dieser Hinsicht schwerlich geben. Das Absehen von Gedanken und Hoffnungen in bezug auf das Schicksal des Individuums nach dem Tode, die Beschränkung auf das tatkräftige Wirken, solange es Tag ist, diese Einstellung ist für Schweitzer so charakteristisch, daß es, wenn man sich schon auf dem Boden seines Denkens bewegen will, damit sein Bewenden haben muß. Wenn ihm in diesem Zusammenhang etwas vorzuwerfen ist, so höchstens dies, daß er sich gegen alle derartigen Versuche, ihn zu verbessern, nicht energisch gewehrt hat. Vom Standpunkt des christlichen Glaubens einen Mangel an seiner Position festzustellen, ist naheliegend, durchaus berechtigt und nur der Klarheit dienlich. Diesen Mangel jedoch abstellen und in der geschilderten Weise Ergänzungen vornehmen zu wollen, heißt ihn verfälschen, mehr noch: sich an seinem Geiste vergehen. »Gott schütze uns vor unseren Freunden!«, möchte Schweitzer vielleicht angesichts dieses Freundes von rechts auszurufen versucht gewesen sein[126], ein Wunsch, der, wie auszusprechen die Gerechtigkeit erfordert, im Hinblick auf einen über ihn hinausgehenden Freund von links wie Buri einem nicht in den Sinn kommen würde.

Die bisherigen Beobachtungen zeigen, daß, wer die Weltanschauung und die ganze Glaubenswelt Jesu so gründlich aufgibt wie Schweitzer, bei aller Pietät und sittlichen Hochschätzung gegenüber der Persönlichkeit Jesu von ihr als religiöser Autorität Abschied nehmen muß. Um eine solche zu bewahren, reicht das Festhalten an einem Urgedanken, der

---

[125] ebd.

[126] Die oben gemachte Feststellung abzuschwächen gibt auch die Tatsache keine Veranlassung, daß Strege früher einmal von Schweitzer brieflich bescheinigt worden ist, wohl kaum jemand habe ihn so [gut?] verstanden wie er (*Strege:* Eschaton, S. 10). Einmal war, als Schweitzer dies schrieb, wohl kaum schon etwas von solchen Verbesserungsabsichten des Adressaten bemerkbar, und dann scheint Schweitzer überhaupt in einer Art von Rührung darüber, bei anderen eine intensive Beschäftigung mit seiner Gedankenwelt zu finden, in anerkennenden Äußerungen zu einer gewissen Überschwenglichkeit geneigt zu haben.

sich auf den Jesus und uns verbindenden Willen zum Guten, zur sittlichen Vollendung, beschränkt, nicht aus. Die Unterscheidung zwischen Vorstellungsmaterial und Urgedanken, Metaphysik und Religion, zeitgeschichtlicher Form und dauernd gültig bleibendem Gehalt, Buchstaben und Geist, die Schweitzer mit dem theologischen Liberalismus älterer und jüngerer Spielart teilt, erweist sich als willkürlich und undurchführbar. Stets ist sie so gehandhabt worden, wie es den jeweiligen Zwecken des betreffenden Verfassers dienlich war und so, daß dabei der Herren eigener Geist über die Sache, um die es geht oder gehen sollte, dominiert und schließlich triumphiert. Prüft man einmal unbefangen, wozu dieses Verfahren geführt hat bzw. was dabei von Jesus übriggeblieben ist, so läßt sich nur denen zustimmen, die hier gerade das Wesentliche aufgegeben finden. Das, worauf Jesus in seiner Verkündigung letztlich abzielt, um was es ihm zutiefst geht, wird durch die sittlichen Begriffe Liebeswille, Lebensvollendung, Sinnverwirklichung nicht nur unvollständig erfaßt, sondern völlig verwässert, ja, geradezu entstellt und verfälscht. Die Botschaft vom wirklich kommenden Gottesreich, das etwas ganz anderes und sehr viel mehr bedeutet als ein bloßes Ziel sittlichen Handelns, gehört unabdingbar sachlich mit dazu und ist nicht ablösbar von irgendeinem rein geistigen Kern. Wenn *Buri* meint, Lambarene zeige, »wie für Schweitzer der eschatologische Jesus Autorität geworden ist«[127], so wäre zu fragen, ob nicht vielmehr genau das Gegenteil zutrifft. Zeigt nicht Lambarene eben dies, in welchem Grad für den Entdecker bzw. Mitentdecker und Hauptvertreter des eschatologischen Jesus der Historie in der eigenen Lebensanschauung und Lebensführung eine durch und durch nichteschatologische Einstellung maßgebend und erfolgreich gewesen ist?

Auf den Standpunkt Schweitzers bezogen stellt sich nach dem Fortfall der eigentlichen Eschatologie also nochmals und immer dringlicher die Frage, worin dann noch die Bedeutung Jesu für den Menschen unserer Tage bestehen kann. Da wäre zunächst das Negative hervorzuheben: »Es ist« nach Schweitzer »nicht so, daß wir die Idee der sittlichen Weltvollendung besitzen, weil wir sie durch historische Offenbarung von ihm bezogen haben. Sie liegt in uns und ist mit dem sittlichen Willen gegeben.«[128] Mit Recht hat *E. Barnikol* behauptet, daß Schweitzer sich damit »prinzipiell der idealistischen Immanenzreligion und Welt-Frömmigkeit« ergibt, »die man vor Jesus und ohne Jesus Christus erdenken, erlangen und haben kann«[129]. Ist es von hier aus überhaupt noch möglich, Jesus eine bedeutsame Funktion zuzuweisen? Schweitzer erklärt, Jesus — aber das kann dem ganzen Zusammenhang nach nur heißen: der Gedanke an

[127] *Buri:* Schweitzer als Theologe, S. 29 f.
[128] LJ S. 640.
[129] *Barnikol:* Leben, S. 145.

ihn, sein Vorbild — »hilft dazu mit, daß sie« — die Idee der sittlichen Weltvollendung — »auch in uns zur Herrschaft gelange«[130]. Wenn Schweitzer bemerkt, diese Auffassung der Religion und der Person Jesu werde »gewöhnlich als einseitig moralistisch und rationalistisch abgetan«, so hält er selbst sie doch keineswegs für falsch. Er ist vielmehr der Ansicht, »daß sie, wenn sie wirklich lebendig und groß ist, die ganze Religion in sich begreift. Denn alles, was man Wirkliches über Erlösung aussagen kann, geht zuletzt darauf zurück, daß wir in der Willensgemeinschaft mit Jesus von der Welt und uns selbst frei werden und Kraft und Frieden und Mut zum Leben finden. Jesus selber ist, man vergesse es nicht, seinem Wesen nach ein Moralist und Rationalist, der in der spätjüdischen Metaphysik lebte.«[131] Hier kommt alles darauf an, was unter der Willensgemeinschaft mit Jesus zu verstehen ist. Das wird sich sogleich zeigen.

Nachdem Schweitzer wie gesagt nichts dagegen einzuwenden gehabt hat, daß seine Religionsauffassung moralistisch und rationalistisch genannt wird, geht er unvermittelt zu einer, wie es scheinen könnte, völlig andersartigen, geradezu entgegengesetzten Einstellung über. Er fährt nämlich fort: »Im letzten Grunde ist unser Verhältnis zu Jesus mystischer Art. Keine Persönlichkeit der Vergangenheit kann durch geschichtliche Betrachtung oder durch Erwägungen über ihre autoritative Bedeutung lebendig in die Gegenwart hineingestellt werden. Eine Beziehung zu ihr gewinnen wir erst, wenn wir in der Erkenntnis eines gemeinsamen Wollens mit ihr zusammengeführt werden, eine Klärung, Bereicherung und Belebung unseres Willens in dem ihrigen erfahren und uns selbst in ihr wiederfinden. In diesem Sinne ist überhaupt jedes tiefere Verhältnis zwischen Menschen mystischer Art. Unsere Religion, insoweit sie sich als spezifisch christlich erweist, ist also nicht so sehr Jesuskult als Jesusmystik.«[132] Die Einführung einer Jesusmystik ist innerhalb der von Schweitzer selbst soeben als moralistisch und rationalistisch bezeichneten Auffassung auf den ersten Blick sehr überraschend und wirkt um so merkwürdiger, wenn man sie vergleicht mit der von ihm später herausgearbeiteten »Christusmystik« des Apostels Paulus. Sie wird jedoch weniger auffällig, sobald man bedenkt, daß es sich bei jenem von Schweitzer befürworteten Verhältnis des heutigen Menschen zu Jesus gar nicht um eine volle, wirkliche Einigung handelt, wie sie das Ziel der eigentlichen Mystik ist, sondern um eine rein gedanklich vermittelte gesinnungs- und willensmäßige, lediglich geistig-sittliche Beziehung. Diese »Mystik« fällt bei näherem Zusehen keineswegs aus dem Zusammenhang seiner ethizistisch-rationalistischen Gesamtanschauung heraus. Die Frage ist vielmehr nur die, ob der Begriff Jesusmystik in dem

[130] LJ S. 640.
[131] LJ S. 640 f.
[132] LJ S. 641.

Sinne, wie Schweitzer ihn nimmt, überhaupt statthaft ist; denn auch wenn man ihm zugestehen wollte, daß »jedes tiefere Verhältnis zwischen Menschen mystischer Art« sei, so müßte das zumindest eingeschränkt werden auf solche, die sich in unmittelbarer lebendiger Gemeinschaft miteinander befinden. Sucht dagegen ein Mensch unserer Zeit auf Grund eines »Verstehens von Wille zu Wille«, wie Schweitzer formuliert[133], sich auch praktisch in Übereinstimmung mit dem Willen Jesu zu bringen, so wird diese Übereinstimmung eben ausschließlich auf gedanklichem Wege hergestellt, auf der Grundlage eines Bildes und einer Überzeugung, die durch Überlieferung und Wissenschaft vermittelt, durch Literatur in irgendeiner Form und durch mündliche Verkündigung entstanden sind, die somit zwischen mir und dem geschichtlichen Jesus stehen. Erst an diese Zwischenglieder kann sich eine Besinnung auf die Persönlichkeit Jesu, eine Vergegenwärtigung ihres Wesens und Willens anschließen. Der Begriff Mystik ist für ein derartiges, bloß mittelbares Verhältnis nicht am Platze. Schweitzers Zuversicht, mit der Mystik den Graben zwischen Gegenwart und geschichtlicher Vergangenheit überbrücken zu können, steht in sonderbarem Gegensatz zu seiner Geringschätzung der historischen Erkenntnis, die nach seiner bereits erwähnten Ansicht kein Leben zu wecken vermag. In Wahrheit dürfte es eher umgekehrt liegen. Jene negative These über das Verhältnis von historischer Erkenntnis und Leben geht entschieden zu weit. Bis zu einem gewissen Grade wird man einer auf Geschichte sich beziehenden Erkenntnis, falls ihr eine entsprechende Disposition in der Anlage und seelischen Einstellung des Betrachters entgegenkommt, durchaus die Möglichkeit einer geistiges Leben zeugenden Wirkung zuerkennen können. Andererseits ist wie gesagt zu bestreiten, daß es zu Jesus als einer Person der geschichtlichen Vergangenheit ein echtes mystisches Verhältnis im Sinne einer unmittelbaren persönlichen Berührung überhaupt geben kann[134], es sei denn, man setze die reale Gegenwart des »Erhöhten« voraus, wie es dem vollen Gehalt des christlichen Glaubens entspricht, jedoch außerhalb des Schweitzerschen Horizontes liegt.[135] Echte Mystik braucht in noch höherem Grade

[133] LJ S. 639.

[134] Ganz unumwunden hat *Bultmann* betont, daß Jesus uns nicht unmittelbar zugänglich ist. »Als forderndes Du mit einem konkret an unser Gewissen gerichteten Anspruch vermag uns überhaupt nur ein Du der heutigen konkreten Gegenwart zu begegnen« (Christologie, S. 95). Auch ein persönliches Vertrauen ist »Jesus gegenüber gar nicht möglich, da er vergangen ist« (S. 97). Jesus »ist für uns als Du im Sinne eines Mitmenschen vergangen, wie jedes solche Du für uns vergeht, wenn der Mensch stirbt« (S. 106).

[135] *W. T. Hahn* (Mitsterben) bemerkt: Schweitzer »ist zu sehr Rationalist, um nicht raumzeitlich zu denken«. »Eine unmittelbare Verbindung der Existenz mit dem Anfangsereignis« — Christus (1. Kor 15,20) — »durch Ausschaltung der trennenden Zeitstrecke scheint ihm undenkbar« (S. 76). Dazu wäre zu sagen, daß dieser Schweitzer nachgesagte »Rationalismus« nur die durchaus übliche Einstellung vertritt und nicht einen Rationalismus in dem daneben gebräuchlichen Sinne einer partiellen Erkenntnisart oder einseitigen Mentalität darstellt. Es ist ein Rationalismus, den Schweitzer etwa mit Bultmann und dem allgemeinen wissenschaftlichen Bewußtsein überhaupt teilt. Daß

als der christliche Glaube wirkliche Nähe, Gegenwart, Unmittelbarkeit, ohne diese ist sie nicht lebensfähig. Eine noch so intensive gedankliche, gesinnungsmäßige Verbindung mit einer Gestalt der Vergangenheit, sei sie nun vorwiegend gefühls- oder willensmäßig begründet, vermag, wo die Einsicht in den Charakter des bloß Mittelbaren dieser Beziehung gewonnen wurde, nicht eigentlich mystischer Art zu sein. Wie auch sollte sich die Kluft zwischen Vergangenheit und Gegenwart, die dadurch entsteht, daß eine geschichtliche Erscheinung als solche, wenn nicht hinsichtlich ihrer Existenz, so doch um so mehr bezüglich ihres Wesens problematisch und damit Gegenstand wissenschaftlicher Kontroversen wird, durch Gefühl oder Willen überbrücken lassen? Diese wären offenbar der Gefahr ausgesetzt, ins Leere zu verlaufen, sobald das historische Bild der geschichtlichen Wirklichkeit nicht entspricht, womit im Falle Jesu ja sehr gerechnet werden muß. Das Erleben würde sich dann an eine subjektive Vorstellung und damit an einen Teil seiner selbst verschwenden, mithin keinen objektiven Beziehungspunkt, kein reales Gegenüber besitzen.

Wenn Schweitzer das bei seiner Auffassung vorliegende Verhältnis zu Jesus als Mystik bezeichnet, so handelt es sich demnach um ein Mißverständnis oder wenigstens um eine ungewöhnliche und nicht sachgemäße Terminologie. Und wenn er gar in dem großartigen Schlußkapitel seines Pauluswerkes den allgemeinen Satz aufstellt: »Das Christentum ist also Christusmystik, das heißt gedanklich begriffene und im Erleben verwirklichte Zusammengehörigkeit mit Christo als unserem Herrn«[136], so erweist sich diese Definition nicht nur als unzureichend, sondern als durchaus unzutreffend. Die Zugehörigkeit des Menschen zu Christus wird in erster Linie geglaubt (was Schweitzer außer acht läßt), auf keinen Fall gedanklich begriffen, aber im allgemeinen auch nicht in mystischer Weise erlebt. Schon gar nicht darf die Mystik, in einem so weiten Sinne verstanden, wie es hier geschieht, als christlich oder gar als *das* Christentum ausgegeben werden. Der Umstand, daß vor bald 2000 Jahren ein Mensch neben religiös-metaphysischen Vorstellungen und Erwartungen, die für uns nicht mehr diskutabel sind, von einem sittlichen Leben erfüllt war, das in seiner konkreten Zielsetzung ebenfalls nicht mehr maßgeblich sein kann, doch seiner Intensität und Grundrichtung nach heute noch anregend und vorbildlich zu wirken vermag, genügt jedenfalls nicht, um diese Persönlichkeit unseren Herrn nennen zu kön-

---

er raumzeitlich denkt, ist also völlig legitim, nicht, wie es nach Hahn aussehen könnte, ein Mangel. Die Aufhebung des raumzeitlichen Denkens, die die Voraussetzung für die Herstellung einer unmittelbaren Verbindung des heutigen Menschen mit Jesus Christus wäre und von der Theologie immer wieder gefordert wird — Hahn weist selbst auf Karl Heim hin (S. 122) —, ist nicht so ohne weiteres zu haben und keineswegs selbstverständlich. Schweitzer weicht als »Rationalist« nicht etwa von einer vollgültigen wissenschaftlichen Einstellung ab, vertritt hier vielmehr den bis auf weiteres legitimen erkenntnistheoretischen Standpunkt.

[136] MP S. 367.

nen. Ebensowenig aber darf das bloße Bewußtsein der Zusammengehörigkeit mit ihr im Zeichen der Gemeinschaft des guten Willens als Mystik ausgegeben werden, wenn dieser Begriff nicht jeden einigermaßen bestimmten Sinn verlieren soll. Wo der christliche Glaube in seinem Kern aufgegeben worden ist, aber der Wunsch besteht, den Zusammenhang mit der christlichen Geisteswelt im weiteren Sinne aufrechtzuerhalten, hat man von jeher gern Anleihen bei der Mystik gemacht, in deren Wesen das Weite und Dehnbare, das Verschwimmen der festen Konturen liegt.[137] Diese Möglichkeit hat jedoch ihre Grenzen. Schweitzer ist bereits zu weit auf der kritischen Bahn fortgeschritten, um ein religiöses Verhältnis zur Person Jesu auf dem Wege über die Mystik noch herstellen zu können. Man kann infolgedessen nicht sagen, daß durch die Einführung der Jesusmystik — diese ebenso wie die Unterscheidung von Bedingtem und Unbedingtem in der Weltanschauung eine Errungenschaft der zweiten Auflage — ein Fortschritt in der Sache erreicht sei. Die Grundkonzeption und entscheidende Tendenz Schweitzers mit ihrem Gegensatz kommt in der ersten Auflage eigentlich klarer heraus: »Nicht der historische Jesus, sondern nur der in den Menschen geistig auferstandene Jesus kann unserer Zeit etwas sein und ihr helfen. Nicht der historische Jesus, sondern der Geist, der von ihm ausgeht und in Menschengeistern nach neuem Wirken und Herrschen ringt, ist der Weltüberwinder.«[138] Das damit statuierte Verhältnis ist offensichtlich kein mystisches, sondern ein letztlich doch geschichtlich bewirktes (wenn auch als historisches, wie sich später zeigen wird, keineswegs unproblematisch).

Das, was Schweitzer die »Christusmystik« des Paulus nennt, soll nun freilich eine »objektive Mystik« sein, die sich dadurch auszeichnet, daß »hinter dem äußeren Schein der natürlichen Welt« »ihre Verwandlung in die übernatürliche im Gange« ist, daß gewissermaßen »die vergängliche und die unvergängliche Welt« »ineinandergeschoben« sind[139]. »Die Frage, wieso natürliche Menschen mit der bereits verklärten Persönlichkeit Jesu in Gemeinschaft stehen können, ist« »dahin gelöst, daß diese Erwählten in Wirklichkeit nicht mehr natürliche Menschen, sondern wie Christus selber bereits übernatürliche Wesen sind, nur daß es an ihnen noch nicht offenbar ist.«[140] Der Getaufte »verliert« »sein kreatürliches Eigendasein und seine natürliche Persönlichkeit«[141]. Das »Sein in Christo« »ist nur eine sprachliche Verkürzung für Teilhaben am mystischen Leibe Christi«[142], und dieser ist für Paulus »nicht ein Bild oder eine in symbolischen und ethischen Erwägungen zustande gekommene Vorstellung,

---

[137] *W. Picht* trifft ins Schwarze, wenn er von Schweitzers Jesusmystik sagt: »Sie kompensiert den Unglauben« (S. 74). Noch richtiger würde man sagen: sie m ö c h t e ihn kompensieren; denn sie tut es, auf das Ergebnis gesehen, zweifellos nicht.
[138] RW S. 399.
[139] MP S. 100.
[140] S. 111.
[141] S. 125.
[142] S. 123.

sondern eine naturhafte Größe«[143], eine metaphysisch-reale, substantielle Größe, wobei das »Naturhafte« hier, wie früher betont, nicht im Gegensatz zum »Übernatürlichen« steht, sondern den realen Charakter dieser übernatürlich-metaphysischen Beschaffenheit des Christus bei Paulus noch unterstreichen soll. Für Schweitzer selbst dagegen geht es um dies alles nicht: nicht um ein Übernatürliches, Unvergängliches, Metaphysisches, sondern in der Tat nur um »ethische Erwägungen«. Was er sich von der Christusmystik wirklich zu eigen macht, wenn in dem erwähnten Schlußkapitel das Unvergängliche der Mystik des Paulus, also nicht dessen rein persönlicher Standpunkt, sondern das für das Verhältnis der Christen aller Zeiten zum Christus Maßgebende dargelegt wird, unterscheidet sich von seiner »Jesusmystik« nur im Ausdruck, im Atmosphärischen; sachlich sind beide im wesentlichen identisch. »Indem Paulus Jesum kurzweg als unseren Herrn bezeichnet«, stellt er ihn nach Schweitzers Worten »als das alles menschliche Definieren überragende geistige Wesen hin, an das wir uns hinzugeben haben«[144]. Hier scheint es freilich um sehr viel mehr zu gehen als um das Verhältnis »von Wille zu Wille«, jene bloß gesinnungsmäßige Übereinstimmung, die den Jünger Jesu unserer Tage mit dem Jesus von einst verbindet. Das alles menschliche Definieren überragende geistige Wesen, von dem hier die Rede ist, scheint Jesus Christus als den ewigen Gottessohn eher an die erhabene, alles unter sich lassende Seinsweise Gottes selbst heranzurücken. Aber dieser Eindruck trügt, sofern Schweitzers eigene Einstellung in Betracht kommt. Was er selber meint, versteht man erst, wenn die Analyse eine gedankliche Bewegung sichtbar werden läßt, die sich in zwei Schritten vollzieht. Wie aus erkenntnistheoretischen Gründen das Absolute unerkennbar ist und für Schweitzer im Grunde genommen gar nicht existiert, so erscheint ihm auch in religiöser Beziehung der unendliche Gott rätselhaft und unerreichbar. Davon wird später zu sprechen sein. »Gottesmystik als unmittelbares Einswerden mit dem unendlichen Schöpferwillen Gottes ist unvollziehbar.«[145] Aber: »In Jesus Christo wird Gott als Wille der Liebe offenbar. In der Gemeinschaft mit Christo verwirklicht sich also die Gemeinschaft mit Gott, wie sie uns bestimmt ist.«[146] An die Stelle der Theologie im engeren Sinne tritt damit die Christologie, das ist der erste Schritt. Der zweite besteht darin, daß, nachdem Jesus zunächst als jenes das menschliche Denken übertragende geistige Wesen bestimmt worden war, noch auf derselben Seite von unserer »Gemeinschaft mit dem Wesen« (nun nicht: Jesus Christus, sondern:) »Jesu Christi« die Rede ist. Es handelt sich hier demnach nicht mehr um das einzelne, einzigartige Wesen Jesus Christus, seine reale übernatürliche

143 S. 127.
144 S. 367.
145 ebd.
146 S. 368.

Person, sondern um eine allgemeine Qualität, die Gesinnung der Liebe, die uns, sofern wir sie betätigen, mit Jesus verbindet. So wird die an die Stelle der Theologie getretene Christologie zur ethischen Anthropologie.

Auch wer diesem Ergebnis auf Grund allein der angeführten Sätze die letzte Sicherheit absprechen möchte, wird sich im Hinblick auf die übrigen einschlägigen Schriften Schweitzers davon überzeugen können, daß die in den beiden geschilderten Schritten vollzogene Bewegung in der Tat seiner Denkweise entspricht. »Alle christliche Frömmigkeit«, erklärt er in seiner Selbstdarstellung, »ist nur so viel wert, als in ihr Hingabe unseres Willens an den seinen« [Jesu] »statthat«.[147] Welches ist der Wille Jesu? Antwort: der Wille der Liebe, als der, wie wir gehört haben, Gott in ihm offenbar wurde. Mit der Hingabe an Jesu Willen ist nicht etwa Liebe zu ihm, Jesus, gefordert, es handelt sich vielmehr um unser sittlich motiviertes Lieben überhaupt. »Alle lebendige Erkentnis Gottes geht darauf zurück, daß wir ihn als Wille der Liebe in unseren Herzen erleben.«[148] Das ist alles. In Schweitzers Pauluswerk wird das nicht so deutlich, da ließe sich immer noch ein Mehr an Seinsqualität und Bedeutung des Christus für uns vermuten, aber in dem Buch, in welchem Schweitzer die Summe seines Lebens und Denkens gezogen hat, wird offenkundig, daß in Jesus nicht eine besondere, höhere Wesenheit, irgendetwas undefinierbares Geheimnisvoll-Göttliches, sondern ausschließlich seine Liebe in Betracht kommt und daß auch diese nur insoweit von Bedeutung für uns ist, als der Eindruck von ihr in uns wiederum aktive Liebe entstehen läßt, also nicht eine gefühlsmäßige Liebe auf Jesus richtet, sondern tätige Liebe im Verhältnis zum Nächsten bewirkt. »Das Wesentliche des Christentums, wie es von Jesus verkündet ist und wie es vom Denken begriffen wird, ist dies, daß wir durch die Liebe allein in Gemeinschaft mit Gott gelangen können.«[149] Noch einmal: nicht durch die Liebe zu Gott, den wir ja nicht erreichen können, oder zu Jesus, der als ein Mensch der Vergangenheit unsere Liebe nicht nötig hat und nicht entgegennehmen kann, sondern eben zu Menschen unserer Umwelt, die sie brauchen. Wenn Schweitzer in seinem Paulusbuch weiterhin bemerkt, der Reich-Gottes-Glaube des Paulus ziehe »die Möglichkeit einer Entwicklung dieser natürlichen Welt zum Reiche Gottes nicht in Betracht«[150], so erfolgt diese Feststellung auf dem Hintergrunde der entgegengesetzten eigenen Ansicht Schweitzers; denn um eben diese Entwicklung der natürlichen Welt auf dem Wege über sittliches Handeln und um nichts anderes geht es ihm selbst und hat es nach ihm für uns heute zu gehen.

Worauf Schweitzer letztlich hinauswill, das kommt vielleicht nirgends so konzentriert und unverkennbar zum Ausdruck wie in einer Predigt

---

147 LD S. 46.
148 S. 206.
149 ebd.
150 MP S. 378.

von 1904 über das letzte Wort des Auferstandenen zu seinen Jüngern: »Siehe, ich bin bei euch alle Tage bis an der Welt Ende« (Mt 28,20). Die zeitliche Bestimmung »alle Tage bis an der Welt Ende« läßt unser Prediger von vornherein stillschweigend unter den Tisch fallen, und nicht sprechen will er auch vom »Trostheiland«. Ihm ist es allein um den Jesus zu tun, der gesagt hat: »Ich will euch zu Menschenfischern machen, das heißt, ihr sollt mitarbeiten an meinem Lebenswerk.«[151] »Der natürliche Weg zu ihm ist, an seinem Werke zu arbeiten, und aus dieser Gemeinschaft des Arbeitens mit ihm, da kommt eine immer größere und stärkere Gemeinschaft des geistigen Lebens, ein persönlicher Verkehr mit ihm.«[152] Diese Deutung mag eine sehr schöne, vielleicht auch fruchtbare Abwandlung des Textwortes zum Ausdruck bringen; eine sachgemäße Interpretation stellt sie sicherlich nicht dar. Die den Jüngern versprochene Gegenwart ist nicht die allgemeine »Gemeinschaft des geistigen Lebens«, und von einer »Gemeinschaft des Arbeitens mit ihm« oder gar von »persönlichem Verkehr mit ihm« kann und dürfte bei Schweitzer auf Grund seiner Voraussetzungen eigentlich gar nicht die Rede sein. Wenn dies gelegentlich dennoch der Fall ist, so handelt es sich dabei lediglich um dekorative, im Genius loci begründete Wendungen des Kanzelredners, die nichts daran ändern, daß die Gemeinschaft des heutigen Menschen mit Jesus keine persönliche ist, sondern ausschließlich im sachlichen »Arbeiten an seinem Werk« besteht. Wer als Christ mit den üblichen Ansprüchen auf Textauslegung und Glaubensverkündigung zu Schweitzers Predigt kommt, muß enttäuscht werden. Der von ihm gereichte Korb enthält zwar gewiß nicht Steine statt Brot, sondern sehr schöne und nützliche Dinge, aber eben doch keine eßbaren für den Hungernden.

Schweitzers Absicht, sich von dem allzu historischen Jesus abzusetzen und eine unmittelbare Beziehung zu einem Jesus herzustellen, der dem Menschen unserer wie jeder Zeit Wesentliches bedeuten kann, war in anderer Weise von *Martin Kähler* verfolgt worden mit seiner Unterscheidung zwischen dem »sogenannten historischen Jesus« und dem »geschichtlichen, biblischen Christus«, dem verkündeten, kerygmatischen. Es wurde schon gesagt, daß Schweitzer Kähler nicht einmal dem Namen nach erwähnt[153] und die ihm lediglich in einer Schrift *G. Wobbermin*s entgegengetretene Unterscheidung zwischen dem historischen und dem geschichtlichen Jesus auf das entschiedenste ablehnt; denn er sieht klar, daß, wenn es nicht so sehr um die bloße Tatsächlichkeit des einstigen Lebens Jesu an und für sich als vielmehr um seine Wirkung auf die Nachwelt geht, das Ergebnis sehr zweischneidiger Art ist. Der schon kurz

[151] SP S. 27.
[152] ebd.
[153] *E. Jüngel* (Paulus, S. 73, Anm. 3), der Schweitzers Kritik an der Leben-Jesu-Forschung systematisch von Kähler vorweggenommen findet, fragt: »Hat Schweitzer den Vortrag Kählers nicht gekannt?«

berührte Hinweis auf die von Jesus ausgegangenen schädlichen Wirkungen wird in der zweiten Auflage seines Hauptwerks noch schärfer zum Ausdruck gebracht: »Es ist nicht schwer zu zeigen, daß Jesus neben vielem Guten auch ungeheuer viel Böses und Verwerfliches gewirkt hat und noch wirkt.« »Die schauderhaftesten Dinge sind in gutem Glauben an ihn vollbracht worden.« »Man hüte sich also, den Geist Jesu mit dem in der Geschichte wirkenden Jesus zu identifizieren, um so den ›historischen‹« Jesus[154] »preisgeben zu können und den ›geschichtlichen‹ dennoch zu behalten! Dieses Kunststück moderner Scholastik kann zur Lösung der Frage nichts beitragen.«[155] Kein anderer Theologe — das muß noch einmal betont werden — hat das Negative der Wirkung Jesu so freimütig ausgesprochen.

Wir stehen also vor folgendem Sachverhalt: Der »historische« Jesus ist zwar ein interessantes Problem für den Forscher, aber für den inwendigen Menschen nicht brauchbar. Andererseits kann das Verhältnis zu Jesus, das Schweitzer befürwortet und als mystisch bezeichnet, nicht als ein solches anerkannt werden, es weist vielmehr deutlich zurück in die geschichtliche Sphäre, wobei jedoch nicht die ganze geschichtliche Wirkung positiv bedeutsam ist, sondern eine Auswahl vorgenommen werden muß. In welche Richtung Schweitzers Denken strebt, zeigt sich, wo er jene »gekünstelte Distinktion« zwischen historischem und geschichtlichem Jesus zurückführt auf »Angst vor dem ›Rationalismus‹«, »der die Religion aus Vernunft und Denken herleiten will«, »um die Fiktion aufrechtzuerhalten, als wären alle christlichen Anschauungen aus der Geschichte zu gewinnen«[156]. Brauchbar ist demnach nur eine rational-ethisch gefilterte Geschichte.

Es ist Schweitzer also wirklich ernst mit dem moralistischen und rationalistischen Verständnis Jesu und unseres Verhältnisses zu ihm. Was er darüber sagt, ist so eigenartig und von einer so seltenen Kühnheit und Offenheit, daß es angebracht erscheint, noch einen Augenblick dabei zu verweilen. »Diese Auffassung der Religion und der Person Jesu wird gewöhnlich als moralistisch und rationalistisch abgetan.« Wer würde sich nicht schleunigst von einer solchen Deutung absetzen! Schweitzer tut das wie gesagt nicht, er hält diese Beurteilung seiner Auffassung nicht für falsch, sondern erwidert darauf nur, »daß sie, wenn sie wirklich lebendig und groß ist, die ganze Religion in sich begreift«. Ja, er geht so weit, Jesus selbst einen Moralisten und Rationalisten zu nennen. Es muß freilich bezweifelt werden, daß dies zweckmäßig oder überhaupt angängig ist, und damit rührt man vollends an das Fragwürdige der ganzen Sicht; denn so sehr wir zugeben werden, daß Jesus in der Zeichnung Schweitzers eine eindrucksvolle Konsequenz des Denkens und Han-

---

[154] anstatt: »Jesu«!
[155] LJ S. 521.
[156] ebd.

delns erkennen läßt: einen Menschen, der so sehr durch die Vorstellung einer im Grunde phantastischen Weltanschauung bestimmt wird, pflegt man eben doch nicht als Rationalisten zu bezeichnen.[157] Wohl aber muß anerkannt werden, daß Schweitzer selbst ein Rationalist und Moralist ist, und dies in einem Grade, wie er es einzugestehen vielleicht Bedenken haben könnte. Oder doch nicht? Fragen wir, was Jesus nach Schweitzers Ansicht demjenigen letztlich noch zu sein vermag, der durch die historische Kritik hindurchgegangen ist und darauf verzichtet, seine Gedanken und Ideale in die Geschichte zurückzuprojizieren, so findet sich innerhalb seiner hier mit Absicht so reichlich wiedergegebenen Ausführungen tatsächlich kein einziger Satz, der über eine ethische Beziehung hinausginge. Weil Jesus die Idee der sittlichen Weltvollendung »in ihrer ganzen Wahrheit und Unmittelbarkeit erfaßt und seinen Willen und seine große Persönlichkeit in sie hineingelegt hat, hilft er dazu mit, daß sie auch in uns zur Herrschaft gelange und wir sittliche Kräfte für unsere Zeit werden«.[158] In der Tat: das ist die Bedeutung Jesu als eines Lehrers, Vorbilds und einer sittlichen Kraftquelle, wie sie der Aufklärung vor Augen stand, nicht so nüchtern, trocken, prosaisch, aber grundsätzlich nicht anders. Und in genialer Einseitigkeit macht Schweitzer daraus gar kein Hehl, er spricht es vielmehr offen aus: »Die Wahrheit, daß das Ethische das Wesen des Religiösen ausmacht, ist durch Jesu Autorität gedeckt.«[159] Hier sind indessen nicht nur Zweifel anzumelden, sondern es wird die Feststellung unumgänglich, daß Schweitzer sich mit dieser These in Widerspruch zur gesamten neuesten Religionswissenschaft setzt. Gewiß muß jede höherstehende Religion ein sittliches Element enthalten, ohne das sie nicht als vollwertig gelten kann. Aber daß das Ethische das Wesen der Religion ausmache, trifft ganz einfach nicht zu. Im Gegenteil, wenn die wissenschaftliche Arbeit auf diesem Gebiet seit den Tagen der Aufklärung etwas als sicher erkannt hat, so eben dies, daß die Religion ein Phänomen sui generis und keineswegs in Sittlichkeit auflösbar ist.

Schweitzer hält sich wie gesagt allein an das Sittliche, das sich bei ihm als religiöse Mystik gibt, ohne dies wirklich zu sein. Das Werk, in dem er mit der vertrauten Gestalt des Gottessohns und Erlösers so gründlich aufgeräumt und statt dessen einen uns innerlich so fernstehenden und befremdlich wirkenden Jesus gezeichnet hat, klingt aus in ein paar viel zitierten wundervollen Sätzen: »Als ein Unbekannter und

---

[157] Nicht nur als »liberal«, sondern auch als »Aufklärer« wird Jesus zwar neuerdings auch von *Käsemann* (Ruf, S. 33) bezeichnet, aber das dürfte, sowenig der Sachverhalt, der den Historiker zu diesem Urteil führt, bestritten werden soll, doch nicht alles und auch nicht das Wichtigste sein, was von Jesus auszusagen ist. Wäre es das, so würde sich dieser Abschnitt, der unter dem systematisch-theologischen Gesichtspunkt steht, erübrigen.

[158] LJ S. 640. [159] LD S. 48. — Die »Identifikation von Religion und Sittlichkeit, von christlichem Glauben und Sittlichkeit« bezeichnet *U. Browarzik* als »Kernstück der Schweitzerschen Theologie« (Glaube, S. 90).

Namenloser kommt er zu uns, wie er am Gestade des Sees an jene Männer, die nicht wußten, wer er war, herantrat. Er sagt dasselbe Wort: ›Du aber folge mir nach!‹ und stellt uns vor die Aufgaben, die er in unserer Zeit lösen muß. Er gebietet. Und denjenigen, welche ihm gehorchen, Weisen und Unweisen, wird er sich offenbaren in dem, was sie in seiner Gemeinschaft an Frieden, Wirken, Kämpfen und Leiden erleben dürfen, und als ein unaussprechliches Geheimnis werden sie erfahren, wer er ist...«[160] Niemand wird sich dem Eindruck dieser Worte entziehen können. Die geistige Gewalt des Nachfolgebefehls hat sie ganz und gar durchdrungen, und in einem extensiv wie intensiv unvergleichlichen Berufsleben haben sie durch Schweitzer selbst ihre großartige Bestätigung und Bewährung erhalten. Aber auch wenn man erkennt, für Schweitzer »sind sie Wahrheit; denn er hat sie gelebt«, müssen wir doch mit *E. Rolffs* zugleich fragen: darf Schweitzer »verlangen, daß jeder von uns gehorsam in die Nachfolge des Unbekannten und Namenlosen eintritt«, dessen Wirken mit einem so völligen Fiasko geendet hat?[161] Auf diese Frage läuft alles hinaus, auf ihre Beantwortung kommt alles an. *W. Picht* hat die Arbeit des Forschers Schweitzer über Jesus und die Stellung des Menschen Schweitzer zu Jesus verdichtet in einem einzigen Satz zusammengefaßt: »Mit bisher unerhörter Konsequenz wird das Wagnis durchgeführt, auf das die Leben-Jesu-Forschung angelegt war: den ›Herrn‹ vorbehaltlos als eine geschichtlich bedingte Erscheinung zu begreifen, dabei aber seine Herrscherwürde nicht anzutasten.«[162] Der genannte Autor sieht hierin eine Paradoxie, bewirkt durch den bis zur letzten Konsequenz vorgetriebenen protestantischen Rationalismus: »Er mündet einerseits in einer radikalen Preisgabe aller Glaubenspositionen, andererseits in vorbehaltloser Hingabe an Jesus als den unergründbaren Herrn der Welt.«[163] Der bei Schweitzer vorliegende Sachverhalt könnte nicht besser formuliert werden. Picht hat es nur unterlassen hinzuzufügen, daß das Gesagte lediglich von und für Schweitzer persönlich gilt. Was man jedoch vom systematischen Theologen erwarten muß, daß er eine Lösung von allgemeiner, normativer Bedeutung bietet, das hat Schweitzer damit nicht geleistet. Daß Jesus ihm in diesem Grade der Herr bleibt, ist ja wirklich sehr eigenartig, ihm ganz und gar eigentümlich, aber offenbar ohne verpflichtende Konsequenz für andere. Es steht außer Zweifel: die Frage, ob verlangt werden kann, daß jeder von uns

---

160 LJ S. 642.

161 *Rolffs:* Schweitzer, S. 243. Rolffs schreibt wörtlich: von dem er »uns erzählt, er sei mit einer schweren Enttäuschung an seinem Gott verzweifelnd am Kreuz gestorben?« Die Deutung des Verzweiflungsschreis als Enttäuschung über das Ausbleiben der göttlichen Intervention erwähnt Schweitzer jedoch nur als eine Möglichkeit, der er eine andere als wahrscheinlicher vorzieht. (Vgl. LJ S. 433, Anm. Dazu *Neuenschwander:* Jesus S. 66, Anm. 90.) Das objektive Fiasko aber entspricht der Auffassung Schweitzers voll und ganz.

162 *W. Picht,* S. 61.

163 S. 67.

einem solchen Jesus als seinem Herrn nachfolgen soll, läßt sich nur entschieden verneinen. Wenn heute jemand, ohne auf dem Boden eines bewußten Christentums zu stehen, wie Schweitzer sein Leben in den Dienst einer humanitären Aufgabe stellen wollte, so wäre vielleicht das Gefühl des Unausgefülltseins in Verbindung mit einer bestimmten Idee des Guten oder der starke Eindruck einer ihm zu Herzen gegangenen Not, möglicherweise auch ein begeisterndes Beispiel, etwa das Schweitzers selbst, die Triebkraft für sein Unternehmen, aber sicherlich nicht die Anerkennung des Willens Jesu und schon gar nicht des Schweitzerschen Jesus. Der Herr werden kann der einstige Jesus dem Menschen späterer Generationen nur im Lichte des Glaubens. Schweitzer ist nichts anderes als die diese Regel bestätigende Ausnahme.

Es sei erlaubt, jetzt gewissermaßen noch die Gegenprobe zu machen, indem wir uns die dargelegte Auffassung von Schweitzers Verhältnis zur Person Jesu mittelbar bestätigen lassen durch die Schrift eines anderen Autors, die Schweitzer besonders hoch geschätzt hat. Eines der ganz wenigen Werke, die in der »Geschichte der Leben-Jesu-Forschung« uneingeschränkt bejaht werden, und zwar das hier zu erwähnende nicht wegen seiner wissenschaftlich-historischen Bedeutung — »es handelt sich« »gar nicht um eine geschichtliche, sondern um eine divinatorische Betrachtungsweise«[164] — ist »Jesu Diesseitigkeitsreligion« von *Bruno Wehnert,* das Schweitzer den »Dogmatikern« empfiehlt, »weil es in der Ungeschichtlichkeit genial und in der Philosophie tief ist«[165]. Es erscheint freilich nicht verwunderlich, daß Schweitzer dieses Buch dunkel nennt[166], muß man sich doch beim ersten Kennenlernen an seiner sehr eigenwilligen Begriffsbildung und den äußerst befremdlichen Vergleichen (Jesu z. B. mit Galilei, Kant, Schopenhauer, Goethe) stoßen. Und was soll sich der noch nicht Eingeweihte dabei denken, wenn er liest, daß Jesus »kein Theologe, sondern Philosoph« war[167], »kein Metaphysiker und kein Transzendenzphilosoph, sondern religiöser Transzendentalphilosoph«[168], nicht Dogmatiker, »sondern Methodiker«[169] »und Problematiker«[170], »kein vorwiegender Gesetzeslehrer, sondern Künstler«[171] und Erzieher[172]? Richtung und Zusammenhang kommt in diese Thesen erst, wenn man den Positivismus als Grundlage aller Ausführungen erfaßt hat, derart, daß Jesus eine »Abneigung gegen alle Metaphysik und Dogmatik« zugeschrieben wird.[173] Er ist »Gegner einer Transzendenz«[174], es findet sich

---

[164] LJ S. 583.
[165] LJ S. 584.
[166] Da der Verfasser des vorliegenden Buches einst in den Oberklassen Wehnert als Lehrer in Religion und Deutsch gehabt hat, ist er mit dessen Gedankenwelt eng vertraut. Die Anerkennung, daß er mir ein lieber Lehrer gewesen ist und daß ich an seinen Stunden lebhaft interessiert war, kann mich jedoch nicht abhalten, aus dem Abstand von beinahe sechs Jahrzehnten zu urteilen, daß Wehnerts Betrachtungsart im höchsten Grade einseitig war, daß er im Unterricht immer nur seine eigenen Anschauungen vorbrachte, wobei der sachliche Gehalt des Lehrstoffs sehr zu kurz kam, und daß ich insbesondere vom Geiste des Christentums bei ihm, dem überzeugten Positivisten, so gut wie nichts erfahren habe.
[167] *Wehnert:* Diesseitsreligion, S. 62.
[168] S. 65.
[169] S. 10.
[170] S. 64.
[171] S. 136.
[172] S. 37.
[173] S. 59.

bei ihm wie bei Kant »die Zurückhaltung gegenüber aller Metaphysik«[175], die »Abweisung religiöser Erfüllung von oben her«[176]. »Jesu ideale Neutat und Grundtat« ist »Gottes Aufnahme in die Brust des Menschen«[177]. »Immanente Begründung der sittlichen Gebote, die er im Auge hatte, lag ihm am Herzen.«[178] Freilich kann Wehnert sich der Tatsache nicht verschließen, daß »auch Jesu Religion Transzendenz kennt; aber«, wie er meint, »eine von der jüdischen unterschiedene. Die jüdische Transzendenz war eine dogmatische, Jesu Transzendenz ist eine künstlerische.«[179] Ist es möglich, so fragen wir, in diesen Bestimmungen den geschichtlichen Jesus von Nazareth zu erkennen, und wie ist es möglich, so fragen wir erst recht, daß ausgerechnet Schweitzer diese Zeichnung nicht nur gelten läßt, sondern wie wenige Werke rühmt?

Das ist indessen nicht ganz so unverständlich, wie es im ersten Augenblick erscheint. Einerseits steht auch Schweitzer, wie noch näher auszuführen sein wird, in mehrfacher Hinsicht auf dem Boden des Positivismus. Andererseits findet sich auch in Wehnerts Jesusbild eine starke Tendenz zum Voluntarismus und Ethizismus, von der Schweitzer angezogen werden mußte. Jesus »weiß und will uns lehren, daß der Wille und mit ihm das Moralische der Grund und Sinn der Welt ist«[180]. Es handelt sich bei dieser Anschauung Wehnerts keineswegs um einen trockenen Moralismus, sondern um eine Schweitzer verwandte dynamische, beschwingte Haltung, um »Energismus« und »Idealismus«, denen er das Prädikat religiös beilegt. Nicht Jesu »historische äußere Erscheinung, auch nicht seine Ideen, sind maßgebend für uns. Für uns maßgebend ist, nach seinem eigenen Wunsch, sein Idealismus. Er hat die Religion in Bewegung aufgelöst. Ein großes energetisches Beziehungssystem hat er als Sinn des religiösen Seins der Welt erkannt. Die erzeugte religiöse Energie, wie sie dem Born seines großen Menschenherzens entquoll, ist konstant. Und der religiöse Prozeß überhaupt liegt nur darin, daß sich Jesu religiöse Energie, sein religiöser Energismus und Idealismus, der in der Welt unverloren ist, in neue ideale Formen umsetze.«[181] Diese Darstellung, die Wehnert ohne Kenntnis des Schweitzerschen Werkes gegeben hat und von der Schweitzer sagt, daß sie sich am Schluß »zu wirklich erhabener Größe« erhebt[182], ist in der Tat Geist von Schweitzers Geist. Aber wenn Wehnert, der trotz der Würdigung durch Schweitzer wohl weithin unbekannt und wirkungslos geblieben ist, durch den Aufweis dieser Parallele an Ansehen gewinnen könnte, so wird man doch unter dem uns hier beschäftigenden Gesichtspunkt urteilen müssen: um so schlimmer für Schweitzer! An dem, was erstens Schweitzer bei Wehnert offenbar alles ohne Widerspruch und sogar mit starker Zustimmung gelesen hat und was zweitens an den entscheidenden christlichen Gehalten bei Wehnert alles fehlt, ohne daß Schweitzer es vermißt hätte, läßt sich, wenn es dessen nach allem noch bedürfen sollte, ermessen, wie fern Schweitzer mit seiner Auffassung des Verhältnisses des Menschen zu Jesus dem gerückt ist, was in lebendigem Zusammenhang mit einem echten und vollen Christusglauben steht, der sich nicht von der Transzendenz distan-

---

174 S. 68.
175 S. 88.
176 S. 82.
177 S. 110.
178 S. 111.
179 S. 148.
180 S. 24.
181 S. 198.
182 LJ 583. Die besondere Schätzung, die Schweitzer Bruno Wehnert entgegenbrachte, geht auch daraus hervor, daß er einmal einen Aufenthalt in Hamburg dazu benutzt hat, um sich mit Wehnert zu treffen, wie dieser später seinem ehemaligen Schüler erzählte.

ziert und der von Jesus mehr auszusagen hat, als daß sich »religiöses«, sprich: sittliches Leben an ihm entzünde.

Eine Christologie im eigentlichen Sinne gibt es bei Schweitzer im Grunde genommen nicht. Statt dessen finden wir jedoch bei ihm jenes unentwegte, beinahe naiv anmutende Verhältnis zu Jesus, der ihm weder der in der Zukunft zu erwartende Menschensohn, noch der aus der Transzendenz herabgestiegene und in sie zurückgekehrte auferstandene Gottessohn ist, aber doch ganz schlicht der Herr bleibt, dem er Gehorsam schuldet und dem er sich in der Nachfolge verbunden weiß. Diese seine Jesusmystik konnte zwar nicht der wirklichen Mystik zugerechnet werden, noch entspricht sie gar dem christlichen Glaubensstandpunkt. Aber trotz aller Abstriche von der vollen Bedeutung der Person Jesu für den Glaubenden scheint immerhin ein eigentümlich persönliches Verhältnis zu ihr für Schweitzers Einstellung weitgehend bezeichnend zu bleiben, während es für seine Anhänger im Lager der jüngeren liberalen Theologie charakteristisch ist, daß die Person Jesu, fast noch mehr als einst im älteren, spekulativen Liberalismus, hinter ein Prinzip, den Christus*begriff*, zurücktritt, einen Begriff, der kaum mehr etwas mit dem Menschen Jesus zu tun hat, sondern ihm gegenüber grundsätzlich verselbständigt wird.

Übernommen wird hier von Schweitzer nicht nur das Bild des selbst ganz und gar eschatologisch eingestellten geschichtlichen Jesus, sondern auch die Erkenntnis, daß dieser eschatologische Prophet uns überaus fremd geworden ist. Trotzdem wird nach *Neuenschwander* »der Christus als das eschatologische eindeutig heilswirkende Handeln Gottes in der Geschichte von neuem zentral«[183]. Aber wer ist dieser Christus? Der Autor versteht »entmythologisierend Christus nicht als himmlisches Personwesen, sondern als eine besondere Art und Weise des Handelns Gottes in der Geschichte. Wir reden vom Christusgeschehen als von demjenigen Geschehen, das ein eindeutiges Wirken Gottes auf das Reich hin ist. Dieses Wirken Gottes auf das Reich hin vollzieht sich in verschiedener Weise. Es vollzieht sich aber in entscheidender Weise durch Jesus von Nazareth.«[184] Dieser Versuch, durch die Schwierigkeiten des Problems, ob bzw. in welcher Weise die Person Jesu noch als Objekt des Glaubens gelten kann, nachdem Jesus mit seinem eigenen Glauben Schiffbruch erlitten hat, hindurchzusteuern, dürfte mehr von Konfusion als von Konsequenz zeugen. Allzusehr ist doch diese Anschauung wiederum von der Tendenz zur Harmonisierung bestimmt. Das so durchaus Charakteristische und Wesentliche des christlichen Glaubens, daß ein einzelner Mensch in vollem Maße Gott vertritt, ihn in einzigartiger Weise offenbart, wird der unerläßlichen Entmythologisierung geopfert. An die Stelle des Christus tritt demzufolge der weite und unbestimmte Begriff eines Christusgeschehens, der verdächtig an anthroposophische Wendungen erinnert. Jesus soll jedoch nicht völlig ausgeklammert werden: das Wirken Gottes vollzieht sich wohl »in verschiedener Weise«, doch »in entscheidender Weise durch Jesus von Nazareth«. War aber dieser denn nicht, entmythologisierend betrachtet, ein bloßer Prophet, der sich überdies entscheidend geirrt hat? Gewiß, doch »Jesus hält sich für mehr als einen Propheten«,

---

[183] *Neuenschwander:* Theologie, S. 120.
[184] S. 121.

und »das Mehr liegt im Eschatologischen«[185]. Kann es indessen im jetzigen Stadium der Verhandlung noch darauf ankommen, wofür Jesus sich hielt? Sind nicht jetzt *wir* daran zu sagen, wofür wir ihn halten? Und was hilft uns die Angabe, das Mehr liege im Eschatologischen, muß dieses nicht durch den tatsächlichen Verlauf des Geschehens als erledigt gelten? Sagt Neuenschwander doch selbst: »Der harte und anstößige Satz bleibt bestehen, daß sich Jesus in seiner apokalyptischen Erwartung geirrt hat.«[186] Freilich: »Auf die legitime Frage, wie weit durch diesen Irrtum die Autorität Jesu als Messias in Mitleidenschaft gezogen werde und ob sich die entscheidende Offenbarung Gottes ausgerechnet mit einem so fundamentalen Irrtum verbinden könne, geht Neuenschwander gar nicht ein. Jesus soll mehr als ein Prophet sein und sich doch im entscheidenden Punkt seines Glaubens im Irrtum befunden haben. Gott soll mit seinem Werkzeug entscheidend gehandelt haben für das Reich Gottes, ohne daß das Werkzeug fähig gewesen wäre, das Handeln Gottes richtig zu interpretieren!« Die Lage läßt sich nicht besser kennzeichnen, als *M. Huber* es mit diesen Sätzen getan hat.[187] Und noch einmal sei diesem Autor das Wort gegeben, mit dem das Fazit gezogen wird: »Will Neuenschwander den Gottmenschen grundsätzlich als Mythos preisgeben, so muß er sich voll und ganz zum Menschsein Jesu bekennen und sich klar sein, daß er sich damit auch jeder Möglichkeit begeben hat, an Jesus als dem Objekt des Glaubens festzuhalten. Vor dieser Folgerung jedoch sträubt er sich und meint nun, das eine nicht mehr wollen zu können und das andere doch lassen zu müssen. Zwar wird Jesus nicht über das Menschliche hinausgehoben, aber er soll doch mehr sein als ein Prophet. Dieses ›Mehr‹ wird mit dem Begriff des Eschatologischen, der gar keine Aussage über die Person ist, reichlich im Ungewissen belassen«[188] — und nicht nur im Ungewissen belassen, wäre hinzuzufügen, sondern mit einem Begriff beschrieben, der nicht mehr verwendbar, der vielmehr längst endgültig abgeschrieben worden ist.

In reinerer Form, nicht abgelenkt durch eine harmonisierende Tendenz, findet sich die Trennung von Jesuspersönlichkeit und übergreifendem Christuswirken bei *Buri* durchgeführt. Die Christuswirklichkeit ist »nicht an den Namen Jesus Christus und an die ganze damit verbundene Vorstellungs- und Begriffswelt gekettet. ›Der Geist weht, wo er will‹«[189]. Der Begriff Christus ist nach Buri »in der Bibel Bezeichnung für ein besonderes schöpferisches Eingreifen Gottes, durch das die erste, unvollkommene Schöpfung und ihre Mächte überwunden werden und an ihre Stelle eine neue, vollkommene Schöpfung der Gottesherrschaft tritt. Der Christus ist das Prinzip einer neuen Schöpfung«[190], so wie derselbe Verfasser schon in einer früheren Arbeit gesagt hatte: eine — in *seinem* Sinne — »eschatologische Möglichkeit in der Schöpfung können wir legitimerweise mit dem neutestamentlichen Begriff des Christus bezeichnen«[191]. An dem hier inszenierten Begriffsspiel dürfte bemerkenswert nur dies sein, daß es auch noch auf Legitimität Anspruch macht. So wagt ein Theologe, eine bloße begriffliche Möglichkeit, ein Symbol für »die schöpfungsmäßige Möglichkeit aktueller Sinnverwirklichung mitten in der Sinnlosigkeit der Welt«[192] an die Stelle dessen zu setzen, dem der Christ sich verlangend entgegenstreckt mit der Bitte der letzten Seite der Bibel: »Komm, Herr Jesus!«! Auch dem, der den

[185] S. 120.
[186] S. 101.
[187] *Huber:* Jesus, S. 212.
[188] S. 207.
[189] *Buri:* Glaube, S. 90.
[190] S. 84.
[191] *Buri:* Eschatologie, S. 171.
[192] S. 172.

Glauben an Jesus Christus nicht mehr selbst teilt, ihn aber respektiert als das, was ungezählten Menschen Mittelpunkt ihres Lebens war und noch immer ist, fällt es schwer, an einer derartigen Denaturierung des Christusglaubens kein Ärgernis zu nehmen. Mit vollem Recht findet *Rich* die »Offenbarung Gottes in Christus« bei Buri »prinzipiell in einen allgemeinen Religionismus aufgelöst« und meint dazu, es frage sich, »ob hier der Gebrauch einer spezifisch-christlichen Begriffswelt überhaupt noch am Platze bzw. mit dem Prinzip wissenschaftlicher Redlichkeit vereinbar sei«[193]. Die Frage stellen heißt sie beantworten. Auch *E. Brunner* urteilt über Buris Ersetzung des destruierten Christusglaubens durch eine Existenzphilosophie, »bei der nicht nur Jesus Christus, sondern auch Gott als Gegenstand des Glaubens verschwindet, die aber trotzdem sich als eine christliche Möglichkeit ausgibt«, es gehe hier »um einen Zentralangriff auf den christlichen Glauben, um ein Entweder-Oder, das nicht ein Stück, sondern das Ganze des Christusglaubens radikal in Frage stellt«.[194]

Wie ist nun Schweitzers Anschauung vom Verhältnis des Menschen im allgemeinen zu Jesus, soweit sie bisher ins Blickfeld rückte, theologisch einzuordnen? Wohin gehört sie wenigstens vergleichsweise, was haben wir als Schweitzers tiefste Intention anzusehen? Läßt sich eine solche überhaupt eindeutig angeben? Am nächsten scheint der Begriff einer ethizistischen Jesusmystik zu liegen, mit dem noch wieder *R. Slenczka* Schweitzers Position bezeichnet hat.[195] Dabei kann man indessen nach allem Gesagten schwerlich stehenbleiben. Als ethizistisch ist sein Standpunkt gewiß zu charakterisieren, und daß er sich in gewisser Hinsicht auf Jesus ausgerichtet zeigt, steht außer Frage. Aber um echte Mystik handelt es sich, wie dargelegt wurde, keineswegs. Dieser Begriff würde durch die Anwendung auf Schweitzer eine so erhebliche Erweiterung erfahren, daß er dadurch nahezu wertlos werden müßte.

Erst recht unzutreffend dürfte es sein, wenn der genannte Autor andererseits behauptet, »die rechte Erkenntnis des Historischen« sei für Schweitzer »konstitutiv für den Glauben«[196]. Das kann sie schon deshalb nicht sein, weil Schweitzer ja betont, daß geschichtliche Erkenntnis wohl vorhandenes geistiges Leben klären, »aber nie Leben wecken kann«. Richtig stellt *Kümmel* im Gegenteil fest: »Schweitzer bestreitet die Relevanz des geschichtlich erkannten Jesus für den Glauben.«[197] Aber nicht nur das Prädikat »konstitutiv« muß hier beanstandet werden, sondern auch der Begriff »Glaube« erscheint im Grunde fehl am Platze. Die namentlich für die Ritschlsche Theologie so sehr im Vordergrund stehende Frage nach der Bedeutung der Geschichte, insbesondere des geschichtlichen Jesus, für den Glauben spielt für Schweitzer kaum eine Rolle. Um den

---

[193] *Rich:* Liberalismus, S. 303. — Die Art, wie *H. Beintker* (Eschatologie, S. 428, Anm. 33) grundsätzliche Kritik an solchen Gedankengängen und Begriffsbildungen anmeldet, wirkt demgegenüber allzu zahm und blaß.

[194] *E. Brunner:* Schöpfung, S. 280.

[195] *Slenczka:* Geschichtlichkeit, S. 153. — Von »ethischem Mystizismus« spricht auch *Roloff:* Kerygma, S. 18.

[196] *Slenczka*, S. 62. [197] *Kümmel:* Schweitzer, S. 15. — Vgl. *Browarzik:* »Ist das Wesentliche des christlichen Glaubens sein sittliches Streben, so gründet er sich nicht mehr eigentlich auf die Person Jesu Christi, sondern auf eine sittliche Idee« (Glaube, S. 92).

Glauben geht es ihm eigentlich überhaupt nicht, sein Anliegen gilt fast ausschließlich der sittlichen Dimension. Und auch da kommt Jesus, wie nochmals hervorzuheben ist, nicht etwa als Offenbarung in Betracht, sondern lediglich als Vorbild, genauer als Richtschnur und als Impuls. Wenn Schweitzer kein echter Mystiker war, so doch auf der anderen Seite sicherlich auch kein Ritschlianer, obgleich die Erwägung einer Beziehung zu Ritschl nicht ganz so abwegig ist, wie sie zunächst anmuten mag.

In der weitgehenden Ethisierung der Religion stimmt ja Schweitzer mit Ritschl durchaus überein. Im übrigen wäre hier jedoch weniger an Ritschl selbst zu denken, bei dem die Autorität Jesu vor allem die Gewißheit der Sündenvergebung gewährleistet — ein Motiv, das für Schweitzer von keiner Bedeutung ist — als an einen anderen Angehörigen dieser theologischen Gruppe, der sich durch stärkere Eigenständigkeit von ihr abhebt, *Wilhelm Herrmann.* Schweitzer scheint sich der Berührung mit diesem noch heute, wenn auch hauptsächlich negativ, nachwirkenden Theologen nicht bewußt gewesen zu sein, geschweige daß er sich von ihm hätte anregen lassen. Und neben der ihnen gemeinsamen starken Vorherrschaft des sittlichen Interesses im allgemeinen und dem damit zusammenhängenden kritischen Verhältnis beider zur echten Mystik unterscheiden sie sich allerdings sehr wesentlich insofern, als Herrmanns besonderes Anliegen die Eigenart und Selbständigkeit der Religion ist, während diese bei Schweitzer allzusehr mit dem Sittlichen zusammenfließt. Unverkennbar aber ist die Verwandtschaft beider gerade in demjenigen Punkte, dem dieser Abschnitt gewidmet ist, in der negativen und positiven Bestimmung der Bedeutung des geschichtlichen Jesus.

Wenn geschichtliche Erkenntnis nach Schweitzer nicht Leben zu wekken vermag, so ist es auch nach Herrmann unmöglich, »die religiöse Überzeugung an ein historisches Urteil zu knüpfen«[198]. »Um Jesus zu kennen und zu erfassen«, erklärt Schweitzer, »braucht es keiner gelehrten Bevormundung. Es ist auch nicht erforderlich, daß der Betreffende die Einzelheiten der öffentlichen Wirksamkeit Jesu begreife und sie sich zu einem ›Leben Jesu‹ zusammenstellen könne. Sein Wesen und das, was er ist und will, drängt sich ihm schon aus einigen lapidaren Aussprüchen auf. Er kennt ihn, ohne viel von ihm zu wissen.«[199] »Es handelt sich um ein Verstehen von Wille zu Wille.«[200] Das hier Gemeinte läuft offensichtlich auf eben das von historischem Tatsachenwissen und der Kritik an ihm unabhängige »innere Leben Jesu« hinaus, an dem Herrmann alles gelegen war. »Jesus ist unserer Welt« mit Schweitzers Worten »etwas, weil eine gewaltige geistige Strömung von ihm ausgegangen ist.«[201] Dem entspricht es, daß Herrmanns »Bild des inneren Lebens Jesu« uns

---

198 *Herrmann:* Verkehr, S. 56.
199 LJ S. 634.
200 S. 639.
201 S. 632.

von Menschen bewahrt wurde, die seine befreiende Wirkung an sich erfuhren. Und »auch das Verständnis dieses Bildes wird uns nur dadurch erschlossen, daß wir mit Menschen zusammentreffen, an denen es seine Wirkung getan hat«[202]. »Unter dem Eindruck dieses inneren Lebens« fragen wir, meint Herrmann, »nicht mehr nach der Glaubwürdigkeit der Erzähler«.[203] Auf den »Eindruck seiner Persönlichkeit«, nicht auf vorstellungsmäßige Unterschiede zwischen Jesus und uns, kommt es auch Schweitzer entscheidend an[204], auf »das Zwingende in seiner Person«, sagt Schweitzer[205] — darauf, »daß die Macht Jesu uns wirklich innerlich bezwingt«, sagt Herrmann.[206] [207]

Es nimmt nicht wunder, daß auch die Schwäche der systematischen Position bei beiden an derselben Stelle sichtbar wird. Feststehen dürfte heute jedenfalls, daß es das Herrmann vorschwebende für die wissenschaftliche Historie »unfaßbare und unangreifbare«[208] innere Leben Jesu nicht gibt, nicht geben kann. Was Goethe vom Betrachten der Natur sagt, gilt doch im Grunde auch von der Geschichte: »Nichts ist drinnen, nichts ist draußen; / denn was innen, das ist außen.« Ein »inneres« Leben Jesu im Sinne eines Charakterbildes etwa, von Grundzügen seines Wesens, jenseits der registrierbaren Fakten, fällt genauso unter die Zuständigkeit der Geschichtswissenschaft, wie es die Fragen des äußeren Verlaufs seines Lebens bzw. seiner Wirkung tun. Von Barth bis Bultmann, beide ja Herrmann-Schüler, wurde man sich dann auch bewußt, »daß die neutestamentliche Forschung weithin zu dem Geständnis geführt hat: von Jesu innerem Leben vermögen wir kaum etwas oder so gut wie nichts zu erkennen«[209]. Die Annahme eines inneren Lebens Jesu, das nach Herrmann einerseits von den Methoden und Ergebnissen der historischen Wissenschaft unabhängig sein soll, andererseits auch nicht das Produkt eines Dichters sein darf[210], das vielmehr unmittelbar als wirklich überführt und überzeugt, das »durch seinen Gehalt für seine Treue« bürgt[211], stellt eine Metabasis zur wertenden Betrachtung und eine Art von Kopfsprung ins Subjektiv-Erbauliche dar, einen Rückzug auf den persönlichen Eindruck, den ein suchender Mensch von Jesus erhält, wie immer er von ihm erfahren möge — etwas erstens durch mancherlei Zwischenglieder von außen Vermitteltes und im übrigen zweitens ganz über-

---

202 *Herrmann,* S. 57.
203 S. 59.
204 LJ S. 636.
205 S. 640.
206 *Herrmann,* S. 65.
207 Daß Schweitzers Lösung »der von einem völlig anderen Ansatz aus gewonnenen Lösung W. Herrmanns sehr nahe kommt«, erwähnt neuerdings auch *Roloff:* Kerygma, S. 18.
208 *de Boor:* Herrmann, Sp. 1838.
209 *Bultmann:* Barths »Römerbrief«, S. 136.
210 *Herrmann:* Verkehr, S. 59.
211 *Herrmann:* Glaubenskirche, Sp. 720.

wiegend und jedenfalls im wesentlichen Subjektives[212], das ebensowenig echte Verbindung mit Jesus bewirken kann wie Schweitzers »mystisches« Verhältnis zu Jesus, der, ein vergangener Mensch, »von Wille zu Wille« Gegenwart für uns werden sollte. Ein solches den zeitlichen Abstand überspringendes Verhältnis muß eben dem Wesen der Sache nach als unmöglich gelten. Postuliert wird eine Beziehung zwischen zwei Personen; was sich tatsächlich ereignet, stellt sich als ein Erlebnis innerhalb einer Person dar, in das vom wirklichen Jesus vielleicht bestenfalls Spurenelemente eingehen.

Herrmann war stark im Erfassen von Schwierigkeiten, aber schwach bei dem Bemühen, sie zu überwinden. Die früher erwähnte schwerwiegende Erkenntnis vor allem des Umstandes, daß die historische Forschung nichts darüber ausmachen kann, wie Jesus seinen Tod gesehen hat[213], war eine Tat. Diese wohl von keinem Systematiker der Ritschlschen Schule so unumwunden vollzogene Anerkennung der historischen Sachlage hat der Wahrheit mehr gedient als der beinahe ein wenig trotzig anmutende Eigensinn, mit dem Herrmann, unabhängig von allen Ergebnissen der Forschung, am inneren Leben Jesu als der »von uns erlebten Tatsache« festzuhalten entschlossen war[214], an einem Stück Geschichte also, das sturmfrei gegenüber der Wissenschaft sein sollte. Hier wird ein Ungeschichtliches als Geschichte ausgegeben und dieser von vorn herein nicht das gegeben, war ihr zukommt[215]. Mit Recht bemerkt Schweitzer, daß in Herrmanns Christologie die historische Eigenart sehr stark zurücktritt[216], und *Troeltsch* ist durchaus zuzustimmen, wenn er Herrmanns Rede von »der Tatsache Christus«, die doch nicht wie andere Tatsachen festgestellt werden kann, »für einen historisch-kritischen Menschen nahezu unverständlich« findet[217]. Die an einem so schweren inneren Widerspruch leidende Position Herrmanns führt diesen schließlich dazu, sich mit einem »Nebeneinanderbestehen zweier sich entgegengesetzter Jesusbilder« »abzufinden«, eines geschichtlichen und eines religiösen, von denen er »nur das religiöse übernehmen kann«[218], ohne daß er doch das geschichtliche geradezu für falsch erklären durfte.

Einem solchen bewußten Dualismus das Wort zu reden, wäre

---

[212] Vgl. die Feststellung *Slenczkas*, daß Herrmanns diesbezügliche Aussagen »nicht material, sondern formal oder relational zu verstehen« sind. »Herrmann bezeichnet mit ihnen nicht das, was Jesus ist oder war, sondern das, was sich im Menschen ereignet« (Geschichtlichkeit, S. 278).

[213] Zuerst in der vierten Auflage der Ethik (1909).

[214] *Herrmann:* Not, S. 13. — Ders.: Geschichtsforschung, Sp. 294.

[215] *H. E. Weber:* (Schriftforschung, S. 153) hatte Herrmann vorgeworfen, daß er die Auflösung der geschichtlichen Lebenswirklichkeit Jesu und besonders dessen messianischen Bewußtseins durch die historische Wissenschaft nicht genügend beachte. Darauf erwiderte Herrmann ungerührt: »Das ist mir freilich auch bekannt, kümmert mich aber wenig« (Geschichtsforschung, S. 294).

[216] LJ S. 520, Anm.

[217] *Troeltsch:* Bedeutung, S. 20.

[218] *Robinson:* Problem, S. 69.

Schweitzer bestimmt der Letzte gewesen, hat er sich doch stets entschieden gegen jede Art von zweifacher Wahrheit ausgesprochen. Dennoch gerät auch er in eine zwiespältige Lage angesichts der Bestreitung der geschichtlichen Wirklichkeit Jesu überhaupt. *Herrmann* mußte zuletzt die Ungeschichtlichkeit der Person Jesu als möglich ins Auge fassen. Hatte er schon früher eingesehen, daß »alle einzelnen Bestandteile« der Überlieferung über Jesus »durch die historische Forschung die Sicherheit verlieren, die sie als Element religiöser Gewißheit haben müßten«[219], so gibt er nach den nachhaltigen Auseinandersetzungen um die Geschichtlichkeit Jesu zu, es sei »nicht ausgeschlossen, daß wir einmal« durch die Ergebnisse der Bibelforschung »gezwungen werden könnten, diese ganze Überlieferung nicht als den Niederschlag von Erinnerungen anzusehen, sondern als ein Gewebe religiöser Motive, die in dem Zusammenbrechen der antiken Kultur wirksam waren«[220]. »Nicht allein das innere Leben Jesu, sondern seine Existenz überhaupt wird« — so interpretiert *J. M. Robinson* diesen Satz — »für Herrmann fraglich und darum unbrauchbar«[221]. Auch zu diesem Zugeständnis Herrmanns finden wir die Entsprechung bei Schweitzer, aber hier handelt es sich nicht mehr um eine bloße Parallele zu Herrmann und erst recht nicht um einen Einfluß Herrmanns auf Schweitzer, der überhaupt nicht zu bemerken ist, sondern in diesem Punkte könnte ein etwaiger Einfluß nur umgekehrt mit von Schweitzer ausgegangen sein, wie schon aus den Erscheinungsjahren der diesbezüglichen Veröffentlichungen hervorgeht.

Man hat gelegentlich gesagt, Schweitzer komme zu dem Schluß, »daß die Existenz Jesu sich nicht nachweisen lasse«[222] oder »daß es fraglich bleibe, ob Jesus gelebt hat«[223]. Diese Behauptung über Schweitzers Haltung zum Problem der geschichtlichen Existenz Jesu ist nicht nur schief, sondern ausgesprochen falsch. Gewiß beginnt Schweitzer die Schlußbetrachtung seines großen Jesusbuches damit, daß er den negativen Ertrag der Leben-Jesu-Forschung hervorhebt, was sich jedoch auf den Ertrag in religiöser Hinsicht, nicht den historischen bezieht. Wenn Schweitzer in diesem Zusammenhang, wie schon früher erwähnt, schreibt, daß »der Jesus von Nazareth, der als Messias auftrat, die Sittlichkeit des Gottesreichs verkündete« »und starb, um seinem Werke die Weihe zu geben«, »nie existiert« hat, so ist damit an den Jesus der liberalen Theologie gedacht. Wer das Buch aufmerksam gelesen, wer verfolgt hat, mit welcher Eindringlichkeit Schweitzer eine bestimmte Auffassung von der Wirksamkeit Jesu zu begründen sucht, kann nicht auf den Gedanken kommen, dieser Jesus oder Jesus überhaupt habe nach seiner Ansicht eigentlich nicht existiert, diese Wirksamkeit habe gar nicht stattgefunden oder sei

---

219 *Herrmann:* Glaubenskirche, Sp. 718.
220 *Herrmann:* Religion, S. 32.
221 *Robinson:* Problem, S. 69.
222 *Port:* Abwehr, S. 304.
223 *Port:* Bedeutung, (Schluß), S. 121.

ihm auch nur fraglich geworden. Überdies faßt Schweitzer in dem Kapitel über »Die neueste Bestreitung der Geschichtlichkeit«, das scharf mit den hier in Betracht kommenden, größtenteils sehr dilettantischen Autoren ins Gericht geht, seinen Standpunkt in dieser Frage dahin zusammen, daß »die Annahme, Jesus habe existiert, überaus wahrscheinlich, ihr Gegenteil aber überaus unwahrscheinlich ist«[224]. Die Stellungnahme des Historikers Schweitzer zum Problem der Geschichtlichkeit Jesu erscheint demnach völlig klar: das Ergebnis ist, was die Behauptung der Faktizität betrifft, eindeutig positiv. Wenn etwa vom »Irrewerden an dem historischen Jesus« die Rede ist, durch das unsere Kultur »hindurch muß, um zum ewigen Christus zu gelangen«[225], so bezieht sich dieses Irrewerden zweifellos nicht auf die geschichtliche Existenz Jesu als solche, sondern auf die religiöse bzw. sittliche Bedeutung des historischen Jesusbildes. An dem von ihm selbst gezeichneten ist Schweitzer niemals irregeworden.[226] Während der Systematiker Herrmann z. B. hinsichtlich des Todesverständnisses Jesu in historischer Beziehung resigniert, gibt der Historiker Schweitzer eine ganz und gar dogmatische Theorie über den Tod Jesu als echte Geschichte aus.

Etwas durchaus anderes ist die Behandlung des systematischen Problems. Schweitzer nähert sich hier der unabweisbaren Einsicht, daß ein Jesus, der überhaupt Gegenstand geschichtswissenschaftlicher Kontroversen wird und ja notwendig werden muß, für das persönliche Leben des Christen nicht mehr der unbedingt feste Punkt zu sein vermag, an dem man sich unter allen Umständen halten kann. Seine sich mit Herrmann teilweise berührende Jesusmystik, der Versuch, ein persönliches Verhältnis zu Jesus an der Historie und ihren verschiedenen Auffassungen und Ansichten vorbei zu gewinnen oder aufrechtzuerhalten, findet sich erst in der zweiten Auflage von 1913 und ist offensichtlich bedingt durch die damalige Diskussion über die Frage der geschichtlichen Existenz Jesu. Schweitzers Geistesart gestattet ihm, sich, wenn es sein müßte, vollständig von der Geschichte zu lösen, und indem er eine solche Möglichkeit zur Not, für alle Fälle, theoretisch wenigstens ins Auge faßt und sich mit ihr abfindet, wird diese Loslösung eben damit grundsätzlich bereits vollzogen, d. h. Schweitzer entschließt sich, das Band einer wirklich grundlegenden, ein für allemal unaufgebbaren Beziehung zwischen der religiösen Einstellung und der Geschichte so sehr zu lockern, daß das Ergebnis dem Zerschneiden gleichkommt. Obwohl er die die Geschichtlichkeit Jesu bestreitenden Argumente vom Standpunkt des Historikers sachlich wie gesagt unzweideutig ablehnt, erklärt er doch: »Rein logisch betrachtet werden sowohl die Geschichtlichkeit wie die Ungeschichtlich-

---

224 LJ S. 564.
225 S. 352.
226 Daß Schweitzer die Frage nach dem historischen Jesus nicht hat diskreditieren wollen, dürfte jedem Theologen ohne weiteres bewußt und geradezu selbstverständlich sein. Ausdrücklich betont wird dieser Sachverhalt von *Roloff* (Kerygma, S. 17).

keit Jesu immer nur Annahmen bleiben.« »Das moderne Christentum muß von vornherein und immer mit der Möglichkeit einer eventuellen Preisgabe der Geschichtlichkeit Jesu rechnen. Es darf also seine Bedeutung nicht künstlich dahin steigern, daß es alle Erkenntnis auf ihn zurückführt und die Religion ›christozentrisch‹ ausbaut. Der Herr kann immer nur ein Element der Religion sein; nie aber darf er das Fundament werden.«[227] Man traut seinen Augen nicht, haben wir richtig gelesen? Steht denn nicht geschrieben, daß »Jesus Christus der Eckstein« ist (Eph. 2, 20), »der Stein, von den Bauleuten verworfen, der zum Eckstein geworden ist, und ist in keinem andern Heil« (Act 4, 11. 12)? Heißt es nicht ausdrücklich bei Paulus: »Einen andern Grund kann niemand legen außer dem, der gelegt ist, welcher ist Jesus Christus« (1. Kor. 3,11)? Und ist dieser Jesus Christus nicht eben jener Jesus von Nazareth, der gelebt und gelitten hat, gestorben ist und erhöht wurde? Wie könnte er, christlich gedacht, der Herr geworden sein, wenn er kein wirklicher Mensch war, gar nicht gelebt hat? Aber wer der Meinung sein sollte, daß es kein anderes so durchschlagendes Kriterium für die Frage gibt, ob eine Glaubensanschauung und Lebenseinstellung die Bezeichnung christlich verdient oder nicht, als eben dies, daß der Herr das Fundament ist, muß es sich noch einmal von Schweitzer sagen lassen: »Jesus vermag ebensowenig das Fundament unserer Ethik zu werden, wie er das unserer Religion ist.«[228] Durchaus richtig stellt *Hans Blüher* fest: »So zu denken, ist natürlich Unglaube bei aller Verehrung.«[229] Es ist, um zur vollen Klarheit über Schweitzers wahren Standpunkt zu kommen, wichtig, sich gegenwärtig zu halten, daß jener Unbekannte und Namenlose, der ihm das »Folge mir nach!« zuruft und den er doch wohl meint, wenn er dem »historischen Jesus« den »ewigen Jesus« gegenüberstellt, möglicherweise nie gelebt hat! Daß ein seines vollen Gehaltes bewußtes Christentum sich damit nicht abfinden kann, liegt auf der Hand. Aber auch die ausgesprochen freisinnige Theologie würde, von wenigen Ausnahmen abgesehen, nie bereit gewesen sein, den geschichtlichen Jesus zu opfern[230]. Selbst ein *Bultmann*, der sich von dem »inneren Leben Jesu« Herrmanns lossagt — »wie es in Jesu Herzen ausgesehen hat, weiß ich nicht und will ich nicht wissen«[231] —, hält doch wenigstens das Daß des Lebens Jesu für die unaufgebbare Voraussetzung des Glaubens. Dieses Daß muß in der Tat

---

[227] LJ S. 512.
[228] S. 596.
[229] *Blüher:* Achse, S. 482. Ich sehe mich nur deshalb veranlaßt, dieses Buch hier heranzuziehen, weil mir von theologischer Seite ein gleich entschiedenes treffendes Urteil nicht bekannt ist.
[230] Der dogmatisch überaus anspruchslose, aber die geschichtliche Persönlichkeit Jesu verherrlichende »Jesuanismus« wurde von nichtchristlich-idealistischer Seite scharf bekämpft. Vgl. außer den einschlägigen Veröffentlichungen *Eduard v. Hartmann*s vor allem die kleine Schrift seines Schülers *W. v. Schnehen:* Der moderne Jesuskult. 1906/07.
[231] *Bultmann:* Christologie, S. 101. Die obige Formulierung bezieht sich auf die Fragestellung *E. Hirsch*s (Jesus, S. 74), »wie es in Jesu Herzen ausgesehen hat«.

für jeden sich noch als christlich empfindenden Standort als schlechthin unerläßlich gelten.

Indem nun Schweitzer ernstlich und nachdrücklich, weniger defensiv hinhaltend als Herrmann, die Möglichkeit einer völligen Preisgabe des geschichtlichen Jesus ins Auge fassen zu sollen meint, bringt er, an der christlichen Einstellung gemessen, ein Opfer, zu dem sich nur ganz wenige Theologen verstanden haben und das zweifellos noch bei weitem einschneidender ist als der Verzicht auf die Parusie des Christus. In der spekulativen Theologie des älteren Liberalismus mit ihrer Unterscheidung zwischen Christusperson und Christusidee bzw. Christusprinzip war beides, so sehr die Geschichtlichkeit schon in ihrem Gewicht herabgesetzt ist, doch noch mehr oder weniger verbunden gedacht.[232] Die Fragestellung erschien noch nicht eigentlich auf die Existenz oder Nichtexistenz der Person Jesu zugespitzt. Unter dem Eindruck des Streites um die Geschichtlichkeit Jesu im ersten Jahrzehnt unseres Jahrhunderts erheben sich dann aber einige wenige Stimmen, die zwar die Existenz Jesu für historisch durchaus gesichert halten, es jedoch mißlich finden, die Geschichte, die als Gegenstand wissenschaftlicher Bemühungen umstritten bleibt und immer nur mit mehr oder weniger Wahrscheinlichkeit erkannt werden kann, zur Grundlage des Gewißheit brauchenden persönlichen Glaubenslebens zu machen. Ausgerechnet ein Neutestamentler, der »Grundsäulen eines wahrhaft wissenschaftlichen Lebens Jesu« entdeckt haben wollte, *P. W. Schmiedel,* bemerkte, wenn auch nur beiläufig, seinem »innersten religiösen Besitz würde kein Schaden entstehen«, wenn er sich »überzeugen müßte, daß Jesus nie gelebt hat«[233]. Ausführlicher und grundsätzlicher wenden sich zwei so bedeutende Köpfe wie Ernst Troeltsch[234] und Wilhelm Bousset[235] kurz nacheinander in beinahe gleichnamigen Veröffentlichungen gegen die konstitutive Bedeutung des geschichtlichen Jesus. Nach *Bousset* geht alle Religion letztlich auf Ideen aus, insbesondere auf die Idee vom Sinn und Wert des Daseins. Träger des religiösen Lebens aber sind die großen religiösen Persönlichkeiten. Jesus schafft als eine solche die Symbole des Glaubens, z. B. das Bild von den Lilien auf dem Felde, und wird der gläubigen Gemeinde auch selbst zum Symbol. Nach *Troeltsch* bedarf das Christentum wie jede Religion aus sozialpsychologischen Gründen eines Kults, in dem sich die Gemeinde um ihr Haupt sammelt. Im Kultus wird das Christusbild überliefert und lebendig gehalten, wird Gott in Christus angebetet. Freilich gibt Troeltsch zu, daß der christliche Kultus sich nicht mit einem Mythos begnügen kann, sondern als Symbol Gottes einen wirklichen religiösen Propheten braucht, so daß es unmöglich ist, von der historisch-kritischen Forschung

---

232 Vgl. *R. Paulus:* Christusproblem, S. 188.
233 *P. W. Schmiedel:* Person, S. 29.
234 *Troeltsch:* Die Bedeutung der Geschichtlichkeit Jesu für den Glauben. 1911.
235 *Bousset:* Die Bedeutung der Person Jesu für den Glauben. 1910.

abzusehen[236]. Nachdem Troeltsch zunächst scharf gegen die konstruktive Bedeutung der Geschichte oder doch eines Stückes der Geschichte für den Glauben argumentiert hat, kommt er also schließlich doch nicht völlig von dieser los. In ähnlicher Weise distanziert sich *Bousset* von der Geschichte. In seiner Auffassung fragt der Glaube »nicht nach der geschichtlichen Wirklichkeit im engeren Sinn«, »Worte Jesu, Gleichnisse und Geschichten, deren geschichtliche Wahrheit noch so stark umstritten ist, können doch von ewiger Bedeutung bleiben«[237], von ewiger Bedeutung als Symbole. »Das Symbol dient zur Illustration, nicht zur Demonstration.«[238] Der früher von Herrmann verworfene Gedanke, daß das Bild Jesu auf Dichtung beruhen könnte, hat für Bousset nichts Schreckliches, er meint, daß es »als Dichtung und Wahrheit wirksamer bleibt und bleiben wird als alle historisch noch so genauen Rekonstruktionsversuche«[239]. Immerhin zeigt sich zuletzt auch Bousset daran interessiert, daß wir den geschichtlichen Jesus von Nazareth als den schöpferischen Genius verehren dürfen, der uns die Symbole unseres Glaubens geschaffen hat und in seiner Person selbst dessen wirkungskräftigstes Symbol ist.

Zu diesen besonders kritisch eingestellten Theologen tritt hinsichtlich der Ablehnung der Geschichte als Grundlage der christlichen Einstellung wenige Jahre später in gewisser Hinsicht auch Schweitzer, während er dem, was Troeltsch und Bousset positiv über die Bedeutung Jesu aussagen, namentlich der Anwendung des Symbolbegriffs auf Jesus, durchaus ablehnend gegenübersteht.[240] Es muß, wie er ausführt, »vorausgesetzt werden, daß die Religion ihrem Wesen nach von jeglicher Geschichte unabhängig ist«[241]. Mit seiner grundsätzlichen Forderung, die Möglichkeit einer völligen Preisgabe der Geschichtlichkeit Jesu ernstlich ins Auge zu fassen, dürfte Schweitzer unmittelbar an *Strauß* heranrücken. Wenn Schweitzer den geschichtlichen Jesus ebensowenig zum Fundament unserer Ethik wie zu dem unserer Religion gemacht wissen will, so reicht er damit dem Verfasser des berüchtigten Buches »Der alte und der neue Glaube« die Hand, in dem es am Ende klipp und klar heißt: »Der Jesus der Ge-

---

236 *Troeltsch:* Bedeutung, S. 32 ff.
237 *Bousset:* Bedeutung, S. 11.
238 S. 20.
239 ebd.
240 Vgl. LJ S. 523 ff. Auch hier trifft Schweitzers Kritik kraftvoll und schneidig ins Zentrum, mit einem Worte: sie »sitzt«. Wie nach seiner Ansicht den Kulten um die Wende unserer Zeitrechnung, auf welche als Beispiele für die Bedeutung des Symbols die »Religionsgeschichtler« hinweisen, der Charakter des Dekadenten anhaftet, so auch der im Zeichen des Symbols stehenden modernen Religionsphilosophie. »Am allerwenigsten darf dieser Begriff mit der Frage nach der Bedeutung Jesu zusammengebracht werden. Ist der historische Jesus, wie er in den beiden ältesten Evangelien geschildert wird und uns in seinen Aussprüchen entgegentritt, eine Persönlichkeit, die uns etwas zu sagen hat, als Kraft auf uns wirkt und unsere Religion bereichert? Ja oder nein? Wenn ja, so hat sie es nicht nötig, mit dem ästhetischen Kleide des Symbols geziert zu werden; wenn nein, so ist dieses doch nur das Totenhemd, das man ihr anzieht« (S. 524 f.).
241 LJ S. 519.

schichte, der Wissenschaft, ist lediglich ein Problem; ein Problem kann nicht Gegenstand des Glaubens, nicht Vorbild des Lebens sein.«[242] Freilich sieht es fast so aus, als ob auch Schweitzer seinen Verzicht auf die Geschichtlichkeit nicht ganz durchzuhalten vermochte; denn am Ende steht ja bei ihm dann doch der Jesus, zu dem wir in ein Verhältnis des Willens gelangen sollen, der uns gebietet und spricht: »Folge mir nach!«. Indem die Mahnung, sich nicht zu sehr an den geschichtlichen Jesus zu binden, nur in einem bestimmten Zusammenhang auftritt, aber nicht eigentlich das letzte Wort behält, würde Schweitzer von seiner eigenen Einsicht doch wieder zurückgewichen sein, wenn man nicht den zur Nachfolge rufenden Unbekannten und Namenlosen im Grunde auch nur als ein Symbol für eine sittliche Forderung, als die personifizierte innere Stimme des Ideals auffassen will, was, macht man mit der Preisgabe des geschichtlichen Jesus ernst, unvermeidlich erscheint. Schweitzer denkt zwar zunächst an den wirklichen, geschichtlichen Jesus, der ihm dann aber unter der Hand der Unbekannte, Namenlose, beinahe Ungeschichtliche, quasi Mythische wird. Wie dem auch sei, die starke Dynamik des Schweitzerschen Jesus, der der wirklichen Geschichte angehört, und die Eindringlichkeit des von ihm ausgehenden sittlichen Anspruchs stehen offensichtlich in einem sehr eigentümlichen Gegensatz zu der unerbittlichen Notwendigkeit, jenen sittlichen Rufer aus erkenntnismäßigen Gründen unter Umständen ins Reich des Ungeschichtlichen zu verweisen und die Person Jesu damit in ihrer Bedeutung für die religiöse Einstellung des heutigen Menschen, wie nicht anders sein kann, entscheidend zu mindern. Mag Schweitzer für sich persönlich noch so überzeugt und auch als Historiker mit noch so viel Recht an dem geschichtlichen Jesus festgehalten haben, so muß doch die Tatsache, daß er die Erkenntnis des möglicherweise notwendig werdenden Verzichts auf dessen wirkliche Existenz in grundsätzlicher, systematischer Hinsicht mit solchem Nachdruck ausgesprochen hat, geradezu sensationell genannt werden. In der Tat: eine geschichtliche Größe, die so voller Probleme steckt, kann immer nur bedingt und bis auf weiteres gelten und bietet, was wie gesagt schon Strauß, ja schon Lessing erkannt hatte, nicht mehr den festen Halt, den der Glaube braucht. Sie ist im Grunde mit dem Auftauchen einer derartigen Eventualität im Bewußtsein bereits erschüttert.

Im Hinblick auf das Wiederauftauchen des Problems des geschichtlichen Jesus in der Diskussion der Bultmannschule, die für die Frage der historischen Erkennbarkeit Jesu und seine existentielle Bedeutsamkeit zu neuen Ansätzen zu gelangen sucht, könnte Schweitzers potentieller radikaler Verzicht auf die Geschichte freilich überholt erscheinen. In Wahrheit erfährt er jedoch durch die neuen Überlegungen eher eine Bestätigung; denn so anregend sie sein mögen, so problematisch bleiben

---

242 *Strauß:* Glaube, S. 52.

die historischen Ergebnisse auch dieser Forschergruppe gerade da, wo das Glaubensinteresse besonders groß ist, und so bescheiden erscheint der systematische Ertrag der hier geführten Verhandlungen über das Thema Kerygma und geschichtlicher Jesus. Diese finden in einer so dünnen Luft statt, daß sie wohl der jeweils neuesten Generation der Studierenden von Interesse sein und zum Mittel begrifflicher Schulung zu werden vermögen, für den einfach Gläubigen und nichts als Glaubenwollenden aber teils unverständlich sind, teils sogar als sehr beunruhigend empfunden werden müssen. Wer nach Glaubensgehalt und Glaubenshalt, nach Glaubensgewißheit sucht, dem kann der Jesus, der hier übrigbleibt oder zurückgeholt wird, kaum mehr helfen. Deshalb hängt der etwaige Verzicht auf die Geschichte Jesu als Damoklesschwert auch über unserer Gegenwart. Die Tragweite der Schweitzerschen Stellungnahme zu diesem Problem ist anscheinend noch nie recht beachtet und gewürdigt worden.

Auch in einer Marburger Gedenkrede von *C.-H. Ratschow* tritt der Verzicht Schweitzers auf den geschichtlichen Jesus nicht eigentlich in seinem Charakter als grundsätzlicher Forderung hervor. Sie wird vielmehr abgeschwächt durch einen einschränkenden Nebensatz: »wenn es auch einmal so sein sollte, daß die historische Wissenschaft diesen Jesus von Nazareth eines Tages aufzugeben zwingt, *was er zu dieser Zeit noch für möglich hält*«[243]. Daß Schweitzers Forderung unabhängig davon, ob sie durch die jeweilige Lage der historischen Forschung gerade mehr oder weniger akut ist, für die systematische Theologie in jedem Falle außerordentlich folgenschwer sein muß, wird hier nicht sichtbar.

Reichlich unbestimmt bleibt auch die Erklärung, »mit dem Schritt, den Albert Schweitzer über die bannende Macht des Historismus hinaus tut«, habe er diesen »nicht überwunden — aber überschritten«[244]. Und worin besteht die »methodisch wie sachlich neuartige Fassung der christlichen Botschaft«, die Schweitzer mit diesem Schritt angeblich bietet[245]? Ratschow bezieht sich hierbei auf einen Bericht Schweitzers über seine Predigtweise in Lambarene.[246] Der Prediger stand dort vor der Tatsache, daß seine Zuhörer keinerlei biblische Kenntnisse besaßen. Sie »wissen nichts von Adam und Eva, von den Erzvätern, vom Volke Israel, von Moses und den Propheten, vom Gesetz, von den Pharisäern, vom Messias, von den Aposteln«[247]. In einer so beschaffenen Lage sah er sich genötigt, undogmatisch, »fast zeitlos« zu predigen und etwa den Messias zu erklären als »König der Herzen, den Gott gesandt hat«[248] und der dem Menschen zum Beispiel gebietet, friedfertig zu sein und dem anderen immer wieder zu vergeben. Schweitzers Predigten versuchen also, »ganz elementar auf das einzugehen, was die Hörer schon an sich erlebt haben, und auf das auszugehen, was sie erleben können, wenn sie gewillt sind, Jesus in ihren Herzen mächtig

---

[243] *Ratschow:* Bedeutung, S. 30. Sperrung durch mich.
[244] S. 30 f.
[245] S. 31.
[246] Leider fehlt bei *Ratschow* die Angabe der Quelle und ebenso bei *Seaver,* bei dem der Bericht (Schweitzer, S. 138 ff.) aus dem Englischen zurückübersetzt zu finden ist. Es handelt sich um Schweitzers Bericht »Gottesdienst im Spital zu Lambarene« im Schweizerischen Protestantenblatt.
[247] *Schweitzer:* Gottesdienst, S. 318.
[248] S. 319.

werden zu lassen«[249]. Es dürfte nun aber zu weit gehen, aus dem Umstand, daß Schweitzer hier notgedrungen zum Verkündiger eines ungeschichtlichen Christus wird, ohne weiteres mit Ratschow zu folgern, daß der »Christus, der König im Herzen« — Schweitzer schreibt, wie erwähnt: König *der* Herzen — überhaupt »an die Stelle des geschichtlichen Jesus getreten« sei[250]. Tiefere und allgemeine Bedeutung erhält dieses zunächst nur aus der Not erwachsene rein pragmatische Vorgehen erst dadurch, daß Schweitzer nun allerdings glaubt, es könne »auch der, der nur einen« solchen »Gottesdienst mitmacht, eine Ahnung von dem Wesen des Christseins bekommen«[251]. Erst dieser Anspruch, daß das Wesentliche des Christseins in der Tat ohne den Weg über die Geschichte zu erreichen ist, macht Schweitzers Lambarener Predigtweise in systematisch-theologischer Hinsicht bemerkenswert. Daß er jedoch bei der Gleichsetzung einer auf diese Weise zu erzielenden naturreligiös-primitivsittlichen Haltung mit der christlichen einer Illusion verfallen ist, kann nicht zweifelhaft sein. Vor allem ist zu bestreiten, daß eine derartige Fassung der christlichen Botschaft »neuartig« sei. Der Primat des »Christus im Herzen« über den Jesus der Geschichte ist ja ein altes Motiv der Mystik. In der Tat neuartig wird diese Botschaft nur in dem Maße, wie der geschichtliche Jesus sich darin wirklich dem Werte Null nähert, und gerade dann handelt es sich eben nicht mehr um die *christliche* Botschaft.

Sonderbar ist, daß auch Schweitzer selbst die Tragweite seines Eintretens für ein Christentum ohne Jesus nicht in vollem Maße erkannt zu haben scheint. Nach der Vorrede zu seiner Schrift über das Messias- und Leidensgeheimnis sollte man »nicht vergessen, daß, wenn Jesus sich selbst nicht für den Messias gehalten hat, dies den Todesstoß für den christlichen Glauben bedeutet«[252]. Hat Schweitzer das später ganz vergessen oder hat er nicht bemerkt, daß, wenn Jesus nie gelebt, ganz und gar nicht real existiert hat, oder wenn wir doch jedenfalls damit rechnen müssen, daß es sich so verhält, dies den christlichen Glauben noch weit mehr erschüttern muß, als wenn Jesus nur das Bewußtsein, der Messias zu sein, abzusprechen ist? Wie konnte Schweitzer gut zehn Jahre später ein Christentum für möglich halten, dem nicht nur der messianische Anspruch Jesu, sondern möglicherweise dieser Jesus selbst überhaupt fehlt? Kurz vor dieser Stellungnahme Schweitzers hatte *E. Günther* umgekehrt erklärt, es sei »nicht zu erwarten, daß die Dogmatik sich veranlaßt sehen wird, sich durch den Satz von der Nichtexistenz Jesu bestimmen zu lassen«[253]. Mit vollem Recht lehnt dieser Autor die Behauptung ab, der christliche Glaube »könne sich auch auf die Eventualität erkannter Ungeschichtlichkeit Christi einrichten«[254]. »Zum mindesten wäre, was dabei

---

249 ebd.
250 *Ratschow:* Bedeutung, S. 31.
251 *Schweitzer:* Gottesdienst, S. 319.
252 *Ratschow,* S. 31.
253 *E. Günther:* Entwicklung, S. 377.
254 Diese Ablehnung war von *Th. Haering* überzeugend begründet worden in seiner Abhandlung »Gäbe es Gewißheit des christlichen Glaubens, wenn es geschichtliche Gewißheit von der Ungeschichtlichkeit der Geschichte Jesu Christi gäbe?« Die ein wenig hochfahrende Abfertigung Haerings durch Schweitzer (LJ S. 520, Anm.) ist sachlich nicht ganz gerechtfertigt. Vgl. dazu *Traub:* Glaube, S. 22.

herauskäme, so verschieden von allem, was man seither« (sollte heißen: bisher!) »Christentum nannte, daß der Fortgebrauch dieses Namens ein deutlicher Mißbrauch wäre.«[255] In der Tat, ein Christentum ohne den geschichtlichen Jesus wäre nicht Christentum. Schweitzers Forderung, sich für alle Fälle, also grundsätzlich auf die Ungeschichtlichkeit Jesu einzustellen, beweist einmal mehr sein Vermögen, radikal zu denken und Konsequenzen zu ziehen, sie ist insofern in ihrer Kühnheit bemerkenswert. Sachlich aber, für den Standpunkt des christlichen Glaubens und Denkens bedeutet sie nichts anderes als die Aufforderung, die Anmeldung des Bankrotts in Erwägung zu ziehen.

Die systematischen Ausführungen Schweitzers geben aber auch deshalb Anlaß zur Beanstandung, weil beide von ihm befürworteten Positionen, die Jesusmystik und der grundsätzliche Verzicht auf den geschichtlichen Jesus, einander ausschließen; denn die unmittelbare Begegnung unseres Willens mit dem Jesu, so unmöglich sie ohnehin ist, würde ja wenigstens dessen einstige Existenz voraussetzen. Daß Schweitzer auf diesen Widerspruch in seiner Stellungnahme nicht aufmerksam geworden ist, erscheint schwer begreiflich. Würdigt man jede dieser Lösungen des systematischen Problems für sich allein, so werden wir urteilen müssen, daß viel einschneidender, aber für Schweitzer persönlich wohl von geringerer Bedeutung die negative These ist, die völlige Eliminierung der Geschichte, viel bezeichnender für ihn und in der Ausführung origineller dagegen die positive Lösung, die kritisch gesehen allerdings mehr als fragwürdige Hilfskonstruktion der an die Stelle des Christusglaubens tretenden Jesusmystik — fragwürdig oder eigentlich kaum mehr fragwürdig, vielmehr durchaus unhaltbar, insofern sie nicht weniger in einem Widerspruch endet als die ins Ethische transponierte Eschatologie: eine Endvollendung ohne Ende, d. h. eine enteschatologisierte Eschatologie und ein unmittelbares Verhältnis zu Jesus, das doch ganz zweifellos in Wahrheit vermittelt und ohne eine Vermittlung undenkbar ist, ein gegenwärtiger Verkehr mit einer nicht gegenwärtigen, wenn nicht sogar nie existent gewesenen Person der geschichtlichen Vergangenheit, das sind Positionen, die sich selbst aufheben.

Noch verwickelter wird die Lage dadurch, daß Schweitzer gelegentlich sowohl von der Befürwortung des Rechnens mit der Ungeschichtlichkeit Jesu als auch von der Hilfskonstruktion der Jesusmystik wieder ganz absieht und sich schlicht und einfach zur persönlichen Bedeutsamkeit des geschichtlichen Jesus bekennt, so noch im Jahre vor seinem Tode in einer Stellungnahme zu Gustav Wynekens »Abschied vom Christentum«. Ihm gegenüber vertritt Schweitzer »die Überzeugung, daß Jesus, der in Nazareth geboren ist, die Bergpredigt gehalten hat und in Jerusalem den Kreuzestod erlitt, der rechte geistige Führer auf unserem Lebensweg

---

[255] *E. Günther*, S. 377.

ist«[256]. Ohne diese Äußerung, mit der er, unbeschwert durch frühere Bedenken und eigene andersartige Empfehlungen, zu seinen Anfängen zurückzukehren scheint, in den Vordergrund rücken und den beiden eigentlichen von ihm vertretenen Lösungen, wie sie hier besprochen wurden, als gleich gewichtig an die Seite stellen zu wollen, wird man jedenfalls daraus ersehen, daß Schweitzer über ein gewisses Schwanken zwischen verschiedenen Möglichkeiten nicht hinausgelangt ist, und es bleibt im Hinblick auf seine Darlegungen über das Verhältnis des Menschen zu Jesus letztlich der Eindruck der Unausgeglichenheit.

Wenn man sich über die historische Unhaltbarkeit von Schweitzers Leben-Jesu-Theorie heute in der Forschung durchweg im klaren ist, dagegen die Bedeutung »seiner systematisch-theologischen Gedanken, in denen er zum Verständnis der Botschaft Jesu kommt«, hier und da unterstreicht[257], so ist das Ergebnis der Untersuchung im vorliegenden Abschnitt vielmehr, daß Schweitzers systematische Bemühungen um das Jesusproblem wohl ein recht eigenartiges Bindeglied zwischen seiner historischen Arbeit und seinem praktischen Leben und Wirken bilden und als Ausdruck seiner starke Gegensätze umfassenden und zusammenfassenden Persönlichkeit als sehr charakteristisch erscheinen, über diese persönliche Bedeutung hinaus jedoch einen größeren Einfluß auszuüben nicht berufen sind.

II. »Die Mystik des Einswerdens mit dem unendlichen Sein« und der christliche Gottesgedanke

Über die von ihm befürwortete Jesusmystik hinaus tritt Schweitzer noch in einem viel weiteren Sinne für einen mystischen Standpunkt ein. Er nennt nicht nur seine eigene Weltanschauung mystisch, er behauptet sogar: »Alle Welt- und Lebensanschauung, die dem Denken genügen soll, ist mystisch«[258], »alle tiefe Weltanschauung ist Mystik«[259] und »alle tiefe Religion ist Mystik«[260]. Es läßt sich freilich bezweifeln, ob Schweitzer sich völlig klargemacht hat, was es heißt, derart umfassende generelle Urteile so kategorisch abzugeben. Bedenkt man, wie verwickelt das Problem einer Wesensbestimmung der Mystik ist, wie manigfach und unterschiedlich die Auffassungen sind, die von ihr umlaufen, wie schwer, wenn nicht unmöglich es sein dürfte, die verschiedenartigen

[256] *Schweitzer:* Briefwechsel, S. 93.
[257] *Beintker:* Eschatologie, S. 238 f. — Vgl. auch *Neuenschwander:* Begegnung, S. 54 ff.
[258] KE S. 231.
[259] KE S. XVI.
[260] CW S. 53.

Mystikbegriffe auf einen Nenner zu bringen, und verdeutlicht man sich sodann, wie fern Schweitzer selber mit seinem hauptsächlichen Anliegen dem Kerngehalt der Mystik steht, dem, was bestimmt und vor allem als Mystik zu gelten hat, dann erscheint Schweitzers Handhabung dieses Begriffs wenig befriedigend.

Wie fragwürdig der Mystikbegriff ist, mit dem Schweitzer operiert, zeigt sich schon darin, daß er nicht nur sein Verhältnis zu Jesus als Mystik ausgibt und die Position des Paulus als Mystik versteht, was beides entschieden abgelehnt werden mußte, sondern auch J. S. Bach »seinem innersten Wesen nach« für »eine Erscheinung in der Geschichte der deutschen Mystik« hält.[261] Dies ist um so merkwürdiger, als Schweitzer diejenige Mystik, die uns im allgemeinen am nächsten steht, die deutsche Mystik des Mittelalters, fast völlig mit Stillschweigen übergeht.[262] Was Schweitzers eigenen Standpunkt betrifft, so bemerkt *Grabs* mit Recht, »daß der unbestimmt schwebende Charakter, der dem Wesen der Mystik eignet, auch bei Schweitzers Aussagen anzutreffen ist«[263], und der genannte Autor bedauert, daß der vielseitige und unbestimmt faßliche, zu einem Schwammwort aufgeblähte Begriff ›Mystik‹« einen »beherrschenden Platz in seinem Denken einnimmt«.[264] »Häufig fragt man sich, wo Schweitzer ›Mystik‹ sagt, ob dieser geschichtlich, philosophisch-religiös und psychologisch überladene Begriff nicht grundsätzlich lieber einem anderen Ausdruck hätte Platz machen sollen«.[265] Es ist Grabs in der Tat beizupflichten, wenn er von einer »nur sehr eingeschränkten Brauchbarkeit, zum guten Teile Abwegigkeit des Sammelbegriffs ›Mystik‹« spricht.[266] Vollends wird der Mystikbegriff im folgenden nicht in dem früher erwähnten ganz weiten Sinne *Franz Brentanos* genommen. »Daß die zahllosen Debatten über die Mystik keine klare und allgemein anerkannte Terminologie gezeitigt haben«, ist das Ergebnis einer Arbeit von *H. Krüger*.[267]

Bestand im vorigen Abschnitt Veranlassung, Schweitzers Religionsauffassung wegen ihres Ethizismus als überholt zurückzuweisen, so muß hier nun zunächst betont werden, daß die These »alle tiefe Religion ist Mystik« wiederum eine der wichtigsten Erkenntnisse der neueren Religionswissenschaft verleugnet: die schon berührte Unterscheidung zweier Hauptarten innerhalb der höheren Religionen, der mystischen einerseits und der prophetischen oder Glaubensreligion andererseits. Selbst wenn man, wie es gelegentlich geschieht, von einem mystischen Element in aller Religion sprechen wollte, so wäre es noch keineswegs erlaubt, alle tiefe Religion schlechthin als Mystik zu bezeichnen. Erst recht fragwürdig ist die noch weitergehende Gleichsetzung aller tiefen Weltanschauung oder gar aller Welt- und Lebensanschauung, die dem Denken genügen will, mit der Mystik. Eine der besten Kennerinnen dieses Gegen-

---

261 *Schweitzer:* Bach, S. 147.
262 *Grabs:* Schweitzer, Denker, S. 73.
263 S. 62.
264 S. 63.
265 S. 67.
266 S. 70.
267 *Krüger:* Verständnis, S. 107.

standes. *E. Underhill,* betont ausdrücklich, Mystik sei »*nicht* eine Ansicht«, sie ist »*keine* Philosophie«[268].

Tiefe Weltanschauung ist nach Schweitzer insofern Mystik, »als sie den Menschen in ein geistiges Verhältnis zum Unendlichen bringt«[269]. Mystik bedeutet danach »geistiges Eins-Werden des Menschen mit dem unendlichen Sein«[270]. Genauer unterscheidet er zwei Arten von Mystik. Die eine ist »diejenige, die sich aus der Annahme einer zwischen dem Welt-Geiste und dem Menschengeiste bestehenden Identität ergibt«[271]. Diese Identitätsmystik, die nahezu alles umfaßt, was bisher als Mystik aufgetreten ist, verwirft Schweitzer aus zwei Gründen. Erstens spricht gegen sie ein elementares erkenntnistheoretisches Argument: »Der Inbegriff des Seins, das Absolute, der Weltgeist und alle derartigen Ausdrücke bezeichnen nichts Wirkliches, sondern etwas in Abstraktionen Erdachtes, das deswegen auch absolut unvorstellbar ist. Wirklich ist nur das in Erscheinungen erscheinende Sein.«[272] Mit dieser Haltung wird der Mystik offensichtlich der Boden unter den Füßen fortgezogen; denn ihr Bemühen muß dann von vornherein als vergeblich angesehen werden. Schwerer noch aber wiegt für Schweitzer zweitens ein Mangel, der darin besteht, daß die Identitätsmystik nicht ethisch, nicht aktiv eingestellt ist. »Das Erleben des Einswerdens mit dem Absoluten, des Seins im Weltgeiste, des Aufgehens in Gott oder wie man es sonst noch nennen mag, ist von sich aus nicht ethisch, sondern geistig.«[273] Die Mystik bringt es nur zur »Resignationsethik des innerlichen Freiwerdens von der Welt, nie zugleich auch zur Ethik des Wirkens in der Welt auf die Welt«[274], der in Schweitzers Sinne eigentlichen Ethik. In der Mystik liegt die Tendenz, »überethisch zu werden«[275]. Deshalb fordert Schweitzer eine andere Art von Mystik, die ein sinnvolles Tätigsein kennt und damit erst wahrhaft ethischen Charakter erlangt. Sie entsteht dann, wenn die Mystik jene hypostasierten Abstrakta von sich wirft und sich zur Wirklichkeit bekehrt. »Das Absolute darf ihr so gleichgültig werden wie einem bekehrten Neger sein Fetisch.«[276] Die Wirklichkeit »weiß nichts davon, daß das Individuum zu der Totalität des Seins in ein Verhältnis treten könne. Wie sie nur das in Einzelwesen in Erscheinung tretende Sein kennt, so auch nur Beziehungen eines Einzelwesens zum anderen Einzelwesen.«[277] »Hingebung meines Seins an das unendliche Sein ist Hingebung

268 *Underhill:* Mystik, S. 108.
269 LD S. 203.
270 S. 200.
271 S. 210.
272 KE S. 234.
273 S. 231.
274 S. 230.
275 S. 232.
276 S. 235.
277 S. 234.

meines Seins an alle Erscheinungen des Seins, die meiner Hingabe bedürfen und denen ich mich hingeben kann.«[278] Das ist die geforderte »ethische Mystik«: »Sie läßt das Einswerden mit dem Unendlichen durch ethische Tat verwirklicht werden.«[279]

Aber ist die von Schweitzer befürwortete ethische Mystik noch Mystik? Diese Frage stellt sich hier unabweisbar. Für die Mystik, wie wir sie aus der Religionsgeschichte kennen, ist ja das Absolute, das Eine, der Weltgrund, Gott, keineswegs ein bloßes Abstraktum, dem man vollends den Abschied geben kann und nach Schweitzer auch soll, sondern im Gegenteil das einzige wahrhafte Wirkliche und das allein Erstrebenswerte. So zahlreich und unterschiedlich die Begriffsbestimmungen der Mystik auch sind, fest steht jedenfalls, daß für diese nicht wie für Schweitzer das einzelne Wesen, das Individuum, das eigentliche Wirkliche, das Absolute dagegen ein Nichtwirkliches ist, sondern gerade umgekehrt. *Friedrich Heiler* z. B. bestimmt Mystik als »jene Form des Gottesumganges, bei der die Welt und das Ich radikal verneint werden, bei der die menschliche Persönlichkeit sich auflöst, untergeht, versinkt in dem unendlichen Einen der Gottheit«[280], »jene Religionen, deren Heilsziel das Untergehen des Endlichen im Unendlichen ist, die völlige Vereinigung der welterstorbenen, vereinsamten Seele mit dem einen Göttlichen«[281]. »Mystik ist — in abgekürzter Formel ausgesprochen — ein Gottesumgang, der in« »icherstorbener Innerlichkeit stattfindet und in unmittelbarer Gotteinigung gipfelt«[282]. Um »die Vereinigung mit dem Einen« geht es der Mystik auch nach *Underhill*[283], und *G. Walther* rechnet nur diejenigen Erlebnisse überhaupt zur Mystik, »die beanspruchen, ein direktes, leibhaftiges, wenn auch unvollkommenes und wohl auch stets einseitiges Erleben der Gottheit selbst zu sein«[284]. Ebenso definiert *L. Richter* Mystik als »ein religiöses Urphänomen, bei dem in unmittelbarer Intuition das Erleben Gottes stattfindet. Sie ist die direkte Bewußtwerdung der Gegenwart Gottes«[285]. Wenn *C. Albrecht* in der Mystik »das Ankommen eines Umfassenden« sieht[286], so ist das unbestimmter gehalten, aber nicht weniger positiv gemeint als die übrigen genannten Bestimmungen, während diese umfassende, größere letzte Wirklichkeit Schweitzer eben keineswegs ohne weiteres als wirklich gilt.

Muß es von vornherein klar sein, wie fern Schweitzer mit seiner im Grunde positivistischen Einstellung dem Begriff des Absoluten, Gött-

---

278 S. 235.
279 LD S. 204.
280 *Heiler:* Bedeutung, S. 6. — Ders.: Das Gebet, S. 249.
281 *Heiler:* Geheimnis, S. 11.
282 *Heiler:* Katholizismus, S. 477.
283 *Underhill:* Mystik, S. 55.
284 *Walther:* Phänomenologie, S. 23.
285 *L. Richter:* Mystik, Sp. 1237.
286 *Albrecht:* Erkennen, S. 5 u. 54, als Ergebnis seiner »Psychologie des mystischen Bewußtseins«.

lichen, dem Geiste echter Mystik steht, so tritt die Größe des Abstandes, ja, die Gegensätzlichkeit der in Betracht kommenden Haltungen noch mehr heraus, wenn man sich die Eigenart des Ziels in der folgenden Hinsicht vergegenwärtigt. Der Mystik Ziel ist, wie wiederum *Underhill* betont, »durchaus transzendent und geistlich. Sie ist in keiner Weise mit Erforschungen, Neuordnungen oder Verbesserungen in der sichtbaren Welt bemüht. Der Mystiker schiebt diese Welt, selbst in den übernormalsten Erscheinungen beiseite. Obwohl er nicht, wie seine Feinde behaupten, seine Pflicht gegen die vielen vernachlässigt«, »ist sein Herz doch immer auf das wandellos Eine gerichtet.«[287] Schweitzer dagegen sieht die Aufgabe ausschließlich in Neuordnungen oder Verbesserungen in der sichtbaren Welt; in keiner Weise hat er es mit dem wandellosen Einen zu tun, dieses ist ihm eigentlich nur ein nutzloses Wort. Eine einzige Hilfeleistung gegenüber einem in Not befindlichen Lebewesen bedeutet mehr als alles im Grunde ja eben gegenstandslose Sinnen über das All-Eine. Der Eindruck drängt sich auf, daß Schweitzers ethische Mystik wohl Ethik (in dem von ihm bevorzugten Sprachgebrauch), aber nicht Mystik ist. In der Tat, wenn er die übliche Mystik ablehnt, weil »der ethische Gehalt selbst christlicher Mystik ein erschreckend geringer« ist[288] und doch eine Ethik fordert, die aus Mystik geboren ist[289], so verwickelt er sich damit in eine schier ausweglose Dialektik.

Ich soll durch sittliches Handeln, indem ich mich anderen Erscheinungen des Weltgrundes hingebe, mit diesem einswerden. Sehr mit Recht ist dagegen von *H. Hofer* eingewandt worden: »Ethisches Handeln in Einheit mit dem Weltgrund wäre doch nur dann denkbar und möglich, wenn das Handeln des Weltgrundes eindeutig gut, persönlich wäre; nur eine Person kann ja ethisch handeln.«[290] Daß indessen das, was wir als Wirken des Weltgrundes erfahren, nicht gut genannt werden kann, betont Schweitzer selbst mit aller wünschenswerten Klarheit: »Ein Rätsel ist uns das Wirken des Welt-Geistes, weil es im Schaffen und im Zerstören, im Hervorbringen und im Vernichten von Leben verläuft.«[291] Und Schweitzer folgert hier auch ganz richtig: »Es kann sich für uns also eigentlich gar nicht darum handeln, im Sinne des Welt-Geistes zu wirken.«[292] Aber nun fährt er fort: »sondern nur darum, uns einem Wirken zu ergeben, durch das wir das geistige Eins-Werden mit ihm erleben.« Vollkommen schlagend fragt dazu der soeben angeführte Kritiker: »Kann es jedoch ein Erlebnis der Einigung mit dem Weltgeiste geben, zu dem wir durch ein (ethisches) Handeln kamen, das dem Han-

287 *Underhill:* Mystik, S. 107.
288 KE S. 232.
289 ebd.
290 *Hofer,* Besprechung, S. 369.
291 ID S. 207.
292 ebd.

deln des Weltgeistes widerspricht?«[293]. Es ist in der Tat unbegreiflich, wie ich dadurch mit dem Weltgeist einswerden könnte, daß ich seiner Art, seinem Wesen zuwider handle.

Aber überhaupt: Woher soll, wenn Schweitzer ernst damit macht, daß es »keinen Inbegriff des Seins, sondern nur unendliches Sein in unendlichen Erscheinungen« gibt[294], »nur Beziehungen eines Einzelwesens zum anderen Einzelwesen«, die Mystik kommen, und wozu sollte diese aus Schweitzers Sicht gut sein, wenn sie »nicht der Freund, sondern der Feind der Ethik« ist[295]?

So sehr Schweitzers Urteil über die letzte Wirklichkeit oder über das Ziel des Mystikers im Gegensatz zur allgemeinen Auffassung von der Mystik steht, so sehr weicht auch der von ihm empfohlene Weg dahin, zu dessen Betrachtung in den letzten Ausführungen schon übergegangen wurde, von den üblichen Beschreibungen ab. Die Mehrzahl der zuständigen Autoren ist sich wohl darin einig, daß zur Mystik ein besonderer Weg gehört. So führt *Heiler* die Loslösung von der profanen Welt und die methodische Pflege der Innerlichkeit[296] oder den bekannten, an die Praktiken primitiver Religionsformen anknüpfenden dreifachen mystischen Heilsweg der Läuterung, Erleuchtung und Einigung an[297]. Ebenso spricht *Leisegang* im Blick auf das religionsgeschichtliche Material aller Stufen von der »Methode, durch kultische Handlungen, die nicht jedermann verständlich sind und geheimgehalten werden, um sie vor Profanierung zu schützen, und durch ihnen entsprechende (später auch von ihnen losgelöste) seelische Erlebnisse, die nicht jeder haben kann, in Berührung mit dem Göttlichen« »zu kommen«[298]. Das mystische Verfahren reicht also von magisch-kultischen Gebräuchen »bis zur psychischen Technik der Meditation, Konzentration und Kontemplation und zur mystisch-philosophischen Spekulation, die sich nur noch mit dem seelischen Prozeß des mystischen Erkennens befaßt, ihn vergeistigt und durch eine besondere Denktechnik in einer eigenartigen Denkform ermöglicht«[299]. Auch *Underhill* hebt »einen bestimmten mühsamen psychologischen Prozeß« hervor: »den sogenannten mystischen Weg, der die vollständige Erneuerung des Charakters und die Freimachung einer neuen oder vielmehr bisher latenten Form des Bewußtseins mit sich bringt«[300]. Aber so mühsam, innerlich tätig dieser psychische Prozeß der mystischen Methode ist, an seinem Ende steht »die reine Passivität« des Schauens, jener Zustand, in dem »das Ich von einem in ihm Auf-

---

293 *Hofer,* Besprechung, S. 370.
294 KE S. 235.
295 KE S. 232.
296 *Heiler:* Katholizismus, S. 477.
297 *Heiler:* Mystik, Sp. 1239.
298 *Leisegang:* Mystik, Sp. 335.
299 ebd.
300 *Underhill:* Mystik, S. 108.

leuchtenden völlig übermannt« wird (*F. K. Schumann*[301]), so daß *Albrecht* von dem schon erwähnten Ankommen des Umfassenden »im Versunkenheitsbewußtsein« spricht[302].

Von alledem findet sich in Schweitzers Mystik nichts, weder ein besonderer seelischer Prozeß des mystischen Erkennens noch eine bestimmte Denktechnik noch der charakteristische passive Zustand am Ende spielt bei ihm irgendeine Rolle. Vergleichen wir mit dem Angeführten, was Schweitzer als das Wesen aller Mystik ansieht — daß nämlich »aus meinem unbefangenen naiven Sein in der Welt durch das Denken über das Ich und über die Welt geistige Hingebung an den geheimnisvollen unendlichen Willen wird, der im Universum in die Erscheinung tritt«[303] —, so liegt es auf der Hand, in einem wie allgemeinen, unspezifischen Sinne bei ihm von Mystik gesprochen wird[304]. Sie bedeutet ihm keineswegs einen besonderen, nicht jedermann zugänglichen, wohl gar geheimnisvollen Weg; er ist vielmehr davon überzeugt, daß alle tief genug Denkenden durch »logisches Denken« zu dem geführt werden, was er »ethische Mystik« nennt, und diese besteht in nichts anderem als in sittlicher Tat, im hilfreichen Wirken für andere Lebenserscheinungen. »In der Anerkennung und der Betätigung unserer Verbundenheit mit allen Wesen gehen wir auf die uns einzig mögliche Weise Verbindung tätiger Art mit dem unendlichen Sein ein.«[305] Es wurde schon gesagt, was von diesem Einswerden mit dem unendlichen Sein zu halten ist. Wie immer man zu dieser Verbindung von rationalem Denken und sittlichem Tun stehen mag, als Mystik kann sie nicht gelten, das dürfte deutlich geworden sein. Mit der Hingebung an einzelne Erscheinungen der Wirklichkeit ist noch keineswegs eine Vereinigung mit dem Weltgrund gegeben. Durch Hingabe des einzelnen an möglichst viele andere einzelne wird ein wirkliches Einswerden mit dem unendlichen Sein nicht erreicht. Das, worauf Schweitzer hinauswill, ist nicht etwas, das, wenn auch in stark modifizierter Weise, noch unter den Oberbegriff der Mystik fällt. Vielmehr sollte der Begriff der ethischen Mystik, wie Schweitzer ihn gebraucht, im Interesse einer eindeutigen Verständigung aufgegeben werden. Er ist eine unsachgemäße Bezeichnung für ein unmögliches Unternehmen. *Hofer* wird recht haben, wenn er behauptet, es führe »kein Weg von der Ethik zur Mystik«. Ebensowenig freilich von der Mystik zur Ethik. Darauf hat *G. Heinzelmann* hingewiesen. Sofern die Mystik »alle Dinge in Gott schauen lehrt, entfällt das Ziel, und der Mensch weiß eigentlich nicht, was er in der Welt soll«[306]. »Für einen Sankara ist das

[301] *Schumann:* Gottesgedanke, S. 319.
[302] *Albrecht:* Erkennen, S. 54.
[303] KE S. XVI.
[304] Daß Schweitzers Mystik »mit der bekannten Mystik als religionsgeschichtlichem Phänomen nicht viel zu tun hat«, bemerkt auch *Ratschow:* Bedeutung, S. 36.
[305] ID S. 208.
[306] *Heinzelmann:* Glaube, S. 90.

Höchste: Untätig sein. ›Die Mystik Sankras hat keine Ethik‹.«[307] Auch *Meister Eckhart* »kann uns lehren, daß von dem allen Beziehungen entnommenen reinen Sein keine Brücke führt zur Ethik der praktischen Tat«; denn alle Inhalte praktischen Handelns entnimmt er dem Evangelium[308]. Deshalb ist Hofer zuzustimmen, wenn er nach dem angeführten Urteil fortfährt: »Es gibt keine ethische Mystik und keine mystische Ethik.«[309] Damit entfällt aber überhaupt die Möglichkeit, im Sinne Schweitzers von Mystik zu sprechen.[310]

Wenn Schweitzers Position nicht als Mystik anzusprechen ist, wie verhält sie sich zum christlichen Gottesgedanken? Wie ist es möglich, wird man hier vor allem fragen, daß ein Denker, der einen agnostizistischen Standpunkt vertritt und der überdies so sehr unter dem Eindruck der Sinnlosigkeit des Geschehens in der Welt steht, an Gott festhält? Und wenn er es tut, kann dieser Gott noch der allmächtige Schöpfer Himmels und der Erden sein, der zugleich die Liebe ist, wie ihn der christliche Glaube bekennt? Der somit bezeichnete Fragenkomplex ist wichtig genug, um ihm nachzugehen.

Ausgangspunkt der religionsphilosophischen Bemühungen Schweitzers ist die Erfahrung, daß ich den »Urgrund des Seins«, »den universellen Willen zum Leben« in zweifacher Weise erlebe: »In der Welt tritt er mir als rätselhafte, wunderbare Schöpferkraft entgegen, in mir offenbart er sich als ethischer Wille. In der Welt ist er unpersönliche Kraft, in mir offenbart er sich als Persönlichkeit.«[311] Was zunächst die in der »Welt«, d. h. vor allem in der Natur zum Ausdruck kommende Schöpferkraft betrifft, so steht Schweitzer unter dem beherrschenden Eindruck eines Sachverhalts, den er mit dem Begriff der »Selbstentzweiung des Willens zum Leben« bezeichnet. »Die Welt ist das grausige Schauspiel der Selbstentzweiung des Willens zum Leben. Ein Dasein setzt sich auf Kosten des anderen durch, eines zerstört das andere.«[312] Zweifellos wird diese An-

---

[307] S. 96. Das Zitat aus *Otto:* Mystik, S. 290.
[308] *Heinzelmann,* S. 97.
[309] *Hofer,* Besprechung, S. 370.
[310] Man neigt heute vielfach dazu, den Begriff Mystik mit Bezug auf die neueste Zeit weiter zu fassen und im Sinne der »Erfahrung der Allverbundenheit« zu nehmen, so etwa *Müller-Schwefe* (Mystik, Sp. 1257 ff.), der Werfel, Trakl, Barlach, Morgenstern, Rilke und den Expressionismus anführt. Wenn dabei im Hinblick auf Simone Weil »Mystik als soziale Aktion aus der Tiefe« erwähnt wird, so könnte in diesem Zusammenhang mit einem gewissen Recht der Name Schweitzer vermißt werden. Es ist jedoch sehr die Frage, ob die Erfahrung der Allverbundenheit ohne weiteres als mystisch bezeichnet werden darf. Vielmehr wird es sich empfehlen, mit *Scholz* (Religionsphilosophie, S. 203) die psychozentrische, sich vor der Welt verschließende, sich auf »Gott und die Seele« konzentrierende Mystik vom religiösen Pantheismus als der Religion der »Alloffenbarung« zu unterscheiden. Vieles, wohl das meiste, was in der Moderne als Erfahrung der Allverbundenheit auftritt, würde dann zur pantheistischen Lebensform der Religion zu rechnen sein, während der typische moderne Mystiker allerdings Rilke ist. Auch so gesehen würde es dabei bleiben müssen, daß Schweitzer nicht unter den Begriff der Mystik fällt.
[311] CW S. 51.
[312] KE S. 242.

schauung dem aufmerksamen und nachdenklichen Beobachter durch die Erfahrung immer wieder nahegelegt. Zugleich aber enthält der Begriff der Selbstentzweiung eine über die Erfahrung hinausgehende Spekulation, die dem christlichen Denken fernsteht. Die letzte Wirklichkeit, eine göttliche Natur, die mit sich selbst uneins wird, deren Erscheinungsformen bzw. Individuationen einander nachstellen, zerfleischen und verschlingen, wirkt im christlichen Bereich fremdartig. Dieses grausige Schauspiel der Selbstentzweiung hat Schweitzer im Sinn, wenn er sagt: »In der Welt offenbart sich uns der unendliche Wille zum Leben als Schöpferwille, der voll dunkler und schmerzlicher Rätsel für uns ist.«[313] Wir leben ja in einer Welt, »in der Schöpferwille zugleich als Zerstörungswille und Zerstörungswille zugleich als Schöpferwille waltet«[314]. Nun sieht gewiß auch ein Luther »tiefsinnig in der Zerstörung das Schaffen Gottes«[315], und das Umgekehrte, daß Schöpferwille als Zerstörungswille auftritt, mag ebenfalls zur Not auch der Christ von dem Gott aussagen können, der das Leben gibt und wieder nimmt, der den Menschen von vornherein zum Sterben bestimmt hat. Dennoch dürfte diese Identifikation des Schöpferwillens mit dem Zerstörungswillen weit mehr in die Nähe des Deus sive natura gehören, d. h. einem pantheistischen Denken angemessener sein als dem Schöpfergott, von dem der Christ als dem Herrn über Leben und Tod spricht. In der Tat ist der Schöpferwille nicht in einem irgendwie personhaften Gott begründet. »Der Urgrund des Seins, wie er in der Natur in Erscheinung tritt, ist uns immer etwas Unpersönliches.«[316] Freilich, wenn die Natur, wie sie uns in der Erfahrung gegeben ist, auf eine unpersönliche schöpferische Macht hinweist, so ist hiermit noch nicht gesagt, daß Schweitzer eindeutig dem Pantheismus zuzurechnen wäre. Von dem Naturkult Goethes jedenfalls treffen wir bei ihm keine Spur an. Bringt schon seine Naturanschauung und sein Weltgefühl, der Blick für das Leiden der Kreatur, ihn eher in einen gewissen Gegensatz zur pantheistischen Grundstimmung, so spricht erst recht gegen seine Einordnung in das pantheistische Denken die Stärke des Motivs, das im Bewußtsein der Verpflichtung des Menschen besteht, anders zu sein und anders zu werden als die Welt.[317] Die die Welt charakterisierenden Verhaltensweisen, das Geschehen, wie es vor allem die Natur beherrscht, empfindet Schweitzer als rätselhaft und bedrückend. Allzu stark, gemessen an einer typisch pantheistischen Geisteshaltung, ist für ihn der Gegensatz, in dem sich der sittlich eingestellte Mensch im Verhältnis zur Welt, wie sie nun einmal ist, vorfindet. An die Stelle des Sich-selbst-Auslebens jeder Individualisierung des Willens zum Leben im

---

[313] LD S. 204. — Wie hat dieses Rätsel besonders *Reinhold Schneider* (Winter in Wien) zu schaffen gemacht!
[314] KE S. 243.
[315] *Seeberg:* Theologie, S. 65.
[316] LD S. 207.
[317] KE S. 243. 247. — CW S. 57. 55.

Bereiche der Natur tritt für den sittlichen Menschen in der Sicht Schweitzers das Erstreben des Einswerdens mit anderem Willen zum Leben.[318]

Nach der Betrachtung der These »In der Welt offenbart sich uns der unendliche Wille zum Leben als Schöpferwille« wenden wir uns damit dem zweiten Teil dieses Satzes zu: »In uns als Wille der Liebe, der durch uns die Selbstentzweiung des Willens zum Leben aufheben will«[319], oder, um auch dem anderen angezogenen Satz »Der Urgrund des Seins, wie er in der Natur in Erscheinung tritt, ist uns immer etwas Unpersönliches«, die ihn ergänzende Antithese hinzuzufügen: »Zum Urgrund des Seins aber, der als Wille zur Liebe in uns offenbar wird, verhalten wir uns als zu einer ethischen Persönlichkeit.«[320] Die zweifache Frage ist jetzt: Gewährleistet der hier auftretende Begriff der Persönlichkeit eine echte theistische Position, und: Entspricht der Begriff des Theismus dem Schweitzerschen Denken besser als der Pantheismus oder ebensowenig, vielleicht sogar noch weniger? Das will hier überlegt sein. Gegeben ist nach Schweitzer zunächst im Menschen das Auftreten eines Willens zum Einswerden mit anderem Lebenswillen, d. h. eines Willens der Liebe. Vorausgesetzt wird sodann ein Urgrund des Seins. Projiziert wird ferner der menschliche Liebeswille in jenen Urgrund, um schließlich als Offenbarung des in dem göttlichen Urgrund enthaltenen Liebeswillens gedeutet zu werden. So etwa wird das erkenntnismäßige Knochengerüst der Schweitzerschen Anschauung zu denken sein, wenn wir einmal von ihrem Fleisch und Blut absehen. Ist das Gerüst stabil? Welche Dignität kommt dieser Anschauung zu? Der Wille zur Liebe in dem hier zutreffenden Sinne ist ein, wenn auch im allgemeinen nicht übermäßig stark ausgeprägtes, immerhin ansatzweise vorhandenes Phänomen in der Erfahrung des Menschen. Die Voraussetzung eines Urgrundes des Seins läßt sich, sofern man von dem agnostizistischen Standpunkt Schweitzers einmal absieht, ebenfalls hinnehmen. Anders steht es mit der Frage, ob die Projektion des Liebeswillens in jenen Urgrund gerechtfertigt, d. h. ob sie notwendig oder wenigstens möglich ist.

Von einer Notwendigkeit, dem Weltgrund in einer noch so unbestimmten Form das Attribut der Liebe zuzuschreiben, kann nun sicherlich nicht die Rede sein, gibt es doch immer noch Forscher und Denker, die das Leben und seine Formen aus einem ungewollt-planlosen zufälligen Zusammentreffen der verschiedenen Kausalreihen erklären möchten, wovon im fünften Kapitel noch zu sprechen sein wird. Auch wer nicht bereit ist, sich einer solchen Erklärung anzuschließen, und den Urgrund so ausstatten zu müssen meint, daß es möglich erscheint, die Fülle sinnvoller Einrichtungen irgendwie auf ihn zurückzuführen, wird sich doch davor zu hüten haben, diesem Urgrund mehr Eigenschaften beizulegen, als die

[318] S. 242.
[319] LD S. 204.
[320] S. 207.

gegebene Sachlage unbedingt, d. h. mindestens, erfordert. Gerechtfertigt in diesem Sinne dürfte es sein, vorausgesetzt, daß man sich überhaupt zu derartigen metaphysischen Gedankengängen entschließen kann, dem Weltgrund so etwas wie Bewußtsein und Willen zuzusprechen, da anders ursprüngliche Zielsetzungen und deren Verwirklichung nicht vorstellbar sind. Wenn aber der so ausgestattete Urgrund des Seins erst einmal die Welt, das Leben und schließlich den Menschen zustande gebracht hat, vernunft- und gefühlsbegabte Wesen, die untereinander in sozialen Beziehungen stehen, so kann eine Erscheinung wie die Liebe im Schweitzerschen Sinne sehr wohl als zum ersten Mal innerhalb des menschlichen Bereichs neu auftretend gedacht werden. Eine Notwendigkeit, sie schon im Weltgrund als gegeben anzusehen und als dessen Offenbarung aufzufassen, besteht keineswegs.

Immerhin ließe sich die Existenz eines Liebeswillens im Urgrund des Seins, wenn nicht für notwendig, so doch vielleicht für möglich halten, wenn nur diese Annahme mit anderen uns bekannten Sachverhalten zusammenstimmen würde. Aber dies ist nicht der Fall. »Sieht man nur auf die Tatsachen, so kann man bei dem Anblick der furchtbaren Leiden, denen das Leben ausgesetzt ist, schwerlich auf den Gedanken kommen, daß der Weltlenker von Liebe zu den Menschen beseelt sei«,meint selbst ein so milder, aller Polemik abgeneigter, dem Theismus nahestehender Denker wie *Karl Groos*[321], und Schweitzer müßte dieses Urteil aus der Seele gesprochen sein. Die ganze Welt der Schöpfung macht ja wirklich viel eher den Eindruck, daß die Liebe im Sinne der Barmherzigkeit und Güte eine späte zarte Blüte am Weltenbaume ist, nicht eine seiner Wurzeln. Deshalb werden wir die Annahme eines Willens der Liebe im Urgrund des Seins schwerlich auch nur für erlaubt halten können. Erwägt man ferner, daß Schweitzer das Eintreten für die Anschauung eines im übrigen völlig unbekannten persönlichen Gottes ganz allein auf den im Menschen vorgefundenen Willen der Liebe gründet, so kann das Urteil nur lauten, daß er sich mit seinem Gottesgedanken grundsätzlich viel weiter vorgewagt hat, als es einem Agnostizisten erlaubt ist, und daß diese Position inhaltlich zu den stärksten Bedenken Anlaß gibt. Wäre Gott auch aus anderen Gründen, so vor allem im Hinblick auf die Beschaffenheit der Natur, als ein persönlich-sittlicher anzusehen, so würde der im Menschen auftretende Wille der Liebe möglicherweise dazu beitragen können, uns den persönlichen Gott von einer bestimmten Seite her näher zu erschließen. Als alleinige Grundlage des Theismus genügt das Vorkommen des Liebeswillens im Menschen offensichtlich nicht. Diese Basis ist viel zu schmal.[322]

---

[321] *K. Groos:* Metaphysik, S. 375. Auch in: Seele, (S. 161).

[322] Begreift man den unendlichen Liebeswillen als die »bis ins Unendliche fortgesetzte« »Summe aller ethischen Willenskräfte des Menschen«, so reicht diese, wie *Strege* (Reich, S. 69) richtig feststellt, »dennoch nicht aus, die Annahme einer ethischen Gottespersönlichkeit als Liebeswillen außerhalb der menschlichen Willenspersönlichkeit zu stützen«.

Aber haben wir mit solchen Überlegungen etwa überhaupt zuviel in Schweitzer hineingelesen? Wäre es denkbar, daß er letztlich doch mehr Agnostizist geblieben ist, als es uns bisher erschien? Könnte die merkwürdig vorsichtige Fassung des Satzes, daß wir uns im Urgrund des Seins, der als Wille zur Liebe in uns offenbar wird, »als zu einer ethischen Persönlichkeit verhalten«, sehr bewußt vorgenommen sein und sich hier so etwas wie der Einschlag einer »Philosophie des Als-Ob« bemerkbar machen? Sollte es sich bei Schweitzer also nicht so sehr um den Gottes*glauben,* als vielmehr nur um den Gottes*gedanken,* eine Idee, ein Ideal handeln? Selbst in einer Predigt spricht Schweitzer einmal in einer bemerkenswert distanzierten kühl-erkenntnismäßigen Weise vom »Gott der Liebe, wie wir ihn uns vorstellen müssen, wenn wir uns zu höherem Wissen vom Leben, zur Ehrfurcht vor dem Leben« »erhoben haben«[323]. Ein anderes Mal erklärt er: »Der Gott, den wir als Ideal in uns tragen, ist ja eine ethische Persönlichkeit.«[324] Wird Schweitzer vielleicht gar nicht so unrecht getan, wenn man diese Aussage einmal umkehrt und seine eigentliche Meinung darin erblickt, daß der Gott, von dem wir als einer ethischen Persönlichkeit sprechen, in erster Linie ein Ideal für uns ist, mehr ein Ideal jedenfalls, das wir hochhalten, als eine Wirklichkeit, deren wir gewiß sind? Nur so würde es ganz verständlich werden, daß unser Denker glaubt, sich den Theismus und den Pantheismus zugleich zu eigen machen zu können. Die Art, wie er als Betrachter der Natur sich zum Pantheismus bekennt, für das sittliche Leben dagegen den Theismus ins Spiel bringt, erinnert ja in auffallender Weise an die Einstellung *Goethe*s: »Wir sind naturforschend Pantheisten, dichtend Polytheisten, sittlich Monotheisten.«[325] Wer in dieser Weise urteilt, äußert Aperçus, Aspekte, Perspektiven, deren es mancherlei gibt, von denen man indessen bezweifeln möchte, daß ihnen im Ernst ein Glaube im vollen Sinne entspricht, eine wirklich gläubige Überzeugung und verbindliche Gesinnung, ein persönliches Verhältnis zum »lebendigen Gott«, zu dem der Christ betet und der dadurch zur zentralen Kraftquelle seines Lebens wird. Leicht beieinander wohnen Gedanken über Gott und die Welt, doch hart im Raume stoßen sich verschiedene Glaubenshaltungen. Der wirklich Gläubige ist nicht so vielseitig, auch nicht so liberal bezüglich des Namens seines Gottes. In der sehr aufschlußreichen Antwort unseres Denkers auf einen Brief von Oskar Kraus, in dem dieser seine Bedenken hinsichtlich des Schweitzerschen Standpunktes zum Ausdruck gebracht hatte, heißt es: »Bisher war es mein Prinzip, in Philosophie nicht mehr zu sagen. als was absolut logisches Erleben des Denkens ist. Darum rede ich in Philosophie nie von ›Gott‹, sondern von dem ›universellen Willen

[323] SP S. 132.
[324] CW S. 21.
[325] *Goethe:* Maximen, Nr. 807. Vgl. auch die briefliche Äußerung gegenüber Jacobi vom 6. 1. 1813 mit dem bezeichnenden Zusatz: »Und eines so entschieden wie das andere.«

zum Leben‹.« »Rede ich aber die überlieferte religiöse Sprache, dann gebrauche ich das Wort ›Gott‹ in seiner historischen Bestimmtheit und Unbestimmtheit.« »Denn hier kommt es mir darauf an, den überlieferten Gedanken in seiner unmittelbaren Lebendigkeit und in seiner Beziehung zu überlieferter Religiosität zu geben.«[326] Auch *Kraus* hat in diesem Zusammenhang schon auf den hervorgehobenen Sachverhalt aufmerksam gemacht, daß Schweitzer gelegentlich den unwirklichen Charakter der Abstrakta wie des Absoluten oder des Weltgeistes betont — es gibt »keinen Inbegriff des Seins, sondern nur unendliches Sein in unendlichen Erscheinungen«! — und stellt die naheliegende Frage, ob etwa auch Gott für Schweitzer ein bloßes Gedankending sei. Wer diese Vermutung zu gewagt und wohl gar ungeheuerlich findet, sollte sich immerhin daran erinnern, daß von Schweitzer auch beim Jesusproblem eine äußerst radikale Konsequenz negativer Art gezogen worden ist, indem er die Möglichkeit der geschichtlichen Nichtexistenz jenes Jesus ins Auge faßt, dessen Denken und Wirken er einerseits erforscht und beschrieben hat und den er andererseits seinen Herrn nennt, dem er in Gehorsam Nachfolge leistet, ja, daß er sogar grundsätzlich mit dessen Nichtexistenz zu rechnen fordert. Gibt man der Möglichkeit fiktionalistischen Denkens bei Schweitzer Raum, so würde seine agnostizistische Einstellung möglicherweise auch im Hinblick auf Gott stärker in Rechnung gestellt werden müssen. In der Tat scheint Gott bei ihm in solchen Zusammenhängen nicht so sehr ein Objekt des Glaubens, seine Grundlage und sein Ziel, als vielmehr eine gewisse Gedankenrichtung, eine Tendenz und Sprechweise zu sein. Nur unter dieser Voraussetzung können wie gesagt der Pantheismus und der Theismus so friedlich nebeneinander gestellt und miteinander vereinigt werden. Der christliche Gottesbegriff läßt sich weder mit dem Begriff des universellen Willens zum Leben noch mit einer sich erst im Menschen erfüllenden Liebe gleichsetzen.

Voraussetzung und Inhalt des christlichen Glaubens ist doch, daß, wie wohl niemand so bestimmt wie *F. K. Schumann* ausgesprochen hat, Gott und Mensch sich als »zwei Bewußtseins- und Willenswesen«, »zwei reale Willenspersönlichkeiten« scharf voneinander abgehoben« gegenüberstehen.[327] Nur so hat es einen Sinn, von Gott zu sagen, daß er sich Menschen offenbart, daß er Menschen beruft, daß er will, handelt und gebietet. Wo Gott nicht »in unaufhebbarer Einzigkeit und Besonderheit dem menschlichen Willenswesen gegenübersteht«, »da darf die christliche Theologie überhaupt nicht von ›Gott‹ sprechen«. Deshalb kann man auch »von dem Gott der christlichen Offenbarung unmöglich in Ausdrücken sprechen wie summum ens, absolutum, das Absolute«[328]. Was hier vom Absoluten gesagt wird, das gilt selbstverständlich erst recht von dem »Welt-

---

[326] *Kraus:* Schweitzer, S. 38.
[327] *Schumann:* Gottesgedanke, S. 324 ff.
[328] S. 327.

grund« und vom »universellen Willen zum Leben« Schweitzers. Und es gilt nicht weniger von dem »Gott, den wir als Ideal in uns tragen«. Am christlichen Gottesgedanken gemessen nimmt sich der universelle Wille zum Leben allzu biotisch, zu wenig persönlich aus, besitzt umgekehrt der lediglich im sittlichen Liebeswillen des Menschen sich realisierende, als Ideal zu qualifizierende Gott, der zur menschlich-persönlichen Wertsphäre gehört, zu wenig ontische Substanz, zu wenig Leben, zu wenig Saft und Kraft. Mit dem lebendigen Gott des Glaubens, der in seiner Allmacht und Gnade den Menschen beruft und den der Mensch anruft und anfleht, lobt und preist, haben beide gleich wenig zu tun.

Mag nun ein metaphysisch-ontologischer oder der positivistisch-idealistische Gottesbegriff der eigentlichen Ansicht Schweitzers mehr entsprechen, ein echter Theismus muß bei ihm nach dem Dargelegten so oder so höchst problematisch werden. Der Glaube an den christlichen Gott, den Herrn der Welt, den Gesetzgeber und Richter der Menschen und den seiner Menschenkinder sich erbarmenden Vater, liegt seinem Denken offenbar sehr fern. Angesichts der Spannung zwischen einer naturhaften Schöpfermacht, die jenseits von Gut und Böse steht oder sogar in einem gewissen Zusammenhang auch mit dem Bösen zu sehen ist, und auf der anderen Seite einem nur im Menschen auftretenden sittlichen Liebeswillen kann von der Eigenart eines Gottes, der Macht und Liebe zugleich ist, »souveräne Liebe« (*Aulén*), von einem Gott, der weltüberlegene, unendliche Erhabenheit und Sichherabneigen zum Menschen in sich vereinigt, nicht mehr die Rede sein.[329] Der bei aller von Schweitzer behaupteten Identität doch unüberwindliche Dualismus von kosmischem und ethischem Prinzip im Urgrund des Seins ist mit dem christlichen Glaubensdenken schwerlich vereinbar, während andererseits eine wirklich monistische Gottnatur für Schweitzer ebensowenig in Betracht kommt. Wenn ihm schließlich »die Idee der Liebe der geistige Lichtstrahl ist, der aus der Unendlichkeit zu uns gelangt«[330], so ist diese abstrakte »Idee« jedenfalls etwas anderes als die geglaubte Wirklichkeit und Wirksamkeit einer Liebe, die jeden einzelnen Menschen sucht und trägt. Auch das von Schweitzer gerühmte »Wissen vom geistigen Sein in Gott durch die Liebe« als dem Einen, was nottut[331], wird man nicht als spezifisch christlich ansehen können, da die Liebe hier weniger eine konkrete Äußerung, eine persönliche Tat, eine Gabe, einen souveränen Gnadenerweis Gottes

---

[329] *Aulén* nennt Schweitzer als ein charakteristisches Beispiel für das »dualistische Motiv« in der Theologie unserer Zeit, dualistisch im Sinne von Ernstnehmen der Macht des Bösen zum Unterschied von dem monistisch-evolutionistischen Optimismus der mit der Aufklärung beginnenden vorhergehenden Epoche (Gottesbild, S. 365 f.). Als Gefahren, die mit diesem Motiv verbunden sind, werden der Gedanke eines »endlichen« oder eines »wachsenden« Gottes und letztlich die Sprengung der göttlichen Souveränität angeführt (S. 371 f.), ohne daß dies, wie nahegelegen hätte und wünschenswert gewesen wäre, auch an Schweitzer demonstriert wird.

[330] LD S. 207.

[331] ebd.

als vielmehr eine allgemeine Richtschnur und Verpflichtung des Menschen darstellt. Ein Christentum, das nur noch durch die »Idee der Liebe« und deren Verwirklichung im menschlichen Handeln bestimmt ist, ein Christentum also, das sich letztlich auf die Erfahrung und Forderung der Mitmenschlichkeit, wie man heute zu sagen pflegt, zurückzieht, gleicht einem geschrumpften Stern, dessen ursprüngliche Energie geschwunden ist.

So viel ist schon jetzt deutlich: der Theismus beruht bei Schweitzer genau so sehr und überwiegend auf dem sittlichen Anliegen wie sein Verhältnis zu Jesus.[332] Schweitzer hat über den Gottesgedanken Kants im Sinne eines Postulats der praktischen Vernunft geurteilt, daß dieser damit »aller ehrbaren Logik entsagen« mußte[333], man wird ihm selbst deshalb nicht leicht ein ähnliches philosophisches Vergehen zutrauen können. Es dürfte aber offensichtlich sein, daß auch sein eigener Theismus ausschließlich ethisch begründet und daß diese Begründung durchaus unzureichend ist. Daß das Auftreten eines sittlichen Liebeswillens im Menschen als die Offenbarung eines Gottes aufzufassen sei, dem in einem noch so bescheidenen Sinne Personhaftigkeit zukommt, erscheint keineswegs ausgemacht. Schweitzer nimmt also Gott als Persönlichkeit in einer weder eindeutigen noch hinreichend begründeten Weise.

Das schwerste Problem aber, das sich für seine Gottesanschauung stellt, ist sicherlich die Frage nach dem Verhältnis zwischen der Schöpferkraft und dem sittlichen Willen. Wenn dieser Gegensatz mit dem von Natur und Mensch identifiziert wurde, so ist freilich zu beachten, daß Schweitzer selbst, wenn er auf ihn zu sprechen kommt, durchweg die »Welt« dem Erleben »in mir« gegenüberstellt. Daß die Welt dabei jedoch vor allem als Natur zu verstehen ist, ergibt sich nicht nur aus dem gesamten Zusammenhang, sondern wird von Schweitzer wenigstens an einer Stelle[334] unmittelbar ausgesprochen. Merkwürdig ist dagegen die Formulierung »in mir«. Damit spricht Schweitzer zweifellos nicht von sich persönlich, sondern er meint allgemein den Menschen, aber eigentlich, ohne daß dies ausdrücklich gesagt wird, nur den sittlichen Menschen, den vom Willen zum Einswerden mit dem übrigen Lebenswillen beseelten Menschen. Dadurch wird der uns beschäftigende Gegensatz aber irgendwie schief oder doch unvollständig und damit unbefriedigend. Wir haben es eben tatsächlich nicht nur mit der Natur einerseits zu tun, die auf den Kampf und die Vernichtung ihrer daran völlig unschuldigen Glieder von vornherein angelegt ist, und mit dem vom Gedanken des Guten erfüllten Menschen andererseits. »Wir wagen uns

---

[332] *Grabs* (Schweitzer [Denker], S. 41) sagt von Schweitzer richtig, wenn auch stilistisch wenig schön: »Hauptsächlich um seines gewissen Pan-Ethizismus willen ist er an theistischen Formulierungen interessiert«.
[333] KE S. 109.
[334] LD S. 207.

einzugestehen, daß uns in der Natur und in uns selber so« vieles[335] »entgegentritt, das wir als böse empfinden.«[336] Auch wenn man die Herkunft des Bösen im Menschen einmal dahingestellt sein läßt, so weist doch jedenfalls das, was wir innerhalb der Natur als böse empfinden, auf ihren Schöpfer zurück, wenn man schon von einem solchen sprechen will.[337]

Wie wäre nun also dieses an sich schon sehr problematische Verhältnis von naturhaftem und sittlichem Willen, auf Gott bezogen, vorzustellen? Handelt es sich dabei um ein ursprüngliches ewiges Nebeneinander oder um ein Werden des einen aus dem anderen, das zu einem Gegeneinander geworden und doch ein Ineinander geblieben ist? Schweitzer vertritt eine eigentümliche Synthese von Monismus und Dualismus, zu der er sich nicht nur als dem Ergebnis seines eigenen Denkens bekennt, sondern die er auch in das christliche Denken hineinverlegt. Dieses setzt, wie er meint, »einen Gott voraus, der als ethische Persönlichkeit gewissermaßen außerhalb der Welt steht«. Auf der anderen Seite muß es »daran festhalten, daß Gott der Inbegriff aller in der Welt wirkenden Kräfte ist, das heißt, daß alles, was ist, in Gott ist. Im letzten Grunde also kann« »es nicht anders als monistisch und pantheistisch denken. Zugleich aber ergibt es sich nicht darein, daß Gott nur der Inbegriff der in der Welt wirkenden Kräfte sein soll. Denn der Gott des Monismus und des Pantheismus — der Gott des natürlichen Denkens über die Welt — ist unpersönlich und hat keinen ethischen Charakter. Darum nimmt das Christentum alle Schwierigkeiten des Dualismus auf sich, ist ethischer Theismus und erfaßt Gott als einen Willen, der anders ist als die Welt und der mich zwingt, anders zu sein als die Welt.«[338] Dieser Auffassung des Christentums als einer auch monistisch und pantheistisch gerichteten religiösen Weltanschauung muß jedoch auf das entschiedenste widersprochen werden. Sie ist schon in der Wurzel verfehlt. Die Allmacht Gottes auf christlichem Boden dürfen wir auf keinen Fall mit der pantheistischen Allwirksamkeit verwechseln, sie fällt somit keineswegs unter den Begriff des Monismus.

Wie aber steht es, vom Christentum zunächst noch abgesehen, mit einer Synthese von Monismus und Dualismus im allgemeinen? Liegt hier eine denkbare Möglichkeit vor? Die Sachlage ist ja nach Schweitzer so beschaffen, wie er es in einigen grundlegenden Sätzen ausspricht, die z. T. schon angeführt worden sind und hier noch einmal vollständig folgen: »Alle Probleme der Religion gehen zuletzt auf eines zurück:

---

335 Schweitzer schreibt: viel.
336 CW S. 39.
337 »Die einzig vernünftige Hypothese ist, daß eine personartige Intelligenz die ganzen Scheußlichkeiten ausgesonnen und durchgearbeitet hat«, erklärt *Erich Brock* in seinem tiefsinnigen »Entwurf zu einer Naturphilosophie«, und er scheut sich dementsprechend nicht, von der »Bösartigkeit Gottes« zu sprechen (S. 72).
338 CW S. 49 f.

daß ich Gott in mir anders erlebe, als ich ihn in der Welt erkenne. In der Welt tritt er mir als rätselhafte, wunderbare Schöpferkraft entgegen; in mir offenbart er sich als ethischer Wille. In der Welt ist er unpersönliche Kraft, in mir offenbart er sich als Persönlichkeit. Der Gott, der in dem Denken über die Welt erkannt wird, und der, den ich als ethischen Willen erlebe, lassen sich nicht zusammenbringen. Beide sind eins; aber wie sie es sind, verstehe ich nicht.«[339]

Was das Denken nicht vermag, soll ein Bild leisten. »Es gibt einen Ozean. Kaltes Wasser, unbewegt. In dem Ozean aber ist der Golfstrom, heißes Wasser, das vom Äquator zum Pole fließt. Fragen Sie alle Gelehrten, wie es physikalisch vorstellbar ist, daß zwischen den Wassern des Ozeans, wie zwischen zwei Ufern, ein Strom heißen Wassers fließt, bewegt in dem Unbewegten, heiß in dem Kalten. Sie können es nicht erklären. So ist der Gott der Liebe in dem Gott der Weltkräfte eins mit ihm und doch so ganz anders als er.«[340] Aber so sehr wir wiederum die Kunst dieses Bildes bewundern, hier liegt es ausnahmsweise so, daß ein Schweitzersches Bild mehr blendet als sachlich überzeugend wirkt. Wenn man auch Vergleiche nicht pressen darf, so läßt sich doch ein genaueres Hinsehen in diesem Falle nicht vermeiden. Was den Golfstrom betrifft, verhält es sich nämlich keineswegs so, daß er der Forschung als ein unerklärliches Phänomen gilt, als ein permanentes Wundes sozusagen. Die Möglichkeit des *Be*stehens und Sich-erhaltens einer so mächtigen warmen — nicht heißen! — Strömung inmitten kalten Wassers ist an sich überhaupt nicht rätselhaft; erklärungsbedürftig ist lediglich die *Ent*stehung solcher Strömungen, und dafür sind die hauptsächlichen Ursachen heute durchaus bekannt, und zwar so weitgehend, daß der Golfstrom sich im großen und ganzen sogar berechnen läßt, wenn auch im kleinen und einzelnen unser Wissen und die Möglichkeiten der Berechnung noch begrenzt sein mögen.[341] Wenn einige dieser Probleme teilweise und vorläufig noch nicht gelöst sind, so steht diese Unvollkommenheit unseres Wissens auf einem anderen Blatt als jene radikale und totale Rätselhaftigkeit der behaupteten Vereinigung von außer- oder unsittlichem Schöpferwillen einerseits und sittlichem Liebeswillen andererseits in einem und demselben Gott. Die Lage ist mithin grundsätzlich durchaus verschieden von dem Sachverhalt, den Schweitzer durch dieses Bild verdeutlichen bzw. als nicht unmöglich erweisen möchte: eben der Möglichkeit eines göttlichen Liebeswillens inmitten des Geschehens in der Gott-Natur, das nach dem Gesetz rücksichtsloser Stärke vor sich geht.

---

339 S. 51.

340 S. 51 f.

341 Der Verfasser hat sich, da ihm die von Schweitzer geäußerte Ansicht von vornherein allzu unwahrscheinlich war, von fachkundiger Seite Rat geholt. Er verdankt die den obigen Ausführungen zugrunde liegende wissenschaftliche Auskunft Dr. *Fritz Model* vom Deutschen Hydrographischen Institut in Hamburg, der auch die hier gegebene Formulierung gebilligt hat.

Das Vorkommen warmer Strömungen in einem kalten Medium bedeutet keineswegs einen Widerspruch, wie ihn das von Schweitzer angenommene Ineinander von Theismus und Pantheismus darstellen würde. Das Bild des Golfstroms könnte man allenfalls gelten lassen als eine Illustration zu der an anderer Stelle gegebenen Fassung der These Schweitzers: »Der Theismus steht nicht im Gegensatz zum Pantheismus, sondern erhebt sich aus ihm als das ethisch Bestimmte aus dem naturhaft Unbestimmten.«[342] Aber damit ist der eigentliche Gegensatz, um den es sich bei den verschiedenen Arten des göttlichen Seins nach Schweitzers Ansicht in Wahrheit handelt, schon ungebührlich abgeschwächt; denn das Verhältnis der von der Schöpferkraft bestimmten, von Schweitzer im Grunde genommen als böse empfundenen Verfassung der Welt einerseits, deren Grundsignatur ein furchtbarer Kampf ums Dasein ist, das Überwältigtwerden und Auf-der-Strecke-bleiben des jeweils Schwächeren, und andererseits des sittlichen Willens der Liebe, des Willens zum Einswerden mit anderem Lebenswillen, ist identisch nicht mit dem bloßen Verhältnis von Unbestimmt und Bestimmt, sondern eben mit dem von Böse und Gut. Das Bild des Golfstroms vermag uns mithin nicht zu helfen: weder trifft die in ihm unterstellte Unerklärlichkeit des Sachverhalts zu noch entspricht es der gegensätzlichen, in sich widerspruchsvollen Gottesanschauung, die es verdeutlichen soll. Es ist deshalb nicht brauchbar. Eine wirkliche Lösung des Gottesproblems ist von Schweitzer gar nicht versucht worden und konnte bei seiner ganzen Einstellung wohl auch nicht versucht werden. Wenn Marcion den unwissenden, harten, grausamen Schöpfergott, den Gott der Welt, und den guten Gott, den Erlöser, nicht zusammenzubringen vermochte und deshalb die Existenz zweier Götter vertrat, so ist das eigentlich plausibler als Schweitzers Behauptung, der Gott der Schöpferkraft und der uns im sittlichen Leben als Ideal vorschwebende Gott seien eins. Da Schweitzer das Wie ihres Einsseins nach seinem eigenen Eingeständnis nicht begreift und durch sein berühmtes Bild um nichts einleuchtender gemacht hat, muß hier auch die Behauptung des Daß ihres Einsseins eine höchst fragwürdige Behauptung bleiben. Wirklich zu begründen gewußt hat er sie jedenfalls nicht.

K. Meili spricht von dem Primat des Liebeswillens Gottes bei Schweitzer und meint, in dem Schöpfergott komme »gerade seine Rätselhaftigkeit diesem Primat doch auch irgendwie entgegen«.[343] Zur Ehre Schweitzers muß betont werden, daß er sich einer derartigen Argumentation nicht bedient hat. Er gibt die Rätselhaftigkeit der Verbindung von Schöpferwillen und Liebeswillen zu, versucht aber nicht, unter Berufung auf die Dunkelheit der Sache im Trüben zu fischen und die Problemlage in der ihm erwünschten Richtung zu manipulieren.

Ebensowenig verschlägt der Hinweis desselben Autors auf die große Dank-

---

[342] LD S. 207.
[343] *Meili:* Lehre, Sp. 211.

barkeit für die so glückliche Jugendzeit, die Schweitzer in seinen Erinnerungen zum Ausdruck bringt und aus der »man wohl doch schließen« dürfe, »daß dem Schöpfergott gegenüber nicht nur das Grauen als angebracht erscheint«[344], als ob nicht sogar ein entschiedener Atheist, der Schweitzer ja keineswegs war, das Bewußtsein eines glücklichen Lebensschicksals besitzen könnte, ohne sich dadurch in Widerspruch mit seiner Weltanschauung zu setzen! Mit viel größerer Berechtigung würde sich der angeführte Gedanke auf eine Straßburger Predigt Schweitzers zum Erntedankfest 1904[345] berufen können. In Wahrheit fällt freilich auch sie nicht ins Gewicht, weil Schweitzer damals noch nicht zu der Einsicht in die schwere Problematik jenes Zwiespalts in Gott gelangt war, die später so bedeutsam für sein Denken werden sollte.

Der Schriftsteller *Waldemar Augustiny* möchte den Schweitzer eigenen Optimismus von dem Glauben an Fügung aus verstehen.[346] Ja, nach ihm ist Schweitzer »ein Missionar für den Glauben an Gott«. Er hält es für eine der wichtigsten Leistungen Schweitzers, »daß er den Millionen, die außerhalb der Kirche leben, einen Weg zeigt, der sie zum Glauben führt«.[347] Damit wird die hauptsächliche und eigentliche Leistung Schweitzers nicht nur nicht getroffen, sondern das angeführte Urteil ist, wenn nicht überhaupt falsch, so doch mindestens überaus mißverständlich und geradezu irreführend. Das Eigentümliche an Schweitzer ist, wenngleich er in dieser Hinsicht nicht gerade zur Klarheit neigt, sondern die Dinge vielfach gern etwas in der Schwebe läßt, doch unzweifelhaft ein Abrücken von der Einstellung des Glaubens. Er mag den Begriff der Fügung gelegentlich in einer Wendung aus persönlichem Anlaß gebrauchen, in den Zusammenhang seines Denkens gehört er nicht hinein. Da Schweitzer seinen agnostizistischen Standpunkt nie revidiert, es aber auch ausdrücklich verschmäht hat, einem Dualismus von Glauben und Denken im Sinne einer zweifachen Wahrheit das Wort zu reden, ist für den Glauben an eine göttliche Fügung bei ihm kein Raum. Das besonders Bemerkenswerte ist im Gegenteil gerade die Tatsache, wie weit er in der inneren Haltung und im Handeln ohne einen solchen Glauben gelangte. Es mag gut gemeint sein, ist aber in Wahrheit nicht nur unrichtig in bezug auf den Denker, sondern auch ein Unrecht an dem Menschen Schweitzer, wenn man ihn als gläubig hinstellt. Darauf wird noch zurückzukommen sein.

Auf zwei Punkte namentlich kommt es, um hier das Wesentliche noch etwas mehr herauszuarbeiten, bei Schweitzers Behandlung der Gottesfrage vor allem an. Der eine betrifft allgemein das Verhältnis von Pantheismus und Theismus, bzw. das Verhältnis des Christentums zum Pantheismus. Die Behauptung, der Theismus stehe grundsätzlich nicht im Gegensatz zum Pantheismus, kann Schweitzer nicht zugegeben werden. Es *sind* Gegensätze, jedenfalls wenn man den Begriff Theismus in seinem ursprünglichen Sinn und in seiner für das christliche Denken maßgebenden Ausprägung nimmt.[348] Gewiß wird ein Theismus ohne hin-

344 Sp. 210.
345 SP S. 31 ff.
346 *Augustiny:* Schweitzer, S. 217 f.
347 S. 222.
348 Während bei Schweitzer die Leugnung des Gegensatzes von Theismus und Pantheismus eine bloße Behauptung bleibt, ohne daß gezeigt würde, wie seine Überwindung möglich sein sollte, hat *Karl Groos* sich darum bemüht, diesen Gegensatz zu relativieren (s. besonders: Methodik, S. 40. — System, S. 48 ff. — Vergl. auch: Wesen, S. 383 (= Seele, S. 177). Aber einmal ist eine solche Relativierung nur möglich, wenn man dem Philo-

reichende Berücksichtigung der Natur heute kaum noch Interesse finden, und ebensowenig hat umgekehrt ein Pantheismus, der das sittliche Leben nicht einzubeziehen vermag, Anspruch auf Beachtung. Aber gerade deshalb, weil jeder dieser Standpunkte zum Ganzen strebt und darauf sehen muß, nicht nur einer Seite der Welt gerecht zu werden, kann man sie nicht so, wie Schweitzer es tut, zusammenspannen wollen. Erst recht abzulehnen ist seine These, jedes lebendige Christentum sei auch pantheistisch[349]. Die Allmacht Gottes, die der christliche Glaube meint, darf, wie schon gesagt, keineswegs pantheistisch gedeutet werden. Vielmehr kann das Eindringen pantheistischer Tendenzen als das sicherste Anzeichen dafür gelten, daß die Substanz der christlichen Gottesanschauung brüchig geworden ist. Christliches Denken wird auf seine Weise den Tatsachen der Natur und den durch sie gestellten Forderungen Rechnung zu tragen versuchen müssen, nie und nimmer aber durch Zugeständnisse an pantheistische Vorstellungen.

Bei dem zweiten Punkt, auf den hier noch ein wenig näher eingegangen werden soll, handelt es sich um Schweitzers eigene Einstellung zum Theismus und Pantheismus. Da steht es nun so, daß Schweitzer sich, abgesehen von persönlichen Motiven, die ihn gelegentlich von Gott im überlieferten Sinne reden lassen, sachlich am Theismus, wie schon betont, nur noch in ethischer Beziehung interessiert zeigt. Die vermeintlich theistische Anschauung des philosophischen Denkers Schweitzer wurzelt einzig und allein in der Tatsache unseres sittlichen Erlebens, das als Offenbarung eines auch noch ganz anders gearteten und im übrigen grundsätzlich unerkennbaren Weltgrundes aufleuchtet. Einen Theismus, dem somit ein einigermaßen tragfähiger ontologischer Unterbau fehlt, lediglich unter ethischem Aspekt festzuhalten, ist indessen schwerlich angängig. Hinzuzutreten hätten hier noch andere Gesichtspunkte, die entweder dem überlieferten Glauben zu entnehmen oder von der Metaphysik zu erarbeiten wären, für Schweitzer jedoch so oder so nicht in Betracht kommen. Sein Theismus ist aber nicht nur insofern mangelhaft

---

sophen auf den Boden der metaphysischen Spekulation folgt, wozu Schweitzer kaum bereit gewesen wäre. Sodann gilt allgemein vom philosophischen Theismus, daß er sich wohl in gewissen Elementen, wie vor allem der Bewußtheit und der Zielstrebigkeit Gottes, mit dem ursprünglichen, mehr naiven religiösen Theismus berührt, jedoch die für diesen hauptsächlich bezeichnende Vorstellung von Gott und Mensch als einander mehr oder weniger selbständig gegenüber- und in Wechselwirkung miteinander stehenden Wesen aufs stärkste zersetzt oder in den Hintergrund drängt, von der eigentlichen Substanz des christlichen Gottesgedankens gar nicht zu reden. So gelangt der genannte Metaphysiker zwar zur Annahme eines Gottes, der »Demiurg und Weltseele in lebendiger Einheit« ist, es dürfte aber unverkennbar sein, daß eine solche Synthese dem christlichen Theismus nicht genügen kann. Der Gott des Christentums ist weit mehr als ein Demiurg und andererseits keineswegs als Weltseele zu charakterisieren. Verglichen mit dem Verhältnis des Menschen zu einer solchen metaphysischen Gottheit ist sein Abstand von Gott nach christlichem Glauben größer und hat Gott sich dem Menschen zugleich mehr genähert und erschlossen.

[349] LD S. 207.

begründet, sondern er verträgt sich doch letztlich überhaupt nicht recht mit seinem Standpunkt im übrigen, ja, er dürfte durch diesen weitgehend ausgeschlossen werden. Der Theismus setzt die metaphysische Annahme einer von der Immanenz verschiedenen seinshaften Transzendenz voraus, ohne die das Sprechen von einem persönlichen Gott ein leeres Wort bleiben oder doch ein Spiel mit subjektiven Erlebnissen werden muß. Von einer solchen Transzendenz im eigentlichen, ontologischen Sinne kann bei Schweitzer nicht die Rede sein. Den Einfluß der »jüdischen Transzendenz« auf unsere religiösen Gedanken bezeichnet er einmal als »Fremdherrschaft« und bedauert ihn ausdrücklich[350]. Von hier aus gesehen ist also der angebliche Theismus, der durch den danebenstehenden Pantheismus ohnehin zu einer Halbheit wird, nicht einmal ein halber, sondern überhaupt kein echter Theismus mehr. Schweitzers Denken weist ein einziges, allerdings sehr starkes theistisches Motiv auf, das in dem dominierenden ethischen Interesse besteht. Dieser Tendenz fehlt jedoch, um zu einer vollen theistischen Position gelangen zu können, eben die Voraussetzung einer tragfähigen seinshaften Grundlage.

Die Erkenntnis, daß Schweitzers Anschauung von Gott nicht eigentlich theistischer Art ist, braucht andererseits wie gesagt nicht ohne weiteres seine Einordnung in den Pantheismus zur Folge zu haben. Freilich hat Schweitzer selbst seine Philosophie »als ethisch gewordenen Pantheismus, als die notwendige Synthese von Theismus und Pantheismus« beschrieben[351]. Wird diese Synthese in der Weise verstanden, daß in sie vom Theismus nur das ethische Interesse eingeht, nicht der Theismus als solcher sich in ihr erhält, so scheint die Bestimmung eines ethisch gewordenen Pantheismus der bei Schweitzer vorliegenden Anschauung voll und ganz zu entsprechen, d. h. es würde in der eigenen Formulierung ein angemessener Ausdruck seiner tiefsten Intentionen erblickt werden können. Dagegen spricht jedoch — und damit muß man Schweitzer in diesem Punkte gegen sich selbst in Schutz nehmen —, daß für sein gesamtes Denken und Handeln das Motiv des In-Gott-sein-wollens, »durch das wir anders werden als die Welt«[352] eine zentrale Bedeutung besitzt und schlechthin entscheidend ist. Dieses Anliegen muß jedes wirklich pantheistische Konzept verderben, so daß nichts anderes übrig bleibt, als sich auch hier auf die Feststellung einer pantheistischen Tendenz in seinem Denken zu beschränken, dabei aber auf die Kennzeichnung seines Gottesgedankens als Pantheismus im eigentlichen Sinne zu verzichten. Es dürfte deshalb müßig sein, darüber zu streiten, ob Schweizer Pantheist oder ob und inwiefern er auch Theist ist.[353] Er ist in Wahrheit

[350] VW S. 43.
[351] *Kraus:* Schweitzer, S. 78.
[352] CW S. 55.
[353] Es ist gewiß etwas daran, wenn *Kraus* Schweitzers ganze Theologie für »ein eigentümliches Gemenge von Agnostizismus und animistischem Pantheismus« hält (Schweitzer, S. 8), aber die Ansicht, Schweitzer sei »vielleicht, ja wahrscheinlich« Pantheist

weder das eine noch das andere. Gegen den echten Theismus wehrt sich sein kritisches Denken, gegen den Pantheismus das bei ihm überragende Interesse am Sittlichen.

Daß unser Denker den Theismus und den Pantheismus nicht wirklich miteinander zu vereinigen vermag, hat er einmal mittelbar zugegeben, wenn er schreibt, er lasse beide »in unentschiedenem Konflikt« in sich sein[354]. Eine bessere Bestätigung des Ergebnisses, zu dem die hier angestellte Untersuchung geführt hat, durch Schweitzer selbst können wir uns nicht wünschen. Dabei wird es sein Bewenden haben müssen: Schweitzers Bemühungen um das Gottesproblem spiegeln verschiedene in ihm wirksame Tendenzen; eine philosophisch auch nur halbwegs befriedigende Antwort auf die Frage nach Gott haben sie nicht gebracht.

Am wenigsten vereinbar ist bei dieser Sachlage seine Gottesanschauung mit dem *christlichen* Theismus, und von einer theologischen Bewältigung des Gottesproblems bei Schweitzer kann noch weniger als von einer philosophischen gesprochen werden. Sein begriffliches Instrumentarium ist, wie seine ganze Position, dazu auch gar nicht geeignet. Es steht bei ihm nämlich nicht nur der Pantheismus dem Theismus im Wege, und es ist auch nicht nur eine wirkliche Synthese beider von vornherein unmöglich, sondern es kommt letztlich überhaupt nicht auf ein wenig mehr oder weniger Theismus im Verhältnis zum Pantheismus an. Das Operieren mit diesem Begriffspaar ebenso wie mit dem des Monismus und Dualismus kann sich bestenfalls auf einen »Gott der Philosophen« beziehen, der Gott des christlichen Glaubens dagegen wird mit derartigen Mitteln nicht hinreichend beschrieben und abgegrenzt. Er ist, wie nochmals betont werden muß, nicht als ein Prinzip oder eine Tendenz, geschweige ein Ideal, sondern als ein seinshaftes und überdies irgendwie personhaftes Wesen zu denken, das sowohl in seiner unendlichen Übermächtigkeit als auch bei seinem Sich-dem-Menschen-zuneigen und Sich-ihm-nahen doch immer ein diesem gegenüberstehendes Anderes bleibt. Mit dem so beschaffenen Gott, der weder einerseits lediglich der Weltgrund noch andererseits nur mein besseres Ich ist, sondern der vor allem

---

(S. 38), vereinfacht den verwickelten Sachverhalt über Gebühr. Umgekehrt sucht *Babel* (Pensée, S. 197 f.) unter Hinweis auf das dualistische Element in Schweitzers Denken die bei ihm vorhandene pantheistische Tendenz allzusehr abzuschwächen. Richtig sieht *Grabs,* daß Schweitzers Gott »persönliche Züge« »nur im Hinblick auf die Ethik« trägt (Schweitzer [Denker], S. 101, vgl. auch S. 41), was jedoch auch noch reichlich positiv gefaßt sein dürfte. Richtig sieht er ferner, daß »eine unausgeglichene Spannung« zwischen pantheistischem und theistischem Denken bei Schweitzer bleibt (S. 102). Völlig abwegig ist es indessen, wenn Grabs das pantheistische Denken als eine »Teilwahrheit« bezeichnet, die der Ergänzung durch das theistische Denken bedürfe (ebd.). Theismus und Pantheismus sind in sich selbständige Anschauungen, deren Elemente man nicht beliebig herausnehmen und neu miteinander verbinden kann, wie gerade Schweitzer durch seine vergeblichen Bemühungen unfreiwillig überaus einleuchtend demonstriert.

[354] Schweitzer in einem Brief an Oskar Kraus vom 2. 1. 1924 (bei Kraus, Schweitzer, S. 38).

als ein Du für mich existiert, das mir etwas zu sagen hat, mich führt, an mir handelt und an das ich mich wenden kann, mit einem solchen Gott hat Schweitzer es in keiner Weise zu tun.[355]

Es ist zweckmäßig, sich rückwirkend daran zu erinnern, daß sowohl Schweitzers Jesusbild als auch seine Auffassung des Paulinischen Denkens in einem entscheidenden Punkt eine merkwürdige Verzeichnung des mutmaßlichen geschichtlichen Sachverhalts erkennen läßt. Jesus will durch sein Handeln das Reich Gottes herbeizwingen, bei Paulus dagegen steigt die unvergängliche Welt in einem übergreifenden naturhaft-übernatürlichen Geschehen aus dem Ozean der Vergänglichkeit auf. Dort sieht man den ethischen Aktivismus Schweitzers durchscheinen, hier geht die Entwicklung mehr unpersönlich-überpersönlich vor sich. Beide Male, in der voluntaristisch-aktivistischen Jesusauffassung wie auch in der Anschauung eines beinahe automatisch anmutenden eschatologischen Geschehens bei Paulus, tritt, an der vollen christlichen Glaubensvorstellung gemessen, der spontan und souverän handelnde Wille Gottes in auffallendem Maße zurück. Schweitzers Denken über Gott ist tatsächlich grundverschieden vom christlichen Gottesgedanken. Der Dualismus zwischen dem unpersönlichen, naturhaft-amoralischen Schöpfer-Zerstörer-Gott und dem sittlichen Gott, der sich allein im Liebeswillen des Menschen realisiert, ist allzu stark, der Dualismus zwischen Immanenz und Transzendenz andererseits ist in seinem Denken allzu schwach ausgebildet, als daß hier nicht eine beträchtliche Spannung im Verhältnis zur christlichen Gottesanschauung entstehen müßte, die *jenen* Dualismus nicht kennt oder sogar ausschließt, wie sie umgekehrt *diesen* Dualismus voraussetzt und fordert. Zwischen der Skylla eines Marcionitischen Dualismus und der Charybdis eines Spinozistischen Monismus gelingt es Schweitzer nicht, einen sicheren Kurs zu steuern. Bei seinen Aussagen über Gott handelt es sich um eine Reihe nicht miteinander verträglicher Motive, nicht um eine überzeugende einheitliche Anschauung, und eine von ihm gemachte kritische Bemerkung über Rabindranath Tagore, er wandere »zwischen Monismus und Dualismus hin und her, als läge kein Abgrund zwischen ihnen«[356], gilt um nichts weniger auch von ihm selbst.

Wie weit Schweitzers Position tatsächlich von jedem als christlich an-

---

[355] Wenn *Grabs* feststellt: »Schweitzer wagt nicht die Aussage im Sinne der eindeutigen Transzendenz Gottes (Schweitzer [Denker], S. 74) oder wenn er von der »Scheu Schweitzers vor dem eindeutigen und ausschließlichen Theismus biblischer Prägung« spricht (S. 63), so wird damit noch viel zu sehr die Vorstellung eines kontinuierlichen Übergangs zwischen den verschiedenen Gottesanschauungen im Sinne eines bloßen Gradunterschieds nahegelegt und dadurch das Bild Schweitzers verfälscht, insofern das Nichtwagen und die Scheu beinahe an Unentschlossenheit und Ängstlichkeit, an einen persönlichen Mangel denken lassen könnten und nicht zum Ausdruck gebracht wird, mit welcher subjektiven und objektiven Notwendigkeit Schweitzer einen dem christlichen Theismus fremden Standpunkt bezogen hat, wie wenig deshalb eine Korrektur seiner Position für ihn in Betracht kommen konnte.

[356] ID S. 195.

zusehenden Gottesgedanken entfernt ist, wird schließlich besonders deutlich, wenn man noch den folgenden Punkt hinzunimmt. »Nur in dem denkenden Menschen ist der Wille zum Leben um anderen Willen zum Leben wissend geworden und will mit ihm solidarisch sein.«[357] Dieses »Nur« scheint den Menschen in der Sicht Schweitzers nicht allein von anderen uns bekannten Lebewesen zu unterscheiden, sondern auch vor dem göttlichen Weltgrund, sofern dieser nach Schweitzer überhaupt als Wirklichkeit zu denken ist, auszuzeichnen. Die Selbstentzweiung des Willens zum Leben innerhalb unserer Erfahrungswelt soll ja zurückgehen auf einen Gegensatz in der letzten Wirklichkeit, und so, wie für den Deutschen Idealismus das Absolute letztlich nur im Menschen zum Selbstbewußtsein kommt, so wird auch für Schweitzer jene Selbstentzweiung des Weltgrundes lediglich im Menschen überwunden. Daraus ergibt sich dessen Bestimmung. Zwar ist auch der Mensch »unter das rätselhafte und grausige Gesetz getan«, »auf Kosten anderen Lebens leben zu müssen«. »Als ethisches Wesen ringt er aber darum, dieser Notwendigkeit, wo er nur immer kann, zu entrinnen, und als einer, der wissend und barmherzig geworden ist, die Selbstentzweiung des Willens zum Leben aufzuheben, soweit der Einfluß seines Denkens reicht.«[358] Im Hinblick auf diese Anschauung, nach welcher es eigentlich der Mensch ist, der den entzweiten Willen des göttlichen Weltgrundes versöhnt, sagt auch ein Schweitzer so nahestehender Theologe wie *Buri,* mit solchen Spekulationen gelange jener »in die Nähe der, von Mystikern je und je vertretenen berühmten Lehre vom ›werdenden Gott‹. Damit aber macht er Aussagen über das Wesen Gottes, die nun nicht etwa bloß im Widerspruch stehen zur kirchlichen Lehre von der Ewigkeit und Unveränderlichkeit Gottes, sondern auch zu seinem eigenen Agnostizismus, demzufolge der Urgrund des Seins für uns ein Geheimnis bleibt.«[359] Diese kritischen Feststellungen sind völlig berechtigt, sie können sogar in zweifacher Hinsicht noch wesentlich erweitert werden. Erstens: wenn der agnostizistische Denker Schweitzer die Liebe nicht als göttliches Prinzip voraussetzen dürfte, da sie empirisch nur im Menschen angetroffen wird, so ist darüber hinaus auch nicht zu verkennen, wie wenig das menschliche Wollen und Wirken, selbst wenn es allgemein von der sittlichen Einstellung im Sinne Schweitzers ergriffen werden würde, die Gesamtverfassung der Welt zu ändern vermöchte. Gegenüber dem Sachverhalt der Selbstentzweiung des Lebenswillens ist also nicht nur erkenntnismäßig, sondern auch für die Zielsetzung des sittlichen Handelns ein Sichbescheiden geboten. Weder der in sich selbst entzweite universelle Wille zum Leben noch der zwar wissend und barmherzig gewordene, gleichwohl in seinem Vermögen — jedenfalls in positiver Richtung — sehr

---

357 S. 138.
358 S. 138 f.
359 *Buri:* Schweitzer als Theologe, S. 24.

beschränkt bleibende Mensch ist in der Lage, den im Zeichen des Kampfes und des Leidens stehenden Weltzustand entscheidend zu verändern. Der Mensch kann die Welt nicht erlösen, nicht einmal die Welt lediglich in seinem jeweiligen nächsten Bereich, seine kleine Umwelt. Die Aufgabe, die Schweitzer ihm zumutet, geht über seine Kraft.[360] Sie ist außerdem nicht nur, wovon später zu sprechen sein wird, mit dem Charakter der Wirklichkeit nicht verträglich, sondern eben — das ist das Zweite und hier Entscheidende — auch nicht mit der christlichen Grundansicht. Schweitzers Anschauungen befinden sich nicht nur im Widerspruch mit der Vorstellung von der Ewigkeit, Unveränderlichkeit, absoluten Hoheit und Erhabenheit des christlichen Gottes, sondern der Gegensatz geht tiefer, und er ist noch umfassender. Indem für Schweitzer nicht Gott die Welt mit sich versöhnt, sondern letztlich der Mensch es ist, der die Selbstentzweiung des Willens zum Leben überwinden und die Folgen der Zwiespältigkeit Gottes aufheben soll, wird die christliche Anschauung von Gott auf den Kopf gestellt. Ähnlich, wie man es vielfach von der politischen Praxis kennt, werden hier teilweise noch dieselben Worte gebraucht, aber mit einem ganz anderen Inhalt gefüllt.[361]

Nach dem Dargelegten müssen wir also jetzt sagen: Die agnostizistische Einstellung Schweitzers verträgt sich nicht mit der gnostischen Tendenz, mit dem spekulativen Charakter seines Gottesgedankens, und beide stehen im Gegensatz zum Standpunkt des christlichen Glaubens.

Trotz alledem kann nicht bestritten werden, daß in dem Bewußtsein, anders zu sein als die Welt, samt der entsprechenden sittlichen Zielsetzung ein Motiv erscheint, das auch für die christliche Haltung von besonderer Bedeutung ist. Aber indem wir dies dem Theologen Schweitzer zugestehen, erhebt sich zugleich ein neuer Einwand gegen den Philosophen. Wer gibt diesem, so wäre hier zu fragen, eigentlich das Recht, die Güte, das Gutwerden ohne weiteres als nicht von dieser Welt anzusehen und auf eine andere zurückzuführen — von der Unmöglichkeit

---

[360] Der Mensch kann, wie *E. Brock* bemerkt, »weder die Welt noch auch nur die Menschen sich auf die Schultern laden und mitreißen, höchstens im Sinne einzelner innerlicher und äußerlicher Hülfsakte, aber niemals im Sinne einer totalen metaphysischen Solidarität« ... (Entwurf, S. 71 f.).

[361] Deshalb führt es auch zu nichts, wenn man Schweitzer vorwirft, seine Denkmystik sei im Grunde Selbsterlösung, oder wenn umgekehrt *Strege* ihn dagegen in Schutz nimmt, das Bewußtsein der Gnade bei ihm betont (Reich, S. 116) und sogar so etwas wie Prädestination bei ihm finden will (S. 108 ff.). Selbsterlösung und Gnade erhalten ihren scharf umrissenen gegensätzlichen Sinn nur auf christlicher oder wenigstens theistischer Grundlage. Auf dem Boden eines nicht eindeutig theistischen Denkens bilden sie dagegen gar keinen Gegensatz, sondern gehen ineinander über und können sogar zusammenfallen. Die in diesem Zusammenhang angestellten Erwägungen Streges werden damit gegenstandslos. Aber auch abgesehen hiervon ist es eine völlige Verkennung, wenn Schweitzers »ethische Mystik«, noch dazu mit ihrem unübersehbaren agnostizistischen Einschlag, irgendwie mit dem Begriff der Prädestination in Verbindung gebracht wird. Das an sich hier nicht zulässige Begriffspaar einmal angewandt, kann es im Gegenteil keine Frage sein, daß Schweitzer dann immer noch mehr der Selbsterlösung zuneigt.

eines solchen Verfahrens, nachdem die Transzendenz abgelehnt worden ist, einmal ganz abgesehen —? Wenn die Unerbittlichkeit des Lebenskampfes, des Fressens und Gefressenwerdens, des rücksichtslosen Machtwillens und des ganzen egozentrischen Wesens in allen seinen Formen einerseits, das Auftreten der Güte und der Barmherzigkeit im Menschen andererseits auf verschiedene Welten verteilt werden, ist es freilich nicht schwer, zu einem Dualismus zu gelangen, der sich wenigstens noch in einer Hinsicht mit dem christlichen Denken berührt. Nun sind aber doch beide Haltungen im Menschen jedenfalls hier und da vereinigt. Auch der Mensch ist Natur, auch er ist in der Regel von der Ichsucht getrieben und vielfach von Kampfes- und Vernichtungswillen beherrscht, und doch hat sich die Wunderblume der Güte und Hingebung aus rohen Anfängen heraus im Menschen entwickelt.[362] Wer gibt uns, sofern wir philosophisch denken, das Recht, hier von zwei verschiedenen Welten zu sprechen? Ist die Vereinigung beider Anlagen und Einstellungen im Menschen nicht eine Tatsache und liegt nicht gerade in der Tatsache, daß das Gutsein *in* und allem Anschein nach auch *von* dieser Welt ist, das eigentlich tiefste Problem, berechtigt uns nicht zugleich gerade diese Tatsache zu der größten, einzigen Hoffnung?

Schweitzer hat sich sowohl durch seine historische Arbeit auf dem Gebiet der Leben-Jesu-Forschung wie auch als Religionsphilosoph von der liberalen Theologie, aus der er hervorgegangen ist, abgesetzt und sogar nicht unwesentlich zu deren Niedergang beigetragen. Trotzdem ließ er auch weiterhin seine Verbundenheit mit dieser theologischen Richtung erkennen, und nachdem der Liberalismus in den letzten Jahrzehnten frische Triebe gezeitigt hat, knüpft die »neue liberale Theologie« auch hier an niemanden so bewußt und betont wie an Schweitzer an. Besonders charakteristisch erscheint dabei die Abwendung von dem weltanschaulichen Optimismus des älteren Liberalismus. Diese »Wendung vom Optimismus zur Erkenntnis der bis an die Wurzel reichenden Zwiespältigkeit der Welt«, so erklärt *Ulrich Neuenschwander*, »hängt naturgemäß zusammen mit dem grausigen Weltgeschehen der letzten Jahrzehnte, das manche Illusion erbarmungslos zerschlug. Es taten sich Schrecknisse auf, die vorher niemand für möglich gehalten hatte. Es war, als ob die Tore der Hölle aufgerissen wären. Das Äußerste, das Menschen widerfahren kann, wurde Wirklichkeit, ohne daß göttliche Gnade Einhalt geboten hätte. Die ganze bisherige Welterklärung, die theologische Einordung des malum in den Gesamtzusammenhang von Natur und Geschichte stürzte zusammen wie ein Kartenhaus«.[363] Und ausdrücklich wird hier nun auf »den eigentlichen Inspirator des neuen Liberalismus«, Albert Schweitzer, Bezug genommen, »der bereits vor dem Ersten Weltkrieg das große Erdbeben kommen sah und das Steuer der Welterklärung herumriß. Schweitzer hat die Zwiespältigkeit und Selbstzerfleischung der Natur vor allem in seiner Kulturphilosophie in scharfsichtiger und erbarmungsloser Analyse herausgestellt, als die übrige Theologie sich noch in optimistischen Illusionen erging. Die Kulturphilosophie Schweitzers wurde für die Weltschau des neuen Liberalismus grundlegend«.[364]

---

[362] Wird dieser Sachverhalt nicht von dem sonst so weit- und tiefblickenden *Erich Brock* verkannt oder unterschätzt, wenn er es für eine »Tatsache« hält, »daß es in der Welt und auch im Menschenleben nirgends Erbarmen gibt« (Entwurf, S. 65)?

[363] *Neuenschwander:* Theologie, S. 65 f. [364] S. 66.

Zieht man die aufgezeigte Spannung in Betracht, in die Schweitzers religionsphilosophisches Denken zum christlichen Gottesgedanken offensichtlich geraten ist, so fällt auf, daß es nicht nur im allgemeinen, auf dem Hintergrund der Zeitereignisse und der Zeitstimmung, für den neuen Liberalismus bedeutsam wird, sondern daß die neue liberale Theologie auch Schweitzers Gottesanschauung in ihren Grundzügen übernehmen zu können meint. Was uns hier zugemutet wird, zeigt besonders deutlich eine frühe Schrift *M. Werner*s, der den in dieser Gottesanschauung enthaltenen »großen Widerspruch« in seiner ganzen Größe und Härte hinstellt und ohne Bedenken anzuerkennen bereit ist. »Bald sagt Schweitzer: Gott ist unpersönliche, rätselhaft schöpferische, aber ohne uns erkennbare, sinnvolle End-Weltzwecke wirkende Kraft. Und dann sagt er doch wieder: Gott ist ethische Persönlichkeit.«[365] Genauer und noch mehr zugespitzt: »›Du sollst nicht töten!‹ So spricht *in uns* die nämliche Gottheit, die selbst im Bereich der unendlichen Schöpfung in jeder Sekunde tausendfach Leben tötet.«[366] »Dieser Widerspruch ist« auch für Werner »das große Rätsel, mit dem das menschliche Denken nicht ins Reine kommen kann. Es ist nicht aufzulösen. Es ist für uns schlechtweg denknotwendig.«[367] Man sollte jedoch im Interesse grundsätzlicher Klarheit bei der Feststellung von Sachverhalten der Erfahrung nicht von Denknotwendigkeit sprechen. In der Wirklichkeit steht ja mancherlei nebeneinander, was nicht zusammenpaßt und das einfach hingenommen werden muß, ohne daß deshalb von einem Widerspruch die Rede sein kann. Der angeblich denknotwendige Widerspruch kommt in Wahrheit erst dadurch zustande, daß die beiden im Verhältnis der Spannung zueinander stehenden Sachverhalte auf ein und dasselbe absolute Wesen bezogen werden, den selbstentzweiten universellen Willen zum Leben. Und eine weitere, nunmehr unerträglich werdende Steigerung des Widerspruchs ergibt sich sodann aus der Identifizierung des universellen Willens zum Leben mit Gott: Gott, der Schöpfer und der Zerstörer des Lebens; Gott, die Quelle der aufopfernden Güte und des rücksichtslosen Egoismus!

Diese Schwierigkeit wird keineswegs dadurch behoben oder auch nur verringert, daß *Neuenschwander* das Problem, über Schweitzers Bild vom Golfstrom hinausgehend, in ein theologisches Begriffskleid steckt, indem er *Luther*s Lehre von einem zweifachen göttlichen Willen, ja, einer zweifachen Wirklichkeit Gottes, des gepredigten, offenbaren und des verborgenen, abgründigen Gottes (Deus praedicatus, revelatus, Deus absconditus) in der Schrift De servo arbitrio heranzieht. Man mag es verständlich finden, daß ein neuliberaler Theologe an einem Punkte schlimmster Verlegenheit sich die Gelegenheit, Luther in Anspruch zu nehmen, nicht entgehen lassen möchte, aber dieses Verfahren stellt sich bei näherem Zusehen als ein schwerer Mißgriff heraus, der die schwierige Lage nur noch zu verschlimmern geeignet ist. Es muß ja von vornherein als sehr unwahrscheinlich bezeichnet werden, daß eine wirkliche Gemeinsamkeit Schweitzers mit dem Glaubensdenken Luthers zu finden sein sollte, dem jener sonst jedenfalls so fern steht.

Wie verschieden ist schon das Problem! Was die heutige Theologie, soweit sie von Schweitzer beeinflußt ist, mit dem Gedanken eines relativen Dualismus in Gott liebäugeln läßt, ist das Übel in der Welt im weitesten Sinne. Luthers Ausgangspunkt war dagegen ein ganz bestimmter Sachverhalt: daß das Heil vielen gepredigt, aber nur von wenigen ergriffen wird. In der Überzeugung von Gottes Allwirksamkeit führt Luther beides auf Gott zurück, und in kühner Konsequenz gelangt er so nicht nur zur Annahme der zweifachen Prädestination

---

[365] *M. Werner:* Schweitzer, S. 8.
[366] S. 10.
[367] S. 8.

der Menschen durch Gott, der einen zum Heil, der anderen zum Unheil, sondern auch zu der These von einer zweifachen Wirklichkeit Gottes. »Von dem im Evangelium offenbaren und gepredigten Gott ist zu unterscheiden der verborgene, nicht gepredigte Gott der Allwirksamkeit; Gottes Wort ist nicht das gleiche wie ›Gott selbst‹.«[368] Auf die naheliegende Frage, ob Gott nicht um den Tod des Sünders trauere, den er doch selbst herbeigeführt, antwortet Luther: Gott »will nicht den Tod des Sünders, nämlich nach seinem Wort, er will ihn aber nach jenem unerforschlichen Willen«.[369] Was die Frage betrifft, ob oder inwieweit diese Ansicht schriftgemäß ist, so bestreitet *Althaus* zwar nicht, daß auch die Bibel von Verstockung spricht, findet aber bei Luther eine Gewichtsverlagerung eingetreten. »Es ist ein Unterschied, ob man, wie die Bibel, den bedrückenden Tatbestand, daß Gott auch verstockt, nicht verschweigt«, oder ob man, wie Luther, aus diesem »Geheimnis, das sich gewiß mit seinem erkennbaren Heilswillen stößt, in aller Form die Lehre von einem doppelten Willen Gottes, von der Zweiheit und weitgehenden Gegensätzlichkeit des verborgenen und des offenbaren Gottes macht«.[370] Althaus fragt, ob Luther mit dieser Lehre »nicht seine ganze sonstige Theologie« aufhebt. »Gegenüber der Gottesspekulation, die Gott in seinem An-sich-Sein erforschen will, ruft er zu dem Gott, der sich selbst begrenzt hat in sein Wort, und hier, in De servo arbitrio, lehrt er, daß Gott sich nicht begrenzt hat in sein Wort, und fordert, von dem in seinem Wort offenbaren Gott, also von dem Wort, zu unterscheiden ›Gott selbst‹. Ist das nicht für das Vertrauen des Menschen auf das Wort der Verheißung über die Maßen gefährlich, ja tödlich? Es besagt doch: Gott ist in seinem Wort, in dem Angebot der Gnade an alle Menschen weithin nicht mit seinem geheimen Willen dabei.«[371] Hier wäre noch besonders hervorzuheben, daß umgekehrt wie bei Ritschl, der Gott wesentlich als Liebe bestimmt und eine gewisse Abneigung gegen den Begriff des Zornes und sogar den der Heiligkeit Gottes zeigt, in dieser Schrift Luthers gerade der so viele verdammende verborgene Gott »Gott selbst« (Deus ipse) ist, Gott mit seinem die Liebe verkündenden »Wort« also nicht identisch ist.

Luther steht einerseits so fest in seinem Gottesglauben, und er ist andererseits ein so tiefer und kühner, rücksichtsloser Denker, daß er auch vor einer ungeheuerlichen Konsequenz nicht zurückscheut. Aber er hat sich an dieser Stelle offenbar in eine Sackgasse verrannt und ist weit davon entfernt, mit seiner Unterscheidung dem heutigen Menschen in den Schwierigkeiten seines Denkens über Gott helfen zu können. Wir werden eher die Luther noch selbstverständliche Grundlage, den Gottesglauben überhaupt, in Zweifel ziehen, als seine Konsequenz, einen *solchen* Gott, anerkennen. In der Tat, dieser verborgene, abgründige Gott, der nicht nur einen einzigen Menschen — schon dies wäre ja himmelschreiend! —, sondern »so viele«, im Gegensatz zu den »so wenigen«, die gerettet werden[372], zur ewigen Verdammnis bestimmt, ist für uns Heutige schlimmer, aber auch unwahrscheinlicher als das Nichtsein Gottes; denn wenn für Luther »zu denken, daß Gott die Entscheidung des Menschen zum Glauben oder Unglauben nicht selber wirke«, »gotteslästerlich« ist[373], so erscheint es uns in viel höherem Maße als gotteslästerlich, Gott zuzutrauen, daß er von ihm geschaffene und deshalb unfreie Menschen von vornherein zur

---

[368] *Althaus:* Theologie, S. 240.
[369] *Luther:* De servo arbitrio, S. 685. — Althaus, S. 240.
[370] S. 241.
[371] ebd. Im Unterschied von der beträchtlich retuschierten Zeichnung *Auléns* (Gottesbild, S. 229 ff.) ist die Behandlung der Lehre vom Deus absconditus bei *Althaus* erfreulich sachlich und klar.
[372] *Luther*, S. 633.
[373] *Althaus*, S. 239.

Verdammnis bestimmt. Ausgangspunkt und Begriffe, mit denen man zu derartigen Ergebnissen gelangt, erweisen sich als unbrauchbar. Wenn *Neuenschwander* uns über den Anstoß, den der Gedanke eines zweifachen Willens in Gott bedeutet, durch die Bezugnahme auf die Lehre vom Deus absconditus hinweghelfen möchte, so führt er uns also vom Regen unter die Traufe, und wenn er dann gar die »Abgründigkeit« allen Ernstes als eine »Kategorie« einführt[374], so kann darin kaum mehr als ein gelehrt aufgemachter Ausdruck der völligen Ratlosigkeit erblickt werden. Entweder hat er sich damit auf ein, wie Luthers schreckliche Lehre zeigt, abwegiges Denken eingelassen, oder er macht hier nur die weniger gewagte, aber nicht gerade neue Aussage, daß Gottes Wege unerforschlich sind. Für die Religionsphilosophie und erst recht für die christliche Dogmatik läßt sich auf diese Weise keine Förderung erwarten.

M. Huber nennt es mit Recht »eine ebenso kühne wie willkürliche Spekulation, deren Bestreben zur Überwindung des Dualismus nicht minder als ihre Unzulänglichkeit offenbar ist, Abgründigkeit und Liebe auf einen und denselben Gott zu beziehen«[375], was freilich nicht nur von Neuenschwanders Unternehmen gilt, sondern auch auf die grundlegende Konzeption Schweitzers selbst zutrifft. Erst recht können wir uns nicht mit der Beschreibung der Sachlage abfinden, wie Neuenschwander sie, darin über Schweitzer hinausgehend, in der Aussage macht, Gott sei »nicht nur der Verhüllte, so sehr er uns in vielem verhüllt bleibt. Er ist auch eine Strecke weit der Offenbare. Diese Offenbarung reicht so weit, daß sie es uns ermöglicht, Gott zu vertrauen.«[376] Eben dies dürfte am allerwenigsten der Fall sein. Das Nebeneinander und Gegeneinander dessen, was hier von Gott ausgesagt wird, ist derart ungeheuerlich und wahrhaft undenkbar, daß mein Denken sich entweder in endlose Grübelei verstrickt oder völlig resignieren wird, nie und nimmer aber ein unbeirrbares starkes Vertrauen aufkommen läßt. Unser Autor gibt selbst zu, daß wir nicht beide Seiten zusammenschauen können. »Und doch«, sagte er, »ist beides der eine Gott, widersprüchlich und doch unwidersprüchlich«[377]. Man muß schon sehr unempfindlich oder überaus bescheiden geworden sein, um diese Sanktionierung des Widerspruchs hinzunehmen. Ließe sich nicht, wenn eine solche Argumentation erlaubt wäre, schließlich alles und jedes behaupten, scheint hier nicht die Theologie nun wirklich auf dem letzten Loch zu pfeifen?

Wie ausweglos die Lage tatsächlich ist, bringt in lexikalischer Prägnanz und Kürze *Th. Siegfried* ungewollt treffend zum Ausdruck: »Es ergibt sich eine intellektuell unlösliche Antinomie zwischen der Dämonie der Natur und dem Mysterium der Liebe Gottes, das im Glauben ergriffen wird und gegen den unmittelbaren Wirklichkeitseindruck festgehalten werden muß.«[378] Den schwersten Widerspruch habe ich also hinzunehmen, die Augen muß ich verschließen vor der Wirklichkeit, um an diesen Gott glauben zu können! Will man nicht einsehen, daß dies eine Überforderung ist? Sollte es nicht, wenn die Dinge so liegen, geraten sein, mit der Resignation des Erkennens ernstzumachen und die Hände ganz vom Gottesproblem zu lassen? Nicht nur Schweitzer ist erklärter Agnostizist, auch die an ihn anknüpfende Theologie bekennt sich sehr betont zur docta ignoratia der Mystiker. Damit wird aber im Grunde alles Reden über Gott überhaupt problematisch, ja, unmöglich. Überdies wäre auf der Grundlage des Schweitzerschen Denkens weniger die mystische als die philosophische, die sokratische Unwissenheit am Platze. Vor allem darf die docta ignorantia, um noch einmal *Huber* contra Neuenschwander anzuführen,

---

[374] *Neuenschwander:* Theologie, S. 56.
[375] *Huber:* Jesus, S. 204.
[376] *Neuenschwander,* S. 94.
[377] ebd.
[378] *Siegfried,* Theologie, Sp. 1089.

»nicht als Schild benützt werden, der an irgendeinem beliebigen Punkt zur Abwehr der sich aus den eigenen Prämissen ergebenden Folgerungen erhoben werden kann«.[379] Es wird sich deshalb nicht darum handeln können, aus der sicheren Position der docta ignorantia alle Einwände gegen noch so zweifelhafte und widersprüchliche Aussagen über Gott abzuweisen, sondern nur darum, aus der Einsicht in diese Sachlage auf unerlaubte Aussagen zu verzichten, und dies nicht nur aus Bescheidenheit und Resignation, vielmehr auch im stolzen Selbtbewußtsein und Anspruch des Denkenden, der immerhin dieses weiß: so, wie es da behauptet wird, ist es bestimmt nicht, kann es nicht sein. *Diese,* selbstbewußte, Art der docta ignorantia ist um so mehr angebracht, als eine Welt, die nach *Neuenschwander* — rein psychologisch, wenn auch nicht metaphysisch (aber was will diese Unterscheidung schon besagen?) den Gedanken nahelegt, den Satan zur vierten Person der Gottheit zu erklären[380], es nicht zuläßt, von Gott auch nur eine Strecke weit als dem offenbaren zu sprechen; denn nicht nur das Wie, sondern auch das Daß eines Zusammenbestehens so entgegengesetzter Qualitäten in einer und derselben Gottheit ist durchaus unbegreiflich und im höchsten Grade fragwürdig. Es heißt: »Man kann nicht zwei Herren dienen«; nicht weniger unmöglich aber ist es, einen zutiefst zwiespältigen Herrn, einen Gott, dessen Wesenseigenschaften sich nicht wie warmes und kaltes Wasser, sondern wie Feuer und Wasser zueinander verhalten, zu verehren. Als Problem der Metaphysik und der Religionsphilosophie mag man über einen solchen Gott rätseln, mit dem Gott des christlichen Glaubens hat er ganz einfach nichts zu tun. Schweitzer zeigt sich wenigstens so konsequent, daß er von Glauben und Vertrauen im Verhältnis des Menschen zu Gott nicht spricht. Sein Denken über Gott ist im Grunde überhaupt nicht mehr eigentlich theologisch. Wenn die neue liberale Theologie sich seinen religionsphilosophischen Ansatz zu eigen macht, ohne Schweitzers karge und spröde Gedankenführung ganz durchzuhalten, so kann das nur als ein Zeichen der Schwäche aufgefaßt werden. Man scheint gar nicht zu bemerken, in einer wie heiklen, heillosen Position Schweitzer sich hier befindet.

Die Unbrauchbarkeit des Schweitzerschen Ansatzes im Denken über Gott wird vielleicht noch deutlicher bei einem anderen Vertreter des freien Protestantismus, *K. Guggisberg,* gerade weil dieser sich in stärkerem Maße der christlichen Sprache bedient. Er räumt ein, es habe »die Natur ja auch eine Seite, welche es dem unter ihre Macht gelangenden Menschen verunmöglicht, Halleluja zu singen«, es gebe »Ereignisse und Zustände genug in der Welt, die es dem denkenden Menschen unmöglich machen, überall und jederzeit Gott als liebevollen Vater erkennen zu können«. Aber, so erfahren wir, »auch die Sinnwidrigkeiten des Lebens vermögen uns den Glauben an den Vater im Himmel nicht zu rauben«[381]. Dieser Satz enthält eine Aussage über die Glaubenskraft des Verfassers oder seinen Willen, sich durch Zweifel nicht anfechten zu lassen; einen sachlich weiterführenden Gedankengehalt läßt er vermissen. Indem hier, im Gegensatz zu Neuenschwander und vor allem zu Schweitzer selbst, von Gott als dem Vater die Rede ist und so der christlichen Einstellung Rechnung getragen wird, gelangt die Diskrepanz der ganzen Anschauung nur um so stärker zum Ausdruck. Die Frage ist doch eben gerade die, ob so unsagbar Grauenhaftes und Grausames, wie es über unschuldige Menschen — von den Leiden der Tiere hier einmal ganz abgesehen — immer wieder hereinbricht, überhaupt noch auf einen Nenner mit dem daneben auftretenden Guten und Gütigen in der Welt gebracht werden oder wenigstens, ob dieser Hauptnenner ein Gott sein kann, von dem gesagt wird, daß er die Liebe, daß er der Vater

---

379 *Huber,* S. 214.
380 *Neuenschwander,* S. 98.
381 *Guggisberg:* Protestantismus, S. 64 u. 61.

ist. Ein Vater ist wohl unter Umständen zur Strenge genötigt, aber gewisse Dinge vermag er schlechterdings überhaupt nicht zu verantworten; weder veranlassen noch auch nur mit ansehen kann er sie, wenn anders er nicht Recht und Würde des Vaters verlieren will. Das Ausweichen auf eine das Halleluja nicht rechtfertigende Seite der Natur, das Sprechen von einem Gott, der nicht »überall und jederzeit« als liebevoller Vater erkennbar ist, erscheint uns deshalb als viel zu leicht, zu glatt, zu bequem: eine Ausflucht, die keine Lösung des Problems bringt, sondern nur die Stelle bezeichnet, wo dieses entweder abgesetzt werden muß oder überhaupt erst beginnen würde.

Es genügt nicht, daß die neuliberale Theologie dem milden, einseitig gütigen Vatergott des alten Liberalismus den Abschied gibt. Mag jener liberale Vater- oder Großvatergott noch so überholt sein: mit dem Glauben an den Gott der Liebe, der nicht nur Ideal und Aufgabe des Menschen, sondern ihm gegenüberstehende und über ihm stehende wirkende Macht, selbständige Wirklichkeit ist, steht und fällt das Christentum. Alles Reden von Selbstverständnis, Existenz und Entscheidung wird der Theologie nichts nützen, wenn sie zur Begründung des Glaubens an einen lebendigen Gott der Liebe nicht mehr zu sagen weiß, als die Schweitzerschen Gedanken zu wiederholen und auszuführen. Schweitzers Eigenart und Stärke hinsichtlich seines Denkens über Gott besteht in dem Verzicht auf Wissen und Glauben, besteht so gesehen in seiner Armut, die manchmal wahrhaft großartig wirkt. Bei seinen Anhängern auf dem Gebiet der systematischen Theologie erscheint diese Armut nur noch dürftig.

Die Zerrissenheit der Welt mit ihrer Vielheit von Lebewesen, die großenteils von Lebewesen leben und also nur durch Vernichten anderer existieren können, stellt einen nicht zu verkennenden Sachverhalt der Erfahrung dar, der Schweitzer beschäftigen mußte. Dagegen bildet die Selbstentzweiung des universellen Willens zum Leben lediglich eine metaphysische Hypothese, deren Wiederaufnahme dem sonst der theosophischen Spekulation, vor allem Böhme und Schelling, denkbar fernstehenden Schweitzer nur dann als Verdienst angerechnet werden könnte, wenn sie einigermaßen seiner eigenen philosophischen Einstellung entsprechen würde und bis zu einem gewissen Grade begründbar wäre. Beides dürfte aber nicht der Fall sein. Auf seiner erkenntnistheoretischen Grundlage ist es Schweitzer, wie mehrfach hervorgehoben wurde, eigentlich nicht möglich, in diesem Bereiche überhaupt Aussagen zu machen. Und wenn wir ihn einen Augenblick von seiner eigenen Voraussetzung dispensieren, d. h. den Begriff der Selbstentzweiung zulassen und zur Diskussion stellen, so müßte man wenigstens eine Begründung für die Verwendung dieses Begriffs erwarten. Er setzt streng genommen eine Einheit voraus, die einmal bestanden hat; entzweien kann sich offenbar nur etwas, das ursprünglich eins war. Was aber sollte für die Existenz eines solchen der Selbstentzweiung vorausgegangenen Selbst sprechen? Das ist nicht einzusehen. Leben ist nur als ein Vielfaches, als ein Neben- und Gegeneinander gegeben und anders kaum denkbar. Der Begriff der Selbstentzweiung in dem von Schweitzer gebrauchten Sinne gehört deshalb in den Bereich der Phantasie, des Mythos. In einer wissenschaftlichem Denken verpflichteten philosophischen Erörterung hat er keinen legitimen Platz, und eine Theologie, die sich seiner bedient, wird, mag sie noch so interessant, vielleicht auch tiefsinnig sein, damit nicht glaubwürdiger.

Am bedenklichsten aber ist die Zwiespältigkeit Gottes. Die behauptete Einheit des Gottes der Weltkräfte und des Gottes, den der Mensch nach Schweitzer in der Betätigung des sittlichen Willens erlebt, ist eine durch nichts begründete Behauptung, die den Widerspruch in seiner schärfsten und härtesten Form auf den Schild hebt. Indem Schweitzer selbst diese Einheit als nicht verstehbar zugibt, bleibt seine Religionsphilosophie in der Spannung zwischen Denken und Glauben befangen, die er hatte vermeiden wollen. Mit der Übernahme dieses äußerst schwachen, um nicht zu sagen, unmöglichen Ansatzes hat sich die neuliberale Theologie auf ein von vornherein aussichtsloses Unternehmen eingelassen; denn den Ansprüchen des christlichen Glaubens vermag sie dabei nicht entfernt zu genügen, und mit jedem Versuch, ihm wenigstens ein Stück weit entgegenzukommen, muß sie andererseits von der Position Schweitzers selbst abrücken oder diese wohl gar verfälschen. Schweitzer hat ja die agnostizistische Einstellung zwar nicht konsequent durchgeführt, aber doch auch nie grundsätzlich widerrufen. Unverkennbar ist jedenfalls, daß die von ihm geforderte Resignation in Sachen der Weltanschauung, die die Beschränkung unserer Interessen und Erwartungen auf das Diesseits nahelegt, mit dem Gottvertrauen und Hoffen eines Christenmenschen nicht zusammenstimmt. Von Schweitzers Voraussetzungen aus kann es im Grunde genommen nur eine folgerichtige Haltung geben: »Im Anfang war die Tat« und »Der Rest ist Schweigen«.

Das nach allem nicht mehr überraschende Ergebnis der Untersuchung in diesem Abschnitt läßt keinen Zweifel zu: Der Gott des Schweitzerschen Denkens ist nicht der christliche Gott. Er ist andererseits auch nicht eigentlich der »Gott der Philosophen«, der ein größeres Maß an Zutrauen zum metaphysischen Vermögen des Menschen voraussetzt, als Schweitzer es besitzt. Bezeichnenderweise kann man eher sagen, was Schweitzers Gott nicht ist, als was er ist: ein sehr abgeleitetes, torsoartiges, kaum definierbares Etwas, das übrigbleibt, wenn man von den meisten Zügen des überkommenen Gottesbildes absehen zu müssen meint, ohne doch die letzte Konsequenz ziehen und reinen Tisch machen zu wollen, weder einem kraftvollen Glauben gemäß noch einigermaßen klar umrissen und begründet im Sinne kritischen Denkens, ein schwacher Abglanz dessen, was früher einmal geglaubt und gedacht worden ist, ein Abendrot, kaum mehr, ein Ton, der verklingt.[382]

---

[382] Richtig urteilt *M. Schmidt* (Schweitzer, S. 209), wenn er erklärt, der Gottesbegriff bleibe bei Schweitzer »blaß, wie bei Kant und Schleiermacher, er war nicht Ursprungsbegriff, sondern Grenzbegriff«, er entbehre im Unterschied von der höchst lebendigen Jesusmystik »der Frische und Tiefe«. Wenn freilich hinzugefügt wird: »vor allem der inneren Spannung«, so kann dem schwerlich zugestimmt werden. Muß man nicht im Gegenteil sagen, daß dieser Gottesbegriff infolge übergroßer Spannung auseinanderbricht? Insbesondere fällt der Begriff Schöpferwille, wenngleich er bei Schweitzer

So muß dem, der nach einer befriedigenden Lösung für die Probleme der systematischen Theologie sucht, das Ergebnis der Schweitzerschen Bemühungen um das Gottesproblem nicht weniger negativ erscheinen als sein Ringen um einen Jesus für den heutigen Menschen. Seine systematisch-theologische Wirkung war denn auch im Zeitraum der Lutherrenaissance und der beherrschenden Position Karl Barths, von der Anhängerschaft einer verhältnismäßig kleinen Gruppe abgesehen, im allgemeinen sehr gering. In ein ganz anderes Licht tritt Schweitzers theologisches Denken, wenn man es von heute aus, da der Einfluß der neureformatorischen Theologie und Barths im Rückgang begriffen ist, betrachtet. Dann wird es zum zusammenfassenden Ausdruck für Tendenzen, die, seit langem sichtbar und nur für einige Jahrzehnte durch andere Faktoren überlagert, jetzt überall durchbrechen. Entmythologisierung, Abkehr von der Transzendenz, ein Glaube ohne wirkliche Hoffnung und eine Hoffnung ohne eigentlichen Glauben, ein Himmel ohne Gott und ein Gott ohne Himmel, d. h. ein Gott, der mehr eine Wertvorstellung, ein Ideal, eine Idee darstellt, als daß er eine dem Menschen gegenüberstehende, einerseits übermächtige, andererseits ihn als Partner eines Ich-Du-Verhältnisses einbeziehende lebendige Wirklichkeit wäre, ein Christentum infolgedessen, das sich auf das Erlebnis der Existenz, auf das Engagement, auf die Ethik der Mitmenschlichkeit reduziert, das den Glauben an das Kommen Gottes in einen Aufruf zum Handeln im Sinne der Ehrfurcht vor dem Leben, zur Veränderung der Welt umfunktioniert, dies alles bezeichnet einen Trend, dem sich zu entziehen der Theologie immer schwerer wird und der Schweitzers Gestalt zum Seher und Vorläufer entscheidender Entwicklungen werden läßt. *M. Lönnebo* hat über Schweitzer richtig bemerkt: »Das schwierigste Problem seiner Theologie besteht darin, letztlich das Objekt zu bestimmen, darauf er sich vertröstet«[383]. Noch richtiger wäre freilich die Feststellung, daß es ein solches Objekt für Schweitzer nicht gibt, nicht geben kann. Nicht nur der geschichtliche Jesus wird für sein Denken irrelevant, auch der überweltliche Gott der Liebe fehlt bei ihm. Die Kehrseite dieses Mangels im systematisch-theologischen Sinne ist ein Positivum im geistesgeschichtlichen: Schweitzers Theologie ist alles andere als überholt, sie kann so gesehen sogar recht aktuell genannt werden. Nur fordert sie in nun geradezu bedrängendem Maße die Gretchenfrage heraus, wie es mit dem Christentum einer solchen Position als ganzer bestellt ist.

---

keinerlei persönliche Züge trägt, aus dem Rahmen seiner übrigen Aussagen zum Gottesproblem heraus. Auf diesen Begriff wird noch einmal im fünften Kapitel einzugehen sein.

[383] *Lönnebo:* ideal, S. 331.

III. Schweitzers Verhältnis zum Christentum im ganzen

Albert Schweitzer ist mit einem gewissen Recht, wenn auch übertreibend, als der Totengräber des liberalen Jesus bezeichnet worden. Auf der anderen Seite hat man mit nicht weniger Recht auf starke liberale Einschläge in Schweitzers Anschauungen hingewiesen. *Michaelis* nannte seine Arbeit »den grandiosen Versuch«, »das liberale Jesusbild in einem Augenblick zu retten, wo die zunehmende Einsicht in den eschatologischen Gehalt des Neuen Testaments es in die größte Gefahr gebracht hatte«.[384] Ebenso fand *Holmström,* daß »Schweitzer in der Frage der Christologie noch vollständig von der Grundanschauung der liberalen Theologie abhängig ist, obwohl er sie in der Eschatologie bekämpft«.[385] Auch *Piper* setzte Schweitzer in Beziehung zum theologischen Liberalismus. Es erscheint deshalb angebracht, sein nicht ganz einfaches Verhältnis zu dieser Richtung hier kurz zur Sprache zu bringen, weil dabei sowohl grundsätzliche Voraussetzungen der historischen Arbeit als auch systematische Interessen mit hereinspielen. Piper rechnete zu mehreren Annahmen, die Schweitzer mit der liberalen Theologie seiner Zeit teilte, die, »daß die Evangelien als rein geschichtliche Dokumente zu behandeln sind«.[386] Soll der Begriff »geschichtliche Dokumente« im engeren Sinne, als »geschichtliche Berichte« verstanden werden, so ist diese von der gegenwärtigen neutestamentlichen Forschung nicht mehr geteilte Ansicht Schweitzer in der Tat mit dem Liberalismus gemeinsam. Nimmt man den Begriff dagegen lediglich in dem allgemeinen Sinne, daß auf diese Dokumente die historische Methode ohne Einschränkung anzuwenden ist, so würde die behauptete Gemeinsamkeit zwar gewiß ebenfalls bestehen, jedoch weit über den Liberalismus hinausgreifen, und diese Einstellung würde dann auch keineswegs die ihr von dem genannten Autor zugedachte Ablehnung verdienen. Im Gegenteil gilt die historische Betrachtung aller Kulturerzeugnisse der Vergangenheit heute als selbstverständlich. Auch die Evangelien sind ja nicht vom Himmel gefallen, sondern stellen unter bestimmten Umständen geschaffene literarische Werke dar, die historisch analysiert, interpretiert und eingeordnet werden können und müssen.

Die Gemeinsamkeit des Schweitzerschen Jesusbildes mit dem der Liberalen sieht *Michaelis* im Rationalismus.[387] Was damit gemeint ist, kommt am besten in dem früher erwähnten Einspruch *Holmströms* gegen Schweitzers Auffassung von Jesus als einem »bloßen« Menschen zum Ausdruck, wobei als Gegensatz offenbar eine supranaturalistische Anschauung im Hintergrund steht. Von hier aus gesehen handelt es sich bei Schweitzer allerdings um »die verstümmelte Perspektive der liberalen Christologie«[388], um das »Durchführen der Grundauffassung der liberalen Theologie von Jesus als einem heroischen menschlichen Vorbild«[389], ja, um deren »konsequentes Vollenden«, »wenn auch unter eschatologischem Vorzeichen«.[390] Nur setzt diese Kennzeichnung wiederum einen sehr weiten Begriff von Liberalismus voraus. Eine andere als »bloß« menschliche, in diesem Sinne nichtsupranaturalistische Auffassung von Jesus ist ja der neueren Zeit, soweit sie wissenschaftlich denkt, bis weit in die Theologie hinein gar nicht mehr möglich.

---

[384] *Michaelis:* Eschatologie, S. 200.
[385] *Holmström:* Denken, 1936, S. 87.
[386] *Piper:* Problem, S. 74.
[387] *Michaelis,* S. 199.
[388] *Holmström,* S. 123.
[389] S. 88.
[390] S. 89.

Als ein weiterer Berührungspunkt mit dem Liberalismus ist sodann Schweitzers These zu nennen, daß die Verkündigung Jesu nur das Reich, nicht ihn selbst zum Inhalt hat. Die positive Beziehung Jesu zur Messiaswürde ist freilich für Schweitzers historische Sicht so eng und bedeutsam, daß die hier bestehende Ähnlichkeit, etwa mit dem nicht ins Evangelium hineingehörenden Jesus Harnacks, kaum ins Gewicht fällt. *Flückiger* hält sogar umgekehrt die »Feststellung, daß Jesu Verkündigung und Wirksamkeit nur von dem Bewußtsein seiner messianischen Vollmacht her zu verstehen sind«[391] und daß Jesus in die Botschaft hineingehört, die er verkündet hat, für Schweitzers »wichtigste Erkenntnis«, durch welche die von Harnack vertretene Auffassung »endgültig überwunden« sei.[392] Es ist dies nach Ansicht des genannten Autors »der eigentliche Fortschritt«, »den Schweitzer für die Leben-Jesu-Forschung« bedeutet.[393] Jedoch spielt die Messianität Jesu für Schweitzer außerhalb der rein historischen Betrachtung eine verhältnismäßig geringe Rolle. Er kann im Grunde nicht mehr mit ihr anfangen als die liberalen Theologen. Sehr merkwürdig ist freilich, daß ihm, der den rein geistigen Messias des Liberalismus historisch erledigt hatte, später — im Vorwort zur sechsten Auflage der Leben-Jesu-Forschung (1950) — Jesus doch wieder »der geistige Messias« wird[394], »der geistige Herrscher des geistigenReiches Gottes auf Erden«[395]. Damit scheint Schweitzer sich selbst zu desavouieren und in die von ihm kritisch überwundene Position zurückzufallen. In christologischer Beziehung ergeben sich überhaupt die verschiedensten Aspekte. Mit der Hervorhebung des Heroischen in Jesus hatte Schweitzer eine auch im Liberalismus angelegte Sicht unterstrichen. Andererseits steht er dem sogenannten Jesuanismus des Vulgärliberalismus ganz fern, während er sich, was die Einsicht in die möglicherweise notwendig werdende Irrelevanz des geschichtlichen Jesus betrifft, mit dessen Zurücktreten im spekulativen Liberalismus immerhin berührt. Schließlich gehört noch hierher, daß der alte Schweitzer seine frühere Deutung des stellvertretenden Sterbens Jesu als eines Sühnetodes aufgibt, da sie der Vorstellung Jesu von der Barmherzigkeit Gottes widerspricht. Im Hinblick darauf, daß Schweitzer Ansichten, auf die er sich einmal festgelegt hat, nur äußerst selten ändert, erscheint diese Rückkehr zu einer liberalen Grundanschauung besonders bemerkenswert.

Eine offensichtliche Verwandtschaft mit dem Liberalismus liegt auch in der Anthropologie und Ethik vor. »Der Reichs-Begriff von Johannes Weiß war dualistisch-pessimistisch, bei Schweitzer fehlt«, wie *Michaelis* betont, »fast ganz die Charakteristik dieses Aeons als des Aeons der Sünde«.[396] Dem entspricht es, daß Schweitzer in seinem theologischen Alterswerk auf die von ihm aufgeworfene Frage »Welche Natur des Menschen setzt die Ethik Jesu voraus?«[397] antwortet: »Eine die von sich aus des Guten fähig ist, wenn es dem Menschen wirklich um dieses zu tun ist«. Die Lehre von der Erbsünde wird in diesem Zusammenhang kurz und bündig abgewiesen[398] und der Jesus von Schweitzer früher zugeschriebene Gedanke der Prädestination stillschweigend fallengelassen. Dadurch wird eine erhebliche Entlastung seiner Theorie bewirkt, die dieses außerordentlich problematischen und seinem eigenen Denken so fremden Elements nicht unbedingt bedarf.

Mit der eschatologischen Auffassung Jesu hatte sich Schweitzer als Historiker

---

[391] *Flückiger:* Ursprung, S. 19.
[392] S. 20.
[393] S. 39.
[394] LJ[6] S. XVII.
[395] S. XVIII.
[396] *Michaelis:* Eschatologie, S. 199.
[397] RG S. 97.
[398] S. 98.

am einschneidendsten von seiner liberalen Umwelt getrennt; in der Absage an jede Art von echter Eschatologie begegnet er sich, soweit er systematisch-theologisch denkt, wieder mit ihr. So eigenartig und radikal seine ethizistisch-aktivistische Umdeutung der Eschatologie ist, so deutlich erscheint auch hier in der Grundtendenz die Übereinstimmung mit der Richtung, aus der er herkommt. »Jede sittlich-religiöse Betätigung ist« »Arbeit am Kommen des Reiches Gottes«, hatte es schon in der »Skizze« geheißen.[399] Diese Annahme, daß das Kommen des Reiches im Unterschied von der Weißschen Auffassung bei Schweitzer »ethisch motiviert« ist[400], »daß das Reich Gottes vom Menschen verwirklicht werden kann« (*Piper*[401]), verbindet Schweitzer trotz der grotesken Übertreibung dieses Zuges in seinem Jesusbild mit der liberalen Theologie und reiht ihn in den größeren Zusammenhang des Kulturprotestantismus ein.

Der optimistischen Grundhaltung des Kulturprotestantismus im Denken über Gott und die Welt entzieht er sich jedoch, indem er sich auf das Zutrauen zur Leistungsfähigkeit des Menschen, seines sittlichen Handelns, beschränkt, eine Einstellung, mit der Schweitzer seinerseits auf den neuen Liberalismus einwirken sollte. Dem Vatergott des vulgären Liberalismus steht er jedenfalls durchaus fern. Dagegen könnte man in seinem Ringen um das Verhältnis von Absolutheit und Persönlichkeit Gottes eine Berührung mit dem älteren, spekulativen Liberalismus erblicken, nur daß Schweitzers Agnostizismus sein Denken dabei über Ansätze nicht hinauskommen läßt. Mit dem Gedanken eines Zwiespalts in Gott hat Schweitzer schließlich wiederum seinerseits den neuen Liberalismus stark beeinflußt.

Wenige Jahre vor seinem Tode horchte man weithin bei der Nachricht auf, Albert Schweitzer sei der Unitarischen Kirche in Boston USA bei- oder gar zu ihr übergetreten, was beinahe nach Konversion und Austritt aus der Evangelischen Kirche aussah. In Wahrheit hatte er nur die ihm von den amerikanischen Unitariern angetragene Ehrenmitgliedschaft angenommen, ohne die Zugehörigkeit zu seiner elsässischen Heimatkirche aufzugeben.[402] Wenn schon die Zugehörigkeit zu einer bestimmten Kirche nicht immer der eigenen Einstellung des einzelnen voll entspricht, so braucht aus der Annahme der Ehrung durch eine amerikanische Denomination erst recht nicht auf die völlige Übereinstimmung geschlossen zu werden. Im Falle Schweitzers liegt es freilich so, daß er im Grunde genommen den durch ihren Antitrinitarismus gekennzeichneten Unitariern tatsächlich näherstand als dem alten Bekenntnis der Kirche, zu der er durch Geburt und Erziehung gehörte.

Mit seiner Beziehung zu den amerikanischen Unitariern, die von den deutschen, vom Christentum ganz losgelösten, streng zu unterscheiden sind, hat Schweitzer sich also durchaus innerhalb des Freien Protestantismus oder des sogenannten »Freien Christentums« gehalten. Es bleibt allerdings zu fragen, ob er nicht in mancher Hinsicht auch über ein noch so freies Christentum hinausgegangen ist. Fassen wir nicht die überkommene oder verliehene Zugehörigkeit zu kirchlichen Organisationen und auch nicht so sehr die Ansichten und Bestrebungen ins Auge, die er mit anderen Richtungen und Strömungen mehr oder weniger teilt, vielmehr seine besonderen, ihm eigentümlichen Motive, Gedanken, Überzeugungen, so handelt es sich nicht mehr bloß um die liberale Theologie oder das »Freie Christentum«, dann muß sein Verhältnis zum Christentum als solchem zur Diskussion gestellt werden. Wie steht Schweitzer letztlich und

---

399 ML S. 32.
400 *Holmström:* Denken, 1936, S. 80; ebenso *Michaelis:* Eschatologie, S. 199.
401 *Piper:* Problem, S. 74.
402 Näheres über den damaligen Wirbel der einander widersprechenden Nachrichten und Kommentare bei *Achterberg:* Schweitzer, S. 24 ff.

zutiefst zum Christentum überhaupt? Diese Frage hat sich uns schon in den beiden vorangegangenen Abschnitten an einzelnen wichtigen Punkten aufgedrängt. In einer zusammenhängenden Erörterung soll nunmehr versucht werden, sie weiter zu klären.

Zum Christentum rechnen wir jemanden nicht schon deshalb, weil er getauft oder einfach im christlichen Kulturkreis aufgewachsen ist. Auch die Betätigung im Sinne der Nächstenliebe kann, wenngleich sie gewiß nicht zu unterschätzen ist, nicht als ausreichendes Merkmal des Christseins gelten. Den Zeitgenossen, sofern sie sich nicht näher mit seinen Gedanken beschäftigt, vielmehr nur den Menschen und sein humanitäres Werk vor Augen haben, war Schweitzer allerdings in einem reichlich abgegriffenen Sprachgebrauch ein großer Christ der Tat, das in der neuesten Zeit wahrscheinlich eindrucksvollste Beispiel eines praktischen Christentums, und so muß es einen Betrachter, dem das Christentum nichts weiter mehr bedeutet als das Gebot der Nächstenliebe und ein Leben in seinem Sinne, geradezu paradox anmuten, wenn jemand es unternimmt, das Christentum dieses Mannes in Frage zu stellen. Auch kann man darauf hinweisen, daß das Liebesgebot und das Ernstmachen mit ihm nicht einmal das einzige ist, was Schweitzer mit der Person und Gedankenwelt Jesu verbindet. Sein Entschluß, sich notleidenden primitiven Menschen zu widmen, beruht ja nicht nur auf dem allgemeinen Gedanken der Nächstenliebe. Lambarene soll nach Schweitzers Sinn und Absicht auch ein Werk der Sühne für das sein, was die Weißen den Schwarzen angetan haben. »Eine große Schuld lastet auf unserer Kultur.« »Was wir ihnen Gutes tun, ist nicht Wohltat, sondern Sühne.«[403] »In stellvertretender Genugtuung für diese Sünden der Rücksichtslosigkeit und Unterlassung nimmt Albert Schweitzer«, so führte schon *Kraus* aus, »das Kreuz auf sich, die Pflichten erfüllend, die die Macht über Leben und Tod dem heilkundigen Europa auferlegt«.[404] Freilich wäre zu fragen, ob der Begriff der stellvertretenden Genugtuung die Intention Schweitzers richtig deutet, und erst recht wird zu fragen sein, ob ein so gedeutetes Vorhaben als legitim christlich gelten kann. Wie dem auch sei, wir sehen ihn jedenfalls ganz in der Nachfolge dessen stehen, der, wie es sich dem jungen Forscher ergeben hatte, durch sein Selbstopfer meinte erreichen zu können, daß Gott den Menschen die allgemeine Drangsal der letzten Zeit vor Anbruch des Reiches erlassen werde. Wer wollte leugnen, daß die Beziehung zwischen dem Handeln Jesu in dieser Auffassung und dem Schweitzers selbst mehr ist als eine Parallele, daß sie einen echten Zusammenhang darstellt, wirkliche Nachfolge bedeutet. Wenn der operierte Neger aus der Narkose erwacht und sich von Schmerzen erlöst fühlt, fing Schweitzer an, »ihm und denen, die dabei sitzen,

[403] WU S. 165.
[404] *Kraus,* S. 54.

zu erzählen, daß es der Herr Jesus ist, der dem Doktor und seiner Frau geboten hat, hier an den Ogowe zu kommen«[405].

Schweitzer zeigt sich nicht nur in seinem Handeln von christlichen Motiven bestimmt, er bekennt sich auch ausdrücklich mit Worten zu Christentum und Kirche. So schrieb er einmal einem Patenkind zur Konfirmation[406]: »Du hast den Entschluß gefaßt, als ein Kind Gottes die Bahn des Lebens zu gehen. Möge es dir immer ernst damit sein. Denn darin besteht das wahre Glück. Bleibe dir und Jesus treu. Suche immer nach dem Wesentlichen der Religion, nach dem, was evangelisch ist, d. h. dem Evangelium Jesu gemäß. Lies für dich im Neuen Testament, unterlaß es nicht dein Leben lang. Denn dann erfährst du, was der Geist Jesu ist. Die wunderbaren Sprüche werden dir zu Leuchten auf deinem Weg. Und halte an der Kirche.«[407] Dies ist zwar nur ein Gelegenheitsschreiben, aber es fällt schwer, bei Schweitzer, wenn er sich aus einem derartigen Anlaß zu äußern hattte, an bloße fromme Redensarten zu denken. Vor allem will er nichts wissen von einem Auseinanderfallen der religiösen Haltung und der theoretischen Überzeugung, ja, er ist sogar der Ansicht, daß er selbst »durch Denken religiös und christlich blieb«[408]. Im Konfirmandenunterricht brachte er seinen Schülern »die Grundwahrheit der Religion Jesu als etwas mit dem Denken zu Vereinendes nahe«[409], und den zukünftigen Missionaren bezeugt er: »Als die tiefste Religion ist mir das Christentum zugleich die tiefste Philosophie.«[410] So kann er von sich sagen: »Weil ich dem Christentum in tiefer Liebe ergeben bin, suche ich ihm in Treue und Wahrhaftigkeit zu dienen.«[411]

Zieht man indessen manche einschlägige theoretische Ausführungen und erst recht seine Gedankenwelt insgesamt in Betracht, so erscheint Schweitzers Verhältnis zum Christentum, wie am Christus- und am Gottesproblem nachgewiesen wurde, keineswegs so eng und unproblematisch, wie man nach den soeben angeführten Äußerungen annehmen könnte, und wenn Schweitzer gar zu den »Gestalten von ungebrochen christlicher Haltung in der Gegenwart« gezählt und etwa in eine Reihe mit Johann Hinrich Wichern gestellt worden ist[412], so muß ein solches Urteil als abwegig bezeichnet werden. Um die Erkenntnis, daß seine christliche Haltung mindestens stark gebrochen ist, wird sich unter keinen Umständen herumkommen lassen.[413] Aber diese Feststellung genügt noch nicht, um das eigentlich Wesentliche der Sachlage zu treffen.

Auch theologische Autoren haben hier vielfach nicht klar gesehen. Sie

---

405 WU S. 90.
406 Zit. bei *Stoevesandt:* Schweitzer, S. 100.
407 Sollte wohl heißen: »Halte an der Kirche fest« oder: »Halte dich zur Kirche«.
408 LD S. 206.
409 S. 22.
410 CW S. 55.
411 LD S. 208.
412 *Reincke:* Möller, S. 26.

schätzen den großen Mann hoch wegen seiner Verdienste auf dem Gebiete der praktischen Nächstenliebe und begrüßen seine Anhänglichkeit an das Christentum, um dann angesichts einzelner dogmatisch heikler Ansichten und Gedanken die Stirn zu runzeln oder auch einmal bedenklich den Kopf zu schütteln, nicht ohne doch der Hoffnung Ausdruck zu geben oder wenigstens von der Möglichkeit zu sprechen, daß er sich in solchen Punkten, die zu wünschen übrigließen, noch bessern werde. Davon konnte selbstverständlich niemals die Rede sein. Die erste Voraussetzung für eine richtige Bestimmung von Schweitzers Verhältnis zum Christentum ist die Einsicht in den Charakter des organisch Gewachsenen seiner Position, ihre persönliche Notwendigkeit, ihre innere Einheit und Geschlossenheit, mag sie sich auch als unabgeschlossen geben und bei näherem Zusehen als noch so zwiespältig herausstellen. Sie ist, wie sie ist; einzelne Stellen herausbrechen und hier und da Verbesserungen vornehmen zu wollen, ist nicht angängig, und ihm in dieser Beziehung gut zuzureden, war nicht nur zwecklos, sondern auch unpassend.

Von dem, der Schweitzers Standort für wesentlich christlich hält, ist zu fordern, daß er genauer sagt und begründet, inwiefern dies der Fall und möglich sei. Ein höheres Niveau der Betrachtung, das dieser Forderung Rechnung trägt, findet sich eigentlich nur bei einem einzigen Autor, dem Nichttheologen *Werner Picht.* Dieser verkennt in keiner Weise die bei Schweitzer vorliegende Spannung, enthält sich jedoch jedes Gedankens an eine Korrektur. Er gibt unumwunden zu, daß »die Unstimmigkeit zwischen religiöser Äußerung und rationalistischem Philosophieren« »in der Tat besteht«[414] und daß insbesondere in seiner Theologie »der ›Vatergott‹ keinen Platz« hat[415]. »Keine Sophistik — und Schweitzer ist kein Sophist — kann den Gott seiner Philosophie (= universeller Wille zum Leben) mit dem erbarmenden himmlischen Vater zur Deckung bringen.« Aber Picht meint nun, daß Schweitzer ein Verhältnis doch auch zu diesem Vatergott besitze. Er erwähnt »das Schlußgebet, mit dem Schweitzer einen Gottesdienst im Urwaldspital beschließt: ›Gott, unser Vater ... gib uns die Gnade, deine Kinder zu werden‹« und bemerkt dazu: »Schweitzer kann nicht umhin, den ›ewig Ungenannten‹ (Goethe) mit dem Namen anzurufen, den Jesus ihm beigelegt hat.«[416] Erinnert wird ferner an eine Äußerung Schweitzers, die sich auf

---

[413] Diese Feststellung bedeutet selbstverständlich nicht, daß hier von einem naiv-unproblematischen oder engherzig-dogmatischen Standpunkt aus ein Ketzergericht veranstaltet werden soll. Das wäre ein schweres Mißverständnis, und der Verfasser wäre der letzte, der sich für ein solches Verfahren als kompetent ansehen dürfte. Es geht hier allein um begriffliche Sauberkeit und sachliche Konsequenz. Auch und gerade im Bereiche der religiösen Weltanschauung müssen die Begriffe in ihrem eigentlichen Sinn genommen werden, d. h. man sollte nicht mit ihnen spielen und so hantieren, wie es einem gerade persönlich paßt. Auch Christ ist einer nicht schon deshalb, weil er es gern sein möchte oder andere sich dies wünschen.

[414] *W. Picht:* Schweitzer, S. 76.

[415] S. 204.

[416] ebd.

den »Abend nach dem Umzug in den Neubau des Spitals« bezieht. »Zum ersten Male, seitdem ich in Afrika wirke, sind meine Kranken menschenwürdig untergebracht. Was habe ich in diesen Jahren darunter gelitten, sie in dumpfen, dunklen Räumen zusammenpferchen zu müssen! Voll Dank schaue ich zu Gott empor, der mich solche Freude erleben ließ.«[417] Sicherlich mit vollem Recht bemerkt unser Autor dazu: »Kein theologischer noch philosophischer Kunstgriff kann den Gott, dem dieses wortlose abendliche Dankgebet gilt, dem Gott des Schweitzerschen Philosophierens gleichsetzen, dieser ›ethischen Persönlichkeit, die mir als ethischer Wille in mir zum Bewußtsein kommt‹. Die ›Gemeinschaft mit Gott, die sich in der Gemeinschaft mit Christo verwirklicht‹[418], liegt jenseits des ethischen Voluntarismus.«[419]

Für den nun, der die Inkongruenz, ja, den tiefgreifenden Gegensatz zwischen den religionsphilosophischen und den mehr an christliche anklingenden Aussagen aus einem besonderen Anlaß, die so gar nicht zusammenstimmen wollen und auf keine Weise auszugleichen sind, erkannt hat, kann es sich nur noch um die Frage handeln, welche Reihe dieser Aussagen fester verankert und somit als sein eigentlicher Standort zu begreifen ist. Picht schreibt den Äußerungen in theoretischem Zusammenhang einen minder bedeutenden Rang zu. Er erklärt Schweitzers philosophischen Standpunkt für eine Verbindung von Wissenschaftsaberglauben und Aufklärungsrationalismus, in der sich die Vernunft eine doppelte Befestigung gegen das »Supranaturale« errichtet hat. »Aber in Stunden elementaren religiösen Erlebens wandelt ein seiner selbst kaum bewußter Glaube ungehindert durch sie hindurch, wie der Auferstandene durch verschlossene Türen, weder der universale Geltungsanspruch naturwissenschaftlichen Denkens noch die erkenntnistheoretische Verneinung eines transzendenten Seins ist philosophisch überwunden. Aber diese theoretisch unerschütterlichen Positionen sind gleichsam durchlässig geworden.«[420] Mit diesem wundervollen Vergleich, der den schönsten Bildern Schweitzers selbst ebenbürtig ist, veranschaulicht Picht seine Auffassung des problematischen Sachverhalts. Er sieht »die theologiegeschichtliche Bedeutung Schweitzers« darin, daß dieser, »ein Sohn der Aufklärung und ihr in seinem Denken unverbrüchlich verhaftet, aber im Bewußtsein der Unzulänglichkeit des menschlichen Erkenntnisvermögens dessen Ergebnisse im Hinblick auf das tiefste Geheimnis des Seins in der Schwebe lassend« sich »der Offenbarung elementaren religiösen Erlebens nicht verschließt und kraft dieser ›Unabgeschlossenheit‹ seines theologischen Denkens den Zugang zur transzendenten Wirklichkeit gewinnt«. »Die Geisteswelt Schweitzers beherbergt — ein höchst

[417] BL S. 189.
[418] MP S. 368.
[419] *W. Picht*, S. 77.
[420] S. 76 f.

ungewöhnliches, ja einzigartiges Phänomen — die intensiv ausgeprägten Elemente des Widerstreits zwischen Glauben und Wissen in kampflosem Nebeneinander.«[421]

Von hier aus gelangt Picht zu zwei Thesen von besonderem Interesse. In der einen stellt er fest, daß Schweitzer »trotz allen ›Unglaubens‹ den Zweifel nicht kennt in der Weise, wie ihn der Gläubige erfährt, dem Glaubenspositionen ins Wanken geraten«.[422] Die zweite These besagt: »Die Religiosität Schweitzers läßt sich durch das kritische Denken nicht die Schwingen beschneiden.«[423] Dabei hält der Autor sich sogar für berechtigt, eine Straßburger Predigt aus dem Jahre 1918 heranzuziehen, um Schweitzers Stellung in der zentralen Glaubensfrage zu verdeutlichen. »Über die Schützengräben der Glaubenskonflikte führt auch für Schweitzer selbst unter Nichtachtung aller Klippen und Abgründe des Denkens der Weg zu Gott. Der metaphysische Agnostiker ist des Glaubens, ›daß wir nicht arme, dem zufälligen Weltgeschehen preisgegebene Menschenwesen sind, sondern in allem Sein der unendlichen Liebe Gottes gewiß sein dürfen. Auf was kommt es an? Vertrauen auf Gott ... Flehe darum, Gott, dem himmlischen Vater, ins Auge sehen und seinen erbarmenden Liebesblick spüren zu dürfen, und ich glaube dir sagen zu dürfen, du hast nicht vergebens gebetet, wenn du um dies eine gebetet hast‹«.[424] Unter Berufung auf ein an Gott, unseren Vater, sich wendendes Gebet eines Gottesdienstes in Lambarene möchte unser Autor deshalb die Beantwortung der Frage, ob Schweitzer Christ sei, »dem heiligen Augustinus überlassen, der in den kirchlichen Streitigkeiten der frühen Jahrhunderte die Entscheidung gefällt hat: ›nur dann werden sie aufhören, unsere Brüder (das heißt christiani) zu sein, wenn sie aufgehört haben zu sprechen: Vater unser‹«.[425] Der Versuch, Schweitzer für das Christentum zu retten, könnte sicherlich keinen gewinnenderen Ausdruck finden, und es sei ausdrücklich anerkannt, daß von allen Anwälten des »Christen« Schweitzer Pichts Ausführungen am meisten ins Gewicht fallen. Gleichwohl läßt sich seiner Auffassung nicht zustimmen, weil sie dem hier bestehenden Gegensatz nach Umfang, Tiefe und Härte nicht in vollem Maße gerecht wird.

Schon in methodischer Hinsicht gibt eine derartige Behandlung zu starken Bedenken Anlaß. Ohne damit bei einem Prediger auch nur entfernt an eine verminderte Wahrhaftigkeit denken zu wollen, wird man doch Reden und Gebete innerhalb des Gottesdienstes als traditions- und situationsgebundene Äußerungen, bei denen nicht jedes Wort die persönliche Fassung originaler Vorstellungen und Überzeugungen darstellt, bei dieser Untersuchung allenfalls am Rande berücksichtigen dürfen, was

---

[421] S. 77.
[422] S. 78.
[423] ebd.
[424] S. 204.
[425] ebd.

nichts dagegen besagt, daß solche überpersönlichen Gesetzmäßigkeiten unterliegende Aussagen unter Umständen noch wieder ein biographisches Interesse erhalten können. Aber darum handelt es sich hier nicht. Wir haben es jetzt mit Schweitzers Stellungnahme zum Kerngehalt des Christentums zu tun, insbesondere mit seiner Antwort auf die Frage, was von christlichen Grundpositionen für heutige Menschen noch Geltung besitze. Unter diesem Gesichtspunkt jene Äußerungen aus der sakralen Sphäre heranzuziehen und ihnen sogar den Vorzug gegenüber den eigenständigen Aussagen des Denkers zu geben, geht nicht an. Wenn also Schweitzer einmal in einer Predigt gesagt hat, daß wir »der unendlichen Liebe Gottes gewiß sein dürfen« und darum fleht, »seinen erbarmenden Liebesblick spüren zu dürfen« — eine Stelle, die aus dem gedanklichen Zusammenhang aller seiner theoretischen und biographischen Schriften herausfällt —, so wird dies nur verständlich bei Berücksichtigung seiner fast unvorstellbar sensiblen Natur, die ihn dem seine Ausführungen bedingenden Rahmen Rechnung tragen läßt. Er will ja seinen Hörern nicht Steine statt Brot geben, sondern etwas, das sie an diesem Orte erwarten und von ihm mitzunehmen vermögen. Das Bewußtsein dieser Verpflichtung der Gemeinde gegenüber bewirkt es, und seine eigene Überzeugung von dem geheimnisvollen Charakter der letzten Dinge erlaubt es, daß er in dieser Lage mit gutem Gewissen etwas sagt, das er als Denker nicht sagen könnte und würde, ja, das dem Ergebnis seiner Bemühungen um Wahrheit und Klarheit schnurstracks widerspricht.

Im übrigen scheint der angeführte Satz für seine Predigtweise alles andere als charakteristisch zu sein. Es ist doch wohl kaum ein Zufall, daß innerhalb der inzwischen erschienenen Sammlung »Straßburger Predigten« — 17 ausgewählte Predigten aus dem Zeitraum von 1900 bis 1919 —, die nicht eigentlich Neues und manches Herkömmliche, aber auch einiges Tiefsinnige und einzelne sehr schöne und wahre Gedanken enthalten, nur die erste (aus dem Jahre 1900) von der Zuversicht spricht, nicht an Gottes Liebe und Treue zweifeln zu brauchen[426], und in der dritten (aus dem Jahre 1902) noch einmal, später nie mehr von Gottvertrauen die Rede ist[427]. Nicht übergangen werden soll freilich auch, daß noch nach einer Predigt von 1904 in Christus »alles Reine, alles Geistige, alles Ewige beschlossen ist«[428]. Für diesen exklusiven Superlativ dürfte wiederum das oben Gesagte gelten: in der Predigt im Augenblick mit vollem Ernst ausgesprochen, widerspricht doch eine solche Aussage durchaus der sonstigen Einstellung des großen Idealisten Schweitzer, der weit entfernt davon ist, alles Reine, Geistige, Ewige in einem einzigen Menschen konzentriert zu denken. Im ganzen sind diese Predigten

426 SP S. 6.
427 S. 19.
428 S. 24.

gekennzeichnet durch das auch hier völlig dominierende ethisch-aktivistische Interesse. Einige von ihnen erschöpfen sich geradezu in rein ethischen Betrachtungen, so über die Ehrfurcht vor dem Leben oder über die Dankbarkeit, Gedanken, die im Zusammenhang und Stil der Argumentation, Reflexion, Meditation die besondere Stärke Schweitzers sind, von der Kanzel gesprochen vorgestellt hingegen nicht ganz so anziehend und gelegentlich ein wenig zu »moralistisch« wirken. Das ist das Interessante an dieser Sammlung, daß sich daraus ungemein deutlich ersehen läßt, wie der von Anfang an ausgeprägte ethische Voluntarismus immer mehr in den Vordergrund tritt und die anfangs noch vereinzelt anklingenden christlichen Gehalte in zunehmendem Maße und schließlich beinahe völlig verdrängt. Schon in der »letzten Predigt vor der Abreise nach Lambarene« am 9. März 1913 über den Friedensgruß (Phil. 4,7)[429] wird der Friede Gottes als Einswerden mit dem Willen Gottes verstanden. Der Weg, den wir suchen, ist »der Weg zum Frieden, zur Harmonie zwischen uns und allem, was geschieht und ist«[430]. So gefaßt, läßt sich schon dieses eher stoische Anliegen kaum mehr als charakteristisch christlich bezeichnen. Als Schweitzer dann 5½ Jahre später in die Heimat zurückkehrt, spricht er beim ersten Mal an der alten Predigtstätte wiederum über denselben Text. Dazwischen liegt der erste Weltkrieg und Schweitzers Ausbildung einer eigenen Philosophie. Und nun heißt es in unübersehbarem Gegensatz zu der soeben angeführten Wendung: »Es geht auch nicht an, daß wir den Willen Gottes in allen Ereignissen entdecken wollen.«[431] Während der zu erwartende Gedankengang einer christlichen Predigt an diesem Punkte fast zwangsläufig zum Dennoch des Glaubens führen würde, ist bei Schweitzer von Glauben gar nicht die Rede, sondern von »Erkenntnissen, die wir in uns tragen. Ist es uns nicht gegeben, einsehen zu können, wie die Ereignisse den Willen Gottes ausdrücken, so wissen wir doch das eine, auf das es ankommt: Worauf nämlich der Wille Gottes gerichtet ist: Er geht auf das Geistige«.[432] Läßt es sich hier nicht mit Händen greifen, daß, je mehr Schweitzer zu sich selbst kommt, ein eigener Denker (und auch Prediger!) wird, seine Ausführungen desto weniger noch christliche Klänge enthalten? »Daß wir Menschen, daß die Völker, daß die Menschheit immer vollkommener wird, müssen wir als das Ziel des Seins erfassen, und innerlich für die Beurteilung unseres Lebens und des Geschehens um uns her und für das, was wir wollen und worin wir Befriedigung suchen, festhalten. Tun wir es, so ist unser endlicher Geist in Harmonie mit dem Unendlichen. Haben wir dieses Sehen, dann kommen wir zum Frieden Gottes.«[433] »In Harmonie mit dem Unendlichen« hieß ein bekanntes Buch des Amerikaners Ralph Waldo

---

[429] »Der Friede Gottes, welcher höher ist als alle Vernunft ...«
[430] SP S. 94.
[431] S. 102.
[432] S. 103.
[433] S. 104 f.

Trine; als ein Zeugnis spezifisch christlichen Denkens hat es kaum gelten können. Am Schluß dieser Schweitzerschen Predigt geht es dann freilich doch noch um den Glauben, aber nun bezeichnenderweise eben nicht um den Glauben an Gott: »Aus der Zerstörung, durch die wir hindurchgegangen sind, wollen wir den Glauben an die Zukunft der Menschheit als das kostbarste Ideal in die neue Zeit hinüberretten und dem kommenden Geschlecht übergeben.«[434] Der Apostel, der den Empfängern seines Briefes den Schweitzers Predigt zugrundeliegenden Friedensgruß einst entbot, glaubte an die Ankunft Gottes, bzw. des von ihm zur Rettung der Menschheit gesandten Christus am Ende ihrer Geschichte — unser Prediger glaubt an die Zukunft der Menschheit!

Wenn Schweitzers Predigten eines beweisen, dann dies: es liegt nicht so, daß seine systematisch-theologischen und philosophischen Bemühungen ihn zwar in einzelnen Punkten über das Christentum hinausgeführt haben, daß er ihm aber im großen und ganzen verhaftet geblieben wäre. Es verhält sich umgekehrt: in bestimmten Situationen greift er auf altvertraute Motive und Wendungen zurück und weiß sie dann manchmal sogar mit einem gewissen Pathos zu erfüllen; der Schweitzer im Kämmerlein jedoch, der Natur und Geschichte selbständig durchdacht und sich eine eigene Weltanschauung ganz persönlich errungen hat, ist vom spezifisch christlichen Denken mehr oder weniger abgerückt, und das wirkt sich auf seine Predigten naturgemäß negativ aus. Der eigentliche Schweitzer hat mit der eigentlichen christlichen Glaubenswelt eben nur noch wenig gemein.

Gewiß bleibt auch nach Abzug nicht sehr beweiskräftiger Äußerungen sein Eintreten für das Christentum eine Tatsache. Die Unstimmigkeit, ja, ein wirklicher Gegensatz innerhalb seiner Aussagen ist also auf jeden Fall gegeben. Es fragt sich wie gesagt nur, welche der beiden Reihen im Rahmen seiner geistigen Gestalt als die wesentlichere angesehen werden muß. Auf der einen Seite handelt es sich in der Tat um eine durch christliche Wendungen gekennzeichnete persönliche Atmosphäre, eine von innigem Gefühl und ernstem Willen getragene Anhänglichkeit an bestimmte christliche Teilgehalte. So ist Schweitzer wirklich davon durchdrungen, daß der neue Geist, auf dessen Schaffung es ihm ankommt, der Geist Jesu ist. Daß die Person Jesu, von der ihr geltenden historischen Forschung ganz abgesehen, auch für Schweitzers Denken im übrigen und sein Handeln eine große Bedeutung besitzt, läßt sich keinen Augenblick bezweifeln.Es gibt von ihm über Jesus neben unerhört kritischen erstaunlich positive Äußerungen. In seiner ersten grundlegenden theologischen Arbeit nennt er Jesus eine »übermenschliche« und »überirdische« Persönlichkeit[435] und meint: »Wir müssen von dieser geheimnisvollen

[434] S. 106.
[435] ML S. 97.

Persönlichkeit« »in den Staub gezwungen werden.«[436] Das mag in der Form ein wenig noch jugendlicher Überschwang sein, doch wird Jesus »der einzig Große und einzig Wahre« auch noch in der zweiten Auflage seines Hauptwerkes genannt[437], und jenes andere, uns bereits bekannte Bekenntnis zu Jesus als »höchster geistiger und religiöser Autorität« stammte von dem fast Achtzigjährigen. In der Sache ergeben sich bei ihm, auf die verschiedenen Lebensalter gesehen, auch hier keine nennenswerten Differenzen. Auf der anderen Seite vertritt Schweitzer, und zwar wiederum von der Jugend bis ins Alter, immer wieder Gedanken, die von einer überraschenden Weite und von Unabhängigkeit gegenüber der gesamten christlichen Tradition zeugen, indem er das Wahre und Gute entdeckt und anerkennt, wo immer es zu finden ist. So geht etwa seine Vorliebe für die Philosophie der jüngeren Stoa, aber auch für die alten chinesischen Denker und vor allem für die Aufklärung des achtzehnten Jahrhunderts weit hinaus über eine bloß vorurteilslose, gerechte Würdigung fremder Anschauungen. Wo es sich um sein eigentliches Anliegen handelt, da stehen ihm auf dem geschichtlichen Wege zum Ideal der Humanität Laotse, Kungtse (Konfuzius), Buddha, Epiktet, Seneca, Marc Aurel, Amos, Hosea, Jesus, Paulus in einer Reihe, wenngleich die beiden zuletzt Genannten hervorgehoben werden. Freilich findet er das ihm jeweils begegnende Humanitätsideal meistens noch allzusehr beschränkt auf den Bereich des Menschen, noch nicht offen für alle Geschöpfe, und die volle Verwirklichung der »Ehrfurcht vor dem Leben« erhofft Schweitzer erst von der Zukunft.[438] Daß die hier im Zentrum des Schweitzerschen Denkens stattfindende »Absolutsetzung des Lebens« dem Christentum fremd ist, gibt auch *Picht* zu.[439] Spürt man nicht, wie hier ohne eine ausgesprochene Kritik das Christentum doch eigentümlich relativiert wird, wie Schweitzers Denken in eine neue geistige Welt einmündet, die noch aus vielerlei anderen, außerchristlichen Quellflüssen gespeist wird und die zugleich weniger oder gar keine dogmatischen Prämissen mehr aufweist?

Wir gewinnen den Eindruck, daß ganze nichtchristliche Zeitalter und Kulturen von Schweitzer höher geschätzt werden als etwa das christliche Mittelalter und daß ihm entschiedene Nichtchristen mitunter viel näher stehen als manche großen Christen und betont »gläubige« Theologen. Mit welcher Unbefangenheit und Hochachtung, teilweise geradezu Liebe würdigt er dem Christentum so fern gerückte, ablehnend gesinnte Gestalten wie vor allem David Friedrich Strauß und Bruno Bauer! Wohl stellt er selbstverständlich neben ihre Verdienste auch die in ihren Thesen und Positionen erkannten Fehler heraus, aber keine Spur von grund-

[436] S. 109.
[437] RW S. 2. — LJ S. 2.
[438] LE S. 129 ff.
[439] *W. Picht,* S. 110.

sätzlicher Gegnerschaft oder Bedauern wegen ihrer Absage an das Christentum! Bei der Behandlung von Strauß in der »Geschichte der Leben-Jesu-Forschung« wird auch dessen schweres persönliches Schicksal erwähnt und offensichtlich mit besonderer Sympathie geschildert. Seine durch und durch ungläubige »Glaubenslehre«, geradezu ein Kompendium der Argumentation gegen den christlichen Glauben, schätzt Schweitzer noch höher als »Das Leben Jesu« und rechnet sie »an Gedankentiefe« »zu den bedeutendsten theologischen Erscheinungen«[440]. Straußens Alterswerk »Der alte und der neue Glaube«, das Nietzsche so schlechtgemacht hatte, nennt Schweitzer, obgleich er es als völlig außerhalb seines eigentlichen Themas liegend gar nicht hätte zu erwähnen brauchen und im Grunde auch selber für »ein totes Buch« hält, dem er »Gewalt und Größe« abspricht, dennoch »ehrfurchtgebietend«, weil »der Geist der Wahrhaftigkeit« aus ihm rede[441], und seine letzte Fahrt durch Deutschland unterbrach Schweitzer in Ludwigsburg, um an das Grab von Strauß zu gehen. Er hat Strauß geliebt, das ist unverkennbar, und überhaupt zeigt sich nirgends bei ihm das Bewußtsein eines tiefen Grabens, der den Glaubenden vom Ungläubigen trennt. Im Gegenteil, bei aller Kritik an ethischen Denkern wie Fouillée und Guyau scheint doch in der Auseinandersetzung mit ihnen und selbst mit Nietzsche eher eine gemeinsame geistige Atmosphäre vorhanden zu sein als in seinem Verhältnis zu Zeitgenossen, bei denen Theologie und persönlicher Glaube so sehr eine Einheit bilden wie etwa bei Martin Kähler, Adolf Schlatter, Karl Heim. Bei einem großen himmlischen Kolloquium wird Schweitzer sich mit Strauß und Nietzsche oder etwa Christoph Schrempf, dem er »die ganze Schulung« seines Gewissens zu verdanken behauptete[442], auch mit dem früher erwähnten Positivisten Bruno Wehnert und sogar mit Rudolf Steiner[443] vermutlich mehr zu sagen haben als mit Augustin und Luther oder Karl Barth. Eine zutiefst bestehende Verbundenheit der originalen Wahrheitssucher und die Zusammengehörigkeit aller Menschen, die guten Willens sind, hat ihm offenbar mehr bedeutet als die Einheit der Gläubigen, als die Gemeinschaft des Heiligen Geistes. Jedenfalls ist die große Offenheit und Weite seines Interesses und Urteils mit der Hochschätzung von Zeiten und Menschen, ohne jede Rücksicht auf ihr Verhältnis zum Christentum, dessen Dringen auf das Eingehen durch die *enge* Pforte und das Verkaufen aller Reichtümer zwecks Erwerb einer einzigen, besonders kostbaren Perle sehr fern und fremd.

Diesem Befund entspricht es, daß, wo Schweitzer sich den eigenen Intentionen überläßt, die Ergebnisse seines Denkens in eine ganz andere Richtung führen und in deutlichen Gegensatz zu den zentralen christlichen Glaubensgehalten geraten. Beide Reihen von Äußerungen,

---

440 LJ S. 74.
441 S. 77.
442 *W. Schäfer:* Geheeb, S. 14.
443 *Schweitzer:* Begegnung, S. 34 f.

beide Haltungen, die unreflektierte, vornehmlich vom Gemüt bestimmte, die einigen ihm von Kindheit an vertrauten christlichen Werten und Motiven eine lebhafte Zuneigung bewahrt und sie sogar hin und wieder unbedenklich absolut setzt, und die vom Christentum weitgehend losgelöste des selbständigen Denkers, sind ohne Frage echt. Aber kann man im Ernst daran zweifeln, daß die zweite die originellere, die eigentlich orginale, in höherem Grade ihm eigentümliche und sachlich wichtigere, für uns ausschlaggebende ist? Wenn Schweitzer nach wie vor Jesus als die höchste Autorität anerkennt und sich dem Christentum in tiefer Liebe ergeben fühlt, ja, wenn er, wie erwähnt, sogar der Meinung ist, durch Denken religiös und christlich geblieben zu sein, so nehmen wir dies als subjektive Selbstinterpretation seines Wesens und Weges mit Anteilnahme zur Kenntnis; es kann jedoch nichts an dem Urteil ändern, daß die Sachlage sich objektiv durchaus anders darstellt.

Schweitzer soll hier keineswegs in engherziger, subalterner Weise auf sein Verhältnis zu einzelnen Glaubensartikeln und Paragraphen der Dogmatik abgeklopft werden. Es wurde im Gegenteil versucht, unter Berücksichtigung mancher Einzelheiten zu einer verstehenden Gesamtauffassung seiner Haltung zu gelangen. Bei einer noch so großzügigen Beurteilung läßt sich aber nicht daran vorbeisehen, daß eine Theologie, in welcher die Eschatologie als ein im Grunde antiquierter religiöser Begriff auf eine bestimmte sittliche Haltung übertragen wird, eine Theologie ferner, der Jesus nur noch eine gewaltige sittliche Kraft, ein Motor und Wegweiser ist, nicht mehr, und die sich gar grundsätzlich überhaupt von der Person des geschichtlichen Jesus unabhängig machen zu müssen glaubt, eine Theologie schließlich, in der nicht einmal mehr der Vatergott einen Platz hat, unmöglich als christlich gelten kann. Die richtige Sicht dürfte sich vielmehr erst dann ergeben, wenn wir Schweitzers positives Verhältnis zum Christentum im Rahmen seiner gefühlsmäßigen Bindung an Herkunft und Umwelt verstehen: Elternhaus, Heimat, Jugend, die ohne das christliche Vorzeichen nicht zu denken sind. Der selbständige Standort des Mannes und insbesondere die Frucht des Denkers besteht dagegen in der Bescheidung, im Rückzug aus der Welt des Glaubens, und keine tragfähige Brücke führt von da zu jener heimatlichen Welt zurück. Daß dieser Tatmensch beim glücklichen Abschluß eines langwierigen großen Unternehmens, an das er alle seine Kräfte gesetzt hat, »voll Dank zu Gott empor schaut«, ist ergreifend und paßt ganz in das Bild seiner Persönlichkeit, besagt aber nicht, daß er trotz aller entgegengesetzten Aussagen im tiefsten Grunde immer noch den festen und vollen Glauben an jenen Vatergott besitzt. Dieser klingt vielmehr nur noch gelegentlich nach wie das Echo auf einen Ruf aus der Kindheit. Ein denkender Mensch kann nicht so bewußt und konsequent einen weittragenden Umbau und Abbau seiner Glaubenswelt und Weltanschauung vornehmen, um dann in einer Ecke seines Gemüts dennoch alles beim alten zu belassen. Die Beobachtung Pichts, daß Schweitzer trotz allen Unglaubens den Zweifel nicht kennt, den der Gläubige erfährt, wenn ihm Glaubenspositionen ins Wanken geraten, ist sicherlich richtig, jedoch in einem ganz anderen Sinne, als der Autor sie genommen wissen will: Schweitzer kennt den Zweifel in Wahrheit deshalb nicht, weil er sich längst auf einem Standort befindet, der jenseits von Glauben und Unglauben liegt.

Ähnlich verhält es sich mit der zweiten erwähnten These, die besagt, daß die Religiosität Schweitzers sich durch das kritische Denken die Schwingen nicht beschneiden lasse. Diese Religiosität ist nämlich von der Substanz des christlichen Glaubens bereits so weit entfernt, sie ist derart verdünnt und sublimiert, daß sie aus *diesem* Grunde mit dem kritischen Denken nicht in Konflikt geraten kann. Indem Picht Schweitzers theoretische Position abwerten und die persönlichen, von Anhänglichkeit an das Christentum zeugenden Äußerungen aufwerten, wichtiger als jene nehmen möchte, ja, indem er sogar Wendungen, die im Gottesdienst ihren Ort haben, gegen die wesentlichen eigenen Gedanken des Denkers ausspielen zu können meint, würde er uns, wenn man ihm darin folgen und diese Haltung zu Ende denken wollte, zur Annahme einer zweifachen Wahrheit bei Schweitzer nötigen. Eine bewußte Zweigleisigkeit wäre jedoch das letzte, was diesem zuzutrauen ist. Milde ausgedrückt ließe sich sagen, daß das Nebeneinander von agnostizistischer Haltung einerseits und Bejahung eines noch irgendwie christlich ausgerichteten Glaubens andererseits Schweitzer zu einem Ritschlianer machen würde, und das war er trotz einiger früher erwähnter Berührungen mit dieser theologischen Richtung sicherlich nicht. Dann bleibt aber nur die umgekehrte Möglichkeit: die Loslösung vom christlichen Denken als die sachlich weitaus schwerer wiegende, eigentliche Einstellung zu beurteilen, hinter welcher das Festhalten an einer Reihe traditioneller christlicher Assoziationen in seiner Bedeutung zurücktritt. Es gibt keine dritte Möglichkeit.[444]

Im folgenden sei auf das Problem an Hand einzelner Schriften Schweitzers noch etwas näher eingegangen. Zunächst haben wir einen Blick zu werfen auf die Vorlesung »Das Christentum und die Weltreligionen«, die Missionaren und Missionsstudenten in England gehalten wurde. In ihr spricht weder der Philosoph noch in erster Linie der Mensch, sondern am meisten der Religionswissenschaftler, der sich in

---

[444] Nicht als eine solche läßt sich *Pichts* Erklärung anerkennen, daß Schweitzer, wo er philosophiert, »denen, die außerhalb des Christentums stehen, etwas, das ihnen Religiöses gibt, geben will«, wodurch »das spezifisch Christliche seines Denkens in den Hintergrund tritt« (S. 202), obgleich der Autor sich dafür auf eine briefliche Mitteilung Schweitzers selbst beruft. Auch *Kantzenbach:* (Schweitzer, S. 15) schreibt von Schweitzers »methodischem Dualismus, der darin besteht, daß er mit der Welt anders spricht als mit der Gemeinde«. Die vorliegende Untersuchung nimmt den Nachweis für sich in Anspruch, daß es sich bei den beiden Reihen von Äußerungen nicht um verschiedene Ausdrucksformen für eine und dieselbe sachliche Position, sondern wirklich um verschiedene, großenteils gegensätzliche Gehalte handelt.

verantwortlicher Weise an Theologen des praktischen Dienstes wendet. Er bemerkt eingangs, man solle keine Apologie des Christentums von ihm erwarten, die »behauptet, das Christentum enthalte Wahrheiten, die über allem Denken stünden und sich daher mit dem Denken nicht auseinanderzusetzen hätten«[445]. Nun gibt allerdings auch Schweitzer auf seine Art eine Apologie, indem er das Christentum den anderen Weltreligionen objektiv-religionswissenschaftlich unter drei Gesichtspunkten gegenüberstellt. »Der eine ist der von optimistisch und pessimistisch, der andere der von monistisch und dualistisch, der dritte liegt in der Stärke begründet, in der die ethischen Motive vorhanden sind.«[446] Das indische Denken bezeichnet Schweitzer als pessimistisch, das chinesische als optimistisch, und beide sind monistisch. Die sittliche Einstellung, die nach Schweitzers Ansicht in den indischen Religionen und Weltanschauungen sehr zu kurz kommt, findet sich bei den chinesischen Religionsstiftern und Denkern stark ausgeprägt, aber sie wurzelt bei ihnen in der Illusion, daß der Weltlauf selbst ethisch bestimmt ist. Das christliche Denken ist nach Schweitzer, wie wir wissen, beides: monistisch und dualistisch. Mit dieser von Schweitzer angenommenen Zwiespältigkeit hängt es zusammen, daß das Christentum »auch in der Frage pessimistisch oder optimistisch« »zu keiner Entscheidung gelangt«[447]. Pessimistisch ist es nicht nur hinsichtlich der Unvollkommenheit der Welt, sondern auch, »weil es in dem Menschen ein Wollen findet, das dem Wollen des ethischen Gottes nicht entspricht und darum böse ist. Optimistisch wiederum ist es, weil es diese Welt nicht preisgibt, sich nicht wie der Brahmanismus und Buddhismus in Welt- und Lebensverneinung von ihr zurückzieht, sondern den Menschen in die Welt hineinstellt und ihm befiehlt, darin im Geiste des ethischen Gottes zu leben und zu wirken«[448]. Hiermit ist zugleich das Dritte gesagt: der primär ethische Charakter unterscheidet das Christentum von den indischen Religionen, seine tiefere Begründung und die Illusionslosigkeit bezüglich des sittlichen Zustandes der Welt, des Menschen, auch vom chinesischen Denken. Es kommt in diesem Zusammenhang nicht so sehr darauf an, daß eine solche Schau der religionsgeschichtlichen Typen aus der Vogelperspektive gleichsam zu einer weitgehenden, doch wohl übermäßigen Vereinfachung führt.[449] Als wichtiger muß hervorgehoben werden, daß, wie früher dargelegt, die Kennzeichnung des Christentums als auch monistisch und pantheistisch ebensowenig zutreffend ist wie das von Schweitzer vertretene Nebeneinander und Ineinander von Monismus und Dualismus überhaupt. Und selbst wenn

445 CW S. 7f.
446 S. 21.
447 S. 50.
448 ebd.
449 Vor allem kann das indische Geistesleben wohl, wie *H. von Glasenapp* betont hat, nicht so allgemein als lebensverneinend bezeichnet werden. Darauf wird in einem anderen Kapitel noch einzugehen sein.

diese Begriffe richtiger gehandhabt würden, das Herzstück der christlichen Glaubenshaltung ist mit ihnen, wie noch einmal betont werden muß, nicht einzufangen.

Aber auch sonst zeigen sich hier einige recht schwache Punkte in Schweitzers Ausführungen. Da ist einmal die nicht gerechtfertigte Gleichsetzung des Christentums mit dem Evangelium Jesu. Das Christentum sollte mit anderen Weltreligionen verglichen werden. Daß Schweitzer sich dann plötzlich auf das Evangelium Jesu zurückzieht, erklärt sich nur dadurch, daß er bei aller Anerkennung der Bedeutung Jesu mit dem eigentlichen Mittelpunkt des Christentums, dem Christusglauben, im Grunde genommen wenig oder nichts im Sinn hat. Auf der anderen Seite ist es klar, daß er das Evangelium Jesu für den Vergleich mit den übrigen Weltreligionen nicht in dem von ihm selbst erarbeiteten historischen Verständnis gebrauchen konnte, sondern es viel weiter zu fassen genötigt war, dergestalt, daß es den Menschen anleitet, »wie er, in der Welt seiend und in ihr wirkend, dennoch innerlich frei von ihr sein muß«[450]. Noch unbestimmter erscheint das Christentum, wenn seine Wahrheit und sein Wert darin gesehen wird, daß »es den tiefsten Regungen des Willens zum Leben in uns entspricht«[451]. Man fragt sich, was ein so allgemeiner Satz eigentlich besagen soll und wem damit gedient sein könnte. Das Bekenntnis zum Evangelium Jesu ohne den Hintergrund der Eschatologie, der Wille zum Leben ohne den Hintergrund der Transzendenz: haben wir es dabei überhaupt noch mit einer Position zu tun, für die das Prädikat christlich zutrifft? Was Schweitzer hier dafür ausgibt, ist jedenfalls weder Glaube noch Geschichte, weder Fisch noch Fleisch.

Und was soll man dazu sagen ,daß der Hinduismus uns als »Kompromißreligiosität« vorgestellt wird, weil er »Pantheismus und Theismus«, »ohne sich in die Evidenz der Unvereinbarkeit zu ergeben, zur Einheit zusammenbringen« will[452], während Schweitzer das Christentum doch ebenfalls durch diese beiden Begriffe charakterisiert, nur mit dem Unterschied, daß er sich deren logische Unvereinbarkeit eingesteht. Ist diese wirklich ein sachlicher Vorteil? Ebenso sollen wir die »logische Frömmigkeit der Brahmanen und Buddhas und der religiösen Denker Chinas« — gemeint ist die »einheitliche, in sich geschlossene, logische Welterkenntnis«[453] — als eine »Naivität« hinter uns lassen[454], »die Brücken des gewöhnlichen logischen Denkens« abbrechen als solche, die — im Geiste des Evangeliums Jesu — in der Welt lebend und wirkend zugleich anders sind als die Welt. »Der Weg führt in das Land der Naivität.«[455] Also doch auch hier die Naivität, freilich eine Naivität anderer

450 CW S. 31.
451 S. 33.
452 S. 44.
453 S. 38.
454 S. 39.
455 S. 49.

Art als die der »logischen« Religionen: eine höhere Naivität, die eingesehen hat, »daß wir nichts erklären können, sondern Überzeugungen folgen müssen, die sich uns durch ihren inneren Wert aufdrängen«[456]. So bekennt sich Schweitzer nicht nur zur Naivität, sondern dann auch zur Paradoxie. Er gibt zu, daß das Evangelium Jesu in der Gottesfrage, was das Verhältnis von Gott und Welt betrifft, »aus den Unklarheiten« nicht herauskommt[457]. Dieser Widerspruch und noch andere halten ihn nicht vom Bekenntnis zum Christentum ab, da er es ja eben nicht »logisch« bejaht. Derselbe Schweitzer, der seine Vorlesung begann mit der Ablehnung der Behauptung, »das Christentum enthalte Wahrheiten, die über allem Denken stünden«, gelangt gegen Ende zur Anerkennung des »unlogischen« Evangeliums Jesu und eines Christentums, das »alle Schwierigkeiten des Dualismus auf sich« nimmt[458]. Aber wer meinen sollte, Schweitzer habe sich damit für ein gläubiges Christentum entschieden, würde sich in einem schweren Irrtum befinden. Wenige Seiten danach spricht er den herben Satz aus: »Kein Wissen und kein Hoffen kann unserem Leben Halt und Richtung geben.«[459] Für das Wissen wird der Christ das sicherlich gelten lassen. Aber schon der Verzicht auf die Hoffnung würde ihm eine unmögliche Zumutung bedeuten, und im ganzen dürfte dieser Satz im Munde eines Christen doch wohl nur denkbar sein, wenn der negativen Feststellung als notwendige Ergänzung das Dennoch des Glaubens folgt. Diesem aber hat Schweitzer gerade vorher den Boden entzogen: Immer wieder haben die Christen »versucht, das Christentum zu einer Lehre zu machen, in der das Walten des ethischen Gottes und der natürliche Weltverlauf miteinander in Einklang gebracht werden. Nie gelang es, immer aufs neue untergrub die Wirklichkeit die vom Glauben aufgestellten Theorien, wie eine unheimliche Flut den Damm bespült, bis nichts mehr von ihm da ist.«[460] Wohlgemerkt: hier wird nicht etwa nur einzelnen Lehren oder allgemein einer dogmatischen Denkweise abgesagt, sondern unausgesprochen dem Glauben überhaupt. Die angeführte Stelle ist die einzige, an der uns in dieser Vorlesung der Begriff des Glaubens begegnet. Was jenem Verzicht auf Wissen und Hoffen folgt, ist nicht das Dennoch des Glaubens; was hier folgt, ist wiederum nur der uns bekannte sittliche Appell, der Hinweis auf den »ethischen, sich in uns offenbarenden Gott«, von dem wir uns ergreifen lassen müssen, um unserem Leben Bestimmtheit zu geben. So bleibt Schweitzer auch in diesen Ausführungen, in denen er sich wie kaum sonst irgendwo an die zeitgenössischen Boten des Evangeliums wendet, im Grunde doch der agnostizistische Nichts-als-Ethiker.

Althaus hat einmal auf das seltsame Zusammentreffen aufmerksam

---

456 ebd.
457 ebd.
458 S. 50.
459 S. 53.
460 S. 52.

gemacht, »daß in dem gleichen Jahr 1922, in dem Schweitzer diese Vorträge in einer Vorstadt von Birmingham hielt, ein anderer deutscher Theologe,« *Ernst Troeltsch* »ebenfalls eine Vorlesung über das gleiche Thema (›Die Stellung des Christentums unter den Weltreligionen‹) für einen Besuch in Oxford niederschrieb,«[461] und er hat zugleich den großen Unterschied in der Behandlung des Themas zwischen ihnen hervorgehoben. »Bei Troeltsch geht sein durch Jahrzehnte fortgesetztes Nachdenken über die Stellung des Christentums unter den Religionen in einen nunmehr unverhüllten Relativismus aus«, der »den Verzicht auf die christliche Mission bedeutet«[462]. Bei Schweitzer keine Spur von Relativismus: »Der Maßstab, mit dem er die Religion bemißt, ist das Ethische.« Man kann jedoch die Frage aufwerfen, bei wem der Abstrich größer ist, bei wem von dem Anspruch des Christentums weniger übrigbleibt. Es steht durchaus nicht fest, daß dies, wie Althaus ohne weiteres anzunehmen scheint, Troeltsch ist.

Nur an einer Stelle seiner Vorlesung läßt sich vielleicht zweifeln, ob Schweitzer folgerichtig in dem uns bekannten Rahmen bleibt oder nicht doch darüber hinausgeht. Wenn er freilich den Missionaren zuruft: »Führen Sie den Menschen aus dem Alles-erkennen-Wollen zu dem einen, was not tut, zu dem Wollen des Seins in Gott, durch das wir anders werden als die Welt und, als aus der Welt Erlöste, über allen Rätseln stehen«[463], so hält sich das noch ganz auf der Linie des von ihm vertretenen Vorrangs der sittlichen Lebensanschauung vor der metaphysischen Weltanschauung. Dann aber fährt er fort: »Zeigen Sie ihnen die Worte: ›Wenn ich nur dich habe, so frage ich nicht nach Himmel und Erde‹ und ›Denen, die Gott lieben, müssen alle Dinge zum Besten dienen‹, als die Spitzen des Ararat, auf den sie flüchten können, wenn die Flut des Unbegreiflichen alles überschwemmt.« Diese Worte stehen entweder nicht in Einklang mit Schweitzers Grundposition, oder sie müssen in einem gar nicht mehr ursprünglichen, sondern irgendwie übertragenen Sinne gemeint sein. Nicht von der Sittlichkeit nämlich ist ja hier die Rede, sondern von der Religion, und da ist die Situation vielmehr die, daß der Ararat, auf den wir uns flüchten sollen, von den Wassern bereits überspült wird. »Dem furchtbaren Rätsel, das uns die Welt bietet, ins Auge schauend, ringen wir danach, nicht an Gott irre zu werden.«[464] Mit welchem Erfolg jedoch und wie lange noch? Der Redner, der sich hier offensichtlich in besonderem Maße auf die Gedankenwelt seiner missionarischen Zuhörer eingestellt hat, dürfte als kritischer Denker eigentlich nicht mehr auf Gott als den sicheren Felsen verweisen, nachdem dieser Gott durch den festgestellten Gegensatz zwischen seiner Offen-

[461] *Althaus:* Schrift, S. 200.
[462] S. 201.
[463] CW S. 54 f.
[464] S. 38.

barung in der übrigen Welt und der im Menschen selbst so unbegreiflich und dunkel, nichts als ein großes Fragezeichen geworden ist. Sicher ist nur noch eines, daß wir uns zur Fahne der sittlichen Lebenseinstellung auch weiterhin halten sollen und wollen, obgleich uns der unsittliche Charakter dessen, was in Natur und Geschichte durchweg vor sich geht, vor Augen steht. Dieses Dennoch der sittlichen Haltung wird aber durch eine weite und tiefe Kluft getrennt vom Dennoch des Glaubens, des Glaubens an einen Gott, in dessen Händen alles Geschehen ruht und der die Haare auf dem Kopfe eines jeden gezählt hat. Über diese Kluft hat Schweitzer keine Brücke geschlagen.

Im Gegenteil, die Kluft scheint sich noch zu vertiefen. In dem 10 Jahre nach diesen Vorlesungen über die Weltreligionen erschienenen Buch über die Weltanschauung der indischen Denker kommt Schweitzer auf den Gesichtspunkt des Monismus und Dualismus zurück, aber bei aller Ähnlichkeit und sogar Gleichheit der Grundgedanken ist der Akzent hier nun doch anders gelegt. Wenn die monistische Mystik den dualistischen Weltanschauungen Zarathustras, des israelitischen Prophetismus und des Christentums, aber auch Kants gegenübergestellt wird, so lautet das Urteil über diese beiden Weltanschauungstypen jetzt denkbar entschieden: »Mystik ist die vollendete Art von Weltanschauung.«[465] »Handelt es sich in der Weltanschauung letzten Endes um unser geistiges Einswerden mit dem unendlichen Sein, so ist die vollendete Weltanschauung notwendigerweise Mystik.« »Nur die Mystik entspricht dem Ideal der Weltanschauung. Alle anderen Weltanschauungen sind der Art nach unvollkommen und unsachlich.«[466] »Die dualistische Weltanschauung«, die im Urgrund des Seins zwei Prinzipien annimmt, das Prinzip einer ethischen Persönlichkeit und das Prinzip der der Welt innewohnenden natürlichen Kraft, nennt er »doktrinär«, sie »ist unsachlich. Sie enthält eine mit den Tatsachen nicht in Übereinstimmung zu bringende Lehre von der Welt. Sie kommt aus einem Denken, das durch Glauben beeinflußt ist.«[467] Hiergegen ist Schweitzer so empfindlich, daß er Leibniz, der konsequenterweise beim Atheismus hätte anlangen müssen, wegen seines Einlenkens in den Theismus einmal Verrat an der Naturphilosophie vorgeworfen hat.[468] Die dualistische Weltanschauung, zu der Schweitzer wie gesagt richtig auch das Christentum zählt, wird von ihm als »naiv und unsachlich«[469] beurteilt. Deshalb ist das Ergebnis der Auseinandersetzung zwischen diesen beiden Weltanschauungsgruppen vorauszusehen, ja, es steht schon jetzt fest: es »hat die monistische Denkweise als die einzig sachliche bereits den Sieg über die dualistische davongetragen.«[470] Dann heißt

[465] ID S. 8.
[466] S. 9.
[467] S. 9 f.
[468] KE S. 120.
[469] ID S. 10.
[470] S. 11.

es freilich weiter: »Aber sie vermag ihn nicht auszunutzen. Sie ist ja nicht imstande, die weltbejahende ethische Weltanschauung des Dualismus durch eine andere, ihr auch nur einigermaßen gleichwertige zu ersetzen. Was der Monismus als eigene Weltanschauung verkündet, ist durchaus armselig.«[471] So liegt das Ziel für Schweitzer auch hier in einer Synthese: das mystische Denken Indiens soll ethisch werden, das dualistische Denken des Abendlandes muß sachlich, d. h. mystisch werden. Das Ziel besteht in dem, was er als »ethische Mystik« bezeichnet.

Wie verhalten sich die zuletzt zitierten Ausführungen zu jenen früheren? Auch dort hatte Schweitzer von den Religionen des Ostens gesagt: »Als Denken über die Welt sind diese Religionen unangreifbar.« »Aber die Religion hat nicht nur die Welt zu erklären. Sie hat auch darauf zu antworten, was ich mit meinem Leben will.«[472] Unter diesem Gesichtspunkt steht das Christentum hoch über ihnen, und »als die tiefste Religion ist mir das Christentum zugleich die tiefste Philosophie«[473], dies, obgleich er zugibt: »Mit den logischen Religionen des Ostens verglichen ist das Evangelium Jesu unlogisch«[474] und naiv, und so das Christentum überhaupt. Hierin hatte er keinen stichhaltigen Einwand gesehen, im Gegenteil: »In dem, was an dem Christentum als naiv erscheint, liegt seine Tiefe.«[475] Jetzt indessen findet er die dualistischen Weltanschauungen nicht nur unlogisch und naiv, sondern auch unsachlich, d. h. ohne Übereinstimmung mit der Erfahrung. Das ist ein Einwand, der viel schwerer wiegt. Hiermit hat sich, so sehr der Grundgedanke derselbe bleibt, die Lage offenbar beträchtlich zugespitzt. Die Entscheidung für die Mystik ist endgültig gefallen, nur daß diese verbessert, in Richtung auf das Ethische umgebildet werden soll. Daß das nun nicht einfach durch einen Rückfall in unsachliches, dualistisches Denken möglich ist, liegt auf der Hand. Allerdings läßt sich Schweitzer der Vorwurf nicht ersparen, daß er es dem Leser in dieser Beziehung nicht leicht gemacht hat, zur Klarheit zu kommen. Nach tiefgründigen Darlegungen über das Verhältnis der indischen Weltanschauung zur abendländischen vermeidet er doch, das Fazit, was vor allem das Verhältnis zum Christentum angeht, das ja ohne die dualistische Grundlage nicht existenzfähig und überhaupt undenkbar ist, einmal klipp und klar auszusprechen. Die entsprechenden Gedankengänge mußten deshalb zunächst herauspräpariert werden. Nachdem dies aber geschehen ist, kann über die wahre Sachlage ein Zweifel kaum mehr übrigbleiben.

Etwas anders steht es mit dem schon früher herangezogenen Schlußkapitel seines Pauluswerks, in dem Schweitzer das Unvergängliche der Paulinischen Mystik, das für den heutigen Christen Gültige an ihr, auf-

---

471 ebd.
472 CW S. 47.
473 S. 55.
474 S. 49.
475 ebd.

zuzeigen sucht. Wir sahen bereits, daß die »Christusmystik«, soweit sie in diesem allgemeingültigen, nicht historisch-paulinischen Sinne genommen wird, im wesentlichen mit der Schweitzerschen Jesusmystik zusammenfällt. Daneben liegt jedoch der Ton hier nun so stark auf der »Erlösung durch Christum«, daß damit der Rahmen einer bloßen Liebesethik, auf welche die Jesusmystik letztlich hinausläuft, überschritten zu sein scheint. Zwar stellt Schweitzer mißbilligend fest, daß im Katholizismus und bei den Reformatoren »die christliche Lehre von einer auf den Sühnetod Jesu zur Sündenvergebung gegründeten Idee der Erlösung beherrscht« wird, »neben der der Glaube an das Reich Gottes sein Dasein fristet«[476]. Dabei will Schweitzer aber nicht einseitig auf eine »Reich-Gottes-Frömmigkeit« hinaus, die sich ja bei ihm rein ethisch verstehen läßt. »Die Schwäche« der »neuzeitlichen Reich-Gottes-Frömmigkeit ist, daß sie keine lebendige Vorstellung der Erlösung durch Christum in ihrem Glauben an das Reich Gottes auszubilden vermag.«[477] Stets kommt es Schweitzer in diesem Zusammenhang auf ihre Verbindung und die in dieser Verbindung mögliche Vertiefung an. Paulus lehrt uns, »unsern Glauben an die Erlösung durch Christum und den an das Reich Gottes miteinander zu vertiefen und in beiden immer fester zu werden«.[478] Es geht darum, daß »wir uns lebendigen Glauben an das Reich Gottes erringen und uns in diesem als durch Christum Erlöste begreifen«.[479] Die Betonung der Erlösung wirkt überraschend; es gelingt Schweitzer auch nicht, mit klaren eigenen Worten zu beschreiben, was er eigentlich darunter versteht, ja, er macht nicht einmal den Versuch dazu, sondern wiederholt immer nur die Forderung, Erlösungsglauben und Reich-Gottes-Glauben miteinander zu verbinden. Der damit bezeichnete Mangel in seinen Ausführungen ist um so empfindlicher, als der Begriff Erlösung neutestamentlich und systematisch vielerlei Aspekte bietet[480] und ohne präzise Bestimmung der Gefahr der Verschwommenheit ausgesetzt ist.

An sich dürfte es nach allem Bisherigen deutlich sein, daß dieses die großen Erlösungsreligionen bestimmende Motiv einem relativ und absolut so überaus starken sittlich-aktiven Interesse, wie es Schweitzer beherrscht, von allen christlichen Gehalten am fernsten liegt. Tritt es hier plötzlich auf, so bleibt uns nur die Wahl, entweder festzustellen, daß sich an dieser Stelle endlich ein entscheidender christlicher Zug durchsetzt, der dann freilich recht isoliert dastehen, richtiger sogar in der Luft hängen würde, oder wir werden genötigt, auch den Erlösungsbegriff hier

---

476 MP S. 370.
477 S. 371.
478 S. 373.
479 ebd.
480 Das hatte sich gerade in den Verhandlungen des Deutschen Theologentags gezeigt, der zwei Jahre vor dem Erscheinen von Schweitzers Pauluswerk stattfand (s. *Pfennigsdorf* [*Hrsg.*], Erlösungsgedanke).

einseitig sittlich-aktivistisch zu interpretieren, so daß als Erlösung lediglich schlicht die Befreiung von verkehrtem Wesen und Willen, von der Befangenheit in ichsüchtiger Enge zu gelten hat.

Überblickt man die übrigen Partien der Schriften, in denen Schweitzer sich über das Christentum, nicht in historischer Beziehung, sondern überhaupt, auch im Hinblick auf den Menschen von heute äußert — eine Fragestellung, die zusammenfällt mit der nach Schweitzers eigenem Verhältnis zum Christentum —, so ist festzustellen, daß der Gedanke an Erlösung nur eine sehr geringe Rolle spielt und daß, soweit er diesen Begriff gelegentlich gebraucht, das stets nur in der soeben angedeuteten voluntaristisch-aktivistischen Beziehung geschieht, geradezu klassisch einfach in dem Satze: »Alles, was man Wirkliches über Erlösung aussagen kann, geht zuletzt darauf zurück, daß wir in der Willensgemeinschaft mit Jesus von der Welt und uns selbst frei werden und Kraft und Frieden und Mut zum Leben finden.«[481] In dieselbe Richtung führt die Versicherung, die »Erlösung aus der Welt« als »Sein in Gott«, aus welchem »Wirken in der Kraft Gottes kommt«, sei »die einzige, die das Sehnen des Herzens befriedigen kann«.[482] Es ist bezeichnend, daß Schweitzer das hier Gemeinte genauso gut ohne Bezugnahme auf Jesus und Gott sagen kann: »Die Tatsache«, »daß der Wille zum Leben in mir als Wille zum Leben auftritt, der mit anderm Willen zum Leben eins werden will«, »ist mir das Licht, das in der Finsternis scheint«. »Ich bin aus der Welt erlöst. In Unruhe, wie sie die Welt nicht kennt, bin ich durch die Ehrfurcht vor dem Leben geworfen. Seligkeit, die die Welt nicht geben kann, empfange ich aus ihr.«[483] Aber auch der Begriff der Erlösung selbst wird hier entbehrlich: »Wo in irgendeiner Weise mein Leben sich an Leben hingibt, erlebt mein endlicher Wille zum Leben das Einswerden mit dem unendlichen, in dem alles Leben eins ist. Labung wird mir zuteil.«[484] Diese Auffassung von der Erlösung bzw. ihre Umdeutung bei Schweitzer ist auch durchaus nicht verwunderlich. Was könnte man anderes erwarten, nachdem Schweitzer grundsätzlich und allgemein das Ethische als das Wesen der Religion erklärt hat! »Auf sittlicher Grundlage erwächst«, wie *R. Otto* hervorgehoben hat, »nicht das Bedürfnis nach Erlösung«[485]. Der Erlöser und Heiland im christlichen Sinne hat in Schweitzers persönlicher Einstellung schlechterdings keinen Platz. Wenn das Christentum, wie er formuliert, die Erlösung darin bestehen läßt, daß Gott »das Reich Gottes herbeiführt«[486], und wenn wir Heutigen im Gegensatz zu

---

[481] LJ S. 641.
[482] CW S. 33. Vgl. S. 53. 55.
[483] KE S. 243.
[484] Richtig stellt *Grabs* (Schweitzer [Denker], S. 92) fest: »›Erlöst sein‹ heißt *faktisch* bei Schweitzer ›Anderssein als die Welt‹ und dadurch die ›Selbstentzweiung des Willens zum Leben‹ zum Aufhören bringen.«
[485] *Otto:* Das Heilige, S. 67.
[486] CW S. 12.

Jesus, wie Schweitzer andererseits meint, die Endvollendung »nur als das Resultat der sittlichen Arbeit begreifen können«[487], so liegt hier der Gedanke der Selbsterlösung tatsächlich nicht mehr fern.[487a]

Bedeutsam wäre es, wenn wenigstens das Motiv der Sündenvergebung für Schweitzer eine wesentliche Rolle spielen würde. Das Gegenteil ist jedoch der Fall. Wie schon in seinem historischen Jesusbild der so charakteristische Zug fehlte, daß Gott den Sünder sucht, ihm nachgeht, wie es von Jesus selbst berichtet wird, und wie die Sündenvergebung in Schweitzers Jesusbild überhaupt nur noch ganz im Hintergrund steht, wie auch der Rechtfertigung des Sünders in seiner Paulusauffassung nicht mehr als eine untergeordnete Bedeutung zukommt, so tritt dieses Anliegen erst recht in seinem eigenen Leben und Denken in auffallendem Maße zurück. Im Schlußkapitel des Pauluswerkes, im Zusammenhang des »Gedankens vom Sterben und Auferstehen mit Christo« ist wohl einmal von einem »immer tieferen Erleben der Sünde« und dann auch von »einer stillen Gewißheit der Sündenvergebung« die Rede.[488] Wo Schweitzer dagegen seine persönliche Haltung ohne Anlehnung an historische Gedankengänge mit eigenen Worten beschreibt, spricht er zwar an einer Stelle von der »Sehnsucht nach Freiwerden von der Sünde und nach Herzensreinheit«[489], von der göttlichen Sündenvergebung aber nicht ein einziges Mal. Das ist um so bemerkenswerter, als er die sittliche Forderung der Vergebung im Verhältnis von Mensch zu Mensch stark betont. Nicht die Last unserer Sünde und ihre Annullierung durch Gottes Gnade, sondern das Leiden der Mitmenschen und der Kreatur und unser Einsatz, es ihnen zu erleichtern, ist das Generalthema Schweitzers, dasjenige, um was es ihm eigentlich geht. Altindische Lebensauffassung und moderner Aktivismus haben sich bei ihm zu einer eigenartigen Synthese zusammengefunden. An das Christentum erinnern dagegen in dieser Hinsicht nur noch einige pietätvoll gehandhabte Requisiten in der Kulisse.

So wird es bei der Einsicht bleiben müssen, daß Schweitzer über die voluntaristisch-ethische Einstellung nicht wirklich hinausgelangt ist. Wenn einer der Autoren, die ihn gegen Mißdeutungen in Schutz nehmen zu müssen meinen und sich bemühen, ihn ein wenig mehr christlich auszurichten, *H. Beintker,* behauptet, das Christentum sei für Schweitzer »nicht einfach Ethik, Humanismus, liebende Menschlichkeit«[490], so ist dazu zu sagen, daß zwar die Beschränkung auf die Mitmenschlichkeit unter Ausschluß der übrigen Lebewesen von Schweitzer als unzureichend beurteilt wird, im übrigen aber diese Auffassung in der Tat sein wesentlichstes Verständnis des Christentums darstellt. Sie bedeutet also allerdings ein Mißverständnis, das heißt aber: nicht Schweitzer wird hier

---

487 LJ S. 639.
487a »Im sittlichen Raum« gibt es nach *Browarzik* nur »Selbsterlösung« (S. 38).
488 MP S. 377. 489 LD S. 208.
490 *Beintker:* Eschatologie, S. 242.

mißverstanden, sondern das Christentum wird von Schweitzer mißverstanden, oder richtiger: bewußt umgedeutet und entsubstantialisiert.

Der genannte Theologe fährt an jener Stelle im vermeintlichen Sinne Schweitzers fort: »Christentum ist Glaube an den Vater Jesu Christi, ist Religion, nicht Morallehre«. Mit Bezug auf diese an sich völlig richtige Feststellung ist noch einmal hervorzuheben, daß mit dem Begriff »Glaube« Schweitzers Einstellung am allerwenigsten getroffen wird. In Ausführungen, die sein eigenes Verhältnis zum Christentum darlegen, kommt, wenn man von einem mehr neutralen Sinn des Wortes (= meinen oder dgl.) absieht, der Begriff Glaube im spezifisch christlichen Sinne nur verhältnismäßig selten vor, und er wird dann eher negativ gewertet, so etwa, wenn es heißt: »Immer aufs neue untergrub die Wirklichkeit die vom Glauben aufgestellten Theorien.«[491] Jesus aber denkt, wie Schweitzer bemerkt, nicht dogmatisch. »Nicht damit, wie der Glaube sich die Dinge vorzustellen habe, ist er beschäftigt, sondern allein damit, daß die Liebe, ohne die niemand Gott angehören und des Reiches teilhaftig werden kann, in ihm mächtig sei.«[492] »Nirgends verlangt er von seinen Hörern, daß sie ihr Denken dem Glauben opfern. Im Gegenteil. Er heißt sie über Religion nachdenken.«[493] Als positiv hebt sich nur die Aussage heraus, daß Jesus »das Feuer des ethischen Glaubens« entzündet. Hierum allein scheint es Schweitzer zu tun zu sein. Damit aber ist wiederum vor allem der Glaube an die Pflicht, die enthusiastische Hingebung an die Aufgabe, das Engagement gemeint. Als eine positive Verwendung des Glaubensbegriffs, nur eben nicht positiv in dem von dem Apologeten Schweitzers gesuchten Sinne, wäre schließlich noch einmal sein »Glaube an die Zukunft der Menschheit«[494] zu nennen. Aber wo bleibt der »Glaube an den Vater Jesu Christi«, zu dem Schweitzer sich angeblich bekennt? Gewiß hat er ihn nicht ausdrücklich bestritten, aber eben auch nie wirklich herausgestellt und betont, und auf jeden Fall ist der Begriff Glaube wie gesagt wenig geeignet, Schweitzers Haltung zu beschreiben oder gar Schweitzers Christentum zu belegen. Jesusnachfolge, nicht Christus- oder Gottesglaube ist das Grundmotiv seines Lebens, die Norm seines Denkens und Handelns, soweit er überhaupt dem christlichen Bereich zugekehrt ist.

Die zuletzt angestellten Beobachtungen galten Schweitzers Ausführungen über das Christentum nicht im historischen, sondern im aktuellen, in dem von ihm befürworteten Sinne. Jetzt gehen wir noch einen Schritt weiter und fragen nach seiner Einstellung in der ganz persönlichen Sphäre, dort, wo es sich darum handelt, in kurzen Worten zu sagen, was ihm am bedeutsamsten überhaupt in seinem Leben geworden ist. Wie

---

[491] CW S. 52.
[492] LD S. 45. Klarer wäre wohl: in *uns* mächtig sei.
[493] S. 48.
[494] S. 210.

würde sich wohl ein überzeugter Christ verhalten, wenn er seinen Erinnerungen noch die Quintessenz dessen, was er als wahr und lebenswichtig erfahren hat, ein Testament gleichsam, anzufügen unternimmt, um es anderen ans Herz zu legen? Würde er nicht auf jeden Fall, wenn auch noch so knapp und unaufdringlich, zum Ausdruck bringen, daß er sich sein Dasein nicht mehr ohne den Grund und die Mitte seines Lebens zu denken vermag, die er in seinem Glauben besitzt? Und nun Schweitzer! Am Ende seiner Jugenderinnerungen, in den wundervollen Meditationen, die ganz schlicht vom Innersten seiner Lebensanschauung handeln, spricht er weder von Gott und dem Vertrauen auf seine Liebe und Führung noch von der Erlösung durch Christus und der Gemeinschaft mit ihm noch gar von einer ihm gewissen Zukunftshoffnung. In der schon einmal angeführten Stelle heißt es vielmehr: »Das große Geheimnis ist, als unverbrauchter Mensch durchs Leben zu gehen. Solches vermag, wer nicht mit den Menschen und Tatsachen rechnet, sondern in allen Erlebnissen auf sich selbst zurückgeworfen wird und den letzten Grund der Dinge in sich sucht.«[495] So denkt offenbar primär nicht der aufwärtsblikkende gläubige Christ; dies ist vielmehr die Haltung des letztlich in sich selbst ruhenden autonomen Menschen des sittlichen Idealismus. Und so fährt Schweitzer fort: »Wer an seiner Läuterung arbeitet, dem kann nichts den Idealismus rauben. Er erlebt die Macht der Ideen des Wahren und Guten in sich.« Sehr richtig und schön bemerkt *E. Rolffs:* »In Schweitzers autobiographischen Schriften klingt die heilige Musik der Religion nur sehr leise, wie das Fernwerk der Orgel, mit. Er gestaltet selbständig sein Leben nach seinem ethischen Ideal und zeichnet seinen Weg vor; um ihn zu finden scheint er der Führung einer höheren Hand nicht zu bedürfen.«[496] In der Tat, der Gedanke der persönlichen Führung des Menschen durch Gott ist Schweitzers geistiger Welt fremd. Damit fehlt bei ihm aber ein weiteres zentrales Motiv christlicher Lebensanschauung.

Wenn die christliche Mission, mit der Schweitzer in Afrika anfangs zusammenarbeitete, zunächst Bedenken geäußert hatte, mit ihm in Verbindung zu treten[497], so wird das mancher, der davon liest, sonderbar, kleinlich, vielleicht gar ein wenig lächerlich finden. Wer so denkt, zeigt indessen nur, wie sehr er sich selbst bereits vom Geiste eines lebendigen Christentums entfernt hat. Solche Bedenken können nur demjenigen unbegründet erscheinen, der mit dem Christentum als Gesamterscheinung und seinem Kerngehalt nicht mehr ernsthaft rechnet. Wer, ganz gleich, wie er sich selber persönlich dazu stellt, das Christentum ohne mehr oder minder willkürliche Eingriffe und Abstriche nimmt und es das sein läßt, was es sein will, kann nicht anders urteilen, als daß Albert Schweitzer,

---

495 KJ S. 62.
496 *Rolffs:* Schweitzer, S. 243.
497 LD S. 98 f.

ein Jünger Jesu der Tat, ein Apostel der Nächstenliebe in unserer Zeit wie kaum ein zweiter, dem nichtgläubigen, letztlich ungesicherten, den Menschen auf sich selbst stellenden modernen Denken viel näher steht als dem vom christlichen Glauben bestimmten und getragenen. Seine so überaus eindrucksvolle Nachfolge Jesu ist doch tatsächlich ganz freier, autonomer Art, wie ja sein Entschluß, den Weg des praktischen Dienens zu gehen, eben nicht in einem spezifisch religiösen Erleben, sondern, jedenfalls entscheidend, in seinem sittlichen Ernst wurzelt.[498] Dadurch wird diese aus Autonomie hervorgehende Nachfolge Jesu doppelt eindrucksvoll, daß hier alle glaubensmäßigen Vorstellungen und Antriebe, wie sie für Jesus maßgebend waren, fortfallen[499] und der Idealismus ein Werk vollbringt, das bei Jesus dem intensivsten Glauben an Gott und sein Eingreifen in den Lauf dieser Welt entsprang.

Der Jesus, zu dem Schweitzer sich hingezogen fühlt, ist ohne Frage nicht der Christus des Glaubens. Wenn Schweitzer die Persönlichkeit Jesu für »eine weitgehende Bereicherung« »unserer Religion« erklärt[500], so muß diese Formel auf die Glut des gläubigen Bekenntnisses »Christus ist mein Leben« (Phil 1,21), »in welchem verborgen liegen alle Schätze der Weisheit und der Erkenntnis« (Kol 2,3), geradezu wie ein kalter Wasserstrahl wirken. Es gibt kaum etwas Verräterischeres als den relativistischen, eine Vielheit von Werten geltenlassenden Begriff der Bereicherung an einer Stelle, wo die absolute Einzigkeit der *einen* Perle gefordert ist, um derentwillen aller übrige Besitz verkauft wird. Ein solcher Relativismus hat schwerwiegende Konsequenzen. Tatsächlich finden wir nicht nur die Hoffnung auf eine endgültige und totale Zukunftslösung durch den kommenden Herrn bei Schweitzer eliminiert, sondern auch die in der Vergangenheit liegende Grundlage des Glaubens an den Jesus, der in der Auferstehung zum Christus wurde, zu dem Erhöhten, der nun für immer gegenwärtig ist bei den Seinen. Und kaum weniger deutlich als hinsichtlich des Christusproblems zeigte sich auch beim Gottesproblem, daß Schweitzers Denken nicht mehr mit den wesentlichen Grundgedanken der christlichen Glaubenswelt übereinstimmt. Der Gott, den man in Schweitzers Schriften genannt findet, ist himmelweit entfernt von dem, dessen Macht und Wirken und dessen Liebe und Gnade der christliche Glaube bekennt: den Herrn über Sünde und Tod. Für jeden, dem das Christentum mehr bedeutet als sittliches Leben, für den, der weiß, daß der Glaube nicht als nebensächlich daraus herausgelöst werden kann und daß dieser Glaube immer auch bestimmte weltanschauliche Voraussetzungen, ein Mindestmaß an metaphysischen Vorstellungen

---

498 Das wurde auf theologischer Seite sehr richtig (an der eben erwähnten Stelle) von *Rolffs* betont, der selbst keineswegs strenggläubig oder gar engherzig dachte. Dagegen meinte noch wieder *Kantzenbach* (S. 30) »ohne Beachtung von Schweitzers religiöser Bindung« komme »man bei der Erklärung dieser Lebensentscheidung schwerlich aus«.
499 *Kraus,* S. 10.
500 LJ S. 634.

und historischen Urteilen enthält, kann es keinem Zweifel unterliegen, daß die Grenze christlichen Denkens von Schweitzer längst überschritten worden ist, und zwar eben nicht etwa nur die Grenze des alt- oder strenggläubigen Christentums, oder wie immer man es nennen will, auch ein sogenanntes »freisinniges« oder »Freies Christentum« hat Schweitzer offensichtlich hinter sich gelassen. Wo Jesus nur noch als sittlicher Wille gilt, wo der Gedanke an ihn ausschließlich Impulse sittlicher Art geben soll und wo ebenso Gott lediglich als »Wille der Liebe in unserem Herzen« erlebt und verstanden wird, da kann von Christentum nicht nur nicht im ursprünglichen, vollen und eigentlichen Sinne des Wortes, sondern im Grunde genommen überhaupt nicht mehr die Rede sein.[501]

Niemand wird ein Interesse daran haben und so geschmacklos sein, hier den Ketzerrichter zu spielen und an Albert Schweitzer einen Schnitt vollziehen wollen, den er selbst nicht ausgeführt zu sehen wünschte. Im Bereiche des innersten Lebens und Wesens gilt selbstverständlich die von Schweitzer geforderte Achtung vor der Persönlichkeit, die sich im letzten Grunde nur selbst kennt und sich selbst gehört. Seine geistige Gestalt dagegen, der Denker und der Mensch, wie er sich gab und auch selber dargestellt hat, gehört allen, und er hat so vielfach und gelegentlich, wenn auch nicht immer, so weit- und tiefgehend zu den zentralen Fragen des christlichen Glaubens und Denkens Stellung genommen, daß wir das Recht und die Möglichkeit haben, diese Verhältnisse vollends zu klären und festzustellen, daß die im Titel des Buches von *R. Grabs* zum Ausdruck gelangende Ansicht »Albert Schweitzer, Denker aus Christentum« jedenfalls ein ausgesprochenes Fehlurteil ist.[501a] Der Denker Schweitzer — das darf in aller Bescheidenheit und muß mit aller Entschiedenheit gesagt werden — ist alles andere als christlich. Sein Denken kann, wie gezeigt wurde, weder als wirklich mystisch noch als pantheistisch oder andererseits als theistisch bezeichnet werden, am allerwenigsten aber als christlich, auch wenn er selbst alle diese Begriffe für seinen Standpunkt in Anspruch nimmt. Seine geistige Gestalt, sieht man auf die hauptsächlichen Motive seines Wollens und die Grundzüge seines Denkens, fällt aus der christlichen Glaubenswelt heraus. Die Tatsache, daß die heutige Existenztheologie in der Entleerung und Auflösung christlicher Gehalte noch weiter geht als Schweitzer, kann uns nicht davon abhalten, schon bei ihm die entscheidenden christlichen Glaubensaussagen aufgegeben zu finden. Es mag ja sein, daß Gott sich letztlich — cum grano salis — großzügig über sie hinwegsetzt und alle Menschenkinder, gläubige und ungläubige, an sein Herz drücken wird. Aber da-

---

[501] Die Frage, die *Werner* (Weltanschauungsproblem, S. 120) aufgeworfen hat, ob nicht Schweitzer »für unsere Zeit *der* Apologet des Christentums« sei, kann infolgedessen nur mit einem runden Nein beantwortet werden.

[501a] Auch aus dem neusten Büchlein von *Neuenschwander:* »Denker des Glaubens« ist schwerlich zu erkennen, warum Albert Schweitzer zu ihnen gerechnet wird.

von ist hier nicht die Rede. Die Erörterungen dieses Abschnitts müssen die christlichen Glaubensaussagen ernstnehmen und können dann nicht anders als die erhebliche Distanz des Schweitzerschen Denkens zu ihnen festzustellen.

Indessen, noch einmal zögern wir, dieses Ergebnis als endgültig zu nehmen, im Hinblick nämlich auf Schweitzers persönlichen Lebensstil. Wenn man der ganzen Sonderbarkeit des hier vorliegenden Sachverhalts gerecht werden will, darf man es sich nicht zu leicht machen und wird noch bedenken müssen, daß Albert Schweitzer jeden Tag mit einer Abendandacht im Kreise seiner Mitarbeiter beschloß[502], daß er zusammen mit ihnen einem Geburtstagskind jeweils morgens »Harre, meine Seele« und »Ach, bleib' mit deiner Gnade« gesungen hat[503], daß dieses zweite geradezu sein Lieblingslied war[504] und, was noch mehr als das Singen von Liedern und die Vorliebe für ein bestimmtes Lied besagen will, daß und wie er Tag für Tag das Tischgebet gesprochen hat: »Danket dem Herrn, denn er ist freundlich, und seine Güte währet ewiglich. Amen.« Ein Ohrenzeuge berichtet: »Ich hörte in meinem Leben viele Menschen beten, selten einen, bei dem ein stereotypes Gebet als tagtägliche Formel so innig und überzeugend und gleichzeitig so unpathetisch und ohne falschen Ton über die Lippen kam. Es sind immer die gleichen Worte und sie haben täglich den gleichen Klang, aber das ›denn er ist freundlich‹ kommt jedesmal wie der Ausdruck einer freudigen Überraschung, einer ganz neuen Offenbarung.«[505] Wer noch aus eigener Erfahrung den eindringlichen Ton dieses überzeugt gesprochenen Gebetes im Ohr hat, wird sich über diese Schilderung nicht leichtfertig hinwegsetzen können. Man steht da wirklich vor einem schneidenden Widerspruch; denn als Denker war Schweitzer weit entfernt davon, über einen göttlichen Herrn eine solche Aussage machen zu können, und alles andere als dazu aufgelegt, dessen Freundlichkeit zu rühmen. Dieses erstaunliche, ebenso befremdliche wie ergreifende Festhalten an christlichen Impulsen und Ausdrucksformen kann weder ignoriert noch darf es überschätzt werden. *Picht* meint freilich, dieser Zug zähle mehr als theologische Kritik und philosophische Reflexion. Wir hätten demnach trotz allem hier den eigentlichen, innersten Schweitzer zu sehen und uns anderer Diagnosen zu enthalten. Der Verfasser gesteht gern, daß er oft genug drauf und dran war, vor dem Christentum Schweitzers in diesem

---

502 Von diesen Abendandachten wissen *Joy* und *Arnold* (Schweitzer, S. 104) nur zu sagen, daß sie in »Choralgesang, Schriftverlesung und Gebet« bestanden, während *E. Taap* berichtet, daß in ihnen, von Schweitzer auf dem Klavier begleitet, gesungen, ein ganzes Kapitel gelesen, ausgelegt und gebetet wurde (Tagebuch, S. 118), wobei »der Ton manchmal dozierend klang« (S. 119). Es scheint sogar Diskussionen gegeben zu haben. Es wurde ihm »keineswegs alles kritiklos abgenommen. Es kamen auch Fragen, auch einzelne Einwände« (ebd.).

503 *Taap*, S. 43.

504 *Oswald:* Bery, S. 196.

505 *Brodmann* in: Begegnung (Bähr und Minder), S. 66.

Sinne zu kapitulieren. Aber schließlich geht das doch nicht an, zu vieles und allzu Gewichtiges spricht dagegen. Wenn man etwa seine Zuflucht zu der Formel nehmen wollte: »Mit dem Kopf ein Heide, mit dem Herzen ein Christ«, so würde Schweitzer selbst sie am allerwenigsten billigen, indem er darauf bestand, daß gerade auch sein Denken christlich sei. Nimmt man die Formel jedoch in einem nicht zu einfachen Sinne und vor allem nicht in der Weise, daß ihm dieser Dualismus bewußt gewesen wäre, so läßt sie sich in der Tat zur Beschreibung des vorliegenden Sachverhalts verwenden. Man kommt nicht um die Einsicht herum, daß Schweitzers Einstellung, wo sie die Frucht eines ganz persönlichen Bildungsprozesses, das Ergebnis seines eigenständigen Denkens ist, im Gegensatz steht zu seiner Haltung, soweit dabei das Kollektiverleben, die Herkunft, die Welt der Vorfahren, des Elternhauses, des Heimatdorfes, emotional nachwirkt. Das Christliche und das Nichtchristliche treten hier nicht gleichberechtigt nebeneinander auf und erst recht bildet das Christliche in seinem Leben und Denken nicht den innersten, ureigenen Kreis. Vielmehr zeigt, wenn nicht alles trügt, der nichtchristliche Charakter seiner Lebensanschauung den eigentlichen Schweitzer, während die daneben sich findende »christliche« Haltung, sofern davon in einem abgeschwächten und sehr partiellen Sinne gesprochen werden mag, zwar keineswegs als eine bloße Äußerlichkeit, wohl aber als, dem Bereich der Tradition verhaftet, die ihm weniger eigentümliche, nicht wirklich originale Einstellung anzusehen ist, die allerdings wie alles bei ihm von der Kraft und Wärme seiner Persönlichkeit durchpulst wird und dadurch — bei Absehen von allem anderen — im Augenblick durchaus echt und überzeugend wirkt, ja, von einer Eindruckskraft und einem Reiz ist, denen man sich schwerlich völlig entziehen kann.

Zweierlei darf auf Grund der Erörterungen dieses Abschnittes nunmehr herausgestellt werden. Erstens: Wenn Schweitzer sich zum Christentum, zur Religion Jesu, zum Ziel des Reiches Gottes bekennt, so handelt es sich hierbei um Begriffe, die er sich für den Hausgebrauch gebildet hat und die nicht viel mit den üblichen und wissenschaftlich vertretbaren, im Falle der Religion Jesu von ihm selbst entscheidend miterarbeiteten, gemeinsam haben. Zweitens: Die Anerkennung Jesu als höchste Autorität, der Dank an Gott und ähnliche Wendungen bei ihm erscheinen als emotional bedingte Reste einer Einstellung, die mit der Hauptmasse und den eigentlichen Schwerpunkten seiner geistigen Welt nicht in Einklang zu bringen sind. Die Ehrfurcht vor dem Leben und das Streben nach Einswerden mit dem unendlichen Willen zum Leben sind etwas anderes als der Glaube an Gott, bewußte Christen werden jene niemals mit diesem in eine Linie stellen. Sollte man sich aber auf den Hinweis zurückziehen wollen, eine Erscheinung wie Albert Schweitzer sei nur in einer christlichen Umwelt, auf dem Boden christlicher Herkunft verständlich, so ist das zwar völlig richtig, liegt aber kaum im Sinne einer das Christentum als höchste Norm anerkennenden Denkweise, die den Glauben selbst, nicht nur den allgemeinen Einfluß eines christlichen Kulturerbes im Auge hat. Tatsächlich bildet der Fall Schweitzer ein Musterbeispiel für die Feststellung *Helmut Kuhns*, daß »Haltungen und Gesinnungen die Überzeugungen zu überleben pflegen, denen sie ihren Ursprung verdanken«[506]. Schweitzers Anhänglichkeit an das Christentum ist eine Sache lebendiger Tradition, gemütvoller Pietät, nicht seines gesamten Denkens und seiner innersten Existenz.

Das schließt nicht aus, daß gewisse Anklänge an christliche Motive unverkennbar und immerhin so ernst gemeint sind, daß Schweitzer infolgedessen auch den entschieden außerhalb des Christentums stehenden Zeitgenossen nicht zum Führer auf dem Gebiete der religiösen Weltanschauung zu werden vermag. Den Entschluß zu einem Neuanfang, wie seine Ethik ihn zeigt, läßt er hier vermissen. Obgleich er Denkern, welche die Notwendigkeit zum völligen Abtragen des baufällig gewordenen Gebäudes empfinden und die Bedeutung des Christentums nur noch in sittlicher Beziehung sehen, vielfach sachlich außerordentlich nahekommt, rückt er dann nicht selten doch wieder alles in ein unbestimmtes Licht, das die Vorstellung von seiner Zugehörigkeit zu einer Art freisinnigen Christentums aufrecht hält, so, als ob nur Schalen beseitigt worden wären und der Kern dabei unversehrt geblieben sei. Dieses Verfahren ist gerade im deutschen Geistesleben allzu häufig gehandhabt und allzu sehr abgenutzt worden, als daß man davon noch eine nennenswerte Wirkung erwarten dürfte. Auf diese Weise entsteht eine unbefriedigende Lage. Der Theologe Schweitzer sagt mehr, als der Philosoph Schweitzer verantworten kann, doch reicht dieses Mehr bei weitem nicht aus, um den Anschluß an wirkliche und gar die entscheidenden christlichen Glaubensgehalte zu erreichen. Und wenn Schweitzers Position vom gläubigen Standpunkt aus gesehen nicht mehr eigentlich christlich erscheint, so ist sie es dem bewußt nichtchristlichen immer noch zuviel. Hätte er die Fiktion seiner nach wie vor weiterbestehenden Zugehörigkeit zum Christentum aufgegeben, hätte er sich darauf beschränkt, seine Gedanken zur Welt- und Lebensanschauung, wie es in der »Kulturphilosophie« geschieht, in eigenen Begriffen zu gestalten, und auf den oftmals geradezu quälend anmutenden Versuch verzichtet, sie daneben ins Christliche bzw. Quasichristliche zu transportieren, hätte er seinen Standpunkt etwa in das Licht eines so spröden heroischen Humanismus gerückt, wie ihn Albert Camus vertritt, eine Haltung, auf die einiges bei ihm angelegt ist, so würde er möglicherweise einen noch größeren, vielleicht umwälzenden Einfluß auf das geistige Leben der Gegenwart ausgeübt haben, das ja doch ganz überwiegend nicht mehr christlich genannt werden kann. Was würde einer Zeit, die zwar auch durch Aufgeschlossenheit und ehrliches Suchen einzelner Menschen und kleinerer Kreise, mehr aber durch Oberflächlichkeit, Gedankenlosigkeit, dumpfen Konformismus oder leeren

---

[506] *Kuhn:* Europa, S. 906.

Antikonformismus und blinden ideologischen Eifer hier, durch Unklarheit und tiefe Ratlosigkeit dort gekennzeichnet ist, einer Zeit, in der einer unbestreitbaren Vertiefung und Erstarkung des christlichen Selbstverständnisses und Selbstbewußtseins eine Infragestellung der Fundamente des christlichen Glaubens (nicht nur durch die außerchristlichen Gedankenströmungen und Tendenzen, sondern nicht unerheblich, ja, fast noch mehr durch die Theologie selbst) gegenübersteht, während die Philosophie sich vielfach entweder in dunklem Gestammel oder in bloßen Bestandsaufnahmen und logischen Analysen ergeht, der Rat und Einfluß eines so verantwortungsbewußten und mutigen, redlichen, schlichten, dabei in mancher Hinsicht auch tiefen und fruchtbaren Denkers bedeuten können! Und wie sehr wäre den Gruppen und Richtungen, die nicht wie die christliche Welt über einen reichen Schatz an Tradition — Ideen, Formen, Persönlichkeiten — verfügen, ein solcher Mann zu gönnen gewesen! Doch erübrigt es sich, diesem Wunsche in Gedanken nachzuhängen. Seine elsässische Heimat hat Schweitzer verlassen, um den Negern am Äquator Afrikas in ihrer leiblichen Not beizustehen. Man würde zu viel von ihm verlangt haben mit der Zumutung, er hätte auch noch den letzten Zusammenhang mit seiner seelischen Heimat aufgeben sollen, um eine umfassendere Aufgabe an den geistig suchenden Menschen der Gegenwart zu übernehmen. Das unverkennbare Bestreben einerseits, seinen Standpunkt immer noch als ein wenn auch stark vergeistigtes Christentum aufzufassen, auf der anderen Seite seine agnostizistische Grundeinstellung und die durchgehende Beschränkung auf die Dimension des Sittlichen, mag man sie nun für einen Mangel oder einen Vorzug halten, mußten jedenfalls in dieser Hinsicht die Grenze seiner Wirkungsmöglichkeiten bilden. Albert Schweitzer war bei aller geistigen Energie und Konsequenz in besonderem Maße ein Mensch mit seinem Widerspruch, ein Mensch vor allem auch zwischen den Zeiten, ein Wanderer zwischen verschiedenen geistigen Welten. So sehr er der Vernunft und dem Zusammenhang der Religion mit dem Denken das Wort redet, so unmißverständlich sagt er doch auch wieder dem logischen und rein sachlichen Denken ab und empfiehlt den Weg, der »in das Land der Naivität und Paradoxie« führt[507]. Darin zeigt sich eine letzte Unsicherheit, welche die Verbindung mit dem Christentum nicht ganz abreißen lassen wollte, ohne daß doch seine Bemühungen als Denker ihn zum christlichen Glauben zurückzuführen vermochten. Die hier zutage tretende Unausgeglichenheit und Spannung hat Schweitzer nicht überwunden, so daß ihm — trotz seiner weltweiten moralischen Autorität und der von ihm ausgegangenen wertvollen Anregungen für das sittliche Leben — in Sachen der Religion und Weltanschauung weder bei Christen noch Nichtchristen ein wirklich bestimmender Einfluß beschieden war.

Daß ein so scharfsinniger und radikaler, namentlich auch zu prakti-

---

[507] CW S. 49.

schen Konsequenzen bereiter Geist über einen so wichtigen Punkt wie seine Entfernung vom Christentum selbst so wenig zur Klarheit gekommen und über eine zweideutige oder zwiespältige, widerspruchsvolle Haltung nicht hinausgelangt ist, jedenfalls den sachlich unvermeidlichen Schnitt nicht bewußt und entschieden vorgenommen hat, erscheint verwunderlich, wenn auch nicht ganz unbegreiflich. Es dürften hierbei verschiedene Gesichtspunkte zu berücksichtigen sein: abgesehen von der erwähnten sachlichen Berührung hinsichtlich des Liebesgebotes wird man vor allem zu denken haben an die seit dem Deutschen Idealismus in unserem Geistesleben herrschende Tendenz und Gepflogenheit, das Christentum stark zu biegen und sogar völlig zu verbiegen, ohne jedoch, auch bei einer schließlich durchaus andersartigen Position, wirklich mit ihm brechen zu wollen[508], ferner an die besondere elsässische Atmosphäre eines milden Rationalismus und den freisinnigen Protestantismus des Elternhauses. Dazu kommt schließlich noch eine sehr wichtige persönliche Eigenschaft, seine überaus starke Anhänglichkeit und Treue, die tief in seinem Wesen verankerte Pietät. Sie ist sogar Sachen, bloßen Gebrauchsgegenständen gegenüber in einem ganz seltenen Maße bei ihm ausgeprägt. Ein Besucher Lambarenes berichtet die folgende ungemein bezeichnende kleine Begebenheit: »Eines Abends, als er auf mein Zimmer gekommen war, vergaß er beim Weggehen seinen Hut. Als ich ihm diesen am nächsten Morgen zurückbrachte, sagte er: ›Wie froh bin ich, den Hut wieder zu haben. Wenn ich ihn verlegt habe, fürchte ich immer, ich hätte ihn verloren. Dieser verblichene braune Filzhut ist mir ein Freund. Viel hat er in den langen Jahren, in denen wir zusammen sind, mit mir erlebt. Ich lasse nicht von ihm. Für Gelegenheiten, in denen ich einen untadeligen Hut tragen muß, habe ich einen neuen gekauft. Aber dieser darf sich deswegen nicht abgesetzt vorkommen. Wo es irgend angeht, wird er getragen. Jedesmal wenn ich nach Europa komme, wird er aufgebügelt und mit einem neuen Band ausgestattet, damit er sich noch sehen lassen kann.‹ «[509] Ein anderer Besucher beschreibt Schweitzers Choralspiel auf einem alten baufälligen Klavier bei der Abendandacht: »Ein neues Klavier steht drei Meter weiter — er konnte sich bis heute nicht entschließen, dem alten die Treue zu brechen, und ich glaube, alles, was man Albert Schweitzer als angebliche Rückständigkeit vorwirft, ist einfach Treue zum Hergebrachten, zu Menschen und Tieren und Dingen, die sich seine Treue durch Treue verdienten.«[510] Man braucht keineswegs den abgetragenen und den neuen Hut und das alte und neue Klavier mit Schweitzers überkommenem Christentum einerseits und seiner persönlich erworbenen Welt- und Lebensanschauung andererseits vergleichen

---

[508] Vgl. *H. Groos:* Idealismus.
[509] *Joy* u. *Arnold*, S. 80. — »Sein von ihm unzertrennlicher alter Hut« wurde ihm auch mit in den Sarg gelegt (*Dinner:* Abschied, S. 4).
[510] *Brodmann* in: Begegnung (Bähr u. Minder), S. 68.

zu wollen, um dafür eine und dieselbe seelische Wurzel zu finden. Nicht als Behauptung einer zwingenden Ableitung, doch im Sinne eines einsichtigen Zusammenhangs genommen, liegt diese Betrachtung jedenfalls nahe, erscheint es verständlich, daß eine so starke gefühlsmäßige Bindung an Altvertrautes sich auch im Verhältnis zur Religion der Vorfahren und der eigenen Kindheit und Jugend geltend macht. Auch von ihr »läßt er nicht«. Gefühl und Wille halten an dem fest, wovon die selbständig gebildeten Ansichten des Denkers sich längst weit entfernt haben. *Diese* Zweigleisigkeit, bei der das »Christliche« nicht eine vollgültige oder gar dem rationalen Denken überlegene Überzeugung, sondern lediglich ein emotional bedingtes Nachklingen darstellt, dürfte viel wahrscheinlicher und auch erträglicher sein als die Annahme einer zweifachen Wahrheit im eigentlichen Sinne, einer Wahrheit des agnostizistischen und einer Wahrheit des religiösen Denkers, von dem wir annehmen sollen, daß er im Ernst bei dem Gott seines Kinderglaubens stehen geblieben sei.

Als ein Nachklingen wird man es auch aufzufassen haben, wenn Schweitzer etwa ein von ihm erbetenes Gutachten über die große Arp-Schnitger-Orgel von St. Jacobi in Hamburg mit dem Wunsche schließt, es möge der Kirchenbehörde gelingen, »mit Gottes Hülfe die Mittel zur definitiven Erhaltung des herrlichen Werkes« aufzubringen.[511] Einer solchen Schreibweise liegt sicherlich nicht die Meinung zugrunde, daß Gott mit Rücksicht auf die Bedeutung dieser Orgel ein übriges tun werde. Ebensowenig ist die »Hülfe Gottes« umgekehrt als eine aus reiner Höflichkeit oder Diplomatie der Kirchenbehörde gegenüber eingestreute bloße Floskel zu verstehen. Vielmehr dürfte ihn sein durch den Zusammenhang mit der Tradition atmosphärisch bestimmtes Stilgefühl dabei geleitet haben. Die Äußerung fließt ihm also, indem er sich für die Erhaltung der durch »die Erinnerung an Bach geheiligten Orgel« einsetzt, unwillkürlich in die Feder. Sie wird ihm also mehr als eine gedankenlose Gewohnheit, zugleich aber sehr viel weniger als eine Glaubenssache gewesen sein. In Schweitzer war die Heimatliebe, auch im Verhältnis zu seiner geistigen Heimat, besonders stark ausgeprägt. Das ändert jedoch nichts daran, daß sein Denken ganz eigene Wege gegangen ist, die ihn weit von seinem Ausgangspunkt entfernt haben. Mehr als Vermutungen über die Natur der auffallenden christlichen Restbestände in gewissen Äußerungen lassen sich nicht anstellen, aber ungefähr in der angedeuteten Richtung dürfte die Erklärung zu suchen sein. Eine Alternative dazu ist jedenfalls nicht ersichtlich.

Mit dem beschriebenen Dualismus zwischen dem Nichtchristlichen und dem Christlichen hebt Schweitzer sich deutlich ab von dem Verfahren mancher deutscher Denker, die auch bei völligem Abrücken von einer christlichen Lebensanschauung oder gar der ganzen christlichen Glaubenswelt irgendwelche von ihnen bejahte abstrakte Ideen und Prinzipien als christlich auszugeben oder wenigstens in einen gewissen, meistens recht künstlichen Zusammenhang mit dem Christentum zu bringen pflegen. Bei Schweitzer ist es genau umgekehrt: in seinem selbständigen

511 *Stoob:* Schweitzer, S. 91.

Denken folgerichtig zu neuen Ufern strebend, bewahrt er einigen, wenn auch nicht den zentralen christlichen Motiven und Formen als Mensch die Treue, eine Haltung, die wie gesagt mehr mit dem Begriff der seelisch-geistigen Heimat als mit einem eigentlichen Wahrheitsanspruch für derartige Aussagen und Gehalte zu tun hat, aber, trotz eines dadurch in ihm entstehenden unverkennbaren Zwiespalts, als zu seiner zweiten Natur gehörend subjektiv echt wirkt.

Aber wenn Schweitzer an einer letzten Klärung in dieser Hinsicht nichts gelegen war, so bleibt doch am Ende unausweichlich die Frage, vom Christlichen ganz abgesehen, nach dem Verhältnis einer erstens agnostizistischen, zweitens im Blick auf Zustand und Wesen der Welt weitgehend pessimistischen und drittens derart dominierenden sittlich-aktivistischen Einstellung zur religiösen überhaupt. *Eduard Spranger* hat in einer Betrachtung über das, was er »Weltfrömmigkeit« nennt, neben die »Stimmungsreligion« etwa Schleiermachers oder Rilkes die »Religion der Tat« gestellt und sie am Beispiel Friedrichs des Großen verdeutlicht: »Da ist eine Sicherheit im Ungesicherten, eine Gläubigkeit gegen das Unoffenbarte, ein Opfer für den unbekannten Gott, die alle in vollem Maße als fromm bezeichnet werden dürfen. Auch dies ist Weltfrömmigkeit. Mit bedeutsamer Abwandlung eines Wortes von Lessing könnten wir von ihm sagen: Laßt uns auch bekennen, daß es ein heroischer Gehorsam ist, die Gesetze Gottes beobachten, bloß weil es Gesetze des eigenen Mutes sind, während der Gott, der Mut und Welt geschaffen hat, im völligen Dunkel bleibt.«[512] In gewisser Hinsicht läßt sich die Haltung Schweitzers nicht besser beschreiben als mit diesen Worten, obgleich Spranger dabei an ihn gar nicht dachte, und zwar, wie man sagen muß, mit Recht nicht an ihn gedacht hat; denn nach der Schilderung der einzelnen Richtungen innerhalb der Weltfrömmigkeit faßt er deren Wesen folgendermaßen zusammen: »Das ganze Dasein erscheint der Weltfrömmigkeit in mildem Glanz. Es gibt nirgendwo das Dunkel fürchterlicher Abgründe. Nirgends geht ein absoluter Riß durch diese Welt. Man bewegt sich in ihr mit einem optimistischen Vertrauen.«[513] Hier wird vollkommen deutlich, daß und weshalb Schweitzer trotz der nahen Berührung mit ihr in den Zusammenhang der »Weltfrömmigkeit« nicht eigentlich hineingehört: das Dunkel, der Riß, den sie nach Spranger nicht kennt, der Verzicht auf weltanschaulichen Optimismus ist ja für Schweitzers Denken durchaus bestimmend. Insofern ist die resignierte Lebensanschauung Schweitzers für unsere Zeit von ungleich größerer Aktualität als die von Spranger gezeichnete von Harmonie erfüllte Weltfrömmigkeit. Umso wichtiger und dringlicher wird damit aber auch die soeben genannte Frage: Welche Möglichkeiten bestehen für das Religiöse auf dem Boden einer agnostizistischen und bis zu

---

[512] *Spranger:* Weltfrömmigkeit, S. 18.
[513] S. 24.

einem gewissen Grade sogar pessimistischen, jedenfalls ganz ungesicherten, im wesentlichen auf das Sittliche beschränkte Haltung? Kann eine solche überhaupt noch religiöser Art sein? Wir werden später darauf zurückkommen müssen. Von Schweitzer selbst wird diese Frage nicht mehr gestellt, geschweige denn weiter verfolgt oder gar ausdrücklich beantwortet. Sein letztes Interesse gilt immer und überall dem im Denken begründeten sittlichen Tun.

DRITTES KAPITEL

Kulturphilosophie und die Ethik der Ehrfurcht vor dem Leben

Von allen seinen schriftstellerischen Arbeiten hat Schweitzer die Kulturphilosophie wohl am meisten am Herzen gelegen. Kulturkritische Überlegungen, insbesondere Zweifel an der herrschenden »Meinung, daß die Menschheit in einer sicheren Entwicklung des Fortschritts begriffen sei«, hatten ihn schon seit seinen ersten Universitätsjahren beschäftigt[1], und die Frage, worin wahre Kultur bestehe und wie sie zu verwirklichen sei, brannte ihm mehr als alle anderen auf den Nägeln. In der Ausführung dieses Werkes erblickte er deshalb einen wesentlichen Teil seiner Lebensaufgabe.

So sehr sein persönliches Anliegen, hatte das Werk doch auch seine äußeren Schicksale in einem noch betonteren Sinne, als man sie Büchern im allgemeinen zuzuschreiben pflegt. Schon daß der vielbeschäftigte Arzt und Spitalerbauer sich auf die kulturphilosophische Arbeit konzentrieren konnte und es zur Niederschrift kam, war durch einen äußeren Umstand bedingt, durch das im Ersten Weltkrieg von den Franzosen über ihn als Deutschen zeitweise verhängte Verbot, seine Tätigkeit im Spital auszuüben. Am zweiten Tag seiner Internierung begann der rastlos Tätige die Arbeit an der Kulturphilosophie. Als er dann 1917 als Zivilgefangener aus Lambarene nach Europa abgeführt wurde, vertraute er die Skizzen, um sie sich nicht bei irgendeiner Visitation abnehmen lassen zu müssen, einem amerikanischen Missionar an, der »das schwere Paket am liebsten in den Fluß geworfen hätte, weil er Philosophie für unnötig und schädlich hielt«, der es aber »aus christlicher Liebe« aufbewahrte. Um auf alle Fälle etwas zu retten, machte Schweitzer in zwei Nächten einen Auszug in französischer Sprache, »der die Hauptgedanken des Ganzen und die Disposition der bereits ausgearbeiteten Teile enthielt«. Damit das Manuskript den Zensoren unverdächtig erscheine, gab er ihm »durch entsprechende Kapitelüberschriften das Aussehen einer geschichtlichen Studie über die Renaissance«, und wirklich erreichte er damit, daß es »der ihm drohenden Konfiskation entging«.[2] 1923 erschienen die beiden ersten des auf vier Teile angelegten Werkes[3], der schmale Band »Verfall und Wiederaufbau der Kultur« und der Hauptteil »Kultur und Ethik«. Nicht als Kriegseinwirkung, aber tatsächlich noch bedrohlicher

[1] LD S. 126.
[2] S. 142.
[3] KE S. XXI.

machte sich das Schicksal bei der Fortsetzung der Arbeit geltend, indem das Manuskript den Appetit einer der Lieblingsantilopen Schweitzers, mit der er sein Zimmer teilte, erregte — angesichts der auf jenen Blättern befürworteten Haltung des Menschen den Tieren gegenüber ein Vorgang, der einer tragikomischen Note nicht entbehrt.

Man könnte meinen, daß schließlich auch die Vollendung bzw. Nichtvollendung des Werkes durch einen äußeren Umstand entscheidend beeinflußt worden sei, durch seinen Hauptberuf, der ihn nur einzelne, für diese Aufgabe nicht ausreichende Stunden freigab, so daß die Arbeit immer wieder ins Stocken geriet. Indessen mögen hierfür auch noch andere Gründe verantwortlich sein, so vor allem im hohen Alter wohl eine verminderte Gestaltungskraft[4a]. In Betracht gezogen worden ist auch, daß Schweitzer an einer wichtigen Stelle vielleicht Schwierigkeiten seiner Position bemerkt hat, ohne sie überwinden zu können.[4b] Hieran könnte richtig sein, daß ihm die konkrete Weiterführung seiner grundsätzlichen Anschauung möglicherweise Schwierigkeiten gemacht hat, obgleich dies nicht sehr wahrscheinlich ist. Ganz unwahrscheinlich ist jedenfalls, daß er den Grund einer solchen Schwierigkeit in seinen eigenen Anschauungen erkannt haben sollte, das würde seiner durchweg sehr verfestigten Haltung in den Hauptpunkten einer einmal von ihm eingenommenen Position auf allen Gebieten widersprechen. Möglich wäre auch, daß es »ihm nicht mehr so notwendig« erschienen ist, »ein nach europäischen akademischen Begriffen wissenschaftlich geschlossenes System der Kulturphilosophie« vorzulegen. Stattdessen hat er in einer »ständig anschwellenden Korrespondenz mit großenteils ihm persönlich unbekannten Menschen aller Schichten und Völker« seinen Gedanken Ausdruck gegeben[5a]; denn für ihn »war von jeher die direkte Einflußnahme auf den Einzelnen das Wichtigste«[5b].

Obgleich der Verfasser dieser Ausführungen eigentlich nicht mehr wesentlich Neues erwartete, hat er Jahr um Jahr der Vollendung und des Erscheinens geharrt, zumal ihm vom Verlag des Werkes im Jahre 1954 auf Grund einer Auskunft Albert Schweitzers selbst mitgeteilt worden war, daß dieser »den dritten Teil seiner Kulturphilosophie nun fertiggestellt hat und nur noch einer letzten Überarbeitung unterziehen möchte«. Nach seinem Tode stellte sich der Sachverhalt bei weitem weniger günstig dar. Auf einer Generalversammlung der Internationalen Vereinigung des Spitals Albert Schweitzer in Straßburg 1967 gab *R. Minder* bekannt, der letzte (d.h. dritte[5c]) Teil umfasse »3000—4000 Blätter«, »die zum großen Teil Tagesnotizen sind und deren Veröffentlichung keine leichte Aufgabe sein wird«[6a], und *H. Baur*, Basel, berichtete von »zahl-

[4a] *Minder* in: Baur, Albert Schweitzer Gespräch, S. 57.
[4b] O. *Spear* in seinem Diskussionsbeitrag zum Albert-Schweitzer-Gespräch in Basel 1967 (s. unter: Baur), S. 59.
[5a] *E. R. Jacobi* in: Baur, S. 56 f.
[5b] *Minder*, S. 57.
[5c] Die Ausführung des ursprünglich geplanten vierten Teiles (über den Kulturstaat) war, wie man hörte, schon seit langem aufgegeben.
[6a] Neue Zürcher Zg, Nr. 258 vom 20. 1. 1967.

reichen Skizzen und mehr oder weniger ausgeführten Entwürfen«, die »nicht druckreif« seien und »eine langwierige Sichtung« erheischten.[6b] Nach dem letzten Bericht, von *J. Zürcher,* liegt u. a. doch ein durchpaginiertes Manuskript von fast 400 Seiten vor, das für den vierten Band der Schriften aus dem Nachlaß vorgesehen ist.[6c] Diese Mitteilung konnte den Verfasser des vorliegenden Buches nicht mehr veranlassen, die Veröffentlichung um weitere Jahre hinauszuschieben, da sie bereits vertraglich festgelegt war und der Beginn des Satzes unmittelbar bevorstand.

I. Kulturkritik und Kulturphilosophie

Um die in »Verfall und Wiederaufbau der Kultur« gebotene Kulturkritik würdigen zu können, muß man bedenken, daß Schweitzer Erkenntnisse und Urteile, die heute weitgehend Gemeingut geworden sind, durch eigene, schon mit der Jahrhundertwende einsetzende Beobachtungen und Überlegungen gewonnen hat. Durch zweierlei zeichnet sich seine Stellungnahme aus, erstens, wie stets, wenn er eine solche Bestandsaufnahme und Lagebeurteilung gibt, durch die besondere Einfachheit, Klarheit, Übersichtlichkeit, und zweitens durch »die Nachdrücklichkeit jeder Äußerung«[7]. Im Epilog der Selbstdarstellung spricht er von seinem Bewußtsein, »in eine Zeit des geistigen Niedergangs der Menschheit hineingeboren« zu sein.[8] Von dieser Einsicht geht seine Kulturkritik aus: »Nun ist für alle offenbar, daß die Selbstvernichtung der Kultur im Gange ist.«[9] Neben diese allgemeine Feststellung tritt die nähere Bestimmung: »Das Verhängnis unserer Kultur ist, daß sie sich materiell viel stärker entwickelt hat als geistig. Ihr Gleichgewicht ist gestört«[10], eine These von grundlegender Bedeutung, mit welcher Schweitzer fast allerseits Zustimmung gefunden hat.[11]

Bei der Darlegung der »kulturhemmenden Umstände in unserem wirtschaftlichen und geistigen Leben« ist für Schweitzer die Anschauung maßgebend: »Die Fähigkeit eines Menschen, Kulturträger zu sein, d. h.

[6b] Schweizerisches Reformiertes Volksblatt, Jg 100, 1966, Dez.
[6c] *Zürcher:* Nachlaß, S. 17.
[7] *W. Picht,* S. 95.
[8] LD S. 189.
[9] VW S. 2.
[10] KE S. 2.
[11] Eine Ausnahme bildet *Karl Jaspers.* Die Ansicht, »die technische und die ethische Entwicklung haben nicht miteinander Schritt gehalten; heute muß man die vernachlässigte ethische Entwicklung nachholen« erklärt er für »geradezu falsch, weil sie Wesensverschiedenes unter den gleichen Fortschrittsgedanken und die Form des zu Machenden bringt« (Atombombe, S. 238). Aber sowenig der Fortschrittsgedanke dem Gesamtphänomen der Kultur angemessen ist, worauf später noch zurückzukommen sein wird, der technische und der sittliche Bereich dürften doch in der Tat das gemeinsam haben, daß in ihnen das willensbedingte Können vorherrscht und insofern die Möglichkeit des Fortschritts gegeben ist.

Kultur zu begreifen und für die Kultur zu wirken, hängt« »davon ab, daß er zugleich ein Denkender und ein Freier ist.« »Bei dem modernen Menschen aber ist sowohl die Freiheit als die Denkfähigkeit herabgesetzt.«[12] Der erste negativ zu bewertende Umstand besteht näherhin in der Verminderung der Zahl an »unabhängigen Existenzen«. »Aus dem Handwerksmeister wird der Fabrikarbeiter« usw. Verstärkt wird die sich herausbildende Unfreiheit durch die immer mehr zunehmende Anhäufung der Menschen im Erwerbsleben. »Das paradoxe Wort, daß mit dem Verlust des eigenen Ackers und der eigenen Wohnstätte das abnorme Leben beginnt, enthält nur zuviel Wahrheit.«[13] Zu dem fortschreitenden Abhängigwerden kommt zweitens die Überanstrengung, die »Überbeschäftigung des modernen Menschen«, die das Geistige verkümmern läßt. Die Folge davon sind das Bedürfnis nach äußerlicher Zerstreuung und der Geist der Oberflächlichkeit, der auch die Geselligkeit erfaßt. Der Mensch wird ein »Nichtdenkender«[14]. Der dritte ungünstige Umstand der modernen Kultur besteht in der durch die Arbeitsteilung bewirkten Spezialisierung, welche die »persönlichkeitsbildenden Kräfte« beeinträchtigt. »Der Handwerker von heute versteht seinen Beruf nicht mehr so von Grund auf wie sein Vorgänger.« »Das Schöpferische und Künstlerische in ihm verkümmert.«[15] Dadurch geht das Selbstbewußtsein, das aus einer die ganze Persönlichkeit zum Einsatz bringenden Arbeit entsteht, verloren. »Der Unfreie, Ungesammelte und Unvollständige« (d. h. der dem Spezialistentum der Arbeitsteilung Unterworfene) »ist aber zugleich noch in Gefahr, der Humanitätslosigkeit zu verfallen.«[16] Mit diesem vierten Punkt ist nicht etwa die Humanität in ihrem umfassenden Sinne gemeint, sondern vor allem ein bestimmter einzelner Sachverhalt: der Verlust der unmittelbaren Bezogenheit auf den Mitmenschen, »das Benehmen der absoluten Indifferenz«, »die gegen Unbekannte auf jede Weise betonte Unnahbarkeit und Teilnahmslosigkeit«.[17] »Durch das Zusammenarbeiten und Zusammenwohnen mit vielen auf engem Raum kommen wir fortwährend und in mannigfachster Weise als Fremde mit Fremden zusammen.« »Die uns auferlegte Beschränkung in der Betätigung des natürlichen Menschentums« »läßt uns unser unpersönliches Verhalten nicht mehr als etwas Unnatürliches empfinden.« »Die Affinität zum Nebenmenschen geht uns verloren.«[18] In einem anderen Zusammenhang versteht Schweitzer das Inhumane freilich auch in einem weiteren und wohl noch schwerwiegenderen Sinne, als Gesinnung der reinen »Sachlichkeit«, wie sie sich mehr und mehr aus-

[12] VW S. 9.
[13] S. 10.
[14] S. 11.
[15] S. 13.
[16] S. 14.
[17] S. 15.
[18] S. 14.

breitet, eines Denkens, das in zunehmendem Maße die überpersönlichen Zwecke über das Interesse der einzelnen Menschen stellt und Schweitzer insofern als unethisch und eben auch inhuman gilt.[19] Dazu kommt noch fünftens die Überorganisation unserer öffentlichen Verhältnisse, die deshalb bedenklich ist, weil »von einem gewissen Punkte ab das äußere Organisieren auf Kosten des geistigen Lebens geht«.[20] »In ganz eigenartiger Weise geht der moderne Mensch in der Gesamtheit auf. Dies ist vielleicht der charakteristischste Zug an seinem Wesen.« Er hört schon fast auf, »ein geistiges Eigendasein zu führen«[21]. Schweitzer meint geradezu, daß wir »in ein neues Mittelalter eingetreten« sind. So »ist die Denkfreiheit außer Gebrauch gesetzt, weil die Vielen sich das Denken als freie Persönlichkeiten versagen und sich in allem nur von der Zugehörigkeit zu Gemeinschaften leiten lassen«.[22]

Man wird die Akzente im einzelnen etwas anders verteilen, z. B. die Großstadt in gewisser Beziehung weniger ungünstig beurteilen können, insofern die Vielheit und Verschiedenheit der sich hier begegnenden Interessen und Ansichten zweifellos auch eine günstige Voraussetzung für die Kultur darstellen und das nur in ihr mögliche Leben der Anonymität, der Abgeschiedenheit und Innerlichkeit manchem geistig schöpferischen Menschen besonders zuträglich ist. Man müßte umgekehrt die negativen Auswirkungen der Arbeitsteilung, ohne ihre Vorteile und Unentbehrlichkeit im mindesten zu bestreiten, vor allem die daraus folgende, durch keine Vergünstigung wettzumachende mangelnde Befriedigung bei der Arbeit erheblich stärker betonen, als Schweitzer es tut. Es handelt sich ja auch nicht nur um einen bloßen Mangel an Befriedigung, sondern bei stark mechanisierten Arbeitsprozessen um das Auftreten mehr oder weniger schwerer eigentlicher Schäden psychischer und sogar körperlicher Art infolge der Monotonie.

Andererseits wäre anzumerken, daß heute die verhältnismäßig selbständig Arbeitenden in der Regel zeitlich am meisten belastet sind, so daß die Überbeschäftigung keineswegs einfach proportional der verminderten Unabhängigkeit ist. Es wäre auch festzustellen, daß das, was man die Vermassung genannt hat, nicht nur aus der Überorganisation entspringt, sondern tiefer und weiter verwurzelt ist, jedenfalls doch wohl ein überwiegend unabhängiges Merkmal der Kulturkrise ausmacht.

Vor allem aber ist zu fragen, ob Schweitzer nicht einige wesentliche Faktoren des kulturellen Niedergangs übersehen hat. Schon ein Rezensent meinte seinerzeit, daß Schweitzer »vor einem großen Kulturzerstörer beide Augen schließt: dem wuchernden, zwecksetzenden analytischen Intellekt«.[23] In dieser Form ist die Beanstandung sicherlich über-

---

[19] KE S. 8. 255 ff. — Vgl. *H. J. Meyer:* Analyse, S. 518 f.
[20] VW S. 16.
[21] S. 17.
[22] S. 18.
[23] *Emmel:* Besprechung, S. 295.

trieben und auch schief; denn der analytische Verstand ist ja zunächst und überwiegend etwas sehr Positives. Dennoch dürfte damit ein nicht zu unterschätzender Gesichtspunkt berührt werden, insofern ein Übermaß an Intellektualismus, namentlich in Verbindung mit einer extrem individualistischen Einstellung, Ausdruck oder Ankündigung einer gewissen Dekadenz sein kann. Wo nämlich der Gebrauch der Freiheit und die Ausbildung einer individualistischen Gesinnung so weit gesteigert werden, daß jede Unterordnung unter überpersönliche Werte und Ziele, gemeinschaftliche Aufgaben, öffentliche Einrichtungen, allgemein verbindliche Gesetze, wo überhaupt die Fähigkeit und Bereitschaft zur Unterordnung verlorengehen, da ist ein Prozeß der Zersetzung im Gange, der über kurz oder lang zur Auflösung zu führen droht. Hiervon ist bei Schweitzer sonderbarerweise gar nicht die Rede. Das erscheint um so auffallender, als er auf der anderen Seite nicht unerhebliche Einschläge eines konservativen Denkens zeigt. So ist ja das unverkennbare Bedauern über jenes Schwinden bestimmter sozialer Zustände und Verhältnisse der Vergangenheit innerhalb einer grundsätzlich ausgesprochen fortschrittlich gerichteten Kulturkritik alles andere als naheliegend oder gar selbstverständlich. Wie dem auch sei, es bleibt dabei, daß die bedenklichen möglichen Folgen eines uneingeschränkten intellektualistischen Individualismus von Schweitzer nicht in Betracht gezogen werden.

Noch eine Ursache unserer Kulturmisere hat Schweitzer nicht berücksichtigt, konnte er freilich wohl auch noch nicht in vollem Maße bemerken: das verhängnisvolle allgemeine Überhandnehmen der Zivilisation, dessen Kehrseite die immer weitergehende Zurückdrängung und Vernichtung der Natur ist, diese im weitesten Sinne verstanden. Der damit bezeichnete Vorgang hängt seinerseits großenteils mit einem Sachverhalt zusammen, den *Erich Brock* in einem Aufsatz mit dem programmatischen Titel »Wir kranken an der Menge« besonders überzeugend herausgestellt hat. »Bekämpfung der Vermassung ist ohne Bekämpfung der zahlenmäßigen Massenhaftigkeit unmöglich.« Anstelle der von Schweitzer und anderen Kulturkritikern bevorzugten mehr oder weniger moralischen Betrachtung des Problems tritt damit eine grundsätzlich amoralische: »Besser als den Menschen nur zu predigen, sie sollten Frieden halten, einander zu Gefallen sein«, »sich nicht an oft harmlosen Eigenheiten gegenseitig wundscheuern —« sicherer[23a] »und besser als dies ist es, den Menschen Abstand von einander zu ermöglichen, Rückzug auf sich selbst, einen Bereich, wo sie unüberwacht, unbeengt, unreglementiert auch nicht gerade tiefgründige Willkür ausleben können, ohne sofort dem Nächsten auf die Füße zu treten und auf die Nerven zu fallen.«[23b] Die hier gewünschte, einer berechtigten individualistischen Geisteshaltung entgegenkommende Möglichkeit dürfte indessen nicht

---

[23a] So wohl statt »sicher« zu lesen.
[23b] *Brock:* Wir kranken, II.

mehr bestehen. Die Entwicklung im entgegengesetzten Sinne macht einstweilen einen durchaus zwangsläufigen Eindruck, d. h. die immer größere Menge, die Massenhaftigkeit, wohin man sich auch wendet, scheint unser Schicksal zu sein. Die Verkennung des in dieser und anderer Hinsicht überwiegend notwendigen, unausweichlichen, nicht oder doch nur sehr teilweise beeinflußbaren Charakters des Kulturverfalls ist eine weitere Schwäche der Schweitzerschen Sicht.

Picht findet es zwar verdienstvoll, daß Schweitzer seine kulturkritischen Gedanken den Zeitgenossen vorgehalten hat, beurteilt sie aber im Hinblick auf andere große Zeitkritiker als »weder neu noch originell«, außerdem als »simplifizierend und ausschließlich negativ«.[24] Gegen diese Beurteilung läßt sich wenig einwenden, nur wäre hinzuzufügen, daß eine solche großzügige Übersicht kaum anders als vereinfachen und bei dem Thema des Verfalls wohl auch nicht anders als negativ sein konnte. Auch Originalität war dabei nicht unbedingt gefordert, wenn nur die hauptsächlich beteiligten Faktoren einigermaßen vollständig erfaßt worden wären. Schwerer wiegt deshalb, daß gerade dies, wie angedeutet, nicht der Fall ist. Schweitzers Betrachtung kann nicht anders als einseitig und unvollständig genannt werden. Trotzdem bleibt sie beachtlich und ungemein anregend.

Die Hauptbedenken gegen Schweitzers Kulturkritik beziehen sich weniger auf die Zustandsbeschreibung als auf die dahinter stehende Auffassung und die für den Zustand verantwortlich gemachte Ursache. Im Gegensatz zu der damals vor allem von Spengler vertretenen Ansicht, nach welcher Kulturen einen schicksalhaften Prozeß des Wachsens, Blühens und Vergehens darstellen, meint Schweitzer, eine bestimmte Ursache des Verfalls aufweisen zu können, die wir mehr oder weniger in der Hand haben. Wenn aber die von ihm genannten Niedergangssymptome eigentlich doch einen weitgehend notwendigen Charakter zeigen, so erscheint erst recht anfechtbar die von ihm verantwortlich gemachte Ursache selbst.

»Wir kamen von der Kultur ab, weil kein Nachdenken über Kultur unter uns vorhanden war.«[25] Die Schuld daran kommt nach Schweitzer in erster Linie der Philosophie zu, die die elementaren Lebensfragen aus dem Auge verlor. »Fast wurde die Philosophie zur Geschichte der Philosophie. Der schöpferische Geist hatte sie verlassen. Mehr und mehr wurde sie eine Philosophie ohne Denken«, »ärmer als der ärmste Rationalismus«. Gelehrt, weltfremd, allgemeinverständlichem Philosophieren abgeneigt, unfruchtbar: »Gold, in der Vergangenheit gemünzt, hatte die Philosophie in Haufen liegen. Hypothesen einer zukünftigen theoretischen Weltanschauung füllten als ungemünzte Barren ihre Gewölbe. Aber Speise, um den geistigen Hunger der Gegenwart zu stillen, besaß

---

[24] *Picht,* S. 95 f.
[25] VW S. 1.

sie nicht. Von ihrem Reichtum betört, hatte sie versäumt, Boden mit nährender Frucht anzupflanzen. Darum ignorierte sie den Hunger, der in der Zeit war, und überließ sie ihrem Schicksal.«[26] Nun ist zuzugeben, daß hiermit ein Zug an der Philosophie des 19. Jahrhunderts richtig und, wie fast immer bei Schweitzer, glänzend beschrieben ist. Zugleich aber muß zweierlei dagegen eingewandt werden. Einmal wird der Sachverhalt sehr einseitig gesehen, ganz einseitig vom Standpunkt der Popularphilosophie des 18. Jahrhunderts gezeichnet, geradezu karikiert. Für ein rein um der Erkenntnis willen betriebenes Philosophieren scheint Schweitzer der rechte Sinn zu fehlen, davon wird im nächsten Kapitel zu sprechen sein. Wichtiger noch aber erscheint hier etwas anderes. Wie immer es mit der Philosophie im 19. Jahrhundert bestellt war, es kann nicht angehen, in ihrem Versagen die eigentliche Ursache des Kulturverfalls zu sehen. Eine derart intellektualistisch-rationalistische Diagnose mutet heute so seltsam an, daß sie als ganz indiskutabel bezeichnet werden muß. Aber auch schon beim Erscheinen stellte *Erich Brock* dazu kritisch mit vollem Recht fest: »Die Rolle und Aufgabe, welche dem Denken, dem individuellen Nachdenken, in der Bewahrung und Erneuerung der Kultur zugeteilt wird, ist so ungeheuer, daß es leicht unter ihr zusammenbrechen könnte.«[27] Und ebenso richtig bemerkt dieser Rezensent (im »Logos«), obgleich er die Bedeutung der Gesinnung durchaus anerkennt, die Kultur sei »nicht nur Sache der guten Gesinnung und der individuellen Selbstbesinnung, sondern auch Sache eines unermeßlichen objektiven Geistes, welcher den Einzelnen überschattet und ihm seine Geisteslage weitgehend vorzeichnet, und welcher, wie überhaupt nicht durch einzelne Alternativen, so insbesondere nicht durch Ethik erschöpft werden kann«.[28] Damit ist zugleich gesagt, daß die Schweitzers Kulturkritik zugrundeliegende Kulturauffassung nicht nur zu individualistisch-intellektualistisch-rationalistisch ist, sondern eben auch den schicksalhaften Charakter der Kultur und ihrer Entwicklung unterschätzt, wenn nicht überhaupt leugnet. So ergibt sich die Frage nach Schweitzers Kulturbegriff selbst, nach seiner positiven Bestimmung, und hier wird die Sache nun allerdings schlimm.

Schweitzers frühe Überlegungen waren vom Zweifel an der Berechtigung des allgemeinen Fortschrittglaubens ausgegangen, der Begriff des Fortschritts bleibt ihm jedoch weiterhin grundlegend für seine Kulturauffassung. »Ganz allgemein gesagt ist Kultur Fortschritt«, definiert er, »materieller und geistiger Fortschritt der Einzelnen und der Kollektivitäten«[29] — eine Erklärung, die allenfalls ein Merkmal bezeichnet, aber nichts über das eigentliche Wesen der Kultur aussagt. Fortschritt ist dafür eine allzu flache, durchaus ungeeignete Kategorie. Nicht weniger

---

[26] S. 6 f.
[27] *Brock:* Rezension (VW), S. 417.
[28] S. 418.
[29] VW S. 21.

unangemessen erscheint der Begriff optimistisch, um die »denkende Weltanschauung« zu charakterisieren, die zur Begründung von »Kulturideen und Kulturgesinnungen« dienen soll. Die bei Schweitzer beliebte Verwendung des Begriffs Optimismus erwies sich bereits im theologischen Bereich als wenig glücklich, in der Philosophie ist nicht viel mehr damit anzufangen.[30] »Optimistisch ist diejenige Weltanschauung, die das Sein höher als das Nichts stellt.«[31] Das ist schon rein formal, auf den Superlativ gesehen, nicht einmal zutreffend und sachlich äußerst dürftig, geradezu banal. Optimismus und Ethik sollen sich dann zu Kulturgesinnung zusammenfinden! Das kann nicht befriedigen.

Wäre es nicht naheliegend, sich zunächst einmal nach den Gebieten und den realen Faktoren umzusehen, die für die Entstehung und das Gedeihen von Kultur kennzeichnend sind? Aber da kommen wir bei Schweitzer vom Regen unter die Traufe. Wie sonderbar: hier liegt der einmalige Fall vor, daß ein Denker eine Kulturphilosophie in der Wildnis schreibt, umgeben von Menschen, die keine Kultur haben. Aber unser Philosoph gelangt nicht zu der Feststellung, daß die erste Voraussetzung dafür, ob Kultur entsteht oder nicht, die jeweilige Art der Menschengruppe mit ihren natürlichen Anlagen ist, die eine Kultur hervorbringt oder eben nicht hervorbringt. Hier ereignet sich auch der einmalige Fall, daß der Kulturphilosoph nicht nur denkt und schreibt, sondern selbst planmäßig den Erdboden rodet und bepflanzt, aber er sagt nichts davon, daß eine der grundlegenden Voraussetzungen für das Entstehen höherer Kultur ein geeigneter Boden ist. Der hier am Werk befindliche Philosoph hat täglich unter dem Klima des Äquators zu leiden, aber er faßt ein einigermaßen glückliches Klima nicht als Voraussetzung für eine kulturelle Betätigung größeren Stils ins Auge. Und wenn er Boden und Klima zu den materiellen Faktoren gerechnet haben sollte, auf die er zwar nicht eingeht, die er aber wenigstens nennt, so bleibt schließlich immer noch eines, das Erstaunlichste: Hier war der ganz seltene Glücksfall gegeben, daß ein Kulturphilosoph nicht nur in mehreren Wissenschaften Bedeutendes geleistet hat, sondern auch noch in der Ausübung einer Kunst Meister ist und überdies eine Fülle von Einsichten über das Wesen der Kunst im allgemeinen besitzt.[32] Wie hätten sich so ideale Voraussetzungen für eine tiefgründige Erfassung des Wesens von Kultur auswirken können! Statt dessen müssen wir die wahrhaft paradoxe Tatsache verzeichnen, daß seine wissenschaftliche Vielseitigkeit und musische Begabung seiner Auffassung der Kultur in keiner Weise zustatten gekommen sind. Diese ist von einer nicht zu überbietenden Einseitigkeit, ja, Dürftigkeit. Unzweideutig hat wiederum *Brock* einge-

---

[30] Daß Schweitzers Optimismusbegriff überdies ungenau und etwas verwirrend ist, bemerkt *Hygen* (Kulturkritik, S. 36).
[31] VW S. 58.
[32] Das wird mit Recht von *Grabs* (Denker, S. 34 f.) betont.

wandt: »Die Kultur, welche Schweitzer allein auf die Ethik gründen will, lebt aus« der »Ganzheit von Form und Inhalt und nicht aus blanker Moral und ihrem reinen Imperativ. Tatsächlich waren die Zeiten großer Kultur nicht die Zeiten rein in sich gespannter Moralität«[33], oder, wie Nietzsche es krasser, stark übertreibend zum Ausdruck bringt: »Die großen Momente der Kultur waren immer, moralisch geredet, Zeiten der Korruption.«[34] Später wurde auch von dem russisch-amerikanischen Kulturphilosophen *P. Sorokin* hervorgehoben, Schweitzers Theorie, »daß der ethische Faktor das entscheidende Fundament jeder großen Kultur ausmacht und auch der Hauptfaktor ihres Verfalls ist«, sei »eher dogmatisch behauptet als angemessen bewiesen«.[35] Besonders bedenklich ist, daß, wie *Picht* feststellt, Schweitzers moralisierende Auffassung der Kultur »eine Würdigung der konkreten kulturellen Leistungen der Menschheit verhindert«. »Die hohen Kulturen, denen es nicht auf die Verwirklichung ethischer Vernunftideale und die Herstellung gedeihlicher Lebensbedingungen für die Gesamtheit ankam«, werden »nicht nur nicht gewürdigt, sie werden, wie das gesamte abendländische Mittelalter, nicht zur Kenntnis genommen.« Umgekehrt wird dabei auch »nicht bewußt, daß die gepriesene ›Zeit der Kultur‹, die nach Schweitzer etwa von der ersten Hälfte des achtzehnten bis in die Mitte des neunzehnten Jahrhunderts anzusetzen ist, mit der Französischen Revolution und den Napoleonischen Kriegen Ausbrüche irrationaler Gewalten und in ihrem Gefolge Manifestationen der Unmenschlichkeit und Verheerungen kultureller Werte umschließt, denen in der abendländischen Geschichte seit dem frühen Mittelalter Weniges gleichkommt.«[36]

Zum Vergleich mit Schweitzers Kulturbegriff seien hier zwei andere Ansichten erwähnt, die Schweitzer verhältnismäßig weit entgegenkommen, jedoch von einer erheblich breiteren Basis ausgehen. Kultur verwirklicht sich nach Schweitzer »in der Herrschaft der Vernunft über die Naturkräfte und in der Herrschaft über die menschlichen Gesinnungen«. Von den Fortschritten auf beiden Gebieten ist »der unscheinbarere: die Herrschaft der Vernunft über die menschlichen Gesinnungen« der wesentlichste.[37] Für *J. Huizinga* ist Kultur durch das Gleichgewicht geistiger und stofflicher Werte bezeichnet, wobei der Begriff der geistigen Werte »die Gebiete des Spirituellen, Intellektuellen, des Moralischen und des Ästhetischen« umfaßt.[38] Die Höhe einer Kultur scheint jedoch auch diesem Autor »nicht durch den intellektuellen noch durch den ästhetischen Gradmesser, sondern durch den ethischen und den spiritualen« bestimmt zu werden: »Eine Kultur kann hoch heißen, auch wenn sie keine Technik oder kein Skulpturwerk hervorbringt, aber nicht, wenn ihr Barmherzigkeit fehlt.«[39]

Ein weitgehend gegensätzliches Verhältnis zwischen Kultur im umfassenden

---

[33] *Brock:* Rezension [KE], S. 265.
[34] *Nietzsche:* Nachlaß, S. 837.
[35] *Sorokin:* Kulturkrise, S. 302.
[36] *Picht,* S. 98.
[37] VW S. 21 f.
[38] *Huizinga:* Schatten, S. 31.
[39] S. 32.

Sinne und Ethik nimmt *G. Szczesny* an. Bei der ihm notwendig erscheinenden Wahl entscheidet auch er sich für die Ethik. Kultur lebt von einem Reichtum an innermenschlichen und zwischenmenschlichen Spannungen, in deren Verminderung ihm das Ziel der Ethik besteht. »Wenn, was wahrscheinlich ist, diese Spannungen nur zu vermindern sind auf Kosten unseres kulturellen Lebensstandards und Lebensstils, so müssen wir auf bestimmte Kulturwerte verzichten.«[40]

Bei Huizinga und Szczesny werden die nichtethischen Kulturgebiete unter entschiedener Hintansetzung doch wenigstens nicht wie bei Schweitzer von vornherein einfach ignoriert.

Die Wahrheit wird hier in der Mitte liegen: Zu einer vollwertigen Kultur gehört auch eine entsprechende Ausbildung des sittlichen Lebens, und wenn dieses verfällt, ist auf die Dauer die ganze Kultur bedroht. »Wo der Pflichtgedanke stirbt, stirbt die Kultur« (*Spranger*[41]), oder, beide Seiten in einem Satz, mit *Brock* gesagt: »Wir können nicht *ohne* die Pflicht leben, aber nicht *allein* aus der Pflicht.«[42] Die Ansicht, daß das Sittliche der entscheidende Faktor schon bei der Entstehung von Kultur sei, ist jedenfalls nachweislich falsch.

In zwei Punkten ist Schweitzers Auffassung immerhin positiv zu beurteilen. Erstens: Wenn für Spengler die Vielheit aufblühender und wieder welkender Kulturen im Vordergrund steht, so bezieht sich diese Sicht in der Hauptsache auf die Vergangenheit. Im Blick auf die Zukunft dagegen wird Schweitzers Ansicht in zunehmendem Maße Geltung erlangen. Mehr und mehr geht es von jetzt an um die *eine* Kultur der Menschheit, die entweder bewahrt oder endgültig untergehen wird. Zweitens: Für die Zukunft dürfte auch die sittliche Komponente der Kultur in der Tat von besonders großer Bedeutung werden. Ein Denker wie *Georg Picht,* der sich heute besonders mit dem Problem der Zukunft der Menschheit beschäftigt, ist davon überzeugt, daß »die materielle Sicherung der physischen Existenz der Menschheit« und selbst »die biologische Erhaltung unserer Gattung von jenen geistigen und moralischen Qualitäten abhängen wird, welche die Menschheit ausmachen«.[43]

Im übrigen ist Schweitzers Kulturphilosophie jedoch — diese Feststellung läßt sich nicht vermeiden — eine große Enttäuschung. Was er zu bieten hat, ist einerseits Kulturkritik und andererseits eine Betrachtung über das Verhältnis von Kultur und Ethik. Diese beiden Begriffe hätten am besten auch den Gesamttitel dieser als Kulturphilosophie

---

[40] *Szczesny:* Glaube, S. 85. — Später hat Szczesny jedoch anerkannt: »Es kann und muß« »beides geleistet werden«: ethischer Verzicht zugunsten anderer und Weiterentwicklung der eigenen kulturellen Belange (Gute, S. 123). Es heißt nun sogar: »Es muß Menschen und Menschengruppen geben, die ohne Rücksicht auf materielle Umstände alle Möglichkeiten der Verfeinerung der Geschmackskultur erproben und repräsentieren können« (S. 124).

[41] *Spranger:* Kulturzyklentheorie, S. 36.

[42] *Brock:* Rezension [KE], S. 265.

[43] *G. Picht:* Mut, S. 145 f.

deklarierten Ausführungen abgegeben[44]; von einer Kulturphilosophie im eigentlichen Sinne kann im Ernst nicht die Rede sein.

II. Kritik der bisherigen Ethik und neuer Ansatz

Die Ethik ist die Urzelle von Schweitzers Denken, und er hat es sich gerade hier nicht leicht gemacht. Wie immer beginnt er auch in »Kultur und Ethik« mit einer kritischen Untersuchung über die bisherige Entwicklung des Problems. Die abendländische Philosophie von der Antike bis in die Moderne klopft er daraufhin ab, was sie unter dem Sittlichen verstanden und wie sie es begründet hat.

Drei Hauptrichtungen der Ethik treten bei dieser Untersuchung heraus. Der antiken Ethik ist das Sittliche im allgemeinen das vernunftgemäß Lustbringende. Sie gelangt nicht zur tätigen Hingabe an die Mitmenschen, sondern bleibt im Egoistisch-Utilitaristischen befangen und endet in Resignation. Das moderne Denken ist demgegenüber von vornherein sozial-utilitaristisch eingestellt, die Hingebung an den einzelnen Mitmenschen und die Gesellschaft ist ihm selbstverständlich. Aber der Utilitarismus schwankt und versagt in der *Begründung* des Sittlichen. Auch dieser zweite Versuch, obgleich er weiter führt als jener individualistische Eudämonismus, verfehlt das sittliche Grundprinzip. Er hat es immer zu eilig mit der Absicht, zu praktischen Ergebnissen zu kommen, und verschreibt sich schließlich der Biologie und der Sozialwissenschaft. Sittlichkeit wird damit letztlich Herdengesinnung. Ganz anders steht es mit einer dritten Hauptrichtung der Ethik, welche die Sittlichkeit als Streben nach Selbstvervollkommnung begreift: Platon, Spinoza, Kant, Schleiermacher, Fichte. Das Unternehmen hat jedoch etwas Abstraktes an sich und scheitert daran, daß es ihm nicht gelingt, einen ethisch befriedigenden Inhalt zu finden. Diese großzügige Kontrastierung der ethischen Hauptrichtungen läßt sich nicht als unerlaubte Vereinfachung abtun. Welche Weite und Schärfe des Blicks beweist allein die Bemerkung: »Das ethische Denken fällt aus einer Paradoxie in die andere. Denkt es, wie in der Antike, die Ethik aus, in der die auf das Allgemeinwohl gehende Aktivität nicht genügend vertreten ist, so gelangt es zu einer Ethik, in der keine Ethik mehr ist, und endigt in Resignation. Setzt es die auf das Allgemeinwohl gehende Aktivität voraus, so gelangt es zu einer Ethik ohne ethische Persönlichkeit. Den Mittelweg, in der

[44] Daß Schweitzer eigentlich nur diese Spezialfrage behandelt, hat auch *W. Bremi* im Albert-Schweitzer-Gespräch, Basel 1967, (Baur, S. 37) geäußert.

ethischen Persönlichkeit eine auf das Allgemeinwohl gehende tätige Ethik entstehen zu lassen, kann es merkwürdigerweise nicht bahnen.«[45]

Wie eindringlich Schweitzers Beschäftigung mit den ethischen Bemühungen der Vergangenheit gewesen ist, beweist vor allem auch die Auseinandersetzung mit den einzelnen Denkern. Schon seine Charakteristiken zeugen stets von demselben energischen Griff, und die sich ergebenden Urteile sind meistens von einer fast unfehlbaren Treffsicherheit. Sie lassen eine erstaunliche Ursprünglichkeit und Selbständigkeit des Denkens erkennen. Er wird die Literatur über die behandelten Philosophen in der Regel nicht gelesen haben, aber man kann sicher sein, daß er diese selbst größtenteils aus eigener Lektüre kannte. Zu den Vorzügen der Selbständigkeit und Frische des Denkens sowie der hervorragenden Urteilskraft kommt wie immer die klare Schreibweise mit der hier besonders auffallenden Fülle von Bildern, die in der gesamten philosophischen Literatur nicht ihresgleichen hat. Schweitzers Kritik der bisherigen Ethik würde eine Würdigung für sich verdienen, die jedoch den Rahmen dieses Kapitels sprengen müßte. Nur wenige Beispiele mögen seine Art der Darstellung verdeutlichen. Von Schweitzers Vorliebe für das Zeitalter der Aufklärung war früher die Rede. Sie hindert ihn aber nicht zu sehen, daß die Menschen jener Zeit »kleiner sind als ihre Leistungen«, geprägt durch eine fertige Weltanschauung und aus Eigenem nur die Begeisterungsfähigkeit mitbringen, so daß sie einander merkwürdig gleichen. »Alle weiden sie auf derselben nahrhaften Almende.«[46] Bei Kant liegt es in gewisser Weise umgekehrt. Schweitzer verkennt nicht seine Tiefe und Größe, aber die Leistung in der Ethik ist beschränkt: er geht »nicht daran, eine seinem vertieften Begriffe des Ethischen entsprechende Ethik zu entwickeln. Im großen und ganzen tut er nichts anderes, als daß er die vorgefundene Ethik unter das Protektorat des kategorischen Imperativs stellt. Hinter einer stolzen Fassade führt er eine Mietskaserne auf.«[47] Wiederum, kann man den Sachverhalt schlagender beschreiben? — Der größte Einschnitt in der Geschichte der neuzeitlichen Ethik liegt nach Schweitzers Ansicht in Hegel vor: der Übergang vom Idealismus zum Realismus. »Mit Hegel kommt der Geist auf, der die Ideale empirisch aus der Wirklichkeit entnimmt und mehr an den Fortschritt der Menschheit glaubt, als an ihm arbeitet. Hegel steht auf der Kommandobrücke des Ozeandampfers und erklärt den Passagieren die Wunder der Maschinerie des Fahrzeuges, das sie trägt, und die Geheimnisse der Berechnung des Kurses. Aber er richtet seine Sorge nicht darauf, daß die Feuer unter den Kesseln, wie bisher, in erforderlicher Weise unterhalten werden. Darum nimmt die Fahrtgeschwindigkeit des Schiffes nach und nach ab. Zuletzt kommt es überhaupt nicht mehr vorwärts.

---

[45] KE S. 78.
[46] KE S. 97.
[47] S. 106.

Es verliert seine Steuerbarkeit und wird ein Spiel der Stürme.«[48] — Der biologisch gerichtete Utilitarismus, der die »Herdentiermentalität als Ethik« proklamiert[49], erfaßt nicht das spezifisch Sittliche. »Die Früchte werden an den Strauch des sozialen Triebes gehängt, aber er hat sie nicht hervorgebracht.«[50] So wird mit einem Bild, in einem einzigen Satz eine ganze ethische Richtung ein für alle Mal erledigt!

Bedauerlich ist, daß Schweitzer bei seinem kritischen Gang durch die Geschichte der Ethik nicht zur neuesten Phase vorgedrungen ist, die zu einer gewissen Synthese von Zweck- und Gewissensethik, wie er sie fordert, geführt hat. Wilhelm Wundt und Friedrich Paulsen etwa zeigen in dieser Hinsicht Ergebnisse, die Schweitzer doch wohl zu Unrecht nur als unbedeutende und unhaltbare Kompromisse ansieht. Erst recht außer acht gelassen sind die von der Phänomenologie ausgehenden Erkenntnisse und Anregungen. *Kraus* vermißt die Berücksichtigung Franz Brentanos. Weit bedenklicher noch ist es, daß Schweitzer, nachdem er im Hinblick auf Kant kritisch so richtig bemerkt hatte: »Die Ethik hat materialistische Instinkte«[51], sich Schelers Werk zur Materialen Wertethik entgehen ließ. Solche Mängel werden durch den Ort und die dadurch bedingte Art seines Arbeitens wohl bis zu einem gewissen Grade verständlich, aber sachlich nicht ganz entschuldigt. Es zeigt sich, daß er hier doch nicht den gleichen vollständigen Überblick besessen hat wie in der neutestamentlichen Forschung.

In der »Geschichte der Leben-Jesu-Forschung« konnte sich neben der von ihm gebotenen verdienstvollen kritischen Geschichtsschreibung dieses Faches Schweitzers eigene Theorie nicht durchsetzen. Seine Leistung als Kritiker in der Ethik ist viel weniger bekannt geworden, seine eigene ethische Lehre der Ehrfurcht vor dem Leben dagegen in weiten Kreisen noch bekannter als seine Jesusauffassung, während sie in der Philosophie kaum eine Rolle spielt. Die Frage ist deshalb, wie es sich nun eigentlich mit ihrer Geltung verhält. Besteht jene allgemeine Bekanntheit oder diese geringe Beachtung durch die Zunft zu Recht? Steht es mit ihr ebenso oder besser als im Falle der Jesusforschung? Welche Bedeutung, welches Gewicht kommt der eigenen Theorie des scharfsinnigen Kritikers auf diesem Gebiet zu? Das ist jetzt zu erörtern.

Schweitzer sucht einen ganz neuen elementaren Ansatz, um zu einer befriedigenden Lösung zu gelangen, in der die Hingebungsethik und die Ethik der Selbstvervollkommnung zur Synthese gebracht werden sollen. Ausgangspunkt seiner Überlegungen ist die Einsicht, daß das abendländische Verfahren, der Welt einen ethischen Sinn unterzulegen, um dann den Sinn des Lebens aus der Verfassung der Welt abzuleiten, falsch ist. Die Beschaffenheit der Welt gestattet dies nicht. Andererseits ist er weit davon entfernt, der Weltverneinung, wie sie besonders bei den Indern auftritt, zuzustimmen. Das sittliche Handeln braucht die Weltbejahung,

[48] S. 145.
[49] S. 151.
[50] S. 152.
[51] S. 110.

aber der Zusammenhang muß in einer einwandfreien Weise hergestellt werden. Der neue Ansatz nun, den Schweitzer wählt, ist etwas sehr Allgemeines und doch ganz Konkretes, die »unmittelbarste und umfassendste Tatsache des Bewußtseins«: »Ich bin Leben, das leben will, inmitten von Leben, das leben will.«[52] Der denkend gewordene Mensch gelangt von dieser Bewußtseinstatsache aus notwendig zu der Einsicht in die Verpflichtung dem anderen Leben gegenüber. Sittlichkeit, oder, wie Schweitzer sagt, Ethik besteht darin, »daß ich die Nötigung erlebe, allem Willen zum Leben die gleiche Ehrfurcht vor dem Leben entgegenzubringen wie dem eigenen«[53]. Damit meint er, das denknotwendige Grundprinzip des Sittlichen gewonnen zu haben: »Gut ist, Leben erhalten und Leben fördern; böse ist, Leben vernichten und Leben hemmen.«[54] Der abendländischen Ethik, soweit sie Hingebungsethik ist, macht Schweitzer den Vorwurf, daß sie zu eng sei. Im Gegensatz zum indischen und zum chinesischen Denken, denen, unabhängig voneinander, Sittlichkeit in dem gütigen Verhalten zu allen Geschöpfen besteht, gilt dem europäischen Denken »als ein Dogma, daß die Ethik es eigentlich nur mit dem Verhalten des Menschen zum Menschen und zur Gesellschaft zu tun habe«, wie denn z. B. Kant nur Pflichten des Menschen gegen Menschen kennt und W. Wundt seine Ethik dadurch entstellt, daß er ein Mitgefühl mit Tieren für unmöglich hält, so daß von Mitfreude mit ihnen jedenfalls nicht die Rede sein könne, »als hätte er nie einen durstigen Ochsen saufen sehen«[55]. In diesem Zusammenhang findet sich eines seiner köstlichsten Bilder: »Wie die Hausfrau, die die gute Stube gescheuert hat, Sorge trägt, daß die Türe zu ist, damit ja der Hund nicht hereinkomme und das getane Werk durch die Spuren seiner Pfoten entstelle, also wachen die europäischen Denker darüber, daß ihnen keine Tiere in der Ethik herumlaufen.«[56] Demgegenüber erklärt Schweitzer: »Ethik ist ins Grenzenlose erweiterte Verantwortung gegen alles, was lebt« oder genauer: »Hingebung an Leben«, »die durch Ehrfurcht vor dem Leben motiviert ist.«[57] Die »Ehrfurcht vor dem Leben« wird damit die gesuchte Einheit der Welt- und Lebensbejahung mit dem Sittlichen, dergestalt daß das sittliche Prinzip aus der im eigenen Willen zum Leben erlebten Lebensbejahung unmittelbar hervorgeht, also nicht auf dem Umwege über eine optimistische metaphysische Theorie gewonnen werden muß. So gelangt dieser der üblichen biologistischen Weltanschauung mit ihrer Bejahung der brutalen Macht so fernstehende Denker zu dem Imperativ: »Ehrfurcht vor dem Leben!« Und zwar soll wie gesagt das Denken

---

[52] S. 239.
[53] ebd.
[54] ebd.
[55] S. 226. — Wundts Bestreitung des Mitgefühls mit den Tieren wurde übrigens schon von *W. Gießler* (Mitleid, S. 176) beanstandet.
[56] KE S. 225.
[57] S. 241.

zwingend zu diesem Standpunkt führen, den Schweitzer als »ethische Mystik« bezeichnet, weil das Einswerden mit dem Unendlichen durch sittliche Tat erfolgt.

Daß Gedankengänge dieser Art ein gutes Gegengewicht gegen die übliche Gedankenlosigkeit, die zunehmende Entseelung und vorherrschend technisch-zweckhafte Einstellung des modernen Menschen bilden, steht außer Frage. Auch einer ihrer überwiegend ablehnenden Kritiker, *F. Medicus,* erkennt an: »Schweitzers Ehrfurcht vor dem Leben hat dies Verdienst, nachdrücklich auf eine schwache Stelle in den bei uns in Ansehen stehenden ethischen Systemen hingewiesen zu haben.«[58]

Hinsichtlich der Nichtachtung der Tiere in der Ethik lassen sich immerhin einige Ausnahmen aufweisen. Schleiermacher ist sogar einmal der Forderung nahegekommen, »daß der Mensch nicht bloß kein Tier töten darf, sondern auch keinen Baum umhauen und keine Blume abpflücken«.[59] Aber er schränkt seine Stellungnahme sogleich wieder ein, indem er nur die Erhaltung der Gattungen verlangt, während unter ihrer Voraussetzung gegen die Zerstörung der einzelnen Wesen nichts einzuwenden ist. Diese Haltung brauchte von Schweitzer nicht berücksichtigt zu werden. Nicht ungesagt aber hätte bleiben dürfen, daß es einen deutschen Denker gibt, der »ein System der Tierethik« als integrierenden Bestandteil seiner Philosophie aufgestellt« hat: Karl Christian Krause.[60] Nicht von Schweitzer übergangen wird Schopenhauer, der das Mitleid zum ethischen Grundprinzip erhoben und darin selbstverständlich die Tiere eingeschlossen hat. Schweitzer hält jedoch das Mitleid auf dem Boden der Schopenhauerschen Metaphysik, da das eigentliche Elend ja in dem unrettbaren Willen zum Leben liegt, für illusorisch und rein theoretisch.[61] Das wird Schopenhauers Einstellung indessen nicht ganz gerecht; denn dieser war bekanntlich von lebhaftem Mitleid mit Tieren erfüllt, wie er ihm mit seiner Verurteilung des Haltens von Hunden an Ketten und von Vögeln in Käfigen Ausdruck gegeben hat.[62]

In demselben Jahre, in welchem Schweitzer der bisherigen Ethik die Vernachlässigung der Tiere vorwarf, kam auch *Schelers* Werk »Wesen und Formen der Sympathie« heraus, worin im Gegensatz zu der »aus aller kosmischen Einfühlung herausgerissenen separaten ›Menschenliebe‹ « der Selbstwert der *Liebe zu Pflanze* und Tier vertreten wird.[63] Bald darauf hat auch *Hans Driesch* sich zu der Fordernung bekannt, es sollte von dem sittlich Handelnden »*alles* Leben einschließlich seiner psychophysischen Leistungsfähigkeit und Anlageausbildung *gefördert* und unter keinen Umständen gehemmt werden«.[64] Ausnahmen vom Tötungsverbot können nach Driesch »unter *gar keinen* Umständen eigentlich ›gerechtfertigt‹, sondern höchsten entschuldigt werden«.[65]

Auffallend ist der Gegensatz zwischen der Schätzung, die der Ethik der Ehrfurcht vor dem Leben in weitesten Kreisen zuteil wird, als handle

---

58 *Medicus:* Rezension, S. 830. — Vgl. *Brunner:* Gebot, S. 180.
59 *Schleiermacher:* Sittenlehre, Anm. 157 zu § 203.
60 *Bregenzer:* Tierethik, S. 208.
61 KE S. 241.
62 *Schopenhauer:* Nachträge.
63 *Scheler:* Wesen, S. 124.
64 *Driesch:* Tat, S. 72.
65 S. 77.

es sich um Forderungen, die sich von selbst verstehen, deren Geltung jedenfalls in keiner Weise zu bezweifeln ist, und auf der anderen Seite ihrem in Wahrheit äußerst strengen, sich ins Absurde steigernden Charakter, der viel eher Widerspruch als allgemeine Anerkennung erwarten lassen sollte. *Werner Picht,* dem eine der besten Stellungnahmen zu Schweitzers Ethik zu verdanken ist, hat diesen Gegensatz herausgestellt und aufgeklärt. Auf den ersten Blick scheint die Forderung, dem Leben mit Ehrfurcht zu begegnen, im Rahmen einer humanitären Gesinnung eine »Selbstverständlichkeit« zu sein, und da dennoch in der Praxis auf Schritt und Tritt gegen das humanitäre Sittengesetz verstoßen wird, »so bleibt die Forderung seiner Befolgung aktuell, nicht als Verkündigung, denn es handelt sich um Bekanntes und Anerkanntes, sondern als Mahnung«[66]. Namentlich der humanitäre Idealismus in den angelsächsischen und skandinavischen Ländern bejaht die Ehrfurcht vor dem Leben in diesem Sinne, wobei die Problematik des Grundsätzlichen gar nicht zum Bewußtsein kommt. Mit Recht erklärt Picht: Schweitzers Ethik umschließt »in der Tat diese humanitäre Gesinnung; aber sie ist mit ihr keineswegs identisch«.[67] Sie ist daneben, und, wie sogleich hinzugefügt sei, gerade in der Hauptsache, eine alles andere als selbstverständliche Doktrin, so daß sich der Zweifel aufdrängt, ob es unter Schweitzers »Anhängern und selbst unter seinen Mitarbeitern auch nur einen einzigen gebe, der sich die Unerbittlichkeit und Exklusivität dieses ethischen Denkens« »vorbehaltlos zu eigen gemacht hat«.[68] Tatsächlich ist bei Schweitzers begeisterten Anhängern wenig davon die Rede, wie problematisch diese Ethik im Grunde genommen ist. Umgekehrt hat *Erich Brock* ihre Anfechtbarkeit so stark empfunden, daß er in seiner schon mehrfach erwähnten Rezension schreibt: »Man sieht, dies alles ist theoretisch unzulänglich und wäre unfruchtbar zu widerlegen«[69], und gewiß konnte man beim Erscheinen des Werkes diese Stellungnahme vertreten. Mit Rücksicht jedoch auf den hochgradigen Respekt einerseits, der Schweitzers Ethik in der öffentlichen Meinung inzwischen erwiesen wird, und auf die schwerwiegenden Einwände andererseits, die von wissenschaftlicher Seite, soweit sie hier überhaupt Beachtung gefunden hat, gegen sie geäußert worden sind, kann im Rahmen einer kritischen Gesamtbetrachtung seiner Philosophie nicht darauf verzichtet werden, das Problem noch einmal näher in Augenschein zu nehmen.[70]

Sonderbar ist schon der Anspruch dieser ethischen Theorie auf Denk-

---

[66] *W. Picht,* S. 109.
[67] S. 110.
[68] S. 130.
[69] *Brock:* Rezension [KE], S. 267.
[70] *Picht* schreibt: »Die Frage bleibt zu beantworten, was es mit einer Ethik für eine Bewandtnis habe, die von der Theologie abgelehnt wird, von der die Philosophie kaum Notiz nimmt, die aber das ethische Denken und Empfinden tiefer beeinflußt hat als jede andere ethische Äußerung unserer Zeit« (S. 131).

notwendigkeit. Nicht nur die Praxis des Alltags widerlegt ihn, man kann auch ganz grundsätzlich aus dem in uns vorgefundenen Willen eine der Schweitzerischen Ethik gerade entgegengesetzte Zielsetzung ableiten. *B. Bavink* spricht das offen aus: »Wo in aller Welt steht geschrieben, daß mein Lebenswille mit Notwendigkeit die anderen als gleichberechtigt anerkennen müsse? Eher dürfte das Gegenteil logisch zu rechtfertigen sein: die Unvermeidbarkeit des radikalen Egoismus als logische Konsequenz des erwachten Eigenwillens.«[71] *Picht* kann deshalb nur zugestimmt werden, wenn auch er urteilt: »Es ist Schweitzer nicht gelungen, die Denknotwendigkeit seiner Ethik evident zu machen.« [72] [73]

Aber auch abgesehen hiervon muß gefragt werden, ob diese Ethik inhaltlich überhaupt möglich, d. h. wie es mit ihrer Durchführbarkeit bestellt ist, ob sie sich, wenn schon nicht als denknotwendig, so doch wenigstens als sachlich begründet erweist, also dem sittlich Handelnden bis zu einem gewissen Grade nahe gelegt werden kann oder muß.

III. Die Frage der Durchführbarkeit des Ehrfurchtsprinzips

Das Töten als sittliches Schuldigwerden und die universelle Lebensförderung

Ist die Ehrfurcht vor dem Leben als ethisches Prinzip grundsätzlich möglich? Ist eine darauf begründete Ethik durchführbar? »Wahrhaft ethisch ist der Mensch« nach Schweitzers Ansicht »nur, wenn er der Nötigung gehorcht, allem Leben, dem er beistehen kann, zu helfen, und sich scheut, irgend etwas Lebendigem Schaden zu tun. Er fragt nicht, inwiefern dieses oder jenes Leben als wertvoll Anteilnahme verdient, und auch nicht, ob und inwieweit es noch empfindungsfähig ist. Das Leben als solches ist ihm heilig. Er reißt kein Blatt vom Baume ab, bricht keine Blume und hat acht, daß er kein Insekt zertritt. Wenn er im Sommer nachts bei der Lampe arbeitet, hält er lieber das Fenster geschlossen und atmet dumpfe Luft, als daß er Insekt um Insekt mit versengten Flügeln auf seinen Tisch fallen sieht.«[74] Nun reiße — wenn es erlaubt ist, hier einmal persönlich zu sprechen — auch ich kein Blatt vom Baum und erfreue mich an Blumen lieber in der Natur als in der Vase oder gar im

[71] *Bavink:* Kultur, S. 37. — Mindestens besteht, wie auch *Hygen* (Kulturkritik, S. 59) als möglichen Einwand erwähnt, eine Alternative: »mein Leben oder das andere Leben«.
[72] *Picht,* S. 122.
[73] Selbst ein Schweitzer so nahe stehender Autor wie *Buri* urteilt: »Als rationale Gedankenfolge ist diese Konzeption« »höchst fragwürdig und mit großen Schwierigkeiten belastet« (Schweitzer als Theologe, S. 30).
[74] KE S. 240.

Knopfloch, und wenn ich auch wenig geneigt bin, auf Insekten Rücksicht zu nehmen, so würde ich vielleicht gelegentlich einen Regenwurm oder eine Schnecke, die in Gefahr sind, auf der Straße zertreten zu werden, an einen anderen Ort setzen, womit nicht gesagt sein soll, daß ich dies immer oder auch nur in der Regel tue. Die von Schweitzer vertretene Ethik fordert mehr, sie will radikal sein, und der üblichen Ethik wirft er eben dies vor, daß sie Kompromisse suche und festlegen wolle, »wie viel ich von meinem Dasein und meinem Glück dahingeben muß, und wie viel ich auf Kosten des Daseins und Glücks anderen Lebens davon behalten darf«.[75] Dadurch werde sie relativ. »Die Ethik der Ehrfurcht vor dem Leben erkennt keine relative Ethik an. Als gut läßt sie nur Erhaltung und Förderung von Leben gelten. Alles Vernichten und Schädigen von Leben, unter welchen Umständen es auch erfolgen mag, bezeichnet sie als böse. Gebrauchsfertig zu beziehende Ausgleiche von Ethik und Notwendigkeit hält sie nicht auf Lager.«[76] Es erhebt sich nun die Frage, wie weit Schweitzer mit seiner Forderung gelangt und ob er selbst der Notwendigkeit, Kompromisse zu schließen, entgehen kann.[77] Ist seine Ethik wirklich radikal, in welcher Beziehung ist sie es und bis zu welchem Grade?

Um hier zur Klarheit zu kommen, wird man gut tun, in Schweitzers Anschauungen und Forderungen dreierlei zu unterscheiden:

1. Ist der Mensch »von der Ethik der Ehrfurcht vor dem Leben berührt, so schädigt und vernichtet er Leben nur aus Notwendigkeit, niemals aus Gedankenlosigkeit«.[78] »Der Landmann, der auf seiner Wiese tausend Blumen zur Nahrung für seine Kühe hingemäht hat, soll sich hüten, auf dem Heimweg in geistlosem Zeitvertreib eine Blume am Rande der Landstraße zu köpfen; denn damit vergeht er sich am Leben, ohne unter der Gewalt der Notwendigkeit zu stehen.«[79]

2. Für die Ethik der Ehrfurcht vor dem Leben ist besonders kennzeichnend, ja, entscheidend, »daß sie den Unterschied zwischen höherem und niederem, wertvollerem und weniger wertvollem Leben nicht geltend« macht. »Sie hat ihre Gründe, dies zu unterlassen. Das Unternehmen, allgemeingültige Wertunterschiede zwischen den Lebewesen zu statuieren, läuft darauf hinaus, sie danach zu beurteilen, ob sie uns Menschen

[75] S. 248.
[76] ebd.
[77] Im Unterschied von den meisten Darstellungen der Schweitzerschen Ethik aus zweiter Hand, die vielfach in ihr der Weisheit letzten Schluß finden, streut *Hygen* seiner Behandlung des Gegenstandes einige wenige kritische Bemerkungen ein und meint u. a.: »Man kann darüber streiten, ob Schweitzer wirklich einer relativen Ethik entgeht«, ja, er urteilt selbst, wenn er das auch nicht besonders unterstreicht, daß Schweitzer das Problem der relativen Ethik nicht löse (Kulturkritik, S. 63).
[78] LD S. 203.
[79] KE S. 249.

nach unserem Empfinden näher oder ferner zu stehen scheinen, was ein ganz subjektiver Maßstab ist. Wer von uns weiß, was das andere Lebewesen an sich und in dem Weltganzen für eine Bedeutung hat? Im Gefolge dieser Unterscheidung kommt dann die Ansicht auf, daß es wertloses Leben gäbe, dessen Schädigung und Vernichtung nichts auf sich habe. Unter wertlosem Leben werden dann, je nach den Umständen, Arten von Insekten oder primitive Völker verstanden. Dem wahrhaft ethischen Menschen ist alles Leben heilig.«[80]

3. Schweitzer bleibt dabei, daß »alles Vernichten und Schädigen von Leben, unter welchen Umständen es auch erfolgen mag«, böse sei. Er sagt, wohl gemerkt, nicht etwa lediglich: die Ethik der Ehrfurcht vor dem Leben gibt keine allgemeine Anweisungen, die zur Oberflächlichkeit verleiten würden, sie zwingt den Menschen sich in jedem Falle darüber klar zu werden, ob die Vernichtung von Leben notwendig und damit sittlich gerechtfertigt ist oder nicht. Er sagt vielmehr: die Ehrfurcht vor dem Leben »zwingt ihn, sich in jedem Falle selber zu entscheiden, inwieweit er ethisch bleiben kann und inwieweit er sich der Notwendigkeit von Vernichtung und Schädigung von Leben unterwerfen und damit Schuld auf sich nehmen muß«.[81]

Gegen die im Vorstehenden bezeichneten Punkte erheben sich nun ebensoviele Bedenken. Der Ablehnung der Lebensvernichtung aus Gedankenlosigkeit — oder auch Mutwillen — ist selbstverständlich ohne weiteres zuzustimmen. Wenn aber Schweitzer ihr die Vernichtung aus Notwendigkeit gegenüberstellt, so ist darauf hinzuweisen, daß hier eine Alternative gar nicht vorliegt. Es gibt eine dritte Möglichkeit, und gerade um sie handelt es sich recht eigentlich. Ich sagte: was mich betrifft, so habe ich Blumen am liebsten in der freien Natur und entschließe mich kaum je, sie um meinetwillen daraus zu entfernen. Trotzdem kann ich die Freude an gepflückten Blumen nicht für allgemein verwerflich halten. Auch ich erfreue mich an ihnen, und um anderen eine Freude zu machen, trage ich nicht die geringsten Bedenken, einen Strauß zu verschenken. Notwendig ist das nicht, aber auch nicht gedankenlos. Und so wenig ich Leben, das mich nichts angeht, beeinträchtigen würde, so gern ich es unter Umständen bewahren helfe, Parasiten bekämpfe ich unbedenklich, auch wenn ich mein Leben durch sie nicht geradezu bedroht weiß, und Mücken und Fliegen vernichte ich im Zimmer, soviel ich kann, nicht nur weil sie stechen, alle möglichen Gegenstände beschmutzen und auch Krankheitserreger übertragen[82], sondern schon deshalb, weil sie mich stören, ganz besonders etwa die großen »Brummer«, von denen ein

---

[80] LD S. 202.
[81] KE S. 248.
[82] Daß die Bedeutung der Fliegen »als Überträger von Krankheitskeimen (Viren, Bakterien und Parasiteneiern) immer noch nicht genügend berücksichtigt wird«, betont *R. Demoll* (Bändigt, S. 108).

einziger einen Menschen mit Nerven im Verlaufe von weniger als einer Stunde zur Verzweiflung bringen kann. Wiederum: Diese Vernichtung ist weder lebensnotwendig im wörtlichen Sinne, noch unternehme ich sie gedankenlos. Ich habe mir die Sache durchaus überlegt, mich ein für allemal für dieses Vorgehen entschieden und halte es für sittlich erlaubt. Freilich nehme ich damit die Kreise meiner Gedanken wichtiger als die Kreise, welche jene Tiere auf ihrem Fluge ziehen. Gewiß, und es ist ein hauptsächlicher Einwand gegen Schweitzers Ethik, daß sie den Wertgesichtspunkt nicht berücksichtigt. Indessen ist dieser Gesichtspunkt von Schweitzer ja nicht vergessen, sondern eben ausdrücklich abgelehnt worden.

Wenn Schweitzers ethische Grundansicht wegen der unbegründeten Alternative Gedankenlosigkeit oder Notwendigkeit zurückgewiesen werden muß, so ergibt sich in diesem zweiten Punkt, daß er die radikale Forderung, keinerlei Wertunterschiede zwischen den Lebewesen zu machen, nur theoretisch verfechten, beim Handeln jedoch selbst nicht aufrecht erhalten kann. Auch er weiß natürlich, daß es im Leben ohne Vernichtung von Leben nicht abgeht. »Die Notwendigkeit, Leben zu vernichten und Leben zu schädigen, ist mir auferlegt. Wenn ich auf einsamem Pfade wandle, bringt mein Fuß Vernichtung und Weh über die kleinen Lebewesen, die ihn bevölkern. Um mein Dasein zu erhalten, muß ich mich des Daseins, das es schädigt, erwehren. Ich werde zum Verfolger des Mäuschens, das in meinem Hause wohnt, zum Mörder des Insekts, das darin nisten will, zum Massenmörder der Bakterien, die mein Leben gefährden können. Meine Nahrung gewinne ich durch Vernichtung von Pflanzen und Tieren.«[83] »Ich kaufe Eingeborenen einen jungen Fischadler ab, den sie auf einer Sandbank gefangen haben, um ihn aus ihren grausamen Händen zu erretten. Nun aber habe ich zu entscheiden, ob ich ihn verhungern lasse oder ob ich täglich soundso viele Fischlein töte, um ihn am Leben zu erhalten.« Er entschließt sich zu letzterem. »Aber jeden Tag empfinde ich es als etwas Schweres, daß auf meine Verantwortung hin dieses Leben dem anderen geopfert wird.«[84] So fein der damit entstandene Konflikt beschrieben ist, behoben wird er nicht. Auch Schweitzer vermag den Knoten nur durchzuhauen, nicht zu lösen. Es gibt doch im Grunde keine überzeugendere Widerlegung, als er sich hier selbst bereitet. In diesem zweiten Punkt bleibt die radikale Forderung reine Theorie; vor der Wirklichkeit streckt Schweitzer die Waffen.

Anders verhält es sich mit dem dritten Punkt, der Verurteilung alles Tötens, ungeachtet seiner Notwendigkeit, als böse. Davon läßt Schweitzer nichts ab, hier bleibt er radikal. Aber erst recht hat jetzt die Kritik einzusetzen und zu fragen: wie kommt Schweitzer überhaupt dazu, die Vernichtung von Leben unter allen Umständen für böse zu erklären?

---

[83] KE S. 247 f.
[84] LD S. 202 f.

Gilt dieses Urteil wirklich oder ist es nicht vielmehr grundsätzlich abzulehnen? Auf der einen Seite ist allerdings auf das Bewußtsein des Zusammenhangs des Menschen mit allem Lebenden zu verweisen, das sich in einzelnen Fällen zu einem gefühlsbetonten Verhältnis zu unseren Brüdern, den Tieren, in der Art des heiligen Franz steigern kann. Auf der anderen Seite steht die nüchtern reflektierende Ansicht, wie sie sich in einer Tagebucheintragung *Hebbels* ausspricht: »Es ist ohne Zweifel richtig, daß nichts ist, was nicht vernünftig wäre, und daß selbst Wanzen und Flöhe nicht sein würden, wenn sie nicht sein müßten. Daraus folgt aber nur, daß man mit der Natur wegen der Existenz dieser Mißgeschöpfe nicht hadern, keinesfalls, daß man sie selbst in ihrer Existenz ungestört belassen soll. Man tut genug, wenn man sich mit dem Vorhandensein der Gattung im allgemeinen aussöhnt, indem man sie im einzelnen bekämpft und soviel wie möglich auszurotten sucht.«[85] Nun ist jenes Bewußtsein des Zusammenhangs des Menschen mit der Kreatur natürlich berechtigt, und deshalb gilt leichtfertiges, unbegründetes Töten als böse. Die Frage ist nur, ob aus dem damit berührten Sachverhalt der Satz folgt, daß alles Töten ohne Einschränkung böse sei. Läßt sich aus der Verbundenheit mit der Tierwelt, die erkenntnis- und gefühlsmäßig gegeben ist, allgemein die sittliche Verurteilung des Tötens folgern und kann man leichtfertiges Töten mit der notwendigen Vernichtung von Leben überhaupt auf eine Stufe stellen?

Wer freilich jenes fast metaphysische Einheitsbewußtsein gar nicht kennt, wer der »kosmovitalen Einsfühlung« (*Scheler*[86]) überhaupt nicht fähig ist, wem bei der Betrachtung einer Eintagsfliege noch nie der Gedanke kam: auch das ist Leben, den wird man nicht für befugt halten können, hier mitzureden. Aber dieses Einheitsbewußtsein ist eben nur die eine Seite der Sache. Die Natur zeigt überall die Selbstentzweiung, das Gegeneinander, die Erhaltung des Lebens durch die Vernichtung anderen Lebens. *Nietzsche* ist ohne jeden Zweifel im Recht, wenn er feststellt: »Leben selbst ist wesentlich Aneignung, Verletzung, Überwältigung des Fremden und Schwächeren, Unterdrückung, Härte« ... »Einverleibung.«[87] Hier rächt sich offenbar, daß Schweitzer von der Erkenntnis der Natur völlig absieht und die Ethik durchaus unabhängig von der Weltanschauung aufbauen will.[88] Ein Wal nimmt mit einem einzigen Schluck Millionen von Lebewesen zu sich und könnte anders nicht leben. Und so ist es doch überall: Der Natur kommt es ja auf die Erhaltung des einzelnen Lebens überhaupt nicht an, ihr Ziel scheint stets nur ein zweifaches zu sein: die Erhaltung der Art, das Hervorbringen immer neuen Lebens also, und die Differenzierung des Lebens zu größtmög-

---

85 *Hebbel:* Tagebücher, 26. Sept. 1847.
86 *Scheler,* Wesen, S. 113.
87 *Nietzsche:* Jenseits, S. 199.
88 »Die radikale Ablehnung der Heranziehung des Welterkennens« durch Schweitzer beanstandet u. a. *Bavink* (Kultur, S. 5).

lichem Reichtum an Formen. »Der Tod ist ihr Kunstgriff, viel Leben zu haben« (*Goethe*[89]). Deshalb kann nicht das einzelne Leben, sondern nur das Gesamtleben, das von vornherein auf Töten und Getötetwerden des einzelnen angelegt ist, letztlich maßgebend sein. Schweitzer gibt selbst zu: »Auch ich bin der Selbstentzweiung des Willens zum Leben unterworfen.«[90] Warum aber, ist zu fragen, erkennt er das nur notgedrungen und widerwillig an — in dem Sinne: wenn das Töten unumgänglich ist, so muß es eben sein, aber es bleibt auch dann böse —? Das ist naturwidrig gedacht. Wer sagt uns denn, daß das Leben in seinen einzelnen Erscheinungen unbedingt erhaltungswürdig ist und infolgedessen die Ehrfurcht vor ihnen die höchste Pflicht darstellt? Ist das schnelle Gefressenwerden eines Tieres oder die schmerzlose Tötung von schlachtreifem Vieh wirklich schlimmer als das qualvolle Dahinsiechen eines Menschen? Die Ehrfurcht wird sich also allenfalls auf die Wirklichkeit im allgemeinen, unter Berücksichtigung ihrer Grundstruktur, beziehen können, nicht so sehr also auf ein einzelnes wirkliches Wesen als auf das Wesen der Wirklichkeit überhaupt, weniger auf dieses oder jenes Glied der Natur als vielmehr auf die Natur als solche und als ganze. Zu deren fundamentalsten Gesetzen gehört aber eben, daß Leben von anderem Leben lebt, gehört mithin die Notwendigkeit des Tötens.

Der Satz, daß jedes Vernichten von Leben böse ist, ließe sich also nur dann halten, wenn man den Menschen aus der Natur herausnehmen und sein Wesen und seine Aufgabe im Gegensatz zu ihr sehen wollte. Diese Sicht ist, wie kaum mehr gesagt zu werden braucht, nicht angängig. Das Wesen der Natur kann auch der wissend gewordene Mensch Schweitzers nicht ablehnen, auch er bleibt immer ein Glied des Ganzen und muß sich bei seinem Handeln der in der Gesamtheit herrschenden Verfassung unterwerfen. Dann aber müssen wir sagen: Alles Leben ist Leben, gewiß, aber Leben ist nicht gleich Leben, auch dies ist wahr. Wenn der Mensch anderen Lebewesen das Leben nimmt, um sein Leben zu bewahren oder gegen abträgliche Einwirkungen zu schützen, so halten wir das im Gegensatz auch zu *Driesch* nicht nur für entschuldbar, sondern auch für gerechtfertigt.

Wenn eine solche Ansicht zurückgewiesen wird, so ist damit nicht gesagt, daß die entgegengesetzte in sich völlig einheitlich und unproblematisch sei. Es gibt hier Unterschiede, die teils mit der Organisationshöhe der zu tötenden Tiere, teils mit der verschiedenen Veranlagung der tötenden Menschen zusammenhängen. Eine Mücke zu töten, fällt einem leichter als das Töten einer Maus. Aber auch im Falle der Mücke gibt es verschiedene subjektiv bedingte Einstellungen. Im völligen Gegensatz zu der angeführten Stellungnahme von Driesch steht *Brock*, wenn er schreibt: »Eine Mücke zu erlegen, die einen stundenlang gequält und am Schlafen verhindert hat, gewährt das sauberste, heiterste, har-

---

[89] *Goethe:* Natur.
[90] KE S. 247.

monischste Bewußtsein wiederhergestellter sittlicher Weltordnung.«[91] Es ist zu begrüßen, daß der angeführte Denker die Sache auf einen so überdeutlichen Ausdruck bringt; denn dadurch ist Gelegenheit gegeben, demgegenüber ein wenig zu nuancieren. So befriedigt ich auch meinerseits bin, wenn ich mir in einem solchen Falle Ruhe verschafft habe, und so fern mir dabei das Bewußtsein liegt, Unrecht getan zu haben: von Heiterkeit und Harmonie würde ich nicht sprechen. Wenn man auch gewiß über das Töten einer Mücke nicht jedesmal aufs neue reflektiert, so kann doch in einer sehr allgemeinen unbestimmten Weise das Bewußtsein vorhanden sein, daß das Töten, mag ich mich für noch so berechtigt dazu halten und hinterher erleichtert aufatmen, bedauerlich, vielleicht auch unschön ist. Das gelungene Ergebnis meines Vernichtungsstrebens befriedigt mich zwar in praktischer Hinsicht wirklich ungemein, stimmt mich aber nicht restlos heiter und ist dem Harmoniebedürfnis eher abträglich.

Dichter haben das Bedauern, das uns beim Töten von Tieren erfüllen kann, in Worte gefaßt. Von *Goethe,* der nicht eigentlich ein Tierfreund war, stammen die nachdenklichen Verse: »Als ich einmal eine Spinne erschlagen / dacht ich, ob ich das wohl gesollt? / Hat Gott ihr doch wie mir gewollt / einen Anteil an diesen Tagen.« Weniger reflektiert, unmittelbar gefühlsmäßig wird die Lage bei höher organisierten Tieren, zu denen wir eher eine Beziehung haben können. *Georg Stammler* bringt es unübertrefflich zum Ausdruck: »Ich hab dich erschlagen, kleines Tier; / Ich fühl's, dein Mörder steh ich hier. / Zwang gegen Zwang, Not gegen Not, / Du stahlest mir das tägliche Brot. / Doch als ich die Falle hob ans Licht, / Da sahn wir uns beide ins Gesicht. / Da schautest du mich so fragend an: / Bist du es wirklich — und muß ich dran? / Und als ich das Scheit erhob zum Schlag, / da fühlt ich den eignen Lebenstag. / S'ist Menschenschicksal, mein kleines Tier! / Ich hab dich erschlagen — ich litt mit dir. / «[92] Aber dieses Bedauern kann uns eben doch nicht abhalten zu töten. Bedauern bedeutet auch nicht die Anerkennung einer sittlichen Schuld. »Ja, ich muß töten, um zu leben / und das ist schlimm«, sagt *Wilhelm Busch,* und man ist geneigt, ihm recht zu geben: schlimm, nicht böse, das ist ein entscheidender Unterschied.

Indessen ist das Naturwesen Mensch, das als solches um das Töten nicht herumkommt, nicht Tier, sondern eben Mensch, d. h. wie gesagt nicht, daß er sich von den Gesetzen der Natur zu befreien vermöchte, wohl aber allerdings, daß er sie in seinem Handeln der ihm entsprechenden Entwicklungsstufe gemäß anwenden kann und soll, als Mensch, und das bedeutet hier zweierlei. Einmal muß er wissen, *was* er tut, wenn er tötet, *warum* er es tut. Vielleicht geht *Karl Barth* zu weit, indem er allgemein sagt: »Die Nähe des Tieres zum Menschen bringt es unweigerlich mit sich, daß der Mensch mit seiner Tötung etwas tut, was der Menschentötung mindestens sehr ähnlich ist«[93], aber daß Gedankenlosigkeit und Verrohung für den, der oftmals in die Lage kommt zu töten, eine Gefahr bilden, ist nicht zu bestreiten. Der Mensch, wenn er anderen Lebewesen das Leben nimmt, hat sich deshalb immer wieder Rechenschaft darüber zu geben, ob sein Verhalten begründet ist, warum also bzw. wozu er tötet. Erfährt man, daß ganze Schiffsladungen gefangener

---

[91] *Brock:* Blick, S. 46.
[92] *Stammler,* zit. nach Hauer: Born, S. 135.
[93] *Barth:* Kirchliche Dogmatik, Bd. 3, T. 4, S. 401.

Fische in einer Zeit des Überangebots tot wieder ins Meer versenkt werden, so finden wir uns angesichts einer solchen Nachricht mit Recht von einem Gefühl der Empörung erfüllt. Wenn hier auch meistens nicht ein einzelner geradezu schuldig gesprochen werden kann, so läßt sich doch der Gedanke schwer unterdrücken, daß dabei mehr als Unvernunft und noch etwas anderes als nur bedauerliche Zwangsläufigkeit am Werke ist, daß in dieser mangelnden Planung und schlechten Organisation der Mensch sich am Leben vergeht, schuldig wird. Und sowenig ich mir ein Gewissen daraus mache, Fliegen und Mücken oder auch Mäuse und Ratten zu vernichten, so sehr kann sich das Gewissen regen, wenn man sich einmal einfach hat hinreißen lassen zu töten, wo es vielleicht nicht unbedingt notwendig war. Eine bloße Abneigung, irgendein Unbehagen beim Anblick eines bestimmten Geschöpfes, etwa einer Spinne, gibt noch keineswegs einen zureichenden Grund ab zu töten. Derartige Gefühle beruhen vielfach auf Vorurteilen und müssen überwunden werden. Ohne einen ernsthaften Zweck sollte man nie töten. Daß Töten allgemein böse sei, muß nachdrücklich bestritten werden, aber wer es ohne ein stichhaltiges Motiv tut, stellt sich in der Tat ein schlechtes Zeugnis aus.

Wenn somit das Töten sowohl schädlicher als auch nützlicher Tiere den Umständen nach für sittlich erlaubt gelten darf, wenn umgekehrt das zwecklose Töten bekanntermaßen harmloser Tiere als verwerflich angesehen werden muß, würde hier lediglich noch die Frage übrigbleiben, wie es mit dem Verhalten gegenüber solchen Tieren steht, deren Schädlichkeit oder Unschädlichkeit wir nicht kennen, ob uns also dann, wenn sie zu uns ins Haus kommen, das Recht zusteht, vorsorglich zu töten. Wie kann ich z. B. ohne zoologische Fachkenntnisse wissen, welche der vielen sogenannten Mottenarten meinem Kleiderschrank gefährlich werden und welche nicht? Mit der Frage der Präventivtötung gelangt man offenbar in ein Grenzgebiet, wo die Verhältnisse nicht mehr ganz übersichtlich und eindeutig sind. So kann die Auseinandersetzung mit Schweitzers Gedanken immerhin nachdenklich machen und diesen oder jenen zögern lassen, ihm nahelegen, sich die Sache von Fall zu Fall immer wieder zu überlegen.

Und das andere: es kommt darauf an, *wie* der Mensch tötet. Das Verursachen unnötiger Schmerzen und Qualen jeder Art sollte er dabei unbedingt vermeiden. Auch Fliegen und Mücken, wenn wir sie im Zimmer töten — draußen dienen sie den Vögeln als Nahrung — sollten, obgleich ihnen im Hinblick auf ihre Organisation kein Bewußtsein zuzuschreiben ist, schnell und gründlich getötet werden, das sind wir ihnen schuldig. Die mit Klebestoff bestrichenen Fliegenfänger alten Stils, von denen die Eingefangenen lange vergeblich wieder loszukommen suchten, waren eine schlechte Erfindung. Wenn Schweitzer ferner von denen, die an Tieren Operationen und Medikamente versuchen, fordert: »Ängstlich müssen sie darum besorgt sein, das Weh, soviel sie nur können, zu mildern«[94], so kann man ihm darin selbstverständlich nur voll und ganz zustimmen. Er sagt selbst einmal: »Der Schmerz ist ein furchtbarerer Herr als der Tod.«[95]

Das ist indessen ein zwar praktisch wichtiger, aber grundsätzlich nebensächlicher Gesichtspunkt. Schweitzer geht es um mehr. Er geht so weit zu erklären: »Ich freue mich über die neuen Schlafkrankheitsmittel, die mir erlauben, Leben zu erhalten, wo ich früher qualvollem Siechtum zusehen mußte. Jedesmal aber, wenn ich unter dem Mikroskop die Erreger der Schlafkrankheit vor mir habe, kann ich doch nicht anders als mir Gedanken darüber machen, daß ich dieses Leben vernichten muß, um anderes zu erretten.«[96] Das ist gewiß tief, schön und folgerichtig gedacht, aber folgerichtig entsprechend handeln kann auch Schweitzer nicht. *Medicus* hat nicht Unrecht, wenn er meint, es sei »der Gipfel der Abenteuerlichkeit dieser Ethik«, »daß sie behauptet, absolut zu sein, obwohl sie nur dadurch (versteht sich: in sehr beschränktem Umfang) durchgeführt werden kann, daß der ihr ergebene Mensch um seiner (und der Seinigen) Selbstunterhaltung willen immer und immer wieder gegen sie verstößt«.[97] Es ist eben ein Unding, den anderen Ethikern ihre Kompromisse vorzuwerfen und die eigene Ethik nur dadurch vor dem Kompromiß zu bewahren, daß sie von Fall zu Fall praktisch außer Kraft gesetzt wird. Nachdem Schweitzer gegen die üblichen Ethiken den Vorwurf des Kompromisses erhoben hat, kommt die von ihm gegebene Lösung im Grunde doch auch zu keinem anderen Ergebnis. Er lehnt es ab, Töten in bestimmten Fällen als sittlich gerechtfertigt anzuerkennen. Er gibt lediglich zu, daß der Mensch zu töten nicht umhin kann, obgleich dieses Töten böse ist und bleibt. Das läuft jedoch praktisch auf dasselbe hinaus wie die sittliche Freigabe des Tötens in dem zum Leben und Wohlbefinden des Menschen notwendigen Umfang.[98] Sachlich wird es auch Schweitzer nicht erspart, einen Kompromiß zwischen sittlichem Ideal und Lebensnotwendigkeit zuzugestehen, nur daß er diesen nicht allgemein festlegen will, sondern jeweils der persönlichen Entscheidung vorbehält. Wenn aber das Töten als böse bezeichnet und zugleich als unvermeidlich anerkannt wird, so ändern sich eigentlich nur die Begriffe, und man darf wohl feststellen, daß die gebräuchliche Terminologie einleuchtender ist als die von Schweitzer gewählte. Töten ist ohne Frage vielfach bedauerlich, und die Notwendigkeit des Tötens mag, auch wenn man sich dessen nicht jedesmal in vollem Maße bewußt wird, letztlich

---

[94] KE S. 249.
[95] WU S. 89.
[96] LD S. 202.
[97] *Medicus:* Kultur, S. 832.
[98] Auch *Hygen* meint im Hinblick auf Schweitzers Standpunkt: »Was nützt es, daß die Ethik ein Handeln vorschreibt, das in absolutem Sinne gut ist, wenn gleichzeitig eingeräumt werden muß, daß sie sich nicht vollauf verwirklichen läßt?« (Kulturkritik, S. 63).

tragisch sein, aber wo es nicht mutwillig oder ohne jeden Grund, nicht mit Lust oder aus Gedankenlosigkeit, sondern mit Überlegung, aus triftigen Gründen oder gar aus der Zwangslage der Unvermeidbarkeit heraus und außerdem unter Anwendung aller Vorsicht mit möglichster Schonung geschieht, keineswegs böse. *A. Messer,* der Schweitzers Ethik an sich sehr sympathisch gegenübersteht, meint doch, daß man durch diese seine »Ansicht geradezu in Verzweiflung und zur Selbsttötung durch Verhungern getrieben« werde.[99] In der Tat würde es, wenn jedes Handeln, das die Tötung von Leben voraussetzt oder bewirkt, als böse zu verurteilen wäre, die einzig wirklich folgerichtige Handlungsweise sein, alles Handeln einzustellen, damit aber das eigene Leben aufzugeben. Eine Ethik der Ehrfurcht vor dem Leben, die zu diesem Ergebnis führt, hat sich selbst im wahrsten Sinne des Wortes ad absurdum geführt, oder vielmehr: sie braucht nicht erst ad absurdum geführt zu werden, sie ist eben schon im Prinzip, d. h. von vornherein verfehlt, geschweige daß sie, wie Schweitzer meint, denknotwendig wäre.[100] Einer sittlichen Verpflichtung muß, wie seinerzeit schon *Messer* und neuerdings wieder *Reiner* betont haben, ein Können, einem Nichtsollen ein Vermeidenkönnen entsprechen, das gehört zum Wesen des sittlichen Bewußtseins. In einer zwangsläufigen Lage von Schuld zu sprechen, geht nicht an. »Ultra posse nemo obligatur.«[101] [102] Bei Schweitzer fehlt die unerläßliche Entsprechung von Sollen und Können. Dadurch ergibt sich eine »Übersteigerung des Schuldbewußtseins« (Reiner). Schon der Ansatz also, diese buddhistische Prämisse der Schweitzerschen Ethik, daß der Mensch sich mit jedem Töten eo ipso schuldig mache, ist abwegig.

Die Versuchung scheint naheliegen, Schweitzers Standpunkt dadurch annehmbarer machen zu wollen, daß man das Prinzip der Ehrfurcht vor dem Leben in eine theoretisch einwandfreie, praktisch nützliche Ermahnung umdeutet. So möchten *Seaver* und andere die »Proklamation der absoluten Unverletzlichkeit jeder Art von Leben« und infolgedessen die sittliche Verurteilung des Tötens als eine falsche Auffassung seiner wahren Meinung hinstellen.[103] Die geforderte Ehrfurcht wäre hiernach in Wahrheit eine bestimmte »Geisteshaltung; sie ist das Gegenteil von Unbarmherzigkeit und Gedanken-

---

[99] *Messer:* Kulturphilosophie, S. 92. — Ebenso urteilt *Brock:* Rezension [KE], S. 266.
[100] Wenn *K. Raab* (Schweitzer, S. 92) bemerkt, durch das Gebot der Ehrfurcht vor dem Leben werde die Individualethik bereichert, die Sozialethik aber praktisch unmöglich gemacht, so ergibt sich aus dem oben Gesagten, daß auch schon die Individualethik dadurch in gewisser Hinsicht unmöglich wird.
[101] *Messer:* Kulturphilosophie, S. 92. — *Reiner:* Ethik, S. 202 f. — Ders.: Zukunft, S. 161 f.
[102] Der Behauptung *Buris,* »die Unerfüllbarkeit dieser Forderung« bedeute »keineswegs auch die Unsinnigkeit derselben« (Eschatologie: S. 170), ist deshalb nachdrücklich zu entgegnen, daß dies nach dem oben Dargelegten eben doch der Fall ist.
[103] *Seaver:* Albert Schweitzer und das Christentum, S. 119 (A. S., Christian Revolutionary) — Weder der englische noch der deutsche Titel des Buches, das in der Hauptsache einen Überblick über Schweitzers Ethik gibt, ist insofern glücklich, und im Vergleich mit dem früher genannten größeren Werk desselben Verfassers dieses überhaupt weniger belangvoll.

losigkeit. Man kann einen Garten ehrfürchtig oder unbarmherzig von Unkraut befreien«. Man könne »sogar eine Giftschlange ehrfürchtig oder unbarmherzig, mit oder ohne Notwendigkeit töten«.[104] Hinsichtlich der Schlange mag das noch angehen, beim Unkraut erscheint es doch reichlich abwegig. Aber dies betrifft auch noch nicht den springenden Punkt. Das, worauf es ankommt, wird erst im folgenden Satz zur Sprache gebracht und in dem Schweitzer entgegengesetzten Sinn entschieden: »Dieses Prinzip besagt nicht, es sei Sünde, eine Blume zu pflücken oder eine Motte zu töten; es sagt: pflücke keine Blume oder töte keine Motte, ohne zuvor das göttliche Prinzip in ihnen zu grüßen.«[105] Der Motte dürfte es jedoch ziemlich gleichgültig sein, ob sie mit oder ohne Ehrfurcht getötet wird. Nein, mit dem Grüßen ist es hier nicht getan, diese allzu lyrische Geste erscheint in diesem Zusammenhang nicht nur an und für sich wenig geschmackvoll, sie stellt vor allem eine Verfälschung der Ansicht Schweitzers dar, nach welcher eben j e d e Vernichtung von Leben, unter welchen Umständen auch immer, böse ist und bleibt und den Menschen deshalb auf jeden Fall schuldig werden läßt.[106] Daß das Grüßen des Lebens im Akte des Tötens vor Schuld bewahre, ist bestimmt nicht im Sinne Schweitzers gedacht.

Karl Barth hat in dem Teil der »Lehre von der Schöpfung«, der seine Ethik enthält und worin sich in diesem Zusammenhang einige vortreffliche Bemerkungen über das Verhältnis des Menschen zu den Tieren finden, trotz allen grundsätzlichen Gegensatzes zu Schweitzers Gedankenwelt doch in einzelnen Punkten recht freundlich zu seiner Ethik Stellung genommen und gemeint, sie hinsichtlich der Frage ihrer Durchführbarkeit zu kritisieren, sei allzu leicht.[107] Dagegen widerlegt *Emil Brunner* in kaum zu erschütternder Weise Schweitzers Prinzip durch den Hinweis auf seinen Begründer: den »Arzt, der millionenfach Leben töten muß, um Menschenleben zu erhalten, und der weiß, daß er damit sittlich handelt«.[108] *Babel*[109] wirft Brunner vor, er erwähne nicht, daß Scheitzer sich nur gegen das gute Gewissen beim Töten wendet. In seiner Wirksamkeit als Arzt einen Widerspruch zu seinem Denken zu sehen, bedeute deshalb ein tiefes Verkennen dieses Denkens. Aber heißt das nicht, das Wirken des Arztes Schweitzer, das uns als ein Musterbeispiel sittlichen Handelns erscheint, könnte oder müßte wohl gar trotzdem mit schlechtem Gewissen erfolgen? Eben diese Notwendigkeit des schlechten Gewissens wird in diesem Falle besonders deutlich ad absurdum geführt. Nicht nur für den gesunden Menschenverstand, sondern auch im Sinne des allgemeinen sittlichen Bewußtseins dürfte Brunner hier durchaus im Recht sein. Dieser wollte nicht eine Interpretation, sondern eine Kritik des Schweitzerschen Denkens geben, das verkennt Babel. Auch ein Autor, welcher der Einheit von Theorie und Praxis bei Schweitzer mit beredten Worten Ausdruck gegeben hat, *R. Amadou*[110], kommt nicht umhin, eine Inkongruenz zwischen seiner Philosophie und seinem Wirken als Arzt festzustellen.[111]

In *einem* Punkte, hinsichtlich der Ablehnung des Blumenpflückens, geht Schweitzer auch *Barth* zu weit.[112] Und was die Tiere betrifft, so fußt Barth

---

[104] *Frank Kendon*, zit. nach Seaver (s. Anm. 103), S. 120.

[105] ebd.

[106] Daß diese strenge Ansicht, nach der auch das Töten aus Notwendigkeit Schuld bedeutet, nach wie vor von Schweitzer aufrecht erhalten worden ist, zeigt seine Rede über »Das Problem des Ethischen in der Evolution des menschlichen Denkens« vor der Akadémie des Sciences Morales et Politiques zu Paris 1952.

[107] *Barth:* Kirchliche Dogmatik, Bd 3, T. 4, S. 397.

[108] *Brunner:* Gebot, S. 582. — Der von Brunner hervorgehobene Widerspruch wird auch von *W. Hellpach* (Kulturpsychologie, S. 204) berührt.

[109] *Babel:* Pensée, S. 197.

[110] *Amadou:* Schweitzer, S. 75 f.

[111] S. 84 f.

[112] *Barth,* S. 399. — Vgl. *Stegenga:* Ehrfurcht, S. 234.

trotz einer gewissen Sympathie für Schweitzers hier in Betracht kommende Bestrebungen auf einer anderen Voraussetzung. Die Notwendigkeit des Tötens von Tieren führt er auf den Bruch des Schöpfungsfriedens zurück, der durch den Sündenfall des Menschen eingetreten ist.[113] Man muß sich demnach fragen, ob Barth annimmt, daß der Löwe sich ursprünglich vegetarisch ernährt habe. Jedenfalls dürfte Schweitzer in seinem Denken der Wirklichkeit besser gerecht werden, wenn er den großen Riß, der durch die Natur hindurchgeht, nicht im Verhalten des Menschen, sondern in der Beschaffenheit des Urwillens, in dem Zwiespalt der ursprünglichen Schöpfung begründet sieht. Nicht ist nach ihm die Natur ohne den Menschen friedlich und der Mensch der eigentlich Schuldige, sondern die Vernichtung von Leben entspricht dem allgemeinen Gesetz der Natur. Damit dürfte der Lebensphilosoph Schweitzer der Wahrheit näher kommen als der große Dogmatiker. Freilich, daß auch Schweitzer den Menschen dann doch schuldig spricht, wenn dieser sich der Naturnotwendigkeit beugt, stellt vielleicht einen theologischen Rückstand dar, und darin, daß der Mensch sich schließlich durch Gott zur Tötung von Tieren ermächtigen lassen kann, erweist sich nun umgekehrt Barth als der größere Realist. Aber so sehr er sich Schweitzers Hauptanliegen zu eigen macht, indem er sagt, der Mensch »wird diese Nötigung zur Defensive und zur Offensive gegen die Tierwelt niemals als eine natürliche behandeln, sie niemals als ein normales Element in sein Weltbild und seine Lebenspraxis einbauen dürfen. Es muß bei dem *Erschrecken* vor dieser Möglichkeit auch dann, wenn er von ihr Gebrauch macht, sein Bewenden haben«[114]: daß Tiertötung dem Menschen im Gehorsam nur möglich ist »als ein im tiefsten ehrerbietiger Akt der Buße, der Danksagung, des Lobpreises des begnadigten Sünders gegenüber dem, der der Schöpfer und Herr des Menschen und des Tieres ist«, diese These Barths muß in den Augen Schweitzers etwas sehr Bedenkliches haben. Wenn Töten grundsätzlich ein Unrecht wäre, wie kann es dann dem Menschen durch Gott zugestanden, auferlegt werden? Und doch könnte Barth hier im Recht sein, sofern an die Stelle des heilig-guten Gottes die zwiespältige Gott-Natur tritt, bei der Erzeugen und Töten nur zwei verschiedene Aspekte ihres Wirkens bilden. Der obige Satz, in dem Barth mit Schweitzer übereinstimmt, würde dann allerdings, um Geltung zu erlangen, in sein Gegenteil zu verkehren sein, und so wird es sich in der Tat verhalten: der Mensch darf die Nötigung zur Defensive und zur Offensive gegen die Tierwelt niemals oberflächlich, sondern nur denkend, aber, wenn auch vielfach schmerzlich bewegt, unter jener Voraussetzung doch mit gutem Gewissen als eine unentrinnbare und im tiefsten Sinne natürliche, weil durch die Naturordnung zwangsläufig bedingte, behandeln.

Es bleibt also dabei: Die Forderung der Ehrfurcht vor dem Leben im Sinne Schweitzers widerspricht der Eigenart eben dieses Lebens, sie steht im Gegensatz zum Wesen der Natur. Wenn das Töten zum Leben notwendig, völlig unvermeidlich ist, kann es nicht aus Ehrfurcht vor diesem für böse erklärt werden. Und ebensowenig ist das Ehrfurchtsprinzip mit dem sittlichen Bewußtsein zu vereinbaren. »Mag man immer das Leben als hohen Wert einschätzen«, betont *Messer*, »man kann doch nicht sagen, daß es darum *ausnahmslos* verboten sei, Leben zu schädigen oder zu vernichten«, wobei auf Schweitzers eindrucksvolle »Beschreibung seiner Kämpfe mit den afrikanischen Ameisenzügen« aufmerksam ge-

[113] *Barth*, S. 402.
[114] *Barth*, S. 403.

macht wird, die nicht den Eindruck erweckt, »daß er die Tötung ungezählter dieser Tiere als ›böse‹ betrachte und sich als Schuld anrechne«[115].

Der Mensch tötet nicht so wie jedes andere Glied der Natur, das von anderem Leben lebt. Er ist nicht nur als das intelligenteste Wesen das mächtigste, so daß sich auch hier lediglich der Kampf ums Dasein erfüllen würde, d. h. daß der Schwächere auf der Strecke bleibt und der Stärkere das Feld behauptet. Bei ihm kommt vielmehr noch etwas Neues hinzu: der Mensch wird nicht nur durch Wirkliches bestimmt, sondern auch durch Werte. »Er unterscheidet, wählet und richtet.« Er wird nicht blind angetrieben durch das erste beste, augenblicklich stärkste Motiv; er besitzt vielmehr Motive, die vom unmittelbar Wirklichen weit entfernt sind. Er ist sich der Werte bewußt und besitzt sogar eine Rangordnung der Werte. Auch dieses Wertbewußtsein entwickelt sich auf der Grundlage der Natur und gehört zur natürlichen Organisation des Menschen, aber es hebt ihn weit hinaus über alle übrigen Lebewesen, vermittelst seiner baut er über der Natur eine zweite Welt auf, die der Kultur. Dabei werden die Werte von entscheidender Bedeutung für das Handeln. Gerade bei einer der wichtigsten Entscheidungen, ob und in welchen Fällen der Mensch töten darf, muß, soll, verwirft Schweitzer indessen den Wertgesichtspunkt, ja, er will überhaupt nichts davon wissen, Wertunterschiede zwischen den verschieden hoch organisierten Lebewesen zu machen, da dies doch nur auf etwas ganz Subjektives hinauslaufe. Nun ist der Wert gewiß stets an ein Subjekt gebunden; wird er aber damit etwas nur Subjektives und die Beurteilung nach Werten ein bloß subjektiver Maßstab? Gelangen nicht in Werten objektive Sachverhalte dem Subjekt zum Bewußtsein? Auch hier scheint Schweitzer sich jedoch mit einem gewissen Eigensinn auf einen Grundsatz zu versteifen, der in Wahrheit gar nicht durchführbar ist. Er muß nicht nur die Notwendigkeit des Tötens überhaupt anerkennen; er wird, ob er will oder nicht, auch zu Entscheidungen gezwungen, die Wertungen voraussetzen. *Medicus* wird doch wohl recht haben, wenn er von Schweitzers Ethik sagt: »Sie nimmt vermutlich als wahrscheinlich an, daß der Feuerwehrmann den Konflikt, ob er den Kanarienvogel oder das kleine Kind aus dem brennenden Hause retten soll, zugunsten des Kindes entscheiden wird, und daß der Arzt, der eilig zu einem Kranken gerufen worden ist, durch sein subjektives Gewissen daran gehindert wird, sich unterwegs mit der Rettung notleidender Insekten aufzuhalten.«[116] »In Wirklichkeit besteht jener Wertmaßstab praktisch ganz ohne Zweifel und jeder Mensch handelt danach, auch Schweitzer selbst«, stellt *Bavink* fest. »Er würde vielleicht um der Theorie willen nicht ausdrücklich, aber im Ernstfall praktisch immer mit absoluter Sicherheit jeden für verrückt oder auch für schlecht erklären, der etwa um das Leben« der »Trypanosomen zu scho-

[115] *Messer:* Kulturphilosophie, S. 93; WU S. 137 ff.
[116] *Medicus,* S. 833.

nen, den Neger opfern« wollte.[117] »Es muß eben«, wie auch *Messer* betont, »der verschiedene Wert der Lebewesen und dessen, was von ihnen verwirklicht werden kann, in erster Linie berücksichtigt werden.«[118] Wanzen, Läuse, Flöhe, Wespen, Fliegen, Mücken, Mäuse und Ratten einerseits, der Mensch andererseits sind dafür nur die uns am nächsten liegenden Beispiele. So sehr eine gewisse Erweiterung der sittlichen Einstellung in Richtung auf die Tierwelt anzuerkennen war, so wenig wird Schweitzers Theorie der Sonderstellung des Menschen gerecht, die das sittliche Bewußtsein unbedingt fordert. Die Ethik der Ehrfurcht vor dem Leben »beraubt« »das menschliche Leben seines besonderen *Tabu«* (*Picht*[119]).

Gegenüber Schweitzers Ablehnung, Wertunterschiede zwischen höheren und niederen Lebewesen zu machen, weil eine solche Einstellung zum Subjektivismus und zur Willkür führen müßte, hat *Bavink* mit Recht darauf hingewiesen, daß die Natur uns den objektiven Wertmaßstab an die Hand gibt. »Sobald wir die theoretische Welterkenntnis hinzuziehen«, von der Schweitzer nichts wissen will, »wird es evident, daß, wenn die Welt überhaupt einen Sinn haben soll, dieser in irgendeiner Weise mit der aufsteigenden Entwicklungsreihe der Lebewesen in Zusammenhang stehen muß.« »Haben wir den Respekt vor dem Leben erst einmal in unser ethisches Gefühl aufgenommen«, »so zwingt uns die Übersicht über das Gesamtleben der Welt den Gedanken einer Rangordnung desselben geradezu auf, denn die ganze Natur ist offensichtlich so eingerichtet, daß stets das niedere Leben dem höheren (im großen Durchschnitt genommen) dienen muß.«[120] Es ist in der Tat einer der schwersten Fehler Schweitzers, daß er sich dieser Einsicht so hartnäckig widersetzt hat.

Im Albert-Schweitzer-Gespräch Basel 1967 wurde von Schweitzers Denken Nahestehenden auf beträchtlichem Niveau u. a. über die Frage der von ihm abgelehnten »Wertskala« diskutiert. Interessant war dabei der Hinweis *H. Baur*s darauf, daß der mörderische Marder im Vergleich mit den Hühnern, die man vor ihm schützt, das höher organisierte Tier ist und Hitler, »der höher organisierte Mensch« war »als die Geistesschwachen, welchen er den Gnadentod bescheren wollte«.[121a] Aber man wird nicht sagen können, daß die Einwände gegen die Ablehnung des Wertgesichtspunktes damit erledigt seien. Die Hühner schützen wir vor dem Marder nicht aus Ehrfurcht vor dem Leben, sondern weil wir ihre Eier brauchen, und Hitler wird verurteilt, weil in diesem Falle der intellektuell höher stehende Mensch sich zu geistig ihm unterlegenen nicht als Mensch verhalten hat. Berücksichtigung der Organisationshöhe bedeutet also

---

117 *Bavink:* Kultur, S. 5.

118 *Messer,* S. 92. — Ebenso urteilt *Leisegang:* Religionsphilosophie, S. 88 f. — Vgl. *Rickert,* Philosophie, S. 126.

119 *Picht,* S. 127.

120 *Bavink,* S. 38. Einen Weg zur exakten Bestimmung der Ranghöhe der verschiedenen Warmblüter und namentlich der Säugetiere hat *A. Portmann* (Wege, S. 86 ff.) gezeigt.

121a *Baur:* Albert Schweitzer Gespräch, S. 55 f.

nicht, daß die höheren Lebewesen jeweils die weniger vollkommenen systematisch ausrotten dürften. Damit würden wir wiederum bei einem unnatürlichen Standpunkt ankommen, diesmal am anderen Ende. O. *Spear* billigte die Ablehnung einer *starren* Wertskala, bedauerte aber die Ablehnung jeder Wertskala und meinte, daß, wenn Menschen wie Albert Schweitzer einst »eine gewisse *Richtung* von Wertskala proklamiert« und so das Denken beeinflußt hätten — »dieser eine Mensch wichtiger als sogar hunderttausende oder Millionen von Bakterien« oder »ein Tier, das mir vielleicht noch so nahe steht.« —, »die nationalsozialistische Denkweise mit *ihrer* Wertskala« nicht so stark hätte werden können.[121b]

Reiner weist gelegentlich darauf hin, daß die »Frage nach Höhenunterschieden und damit nach einer Rangordnung der Werte« sich im Rahmen der Schweitzerschen Ethik selbst aufdränge. »Auch wenn wir nämlich, wie Schweitzer anerkennt, immer wieder Leben vernichten oder hemmen müssen, um anderes Leben zu fördern oder zu erhalten, ergibt sich die Frage, welches Leben dann dabei den Vorzug verdient und welches geopfert werden soll, um das andere zu erhalten. Auch wenn wir jede Opferung von Leben bedauern, muß doch diese Frage gestellt und beantwortet werden. D. h. auch hier ergibt sich eine Frage der Rangordnung der Werte, nämlich der Werte verschiedener Arten des Lebens.«[121c] Wie schon *Messer* die Ausgestaltung der Schweitzerschen Ethik zur Wertethik gefordert hatte[121d], so befürwortet nun auch *Reiner* eine jene Rangordnung berücksichtigende Weiterbildung.[121e] Man muß jedoch bezweifeln, daß eine solche »Weiterbildung« oder »Ausgestaltung« möglich wäre, ohne in einen unüberbrückbaren Gegensatz zu Schweitzers Grundansicht zu geraten, die eben doch die Anwendung des Wertgesichtspunktes auf die verschiedenen Arten der Lebewesen bewußt ausdrücklich verwirft.[121f]

Die Spannung zwischen der üblichen Ansicht und der Schweitzers wird besonders deutlich auch beim Tierschutz. Während Schweitzer von

---

121b *Spear* in: Baur, S. 59. Für die »Hierarchie der Werte im Bereich des Lebenden« erklärt sich auch *P. Martini* (Schweitzer, S. 319).

121c *Reiner:* Zukunft, S. 163.

121d *Messer:* Kulturphilosophie, S. 97.

121e *Reiner:* S. 163 f.

121f Auf eine in diesem Sinne gehaltene briefliche Stellungnahme des Verfassers gab *Reiner* in seiner Antwort vom 2. 6. 74 zu, daß man mehr von einer zu fordernden Umgestaltung als von einer Weiterentwicklung der Schweitzerschen Ethik sprechen müsse. Die Frage ist freilich, ob nicht auch mit »Umgestaltung« noch zu wenig gesagt wird. Die Kritik des Schweitzerschen ethischen Ansatzes, in der Reiner noch wieder sehr überzeugend zu denselben entscheidenden Einwänden wie früher Messer, Medicus und dann auch Picht gelangte, erscheint in ihren Ergebnissen so tiefgreifend und schwerwiegend, daß die Konsequenz zwingend wird, die Ehrfurcht vor dem Leben als P r i n z i p des sittlichen Lebens überhaupt eindeutig fallen zu lassen. Es bedarf m. a. W. von vornherein einer anderen Grundlegung. Das teilweise sehr Berechtigte und Wichtige an der Forderung der Ehrfurcht vor dem Leben ist an einer bestimmten Stelle im Gebäude der Ethik zur Geltung zu bringen, als Fundament aber für das Gebäude ist sie durchaus unbrauchbar.

Jugend an der Tierschutzbewegung zugetan war[122] und diese sich auch umgekehrt gern auf ihn als ihren großen Patron und Protektor beruft, liegt hier in Wahrheit eine nicht zu übersehende Differenz vor, insofern der Tierschutz sich die Ehrfurcht vor dem Leben im absoluten Sinne keineswegs zu eigen macht. Sehr bezeichnend ist in dieser Hinsicht das Flugblatt eines großen Tierschutzvereins, das die Katzenhalter mit Rücksicht auf das Überhandnehmen notleidender herrenloser Katzen auffordert, die unerwünschten Katzenwürfe sofort vom Tierarzt fachgerecht einschläfern und die Kater kastrieren zu lassen, wobei sich noch der Vorteil ergebe, daß der Kater dadurch bequemer wird und den Vögeln nicht mehr nachstellt, jedoch den Fang von Ratten und Mäusen nicht unterläßt. Eine solche Haltung dürfte sehr viel sinnvoller sein als die Aufstellung eines von vornherein als undurchführbar zu erkennenden theoretischen Prinzips.

Noch eines ist hier zu bedenken. Andere Lebewesen werden nicht nur dem Leben und Wohlbefinden des Menschen als dem höher stehenden geopfert, sondern auch solchen menschlichen Zwecken, die selbst gar nicht im biologischen Sinne dem Leben zuzurechnen sind. Wenn etwa die Termiten in Italien Museen, Bibliotheken, Archive, alte Kirchen und Paläste ganzer Landschaften bedrohen, wenn sie darin Kunstwerke von einmaliger Bedeutung überfallen und in wenigen Stunden restlos vernichten, so hält man das für ein großes Unglück und bekämpft die der Kultur feindlichen Lebewesen mit allen erdenklichen Mitteln. Auch die im Vergleich damit so undramatisch auftretenden Staubläuse und Silberfische, denen die stille Welt der Bücher als Wohnung und Nahrung zugleich dient, werden als Schädlinge nach Möglichkeit beseitigt. Dazu halten wir uns in vollem Maße berechtigt, und ein Bibliothekar, der auch dieser Aufgabe seine Aufmerksamkeit zuwendet, erfüllt damit nur eine Pflicht. Sogar ein Institut für »Buchpathologie« dient dem Zweck, leblose Gegenstände gegen jene Lebewesen zu verteidigen, und wer wollte das nicht billigen!

Es geht Schweitzer ja auch nicht nur um das Töten bzw. Nichttöten, sondern er fordert, wenigstens grundsätzlich, positiv, daß der Mensch allem Lebendigen beistehe und es fördere. »Wahrhaft ethisch ist der Mensch nur, wenn er der Nötigung gehorcht, allem Leben, dem er beistehen kann, zu helfen.«[123] Es würde hiernach also nicht genügen, daß ich die mich quälenden und von der Arbeit ablenkenden Mücken in meinem Zimmer dulde; ich hätte auch noch den vielen, die in der Dämmerung von draußen hereinstreben, das Fenster zu öffnen und Einlaß zu gewähren. Und wenn ich einen Spaziergang machen möchte, so müßte ich entweder darauf verzichten, um nicht auf meinem Wege irgendwelche kleine Lebewesen zu zertreten, oder, wenn ich mich schon entschließe,

---

[122] LD S. 203.
[123] KE S. 240.

trotzdem zu gehen, umgekehrt darauf bedacht sein, bei dieser Gelegenheit helfend einzugreifen, wo immer es möglich ist, also z. B. Tümpel aufsuchen, in die ein Insekt gefallen sein könnte, um es mit Hilfe eines hinzuhaltenden Blattes oder Halmes daraus zu erretten[124] und andererseits austrocknende Pfützen mit frischem Wasser zu füllen, da ohne diese Hilfe unzähliges Getier binnen kurzem dem Verderben preisgegeben ist. Ohne eine Gießkanne dürfte ich demnach bei trockenem Wetter schon gar nicht mehr ausgehen. Mit anderen Worten: alle unbeschwerte Lust, alle sorglose Muße des Menschen, damit aber auch ein wesentlicher Teil der höheren Kultur würden in Frage gestellt werden durch den unaufhaltsam sich verzehrenden Dienst am Leben. Selbst das Gefühl des Ekels müßte ich in Kauf nehmen und die primitivsten Forderungen der Hygiene opfern. Vom Standpunkt des bloßen Lebens ist z. B. wirklich nicht einzusehen, warum der Mensch bei der Beseitigung von Tierkadavern und auch menschlichen Leichen nur an seine eigenen Gefühle und Interessen und allenfalls noch an die Nahrungssorgen der Würmer denkt; auf mindestens einen Teil des anfallenden Materials hätten doch eigentlich auch Fliegen und Ratten Anspruch! Vor allem die Leichenverbrennung wäre von hier aus gar nicht zu verantworten, weil dadurch das ehemalige Leben neuem Leben vorenthalten bleibt. Zu welchen Konsequenzen würde uns diese Denkweise noch führen? »Diese Moral«, ruft *Brock* aus, »vergeudet sich damit, Insekten einzeln zu bewahren, welche die Natur in einer warmen Sommernacht zu Milliarden ausbrütet und am Morgen im nächsten Tümpel ersäuft«[125], und der Mensch sollte der Natur ins Handwerk pfuschen und darüber seine geistigen Anliegen versäumen? Das ist grotesk und absurd. Nein, so geht es nicht. Der Mensch ist eben, wie *Picht* feststellt, »keines spontanen Gefühls der Liebe zu einer Bakterie oder einer Vogelspinne fähig«.[126] Das ist ihm nicht vorzuwerfen, sondern durchaus naturbedingt. Der Abstand ist einfach zu groß.

Die Unterscheidung von höherwertigem und minder wertvollem Leben, um die auch Schweitzer nicht herumkommt, die er aber theoretisch nicht gelten lassen will, ist tatsächlich unentbehrlich. Sie nicht zu machen, wäre im höchsten Grade kulturfeindlich, und die Theorie muß sich hier offenbar nach unserem Gefühl und der Praxis richten, nicht umgekehrt. Kultur kann nur entstehen und bestehen, indem Leben getötet, geschädigt, vernachlässigt und schon an der Entstehung verhindert wird um sachlicher Zwecke willen, die der Mensch sich setzt, ohne die sein Leben ihm nicht mehr lebenswert erscheint, zugunsten also der Verwirklichung von Werten. Auch der friedlichste Ackerbauer muß die Urnatur roden, das Unkraut jäten, die minderwertigen Exemplare der Arten und selbst

---

124 ebd.
125 *Brock:* Rezension [KE], S. 266.
126 *Picht,* S. 130.

ganze Arten ausmerzen. »Kultur ist immer grausam gegen das Leben«, bemerkt *H. Leisegang.* »Man kann nur entweder Ehrfurcht vor dem Leben oder der Kultur haben, aber keine Kultur auf der Ehrfurcht vor dem Leben aufbauen.«[127]

Und das gilt schließlich nicht nur von allem anderen Leben im Dienste des Menschen, sondern das Opfer des Lebens bringt ja der Mensch unter Umständen seinen höheren Zielen auch selber, und daß er es tut, macht sein Wesen aus. Immer setzen Menschen ihr Leben ein, setzen sich selbst aufs Spiel, weil der Sinn des Lebens eben nicht nur im Leben, im bloßen Dasein, sondern im Abenteuer, im Wagnis, in der Bewährung, in der Überwindung des Gegebenen, im *erfüllten* Leben liegt. Wenn *Popper-Lynkeus* einmal »alle Fortschritte der Kultur« für »relativ unwichtig« erklärt im Vergleich mit der »Rettung auch nur eines einzigen Individuums vor dem Hungertode«[128], so ist das, wie furchtbar uns das Bewußtsein, daß täglich und stündlich viele Menschen Hungers sterben, belasten und verfolgen müßte, trotzdem nur die eine Seite der Sache. Schweitzer gibt freilich etwas Wichtiges zu bedenken: unter der Voraussetzung, Leben könne gegebenenfalls auch wertlos sein, wäre man, meint er, nicht sicher, daß nicht, wie heute Insekten, so morgen auch primitive Völker dazu gerechnet werden. Damit rührt er an eine Gefahr, deren Verwirklichung inzwischen nicht nur eingetreten, sondern noch über jede Vorstellung hinaus übertroffen worden ist. Aber so ernst dieser Hinweis angesichts der hinter uns liegenden beispiellosen Massenverbrechen genommen zu werden verdient, durchschlagend ist er nicht. Das Vorliegen einer andere Möglichkeiten ausschließenden Alternative zwischen den Initiatoren jener Vergasungsanstalten für Menschen und buddhistischem Mönchstum kann nicht anerkannt werden. Der Einsatz des Lebens für Ziele der menschlichen Kultur steht, wie ja wohl auch Schweitzer zugegeben haben würde, auf einem anderen Blatt und ist aus ihr nicht fortzudenken. »Obwohl das Menschenleben unbezahlbar ist, handeln wir immer wieder so, als ob es etwas gäbe, das das Menschenleben an Wert übertrifft«, heißt es bei *Saint-Exupéry* im »Nachtflug«. Die höhere, vor allem die moderne Kultur nimmt das menschliche Leben im allgemeinen immer wichtiger und weiß es, von den Kriegen abgesehen, welche diese Tendenz dann um so gründlicher durchkreuzen, mehr und mehr zu schonen und zu schützen, und dennoch fordert sie es im einzelnen Fall stets aufs neue, nicht immer und unbedingt das Leben selbst, wohl aber die Bereitschaft, es einzusetzen. »Das Leben ist der Güter höchstes nicht!«, ohne dieses Bekenntnis, das sie vom Zustand und Ziel des allgemeinen Vegetierens unterscheidet, kann Kultur nicht sein.

Mit Bezug auf das indische Denken urteilt Schweitzer: »Die Unnatürlichkeit der Weltanschauung der Welt- und Lebensverneinung tritt darin

---

[127] *Leisegang:* Religionsphilosophie, S. 89.
[128] *Popper-Lynkeus:* Nährpflicht, S. 183.

in Erscheinung, daß sie nicht durchführbar ist, sie sieht sich genötigt, der Welt- und Lebensbejahung Zugeständnisse zu machen.«[129] Diese Sätze gelten umgekehrt wörtlich von Schweitzers eigenem Denken: die Unnatürlichkeit der Lebensbejahung im Sinne der »Ehrfurcht vor dem Leben« tritt darin in Erscheinung, daß sie nicht durchführbar ist. Sie sieht sich genötigt, der Lebensverneinung, der Notwendigkeit des Tötens, Zugeständnisse zu machen. Schweitzer selbst verkennt nicht, daß die aus Welt- und Lebensbejahung entstehende Ethik sich in »Lebensverneinung verwirklicht«.[130] Die Ehrfurcht vor dem Leben im Sinne Schweitzers als Grundlage und Mittelpunkt der Ethik ist unhaltbar. Sie führt zu Folgerungen und Forderungen, die in Widerspruch stehen sowohl zu den elementaren Gegebenheiten der Natur als auch zu den Grundlagen der Kultur, ja, der Sittlichkeit selbst, Forderungen, die das sittliche Bewußtsein nicht anerkennt.

Die sittliche Verurteilung des Tötens und die Forderung der Fürsorge für alles Leben ist auch nicht nur als zu weitgehend, zu streng, zu moralistisch, vom Standpunkt des sein Leben leben wollenden Menschen abzulehnen, es liegt in ihr andererseits ein biologistisches Element, das in einem Spannungsverhältnis zur sittlichen Einstellung steht und gegen das deshalb umgekehrt im Namen der Ethik Einspruch erhoben werden muß. Es ist zwar keine Frage, daß Schweitzer im Grunde keineswegs biologistisch denkt, aber der Widerspruch steckt nun einmal in seiner Lehre und ist schwerlich mehr hinauszubringen. Auch ein Anhänger seiner ethischen Philosophie, G. *Marchal*, gibt zu, daß der Gegensatz des biologischen und des moralischen Lebens einen ernsten Einwand gegen sie bilden kann, und er fragt sich, ob man die Formel »Ehrfurcht vor dem Leben« nicht ergänzen müßte: »sofern es Ehrfurcht verdient«.[131] In der Tat ist das Unzureichende dieses Prinzips damit deutlich zum Ausdruck gebracht. Aber was bleibt noch von ihm übrig, wenn man diese Korrektur vornimmt? Von dem eigentlichen Gedanken Schweitzers nichts.

Daß in der Ehrfurcht vor dem Leben ein berechtigter Kern steckt, daß eine auf ihr fußende Gesinnung vielfach sittlich günstig zu wirken vermag, wurde am Anfang dieser Erörterung anerkannt. Aber von einem derart in den Mittelpunkt gestellten ethischen Prinzip ist mehr zu verlangen, als daß es nur ein richtiges Element enthält und sich unter Umständen günstig auswirkt. Soll die Formel als brauchbar gelten, so müßte sie ausnahmslos richtig und erschöpfend sein. Das aber ist nicht der Fall. *Baurs* Urteil, Schweitzer habe mit seinem Grundprinzip »gut ist, Leben erhalten und Leben fördern; böse ist, Leben vernichten und Leben hemmen« eine »untrügliche Unterscheidung von Gut und Böse«

---

129 ID S. 3.
130 KE S. 236.
131 *Marchal:* paradoxe, S. 87. — Auch *Karl Jaspers* stellt der »Ehrfurcht vor dem Leben an sich« »die Ehrfurcht vor dem Leben, das des Lebens würdig gelebt werden kann«, als letzten Maßstab gegenüber (Atombombe, S. 231).

gegeben[132], wird durch die Erörterungen des vorliegenden Abschnitts nicht gestützt.

Im folgenden seien die hauptsächlichen Gesichtspunkte teils noch einmal zusammengefaßt, teils ein wenig ergänzt.

1. Durch die Mahnung, das Leben zu schonen, hat Schweitzer die Ethik in verdienstvoller Weise in Richtung auf die Tierwelt erweitert.

2. Insofern der Mensch wie andere Lebewesen wesentlich von Leben lebt (*Nietzsche, Brock, Reiner*) entzieht nun die absolute Ethik der Ehrfurcht vor dem Leben, streng genommen, dem sittlich Handelnden die Lebensgrundlage. Es bleibt ihm eigentlich nur der Verzicht weiterzuleben, d. h. mittelbar der Selbstmord übrig *(Messer)*.

3. Da das Nichttöten für den Menschen, solange er leben will, unmöglich ist, kann er nicht schuldig gesprochen werden; denn eine Schuld für zwangsläufig Notwendiges kann es nicht geben *(Messer, Reiner)*. Durch die sittliche Verwerfung des Tötens setzt sich die Ethik der Ehrfurcht vor dem Leben in Widerspruch zum sittlichen Bewußtsein.

4. »Auch die sorgende Hingabe an fremdes Leben, die aus der Ethik der Ehrfurcht vor dem Leben entspringt, erfordert«, »daß anderes Leben vernichtet wird. Die Ehrfurcht vor dem Leben kommt also auch mit sich selbst in Konflikt« (*Reiner*[133]). »Das Verhalten der ethischen Persönlichkeit wird zu einem Lavieren zwischen Lebensbejahung und Lebensverneinung« *(Picht*[134]*)*.

5. »Das Prinzip der Ehrfurcht vor dem Leben ist immer nur relativ durchführbar, nie absolut.«[135] Indem Schweitzer ein relatives Prinzip als absolut proklamiert, obgleich er andererseits der Relativität durch die Anerkennung der Notwendigkeit zu töten Rechnung zu tragen gezwungen ist, verwickelt er sich in einen eklatanten Widerspruch *(Medicus)*.

6. Praktisch muß der Handelnde sich ständig entscheiden, welches Leben er im einzelnen Fall vorziehen soll. »Bei diesen Entscheidungen von Fall zu Fall läßt ihn die Ethik der Ehrfurcht vor dem Leben im Stich«, da sie die Statuierung von Wertunterschieden ablehnt *(Messer, Picht*[136], *Reiner)*. In dieser Schweitzer allein eigentümlichen Einstellung liegt der größte Mangel seiner Ethik; denn sittliches Handeln setzt ein ständiges Werten voraus.

7. Daß in der verschieden hohen Organisation der Lebewesen ein Wertmaßstab liegt *(Bavink, Messer, Reiner)*, will Schweitzer nicht ein-

---

[132] *Baur:* Ethik, S. 94.
[133] *Reiner:* Ethik, S. 203.
[134] *Picht*, S. 117.
[135] *Reiner*, S. 202.
[136] *Picht*, S. 127.

sehen und verbaut sich damit alle Möglichkeiten für den Aufbau einer in diesem Punkte der Wirklichkeit angemessenen Ethik.

8. Sowohl die Naturordnung als auch das sittliche Bewußtsein weisen auf eine Sonderstellung des Menschen hin, der Schweitzer nicht gerecht wird (*Bavink, Picht*).

9. Tatsächlich zielt das sittliche Handeln auch nach Schweitzer auf Wertverwirklichung und Wertsteigerung. Darüber jedoch, daß damit eine Gütertafel, ein Wertkalkül vorausgesetzt wird, ist er sich nicht im klaren *(Kraus, Picht, Reiner)*.

10. Indem Schweitzer dem Menschen die »titanische Aufgabe« zuweist, »die Schöpfung zu korrigieren« (*Picht*[137]), für Lebewesen zu sorgen, die die Natur massenhaft erzeugt und ebenso massenhaft zugrunde gehen läßt (*Brock*), durch diese »inhaltliche Ausweitung« der sittlichen Forderung »ins Grenzenlose« (*Picht*[138]) wird der sittlich Handelnde zu einem Frondienst ohnegleichen, zu einer neuen Art von Sisyphosarbeit, verurteilt. Die Aufgabe steht in keinem Verhältnis zu den Kräften des Handelnden und erst recht außer jedem Verhältnis zum Gegenstand der Aufgabe, dem Gesamtleben, dem auch durch die größte Anstrengung immer nur zu einem völlig verschwindenden Bruchteil geholfen werden könnte.

11. Schweitzer setzt dem Menschen neben der Fürsorge für alles Leben das Ziel, »in möglichster Ausbildung aller seiner Fähigkeiten« sein Wesen frei zu entfalten. Wenn schon die »ins Grenzenlose erweiterte Verantwortung gegen alles, was lebt« eine maßlose Überforderung darstellt, so ist erst recht nicht einzusehen, wie jemand daneben noch sein eigenes Wesen sollte entwickeln können, zumal die altruistische Aufgabe von Schweitzer so viel stärker betont wird, daß die Selbstverwirklichung dadurch im Keim ersticken muß. Alle höhere Kultur wäre dadurch zum Aussterben verurteilt. Für deren Ausbildung würden Zeit und Kraft fehlen. »Mitgefühl mit allem Lebendigen — ein Maximum an geistigem Leben«, das ist eines der Konfliktpaare, die in Schweitzers Ethik von vornherein angelegt sind *(Lönnebo*[139]*)*.

Es erscheint völlig unverständlich, wie ein Denker, der erstens gewissermaßen schon von Natur auf kein Problem so sehr angelegt war wie auf das der Ethik, der zweitens immer für ein elementares, lebensnahes Philosophieren eingetreten ist und sich drittens als scharfsinniger und kenntnisreicher Kritiker des bisherigen ethischen Denkens ausgewiesen hat, sich in eine derart unmögliche Ethik verrennen konnte. Es wird später noch die Rede davon sein, wie ihm die Intuition des Prinzips

---

137 S. 115.
138 S. 114.
139 *Lönnebo:* ideal, S. 330.

»Ehrfurcht vor dem Leben« gekommen ist, mit welcher gefühlsmäßigen Gewalt sie ihn überfallen und wie er sie mit allen Fasern seines mächtigen Willens ergriffen hat. Jedenfalls ist der Anteil des analytischen Denkens daran ursprünglich verhältnismäßig gering. Erst sekundär wurde hieraus eine einseitig intellektualistisch konsequenzenmacherische Doktrin, die praktisch nicht anwendbar ist. Das Gesamturteil kann nicht besser ausgesprochen werden, als *Picht* es getan hat: »Der titanische Drang des geborenen Ethikers, das Ethische als ›die höchste und einzig lebendige Geistigkeit‹ an die Stelle der Religion zu setzen und die Forderungen dieser ›kosmischen‹ Ethik (Martin Werner) sodann über menschliches Maß und Vermögen hinaus ins Absolute zu steigern, hat das ethische Denken Schweitzers aus der natürlichen, lebenswarmen und wirklichkeitsnahen Gefühlswelt, die ihm eigen ist, auf die kalten und kahlen Gipfel der Abstraktion getrieben.«[140] Dem ist nach allem nichts mehr hinzuzufügen.

IV. Die Frage der Zulänglichkeit des Ehrfurchtsprinzips

Grundsätzlich zu unterscheiden von der Frage der Durchführbarkeit des Schweitzerschen Ethikprinzips ist die seiner Zulänglichkeit. Würde der Grundsatz der Ehrfurcht vor dem Leben — seine absolute Berechtigung und Durchführbarkeit einmal angenommen — ausreichen, um eine Ethik aufzubauen? Auch diese Frage muß entschieden und in vollem Umfange verneint werden. Das Fundament ist viel zu schmal, oder anders gesagt: die Maschen dieses Netzes sind viel zu weit, als daß sich gültige Urteile für die Mannigfaltigkeit der sittlichen Probleme ergeben könnten. Schweitzers Prinzip ist zwar nicht so inhaltlos wie Kants Kategorischer Imperativ, aber für die meisten Fragen, die Entscheidung fordern, doch kaum weniger unzulänglich, ja, infolge seiner Einseitigkeit bei weitem unbrauchbarer. Nach der vielfach sehr treffenden Kritik an seinen Vorgängern ist es überraschend und enttäuschend, daß Schweitzer sich mit der von ihm gewonnenen Ansicht zufrieden gegeben hat und auf keine Leistung so stolz gewesen ist wie auf diese. An und für sich waren bei ihm mit seinen außergewöhnlich reichen Gaben gewiß wie bei kaum einem anderen Philosophen die Voraussetzungen gegeben, um eine tiefgründige und zugleich lebensvolle Ethik auf breiter Grundlage zu gestalten. Aber er unterdrückt in seinem ethischen Denken die übrigen Seiten seines Wesens und läßt die stärkste allein, mit einer beispiellosen Ausschließlichkeit, zur Geltung kommen. Seine Ethik spiegelt damit allerdings den Ernst und die Stoßkraft einer intensiven sittlichen Haltung in

[140] *Picht*, S. 129.

einem Grade wider, wie es sich in einem theoretischen Werke ganz selten findet. Ebenso selten und sehr seltsam ist aber auch die Enge dieser ethischen Gedankenwelt. Schweitzers Ethik bildet darin den äußersten Gegensatz zu der wenige Jahre später erschienenen Ethik Nicolai Hartmanns mit ihrer umfassenden und abgewogenen objektiven Überschau über das gesamte Reich der sittlichen Werte und Tugenden und wirkt im Vergleich damit dünn, ja, dürftig. Freilich ist sie nicht zur Ausführung gelangt, aber es ist sehr unwahrscheinlich, daß innerhalb des Rahmens, den wir kennen und an dem ihr Begründer zweifellos festgehalten haben würde, eine weniger einseitige Behandlung zu erreichen gewesen wäre. Eine Ethik, völlig jenseits von Naturerkenntnis und Weltanschauung einerseits, von Wertphilosophie andererseits, von beiden bewußt abgeriegelt, kann kaum anders aussehen.[141] Hand in Hand mit einem bisher unerreichten Höchstmaß an Intensität des sittlichen Denkens und an Glut des sittlichen Wollens geht daher eine auffallende Verarmung an Gehalt. *Kraus* meint zwar im Anschluß an die Fassung des sittlich Guten als »Erhalten, Fördern und Steigern von Leben«[142], »daß das Wort ›Ehrfurcht vor dem Leben‹ viel mehr deckt, als die eigentliche Wortbedeutung sagt. Es geht auf Wertverwirklichung und Wertsteigerung. Es setzt demnach das Wissen vom Wertvollen und vom Vorzüglicheren, eine Wert- und Vorzugshierarchie, eine Wertaxiomatik voraus.«[143] Wie die Formel der Ehrfurcht vor dem Leben, um sie akzeptabel zu machen, einmal durch einen wesentlichen Zusatz zu ergänzen versucht wurde, so wird hier entscheidend mehr und Neues in sie hineingelegt. Dagegen ist jedoch ein Zweifaches einzuwenden. Einmal wird diese Auffassung durch Schweitzers Darlegungen nirgends gestützt. Er zeigt nicht, und es ist auch gar nicht einzusehen, worin eigentlich das Steigern von Leben bestehen könnte. Praktisch scheint es sich ihm doch vorwiegend um die Frage der Lebens*erhaltung* zu handeln. Aber Schweitzers eigene Ausführungen rechtfertigen die weitere Auffassung der Ehrfurcht vor dem Leben im Sinne der Lebenssteigerung in Richtung auf höhere Werte nicht nur nicht, seine ausdrückliche Ablehnung des Wertgesichtspunktes bei der Betrachtung der Lebewesen schließt sie geradezu aus. Der Aufbau einer allen Wertarten entsprechenden Ethik ist auf dieser Grundlage schlechterdings unmöglich. *Messer* hatte deshalb recht und unrecht zugleich, indem er, ähnlich wie *Kraus*[144], seinerzeit der Meinung Ausdruck gab, daß Schweitzers Ethik »nur dann wirklich systematisch ausgestaltet werden kann«, »wenn er dem Wertbegriff eine viel beherrschendere Stellung einräumt und wenn er die Arten der Werte, ihren Rang und ihren Zusammenhang

---

[141] Diesen Mangel an einem Verhältnis zum Objektiven hat auch *Brock* (Rezension [KE], S. 267) hervorgehoben.
[142] KE S. XV.
[143] *Kraus*, S. 49.
[144] ebd.

zum Gegenstand seines philosophischen Nachdenkens macht«.[145] Richtig ist das, weil damit einer der schwersten Mängel dieser Ethik bezeichnet wird; unrichtig ist es insofern, als Messer eine solche Verbesserung für möglich gehalten zu haben scheint. Wo die Einseitigkeit und Enge so sehr gewollt ist und schon im Ansatz steckt, kann man nicht Ergänzung und Abrundung erwarten.[145a]

In Wahrheit erstrecken sich ja z. B. die Forderungen der Sittlichkeit, wie *Reiner* betont, »nicht nur auf das Verhalten gegenüber Menschen und Tieren. Auch Kunstwerke mutwillig zu vernichten oder sie durch Unachtsamkeit zugrunde gehen zu lassen, widerspricht der sittlichen Verantwortung«.[146]

In einem viel weitergehenden Sinne würde sich die völlige Unzulänglichkeit der Ehrfurcht vor dem Leben als Prinzip der Ethik aus einem Vergleich mit dem ergeben, womit sich die Ethiker im allgemeinen und hauptsächlich zu beschäftigen pflegen. Nach der Anerkennung, die der zweite Abschnitt dieses Kapitels Schweitzers Kritik der früheren ethischen Arbeit in wesentlichen Punkten hat zuteil werden lassen, muß hier nun doch ergänzend gesagt werden, daß Schweitzer so manchen gründlichen und auch feinsinnigen Erörterungen und wertvollen Ergebnissen der philosophischen Ethik gerade in neuerer Zeit, die seinen eigenen einseitigen und gewaltsamen Lösungen hoch überlegen sind, nicht entfernt gerecht geworden ist. Es hat als ganz ausgeschlossen zu gelten, daß alle von ihr erkannten Wertmaßstäbe und Ziele für das sittliche Handeln auf die Ehrfurcht vor dem Leben zurückzuführen oder aus ihr abzuleiten sind.

Wie wenig dieses Prinzip ausreicht, um in konkreten ethischen Fragen maßgebend und richtungsweisend werden zu können, sei hier nur noch kurz angedeutet. *Babel* findet, daß die Ehrfurcht vor dem Leben uns angesichts einiger praktischer Probleme eine wesentliche ethische Wahrheit bewußt macht. Er denkt dabei besonders an 1. unser Verhalten zu den Tieren, 2. den Selbstmord, 3. die Euthanasie, 4. die Geburtenbeschränkung, 5. Krieg und Frieden. Dabei wird das Prinzip unterschieden, das absolut ist, von der Anwendung, die in jedem Falle eine besondere Überlegung nötig macht. Das Prinzip verurteilt radikal die Grausamkeit gegen Tiere, den Selbstmord, die künstliche Tötung (anderer), die Geburtenbeschränkung, den Krieg in jeder Form. In der Praxis dagegen müssen wir den Notwendigkeiten Rechnung tragen, die nicht weniger absolut sind. Und da liegt es nun nach Babel so, daß, während in den beiden ersten Fällen unter den Menschen guten Willens eine einheitliche

[145] *Messer:* Kulturphilosophie, S. 91.
[145a] Vgl. auch die frühere Auseinandersetzung über die Frage der Weiterentwicklung und Umgestaltung der Schweitzerschen Ethik mit *Reiner.*
[146] *Reiner,* S. 202.

Meinung verhältnismäßig leicht herstellbar ist, in den drei letzten gute Gründe für beide Seiten angeführt werden können.[147]

Diese Trennung zwischen dem Prinzip in der Theorie und den praktischen Notwendigkeiten der Realität, welch letztere der subjektiven Reflexion und Entscheidung zugewiesen werden, findet man auch sonst im Umkreis der Anhänger Schweitzers als Ausweg aus den durch seine Ethik geschaffenen Schwierigkeiten befürwortet. In Wahrheit liegt es jedoch so, daß die Anerkennung der Ehrfurcht vor dem Leben als eines absoluten Prinzips, wie sich gezeigt hat, zu Unrecht erfolgt und auf der anderen Seite der subjektiven Entscheidung in der Praxis hier zuviel überlassen wird. Diese Lösung des Problems bzw. der Probleme beweist tatsächlich nur, daß die Ehrfurcht vor dem Leben kein zulängliches Prinzip darstellt. Die Ethik muß von diesem absoluten Prinzip herunter und zwischen Absolutheit und Subjektivität hindurchsteuern, d. h. unter Berücksichtigung der Wertvorstellungen und Ideale einerseits, der sachlichen Voraussetzungen und Bedingungen des menschlichen Lebens andererseits Lösungen erarbeiten, die nicht nur praktisch ausreichen, sondern zugleich objektive Geltung besitzen. So berechtigt etwa die starke Scheu vor einem eigenmächtigen Verfügen des Menschen über menschliches Leben zweifellos ist, so wenig läßt sich verkennen, daß die willentliche Beendigung des eigenen Lebens, wo sie nicht lediglich einer im Grunde gestörten seelischen Verfassung entspringt und dann die Ethik ohnehin nichts angeht, in einzelnen Fällen, in denen das Gewissen oder die Selbstachtung keinen anderen Ausweg sehen, u. U. sittliche Anerkennung verdient. Und was die Euthanasie betrifft, wird es, so sehr auch hier jene Scheu, vor allem aber besonderer Ernst und größte Um- und Vorsicht zu fordern sind, doch wahrscheinlich einmal kaum mehr verstanden werden, daß man bis in unsere Zeit hinein unerträglich leidenden, unheilbaren Kranken die von ihnen ersehnte Erlösung glaubte vorenthalten zu müssen, während wir jedem altersschwachen oder schwerkranken Tier unnötige Qualen ganz selbstverständlich ersparen. Die hier noch bestehenden Bedenken betreffen sicherlich mehr die rechtliche Absicherung und die angemessene praktische Durchführung als das eigentliche sittliche Urteil. Am wenigsten aber kann der gefühlsmäßigen Abneigung gegen Planung und Regulierung der Entstehung menschlichen Lebens absolute Bedeutung zuerkannt werden. Angesichts der drohenden furchtbaren, grauenhaften, katastrophalen Übervölkerung, des Weltproblems Nr. 1 schon der nächsten Jahrzehnte, wird die Geburtenbeschränkung zur unabweisbaren Pflicht werden. In keinem anderen Punkt ist die Unzulänglichkeit der Ehrfurcht vor dem Leben als Prinzips der Ethik so sehr mit Händen zu greifen. Die zahlenmäßige Beschränkung des menschlichen Lebens verlangt nicht eine Entschuldigung gegenüber einem anders ausgerichteten Prinzip, sie verdient vielmehr unbedingten

---

[147] *Babel:* Pensée, S. 210 f.

Vorrang vor allen anderen Rücksichten, Wünschen und Praktiken, da eine in demselben Maße weitergehende Zunahme zum Untergang großer Teile der Menschheit führen und mittelbar ihren Gesamtbestand bedrohen könnte. Die Ehrfurcht vor dem Leben als einzige Richtschnur ist auch in dieser Beziehung nicht nur nicht praktikabel, sie wäre sogar im höchsten Grade gefährlich.

Aber es handelt sich nicht nur um die drohende Überflutung durch die Quantität, auch die Qualität ist durch die Forderung der Förderung allen Lebens bedroht: durch die nicht ernst genug zu nehmende Tatsache der Gegenauslese im menschlichen Bereich. Die hier entstehende Antinomie liegt so sehr auf der Hand, daß das Thema nur eben angeschlagen zu werden braucht. Die Natur hilft sich selbst, sie merzt das Untüchtige aus. Der Mensch kann nicht so wie die Natur vorgehen, er möchte und soll menschlich handeln: helfen und bewahren. Aber das Ergebnis des hilfreichen Handelns ist vielfach die Verschlechterung sowohl seiner natürlichen Beschaffenheit als auch der sozialen Verhältnisse, die Zunahme kranker Individuen und ungünstiger Eigenschaften im weitesten Sinne. Es genügt hier die Feststellung, daß dieses unerhört wichtige Problem für Schweitzer nicht zu existieren scheint. Sein Grundsatz ist ebenso eindeutig wie einseitig: »Ethik geht nur so weit, als die Humanität, das heißt Rücksicht auf die Existenz und auf das Glück des einzelnen Menschenwesens, geht.«[148] Es ist klar, daß es von hier aus keine Möglichkeit gibt, der Gegenauslese wirksam entgegenzutreten oder auch nur das Problem ernsthaft zu erörtern. Indessen überschreiten diese Fragen bereits den Bereich der Individualethik und weisen voraus in die Sozialethik, die Schweitzer, von einigen wichtigen Ausnahmen abgesehen, durchweg ferner liegt.

Daß das Ehrfurchtsprinzip nicht nur im allgemeinen und im einzelnen unzulänglich, sondern den Anforderungen des sittlichen Bewußtseins überhaupt nicht angemessen ist, hat *Buri* in wenigen eindrucksvollen Sätzen im Baseler Albert-Schweitzer-Gespräch gezeigt. Dieser Schweitzers Denken nahestehende, doch im Laufe der Zeit zusehends kritischer gewordene Theologe fragte seine Hörer: »Hat sich schon jemand von Ihnen in einer konkreten Situation in seiner ethischen Entscheidung von der Ehrfurcht vor dem Leben leiten lassen? In welcher *konkreten Situation* nimmt diese nun für uns entsprechend konkrete Formen an? Wann habe ich es mit dem Leben zu tun und wie begreife ich Ehrfurcht vor dem Leben?« Und dieser sehr verdienstvollen Frage fügte der Redner die ungemein wichtige Erklärung hinzu: »Ich muß gestehen, das hat mich noch nie bewegt. Wenn ich mich in irgend einer Lage zu entscheiden hatte, so oder so: jetzt mußt du ehrfürchtig vor dem Leben sein? Es waren ganz andere Dinge, die mich beschäftigten und in meiner Entscheidung bestimmten. Ich frage mich deshalb, ob dieser Begriff von der

[148] KE S. 257.

Ehrfurcht vor dem Leben der ethischen Situation der verantwortlichen Entscheidung eigentlich entspricht.«[149] Diese aus dem Schweitzer-Kreis selbst hervorgegangene Frage und ihre Beantwortung durch den Fragenden dürfte mehr und besser als alles andere erweisen, daß die Frage nach der Zulässigkeit des Schweitzerschen Prinzips eindeutig negativ zu beantworten ist.

V. Die Einseitigkeit der Hingebungsethik und die Unentbehrlichkeit der Hingebung für die Ethik

Ganz abgesehen von den Bedenken gegen die Ehrfurcht vor dem Leben als Grundlage und Mittelpunkt der Ethik, wie sie in den vorigen Abschnitten geltend gemacht worden sind, insbesondere gegen den Umfang des Gegenstandes der Hingabe, der diesem (objektiven) Eudämonismus die universale Note gibt, fordert auch das Ausmaß der Aufgabe, der Grad dieser von Schweitzer geforderten Hingebung in subjektiver Beziehung den schon kurz berührten, jetzt näher zu erörternden Einwand heraus, daß es sich dabei um eine außerordentliche Einseitigkeit und Überforderung handelt. Wo der »Trieb zur Hingabe an den anderen als beherrschender Lebensdrang auftritt, da entsteht eine eigene Lebensform, die wir die soziale« nennen, definiert *Spranger*[150]. Hiermit ist zunächst schon festgestellt, daß Schweitzers Ethik in ihren charakteristischen Hauptzügen keineswegs ohne weiteres Anspruch auf Allgemeingültigkeit erheben darf, vielmehr ein extremes Beispiel der Ethik eben jenes spezifisch »sozialen Menschen« Sprangers bildet, der nach Gelegenheit sucht — um es mit den für Schweitzer so bezeichnenden Worten zu sagen — »die Seligkeit zu kosten, Leben beistehen zu können und Leid und Vernichtung von ihm abzuwenden«[151]. Man könnte geradezu von der Verabsolutierung der sozialen Lebensform bei Schweitzer sprechen. Das, worauf es hier ankommt, ist jedenfalls deutlich: »Es entsteht dann jene Grundeinstellung zum Dasein, für die das Leben überhaupt heilig ist« (Spranger[152]), so daß sich die Sittlichkeit im wesentlichen in der Hingebung an dieses Leben erschöpft. Spranger findet es »verständlich, weshalb alle Gruppenmoral einen so entschiedenen Ton gerade auf das soziale Verhalten legt«. »Falsch und einseitig aber ist es«, fügt er bedeutsamerweise und sicherlich mit vollem Recht hinzu, »wenn man

[149] *Buri* in: Baur, Albert-Schweitzer-Gespräch, S. 52 f.
[150] *Spranger:* Lebensformen, S. 193.
[151] LD S. 203.
[152] *Spranger,* S. 201.

daraus gefolgert hat, daß Sittlichkeit überhaupt und überall mit Liebe und Hingabe identisch sei.«[153]

Für Schweitzer stellt sich die sittliche Einstellung ja in der Tat dar als »ins Grenzenlose erweiterte Verantwortung gegen alles, was lebt«. Man muß sich zunächst einmal klar machen, wie wenig selbstverständlich oder auch nur naheliegend, ja, wie völlig ausgefallen eine Ethik ist, die ein derart gesteigertes Engagement schon sozusagen per definitionem fordert. Warum nicht, wird mancher Individualist und Lebenskünstler fragen, einfach stark leben etwa wie die Gestalten Hamsuns, ohne sonderlich viele Gedanken und Kraft an Weltverbesserung und Ichvervollkommnung zu wenden? Sich ausleben, heißt das nicht auch, Ehrfurcht vor dem Leben zu beweisen, Liebe zum Leben, wie es nun einmal ist, oder zu einem gesteigerten, intensiveren Leben, jedenfalls ohne die vermessene Sehnsucht, anders zu werden als die Welt? Sollte sich nicht mit dieser Einstellung schön und durchaus anständig leben lassen? Wie fern liegt Schweitzers Sicht aber auch der gewöhnlichen Ethik des Alltags! Dieser wird von Schweitzer vorgeworfen, daß sie festlegen wolle, »wieviel ich von meinem Dasein und von meinem Glück dahingeben muß und wieviel ich auf Kosten des Daseins und Glücks anderen Lebens davon behalten darf«[154]. Damit werde nur eine angewandte, »relative« Ethik geschaffen, ein »Gemisch von nichtethischer Notwendigkeit und Ethik«, das man als ethisch ausgibt. Und demgegenüber nun also Schweitzers eigene Bestimmung des Sittlichen: »ins Grenzenlose erweiterte Verantwortung gegen alles, was lebt«, näherhin: »extensiv und intensiv ins Grenzenlose gehende Verantwortlichkeit für alles« in meinen »Bereich tretende Leben«.[155] Dabei ist Schweitzer gewiß zuzugestehen, daß in der Praxis ein kleinliches Rechnen, wieviel Hingebung jeweils gefordert werde, nicht gerade für einen hochentwickelten Stand der Sittlichkeit spricht. Für die grundsätzliche ethische Untersuchung ist indessen eine in diese Richtung zielende Fragestellung keinswegs von der Hand zu weisen; hier dürfte sie im Gegenteil durchaus legitim sein, um so mehr, als einerseits Schweitzers eigene These der ins Grenzenlose erweiterten Verantwortlichkeit eben eine unerhörte Überforderung darstellt, andererseits aber die übliche praktisch-realistische Einstellung die Frage eines unter Umständen sich als notwendig erweisenden erheblich weitergehenden Engagements vielleicht doch zu leicht nehmen könnte. Wenn etwa *Friedrich Paulsen*, der hierfür ein typisches Beispiel ist, zu der dem reichen Jüngling zuteil gewordenen Aufforderung Jesu, sein Gut zu verkaufen und den Erlös den Armen zu geben, bemerkt, dies setze voraus, »daß es andere gibt, die unbekümmert um das Gebot kaufen und nehmen wollen«[156], weshalb

[153] S. 309.
[154] KE S. 248.
[155] KE S. 236.
[156] *Paulsen:* System, Bd 2, S. 177.

sich also gar nicht jedermann gemeint und betroffen zu fühlen brauche, so läßt sich bezweifeln, ob er damit dem Problem, das uns hier beschäftigen soll, einigermaßen gerecht wird, und wir ersehen aus seiner Stellungnahme für unsere Zwecke nur das eine, daß Schweitzer, als er in Berlin bei Paulsen hörte, durch diesen in seinem abenteuerlichen Lebensplan sicherlich nicht bestärkt worden ist, daß dieser angesehene philosophische Hochschullehrer sich im Gegenteil vermutlich zu denen gesellt haben würde, die Schweitzer, als er selbst in der inneren Lage des reichen Jünglings mit jener Aufforderung ernst zu machen gedachte, kopfschüttelnd abrieten. »Die Pflicht, fremder Wohlfahrt sich anzunehmen, wird zunächst begrenzt«, so schreibt Paulsen in seiner immer noch lesenswerten Ethik, »durch die Pflichten, die aus dem *Eigenleben* erwachsen. Die erste Aufgabe für einen jeden ist die, die Anlagen und Kräfte, welche ihm verliehen sind, in einem schönen und guten Leben zu entwickeln und zu betätigen. Das Eigenleben ist der Acker, der im besonderen Auftrag einem jeden zum Anbau angewiesen ist; hierfür ist er auch besonders befähigt, indem seine Neigung und seine Einsicht von Natur hierauf zuerst gerichtet sind. Was ihm selber gut ist, weiß im Grunde jedermann doch besser, als was irgendeinem anderen gut ist. Die Sorge um fremde Wohlfahrt darf also die Erfüllung dieser nächsten Aufgabe nicht hindern.«[157] In diesen Sätzen kommt sicherlich ein sehr berechtigtes Moment zum Ausdruck. Und doch wäre es denkbar, daß die Sache nicht so einfach liegt, daß die Rechnung nicht so glatt aufgeht, die Lösung nicht so harmonischer Art ist. Jedenfalls dürfte es im Gegensatz zu dieser feinsinnig ausgeführten bürgerlichen Durchschnittshaltung wie auch umgekehrt zu der ganz aus ihrem Rahmen herausfallenden extremen Forderung Schweitzers sinnvoll sein, einmal zu fragen, ob es nicht möglich ist, *beiden* Tendenzen in einem höheren Grade gerecht zu werden, d. h. in der Hingebung weiter zu gelangen, als es der eben erwähnten These Paulsens entsprechen würde, ohne doch die Belange des Ichs in dem Umfang zu opfern, wie Schweitzers ethisches Denken es nahelegt. Dabei muß man sich also darauf gefaßt machen, daß von einem sittlich aufgeschlossenen und Ansprüche an sich stellenden Menschen mehr an Opfern verlangt wird, als einer wohltemperierten Ethik in der Art Paulsens angemessen erscheint. Andererseits wollen wir die Belange des Ichs auch nicht eher und nicht *mehr* hintenansetzen, als dies wirklich notwendig ist. Die von Schweitzer verworfene Frage, wieviel ich von meinem Dasein und von meinem Glück dahingeben muß und wieviel ich davon behalten darf, gewinnt so, auch wenn man darauf eine in Prozenten formulierte Antwort nicht erwarten wird, ein durchaus ernsthaftes und sogar sehr erhebliches Interesse. Gerade sie soll uns nunmehr beschäftigen, nicht im Sinne eines kleinlichen Rechnens, wohl aber als grundsätzliche Überlegung verstanden. Es ist ja eigentlich sonderbar: Die Liebesethik mit der Forde-

---

[157] S. 177 f.

rung weitgehender Selbstlosigkeit und Opferbereitschaft und eine in erster Linie auf eigene wertvolle Ziele gerichtete Ethik stehen bei uns im allgemeinen nebeneinander, jede in ihrer Weise für sich allein bis zu einem gewissen Grade anerkannt, jedoch werden sie entweder überhaupt nicht zueinander in Beziehung gesetzt, oder sie finden sich in einem Kompromiß, der mehr dem Parallelogramm der jeweils im Spiel befindlichen seelischen Kräfte gleicht, als daß er sich aus einer gedanklich geklärten tieferen ethischen Besinnung ergäbe. Um eben diese Klärung geht es hier.

Wir stehen damit vor einem zwar nicht von Schweitzer selbst aufgeworfenen, wohl aber beim Durchdenken seiner Thesen sich einstellenden Problem, ja, einem für die Auseinandersetzung mit seiner ethischen Gedankenwelt besonders wichtigen und geradezu entscheidenden Punkt. Es wird in der folgenden Betrachtung nicht so sehr wie in den sonstigen Abschnitten *von* und *über* Schweitzer die Rede sein, nicht weniger jedoch handelt es sich auch hier *um* ihn, um eine, wenn auch vielfach nur zwischen den Zeilen erfolgende Auseinandersetzung *mit* ihm, teils als Einwendung *gegen* ihn, teils als Zustimmung *zu* ihm. Er selbst lehnt die beabsichtigte Fragestellung wie gesagt ab, sein radikales ethisches Denken nötigt uns aber, die Frage auf dem Boden der Wirklichkeit, in der wir leben, weiter zu verfolgen. Sicherlich verlangt die Ethik nicht von jedem, alles zurückzulassen und in den Urwald zu gehen, um Eingeborene zu heilen oder zu pflegen, und erst recht wird niemand die Fürsorge für Insekten zu seiner Lebensaufgabe machen. Ohnehin geht es ja nicht einfach darum, ob der sittliche Durchschnittsmensch, der Schweitzers Hingebung bewundert, ohne sie im mindesten auf seine eigene Einstellung zu beziehen, sich gelegentlich eine Scheibe von dieser Haltung abschneiden könnte. Die Frage, der die folgenden Überlegungen gelten, ist ein wenig spezieller, differenzierter und dennoch von allgemeiner Bedeutung; denn sie läuft auf nichts Geringeres als die Entscheidung hinaus, ob zwar Schweitzers sittliche Leistung in das Bilderbuch bewundernswerter großer Ausnahmegestalten gehört, seine allgemeine Forderung der Hingebung aber als maßlose Überforderung einfach zu den Akten der Geschichte der Ethik zu legen ist oder ob das Ausgreifende seiner Ethik und praktischen Lebensführung auch weniger extravaganten, geistig abenteuerlichen Menschen etwas zu sagen hat, solchen die wohl nicht bereit sind, sich ohne weiteres und unbegrenzt aufzuopfern, doch hinreichend eindrucksfähig und nachdenklich, um sich den Fall Schweitzer zum Anlaß werden zu lassen, die eigene Haltung zu prüfen und gegebenenfalls zu revidieren im Sinne einer Erhöhung des eigenen Einsatzes.

So einseitig und radikal Schweitzers zentrale ethische Forderung ist, so umfassend und ausgeglichen erscheint zunächst seine allgemeine Zielsetzung. Er unterscheidet, wie schon dargelegt, in der Ethik der Neuzeit zwei Hauptrichtungen, die Ethik der Hingebung im sozialen Utilitarismus und die Ethik der Selbstvervollkommnung. Keine von beiden Richtungen will er gelten lassen; denn er findet, daß die Ethik der Selbstvervollkommnung es schwer hat, zu einem befriedigenden Inhalt zu gelangen, während die Ethik der Hingebung wohl Inhalt und praktischen Impuls besitzt, aber unzureichend begründet und inhaltlich zu eng ist. Erst in der Ethik der Ehrfurcht vor dem Leben soll eine Synthese entstehen, würde also die Ethik universal, konkret und zugleich hinreichend aktiv werden. Es handelt sich dabei offenbar um eine Intensivierung und Erweiterung der Hingebung und zugleich um eine Erfüllung der Selbstvervollkommnung mit sinnvollem Gehalt. Das Ideal besteht darin, daß der Mensch »in möglichster Ausbildung aller seiner Fähigkeiten und in möglichst weitgehender materieller und geistiger Freiheit darum ringe, gegen sich selbst wahrhaftig zu sein und allem Leben um ihn herum miterlebende und helfende Teilnahme entgegenzubringen.«[158] Anscheinend enthält dieser programmatische Satz ein völliges Gleichgewicht entgegengesetzter Einstellungen, eine wundervolle Synthese der sozialen und der »ästhetischen« Haltung, wie das auf Selbstentfaltung und Selbstverwirklichung gerichtete Streben im Anschluß an die entsprechende Lebensform Sprangers im folgenden genannt werden möge. Die Frage ist nur, ob nicht eine so abgerundete Maxime, eine derart ideale Synthese theoretisch reichlich billig, was aber die Aussichten der Verwirklichung angeht, zu schön ist, um wahr zu sein, um Maßstab und Ziel für das alltägliche Verhalten werden zu können, und ob sie nicht deshalb durchweg Theorie bleiben muß. Wenigstens liegt der Verdacht nahe, daß diese Lösung das Problem allzu sehr vereinfacht.[159]

Wie sollte dies beides zusammen möglich sein — das muß noch einmal gefragt werden — einerseits die Ausbildung aller eigenen Fähigkeiten

---

[158] KE S. 267.

[159] Der Einwand der Vereinfachung und einer von vornherein zu starken Harmonisierung ist auch gegen das wenige Jahre nach Schweitzers Ethik erschienene große Werk von *Heinrich Hellmund:* Das Wesen der Welt, zu erheben. Wie in allem Sein stellt Hellmund auch im Bereiche des Sittlichen eine Polarität fest: zwei Pole menschlich-ethischer Wertschätzung, Liebe und Stolz (S. 596), gemäß den beiden allgemeinen Grundkräften der Anziehung und Selbstbehauptung, und dementsprechend zwei Gruppen sittlicher Eigenschaften und Tugenden: Nächstenliebe, Wohlwollen, Hilfsbereitschaft, Hingabe, Güte, Bescheidenheit u. a. einerseits, Selbstdurchsetzung, Selbstbewußtsein, Eigenwilligkeit, Stolz, Charakter, Mut, Energie u. a. andererseits (S. 595). Das ideale Ziel liegt im Ausgleich beider Reihen zu einer harmonischen Einheit (S. 597). So richtig die Polarität im sittlichen Leben damit wahrgenommen ist und so sehr die Synthese als ethisches Ziel Anerkennung verdient: die Erkenntnis des Vorliegens einer wirklich fundamentalen Antinomie, die ihrem Wesen nach nie völlig aufhebbar sein kann, wird hier nicht erreicht, und infolgedessen nähert sich die Betrachtung, ohne sich zu vertiefen, allzu schnell ihrem Ziel, dem Satze: »Der Selbstentfaltungswille des Individuums muß die fördernde Hingabe an das Ganze sein« (S. 615), worin »die prinzipielle Lösung des ethischen Problems« gesehen wird. Sie dürfte in Wahrheit der Quadratur des Zirkels gleichkommen, die »prinzipielle Lösung« wäre nur gültig unter der Voraussetzung, daß der These des Verfassers »Im Reich der Ideen gibt es keinen Streit« (S. 624) beigepflichtet werden könnte. Das ist jedoch nicht möglich, und eben deshalb kann es bei der Bestimmung des sittlichen Handelns nur darum gehen, immer neue Möglichkeiten eines Ausgleichs zu versuchen, der vollständig grundsätzlich unmöglich ist.

und andererseits eine so intensive Teilnahme an dem Ergehen nicht nur des Nächsten unter den Menschen, sondern an allem Leben, das uns umgibt? Der Versuch, die mitleidig helfende Teilnahme wirklich allseitig durchzuführen, würde ja zweifellos schon unsere ganze Kraft und Zeit und damit den Verzicht auf die Pflege und Ausbildung der persönlichen Anlagen zugunsten des Dienstes an anderem Leben erfordern. Die Selbstvervollkommnung durch Hingebung, in solchem Grade vom Gedanken des Opfers bestimmt, nähert sich offenbar in ihrer letzten Konsequenz der Selbstaufgabe, dem Gegenteil der Selbstenfaltung, jener als ästhetisch bezeichneten Einstellung. Und auf der praktisch-helfenden Teilnahme an leidendem Leben liegt ja auch ganz und gar der Ton in der Schweitzerschen Ethik. Kaum kann es auf diesem Boden eine Liebhaberei, eine Passion, irgend ein persönliches Glück überhaupt noch geben. »Auch mein Glück gönnt mir die Ehrfurcht vor dem Leben nicht. In den Augenblicken, wo ich mich unbefangen freuen möchte, weckt sie Gedanken an gesehenes und geahntes Elend in mir.«[160] Würde nicht eine derartige Lebensauffassung, die dazu führen muß, daß, um mit *Nietzsche* zu sprechen, jeder jedermanns Krankenpfleger wird, die ausschließliche Anerkennung der sozialen Lebensform und damit das Todesurteil für den Ästheten bedeuten? Keiner Stimmung, keiner Konzentration auf die eigenen Interessen, keinem geistigen Genuß und erst recht keinem ungeteilten, alles andere hinter sich lassenden Schaffen in Kunst oder Wissenschaft vermöchte sich der Anhänger dieser Ethik, wenn er sie wirklich durchführen wollte, mit der rechten Sammlung und vollen Anspannung, wie sie einem solchen Schaffen entspricht, zu widmen; denn überall weiß er Leben in Not, das zu retten und zu fördern er sich aufgerufen fühlen soll. Nicht nur die objektive Kultur, vor allem das Musische im weitesten Sinne, auch die der Kultur entsprechende subjektive Haltung der Muße und Unbeschwertheit wird auf solche Weise beeinträchtigt, um nicht zu sagen: zerstört oder vielmehr sogar von vornherein unmöglich gemacht. Auch die Rangordnung unter den Menschen, jede Berücksichtigung aristokratischer Sachverhalte und Tendenzen, an denen dem Ästheten gelegen ist, wird damit in Frage gestellt; denn nicht auf die Förderung des Edlen, das Seltenheitswert hat, eben nicht »gemein« ist, kommt es an, wenn alles Lebendige gleich wichtig genommen zu werden verdient. Hat Schweitzer nicht hiermit das grüne Weideglück der Menge, das der Ästhet Nietzsche so sehr verachtet, unendlich erweitert und zum allgemeinverbindlichen Ziel erklärt? Ob Schweitzer will oder nicht: dem Ästheten wird durch seine Ethik der Garaus gemacht im Interesse der verabsolutierten sozialen Lebensform. Nur in dieser fallen Hingebung und Selbstvervollkommnung im Sinne der Selbstverwirklichung zusammen. Schweitzer scheint von sich auf andere zu schließen, er verallgemeinert seine eigene Einstellung, die seltene Ausnahme, welche

[160] KE S. 253.

hinsichtlich Konstitution und Begabung in seiner Natur gegeben ist, und erhebt sie zur Norm. Der gewöhnliche Sterbliche, der sittlich Strebende im allgemeinen, findet sich in eine durchaus andere Situation gestellt: nicht um eine Gleichung von Er-selbst-werden und Gut-werden[161], sondern um eine weit- und tiefgreifende Spannung zwischen beiden handelt es sich durchweg, und wer gar in dem Grade, wie es Schweitzer vorschwebt, sozial leben und wirken wollte, kann das nur durchführen auf Kosten des Er-selber-werdens, der Entfaltung der eigenen Persönlichkeit. Wer nicht entweder wie gesagt ein Ausnahmemensch ist oder aber selbst in ausgesprochenem Maße dem sozialen Typus angehört, wird sich von diesem Extrem einer sozialen Ethik mit Bedauern, ja, wohl gar mit Entsetzen abwenden.

Die auf Entfaltung des Eigenlebens gerichtete Tendenz wurde in den bisherigen Darlegungen zunächst in dem betonten Sinne genommen, wie er den »ästhetischen Menschen« *Spranger*s charakterisiert: »Selbstverwirklichung, Selbstvollendung, Selbstgenuß«[162]. »Sei du selbst!« Wo dieser ästhetische Mensch »in reiner Ausprägung auftritt, da herrscht nicht der Wille, dem anderen in der Not des Lebens wirtschaftlich oder seelisch zu helfen, sondern die anderen werden wie das ganze Leben zum Gegenstande des ästhetischen Genusses und der differenzierten Einfühlung«[163]. Es gibt »— mindestens der Tendenz nach — Menschen«, »die die soziale Verpflichtung« »überhaupt ablehnen«, man wird sie am häufigsten unter den ökonomischen Egoisten, den Machtmenschen und den ästhetischen Individualisten finden.[164] Allerdings ist die reine Ausprägung in der Wirklichkeit nicht die Regel. Spranger hat mit den Lebensformen Abstraktionstypen herauszuarbeiten beabsichtigt, die im wirklichen Leben in mehr oder minder gemischter und abgestufter Weise vorkommen, und vor allem hat er diese reinen Formen nicht ohne weiteres als sittlich gültig bezeichnen wollen, sie vielmehr in ethischer Hinsicht erst noch in die kollektive Moral hineingestellt und dem persönlichen Ideal unterstellt, so daß die einer nichtsozialen Lebensform entsprechende jeweilige Ethik einer Ergänzung bzw. Korrektur durch die sozialen Interessen und deren Maßstab erfährt. »Der in die Gesellschaft innerlich eingeordnete Mensch ist von vornherein gebunden durch die Forderung des Mitlebens für andere.«[165] Die »sozialen Wertsetzungen mit in den eigenen Busen aufzunehmen, vollendet« »erst die Individualität«[166]. Eine Ergänzung und Abwandlung der für die einzelnen Lebensformen charakteristischen sittlichen Einstellungen durch soziale Gesichtspunkte wird damit nicht nur als möglich zugelassen, sondern von Anfang an vorge-

---

161 GR S. 41 f.
162 *Spranger*, S. 184
163 S. 176.
164 S. 330.
165 S. 328.
166 S. 351.

sehen und ausdrücklich gefordert. Der ästhetische Mensch Sprangers ist insofern kein Problem. Seine ethische Ergänzungsbedürftigkeit und -fähigkeit in sozialer Beziehung liegt auf der Hand und ist als selbstverständlich vorausgesetzt.

Anders steht es mit einem Typus des Ästheten, wie er sich in der »Philosophie am Scheidewege« von *Julius Schultz* findet.[167] Neben Sprangers Kategorien dürften die dieses Werk bestimmenden besonders geeignet sein, die Einseitigkeit, die dem von Schweitzer aufgestellten ethischen Grundsatz anhaftet, zugleich aber die sehr beachtenswerten und wegweisenden Anregungen, die Schweitzer auch und gerade als ethischer Denker bietet, zu verdeutlichen. Wenn die Ethik Nicolai Hartmanns durch ihre umfassende Berücksichtigung der verschiedenen Werte, Wertnuancen und Tugenden in ihrer Mannigfaltigkeit objektiv den äußersten Gegensatz zu der Einseitigkeit der Schweitzerschen darstellt, so bildet das im Verhältnis zu seiner Bedeutung kaum genügend bekannt gewordene Buch von Julius Schultz den Gegenpol zu Schweitzers Einstellung in subjektiver Hinsicht. Bei Schweitzer der unerhörte Druck des überall ihn umgebenden Leidens, das ihn aufruft, seine ganze Kraft einzusetzen, um es, soviel an ihm liegt, zu mindern und zu lindern. Dadurch entsteht eine Belastung, gegen die kaum ein anderes Interesse aufzukommen vermag. Das ganze Leben wird aufgesogen von der sittlichen und das heißt hier: von der im weitesten Sinne sozialen Einstellung, die ausläuft in die Forderung aufopfernder Hingebung an anderes Leben. Wie grundverschieden davon ist die heitere Gelassenheit der Welt- und Lebensbetrachtung bei Julius Schultz! Mit großer Aufgeschlossenheit und doch immer darüber stehend, nicht so sehr wollend und praktische Ziele verfolgend als vor allem schauend und verstehend gleitet der Blick über das wundervolle und, auch wo es grausig ist, vielfach großartige und herrliche Schauspiel der Welt. Ja, es handelt sich bei dem Ganzen letztlich in der Tat um ein Spiel, das der Mensch dieser Geistesart erlebt und genießt. Die sich damit im Verhältnis zu seinem nichtästhetischen Gegentypus ergebende Verschiedenheit in Lebensgefühl und Weltanschauung reicht bis auf den Grund, sie erstreckt sich auf die Gesamtheit des Wertens, Wollens und Denkens. Aber im Unterschied von Schweitzer, der seine wenigstens programmatisch beide Seiten bejahende Einstellung verabsolutiert und zur Allgemeingültigkeit zu erheben sucht, weiß Schultz, daß grundsätzlich überall zwei Möglichkeiten vorhanden sind und die Philosophie deshalb immer am Scheidewege steht. Es gibt nicht einen einzigen Grundwert, es gibt deren zwei: das Gedeihen der Gruppe, die Erhaltung der Gesellschaft also, und den Reichtum an Form, die Mannigfaltigkeit der Gestalt. Diesen beiden Grundwerten entsprechen zwei Menschentypen, zwei »psychische Rassen«[168] gleichsam: das Gedeihen der Gruppe ist der

[167] Der wichtige Untertitel des Schultzschen Werkes lautet: Die Antinomie im Werten und Denken.

Grundwert aller »Praktischen«, des Zweck- und Zielmenschen sozusagen, der Reichtum an Form dagegen der Grundwert des beschaulichen Typus, des Spielmenschen, des Einfühlers, des »Mimeten« oder »Ästheten« — dieser letzte Begriff ganz und gar ohne das Abfällige im Sinne eines dekadenten Ästhetizismus genommen, das sich üblicherweise oder doch sehr häufig mit ihm verbindet. Aus der zweifachen Möglichkeit des Wertens ergeben sich zwei verschiedene Betrachtungen des Lebens, zwei Metaphysiken, zwei Geschichtsphilosophien und vor allem auch zwei Ethiken.

Das Interesse des praktischen Menschen richtet sich in der Hauptsache auf freie Handlungen, die er als gut oder böse beurteilt; die Wertung des Ästheten bezieht sich dagegen vor allem auf das Sein, aus dem das Tun mit Notwendigkeit hervorgeht, den Charakter, und die beherrschende Unterscheidung liegt für diesen Typus auf einer anderen Ebene als der von Gut und Böse, es ist die von Edel und Gemein. »Adel ist auch in der sittlichen Welt. Gemeine Naturen / zahlen mit dem, was sie tun, edle mit dem, was sie sind.« Dieser von *Schiller* auf eine so vollendete Formel gebrachte und auf eine höhere Ebene projizierte »Unterschied der Stände« läßt sich vor allem auf die beiden hier gemeinten Menschentypen beziehen. Der praktische Mensch ist seinem Wesen nach Pflichtethiker, ein allgemeingültiges Gesetz ist ihm maßgebend, dessen Inhalt zuletzt auf die Erhaltung und Förderung der Gesellschaft abzielt: »Diene der Gemeinschaft nach Kräften!« Ganz anders der Ästhet als Charakterethiker. Richtschnur und Maßstab für ihn ist nicht der Pflichtbegriff, eine allgemeingültige Norm, sondern das in ihm lebende Charakterideal: seelische Gesundheit, vor allem aber Prägung, d. h. Eigenart, sodann Dauer im Wechsel, Selbsttreue also, erst daraus abgeleitet Treue gegen andere, ferner Wahrhaftigkeit, Beständigkeit und schließlich Harmonie, die, Fülle und Differenziertheit voraussetzend, zugleich eine gewisse Einheit, »Form im Reichtum«[169] verlangt. Mit der Hochschätzung der Eigenart, der Besonderheit, ist ohne weiteres die Ablehnung inhaltlicher Allgemeingültigkeit gegeben. »Werde, der du bist!«, unter Umständen sogar: »Sei, der du bist!«, so lautet dem Ästheten — wir sahen es schon bei *Spranger* — der oberste Imperativ. »Jeder habe seine « »Sonderart und bleibe ihr treu«, sagt *Schultz,* so wie nach *Schleiermacher* »jeder Mensch auf eigne Art die Menschheit darstellen soll«[170]. Nicht das dem praktischen Menschen am Herzen liegende Gedeihen und Funktionieren der enger oder weiter gefaßten sozialen Gruppe, sondern die Buntheit und Bewegtheit des Lebens, seine Dynamik, der Gestaltenreichtum, die Originalität und Fülle der Persönlichkeit bestimmen die Wertung und nach Möglichkeit auch das Verhalten des Ästheten. Vom Handeln ver-

---

168 *Schultz:* Philosophie, S. 44.
169 S. 90 f.
170 *Schleiermacher:* Monologen. II, S. 30.

langt er, solange er im Rahmen seiner Voraussetzungen bleibt, besonders eines, daß es echt sei, Stil habe. Daß auf diesem Boden nicht die allgemeine Menschenliebe im Sinne einer ausgesprochenen Pflichtethik vertreten werden kann, liegt auf der Hand. An deren Stelle treten für den Ästheten Sympathie und »schenkende Tugend«. Angezogenwerden durch erfüllte Gestalt und Überfließen der eigenen Fülle sind hier die wesentlichen Vorgänge. Ausgeschlossen bleiben dabei naturgemäß die schlechten, d. h. eigentlich die krankhaften Charaktere, durch welche der Ästhet sich abgestoßen fühlt, sowie die Menge der Durchschnittsmenschen ohne Eigenart und gesteigertes Sein, die ihm mehr oder weniger gleichgültig sind, wenn sie ihm nicht sogar gelegentlich auf die Nerven gehen und lästig fallen. Schultz bekennt sich entschieden zur Fahne der Ästheten, er ist selbst durch und durch ein »Schauender«.[171] Freilich verkennt er nicht, daß die nivellierende Tendenz der Entwicklung aller Verhältnisse in einer kollektivistisch verfaßten, rationalisierten Welt diesem Menschenschlag das Leben immer schwerer machen und auch immer weniger anziehend erscheinen lassen wird. Wenn der Geschichtsprozeß in Richtung auf den Sieg der »Praktischen« dem Ästheten in zunehmendem Maße die Lebensbedingungen entzieht und ihn mit der Zeit zum Aussterben verurteilen könnte, so sieht er selbst trauernd dieses Schicksal sich erfüllen. Daß aber eine derartige Perspektive im Namen der Ethik verkündet wird, muß ihm befremdlich sein, und wenn die einseitig praktisch-helfende Teilnahme an anderem Leben von Schweitzer ergänzt wird durch das Miterleben überhaupt, »aller Zustände und aller Aspirationen des Willens zum Leben, auch seiner Lust, auch seiner Sehnsucht, sich auszuleben, auch seines Dranges nach Vervollkommnung«[172], so wird der Ästhet sich andererseits mit Recht weigern, *diese* Teilnahme als Verantwortung zu empfinden und sich als Pflicht auferlegen zu lassen. Teilnehmendes Erleben, wo immer Leben ihn anspricht, ist dem Ästheten, wie ihn Schultz zeichnet, selbstverständlich und bedeutet ihm Lust, aber eben nicht pflichtgemäßes Verhalten, wie er es umgekehrt auch, und wiederum mit Recht, ablehnen muß, seine Teilnahme auf sämtliche Arten der Lust zu erstrecken. Bei allem grundsätzlichen und natürlichen Wohlwollen, das jeden nach seiner Façon selig werden läßt, kann er doch so manchem in seinen Augen schalen und öden Treiben um ihn herum nur verständnislos und innerlich ablehnend gegenüberstehen.

Für die Zwecke der hier anzustellenden Untersuchung ist nun beson-

---

[171] In der einseitigen Schätzung des Ästheten, dem gegenüber der »Praktische« mit seiner recht nüchtern wirkenden Geistesart sich wenig vorteilhaft ausnimmt, könnte man den entscheidenden Mangel der ebenso tiefgründigen wie umfassenden Schultzschen Typologie sehen, wenn nicht dieser Umstand in der Sicht ihres Verfassers so durchaus notwendig wäre, als im Wesen der Sache liegend erscheinen würde. Ein betontes Streben nach Gerechtigkeit und wissenschaftlicher Objektivität hätte die Eigenart des Buches beeinträchtigt und ihm seinen besonderen Reiz genommen.
[172] KE S. 241.

ders zu beachten, daß infolge der von vornherein stärkeren Einbeziehung des Ästheten in die Welt des Mitmenschen dieser Typus bei *Schultz* sich insofern mit dem ästhetischen Menschen Sprangers nicht deckt. Der Ästhet nach Schultz betrachtet zwar nicht wie der Praktische alles unter dem Gesichtspunkt des Nutzens und Schadens für die Gesellschaft, kann aber »doch in keinem Augenblick vergessen, daß wir gesellige Wesen sind«[173] und daß der Charakter sich nur in der Wechselwirkung mit anderen offenbart. Deshalb ist der Schultzsche Ästhet nicht nur wie der Sprangersche mit der Neigung zur Einfühlung ausgestattet, sondern, wie bereits erwähnt, auch mit Sympathie, die Spranger dem sozialen Menschen vorbehält. »Kraft der Sympathie« »besitzt der vom Beschaulichen gelobte Charakter notwendigerweise«[174], und die Fähigkeit zur Sympathie wird von Schultz näher charakterisiert teils als Gerechtigkeit, teils als Mitleid, Liebe, Großmut, vornehme Rücksicht.[175] Alles in allem besitzt er die Neigung, »menschliche Gemeinsamkeit zu erleichtern und zu verschönern«, mit der die andere zusammenhängt, »den eigenen Reichtum freudig auszuströmen«[176]: die schon genannte »schenkende Tugend« Nietzsches. So wird der Schultzsche Ästhet im allgemeinen viel günstiger wirken und sympathischer anmuten als der in sich abgekapselte Ästhet Sprangers. Dabei darf jedoch nicht übersehen werden, daß diese so positiv erscheinende Einstellung des Ästheten gegenüber dem Mitmenschen bei Schultz tatsächlich mehr oder weniger eingeschränkt wird durch die sein Grundprinzip bildende Schätzung der je besonderen Gestalt und Gestaltung. Die damit verbundene Abwertung des nicht wirklich eigengearteten Menschen wird zwar von Schultz im allgemeinen nicht unterstrichen, sie ergibt sich aber ohne weiteres aus jenem ästhetischen Grundprinzip, und wenigstens an einzelnen Stellen findet sie sich auch offen ausgesprochen. Das Menschenexemplar als solches, von seiner besonderen Eigenart abgesehen, die ja sehr vielen abgeht, das Menschenexemplar »als bloßes Exemplar« wertet der Ästhet »auf Null«[177]. Es »widert ihn das einförmige Gewimmel der Gleichen an«[178]. Von einer Gruppe der Ästheten, die sich hier abspaltet, gilt dies freilich nicht. Den Scharfsichtigsten, den Liebevollen, den geborenen Humoristen gelingt es, auch unter den scheinbar Ähnlichen noch die Mannigfaltigkeit zu entdecken.[179] Aber die mit solchen Augen in die Welt Blickenden bilden eine kleine Minderheit. Der überwiegenden Geringschätzung des Schablonemenschen durch den Ästheten entspricht auch die entschiedene Ablehnung des Sozialeudämonismus in der Ethik durch Schultz. »Gewiß,

173 *Schultz,* S. 86.
174 S. 89 f.
175 S. 92.
176 S. 90.
177 S. 117.
178 S. 47.
179 ebd.

wo wir herzergreifendes Leid sehen, möchten wir helfen, sofern wir gutgeartet sind und Sympathie kennen; aber von der Wertung mitleidiger Regungen ist es weit bis zu der Begründung aller moralischen Triebe auf den Wunsch nach dem größtmöglichen Glücke der größten Zahl.«[180]

Es ist durchaus verständlich, daß Spranger seinen Ästheten auf Ergänzung in sozialer Hinsicht angelegt hat, Schultz dagegen auf strenger Scheidung seiner beiden Typen besteht. Zwar weiß auch Schultz, daß es im wirklichen Leben mancherlei Mischungen gibt, aber grundsätzlich und namentlich in der philosophischen Betrachtung bedeuten ihm solche Mischungen lediglich Inkonsequenzen, die ohne wesentliches Interesse sind. Die Folgerichtigkeit und Geschlossenheit der beiden Typen, die durch Vermittlungsversuche nur verlieren können, wird sich auch kaum bestreiten lassen. Es gibt im Sinne von Schultz in der Tat nur zwei »richtige«, je auf einem der beiden Grundwerte folgerichtig aufgebaute Ethiken. Ohne es zu wollen und sogar gegen seinen Willen kann gerade Schweitzer als eine Bestätigung für diese Behauptung dienen. Obgleich dieser die Synthese als Aufgabe hinstellt, setzt sich die Tendenz zur Hingebung derart stark bei ihm durch, daß die »ästhetischen« Strebungen nahezu völlig verdrängt werden, geopfert werden müssen. Wenn Schweitzer die Wesensentfaltung und organische Bildung der Persönlichkeit auch nicht grundsätzlich ausschließen will, sie wie gesagt im Gegenteil in die Zielsetzung durchaus einbezieht, so kommt seine Ethik mit ihrer Hauptforderung jener Konsequenz, sobald man versucht, das Handeln danach aus- oder gar im einzelnen danach einzurichten, doch bedenklich nahe.

Trotzdem soll nun hier einmal der Frage nachgegangen werden, ob wirklich entweder die radikale Aufrechterhaltung der Alternative im Sinne des Nebeneinander (Schultz) oder aber eine Haltung, die bei grundsätzlicher Neigung zur Synthese bzw. sogar Identifikation in der Praxis doch zur Ausschließung der einen von beiden Seiten führt (Schweitzer), als letztes Wort in dieser Sache hinzunehmen ist. Die im Wertreich zweifellos bestehenden Antinomien[181] lassen zwar die Annahme, daß das sittliche Streben eines und desselben Menschen sich in alle Richtungen erstrecken könne, nicht zu, aber wenn deshalb allerdings eine Synthese im eigentlichen Sinne nicht in Betracht kommt, so bleibt immerhin zu untersuchen, ob nicht am Ende doch eine gewisse Ergänzung und Bereicherung der einen Einstellung durch die andere wünschenswert und auch möglich erscheint. Im Hinblick auf den ästhetischen Menschen Sprangers braucht diese Frage nicht aufgeworfen zu werden, bei ihm war ja die Ergänzung unter dem ethischen Gesichtspunkt selbstverständlich gefordert und von vornherein angelegt. Interesse könnte sie

[180] S. 119.
[181] Vgl. außer den angeführten Werken von Schultz und Spranger auch *Nicolai Hartmanns* Ethik.

aber hinsichtlich des Schultzschen Ästheten erlangen, dem soziale Neigungen und Fähigkeiten bis zu einem gewissen Grade eigen sind, so daß die Notwendigkeit einer Ergänzung vielleicht zunächst nicht so deutlich ist, wie sie ja von Schultz sogar ausdrücklich ausgeschlossen wird. Wir fragen deshalb nunmehr: Wo liegen die hauptsächlichen Ansatzpunkte für eine soziale Anteilnahme bei diesem Ästheten, wie weit führt sie, und reicht sie aus oder stoßen wir hier auf einen Mangel, der dann eben doch nach einer Ergänzung rufen würde?

Wenn die Ausführungen dieses Abschnitts von dem Ästheten als einem Typus und von der ästhetischen Einstellung im Sinne der gesamten Lebensanschauung sprechen, so wird damit nicht nur an Spranger und mehr noch und vor allem an Schultz, sondern terminologisch bereits an Kierkegaard und sachlich zum Teil an Nietzsche angeknüpft.

Bei *Kierkegaards* Unterscheidung des Ästhetischen und des Ethischen als verschiedener Lebensstadien ist das ästhetische bekanntlich gekennzeichnet durch den Wechsel unverbindlicher Stimmungen und Strebungen, das ethische durch den Ernst der Wahl, durch die verantwortungsbewußte Entscheidung, durch die Haltung der Stetigkeit und Treue. Daß dieses zweite Stadium bei Kierkegaard in ein drittes übergeht, das religiöse, mitunter auch mit ihm zusammenfließt, kann hier außer Betracht bleiben. Jedenfalls nimmt das Verhältnis zwischen dem Ästhetischen und dem Ethischen damit einen weitgehend gegensätzlichen Charakter an. Eine starke Spannung zwischen der ästhetischen und der ethischen Lebensanschauung läßt sich auch bei einigen Dichtern des 19. Jahrhunderts beobachten, insbesondere bei *C. F. Meyer* und bei *Tolstoi*, die beide im Laufe ihrer Entwicklung immer mehr die Partei des Ethischen nehmen: »der Ethiker« »verurteilt den Ästhetiker« in sich.[182] Insofern jedoch bei Meyer das Ästhetische zugleich als das Sinnlich-Vitale gefaßt wird und das Ethische als Gegensatz dazu und überdies als das Christliche erscheint, erhalten diese Begriffe eine engere Bedeutung, die von dem hier gewählten Gesichtspunkt fortführt. Mit dem ästhetischen Immoralismus oder Amoralismus haben wir es nicht zu tun. Aber auch schon die Auffassung des Ästhetischen als bloßen Durchgangsstadiums auf dem Wege zur ethischen Einstellung, welch letztere für *Kierkegaard* die allein ernstzunehmende und wahrhaft gültige ist, steht hier nicht zur Erörterung. Was uns beschäftigen soll, ist eine ästhetische Lebensauffassung, nicht als Gegensatz oder Vorstufe der ethischen, sondern derart, daß sie selbst keineswegs von vornherein als unsittlich oder bereits auf den ersten Blick als sittlich mangelhaft zu gelten braucht, nur eben ihren Schwerpunkt außerhalb praktisch-sozialer Zielsetzungen besitzt. Nicht um ein Nacheinander von Lebensabschnitten, sondern um das Nebeneinander grundsätzlich gleichberechtigter Möglichkeiten der Lebensanschauung und -führung handelt es sich im Rahmen der folgenden Betrachtung.[183]

---

[182] *Faesi:* Meyer, S. 183.

[183] Trotz ihrer mehr unterhaltsamen Art sei in diesem Zusammenhang noch einer kleinen charakterologischen Skizze »Hund und Katze« von *Theodor Lessing* (Tiere, S. 47) gedacht, in welcher Hundemenschen und Katzenmenschen als Typen unterschieden werden, »je nachdem sie mehr moralisch, logisch, ethisch, altruistisch sind oder aber mehr ästhetisch, religiös und eigenbezüglich. Klammert man hier die Bestimmungen »logisch« einerseits, »religiös« andererseits aus — bei einer Anwendung des Begriffs des Religiösen auf das Tier, diese als Gedankenspiel einmal zugestanden, würde der Hund doch sicherlich als das personifizierte Abhängigkeitsgefühl der religiösen Seite zuzuordnen sein —, so bleibt der terminologische Gegensatz des Ethischen und des Ästhe-

Zur Terminologie, die hier doch alles andere als eine Äußerlichkeit und vom Kern der sachlichen Frage nicht zu trennen ist, sei noch bemerkt, daß das Ethische und das Ästhetische im gewöhnlichen Sinne eigentlich nichts miteinander zu tun haben. Wo die ästhetische Einstellung als Lebensanschauung auf das ethische Gebiet übergreift, spricht man von Ästhetizismus, der als Grenzverwischung, als unerlaubter Einbruch zu verwerfen ist. So bedauert z. B. *H. Thielicke*, daß bei Spranger »die ethischen Akte nicht genügend von einer Vermischung mit den ästhetischen gesichert sind«[184], und besonders *A. Görland*[185] kehrt den Spieß geradezu um: weit davon entfernt, in einer ästhetischen Ethik ein berechtigtes Interesse zu sehen, rechnet er alle irgendwie von den Ideen und Sachverhalten des Stils und der Persönlichkeit ausgehenden und beherrschten Einstellungen und Zielsetzungen überhaupt nicht zur Ethik, sondern eindeutig zum Bereich des Ästhetischen. Er denkt also gar nicht daran, so wie Schultz[186] eine Pflichtethik und eine Tugendethik, eine Ethik der Person und eine Ethik der Persönlichkeit (z. B. die Kants einerseits, Herders und Schleiermachers andererseits, oder die »kritische«, neukantische Ethik im Gegensatz zu phänomenologischen, »werttheoretischen« Schelers und Nic. Hartmanns) als jede in sich möglich und folgerichtig nebeneinander gelten zu lassen. Ihm »ist die Philosophie des Lebensstils nicht Ethik«, sondern ein Erzeugnis romantischen Denkens, d. h. Ästhetik.[187] Demgegenüber geht die folgende Betrachtung bei aller Anerkennung der Notwendigkeit klarer Grenzen und Entscheidungen davon aus, daß die Herausarbeitung mehrerer Möglichkeiten sittlichen Verhaltens wichtige Einsichten und Anregungen vermitteln kann, und erblickt namentlich in *Sprangers* Nachweis, daß die Ethik des sozialen Menschen nicht ohne weiteres *die* Ethik ist, daß unter anderem auch das Anliegen einer ästhetischen Ethik seine Berechtigung hat, ein besonderes Verdienst, dies um so mehr, als die allgemeine Bedeutung der sozialen Verpflichtung für jede Ethik dabei wie gesagt keineswegs verkannt wird. Daß die von *Görland* befürwortete Betonung der Pflicht im Kantischen Sinne, die Hervorhebung des gesetzlichen Charakters des »obersten Sittengesetzes« in einer gewissen Hinsicht berechtigt ist, soll damit nicht bestritten werden und wird sich auch im folgenden zeigen.

Wenn bemerkt wurde, der Ästhet in dem hier interessierenden Sinne sei kein Amoralist, so bedeutet dies, daß Menschen, deren Prinzip, Bewertungsmaßstab und Richtschnur für das Handeln die Eigenart ist, doch jedenfalls nur insoweit für unsere Betrachtung von Belang sein können, als sie bei der Entfaltung ihrer Anlagen und Kräfte von höheren Werten bestimmt werden. Das Ausleben beliebiger Launen und Gelüste, die Pflege absonderlicher Einfälle, die Ausbildung eines bloßen Snobismus verdienen selbstverständlich keine Beachtung. Dem bloß Kauzigen gehört nicht das Interesse der Ethik. Auch für den seine Eigenart entwickelnden Ästheten gelten allgemeine Werte ebenso wie gewisse Rücksichten auf die soziale Umwelt. Für die Werte im allgemeinen

---

tischen, nun also auf eine Unterscheidung zwischen Menschentypen bezogen, die darauf hinausläuft, daß »hilfsbereite, tüchtige, mitleidige Menschen alle den Hund vorziehen, dagegen die selbstgenügsamen, ungeselligen Eigenbrötler und Schöngeister« die Katze lieben: der Hund mit seiner Treue und dem ständig schlechten Gewissen, der seine Nase in jeden Dreck steckt, und die auf sich haltende, unaufhörlich sich putzende Katze in ihrer »Kälte und Selbstgefälligkeit« — dieser hübsche Kontrast ist wirklich nicht ganz ohne Entsprechung auf seiten des Menschen! Indessen ist es klar, daß diese Typen allenfalls den ästhetischen und den sozialen Menschen Sprangers illustrieren bzw. karikieren können, jedenfalls mit den Schultzschen weniger verwandt sind.

[184] *Thielicke:* Verhältnis, S. 213.

[185] *Görland:* Ästhetik.

[186] Das Schultzsche Werk wird von Görland nicht genannt.

[187] *Görland,* S. 12 ff. S. 15.

genügt diese Feststellung, unsere Frage bezieht sich nunmehr auf das Ausmaß seiner Anteilnahme am Mitmenschen.

Daß die vorliegende Untersuchung eine Minderbewertung der ästhetischen Haltung, wie Kierkegaard sie vornimmt, ablehnt, schließt nicht aus, daß einiges aus seiner Darstellung, insbesondere die im weitesten Sinne erotische Lebenseinstellung des Ästheten in das hier zu zeichnende Bild als wesentlich mit eingeht. Stärker ist die zwar nicht terminologische, aber sachliche Berührung in einigen Punkten mit Nietzsche.

Ein bedeutendes Beispiel ästhetischer Wertsetzung und Lebensanschauung, kein durchgängig typisches, aber ein besonders charakteristisches, stellt *Nietzsche*s Beschreibung des »vornehmen Menschen«[188] dar: angefangen bereits mit der hochgradigen Schätzung der Reinlichkeit und einer ihr entsprechenden Empfindlichkeit gegen das Unreine, schon rein physisch, dann aber auch gegen den »Mangel an Scham«. Tiefergehende Züge sind sodann die Gelassenheit der »langsamen Gebärde« und des »Schweigenkönnens«, weiter »die Fähigkeit zum Otium« als Gegensatz zur emsigen Geschäftigkeit des Strebers und »die Ironie gegen die ›Begabten‹, der Glaube an den Geburtsadel auch im Sittlichen«, »der Ekel am Demagogischen«, »an der ›Gemütlichkeit‹, an der pöbelhaften Vertraulichkeit«, auch »die Lust an den Formen«, »das Mißtrauen gegen alle Arten des Sich-gehen-lassens«, überhaupt das »Pathos der Distanz«, das Bedürfnis nach Einsamkeit, mehr noch: die Feststellung der Einsamkeit als Tatsache — »die Einsamkeit nicht als gewählt, sondern als gegeben« —, schließlich der Sinn für eine verborgene Güte, die mehr ist als »alle bloße Gutartigkeit der Milchseelen« — alle diese Urteile, Überzeugungen, Neigungen, Eigenschaften, Haltungen weisen in eine Wertrichtung, die gewiß nicht jedermanns Sache ist und nie und nimmer allgemeingültiges Ziel werden kann und soll, aber ebensowenig ohne weiteres eine Ablehnung verdient, obgleich die übliche einseitig praktisch-soziale Ethik kein Organ für sie besitzt, keine Möglichkeit hat, den damit anklingenden Wertungen gerecht zu werden. Und allerdings läßt sich nicht verkennen, daß auch ein gewisses Maß an Egoismus, hier und da sogar ein »Quantum Brutalität« zum Wesen der »vornehmen« Seele gehört. Man kann nicht die Früchte genießen und die Wurzel des Baumes, an dem sie wachsen, ausreißen wollen. Wir kommen deshalb nicht darum herum, auch sehr ichbezogene Motive und Zielsetzungen beim Ästheten in bestimmten Grenzen gelten zu lassen. Dies gilt in gewisser Hinsicht sogar vom Standpunkt des Nichtästheten aus: die gesamte Gesellschaft erfährt ja durch Menschen, die auf Bewahrung und Entfaltung ihrer eigenen Art bedacht sind, Bereicherung, ist doch im Grunde das geistige Leben zu einem wesentlichen Teil undenkbar ohne eigenständige, unter Umständen auch einmal rücksichtslose Naturen, für die es Wichtigeres gibt als die anerkannte Haltung der »Nächstenliebe«

---

[188] *Nietzsche:* Jenseits, S. 197 ff. — Nachlaß, S. 444 f.

und des Wirkens für das Allgemeinwohl. Hätte Goethe, »nachdem er in Italien sich über seine eigentliche Bestimmung klargeworden war, wieder das alte Joch« — der überwiegenden Verwaltungsarbeit — »auf sich nehmen sollen, hätte er es dürfen?«[189] Könnte im Ernst jemand wünschen, daß Nietzsche die Beschäftigung als Krankenpfleger, der er sich im Kriege zeitweise widmete, auf die Dauer beibehalten hätte und dadurch das Pantheon des Geistes um seine einzigartige, reiche und fruchtbare, wenn auch vielleicht dem einen oder anderen gefährlich gewordene Gestalt ärmer wäre? Keine höhere Kultur ohne Genie, kaum ein Genie aber ohne sein eigenes Gesetz in der Brust, dem es folgen muß, allen sozialen Belangen und allgemeingültigen Imperativen zum Trotz. Und schließlich braucht die Kultur ja auch nicht nur die großen schöpferischen Geister, zu ihrer Wirklichkeit gehört auch eine breitere Schicht von Menschen, die ohne Anspruch auf Beachtung nur überhaupt ihren unverwechselbaren persönlichen Stil leben wollen.

Nun kann diese Bejahung des Eigentümlichen, Besonderen mit der ihr entsprechenden Eigengesetzlichkeit des Handelns sicherlich niemals die Anerkennung einer unbeschränkt egozentrischen Einstellung bedeuten; denn irgendwo verläuft hier offenbar eine entscheidende Grenze. Gerade in dem von Nietzsche vertretenen Sinn und Ausmaß wird das egozentrische Prinzip ohne Frage außerordentlich bedenklich und anfechtbar. »Jenen unverrückbaren Glauben, daß einem Wesen, wie ›wir sind‹, andere Wesen von Natur untertan sein müssen und sich ihm zu opfern haben«[190], werden wir einem Mitmenschen kaum zugestehen. Wieviel feiner und wahrhaft vornehmer als diese selbstverständlich-anspruchsvolle Art eines gewissen, keineswegs nur innerhalb des Adels vorkommenden Typus des Junkers muten uns jene Aristokraten des Herzen an, die von ihren Mitmenschen im allgemeinen nicht allzu viel erwarten oder gar verlangen, die vielmehr in echtem Stolz ganz in sich gegründet sind und einen anderen lieber beschenken als bemühen und gebrauchen, Menschen, deren Herrentum weniger im Fordern und Befehlen als in Unabhängigkeit und im Geben, vielleicht Verschwenden besteht. Dabei muß daran erinnert werden, daß ja gerade auch die »schenkende Tugend«, die Verschwendung auf Grund des inneren Reichtums der Persönlichkeit für Nietzsche zur wahren Vornehmheit und Größe der Seele gehört. Es fragt sich nur, ob mit der Ausübung schenkender Tugend, von der einstweilen noch abgesehen wird, das soziale Interesse des Ästheten bereits erschöpft ist oder wie weit es etwa sonst noch reicht.

Nicht zweifelhaft kann zunächst sein, daß eine gewisse Rücksichtnahme unserem Ästheten im allgemeinen selbstverständlich ist. Zwar steht ihm die Entfaltung seines Wesens, die Ausbildung der Persönlichkeit im Vordergrund seines Denkens und Trachtens, und dazu benötigt

---

[189] *Wolf:* Selbstbewahrung, S. 141.
[190] *Nietzsche:* Jenseits, S. 212.

er ein gewisses Maß an Bewegungsfreiheit. Die dauernde Tuchfühlung mit anderen ist ihm nicht erwünscht, und ein Aufgehenmüssen in sozialen Beziehungen kann ihm unerträglich werden. Soweit er es aber mit seinen Mitmenschen zu tun hat, möchte er ihnen zumindest nicht lästig fallen. Jemandem auf den Fuß zu treten ist unfein, und andere an die Wand zu drücken unanständig im höchsten Grade. Das Taktgefühl aber ist dem Ästheten vielleicht ein nicht weniger sicherer Führer und strenger Richter als das Gewissen dem praktisch gesinnten Pflichtmenschen.

Indessen genügt es ja nicht, einem anderen nur nicht zunahezutreten, während man sich im übrigen ungestört und ungeteilt den eigenen Anlagen und Anliegen widmet. Das sittliche Verhältnis zur Umwelt soll schließlich nicht nur negativer, sondern auch und mehr noch positiver Art sein. Die Ataraxie, die innere Unerschütterlichkeit in den Stürmen des Lebens, jene vielleicht schönste Frucht antiker Bemühung um die Bewältigung des Lebens, hat doch eben hieran ihre Grenze, daß sie so recht nur auf die eigenen Sorgen bezogen werden kann, wo sie dann etwas wirklich Großes ist, daß sie aber versagen muß, sobald es sich um das Schicksal anderer handelt, das einem selbst zur Not wird. Und daß es das wird, zu werden vermag, und uns nicht zur Ruhe kommen läßt, ist offenbar auf jeden Fall etwas sehr Positives. Kluge und gesellschaftlich gewandte Menschen, die auf den ersten Blick den eingefleischten Egoisten erkennen lassen, scheinen gar nicht zu ahnen, einen wie armseligen Eindruck sie auf den unbeteiligten Beobachter machen. Jemand, der, besessen von sich selbst, ohne alles Interesse an seiner Umgebung vorbei lebt, stets nur die eigenen Belange im Kopf und weder Sinn noch Zeit für andere hat, handelt nicht nur unklug, insofern er selbst auch nicht auf Hilfe wird rechnen können, wenn er einmal auf sie angewiesen sein sollte, sondern er wirkt auch ästhetisch gesehen — um ihn einmal mit seinem eigenen Maßstab zu messen —, beschränkt, dürftig, kümmerlich, trotz seiner etwaigen Bildung und eines vielleicht recht weltmännischen Auftretens. Gerade in den sogenannten »gebildeten« Schichten und »besseren« Kreisen findet man diese sonderbare Borniertheit, eine eigentümliche psychische Kurzsichtigkeit, das nur mit sich selbst und seinesgleichen Beschäftigtsein, besonders häufig — ins Grotesk-erhabene gesteigert, in der grandiosen Charakterzeichnung des »Egoisten« von Meredith —, wie umgekehrt unter schlichten, einfachen Leuten die Aufgeschlossenheit für das Schicksal auch Fernerstehender und die spontane Hilfsbereitschaft ihnen gegenüber vielfach überraschend groß sind. Je umfangreicher aber der Kreis der Interessen eines Menschen ist, je weiter die Möglichkeiten seines Miterlebens reichen, desto bildungsfähiger und reicher erscheint er uns. Wer nicht nur immer mit sich und den Seinigen zu tun, sondern Gedanken auch für andere übrig hat, und nicht nur Gedanken: wer wirklich teilnehmend mit anderen und, bis zu einem gewissen Grade, auch für andere zu leben vermag, den beurteilen wir nicht nur vom praktisch-sozialen Standpunkt aus als »besser«, sondern der gilt uns auch ästhetisch genommen als erfreulicher, gewichtiger, vollkommener; denn er besitzt offenbar einen weiteren Horizont und vor allem ein größeres Herz. Entfaltung eigenen Wesens und Anteilnahme an dem Geschick von Mitmenschen bedingen einander deshalb in mancher Hinsicht wechselseitig. Der Mensch erweist sich erst als Mensch im vollen Sinne des Wortes, indem er sich als Mitmensch verhält, auch der Ästhet.

Dabei ist freilich sein Verhältnis zur menschlichen Umwelt wie das zum Leben und zur Welt überhaupt zunächst und vor allem im weitesten Sinne erotisch bestimmt: das Reizvolle zieht ihn an und beglückt ihn, ihm gibt er sich hin. Deshalb neigt er dazu, sich vorzugsweise Menschen von Qualität zu widmen. Er schätzt alles Eigenartige: das Starke, das Kantige und Knorrige einerseits, das Gefällige, Anmutige und Harmonische andererseits, alle, die ihm Teilnahme abgewinnen und mit denen er Sympathie empfindet, nur nicht das reizlose Durchschnittsexemplar der Masse Mensch, die »Fabrikware der Natur« (Schopenhauer), das »Herdentier«, die »Viel-zu-vielen« (Nietzsche), und wenn es sich darum handelt, helfend und fördernd einzugreifen, so wird er sich lieber dem Begabten, Bedeutenden, Verheißungsvollen zuwenden, als daß er sich mit der Unterstützung von Existenzen ohne Substanz, ohne Format und Gewicht, oder gar mit der Rettung offensichtlich zu kurz gekommener Naturen abgeben möchte. Das Flache, Undifferenzierte pflegt ihn zu langweilen, und das charakterlich Defekte oder Perverse ist ihm zuwider. Die Zumutung, es mit Nächstenliebe zu umgeben und zu hegen, lehnt er sogar in der Regel ab. Statt dessen wird er sich eher zur »Fernstenliebe« bekennen, die auf ein hohes Ziel, einen idealen, allenfalls in der Zukunft erreichbaren Typus gerichtet ist.

Seine Uninteressiertheit an der personifizierten Banalität, an jenen Allzumenschlichen, die sich nur in ausgefahrenen Gleisen bewegen, immer auf denselben Ton gestimmt sind und stets an der Oberfläche plätschern, dabei, meistens mit sich selbst recht zufrieden, die innere Unruhe und Sehnsucht nach dem Vollkommenen kaum zu kennen scheinen, ist dem Ästheten gewiß nicht zu verdenken. Es würde seinem Wesen widersprechen und unecht wirken, wollte er da den Versuch des Teilnehmens machen. Der für den Reiz der Eigenart Hochempfindliche und für höhere Werte Aufgeschlossene, der die Existenz eines Menschen mit besonderen Qualitäten von weitem wittert und freudig begrüßt, kann nicht zugleich alle Welt umfangen. Anders jedoch, wo äußere oder innere Not ihm begegnen und sein Gefühl und Mitgefühl wachrufen. Zum Menschen im vollen Sinne gehört eben nicht nur die Sympathie mit dem Anziehenden, die Förderung des Wertvollen, die Wirksamkeit in Richtung auf zukunftsträchtige höhere Ziele, sondern auch die Ehrfurcht vor dem, was unter uns ist, das gefühlsmäßige und praktische Mitleiden mit den Elenden, Leidenden, Unterlegenen, den Stiefkindern des Lebens. Wenn edle

Naturen nach *Schiller* mit ihrem Sein, nicht mit ihrem Tun zahlen, so gilt doch auch für sie »das Göttliche« *Goethes*: »Edel sei der Mensch, hilfreich und gut!« Als Ausdruck einer vermittelnden, beiden Grundwerten Rechnung tragenden Einstellung schätzt *Schultz* diesen Vers nicht, er bemerkt bezeichnenderweise: »Dem Schauenden widersteht etwas in diesen Zeilen, dem Pflichtmenschen gefällt kein anderer Vers Goethes besser.«[191] Aber ist nicht im Gegenteil die Tatsache bedeutsam, daß der größte Ästhet der neueren Geistesgeschichte auch der sozialen Verpflichtung in seiner Dichtung Rechnung getragen hat? Ist uns nicht das Wissen darum, daß er, der große Egoist, der er zweifellos immer war, obgleich er es nicht wahrhaben wollte, nicht nur mit seinem geistigen Reichtum schenkende Tugend übte, sondern daneben auch darauf bedacht war, Notleidende ganz im Stillen durch Geld zu unterstützen[192], menschlich wichtig? Wenn man von jemandem sagt, er habe ein gutes Herz, so soll das ja nicht ohne Grund vor allem heißen, daß es auch für andere schlägt — »man hat nur dann ein Herz, / wenn man es hat für and're«, wie *Hebbel* es so treffend ausgedrückt hat — daß sein Besitzer mit anderen zu fühlen vermag und nötigenfalls für sie da ist. Und darin wird letztlich vielleicht nicht zu Unrecht das Wichtigste erblickt, das sich von einem Menschen aussagen läßt; denn für ein Versagen in dieser Hinsicht fühlen wir uns durch noch so anziehende sonstige Eigenschaften und auch durch große Leistungen auf allen übrigen Gebieten nicht voll entschädigt. Man erwartet ja keineswegs, daß jedermann das Herz auf der Zunge trägt; es kann sogar besonders reizvoll sein, wenn es sich hinter einer rauhen Schale verbirgt. Dasein aber muß es; wenn die Gelegenheit kommt, hat es sich zu erweisen. Eine Fehlanzeige in diesem Punkte, das Urteil »Herzlosigkeit« ist moralisch vernichtend, mehr wohl als alles andere. Umgekehrt dürfen, gerade weil die natürliche Selbstsucht so tief im Menschen steckt und nur zu oft die alleinige Richtschnur seines Handelns bildet, die Äußerungen großer Herzensgüte zum Wunderbarsten und Schönsten gezählt werden, das uns auf dieser Erde begegnet. Ihrer erfreuen wir uns nicht nur wie der Schönheit in Natur und Kunst; sittliche Schönheit trägt eine Qualität in sich, die Energie ausstrahlt, einen Appell an uns richtet: Etwas davon, wenn auch vielleicht nur in bescheidenem Maße, wäre auch dir möglich, könnte und sollte sich auch bei dir auswirken! So gesehen hat der Imperativ, edel, hilfreich und gut zu sein, einen sehr berechtigten tiefen Sinn. In der reservierten Stellungnahme des Ästheten *Schultz* zu diesem Goetheschen Vers scheint deshalb eine Stelle sichtbar zu werden, an der die rein ästhetische Lebensanschauung eine gewisse Lücke aufweist, mindestens ein geringeres Interesse zu erkennen gibt, so daß ein Anstoß zur Erweiterung durch praktisch-soziale Motive hier angezeigt sein könnte. Freilich sträubt sich der Ästhet,

---

191 *Schultz*, S. 114.
192 Vgl. GR S. 100.

wie wir wissen, nicht so sehr gegen das Helfen selbst als vielmehr hauptsächlich gegen das rigoros Zwingende, Allgemeingültige der Pflichtethik. Die Frage ist nur, ob der Mensch es nicht im allgemeinen eben doch nötig hat, an die ihm durch die Mitmenschen gestellte Aufgabe immer wieder von neuem eindringlich gemahnt zu werden.

Zu der erwähnten Abneigung sowohl gegen die Masse Mensch, gegen solche Menschen, die nur die Durchschnittsmerkmale ihrer Art aufweisen, aber der charakteristischen Eigenart, einer eigentlichen Form und des tieferen Gehalts ermangeln, als auch gegen den Gedanken der Pflicht, gegen ein nicht selbstverständlich-spontanes Handeln kommt als Hemmung für eine soziale Betätigung des Ästheten noch eine weitere Abneigung hinzu, die gegen alles Massenhafte, Uncharakteristische auch im eigenen Tun: gegen Geschäftigkeit, Betriebsamkeit, bloße Routine und Schablone in seinem Wirken. Diese Abneigung hängt offenbar ebenfalls aufs engste zusammen mit seinem Grundwert, der Eigenart, und seinem auf ihre Ausbildung gerichteten Streben.

Für einen Ästheten, der jede Art sozialer Vielgeschäftigkeit ablehnt, der vielmehr auch noch in der Fürsorge für andere seine persönliche Art, was Wertgefühl und Gestaltungsstreben angeht, ausleben und sich deshalb vorzugsweise eigenständiger, seelisch-geistig hochstehender Menschen annehmen möchte, gibt es gewiß auch ausreichend Gelegenheit, sich dementsprechend einzusetzen. Er wird sich etwa jenen Naturen widmen, bei denen als Kehrseite wertvoller Charakteranlagen oder ungewöhnlicher Begabung eine über das Übliche und Zweckmäßige hinausschießende Einstellung oder umgekehrt irgendeine beträchtliche Ausfallserscheinung auftritt: übergroße Schüchternheit und Zurückhaltung, übertrieben kämpferisches Draufgängertum, grenzenlose Gutmütigkeit, hochgradige ökonomische Uninteressiertheit, ein jede Klugheit und Rücksichtnahme vermissenlassender Idealismus, alles Verhaltensweisen, die solche Menschen für das praktische Leben untauglich, jedenfalls schwierig und verständnisvoller Beratung oder Hilfe bedürftig machen. Und einem so Veranlagten kann ja nur jemand helfen, der nicht lediglich sogleich seine Schwächen bemerkt, sondern auch seine Stärke und die Gesamtpersönlichkeit zu würdigen weiß, einer, dem nicht die praktische Anpassung und das möglichst glatte Funktionieren eines beliebigen farblosen Menschenexemplars in erster Linie erwünscht und maßgebend ist und der nicht über alle Unklugen, Nichtangepaßten den Kopf schüttelt, die Nase rümpft, die Achseln zuckt, sondern einen Menschen mit ausgefallener Art und nicht alltäglichem Schicksal zu verstehen und zu schätzen vermag. Edles Menschentum, bei dem im Lebenskampf Schwächen zutage treten oder das vielleicht nur Ruhe und Zeit zur Entwicklung braucht, bewahren zu helfen und ein wenig zu fördern, ist zweifellos eine besonders schöne und lohnende Aufgabe. Die Verbindung des ästhetischen und des praktisch-sozialen Elements wird auf diese Weise nicht nur auf seiten des Handelnden hergestellt, sondern auch bei demjenigen berücksichtigt, auf den sich das Handeln bezieht. Aber wer das Herz auf dem rechten Fleck hat, wird sich kaum für solche Fälle aufsparen und an einem bloßen Häuflein Elend, das der wertvollen Kehrseite ermangelt, vorübergehen können. Wo die Not schweigend zum Himmel schreit, hält man sich vergeblich die Ohren zu. Wo wir herzergreifendes Leid sehen, *»möchten«* wir helfen, sagt auch Schultz, das ist dem Ästheten nicht nur Pflicht. Aber es ist allerdings auch Pflicht, wie er wird anerkennen müssen, ob ihm dieser Begriff angenehm ist oder nicht. Es läßt sich nicht bestreiten: das Gleichnis vom barmherzigen Samariter ist, wie der Kantianer *Görland* betont, »ein Pflichtgebot-Beispiel, kein Beispiel für eine Tugend, für — genialische Sittlichkeit, sondern für eine gesetzmäßige Einzeltat eines Menschen an irgendeinem anderen Menschen«[193].

So bleibt auch der Ästhet dem sozialen Bereich verhaftet und der Begriff der Pflicht gilt, wenngleich in mehr oder weniger abgewandelter Weise, auch für ihn. Daß er jedermann mit Zuneigung, Liebe, steter Bereitschaft zu unbedingter Hingebung gegenübertreten soll, ist eine Zumutung, die ihm nicht nur fernliegt, sondern geradezu widersteht und an ihm abprallt, und dies verständlicherweise und mit Recht; denn es gibt eben unter den Menschen neben allem Herrlichen, Bewundernswerten, Verehrungswürdigen, neben all der Tüchtigkeit, Anständigkeit, Tapferkeit und Gutherzigkeit nicht nur den rücksichtslosen Egoismus und das Niederträchtige, Gemeine, sondern noch weit mehr Gewöhnliches, Unschönes, Unappetitliches, Muffiges, Kleinliches, das ein innerliches positives Verhältnis zu Wesen, gekennzeichnet durch so viel Hohlheit, Plattheit, Seichtheit, Sattheit, so viel Plumpheit, Dumpfheit und Stumpfheit, so viel Beschränktheit: Engstirnigkeit und Engherzigkeit, so viel Trägheit, Kraftlosigkeit, Feigheit und alles das, was nicht eigentlich böse, aber eben so furchtbar dürftig, kümmerlich, kläglich und abgeschmackt ist, zu diesen Allzumenschlichen samt und sonders, durch die Bank, in Bausch und Bogen, nicht aufkommen läßt. Mehr als ein von reichlich Resignation und bestenfalls ein wenig Humor durchwirktes Wohlwollen wird man da im allgemeinen nicht erwarten und erst recht nicht verlangen dürfen. Aber auch der dem bloßen Zuschauer noch so Uninteressierte, Gleichgültige, ja, der von ihm sogar als unsympathisch und abstoßend Empfundene wird als Leidender sofort Gegenstand des gefühls- und willensmäßigen Interesses: ein bedauernswerter Mitmensch, dem unsere Teilnahme und Hilfsbereitschaft gehört. Der mir sonst noch so Fernstehende: jetzt geht er mich etwas an und wird mir zum »Nächsten«. Es verhält sich doch so, daß äußere oder innere Not bei jedem feinfühligen Menschen ein Teilnehmen nicht so sehr im Hinblick auf ein sittliches Gebot, auf Grund einer von außen an uns herantretenden Forderung bewirkt als vielmehr einfach innerlich erzwingt, mehr oder minder selbstverständlich herbeiführt. Wie könnte gerade der Ästhet sich

193 *Görland,* S. 156.

davon ausnehmen! Es bedeutet ja für ihn nichts anderes als die Probe aufs Exempel, daß ein verfeinerter Sinn und gebildeter Geschmack nicht mit Erkalten des Herzens verbunden sein muß. Wo bzw. soweit aber in solchen Fällen Teilnahme und Engagement nicht von selbst zustande kommen, da setzt dann allerdings die praktische Unentbehrlichkeit des Pflichtgedankens ein.

Von der schenkenden Tugend abgesehen, die Gleichgestimmten und Aufnahmebereiten abgibt von dem, was ihn erfüllt und bewegt, nicht in Wahrnehmung einer Verpflichtung, sondern als einer selbstverständlichen, befriedigenden Lebensäußerung, mit der er im Grunde auch sich selbst beschenkt, ist des Ästheten sittliches Verhalten in sozialer Hinsicht namentlich charakterisiert durch eine gewisse Rücksichtnahme auf die Belange der Mitmenschen, mit denen er es zu tun hat und denen er zunächst einmal und vor allem nicht lästig fallen möchte, sowie durch die ihm nicht weniger selbstverständliche, mit keiner Überwindung verbundene Bereitschaft zur Hilfeleistung, wo die Not in irgendeiner Form ihm begegnet. Auch wo er jemanden, den er kennt und schätzt, ohne daß eine unmittelbare Notlage besteht, mit einem nicht übermäßigen Aufwand irgendwie fördern kann, wird er dies in der Regel gern tun. Eine schnelle Regung des Mitgefühls, das spontane Helfen im ersten Augenblick einer unmittelbar gegebenen Notlage oder auch das schlichte Wohlwollen, das Bereiten einer kleinen Freude, dies alles ist gewiß natürlich und kaum der Rede wert. Doch wie steht es nun, wenn es damit nicht getan ist, wenn die Situation mehr verlangt, wenn es nicht ohne größere Opfer abgeht? Sind auch sie dem ausgeprägten Ästheten noch selbstverständlich? Das wird man nicht behaupten können, und hier spitzt sich nun unser Problem erst recht eigentlich zu. Es sind namentlich zwei Punkte, die dabei in Betracht kommen. In dem einen kann eine Spannung zwischen der ästhetischen und der praktischen Einstellung entstehen, der andere liegt überhaupt außerhalb des Horizonts einer ästhetischen Haltung.

Eine starke Spannung im Bereich menschlicher Beziehungen kann sich für den Ästheten vor allem in der Ehe ergeben. Während der »Praktische« nach *Schultz* um der Nachkommenschaft willen heiratet und die einmal Verbundenen sich willig in ihr Joch zu fügen haben, sind für die Einstellung des Ästheten zur Ehe kennzeichnend die Stichworte »Liebesheirat, tiefe Harmonie der Gatten und leichte Scheidung, wo die in Trug zerrinnt«[194]. Der hauptsächliche Unterschied ist mit dieser Formulierung zwar sehr vereinfacht, aber die ästhetische Haltung im wesentlichen richtig beschrieben. Die Frage ist nur, ob dann nicht die Alternative für den Ästheten im Grunde genommen eine andere werden muß. Vergegenwärtigt man sich, daß dieser seiner ganzen Natur nach Erotiker ist, der im-

---

[194] *Schultz,* S. 63.

mer wieder einmal erfahren wird: »Die Liebe liebt das Wandern«, so liegt es nahe, ihm eher die Paulinische Maxime »Nicht heiraten ist besser« zu empfehlen, falls er sich nicht entschließen will, mit der Ehe wirklich ernstzumachen, und das heißt: die Treue zum Partner über die Treue zu sich selbst mit den in diesem Selbst begründeten schwankenden Stimmungen und wechselnden Sehnsüchten zu stellen und also der im Wesen der Ehe liegenden Forderung der Stetigkeit und Dauer eindeutig den Vorzug zu geben vor den Reizen immer neuer Erlebnisse und Wandlungen. Kein Zweifel, daß eine erwachende tiefe Neigung oder große Leidenschaft eines der Ehegatten, meistens des Mannes, ihm, wenn er ihr nachgibt, Verjüngung und Auftrieb bedeuten könnte und eine erwünschte Bereicherung seines Lebens, vielleicht auch seines Schaffens verspricht. Wenn beide Teile sich schon vorher auseinandergelebt haben und, kinderlos, in dem Wunsche, sich zu trennen, einig sind, wird dagegen wohl auch nichts Entscheidendes einzuwenden sein. Doch um diese Seite der Sache, um eine Erörterung der Probleme der Ehescheidung oder gar einer Reform der Ehe geht es hier nicht, vielmehr allein darum, daß, solange die Ehe als Einrichtung nun einmal besteht, die mit ihrem Eingehen verbundene menschliche Verpflichtung ein einseitiges Imstichlassen des Partners, nur weil einem ein anderer Mensch nunmehr besser gefällt, sittlich ausschließt. Dieses bleibt jedenfalls, auch wo sich die Loslösung in einer rechtlich gültigen Form vollzieht, unter dem sittlichen Gesichtspunkt Ehebruch. Man wird dabei nicht den Unterschied zwischen der absoluten und der relativen Form der Untreue und des Ehebruchs verkennen. Ein Mann, der sich außerhalb seiner Ehe in ein erotisches Verhältnis tief verstrickt, erscheint, so furchtbar solche Irrungen und Wirrungen in extremen Fällen gefühlsmäßig und praktisch sein können, mit seinem Schwanken, seiner relativen Untreue, die den Sinn der Ehe ernstlich beeinträchtigt, ohne sie jedoch tatsächlich auflösen zu wollen, menschlich verständlicher und wirklich auch menschlicher, sittlich weniger bedenklich als eine bürgerlich-rechtlich noch so korrekte »Lösung«, die darin besteht, daß dem Ehepartner gegen dessen Wunsch und Willen klipp und klar der Laufpaß gegeben wird. Wo eine Frau einsam, verzweifelt oder verbittert von ihrem zu neuen Ufern aufbrechenden Gefährten zurückgelassen wird — wir bleiben beim Beispiel der weit überwiegenden männlichen Untreue —, da geschieht nicht nur Unglück, sondern, menschlich gesehen, vielfach auch Unrecht. Wenn hier der Mann dem Zuge seines frisch beschwingten Herzens folgt, wenn etwa ein bereits ergrauter Familienvater sich nicht scheut, die Gemeinschaft eines halben Lebens und den Zusammenhalt einer ganzen Familie hintenanzusetzen um eines neu in seinen Gesichtskreis getretenen Mädchens willen, so ist das, man mag einwenden, was man will, ohne — sagen wir es offen — eine gewisse Herzlosigkeit nach der einen Seite, ohne ein Stück Unmenschlichkeit, nicht durchführbar. Ein neues Glück anstelle und auf Kosten des alten aufzubauen, indem man den uns bisher am nächsten verbundenen Menschen einfach abhängt, sich durch Gerichtsbeschluß von ihm scheiden läßt und ihn dann zu den Akten legt, müßte dem, der über nur ein wenig Mitgefühl und Verantwortungsbewußtsein verfügt, nicht nur als unehrenhaft gelten, sondern innerlich schlechterdings unmöglich sein. Wer es fertig bringt, sich in dieser Weise von dem anderen abzuwenden, über dessen Leben und Schicksal hinwegzugehen, von dem wird weder der bisherige Ehegatte als Mensch noch die Ehe als solche ernstgenommen. Eine auf dem Bruch einer alten begründete neue Ehe ist doch im Grunde genommen ein ganz und gar paradoxer Sachverhalt, der auch nicht deshalb erträglicher wird und als fast selbstverständlich hingenommen werden kann, weil er heute keine Seltenheit mehr darstellt, vielmehr durch den Zeitgeist und sogar rechtlich legitimiert ist. Es mag sein, daß die Zeit der Ehe überhaupt dem Ende zugeht. Manches, nicht alles, spricht dafür. Dann würde man über kurz oder lang die Konsequenzen ziehen müssen. Aber solange die Ehe als Einrichtung besteht, sollte sie nicht zur Farce gemacht werden. Wer sich nicht damit abfinden will, daß sie nach Art gewisser Filmstars immer nur bis auf weiteres währt und die Treue, an die man bei der Eheschließung gedacht und geglaubt hatte, im Ernstfall, gerade dann, wenn es darauf ankäme, sie zu halten, wenn sie einmal nicht leichtfallen sollte, doch nur ein leerer Wahn ist, der muß von sich und anderen fordern, daß die ästhetische Tendenz nötigenfalls bewußt und entschieden geopfert wird. Ehe ihrem ursprünglichen Sinne nach ist offenbar etwas anderes und wesentlich mehr als ein Vertrag mit dem stillschweigenden Vorbehalt: »Solange die Harmonie dauert«. Es kann insofern keine Frage sein, daß für den ausgesprochen ästhetisch strukturierten Menschen die Ehe als wirklicher Lebensbund, als Schicksalsgemeinschaft — wenn diese Worte nur nicht so abgegriffen wären! — ein großes Wagnis bedeutet, das mit ziemlich hoher Wahrscheinlichkeit zum Scheitern verurteilt ist und nur ausnahmsweise gelingt. Freilich ist das Eingehen dieses Wagnisses deshalb noch keineswegs sinnlos. Abgesehen davon, daß es sich eben aus dem Wesen einer tieferen Liebesbeziehung wieder und wieder entwickelt, wird den Ästheten mitunter auch die Aufgabe der Gestaltung eines so besonderen, anspruchsvollen Verhältnisses anziehen. Aber erfahrungsgemäß ist der Gesichtspunkt der Treue gegen sich selbst, aus dem die Treue dem anderen gegenüber hervorgehen *kann,* nur selten stark genug, um Erschütterungen auszuschließen, wenn die Seele durch einen neuen Menschen verzaubert wird. Nur die bewußte Einschränkung der auf Selbstverwirklichung ausgehenden Strebungen wird hier wirksam sein. Die Voraussetzung für eine dementsprechende Haltung ist die klare Erkenntnis, daß höher als die Treue zum eigenen Wesen, zu unserer Natur, die Treue zu einer persönlich eingegangenen Verpflichtung steht, die Treue im Verhältnis zu einem anderen, mir verbundenen Menschen oder eben auch zu den aus dieser Verbindung hervorgegangenen Kindern. Berücksichtigt man außerdem, daß die Gemeinschaft mit einem wirklichen »Lebensgefährten« auf einer breiteren Grundlage ruht und viel tiefere Schichten erfaßt, als es bei einer Reihe lockerer Beziehungen, einer Serie einander ablösender sogenannter Ehen der Fall ist, die, sobald der erste Reiz verflogen ist oder irgendwelche Schwierigkeiten auftreten, jeweils abgebrochen werden, so läßt sich darüber hinaus sagen, daß eine solche Beschränkung auch durchaus im Interesse einer Selbstverwirklichung höheren Grades liegen kann. Doch wird die Erkenntnis der alten Wahrheit, daß weniger unter Umständen mehr ist, sich dabei immer erst im Vollzug des Die-Treue-Haltens selbst herausbilden. Ohne den vorher, von vornherein, gefaßten kraftvollen Entschluß zu dieser Selbstbeschränkung kann der Ehe eines Vollblut-Ästheten deshalb nur eine wenig günstige Prognose gegeben werden. An der Ehe bricht sich somit der Stil einer ausschließlich ästhetischen Lebenseinstellung.

Wohl kommt es immer wieder einmal vor, daß eine Liebesbeziehung wie mit der elementaren Gewalt eines Naturereignisses in eine bestehende Ehe einbricht, so daß auch ein Unbeteiligter sich dem Eindruck einer unausweichlichen Notwendigkeit schwer entziehen kann. Auch in solchen Fällen bedeutet es jedoch einen Unterschied, ob dem neuen Angezogenwerden bei dem hier Betroffenen nur ein papierener Ehevertrag entgegensteht oder das lebendige Bewußtsein der Verantwortung gegenüber dem Menschen, der ihm vertraut hat und angetraut ist, mit anderen Worten, ob die Situation als die jederzeit mögliche, ohne ernstliche Bedenken zu verwirklichende Ausnahme von einer nicht allzu strengen Regel oder aber als echte Tragik, als tragische Schuld erlebt wird. Man mag finden, daß ohne solche gelegentlichen elementaren Einbrüche in den Bezirk von Gesetz und Sitte das Leben allzu bieder, gleichmäßig und domestiziert dahinfließen würde. Dessen ungeachtet bleibt es dabei: ohne den Glauben, daß die Bindung an einen bestimmten Menschen für ein Leben vorzuhalten vermag, und ohne eine entsprechende willensmäßige Haltung in der gesamten Lebensführung verliert die Ehe ihren ursprünglichen Sinn, ihren eigentlichen Charakter, ihr spezifisches Gewicht.[195]

Schweitzer hat das Thema Liebe und Ehe nie in den Bereich seiner literarisch fixierten Überlegungen einbezogen, obgleich die Situation der Ehe eines der nächstliegenden und wichtigsten Beispiele für eine im Zeichen sowohl der Hingebung als auch der Selbstverwirklichung stehenden Haltung darstellt. Daß die Ehrfurcht vor dem Leben hier nicht weiterhilft, braucht kaum gesagt zu werden.

Das erotische Verhältnis des Ästheten zur Welt im allgemeinen und insbesondere zum Menschen hat, ethisch gesehen, auch eine Kehrseite, die zu der Frage führt, wie weit wir unserer Einstellung nachgeben, unseren Gefühlen

---

[195] Für eine Bewahrung der Ehe, zugleich aber die Möglichkeit einer gewissen Auflockerung hat sich neuerdings *Hans Grunsky* ausgesprochen, indem er von einer erotischen Zentralbeziehung periphere Beziehungen unterscheidet (Liebe, S. 24 ff.; Würde, S. 252 ff.).

für andere freien Lauf lassen dürfen, wenn es uns an Sympathie fehlt oder wohl gar eine ausgesprochene Antipathie vorliegt. Dabei ist zu bedenken, daß Sympathie und Antipathie den Ästheten nicht wie eine Laune befallen, sondern tiefer begründeter Ausdruck seines Wertgefühls sind. Mit einem nicht ganz echt, allzu glatt oder weichlich wirkenden Menschen etwa oder einem aufdringlichen Wichtigtuer möchte er möglichst wenig zu tun haben. Wer hier auf Grund der christlichen Tradition sofort mit der Mahnung »Richtet nicht!« und dem »Testament Johannis« bei der Hand ist, tut dem Ästheten unrecht. Ein Leben, in dem er keine Unterschiede machen, die Kräfte der Anziehung und Abstoßung nicht mehr spielen lassen dürfte, wäre ohne Reiz für ihn. Vitale Menschen werden sich das Recht, die Nuancen ihres Verhaltens zum Mitmenschen nach ihrem Geschmack einzurichten, ohnehin nicht nehmen lassen. Es ist an der Zeit, dieses Recht auch einmal im Zusammenhang ethischer Überlegungen als unbedenklich und durchaus legitim zu bestätigen.

Drängt sich die uns beschäftigende Problematik in der Ehe des Ästheten geradezu auf, wird dieser also die Spannung zwischen der ästhetischen und der praktisch-sozialen Einstellung hier früher oder später am eigenen Leibe erfahren und kann eine Lösung dieser Spannung unter Umständen nur durch einschneidende Opfer, durch den bewußten Verzicht auf uneingeschränkte Selbstverwirklichung erreicht werden, so ist das Verhältnis nicht in demselben Maße gegensätzlich zugespitzt in einem zweiten Punkt, in dem der Gedanke einer sozialen Verpflichtung, wie schon bemerkt, zunächst überhaupt außerhalb des ästhetischen Horizontes bleibt und, wenn er in unseren Gesichtskreis tritt, doch im allgemeinen nicht das volle Opfer, sondern lediglich eine mehr oder weniger beträchtliche Abweichung durch Ergänzung der ästhetischen Haltung fordert. Es wurde gesagt, daß die Hilfeleistung im akuten Notfall dem Ästheten selbstverständlich ist, gewiß. Aber nun gibt es ja noch so viel an Leiden und Entbehrungen jenseits unseres engen Blickfeldes! Während den primär sozialen Menschen auch einmal die ihm nicht unmittelbar begegnende Not beschäftigt und bedrücken kann, so daß starke Persönlichkeiten dieses Typus sie von sich aus aufsuchen, um ihr abzuhelfen, liegt es im Wesen des Ästheten, daß er mit seinem Fundus an potentieller Sympathie wohl auf eine von ihm selbst wahrgenommene Notlage im Augenblick lebhaft anspricht, das aber, was in der Ferne Menschen zu leiden haben, meist auf sich beruhen läßt und an Hilfsaktionen, zumal wenn dabei größere Organisationen mit ihrem unpersönlichen Betrieb eingeschaltet sind, weniger interessiert ist. Diese Einstellung wirkt sich nun angesichts der gegenwärtigen Verhältnisse ausgesprochen negativ aus. Die Lage, in der wir uns befinden, ist ja durch eine zweischneidige Entwicklung gekennzeichnet. Einerseits zieht sich die schlimmste, handgreiflichste Not immer mehr von der Straße zurück, so daß man einen zerlumpten Bettler kaum mehr zu Gesicht bekommt, und hinsichtlich der wenigen Körperversehrten, die sich etwa mit einem Musikinstrument um milde Gaben bewerben, mögen manchmal mehr oder weniger berechtigte Zweifel auftreten, ob sie nicht aus ihrem Gebrechen allzu sehr ein Gewerbe machen. So gesehen wird die praktische Hilfe des einzelnen im Vergleich mit früheren Zeiten, als Rentenversorgung und öffentliche Wohlfahrtseinrichtungen noch nicht in diesem Maße ausgebildet waren, in geringerem Umfang beansprucht. Auf der anderen Seite ist die Unterrichtung über das große, unabsehbare Elend abseits der Straßen, in den Heimen, den Lagern und namentlich in anderen Erdteilen so weit verbreitet, daß die damit sich abzeichnenden Zustände von niemandem ignoriert werden können. Um es hier zu tatkräftigem Eingreifen kommen zu lassen, bedarf es aber einer gewissen Initiative, die der Natur des Ästheten weniger entspricht. Wenn wir jedoch auf der Straße kaum mehr in die Tasche zu greifen brauchen, um uns beim Anblick Hilfsbedürftiger loszukaufen, so sollte von jedem erwartet werden dürfen, daß er nun jene andere Not »bedenkt«.

Freilich haben wohl die meisten Menschen in dieser Beziehung eine ziemlich dicke Haut, aber daß der ästehtische Typus gemessen am Gesamtniveau seiner Vertreter, in dieser Hinsicht verhältnismäßig wenig Unternehmungsgeist aufweist und daß hierin ein nach Ergänzung rufender Mangel liegt, ist nicht zu verkennen. Wenn Schultz fand, daß in dem angeführten Spruch Goethes dem Schauenden etwas widerstehe, so erscheint hier eine gewisse Korrektur seiner Haltung angebracht. Daß dem Ästheten etwas darin widersteht, mag unter dem Gesichtspunkt des Lebensstils durchaus zutreffen, er wird dem Imperativ der Pflichtethik das selbstverständliche edle Tun vorziehen. Aber nicht nur dem reinen Pflichtmenschen gefällt kein anderer Vers Goethes besser, auch der geborene Ästhet sollte sich von diesem Vers etwas sagen lassen.

Die Einstellung des Ästheten ist weitgehend charakterisiert durch die Begriffe Stil und Takt. Das Stilprinzip bestimmt seine Haltung von innen, der Takt wird maßgebend für seine Beziehungen nach außen, zur Umwelt. Und der zur zweiten Natur gewordene, sichere feine Takt ist ja unter Umständen wirklich etwas sehr viel Persönlicheres als alle Pflichterfüllung gemäß einem allgemeinen sittlichen Gesetz. Nimmt man ihn zumal in dem Sinne, daß er vor allem darauf bedacht ist, jemandem Scham zu ersparen — für Nietzsche die Antwort auf die Frage, was ihm das Menschlichste sei[196] — so wird ohne weiteres deutlich, wie hoch dieses Ethos einzuschätzen ist. Das schließt nicht aus, daß es sozial gesehen nicht ausreicht. Man kann sich mit viel Takt aus einer Situation zurückziehen oder vorsichtig von vornherein heraushalten, die man im Gegenteil aufsuchen, mit der man sich einlassen müßte, um sich nötigenfalls einzusetzen.

Alles in allem ist die Spannung zwischen der ästhetischen und der praktisch-sozialen Haltung ihrem Wesen gemäß nicht aufzuheben, und doch kann die Forderung eines wie auch immer gearteten und keineswegs

---

[196] *Nietzsche:* Wissenschaft, S. 177.

vollständigen, stets neu zu vollziehenden Ausgleichs, das Ideal einer neuen Kalokagathie nicht aufgegeben werden, so schwer auch ein bruchloses Aneinanderfügen oder gar eine echte Verschmelzung zu bewirken sein mag. Läuft dieser Gedankengang nun also dennoch auf die Forderung einer Synthese oder gar einer bloßen Addition hinaus, sind wir im Begriff, »neben die Tugendethik die Pflichtethik« zu stellen, ein Verfahren, über das *Schultz* urteilt: »Wer es tat und tut, beweist damit nur, daß er außerstande ist, letzte Konsequenzen eigener Prämissen zu denken«[197]?

Man wird sich die Antwort auf diese Frage nicht zu einfach machen dürfen. Von Synthese im eigentlichen Sinne kann wohl nicht die Rede sein. Dieser Begriff würde dem Problem die Spitze abbrechen, es verharmlosen, die bestehende Spannung verschleiern. Die Rechnung geht eben nicht völlig auf. Andererseits verhält es sich so, daß die ästhetische Einstellung allein, an den harten Tatsachen des Lebens wie am Ideal des Menschen gemessen, zu wenig ist. Es gibt Grenzen für die Möglichkeit und das Recht der ästhetischen Lebensanschauung, weil die Welt gar nicht so beschaffen ist, daß man in ihr ohne Scheuklappen auf die Dauer konsequent ästhetisch leben könnte. Daraus ergibt sich die Einsicht, daß das Stilgesetz im Sinne der Einheitlichkeit und Folgerichtigkeit hier nicht das einzige, letzte, höchste Kriterium sein kann, daß die auf Selbstverwirklichung ausgehende Tendenz, so berechtigt sie an sich ist, eine Ergänzung, eine Erweiterung, gelegentlich sogar einen Eingriff, eine Korrektur erfahren muß. Die Natur des Ästheten soll dadurch nicht vergewaltigt und zur Verkümmerung verurteilt werden. Aber innerhalb der ästhetischen Grundeinstellung kann die Aufnahme eines neuen Elements allerdings einschneidende Bedeutung erlangen, Spannungen verursachen, Konflikte entstehen lassen, Kompromisse notwendig machen, eine mehr oder weniger starke Ablenkung von der Linie der bisherigen Lebensführung bewirken. Allgemeingültige Lösungen bieten sich für das konkrete Handeln nicht an. Von Fall zu Fall zeigen sich immer neue Möglichkeiten, ergeben sich dabei vielfach auch ganz unerwartete Forderungen.

Die ästhetische und die praktisch-soziale Haltung können einmal, nebeneinander stehend, sich ergänzen, ein anderes Mal auf halbem Wege zusammentreffen, in einem dritten Falle das Ich vor die klare Alternative stellen, und wieder in einer anderen Lage verläuft die gebotene Richtung des Handelns zwar irgendwo zwischen den einseitigen Standpunkten, aber nun eben nicht mehr auf der mittleren oder sonst einer allgemein und im voraus anzugebenden Linie. Die Stilreinheit wird dadurch in der Tat beeinträchtigt. Aber wenn jemand der praktische Anbau zu dem ästhetischen Hauptgebäude durchaus nicht zu passen scheinen sollte, so

[197] *Schultz:* Philosophie, S. 167.

sei's drum: das ganze Gewese, wenn auch nicht völlig einheitlich, wird jedenfalls der Welt wie sie ist, dieser wundervoll reichen, schönen, herrlichen und zugleich unsagbar harten, qualvollen, furchtbaren Welt angemessener sein. Die Wirklichkeit zeigt eben verschiedene Stile nicht nur nebeneinander, sondern auch ineinander übergehend. Sollte es dem Menschen verwehrt sein, sich darauf einzustellen? Die Kreisbewegung ist nicht immer die vollkommenste; der Übergang zur Ellipse mit ihren zwei Brennpunkten kann für die menschliche Existenz eine Steigerung bedeuten, indem eine polare Spannung des Lebens für das Handeln fruchtbar wird.

Unsere Betrachtung hat sich nur scheinbar von Schweitzer entfernt. Er stand eigentlich die ganze Zeit im Hintergrund, freilich nicht nur als Verfasser von »Kultur und Ethik«, sondern auch als der Mann von Lambarene, als der ganze Albert Schweitzer, wie wir ihn kennen. Einem Menschen, der glaubt, rein ästhetisch leben zu können, wird noch am ehesten die Augen zu öffnen vermögen ein Mensch und Denker, der selber alles Zeug zum Ästheten besaß, aber wie kaum ein anderer in Wort und Werk die Hingebung gefordert und verwirklicht hat. Die Bemühung, die in sich geschlossene ästhetische Haltung durch Aufrichtung des abstrakten Pflichtgedankens zu ergänzen, erscheint, obschon an dessen Geltung nicht zu zweifeln ist, nur wenig erfolgversprechend. Wer aber in den Bann einer Persönlichkeit wie der Schweitzers gerät, in dem wird vielleicht ein Stück praktisch-sozialen Menschentums entbunden, das sich bis dahin nur noch nicht entdeckt hatte. So mag dem einen oder anderen eines Tages die Enge und Einseitigkeit seines bisherigen Daseins aufgehen und ihn zu einer Umstellung veranlassen, bei der ihm mit Belastungen neuer Art zugleich ein Gefühl der Befreiung und Beglückung überkommen könnte.

Die bisherigen Darlegungen mögen noch ein wenig verdeutlicht werden durch eine kurze kritische Beleuchtung der Werke zweier Autoren, die einander in der hier interessierenden Hinsicht verwandt sind. Zunächst *Kurt Breysig.* In seiner sozialphilosophischen Schrift »Das Recht der Persönlichkeit und seine Grenzen« erweist sich dieser Universalhistoriker, der zugleich ein wirklicher Denker war, als ausgeprägter Vertreter des ästhetischen Typus. Ein, wenn auch nicht unkritischer, begeisterter Verehrer Nietzsches, gibt er dem christlichen Altruismus eine entschiedene Absage. »Alle Hingabe des Einzelnen vermag bessernd, heilend und im besten Fall dienend die großen Zwecke der Menschheit zu fördern«, aber »sie ist nicht schöpferisch«.[198] In diesem Sachverhalt sieht Breysig den Vorrang des Rechtes der Persönlichkeit auf sich selbst begründet. Die Wurzel auch der größten geistigen Leistungen ist der Ichtrieb. »Goethe hat nicht um anderer willen gedichtet«[199], und was alle geistig Schaffenden, auch den großen Staatsmann, lockt, ist »mehr noch als der Ruhm« »und Machtgefühl: die Freude am eigenen Werk und am Wirken selbst«.[200] Vom Stand-

[198] *Breysig:* Recht, S. 48.
[199] S. 6.
[200] ebd.

punkt einer einseitig altruistischen Sittlichkeit gibt es für dieses einerseits von der Sache besessene, beinahe ichvergessene, die unmittelbaren, nächstliegenden Interessen vielfach hintenansetzende und andererseits tiefbeglückende, Sache und Person identifizierende Schöpfertum keine angemessene Würdigung. Der Altruismus »setzt alle strömenden Säfte, alle besten Kräfte unseres Seins ins Unrecht«.[201] Diese Feststellungen sind wohl reichlich zugespitzt, doch im Grunde zweifellos richtig.

Man kann dem Autor auch nicht vorwerfen, daß er selber einseitig nur den Ichbetrieb anerkenne. Freilich läßt er den Hingabetrieb in der Liebe des Ichs wurzeln, will ihn aber trotzdem nicht aus dem Ichtrieb ableiten, sondern beide ebenbürtig nebeneinander stellen.[202] Wenngleich die Tatsache, daß die Ethik von jeher überwiegend altruistisch zugeschnitten worden ist, von Breysig bedauert wird, erkennt er doch »die Notwendigkeit einer Einengung des Ichtriebes« durchaus an. »Nicht Ichbehauptung oder -hingabe kann die Losung sein, sondern Ichtrieb und Hingabetrieb.«[203] Das Schaffen wie das Genießen des Ichs unterliegen dem Verbot, »daß kein Ich, kein Leben ein anderes Ich, ein anderes Leben störe oder zerstöre«.[204] Und nicht nur die pflichtgemäße Rücksichtnahme auf andere bleibt in Geltung, auch der Umstand, daß Hingabe, Dienen, Opfern selbst zum Genuß werden kann, hat Breysig durchaus gesehen.[205]

Dennoch wird seine Stellungnahme hier nicht herangezogen in der Meinung, daß in ihr die ästhetische Einstellung mit der sozialen in das nötige Gleichgewicht gebracht worden sei, sondern im Gegenteil als ein Beleg für eine im Grunde doch noch zu einseitige ästhetische Haltung, die einer Korrektur bedarf. Zwar geht das von ihm vertretene Verbot der Störung oder Zerstörung eines anderen Ichs, eines anderen Lebens entschieden viel zu weit. Ein solches Verbot wäre, wörtlich genommen, wie früher betont wurde, wirklichkeitsfern und lebensfeindlich und auch kaum in Einklang zu bringen mit den übrigen Ansichten dieses Autors. Das Leben ist nun einmal von einer tragischen Grundverfassung, die um die Notwendigkeit der Störung oder Zerstörung fremden Lebens nicht herumkommen läßt. Auf der anderen Seite soll nun aber nach Breysig »auch der zarteste und feinste Genuß der Hingabe« »nur soweit über uns Herrschaft gewinnen, wie er unser höchstes Gut nicht mindert: das Glück des Schaffenden«[206]. Diese These ist es, die sehr bedenklich erscheinen muß. Auch wer dem schöpferischen Wirken mit Breysig den höchsten Rang zuerkennt, kann die Augen nicht davor verschließen, daß es Situationen gibt, die gebieterisch fordern, jenes höchste Gut zurückzustellen, gegebenenfalls sogar bewußt zu opfern. Es ist extrem ästhetisch gedacht, wenn Breysig erklärt: »Nicht die Not des andern darf entscheiden, nur der Reichtum des Ichs«[207]. Einer solchen Lebensanschauung müssen wir die Zustimmung versagen; denn die Not des anderen übt einen unmittelbaren Zwang auf uns aus und setzt sich über den Gesichtspunkt unseres eigenen Reichtums hinweg. Wohl ist die von der Hilfsbedürftigkeit eines anderen ausgehende Forderung nicht die einzige und auch nicht ohne weiteres immer die höchste Verpflichtung; das so kräftig und erfrischend betont zu haben, ist ein wirkliches Verdienst dieses Eigendenkers. Aber sie kann unter Umständen im Augenblick die dringlichere Aufgabe bilden; darin, daß er dies verkennt, besteht der Mangel seiner Betrachtung. Angesichts

[201] S. 225.
[202] S. 206.
[203] S. 40.
[204] S. 86.
[205] ebd.
[206] S. 87.
[207] S. 223.

einer akuten Notlage bleibt uns vielfach keine Wahl, haben wir gar nicht die Möglichkeit zu fragen, ob unser Ich sich zur Zeit innerlich reich und zu schenkender Tugend aufgelegt findet.[208]

Es liegt im Wesen der höheren Kulturleistungen, daß ihre Schöpfer vielfach mit einer gewissen Ausschließlichkeit, fast monoman, von ihrem Werk erfüllt sind und sich ihm mit aller Kraft hingeben. Man kann von ihnen nicht verlangen, daß sie sich in demselben Maße daneben auch den sozialen Bestrebungen widmen. Und doch ist kein Künstler, kein Denker, kein Einzelwissenschaftler nur dies; immer ist er auch Mensch und damit in Situationen gestellt, die soziale Anforderungen enthalten, d. h. ihm gewisse unabweisbare Verpflichtungen auferlegen. Ihnen gegenüber aber handelt es sich dann nicht mehr um die innere Verfassung, aus der sein geistiges Schaffen hervorgeht. Die Alternative Egoismus — Altruismus ist insofern nicht sachgemäß, jedenfalls wird sie überlagert von einer anderen: der Hingabe entweder an geistige Werte oder an soziale Ziele. In den sozialen Zielsetzungen aber geht es eben wirklich um den anderen in seiner Not und Hilfsbedürftigkeit, nicht um das geistig noch so hochgestimmte und hochfliegende eigene Ich.

Eine besonders feinsinnige und außerordentlich differenzierende Behandlung unseres Problems liegt in dem Werk »Befreiung und Erfüllung« des Philosophen *Erich Brock* vor. Es stellt sicherlich die charakteristischste und kultivierteste Ausführung einer modernen Ethik ästhetischen Gepräges dar, neben den Arbeiten Bollnows und Reiners wohl die bedeutendste Erscheinung in der philosophischen Ethik seit Nicolai Hartmann. In der Berücksichtigung des auch im engeren Sinne »ästhetischen« Gesichtspunktes, die bis zur Verwendung des Begriffs Schönheit für sittliche Verhaltensweisen reicht, geht Brock weiter als wohl jeder andere Ethiker. Bezeichnend ist schon die Einschränkung der in der Nachfolge Kants einseitig gepriesenen Bedeutung des guten Willens, während umgekehrt die Kraft von Brock als etwas an sich Gutes hervorgehoben wird. Der ästhetischen Einstellung entspricht auch die Ablehnung der allgemeinen Menschenliebe. »Der gewöhnliche Mensch wird übergenug aufzuwenden haben, um den wertvolleren und ihm verbundenen Menschen genug zu lieben und zu ehren. Der edlere verschmäht eine Liebe, die für alle in *einem* Topfe gekocht, mit *einer* Kelle ausgeteilt wird.«[209]

Der in unserem Zusammenhang wichtigste Punkt besteht aber in der Ablehnung der Selbstlosigkeit, der Fiktion, welche besagt, »daß dem Menschen bis zum äußersten damit gedient sei, selbstlose Personen um sich zu haben«[210]. Das Gegenteil ist richtig, daß nämlich »für den gesunden«, »im Leben stehenden Menschen« reine »Krankenschwester-Typen nicht nur wertlos, sondern geradezu unerträglich« sind.[211] »Der normale Mensch will Menschen um sich haben, die sie selbst sind und sich selbst bejahen«[212]. Genausowenig wie der absolute Altruismus kommt selbstverständlich für Brock, nicht anders als für Breysig, der absolute Egoismus in Betracht. Zwar gehört es zum Wesen des

---

[208] *Nicolai Hartmann* hat in seiner Ethik von der Werthöhe die Wertstärke unterschieden und das zwischen ihnen bestehende Verhältnis als umgekehrt proportional bestimmt. Der stärkere Wert ist im Vergleich mit dem höheren fundamentaler, lebensnotwendiger, er »geht vor« (S. 549). *H. Reiner* bezeichnet in seinem sehr überzeugenden Nachweis der Wertvorzugsprinzipien im Falle konkurrierender Werte die Wertstärke recht glücklich als Wertdringlichkeit (Pflicht, S. 169) und nennt neben der Wertdringlichkeit überhaupt (z. B. Nahrung) als ein weiteres solches Vorzugsprinzip unter anderen die zeitliche Dringlichkeit, etwa bei der Rettung eines Ertrinkenden (S. 170).

[209] *Brock:* Befreiung, S. 105 f.

[210] S. 114.

[211] S. 115.

[212] ebd.

menschlichen Seins, »daß seine Selbstverwurzelung noch tiefer hinabreicht als seine Fremdverwurzelung«[213]. Aber »es gibt wenig Scheußlicheres in der Welt als ganz massive Selbstsucht«[214]. »Bei aller Unentbehrlichkeit naturhaft aufschießender Selbstlosigkeit an ihrem Platze zeigt sich wohl der ethisch durchgebildete Mensch« »darin, daß er mit derselben selbstverständlichen Sachlichkeit (besonders wenn er Großes geben will und kann) für sich große Dinge zu beanspruchen wie auch auf sie zu verzichten und sie ohne Gepränge oder Bitterkeit anderen zuzuhalten weiß, auch dann, wenn sie ihm aus der Substanz abgehen — ja über sein eigenstes Lebensinteresse mit zögerungslosem Schweigen hinwegzugehen vermag, wo der andere eindeutig oder auch nur sehr wahrscheinlich berechtigter ist.«[215] Indem die ästhetische Haltung sich zu diesem Grade potentieller Selbstlosigkeit erhebt, erscheint ihr früher empfundener Mangel in überraschender Weise überwunden.

Zu fragen wäre nur, ob dies wirklich auf der ganzen Linie der Fall ist. Man nehme eine ästhetisch im besten Sinne gehaltene Aussage wie die folgende: »Der Normalfall ist nicht, daß der Mensch dem Nächsten etwas gibt, indem er sich mindert, sondern daß er ihm etwas ist, indem er selber ungemindert ist, ja noch täglich sich mehrt.« »Was den Menschen bewegt, andere glücklich zu machen, ist« »in bedeutsameren, dem Mittelpunkt näheren Verhältnissen weniger sein *Tun* als sein *Sein* — viel weniger Dinge, die er sich abschneidet und den andern hinüberreicht, als Dinge, die aus seinem tieferen Wesen strömen, welches durch das Geben nicht gemindert wird.«[216] Der Ästhet bejaht die schenkende Tugend, das wissen wir. Er ist bereit, sich zu geben, sein Inneres überfließen zu lassen, sein Blut zu spenden, wie Brock einmal sagt. Wie steht es nun aber — das ist jetzt die Frage —, wenn sein Blut nicht verlangt wird, wenn ein Mensch mit unserem inneren Besitz gar nichts anzufangen wüßte, sondern nur ganz schlicht unser Geld braucht oder vielleicht unsere Zeit beansprucht für ein uns recht reizlos und banal erscheinendes Anliegen? Was in solchen Fällen an Opfer von einem Ästheten gebracht werden müßte, ist weniger und zugleich mehr, empfindlicher, ihm ferner liegend und ihn deshalb stärker belastend und viel weniger befriedigend. Wird der Ästhet auch dazu bereit sein? Innerhalb seiner geschlossenen Welt führt die Brocksche Ethik den Ästheten auf eine denkbar hohe Stufe. Nur, ob er sich auf diesem Boden aufgerufen finden wird, für die so andere Welt des Elends in seiner Umwelt oder gar in fremden Erdteilen einzutreten, darum geht es. Diese Ethik kann im übrigen kaum hoch genug geschätzt werden. Ihre Grenze liegt allein darin, daß das von Schweitzer geforderte sittliche Abenteurertum eines Einsatzes für den Dienst an Leidenden außerhalb zu bleiben scheint. Und so wahr das über die Unerträglichkeit der reinen Krankenschwester-Typen Gesagte ist, man wird doch hinzufügen müssen, daß wir in unserer auf Erfolg und Genuß bedachten Welt nicht nur einen fühlbaren Mangel an eigentlichen Krankenschwestern zu verzeichnen haben, sondern auch mehr Menschen, die ein wenig von dem besitzen, was Brock den Krankenschwester-*Typus* nennt, bitter nötig hätten — Frauen, die mütterlicher, Männer, die väterlicher sind als die meisten heutigen, ein Mangel in dem eine wesentliche Ursache für die innere Verwahrlosung und Verkümmerung so vieler Jugendlicher erblickt werden dürfte.

Schweitzer hat sich schwer getan mit der Frage eines ethischen Grund- und Zentralbegriffs. Er war persönlich stark vom Gefühl des Mitleids

[213] S. 127 f.
[214] S. 124 f.
[215] S. 158 f.
[216] S. 147.

erfüllt und hat diesem auch in der Ethik eine gewisse Rehabilitierung zuteil werden lassen. Aber er hält es mit Recht für »zu eng, um als Inbegriff des Ethischen gelten zu können«[217]. Mehr schon sagte nach seiner Ansicht die Liebe aus, »weil sie Mitleiden, Mitfreude und Mitstreben in sich faßt«. An ihr hat er jedoch auszusetzen, daß sie »das Ethische nur in einem Gleichnis«, »wenn auch in einem natürlichen und tiefen Gleichnis« bezeichnet, insofern sie »die durch die Ethik geschaffene Solidarität in Analogie zu derjenigen« setzt, »die die Natur auf physische Art mehr oder weniger vorübergehend zwischen zwei sich geschlechtlich ergänzenden Wesen, oder zwischen diesen und ihrer Nachkommenschaft eintreten läßt«.[218] Der gesuchte Begriff, der »das Wesen des Ethischen an sich zum Ausdruck« bringt, ist ihm die Ehrfurcht vor dem Leben, in der er »Mitleid, Liebe und überhaupt alles wertvoll Enthusiastische« gegeben findet. Dabei täuscht er sich über die Verwandtschaft der Liebe mit der Ehrfurcht und überschätzt die ethische Bedeutung beider. Wenn das Mitleid zu eng war, so ist die Ehrfurcht vor dem Leben viel zu weit. Und von der Liebe ist zu sagen, daß dieser Begriff sich geradezu unheilvoll in der Ethik ausgewirkt hat, weil er, wenigstens in der hier allzu wenig differenzierenden deutschen Sprache unangemessen, unnatürlich und überfordernd erscheinen muß, viel zu viel verlangt, über die Köpfe hinweg redet und Unwahrhaftigkeit zur Folge hat, indem damit ein Ethos in Geltung gesetzt wurde, das nur wenige mit Leben erfüllen, während die meisten sich von vornherein innerlich davon dispensieren, ohne daß sie dies zuzugeben wagen. Es wäre richtiger, wenn die Ethik mit ihren Forderungen nicht sogleich aufs Ganze ginge, sondern bescheiden anfinge, um allmählich aufzusteigen. In mancher Hinsicht wäre der »elementare« Denker und zugleich »enthusiastische« Ethiker Schweitzer, in dem Realismus und Idealismus so eng verbunden waren, dazu berufen gewesen, eine solche Ethik aufzubauen. Aber die Neigung zur Vereinfachung und sein Zug zum Radikalen und Extremen haben ihn daran gehindert.

Eine Ethik, die verschiedenen Graden möglicher Zuwendung zum Mitmenschen Rechnung trägt und so den Anfänger oder Genügsamen nicht sofort entmutigt oder in eine Widerstandshaltung drängt, würde mit dem Elementaren, beinahe Primitiven zu beginnen haben, d. h. zunächst einmal mit der Redlichkeit, wobei auch ein wenig Höflichkeit mit einfließen dürfte. Daraus können allmählich Achtung und Rücksichtnahme hervorgehen. Diese Grundstufe erfordert keineswegs schon ein eigentliches Engagement. Das Ich verharrt noch überwiegend in sich, geht nicht wesentlich aus sich heraus. Um den anderen nicht zu betrügen oder zu brüskieren, braucht man weder die Liebe noch die Ehrfurcht vor dem Leben zu bemühen, sondern nur ganz nüchtern diejenige Anständigkeit aufzubringen, die man selbst vom anderen erwartet. Viele werden dar-

---

[217] KE S. 241.
[218] ebd.

über nicht hinausgelangen. Auf der Mittelstufe wären sodann Verträglichkeit, Gefälligkeit und Hilfsbereitschaft in bescheidenen Grenzen zu entwickeln, die schon einen gewissen, wenn auch immer noch beschränkten Einsatz der Persönlichkeit voraussetzen. Erst eine dritte Stufe, die Oberstufe gleichsam, wäre durch wahre Güte und wirkliche Barmherzigkeit gekennzeichnet, die zu einer tiefer begründeten und weiter reichenden Hilfsbereitschaft gegenüber dem »Nächsten« jeder Art führen, wo immer dieser uns begegnet.

Die Begriffe sind hier mehr oder weniger problematisch. Aber *eine* Komponente dessen, was am Ende der vollen Entfaltung des Sittlichen steht, dürfte trotz der gegen diesen Begriff bestehenden Bedenken das Mitleid sein, dessen sittliche Tragweite Albert Schweitzer selbst so eindrucksvoll verkörpert. Läßt sich nicht sein Leben und Wirken auf die Formel bringen: durch Mitleid wissend — aus Mitleid handelnd? Allerdings ist Schweitzer zuzugeben, daß dieser Begriff nicht ausreicht, und darüber hinaus hat die philosophische Ethik noch mancherlei Begründetes gegen ihn einzuwenden. Das Mitleid kann einerseits Ausdruck übermäßiger Weichheit und Sentimentalität sein und geradezu etwas in Gefühlen Schwelgendes, Genießerisches haben. Es wirkt andererseits leicht aufdringlich, verletzend, für feinere Naturen unerträglich. Und doch ist es im Vergleich mit der Ehrfurcht vor dem Leben elementarer, weniger reflektiert, wenn es auch durch das Denken sowohl vertieft und entwickelt werden kann als auch kontrolliert und in bestimmten Grenzen gehalten werden muß. Die entscheidende Probe für das Mitleid wird immer die sein, daß es nicht nur als Geste, sondern als echtes Gefühl auftritt, daß es andererseits nicht nur Gefühl bleibt, so wichtig dieses als Voraussetzung ist und so sehr ihm darüber hinaus ein selbständiger Wert zukommt, sondern daß es das ganze Denken beeinflußt und ausmündet ins Handeln.[219]

Der eine Teil dessen, was man gegen das Mitleid einzuwenden hat, das Aufdringliche und Verletzende, das in ihm liegen kann, würde weitgehend behoben werden, wenn es sich mit einer ebenso schlichten wie innerlich vornehmen Güte verbindet und beide einander so durchdringen, daß das Mitleid durch die Güte verfeinert und damit entschärft, das ruhig glimmende Feuer der Güte umgekehrt durch die Bewegung des Mitleids angefacht und genährt wird. Der andere Teil der Bedenken, das unter Umständen übertrieben Gefühlsmäßige des Mitleids, wird in dem Augenblick überwunden, wo es übergeht in die praktische Barmherzigkeit. Freilich ist gerade auch der Begriff der Barmherzigkeit sehr problematisch. *H. Lilje* hält die Barmherzigkeit für »eine von den Vokabeln des Christenstandes, die nicht imitierbar sind«[220]. Der heutige allgemeine Sprachgebrauch scheint dies zu bestätigen, kommt doch das Wort in der

---

[219] Vgl. *Bollnow:* Sittlichkeit, S. 45.
[220] Lilje, Auftrag, S. 9.

Umgangssprache kaum noch vor, es klingt den meisten wohl zu sentimental oder pathetisch, vielleicht auch zu christlich. Und doch erinnert es nicht nur an eine der Seligpreisungen, sondern namentlich an dasjenige Gleichnis Jesu, das mehr als alle anderen christlichen Gedanken und Vorstellungen in das allgemeine Bewußtsein eingegangen ist. Es bezeichnet dasjenige Element des Christentums, das über Glaubensschranken und -schwankungen hinaus Geltung genießt und verdient und keinerlei Anleihen und Umdeutungen erfordert. Barmherzigkeit bedeutet nicht so viel wie Liebe, die als sittliche Forderung zu viel ist, und sie bedeutet mehr als bloße notgedrungene, nur oberflächliche Hilfsbereitschaft. So sehr deshalb die Leistung des christlichen Ethos anzuerkennen ist, die in der besonderen Ausbildung dieses Motivs besteht, so schwer fällt es, sie dem Christentum allein zu überlassen, also von seiten der allgemeinen Ethik darauf zu verzichten; denn sie erscheint für jedes gehobene sittliche Handeln unentbehrlich und nicht unbedingt an die Glaubensgrundlage gebunden (wenngleich sie ohne diese gewiß eine etwas andere Note erhält). Die in einer leisen, innerlichen Güte liegende Disposition zum Wohlwollen und Wohltun, ihre durch Mitleid erfolgende Stimulierung und ihre Aktualisierung in der praktischen Barmherzigkeit — mit diesen Stichworten dürfte die Einstellung beschrieben sein, die den an das sittliche Verhalten in dieser Beziehung zu stellenden Ansprüchen am besten entspricht.

Weder Sympathie noch Liebe lassen sich gebieten, aber Barmherzigkeit müssen wir in bestimmten Lagen unbedingt erwarten. Sie setzt, wo die christliche Grundlage nur noch geschichtlich-kulturell, nicht mehr glaubensmäßig vorhanden ist, das Mitleid voraus. Dieses bringt zustande, daß die weitergehenden sittlichen Forderungen, welche die Nöte der Mitmenschen enstehen lassen, nicht in der Sphäre der Idealität verharren, sondern zum realen Motiv werden und damit die Antriebskraft zum Handeln liefern. Das unmittelbar beteiligte Gefühl überwältigt die stets vorhandene Schwerkraft und etwaige besondere Widerstände und leitet das Handeln ein, legt es zumindest nahe und erleichtert es. Auf meine Sympathie besitzt niemand einen Anspruch; im Mitleid dagegen verfüge ich nicht frei über mich, da trete ich in den Dienst des Leidenden. Sympathie im üblichen Sinne gilt nicht dem ersten Besten und sicherlich nicht allen. Mitleid mit dem Leidenden aber, nicht ein kühles Bedauern und Begönnern, sondern wirkliches Mit-leiden — Sympathie in der ursprünglichen Bedeutung des Wortes — ist von Eigenschaften dessen, dem es sich zuwendet, nicht entscheidend abhängig. Mitleid vermag ich unter Umständen auch mit einem mir Unsympathischen zu empfinden. Insofern ist das Mitleid seinem Wesen nach nicht nur unbeschränkt, sondern auch unmittelbar antreibend und mitreißend. Es legt Beschlag auf mich und setzt den Willen in Bewegung, es bezwingt das auf sich bedachte Ich und schlägt die Brücke zum Du auch da, wo es sonst kaum eine Berührung mit diesem gibt. Es überwindet damit zugleich die Kluft zwischen Sollen und

Sein, indem es aus dem echten Mitgefühl die geforderte Tat beinahe von selbst hervorgehen läßt. Echtes Mitleid wird notwendig und selbstverständlich zur Barmherzigkeit.

Bis hierher dürfte auch der Ästhet folgen können. Die höchste Stufe ist damit freilich noch nicht erreicht. Erst wenn man sich die in dem Drei-Stufen-Schema angedeutete Linie gewissermaßen punktiert verlängert denkt, wird schließlich jene höhere Art der Barmherzigkeit sichtbar, die sich nicht mit der Behebung der Not im nächsten Umkreis und in einzelnen Fällen zufrieden gibt, die vielmehr die Not jenseits des eigenen alltäglichen Horizonts aufsuchen läßt und die auch für ferne fremde Menschen Opfer zu bringen bereit macht. Diese Barmherzigkeit im höheren Sinne, die nicht nur aus einem unmittelbaren Anlaß entspringt, sondern Initiative, wirkliche Spontaneität voraussetzt, tritt in den großen Menschenfreunden in Erscheinung, die außer tiefem Mitgefühl und einem starken Willen wohl auch mehr »moralische Phantasie« als der Durchschnittsmensch besitzen[221] und dadurch befähigt werden, sich in weitblickendem planmäßigen Handeln der Nöte unzähliger Unbekannter anzunehmen. Bei jener von Fall zu Fall auftretenden Barmherzigkeit, der okkasionalen sozusagen, handelt es sich um eine Forderung, die allen im sittlichen Leben einigermaßen Fortgeschrittenen gilt; die habituelle dagegen ist eine Sache des Typus, der Veranlagung, des Charismas — und dabei doch in ihrer allgemeinen Bedeutung und möglichen Wirkung mehr als irgendeine sonstige bloße Begabung, die man an anderen wahrnimmt, schätzt, bewundert, ohne sich selber unmittelbar betroffen zu finden: eine Erscheinung vielmehr, die auch demjenigen, dem ein solches Handeln persönlich fernliegt oder schwerfällt, gelegentlich zu denken geben kann, eine Erfahrung, die vielleicht zunächst nur als Frage an ihn dasteht, aber irgendwann einmal auf ihn zukommen könnte. Diese Frage mag aus dem Bewußtsein des eigenen Glücks erwachsen, wie es bei dem jungen Albert Schweitzer der Fall war. Sie kann aber auch umgekehrt aus dem Bedrücktsein und dem Gefühl der Leere heraus entstehen, und man möchte meinen, daß es für solche, die heute von einer allgemeinen Lebensangst und existentiellen Sorge befallen sind, keinen besseren Rat gäbe als den, sich der so viel konkreteren Nöte und dringendsten Existenzsorgen so vieler nah oder fern anzunehmen, kein besseres Heilmittel für eigenes Leiden unter der Sinnlosigkeit ihres Daseins als den Gedanken und das Erlebnis, daß es jedem von uns, wie Schweitzer ebenso schlicht wie eindringlich sagt, »verliehen« ist, »etwas von dem Elend in der Welt zum Aufhören zu bringen«[222]. So viel steht fest: je weniger wir die Barmherzigkeit in der untermenschlichen Natur finden oder sie einer übermenschlichen Macht zuzuschreiben vermögen, desto

---

[221] Der hochbedeutsame Begriff der »moralischen Phantasie« findet sich bei *Hermann Baur* (Nicht kritisieren, S. 298) in seiner Ansprache anläßlich der Verleihung der Albert-Schweitzer-Preise 1973 in der Wasserkirche Zürich.

[222] LD S. 209.

mehr sollten *wir* sie hochhalten und bestimmend werden lassen; denn neben dem Selbstbewußtsein und dem schöpferischen Geist bildet sie das wesentlichste Merkmal des Menschlichen.

Die Forderung der Hingebung in dem totalen und universellen Sinne, wie Schweitzer sie vertritt, mußte als einseitig und übertrieben zurückgewiesen werden. Zugleich hat sich die Unentbehrlichkeit der Hingebung überhaupt in vollem Maße bestätigt. Es gibt kaum eine zweite Gestalt in der Geschichte der Ethik, die in diesem Grade die Kritik herausfordert und die zugleich positiv als Stimulans und Motor von so eindrucksvoller Kraft und sinnbildlicher Bedeutung ist.

VI. Doktrinäre und praktisch bedeutsame Forderungen

Neben der Undurchführbarkeit und der Unzulänglichkeit des Ehrfurchtprinzips, die sich uns vorher ergeben hatten, wurde im vorigen Abschnitt Schweitzers Forderung der Hingebung zwar nach Art und Ausmaß auch als zu weitgehend, aber grundsätzlich doch als sehr wichtig und ganz unentbehrlich für die Ethik befunden. Im vorliegenden abschließenden Abschnitt soll diese Betrachtung in Kürze noch erweitert und verallgemeinert werden, indem Schweitzers doktrinären Forderungen praktisch höchst bedeutsame Anregungen und Anstöße gegenübergestellt werden, durch die er sich unbestreitbare Verdienste um die Ethik erworben, ja, sich trotz des festgestellten Versagens in der Prinzipienfrage dennoch als ein bedeutender Ethiker erwiesen hat.

Nun ist es auch keineswegs so, daß die Ehrfurcht vor dem Leben auf der ganzen Linie abzulehnen, die Hingebung im menschlichen Bereich dagegen vorbehaltlos anzuerkennen wäre. Vielmehr wurde die Ausdehnung der menschlichen Pflichten auf die Tierwelt ja sogleich zu Anfang als berechtigt und bedeutsam anerkannt. Zu bedauern ist nur einmal, daß Schweitzer den Ton so sehr auf die sittliche Verwerfung des Tötens legt, besonders aber sodann bei der positiven Forderung der Lebensförderung das Beispiel der Insekten in den Vordergrund stellt. Würde er stattdessen unsere Verpflichtung den höheren Tieren gegenüber mehr betont haben — vergessen hat er sie keineswegs —, so hätte die Sache von vornherein ein anderes Gesicht und Gewicht bekommen. Schmerzen und Leiden sollen wir den Tieren ersparen, wo immer es angeht, aber es ist ungemein tröstlich zu wissen, daß die Schmerzempfindung sich auf die höheren Tiere beschränkt, daß es sie bei den Wirbellosen aller Wahrscheinlichkeit nach überhaupt nicht gibt.[223] Und deshalb ist es ein schwerer

[223] *H. E. Ziegler:* Phylogenie, S. 43 ff. — Das Ergebnis von Zieglers physiologischen und histologischen Darlegungen wird übernommen von *L. v. Zumbusch:* Schmerz (S. 3)

Fehler, daß Schweitzer solche Unterschiede der Organisation zwischen den Lebewesen bei unserem Verhältnis zu ihnen nicht berücksichtigt wissen will. Es leidet, wie *Schopenhauer* bemerkt, »das Insekt durch seinen Tod nicht so viel wie der Mensch durch dessen Stich«.[224] Die Tatsache, das Hummeln und Wespen, die Honig gefunden hatten, die Mundhöhle und der ganze untere Teil des Kopfes bis zu den Augen weggeschnitten werden konnte, ohne daß ihnen auch nur für einen Augenblick der Appetit verging, oder die andere, daß ein bei der Kopulation von dem Spinnenweibchen angefressenes Männchen doch noch die Begattung fortsetzt[225], wiegen doch außerordentlich schwer.[226] Es darf also die durchaus begründete Überzeugung vertreten werden, daß wir uns um Insekten keine Sorge zu machen brauchen. Die Forderung der Fürsorge für sie ist rein doktrinär, sie kann uns nicht zur Herzensangelegenheit und zum Gegenstand unseres Wollens und Handelns werden.

Überhaupt ist es nur wenig, was der Mensch für die in Freiheit lebenden Tiere tun kann. Die Fütterung des Wildes in strengen Wintern wäre vielleicht das wichtigste Beispiel. Im übrigen kommt es vor allem darauf an, ihnen ihren Lebensraum nach Möglichkeit zu erhalten. Das eigentliche Problem des Tierschutzes aber betrifft die Tiere, die der Mensch sich nutzbar macht. Dabei steht, wie noch einmal betont werden muß, nicht die Frage des Tötens im Vordergrund, sondern der Entzug der Freiheit, die Verbiegung ihres Wesens, die Verkümmerung der Natur der höheren Tiere bei ihrer Indienststellung und Nutzung durch den Menschen. Wurde ein Schwein gut gefüttert und gehalten, was immer einen ausreichenden Auslauf einschließt, so hat der Mensch im großen und ganzen seine Pflicht getan und braucht sich wegen der Schlachtung keine Skrupel zu machen; denn sie ist kurz und heute durchweg schmerzlos, überhaupt nicht zu vergleichen mit den Qualen, denen das Tier durch Fliegen an einem einzigen Sommertag ausgesetzt ist. Die Beobachtung etwa, wie diese es namentlich an den wenig behaarten, äußerst empfindlichen großen Ohrlappen keinen Augenblick zur Ruhe kommen lassen, könnte schon allein genügen, um einen an einem gütigen Schöpfer zweifeln zu lassen. Gewiß haben auch Fliegen im Gesamthaushalt der Natur ihre Stelle, aber ein Rind oder Pferd erleidet jedenfalls durch sie, durch ganze Schwaden von ihnen, die sich ihm nicht nur aufs Fell setzen, son-

---

und in einer Schrift gleichen Titels von *H. Kranz*. Darin der Satz: »Ob der Wurm, den wir im Staub zertreten, sich wirklich vor *Schmerzen* krümmt, ist mehr als zweifelhaft« (S. 13).

224 *Schopenhauer:* Welt, § 66, zweite Anm.

225 *Ziegler:* Phylogenie, S. 45.

226 Ein so kompetenter Fachmann wie *K. v. Frisch* betont ebenfalls, daß Insekten wahrscheinlich keine Schmerzempfindung haben und erwähnt die Tatsache, daß »Raupen nach einer Verletzung des Körperendes sich sogar selbst aufgefressen haben, soweit dies möglich war« (Insekten, S. 371). Allgemein äußert *Wurmbach:* »Schmerz scheinen Arthropoden nicht zu empfinden. Wenigstens lassen sich keine Reaktionen beobachten, die dafür sprechen« (Lehrbuch, S. 502).

dern mit Vorliebe die feuchten Stellen wie Maul und Augen und erst recht wunde Stellen umlagern, mehr Qualen, als ihm der Mensch jemals zufügt. Wenn dieser freilich den schönen und vor allem so notwendigen langen Schweif stutzt und verstümmelt, wie es früher bei Reitpferden üblich war, dann ist die Hölle los und der Mensch der Teufel. *Karl Barth* spricht von der Stumpfheit, Härte, Willkür und Unvernunft des Menschen gegenüber den von ihm beherrschten Tieren[227], womit die entscheidenden Untugenden, die sich hier so verhängnisvoll auswirken, treffend bezeichnet sind. Das Leiden der Zugtiere wie vor allem der Pferde, das einem einst so zu Herzen ging, wenn sie auf ansteigender Straße eine schwere Last ziehen mußten und der Kutscher aus Leibeskräften mit der Peitsche oder gar dem Peitschenstiel auf sie einhieb, gehört im wesentlichen der Vergangenheit an. Aber es gibt noch immer so viel namenlose Qualen der Kreatur, die den Menschen im allgemeinen kaum zu berühren, geschweige zu rühren scheinen.

Hier ist vor allem an das Halten von Tieren innerhalb eines zu engen Raumes zu denken. Welch stumpfsinnige, furchtbare Grausamkeit liegt z. B. in der üblichen Unterbringung von Kaninchen! Noch einmal: nicht das Töten ist das Entsetzliche, bedeutet es doch in diesem Falle nur Erlösung von dem schrecklichen Los, daß ein ganz auf Bewegung eingestelltes Tier sein einige Monate oder Jahre dauerndes Leben in einem winzigen Raum, vielfach einer Kiste, eingepfercht verbringen muß. Das sogenannte »Nudeln« der Gänse — zwangsweise zugeführte reichliche Nahrung bei völliger Ausschaltung der Bewegung — hat man bei uns seit langem verboten, aber ob das viel höher stehende Kaninchen, wenn ihm auch das Fressen selbst überlassen bleibt, so viel besser daran ist, bleibt noch die Frage. Daß der Mensch, wenn er ein Tier ein Leben lang so behandelt, grausamer ist als die außermenschliche Natur, das ist das Furchtbare, und zwar ist hier ja nicht von den fernen Zuschauern eines Stierkampfes die Rede, sondern von den biederen Schrebergärtnern und anderen harmlosen Mitbürgern um uns herum, die nicht zu wissen scheinen, was sie tun, und es auch dann nicht einmal zu ahnen beginnen, wenn man versucht, ihren Sinn darauf zu lenken.

Alles bisher an Ausnutzung von Tieren übliche Üble wird noch weit übertroffen durch die neueren wirklich erschütternden Fortschritte auf dem Wege zu der ausschließlich auf den Nutzeffekt abzielenden »Maschine Tier«[228]. Da sind vor allem die Kühe, die durch elektrisch geladene Bügel auf einem ganz bestimmten Platz im Stalle festgestellt werden, damit der Kot mittels der mechanischen Stallreinigungsanlage bequem abtransportiert werden kann. Das Leben solcher Tiere, die nie eine grüne Weide gesehen haben und bei denen die Befruchtung selbstverständlich künstlich vorgenommen wird, ist tatsächlich völlig denaturiert.

---

[227] *Barth:* Kirchliche Dogmatik, S. 400.
[228] Vgl. *Jungk:* Zukunft, S. 179 ff.

Erhebt sich hier nicht sehr dringend die Frage, ob der Mensch berechtigt ist, eine derartige Lebensweise über ein Tier zu verhängen? Aber am unheimlichsten ist wohl, daß diese Frage nur noch einige »sentimentale« Herzen und bedenkliche Köpfe bewegt, jedoch gerade die, welche es anginge, überhaupt nicht erreicht. Sind dann diese Kühe bei dem scharfen Produktionstempo nach 2¹/₂ Jahren gewöhnlich ausgebrannt, so erhalten sie nicht etwa endlich eine längere Erholungszeit im Freien, sondern sie werden, da dies unrentabel wäre, geschlachtet und durch neue ersetzt.[229] Welch grotesker Gegensatz zu den heiligen Kühen der Inder, um deretwillen Menschen verhungern müssen!

Was sagen uns vor allem auch die Blicke so mancher Tiere in den zoologischen Gärten? Selbstverständlich kann man nicht wünschen, daß solche Einrichtungen etwa abgeschafft werden. Eine Fülle von Belehrung, Anregung und Freude würde dadurch verloren gehen. Was aber dringend gefordert werden muß, ist der immer weitere Ausbau in der Richtung, daß den Tieren etwas von ihrer natürlichen Umwelt und besonders hinreichend Bewegungsraum und -freiheit gegeben wird, daß man sie also nicht nur in einer Reihe von Zellen gefangen hält und einfach ausstellt, wie es noch immer überwiegend der Fall ist.[230]

Der Laie neigt freilich fast immer zu einer die Tiere vermenschlichenden Auffassung, die ihn nicht selten zu einer unangemessenen Stellungnahme führt. Die wissenschaftliche Behandlung des Problems des »Territoriums«, wie sie *H. Hediger* vorgenommen hat[231], beweist die Notwendigkeit, sich von einer solchen Beurteilung der Tiere freizumachen und die Frage für jede Tierart gesondert zu stellen. Aufschlußreich ist aber auch schon der allgemeine Hinweis darauf, daß die Raumbegrenzung für das Tier durchaus nicht nur die Schranke der Freiheit bildet, sondern in mehrfacher Beziehung auch eine positive Funktion ausübt. Das Gitter ist Hindernis für die Fluchtreaktion, für gesuchte Berührung mit den Artgenossen, aber auch Schutz vor unerwünschten Auseinandersetzungen und Grenze des Territoriums, das als persönlicher Besitz unter Umständen verteidigt wird. Vielfach zeigt sich, »daß gut eingewöhnte Tiere nicht nur nicht ausreißen, wenn sie Gelegenheit dazu haben, sondern daß sie im Bedarfsfalle nur mit Gewalt aus ›ihrem‹ vertrauten Käfig in einen andern umgesetzt werden können.«[232] Man erfährt, daß Tiere in der Gefangenschaft in zahlreichen Fällen den ihnen zur Verfügung stehenden Raum nicht ausnutzen und sich weniger bewegen, als ihnen zuträglich ist, daß vor allem Flugtiere, die ja als besonders raum- und bewegungsbedürftig gelten, namentlich große Raubvögel, »zu dieser anstrengenden Fortbewegungsart« nur greifen, »wenn ein entsprechender Zwang (Flucht, Nahrungssuche) es ver-

---

229 S. 187.
230 Wie traurig der Anblick sogar eines teilweise so vorbildlich eingerichteten, schönen Tierparks wie des Hagenbeckschen in Hamburg in mancher Hinsicht stimmen kann, hat dem Verfasser einmal in bis dahin ihm nicht bewußt gewordenen Maße der Philosoph und Menschen- und Tierfreund zu Gemüte geführt, dessen Andenken dieses Buch gewidmet ist, als er, den ich durch den Tierpark zu führen gedachte, stundenlang mit mir diskutierend Seitenwege ging, nur nicht zur Betrachtung der Tiere in ihren Käfigen zu bewegen war.
231 *Hediger:* Wildtiere.
232 S. 52.

langt.«[233] Das Erreichen eines hohen Alters beim gefangenen Tier ist natürlich nicht als Beweis für biologisch richtige Haltung zu nehmen. Statt dessen wird aber als eindeutiges Kriterium dafür der Zuchterfolg angesehen. Er soll das sein, was die Rechenprobe für den Mathematiker ist: »Bleibt der Zuchterfolg aus, so stimmt etwas an der Haltung nicht, tritt aber Zuchterfolg ein, so bietet er eine Garantie für die im wesentlichen richtige Haltung. Denn regelmäßige Fortpflanzung setzt, wenigstens beim höheren Tier, mindestens ein gewisses Maß von Wohlbefinden bei den Eltern voraus. Zuchterfolge sind nun in der Praxis keineswegs proportional der dem Tier zur Verfügung stehenden Raumquantität, oft trifft sogar das Gegenteil zu.«[234]

So dankbar der Laie dem Zoologen für die Darlegung der ihn leitenden Gesichtspunkte und seiner Ergebnisse ist, wird er doch manchmal überrascht durch die Sicherheit, mit welcher der Fachmann Urteile abgibt, die auch dem sachlich zu denken versuchenden Tierfreund befremdlich erscheinen. Liegt es nicht viel näher, die Anhänglichkeit des in Gefangenschaft lebenden Wildtiers an seinen Käfig zunächst nur als einen Beweis für die gewaltige Macht der Gewohnheit anzusehen, die das betreffende Tier zu veranlassen vermag, sich seiner ursprünglichen und eigentlichen Natur zuwider zu verhalten? Erst recht kann uns der Zuchterfolg als Kriterium des Wohlbefindens nicht völlig überzeugen. Daß, wenn der so mächtige Geschlechtstrieb sich auch in der Gefangenschaft auswirkt, dies für ein wirkliches Wohlbefinden der Eltern, verglichen mit solchen in der Freiheit, spreche, ist nicht recht einzusehen. Die moderne Biologie hat ja, seitdem sie sich der Verhaltensforschung zugewandt und den Sinnbegriff wieder in sein Recht eingesetzt hat, in gewisser Hinsicht Aristoteles aufs Neue zu Ehren gebracht. Ob sie nicht mit den eben erwähnten Urteilen zu utilitaristisch, einseitig an den äußerlich sichtbaren Erfolg denkt? Ob sie sich nicht auch der tiefen Aristotelischen Erkenntnis erinnern sollte, daß das Glück eines jeden Lebewesens in der durch seine Organisation gegebenen Verrichtung, Betätigung liegt? Auf der Grundlage der Lebenslehre *Jakob v. Uexkülls* jedenfalls, wonach der Bauplan jeder Tierart ihre Umwelt bestimmt, muß man es doch für sehr unwahrscheinlich halten, daß die teilweise leichteren Lebensbedingungen des gefangenen Tieres entscheidend zu seinem Wohle beitragen und einen Ausgleich für den Entzug der natürlichen Lebensweise bedeuten können. Gegen einwandfreie Ergebnisse der Forschung wäre ein Widerstand selbstverständlich unvernünftig, aber einstweilen will es einem nicht in den Kopf, daß der Sinn des Vogellebens nicht vor allem im Fliegen bestehen und daß dies nicht doch irgendwie positiv getönt erlebt werden sollte, so daß der eingesperrte Vogel, wenn er nicht geradezu Unlust empfindet, doch mindestens um die Lust der seiner eigentlichen Lebensform entsprechenden Lebensweise gebracht wird, wie wir es auch nicht glauben können, daß das Huhn einer modernen Farm mit Futterzufuhr am laufenden Band sich ebenso wohl fühle wie dasjenige, das von morgens bis abends auf einem Hof und gar auf einem stattlichen Misthaufen scharren darf. Daß der Mangel an Aktivität sich bei anderen Tieren, dem Löwen etwa, »unter Umständen als verhängnisvoll erweisen« kann, gibt auch *Hediger* zu.[235] Wenn die traurigen Blicke mancher Insassen von Tiergärten erwähnt wurden, so war dabei vor allem an jene großen Raubtiere gedacht, die ruhelos unablässig ihre wenigen Meter am Gitter auf- und abschreiten: offenbar doch tief unglücklich. »Ihm ist, als ob es tausend Stäbe gäbe / und hinter tausend Stäben keine Welt.«

Karl Lorenz erwähnt zwar die Faulheit der Löwen, die mit einem gewal-

---

233 S. 43.
234 S. 42.
235 S. 45.

tigen Freigehege im Berliner Zoo gar nichts anzufangen wußten. Das besagt aber noch nicht, daß sich ein solches Tier in einem allzu engen Stall wohlfühlt. Besonders schlimm sind Tiere daran, die einen starken Drang zur Ortsveränderung haben. Füchse und Wölfe in vielen »unmodernen« – und, wie man leider hinzufügen muß, auch in »modernen« — »Zoologischen Gärten in viel zu kleinen Käfigen untergebracht, sind wegen ihres gestauten Laufdranges so ziemlich die bedauernswertesten aller Zootiere«.[236] Neben der Unterdrückung des Bewegungsdrangs steht bei klugen und regsamen Tieren, so, was die Vögel anlangt, bei Papageien und Raben, das Leiden unter Langeweile. Katastrophal wird es, wenn beides zusammenkommt: bei den Affen, namentlich den großen Menschenaffen. Sie »langweilen sich zuweilen buchstäblich zutode, vor allem dann, wenn sie einzeln in zu engen Käfigen gehalten werden«.[237] Erlebt man dann, wie die Besucher sich nicht selten vor diesen Käfigen betragen, so wird das Mitleid mit dem Tier noch übertönt durch die Verzweiflung über so viel Unverstand der Menschen.

Das Verhältnis zwischen dem Menschen und »dem zu bloßen Schau- und Vergnügungszwecken gefangen gehaltenen Tier« wird nach *Karl* Barth »immer etwas Problematisches behalten«.[238] Aber so wahr dies grundsätzlich ist, es entbindet uns nicht von der Aufgabe, wenigstens die schlimmsten Mißstände abzustellen. Wenn Schweitzer ausruft: »Wann wird es dahin kommen, daß die öffentliche Meinung keine Volksbelustigungen mehr duldet, die in Mißhandlung von Tieren bestehen!«[239], so hängt jedenfalls alles davon ab, daß der Begriff Mißhandlung weit genug gefaßt wird. Nur wenn wir sicher sind oder wenigstens den Eindruck haben, daß ein Tier sich einigermaßen wohlfühlt, sollte der zum Nachdenken gekommene Mensch sich an ihm erfreuen können. »Wenn so viel Mißhandlung der Kreatur vorkommt«, »tragen wir alle Schuld daran.«[240] Die von Schweitzer dabei angeführten Beispiele sind glücklicherweise zum Teil nicht mehr so akut, aber seine Mahnung bleibt bestehen. In dieser Beziehung war sie praktisch bedeutsam und auch bis zu einem gewissen Grad erfolgreich. Die öffentliche Meinung ist beeinflußt, die Gesetzgebung zum Schutz der Tiere ist besser geworden. Aber es bleibt noch viel zu wünschen übrig. Allerdings geht die Individualethik hier in Sozialethik über. Gegen das Bestehen lebender Eierfabriken kann der einzelne nichts unternehmen, und gegen die Produkte aus den erwähnten Rinderställen kann er nicht in den Streik treten. Er kann nur immer wieder darauf hinweisen, daß diese Art durchrationalisierter Tierhaltung eine Schande ist.

Genau genommen verhält es sich übrigens so, daß der Tierschutz sich mehr das Ansehen des Namens Albert Schweitzer zunutze, als daß er sich dessen eigentlichen Grundgedanken und das Ausmaß seiner Forderungen

---

236 *Lorenz:* Er redete, S. 193.
237 *Lorenz:* Er redete, S. 195.
238 *Barth,* S. 400.
239 LD S. 203.
240 KE S. 250.

zu eigen gemacht hätte. Diese sind als praktisch unbrauchbar stillschweigend unter den Tisch gefallen.

Ganz anders steht es teilweise mit Schweitzers Gedanken über unsere mitmenschlichen Aufgaben. Auf diesem Gebiet hat er einige sehr originelle Anregungen gegeben, die zugleich von großer praktischer Bedeutsamkeit sind.

Mitunter läßt sich allerdings auch hier bei Schweitzer das volle Ernstnehmen der Wirklichkeit mit den ihr innewohnenden Forderungen vermissen. Ein gutes Beispiel hierfür ist die Behandlung des Konflikts zwischen persönlicher und überpersönlicher Verantwortung des einzelnen. »Wo nur meine Person in Frage steht, darf ich immer geduldig sein, immer verzeihen, immer Nachsicht üben, immer barmherzig sein. Jeder von uns kommt aber in die Lage, daß er nicht nur für sich, sondern auch für eine Sache verantwortlich ist und dann zu Entscheidungen genötigt wird, die gegen die persönliche Sittlichkeit gehen.« Der Leiter eines Betriebes »muß einen untüchtigen oder trunksüchtigen Arbeiter entlassen, trotz allen Mitleids, das er mit ihm und seiner Familie hat«, der Veranstalter einer Aufführung »darf eine Sängerin, deren Stimme gelitten hat, nicht mehr auftreten lassen, obwohl er weiß, wie wehe er ihr damit tut«[241]. Schweitzer hat vor anderen Ethikern voraus, daß er diesen Konflikt so stark empfindet. Ihm geht ethisches Verhalten immer »nur so weit, als die Humanität, das heißt die Rücksicht auf die Existenz und auf das Glück des einzelnen Menschenwesens geht«[242]. Wenn er aber die Entscheidung von hier aus, zugunsten des untüchtigen Arbeiters und der nicht mehr recht leistungsfähigen Sängerin vollzogen wissen will und die entgegengesetzte Entscheidung als Schuldigwerden ansieht, so muß diese Stellungnahme nicht nur als unstatthafte Vereinfachung und große Einseitigkeit, sondern geradezu als falsch beurteilt werden. Von denen, die einen Menschen wegen Untüchtigkeit oder Untauglichkeit unglücklich machen müssen, wünschen wir uns, daß sie die Schwere der Verantwortung und u. U. die Tragik des Falles empfinden, um sich vielleicht irgendwie des Unglücklichen anzunehmen; aber daß sie durch ihre Entscheidung sittlich schuldig werden, wie Schweitzer meint, ist mit aller Bestimmtheit zu verneinen. Sie dürfen gar nicht anders entscheiden, sie tun damit nur ihre Pflicht und handeln insofern sittlich.[243] Schweitzers allzu individualisti-

---

[241] S. 255 f.

[242] S. 257.

[243] Der Verfasser darf hier einmal aus eigener Erfahrung sprechen. Er hat einst einem Maurer, mit dem er bereits schlechte Erfahrungen gemacht hatte, einem Trinker, gutmütig, aber schwach und unzuverlässig, gegen alle Warnungen vernünftiger Berater, den Ausbau seines Hauses übertragen und er hat es immer wieder bedauern müssen. Wenngleich man sich einer Menschenfreundlichkeit vielleicht nicht zu schämen braucht, so ist mir doch nicht zweifelhaft, daß mein Verhalten auch sittlich gesehen falsch war; denn nun muß immer wieder mein stets hilfbereiter praktischer Sohn, der anderes zu tun hat, ausbessernd eingreifen, und meinen Erben werde ich ein Haus hinterlassen, das aus Sand gebaut ist.

schem Denken fehlt ein Schuß Hegel. Er wäre freilich nicht Schweitzer, wenn er ihn hätte.

Der Einschlag einer ausgesprochen doktrinären Haltung macht sich wiederum bemerkbar, wenn Schweitzer etwa erklärt: »Auch mein Recht läßt die Ethik der Ehrfurcht vor dem Leben nicht mir gehören. Sie erlaubt mir nicht, mich dabei zu beruhigen, daß ich als der Tüchtigere mit erlaubten Mitteln auf Kosten des weniger Tüchtigen vorankomme. Was mir das Gesetz und die Meinung der Menschen zugestehen, macht sie mir zum Problem. Sie heißt mich an den andern denken und läßt mich erwägen, ob ich mir das innerliche Recht zusprechen darf, alle Früchte zu pflücken, die meine Hand erreichen kann. Dann kann es vorkommen, daß ich, der Rücksicht auf die Existenz des anderen gehorchend, tue, was dem gewöhnlichen Überlegen als eine Torheit erscheint.«[244] Nun soll nicht bestritten werden, daß in einem solchen Verzicht eine sittliche Schönheit erscheinen kann, die im höchsten Grade zu schätzen ist. Könnte die Geschichte der großen Verzichtleistungen geschrieben werden, wir würden eines der merkwürdigsten und fesselndsten Bücher erhalten, die es jemals gegeben hat. Es wäre wahrscheinlich ein sehr dünner Band, aber überaus anziehend und erhebend. Trotzdem ist Entscheidendes gegen diesen Gedanken Schweitzers einzuwenden. Zunächst muß gesagt werden, daß er mit dem befürworteten Verhalten im Grunde genommen nicht an die Ehrfurcht vor dem Leben, sondern an die besondere Güte eines Menschen appelliert. Warum sollte ich nicht vor meinem eigenen Leben wenigstens ebenso große Ehrfurcht haben? Die Ehrfurcht vor dem Leben wird niemanden davon abhalten können, sich die Früchte zu pflücken, die ihm gehören; nur große Güte vermöchte dies. Außerdem aber und vor allem erscheint es überaus fraglich, ob sich dieses Problem überhaupt innerhalb der Ethik verbindlich entscheiden läßt. Nicht nur das Gesetz und die Sitte, auch die eigentliche Sittlichkeit gibt uns im allgemeinen durchaus das Recht, die verdienten Früchte zu ernten. Daß Schweitzers Ethik dem Menschen das Recht auf sein Recht absprechen zu sollen meint, geht deshalb zu weit, hier handelt es sich wie gesagt wieder um eine Auswirkung doktrinären Denkens.

Viel lebensnaher ist das Fragezeichen, das Schweitzer hinter das Recht auf Glück setzt. »Auch mein Glück gönnt mir die Ehrfurcht vor dem Leben nicht.«[245] »Eine unheimliche Lehre raunt mir die wahre Ethik zu. Du bist glücklich, sagt sie. Darum bist du berufen viel dahinzugeben. Was du an Gesundheit, an Gaben, an Leistungsfähigkeit, an Erfolg, an schöner Kindheit, an harmonischen häuslichen Verhältnissen mehr empfangen hast als andere, darfst du nicht als selbstverständlich hinnehmen. Du mußt einen Preis dafür entrichten.«[246] »Ein unerbittlicher Gläubiger

[244] KE S. 252.
[245] KE S. 253.
[246] ebd.

ist die Ehrfurcht vor dem Leben! Findet sie bei einem Menschen nichts anderes zu pfänden als ein bißchen Zeit und ein bißchen Muße, so legt sie auf dieses Beschlag.« Das braucht nicht unbedingt einseitig auf Kosten des Handelnden zu gehen, es kann nebenbei auch ihm selbst zustatten kommen, wenn er etwa in der »Gefahr des vegetierenden, egoistischen Dahinlebens« steht. Es ist so wichtig, »daß wir alle irgendwie und in irgend etwas für Menschen Mensch sind«[247]. So gelangt Schweitzer im Namen der Ehrfurcht vor dem Leben zu einer Forderung, zu einem Rat, der auch wieder unabhängig von jener Grundlage ernstlicher Beachtung wert wäre: »Schafft euch ein Nebenamt«, »ein unscheinbares, vielleicht ein geheimes Nebenamt. Tut die Augen auf und suchet, wo ein Mensch oder ein Menschen gewidmetes Werk ein bißchen Zeit, ein bißchen Freundlichkeit, ein bißchen Teilnahme, ein bißchen Gesellschaft, ein bißchen Arbeit eines Menschen braucht. Vielleicht ist es ein Einsamer, oder ein Verbitterter, oder ein Kranker, oder ein Ungeschickter, dem du etwas sein kannst. Vielleicht ist es ein Greis oder ein Kind.« Trotz allen sozialen Fortschritts bleibt ja immer noch so viel zu wünschen und zu tun übrig! Und wie berechtigt ist es, daß Schweitzer gerade auch an die Alten und an die Kinder denkt. Dabei hat er nicht etwa die noch mangelhafte Unterbringung in den Altersheimen oder den erschreckenden Mangel an Spielplätzen im Auge — da kann ein einzelner meistens nicht viel tun. Schweitzer denkt an etwas ganz Persönliches, vielleicht an die Alten, die sich ausgestoßen fühlen in ihren Heimen, nicht immer nur ihresgleichen um sich sehen wollen, sondern auch einmal das Gesicht eines anderen Menschen, der ihnen eine Verbindung zur Welt bedeutet, welcher sie nicht mehr angehören, oder an die Kinder, die nicht immer nur durch Rundfunk und Fernsehen unterhalten werden möchten, sondern das Verhältnis zu einem Erwachsenen brauchen, der Zeit für sie hat, von den Jugendlichen zu schweigen, die in ihrer Freizeit herumlungern und es so bitter nötig hätten, daß sich jemand um sie kümmerte, für sie da wäre und sie anregte zu sinnvollem Tun und schönen Dingen. Aufgaben in Hülle und Fülle! Immer, wenn im Jahreslauf wieder das »Fest der Liebe« naht, regt sich wohl bei dem einen oder anderen der Wunsch, irgendwo auch außerhalb der Familie und des Freundeskreises Freude zu bereiten, irgend jemandem, der arm ist an Mitteln, Menschen, Freude. Schweitzers Rat könnte dazu führen, solche kleinen Abstecher vom Kurse des Alltags nicht nur einmal im Jahr, nicht nur zur Weihnachtszeit, zu unternehmen, wie die Beschäftigung mit seiner Gedankenwelt überhaupt davor bewahren wird, sich vorzeitig innerlich zur Ruhe zu setzen, sich mit herkömmlichen, zu geringen Anforderungen an sich selbst zu begnügen. Während ein gutes Gewissen so oft als ein sanftes Ruhekissen gepriesen wird, erklärt Schweitzer es für »eine Erfindung des Teufels«[248]. Das ist großartig!

[247] S. 254. [248] S. 249.

Der Begriff des »Nebenamtes« geht auf leisen Sohlen, er hat intimen Charakter. Jeder wird sich eine ihm persönlich liegende Aufgabe suchen können, zu der er sich berufen fühlt. Von schwererem Kaliber ist ein zweiter Begriff Schweitzers, der nicht in »Kultur und Ethik«, sondern im Urwaldbuch entwickelt wird, die Idee eines unsichtbaren Ordens, für den es wohl keine Parallele gibt in Vergangenheit und Gegenwart. Es ist die »Bruderschaft der vom Schmerz Gezeichneten« (Schweitzer schreibt leider »Brüderschaft«).[249] Die Erfahrung des eigenen Glücks und des Verschontseins von Leid hatte ihn zu der Einsicht geführt, dafür anderen verpflichtet zu sein, denen es weniger gut geht. Diese Verpflichtung hat er selbst in eindrucksvollster Weise erfüllt. So fern es ihm liegt, sich als Vorbild zur Geltung zu bringen oder gar sein Werk zum Symbol zu erheben[250], so sieht er hier doch einen Gedanken, der nach Verallgemeinerung ruft: »Wer von eigenem Leid verschont ist, hat sich berufen zu fühlen, zu helfen, das Leid der andern zu lindern.«[251] Und nun weiter gedacht: »Wer vom Schmerz erlöst wurde, darf nicht meinen, er sei nun wieder frei und könne unbefangen ins Leben zurücktreten, wie er vordem darin stand. Wissend geworden über Schmerz und Angst, muß er mithelfen, dem Schmerz und der Angst zu begegnen, soweit Menschenmacht etwas über sie vermag.«[252] Er »ist Bruder aller derer geworden, die leiden.«[253] Darum: »Wer durch ärztliche Hilfe aus schwerer Krankheit gerettet wurde, muß mithelfen, daß die, die sonst keinen Arzt hätten, einen Helfer bekommen, wie er einen hatte. Wer durch eine Operation vom Tode oder der Qual bewahrt wurde, muß mithelfen, daß da, wo jetzt Tod und Qual noch ungehemmt herrschen, der barmherzige Betäubungsstoff und das helfende Messer ihr Werk beginnen können.«[254] Wie sehr ist man innerhalb der bürgerlichen Gesellschaft vielfach bestrebt, eine Gefälligkeit, die einem erwiesen wurde, oder ein erhaltenes Geschenk zu erwidern, »gutzumachen«, weil man dem anderen nichts schuldig bleiben möchte, sich also im Grunde nichts schenken lassen will. Eines der größten Güter des Lebens aber, die Gesundheit, wird wie selbstverständlich hingenommen, wenigstens ohne den von Schweitzer entdeckten Gedanken, daß der Besitz oder die Wiedererlangung der Gesundheit dank dem heutigen Stande der Hygiene und Medizin uns eine Verpflichtung auferlegt. Wohl hat mancher von schwerer Krankheit Genesene den Wunsch, sich bei der Entlassung aus dem Krankenhaus den Ärzten und Schwestern irgendwie erkenntlich zu zeigen, und das ist gewiß schön und gut so. Aber mit einer solchen Abstattung des Dan-

---

[249] WU S. 166 ff.
[250] *Picht*, S. 90.
[251] KJ S. 49.
[252] WU S. 166.
[253] LD S. 168.
[254] WU S. 166.

kes ist es nicht getan, lehrt uns Schweitzer: jetzt dazu beitragen, daß auch anderen, denen es an ärztlicher Versorgung fehlt, geholfen werden kann, erst das wäre die rechte Dankbarkeit. Es läßt sich nicht bestreiten, daß dieser Forderung für den nachdenklich gewordenen Menschen eine zwingende Logik innewohnt. Worauf es allein ankäme, ist die Überwindung der Trägheit des Herzens, welche der praktischen Anwendung dieser Logik im Wege steht. Die »Bruderschaft der vom Schmerz Gezeichneten« ist ein ebenso einfacher wie tiefer Gedanke, so originell wie naheliegend. Er besitzt eine eigentümliche Größe und wäre es wert, Schule zu machen.

Hier drängt sich ferner der Gedanke an eine andere, noch verbreitetere Not auf, die danach ruft, in Schweitzers Geiste angegriffen zu werden: der Hunger, an dem ein großer, ja, der größte Teil der Menschheit leidet. Es ist wichtig, Klarheit darüber zu erlangen, daß er, aufs Ganze gesehen, nicht in persönlicher Nachlässigkeit oder Unfähigkeit des einzelnen begründet ist, jedoch auch nicht eine zufällige vorübergehende Katastrophe, sondern einen geographisch bedingten Dauerzustand darstellt, so daß es geradezu möglich war, eine »Geographie des Hungers« zu schreiben. Die Tatsachen und Zahlen sind so bekannt, daß sich alle konkreten Angaben hier erübrigen. Aber wenn jährlich Millionen Menschen verhungern, was versuchen wir, dagegen zu tun? Belastet es uns zumindest? Stört es unser eigenes Wohlbefinden — nicht *einmal,* gelegentlich, am Rande des Bewußtseins, sondern so, wie es einem solchen Sachverhalt angemessen wäre? Oder glauben wir, uns diese Sorge mit einer »Brot für die Welt«-Spende oder für Unicef einmal im Jahre vom Hals geschafft zu haben? Müßte nicht wenigstens uns Ältere, nachdem wir in Deutschland den Hunger einmal am eigenen Leibe kennengelernt und während wir die großzügige Hilfe, die uns bald nach dem Kriege von einem unserer früheren Feinde zuteil wurde, noch in frischer Erinnerung haben, der Hunger in der Welt ganz anders bekümmern, uns nicht viel mehr zu schaffen machen, als es durchweg der Fall ist? Es war doch höchst eindrucksvoll, wie viele einzelne Menschen in den USA an unbekannte einzelne Menschen in Deutschland noch Jahre nach Beseitigung der größten Not Pakete schickten. Welch ein Elan! Etwas Ähnliches dürfte bei uns schwer vorstellbar sein — die Pakete in den anderen Teil Deutschlands wird man ja in diesem Zusammenhang nicht anführen wollen.

Wer von denen übrigens, die nicht mehr vor Beginn einer Mahlzeit Gott für Speise und Trank zu danken pflegen, besinnt sich immerhin einen Augenblick darauf, daß der reichlich besetzte Tisch mehr Schicksal als eigenes Verdienst ist? Wäre es nicht sinnvoll, wenn die, welche keinen Missionsgroschen mehr opfern für den Dienst am seelischen Heil ferner fremder Menschen, sich entschließen würden, für deren leibliches Wohl ständig ein wenig abzuzweigen? Wieviel im Grunde durchaus Unnötiges und geradezu Unnützes gilt uns einfach als selbstverständlich, auf das man so leicht verzichten könnte zugunsten hungernder und verhungernder Mitmenschen! Durch einen solchen Verzicht wird der Hunger gewiß nicht aus der Welt zu vertreiben sein, aber — wenn wir nur überhaupt etwas gegen ihn zu unternehmen versuchen, statt satt und teilnahmslos dahinzuleben: darauf käme es zunächst an! Mag, was der einzelne tun kann, als Tropfen auf dem heißen Stein erscheinen, wenn nur überhaupt etwas geschieht und die öffentliche Meinung immer mehr für den Kampf gegen den Hunger gewonnen wird, so würde das Interesse vieler einzelner möglicherweise auch wieder zurückwirken auf die Maßnahmen im großen. Während die einzelnen dem akuten Hunger einzelner zu Leibe gehen sollten, bleibt es Sache der Staaten, den Entwicklungsländern als ganzen dazu zu verhelfen, sich einmal selbst helfen zu können.

Allerdings werden Abgaben vom Überfluß allein nicht genügen. Was den armen Völkern fehlt, immer mehr fehlen wird und gegeben werden muß, das werden die reichen weniger haben, werden wir insgesamt opfern müssen, quantitativ und qualitativ. Wenn alle einigermaßen satt werden sollen, werden die bisher reichlich Sattgewordenen nicht nur überhaupt weniger, sondern auch weniger Hochwertiges, vor allem Fleisch, essen können. Einzelne werden dabei mit gutem Willen schwerlich Entscheidendes erreichen, aber die notwendigen Hilfsmaßnahmen der wirtschaftlich entwickelten Staaten als solcher werden vom Verständnis und guten Willen einzelner getragen werden müssen. Individualethik und Sozialethik gehen hier ineinander über.

Man hat gesagt, Schweitzer sei nur Individual-, nicht Sozialethiker. Das ist insofern durchaus richtig, als er in der Ethik vom einzelnen aus denkt, an das, was dieser von sich aus tun soll. Aber indem Schweitzer selbst dementsprechend verfuhr, hat er in die Weite gewirkt und ist, wenigstens in diesem Punkte, zu einem großen Sozialethiker geworden, zum größten, aktuellsten seiner Zeit. Schon *Kraus* war hiervon besonders beeindruckt:

Schweitzer »ist der erste, der das Gleichnis Jesu vom reichen Manne und dem armen Lazarus von den Individuen auf die sozialen Kollektivitäten überträgt. Aber nicht nur die Staaten als solche, nicht nur die Kolonialmächte, die selbstverständlich mit ihrer Macht ›eine ungeheure humanitäre Verpflichtung auf sich genommen haben‹, sondern die ganze Kulturmenschheit, jeder einzelne, der in Krankheit und körperlicher Qual den rettenden Arzt zur Seite hat, jeder, ›der wissend geworden über Schmerz und Angst‹, also die ganze« Bruderschaft der vom Schmerz Gezeichneten »ist es, deren Gewissen Schweitzer aufzurufen unternimmt; das Gleichnis des armen Lazarus bleibt in Geltung auch für die einzelnen, aber er überträgt die Pflichten des Besitzers von dem Reichtum an materiellen Gütern auf den Reichtum an ärztlichen und humanitären Diensten, der dem Kulturmenschen in Kulturstaaten zur Verfügung steht.«[255] [256]

---

[255] *Kraus:* Schweitzer, S. 7.
[256] Schweitzer hat »den damals noch in Glanz befindlichen kolonialen Gedanken« zerbrochen (*Ratschow:* Bedeutung, S. 35 f.).

Schweitzer hat damit eine ganz neue Erkenntnis gewonnen, eine wirklich epochemachende ethische Entdeckung gemacht, die Entdeckung einer neuen ethischen Dimension. Um sie in ihrer Originalität voll würdigen zu können, muß man davon absehen, daß diese Einsicht sich inzwischen verselbständigt, verallgemeinert, namentlich auf den Bereich des Wirtschaftslebens ausgedehnt hat und weitgehend in das Bewußtsein der führenden Kulturvölker eingedrungen, ja, Bestandteil der Politik der Staaten und der Vereinten Nationen geworden ist. Gewiß wäre das mit der Zeit auch ohne ihn gekommen, aber die Tatsache bleibt bestehen, daß er »die Gedanken einer Entwicklungshilfe, wie immer sie auch gestaltet sei, schon in den Jahren vor dem ersten Weltkrieg vorausgenommen« hat.[257] »Der Urwaldarzt hat mitgeholfen, die *dritte Welt* zu entdecken und das Gebot der Hilfe an dem hungernden Drittel der Erdbevölkerung.«[258]

Noch in einem zweiten Punkt hat Schweitzer die heutige sozialethische Problematik großen Formats vorbereitet und auch selbst in sie eingegriffen: hinsichtlich der Frage des Friedens und der Kernwaffen, mit seiner Nobelpreisrede »Das Problem des Friedens in der heutigen Welt« (1954) und seinen Appellen von 1958, in denen er zum Verzicht auf Atomversuchsexplosionen aufruft, die Gefahren des Atomkriegs darlegt und Verhandlungen auf höchster Ebene fordert. Mit der Friedensrede und diesen Aufrufen hat er noch einmal die Beachtung der Weltöffentlichkeit gefunden. Wie wichtig ihm diese Sache war, zeigt schon der Umstand, daß er, der sich sonst stest geweigert hatte, Manifeste zu unterschreiben, »plötzlich aus der Reserve heraustrat, Manifest über Manifest unterzeichnete und sich als sehr energischer Parteigänger erwies«. Er hatte »die ständig zunehmende Verfinsterung der Welt voll erkannt«[259]. Es liegt ja auch auf der Hand, daß diese öffentliche Stellungnahme von seinem ethischen Standpunkt aus notwendig und konsequent war. Auch ist hervorzuheben, daß sich hier wiederum seine Meisterschaft erweist, über ein Problem in einer knappen und zugleich gründlichen, in der Friedensrede sogar über die geschichtliche Entwicklung der Friedensbestrebungen orientierenden Weise zu unterrichten. Ganz neue, originelle Gedanken konnte man indessen hier kaum noch von ihm erwarten, und die Frage, in welchem Maße er persönlich damit zur Herbeiführung eines praktischen Erfolges beigetragen hat, wird sich schwerlich genau beantworten lassen. Daß aber das Gewicht seines Namens sich mit den übrigen gleichgerichteten Bestrebungen vereinte, um ein Ergebnis viel-

---

[257] *Hinderling* in: Baur, Albert-Schweitzer-Gespräch, S. 52.
[258] *Baur:* Ethik, S. 97. — Vgl. auch *Huber* in: Schweitzer [Bähr], S. 108. — *Baur* (Schweitzer, S. 112) konnte geradezu feststellen, daß das Urwaldspital »neben der ärztlichen Sendung zum Kultur-Lehrinstitut geworden« ist.
[259] Minder in: Baur, Albert-Schweitzer-Gespräch, S. 57.

leicht ein wenig zu beschleunigen, das ohnehin fällig war, ist gewiß nicht zu unterschätzen.

Hier ist abschließend noch kurz auf den Zusammenhang seiner letzten öffentlichen Stellungnahmen mit dem Grundgedanken seiner Philosophie einzugehen. Bei aller Kritik, die das Prinzip der Ehrfurcht vor dem Leben herausforderte, läßt sich nicht leugnen, daß dieses durch die Ergebnisse der Atomphysik, ihre technische Auswertung und ihre politischen Konsequenzen eine unerwartete Rechtfertigung erfahren hat. Die Perspektive, daß einmal Menschen sehr schnell die Menschheit insgesamt und alles Leben auf der Erde überhaupt auslöschen könnten, hat in politischer und ethischer Beziehung eine völlig neue Lage entstehen lassen. Der Primat der Werte vor dem Leben, der uns bisher feststand und für die Individualethik weiterhin unentbehrlich ist, scheint plötzlich an *einer* Stelle seine Geltung zu verlieren; denn alle Kultur, die Würde des Menschen und seine staatsbürgerliche Freiheit würden ja in dem Augenblick aufs Spiel gesetzt, in dem der Einsatz der neuen Waffen vielleicht den Gesamtuntergang herbeiführt. Der Verzicht auf derart supergefährliche Waffen würde es zwar zeitweise unmöglich machen, für die höchsten Werte und Güter einzutreten, uns dafür aber wenigstens die Hoffnung lassen, daß sie sich, selbst wenn es für Jahre, Jahrzehnte oder Jahrhunderte geistige Nacht werden sollte, irgendwann einmal wieder durchsetzen werden, während der zu ihrer Bewahrung unternommene Kampf mit allen Mitteln, d. h. mit dem letzten, radikalen Mittel, die endgültige Vernichtung der Menschheit mitsamt aller geistig-sittlichen Kultur in den Bereich der Möglichkeit, wenn nicht sogar der Wahrscheinlichkeit rückt. Der einzelne Mensch kann sein Recht oder seine Ehre mit dem Tode besiegeln, ganze Völker haben ihre Existenz für die Freiheit eingesetzt, aber eine Völker- und Staatengruppe, die für ihr Bild vom Menschen die Existenz der Menschheit riskiert, würde sich offenbar buchstäblich den Ast absägen, auf dem sie sitzt: der Krieg, der Siegern wie Besiegten die Vernichtung bringt, wird damit sinnlos.[260] Hier würde also die Spannung zwischen biologistischer und wertmäßiger Betrachtung ihr Ende finden, beide scheinen sich nunmehr zu verbinden und zu verbünden und die bisher stets für schandbar gehaltene Devise des Friedens um jeden Preis nahezulegen, die Preisgabe aller Ideale also zugunsten des bloßen Lebens, der nackten Existenz.

Wenn auch Schweitzer diese Situation, daß einmal die Physiker ihm zu Hilfe kommen würden, nicht voraussehen konnte, als er die Ehrfurcht vor dem Leben in den Mittelpunkt seines Denkens stellte, so besteht doch darüber kein Zweifel, daß diesem Argument nunmehr in der Tat ein ungeahntes Gewicht zukommt. Dies zugestanden, muß doch betont

---

[260] Diese Ausführungen wurden vor dem Erscheinen des *Jasper*schen Buches »Die Atombombe und die Zukunft der Menschheit« (1958) mit seiner Darlegung der hier entstehenden Antinomien und Konsequenzen geschrieben.

werden, daß hier tatsächlich ein Sonderfall, eine durchaus einzigartige Situation vorliegt, die alles Übrige zur Kritik des Ehrfurchtsprinzips Gesagte zwar beschattet, aber nicht aufhebt. Alles das bleibt vielmehr weiterhin in Kraft. Sobald und soweit die durch die Möglichkeit der Selbstvernichtung bedrohte Menschheit einigermaßen gesichert erscheint, wird sich von neuem die Einsicht geltend machen, daß die Ehrfurcht vor dem Leben nicht das allgemeine Prinzip des Sittlichen sein kann.

Von der erhöhten Bedeutung, welche die Ehrfurcht vor dem Leben in der neuen Lage gewinnt, ist zu unterscheiden die Frage, was Schweitzer an Gedanken zu bieten hat, um aus ihr konkrete praktische Konsequenzen zu ziehen. Bisher hat ein annäherndes Gleichgewicht der Waffen den Ausbruch des großen Krieges verhindert. Daß dieser Zustand keine Gewähr der Dauer zu geben vermag und alles andere als beruhigend ist, muß jedem klar sein. Was hatte Schweitzer zu dieser Lage zu sagen? Er glaubt nicht an den von Kant gedachten Fortschritts des Rechts, des Völkerrechts, sondern erwartet das Heil vom »Geiste«, d. h. vom Fortschritt sittlicher Gesinnung. Aber was bedeutet das konkret-politisch? Es geht Schweitzer um die Forderung, daß wir »Vertrauen« haben sollen. Er meint, die Sowjetunion sei »vielleicht doch nicht ganz so bösartig«, »daß sie nur daran dächte, sich bei nächster Gelegenheit auf Europa zu stürzen, um es zu verschlingen«.[261] Es gilt also in erster Linie, »daß die Partner darauf angewiesen sind, sich Vertrauen entgegenzubringen«.[262] Aber welcher verantwortliche Staatsmann würde es wagen, einem derartigen Rat zu folgen? Er beweist doch nur, daß Schweitzer in Begriffen der Individualethik denkt, die einfach nicht hierher passen.[262a] Bösartigkeit und Vertrauen sind keine Kategorien, wo es um Machtinteressen, Sicherheitsbedürfnis und Erfolgschancen der Staaten geht. Wieviel diffiziler und differenzierter die Dinge liegen, wieviel realistischer aber auch ihre fruchtbare Erörterung sein muß, zeigt ein Vergleich der Schweitzerschen Stellungnahme mit der Behandlung des Problems durch *v. Weizsäcker, Jaspers, Thielicke.* Angesichts der Unausweichlichkeit und Tiefe der sich hier auftuenden Antinomien wirkt Schweitzers gutes Zureden rührend naiv, aber auch seltsam flach. Das Wagnis des Vertrauens bietet sich ebensowenig wie die Hoffnung auf den Fortschritt des Rechts als Lösung an. Eine solche kann wohl nur in der Richtung angenommen werden, daß die Interessen der Macht und der Vernunft sich einander nähern und irgendwie einmal zusammenkommen. Dabei soll nicht bestritten wer-

---

261 FA S. 42.

262 S. 43 f.

262a »Daß es Schweitzer nicht gelungen ist, das Problem des Verhältnisses zwischen Individualethik und Sozialethik zu lösen«, wird neuerdings auch von *B. Otto* (Beitrag, S. 112) betont. Schweitzer »bleibt hinter Max Webers Einsicht zurück, daß es für einen in überpersönlicher Verantwortung Handelnden (Weber meint den Politiker) wesentlich darauf ankommt, die Folgen seines Handelns abzuwägen« (ebd.). Webers Begriffspaar »Gesinnungsethik« und »Verantwortungsethik« ist in der Tat wie geschaffen zur Kritik der Schweitzerschen Ausführungen zum Friedensproblem.

den, daß sittliche Gesinnung der einzelnen ein zusätzliches Element der notwendigen Entwicklung werden muß. Aber sie wird immer nur ein Ton dieses Dreiklangs sein können. Weder die Sanftmütigen noch die Gewalttätigen werden das Erdreich besitzen, sonden die Vernunft wird triumphieren, sekundiert von sittlicher Gesinnung: das ist unsere sehr temperierte, aber wohl einzige Hoffnung. Eine praktische Bedeutsamkeit kann Schweitzers Stellungnahme nur im Rahmen des Chores zuerkannt werden, der die Einstellung der Versuchsexplosionen forderte. Einen theoretischen Beitrag von praktischer Bedeutung zum Friedensproblem hat er, anders als hinsichtlich des Gedankens der Entwicklungshilfe, nicht geleistet.[262b]

Noch eines wäre hier zu erwähnen, daß Schweitzer in gewisser Hinsicht auch zu den Wegbereitern des Umweltschutzes gehört, während der Gedanke der Ehrfurcht vor dem Leben, wie schon erwähnt, keine Antwort auf das wohl noch ernstere Problem der nächsten Jahrzehnte, das der unerläßlichen Nachwuchsbeschränkung, zu geben vermag, vielmehr eine solche nur noch zu erschweren geeignet ist. Die Gefahr, daß die Menschheit an sich selbst ersticken wird, ist jedenfalls nicht geringer als die ihrer aktiven Selbstvernichtung durch Superwaffen. So bedeutet die Ausstrahlung von Schweitzers individualethischem Denken auf die Problemstellungen der Sozialethik teils eine bahnbrechende Horizonterweiterung, teils eine Enttäuschung.

Im Zukunft werden sich individual- und sozialethische Gesichtspunkte voraussichtlich enger miteinander zu verbinden haben. Einerseits sieht es so aus, als ob der sittliche Enthusiasmus des einzelnen, auf den Schweitzer baut, immer weniger ausrichten können und die Führung ganz und gar an die nüchtern planende und kontrollierende Vernunft abgeben wird. Auf der anderen Seite scheinen doch auch die Zukunftsaufgaben nicht ganz ohne Ethik lösbar zu sein. Woran wäre dabei zu denken? Am ehesten vielleicht daran, daß Schweitzer als ein Element jeder sittlichen Haltung die Resignation betrachtet, womit er die Bereitschaft zum Verzicht, zum Opfer meint. Hierin könnte ein bedeutsamer Fingerzeig für eine zukünftige Lebensführung liegen. Schon heute ist deutlich, daß ein Konsumverzicht des einzelnen zugunsten der öffentlichen Einrichtungen dringend erforderlich wäre. Aber welche demokratische Regierung könnte wagen, die unvermeidlichen Konsequenzen aus dieser Lage zu ziehen? Der einzelne ist noch nicht reif dafür. Die Richtung der unumgänglichen Entwicklung zeichnet sich indessen schon erkennbar ab. Erst recht wird die Ernährung der in wenigen Jahrzehnten verdoppelten Weltbevölkerung »einschneidende Konsumverzichte der

---

[262b] Diese Feststellung schließt nicht aus, »die Gründung und Unterhaltung des Urwaldspitals« in einem weiteren, aber sehr mittelbaren Sinne mit *B. Otto* (Beitrag, S. 113) als Schweitzers »bedeutsamsten Beitrag zum Frieden« anzusehen.

reichen Länder«[263] zugunsten der übrigen verlangen, so daß jeder einzelne von uns den Riemen wird enger schnallen müssen. Auch dafür ist die erstrebenswerte Voraussetzung das Zusammengehen der Vernunft mit sittlicher Einsicht und Opferbereitschaft — vielleicht keine sehr anziehende und begeisternde Zielsetzung, weder für Genußmenschen noch für Aktivisten, aber gewiß unumgänglich. Volentem fata ducunt, nolentem trahunt!

---

[263] *G. Picht:* Mut, S. 144. Vgl. auch *Szczesny:* Gute, S. 122.

VIERTES KAPITEL

Schweitzers philosophische Begabung und Leistung, dargestellt an seiner Kantarbeit und an der Auseinandersetzung mit dem indischen Denken

I. Schweitzers Verhältnis zur Philosophie

Wenn Schweitzers Kulturphilosophie im höchsten Grade einseitig genannt werden muß, ja, als Kulturphilosophie eigentlich überhaupt nicht in Betracht kommt und wenn die Ehrfurcht vor dem Leben als Prinzip der Ethik völlig unzulänglich und in der Anwendung geradezu absurd erscheint, wenn andererseits seine sittliche Persönlichkeit in ihrer aufrüttelnden und anspornenden Wirkung und mit ihren praktisch bedeutsamen Anregungen für die Ethik gar nicht hoch genug geschätzt werden kann, so könnte die Annahme naheliegen, daß das verbreitete Interesse an der Gedankenwelt dieses Mannes, der seit seinem dreißigsten Jahre nur in spärlichen freien Stunden für seine Arbeit als Forscher und Denker Zeit gefunden hat, hauptsächlich von der Ausstrahlung seines Menschentums und seiner humanitären Wirksamkeit bestimmt war, daß es dagegen mit seiner philosophischen Begabung im engeren Sinne am Ende nicht gar so viel auf sich habe. Nach *Kraus* war seine Lebens- und Weltanschauung »ein Produkt seelischer Bedrängnis und trägt daher nicht wissenschaftlichen, sondern religiösen Charakter«.[1] Schweitzer ist für diesen Autor »als Philosoph keine wissenschaftlich gerichtete, keine theoretische, keine Gelehrtennatur; er ist ein Mystiker der sittlichen Tat und seine Philosophie ist ein Werkzeug seines ethischen Willens«.[2] *Keyserling*, der Schweitzer als »ethisches Genie« bezeichnet hat[3], fügte im Zusammenhang der bereits erwähnten Feststellung, daß er der »größte Erleber und Leber des Ethischen in unserer Zeit«[4] sei, daß aber seine theoretischen Formulierungen nichts Endgültiges darstellten, mit Bezug hierauf noch hinzu: »Dazu ist er nicht denkbegabt genug.«[5] Und auch Schweitzer selbst hat sich scheinbar die Begabung zu philosophischem Denken abgesprochen, wenn er gelegentlich im Gespräch äußerte: »Ich kann das Spiritualistische nie verstehen«, »und vollends, was transzen-

[1] *Kraus:* Schweitzer, S. 40.
[2] S. 64.
[3] *Keyserling:* Besprechung, S. 56.
[4] S. 57.
[5] S. 58. Dagegen zählt *Seaver* die Darlegungen zum Thema der ethischen Mystik in den Schlußkapiteln von »Kultur und Ethik« »ohne Einschränkung zu den tiefsinnigsten Reflexionen in der gesamten Geschichte des menschlichen Denkens« (Schweitzer, S. 342).

dental ist, habe ich nie kapiert.« Das ist jedoch in Wahrheit natürlich eher ironisch gemeint; denn er fährt fort: »Es ist das Dümmste, was Kant erfunden hat – transzendental! –« [6] Hier spricht sich die instinktive Abneigung des geborenen erkenntnistheoretischen Realisten gegen ein Philosophieren aus, das den Dingen fernrückt und sich in einer mehr oder weniger künstlichen Erkenntnistheorie erschöpft. Es ist dies die Einstellung, aus der heraus Goethe sich rühmte: »Mein Kind, ich hab' es klug gemacht, / ich habe nie über das Denken gedacht«, dieselbe Einstellung, die ein erkenntnistheoretisch ausgesprochen realistisch denkender Theologe, *W. Lütgert,* aggressiver als Schweitzer formulierte, wenn er die transzendentale Methode »die völlige Verrenkung des natürlichen Denkens« nennt. [7] Jenes Nichtkapieren-können hat also, wie kaum ausgeführt zu werden braucht, nichts mit einem Mangel an Intelligenz zu tun. Die Ansicht, Schweitzer sei für die zur philosophischen Arbeit gehörigen Operationen und die Formulierung der betreffenden Sachverhalte nicht »denkbegabt genug«, ist sicherlich falsch. Im Gegenteil, groß ist vor allem seine Fähigkeit, die entscheidenden Probleme, Positionen und Typen in der Geschichte des religiösen und ethischen Denkens aufzuspüren, zu ergründen, zu klären und auf die einfachsten Formeln zu bringen. Mitunter erweist sich nur eben im Vorbeigehen seine hervorragende Urteils- und zugleich Gestaltungskraft, so etwa in dem einen Satze »Sinnvolles in Sinnlosem, Sinnloses in Sinnvollem: dies ist das Wesen des Universums.« [8] Wann oder wo wäre der damit bezeichnete, ja auch vorher nicht unbekannte Grundsachverhalt der Welt, dieses Problem aller Probleme, je derart zugespitzt zum Ausdruck gebracht worden? [9] Oder man nehme seine schon behandelte bekannte Kulturdiagnose: »Das Verhängnis unserer Kultur ist, daß sie sich materiell viel stärker entwickelt hat als geistig. Ihr Gleichgewicht ist gestört« – wer sonst hätte dieses Kardinalgebrechen der heutigen Menschheit, soviel davon die Rede ist, nicht nur mit solcher unbeirrbaren Beharrlichkeit in den Mittelpunkt seines Denkens gestellt, sondern dafür auch eine so unüberbietbar knappe und zugleich umfassende Formel gefunden? Gerade also *weil* dieser begeisterte sittliche Mensch auch ausgesprochen denkbegabt ist, weil er zu den »großen Selbstdenkern« [10] gehört und in der Kritik der abendländischen Ethik trotz einer gelegentlich simplifizierenden Sicht durchweg ins Schwarze trifft, sind die bei der Entwicklung seines eigenen Standpunkts auftretenden Schwächen, vor allem die Flachheit seiner

---

[6] *Kik:* Reise, S. 338.
[7] *Lütgert:* Beilagen, S. 13.
[8] KE S. 201.
[9] Allenfalls ließe sich *Erich Brock* anführen, der einmal »die unscheidbare, unüberwindliche Gemischtheit der Welt aus Sinn und Sinnlosigkeit« erwähnt (Befreiung, S. 17). Aber das wurde rund 35 Jahre später geschrieben.
[10] *Kantzenbach:* Schweitzer, S. 25.

Kulturphilosophie und die Ungereimtheiten seiner Ethik so unbegreiflich.

Schon die Begriffsbildung und -handhabung läßt hier und da zu wünschen übrig. Was ist z. B. eine »denkende Weltanschauung« oder die »logische Mystik«? Gewiß merkt man aus dem Zusammenhang, was gemeint ist, aber befriedigend sind solche Begriffe keineswegs. Eine Weltanschauung *wird* gedacht, sie denkt nicht. Dagegen pflegt man von Denkmystik als einer bestimmten Spielart der Mystik zu sprechen, aber sie logisch zu nennen, erscheint wiederum nicht glücklich. Das gleiche gilt von Schweitzers Verwendung des Begriffs Ethik. Er definiert ihn als »die auf die innerliche Vollendung seiner Persönlichkeit gerichtete Tätigkeit des Menschen«. [11] Was damit gesagt werden soll, gilt allenfalls vom sittlichen oder ethischen Handeln; das Substantiv Ethik dagegen sollte doch eigentlich nicht auf eine Tätigkeit bezogen, sondern für die Bezeichnung der Wissenschaft vom Sittlichen, eine der traditionellen Disziplinen der Philosophie, vorbehalten bleiben. Insofern kann man Ethik und Mystik auch nicht recht nebeneinander oder einander gegenüberstellen, da sie im Grunde auf verschiedenen Ebenen liegen. Aber das sind sozusagen nur logische Schönheitsfehler.

Schwerer fällt schon das Dehnbare und Schwebende (Grabs) [12] einiger Begriffe in metaphysischen Zusammenhängen ins Gewicht. Auf die zweifelhafte Rolle, die gerade der so vieldeutige und schwammige Begriff der Mystik spielt, wurde schon in einem anderen Zusammenhang hingewiesen. Des allzu Fließenden, ineinander Übergehenden mancher seiner Grundbegriffe scheint Schweitzer sich bis zu einem gewissen Grade, wenn auch kaum im kritischen Sinne, selber bewußt gewesen zu sein, wenn er schreibt: »Daß ich die Grenze zwischen religiösem und philosophischem Denken verwische, ist, glaube ich, von jeher bezeichnend für mein Wesen gewesen.« [13] *Strege* stellt, ebenfalls nicht in kritischer Absicht, gleichwohl richtig, fest: »Religion, Philosophie, Weltanschauung, Ethik, Mystik sind Wechselbegriffe bei Schweitzer«, [14] und dieser Autor bringt das Unscharfe eines mit derartigen Grundbegriffen umgehenden Denkens groteskerweise auf die »mathematische Formel«: »E = WA = M = R = Ph«. [15] Mit Recht fragt *Grabs,* ob »dieses Ineinander von Religion und Philosophie nicht dazu angetan« sei, »Verwirrung zu stiften«. [16] Einen Grad schlimmer noch verhält es sich mit dem problematischen Gebrauch des

[11] VW S. 58.
[12] Vgl. *Grabs:* Schweitzer [Denker], S. 72.
[13] An Oskar Kraus:, in: Kraus, S. 77.
[14] *Strege:* Religion, S. 20. – Vgl. auch Grabs, S. 38 f.
[15] *Strege:* Religion, S. 21.
[16] *Grabs:* Schweitzer [Denker], S. 39. – Daß »der Unterschied zwischen religiöser und philosophischer Weltanschauung ein ganz fließender« ist (KE S. 30), muß Schweitzer im Blick auf die Geschichte, besonders hinsichtlich des alten Indiens, natürlich zugegeben werden. Eine andere Frage ist, ob ein heutiger Denker sich eine so undifferenzierte Betrachtung noch leisten darf.

Begriffs Weltanschauung einerseits für die von Schweitzer abgelehnte Metaphysik, andererseits für seine eigene Metaphysik, »zu der er seine auf das Denken aus dem Willen zum Leben begründete Ethik ausbaut«.[17] Auch werden, wie seinerzeit schon *A. Messer* beanstandet hat, trotz der geforderten Unterscheidung von Weltanschauung und Lebensanschauung und der Verselbständigung der letztgenannten beide doch wieder als gleichbedeutend nebeneinandergestellt oder im Wechsel gebraucht.[18] Zu den auch von *Picht* festgestellten »terminologischen Schwankungen«[19] gehört ferner der für Schweitzers Denken wichtige Begriff des Optimismus, der, wie schon früher angemerkt, gar nicht in seinem wörtlichen, superlativistischen Sinne genommen wird und überdies unversehens in den Begriff der Lebensbejahung übergeht. Die Gefahr, daß man auf der Grundlage so schwebender, dehnbarer, schillernder, fließender und schwankender Begriffe auch sachlich ins Schlingern und Gleiten gerät, liegt auf der Hand. Die Eigentümlichkeit dieses Verfahrens ist umso auffallender als Schweitzer andererseits wie gesagt vielfach ein ausgesprochen einfaches, klares, präzises, zu scharfen Antithesen neigendes Denken erkennen läßt.

Aber nicht nur die unscharfe Verwendung einzelner Begriffe ist mißlich, gelegentlich stoßen wir auch auf ganze sachliche Positionen, die mehrdeutig erscheinen und z. T. hart an den Widerspruch grenzen, wenn sie ihn nicht bereits enthalten. Das beginnt schon bei dem allgemeinen Verhältnis der rationalen und der irrationalen Elemente in Schweitzers Philosophie, das ganz ungeklärt ist.[20] Man nehme nur die hohe Schätzung des Denkens und die zugleich vorhandene Neigung, seine Geltung entscheidend wieder einzuschränken und sich zu naiven oder paradoxen Lösungen zu bekennen, die dann doch als denknotwendig ausgegeben werden, die Entwicklung einer angeblich denknotwendigen Ethik vor allem, die alles andere als dieses ist. Zu den grundsätzlichen sachlichen Unklarheiten, die geradezu Widersprüche darstellen, gehört vor allem die soeben schon berührte von Schweitzer geforderte Unabhängigkeit der Lebensanschauung von der Weltanschauung, die der Ethik von der Metaphysik, während die Begründung des Sittlichen in der Mystik diese Verselbständigung wieder aufhebt.[21] In diesem Zusammenhang ist auch die Schweitzersche Skepsis in bezug auf die Erkenntnis der Welt zu nennen. Diese Skepsis wird von *Lönnebo* mit Recht als nicht eindeutig beurteilt. »Er scheint zwischen zwei hauptsächlichen Alternativen zu pendeln:« »(1) Die zur Verfügung stehende Erkenntnis zeigt, daß Ethik auf ihr nicht basieren kann, und (2) die zur Verfügung stehende Erkennt-

---

[17] *Buri:* Schweitzer u. Jaspers, S. 14.
[18] *Messer:* Kulturphilosophie, S. 83.
[19] *W. Picht,* S. 102.
[20] *Messer:* S. 94.
[21] Vgl. *Messer,* S. 85.

nis kann Meinungsfragen prinzipiell nicht entscheiden.« [22] Damit hängt wiederum zusammen das schon an anderer Stelle berührte Schillern des Schweitzerschen Standpunkts zwischen Agnostizismus und Pessimismus. Das eine Mal ist »das Sein logisch irrelevant zum Wert«, im anderen Fall ist »die Erkenntnis des Seins als Begründung negativ relevant zum Wert«.[23] Mit seinem Agnostizismus steht Schweitzer auch nicht nur teilweise im Widerspruch zu seinen eigenen Aussagen, er zeigt dabei auch, allgemein gesehen, eine beträchtliche Unterschätzung der auf Welterkenntnis begründeten Weltanschauung. Wohl ist er natürlich im Recht, wo es um eine Absage an die Anmaßung rein spekulativen Philosophierens geht. Wo Metaphysik dagegen in neuerer Zeit induktiv betrieben wurde – als hypothetische Verlängerung der durch die wissenschaftliche Erfahrung gegebenen Linien –, dürfte sie die ihr von Schweitzer entgegengebrachte Nichtachtung und Ablehnung nicht verdient haben.

Auf das Zentrum von Schweitzers eigener Philosophie bezieht sich sodann die namentlich von *Buri* aufgezeigte Doppeldeutigkeit in dem grundlegenden Begriff des »Denkens aus dem Willen zum Leben«. In welchem Verhältnis steht dieses Denken zum Willen zum Leben selbst? Einerseits erklärt Schweitzer, »daß durch jenen unmittelbarsten Gehalt des Bewußtseins ›Ich bin Leben, das leben will, inmitten von Leben, das leben will‹ « »das Denken erst einen konkreten Inhalt bekomme. Danach träte also das Denken als etwas vom Lebenswillen Verschiedenes an diesen heran, indem es ihn zu seinem Gegenstand macht.« Andererseits aber soll »ein durch das Denken aus dem Willen zum Leben bestimmtes Verhalten« den universellen Willen zum Leben mit sich selber versöhnen. »Demnach würde das Denken aus dem Willen zum Leben zum universellen Willen zum Leben selber gehören.« [24] Beides zugleich kann offenbar nicht sein.

Schließlich gibt es bei Schweitzer Anschauungen, die einmal überhaupt als unbegründet und völlig unhaltbar gelten müssen und die außerdem noch im Widerspruch zu der von ihm geforderten Resignation des Erkennens stehen. Das sind die bei ihm beliebten Thesen in der Form »Alles ist ...«: »Alles wahre Erkennen geht in Erleben über« [25], »alles was ist«, ist »Kraft, das heißt Wille zum Leben«. [26]

Dehnbare und etwas schillernde Begriffe, ineinander übergehende oder gar widerspruchsvolle Positionen, ungesicherte und geradezu abwegige Thesen, daneben messerscharfe, ins Schwarze treffende Urteile und unübertreffliche Formulierungen, gelegentlich ziemlich flache Ansichten im Wechsel mit tiefgründigen Gedankengängen – die Diagnose einer man-

---

[22] *Lönnebo:* ideal, S. 324.
[23] ebd.
[24] *Buri:* Schweitzer u. Jaspers. S. 12.
[25] KE S. 238.
[26] S. 264.

gelnden Denkbegabung kann diesen sonderbaren Sachverhalt nicht erklären. Es handelt sich vielmehr darum, daß das Denken seines scharfen Verstandes stellenweise abgelenkt wird durch einen starken emotionalen Antrieb, der dann von seinem Willen unkritisch aufgenommen und in einer gewissen Euphorie des Gedankengangs ausgebaut wird ohne Rücksicht auf Erfahrung und Vernunft: für einen Philosophen ganz atypisch.

Bezeichnend ist, daß schon dem Theologen der eigentliche Sinn für das Historische, die Fähigkeit, geschichtliche Zustände und Entwicklungen zu erfassen, abgesprochen, dagegen das rationale konstruktive Element seiner Betrachtung, »seine Begabung nach der Seite systematisierender Logik« hervorgehoben wurde, während andererseits *Kraus* und *Picht* das spezifisch theoretische Denken, das man danach für seine Stärke halten sollte, in seiner Philosophie nun gerade vermissen: »Zweckfreies Streben nach Erkenntnis ist nicht Schweitzers Sache.« [27] »Jene Zähigkeit, jene Geduld, jenes immer ab ovo beginnende Nachdenken, das die philosophischen Probleme, wie keine anderen, für sich beanspruchen, die Ungeteiltheit und die Konzentration des Interesses, die jede analytische Untersuchung des Bewußtseins erfordert, um die Grundfragen des sittlichen und des Welt-Erkennens auch nur den kleinsten Schritt vorwärts zu bringen, ist einer solchen vielgestaltigen und vielgestaltenden Persönlichkeit nicht mehr verfügbar. Sie verlangt ›elementare‹ und ›naive‹ Lösungen, wo die Lösung nur darin bestehen kann, das Bewußtsein zu explizieren durch Aufdeckung seiner Kompliziertheit.« [28] »Die Anteilnahme seines die Abstraktion scheuenden Philosophierens gilt dem unmittelbar Erfahrbaren, dem Anwendbaren und ›Zweckmäßigen‹.« [29] Beide Feststellungen sind sicherlich zutreffend, die Anlage zur rationalen Konstruktion ist unverkennbar, aber nicht gleichbedeutend mit einer rein theoretischen Einstellung, die vielmehr eingeschränkt wird durch die Vorliebe für elementares Denken und durch außerintellektuelle Antriebe.

Ebenso steht es mit seinem Verhältnis zum analytischen Denken. Während *Kraus* der Ansicht ist, daß das Analysieren ihm nicht liege und sich dafür auf Schweitzers eigenes Eingeständnis beruft[30], wird ihm von *Picht* »ein überlegener analytischer Scharfsinn« zuerkannt.[31] Auch hier dürften beide Seiten Richtiges gesehen haben. Kraus zielt offenbar darauf ab, daß Schweitzer umständliche Bewußtseinsanalysen nicht liebt. Wo jedoch verwickelte sachliche Verhältnisse mehr intuitiv zu entwirren oder zu bestimmen sind, da zeichnet er sich in der Tat durch hervorragenden analytischen Scharfsinn aus.

---

[27] *W. Picht,* S. 43.
[28] *Kraus,* S. 39.
[29] *Picht,* S. 43.
[30] *Kraus,* S. 78.
[31] *Picht,* S. 38.

Man wird demnach Schweitzers Art zu philosophieren vielleicht folgendermaßen umreißen können:

1. Sein Hauptziel besteht nicht so sehr in zweckfreier theoretischer Erkenntnis als in der Klärung ihn bewegender Lebensfragen, vor allem in ethischer Hinsicht. Ein hierauf gerichtetes Denken nennt er elementar.

2. Ein außerordentlicher Scharfsinn wirkt sich vor allem in seiner meisterhaften Kritik anderer Denker aus, während beim Aufbau eigener Positionen umständliche Analysen durchweg vermieden werden. Vielmehr liegt der Schwerpunkt in der Entwicklung intuitiv erkannter Sachverhalte und in der Darlegung ihrer Konsequenzen.

3. Ohne daß von einer Begabung für abstraktes Denken gesprochen werden könnte, ist doch eine beträchtliche Neigung zur rationalen, systematisierenden Konstruktion hervorzuheben. Diese führt freilich nicht zur Ausbildung einer durchsichtigen Systematik größeren Stils, der schon die Verwendung einiger nicht ganz eindeutiger umfassender Grundbegriffe im Wege steht.

4. Nicht selten führt die Vorliebe für »elementares« Denken dazu, daß Sachverhalte reichlich vereinfacht, emotional und willensmäßig bedingte Anschauungen unkritisch übertrieben, verallgemeinert und intellektuelle Machtsprüche für Problemlösungen ausgegeben werden. Für das spezifisch philosophische Verhalten, eine Frage dialektisch hin und her zu wenden, allen in Betracht kommenden Beziehungen gleichmäßig nachzugehen, auftretende Gegensätze zum Ausgangspunkt fruchtbaren Weiterdenkens zu nehmen und den Gewißheitsgrad der eigenen Thesen kritisch genau zu bestimmen, fehlt Schweitzer weniger das intellektuelle Können als der Sinn und die Ausgeglichenheit. Die Stärke der persönlichen Antriebe unterdrückt das vorsichtig operierende sachliche Denken.

Es entspricht zwar nur teilweise der Sachlage, wenn *Kraus* Schweitzer nicht für eine theoretische Natur hält. Auch das rein theoretische Interesse ist durchaus vorhanden und macht sich mitunter deutlich bemerkbar. Aber richtig ist, daß diese Seite seines Wesens sich nicht in vollem Maße auswirkt und vielfach überlagert wird von anderen Motiven und Tendenzen. Insofern hat Kraus sicherlich Recht, wenn er meint: »Dieses Denken, wie auch immer leidenschaftlich, ernst und tief, war doch beengt durch die Überfülle seiner anderen künstlerischen, wissenschaftlichen und philanthropischen Begabungen und Ziele. Ein embarras de richesse«.[32] Infolgedessen ist Schweitzer nicht eigentlich Philosoph nach dem ganzen Inhalt dieses Begriffs, wenigstens nicht durchweg und nicht einmal hauptsächlich. Inmitten aller seiner Begabungen, Interessen, Auf-

---

[32] *Kraus*, S. 39.

gaben, Bestrebungen, Unternehmungen wirkt sich die theoretische Einstellung nicht so aus, wie es beim typischen Philosophen der Fall ist und sein muß, dem sein Denken beinahe zum Selbstzweck wird.[33] Schweitzers Philosophie ist in der Tat vorwiegend »ein Werkzeug seines ethischen Willens«. Reine Philosophie, Philosophie im vollen und eigentlichen Sinne ist etwas anderes, und es läßt sich nicht verkennen, daß die Grenze nicht seiner Begabung, aber seines Interesses, seiner Absichten hier erreicht ist. Um zum Gipfel der Philosophie zu gelangen, muß man sie um ihrer selbst willen betreiben – was nicht ausschließt, daß sie auch Früchte für das Leben trägt und praktisch bedeutsam zu werden vermag. Philosophie erfordert eben im Grunde genommen den ganzen Menschen; Schweitzer hatte vielerlei anderes und Dringlicheres zu tun. Bei aller Bewunderung für sein umfangreiches bedeutendes Lebenswerk gilt in dieser Hinsicht das Wort, daß man nicht zwei Herren dienen kann.

Wie sehr Schweitzer sich trotzdem auch zur eigentlichen theoretischen Philosophie hingezogen fühlte, geht allein schon aus der Tatsache hervor, daß er als seine »schönsten Erinnerungen aus der Studienzeit« die Seminarübungen über Plato und Aristoteles bei Windelband hervorhebt.[34] Um zu zeigen, daß sein Verhältnis zur Philosophie auch keineswegs bloß eine unglückliche Liebe war, erscheint es angebracht, einmal im Zusammenhang zu würdigen, wie beträchtlich seine Fähigkeiten auch in dieser Hinsicht tatsächlich gewesen sind. Hierbei muß zunächst noch einmal an seine Kritik des bisherigen ethischen Denkens erinnert werden, die zu seinen stärksten Leistungen gehört. Wie souverän er seine Gabe, philosophische Standpunkte ihrem Wesen nach zu erfassen und bis auf den innersten Kern kritisch zu beurteilen, in großartigen Bildern und schneidend scharfen Formulierungen ausübt, sei hier nur mit ein paar kurzen Ausführungen über Kant belegt: »Der Begriff des rein nach innerlichgeistiger Pflichtgemäßheit Sittlichen ist für Kant die ausziehbare Leiter, die er auseinanderschiebt, um auf ihr in die Region des Seins an sich zu gelangen. Er empfindet keinen Schwindel, wenn er mit der Ethik über alle empirische Erfahrung und über alle empirischen Zwecke hinaussteigt. Er will so hoch mit ihr hinaus und kann sie nicht apriorisch genug haben, weil er eine andere Leiter, die des erkenntnistheoretischen Idealismus, eben so hoch aufrichtet und eine gegen die andere lehnen will, damit sie sich gegenseitig Halt geben.«[35] »Groß ist Kant als Ethiker, groß als Erkenntnistheoretiker. Als Gestalter von Weltanschauung ist er mittelmäßig.« »So ist in Kant's Philosophie grausigste Gedankenlosigkeit in

[33] Insofern ist *Picht* zuzustimmen, wenn er die Ablehnung der Anregung, sich für das Fach der Philosophie zu habilitieren, nicht nur in dem von Schweitzer angegebenen Umstand begründet sieht, daß er auf das Predigen, das man bei einem Privatdozenten der Philosophie ungern gesehen haben würde, nicht verzichten mochte (LD S. 19; Picht, S. 43).
[34] LD S. 12.
[35] KE S. 111 f.

tiefstes Denken eingewoben.« [36] Sachgemäßer und schärfer zugespitzt, mit einem Wort: treffender läßt sich das in solcher Kürze kaum sagen. Neben dem kritischen Gang durch die Geschichte der Ethik verdiente auch die Behandlung der ästhetischen Probleme herangezogen zu werden, wie sie sich vor allem in seinem Bachwerk findet – besonders aufschlußreich die Erörterungen über das Verhältnis der Künste zueinander, Musik, Malerei, Dichtkunst. In diesem Kapitel soll jedoch nun besonders auf zwei Arbeiten als ganze eingegangen werden, die bisher nicht berücksichtigt worden sind: seine erste wissenschaftliche Veröffentlichung überhaupt und sein letztes zu Lebzeiten erschienenes Buch, d. h. die große Untersuchung des jungen Doktoranden über »Die Religionsphilosophie Kants von der Kritik der reinen Vernunft bis zur Religion innerhalb der Grenzen der bloßen Vernunft« sowie die Darstellung und Kritik der »Weltanschauung der indischen Denker«, die der Sechzigjährige veröffentlichte.

II. Das Kantbuch

Von der kühnen Selbständigkeit ihres Verfassers im Vorgehen bei dieser wissenschaftlichen Erstlingsarbeit – wie er wegen Schwierigkeiten in der Bücherbeschaffung auf die Heranziehung der Sekundärliteratur einfach verzichtete und sich ganz in die Kantischen Texte versenkte — ist schon früher die Rede gewesen. War es ein glücklicher Zufall oder beruhte es auf einer Art Divination, daß die Beschränkung auf den Gegenstand selbst, unter Absehen von der früher von anderen geleisteten Arbeit, sich hier einmal als genau das Richtige erweisen sollte? [37] Es wird selten vorkommen, daß die Dissertation eines Anfängers so wenig vom üblichen wissenschaftlichen Betrieb der Fachleute und der Ansicht der Autoritäten spüren läßt und zugleich bei aller eigenen Souveränität derart methodisch vorgeht und so gewichtige Ergebnisse zeitigt.

Um die Zielsetzung zu verstehen, die Schweitzer bei dieser Arbeit leitet, tut man gut, zwei Punkte ins Auge zu fassen, die er im Vorwort und in der Einleitung zur Sprache bringt. Einmal: seine Schrift will

---

[36] ebd.

[37] Daß der junge Mann sich »kurzerhand« entschloß, die Arbeit zu machen, ohne sich mit der vorliegenden Literatur über seinen Gegenstand abzugeben, um zu sehen, was sich ihm »bei einem Vergraben in die Kantischen Texte ergäbe«, erfahren wir aus seiner Selbstdarstellung (LD S. 15). Andererseits spricht er schon im ersten Satz des Vorworts zum Kantbuch selbst von der »reichen und gediegenen Literatur über die Religionsphilosophie Kants« (S. V), gibt auch immerhin in einem Literaturverzeichnis (S. VIII) elf Titel an und weist im Text der Einleitung auf eine dieser Arbeiten besonders hin (S. 2). Man wird demnach anzunehmen haben, daß er diese Literatur noch eingesehen hat, nachdem die Arbeit im wesentlichen niedergeschrieben war.

»kein Werk *über* Kants Religionsphilosophie sein; sie hat nicht die Absicht, ein Urteil zu fällen, sondern ihr Zweck geht dahin, neben den Werken *über* Kants Religionsphilosophie Kant selbst wieder Gehör zu verschaffen«.[38] Sollen wir also ein bloßes Referat erhalten? Dies keineswegs. Schon im nächsten Satz bezeichnet Schweitzer sein Werk als »kritische Analyse der Gedanken Kants«, und das mit vollem Recht. Aber was Schweitzer vorhat, ist eben eine *immanente* Kritik. Sodann: an den üblichen Darstellungen der Kantischen Religionsphilosophie hat Schweitzer auszusetzen, daß sie sich hauptsächlich auf diejenige Behandlung stützen, die Kant diesem Gebiet im Anschluß an die Ergebnisse der »Kritik der reinen Vernunft« in der »Kritik der praktischen Vernunft« zuteil werden läßt, während der »Religion innerhalb der Grenzen der bloßen Vernunft« vielfach nur eine untergeordnete Bedeutung zuerkannt wird. Als meisterhaftes Zeugnis dieser Auffassung der Kantischen Religionsphilosophie nach den Grundgedanken der ›Kritik der praktischen Vernunft‹ nennt Schweitzer die Darstellung *Kuno Fischer*s. Es ist kein Widerspruch hierzu, daß dieser die ›Religion innerhalb ...‹ das »Hauptwerk der kantischen Glaubenslehre« nennt;[39] denn Fischers Verfahren wird beherrscht durch eine harmonisierende Tendenz. Es ist, um mit *Troeltsch* zu reden, »durch das Bestreben nach Herstellung möglichster Einheit im Kantischen Denken charakterisiert, wobei diese Einheit im Sinne Kants gemeint ist und die nachbildende Darstellung etwaige Brüche und Schwierigkeiten aus dem Sinne Kants heraus zu glätten unternimmt«. »Für Fischer steht demgemäß die Religionsphilosophie als Abschluß aller Gedanken im genauen Fortschritt des mit dem Transzendentalismus eröffneten Gedankenganges.«[40] Dieser Sicht ist die Schweitzers genau entgegengesetzt. Was die meisten Darstellungen ohne weiteres voraussetzen, daß die religionsphilosophischen Gedankengänge der einzelnen Kantischen Schriften im wesentlichen mit einander übereinstimmen und eine einheitliche Zeichnung zulassen, bedarf nach Schweitzer der Prüfung. Deshalb unternimmt er es, wenigstens die Hauptschriften Kants zu diesem Thema, d. h. die drei Kritiken und »die Religion innerhalb der Grenzen der bloßen Vernunft« genauer zu untersuchen und zu vergleichen. Ist dieses Vorhaben schon allgemein methodisch zweifellos berechtigt, so legte es sich Schweitzer noch aus einem besonderen Grunde nahe, weil ihm nämlich beim Studium Kants gewisse Schwankungen im Sprachgebrauch aufgefallen waren, so z. B., »daß in manchen religionsphilosophischen Abschnitten der Kritik der reinen Vernunft das dem Kantischen Kritizismus allein entsprechende Wort ›intelligibel‹ « verschwindet »und durch das naivere ›übersinnlich‹ ersetzt« ist.[41] Und wäh-

[38] RK S. V.
[39] *K. Fischer:* Kant, S. 263.
[40] *Troeltsch:* Historische, S. 22.
[41] LD S. 15.

rend dann der Begriff intelligibel die Kantische Religionsphilosophie in der Kritik der praktischen Vernunft beherrscht, tritt er in der »Religion innerhalb ...« wieder vollständig zurück.[42] Es wird sich zeigen, daß Schweitzer mit der Erfassung dieser terminologischen Schwankung, der sich weitere anschließen, zunächst scheinbar recht äußerliche Beobachtungen mehr philologischer Art, tatsächlich sehr bedeutsamen sachlichen Unstimmigkeiten auf die Spur gekommen ist, die ihn im weiteren Verlauf der Untersuchung einerseits zu einer außerordentlich bemerkenswerten Entdeckung führen, die darüber hinaus aber andererseits in die grundlegend wichtige systematische Fragestellung münden, ob Kant das, was er offenbar beabsichtigt hat – eine Begründung der Religionsphilosophie durch den kritischen Idealismus – wirklich gelungen ist. Hier entsteht also – das dürfte schon jetzt deutlich sein – alles andere als eine gewöhnliche Doktorarbeit, die lediglich den Nachweis führt, daß ihr Verfasser das wissenschaftliche Handwerkszeug zu gebrauchen versteht, mag der Gegenstand der Untersuchung auch nicht sonderlich wichtig und das Ergebnis nicht gerade aufregend oder fruchtbar sein. Hier handelt es sich um Probleme, die historisch wie systematisch von größter Bedeutung sind und von dem Bearbeiter mit sicherem Griff und einem Spürsinn angegangen werden, der vieles verspricht.

Die sachliche Bedeutung und das Verdienst dieser Arbeit ist in keinem der bisherigen allgemeinen Schweitzerbücher in einer auch nur annähernd ausreichenden Weise gewürdigt worden, und zwar aus sehr verständlichen Gründen. Für ihre Behandlung innerhalb eines Buches, das sich nicht nur an den engsten Kreis der Fachleute wendet, ergeben sich wirklich fast unüberwindliche Schwierigkeiten. Zu der abstrakten und nicht jedermann zugänglichen Art der sachlichen Probleme und der kaum davon zu trennenden Umständlichkeit des Kantischen Stils kommt noch, daß auch Schweitzer selbst hier jene eigenartig knappe und zugleich flüssige, leicht zugängliche Schreibweise, die alle seine späteren Veröffentlichungen auszeichnet, noch vermissen läßt. Im Unterschied von den für ihn sonst so bezeichnenden ausgesprochen kurzen Sätzen und meistens auch verhältnismäßig kleinen Absätzen sind hier lange Sätze und sehr lange Absätze die Regel. Er kommt im Vorwort selbst darauf zu sprechen und rechtfertigt »die kantische Sprachweise« seiner Darstellung zunächst mit dem Wesen der analytischen Untersuchung, fügt aber bescheiden noch hinzu, daß »die längere Beschäftigung mit Kant auch auf die Form der Darstellung notwendig in größerem oder geringerem Maße, je nach der schriftstellerischen Entwicklung des Verfassers, ihren Einfluß ausübt«[43]. In der Tat ist es, wie jeder Kenner weiß, fast unmöglich, Kants Gedankengänge ihres verwickelten Satzbaus völlig zu entkleiden; das dürfte also kaum dem Verfasser zur Last fallen.

---

[42] RK S. 2.
[43] S. VI.

Was jedoch auf dessen Konto kommt, ist etwas anderes, das ebenfalls nicht zu seinen Ungunsten zu veranschlagen ist. Mit Recht hat Schweitzer sich wie gesagt zur Begründung der Art seiner Darstellung auf das Wesen der analytischen Untersuchung berufen. Analyse aber kann nicht großzügig sein, da sich nicht von vornherein übersehen läßt, was sich einmal als wichtig herausstellen wird und was nicht. Sie muß sich infolgedessen mit dem Detail befassen, in die Einzelheiten hineinkriechen und darf keiner Unterscheidung, keinem Vergleich, keiner Erwägung möglicherweise bestehender Beziehungen aus dem Wege gehen. Diese Anforderungen, die namentlich an eine Analyse schwieriger, äußerst verwickelter Verhältnisse zu stellen sind, hat Schweitzer hier in einem Maße erfüllt, das einer Steigerung kaum noch fähig ist. Die Gründlichkeit und der Scharfsinn seines Vorgehens stellen, ohne Übertreibung gesprochen, ein Non plus ultra dar, widersetzen sich aber eben damit einer eleganten Wiedergabe und gedrängten Zusammenfassung, auch abgesehen von der Schwierigkeit der Materie selbst. Die Folge davon ist, daß in der Schweitzerliteratur der Regenschirm, unter dem der angehende Doktorand die entscheidende Anregung zu diesem Thema von seinem Lehrer Theobald Ziegler in Straßburg empfing, und die Petroleumlampe, die er sich in Paris aus Abneigung gegen den schwerfälligen Betrieb im Lesesaal erwarb, um sich damit in seine Studentenbude zurückzuziehen, beinahe eine größere Rolle spielen, als die Probleme selbst. [44] Auch der in seiner ebenso knappen wie gehaltvollen Art bewundernswerte Bericht über diese Arbeit, den Schweitzer im Umfang einer einzigen Seite in seiner Selbstdarstellung gibt, kann uns hier nicht genügen. Entsprechend der Zielsetzung des vorliegenden Buches ist deshalb in diesem Kapitel der Versuch nicht zu umgehen, dem Leser wenigstens andeutungsweise eine Vorstellung von dem zu vermitteln, was Schweitzers erstes wissenschaftliches Werk behandelt und bedeutet.

Auch in scheinbaren Äußerlichkeiten gewahrt dieser aufmerksame, scharfsichtige Beobachter mancherlei Schwankungen, Abweichungen, Mehrdeutigkeiten, Widersprüche, die beweisen, wie Kant mit den Problemen gerungen hat und wie sehr tatsächlich die Dinge bei ihm im Fluß sind. Viel verwickelter als die schon erwähnte Aufdeckung des Wechsels im Gebrauch der Begriffe intelligibel und übersinnlich, die sich hinterher recht einfach ausnimmt, jedoch erst einmal von diesem wissenschaftlichen Novizen zu erarbeiten war, sind dann aber die Untersuchungen, die Schweitzer hinsichtlich der Verwendung der Begriffe Idee und Postulat und bezüglich der damit in Zusammenhang stehenden Aussagen über Gott, Freiheit und Unsterblichkeit anstellt, wobei es, was die zuletzt genannten Begriffe betrifft, nicht nur um ihren Gehalt und ihre Begrün-

---

[44] Daß man z. B. eine wirkliche Vorstellung von Schweitzers Kantbuch geben kann, ohne den Begriff intelligibel zu verwenden, wie es der jüngste, an sich gehaltvollere Beitrag zum Thema von *H. J. Meyer* versucht, dürfte unmöglich sein.

dung geht, sondern auch die Zahl und Anordnung der Ideen und Postulate sowie ihr Verhältnis zueinander erörtert werden mußte.

Der ursprüngliche Begriff der »transzendentalen Idee« in der Transzendentalen Dialektik ist, wie unser Autor nachweist, viel zu weit, um die spätere Einengung auf die drei zentralen Ideen der Kantischen Religionsphilosophie, Gott, Freiheit und Unsterblichkeit, zu rechtfertigen.[45] Verständlich wird diese Trias erst, wenn man den Umformungsprozeß, der hier stattfindet, berücksichtigt. Um vom »System der vier kosmologischen Ideen« zu dem praktisch orientierten »Dreiideenschema« – Gott, Freiheit, Unsterblichkeit – zu gelangen, muß die erste der kosmologischen Ideen, die eines Anfangs der Welt in der Zeit und der Begrenzung im Raum, unter den Tisch fallen, sie »verkrüppelt und stirbt eines schnellen Todes«.[46] Aber auch die übrigen werden stark verändert. Aus der Thesis der zweiten Antinomie, daß alles in der Welt aus einfachen Teilen besteht, wird in der praktischen Wertung die These, »daß mein denkendes Selbst einfacher und daher unverweslicher Natur sei« (Idee der Unsterblichkeit). Ähnlich verfährt Kant mit der dritten Antinomie. »An Stelle der Frage nach dem gesetzlichen Zusammenhang der Erscheinungen überhaupt tritt die Frage nach dem Verhältnis menschlicher Handlungen zum Naturmechanismus.«[47] Den Begriff »Erscheinung« finden wir durch den der »Handlung« ersetzt, und so rückt auch die Idee der Freiheit unter den praktischen Gesichtspunkt. Schließlich verwandelt sich das schlechthin notwendige Wesen der Thesis der vierten Antinomie, das bloße oberste Glied der Weltreihe, in ein Urwesen, das »die Einheit und zweckmäßige Verknüpfung der Erscheinungen bedingt«. So wird der kosmologische Gedankengang, wie Schweitzer scharfsinnig beobachtet und ausgezeichnet formuliert, »durchsetzt mit teleologischen Motiven«[48] und damit die Idee Gottes gewonnen. Mit scheinbarer Selbstverständlichkeit leitet Kant noch innerhalb der ›Transzendentalen Dialektik‹ die zentralen religionsphilosophischen Ideen aus den kosmologischen ab, ohne daß die hier vorgenommene Verschiebung klar herausgestellt würde.

Nicht minder bedeutsam sind die Unstimmigkeiten, die sich in Kants Religionsphilosophie im weiteren Verlauf ihrer Entwicklung ergeben. Der systematische Zusammenhang der in der aufgezeigten Weise gewonnenen drei praktischen Ideen – Unsterblichkeit, Freiheit, Gott – »stimmt weder mit der Reihenfolge der Ideen nach der gewohnten, von Kant oft angewandten Ordnung ›Gott – Freiheit – Unsterblichkeit‹ noch mit der Reihenfolge, in welcher die Ideen in der Religionsphilosophie«, vor allem in der ›Kritik der praktischen Vernunft‹ deduziert werden, überein, da

---

[45] RK S. 14.
[46] S. 21.
[47] S. 18.
[48] S. 20.

hier »die Idee der Freiheit an die erste Stelle gerückt wird«[49], was wiederum keineswegs eine bloße Äußerlichkeit ist. Die von der theoretischen Vernunft übernommene transzendentale Idee der Freiheit wird in der ›Kritik der praktischen Vernunft‹ realisiert, womit sie sich als Idee im eigentlichen Sinne darstellt, nicht als ein von der praktischen Vernunft selbständig erzeugtes Postulat. Auf der Idee der Freiheit werden dann zwei Postulate, Unsterblichkeit und Gott, begründet. Diese Konstruktion durchkreuzt jedoch einen anderen Gedankengang, der den ursprünglichen Plan der ›Kritik der praktischen Vernunft‹ bildet und auf drei gleichberechtigte Postulate hinausläuft. Aber mit der Unterscheidung zwischen dem ursprünglichen, später aufgegebenen Plan und dem wirklich eingeschlagenen Weg in diesem Werk ist es noch nicht genug, sondern jener ursprüngliche Plan macht sich gelegentlich doch wieder bemerkbar, indem es manchmal so aussieht, »als wäre der Gedankenfortschritt in seinen Bahnen verlaufen«[50]. Obwohl die Freiheit kein Postulat ist – der Begriff des Postulats wird in die Untersuchung eingeführt, »nachdem die ›Idee der Freiheit‹ längst realisiert ist«[51] –, sondern die Grundlage der beiden eigentlichen Postulate bildet, läßt Kant diesen Gedankengang dann plötzlich wieder außer acht und setzt die Freiheit als Postulat den beiden anderen gleich.

Der Freiheit gilt nun überhaupt Schweitzers besonderes Interesse in dieser Untersuchung. »Die Freiheitsidee«, hebt er mit Recht hervor, »steht im Zentrum der Religionsphilosophie des kritischen Idealismus. Alle Lösungsmöglichkeiten – und alle neuen Schwierigkeiten, welche der kritische Idealismus an das Freiheitsproblem in seiner moralischen Bedeutung heranträgt –, verschlingen sich, wo die kantische Religionsphilosophie zur Realisierung der ›Freiheitsidee‹ schreitet, zu einem fast unentwirrbaren Knäuel«[52]. Auf seine Entwirrung ist Schweitzers Bemühen gerichtet.

Die Lösung der Freiheitsfrage durch den kritischen Idealismus besteht bekanntlich darin, daß die Willenshandlungen unter einen zweifachen Gesichtspunkt treten: als Bestandteile der Erfahrung, im Kausalzusammenhang der raumzeitlichen Erscheinungswelt, sind sie unfrei, als Akte eines intelligiblen Ichs, für das die Anschauungsformen und Kategorien nicht gelten, das also weder raumzeitlich existiert noch kausal bedingt ist, sind sie zugleich frei. Als Grundvoraussetzungen dieser Lösung bezeichnet Schweitzer erstens »die Isoliertheit des Subjekts«, das bedeutet »die Identität des handelnden und des beurteilenden Subjekts« und zweitens »die Isoliertheit der für die moralische Beurteilung in Frage kommenden Handlung«[53]. Indem jedoch die sittliche Betrachtung notwendig zur

---

[49] S. 21.
[50] S. 81.
[51] S. 80.
[52] S. 19.
[53] S. 84.

Beurteilung der Handlungen anderer Subjekte fortschreitet, die ja für das Ich lediglich Erscheinungen sind, und indem Handlungen nicht nur als einzelne beurteilt und hierbei auf ihr intelligibles Korrelat bezogen, sondern in den Gesamtzusammenhang der Handlungen eines Lebens, eines Charakters gestellt werden, verschiebt sich die Fragestellung, fallen damit aber eben auch die genannten Voraussetzungen, an welche die transzendentale Lösung gebunden ist, fort. Schweitzer will nicht eigentlich eine Kritik dieser Lösung des Freiheitsproblems, wie sie schon von anderen geliefert worden ist, geben, sein besonderes Interesse gilt vielmehr dem Nachweis, wie sich bei Kant selbst diese Verschiebung der Betrachtung und Fragestellung im Zuge einer Vertiefung des sittlichen Denkens Schritt für Schritt vollzieht, und zwar, ohne daß er sich dessen recht bewußt wird. Bei ihm wechseln zwei Betrachtungsarten, zwei Fragestellungen miteinander ab und fließen ineinander über, die Schweitzer nun sorgfältig trennt und herauspräpariert.

»In der ersten Fragestellung, welche sich auf den Gegensatz von Freiheit und Naturmechanismus bezieht, wird jede Handlung, welche unter die Beurteilung des Sittengesetzes fällt, als Resultierende des positiven oder negativen Einwirkens des Sittengesetzes auf die freie Willkür des intelligiblen Subjekts vorstellig gemacht; so entsteht die sittliche Handlung, welche als Erscheinung sich im Verlauf des Naturmechanismus darstellt. Das intelligible Ich, welches hier in Betracht kommt, ist ein auf seinen Ursprung nicht weiter zurückzuverfolgendes Datum, welches mit der Tatsache des erkennenden Subjekts zugleich gegeben ist. Jede einzelne Handlung geht auf dieses Subjekt zurück in Gemäßheit der Art, wie dieses intelligible Ich in seiner freien Willkür, hinsichtlich jeder einzelnen Handlung, durch das Sittengesetz bestimmt wird. Bei der zweiten Fragestellung verhält es sich hierin anders. Der in Frage kommende intelligible Grund ist nicht mehr die Willkür des intelligiblen Ichs, in seiner jeweiligen Bestimmtheit durch das Sittengesetz, sondern der sittliche Charakter, die tatsächliche Beschaffenheit des Willens, welche als ein sittlicher Prozeß gedacht wird, dessen Entwicklung durch die einmalige Annahme sittlicher« oder »unsittlicher Grundsätze unwandelbar bestimmt ist. Das intelligible Subjekt ist die sittliche Persönlichkeit, als etwas Gewordenes, dessen Ursprung bis in die frühe Jugend« »zurückverlegt werden muß. Hier gibt es nicht eine zeitlose Reihe von intelligiblen Handlungen, wie bei der ersten Betrachtungsweise, sondern nur einen einzigen intilligiblen Akt, in welchem die Annahme der bösen und unwandelbaren Grundsätze sich vollzog.« »Es gab nur *eine* freie Willensentscheidung, nämlich diejenige, welche die Entwicklung des Charakters,« (»welcher sich in unter das sittliche Urteil fallende«[54] »Taten ausdrückt«,) »begann und bedingte«. »Und dennoch verlangt das sittliche Urteil immer von neuem,

[54] richtig: fallenden.

daß jede Tat an sich, sofern sie auf sittliche Beurteilung Anspruch erhebt, als frei, außerhalb jedes Zusammenhangs stehend, zeitlos unbedingt, gedacht werde.« Auf diese Weise »wird aber notwendig zeitliche Anschauung auf das Gebiet des Intelligiblen übertragen, weil der Naturzusammenhang der Handlungen, als gesetzmäßige Entwicklung gedacht, auch als auf dem intelligiblen Gebiet sich vollziehend gedacht wird; ohne vorher und nachher gibt es aber keine Entwicklung. Desgleichen wird auch auf das intelligible Subjekt der moralisch zu beurteilenden Handlungen die Zeitvorstellung zurückgetragen; denn es wird als sittliche Persönlichkeit gedacht; als solche ist es aber etwas Gewordenes und etwas sich Entwickelndes. So beweist dieser letzte Begriff klar und deutlich, daß die zweite Fragestellung der Freiheitsfrage weder ihrem Wesen noch ihren Begriffen nach auf dem Boden des kritischen Idealismus sich erhebt.«[55] Deshalb »läßt die zweite Fragestellung mit innerer Notwendigkeit die Anwendung der Untersuchungsmethode des Kritischen Idealismus auf die Freiheitsfrage fallen und gibt alle ihre Voraussetzungen auf«.[56]

In musterhafter Klarheit wird dabei unterschieden, was bei Kant neben- und durcheinandergeht. Die »erste Fragestellung« nennt Schweitzer auch die »Vorfrage«, die »zweite« die »Hauptfrage« oder »die Freiheitsfrage in der höheren Problemstellung«. »Für diesen Oberbau ist das vom kritischen Idealismus behauene Material unbrauchbar; es fügt sich nicht in die Richtlinie. Diese neue Problemstellung, die wahre, sittliche Freiheitsfrage, liegt nach der Beschaffenheit der Begriffe, mit denen sie operiert, jenseits der Grenzen des kritischen Idealismus: sie trägt die Vorstellung einer zeitlichen Entwicklung auf alle Größen über, welche vorher als in Zeitlosigkeit beharrend vorgestellt wurden. Das ›intelligible Ich‹ hat sich zur gewordenen und sich entwickelnden sittlichen Persönlichkeit gestaltet. Aus der intelligiblen Freiheit ist eine ›freie Kausalität‹ geworden, die aber nur in Hinsicht auf ihr Anfangsglied frei ist, während jedes andere Glied sich gesetzmäßig aus dem vorhergehenden Zustand entwickelt.«[57] Die Freiheit, die der kritische Idealismus geben kann, ist, wie Schweitzer überzeugend zeigt, für die sittliche Fragestellung wertlos. »Ist die ganze Erscheinungswelt nur die zeiträumliche Darstellung der intelligiblen, d. h. der moralischen Welt,« »so gibt es in der Erscheinungswelt keinen Unterschied mehr zwischen sittlicher und nicht sittlicher Handlung, sofern dieselbe Erscheinung ist, weil das intelligible Prinzip des Geschehens das Sittengesetz ist«. Mit einer solchen Freiheit ist das Anliegen der Sittlichkeit in der Tat ad absurdum geführt. Ausgezeichnet formuliert Schweitzer: »In dem Moment der Realisierung der Freiheitsidee hört die Freiheit auf, eine sittliche zu sein.«[58] Mit der Annahme der Freiheit »in

[55] S. 93 f.
[56] S. 94.
[57] S. 98.
[58] S. 165.

der höheren Problemstellung« andererseits, zu der Kant sich gedrängt sieht, um dem Wesen des sittlichen Bewußtseins gerecht zu werden, wird wie gesagt eine zeitliche Entwicklung in das Intelligible hineingetragen, die seinem Wesen widerspricht. Das ist das Dilemma. Die erste Betrachtung des Freiheitsproblems, die Vorfrage, und seine Lösung auf dem Boden des kritischen Idealismus dominiert in der »Kritik der praktischen Vernunft«, doch wird die zweite Betrachtung, die Freiheitsfrage in der höheren Problemstellung wenigstens an einer Stelle erreicht. Diese zweite Betrachtung herrscht in der »Religion innerhalb der Grenzen der bloßen Vernunft« vor, aber Kant lenkt in ihr schließlich in die Bahn des kritischen Idealismus zurück, indem er, »die Hauptfrage in der Vorfrage schauend, das Freiheitsproblem überhaupt durch die Idealität von Raum und Zeit gelöst glaubt«. [59]

Sehr verwickelt liegen die Dinge auch hinsichtlich der Postulate Unsterblichkeit und Gott, die in der »Kritik der praktischen Vernunft« wie gesagt als die beiden eigentlichen Postulate auftreten. Der Inhalt dieser Begriffe und die Begründung der sich auf sie beziehenden Aussagen sind alles andere als einheitlich und erweisen sich als außerordentlich anfechtbar. Schon die Reihenfolge, in der sie eingeführt werden, ist, wie schon kurz erwähnt, in den beiden ersten Kritiken verschieden. In der »Kritik der reinen Vernunft« wird zuerst die Gottesidee, dann die Unsterblichkeitsidee realisiert, und beide sind auf dem Prinzip der Glückseligkeit begründet. In der »Kritik der praktischen Vernunft« dagegen folgt das Postulat des Daseins Gottes auf das der Unsterblichkeit. Die Unsterblichkeit ergibt sich als Folge der Heiligkeitsforderung, sofern diese einen unendlichen Fortschritt in der Tugend nötig macht, während das Interesse der Glückseligkeit erst beim Postulat Gottes als des Garanten einer Proportionalität von Tugend und Glückseligkeit in Erscheinung tritt.

Das Postulat einer unendlichen Fortdauer der Persönlichkeit – dieser Begriff der Persönlichkeit dient der Verwischung des Gegensatzes zwischen dem zeitlos Beharrenden der intelligiblen Sphäre und dem in Raum und Zeit veränderlich Erscheinenden des sittlichen Lebens – fällt wiederum aus dem kritisch-idealistischen Denken heraus, da »eine intelligible Entwicklung statuiert« wird, »welche für die Intelligenz eines Vernunftwesens nicht nur unerweislich, sondern auch unbegreiflich« ist[60]; denn das Intelligible ist ja bei Kant seinem Wesen nach zeitlos. Außerdem würde die Annahme der Unsterblichkeit nicht nur die Postexistenz, sondern ebenso die Präexistenz enthalten und der Gedanke eines unendlichen moralischen Fortschritts rückwärts zu einer steten moralischen Verschlechterung führen, was nach Schweitzer der Tatsache des Sittengesetzes in uns widerspricht. So atmet Schweitzer sichtlich auf, als er feststellen kann, daß in der Darstellung der »Religion innerhalb . . .« der Begriff der Unsterb-

[59] S. 119.
[60] S. 128.

lichkeit fast nicht vorkommt. Tatsächlich tritt er ein paar Male auf, aber dieser Gedanke – das ist allerdings richtig – spielt hier gar keine Rolle. »Die hypothetische Setzung des ›zukünftigen Lebens‹ zeigt, daß die Fortdauer unserer Existenz nicht durch das Interesse der sittlichen Vollendung gefordert ist.«[61] Schweitzer spricht geradezu von der Unmöglichkeit, »in dem Gedankengang der Religion in den Grenzen der bloßen Vernunft jemals die Grenzen der irdischen Welt in Hinsicht der sittlichen Vollendung zu überschreiten«[62]. Der sittliche Fortschritt wird vom Individuum auf die »moralische Menschheit« übertragen, die Entwicklung des Individuums »als mit dem irdischen Leben abgeschlossen gedacht«.[63]

Mit dem zweiten Postulat verhält es sich ähnlich. Indem in der »Kritik der praktischen Vernunft« Gott die Aufgabe zufällt, die Proportion zwischen Tugend und Glückseligkeit herzustellen, ergibt sich »die Forderung ›einer von der Natur unterschiedenen Ursache der gesamten Natur, welche den Grund dieses Zusammenhangs, nämlich der Glückseligkeit mit der Sittlichkeit, enthalte‹ «. »Hier werden«, wendet Schweitzer ein, »zwei verschiedene Naturkausalitäten mit objektiver Geltung angeführt, die in dieser Gegensätzlichkeit auf dem Boden des kritischen Idealismus gar nicht zu rechtfertigen sind«[64]; denn für diesen stellt der Naturmechanismus lediglich die sinnliche Erscheinungsweise des Intelligiblen dar. Die Einheit zwischen der sinnlichen und der intelligiblen Sphäre ist also im Grunde genommen vorhanden, sie besteht, sie braucht nicht erst hergestellt zu werden. »Zum Vollzug dieser Einheit bedarf es« »nie und nimmer der Statuierung eines von der Naturursache verschiedenen unendlichen Wesens. Eine solche widerspricht geradezu dem kritischen Idealismus.«[65] Wenn ferner das »Reich der Sitten« dem »Reich der Natur« entgegengesetzt wird, so fällt diese Unterscheidung »nicht absolut mit der auf dem Boden des kritischen Idealismus geläufigen Gegenüberstellung von intelligibler und Erscheinungswelt zusammen«.[66] Der Begriff eines Reiches der Sitten schillert vielmehr ebenso wie der der Persönlichkeit im Zusammenhang des ersten Postulats. Beide Male handelt es sich um die »Identifizierung einer moralischen Größe mit einer intelligiblen. Diese Identifizierung ist auf dem Boden des kritischen Idealismus, so natürlich sie für die alltägliche Ansicht ist, nicht vollziehbar.«[67]

Aber auch in der »Religion innerhalb ...« werden bei den Ausführungen über Gott schwerwiegende Widersprüche aufgedeckt. Wenn da die Intelligenz Gottes die unendlich gedachte moralische Entwicklung des Menschen zum einheitlichen Akt zusammenfassen soll, so übersieht

---

61 S. 317.
62 S. 198.
63 S. 182.
64 S. 135.
65 S. 136.
66 ebd.
67 S. 137.

Kant, »daß gar keine Berechtigung vorliegt, den Gottesbegriff hier einzuführen; das Problem der Möglichkeit des Falls und des Wiederaufstehens aus demselben existiert für die moralische Selbstbeurteilung des Menschen, nicht für die gedachte Beurteilung Gottes, dessen Dasein als auf der praktischen Forderung des Sittengesetzes beruhend erst dargetan werden muß«. [68] Ganz im Gegensatz dazu wird an einer anderen Stelle derselben Schrift »die Notwendigkeit der praktischen Annahme eines höchsten Wesens, als in Verbindung mit dem Sittengesetz stehend, aus den praktischen Forderungen des letzteren erst entwickelt«. [69] Es ist der »wunderbar tiefe Gedanke« [70] eines »moralischen Weltherrschers«, »in Ansehung dessen alle wahren Pflichten, mithin auch die ethischen, zugleich als seine Gebote vorgestellt werden müssen«. [71] »Hier ist«, meint Schweitzer endlich befriedigt, »die Schwierigkeit, welche der Verbindung des Gottesbegriffes und des moralischen Gesetzes in der kantischen Religionsphilosophie entgegensteht, wunderbar gelöst.« [72]

Am meisten nach dem Sinne Schweitzers ist in Kants Religionsschrift aber offenbar der Begriff der »moralischen Menschheit«. Sie, nicht das Vernunftwesen des kritischen Idealismus, nicht der einzelne, ist »Subjekt der Untersuchung«, die Schweitzer von allen Werken Kants am höchsten stellt. »Der Gottesbegriff wird realisiert in Hinsicht auf die sittliche Gemeinschaft und das Subjekt kommt nur in seiner Wechselbeziehung zu dieser Gemeinschaft als moralischer Mensch in Betracht; die Unsterblichkeitsidee fügt sich diesem Gedankengang nicht ein. Der ganze Gedankenbau gipfelt in dem Begriffe Gottes als moralischer Persönlichkeit.« [73] Die in diesem letzten Satz enthaltene Feststellung darf jedoch in ihrer Tragweite nicht überschätzt werden. Sie wird durch eine andere ergänzt, berichtigt, ja, widerrufen: »So haben wir in der Religion innerhalb der bloßen Vernunft nur zwei Ideen: die höhere Idee der Freiheit und die Idee Gottes; die Idee der Unsterblichkeit ist ausgefallen, weil ihr sittliches Interesse in der höheren Fassung des Freiheitsproblems zum Ausdruck kommt. Aber auch die Idee Gottes ist in der Religion innerhalb der Grenzen der bloßen Vernunft nur ein Hilfsbegriff, um das ›ethische gemeine Wesen‹, in welchem sich die sittliche Persönlichkeit vollenden soll, begreiflich zu machen.« [74]

Das sind lediglich einige der wichtigsten Beispiele für die vielerlei Unklarheiten, Zweideutigkeiten, Begriffsverschiebungen, sachlichen Unstimmigkeiten bis zu stärksten Differenzen und Widersprüchen, die Schweitzer in Kants Hauptschriften zur Religionsphilosophie aufdeckt.

---

[68] S. 169.
[69] S. 170.
[70] ebd.
[71] *Kant:* Religion, S. 103 f.
[72] RK S. 323.
[73] ebd.
[74] S. 199.

Nur kurz erwähnt werden sollen hier noch die »zwei vollständig verschiedenen Begriffe vom ›höchsten Gut‹ «, wobei einerseits an die »Einheit von Tugend und Glückseligkeit«, andererseits an die »vollendete sittliche Gemeinschaft der sich als Weltzweck erfassenden moralischen Menschengattung« [75] gedacht wird, oder der Religionsbegriff selbst, der, auf die drei Postulate bezogen, viel umfassender ist als die bekannte eigentliche Kantische Definition der Religion als »Erkenntnis unserer Pflichten als göttlicher Gebote«. [76] Durch eine Ausbreitung weiterer Ergebnisse dieser Art würde sich sachlich kaum mehr Neues ergeben. Betont werden muß jedoch, daß der hier gebotene Überblick nur einige Hauptwege erkennen läßt, die Schweitzer durch den Urwald des Kantischen Denkens schlägt; von einer Fülle scharfsinniger Beobachtungen, Vergleichungen, Erwägungen und Schlußfolgerungen wurde dabei abgesehen, damit die großen Linien möglichst klar hervortreten.

Die Erkenntnis, daß in Kants Erörterung der religionsphilosophischen Probleme die wichtigsten Begriffe schwanken, daß ihr Gebrauch, ihr Sinn wie ihre Begründung, durchaus im Fluß ist, nichts also unbesehen hingenommen und als selbstverständlich eindeutig und feststehend angesehen werden darf, führt zwangsläufig dazu, daß an die Stelle einer flächig-statischen eine genetische Betrachtung tritt. Die Kantischen Texte geraten unter Schweitzers Augen in Bewegung. Die Untersuchung der Religionsphilosophie Kants wird ihm zu einer Untersuchung ihrer Entwicklung. Als ihre wichtigsten Phasen stellen sich die folgenden heraus:

1. Schon die ›Kritik der reinen Vernunft‹ ist keine literarische Einheit. Bei den Abschnitten, die Kant in ihrem zweiten Teil, der Transzendentalen Methodenlehre, unter der Überschrift ›Der Kanon der reinen Vernunft‹ zusammengefaßt hat, handelt es sich um eine Arbeit aus früherer Zeit. Schweitzer bezeichnet sie als ›Religionsphilosophische Skizze‹, die Kant, teilweise überarbeitet, seinem Hauptwerk eingefügt hat. Sie enthält namentlich einen ganz anderen Freiheitsbegriff, den der praktischen Freiheit, die durch Erfahrung bewiesen werden kann und in keiner Beziehung zum Begriff der transzendentalen Freiheit steht, und sie nimmt überhaupt keinen Bezug auf den eigentlichen religionsphilosophischen Plan der Transzendentalen Dialektik, setzt nicht einmal die Bekanntschaft mit ihm voraus, sondern ignoriert ihn vollständig. Sowenig sie in den Rahmen der ›Kritik der reinen Vernunft‹ paßt, so groß ist ihre Bedeutung unter dem Gesichtspunkt des Ganzen der Kantischen Philosophie. »Sie weist auf die Zukunft und enthält die ganze kommende Entwicklung gleichsam in nuce.« Sie verbindet einander »widerstrebende Gedankenreihen unter sich, weil deren unentwickelte Form diese Vereinigung noch erlaubt. Später entwickeln sich diese beiden Gedankenreihen

75 S. 297.
76 S. 2 f.

zu voller Klarheit und scheiden sich.« [77] Der Nachweis der Selbständigkeit dieser Abschnitte und die Begründung ihrer früheren Ansetzung ist vollkommen gelungen und kann heute als weitgehend anerkannt gelten. [78]

Die Gründlichkeit und der Scharfsinn, die zusammen mit der Schulung des biblischen Theologen in den Problemen der Quellenscheidung diese Entdeckung ermöglicht haben, sind bewundernswert, und besonders erstaunlich ist es angesichts der emsigen Arbeit der Kantforschung im 19. Jahrhundert, daß es einem wissenschaftlichen Anfänger im Jahre 1899 vorbehalten blieb, eine Erkenntnis zu gewinnen, die in gewisser Hinsicht an Vaihingers Entdeckung einer Blattversetzung in Kants Schrift »Prolegomena« erinnert, bei der man sich auch unwillkürlich fragen mußte, wie es möglich war, daß alle Fachleute der Welt bis dahin darüber hinweggelesen hatten – eine Erkenntnis jedoch, welche die hier zum Vergleich herangezogene Leistung noch bei weitem übertrifft, da ja eben nicht lediglich von der Korrektur eines einzelnen rein äußerlichen, bloß technischen Versehens die Rede ist, sondern von Überlegungen viel höherer Art, welche die Entwirrung eines ganzen Knäuels nicht miteinander verträglicher Begriffsbestimmungen und Gedankenreihen voraussetzt.

Wie wenig es sich bei dieser Arbeit des jungen Schweitzer nur um vielleicht historisch interessante, philosophisch jedoch unerhebliche Ergebnisse einer fleißigen Kantphilologie handelt, daß wir vielmehr eine auf den tiefsten Grund dringende Kritik eines großen und wohl des wesentlichsten Teils der Kantischen Philosophie vor uns haben, das tritt noch mehr zutage, wenn nunmehr die weiteren Phasen in der Entwicklung des religionsphilosophischen Denkens Kants nach den von Schweitzer erarbeiteten Ergebnissen ins Auge zu fassen sind.

2. Als Niederschlag einer zeitlich ersten Phase dieser Entwicklung wurde die »Religionsphilosophische Skizze« erkannt. Das zweite Stadium ist durch das gekennzeichnet, was Schweitzer den »religionsphilosophischen Plan der Transzendentalen Dialektik« nennt. »Er geht darauf aus, den Ideen, welche für die Vernunft im theoretischen Gebrauch überschwenglich sind, durch die Vernunft im praktischen Gebrauch Realität

---

[77] RK S. 70.

[78] Die hauptsächlichen Rezensenten des Buches haben sich freilich zu dieser Anerkennung seinerzeit noch nicht entschließen können. Bejaht wird die frühere Datierung der Religionsphilosophischen Skizze dann aber schon von *Sänger* (Lehre, S. 81) und von *Hoekstra* (Kritik, S. 18). Während Schweitzer nur an eine leichte Überarbeitung denkt, von welcher z. B. der dritte Abschnitt ganz unberührt geblieben ist, scheint Hoekstra eine tiefergehende Umarbeitung anzunehmen, sonst könnte er dieses zweite Hauptstück wohl nicht »als Durchgangsphase von der Transzendentalen Dialektik der Kritik der reinen Vernunft zur Kritik der praktischen Vernunft« ansehen (S. 19). Schweitzer selbst versteht es wie gesagt als Zeugnis aus der der Transzendentalen Dialektik vorangehenden Periode.

zu sichern, wobei vorausgesetzt wird, daß diese Ideen in dem Übergang von dem theoretischen auf das praktische Gebiet keine Umwandlung erfahren.« [79] Das zweite, grundlegend wichtige, zunächst geradezu verblüffende Ergebnis der Schweitzerschen Untersuchung ist nun, daß Kant diesen seinen eigentlichen Plan überhaupt nicht durchgeführt hat; denn »die in der ›Kritik der praktischen Vernunft‹ entwickelte Religionsphilosophie der drei Postulate: Gott, Freiheit und Unsterblichkeit ist gar nicht die in der ›Kritik der reinen Vernunft‹ in Aussicht gestellte«.[80] Die Religionsphilosophie des Kritischen Idealismus ist »in keiner kantischen Schrift in voller Konsequenz dargestellt«. [81] Das hatte noch niemand gesehen.

3. Bei dem in der »Kritik der praktischen Vernunft« vorliegenden dritten Stadium unterscheidet Schweitzer nun wieder einen ursprünglichen Plan und seine Ausführung. Der ursprüngliche Plan der »Kritik der praktischen Vernunft« setzt im Unterschied vom ursprünglichen Plan der »Kritik der reinen Vernunft« eine weitgehende Selbständigkeit der reinen theoretischen und der reinen praktischen Vernunft voraus und »besteht in der Aufstellung und Realisierung von drei Postulaten auf dem Gebiete der praktischen Vernunft, wobei im Augenblick der Realisierung die Identität der realisierten Postulate mit Ideen der theoretischen Vernunft einleuchten soll. Der in der Kritik der praktischen Vernunft wirklich zur Ausführung gelangte Plan ist ein Kompromiß zwischen dem religionsphilosophischen Plan der transzendentalen Dialektik und dem ursprünglichen Plan der Kritik der praktischen Vernunft. Es wird zuerst die Idee der Freiheit nach dem religionsphilosophischen Plan der transzendentalen Dialektik realisiert; auf diesem Unterbau vollzieht sich die Aufstellung und Realisierung der beiden Postulate« (Unsterblichkeit, Gott). »Nach erfolgter Realisierung dieser Größen sucht die Darstellung drei Postulate den drei Ideen gleichzusetzen und so den wirklich zur Ausführung gekommenen Plan mit dem ursprünglichen Plan der Kritik der praktischen Vernunft gleichzusetzen und den letzteren mit dem religionsphilosophischen Plan der transzendentalen Dialektik zu identifizieren.« [82] Bedenkt man, daß die »Kritik der praktischen Vernunft« im allgemeinen als der Höhepunkt des ethisch-religionsphilosophischen Denkens Kants angesehen wird, so kann die Unabhängigkeit der Schweitzerschen Sicht, die in dieser Kantischen Hauptschrift die »Selbstauflösung« ihrer Gedankengänge feststellt und ihr mit Bestimmtheit den ersten Platz bestreitet, nicht genug hervorgehoben werden.

4. Das vierte zeitliche Stadium liegt in der »Kritik der Urteilskraft«

---

[79] RK S. 313.
[80] LD S. 16.
[81] RK S. 314.
[82] ebd.

und in der »Religion innerhalb ...« vor. Hier »wird dann wiederum die Religionsphilosophie der Postulate verlassen. Die in diesen späteren Werken auftretenden Gedankengänge lenken wieder in die Bahn der religionsphilosophischen Skizze zurück« [83], bewegen sich jedoch, wie nicht anders zu erwarten ist, auf einer höheren Ebene. In der ›Religion innerhalb ...‹ hat sich die höhere Freiheitsidee durchgesetzt, während der Begriff der Unsterblichkeit wie gesagt völlig zurücktritt. »Die ganze kantische Religionsphilosophie ist in dieser vollendeten Gestalt nach der einen Frage orientiert: Wie ist die sittliche Persönlichkeit des Menschen als moralischen Geschöpfs ihrem Wesen und ihrer Vollendung nach auf dieser Welt möglich? Indem die Religion innerhalb der Grenzen der bloßen Vernunft durch diese Fragestellung auf die Betonung der sittlichen Gemeinschaft geführt wird, weht durch ihre Gedanken, trotz des dogmatisch-kirchlichen Ausdrucks derselben, ein moderner Zug, welcher belebend wirkt durch die große Tiefe des sittlichen Bewußtseins, welches hier nach Gestaltung ringt.« [84] »So stellt die Religion innerhalb der Grenzen der bloßen Vernunft die höchste Vollendung der kantischen Religionsphilosophie dar: ihre Gedanken sind modern.« [85] Bei Berücksichtigung des geradezu abschreckend antiquiert anmutenden Gewandes, in dem diese Gedanken auftreten und im Hinblick auf die vielfach sehr andersartige Einschätzung dieser Schrift in der Darstellung und Kritik der Philosophiehistoriker besteht hier erst recht Grund zur Verwunderung über die große Selbständigkeit des Urteils, das dieser Anfänger bekundet – eine Anerkennung, die nicht gleichbedeutend mit Zustimmung zu sein braucht.

Man würde nicht überrascht sein, wenn bei einem Autor, noch dazu einem so jungen, der so vielen Unklarheiten und Unstimmigkeiten bei einem Philosophen vom Range Kants auf die Spur kommt, mindestens gelegentlich Anwandlungen von Unmut auftreten. Schweitzer jedoch, weit davon entfernt, Kant die Widersprüche seines Denkens zum Vorwurf zu machen, begreift sie in einer ausgesprochen reifen Weise als notwendig und wendet das, was als Tadel in der Luft liegen könnte, in Lob. Er weist nicht nur Fehler nach, sondern hebt auch den großen Reichtum hervor, der in dieser Vielheit und Unausgeglichenheit der Gedanken zum Ausdruck kommt. Er zeigt ferner – und darin besteht sogar das entscheidende Verdienst der ganzen Arbeit –, daß zwar nicht eigentlich Methode in dem Schwanken der Begriffe und der Verquickung der Gedankengänge liegt, wohl aber ein Sinn darin zu erkennen ist, daß es sich nämlich um ein seiner nicht bewußtes Ringen zwischen zwei sehr verschiedenen Gedankenrichtungen handelt.

Über jene Entdeckung einer selbständigen früheren Arbeit innerhalb

---

[83] LD S. 16.
[84] RK S. 199 f.
[85] S. 200.

der ›Kritik der reinen Vernunft‹ hinaus und hinaus auch über die Erforschung der Entwicklung von Kants religionsphilosophischem Denken im einzelnen, die zu einer ganz neuen Einschätzung seiner Hauptschriften im Verhältnis zueinander geführt hat, ist dies eben das jene Leistungen noch weit übertreffende Gesamtergebnis der Untersuchung: der Nachweis eines grundsätzlichen Antagonismus zwischen den »Voraussetzungen des kritischen Idealismus« und den »religionsphilosophischen Forderungen des Sittengesetzes«.[86] Kritischer Idealismus und Moralreligion: »in ewigem Spiel ziehen sich diese beiden Elemente gegenseitig an, um sich im Augenblick der Vereinigung zu fliehen«.[87] Die vertiefte Auffassung des Sittengesetzes kann sich nicht mit dem begnügen, was ihm der kritische Idealismus zu bieten hat, vor allem in der Auffassung der Freiheit. »Die intelligible Welt soll mit der moralischen zusammenfallen: in dieser Forderung ruht das Wesen – und das Verhängnis der Religionsphilosophie des kritischen Idealismus.«[88] Mit den hier gebotenen ungemein verdichteten Formulierungen hat Schweitzer in der für ihn bezeichnenden Weise den Nerv des ganzen Problems bloßgelegt. Die Religionsphilosophie des kritischen Idealismus hat nicht nur zufällig keine literarische Ausführung gefunden, sie ist, wie Schweitzer erkennt, auch ohne den Versuch einer solchen bereits gescheitert. Sie ist überhaupt unmöglich; denn jenes Zusammenfallen von intelligibler und moralischer Welt kann es nicht geben. Hier wird die ganze Kantische Philosophie brüchig. Aber Schweitzer bleibt nun eben nicht bei dieser negativen Feststellung stehen. In seinen Augen ist das Manko positiv zu bewerten: »Statt bei der von dem kritischen Idealismus festgelegten Religionsphilosophie zu verharren, läßt Kant sich« »von der Religionsphilosophie des sich immer vertiefenden Sittengesetzes weiterführen. Weil er tiefer wird, kann er nicht konsequent bleiben«: mit diesem wiederum nach Inhalt wie in der geschliffenen Form besonders bemerkenswerten Urteil schließt Schweitzer seine Zusammenfassung. Die ganze Sicht kann nicht anders als großartig genannt werden. Dabei bildet sie nicht einfach ein intuitiv-geniales Aperçu, sie beruht wie gesagt auf einer kaum überbietbar sorgfältigen, sachgemäßen Analyse. Aber bei aller eingehenden Gründlichkeit bleibt sie doch nicht im einzelnen stecken, sie erhebt sich immer wieder in geradezu souveräner Weise zur Herausstellung der großen Linien und Zusammenhänge. Neben dem kritischen Scharfsinn und dem sachlichen Tiefgang des beobachtenden und erklärenden Denkens kündigt sich, namentlich am Schluß der Arbeit, auch ein überraschender Weitblick an, indem nach der streng analytischen Untersuchung der in Betracht kommenden Werke Kants und dem für sie geführten Nachweis zweier verschiedener, in Spannung zueinander befindlicher Gedankenrichtungen

[86] LD S. 16.
[87] RK S. 166.
[88] S. 165.

uns plötzlich ein Ausblick eröffnet wird auf die Weiterführung je einer dieser beiden in Kant nebeneinander verlaufenden und in Widerstreit tretenden Linien: der vom Gesichtspunkt der Erkenntnis beherrschten idealistischen in Schopenhauer und der ethischen in Ritschl.

Diese Doktordissertation – man vergißt beinahe, daß es sich um eine solche handelt – ist »ohne Einschränkung als Meisterwerk« bezeichnet worden [89], eine Einschätzung, die freilich manchmal mehr einer von vornherein gezollten persönlichen Bewunderung als einer wirklich sachlichen Würdigung entspringt. Ja, angesichts der Größe des Gegenstandes und der Bedeutung der Probleme, die hier zur Erörterung stehen, sowie in Anbetracht der Art und Weise, wie diese Problematik erkannt, im Zusammenhang gesehen und herausgearbeitet und wie ferner bei aller Kritik an Kant die Methode der immanenten Kritik niemals aufgegeben und die bei Kant festgestellte Entwicklung insgesamt positiv gewertet wird, dürfte die Behauptung kaum übertrieben sein, daß eine so hervorragende philosophische Promotionsschrift eine äußerste Seltenheit darstellt. Welche andere könnte man ihr überhaupt an die Seite stellen?

Die hier vertretene hohe Schätzung des Kantbuches bedeutet selbstverständlich nicht, daß es über alle Kritik erhaben sei. So hat beispielsweise *Hoekstra* [90] mit Recht eingewandt, daß der Begriff der vollendeten Gemeinschaft, der die »Religion innerhalb ...« auszeichnet und den Schweitzer besonders hoch bewertet, von ihm zu Unrecht schon aus der »Kritik der Urteilskraft« herausgelesen wird. In diesem Falle handelt es sich jedoch einfach um die unrichtige Interpretation einer einzelnen Stelle, wie sie jedem einmal unterlaufen kann. Für die Gesamtauffassung fällt ein solches Versehen nicht ins Gewicht.

Wichtiger als eine solche Einzelheit wäre es, wenn eine nicht zu bestreitende Neigung Schweitzers zu einer die Dinge auf die Spitze treibenden Betrachtung, die manche Autoren bei seiner Kantanalyse stört, eine wesentliche Beeinträchtigung der hauptsächlichen Ergebnisse bewirkt haben sollte. Dabei wäre vor allem an einen Punkt zu denken, der schon einem Rezensenten des Buches, *E. Katzer,* aufgefallen ist. Ihm scheinen die von Schweitzer in der »Religion innerhalb ...« unterschiedenen Gedankengänge nicht so stark auseinanderzustreben. Was vor allem das moralische Einzelwesen, die moralische Menschheit und darüber sich erhebend das Reich der Zwecke als Reich Gottes überhaupt betrifft, so würden wir diese vielmehr als drei Stadien der Betrachtung zu verstehen haben, die einander nicht ausschließen, sondern bei Kant als Einheit gedacht werden. [91] Dieser Einwand dürfte in der Tat etwas Richtiges treffen, und um so mehr erscheint dies so, wenn man etwa noch Kants Opus Postumum, das Schweitzer seinerzeit noch nicht kennen konnte,

---

[89] *Lind:* Schweitzer, S. 41.
[90] *Hoekstra:* Kritik, S. 67.
[91] *E. Katzer:* Rezension, S. 137 ff.

heranzieht und darüber hinaus die inzwischen aufgekommene, in mancher Hinsicht neue metaphysische Kantauffassung berücksichtigt. In dieser Sicht und dem größeren Rahmen erweist sich das von Schweitzer behauptete und stark unterstrichene Zurücktreten mancher Anschauungen und Begriffe nicht immer als endgültig und als nicht ganz so schwerwiegend. Es wäre aber ein großer Irrtum zu meinen, daß mit einem solchen Zugeständnis diese Arbeit in sich zusammenfällt. Es wäre auch nicht richtig, einen gewissen Hang zum Outrieren etwa als jugendlich hinzustellen. Schweitzer ist sich hierin im wesentlichen stets gleich geblieben. Man wird also diese Eigenart seines Denkens in Kauf nehmen, gegebenenfalls einmal einige Abstriche machen müssen an großenteils doch sehr bedeutsamen Ergebnissen, die wir ohne sein energiegeladenes, radikales, freilich auch zu extremen Ergebnissen neigendes Denken kaum besitzen würden.

Ein weiteres Bedenken richtet sich gegen die reichlich hohe Schätzung der »Religion innerhalb der bloßen Vernunft«. Auch dies klingt bereits bei einem Rezensenten des Schweitzerschen Werkes an, der sie nicht als den Höhepunkt des Kantischen Denkens gelten lassen möchte.[92] Ein weit größeres Gewicht hat dieser Vorbehalt noch durch das kleine Buch des Königsberger Theologen *Martin Schulze* über Kants Religionsschrift erhalten, das einen durchschlagenden Einwand nach dem anderen gegen Kants Argumentationen erhebt. Die Art, wie Kant die Frage, ob der Mensch gut oder böse sei, zunächst in bezug auf den einzelnen Menschen erörtert, dann aber in ganz unzulässiger Weise auf den Charakter der Gattung hinüberspielt[93], erscheint diesem Autor alles andere als befriedigend. Ferner läßt Kant einen wirklichen Nachweis des radikalen Bösen in der menschlichen Natur vermissen. Was er bringt, sind Begriffsbestimmungen und -unterscheidungen.[94] Er bestimmt seinen Begriff des bösen Hanges. »Daß jenem Begriffe etwas entspricht, ist mit alledem nicht gesagt.«[95] Wenn weiterhin jede böse Handlung als ein ursprünglicher Gebrauch der Willkür und damit als vermeidbar angesehen wird, so wird auf diese Weise der soeben mühevoll gewonnene Hang zum Bösen wieder beseitigt[96], wie man ja im Grunde zuletzt überhaupt nicht mehr weiß, ob der Mensch nach Kant nun eigentlich gut oder böse ist. In einen Widerspruch verwickelt sich Kant auch insofern, als die intelligible Betrachtung einerseits die ideale Auffassung bedeutet, von der das Böse ausgeschlossen ist, so daß dieses nicht intelligibel begründet sein kann, sondern in der Sinnenwelt seine Stätte haben muß, während es andererseits eben doch als intelligibel begründete Willensbeschaffenheit hingestellt wird.[97] Schulze hält die Ansicht, nach der das Böse im Grunde

[92] *E. W. Mayer:* Rezension, Sp. 570.
[93] *Schulze:* Religion, S. 15 ff.
[94] S. 20 ff.
[95] S. 24.
[96] S. 36.

genommen vom Intelligiblen ausgeschlossen ist, für Kants eigentlichen Standpunkt, von dem er mit der anderen Gedankenreihe abfällt. Auch wenn man dieser Ansicht nicht folgen kann – daß der Grund des Bösen in der Sinnlichkeit liege, wird ja von Kant ausdrücklich bestritten – so bleibt der Befund jedenfalls hoffnungslos widerspruchsvoll. Daß weiterhin die »Religion innerhalb ...« mit dem Begriff des sittlichen Gemeinwesens und seiner Bedeutung das Interesse an der Glückseligkeit, die in der Kritik der praktischen Vernunft noch zur Idee des höchsten Gutes gehört hatte, verdrängt, hält auch Schulze für wesentlich. Um so bedeutsamer erscheint es, daß auch sie schließlich (in der allgemeinen Anmerkung zum dritten Stück) wieder hereinkommt.[98] Zuletzt werden auch Kants »umständliche und gezwungene Auseinandersetzungen über den Glauben an Geheimnisse«, insbesondere die Umdeutung der Dreieinigkeit ins rechte Licht gesetzt[99], doch braucht darauf hier nicht eingegangen zu werden, da dieser systematische Mißbrauch der theologischen Terminologie – man kann Kants Erörterungen kaum anders bezeichnen – einerseits auch schon früher gelegentlich durchschaut worden und andererseits nur Folge und Ausdruck jenes Grundwiderspruchs ist, der in dem Thema der Religion innerhalb der Grenzen der bloßen Vernunft beschlossen liegt, d. h. einer Religion, »die nicht nur auf die Moral sich gründet und ihr dient, sondern schließlich sich ganz auf sie reduziert«.[100]

Mit der Bezugnahme auf diese Arbeit, die in sonst unerreichter Weise die ganze Schwäche der Religionsschrift Kants aufzeigt, soll Schweitzers Hinweisen auf ihre positive Bedeutung nicht jede Berechtigung abgesprochen werden. Die Vertiefung des Freiheitsbegriffs und das Zurücktreten des transzendenten Elements sind sicherlich sehr beachtlich. Aber das muß allerdings gesagt werden: aufkommen können diese Vorzüge gegen jene schweren Mängel nicht. Eine Schrift, in welcher die Aussagen und Lösungen derart hin und her und durcheinander gehen, als den Höhepunkt im Denken des größten deutschen Philosophen anzusehen, ist doch sehr gewagt.

Es bleibt noch übrig, die Analyse zu würdigen, die Schweitzer Kants Behandlung des Freiheitsproblems zuteil werden läßt. In diesem Punkte waren die Urteile bereits beim Erscheinen des Buches geteilt. Während der schon erwähnte Rezensent der Theologischen Literaturzeitung, der sich in der Einschätzung der Religionsschrift Kants von Schweitzer distanzierte, gerade seinen Hinweis auf die Doppelgestalt des Freiheitsproblems als »zweifelsohne wertvoll« bezeichnete,[101] ließ ein so namhafter Theologe wie *Carl Stange*, ein besonders guter Kantkenner, kein gutes Haar an Schweitzers Darlegungen. Er hält sie für »vollständig mißlun-

---

[97] S. 55 ff.
[98] S. 138.
[99] RK S. 186 ff.
[100] S. 198.
[101] *Mayer:* Rezension, Sp. 569.

gen«, wie »der wissenschaftliche Wert der Arbeit« nach ihm überhaupt »ein äußerst geringer ist«.[102] Dieses Urteil ist nun freilich ein Unikum und fast ein Kuriosum, es widerlegt sich durch seine Maßlosigkeit selbst, und wenn dieser Kritiker von »Willkür in der Auslegung« und »Mangel an Verständnis« spricht, so ist das allenfalls interessant als Seitenstück zu den ersten Urteilen über Schweitzers Jesusforschung. In einem Punkt rügt Stange allerdings mit Recht ein auffallendes Mißverständnis Schweitzers, die wiederholte Behauptung[103] nämlich, »Kant verlege den intelligiblen Akt der Freiheit, durch den der sittliche Charakter des Menschen ein für allemal bestimmt wird, ›in die früheste Jugend‹!«. Das ist nun wirklich völlig unkantisch. Wenn Kant auch unerlaubterweise die Vorstellung einer zeitlichen Entwicklung auf das Intelligible überträgt, so hat er doch keineswegs das Intelligible in einem bestimmten Zeitpunkt fixiert. Was Kant sagt, ist vielmehr lediglich, daß der auf intelligibler Freiheit beruhende Charakter sich »von früher Jugend an« in den Handlungen ausdrückt. Das ist etwas völlig anderes, und man kann es in diesem Falle dem Kritiker nicht verdenken, wenn er unwillig grollt, »ein so grobes Mißverständnis« dürfe »bei jemandem, der sich berufen fühlt, an der Interpretation der kantischen Philosophie mitzuwirken, schlechterdings nicht vorkommen«. Dennoch geht diese Rüge viel zu weit; ist es doch abwegig, dem Verfasser einer Analyse, welche die letzten feinen Unterschiede und Nuancen der kantischen Begriffe, Gedanken und Tendenzen aufdeckt, zuzutrauen, daß er die zeitlos-intelligible und die zeitliche Welt der Erscheinungen im Ernst verwechsle und vermenge. Daß eine Vermengung stattfinde, eine Hineintragung der Zeitform in das Intelligible, und zwar bei Kant selbst, ist ja gerade die durchaus begründete Behauptung Schweitzers. Der Kritiker behandelt Schweitzer hier wie ein Lehrer, der dem Elementarschüler einen Fehler in der Rechnung dick anstreicht, während Schweitzer in Wahrheit höhere Mathematik treibt, wobei eine kleine vereinfachende Ungenauigkeit oder sogar ein wirklicher Rechenfehler durchaus kein Zeichen für mangelndes Verständnis der eigentlichen Probleme zu sein braucht. Eine Formulierung, die dem Kandidaten beim Philosophicum nicht durchgelassen wird, darf man also Schweitzer getrost nachsehen.

Die Unterscheidung der beiden Fragestellungen in Kants Erörterung des Freiheitsproblems ist und bleibt zweifellos ein großes Verdienst. Diese Feststellung und Anerkennung schließt freilich nicht aus, daß wir uns fragen müssen, ob Schweitzer die Verschiedenartigkeit der beiden Betrachtungen in ihrer Bedeutung nicht doch überschätzt hat. Die Unterscheidung, so richtig und interessant sie ist, wirkt sich bei Kant nicht recht aus, sie führt eigentlich zu nichts. Schweitzer findet, daß die Freiheitsfrage in der höheren Problemstellung die »Religion innerhalb ...« voll-

---

[102] *Stange:* Rezension, S. 103.
[103] RK S. 93. 98.

ständig beherrscht.[104] Aber wird diese Feststellung nicht durch eine andere erheblich beeinträchtigt, die dahin geht, daß »die Vorfragestellung und die Hauptproblemfassung ineinander überfließen«,[105] daß Kant, »die Hauptfrage in der Vorfrage schauend, das Freiheitsproblem überhaupt durch die Idealität von Raum und Zeit gelöst glaubt«[106]? In der Tat, Kants eigentliche Meinung ist doch die: »Wenn aber jemand bis zu einer unmittelbar bevorstehenden freien Handlung auch noch so böse gewesen wäre (bis zur Gewohnheit als anderer Natur): so ist es *jetzt* noch seine Pflicht, sich zu bessern: er muß es also auch können.« Gegenüber diesem Satze der »Religion innerhalb ...«[107], der mit der Einstellung der Kritik der praktischen Vernunft übereinstimmt, dürfte die von Schweitzer so scharfsinnig vorgenommene Unterscheidung weitgehend verblassen, ohne jedoch ihr grundsätzliches Recht zu verlieren.

Eine zweite kritische Bemerkung, die sich nicht vermeiden läßt, betrifft Schweitzers Urteil über Kants Lösung der Freiheitsfrage, bzw. über seine Lösungen. *H. J. Meyer* betont, daß Schweitzer in der »Religion innerhalb ...« »mit ihren Ausführungen über das Radikal-Böse« »die wahre Lösung der Freiheitsfrage« sehe, seine »Darstellung der höheren Problemstellung« sei »von innerster Zustimmung befeuert«.[108] Dieses Urteil ist sicherlich nicht unbegründet, aber es ließe sich fragen, ob damit der Sachverhalt erschöpfend beschrieben ist. Gewiß hält Schweitzer die Freiheitsfrage in der »höheren Problemstellung« für einen großen Fortschritt über die erste Fragestellung hinaus. Er erblickt in dem Abschnitt über das radikale Böse »die bündigste und tiefste Festlegung des Freiheitsproblems in seiner höheren Form, die sich vielleicht in der Weltliteratur überhaupt findet«[109], ja, er beurteilt sie als die »tiefste Fassung, die ihr das menschliche Denken überhaupt zu geben vermag«.[110] Muß aber die Anerkennung einer Problemstellung und ihrer Formulierung schon die Anerkennung der Problemlösung bedeuten? Bei aller Vorliebe für »die sittliche Tiefe« der höheren Problemstellung scheint Schweitzer die Schwierigkeiten dieser Lösung nicht zu verkennen. Er sieht offenbar ein, daß diese Lösung keine wirkliche Lösung ist, schon wegen der hierbei entstehenden Nötigung zu einem regressus in infinitum. So hält Schweitzer das Zustandekommen der sittlichen Gemütsverfassung auf dieser Grundlage für »unbegreiflich« und sieht den Gedankengang schließlich zu der Folgerung geführt, »daß der sittliche Gemütszustand als angeboren gedacht werden muß und doch nicht als sol-

---

104 S. 101.
105 S. 115.
106 S. 119.
107 *Kant:* Religion, S. 421.
108 *H. J. Meyer:* Doktorarbeit, S. 70 f.
109 RK S. 102.
110 S. 119.

cher vorgestellt werden darf«.[111] Kann ein solcher Widerspruch als endgültige Lösung gelten? Aus alledem ergibt sich, daß »die Tatsache des Sittengesetzes in uns keine Vorstelligmachung der Möglichkeit« der Freiheit, sondern nur die »Forderung« dieser Möglichkeit bietet.[112] Eindeutiger kann die Lage nicht bestimmt werden: nicht eine Lösung des Problems ist gegeben, sondern dieses selbst besteht nach wie vor!

Immerhin hat Schweitzer den Gedankengang, der zu diesem Lösungsversuch gelangt, in der Tat hoch geschätzt, weil er nach seiner Ansicht dem sittlichen Bewußtsein entgegenkommt. Bei der ursprünglichen Lösung des Freiheitsproblems auf dem Boden des kritischen Idealismus, der Freiheitsfrage in der »ersten Fassung«, geht die Eigenart der Handlungen verloren, insofern sie auf eine Ebene mit den übrigen Erscheinungen gerückt werden, und ebenso werden die sittlichen und die unsittlichen Handlungen gleichermaßen zu Entsprechungen ihres jeweiligen intelligiblen Grundes. Alle Handlungen, sittliche wie unsittliche, sind unmittelbar zu ihrem intelligiblen Korrelat wie die außermenschlichen Naturerscheinungen auch. Daß Schweitzer demgegenüber bei der Annahme eines wirklich entscheidenden intelligiblen Aktes, in welchem die Annahme der bösen oder guten unwandelbaren Grundsätze sich vollzog, den Ernst der sittlichen Haltung besser gewahrt sieht, erscheint verständlich. Die Frage ist jedoch, ob eine solche einmalige Entscheidung, welche die Entwicklung des Charakters und die sittliche Qualität der Handlungen eines Lebens ein für allemal festlegt und alles weitere als einen daraus folgenden notwendigen Prozeß begreift – ganz abgesehen davon, ob sie bei Kant mehr als ein untergeordneter Gedankengang ist – nicht auf der andern Seite dem sittlichen Bewußtsein ebenfalls allzusehr widerspricht. »Es gab nur *eine* freie Willensentscheidung, nämlich diejenige, welche die Entwicklung des Charakters« »begann und bedingte«: ist das nicht mehr Schopenhauer als Kant, und kommen wir damit nicht vom Regen unter die Traufe? Das sittliche Bewußtsein enthält diese Festlegung ein für allemal auf Grund eines einmaligen Aktes doch sicherlich nicht. Es lebt von der Möglichkeit neuer Anfänge. Insofern ist Schweitzers Schätzung des Freiheitsgedankens in seiner höheren Fassung gerade unter dem Gesichtspunkt des sittlichen Interesses nicht gerechtfertigt, sie wirkt übertrieben. Die Lösung des Freiheitsproblems in der ersten Fragestellung, die Auffassung jeder einzelnen isolierten Handlung als völlig bedingt und zugleich als durchaus frei, ist zwar von einer unerhörten Absurdität und ganz und gar unhaltbar, aber sie wahrt doch wenigstens das Anliegen, das der sittlich handelnde Mensch sich jederzeit zum Erstreben des Guten aufraffen soll und kann. Die Lösung des höheren Freiheitsproblems dagegen scheint einen gewissen Vorteil für einen noch

---

[111] S. 111. [112] S. 115.

größeren Nachteil einzutauschen, bis Kant dazu übergeht, beide Lösungen und damit beide Nachteile miteinander zu verbinden.[113]

Hier wird es schließlich unvermeidlich, in einer dritten kritischen Bemerkung zu diesem Punkte noch einen Schritt weiter zu gehen. Schweitzer überschätzt nicht nur Kants Erörterung des höheren Freiheitsproblems, sondern er ist offenbar auch nicht durchgedrungen zu der Erkenntnis, wie verfehlt Kants Verhältnis zur Freiheitsfrage überhaupt, von Grund auf und in seinem ganzen Umfang, ist. Eine immanente Kritik, wie Schweitzer sie gibt und nur geben wollte, der Nachweis von Schwierigkeiten und Widersprüchen, in welche Kants Denken innerhalb seiner eigenen Voraussetzungen führt, ist gewiß zunächst sehr lehrreich und verdienstvoll. Aber wirklich klar und erschöpfend läßt sich zu Kants Philosophie der Freiheit nur Stellung nehmen, wenn man seine Voraussetzungen aufgibt und diese Freiheitslehre ohne jedes Zugeständnis von außen betrachtet. Dann ist gegen die Lösung dessen, was Schweitzer die Vorfrage nennt, die aber bei Kant doch wohl die eigentliche und hauptsächliche Lösung darstellt, die Unterscheidung der restlos determinierten Handlungen der Erscheinungswelt von den freien Akten der zeitlosen intelligiblen Welt, nicht nur einzuwenden, daß sie dem sittlichen Bewußtsein nicht genügt, sondern dann muß schon die Annahme zeitloser Akte als Widerspruch in sich rundweg abgelehnt werden, dann erscheint das gesamte selbstverständliche Argumentieren mit einer zeitlosen Welt, die alle Schwierigkeiten in nichts aufzulösen bestimmt ist, als ein Zauberkunststück, bei dem wir uns nur darüber wundern können, daß sein Erfolg so viele Gutgläubige gefunden hat. Schweitzer hebt zwar, wie mehrfach erwähnt, den Widerspruch hervor, der durch die Übertragung zeitlicher Vorstellungen auf das Intelligible, Zeitlose entsteht, läßt jedoch die Erkenntnis vermissen, wie schlecht überhaupt die Ansicht begründet ist, die eigentliche Wirklichkeit sei raum- und zeitlos, auf wie schwachen Füßen also der sogenannte kritische, in Wahrheit hier sehr unkritische Idealismus tatsächlich steht, wie unwahrscheinlich es deshalb von vornherein sein muß, daß gerade er imstande sein sollte, beim Freiheitsproblem die entscheidende Wende zu bringen.

Bei Licht besehen zeigt sich überdies, daß Kants Freiheitslehre, die ihn in einen so schweren Widerspruch verwickelt, schon von einer regelrechten petitio principii ausgeht: es gibt sittliche Zurechnung, also gibt es Freiheit. Mit der Absage an den Kritischen Idealismus überhaupt im Namen eines sehr viel besser begründeten Kritischen Realismus wird dieser ganzen, geradezu abenteuerlichen Freiheitslehre der Boden entzogen, so daß sie als einer der schwächsten Punkte der Kantischen Philo-

---

[113] In dieser Hinsicht ist auch *Jodls* Bemerkung zu beachten, er glaube nicht, »daß sich in der kantischen Freiheitslehre eine eigentliche Entwicklung aufweisen läßt. Eine genaue Vergleichung der Stellen dürfte vielmehr zeigen, daß der ganze Begriff« (der Freiheit) »bei Kant fortwährend im Schwanken ist« (Geschichte, S. 599).

sophie dasteht. Berücksichtigt man noch die grundlegenden Ergebnisse der deterministischen Philosophie: daß eine sittliche Zurechnung im absoluten Sinne überhaupt unmöglich, im relativen Sinne aber nur unter Voraussetzung einer durchgehenden Determination möglich ist,[114] so wird Kants Freiheitslehre zu einer Angelegenheit, über die eine sachliche Diskussion im Ernst nicht mehr stattfinden kann. Gewiß darf man Schweitzer keinen Vorwurf daraus machen, daß er eine so kritische Sicht nicht schon in seiner ersten Arbeit gewonnen hat. Das Gesagte war aber unerläßlich, um die Grenze seiner zweifellos hoch zu bewertenden Leistung anzudeuten, um zu zeigen, daß das Scheitern der Kantischen Philosophie der Freiheit nicht, wie es nach Schweitzer manchmal aussehen könnte, nur an einzelnen Denkfehlern liegt, sondern daran, daß Kants Argumentation bei aller Anerkennung des Scharfsinns und Tiefsinns seines Denkens hier von vornherein schlecht begründet und nicht haltbar ist. Der Fehler liegt nicht irgendwo in der Philosophie Kants, er liegt an der Kantischen Philosophie insgesamt.

Das wichtigste Ergebnis von Schweitzers Untersuchung, viel wichtiger als die Unterscheidung der beiden Fragestellungen hinsichtlich der Freiheit für sich allein betrachtet, ist sicherlich die These, daß sich bei Kant ein tiefer Antagonismus bemerkbar macht zwischen der Methode und den Grundanschauungen des Kritischen Idealismus einerseits und den Forderungen der praktisch-sittlichen Vernunft andererseits. Diese These ist der zentrale Gedanke des Buches, von dem es seine eigentliche Signatur empfängt, und an der Frage, ob sie als erwiesen gelten kann, hängt zu einem wesentlichen Teil das Urteil über seine Bedeutung. Wie steht es damit? In der umfangreichsten Untersuchung, die jemals über Kants Religionsschrift erschienen ist, hat *J. Bohatec*[115] diese Frage verneint. Der Schwerpunkt und Wert der genannten Arbeit wird durch ihren Untertitel angedeutet, sie stellt Kants Denken in die theologische Literatur seiner Zeit hinein und hat unser Verständnis Kants dadurch wesentlich bereichert. Wenn ihr Verfasser jedoch auf Grund des Vorwurfs, Schweitzer habe einzelne Stellen bei Kant nicht richtig interpretiert[116], zur Ablehnung jener Hauptthese Schweitzers gelangt, so wird man sehr bezweifeln müssen, daß dessen breit fundierte Ansicht auf diese Weise überwunden werden kann. Ginge es nur um die Interpretation einiger weniger Stellen, so würde die Lage hier vergleichbar sein mit Schweitzers Leben-Jesu-Konstruktion, deren Beurteilung sich in der Tat zuletzt auf die Frage der Interpretation ganz weniger Stellen zuspitzte. In Wahrheit ist die Lage bei Kant doch eine völlig andere, weil eben das Material, an dem Schweitzer seine Auffassung hier erarbeitet hat, uns unverhältnismäßig nähersteht und keinerlei Lücken aufweist. Selbst wenn es sich so

---

[114] Vgl. dazu *H. Groos:* Willensfreiheit.
[115] *Bohatec:* Religionsphilosophie.
[116] RK S. 298 ff.

verhalten sollte, daß Schweitzer einige Äußerungen Kants nicht richtig aufgefaßt hat, was auszumachen in diesem Zusammenhang zu weit führen würde, so würden sich solche etwaigen Fehlurteile wie unbedeutende Krankheitsherde in einem kräftigen Körper, innerhalb der nicht nur an vereinzelte Stellen gebundenen, sondern hinreichend begründeten Gesamtansicht abkapseln. Schweitzers Hauptthese vom Antagonismus zwischen der Einstellung des kritischen Idealismus und den Tendenzen des sittlichen Bewußtseins dürfte sich deshalb kaum erschüttern lassen. Vielmehr handelt es sich um eine allgemeiner begründete Erkenntnis, die, einmal gewonnen, von Einzelheiten der Interpretation weitgehend unabhängig wird. Auch einige Feststellungen, denen Schweitzer großes Gewicht beilegt, wie die, daß der Idealismus es grundsätzlich mit der Identität des erkennenden und des handelnden Subjekts zu tun hat, während das Sittengesetz sich auf eine Mehrheit von moralischen Wesen bezieht, oder auch, daß der regressus in infinitum in der Freiheitsfrage, den der Idealismus durch den Begriff der intelligiblen Ursache zu überwinden sucht, Kant durch das Weiterdenken der sittlichen Frage aufs neue aufgenötigt wird, können wir, nachdem der Bau aufgeführt ist, als Gerüst abbrechen: das eigentlich Wesentliche und ganz und gar Entscheidende bleibt doch dies, daß für den kritischen Idealismus Freiheitsakt und zeiträumliche Handlung parallel verlaufen, so daß diese der bloß sinnliche Ausdruck jenes ist, während das sittliche Denken die freie Entscheidung der Handlung zeitlich vorausgehen läßt[117]. Wie könnte es auch anders sein, da Begriffe wie Handeln und Entscheidung notwendig in der Zeit verlaufen, so daß von ihr tatsächlich gar nicht abgesehen werden kann. Der Idealismus errichtet sich mit seinem Begriff des Intelligiblen ein Wolkenkuckucksheim, das in dem Augenblick, wo es ernst wird und das sittliche Bewußtsein seine Fragen und Forderungen stellt, wie eine Seifenblase zergeht. Dieses Intelligible steht schon insofern zur sittlichen Einstellung in Spannung, als es unter seiner Voraussetzung schwerfällt, wie Schweitzer betont, die menschlichen Handlungen von den übrigen Erscheinungen abzugrenzen, wodurch die Gefahr einer Nivellierung des spezifisch sittlichen und des außersittlichen Geschehens nahegelegt wird. Als eine weitere Schwierigkeit ergibt sich, daß, falls man das Intelligible mit dem Idealen, Guten gleichsetzt, das Böse irgendwie aus der Sinnlichkeit abgeleitet werden muß, eine gefährliche Konsequenz. Wird aber umgekehrt das Intelligible auch zum Quellort des Bösen gemacht, so müßte die eigentliche Entscheidung als in einer dem wirklichen, d. h. in Zeit und Raum existierenden Menschen im Grunde ganz fremden Sphäre stattfindend gedacht werden – eine nicht weniger gefährliche Konsequenz. Versucht der kritische Idealismus, beides miteinander auszugleichen und seine erkenntnistheoretisch bestimmte Anschauung mit den Interessen des sittlichen Denkens zu verbinden, so entstehen alle jene Schiefheiten und Verrenkungen,

---

[117] S. 103.

die Schweitzer bei Kant aufgespürt hat. Es ist zuletzt ein einfaches Ergebnis, das damit erreicht wird, aber es ist wichtig genug, um alle jene umständlichen Analysen, die Schweitzer anstellt, zu rechtfertigen, und es darf wie gesagt als derart gesichert gelten, daß einige vielleicht korrekturbedürftige Einzelheiten getrost geopfert werden können. Unser Doktorand hat die Unhaltbarkeit des erkenntnistheoretischen Idealismus noch nicht allgemein und in ihrer ganzen Breite erkannt, aber er zeigt bereits das Gespür dafür und er hat diese Erkenntnis von seiner Aufgabe und Sicht aus in hohem Maße gefördert. So liegt hier nicht das geringste seiner Verdienste. Es gibt manches scharfsinnige Buch über Kants Philosophie; das Schweitzers ist aber auch eines der tiefsten und gewichtigsten.

Das Urteil über Schweitzers Kantwerk war jedoch von Anfang an zwiespältig. Neben der Anerkennung der Gründlichkeit, des äußersten Scharfsinns, der Originalität in der einen Rezension *(Mayer)* steht in einer anderen der Vorwurf der Künstelei *(Stange)*. Die Tatsache, daß wir dieser verschiedenen Beurteilung auch in späteren Stellungnahmen wieder begegnen, legt die Annahme nahe, daß damit Züge genannt sind, die dem Buche tatsächlich zukommen, um so mehr, als beide Urteilsrichtungen später sogar bei einem und demselben Autor auftreten, noch dazu einem so kompetenten wie *Heinrich Scholz*, der die Arbeit nicht genügend beachtet findet [118] und als »lehrreich, aber durch übertreibenden Scharfsinn entstellt« ansieht [119]. Ähnlich kritisch, aber den Akzent sehr viel positiver setzend, urteilt *Troeltsch*, wenn er hinsichtlich der von ihr behandelten Probleme »die Schrift von Schweitzer trotz mancher überscharfsinniger Meinungen« »mindestens vorläufig für das letzte Wort« hält [120]. Eben dies will *Bohatec* [121] durchaus nicht gelten lassen. Er bezeichnet Schweitzers Hauptthese als »eine leere, auf Mißdeutungen der Absichten Kants aufgebaute Konstruktion« [122] und wirft ihm »philosophische Haarspaltereien« [123] vor. Glücklicherweise braucht, wenn man die Stimmen chronologisch betrachtet, die Reihe der Urteile hiermit nicht beschlossen zu werden. Die neueste Würdigung, von *Hermann J. Meyer*, hebt an der Untersuchung hervor, daß sie Zeugnis ablegt »von dem Mut zur Wahrheit«, »einer unermüdlichen Energie des Denkens, die die schwierigsten Gedankenverflechtungen bis in die letzten Gründe hinein verfolgt, und einer Klarheit und Prägnanz der Sprache, die die innerste Bewegung eines Gedankengangs wiederzugeben weiß« [124].

Freilich ist mit dieser ausgezeichneten Charakteristik nicht die Frage beantwortet, wieviel Wahrheit das Buch enthält und wo im einzelnen die

---

[118] *Scholz:* Religionsphilosophie des Als-ob, S. 37.
[119] S. 45, Anm. 3. Vgl. auch S. 46, Anm. 1.
[120] *Troeltsch:* Historische, S. 40.
[121] *Bohatec:* Religionsphilosophie, S. 8.
[122] S. 300.
[123] S. 302.
[124] *H. J. Meyer:* Doktorarbeit, S. 74.

Grenzen zwischen Wahrheit, Übertreibung und möglicherweise auch Irrtum verlaufen. Auch in der vorliegenden Behandlung konnte diese Nachprüfung am gesamten Detail nicht vorgenommen werden. Es mußte genügen, die einigermaßen feststehenden hauptsächlichen Ergebnisse als solche herauszustellen. Es sind dies, um sie noch einmal zusammenzufassen, die Entdeckung der »religionsphilosophischen Skizze« in der ›Kritik der reinen Vernunft‹ als einer selbständigen früheren Abhandlung, sodann namentlich der Nachweis einer großen Anzahl von Unstimmigkeiten in Kants Hauptschriften, wobei man über eine Unstimmigkeit mehr oder weniger nicht zu streiten braucht, ferner die darauf aufbauende erstmalige Darstellung einer Entwicklung seines religionsphilosophischen Denkens – ohne daß Schweitzers Arbeit hier vollständig und endgültig sein konnte – und schließlich und vor allem eben die Aufdeckung jenes Antagonismus zwischen den Tendenzen des kritischen Idealismus als Erkenntnistheorie und denen des sittlichen Bewußtseins. Darüber hinaus ist auch hier wieder zu sagen, daß die Bedeutung mancher Bücher sich nicht in der Summe ihrer richtigen Behauptungen erschöpft. Selbständigkeit und anregende Wirkung sind selbständige Dimensionen der Beurteilung. Die eigene Art Schweitzers schon in dieser seiner ersten Arbeit ist sehr bemerkenswert; ihre anregende Wirkung hat sich dagegen in bescheidenen Grenzen gehalten. Die angesichts der Bedeutung ihrer Ergebnisse, ihrer Originalität, der erstaunlichen sittlichen Reife des jugendlichen Verfassers und des Tiefgangs seines Denkens verhältnismäßig geringe Beachtung dieses Werkes zeigt sich schon darin, daß es als einzige von Schweitzers wesentlichen Veröffentlichungen bisher keine neue Auflage erlebt hat, so daß man es selbst in großen wissenschaftlichen Bibliotheken mit Kriegsverlusten vergeblich sucht[125]. Selbstverständlich kommt die eigentliche Fachliteratur über Kants Religionsphilosophie nicht um die Anführung Schweitzers herum. Anders steht es mit der Berücksichtigung der Schweitzerschen Arbeit im allgemeinen Schrifttum über Kant. Wenn beispielsweise *R. Kroner* unbedenklich von Kants Religionsphilisophie schreibt, »wie sie in der Kritik der praktischen Vernunft begründet und in der Schrift über die Religion innerhalb der Grenzen der bloßen Vernunft zur Ausführung gebracht wird«[126], so scheint Schweitzer seine Arbeit, welche die Differenzen der genannten Schriften so überzeugend herausstellt, vergeblich geschrieben zu haben. Diese beschränkte Auswirkung des Buches ist unverdient. Berücksichtigt man, daß wir die Erstlingsarbeit eines Vierundzwanzigjährigen vor uns haben, konzipiert und vollendet in Paris im Zeitraum eines halben Jahres, das daneben mit Musik – Orgelunterricht und außerdem noch Klavierunterricht bei zwei verschiedenen Lehrern nebeneinander! – und Geselligkeit reichlich angefüllt war,

[125] Der Verfasser des vorliegenden Buches hat es sich im Laufe der Jahre wohl sechs- oder siebenmal auf dem Wege des Leihverkehrs von auswärts besorgen lassen müssen.
[126] *Kroner:* Kant, S. 205.

infolgedessen großenteils in Nachtstunden entstanden, so bleibt sie auf jeden Fall eine erstaunliche Leistung.

Das erste wissenschaftliche Werk Schweitzers ist schließlich nicht nur als *Kant*werk bedeutend, es ist für uns auch im Hinblick auf seinen Verfasser von besonderem Interesse, sind doch einige uns bekannte Züge in dessen Bilde schon hier unverkennbar. Es war bereits davon die Rede, daß die Analyse der Kantischen Religionsphilosophie für Schweitzer sogleich zur Untersuchung ihrer Entwicklung wurde. Noch auffallender ist in dieser Arbeit über einen religionsphilosophischen Gegenstand nicht nur das große Gewicht der ethischen Fragestellungen, sondern auch die allein entscheidende Bedeutung des ethischen Maßstabs. Das Interesse Schweitzers gehört bereits hier fast ausschließlich dem Sittlichen: die Frage, ob und inwieweit Kant dem Anliegen der Religion gerecht wird oder doch nahe kommt, rückt gar nicht in den Blickpunkt. Alles, was Schweitzer an der Entwicklung Kants anerkennend und rühmend hervorhebt, betrifft die Vertiefung seines ethischen Denkens. In der ›Religion innerhalb‹ findet die Auffassung Gottes als des moralischen Weltherrschers seine lebhafte Zustimmung, aber auch das Herabsinken der Idee Gottes zu einem Hilfsbegriff und mehr noch der fast völlige Fortfall der Idee der Unsterblichkeit werden beifällig aufgenommen. Hier scheint sich schon der spätere Agnostizist vorzubereiten, der dieser wesentlichen Hoffnung des religiösen Menschen, wenigstens in unserem Kulturkreis, mit einer an Abneigung grenzenden Uninteressiertheit gegenübersteht und sie stets und überall ignoriert. Der Held der ganzen Darstellung ist offensichtlich das sittliche Denken in seinem Gegensatz zur Position des Kritischen Idealismus. Was die immer stärkere Berücksichtigung und immer reinere Herausarbeitung des Sittlichen eigentlich mit dem Religiösen zu tun habe, diese Frage wird von Schweitzer nicht einmal gestellt, geschweige beantwortet, sie besteht für ihn vielleicht noch weniger als für Kant. Deutlich gehört Schweitzers Interesse vor allem dem Ziel der »moralischen Menschheit«; das Religiöse im engeren Sinne beschäftigt ihn demgegenüber auffallend wenig oder, genau genommen, überhaupt nicht. [127] Dabei wird man allerdings auch zu bedenken haben, daß das Zurücktreten der eigentlichen religionsphilosophischen Problematik die ganze Zeit der Entstehung dieser Arbeit und insbesondere die philosophische Umwelt Schweitzers in Straßburg charakterisiert. Seine akademischen Lehrer in der Philosophie, Windelband und Ziegler, standen dem Positivismus mehr oder weniger nahe, und in den Augen Theobald Zieglers, des zur philosophischen Ethik und Pädagogik übergegangenen ein-

---

[127] Wie *H. J. Meyer* (Doktorarbeit, S. 68) zu der Ansicht gelangt, hinter dem Widerstreit einer kritischen, oder besser gesagt: kritizistischen, und einer ethischen Religionsphilosophie, der Schweitzer beschäftigte, stehe der Widerstreit von Glauben und Wissen, ist unerfindlich. Das viel verhandelte Problem »Glauben und Wissen« ist ein ganz bestimmtes, das von Schweitzer gerade nicht behandelt wird.

stigen Tübinger Stiftlers und späteren Straußbiographen, des Anregers und Hauptgutachters der Schweitzerschen Arbeit, dürfte das, was heute als ein Mangel empfunden werden muß, eher einen Vorzug bedeutet haben. Indessen ist diese Übereinstimmung zweifellos nur sekundär, das Dominieren des ethischen Gesichtspunktes beruht in erster Linie nicht auf Beeinflussung durch die Zeit, sondern entspricht mehr noch und vor allem der Einstellung Schweitzers selbst.

Wenn so die philosophische Grundhaltung seiner späteren Jahre und Hauptwerke schon in diesem Erstling deutlich sichtbar wird, so gilt das nicht in demselben Maße von der Eigenart des Schriftstellers. Der Kantische Stil seines Kantbuchs wurde schon erwähnt. Es wurde aber auch gesagt, daß trotz der längeren Sätze und langen Absätze die Klarheit der Ausführungen durchweg anzuerkennen ist. In auffallendem Gegensatz zur straffen Gedankenführung des ausgereiften Mannes steht jedoch die große Ausführlichkeit des jungen Autors, der naturgemäß noch keinen Abstand von seinem Gegenstand besitzt, nicht so wie der ältere ganz darüber steht. Er treibt die Gründlichkeit und Ausführlichkeit der Analyse hier so weit, daß im Vorbeigehen auch noch die ästhetischen Probleme der »Kritik der Urteilskraft« teilweise mit herangezogen werden, die in keinem wirklichen sachlichen Zusammenhang zu den religionsphilosophischen Ausführungen stehen. Dagegen tritt ein beherrschender Zug des späteren Schriftstellers bereits in diesem Werk in Erscheinung, die Neigung, weit ausgeführte Bilder in die hier sehr abstrakten Erörterungen einfließen zu lassen. Diese plastische Art des Denkens ist ihm, wie sich zeigt, von Anfang an eigen. Als Beispiele seien zwei sehr charakteristische Vergleiche gebracht, die sich auf das undurchsichtige Verhältnis der Hauptideen bzw. Postulate untereinander beziehen:

> Man erwartet, »daß durch die Darlegung des Bestehens eines praktischen Gebrauches der theoretischen Vernunft die drei Ideen der theoretischen Vernunft mit einem Schlage, zu gleicher Zeit, jede unabhängig von der anderen, praktisch realisiert werden. Im Augenblicke der Gleichgewichtslage zeigen sie alle dieselbe Belastung; sie befinden sich auf der gleichen Fläche, ohne miteinander verbunden zu sein. Teilt ihnen eine Kraft die Fallbewegung mit, so müssen sie zu gleicher Zeit den festen Boden erreichen. Diese im Wesen des obigen Planes begründete Erwartung täuscht nun der weitere Verlauf der Darstellung in der religionsphilosophischen Skizze und der Verlauf aller Darstellungen der kantischen Religionsphilosophie überhaupt. Man hat denselben Eindruck, wie wenn man auf einer Rennbahn die Renner in gleicher Höhe an sich hat vorbeikommen sehen; nun entzieht eine Biegung der Bahn dieselben unserem Blick bis zu dem Augenblick, wo sie durchs Ziel gehen; hier aber hat sich das Feld aufgelöst: in ungleichen Abständen kommen sie an, ohne daß man sich über die Vorgänge klar wird, welche, während die Renner unserem Blick entzogen waren, das ungleiche Vorwärtskommen bedingt haben.« [128]

---

[128] RK S. 8 f.

»So hat durch die Verrückung der Stellung und Art des Freiheitsbegriffs der ganze Gedankengang die Orientierung verloren, und die Fahrzeuge, die vorher in fester Ordnung durch die Meerenge segelten, bieten jetzt, nachdem sie die hohe See erreicht haben, das Bild größter Unordnung, wobei das Flaggschiff, welches die Fahrt leitete, durch Kollision beschädigt, gar unterzusinken und die Flotte führerlos jedem Zufall preiszugeben droht; mit diesen Worten kann man den Eindruck wiedergeben, den man davonträgt, wenn man S. 160 dem Satz unvermutet begegnet: ›Wie aber auch nur die Freiheit möglich sei, und wie man sich diese Art von Kausalität theoretisch und positiv vorzustellen habe, wird dadurch nicht eingesehen (gemeint ist die praktische Realisierung der Ideen), sondern nur, daß eine solche sei, durchs moralische Gesetz und zu dessen Behuf postuliert!‹ « [129]

Ferner mögen an dieser Stelle noch zwei Bilder folgen, mit denen der Charakter und die Stellung der Kritik der praktischen Vernunft veranschaulicht werden, darunter eines, das in der schon früher hervorgehobenen Verbindung von Treffsicherheit und Schönheit besonders bezeichnend für Schweitzer ist.

»Nur die Energie der sittlichen Weltauffassung, nicht die innere, notwendige Entwicklung des Gedankengangs, erhält in der Kritik der praktischen Vernunft den Satz aufrecht, daß das höchste Gut Gegenstand der sittlichen Arbeit des einzelnen moralischen Subjekts in dieser Welt sei. Durch diese Einseitigkeit in der Gedankenorientierung der Kritik der praktischen Vernunft bekommen die Umrisse ihres Gedankenaufbaus etwas Schroffes und Herbes. Unvermittelt erheben sich drei gewaltige Bergkegel auf weiter Steppe; jede Zacke, jede Zerklüftung im Gestein zeichnet sich auf dem gleichförmigen Hintergrund in scharfen Umrissen ab; kein Baum, keine blumige Matte geleitet den Wanderer bis zum Gebiet des ewigen Schnees; es fehlt der Frühling, um dieses Gestein zu beleben; es fehlt der Herbst, der durch seinen Zauberschleier für das ferne Auge diese schroffen Linien mildern könnte. In der ganzen Kritik der praktischen Vernunft klingt der teleologische Gedankengang, dessen Bedeutung für den Gottesbegriff Kant in der transzendentalen Dialektik so richtig erkannt hat, und welcher dann in der Kritik der Urteilskraft neu entsteht, in keinem Worte an.« [130]

»Die Kritik der praktischen Vernunft stellt eine Etappe in dem Gang der Religionsphilosophie Kants dar; sie ist gleichsam ein enger Paß, durch den das Gedankenheer Kants auf dem Zuge von dem Gebiete der vorkritischen Unentwickeltheit zu dem Gebiete der reifsten Gedankenvollendung hindurchziehen mußte.« [131]

Selten wohl findet sich der tiefste Gehalt eines großen wissenschaftlichen Werkes in einem einzigen Bilde derart anschaulich verdichtet.

Es ist nicht verwunderlich, daß Schweitzer auf Grund dieser ebenso scharfsinnigen wie tiefgründigen Untersuchung von seinen Lehrern nahegelegt wurde, sich für das Fach der Philosophie zu habilitieren. Daß

[129] S. 152 f.
[130] S. 162.
[131] S. 200.

er von dieser Möglichkeit keinen Gebrauch machte und sich für die theologische Fakultät entschied, die ihm ebenfalls offenstand, lag zunächst daran, daß ihm trotz des eben erwähnten Zurücktretens des eigentlich religiösen Interesses das Predigen inneres Bedürfnis war und daß man eine solche Betätigung bei einem Privatdozenten der Philosophie damals nicht gern gesehen hätte. [132] Einen anderen Grund, weshalb er sich nicht für die Philosophie entschieden hat, nennt Schweitzer selbst nicht. *Picht* wird jedoch recht haben, wenn er den Grund für Schweitzers Entscheidung nicht nur hierin sieht, sondern vor allem in der Ablehnung des transzendentalen Philosophierens durch seine ganz andere, zu einem mehr naiven und elementaren Denken neigende Mentalität und letztlich in dem Umstand, daß »das zentrale geistige Anliegen« für ihn die Theologie ist, oder genauer und richtiger: noch war. »Das ethische Philosophieren setzt ein, wo diese im Stich läßt.« [133] Fast wichtiger noch als der damalige Primat der Theologie bei ihm ist aber offenbar der Umstand, daß er dazu neigt, Philosophieren eben vor allem als ethisches Philosophieren zu betreiben, wie sein Kantbuch auf das schlagendste beweist, und daß er der zu jener Zeit durchweg im Mittelpunkt stehenden erkenntnistheoretischen Arbeit kein stärkeres Interesse abgewinnen konnte. Es wäre natürlich müßig sich auszumalen, in welchem Umfang und Grad Schweitzer, hätte er sein Leben als Inhaber eines philosophischen Lehrstuhls verbracht, auf seine Hörer und Schüler und als Autor weiterer Werke auf seine Disziplin gewirkt haben würde. Aber so sehr uns heute für ihn als die wahre Alternative zur theologischen Fakultät die medizinische erscheint, läßt sich doch im Hinblick auf seine philosophische Dissertation keinen Augenblick bezweifeln, daß er auch für diese Fakultät das intellektuelle Rüstzeug in reichem Maße besessen hat.

III. Die Weltanschauung der indischen Denker

Ganz anderer Art als das Buch über die Religionsphilosophie Kants ist das zweite in diesem Kapitel zu würdigende Werk »Die Weltanschauung der indischen Denker«. Wenn dort einige wenige Hauptschriften des bekanntesten deutschen Philosophen der Neuzeit den Gegenstand der Untersuchung bildeten, wobei der Verfasser das Material vollständig zur Hand hatte, sehr genau kannte und sich bei dessen Analyse und Beurteilung allein auf seinen scharfen Verstand verlassen durfte, so handelt es sich hier um einen großzügigen Überblick über eine Entwicklung, die in einem über Jahrtausende sich erstreckenden Schrifttum unüberseh-

---

[132] LD S. 19.
[133] *Picht,* S. 43.

baren Umfangs ihren Niederschlag gefunden hat, einem Schrifttum, das dem Betrachter schon aus sprachlichen Gründen, aber auch wegen der ihm zur Verfügung stehenden sehr beschränkten Zeit nicht unmittelbar und nur zu einem ganz geringen Bruchteil überhaupt zugänglich sein konnte. Dem Verzicht auf die Sekundärliteratur in jener Arbeit steht infolgedessen bei dieser das ausschließliche Angewiesensein auf Übersetzungen und Darstellungen aus zweiter Hand gegenüber, so daß allen Ernstes zu fragen wäre, ob es nicht ein höchst zweifelhaftes Unternehmen, ein geradezu tollkühnes Abenteuer ist, auf das Schweitzer sich hier eingelassen hat. Vergleicht man mit seinem Indienbuch etwa die ebenfalls allgemeinverständlich gehaltene Darstellung der »Philosophie der Inder« von einem der hervorragendsten Indologen, *H. von Glasenapp,* hinter der die Arbeit eines ganzen Gelehrtenlebens steht und die in der Fülle des Stoffes bei aller Kürze und Übersichtlichkeit fast erdrückend wirkt, so läßt sich in der Tat nicht ersehen, woher ein Mann, der seine Tage einem großen praktischen Werk widmet, den Mut nahm, nebenbei und unter anderem sich auch noch mit der Weltanschauung der indischen Denker zu befassen. Und ist nicht schon diese Formulierung des Themas allzu gewagt, verrät nicht schon sie den Nichtfachmann? Ist nicht schon der erste Eindruck, den jeder mit diesem Stoff sich Beschäftigende empfängt, der einer ungeheuren Vielschichtigkeit und Verschiedenartigkeit innerhalb des so beispiellos üppig wuchernden indischen Denkens? Läßt sich dieses überhaupt so kurz und lückenhaft einigermaßen sachgerecht behandeln? Glasenapp nimmt z. B. daran Anstoß, daß der Zeitraum eines ganzen Jahrtausends (die Zeit unseres Mittelalters und der beginnenden Neuzeit bis 1800) von Schweitzer auf wenigen Seiten erledigt [134] und ein so bedeutendes Phänomen wie der Yoga überhaupt nicht eingehender dargestellt wird. [135] Tiefer noch greift die Kritik, die der genannte führende deutsche Indologe und ebenso der sicherlich beste Kenner der indischen und zugleich der europäischen Geistesgeschichte auf indischer Seite, *Radhakrishnan* – er freilich nicht nur Richter, sondern auch Partei in der Verhandlung –, übereinstimmend an dieser Schrift Schweitzers in der Hinsicht geübt haben, daß sie das Moment der Welt- und Lebensverneinung im indischen Denken übertreibe, die Bedeutung der Aktivität und des Ethischen dagegen unterschätze, so daß in diesem wichtigsten Punkte eine Verzeichnung des Sachverhalts erfolgt sei. [136] Danach könnte man meinen, daß Schweitzer, der sich in seiner philosophischen

---

[134] *Glasenapp:* Lebensbejahung, S. 191, Anm. 15.
[135] S. 187, Anm. 8.
[136] *Glasenapp:* Lebensbejahung. Wie *Lind* (Schweitzer, S. 178 f.) zu der Behauptung kommt, daß Glasenapp sich »im wesentlichen zustimmend« geäußert habe, ist nicht recht begreiflich. Tatsächlich hat dieser Forscher in seiner Kritik kaum ein Wort der Zustimmung oder Anerkennung für Schweitzers Darstellung gefunden. Das gilt auch von der späteren, in demselben Sinne gehaltenen Stellungnahme im Rahmen seines Buches Indienbild, S. 174 ff. – *Radhakrishnan:* Gemeinschaft.

Erstlingsarbeit als durchaus kompetent erwiesen und mit ihr, gemessen an dem Durchschnitt der Kantliteratur, eine sehr beachtliche Leistung vollbracht hatte, nach der Veröffentlichung noch weitaus wichtigerer Werke, darunter mehrere mit Recht berühmt gewordene, sich schließlich habe verleiten lassen, auf ein Feld überzugehen, in welchem er keineswegs zuständig war und schlechterdings nicht mitzureden vermochte. Wenn er es dennoch tat, so würde das im Interesse der Sache wie auch seines persönlichen Ansehens nur bedauert werden können. Von den üblichen Vorurteilen des Abendländers Indien gegenüber bestimmt, hätte er sich eines allzu einfachen Schemas bedient, so daß sein zuletzt erschienenes philosophisches Buch zugleich sein schwächstes überhaupt wäre. Während auch der, welcher etwa der Theorie der konsequenten Eschatologie ablehnend gegenübersteht, Schweitzers Beitrag zur Leben-Jesu-Forschung auf jeden Fall als bedeutend anerkennen muß, würde es sich hier, wenngleich die genannten Kritiker das in ihrem Urteil nicht offen aussprechen, im Grunde genommen um nichts anderes handeln als die Exkursion eines Dilettanten, die man als Zeugnis seiner ungewöhnlichen geistigen Beweglichkeit und Aufgeschlossenheit bewundern mag, im übrigen aber am besten mit Stillschweigen übergehen sollte. Steht es so damit?

Doch wohl nicht. Dieses kleine Buch ist in der Tat ein gewagtes Werk, aber keineswegs ein schwaches. Seine Fragestellung ist nicht nur kühn, sondern auch berechtigt und notwendig und die Untersuchung der indischen Weltanschauung unter dem Gesichtspunkt der Lebensverneinung und -bejahung in ihrem Verhältnis zur Ethik noch niemals so energisch und tiefgründig vorgenommen worden. Es ist allerdings die Arbeit nicht eines Philologen oder Philosophiehistorikers, sondern eben eines philosophischen Selbstdenkers, der sich nicht auf eine Darstellung beschränkt, sondern seinem Gegenstand zugleich kritisch gegenübertritt. Aber auch schon die bloße Darstellung verrät in manchen Punkten die Klaue des Löwen, wie zu beobachten noch mehrfach Gelegenheit sein wird.

Die Bedenken, die man gegen diese Schrift geltend gemacht hat, beziehen sich allerdings, das ist zuzugeben, nicht lediglich auf Differenzen bezüglich pheripherer Dinge, es geht dabei nicht nur um Mißverständnisse in Einzelheiten und um bloße Nuancen der Auffassung, die kein Fachmann einem Außenstehenden anrechnen würde. Es handelt sich vielmehr um den soeben bereits berührten Vorwurf einer Verkennung und Entstellung des Gegenstandes in dem gerade auch für Schweitzer sehr entscheidenden Punkt, der die Bedeutung der Welt- und Lebensverneinung betrifft. »Welt- und Lebensbejahung«, definiert er, »besteht darin, daß der Mensch das Sein, wie er es in sich erlebt und wie es sich in der Welt entfaltet, als etwas an sich Wertvolles ansieht und dementsprechend bestrebt ist, es in sich zur Vollendung kommen zu lassen und es um sich her, soweit sein Wirken reicht, zu erhalten und zu fördern. Welt- und Lebensverneinung hingegen besteht darin, daß er das Sein, wie er es in sich erlebt und wie es sich in der Welt entfaltet, als etwas Sinnloses und Leidvolles ansieht und sich dementsprechend entschließt, das Leben in sich durch Ertötung des Willens zum Leben zum Aufhören zu bringen und auf alles Wirken, das die Erhaltung und Förderung anderen Lebens bezweckt, zu verzichten«.[137] »Im indischen Geistesleben«, erklärt nun *v. Glasenapp,* »tritt das lebensverneinende Moment keineswegs so stark hervor, wie man etwa aus den Zitaten in Schweitzers Buch schließen müßte. Würde jemand ausschließlich die Werke der Mystiker und die Literatur der Mönchsorden einer Darstellung der Weltanschauung der christlichen Denker zugrunde legen, so würde ihm mit Recht entgegengehalten werden, daß das Gesamtbild, das er entwirft, alles in einer Perspektive zeigt, die nicht den tatsächlichen Verhältnissen entspricht. So bildet das asketische Schrifttum auch in Indien nur einen Bruchteil seiner Literatur.«[138] »Die Beschreibung Schweitzers trifft also nur auf die indischen Einsiedler und Mönche zu, die gleich den europäischen Eremiten und Klosterbrüdern ein beschauliches Leben führen.« »Eine Darstellung der indischen Weltanschauung, die auf Vollständigkeit Anspruch erheben will, müßte deshalb auch diejenigen Werke indischer Dichter und Denker heranziehen, in welchen Daseinsfreude, Tatendurst, heroischer Sinn, Lebensklugheit und werktätige Nächstenliebe einen Ausdruck gefunden haben.«[139] »Schließlich muß auch noch darauf hingewiesen werden, daß es eine ganze Reihe von philosophischen Systemen in Indien gibt, welchen asketische Gedanken fern liegen; der Lingakult, der Shaktismus und die Krishnaverehrung mit ihren Fruchtbarkeitsriten zeigen aufs deutlichste, daß auch im Gebiete des religiösen Glaubens nie eine einseitige Lebensverneinung Platz gegriffen hat.«[140] Ebenso betont *Radhakrishnan,* daß es im indischen Geistesleben Lebensbejahung so gut gebe wie in den europäischen Religionen die Abwendung vom Leben. Der Gegensatz von Hinduismus und Christentum ist seiner Ansicht nach nicht so stark wie der zwischen der wesensgemäß jenseitig gerichteten Religion überhaupt und dem im westlichen Leben vorherrschenden Humanismus des auf sich selbst gestellten Menschen. Welt- und Lebensbejahung und Welt- und Lebensverneinung, die Schweitzer als Antithesen und Alternativen nimmt, sind nach Radhakrishnan für die Inder in Wahrheit nur Phasen.[141] *Glasenapp* geht sogar so weit zu sagen, daß »in der indischen Weltanschauung die lebensbejahenden und lebensverneinenden Elemente eine organische *Einheit* bilden, die den metaphysischen Bedürfnissen des Inders und dem praktischen Leben in gleicher Weise Rechnung tragen«.[142] Man kommt nicht um die Einsicht herum,

---

[137] ID S. 1.
[138] *Glasenapp:* Lebensbejahung, S. 179.
[139] ebd.
[140] S. 180.
[141] *Radhakrishnan:* Gemeinschaft, S. 82.
[142] *Glasenapp:* Lebensbejahung, S. 180.

daß diese Ausführungen, die wegen der Übereinstimmung zwischen dem deutschen und dem indischen Gelehrten besonders bemerkenswert sind, eine gewisse Einseitigkeit der Betrachtung Schweitzers erkennen lassen. Sie können als Warnung dienen, sich das indische Geistesleben allzu sehr nach Art einer gewohnten Schablone vorzustellen.

Wenn also die Indologen sicherlich Veranlassung haben, die eine oder andere These Schweitzers zu berichtigen und die Akzente teilweise anders zu setzen, so muß nun doch dreierlei zugunsten Schweitzers zu bedenken gegeben werden.

1. *v. Glasenapp* urteilt, Schweitzer entwerfe ein Gesamtbild, das nicht den tatsächlichen Verhältnissen entspricht. Es wäre aber zunächst zu fragen, ob Schweitzer ein Gesamtbild überhaupt hat entwerfen wollen. Das muß sehr bezweifelt werden. Die Differenz zwischen ihm und seinen Kritikern dürfte in der Hauptsache die Folge einer verschiedenen Blickrichtung sein. Sehr deutlich wird dies, wenn v. Glasenapp, um das Verfehlte der Schweitzerschen Sicht zu demonstrieren, fragt, wie sich die Lebensverneinung der Inder im praktischen Leben auswirke, und als Antwort auf die starke Bevölkerungszunahme aufmerksam macht.[143] Damit wird das von Schweitzer behandelte Thema – und schließlich ist die Wahl des Themas ja *seine* Sache – ungebührlich erweitert. Es ist nicht einzusehen, was der Umstand, daß das Liebesspiel, in dem die Inder groß sind, Folgen für die Bevölkerungsstatistik zeitigt, mit den von ihren Denkern vertretenen Lehren und mit Schweitzers Behandlung dieser Lehren zu tun haben sollte. Er hat das, was sein Kritiker von ihm zu erwarten scheint, nämlich eine abgerundete und ausgewogene Darstellung des indischen Volks- und Geisteslebens in seiner ganzen Breite, nicht nur selbstverständlich nicht geben können, sondern es ist ihm sicherlich auch keinen Augenblick eingefallen, so etwas auch nur ansatzweise versuchen zu wollen. Er ist ja nicht als Kulturhistoriker, der es mit der bunten Mannigfaltigkeit der Erscheinungen um ihrer selbst willen zu tun hat, an den Gegenstand herangetreten, sondern mit einer philosophisch-systematischen Fragestellung, indem er der Bedeutung und Auswirkung der weltanschaulichen Lebensbejahung und Lebensverneinung auf die Kultur und Ethik, grundsätzlich gesehen, nachgeht, einer Fragestellung, wie sie ihn schon im zweiten Teil seiner Kulturphilosophie beschäftigt hatte. In dieser systematischen Problemstellung, für die der historische Überblick nur vorbereitende Bedeutung besitzt, ist es sachlich begründet, daß Schweitzer sich auf die Betrachtung der hervorragendsten Denker und der allerwichtigsten Systeme beschränkt. Wenn man mehr von ihm verlangte, als er im Sinne hatte, so mag dies einmal an dem nicht hinreichend bestimmten Titel des Buches liegen – anstatt einfach »Die Weltanschau-

---

[143] S. 178.

ung der indischen Denker« hätte es vielleicht besser, ähnlich wie von Glasenapps Beitrag »Lebensverneinung und Lebensbejahung bei den indischen Denkern« oder »im indischen Denken« geheißen – und es liegt wohl außerdem an dem Erscheinen dieser Arbeit in Form einer selbständigen Schrift, die unwillkürlich anspruchsvoller wirkt, als wenn die Studie als Teil eines größeren Ganzen ihren Platz gefunden hätte. Wenn jetzt in der Beurteilung das Unzureichende in den Vordergrund gerückt wurde, so würde man anderenfalls hervorheben, in welch hohem Grade ein Nichtfachmann sich hier in die im allgemeinen auch dem Philosophen verhältnismäßig fernliegende indische Gedankenwelt eingearbeitet hat.

2. Man wird es einer kulturphilosophisch-ethischen Betrachtung nicht verwehren können, sich in besonderem Maße für die Lebensverneinung und ihre Konsequenzen zu interessieren. Daß es in Indien in weiten Kreisen als erwünscht galt, aus dem Kreislauf der Geburten herauszugelangen und daß Philosophen diesen Wunsch aufgreifen, die Abkehr vom Leben systematisieren und methodisch vorbereiten und durchführen, ist eine so auffällige Erscheinung, daß es sich wahrhaftig lohnt, sie genauer zu untersuchen. Wenn Schweitzer die Lebensverneinung der Inder ursprünglich in ekstatischen Erlebnissen der Weltentrücktheit begründet sieht[144], so dürften freilich solche besonderen, keineswegs allgemein verbreiteten Zustände nicht ausreichen, um diese Einstellung, welcher der natürliche Lebenswille so sehr entgegensteht, in ihrer Verbreitung und Geltung in Indien verständlich zu machen. Näher liegt wohl die übliche Erklärung, die sich auch *v. Glasenapp* zu eigen macht[145], der Hinweis auf die allgemeine Erfahrung der Vergänglichkeit, der Not und Krankheit, des Leidens überhaupt. Aber wenn jene Erklärung nicht allgemein genug ist, so ist diese zu allgemein: solche Erfahrungen machen ja die Menschen überall und zu allen Zeiten, warum haben sie gerade im Denken und Trachten des alten Indiens zu dieser merkwürdig weitgehenden Abkehr vom Leben geführt? Das bleibt nach wie vor rätselhaft. Ganz gleich indessen, wie sie zu erklären ist, auf jeden Fall stellt sie ein Phänomen dar, dem nachzugehen und das in seiner geistigen Auswirkung zu verfolgen, als berechtigt anerkannt werden muß, dies auch dann, wenn es, wie Schweitzers Kritiker meinen, seinem Umfang nach von ihm überschätzt worden ist.

Es läßt sich andererseits der Eindruck nicht ganz ausschalten, daß die Auffassung der Lebensbejahung und Lebensverneinung als bloßer Phasen, die wohl gar eine organische Einheit bilden sollen, dieses Verhältnis zu sehr harmonisiert. Es verhält sich doch so, daß innerhalb der indischen Lebensanschauung die Lebensverneinung, das Einsiedlertum, der letzte Lebensabschnitt des Brahmanen oder das Mönchstum des Buddhisten

---

144 ID S. 17.
145 *Glasenapp:* Philosophie, S. 411.

besonders hoch bewertet, daß die Abwendung von der Welt als die letzte Konsequenz der Weltanschauung und die reifste Stufe des Lebens angesehen wird. Daß in den indischen Erlösungslehren das quietistische Ideal stark hervortritt, gibt auch von Glasenapp zu.[146] Schweitzer muß es deshalb unbenommen bleiben, diese Erscheinungen und Tendenzen in den Vordergrund seiner Betrachtung zu stellen. Entweder man hat überhaupt darauf zu verzichten, von *der* indischen Weltanschauung zu sprechen, oder es wird erlaubt sein, etwa den Lingakult oder den Shaktismus als weniger wichtig im Sinne des Charakteristischen und Typischen für die indische Philosophie anzusehen und sich, wie es Schweitzer tut, vor allem an den Brahmanismus und den Buddhismus als den bezeichnendsten und bedeutendsten Ausdruck der indischen Weltanschauung zu halten.

3. *H. v. Glasenapp* betont, daß die »Weltanschauung der indischen Denker keineswegs ausschließlich die Idee der Welt- und Lebensverneinung in der Definition Schweitzers vertritt«[147]. Das ist unumwunden zuzugeben. Es muß jedoch sofort hinzugefügt werden, daß eine derartige Behauptung auch gar nicht in Schweitzers Absicht gelegen hat und gelegen haben kann. Er sagt zwar am Anfang seines Buches allgemein und ohne Einschränkung, das indische Denken vertrete »die Idee der Welt- und Lebensverneinung«.[148] Es wird aber weiterhin vollkommen deutlich, daß diese Kennzeichnung nur eine erste, rohe, vorläufige darstellt und durch die alsbald folgende Feststellung interpretiert und ergänzt werden muß, daß das indische Denken in seiner Entwicklung »der Welt- und Lebensbejahung immer größere Zugeständnisse macht«[149], ja, daß seine Entwicklung geradezu »durch eine Auseinandersetzung zwischen Welt- und Lebensverneinung und Welt- und Lebensbejahung bestimmt« ist[150]. Daß es auch im Westen Lebensverneinung und in Indien auch Lebensbejahung gibt, bestreitet Schweitzer nicht nur nicht, sondern das ursprüngliche Vorhandensein und das allmähliche Erstarken der Lebensbejahung bei den Indern hat er ausdrücklich hervorgehoben und in großen Zügen verfolgt, diesem Prozeß gilt sogar sein Hauptinteresse.[151] Daß, »wenn man einseitig den Abendländern die Lebensbejahung, den Indern die Lebensverneinung zuschreibt«, dies eine unberechtigte Vereinfachung der Sachlage bedeutet[152], ist dem Kritiker sicherlich einzuräumen.

---

[146] *Glasenapp:* Indienbild, S. 150.
[147] *Glasenapp:* Lebensbejahung, S. 191.
[148] ID S. 1.
[149] S. 7.
[150] S. 200.
[151] Wenn *v. Glasenapp* bemerkt, daß Schweitzer für das behauptete Fortschreiten der indischen Denker von der verneinenden zur bejahenden Lebensanschauung einen Beweis nicht gegeben habe (Lebensbejahung, S. 191 f., Anm. 15), so darf man demgegenüber vielleicht doch fragen, ob diese Behauptung nicht auch ohne einen eigentlichen Beweis schon recht wahrscheinlich ist.
[152] *Glasenapp:* Indienbild, S. 150.

Nur fragt es sich eben, ob man nicht anerkennen muß, daß Schweitzers Sicht trotz der Ungenauigkeit, die jeder notgedrungen vereinfachenden Fragestellung anhaftet, dennoch grundsätzlich eine gewisse Berechtigung besitzt. Wenn *v. Glasenapp* schließlich auf die Kehrseite der westlichen Lebensbejahung hinweist, die in Streben nach Weltbeherrschung besteht und zu religiösem Fanatismus wie zur Erfindung der Massenvernichtungsmittel geführt hat[153], so ist Schweitzer gewiß der letzte gewesen, der diesen Zusammenhang nicht ebenso gesehen wie auch tief bedauert hat.

Besondere Aufmerksamkeit verdient sodann die Bedeutung des Handelns in der indischen Weltanschauung. Schweitzer wird von seinen Kritikern vorgeworfen, daß er sie unterschätze und dadurch auch in diesem Punkt die indische Weltanschauung verzeichne. Dabei kommt vor allem die für das indische Denken so wichtige Karman-Lehre in Betracht. *Glasenapp* unterstreicht in sehr einleuchtender Weise den aktivistisch-ethischen Charakter dieser Anschauung vom Karman, das sich in den Wiedergeburten auswirkt: »Kein religiöses oder philosophisches System der alten und neuen Zeit erkennt damit dem Leben eine so umfassende und vielfältige Wirkungsmöglichkeit zu wie die indischen«.[154] »In unendlich vielen neuen Existenzen kann« der Mensch »auf dieser Erde weiter sein Glück im Genuß, im Kampf, in eigener Vervollkommnung oder im Dienst an anderen finden.«[155] Für den Inder ist das Leben »ein gesetzmäßiger Werdeprozeß, bei dem unaufhörlich gesät und geerntet wird«.[156] Es wird sich noch zeigen, daß Schweitzer den ethischen Charakter dieser Lehre mit Recht unzureichend begründet findet, aber unabhängig von der theoretischen Frage der Begründung steht den Indern dieser ethische Charakter jedenfalls weithin fest, und daß darin ein eminent aktivistisches Moment liegt, ist von Schweitzer allerdings nicht der Bedeutung dieser Vorstellung entsprechend gewürdigt worden.

Von *Radhakrishnan* wird ferner bemängelt, daß Schweitzer das indische Einswerden mit dem Unendlichen als einen rein geistigen Vorgang nimmt, der mit dem Sittlichen nichts zu tun hat.[157] Diesem Einwand dürfte freilich kaum dasselbe Gewicht zukommen wie dem soeben besprochenen Hinweis. Wohl ist es nicht unwesentlich, daß der gelehrte indische Denker den Verzicht auf den engen Horizont des selbstischen Interesses für einen *ethischen* Prozeß erklärt, und man wird in Zukunft mehr als bisher berücksichtigen müssen, daß das Überethische dieser Einstellung, das Hinausgehobenwerden des erlösten Individuums über die moralischen

---

153 S. 149 f.
154 *Glasenapp:* Lebensbejahung, S. 181.
155 ebd. s. auch die vergleichende Feststellung: »Von diesem Gesichtswinkel aus betrachtet, setzen also die indischen Religionen eine viel größere Dauer ethischer Betätigung voraus als die westlichen« (Indienbild, S. 149).
156 *Glasenapp:* Lebensbejahung, S. 182.
157 *Radhakrishnan:* Gemeinschaft, S. 110.

Unterschiede von Gut und Böse, nur in dem Sinne zu verstehen ist, »daß einer, der frei von weltlichen Bindungen ist, auch frei von jeder Versuchung zur Sünde ist«[158]. Dasselbe gilt für Schweitzers Behauptung, die hinduistische Ethik halte innere Vervollkommnung und Ruhe für wichtiger als äußere Aktivität.[159] Radhakrishnan beanstandet hier, daß Schweitzer die inaktive Ethik der ausschließlichen Selbstvollendung so scharf der aktiven Nächstenliebe gegenüberstellt, und er sieht nicht ein, »warum wir Selbstvollendung als eine Art Inaktivität betrachten sollten«[160]. Indessen, wenn auch diese Einwände dem Abendländer als Mahnung dienen können, nicht vorschnell und einseitig zu urteilen, so ist doch in die Begriffe Ethik und Aktivität für uns so sehr das äußere Handeln und insbesondere das Verhalten von Mensch zu Mensch eingegangen, daß man Schweitzer zugestehen muß, sie vor allem in diesem Sinne zu gebrauchen. Von uns aus gesehen ist der Begriff des Geistigen im Sinne des Überethischen eben tatsächlich für die indische Einstellung kennzeichnend; das soll durchaus nicht *nur* abträglich verstanden werden, im Gegenteil. Auch Schweitzer ist sich durchaus bewußt, daß der Inder in seiner Fähigkeit zur geistigen Konzentration und Meditation der im Abendland vorherrschenden Haltung etwas voraus hat; daß jene meditative Geistigkeit aber zugleich hinter dem vollen Gehalt dessen, was uns als ethische Aufgabe gilt, zurückbleibt, wird sich kaum bestreiten lassen. Selbst *v. Glasenapp,* wenn er nicht umhin kann, Schweitzers Hinweis auf das starke Hervortreten des quietistischen Ideals in den indischen Erlösungslehren zutreffend zu finden, schließt in dieses schon erwähnte Zugeständnis ein, »daß dadurch vielfach die ethische Aktivität gelitten habe«[161]. Und es liegt doch auch nahe, das so lange währende Zurücktreten des äußeren Handelns in der Mentalität Indiens für seine unbefriedigende soziale und wirtschaftliche Lage mit verantwortlich zu machen.

Besonders beachtenswert sind nun allerdings die kritischen Bemerkungen, die *Glasenapp* hinsichtlich der Behandlung des Buddhismus durch Schweitzer macht. Dabei fallen namentlich die aktivistisch-altruistischen Züge des Mahayana-Buddhismus ins Gewicht. »Die Lehre von der allmählichen Läuterung durch gute Taten, von der Erlösung durch uninteressiertes pflichtgemäßes Handeln, von der aktiven Tätigkeit der auf ihr Nirvana verzichtenden Bodhisattvas würde«, wie Glasenapp betont, »durchaus unter Schweitzers Definition der Lebensbejahung fallen«.[162] In diesem Punkte wird das positive Element der indischen Anschauungen zwar auch von Schweitzer anerkannt, aber es hätte offenbar verdient gehabt, im Rahmen der gesamten Betrachtung stärker hervorgehoben zu werden. Auch was die Ethik des ursprünglichen Buddhismus angeht,

---

[158] S. 117.
[159] S. 119 f.
[160] S. 120.
[161] *Glasenapp:* Indienbild, S. 150.
[162] *Glasenapp:* Lebensbejahung, S. 191.

werden Einwendungen gegen Schweitzers Beurteilung gemacht, die sich freilich auf eine einstmals so anerkannte Darstellung wie die *Hermann Oldenbergs*[163] berufen kann. Angesichts der sehr verschiedenartigen Auffassungen bei den maßgebenden Autoren fällt die Urteilsbildung dem Nichtindologen hier nicht leicht. Wenn Buddha nach Schweitzer nirgends die Forderung erhebt, daß der Mensch sich bestreben soll, »nach Möglichkeit jedem Menschen und jedem Wesen Hilfe zu bringen. Er gebietet nur das Vermeiden des mitleidslosen Tuns. Das mitleidsvolle Helfen kommt für ihn nicht in Betracht«[164], so verkennt diese Darstellung nach der Ansicht v. Glasenapps, daß das Gebot des Nichttötens und Nichtschädigens (Ahinsa) nicht nur einen negativen Gehalt besitzt, sondern auch durchaus positiv zu verstehen ist. Es »finden«, wie der genannte Forscher ausführt, »alle Verbote in Geboten ihr Gegenstück, die sich in einem altruistischen Handeln zum Wohle anderer auswirken«[165]. »Diesem Gebote entsprechend haben die Buddhisten zu allen Zeiten auch werktätige Liebe geübt.«[166] Gewiß steckt in der Behauptung Schweitzers, das buddhistische Mitleid sei »mehr Verstandes-Mitleid als unmittelbares, dem Drang zum Helfen in sich tragendes Herzens-Mitleid«[167], ein richtiger Kern. Auch *v. Glasenapp* findet, daß die christliche Liebe wärmer sei als das buddhistische Mitleid, das er als »leidenschaftsloses Wohlwollen« bezeichnet.[168] Aber die geringere Wärme oder vielleicht sogar eine gewisse Kühle ist jedenfalls nicht notwendig identisch mit fehlender Aktivität überhaupt, und wenn Schweitzer meint: »Weil das Tun für sie nicht in Betracht kommt, kann sich die Ethik bei Buddha nur als Gedanken-Ethik entwickeln«[169], »der so großartigen Gedanken-Ethik des Mitleids und der Gütigkeit sollte eine entsprechende Tat-Ethik zur Seite treten. Sie fehlt«[170], so scheint dieses Urteil dem wirklichen Sachverhalt nicht in vollem Maße gerecht zu werden.

Wie Schweitzer zu seiner Stellungnahme gelangt, ist jedoch durchaus verständlich. Er geht aus von der Willens- und Lebensverneinung, die den Indern unter dem Gesichtspunkt des letzten Zieles von Religion und Philosophie so oft und angelegentlich empfohlen wurde, und meint mit Bezug hierauf: »Durch die Willens- und Lebensverneinung wird das Mitleid gegenstandslos. Sie nötigt den Menschen – wenn er sich dies

---

163 *Oldenberg:* Buddha, S. 335 f.

164 ID S. 79 f. — Vgl. *Oldenberg:* »Der Buddhismus gebietet in Wahrheit nicht sowohl seinen Feind zu lieben, als seinen Feind nicht zu hassen« (Buddha, S. 335).

165 *Glasenapp:* Weisheit, S. 76. – Vgl. auch *Konow:* Inder, S. 113 f. – *Oldenberg* charakterisiert »die Liebe, wie sie sich in der buddhistischen Sittlichkeit darstellt«, als »zwischen Negativem und Positivem schwankend« (S. 335).

166 *Winternitz:* Buddhismus, Sp. 1320.

167 ID S. 80.

168 *Glasenapp:* Weisheit S. 98. — *Konow* sagt, daß es mehr wie »ein ruhiges, erhabenes Gefühl als in der Form wirklicher Liebe oder gar Zuneigung« zu denken ist (Inder, S. 14).

169 ID S. 81.

170 S. 86.

einzugestehen wagt – das Bestreben, dem in Not befindlichen Leben Beistand zu leisten, als zwecklos einzusehen und aufzugeben.«[171] Nun ist es aber, das muß Schweitzer entgegnet werden, zweierlei, ob man sagt: Die Beistandsleistung stellt auf dem eingenommenen Standpunkt der Lebensverneinung eine Inkonsequenz dar, oder ob geradezu behauptet wird: sie findet nicht statt, bzw. sie wird nicht gefordert. Das, worauf es Schweitzer ankommt und worin ihm beizupflichten ist, betrifft das Vorliegen eines Widerspruchs, nicht mehr. »Die Weltanschauung der Welt- und Lebensverneinung begibt sich« »in den Widerspruch mit sich selber, daß sie gelebt werden will. Damit betritt sie den Weg der Zugeständnisse an die Welt- und Lebensbejahung, den sie dann bis zum Ende gehen muß.«[172] Diese Verhältnisse sind also nicht ganz einfach, nicht nur auf Seiten der buddhistischen Ethik, auch Schweitzers Darstellung und Beurteilung ist hier nicht völlig eindeutig, jedoch erheblich positiver, als Glasenapps Kritik vermuten läßt.

Mögen die Indologen bei der Bestimmung des Verhältnisses von Lebensbejahung und Lebensverneinung die Akzente etwas anders setzen und darüber hinaus einzelne Auffassungen modifizieren und berichtigen: gesehen hat Schweitzer sicherliche beide Seiten des Sachverhalts. Als seine eigentlichen Thesen lassen sich aus den Darlegungen die folgenden herausstellen: 1. Eine Ethik des Handelns ist auf dem Boden der Lebensverneinung grundsätzlich unmöglich und, soweit sie dennoch ausgebildet und ausgeübt wird, eine Inkonsequenz. 2. Die Logik der Sache führt in der Entwicklung des indischen Denkens dazu, daß die Lebensbejahung sich in zunehmendem Maße durchsetzt. Beide Aussagen aber, sowohl jene grundsätzliche als auch diese auf den tatsächlichen Geschichtsverlauf sich beziehende, werden kaum bestritten werden können. Die Grundbegriffe der indischen Systeme, die Maya, das Ahinsa-Gebot, das Mitleid, das Nirvana bieten freilich sämtlich zu einer schiefen Verhältnisbestimmung des negativen und positiven Aspekts reichlich Gelegenheit. Die Kritik an Schweitzers Darstellung hat es sich angelegen sein lassen, einige derartige nicht voll befriedigende Auffassungen richtigzustellen; darin besteht ihr Recht und ihre Bedeutung. Nicht jedoch ist seine Betrachtung des indischen Denkens unter dem Gesichtspunkt der Lebensverneinung und Lebensbejahung überhaupt als unberechtigt erwiesen worden, sie dürfte vielmehr trotz mancher teils mehr, teils weniger begründeter Einwendungen Beachtung verdienen. Und vor allem: nicht hat die Kritik den Gehalt der eben bezeichneten Thesen widerlegt. Andererseits erscheint es angebracht, Schweitzers Stellungnahme in einzelnen Punkten von gewissen Vorurteilen zu befreien. Zu bedauern ist insofern nur, daß er, wenn auch zum Teil aus sehr verständlichen Gründen, seine wissenschaftlichen Arbeiten, wie es in der Regel die Dichter mit ihren Werken zu tun pflegen,

[171] S. 80.
[172] S. 6.

bei Neuauflagen durchweg unverändert gelassen und kritische Einwände nicht verwertet hat; denn nach der Räumung unhaltbarer oder wenigstens reichlich vorgeschobener Positionen würde, ähnlich wie bei seinem Pauluswerk, das grundsätzliche Recht seiner Betrachtung wahrscheinlich noch wirkungsvoller zur Geltung gekommen sein, als es jetzt der Fall ist.

Ob nun die hier zu machenden Vorbehalte kleiner oder größer sind, der nicht im einzelnen steckenbleibende Leser des kleinen Werkes wird fragen dürfen, ob Schweitzer mit seiner Grundanschauung, daß das tiefste und wichtigste Problem des indischen Denkens im Verhältnis von Lebensverneinung und Lebensbejahung besteht und daß die gesamte Entwicklung, wie Radhakrishnan formuliert, ohne es selbst wahrhaben zu wollen, sich »als ein allmähliches Abrücken von der ›Willens- und Lebensverneinung‹ zu einer rationaleren ›Welt- und Lebensbejahung‹ darstellt«, nicht doch tatsächlich durchaus im Recht ist. Auf jeden Fall wird man sagen müssen, daß der Verfasser dieser Auseinandersetzung mit den indischen Denkern zwar nicht mit der vollen Autorität des eigentlichen Fachmanns ausgestattet ist, noch weniger aber andererseits dem Typus des Literaten angehört, der über mancherlei Sachen schreibt, die er nur flüchtig kennt und von denen er sich lediglich ad hoc in aller Eile das Nötigste angeeignet hat. Wir spüren vielmehr auf Schritt und Tritt den selbständigen Denker, bei dem eine außerordentlich eingehende Beschäftigung mit dem Gegenstand[173] mit Notwendigkeit aus seiner ganzen theoretischen Lebensarbeit erwachsen ist und der auch auf diesem Gebiet Eigenes und Wesentliches vorzubringen hat. Es lohnt sich, das an einigen Beispielen kurz aufzuzeigen.

Der Brahmanismus behauptet nicht nur die Sinnlosigkeit der Welt, sondern auch ihre Nichtwirklichkeit. Das ist für Schweitzer ein zweifacher Grund, kritisch einzuhaken. »Durch die Behauptung, daß die Welt sinnlos sei, wird zunächst die Ethik der Tat betroffen. Ethisches Wirken kann sich der Mensch in einer sinnlosen Welt nicht vornehmen«[174], wobei es freilich noch sehr darauf ankäme, was hier unter dem Begriff sinnlos zu verstehen ist. Uneingeschränkt recht hat Schweitzer jedenfalls, wenn er zweitens feststellt: »Wird aber noch dazu die Wirklichkeit verneint, so hört die Ethik überhaupt auf, eine Bedeutung zu haben. Das einzige, was der Mensch dann noch zu tun hat, ist ja dies, den Trug, als gäbe es eine Sinnenwelt, zu durchschauen.«[175] Das ist wohl von keinem anderen Autor so klar gesehen und so unzweideutig ausgesprochen worden. Daß bei den Indern neben der Lebensverneinung im Sinne des Unerwünschtseins auch die Weltverneinung als Behauptung ihrer Unwirklichkeit in dieser Stärke auftritt, macht die ganze Einstellung allerdings nur umso

[173] Wie gründlich Schweitzer die Literatur über Indien studiert hat, zeigt das Vorwort zur 1. Auflage 1935 S. VI f.
[174] ID S. 45 f.
[175] S. 46.

rätselhafter, was auch Schweitzer nicht in vollem Maße empfunden zu haben scheint.

Im übrigen ist mit dem soeben Angeführten Schweitzers Verdienst hier noch nicht erschöpft. Man kann seitenlang in Büchern über die Schriften und Systeme des Brahmanismus lesen und erhält nicht so viel Aufschluß wie durch einen einzigen Satz Schweitzers: »Die brahmanische Mystik beschäftigt sich mit der Idee der Weltentrücktheit, aber nicht mit der Idee der Erlösung.« [176] Das ist Schweitzers wirklich souveräne Art, eine Sache anzugehen und einzuordnen. Dabei handelt es sich keineswegs nur um ein zufälliges glückliches Aperçu, sondern wir haben hier den sachgemäßen Ausdruck einer umfassenden und tiefgründigen Betrachtungsweise vor uns. Es ist sehr bezeichnend, daß Schweitzer beim Brahmanismus auf einen ähnlichen Sachverhalt stößt wie bei seiner Beschäftigung mit Kant. *Seaver* hat bereits hervorgehoben, daß Schweitzer bei der Behandlung der Lehre von der Wiedergeburt und ihrer Aufnahme in den Brahmanismus »manche höchst originelle Beobachtungen« bietet [177], besonders, was den Widerspruch betrifft zwischen der universalistisch-überethischen brahmanischen Mystik, die das Einssein der Einzelseelen mit der Allseele annimmt, und der ethisch-partikularistischen Lehre vom Kreislauf der Geburten, »in dem jede Seele unter Bewahrung des unzerstörbaren Kerns ihrer Individualität« »ihre eigene Erlösung erwirbt« [178]. Daß das »zwei ganz verschiedene Dinge sind« [179], deren Vereinigung nicht gelingen kann, wird man Schweitzer zugeben müssen. Auch seine »Erklärung dafür, daß der Brahmanismus sich genötigt sah, im Widerspruch zu sich selbst, diese fremde Lehre in sein System einzubauen« – hier ist vor allem an die enge und lebendige Beziehung zu denken, in der die Wiedergeburtslehre zur Ethik steht – sowie »seine Darstellung der Veränderung, welche die« brahmanische »Lehre bei diesem Vorgang erfuhr«, kann, wie Seaver mit Recht bemerkt, »als wichtiger Beitrag zum Verständnis des indischen Denkens angesehen werden«. [180] Während man z. B. bei *Glasenapp* von diesem Widerspruch oder auch nur einer Spannung zwischen einer mehr intellektualistisch-überethischen und einer stärker vom Sittlichen bestimmten Gedankenrichtung kaum etwas erfährt, beherrscht dieser zweifellos wesentliche Gegensatz bei Schweitzer die Darstellung. »Im ganzen – das ist deutlich – löst die brahmanische Ethik des Eins-Werdens mit dem Brahman, obwohl sie die Idee der Welt- und Lebensverneinung enthält, eine große Bewegung zur Verwirklichung der Weltentsagung nicht aus. Erst mit dem Jinismus und dem Buddhismus eröffnet die Welt- und Lebensverneinung ihre große Offensive. Aber diese Offensive geht nicht

[176] S. 38.
[177] *Seaver:* Schweitzer, S. 301.
[178] S. 302.
[179] ID S. 128.
[180] *Seaver,* S. 302.

von der Mystik des Eins-Werdens mit dem Brahman aus, sondern von der Lehre von der Wiedergeburt.«[181] Bei der Herausarbeitung der erwähnten Spannung handelt es sich jedoch nicht etwa um eine einfache Wiederholung seiner Stellungnahme zu Kant; denn jetzt steht Schweitzer selbst keineswegs auf der einen Seite des Gegensatzes, fehlt doch der Mystik des Einsseins der Einzelseelen mit der Allseele das ethische Element, während dieses umgekehrt den Gedanken der Wiedergeburt für Schweitzer durchaus nicht annehmbarer macht. Die Wiedergeburt »läßt Menschen zur Strafe für ihren schlechten Wandel in die Existenz verachteter und böser Tiere eingehen. Aber wie sie sich aus dieser wieder zu einer höheren heraufarbeiten können: diese Frage beibt ungelöst.«[182] Und die angeführte Anschauung ist nicht die einzige, bei der Schweitzers Kritik ins Schwarze trifft. Er »schließt diesen überaus lehrreichen Abschnitt seines Buches, indem er eine Reihe von sechs ›Problemen‹ aufstellt, welche die Lehre der Upanishads mittelbar aufwirft, aber nicht löst«[183] — eine in ihrer Klarheit und überzeugenden Argumentation vorbildliche kritische Betrachtung.

Die entschiedene Ablehnung der Grundlehren des Brahmanismus hindert Schweitzer nicht, ihn auch sehr positiv zu würdigen. »Mitleid und Menschenliebe liegen noch außerhalb des Horizontes« der brahmanischen Ethik. »Hingegen wird der Wahrhaftigkeit eine große Bedeutung beigelegt.«[184] »Nicht nur, daß die Brahmanen Wahrhaftigkeit lehren: sie bewähren sich auch in ihr. Wo ihr Denken sie zu Erkenntnissen führt, durch die ihre Vorurteile und Interessen gefährdet werden, halten sie nicht inne. Sie, die es als ihr Geburts- und Standesprivileg ansehen, mit dem Übersinnlichen in Verbindung zu stehen, gelangen dazu, die Lehre zu verkünden, daß der Mensch als solcher dazu berufen sei. Sie, deren Amt das Darbringen der Opfer ist und die aus ihnen ihre Einkünfte beziehen, setzen den Wert derselben herab und behaupten, daß das Einzige, was not tue, rechtes Verhalten und völlige Erkenntnis sei.«[185] Diesen wichtigen Sachverhalt in aller Kürze so eindrucksvoll hervorgehoben zu haben, ist ein weiteres Verdienst Schweitzers. Er faßt ihn zusammen in einem Satze, der mit seinem Pathos und einer nicht zu übersehenden Schärfe noch einmal den Freund der Aufklärung erkennen läßt: »Die Brahmanen vollbringen also das Große und so überaus Seltene, als Priester durchaus auf Wahrheit bedacht zu sein« und fügt ein echt Schweitzersches Bild hinzu: »Die Wahrhaftigkeit blüht als Wunderblume in der Gletscherlandschaft ihrer kalten Weltanschauung.«[186] Und

---

[181] ID S. 31.
[182] S. 40.
[183] *Seaver,* S. 302.
[184] ID S. 34.
[185] S. 34 f.
[186] S. 35.

dann als Abschluß die noble Feststellung: »Ihre Ethik hat, so unzureichend sie ist, ein vornehmes Wesen an sich«.

Eine nicht weniger ausgezeichnete Herausarbeitung des Wesentlichen in der Darstellung wie auch eine Stellungnahme, die nicht nur in entscheidenden Punkten eine ins Zentrum vorstoßende Kritik bringt, sondern sich immer wieder auch um eine gerechte positive Würdigung bemüht, zeigt die Erörterung der späteren Systeme.

Wenn in der streng dualistischen Sankhya-Lehre die immaterielle, rein geistige Seele mit einer feinstofflichen psychischen vereinigt ist, selbst aber keinen Teil an den Erlebnissen und dem Schicksal der psychischen hat, sondern sie nur als absolut untätiger Zuschauer begleitet, so mag das an sich gar nicht so unsinnig sein, wie es vielleicht im ersten Augenblick erscheint – man denke z. B. an das bloße Etwas-bewußthaben des Ichs bei Hans Driesch. Indem jedoch dieses System nun der psychischen Seele die Aufgabe zuweist, durch Loslösung von allem niederen, der Materie entstammenden Begehren zu der Erkenntnis zu gelangen, daß die immaterielle Seele von ihr und der Materie frei ist, durch welche Erkenntnis die Erlösung bewirkt werden soll, findet hier eine sonderbare Vertauschung der Rollen statt, die Schweitzer sicher aufspürt und überzeugend formuliert: »Es ist also die psychische Seele, nicht – wie es die Logik« dieser Lehre »verlangen würde – die immaterielle, die sich des absoluten Wesensunterschieds zwischen dem Nicht-Materiellen und dem Materiellen bewußt wird.« [187]

Im Jainismus (Jinismus [188]) dagegen wird die immaterielle Seele selbst von den Erlebnissen des psychischen Ichs betroffen, so daß sie sich hier durch reinen Wandel von der erlittenen Befleckung freimachen muß. »Das Neue im Jinismus ist also die Bedeutung, die die Ethik erlangt.« [189] Hier entsteht das Gebot des Nichttötens und des Nichtschädigens, das von Schweitzer in kritischem und in zustimmendem Sinne gewürdigt wird. Es entsteht »nicht aus der Gesinnung des Mitleids, sondern aus der Idee des Rein-Bleibens von der Welt«. [190] Wie treffend wird so wiederum ein wesentlicher Sachverhalt mit ein paar Worten herausgestellt! »Um seiner selbst willen, nicht aus Mitempfinden für die andern Wesen, bestrebt sich der indische Fromme jener alten Zeiten, dem Grundsatz des Nicht-Tuns, der sich aus der Welt- und Lebensverneinung ergibt, in seinem Verhalten zu den lebendigen Wesen mit aller Strenge durchzuführen.« [191] Aber mit der Zeit weckt, wie Schweitzer anerkennt, das genannte Gebot doch auch mitleidige Gesinnung, die sich freilich »innerhalb der Grenzen des mitleidigen Nicht-Tuns hält und vom helfenden Mitleid ganz absieht«. [192] So beurteilt Schweitzer »die Aufstellung des Gebotes des Nicht-Tötens

---

[187] S. 55.
[188] In der Schreibung einiger indischer Begriffe weicht Schweitzer von der heute üblichen geringfügig ab.
[189] ID S. 61. [190] S. 62. [191] ebd. [192] S. 63.

und Nicht-Schädigens« als »eines der größten Geschehnisse in der Geistesgeschichte der Menschheit. Von seinem in Welt- und Lebensverneinung begründeten Grundsatz der Enthaltung vom Tun aus gelangt das altindische Denken – und dies zu einer Zeit, da es in der Ethik sonst noch nicht besonders weit voran ist – zu der ungeheueren Entdeckung der Grenzenlosigkeit der Ethik!« Schweitzer denkt hierbei an den Umstand, daß unser sittliches Handeln sich nicht nur auf die Mitmenschen bezieht. Klar ausgesprochen findet sich diese Grenzenlosigkeit, »soviel wir wissen, zum ersten Male durch den Jinismus«.[193] »Im Jinismus nimmt die indische Welt- und Lebensverneinung erstmalig ethischen Charakter an.«[194] Kann eine Anerkennung indischen Denkens sachlicher und wohlwollender sein als die hier von Schweitzer gegebene, und kann jemand in höherem Grade zuständig sein für diese Anerkennung als gerade er, um dessen Grundproblem es hier geht?

Was nun den im Vordergrund des allgemeinen Interesses stehenden Buddhismus betrifft, so meint allerdings auch *Seaver*, daß Schweitzer ihn zu sehr mit den Augen des Europäers betrachte[195] und den Wunsch habe, »ihn zu seinen Ungunsten mit dem Christentum in Kontrast zu stellen«[196]. Indessen, wenngleich in dieser Beziehung, wie erwähnt, einige Vorurteile mit im Spiel sein mögen und die Stellungnahme hier oder da revisionsbedürftig machen: ein solcher *Wunsch* wenigstens sieht Schweitzer gar nicht ähnlich; er steht der üblichen Apologetik sonst durchaus ablehnend gegenüber, und wirklich begegnen wir bei Schweitzer auch im Verhältnis zum Buddhismus einer Stellungnahme, die wohl sehr kritisch ist, hohe Anerkennung jedoch keineswegs ausschließt. Diese Anerkennung dürfte freilich noch nicht so weit gehen, wie es hier dem Sachverhalt angemessen wäre. Der im Vergleich mit der abendländischen, vor allem der jüdisch-christlichen Vorstellung so viel größere Horizont des zeitlichen Weltbildes mit einer nicht endenden Vielheit der Weltperioden, deren Annahme der Buddhismus mit der Sankhya-Philosophie und dem späteren Brahmanismus teilt, der Gedanke sodann der nicht abreißenden Kausalität in allem Geschehen, die illusionslose Einsicht ferner in die Vergänglichkeit aller Dinge und die Erkenntnis, daß es ein Selbst im absoluten Sinne nicht gibt, sowie der bloß graduelle Unterschied zwischen Mensch und Tier wären als Beispiele dafür zu nennen, daß der Buddhismus sich in mancher Beziehung weltanschaulich hoch über das christlich-abendländische Denken erhebt. Und auch in ethischer Hinsicht wird das kühlere Wohlwollen im Buddhismus nur zu leicht gegenüber der stärker gefühlsmäßigen christlichen Liebe abgewertet, während es durchaus umgekehrt sein könnte, daß jenes Wohlwollen als Hauptforderung einer

---

193 S. 64.
194 S. 63.
195 *Seaver*, S. 310.
196 S. 311.

allgemeingültigen Ethik der menschlichen Natur viel angemessener ist. Von einer Berücksichtigung solcher Aspekte findet sich wie gesagt bei Schweitzer nichts. Daneben aber wird gerade die buddhistische Ethik von ihm in einigen Punkten so eindringlich gewürdigt, daß von einem Wunsch, den Buddhismus dem Christentum gegenüber herabzusetzen, auf keinen Fall die Rede sein kann. Und wenn er andererseits Kritik am Buddhismus übt, so ist diese teilweise gewiß nicht unberechtigt. Dabei gibt Schweitzer sich nie mit Nebensächlichkeiten ab, in den Hauptpunkten aber weicht er nicht aus und trifft mitunter den Nagel auf den Kopf. Wie beim Brahmanismus wird auch mit Bezug auf den Buddhismus betont, daß die Lehre von der Wiedergeburt aus dem Rahmen seiner eigentlichen Position herausfällt. Es gelingt Buddha nicht, »die Lehre von dem Kreislauf der Wiedergeburten und dem Freikommen aus ihm von der ihr ursprünglich zugehörenden Vorstellung eines übersinnlichen Seins loszulösen und sie seiner rein empiristischen Anschauungsweise anzupassen«[197]. Vor allem vertritt Buddha die Negation des geistigen Ichs, ohne sie wirklich durchführen zu können. »Die Ethik und die Karman-Lehre lassen es nicht zu. Nur wenn das Ich irgendwie etwas Beharrendes und mit sich identisch Bleibendes ist und also irgendwie Realität besitzt, ist es ethischen Überlegens und Verhaltens fähig und kann es durch das Karman seiner früheren Existenzen bestimmt sein.«[198] »Buddha – und darin zeigt sich seine Größe – läßt sich nicht auf eine Lehre von der zwiefachen Wahrheit ein. Tatsächlich aber ist sie bei ihm doch vorhanden, wenn auch versteckt. Für die Ethik setzt er unbefangen das Selbst voraus, dessen Existenz er in seiner Erkenntnistheorie verneint.«[199] Wo findet man diese Widersprüche sonst so knapp und einleuchtend herausgearbeitet?

Neben der Lehre vom Ich und seinem Verhältnis zum empirischen Subjekt des Handelns wird auch hier der Inhalt der Ethik Gegenstand einer Kritik, die wohl in einzelnen Punkten korrekturbedürftig, aber über den Verdacht einer unsachlichen Absicht erhaben ist. Kann es eine tiefere Würdigung der Bedeutung Buddhas in dieser Hinsicht geben als die Feststellung, er sei »der erste, der das fundamentale Gesetz ausspricht, daß ethischer Geist rein an sich eine Energie bedeutet, die Ethisches in der Welt wirkt«[200]. Und mehr noch: Mit der Forderung der »haßlosen, friedfertigen und gütigen Gesinnung« wird Buddha für Schweitzer »zum Schöpfer der Ethik der inneren Vollendung. In diesem Rahmen bringt er Wahrheiten von ewiger Gültigkeit zum Ausdruck und fördert die Ethik nicht nur Indiens, sondern der ganzen Menschheit. Er zählt zu den größten ethischen Genies, die der Welt je geschenkt wurden.«[201]

---

[197] ID S. 76.
[198] ebd.
[199] S. 103.
[200] S. 82.
[201] S. 90.

Aber auch die Beurteilung der buddhistischen Mitleidsethik ist keineswegs nur negativ. Gewiß hebt Schweitzer hervor: »Daß Buddha, der Prediger des Mitleids, den Menschen nur mit seiner eigenen Erlösung, nicht auch mit der aller Wesen beschäftigt sein läßt, ist eine Schwäche seiner Lehre.«[202] Der damit bezeichnete Sachverhalt, der egoistische Zug, der durch Buddhas ganze Lehre hindurchgeht, wird auch durch *v. Glasenapp* bestätigt, wenn er zugibt, daß die Tugend »von Buddha nicht um ihrer selbst willen«, »sondern als ein Mittel zu einem Zweck« gelehrt wird, daß »das Meiden des Bösen und das Tun des Guten nicht Selbstzweck« ist, sondern der »Läuterung des Herzens« dient, die sittliche Zucht also »die erste Etappe des Weges zur Erlösung« darstellt. »Als notwendige Konsequenz aus dieser Einstellung gegenüber dem sittlichen Tun ergibt sich, daß dieses in erster Linie nicht wegen der bei *anderen* dadurch erzielten wohltätigen Wirkungen, sondern vielmehr wegen der Folgen, die es für den Täter selbst hat, empfohlen wird.«[203] Trotz der Mängel, die Schweitzer in Buddhas Ethik beanstandet, was sowohl ihr Wesen als auch ihre mangelnde Auswirkung betrifft, rühmt er andererseits von ihr: »Als Buddha mitleidsvolle Liebe zum Grundprinzip der Moral erhebt, haucht er der indischen Ethik einen neuen Lebensodem ein.«[204] Daß diese Ethik des Mitleids irgendwie in Spannung zum Gedenken des Nicht-Tuns steht, ist Schweitzer, wenngleich er diese Spannung vielleicht überbetont hat, doch wohl zuzugestehen. Aber gerade unter diesem Gesichtspunkt findet sich in Schweitzers Urteilen auch das positive: »In der menschlich so großen Persönlichkeit Buddhas ist die Ethik etwas so Starkes und Lebendiges, daß sie in der Welt- und Lebensverneinung mit ihrer Tatenlosigkeit eigentlich keinen Platz mehr hat.«[205] Die Ethik steht bei Buddha zwar noch im Dienste der Erlösung, sie zeigt sich aber so stark entwickelt, daß sie im Grund »bereits Selbstzweck ist«[206].

Was Schweitzer besonders positiv über Buddha urteilen läßt, ist der Umstand, daß er bei ihm die Ethik in die Welt- und Lebensverneinung einbrechen sieht, so daß Buddha dieser, obwohl sie ihn noch beherrscht, untreu wird.[207] Schon darin, daß Buddha von der strengen Askese abkommt, sieht Schweitzer »eine weitgehende Milderung der Welt- und Lebensverneinung«[208]. In der Mitleidsethik wird dann für Schweitzer das Abweichen von der Welt- und Lebensverneinung offenbar.[209] »Die Ethik ist der heimliche Verbündete der Welt- und Lebensbejahung, und Buddha gewährt diesem gefährlichen Gegner Einlaß in die Festung der Welt-

---

[202] S. 89.
[203] *Glasenapp:* Weisheit, S. 95
[204] ID S. 92.
[205] S. 88.
[206] S. 85.
[207] S. 91.
[208] S. 200.
[209] S. 92.

und Lebensverneinung.«[210] So bemängelt Schweitzer bei Buddha einerseits das Fehlen einer Tat-Ethik, und stellt dann doch in der Mitleidsethik »starke Impulse des Tätigkeitseins« fest[211]. Ist die ganze zwischen Kritik und Anerkennung hin- und hergehende Betrachtung der buddhistischen Ethik unter diesem Gesichtspunkt wirklich so unsachgemäß, einseitig und ungerecht, wird sie nicht im Gegenteil durch den Gegenstand gefordert, erweist sie sich nicht tatsächlich als recht fruchtbar? Wenn Schweitzer beim Jainismus hervorhob, daß das ursprünglich nicht aus dem Mitempfinden mit anderen Wesen hervorgegangene Gebot des Nichttötens und Nichtschädigens mit der Zeit doch mitleidige Gesinnung weckte, so urteilt er ähnlich, aber noch großartiger über Buddha: »Er sät die Saat der Ethik auf dem Feld der Welt- und Lebensverneinung, aber der Wind trägt einen Teil des Samens auf anderen Boden. Im Laufe der Jahrhunderte reift im volkstümlichen Denken das vom Dogma der Welt- und Lebensverneinung wenig oder gar nicht beeinflußt ist, aus der Saat seiner ethischen Ideen eine herrliche Ernte heran.«[212] Hat wohl jemals ein Nichtbuddhist Schöneres über den Buddhismus gesagt? Was insbesondere das Mitleid betrifft, so findet Schweitzer das bei Buddha noch Vermißte im späteren Buddhismus. »Im Mahayana-Buddhismus lebt sich« »die Mitleidsidee Buddhas voll aus.«[213] Hier hebt Schweitzer abermals eine Priorität von weltgeschichtlichem Rang hervor: »Zum ersten Male im Denken der Menschheit ist die Weltanschauung von der Idee des Mitleids beherrscht.«[214] Kann man leugnen, daß es dem Europäer und Nichtindologen Schweitzer gelungen ist, tief in die indische Geisteswelt einzudringen und daß er in der Charakteristik wie in der Kritik nie alltäglich und nie langatmig ist, sondern immer jene eigentümlich raffende und zugleich auf den Grund gehende Betrachtungsart zeigt, überall die entscheidenden Punkte heraushebt und stets einen eigenen Ton dabei anschlägt?

Wie lehrreich ist beispielsweise auch in der Darstellung des neu-indischen Denkens die positive und kritische Würdigung Gandhis (die in der ersten deutschen Ausgabe von 1935 leider noch fehlte) und Rabindranath Tagores. Diese Würdigungen sind bei aller Kürze nicht nur im einzelnen ausgezeichnet, namentlich etwa die Ausführungen über die Art, wie Gandhi die Idee der Ahinsa in den Dienst des weltliche Ziele verfolgenden passiven Widerstandes stellt, sondern hier wird auch besonders deutlich das Recht der gesamten Thematik dieses Buches, die Berechtigung der Verhältnisbestimmung von Lebensverneinung und Lebensbejahung, deutlich auch, wie sehr das Problem dieses Verhältnisses in der bei Gandhi auftretenden Idee und Praxis der »gewaltlosen Gewalt« Schweitzers

[210] ebd.
[211] S. 92.
[212] ebd.
[213] S. 97.
[214] ebd.

eigenes Grundproblem ist. »Wichtig«, erklärt Schweitzer, »ist nicht, daß nur gewaltlose Gewalt angewandt wird, sondern daß alles weltlich zweckgerichtete Wirken mit der größtmöglichen Vermeidung von Gewalt unternommen wird und daß ethische Überlegungen uns so beherrschen, daß sie auch die Herzen unserer Gegner beeinflussen.«[215] Ob Gandhi die richtige Lösung gefunden hat, bleibt Schweitzer fraglich; denn er hält »jede Vermengung von wesensmäßig Verschiedenem« für »ein unnatürliches und gefährliches Unterfangen«[216]. »Nur die Ahimsa ist nichtweltlich; der passive Widerstand ist weltlich.«[217] Dennoch betrachtet er die Tatsache, »daß Gandhi die Idee der Ahimsa mit der Idee eines auf die Welt gerichteten Wirkens vereint hat«, als »ein bedeutsames Ereignis, nicht nur für das indische Denken, sondern für das Denken der Menschheit«[218]. Nach der Würdigung des Jainismus und des Buddhismus findet sich hier zum drittenmal die Feststellung, daß indisches Denken Bedeutung für die gesamte Menschheit gewinnt.

In noch höherem Grade zeigt sich bei den Ausführungen über R. Tagore, daß es Schweitzers eigene Sache ist, um die es bei dem Dargestellten geht. »Bei Tagore handelt es sich nicht mehr um Welt- und Lebensverneinung, die der Welt- und Lebensbejahung größere oder kleinere Zugeständnisse macht. Die ethische Welt- und Lebensbejahung hat sich völlig durchgesetzt. Sie beherrscht die Weltanschauung und duldet nichts von Welt- und Lebensverneinung neben sich.«[219] »Tagore bezeichnet es als eine Verirrung des östlichen Denkens, wenn es den Menschen nur mit seinem Eins-Werden mit Gott und nicht zugleich mit einer positiven Beziehung zur Welt, die er aus sich hervorgehen ließ, beschäftigt sein läßt.« »Ebenso verurteilt er aber den europäischen Menschen, der die Innerlichkeit verloren habe und bei dem das Wirken in der Welt nicht mehr aus der geistigen Hingebung an Gott komme. Er verlangt beides miteinander: daß der Mensch Gott mit der Seele angehöre und ihm in seiner Welt in tätiger Weise diene.«[220] Zu einer zweifachen kritischen Feststellung sieht sich Schweitzer freilich auch hier veranlaßt. Einmal scheint Tagore nicht bewußt zu sein, daß sich zu seiner »vom Ideal wahrer Humanität beherrschten ethischen Welt- und Lebensbejahung« »die edelsten Denker des Westens, ein Shaftesbury, ein Kant und ein Fichte vor ihm bekannt haben«[221]. Umgekehrt sucht Tagore sodann seine welt- und lebensbejahende ethische Mystik zu Unrecht als altindische Weisheit auszugeben. Diese gewalttätige Deutung der alten Texte und die ganze ihr zugrunde liegende unhistorische Betrachtungsweise über-

---

[215] S. 187.
[216] S. 186.
[217] S. 185.
[218] S. 187.
[219] S. 191.
[220] ebd.
[221] S. 192

haupt rügt Schweitzer unmißverständlich als eine Schwäche Tagores. Noch bedeutsamer aber ist Schweitzers Kritik dieses Denkers in systematischer Beziehung. Als das Große an den Brahmanen galt Schweitzer, daß sie die volkstümliche Gottesvorstellung »nicht auf den Urgrund des Seins anwenden. Tagore aber tut es, ohne das Bedürfnis zu empfinden, sich darüber zu rechtfertigen. Als käme er nicht von den Brahmanen her, mischt er, wie irgendein Europäer, Glauben unter das Denken.«[222] Vor allem aber: »Auch an der Schwierigkeit, dem Urgrund des Seins ethischen Charakter beizulegen, kehrt er sich nicht.«[223] Seine »optimistisch-ethische Deutung der Welt« ist mit der Shaftesburys und Fichtes »verwandt«, aber auch »ebenso unsachlich und unbefriedigend« wie die ihrige.[224] So kann Schweitzer seine Darstellung in einem seiner so charakteristischen Bilder gipfeln lassen: »In der großartigen Gedankensymphonie Tagores sind die Harmonien und Modulationen indisch. Aber die Themen klingen an die des europäischen Denkens an.«[225] Die soeben berührte, wiederum sehr treffende Kritik schließt nicht aus, daß seine Würdigung ausmündet in die Anerkennung, »der Goethe Indiens« drücke »seine persönliche Erfahrung und Überzeugung« »tiefer, kraftvoller und anziehender aus als je ein Mensch vor ihm. Dieser zutiefst edle und harmonische Denker gehört nicht nur seinem Volk, sondern der ganzen Menschheit.«[226] Kann eine Stellungnahme zu einem fremden, verwandten, doch in seinen Schwächen und Mängeln durchschauten Denker einerseits überlegener, andererseits wohlwollender und alles in allem sachlicher sein?

Von Sachlichkeit und zugleich Überlegenheit zeugt schließlich auch die allgemeine Kritik, die in Schweitzers Forderungen an das moderne indische Denken enthalten und die nicht nur umfassend, sondern auch derart präzis, wirklich schlagend und dabei in wenigen Sätzen zusammengefaßt ist, daß man sie sich im Wortlaut vergegenwärtigen muß. Das indische Denken von heute wird »die Einsicht und den Mut aufbringen müssen, sich selber zu prüfen und das, was mit dem Geiste der Sachlichkeit nicht vereinbar ist, abzutun. Es wird sich entschließen müssen, sich in dem Wissen vom Übersinnlichen an die Grenzen, die unserer Erkenntnis gesetzt sind, zu halten, auf die Hilfe der Phantasie und der Dichtung, die es bisher so reichlich in Anspruch nahm, zu verzichten, den dehnbaren Begriff der Wahrheit, dessen es sich bisher bediente, aufzugeben, mit der Duldung, die es dem Aberglauben gewährte, aufzuhören und sich von der Autorität der Überlieferung unabhängig zu machen.«[227] Ist damit nicht wieder einmal, Wort für Wort wahr, alles Wesentliche und dieses Wesentliche zugleich in der denkbar einfachsten Weise gesagt?

---

[222] S. 195.
[223] ebd.
[224] S. 198.
[225] ebd.
[226] S. 199.
[227] S. 205.

Wie sehr Schweitzers Betrachtung durch ein systematisches Interesse bestimmt ist und wie insofern, auch wenn die Akzente an einigen Stellen vielleicht etwas anders zu setzen sind, das höhere Recht auf seiner Seite liegt, zeigt sich vor allem im Anfangs- und Schlußkapitel. Hier werden alle Einzelheiten unter letzte große Gesichtspunkte gerückt und die entscheidenden Linien ausgezogen. Die Beschäftigung mit der indischen Gedankenwelt hat, wie zu Beginn des Buches ausgeführt wird, für den Europäer eine doppelte Bedeutung. Einmal zeigen wir uns »so sehr mit dem Wirken in der Welt beschäftigt, daß wir nicht oder nicht genügend um das besorgt sind, was geistig aus uns wird. Die Weltanschauung der Welt- und Lebensverneinung aber stellt die Frage des geistigen Vollkommener-Werdens des Menschen in den Mittelpunkt.« »Unsere Welt- und Lebensbejahung bedarf« deshalb »der Auseinandersetzung mit der um Ethik ringenden Welt- und Lebensverneinung, um sich in ihr zu klären und zu vertiefen.«[228] Ferner ist das indische Denken für uns wichtig, weil es unser ethisches Verhalten nicht nur auf den Nebenmenschen bezieht, sondern auf alle Wesen ausdehnt. »Das Problem der Grenzenlosigkeit des Gebietes und der Forderungen der Ethik, dem das europäische Denken noch heute zu entgehen sucht, besteht für das indische seit mehr als zwei Jahrtausenden, wenn es von ihm auch nicht in seiner ganzen Schwere empfunden und in seiner ganzen Tragweite erkannt wird.«[229] Von dieser notwendigen Erweiterung abgesehen bekennt sich Schweitzer allerdings, was den Inhalt der Ethik betrifft, überwiegend zum europäischen Denken.

Die Frage des Inhalts ist jedoch nicht die einzige, um die es Schweitzer geht. Besonders wichtig erscheint ihm die Verankerung der Ethik in der Weltanschauung. Und hinsichtlich der Weltanschauung gilt ihm, wie bereits in einem früheren Kapitel besprochen, das indische Denken als das höhere, weil es monistisch und mystisch gerichtet ist, während er das abendländische als dualistisch und doktrinär »unsachlich« nennt. Wenn es sich nach Schweitzer in der Weltanschauung letztlich »um unser geistiges Eins-Werden mit dem unendlichen Sein« handelt, »so ist die vollendete Weltanschauung notwendigerweise Mystik«. Da nun aber dem Inhalt nach alle bisherige Mystik unbefriedigend ist, eben weil sie keinen ethischen Gehalt besitzt, erweisen sich das europäische und das indische Denken auch insofern als aufeinander angewiesen. 1. »Das europäische Denken vertritt eine Welt- und Lebensbejahung, der es an Tiefe fehlt, weil sie sich noch nicht eingehend mit der Welt- und Lebensverneinung und der Ethik auseinandergesetzt hat. Im indischen Denken kommt in langem Ringen ethische Welt- und Lebensbejahung gegen Welt- und Lebensverneinung auf. Das Problem, mit dem wir es zu tun haben, wird

[228] S. 8.
[229] ebd.

hier also von der anderen Seite her aufgerollt.«[230] 2. »Das europäische Denken läßt sich durch die Erkenntnis leiten, daß die Weltanschauung ethischer Welt- und Lebensbejahung dem Inhalte nach die wertvollste ist. Das indische Denken ist durch die andere, daß Mystik die vollendete Art von Weltanschauung ist, bestimmt. Das europäische Denken hat sich also darum zu bemühen, zu einer Weltanschauung der ethischen Welt- und Lebensbejahung zu gelangen, die ihrer Art nach Mystik ist, das indische darum, der Mystik ethische Welt- und Lebensbejahung zum Inhalte zu geben. Wiederum wird also das Problem, mit dem unser Denken es zu tun hat, im indischen von der anderen Seite her aufgerollt.«[231] Daß diese Verhältnisbestimmung ganz eigenständig, außerordentlich eigenartig, im wesentlichen auch berechtigt ist, wird sich nicht bestreiten lassen.

Im Schlußkapitel wird die Feststellung der Unzulänglichkeit des indischen wie des abendländischen Denkens und ihres Aufeinanderangewiesenseins noch durch den Hinweis erweitert und vertieft, daß beide in Wandlung begriffen sind, und zwar setzt diese »bei beiden gleichzeitig, etwa um die Mitte des 19. Jahrhunderts ein. Bei dem europäischen besteht sie darin, daß es die« (glaubensmäßig begründete, doktrinäre) »Welterkenntnis, auf die es sich berief, nicht aufrecht halten kann und nun versuchen muß, der Weltanschauung der ethischen Welt- und Lebensbejahung in absolut sachlichem Denken gewiß zu werden. Für das indische handelt es sich darum, die Welt- und Lebensverneinung aufzugeben und sich auf ethische Welt- und Lebensbejahung einzustellen.«[232] »So stehen das abendländische und das indische Denken miteinander vor der Aufgabe, die Mystik der ethischen Welt- und Lebensbejahung auf sachliche Weise zu begründen.«[233] Nochmals: Kann das Verhältnis des indischen und des europäischen Denkens großzügiger, sachgemäßer, tiefer und eigenartiger gesehen werden? Eigenartig vor allem auch insofern, als mit dem zuletzt zitierten Satz das Thema von Schweitzers eigener Theorie der ethischen Mystik angeschlagen wird.

Alles in allem wird sich sagen lassen, daß »Die Weltanschauung der indischen Denker« zwar hinsichtlich ihrer Bedeutung als wissenschaftlicher Leistung nicht mit dem Kantbuch vergleichbar ist, bei dem sich die Schärfe und auch bereits die Tiefe des Schweitzerschen Denkens mit der völligen Beherrschung des Stoffes verbindet, daß hier vielmehr, wie auch gar nicht anders zu erwarten, einige Wünsche offen bleiben, daß sie aber doch keineswegs unter seinem Niveau liegt. Es vereinigen sich in diesem Werk, wenn man von jener letzten, nur dem Fachgelehrten möglichen absoluten Kennerschaft absieht, alle Vorzüge seines Arbeitens und Gestaltens: die außerordentliche Klarheit und Einfachheit in der Darstellung schwieriger und verwickelter Gedanken, die scharfsinnige Analyse und

---

[230] S. 14.
[231] ebd.
[232] S. 201.
[233] S. 206.

Kritik im einzelnen, zugleich die Weite des Gesichtskreises und das Denken in großen Zusammenhängen, schließlich die Eigenart der Betrachtung und das zielbewußte Festhalten an der Fragestellung, mit welcher das Gebiet von Anfang an ins Auge gefaßt worden war. Man nenne uns doch eine zweite so straff und klar gehaltene, allgemein verständliche Behandlung dieses Gegenstandes, die, weit davon entfernt, eine bloße Kompilation zu sein, mit einer so tiefgründigen kritischen Stellungnahme einhergeht! Gewiß wird man, um sich nur einfach sachlich zu unterrichten, ohne also an eine eigentliche Auseinandersetzung zu denken, jetzt in der Regel zu anderen Veröffentlichungen greifen.[234] Worin diejenige Schweitzers aber auch heute noch ihre eigene und besondere Bedeutung besitzt, das ist neben den kritischen Bemerkungen zu zahlreichen einzelnen Punkten vor allem die ganze Fragestellung, die Gesamtbetrachtung der philosophischen Weltanschauungen Indiens unter dem Gesichtspunkt der Lebensverneinung und Lebensbejahung (was nicht mit Pessimismus und Optimismus gleichbedeutend ist), eine Betrachtung, die, so naheliegend sie an und für sich erscheint, eben doch in sehr origineller Weise durchgeführt ist und trotz der notwendig gewordenen Einschränkungen als berechtigt und fruchtbar angesehen werden muß. Es ist die Arbeit nicht eines zünftigen Philologen, eines Historikers der Kultur Indiens, seiner Religionen und philosophischen Systeme, sondern, wie schon gesagt, die eines Philosophen mit sehr allgemeinen und grundsätzlichen Fragestellungen, der sich doch auch hier ins einzelne gehende Kenntnisse der Materie angeeignet hat, wie sie in einem solchem Maße bei einem Nichtfachmann sehr selten sind, und er legt dabei eine denkerische Energie und Urteilskraft an den Tag, die man in einer rein historischen Darstellung der Spezialisten kaum finden wird. Daß dieses Buch von einem Außenstehenden stammt und daß sein Verfasser neben so vielem anderem die Zeit und Konzentration auch noch für einen so fernliegenden und schwer zu bewältigenden Gegenstand aufgebracht hat, ist erstaunlich. Insofern verdient es, wenn es auch objektiv sicherlich nicht an der Spitze seiner wissenschaftlichen Leistungen steht, in subjektiver Hinsicht vielleicht die größte Bewunderung.

Aber das Werk enthält nicht nur Schweitzers Stellungnahme zum indischen Denken, sondern auch die Quintessenz seiner Philosophie überhaupt, und dadurch entsteht hier nun allerdings ein merkwürdiger Kontrast. Alle Schwierigkeiten dieser Philosophie gipfeln nämlich in demjenigen Begriff, in den die Auseinandersetzung mit den indischen Denkern mündet und in dem sich sein ganzes Denken zusammenfaßt: in der ethischen Mystik. Es wurde schon bemerkt, daß der Begriff der Mystik grundsätzlich nicht in einem so weiten Sinne gebraucht werden sollte, wie Schweitzer es tut. Aber selbst wenn man hiervon absieht und

[234] Namentlich an *H. v. Glasenapps* mustergültige Darstellungen der indischen Religionen und Philosophie ist hier zu denken.

nicht nur die Mystik im engeren Sinne, in deren Wesen die Abwendung von der Welt liegt, sondern auch die moderne Natur- und Lebensmystik, die ebenfalls überwiegend kein näheres Verhältnis zur sittlichen Einstellung besitzt, mit einbezieht, wird die Lage dadurch für Schweitzer nicht besser. Sein Versuch, die Mystik ethisch zu imprägnieren, führt in eine heillose Aporie. Das Vorhandensein einer Spannung gibt Schweitzer selbst zu, indem er die Frage stellt: »Wie aber kann der Mensch mit dem Welt-Geiste im Tun eins werden, wenn er sich eingesteht, daß ihm dessen schöpferisches Schaffen der Art und dem Ziele nach Geheimnis bleibt?« [235] Wie brüchig der Begriff der ethischen Mystik tatsächlich ist, wird jedoch erst ganz deutlich, wenn es daran geht, diese Schwierigkeit auszuräumen. Jene für die Schürzung und Lösung des Knotens besonders bezeichnenden, bereits früher angeführten Sätze lauten: »Ein Rätsel ist uns das Wirken des Welt-Geistes, weil es im Schaffen und im Zerstören, im Hervorbringen und im Vernichten von Leben verläuft. Darum können wir dem Naturgeschehen nicht den Grundsatz eines Tuns, durch das wir aus unserm Für-Uns-Sein heraustreten und im Sinne des Welt-Geistes auf die Welt wirken, entnehmen. Es kann sich für uns also eigentlich gar nicht darum handeln, im Sinne des Welt-Geistes zu wirken, sondern nur darum, uns einem Wirken zu ergeben, durch das wir das geistige Eins-Werden mit ihm erleben.« [236] Hier mußte schon die Verwendung des Begriffs Weltgeist beanstandet werden; denn mit solchen Abstraktionen wollte Schweitzer es ja eigentlich gerade nicht zu tun haben, da es nach ihm in Wahrheit – echt positivistisch – nur Einzelerscheinungen gibt. Aber auch wenn wir diesen Widerspruch auf sich beruhen lassen, so zeigt der Weltgeist doch immer noch jenen zwitterhaften Charakter, der in der Verbindung von Schaffen und Zerstören besteht. Schweitzer behauptet, daß es sich aus diesem Grunde nicht darum handeln könne, im Sinne des Weltgeistes zu wirken. Das wird man ihm im allgemeinen gern zugeben, obgleich sich sagen ließe, daß ich, wenn ich den Vogel mit einem Fisch füttere, dabei beiden Seiten des Weltgeistes Rechnung trage und insofern in der Tat in seinem Sinne wirke. Ausgerechnet das aber, worauf Schweitzer hinaus will, das Erlebnis des geistigen Einswerdens mit dem unendlichen Sein durch Wirken, erweist sich hier als das eigentlich Unmögliche. Es steht also gerade umgekehrt, wie Schweitzer meint: mit einer gewissen Resignation und inneren Distanz zum Weltgeiste einigermaßen nützlich in seinem Sinne zu wirken, da die Dinge nun einmal so liegen und nicht zu ändern sind, das ist uns mehr oder weniger leidlich möglich. Ein wirkliches Einswerden mit einem so rätselhaft zwiespältigen metaphysischen Prinzip zu erleben ist uns dagegen nicht nur nicht möglich, das können wir vom sittlichen Standpunkt aus nicht einmal wollen, das müssen wir sogar entschieden

[235] ID S. 207.
[236] ebd.

ablehnen. Ich kann mich im Augenblick des Fütterns wohl mit dem Vogel einsfühlen, wenn er seinen Hunger stillt, nicht aber mit dem Fisch, den ich jenem als Futter gebe, und also nicht mit Vogel und Fisch zugleich, d. h. nicht mit dem in diesem Falle durch Vogel und Fisch vertretenen Weltgeist, in dessen Sinn und Ordnung das Fressen und das Gefressenwerden liegt.

Es genügt auch nicht, sich gegenüber der furchtbaren Zwiespältigkeit dieses Sachverhalts auf die Unbegreiflichkeit der Welt zurückzuziehen, so wie Schweitzer schließlich die Flucht in die docta ignorantia der mittelalterlichen Mystik vollzieht.[237] Unwissenheit ist die wissende Unwissenheit der ethischen Mystik, wie er ausführt, insofern, »als sie sich das absolut Geheimnisvolle und Unergründliche der Welt und des Lebens eingesteht«.[238] Dieser Ausweg verbietet sich aus einem zweifachen Grunde. Einmal wird unsere weltanschauliche Unwissenheit im Sinne der Unbegreiflichkeit der Welt hier zu Unrecht mit dem Geheimnisvollen der echten Mystik gleichgesetzt; denn die von Schweitzer empfohlene Unwissenheit bringt in erster Linie die Haltung des Agnostizisten, den erkenntnistheoretisch bedingten Verzicht auf metaphysisches Wissen zum Ausdruck. Die damit gegebene Unerkennbarkeit der Welt, deren unergründlichen Charakter, kann man wohl zur Not auch geheimnisvoll nennen; wir müssen uns aber darüber im Klaren sein, daß diese durch einen Mangel des menschlichen Erkenntnisvermögens verursachte Art des Geheimnisvollen etwas ganz anderes ist als das religiös-metaphysische Mysterium der Mystik, das mit einem Mangel unserer Konstitution nichts zu tun hat, sondern eher als eine positive Ausstrahlung des Göttlichen erscheint. Will man einen gemeinsamen Begriff für beide einführen, so steht der des Irrationalen zur Verfügung; der Begriff »geheimnisvoll« dagegen ist geeignet, in diesem Zusammenhang irreführend zu wirken.

Sodann aber kann der Rückzug auf die Unbegreiflichkeit uns auch deshalb nicht helfen, weil Schweitzers wichtigste Position dadurch bedroht wird. Die alte weltfremde, überethische Mystik brauchte an jener furchtbaren Zwiespältigkeit, an der höchst unsittlichen oder wenigstens, vorsichtig gesagt, nichtsittlichen Beschaffenheit der Welt und im letzten Grunde des Weltgeistes keinen Anstoß zu nehmen. Die *ethische* Mystik Schweitzers dagegen muß daran scheitern, daß wir dem unergründlichen und in seiner Zwiespältigkeit doppelt rätselhaften Weltgeist das Prädikat ethisch nicht unterschieben können, nicht zugestehen dürfen. Daß es der Natur nicht zukommt, hat Schweitzer ausdrücklich her-

---

[237] Wenn *Grabs* (S. 92) behauptet, der Begriff der docta ignorantia komme bei Schweitzer in positivem Sinne nur in einem Zeitschriftenartikel vor, so hat er übersehen, daß Schweitzer ihn sich in der »Weltanschauung der indischen Denker« (S. 211) ausdrücklich zu eigen macht.

[238] JD ebd.

vorgehoben. Wie aber unterscheidet sich der Weltgeist von der Natur? In welchem Verhältnis steht er zu ihr? Darüber erhalten wir keine Auskunft. Jedenfalls ist der Weltgeist, als so unbegreiflich er auch erscheint, nicht weniger zwiespältig als die Welt, als Natur und Leben, und damit mindestens in einer Hinsicht, um nicht zu sagen, teilweise, nichtethischer Art. Wie durch sittliches Handeln das Erlebnis des Einsseins mit einem so wenig sittlich qualifizierten Weltgeist zustande kommen soll, bleibt Schweitzers Geheimnis.

Noch ein Punkt der Schweitzerschen Philosophie gibt schließlich zu den stärksten Bedenken Anlaß, kein so zentraler wie der Begriff der ethischen Mystik, im Gegenteil, ein im Grunde durchaus abseitiger, aber gerade deshalb besonders merkwürdig. Nach der eben erörterten Erklärung Schweitzers, inwiefern die wissende Unwissenheit unwissend sei, folgt die Auskunft über den Anteil des Wissens an ihr. »Wissend ist sie insofern, als sie das Eine, was wir im Bereiche dieses Geheimnisses wissen können und wissen müssen, weiß: daß nämlich alles Sein Leben ist und daß wir in liebender Hingabe an anderes Leben unser geistiges Einswerden mit dem unendlichen Sein verwirklichen.« [239] Die These, das alles Sein Leben ist, dürfte in verschiedener Beziehung äußerst fragwürdig, mehr noch: unhaltbar sein. Erstens ist sie vom agnostizistischen Standpunkt aus zweifellos unerlaubt, geradezu unmöglich. Sie sagt etwas Grundlegendes und ungemein Wesentliches über einen Bereich aus, von dem unter der bestehenden Voraussetzung schlechterdings nichts ausgesagt werden kann. Läßt man aber die agnostizistische Voraussetzung fallen, so erhebt sich ein zweiter Einwand, der den Umfang des so entstehenden Lebensbegriffs betrifft. Sehr richtig bemerkt einmal *Heinrich Rickert:* »Der Lebensbegriff wird völlig leer, sobald er auf alles geht, was es gibt oder nicht gibt.« [240] Mit anderen Worten: die Unterschiede innerhalb dessen, was als Leben gelten soll, werden dann so groß, daß dieser alles umfassende Begriff praktisch wertlos erscheinen muß. Dennoch brauchte, sofern man die Möglichkeit metaphysischer Erkenntnis wenigstens in bestimmten Grenzen bejaht, dem Satze, daß alles Sein Leben ist, eine gewisse Bedeutung nicht abgesprochen zu werden, wenn er wenigstens sachlich einigermaßen begründet wäre. Dies ist jedoch drittens durchaus nicht der Fall, und alles spricht dafür, daß diese These als metaphysische Behauptung unzutreffend ist. Dabei wird es nicht einmal notwendig, innerhalb der Welt zwei schon ihrer Herkunft nach grundverschiedene Seinsarten, Unbelebtes und Belebtes, anzunehmen. Es besteht daneben die Möglichkeit der monistischen Tendenz unseres Denkens durch die Annahme Rechnung zu tragen, daß — in mechanistischer Weise oder im Rahmen eines theistisch gesetzt oder gelenkt gedachten

---

[239] ebd.
[240] *Rickert:* Philosophie, S. 39.

Geschehens (alles dies bleibe hier völlig offen) – auf einer bestimmten Stufe des Anorganischen besonders verwickelte Strukturen auftreten, die in ihrem Zusammenspiel Leben ergeben. Bestimmt zu bestreiten ist nur eine Ansicht, die schon den molekularen oder gar atomaren und subatomaren Substanzteilen ohne weiteres Leben zuschreibt; denn diese Anschauung, immer wieder einmal vertreten, läßt sich in keiner Weise stichhaltig begründen. Aber selbst angenommen, es wäre umgekehrt, so muß viertens immer noch sehr bezweifelt werden, daß eine solche Gleichsetzung von Sein und Leben für die Mystik überhaupt notwendig und sinnvoll ist. Für die Zielsetzung Schweitzers zumindest erscheint sie als unwesentlich und geradezu überflüssig, wenn nicht sogar gefährlich, da die Forderung der Ehrfurcht vor dem Leben damit zur Ehrfurcht vor dem Sein, vor der Wirklichkeit überhaupt, erweitert werden müßte, wodurch ein monistischer Zug seiner Weltanschauung noch stärker in Gegensatz zu der dualistischen Tendenz seines ethischen Denkens treten würde: zu der entschiedenen Ablehnung eines Realismus, dem der Erfolg das Weltgericht bedeutet, und zu der von Schweitzer proklamierten zentralen sittlichen Zielsetzung, anders zu sein bzw. zu werden als die Welt. Die Allbelebtheit gehört mithin im Grunde gar nicht recht in den Zusammenhang seiner übrigen und eigentlichen Anschauung hinein. Daß Schweitzer diese für seine Stellung eher schwierige, mindestens überflüssige und sicherlich nicht notwendige These plötzlich und unvermittelt, ohne jeden Versuch einer Begründung, einführt, ist sehr sonderbar und kaum zu verstehen – anscheinend ein euphorisch hingestreutes ontisches Pendant zu der ethischen totalen Forderung der Ehrfurcht vor dem Leben, aber wie gesagt ohne einen erkennbaren sachlichen Zusammenhang mit ihr; denn warum sollte, wenn Ethik »ins Grenzenlose erweiterte Verantwortung gegen alles, was lebt«, ist, auch noch alles, was ist, leben? Mußten wir schon jene ethische Forderung als eine maßlose Überforderung ablehnen, so droht bei der metaphysischen These, daß alles Sein Leben ist, das Denken sich vollends zu überschlagen.

Der Umstand, daß Schweitzer nicht dazu beiträgt, die für eine philosophische Weltanschauung heute bestehenden Hauptschwierigkeiten zu überwinden, sondern daß er, wie sich aus den soeben angedeuteten Überlegungen ergibt, neue Schwierigkeiten erst recht und sogar ganz unnötigerweise schafft, Schwierigkeiten, die dann in seiner Ethik wirklich mit Händen zu greifen sind, darf indessen nicht, wie abschließend noch einmal betont sei, auf einen Mangel an Denkkraft zurückgeführt werden. Er ist vielmehr in der Richtung seines Denkens und letztlich in seiner voluntaristischen, zu radikalen Alternativen und Entscheidungen drängenden Geistesart begründet, die immer aufs Ganze geht und von vornherein zum Extrem neigt. Nuancen, abgestufte Schattierungen, dialektisch vermittelte Lösungen sind nicht seine Sache, und jenes eminent philosophische Verfahren, einer abgelehnten Position Zugeständnisse zu machen, indem auch in ihr eine Teilwahrheit erblickt wird, kommt ihm im allgemeinen nicht in den Sinn. Daß er sich der Philosophie, mit Ausnahme der Studienzeit, stets nur nebenher gewidmet hat und daß er ferner, auch abgesehen von seinem empfindlichen Zeitmangel, wie gesagt kritischen Einwänden nie Einfluß auf seine Anschauungen gestattet und auch nicht das Bedürfnis empfunden hat, die eigenen philosophischen Ansichten so weiterzuentwickeln, daß gegebenenfalls ein früherer Standpunkt aufgegeben oder wenigstens in einzelnen Punkten abgeändert und fortgebildet worden wäre, ist davon nur Folge und Ausdruck. Das Willens- und Tatmenschentum erscheint insofern allerdings als die Grenze der Philosophie. Aber diese Einsicht hat sich mit der Feststellung zu verbinden, daß, soweit wir sehen, noch nie ein so hervorragender Mann der sozialen Tat auch so sehr Denker war, nicht nur, was die Neigung zum Durchdenken der welt- und lebensanschaulichen Grundfragen angeht, vielmehr auch der Begabung und wenigstens teilweise auch der Leistung im eigentlich wissenschaftlich-philosophischen Sinne nach, und dies nicht lediglich nebeneinander hergehend, sondern, was noch mehr heißen will: wohl noch nie waren ein ausgesprochenes philosophisches Denken und eine soziale Wirksamkeit großen Stils in einem solchen Grade innerlich verbunden und aufeinander bezogen, kaum je haben sie sich in solchem Maße gegenseitig durchdrungen und befruchtet. Noch nie ist die sittliche Einstellung so leidenschaftlich als theoretisches Problem und als praktische Aufgabe zugleich erlebt: durchdacht und handelnd verwirklicht worden. Insofern sind die in diesem Kapitel betrachteten Arbeiten Dokumente ersten Ranges. Das Sittliche ist schon in dem Kantwerk des jungen Doktoranden der eigentlich entscheidende Begriff, wie es in dem Buch über die indische Weltanschauung, das nicht nur Schweitzers zu seinen Lebzeiten letzte philosophische Veröffentlichung, sondern wohl auch den Höhepunkt seines philosophischen Wirkens darstellt, das entscheidende Anliegen bleibt. Aber in ihrer Bedeutung als persönlicher Zeugnisse erschöpft sich der Wert dieser Schriften keineswegs, das sollte hier gezeigt werden. Die Untersuchung der Kantischen Religionsphilosophie wendet sich an die Fachwelt und stellt eine wissenschaftliche Leistung von bleibendem Wert dar, während die Auseinandersetzung mit der indischen Geisteswelt zwar nicht in jeder Hinsicht und in vollem Umfang Geltung besitzt, aber doch für alle, die sich überhaupt mit diesem Gegenstand beschäftigen, besonderes Interesse beanspruchen darf, wohl keine endgültige, dafür aber eine um so originellere Behandlung des Problems, keine so kompetente Darstellung, wie es seine theologischen Werke sind, der Versuch eines indologischen Laien, jedoch von hohem Rang, ein Unternehmen, das keiner Entschuldigung bedarf und kein Verschweigen verdient. Gewiß wäre Schweitzer auch ohne dieses Buch Schweitzer, es steht am meisten an der Peripherie seines Schaffens, aber man möchte das stofflich am weitesten ausgreifende, die Grenzen seines Faches, seiner Fächer kühn überschreitende und doch das Grundproblem seines Denkens besonders eindringlich gestaltende Werk trotz der dargelegten Einwände nicht missen. Man darf danach auf seine Behandlung der alten chinesischen Denker gespannt sein, die ihm in mancher Hinsicht näher standen als die indischen. [241]

[241] Sie ist für den dritten Band der »Schriften aus dem Nachlaß« in Aussicht genommen.

FÜNFTES KAPITEL

Lebensreligion[1] und Wertidealismus[2]

I. Welt- und Lebensanschauung im allgemeinen

Immer wieder führte die Erörterung der ethischen Anschauungen und Forderungen Schweitzers zu der Einsicht, daß es nicht angeht, sich mit der Ehrfurcht vor dem Leben als Prinzip und Hauptmaxime der Sittlichkeit zu begnügen, während der Gesichtspunkt der Werte vernachlässigt wird. Gewiß schaltet Schweitzer den Wertbegriff nicht völlig aus. Wenn er meint, daß der Mensch sich zunächst seinem eigenen Leben mit Ehrfurcht widmen soll, so geschieht dies, »um es auf seinen wahren Wert zu bringen. Lebensbejahung ist Vertiefung, Verinnerlichung und Steigerung des Willens zum Leben«[3]. Und wenn dann der denkend gewordene

---

[1] Zur All- oder Lebensreligion wird von *Kurt Port* (Liebe, S. 10) die Religion Spinozas, Goethes, Nietzsches, Albert Schweitzers und auch die Einstellung des modernen »Biologismus« gerechnet. Diese Aufzählung zeigt schon, daß damit sehr verschiedenartige Erscheinungen zusammengefaßt sind. Der Gegensatz hierzu ist einerseits der Theismus, andererseits der die Religion ablehnende atheistische »Wertidealismus« (s. Anm. 2). In dem vorliegenden Kapitel wird der Begriff der Lebensreligion hauptsächlich auf Schweitzer bezogen, wobei er sich freilich auf diesen als nur bedingt anwendbar herausstellen wird.

[2] Der Begriff Wertidealismus wurde zuerst von *Kurt Port* trotz sprachlicher Bedenken zur Unterscheidung vom erkenntnistheoretischen und metaphysischen Idealismus verwendet und, wie er schreibt, eigentlich gegen seine Absicht von Schülern und Anhängern so nachhaltig eingeführt, daß man sagen kann, er habe sich durchgesetzt, weshalb es nicht zweckmäßig wäre, ihn wieder abzuschaffen (Briefliche Auskunft Dr. Kurt Ports vom 9. Jan. 1961 auf eine Anfrage des Verfassers).

Die Tatsache, daß Port bisher wohl nicht seinem Rang als Denker entsprechend bekannt geworden ist, macht hier eine etwas eingehendere Behandlung seiner Philosophie erforderlich. Man sollte sich von einer Beschäftigung mit seinen Veröffentlichungen nicht abhalten lassen durch einige formale Schwächen, vor allem eine gewisse stilistische Maßlosigkeit, namentlich in polemischer Hinsicht. Für ein bei allem Scharfsinn manchmal auch in sachlicher Hinsicht fehlendes Augenmaß entschädigen die Frische und Fülle seiner Gedanken und der Tiefgang und das Gewicht vieler seiner Darlegungen, die zwar nicht selten äußerst einseitig sind und gelegentlich kräftig danebengehen, überwiegend aber wesentliche, manchmal entscheidende Wahrheiten vertreten und begründen. In der inneren Unabhängigkeit und an Mut und Elan wird er sicherlich von keinem Philosophen der Gegenwart übertroffen. So ist es ebensosehr zu verstehen wie zu bedauern, daß sich für diesen kämpferischen Denker und Kulturpolitiker mit zweifellos genialen Zügen und einer rhetorischen Begabung, die ihn befähigt, schwierige Materien in mehrstündiger druckreifer Rede frei zu entwickeln, nie ein Lehrstuhl gefunden hat. Daß es ihm gelungen ist, eine völlig unabhängige hochstehende Zeitschrift für Philosophie und Kultur (»Die Pforte«) [zit.: Pf], in der die meisten und weitaus wichtigsten Aufsätze und Abhandlungen aus seiner eigenen Feder stammen, durch 19 Jahrgänge am Leben zu halten, stellt eine weitere Leistung dar, die ihm kaum jemand nachmachen wird.

[3] LD S. 138.

Mensch die Nötigung erlebt, »allem Willen zum Leben die gleiche Ehrfurcht vor dem Leben entgegenzubringen wie dem eigenen«, so gilt Schweitzer als gut nicht nur »Leben erhalten, Leben fördern«, sondern, wie ausdrücklich hinzugefügt wird: »entwickelbares Leben auf seinen höchsten Wert bringen«. Aber für die praktische Durchführung dieses Grundsatzes lehnt er es entschieden ab, Wertunterschiede innerhalb der Stufen und Arten des Lebendigen zu berücksichtigen oder auch nur als bestehend anzuerkennen, und durchweg tritt der Wertgesichtspunkt bei ihm so sehr zurück, daß die Begründung und Entfaltung einer Ethik dadurch stark beeinträchtigt wird.

Umgekehrt, hat man geradezu gesagt, wird ein Schuh d'raus: dem Leben gebührt alles andere als Ehrfurcht; Verehrung und Dienst verdienen allein die Werte. »Das nackte Leben ist der Güter höchstes nicht. Es ist sogar an sich total belanglos und empfängt erst durch den sittlichen Gehalt, den ihm einzuverleiben der Sinn des Lebens ist, seinen Wert und seine Weihe.«[4] Die Spannung, ja, der Gegensatz von Leben und Wert hat den Grundriß für eine ganze Philosophie abgegeben, wie sie im Wertidealismus *Dietrich Heinrich Kerler*s und *Kurt Port*s vorliegt. Hier beschränkte man sich nicht darauf, im einzelnen Kritik an einer Welt- und Lebensanschauung zu üben, in welcher der Begriff des Lebens zentrale Bedeutung besitzt. Die Ehrfurcht vor dem Leben als Mittelpunkt der Weltanschauung und erst recht der Ethik wird vielmehr grundsätzlich und auf der ganzen Linie für verfehlt gehalten. In der Bindung an das Leben, an einzelne Ausschnitte der Wirklichkeit oder das Sein überhaupt erblicken die beiden genannten Denker das Wesen der Religion und in deren Überwindung durch Ausrichtung des Denkens und Handelns an der idealen Sphäre der höheren Werte die Aufgabe des Idealismus. Nach der kritischen Stellungnahme zur Weltanschauung und Ethik Schweitzers in den vorausgegangenen Kapiteln erscheint es angebracht, nun einmal in großen Zügen diese Verabsolutierung des Lebens mit der entgegengesetzten Verabsolutierung zu konfrontieren und zu fragen, wie sich Recht und Unrecht dabei verteilen. Freilich wäre es verfehlt anzunehmen, daß es sich beim Wertidealismus und der Position Schweitzers um einen vollständigen, ausschließlichen Gegensatz handelt. Vielmehr lassen sich auch nicht unbedeutende Berührungen und Übereinstimmungen zwischen diesen Denkrichtungen aufzeigen.

Zunächst ist zu beachten, daß Schweitzer sich mit den Wertidealisten gegenüber den starken überwiegend irrationalistischen Strömungen unseres Jahrhunderts schon im Ernstnehmen der Wahrheit, in der Parteinahme für die Rechte der Ratio und im Eintreten für ein sachliches, vom Glauben nicht beeinflußtes Denken einig ist. Kerler weiß sich im schärfsten Gegensatz zur »Antisophie des modernen Menschen«, den Philosophie und Philosophien nicht so sehr als Wahrheitsanliegen und

[4] *Kerler:* OP, S. 151.

-anspruch wie als Ausdruck eines gewissen Seelentums interessieren[5], und Port erklärt: »Wenn Dinge geglaubt werden, die unmöglich sind, die im Widerspruch mit der Logik und das heißt, mit der Ontologie und Eidetik stehen« — also mit dem, was seinsmäßig notwendig und als notwendig einsichtig, evident, ist —, »dann hat die Vernunft Einspruch zu erheben.«[6] — »Auch wenn an Dinge geglaubt wird, die ganz unwahrscheinlich sind, hat die Vernunft zu protestieren.«[7] — »Die Wahrheit richtet sich eben ein für allemal nicht nach unseren Wünschen, Hoffnungen, Ahnungen, Intuitionen, sie richtet sich, die grausamste aller Instanzen, nur nach dem, was ist.«[8] Auch Schweitzer bekennt sich als Freund der Vernunft, des Denkens, und stellt die Wahrheit obenan. Sein Ziel ist, »die bisher nur geahnte und geglaubte« »Wahrheit in neuem und ungekünsteltem und wahrhaftigem Denken als notwendig zu begreifen«[9]. Weltanschauungen wie die dualistischen, die diesen Anforderungen nicht entsprechen, sahen wir ihn als »doktrinär« herabsetzen[10]. Wenn ferner Kerler die zu seiner Zeit übliche psychologistische und überwiegend historische Betrachtung der philosophischen Systeme verwirft und statt dessen vor allem die kritische Beurteilung ihrer Ergebnisse fordert, so ist es eben diese Einstellung zu den Werken der Philosophen, durch die auch Schweitzers Interesse geleitet wird: er will vor allem wissen, inwieweit sie Wahrheit enthalten. Freilich läßt sich nicht verkennen, daß diese Haltung bei ihm durch starke irrationalistische Einschläge durchkreuzt wird. Es ist deshalb kein Zufall, daß Schweitzer sich auch und gerade dem *Denker* Goethe besonders verbunden fühlt, während Kerler ihn als den typischen Antisophen anführt[11] und Port sich von diesem großen dichterischen Ausdruck der Religion und Philosophie des Lebens betont distanziert. Daß so Berührung und Gegensatz Hand in Hand gehen, wird sich im weiteren Verlauf der Untersuchung noch mehrfach ergeben.

Zu den bemerkenswerten gemeinsamen Zügen der in diesem Kapitel zueinander in Beziehung zu setzenden philosophischen Standpunkte gehört sodann auch, daß hier wie dort der Akzent durchaus auf der praktischen Lebensanschauung liegt, wohingegen metaphysische Anschauungen bei beiden nur eine untergeordnete Rolle spielen. Während Schweitzer die Resignation des Erkennens vertritt und im allgemeinen eine agnostizistische Haltung in Sachen der Weltanschauung einnimmt — eine Haltung, die er freilich wiederum nicht ganz folgerichtig durchführt —, kann beim Wertidealismus zwar von Agnostizismus im eigentlichen Sinne nicht die Rede sein (er vertritt im Gegenteil nachdrücklich

---

[5] *Kerler:* WW, S. 1.
[6] *Port:* Übersinn, S. 179.
[7] ebd.
[8] *Port:* Übergänge, S. 797.
[9] LD S. 134 f.
[10] ID S. 9.
[11] *Kerler:* WW S. 1.

eine bestimmte, noch zu erwähnende Richtung der Metaphysik), aber mit Schweitzer begegnet er sich jedenfalls im Eintreten für »eine von jeglicher Weltanschauung unabhängige Lebensanschauung«[12]. Kerler hat seine Philosophie als »metaphysischen Indifferentismus« bezeichnet[13], und Port beschreibt in seiner Vorliebe für outrierte Formulierungen diese Ansicht wie folgt: »Es ist vollkommen gleichgültig, wie die Welt beschaffen ist und sich entwickelt. Darüber allzuviel nachzudenken, ist verlorene Liebesmühe, es kommt lediglich darauf an, daß wir, auch wenn die Welt voll Teufel wär', das Gute tun.«[14] Jede metaphysische Erkenntnis ist »für die Lebensanschauung vollkommen gleichgültig«[15]. — »Nicht Gott und die Lebensmacht des Alls, sondern das Gewissen ist das Gewisse.«[16] Schweitzers Urteile sind gewiß nicht so extrem, sachlich befindet er sich jedoch mit jedem dieser Sätze in voller Übereinstimmung. Und wenn Port »die Vorstellung, daß für Gott das Sittengebot nicht gelte«, daß Gott also im Widerspruch dazu handeln dürfe, für ebenso absurd hält wie die, »daß er in der Lage wäre, den Inhalt des Sittengebotes beliebig nach seinem Willen abzuändern, oder, daß er es geschaffen habe«[17], so liegt Schweitzer eine solche Fragestellung zwar fern; vor die Alternative gestellt, würde er aber Port auch hierin sicherlich zugestimmt haben, was bedeutet, daß Schweitzer immerhin mit einem Bein auf dem Boden des Wertidealismus steht.

Gemeinsam mit den wertidealistischen Denkern ist Schweitzer infolgedessen vor allem das Festhalten an einem Sinn des Lebens in ethischer Beziehung, obgleich sich in der Wirklichkeit selbst, im Leben als solchem, kein Anhaltspunkt für die Annahme alles Geschehen beherrschender sittlicher Grundkräfte zeigt. Schweitzer sieht das entscheidend Wichtige seiner Lösung des Weltanschauungsproblems in dem Verzicht auf die optimistisch-ethische Deutung der Welt. Erstaunlich für eine Philosophie der sittlichen Tat mit dem Zentralbegriff der Ehrfurcht vor dem Leben ist die Bestimmtheit, mit der ihr Begründer feststellt, daß in der Welt »nichts von einer sinnvollen Evolution, in der unser Wirken eine Bedeutung bekommt, zu entdecken« ist[18]. Weit mehr noch aber als die Erkenntnis dieser Sinnlosigkeit des Geschehens weist die Beurteilung der gegenwärtigen Lage der Menschheit seine Gedanken in eine pessimistische Richtung. Dennoch bleibt er optimistisch in dem Glauben an die Möglichkeit, »daß der aus der Wahrheit kommende Geist stärker ist als die Macht der Verhältnisse«[19], ein Leben für die Ideale ethischen Fortschritts

---

[12] *Kerler:* OP S. 191.
[13] ebd.
[14] *Port:* Freie Religion, S. 463.
[15] *Port:* Frankenberg, S. 498.
[16] *Port:* Glauben, S. 728.
[17] *Port:* Sittliches Wissen, S. 563.
[18] KE S. XII.
[19] LD S. 209.

also eine neue Gesinnung in der Menschheit hervorbringen[20] und daß unser Leben dadurch sinnvoll werden kann. Ganz ähnlich hatte sich bereits Kerler, der Schweitzer nicht bekannt geworden zu sein scheint, gegen einen »Panethicismus als allbeherrschende Tendenz des Weltgeschehens« gewandt[21] und im Hinblick auf die destruktiven Tendenzen, die in dem uns zugänglichen Ausschnitt des Universums neben den positiven auftreten, den Pessimismus als notwendige Weltanschauung bezeichnet[22], daraus aber ebenfalls keine pessimistischen Folgerungen für die Frage nach dem Sinn des Lebens gezogen, im Gegenteil ausdrücklich erklärt: »Die Sinnlosigkeit, Unvollkommenheit und Vergänglichkeit der *Welt* involviert« »keineswegs eine Sinnlosigkeit des *Lebens*.«[23] Diesen Satz könnte beinahe wörtlich auch Schweitzer geschrieben haben. Einen Optimismus des Wollens vertritt Schweitzer neben dem Pessimismus des Erkennens, »Jenseits von Optimismus und Pessimismus« heißt Kerlers für den Wertidealismus grundlegendes Buch.

Angesichts dieser Beschaffenheit der Wirklichkeit ist es ferner unmöglich, die Ideale aus ihr abzuleiten. Schweitzer steht wohl keinem der großen Denker in einem solchen Grade ablehnend gegenüber wie Hegel, und dies eben deshalb, weil er mit ihm den Geist aufkommen sieht, »der die Ideale empirisch aus der Welt entnimmt«[24]. — »In Hegels Weltanschauung wird der Bund zwischen Ethik und Fortschrittsglaube, in dem die geistige Energie der Neuzeit begründet war, gelöst. An der Trennung gehen beide zugrunde. Die Ethik verkümmert, und der selbständig gewordene Fortschrittsglaube wird geist- und kraftlos, weil er nur Glaube an immanenten Fortschritt und nicht mehr enthusiastischer Fortschrittsglaube« d. h. nicht mehr sittlicher Fortschrittsglaube ist[25]. Man empfindet deutlich, daß für Schweitzer, der immer ein Eigendenker war, die Verurteilung Hegels in einem noch über seine sonstige Selbständigkeit hinausgehenden Maße eigenstes Anliegen und inneres Bedürfnis ist. Einer Anregung, eines Einflusses von außen hat es dazu sicherlich nicht bedurft. An sich aber war diese Verurteilung Hegels wiederum bereits durch Kerler vorgenommen worden, wenn dieser das Wesen des Idealismus in der Anschauung erblickt, »die sich am Geltenden und nicht am Seienden orientiert«, darin aber, »diesen fundamentalen Unterschied zwischen Sein und Gelten zunichte gemacht zu haben«, »das charakteristische Merkmal der Hegelschen Philosophie«[26]. — »Hegel hat für die Tatsache des Sollens keinen Raum in seinem System«[27], erklärt Kerler; »eine

---

20 LD S. 210.
21 *Kerler:* OP S. 186.
22 OP S. 189. Vgl. auch WW S. 161.
23 OP S. 197.
24 KE S. 145.
25 ebd.
26 *Kerler:* OP S. 156.
27 S. 157.

Individualethik gibt es für Hegel nicht«, stellt auch Schweitzer fest[28]. Wohl würde dieser kaum so weit gehen, mit Kerler zu sagen: »Die Welt ist des Ideals wegen da. Ihr Dasein hat nur Wert, wenn es idealgemäß ist. Nicht aber ist das Ideal der Welt wegen da.«[29] Für das menschliche Leben aber vertritt auch Schweitzer das praktische Recht des Ideals gegenüber der Wirklichkeit unentwegt und kompromißlos: »Wir alle müssen darauf vorbereitet sein, daß das Leben uns den Glauben an das Gute und Wahre und die Begeisterung dafür nehmen will. Aber wir brauchen« sie[30] »ihm nicht preiszugeben. Daß die Ideale, wenn sie sich mit der Wirklichkeit auseinandersetzen, gewöhnlich von den Tatsachen erdrückt werden, bedeutet nicht, daß sie von vornherein vor den Tatsachen zu kapitulieren haben, sondern nur, daß unsere Ideale nicht stark genug sind.«[31]

In der Forderung eines sittlichen Idealismus, der weit entfernt ist von aller bürgerlichen Behäbigkeit, der vielmehr ein Äußerstes an Hingabe verlangt, begegnet sich Schweitzer wiederum mit dem Wertidealismus. Wenn nach Kerler »nicht Demut und Zerknirschung, sondern Begeisterung, Enthusiasmus« die Grundstimmung des sittlichen Menschen ist[32], so kommt Schweitzer dieser Haltung ganz nahe, und hinsichtlich des Enthusiasmus gelangt er sogar zu derselben Formulierung. Sittlicher Enthusiasmus ist das Gegenteil alles realpolitischen Denkens, das Schweitzer verwirft, weil es dem Schwung des echten Idealismus nicht nur abträglich ist, sondern diesen geradezu ausschließt. Auch ein kritischer und in einigen wichtigen Punkten von Kerler und Port abweichender Anhänger des Wertidealismus, *H. Schiller*, hebt, darin mit Port völlig übereinstimmend, hervor, »daß das sittliche Ideal, sofern es wirklich in uns lebendig ist, uns nicht in aller Gemütsruhe auf eine Gelegenheit zu höchstem Einsatz warten läßt, sondern gebietet, solche Gelegenheit zu suchen, ja selbst zu schaffen«[33]. Und wenn dieser Autor fortfährt: »Wem das zu rigoros erscheint, der sei verwiesen auf das Beispiel der Mönche, Nonnen und Ärzte, die freiwillig die schlimmsten Notstandsgebiete der Erde aufsuchen, um dort zu trösten, zu helfen und zu heilen« — wer dächte nicht hierbei zuerst an Albert Schweitzer!

Obgleich sich uns neben solchen nicht unwesentlichen Übereinstimmungen auch und mehr noch tiefgehende Verschiedenheiten und grundlegende Gegensätze zwischen dem Wertidealismus und dem Denken Schweitzers herausstellen werden, sind doch die Differenzen jedenfalls durchaus nicht immer absolut. Wohl gibt es auf den ersten Blick keinen

---

28 KE S. 141.
29 *Kerler:* WW S. 303.
30 »sie«: den Glauben und die Begeisterung. Schweitzer schreibt offenbar versehentlich: »es«.
31 KJ S. 61.
32 *Kerler:* WW S. 178.
33 *H. Schiller:* Probleme, S. 467.

größeren Unterschied als den zwischen einem Standpunkt, auf welchem dem Leben stets mit aktiver Ehrfurcht gegenübergetreten werden soll und die ganze Ethik sich in der Forderung dieser Ehrfurcht zusammenfaßt, und auf der anderen Seite Urteilen über das Leben, wie sie besonders Port in nicht zu überbietender Schärfe zum Ausdruck bringt. Er wird nicht müde, auf die Brutalität und Grausamkeit des Lebens hinzuweisen, das sich für die meisten Tiere »zwischen Mordgier und Todesangst, gefressen zu werden, abspielt«[34], das alles andere als verehrungswürdig und weit davon entfernt ist, als Quelle und Maßstab der Sittlichkeit dienen zu können, vielmehr als »der schlechteste sittliche Lehrherr und das ungeeignetste ethische Vorbild, das es gibt«[35] erscheint. Sein »Grundprinzip ist Fressen und Gefressenwerden«[36]. – »Das Leben verlangt Selbstsucht, das Ideal Selbstlosigkeit.«[37] Diese Kennzeichnung des Lebens durch Port ist ja sicherlich richtig. Hinzuzufügen wäre nur, daß auch Schweitzer sie keinen Augenblick in Zweifel ziehen würde; im Gegenteil, wenige philosophische Denker stehen so sehr wie er unter dem Eindruck des Grauenhaften dessen, was im Bereiche des Lebens ständig vor sich geht. Auch ihm ist das Gesetz des Fressens und Gefressenwerdens Gegenstand und Quelle immer neuen Grübelns, wenn wir ihn etwa genötigt sehen, für einen jungen Fischadler, den er »aus den Händen der grausamen Eingeborenen« gerettet hat, nun selber »täglich soundsoviele Fischlein zu töten, um ihn am Leben zu erhalten«[38]. Die rätselhafte Einheit von Schöpferwillen und Zerstörungswillen ist Schweitzers letztes Wort über die Natur. Die Losung der Heiligkeit alles Lebens und der Ehrfurcht vor dem Leben bedeutet also für ihn – das einzusehen ist wichtig – kein theoretisches Werturteil, sie hat zunächst und vor allem einen praktisch-ethischen Sinn, sie enthält die Forderung des Ideals an den von ihm bestimmten, aus der bloßen Natur herausgetretenen Menschen für sein sittliches Verhalten. Man kann deshalb diese berühmte Schweitzersche Formel für mißverständlich und geradezu falsch halten – und wir waren ja in der Tat zu dem Ergebnis gelangt, daß sie abzulehnen ist –, man darf sie jedoch nicht in völligen Gegensatz zur Position des Wertidealismus bringen. In dem Werturteil über die Natur ist Schweitzer mit Port weitgehend einig.

---

[34] *Port:* Erwiderung, S. 216.
[35] *Port:* Glauben, S. 724.
[36] ebd.
[37] S. 725.
[38] LD S. 202.

Von hier aus kann nun ein Vergleich mit der Einstellung des Wertidealismus vielleicht auch etwas mehr Licht in das Verhältnis Schweitzers zur Religion bringen, das noch einer weiteren Klärung bedarf. Schweitzer ist von dem Bewußtsein durchdrungen, die Sache der Religion zu vertreten; er ist davon überzeugt, daß tiefes Denken zur Religion führt und daß das Anliegen der Sittlichkeit im Grunde mit dem der Religion zusammenfällt. Nach der Ansicht des Wertidealismus verlangt umgekehrt das Denken eine Absage an die Religion, und zwar eben vor allem im Interesse und im Namen des Sittlichen. Grundsätzlich unterscheidet bereits Kerler von der religiösen Seinshingabe die ethische Werthingabe[39]. Hingeben kann man sich nur »entweder an Personen mit ihrem Wertgehalt und mit ihrem Willen, also an Wertträger, oder an Ideale« und Werte. Alle religiöse Hingabe ist personalistisch, auch die verschiedenen Formen des Pantheismus sind es, wie besonders Port unterstreicht, weil dem All »Eigenschaften zugelegt werden, die eben nur eine Person haben kann«[40]. Der Wertidealismus vertritt dagegen einen entschiedenen Impersonalismus, ja, dies ist derjenige Zug an ihm, der auf allen Gebieten beherrschende Bedeutung gewinnt. Daraus, daß »der Wert Werterfüllung verlangt, nicht Betrachtung von Werterfüllung«, folgt für Kerler, daß »Gottesverehrung auf alle Fälle widersittlich« ist[41], sie ist dem Impersonalisten geradezu »unausstehlich«[42]. Noch schärfer wird die grundsätzliche Beziehung der religiösen Einstellung auf das Seiende von Port herausgearbeitet. Religion ist nach ihm »eine tiefe Ergriffenheit von der Wirklichkeit als solcher«[43]. — »Der Grundgedanke aller Religion« ist »Rückverbindung zur Wirklichkeit«, »sie zieht ihre Werte, ihren Sinn aus dem Seienden«, »sie richtet sich nach dem diesseitigen oder jenseitigen Schicksal, statt sich zu der idealistischen, allein im strengen Sinne geistigen Höhe zu erheben, das, was ist, was das Schicksal bestimmt, was die Grundtendenz der Welt ausmacht, für nichts zu achten. Auch wenn alles nur Materie wäre, würde der Idealist nicht eine Stunde anders leben als wie, wenn« sie[44] »göttlich wäre, nämlich so, wie er es für richtig und gut hält.«[45] — »Eine rein ethische Lebens- und Weltanschauung ist Idealismus, aber nicht mehr Religion. Religion ist eben eine Bindung, nicht in erster und letzter Linie an Werte, die als das Maßgebende, Höchste und Erschütterndste erlebt würden, sondern an eine Wirklich-

[39] *Kerler:* WW S. 269 ff.
[40] *Port:* Warum, S. 343.
[41] *Kerler:* WW S. 171.
[42] S. 286.
[43] *Port:* Wirklichkeitserlebnis, S. 435.
[44] Gemeint ist »die Welt«.
[45] *Port:* Glauben, S. 722.

keit, an einen Gott. Religion ist zutiefst Erschütterung durch das Seiende, nicht, weil es gut, werterfüllt ist, sondern weil es ist. Das ist das tief Unsittliche an jeder Religion. Deshalb sind Religion und Ethik Gegensätze.« — »Deshalb ist eine rein ethische Religion ein Widerspruch in sich.«[46] Bei dieser Betrachtung ergeben sich bemerkenswerterweise ganz neue Fronten: Religion, Personalismus einerseits, Naturalismus und Biologismus andererseits, die so oft als Gegner einander gegenüberstehen, rücken für den Wertidealismus zusammen. Ob es ein jenseitiger persönlicher Gott ist oder das All, die Natur, das Leben, worauf sich die religiöse Verehrung richtet: immer ist es ein — wirkliches oder vermeintliches — Seiendes. Naturkult und Lebensanbetung moderner Prägung machen die Sache der Religion somit um nichts besser; denn wie ist deren Gottheit wertmäßig zu beurteilen? Gegenüber vereinzelt Wertvollem im Kosmos überwiegt das Negative dermaßen, »daß nicht ein heiliges Leben und nicht ein väterlicher Gott dahinterstehen können«[47]. — »Das Grunderlebnis des Lebens ist die brutale Durchsetzung des eigenen Selbst oder der eigenen Art gegenüber den anderen Individuen oder den anderen Arten. Leben heißt unmittelbar, von anderen und zwar vom Tod der anderen leben. Der lebt, der den anderen frißt, bevor er von den anderen gefressen wird.«[48] — »Also steht das von den Naturalisten und Biologisten angebetete Leben in krassestem Widerspruch zu den Forderungen des Guten, das allein von den sittlichen Menschen angebetet wird.«[49] Deshalb stellt Port mit Kerler die Werte obenan, die Philosophie gründet und gipfelt im Wertbegriff, während bei Schweitzer, der sich einerseits so betont gegen die Ableitung der Ideale aus der Wirklichkeit wendet, andererseits nichts so auffällig und bedenklich erschien wie die Einsetzung der Ehrfurcht vor dem Leben zum zentralen Begriff der Ethik und bei ihrer Betätigung die Ausklammerung des Wertgesichtspunktes. Die Religion des Lebens oder auch die Ethik mit dem Zentralbegriff der Ehrfurcht vor dem Leben hat keinen entschiedeneren Gegner als den Kerler-Portschen Wertidealismus.

Sieht man indessen genauer zu, so ist auch hier der Gegensatz keineswegs so unüberbrückbar, wie es nach dem eben Gesagten den Anschein hat. Zwar würde Schweitzer sich nie und nimmer eines derart unsachlichen Vorwurfs schuldig machen wie Port, der den »Gottreligionen« einen »letzten Haß gegen die Werte« zuschreibt[50], einer in dieser allgemeinen Form wahrhaft haarsträubenden Behauptung. Wenngleich im einzelnen stärkste Spannungen zwischen manchen Religionen und unserem heutigen Wertgefühl auftreten — das gilt namentlich auch von der Religion des Alten Testaments[51] —, grundsätzlich kann doch kein Zweifel

---

[46] *Port:* Übergänge, S. 795.
[47] *Port:* Wirklichkeitserlebnis, S. 452.
[48] *Port:* Glauben, S. 724.
[49] S. 725.
[50] *Port:* Idealist, S. 226.

sein, daß vor allem der christliche Glaube, so gewiß er an der *Existenz* Gottes hängt, in diesem auch die Fülle und Quelle der Werte sieht. Aber sowenig Schweitzer an solche Polemik denkt, auch ihm bleibt der Gegensatz des in der Natur zum Ausdruck gelangenden Schöpferwillens zu unserem Wertgefühl nicht verborgen. Der Abstand zwischen der rein irrationalen Seite des Seinsgrundes und dem sittlichen Ideal bei Schweitzer ist unverkennbar. Den Gott der Liebe findet er nur in der Brust des Menschen, nicht in der Welt der übrigen Schöpfung. Port formuliert diesen Sachverhalt äußerst aggressiv: »Das ungeheure Unheil der Welt« steht »in krassem Widerspruch« zur behaupteten Allgüte Gottes[52]. Den Gott der Liebe setzt Port auf die Anklagebank und meint, sich nicht vorstellen zu können, wie dieser Gott »sich gegenüber den Erfahrungstatsachen der Wirklichkeit verteidigen soll«[53]. Schweitzer sinnt der damit gestellten Frage zwar in einer ganz anderen Tonart nach, er stößt hier auf dunkle und schmerzliche Rätsel[54], aber daß die Welt, so wie sie ist, nicht auf den Gott der Liebe schließen läßt, erkennt Schweitzer wie gesagt nicht weniger klar als Port.

Auch sonst sind wiederum gewisse Berührungen zwischen Schweitzer und Port unverkennbar. Zunächst stimmen beide schon darin überein, daß der — von dem einen empfohlenen, von dem anderen abgelehnten — Ehrfurcht vor dem Leben jedenfalls religiöse Bedeutung zugesprochen wird. Für Port ergibt sich das aus seiner Auffassung und Definition der Religion ohne weiteres, und was Schweitzer betrifft, so wird von ihm aus der Tatsache der zweifachen Offenbarung des unendlichen Willens zum Leben, als Schöpferwillens in der Welt der Natur und als Willens der Liebe in uns, »der durch uns die Selbstentzweiung des Willens zum Leben aufheben will«, ausdrücklich gefolgert: »Die Weltanschauung der Ehrfurcht vor dem Leben hat also religiösen Charakter. Der Mensch, der sich zu ihr bekennt und sie betätigt, ist in elementarer Weise fromm.«[55] Das erscheint indessen keineswegs als ausgemacht. Mit der Beziehung zum Wirklichen, sei es auch ein metaphysisch letztes Wirkliches, sieht die neuere Religionswissenschaft nicht ohne weiteres schon Religion als gegeben an. Port nimmt neben der »Universalreligion« oder »Totalreligion« (Gott oder die Gottnatur) auch eine auf Teile der Wirklichkeit wie die Heimat, das Vaterland, die Familie, den Stamm, das Volk, die Rasse sich beziehende »Partialreligion« und sogar eine »Individualreligion« an, die einen tiefgeliebten einzelnen Menschen zum Gegenstand hat[56], und zweifellos finden sich bei ihm in diesem Zusammenhang nachdenkenswerte Beobachtungen und Betrachtungen. Es geht

---

[51] Vgl. dazu *Brock:* Grundlagen, T. 1.
[52] *Port:* Glauben, S. 720.
[53] *Port:* Gottesbeweise, S. 458.
[54] LD S. 204.
[55] ebd.
[56] *Port:* Liebe, S. 11 ff. — Idealist, S. 220. — Warum, S. 335 f.

aber zu weit, dabei von der Entdeckung eines neuen Religionstypus zu sprechen. Im Gegenteil lassen gerade seine diesbezüglichen Ausführungen deutlich werden, daß bloß Wirkliches als Objekt der Religion in Wahrheit nicht ausreicht. Eine derartige Unterscheidung von Idealismus und Religion mag sich dem Wertidealismus wegen der ausschließlichen Beziehung auf den Wert dort, die Wirklichkeit hier, im Interesse einer klaren Systematik nahelegen: dem Phänomen der Religion, wie sie uns in der Geschichte konkret entgegentritt, wird man damit sachlich nicht gerecht. Wohl gibt es eine verabsolutierende Schätzung und Verehrung von einzelnen Ausschnitten der Wirklichkeit, die eine gewisse Analogie zum religiösen Verhalten bildet. Dabei handelt es sich jedoch nur um eine Übertragung der eigentlichen religiösen Einstellung auf quasireligiöse Beziehungen. Ein einzelner in Liebe vergötterter Mensch, ein bestimmtes Volk, eine allen anderen vorgezogene Rasse, die sozialistische Gesellschaft oder die Menschheit als solche sind keine spezifisch religiösen Objekte. Ihre Verabsolutierung ist der echten religiösen Beziehung zu einem Reich, das »nicht von dieser Welt« ist, nur mehr oder weniger ähnlich. Und nicht anders steht es mit der Verehrung des Lebens oder der Welt, des Universums, der »schlechten« Unendlichkeit Hegels: Religion im eigentlichen Sinne ist das alles nicht. Solche Abwandlungen der »Immanenzreligion« müssen als späte Umdeutungen der ursprünglichen religiösen Einstellung beurteilt werden, wie *Heinrich Scholz*, dessen Religionsphilosophie immer noch als die beste phänomenologische Behandlung dieses Problems gelten kann, ein für allemal nachgewiesen haben dürfte.[57]

Unter diesem Gesichtspunkt ist auch Schweitzers Religionsauffassung kritisch zu beleuchten. In der negativen Bewertung des Weltganzen seinem Zustand und Wesen nach stimmte ja Schweitzer mit Port weitgehend überein. Und es läßt sich in der Tat nicht einsehen, auf welche Weise ein so grauenhafter Schöpferwille, wie er nach Schweitzer in der Natur am Werke ist, religiös in einem höheren Sinne verstanden werden könnte. Und selbst wenn man sich entschließt, die Natur trotz alles Furchtbaren, das in ihr geschieht und dessen Geschehen zu ihrem Wesen zu gehören scheint, erheblich günstiger zu beurteilen, insofern wir auf Grund von metaphysischen Überlegungen, wie sie *Karl Groos* angestellt hat, berechtigt, ja, genötigt sind, das menschliche Werterleben genetisch auf vormenschliche Lebensformen, animalische Triebe, instinktive Grundlagen zurückzuführen[58], wodurch die Natur doch in gewisser Beziehung eine ungeahnte Rechtfertigung erfährt – selbst mit einer so viel positiveren Naturansicht sind wir noch nicht entfernt bei der Religion. Schweitzers Ehrfurcht vor dem Leben aber, die sich als Mystik darstellt, ist in erster Linie ein ethischer Begriff. Über das eminent sittliche Interesse im Sinne

---

[57] *Scholz:* Religionsphilosophie. S. 265 ff.
[58] Vgl. *K. Groos:* Psychologie, S. 43. – System, S. 69. – Seele, S. 146 ff.

der denkbar umfassenden sozialen Betätigung, der Einstellung des Helfenwollens, reichen Schweitzers Ausführungen an keiner Stelle wirklich hinaus. Nirgendwo ist ihm das Leben Gegenstand anbetender Verehrung, sondern immer nur der handelnden Hingabe. Die »veneratio vitae« ist »die unmittelbarste und zugleich tiefste Leistung meines Willens zum Leben«[59]. So wird die Ehrfurcht vor dem Leben im wesentlichen Aufgabe, sie bedeutet Aufruf zur Fürsorge, Aktivität, nie das vom religiösen Mystiker erlebte völlige Versinken, nie höchste Seligkeit. Wo echte Religion und reine Sittlichkeit aufeinandertreffen und eine Verbindung eingehen wollen, treten mit Notwendigkeit Spannungen, ja, Antinomien auf, wie sie *Nicolai Hartmann* im letzten Kapitel seiner Ethik beschrieben hat. Auf seiten der Religion pflegen sich die Jenseitstendenz, der Gedanke der göttlichen Vorsehung und das Erlösungsstreben zur Geltung zu bringen. Von solchen im Sinne des Wertidealismus personalistischen Motiven findet sich bei Schweitzer kaum eine Spur, von Jenseits und Vorsehung schon gar nicht, und die »Erlösung aus der Welt« kommt für ihn, wie wir sahen, »nur aus dem ethisch bestimmten Sein in Gott«[60]. Sie besteht in der Überwindung der Selbstentzweiung des Lebens und scheint Schweitzer persönlich zusammenzufallen mit dem Glück des Helfendürfens. Eine wundervolle sittliche Haltung wird auf diese Weise erreicht, aber das Religiöse steht hierbei allenfalls im Hintergrund und beschränkt sich auf einen bestimmten Aspekt der Ehrfurcht, von dem noch zu sprechen sein wird. Jedenfalls ist daran festzuhalten, daß die Ehrfurcht vor dem Leben im Sinne Schweitzers ein vorwiegend ethischer Begriff ist, das kann nicht deutlich genug herausgestellt werden. Als ein homo religiosus im betonten Sinne, wie man ihn immer wieder hat ansehen wollen[61], hat Schweitzer sich jedenfalls in seiner Philosophie kaum ausgesprochen.

Wie sehr der Akzent bei ihm auf das Sittliche verlagert ist, zeigt in besonderem Maße der Versuch, eine Verbindung von Mystik und Ethik, eine höhere Einheit aus ihnen, die sein letztes Ziel bildet, zu begründen und herzustellen, eben das »tätige Einswerden mit dem unendlichen Sein«. Der sich dabei ergebende Widerspruch, »daß dieses unendliche ›Sein‹ ständig Dasein vernichtet – wir aber unsere Aufgabe darin sehen sollen, kein Dasein zu vernichten, sondern das Leben lediglich zu fördern«[62], liegt ja auf der Hand und kann von Schweitzer nur deshalb so gering veranschlagt werden, weil er überhaupt den Weltgeist, das unendliche Sein, Gott, im Grunde genommen auf sich beruhen läßt und weil sein eigentliches Anliegen fast ausschließlich das menschliche Handeln betrifft, das es immer nur mit einzelnen Erscheinungen, nicht mit dem unendlichen Ganzen zu tun hat. Schweitzer geht, wie wir wissen, so

[59] KE S. XV.
[60] CW S. 56 f.
[61] So noch *Kantzenbach*, S. 13.
[62] *Weinel:* Heil, Sp. 461.

weit, das Absolute, den Weltgeist für »nichts Wirkliches«, für eine bloße Abstraktion zu halten, für etwas nur Erdachtes, »das deswegen auch absolut unvorstellbar ist«. — »Wirklich ist nur das in Erscheinungen erscheinende Sein.« Während das unendliche Sein hier theoretisch zu einem Nichts zusammenschrumpft und im übrigen jedenfalls durchaus zurücktritt, wird das praktische Verhältnis zum einzelnen, zum Endlichen, denkbar umfassend erweitert und zugleich in stärkstem Maße intensiviert. »In der Anerkennung und der Betätigung unserer Verbundenheit mit allen Wesen gehen wir auf die uns einzig mögliche Weise Verbindung tätiger Art mit dem unendlichen Sein ein. Unsere Hingebung an Leben zur höchsten Erhaltung und Förderung von Leben ist tätiges Eins-Werden mit dem unendlichen Sein, das das gedankliche, welches in Ergebung in das Weltgeschehen besteht, vollendet.«[63] Ein unmittelbares aktives Verhältnis des Menschen zur Gottheit kommt für Schweitzer so wenig in Betracht wie umgekehrt der Glaube an das allmächtige Handeln eines Gottes der Liebe in der Welt im Sinne einer auf den einzelnen Menschen bezogenen Vorsehung und Einwirkung, vielmehr, was das Ganze betrifft, lediglich Ergebung des Menschen in das Weltgeschehen, die nicht nur nicht spezifisch christlich ist, sondern offenbar überhaupt nicht eigentlich religiös zu sein braucht, sie findet sich bei Stoikern und Epikureern wie bei modernen Atheisten. Und wenn dann die gedankliche Ergebung in das Gesamtgeschehen durch die tätige Hingabe an die einzelnen Erscheinungen des Lebens, die in unseren Gesichtskreis tretenden Lebewesen, ergänzt wird, so fällt diese erst recht nicht unter den Begriff der religiösen Einstellung, sie hält sich ausschließlich innerhalb des sittlichen Bereichs. Schweitzers Versuch, das Religiöse der Mystik mit einer betont sittlichen Haltung zu vereinigen, führt somit nicht zum Ziel; die Mystik wird bei ihm von der immer wieder sich durchsetzenden und letztlich überall dominierenden Ethik verdrängt. Die mystische und die sittliche Einstellung lassen sich eben nicht so verschmelzen, wie Schweitzer es vorhat, sondern nur in der Weise verbinden, daß sie sachlich klar auseinandergehalten und persönlich gegebenenfalls in einem und demselben Menschen nebeneinander anerkannt und gepflegt werden, wie dies Port — darauf wird noch zurückzukommen sein — befürwortet. Das setzt dann freilich eine völlig andersartige Auffassung der Mystik voraus.

Wenn Schweitzer bei manchmal sehr kühner und stellenweise überraschend radikaler Gedankenführung doch hier und da einen an das Religiöse anklingenden Sprachgebrauch bevorzugt, so ist es demgegenüber um so mehr angebracht, diese Verhältnisse einmal ins rechte Licht zu rücken und beim Namen zu nennen. Nicht immer läßt sich das so leicht bewerkstelligen wie an Hand des Aufsatzes »Die Religion in der modernen Kultur«, in dem Schweitzer die Frage aufwirft, ob die Religion

---

[63] ID S. 208.

eine Macht im geistigen Leben unserer Zeit sei, und unter Hinweis auf den Krieg verneint, um dann plötzlich weiterzufragen: »Wie kam es dazu, daß ethische Ideale den unmenschlichen Idealen des Krieges nicht Widerstand leisten konnten?« Ganz unvermittelt also und als ob sich das von selbst verstände, geht Schweitzer vom Bereich der Religion zu dem des Sittlichen über. Jene erscheint bei ihm nur als Ausgangspunkt, dieses als das eigentliche Ziel, das, was ihm allein wirklich wichtig ist. Am Ende des Aufsatzes wird dann dasselbe Verfahren in umgekehrter Richtung praktiziert: es erfolgt die Zurückübersetzung der rein sittlichen Bezüge in teilweise religiöse Begriffe. Nachdem der Gedankengang in die Ethik der Ehrfurcht vor dem Leben eingemündet ist, erfahren wir, die Ethik gelange damit »schließlich zur Religion Jesu. Sie muß erkennen, daß sie keine andere sinnvolle Beziehung zu anderen Wesen entdecken kann als die Beziehung der Liebe«[64]. Offenbar geht es dabei allenfalls um die Ethik Jesu, das Liebesgebot, aber inwiefern um seine Religion? Das sagt Schweitzer mit keinem Wort, er dekretiert einfach: »Diese tiefe, universale Ethik hat die Bedeutung einer Religion. Sie *ist* Religion.«[65]

Konnte es zunächst so aussehen, als plazierten die hier angestellten Beobachtungen Schweitzer in ein Niemandsland zwischen den Fronten, insofern seine Anschauungen unter dem Gesichtspunkt der Religion als zu einseitig ethisch, nicht eigentlich religiös, und vom Standpunkt einer reinen Ethik aus umgekehrt noch zu religiös, nicht spezifisch ethisch erscheinen, so finden wir doch alles in allem ein starkes Vorherrschen des ethischen Interesses. Und wenn Religion und Sittlichkeit nach Port Gegensätze sind, während sie für Schweitzer im wesentlichen zusammenfallen, da seine Religion eben beinahe in der Sittlichkeit aufgeht, so steht der begeisterte Anwalt der weniger religiös als vielmehr hauptsächlich ethisch verstandenen Ehrfurcht vor dem Leben dem entschiedenen Gegner der Lebensreligion gar nicht so fern, wie es zunächst den Anschein hatte. Ohne daß Schweitzer persönlich daran gedacht und es hat wahrhaben wollen, drängen die sachlichen Tendenzen seines ethischen Standpunktes zum konsequenten Idealismus, der nur noch die Ersetzung des Lebens durch die Werte als höchste Instanz verlangen würde, während andererseits die in gewisser Hinsicht natur- und wirklichkeitsfeindliche Zuspitzung des Idealismus bei Kerler und Port eine Milderung erfahren müßte mit Rücksicht auf gewisse metaphysische Erwägungen wie vor allem den angedeuteten Sachverhalt, daß die Natur auf Werte hin angelegt zu sein scheint oder jedenfalls deren Entstehung Vorschub leistete, indem sie den Menschen hervorgebracht hat. Mag das Leben unter dem wertidealistischen Gesichtspunkt im allgemeinen noch so fragwürdig sein und eine religiöse Verehrung keineswegs verdienen, so bleibt es doch

---

[64] *Schweitzer:* Religion (1934), S. 389.
[65] S. 390.

letztlich die Voraussetzung, der Nährboden und wenigstens zu einem Teil der Träger, das Medium der Werte. Daß wir »der vitalen Unterlage, auf der allein der Geist wachsen kann«, »bedürfen«, kann natürlich auch Port nicht bestreiten[66], und dementsprechend erkennt er an, daß »die Natur der äußere Ursprung aller Werterfüllung ist«[67], wenngleich manche seiner Ausführungen diesem Sachverhalt so gut wie gar nicht Rechnung tragen. Ebenso gibt Port zu, daß die Welt vereinzelt Wertvolles bietet, ja, sogar »voll unerschöpflichen Wertreichtums« ist[68] — und wie könnte man das auch leugnen! Das im höchsten Grade Merkwürdige, unbegreiflich Wunderbare ist aber doch dies, daß bei der durch Brutalität gekennzeichneten Eigenart des Lebens inmitten allen Robustheit fordernden und fördernden Geschehens die höchsten, feinsten und innerlichsten Werte sich überhaupt entwickeln und behaupten konnten. »Daß das Gute immer noch nicht unterging, obwohl zu allen Zeiten das Schlechte überwog«, ist auch für Port »naturwissenschaftlich gesehen schwer verständlich, ein Wunder«[69]. Es liegt ihm jedoch fern, die Wirklichkeit auf die Dauer unter diesem Gesichtspunkt in einem etwas günstigeren Lichte zu betrachten. Wenn es aber ohne das Leben Werte gar nicht gäbe, sie jedenfalls weder gefühlsmäßig erlebt noch handelnd objektiviert werden könnten, so ist es immerhin begreiflich und nicht völlig unbegründet, obzwar nicht eigentlich gerechtfertigt, daß man hier und da Achtung und Ehrfurcht dem Leben als solchem, unmittelbar, entgegengebracht hat.

In diesem Zusammenhang ist das Verhältnis Schweitzers und Ports zu den sogenannten Freireligiösen von Interesse. Port hat diese moderne Geistesrichtung, die ja durch nichts so sehr charakterisiert ist wie durch die Erhebung von Natur und Leben zu unmittelbaren Objekten religiöser Betrachtung und Verehrung, einer scharfen Kritik unterzogen[70]. In einem einzigen Satze faßt er alles zusammen, was er dagegen einwenden zu müssen meint, und das Gewicht dieses Satzes ist schwer, auch wenn man eine bei Port nicht seltene Übersteigerung in der Diktion davon abzieht: »Die Wahrheit ist, daß die gute Allmutter Natur so furchtbarer Verbrechen schuldig ist, daß in ihrem objektiven Bild das Schwarze so radikal überwiegt, daß das Weiße fast verschwindet.«[71] Man kann auf diese Schwarz-Weiß-Malerei verzichten, zumal eine derart weitgehende ethische Beurteilung sicherlich der Natur nicht angemessen ist, und wird doch zugestehen müssen, daß die freireligiösen Anschauungen und Wendungen vielfach die Portsche Antithese herausgefordert haben und daß deren unbestreitbarer richtiger Kern auf jeden Fall genügt, um

---

[66] *Port:* Bedeutung [1.], S. 409.
[67] *Port:* Warum, S. 367.
[68] *Port:* Übergänge, S. 800.
[69] *Port:* Gespräch, S. 324.
[70] *Port:* Religionen, S. 280—301. — Vgl. auch schon: Freie Religion, S. 459 ff.
[71] *Port:* Freie Religion, S. 466.

der Naturverehrung, soweit sie als religiös genommen werden will, den Boden zu entziehen. Von der guten Allmutter Natur zu reden geht in der Tat nicht mehr an.

Es besteht aber auch abgesehen von dem soeben besprochenen Punkt Anlaß zu einer kritischen Bewertung der freireligiösen Bestrebungen. Und zwar handelt es sich um den Umstand, daß die vermeintlich religiöse Verehrung des Lebens oder der Natur überhaupt nur eine geringe sachliche Substanz und ein äußerst bescheidenes Niveau besitzt, sowohl allgemein in weltanschaulicher wie auch besonders in religiöser Hinsicht. Alles, was sich hier an Ansätzen regt, befindet sich nämlich stets in einer zweifachen Gefahr. Auf der einen Seite liegt die Versuchung des Wortemachens um Selbstverständlichkeiten, der Kult des Banalen, der schon aus Gründen des Geschmacks zu verwerfen ist. Auf der anderen Seite droht die Verlockung, Anleihen bei grundsätzlich geräumten Positionen aufzunehmen, der Rückfall also in Aussagen, die auf dem Boden einer kritischen Einstellung als immer noch zu positiv, ohne echten Wahrheitsgehalt, zu beurteilen und insofern nicht zu verantworten sind. Port hat mit Bezug auf die Nachahmung christlicher Gedanken oder Redewendungen seitens freireligiöser Prediger, scharf wie immer, aber nicht unzutreffend, von der »plagiatorischen Natur des freireligiösen Geistes und Kultes« gesprochen[72]. Was zwischen diesen beiden Abwegigkeiten der Banalität und der Unechtheit an Raum bleibt, reicht nicht aus, um sich von den gutgemeinten Versuchen solcher Art viel versprechen zu können. Es lebt da wohl eine unbestimmte Sehnsucht nach etwas Höherem, über den Alltag Hinausweisendem, die aber kaum irgendwo zu tieferen Gedanken und eigenständigen neuen Ausdrucksformen geführt hat. Nirgends läßt sich etwas der christlichen Frömmigkeit auch nur halbwegs Ebenbürtiges entdecken. In dieser kritischen Beurteilung der freireligiösen Bewegung berührt sich die vorliegende Betrachtung eng mit dem Urteil Ports[73].

Nun ist es sehr beachtenswert, daß Schweitzer in keiner Weise einen typisch »freireligiösen« Standpunkt einnimmt. Nichts von dem, was die früher üblichen pantheistischen Aussagen und den Naturkult dieser Kreise so fragwürdig machte, findet sich bei ihm. Er hat weder das Grauenhafte, Dämonische der Natur übersehen noch weist er den von Port aufs Korn genommenen charakteristisch »religiösen Hang zur Anbetung des Daseins«[74] auf. Vielmehr ist eine bemerkenswerte Zurückhaltung hinsichtlich religiös zu deutender Aussagen bezeichnend für ihn, die sich vorteilhaft von jenem freireligiösen Stil abhebt.

---

[72] *Port:* Religionen, S. 280 f. — Port führt das nicht zu überbietende Beispiel einer Traueransprache an.

[73] Diese Kritik bezieht sich hauptsächlich auf die Freireligiösen älteren Stils. Die heutigen freireligiösen Kreise haben sich mehr den sittlichen Fragen der Freiheit und Verantwortung und der Mitmenschlichkeit zugewandt, Anliegen und Bestrebungen, gegen die natürlich nichts einzuwenden ist und die nur begrüßt werden können.

[74] *Port:* Freie Religion, S. 465.

Damit sind wir jedoch noch nicht ganz am Ende. Es muß noch ein Gesichtspunkt herangezogen werden, der zu einer gewissen Verkehrung der Fronten führt, indem hier ein Mangel der Portschen Position sichtbar wird, während das freireligiöse Anliegen zum Teil eine Rehabilitierung erfährt. Wenn auch die Natur nicht eigentlich zu religiöser Verehrung berechtigt, so ist sie andererseits eben doch bei weitem mehr als das bloße »Material unserer Pflicht« (Fichte). Sie ist der Mutterschoß auch des Menschen mitsamt seiner ganzen seelisch-geistigen Welt, und wir sind nicht nur der Herkunft nach, wir bleiben auch in den höchsten Zielsetzungen an sie gebunden. Auch bietet sie ja immerhin nicht *nur* ein Bild unerhörter Rücksichtslosigkeit, entsetzlicher Grausamkeit, bedrükkender Sinnlosigkeit. Sie scheint daneben doch auch Züge einer rätselhaften tiefen Weisheit aufzuweisen, wenn es auch dahingestellt bleiben muß, wieviel von diesem Eindruck im einzelnen einer erkenntnismäßigen Nachprüfung, sofern eine solche überhaupt möglich ist, standhält. Und schließlich fußen nicht nur überall die höheren Lebensgestaltungen auf den niederen und nehmen in der Entwicklung ihren Weg durch die niedrigeren Stufen hindurch, sondern es hängen auch der Geist und insbesondere das Werterleben und -schaffen, so sehr die Werte gegenstandstheoretisch von der Wirklichkeit zu unterscheiden sind, im letzten Grunde, wie schon gesagt, von der Existenz eben dieser Wirklichkeit ab, auch die Werte sind insofern naturbedingt, an das Leben gebunden. Ports These »Die Naturnotwendigkeit ist etwas durchaus Übles, nichts Gutes«[75] können wir uns deshalb nicht zu eigen machen. Eine positive und eine, wenn auch sehr bedingte und eingeschränkte, nur in dem soeben gezogenen Rahmen bestehende religiöse Bedeutung ist dem Leben als Gesamterscheinung und damit überhaupt der Natur in der Tat nicht abzusprechen. Diese Bedeutung reicht zwar keineswegs positiv aus, um Natur und Leben Ehrfurcht in der Weise einer eigentlichen religiösen Verehrung entgegenbringen zu können. Sie läßt sich aber wenigstens negativ bewußt machen, indem der Blick etwa auf die Verdrängung, Entmachtung, Verwüstung und großenteils sogar Ausrottung der Pflanzen- und Tierwelt durch die moderne Zivilisation und auf unsere gefühlsmäßige Reaktion hiergegen gerichtet wird. Diese Vergewaltigung der Natur erweist sich nicht nur vom Standpunkt des Nutzens als recht zweischneidig und auf die Dauer sogar sehr unzweckmäßig, wie immer deutlicher geworden ist[76], sie wird auch nicht nur von dem vor allem schauend erlebenden Menschenschlag als im höchsten Grade bedauerlich, wirklich schmerzlich empfunden, sondern sie will dem, der hierfür noch ein Gespür besitzt, auch geradezu ruchlos, als Schändung erscheinen, d. h. nicht nur in ökonomischer und ästhetischer Hinsicht erheben wir da-

[75] S. 465 f.

[76] Es ist heute nicht mehr nötig, die für diese Erkenntnis bahnbrechenden Schriften anzuführen. Es sei hier nur an die eindrucksvollen Darstellungen von *William Vogt*, *Reinhard Demoll* und *Ernst Hass* erinnert.

gegen Einspruch. Es lehnt sich dagegen auch ein Rest religiösen Empfindens im Sinne einer Bindung an das ursprüngliche Sein, noch abgesehen von seinem Wert, in uns auf – man denke nur an die Klage und Anklage, die schon *Ludwig Klages* diesem in zunehmendem Maße globale Bedeutung gewinnenden Vorgang gewidmet hat[77]. Solche Reste religiösen Gefühls lassen sich auch sonst noch hier und da feststellen, etwa bei unserem Verhältnis zur Nahrung. Daß etwas von dem, was uns im Reiche der Schöpfung bzw., neutral gesagt, der Natur, zugewachsen ist, nachlässig oder gar mutwillig vergeudet wird, finden wir nicht nur unwirtschaftlich, sondern in einem tieferen Sinne verwerflich, ja, frevelhaft. Und nicht anders steht es beispielsweise mit der ursprünglichen Beziehung zwischen Mutter und Kind. Der heute nicht ganz seltene Typus einer jungen Mutter, die sich in der Bahn in eine Illustrierte vertieft oder sich der Betrachtung ihrer gepflegten Fingernägel widmet, während sie ihr Kind sich selbst überläßt, seine ihr lästigen Fragen abwehrend oder oberflächlich, ohne verständnisvolles Eingehen darauf, beantwortend, zeigt nicht nur ein seelisch-sittlich dürftiges Verhalten, sondern dieses mutet uns darüber hinaus als Verstoß gegen eine Ur-Ordnung, als Unnatur an, wobei in dem hier zu Grunde liegenden Naturbegriff wiederum noch ein leiser religiöser Unterton mitschwingt. Schließlich kann überhaupt im Verhältnis des Menschen zu seinen nächsten Blutsverwandten ein religiöses Element in jenem weitesten Sinne gesehen werden, insofern hier die seinsmäßige Beziehung eindeutig über das Moment des Wertes dominiert. Mögen Vater und Mutter sich in schwere Schuld verstrickt haben, Sohn oder Tochter werden sich auch als Erwachsene nie ganz von ihnen lossagen können; mag ein Sohn noch so verloren sein, er bleibt für die Eltern ihr Kind. Die Bedeutung der sogenannten Blutsverwandtschaft als einer unaufgebbaren, unauflöslichen Bindung ist so lange gegen Geringschätzung gefeit, wie der Mensch sich ein gewisses Maß an Naturverbundenheit – diese wiederum im weitesten Sinne – erhält. Erst wenn er völlig entwurzelt ist und einem beziehungslosen, dünnen, rein individualistischen Denken verfällt, besagt sie nichts mehr für ihn. Mit dieser Sicht dürfte der entscheidende Aspekt des Portschen Religionsbegriffs als einer Rückbindung an das Sein aufgenommen, zugleich aber ins Positive gewendet werden.

Mehr als ein letzter Rest des Religiösen ist es gewiß nicht und kann es nicht sein, was in solchen Aspekten zur Geltung kommt. Aber es ist nicht einzusehen, warum sich der moderne Mensch ihn nicht nach Möglichkeit bewahren sollte. Um wie wenig und wie viel es sich hierbei

---

[77] *Klages:* Mensch und Erde. – Die erste der darin enthaltenen 7 Abhandlungen, um die es hier geht und die dem Buch den Titel gegeben hat, war ursprünglich in der Festschrift der »Freideutschen Jugend zur Tagung auf dem Hohen Meißner 1913 veröffentlicht worden. Die Gerechtigkeit erfordert es übrigens, in diesem Zusammenhang neben Klages *Theodor Lessing* (Europa und Asien. Untergang der Erde am Geist) zu nennen.

gerade noch handeln kann, läßt sich dadurch veranschaulichen, daß in Ablehnung und Zustimmung die Einstellung Goethes herangezogen wird. Kaum einen von seinen Aussprüchen über religiöse Dinge findet man so oft beifällig angeführt wie den, es sei »das schönste Glück des denkenden Menschen«, »das Erforschliche erforscht zu haben und das Unerforschliche ruhig zu verehren«[78]. Die bekannte Sentenz ist nicht nur reichlich abgegriffen, sie verdient auch, wie Port betont hat[79], keine Zustimmung. Dem Unerforschlichen als solchem, in seiner bloßen Negativität, kommt keineswegs ein Anspruch auf Verehrung zu. Das schließt jedoch nicht aus, daß man sich etwas von dem erhält, was Faust als der Menschheit bestes Teil gilt: das Schaudern. Dieses reicht nicht entfernt mehr aus zur Religion in ihrer vollen Bedeutung und wäre allenfalls mit dem bescheideneren, weniger bestimmten Begriff der Religiosität zu bezeichnen. Aber es ist und bleibt ein Urgefühl, in dem dumpfes Empfinden und Aberglaube des primitiven Menschen sich berühren mit dem geistvollen Staunen tiefer Denker und dessen objektivem Korrelat wir ebenfalls noch ein Neben- und Ineinander des Sinnlosen und des Abgründig-Sinnvollen wie auch des Herrlichen und des ungeheuerlich Grauenhaften zuschreiben — jene unbegreifliche complexio oppositorum, die das Signum der Welt bildet. Ohne ein solches Schaudern und Staunen müßte unser Leben, möchte man meinen, seine letzte Tiefe verlieren. Wohl kennt dieses Staunen selbstverständlich und gerade auch Port, dessen ganze Lebensanschauung im Werte der Wunderbarkeit kulminiert. Nur scheint er diesem keinen Einfluß auf die Weltanschauung gestatten zu wollen. Er lehnt nicht nur mit Recht Goethes Verehrung des Unerforschlichen ab, sondern sein Denken hat auch keinen Platz für den mit der Verehrung nicht identischen, Goethe so wichtigen Begriff der Ehrfurcht, die sich ja nicht auf Werte an sich, sondern auf ein irgendwie werthaftes wirkliches, wenn auch mehr oder weniger hintergründiges Sein richtet, zu dem der Mensch nur im Verhältnis der Distanz stehen kann[80]. Man wird sie vielleicht am besten mit *Scheler* als die Haltung ansehen, die »das Geheimnis der Dinge und die Werttiefe ihrer Existenz« wahrnimmt[81]. Und hier ist nun wiederum die Einstellung Schweitzers interessant. Während der agnostizistisch-positivistische Standpunkt im allgemeinen der Haltung der Ehrfurcht abträglich ist, schließt er sie bei Schweitzer keineswegs aus. Vielmehr zeigt dieser gelegentlich einen ausgeprägten Sinn für eine Art von Ehrfurcht, welche über die vor allem als sittliche Forderung auftretende, ihm besonders wichtige hinausgeht. Wenn ihn, wie früher erwähnt, schon am naturwissenschaftlichen Schul-

---

78 *Goethe:* Maximen, Nr. 1207.
79 *Port:* Sichtbare, S. 619.
80 Auf die Differenzierung des »Doppelaffektes« von Staunen und Ehrfurcht (vgl. *Wust:* Doppelaffekt, S. 395. 399) nach der Seite des Intellekts (Staunen) und des Gemüts (Ehrfurcht) braucht hier nicht eingegangen zu werden.
81 *Scheler:* Umsturz, S. 26.

unterricht abstieß, daß man das absolut Geheimnisvolle der Natur nicht anerkannte, so befinden sich das agnostizistische und das religiöse Denken hier offenbar im Einklang, sofern der Begriff religiös in dem besprochenen weiten Sinne genommen wird, als eine ganz anspruchslose Gesinnung, die Schweitzer sich bewahrte, wenn sie auch gegenüber dem stark dominierenden sittlichen Interesse im Hintergrund bleibt. Der sittliche Aktivist Schweitzer ist jedenfalls alles andere als titanisch selbstherrlich, das wird immer wieder deutlich. Von den für die Religion im vollen Sinne konstitutiven Elementen, dem Bewußtsein der Abhängigkeit, dem Verhältnis zu einer transzendenten Macht und der Sorge um das ewige Heil des Menschen, ist hier nur noch das Gefühl der Abhängigkeit und eben die Ehrfurcht vor dem, was Geheimnis bleiben muß, vorhanden. Lediglich in diesem Sinne, in diesem Sinne aber kann man Schweitzer in der Tat als einen Vertreter der »freien Religiosität« bezeichnen.

Eine andere Frage ist, wie weit diese zunächst rein menschliche Einstellung sich in seinen philosophischen Anschauungen auswirkt. In der ihm durchaus entscheidenden »Kulturphilosophie« spielt die Religion »eine bemerkenswert geringe Rolle«[82]. Als eine gewisse, wenn auch nicht sehr tiefgehende Nachwirkung des religiösen Denkens in seiner philosophischen Weltanschauung läßt sich vielleicht die Tatsache auffassen, daß sein Agnostizismus den Denker nicht hindert, die Existenz eines Schöpferwillens anzunehmen. Zwischen dieser Position und der des Wertidealismus ergibt sich wiederum ein starker Gegensatz. Der Wertidealismus, auf ein antithetisches Verhältnis von Wert und Wirklichkeit festgelegt, kann die beiden Bereiche lediglich im Menschen zusammenkommen lassen. Die Anerkennung eines macht- und wertmäßig noch so bescheidenen göttlichen Schöpfungsprinzips ist für ihn unmöglich. So verbindet sich wohl zum ersten Male in der Geschichte des philosophischen Denkens mit einem denkbar hochgespannten ethischen Idealismus eine Metaphysik, die hart an den Materialismus grenzt, ja, die im Grunde genommen auf einen kritisch geläuterten Materialismus hinausläuft[83]. Nach der von Kerler begründeten und von Port ausgebauten Theorie des Okkasionalismus[84] entsteht Neues und Höheres, entstehen auch Leben, Seele und Geist im Verlaufe eines ungewollten, plan- und sinnlosen materiellen Geschehens »bei Gelegenheit gegebener Verhältnisse« gewissermaßen »aus dem Nichts«[85]. Jede einzelne Geschehensreihe ist ebenso notwendig, wie ihr Zusammentreffen mit anderen Reihen zufällig. Auf zufällige Konstellationen also gehen die sinnvollen Gestalten letztlich zurück. Zum Schöpfungsprinzip wird damit in letzter Instanz der Zufall

---

[82] *Brock:* Rezension (KE), S. 265.
[83] *Port:* Frankenberg, S. 499.
[84] *Kerler:* WW, S. 84—158. — *Port:* Erwiderung, S. 213. — Gottesbeweise, S. 438 ff. — Frankenberg, S. 496 ff. — Welträtsel, S. 93 ff.
[85] *Kerler:* WW S. 87.

erhoben, dem bei einer praktisch unendlichen Zahl von Konstellationsmöglichkeiten in den zur Verfügung stehenden astronomischen Zeiträumen auch einmal der das erste Leben mit allen seinen Folgen zustande bringende große Wurf gelungen ist.

Man darf sich nicht an dem hier verwandten, auf den ersten Blick befremdlichen Begriff der »Entstehung aus dem Nichts« stoßen, die zu unterscheiden ist von der keineswegs behaupteten Entstehung *durch* das Nichts[86]. Das Leben, das Seelische und gar der Geist entstehen durch das Zusammentreffen bestimmter materieller Kausalreihen, aber sie entstehen *aus* dem Nichts, d. h. es entsteht jeweils etwas ganz Neues, das zwar durch es determinierende Faktoren zustande kommt, aber keinerlei wesensmäßige vergleichbare Vorstufen im Anorganisch-Materiellen besitzt. Das Leben und erst recht natürlich der Geist sind etwas völlig anderes als nur das physikalisch-chemische Geschehen, durch das sie entstehen, auf dem sie beruhen. Es handelt sich demnach, phänomenologisch gesehen, um einen schöpferischen Sprung. In dieser klaren und betonten Erkenntnis liegt trotz der soeben erwähnten Berührung die wesentliche Überlegenheit des Okkasionalismus über den üblichen Materialismus wie auch andererseits über alle panpsychistischen Anschauungen. Der Okkasionalismus ist insofern eine durchaus ernst zu nehmende metaphysische Theorie.

Zu begrüßen ist, daß dabei die Bedeutung des Erklärens nicht überschätzt wird. Wenn manche Anhänger des Darwinismus früher nicht selten den Schulmeister herauskehrten, der so viel aufgeklärter ist als der Herr Pastor mit seiner alten Schöpfungsgeschichte, so wird die Stellungnahme Ports, weit entfernt vom Stolz auf gelöste Welträtsel, durch das Staunen des echten Philosophen bestimmt, der vor den Weltwundern steht[87], der Mutation etwa und der Vererbung[88]. Diese Einstellung soll und wird den biologischen Forscher selbstverständlich nicht von neuen und weitergehenden Erklärungsversuchen im einzelnen abhalten. Eine eindrucksvolle Verbindung der erklärenden und der staunenden Haltung findet man neuerdings bei *Jacques Monod*, der die Lebenserscheinungen auf Zufall und Notwendigkeit zurückführt, aber zugleich den Zweifel verständlich findet, ob die ungeheure Vielfalt der Strukturen und die wunderbare Leistungsfähigkeit der Lebewesen vom Bakterium bis zum Menschen wirklich das Ergebnis einer riesigen Lotterie ist[89]. Mit Bezug auf »das größte Problem, die Herkunft des genetischen Code und des Mechanismus seiner Übersetzung«, bemerkt Monod: »Tatsächlich dürfte man nicht von einem ›Problem‹, man müßte eher von einem wirklichen

---

86 *Port:* Welträtsel, S. 90.
87 *Port:* Welträtsel, S. 86.
88 S. 92.
89 *Monod:* Zufall, S. 171.

Rätsel sprechen.«[90] Ja, er geht so weit zu sagen: »Das Wunder wurde zwar erklärt, doch bleibt es für uns immer noch ein Wunder.«[91]

In den Jahren um 1920, als Kerler mit seiner Theorie den Zufall auf den Thron setzte und andererseits Schweitzer, ohne sich im übrigen auf apologetische Auseinandersetzungen einzulassen, den Begriff des Schöpferwillens in sein philosophisches Denken aufnahm, stand die Philosophie überhaupt theistischen Anschauungen, wenn auch in einer sehr verdünnten und abstrakten Form, vielfach noch näher als einer Anschauung nach Art des Okkasionalismus. Für Häckels Lösung der Welträtsel konnte sie ja auch wirklich nur Geringschätzung aufbringen. »Daß bloßer Zufall Wunderbauten von so unsagbarer Zauberfülle wie die pflanzlichen und tierischen Leiber aus dem Chaos zu sieben vermöge: diese seltsame Lehre überlassen wir Philosophen den Halbdenkern (die ja sehr scharfsinnige Fachgelehrte immer bleiben können)«, äußerte damals *Julius Schultz*[92] zweifellos im Sinne vieler, und *Karl Groos* hat unter Berufung auf Physiker wie Boltzmann und Nernst mehrfach ausgesprochen, daß »in einer ausschließlich von den physikalischen Gesetzen beherrschten Materie die Unordnung ›wahrscheinlicher‹ sei als die Ordnung«.[93] Von hier aus legte sich die Annahme eines überweltlichen Gottes mit Zielbewußtsein[94] nach wie vor nahe, »weil aus den Eigenschaften der Materie allein die in der Welt herrschende Ordnung nicht zu erklären ist« *(T. K. Oesterreich*[95]*)*. *Carl Stumpf* meinte sogar, der Hypothese eines »universalen Ordnungsfaktors« eine »ungeheure, der Sicherheit gleichwertige Wahrscheinlichkeit« zusprechen zu dürfen[96]. »Mehr als Handlanger, im besten Falle Mäcen« kann der Zufall nicht sein, betonte auch *A. Titius*, derjenige Theologe, der sich am eingehendsten mit den Naturwissenschaften und dem Verhältnis des Glaubensstandpunktes zu ihnen beschäftigt hat[97], und es entsprach nur der tatsächlichen damaligen Problemlage, wenn ihm der Ursprung der organischen Welt als ein großes Geheimnis erschien[98]. Man geht sicherlich nicht fehl mit der Vermutung, daß gerade die Ableitung des Lebens und des Geistes aus dem puren Zufall eines mechanistischen Kräftespiels derjenige Punkt war, an welchem schon der Schüler Albert Schweitzer besonders Anstoß genommen hat. Was ihm da als Erklärung geboten wurde, bedeutete ihm keine, machte vielmehr »das Geheimnisvolle nur noch geheimnisvoller«, ein Urteil, das bei einem jungen Menschen in den Jahren, da die meisten kritisch gestimmt und

---

[90] S. 176.
[91] S. 171.
[92] *Schultz:* Philosophie, S. 185 f. — vgl. auch: Selbstdarstellung, S. 190.
[93] *K. Groos:* Methodik, S. 28. Vgl. von dems.: Metaphysik, S. 366 (= Seele, S. 152) sowie: System, S. 32 ff.
[94] *K. Groos:* Methodik, S. 39 f. — Metaphysik, S. 370 f. (= Seele, S. 156 f.) — System, S. 39 ff.
[95] *Oesterreich:* Weltbild, S. 309.
[96] *Stumpf:* Erkenntnislehre, Bd. 2, S. 789 ff.
[97] *Titius:* Natur, S. 651.
[98] S. 652.

aller Apologetik des Glaubens abgeneigt zu sein pflegen, von einer bemerkenswerten Selbständigkeit des Denkens zeugt.

Als Schweitzer später in seiner Philosophie an dieser Einstellung festhielt, gab es immerhin auch namhafte Naturwissenschaftler, denen der Darwinismus nicht genügte. Wie gegensätzlich die Urteile über ihn, obgleich er inzwischen auf breiter Front Anerkennung gefunden hat, immer noch beschaffen sind, zeigt die Stellungnahme zweier bedeutender Forscher, die, zwar nicht selbst Biologen, aber als Physiker dem Lebensproblem gegenüber den Vorteil der Nähe und des Abstandes zugleich besitzen. Die Ansicht, daß die Entwicklung der Organismen das bloße Ergebnis von Mutation und Selektion darstellt, wird von *Pascual Jordan* eine sehr »empfindliche Stelle des naturwissenschaftlichen Weltbildes« genannt[99]. *Carl Friedrich v. Weizsäcker* dagegen hebt die »ungeheure Erklärungskraft als rein naturwissenschaftliche Hypothese« hervor[100] und meint, konkrete Einwände gegen den Darwinismus könnten »meist auf die Formel gebracht werden: ›Ich kann mir nicht vorstellen, wie dies oder jenes Phänomen, etwa das Wirbeltierauge oder der Ameisenstaat durch Zufall und Auslese allein hätten zustande kommen können‹«, und er fügt hinzu: »›Ich kann mir nicht vorstellen‹ ist aber in der Wissenschaft ein schwaches Argument«[101] – von einem Naturwissenschaftler, der zugleich Philosoph ist, gewiß eine sehr beachtenswerte Bemerkung, wenngleich sie vielleicht nicht alle Einwände schon endgültig zum Schweigen bringt. Es wird auch weiterhin einzelne nachdenkliche Köpfe geben, die sich nicht schämen zu bekennen, daß sie sich in der Tat die Entstehung des Wirbeltierauges oder des menschlichen Gehirns und in letzter Folge davon die genialer Forschungen und Kunstwerke auf dem Wege eines ursprünglich zufälligen blinden Geschehens schlechterdings nicht vorzustellen vermögen. Erst recht erscheint die »objektive Ästhetik der Natur«[102] immer noch als völlig rätselhaft und wunder-voll, und dies auch dann, wenn die Bedeutung vom Menschen als schön empfundener Musterungen etwa für die sexuelle Auslese der Tiere wahrscheinlicher wäre, als sie es tatsächlich ist.[102a] Insofern schließt die Offenheit für die Größe der Leistung einer Schritt für Schritt vorwärts dringenden kausalmechanischen Forschung und die vorbehaltlose Bereitwilligkeit zur Anerkennung ihrer Ergebnisse einstweilen den Eindruck nicht aus, daß die Annahme, Leben, Geist und Schönheit in der Natur gingen auf ein ausschließlich physikalisch-chemisches Geschehen zurück und aller Sinn

---

99 *P. Jordan:* Schöpfung, S. 92.
100 *Weizsäcker:* Geschichte, S. 90.
101 S. 91.
102 *Armin Müller:* Bios, S. 138 ff.
102a Vor allem *A. Portmann* hat auf Grund eingehender Forschungen den Formmerkmalen, etwa in den Hautzeichnungen der Schlangen und beim Gefieder der Vögel, eine unmittelbar lebenserhaltende Funktion abgesprochen und betont, daß der Ursprung solcher der Selbstdarstellung der jeweiligen Arten dienenden Strukturen unbekannt ist (Wege, besonders S. 148 ff. 168 ff. 208. 215).

wurzele damit letztlich im Sinnlosen, etwas beinahe absurd Anmutendes hat. Nur ein anderer Ausdruck hierfür ist die Vermutung *Monods*, daß sich das entscheidende Ereignis bei der Entstehung des Lebens wahrscheinlich »nur ein einziges Mal abgespielt hat«, also »die a priori-Wahrscheinlichkeit dieses Ereignisses fast null war«[103]. Eben dies ist auch die Ansicht von Monods Antipoden *Jordan*. Es läßt sich nicht verkennen, daß solche Anschauungen das Festhalten Schweitzers am Begriff des Schöpferwillens bis zu einem gewissen Grade zu rechtfertigen geeignet sind.

Schweitzer scheint von Kerler und Port nichts gewußt zu haben. Aber der Religionshistoriker und -philosoph *Wilhelm Hauer*[104], dem der Begriff des Urschöpferischen im Mittelpunkt seines Denkens stand, hat hier sozusagen anstelle Schweitzers die Auseinandersetzung des Schöpfergedankens mit dem Okkasionalismus übernommen. Er entgegnet Port: »Die Meinung, alles sei aus Zufall entstanden, mit Ausnahme der menschlichen Wertwelt, ist ein ›Glaube‹, der keineswegs begründeter ist als die teleologische Weltansicht. Welche Milliarden von Zufällen müßte man z. B. annehmen, bis überhaupt eine erste Zelle oder gar ein tierischer Organismus mit seinen zahllosen doch offensichtlich zielgerichteten Funktionen entsteht, und vollends ein Mensch mit einer Geistigkeit, die ihn zu den höchsten Schöpfungen und selbst zur Schöpfung eines ethischen Wertreichs befähigt.«[105] Die okkasionalistische Erklärung ist eine Annahme, die »mindestens so viel ›Glauben‹ fordert wie die teleologische Weltbetrachtung«[106]. Diese Sätze dürften ungefähr auch der Ansicht Schweitzers entsprechen. Und in der Tat: eine Fülle neuer Forschungen mit ihrer Entdeckung unerhört verwickelter Strukturen und raffiniert zweckmäßiger Einrichtungen in den Organismen ist immer wieder dazu angetan, den Zweifel am zufälligen Entstehen derart hochgradig sinnvoller Gebilde aus einem völlig sinnlosen Chaos zu stärken und die rational so einleuchtende teleologische Erklärung von oben nach unten[107], die Annahme eines Schöpferwillens also, zu stützen.

Damit ist freilich noch nicht endgültig entschieden, daß dieser dem einfachen Menschenverstand so einleuchtenden Denkweise das letzte Wort gebührt. Die hier zunächst zuständigen Einzelwissenschaften sind jedenfalls überwiegend entschieden anderer Ansicht. Die Deszendenztheorie, die als historische Beschreibung des tatsächlichen Geschehens seit langem feststeht und nur noch hinsichtlich der beteiligten kausalen Faktoren hin und wieder diskutiert wird, bezeichnet ein so kompetenter

---

103 *Monod:* Zufall, S. 178.
104 Vgl. *Hauer*: Krise, sowie von dems.: Verfall.
105 *Hauer:* Glauben, S. 425.
106 ebd.
107 Eine Erklärung »von unten« nennt *Karl Groos* (Methodik, S. 25) eine von den Teilchen ausgehende (auch »Bauklötzchenstandpunkt«, »Mosaiktheorie«). Er tritt dafür ein, sie durch eine entgegengesetzte, vom Ganzen ausgehende Erklärung zu ergänzen, die mit übergeordneten, übergreifenden zielstrebigen Kräften rechnet.

Forscher wie *Heberer* mit größter Bestimmtheit als »eine bewiesene Theorie«[108] im Sinne der Ausschließung einzelner schöpferischer Akte. Dazu kommen nun noch die ungeahnt großen Fortschritte der Biogenetik (Kaplan) bzw. der biophysikalischen Chemie (Eigen), die darauf hinauslaufen, daß die von Monod angenommene Rolle des Zufalls sehr erheblich eingeschränkt wird und so die Entstehung des Lebens nicht mehr als etwas absolut Unwahrscheinliches, das im ganzen Weltall nur einmal erfolgte, zu gelten hat, sondern unter den zum Teil experimentell nachprüfbaren Bedingungen der frühen Erdatmosphäre durchaus mehrfach oder auch vielfach entstanden sein kann, ja, sich sogar mit Notwendigkeit eingestellt haben muß. Fast noch wichtiger als die Einzelheiten dieser Forschungen ist der Eindruck, daß hier nicht etwa einzelne Forscher die gesicherte Arbeitsweise ihrer Wissenschaft kühn überschreiten und recht extravagante Hypothesen aufstellen, sondern daß da die Schrittmacher einer in die Zukunft weisenden Forschung am Werk sind, die gar nicht anders kann, als diese Probleme in der ihr gemäßen Weise in Angriff zu nehmen. Die Tragweite dieses Vorgangs läßt sich kaum hoch genug veranschlagen. Daß an die Stelle des schöpferischen Weltgeistes der Philosophen, der ja seinerseits vielfach ein um seine lebhafteren Farben verminderter Gott der Theologen war, die brodelnde »Ursuppe« auf der frühen Erde treten soll und somit nicht die großen deutschen Denker, sondern der von ihnen so wenig ernstgenommene Philosophiedilettant Häckel im Grunde genommen auf dem richtigen Wege gewesen wäre, ist eine harte Sache, welche dem in der geisteswissenschaftlichen Tradition Aufgewachsenen schwer zu schaffen machen muß. Im Gegensatz zu der Denkweise, die immer noch einen irgendwie gearteten ersten geistigen »Macher«, Künstler, Demiurg, Schöpfergeist fordert, würde sich nunmehr der stets als inferior empfundene Gedanke der immanenten Möglichkeiten der Natur, deutlicher: der Materie schließlich doch durchsetzen. Eine vermittelnde Lösung aber, die das Gesicht der geisteswissenschaftlichen Philosophie ein wenig wahren könnte, ist hier nicht denkbar. Ein Koch, der wenigstens die Ursuppe angerührt und aufs Feuer gestellt hat? — diese Auskunft dürfte denn doch allzu defensiv, fernliegend und flau sein, und man wird dann schon wohl oder übel mit der Suppe, einige Protobionten darin als Rosinen, vorliebnehmen müssen.

Indessen liegt es nicht so, daß damit das philosophische Denken in seiner Gesamtheit zum Rückzug zu blasen genötigt wäre. Alles in allem hat die Philosophie der Neuzeit viele sehr kritische Beiträge zu diesem Thema geliefert, und insbesondere die Schwächen der sogenannten Gottesbeweise sind oft genug von ihr hervorgehoben worden. Tatsächlich ist mit der bloßen Annahme eines Schöpfungsprinzips noch nicht viel gewonnen. Gegeben ist ja oder war jedenfalls bisher nicht mehr als eine

---

[108] *Heberer:* Deszendenztheorie, Sp. 92.

Lücke in unserem Wissen, während von der in dieser Lücke angesiedelten Schöpfermacht und von der Art ihres Wirkens nicht das mindeste erkennbar oder auch nur einigermaßen vorstellbar ist. Vielmehr wird sie eben lediglich erschlossen, postuliert. In gewisser Beziehung gibt das z. B. auch *Hauer* zu, wenn er sich im Verlaufe des Ringens mit diesem Problem veranlaßt sah, vom »Urschöpferischen, dem »Unerkannt-Schaffenden«[109], gelegentlich nur noch als »x« oder dem »Faktor x« zu sprechen[110]. Gott aber müßte, wie man immer wieder gefordert hat, mehr als ein Lückenbüßer, ein bloßes »asylum ignorantiae« sein.

Port hat die wichtigsten Bedenken gegen die Annahme eines Schöpfergottes in drei Argumenten zusammengefaßt. Die Berufung auf einen allmächtigen Gott füge dem unmittelbar gegebenen Wunder des Seins überflüssigerweise drei weitere Wunder hinzu[111]: »erstens das Wunder eines allmächtigen Gottes« selbst, zweitens »das absolute Wunder, wie ein reiner Geist durch ein reines Wollen eine materielle Substanz oder eine menschliche Seele schafft« — eine Vorstellung, die Port zwar, hier einmal bemerkenswert behutsam, nicht für absolut unmöglich erklärt, »aber doch so mit Unverständlichkeit getränkt« findet, daß sie ihm »als Erklärungsprinzip denkbar ungeeignet erscheint«. Außerdem wird man den sich für die Erschaffung der Welt auf Gott Berufenden fragen müssen, wer nun diesen geschaffen habe. Die Antwort, Gott habe sich selbst geschaffen, behauptet das dritte, »schlechthin unmögliche Wunder«; denn Port hält es, sicherlich mit Recht, für »eidetisch unmöglich«, »daß ein Gott sich selbst erzeugt«. Wird aber anstatt der Frage, wer Gott geschaffen habe[112], die andere aufgeworfen, wie er »von Unendlichkeit an da sein konnte«[113], so tritt damit an die Stelle des zuletzt genannten Wunders nur ein anderes. Der Begriff Wunder mag hier zwar streng genommen nicht ganz am Platz sein, aber solche elementaren, vielleicht sogar ein wenig banal anmutenden Einwände sind doch keineswegs abwegig. Wenn Schweitzer ohne weiteres vom Schöpferwillen spricht und damit eine schon im primitiven Denken begegnende Vorstellung aufgreift und übernimmt, so müssen diese elementaren Gegenfragen nicht weniger erlaubt sein.

Die Problemlage wird damit ausweglos. Einerseits scheint der mit dem Auftreten des Lebens und des Geistes vorliegende Befund unabweisbar nach einem Schöpferwillen zu rufen. Daß das unglaubliche Farbenspiel eines Vogelgefieders, daß die größten Werke der Kunst, daß die tiefsten Erkenntnisse unserer Forscher und Denker in letzter Instanz auf ein chaotisches Molekulargeschehen zurückgehen, Moleküle, die sich rein zufällig einmal in einer bestimmten Ordnung formiert und am Ende zu

---

109 *Hauer:* Verfall, S. 330 f. 335.
110 *Hauer:* Teleologie, S. 18. — Mensch, S. 229.
111 *Port:* Gottesbeweise, S. 446.
112 Vgl. auch *Port:* Was haben wir, S. 915.
113 *Port:* Welträtsel, S. 85.

solchen Ergebnissen geführt haben, will einem schlechterdings nicht in den Kopf[114]. Besagt die Unmöglichkeit, mir das vorstellen zu können, wirklich nur eine subjektive Unfähigkeit oder spricht hier nicht eben doch vieles für eine objektive, sachlogische Unmöglichkeit, für das tatsächliche Vorhandensein eines Faktors x, der irgendwie einen schöpferischen Willen darstellt? Andererseits aber sind die heutigen Bemühungen um eine physikalisch-chemische Erklärung der Lebenserscheinungen alles andere als anmaßende Versuche kleiner Geister, an denen der tiefer und weiter Blickende mit Recht Anstoß nehmen könnte, sondern es handelt sich dabei um den meisterhaften, z. T. genialen Vollzug legitimer wissenschaftlicher Aufgaben, um die vielleicht großartigste Forschungsleistung dieses Jahrhunderts überhaupt, der gegenüber die philosophischen Erörterungen über das Schöpfungsprinzip sich nicht allzu bedeutsam ausnehmen. Was allenfalls noch vom Begriff eines solchen Prinzips übrigbleibt, ist von höchster Fragwürdigkeit, wird doch unter Voraussetzung der biogenetischen Forschungsergebnisse die Ansatzstelle für den etwaigen Schöpferwillen unvorstellbar weit hinausgedrängt, noch nach jenseits des Urknalls, bevor das ganze kausalmechanische Geschehen in Gang kam. So entsteht auch für den, der sich für beide Möglichkeiten offenzuhalten sucht oder dem es sogar schwerfällt, sich von der Voraussetzung einer Erklärung in Richtung von oben nach unten zu lösen, der Eindruck, daß der Schöpferwille, ein an sich schon wenig inhaltreicher und wie gesagt im wesentlichen negativ begründeter Begriff, einem Nebel in astronomischen Fernen gleicht, der wissenschaftsgeschichtlich gesehen immer weiter hinaus flieht. Daß einen auch persönlich von starkem religiösem Leben erfüllten Vertreter der Religionswissenschaft das Kreisen um den Begriff des Urschöpferischen schließlich bei dem Faktor x anlangen ließ, kennzeichnet den Ernst der Lage.

Die Alternative ist von äußerster Schärfe und Härte, ebenso unausweichlich wie einstweilen unentscheidbar, so daß sich eine agnostizistische Stellungnahme noch am meisten zu empfehlen scheint. Vor allem ist eine vermittelnde Lösung sicherlich ausgeschlossen. Wilhelm Hauer, der hier, wie gesagt, gewissermaßen als Ersatz für den in dieser Diskussion weitgehend ausfallenden Schweitzer ins Treffen geführt wurde, hat sich wiederholt auf den Eindruck berufen, den jener schon genannte führende Darwinist der Gegenwart, *Gerhard Heberer*, angesichts der durch seine Wissenschaft herbeigeführten Situation beschreibt: »Durch die Erforschung des Ursachengefüges der Stammesgeschichte der Lebewesen beginnen wir zZt in ein derart kompliziertes und wunderbar gefügtes Getriebe der Natur hineinzuschauen«, daß ihm »der reflektierende Geist nur mit dem Gefühl der Ehrfurcht gegenüberzutreten vermag, bei dem er die Erhabenheit der Macht unmittelbar erspürt, die

---

[114] Vgl. z. B. das hübsche Beispiel bei *Heisenberg:* Teil, S. 158 f.

hinter allem Geschehen steht.«[115] Eben diese Stellungnahme dürfte nicht haltbar sein. Wenn das gesamte Getriebe grundsätzlich und tatsächlich so restlos erklärbar ist, wie dieser hier besonders kompetente Naturforscher behauptet, dann ist nicht einzusehen, wie dabei das Gefühl der Ehrfurcht im vollen Sinne des Wortes aufkommen könnte. Dann erscheint hier zwar das philosophische Staunen über das Wunder dieses Getriebes im höchsten Grade angebracht, nicht aber eine religiöse Ehrfurcht vor der »Erhabenheit der Macht«, »die hinter allem Geschehen steht«[116]. In dieser Hinsicht ist allein Port konsequent und gegen die genannten Forscher und Denker zweifellos im Recht.

Schließlich erhebt sich noch ein weiterer Einwand, der nichts mit der allgemeinen Frage zu tun hat, welches Gewicht dem Gedanken eines Schöpfers überhaupt zuzuerkennen ist, sondern der sich auf die besondere Gestalt bezieht, in der die Annahme eines Schöpferwillens bei Schweitzer auftritt. Wenn der berechtigte Ausgangspunkt für seinen Gebrauch dieses Begriffs in dem Charakter liegt, den die Natur zeigt, so kann man doch nicht behaupten, daß Schweitzer sich dabei in philosophische Unkosten gestürzt habe. Der Begriff Schöpferwille ist ja bei ihm kaum mehr als der zusammenfassende Ausdruck für die ihm mit seiner geistigen Umwelt gemeinsame, noch fast selbstverständliche Verwerfung des Zufalls als Schöpfungsprinzips. Daß diese schon bald nicht mehr so selbstverständlich sein würde, wie sie ihm erschien, hat er sich offenbar nicht vorzustellen vermocht. Von seinen erkenntnistheoretischen Voraussetzungen aus besaß er andererseits gar nicht die Möglichkeit, den fraglichen Begriff mit Inhalt zu füllen. Ja, schon mit der sehr bescheidenen Verwendung, die er von ihm macht — sie besteht im wesentlichen in der engen Verbindung des Schöpferwillens mit dem Zerstörerwillen —, sagt er, so wenig damit tatsächlich gesagt ist, auf dem Boden seines agnostizistischen Standpunktes im Grunde genommen schon zu viel. Mit Kerlers Begründung des Okkasionalismus verglichen, liegt bei Schweitzer gar keine wirkliche Argumentation, sondern eben eigentlich ein bloßer Begriff vor, und auch Port hat sich mit seinem Atheismus immer noch mehr Mühe gemacht als Schweitzer mit dem von ihm bewahrten bescheidenen Fragment einer überdies mehr pantheistischen als theistischen Anschauung. An sich weist der Schöpferwille ja unzweideutig in den Bereich der Vorstellung eines persönlichen Gottes, ohne sie besagt er nicht allzuviel. Schweitzer selbst kennzeichnet die Schöpfungsmacht jedoch als unpersönlich und hebt damit Recht und Bedeutung dieses von ihm eingeführten Begriffs weitgehend wieder auf.

Auffallend ist, wie sicher beide Seiten ihrer Sache sind. In einer Frage,

---

115 *Hauer:* Verfall, S. 277; *Heberer:* Deszendenztheorie, Sp. 96.

116 Wenn Heberer später (Brief an Hauer — s. Hauer, a. a. O. —) in der obigen Stelle »hinter allem Geschehen« das »hinter« durch »in« ersetzt haben will, so ist das zwar, naturwissenschaftlich gesehen, sicher eine Verbesserung, kann aber die aufgezeigte Schwierigkeit nur noch verstärken.

bei der dem unvoreingenommenen Betrachter für beide Stellungnahmen so vieles und doch gleich wenig endgültig Ausschlaggebendes zu sprechen schien, lassen Kerler und Port nicht den geringsten Zweifel an der Richtigkeit ihrer Lösung erkennen, und zögert auch der Agnostizist Schweitzer keinen Augenblick, hier eine fundamentale metaphysische Annahme, die entgegengesetzte, zu machen, hält es aber nicht für erforderlich, darüber auch nur ein Wort der Begründung zu verlieren. Demgegenüber dürfte die Sachlage wie gesagt eigentlich dazu angetan sein, mit dem Agnostizismus ernstzumachen: ohne den Schöpferwillen sind Leben und Geist im Grunde genommen unbegreiflich; mit ihm aber werden sie kaum begreiflicher, weil eben dieser Begriff selbst einem über das mythische Stadium hinausgewachsenen Denken so nichtssagend oder doch unbefriedigend erscheint.

Hinzuzufügen ist dem Dargelegten jetzt noch, daß der Gegensatz zwischen den Positionen des Wertidealismus und Schweitzers doch auch in diesem Punkte kein vollständiger ist. Port beurteilt die Welt allerdings so ungünstig, er findet so wenig Vernunft und Sinn in ihr, daß, wie er meint, nur ein Pfuscher ein solches Plumpsal[117] geschaffen haben könnte. Die Ausführungen, in denen dieser ebenso engagierte wie originelle Denker die Welt herabsetzt und einem gedachten, keineswegs von ihm angenommenen Gott seine Anklagen entgegenschleudert, sind vielfach stilistisch brillant, immer auch gedanklich beachtlich und sachlich nicht auf die leichte Schulter zu nehmen. Aber getroffen wird davon eigentlich mehr die Anschauung eines vollkommenen oder wenigstens religiös noch irgendwie bedeutsamen Gottes als die Hypothese einer unvollkommen begabten, in ihren Möglichkeiten beschränkten Schöpfungsmacht, wie sie heute allenfalls Gegenstand einer metaphysischen Erörterung sein kann. Auch Schweitzer findet keinen Sinn im Weltgeschehen und sieht den Schöpferwillen untrennbar mit dem Zerstörungswillen verbunden am Werk. Freilich polemisiert er nicht gegen einen solchen Schöpfer, sondern beschränkt sich auf die schmerzliche Feststellung, daß die Welt so ist, wie sie ist. Aber wenn Port als Gegner der christlichen Gottesanschauung auftritt, so macht sich doch Schweitzer jedenfalls nicht zu ihrem Verteidiger.

Für die Frage der Religion in ihrem vollen Sinne wird durch den Gedanken des Schöpfers in der Tat nicht eben viel oder, genau genommen, eigentlich überhaupt kaum etwas gewonnen. Wenn etwa für *Hauer* das Wesen der Religion im »stillen großen Trauen« besteht, so ist dieses mit der Annahme eines schöpferischen Prinzips, des Urschöpferischen (Hauer), des universellen Willens zum Leben, der als Schöpferwille zugleich Zerstörungswille ist (Schweitzer), keineswegs schon gegeben oder auch nur nahegelegt. Während Hauer sich vergeblich bemüht, die Mög-

[117] *Port:* Gottesbeweise, S. 450. 455.

lichkeit des Vertrauens in die Schöpfungsmacht zu begründen[118], hat Schweitzer auf den Versuch einer in diesem Sinne religiösen Kennzeichnung des Schöpferwillens von vornherein vollständig verzichtet. Und für ihn muß ja dieser, wertmäßig betrachtet, allerdings eher auf die Seite der »Welt« gehören, deren höchst anfechtbare Verfassung allein im sittlichen Handeln des Menschen überwunden wird. Ob deshalb der Zufall oder eine schöpferische Urmacht Welt, Leben und Geist geschaffen hat, gleichviel: die Bedeutung Gottes für unser persönliches Leben gewinnen wir auch im zweiten Falle nicht zurück. Die Zurückhaltung Schweitzers in dieser Hinsicht ist bezeichnend. Seinem Schöpferwillen hat er, wie noch einmal hervorgehoben werden muß, die Prädikate der Güte und Liebe nicht beigelegt. Diese manifestieren sich erst im sittlich handelnden Menschen. Insofern ergibt sich bei Schweitzer trotz seines ganz andersartigen Ausgangspunktes auch hier wieder eine sehr beachtliche Übereinstimmung mit dem Wertidealismus, der das Gute ja ebenfalls ausschließlich im Bereiche des Menschen auftreten läßt.

Verhält es sich aber so, daß das Gute, soweit wir zu sehen und zu denken vermögen, nicht in einer vor- oder übermenschlichen Welt beheimatet ist, was bleibt uns dann anderes übrig als der Anschluß an einen Idealismus, dem die Religion nicht mehr als grundlegend und richtungweisend gilt und der den Menschen dennoch nicht dem Nihilismus preisgeben will? Und wo ließe sich mehr und besser eine der Beschaffenheit der Welt Rechnung tragende, doch nicht resignierende Lebensanschauung ausleben als auf dem Boden einer Philosophie, die den Menschen weder im Glauben ruhig noch im Hoffen froh werden läßt, die ihn aber anhält, sich im Bewußtsein der eigenen Unvollkommenheit und Vergänglichkeit einerseits, seiner höheren Anlage und Würde andererseits, in den Dienst der Werte zu stellen, obwohl er mit der Möglichkeit, ja, Wahrscheinlichkeit, nein: mit der sicheren Aussicht rechnen muß, daß alle diese Werte immer wieder aufs neue bedroht und dereinst einmal endgültig der Übermacht eines wertindifferenten Seins verfallen werden?

Auch wer sich demnach, obschon nicht mit ganz derselben Begründung noch mit der gleichen Vehemenz, auch mit den zur Sprache gebrachten Einschränkungen, die Absage des Wertidealismus an die Religion zu eigen macht, braucht doch auch hier letztlich keinen so grundlegenden Gegensatz zwischen dem wertidealistischen Atheismus und der Position Schweitzers zu erblicken. Was ist denn diesem eigentlich noch Gott? Offenbar weder ein brennendes Problem metaphysischer Spekulation noch ein unabdingbares Postulat ethischen Denkens, am allerwenigsten aber Grundlage, Gegenstand und Mittelpunkt eines religiösen Glaubens.

---

118 Zum Trauen als Grundhaltung des religiösen Menschen vgl. *Hauers* Aufsätze in Pf.: Krise, S. 513. 531. 533 (= Hauer: Verfall, S. 97. 114. 116) und: Glauben, S. 411 sowie *Ports* Stellungnahme dazu: Wirklichkeitserlebnis, S. 432 ff. Ferner die Auseinandersetzung mit Hauer und Port bei *H. Groos:* Kritik, S. 13 ff.

Und was bedeutet seine Formel der Ehrfurcht vor dem Leben mehr als eine von tiefem Gefühl getragene sittliche Verpflichtung? Jedenfalls besagt sie — das sei hier noch einmal hervorgehoben — alles andere als eine vorbehaltlose religiöse Anbetung des Lebens, wie es ist, oder auch nur der ihm zugrunde liegenden Schöpfungsmacht[119]. Der letzte Grund des Schweitzerschen Ethos ist nicht die Religion, sondern der Idealismus, der durch einen völligen Verzicht auf den Gottesgedanken keinen Augenblick erschüttert werden würde. Wohl enthält sein Ethizismus keine ausgesprochen antireligiöse Note. Ein im weitesten Sinne religiöser Zug war in Schweitzer nicht zu übersehen, freilich insgesamt auch nicht zu überschätzen. Es ist vielmehr andererseits noch einmal daran zu erinnern, daß dem Hohenlied des Idealismus, in welches das von allen seinen Veröffentlichungen persönlichste Büchlein ausklingt, ein religiöses Vorzeichen durchaus fehlt. Sein heller, klarer Klang wird bei niemandem einen so starken Widerhall finden wie bei dem Idealisten, der die Beziehung zur Religion bewußt aufgegeben hat, jedoch nun nicht, wie ein Anwalt des Gottesglaubens zu erwarten scheint, seinem Leben ein Ende macht[120], sondern auf dem Posten bleibt und zu wirken sucht, solange es Tag ist. Keine Spur mehr von der Einstellung, der dieses Leben als Vorbereitung für ein anderes, zukünftiges, vollkommeneres gilt. »Nach dem Sinn des Lebens zu fragen«, erklärt Port für »absurd«: »Mit seinem sittlichen Wert liegt der Sinn des Lebens rein in ihm selbst, nicht außer ihm, in seinem metaphysischen Zweck. Der ist völlig belanglos.«[121] Nicht anders denkt Schweitzer. Er ist davon durchdrungen, »daß wir uns darein schicken müssen, den Sinn der Welt dahingestellt sein zu lassen und unserm Leben aus dem Willen zum Leben, wie er in uns ist, einen Sinn zu geben«[122]. — »Mein Leben trägt seinen Sinn in sich selber.«[123] Für diese Gesinnung der Immanenz führt Port gern die Verse unseres großen idealistischen Dichters *Schiller* an, der »der größte Vorgänger Kerlers und seiner irreligiösen Philosophie des Geistes« war: »Wisset, ein erhabner Sinn / legt das Große in das Leben / und er sucht es nicht darin.«[124] Wenn deshalb Port einmal mit Bezug auf die »Entwicklung, die von der Religion zum Idealismus wie von der Weltmystik zur Wertmystik führt«, von Männern spricht, die ein Zwischenstadium bedeuten

---

[119] Schon *Fritz Mauthner* hat (Religion, S. 315) gemeint, wir täten »gut daran, unsere Ehrfurcht vor dem Leben« — hier taucht dieser Begriff vielleicht zum ersten Male auf! — »unsere sehnsüchtige, sich bescheidende Unwissenheit, die für eine Weltanschauung gelten muß, nicht weiter Religion zu nennen«, und zwar weil das Wort Religion die Beziehung auf den persönlichen Gott nicht ganz aufgegeben habe. Auch ohne diese nicht völlig überzeugende Begründung hat sich uns gezeigt, daß wenigstens der Ehrfurcht vor dem Leben, wie sie Schweitzer vertritt, kein eigentlich religiöser Charakter zukommt. Daß er dennoch auch eine religiöse Ehrfurcht kennt, bleibt davon unberührt.
[120] *Weinstock:* Tragödie, S. 180.
[121] *Port:* Kerler, S. 137.
[122] VW S. 65.
[123] KE S. XV.
[124] *Port:* Kerler S. 137 f. — Vgl. auch von dems.: Keutel, S. 466. — Bosshart, S. 196.

– solche Männer haben, ohne es selbst zu wissen, »den Boden der Religion im Grunde schon verlassen und streben neuen Meeren zu«[125] –, so hätte er als Beispiel dafür auch Albert Schweitzer nennen können. In der dort mehr, hier weniger betonten Abwendung vom Gedanken einer jenseitigen göttlichen Welt und in einer Haltung andererseits, welche die Existenz dieses unseres Lebens auf ihren Höchstwert zu bringen bestrebt ist, sind der Wertidealismus und Schweitzer sich jedenfalls einig.

III. Mystik

Nachdem das Verhältnis des Wertidealismus und das Schweitzers zur Religion untersucht worden ist – mit dem Ergebnis, daß auch hier bei überwiegender starker Verschiedenheit doch kein vollständiger Gegensatz, sondern in einem Punkt sogar eine beträchtliche Gemeinsamkeit vorliegt –, haben wir jetzt noch die Mystik in dem Verständnis Schweitzers, das bereits deutlich von der religiösen Einstellung fortführte, zu vergleichen mit derjenigen Mystik, die im Wertidealismus herausgebildet wird. Schweitzer hebt hervor, es sei ihm von Jugend an gewiß gewesen, »daß alles Denken, wenn es sich zuende denkt, in Mystik ende«[126]. Er ist, wie früher erwähnt wurde, sogar überzeugt, daß alle tiefe Weltanschauung und Religion Mystik ist, aber er vermißt in der üblichen Mystik das, was ihm immer als das Entscheidende gilt, das sittliche Moment. Die »weltbejahende, ethische, tätige Mystik« hat nach seiner Ansicht dem abendländischen Denken zwar von jeher vorgeschwebt, doch habe es sie nicht denken können. Die Vereinigung von Mystik und Ethik ist deshalb Schweitzers Ziel, und in dem Bemühen um diese Aufgabe sah er sicherlich den wichtigsten Teil seiner Leistung als Denker. Indessen hat sich uns gezeigt, daß sein Mystikbegriff einen wenig spezifischen Charakter besitzt. Die »Mystik der Wirklichkeit« meint im Grunde nur die Überschreitung der Grenzen des Ichs in der aktiv-fürsorglichen Beziehung des Menschen zu anderen einzelnen Lebewesen, die das ihm unerreichbare oder nichtexistente Absolute vertreten – ein tiefer und ethisch fruchtbarer Gedanke, jedoch kein mystisches Anliegen im üblichen, eigentlichen und vollen Sinne. Ein viel größeres Gewicht innerhalb seiner Philosophie kommt der Mystik bei Port zu, wobei freilich Mystik auch hier in einer ganz neuen, eigenen Bedeutung genommen wird. Neben der Kritik, die Port in einigen Punkten an Kerlers Wertphilosophie geübt hat, bezeichnet vor allem die außerordentliche Rolle, welche bei ihm die Mystik für die Lebensanschauung und Lebensführung spielt,

---

[125] *Port:* Erwiderung, S. 226.
[126] KE S. XVI.

die mit seinem Namen verbundene Fortentwicklung des Wertidealismus über Kerler hinaus.

Man wird vielleicht befremdlich finden, daß der Begriff Mystik für einen so entschieden irreligiösen Standpunkt in Anspruch genommen wird. Das ist jedoch tatsächlich gar keine Seltenheit. Es verhält sich vielmehr so, daß die Mystik keineswegs nur dem religiösen Bereich angehört. *H. Scholz* behauptet geradezu, daß »die religiöse Mystik nur ein Bruchteil aller Mystik ist«[127] und *K. F. Schumann* findet sogar, daß man den das mystische Urphänomen darstellenden charakteristischen Bewußtseinszustand, in dem »das Ich von einem in ihm Aufleuchtenden völlig übermannt« wird, in dem »alles Einzelne und Besondere versinkt«, »verdeutlichen kann, ohne irgendwie auf den Begriff ›Religion‹ zurückgreifen zu müssen«[128]. So haben sich schon *Fritz Mauthner* und *Constantin Brunner* für eine »gottlose Mystik« eingesetzt, und neuerdings hat nun eben *Kurt Port* eine ausgesprochen und betont irreligiöse Wertmystik begründet: »Aus der *Wirklichkeit* Gott wurde ein *Wert*, die Göttlichkeit. *Er* kann in die Seele eingehen und tut es, das *jenseitige Seiende* kann es nicht.«[129]

Kerler hatte zwar ebenso wie Schweitzer der bloßen Zuständlichkeit des mystischen Erlebnisses, der ausschließlich ruhenden Erfahrung der bestimmungslosen Einheit als der Überwindung der Mannigfaltigkeit und Vergänglichkeit, wie sie besonders ausgeprägt in der Mystik des Ostens auftritt, ablehnend gegenübergestanden[130]. In unserer klassischen Mystik aber fand er, anders als Schweitzer, »echte, ethische Hingabe, deren Gegenstand genau gesehen gar kein Sein, sondern ein Wert« ist[131]. Hier liegt der Ansatzpunkt für die Weiterentwicklung des Wertidealismus durch Port. Dieser verneint, wie erwähnt, die Möglichkeit eines Eingehens der Seele in einen seinshaften Gott und erblickt das Wesen der Mystik statt dessen im Eintauchen des Menschen in seine eigene Gefühlswelt, im tiefen Werterleben, das er in den Mittelpunkt des philosophischen Denkens wie auch der Lebensanschauung selbst rückt. Wir müssen bei dieser Auffassung des Mystischen einen gewissen Gegensatz zu der religionsgeschichtlichen Interpretation in Kauf nehmen. Während in der religiösen Mystik das Versinken und Vergehen des Ichs den Höhepunkt des Erlebens bildet, gelangt das Ich in der irreligiösen Mystik Ports zu sich selbst und zum höchsten Genuß seiner selbst. Port ist nach allem, was er über die Intensität des bei ihm vorliegenden Tiefenerlebnisses angedeutet hat, unter Voraussetzung seiner Wesensbestimmung ein Mystiker par excellence. Auch Schweitzer kennt eine Stärke des gefühlsmäßigen Erlebens, mit der verglichen das Gefühlsleben des Durch-

---

[127] *Scholz:* Religionsphilosophie, S. 106.
[128] *Schumann:* Gottesgedanke, S. 319 ff.
[129] *Port:* Gottesmystik, S. 184.
[130] *Kerler:* Denker, S. 7.
[131] *Kerler:* WW S. 284.

schnittsmenschen dürftig und beinahe stumpf erscheint. Als er in seinem zweiten Schuljahr zufällig den zweistimmigen Gesang der Großen vernimmt, läuft ihm »die Wonne« »über die Haut und durch den ganzen Körper«, so daß er sich an der Wand halten muß, und als er »zum ersten Male Blechmusik hörte, schwanden« ihm, wie er schreibt, »fast die Sinne«[132]. Wie ihn dann als Sechzehnjährigen die Musik des Tannhäuser »überwältigte«, wurde schon an anderer Stelle erwähnt. Aber weder sein von der Musik ausgehendes eigenes tiefes Gefühlserleben noch die früher gestreifte Würdigung Joh. Seb. Bachs als einer »Erscheinung in der Geschichte der deutschen Mystik« ist es, was ihn zur Ausbildung einer eigenen Mystik führt. Vielmehr ist die von ihm vertretene Mystik völlig anders beschaffen, ohne daß es freilich zunächst auch hier an Berührungspunkten mit Port fehlte. Wie Port erklärt ja auch Schweitzer die seinsmäßige Vereinigung des Menschen mit Gott für unmöglich. Auch er verzichtet deshalb auf die Sphäre der religiösen Transzendenz und beschränkt sich auf die allgemein zugängliche Wirklichkeit, innerhalb derer er es dann jedoch vor allem auf die sittliche Beziehung zu anderen Lebewesen abgesehen hat. Die Ablehnung der üblichen Seinsmystik und damit zugleich der Übergang zu einer nicht mehr eigentlich religiösen Haltung ist insofern Schweitzer und Port gemeinsam. Wenn Port Gott durch die Göttlichkeit im Sinne eines Wertes ersetzt, so spricht auch Schweitzer in philosophischem Zusammenhang nicht von Gott, sondern zunächst einmal lediglich vom Absoluten, und dieses sahen wir ihm dann auch noch so gleichgültig werden »wie einem bekehrten Neger sein Fetisch«.

Der wesentliche Unterschied jedoch der Schweitzerschen Mystik von der Ports besteht in dem Schweitzer entscheidend wichtigen ethischen Moment. Da ihm »das Ethische die höchste und einzig lebendige Geistigkeit ist«[133], stößt er sich an der mangelnden sittlichen Einstellung der üblichen Mystik und sieht in der Überwindung der »überethischen« Mystik, in der Herausstellung einer Verbindung bzw. Einheit von Mystik und Ethik Aufgabe und Ziel seines Denkens. Für Port, der im Unterschied von Kerler hierin dem Fernen Osten näher steht, bedeutet die mystische Versenkung im Gegenteil die Befreiung von der Tyrannei der sittlichen Haltung, deren Ergänzung und Gegengewicht. Im Erleben der musisch-mystischen Werte, mit einem Wort: des »psychischen« Wertes, des »Tiefenwerts« schlechthin, des Wertes der »Wunderbarkeit«, findet der Mensch Erlösung von dem Frondienst einer rigorosen Sittlichkeit. Gerade dieser überethische Zustand der Seele ist es, den Port über alles schätzt. So liegen auch hier bei Schweitzer und den Wertidealisten Übereinstimmung und Gegensatz nahe beieinander. Darin, daß die Mystik Schweitzers kaum ein näheres Verhältnis zur Religion im eigentlichen

---

132 KJ S. 12 f.
133 CW S. 56.

Sinne besitzt als die Mystik im Sinne Ports, fanden wir das ihnen Gemeinsame. Die tiefgehende Andersartigkeit aber läßt sich dahin zusammenfassen, daß die von Schweitzer befürwortete Mystik nicht als echte Mystik angesprochen werden kann, während Port sich wohl mit Recht bewußt ist, durch die Beziehung und Begrenzung der Mystik auf das reine Gefühl zu ihrem innersten Kern vorzudringen und sie auf ihren reinsten Ausdruck zu bringen. Schweitzer opfert gegen seine erklärte Absicht als Ethiker die Mystik, Port mit voller Absicht als Mystiker die Ethik. Aber Port kann neben der Mystik oder, genauer gesagt, zwischen einzelnen Erlebnissen mystischer Art auch der sittlichen Dimension weitgehend ihr Recht geben, wenn er ihr auch letztlich einen geringeren Rang zuschreibt. Schweitzer dagegen kennt ein solches Neben- und Nacheinander verschiedener Einstellungen nicht. Seine als Mystik ausgegebene Ethik saugt in Wahrheit die mystische Tendenz fast völlig auf. Schweitzer negiert die eigentliche Mystik und verabsolutiert eine vermeintlich mystisch vertiefte Ethik; Port läßt die Ethik gelten, indem er sie doch zugleich degradiert. Seine Sehnsucht geht auf die tiefsten Schichten des Ozeans, denen umgekehrt Schweitzer bewußt den Rücken kehrt.

IV. Wert und Wirklichkeit

Indem der Verlauf der Untersuchung uns zur Mystik im Sinne Ports geführt hat, ist bereits der Übergang zur Wertphilosophie vollzogen. Wenn an Schweitzers ethischem Grundbegriff der Ehrfurcht vor dem Leben die weitgehende Ausklammerung des Wertbegriffs in praktischer Hinsicht zu beanstanden war, so bedeutet die Forderung einer wertphilosophischen Ausrichtung der Ethik freilich keineswegs die uneingeschränkte Zustimmung zur Wertphilosophie Kerlers und Ports. Von deren kritischer Erörterung im allgemeinen kann und muß hier abgesehen werden, weil Schweitzer seinerseits der Wertphilosophie keine besondere Aufmerksamkeit geschenkt hat und insofern der Beziehungspunkt für eine vergleichende Behandlung in dieser Hinsicht fehlt. Über eine undifferenzierte »seltsame Verschmelzung von logisch-empirischen und normativen Sätzen nach dem Vorbilde der intuitiven Lebensphilosophie« gelangt Schweitzer, wie *Lönnebo* bemerkt, nicht hinaus: »Das Leben ist ein Tatbestand, das Leben ist ein Wert.«[134] Mit dieser Gleichsetzung von Leben und Wert steht Schweitzer in diametralem Gegensatz zur fast totalen Auseinanderreißung der Seins- und der Wertwelt im Wertidealismus. Insofern fehlt hier jede Möglichkeit einer grundsätz-

---

[134] *Lönnebo:* ideal, S. 328. Es ist das Verdienst dieses Autors, den Zusammenhang Schweitzers mit der intuitionistischen Lebensphilosophie hervorgehoben zu haben. Vgl. auch schon *Messer* (Kulturphilos., S. 90).

lichen Erörterung. Dagegen sind für unsere Betrachtung noch zwei Einzelprobleme wichtig, erstens die mit dem schroffen Dualismus von Wirklichkeit und Wert gegebene Entwertung der Wirklichkeit im Wertidealismus und zweitens das Problem der Rangordnung der Werte.

Es wurde gesagt, daß Schweitzer es für die sittliche Fragestellung ablehnt, Wertunterschiede zwischen den verschieden hoch organisierten Lebewesen zu machen, so daß in seinem theoretischen Denken die Wirklichkeit ein extremes Übergewicht über den Wert erhält. Die umgekehrte Abweichung von einer sachgemäßen Mittellage findet sich bei Kerler und Port. Bis zu einem gewissen Grade distanziert sich freilich hier Port von Kerler, der »nicht müde wurde zu sagen, die Welt der Ideale stehe über der Welt der Wirklichkeit«[135]. — »Ein wirklicher Wert steht« vielmehr, wie Port ausführt, »nach dem obersten Prinzip des wahren Idealismus unendlich über einem nur ideellen und gedachten Wert«[136]. Nach Kerler fordert der Wert »kein Sein, sondern nur, daß, *wenn* ein Sein ist, es dann wertgemäß ist«[137]. — »Das Ideal verlangt nicht Sein der Vollkommenheit, sondern Vollkommenheit des Seins.«[138] Diese sonderbare Ansicht, »daß dem Ideal an der Realisierung *an sich* überhaupt nichts liegt« und »von der Welt der Ideale aus nichts dagegen zu sagen« wäre, »daß es gar keine Wirklichkeit gäbe«, geht auch Port zu weit[139]. Aber für Kerler ist das Sein vom Wertstandpunkt aus nicht nur etwas Belangloses, »es ist sogar ein positiver *Unwert*«, »weil auch das beste, was im Sein erreicht wird, die Entwicklung einer Existenz zu ihrem Höchstwert, an sich schon wertwidrig ist. ›Denn der Wert will Vollkommenheit in jedem einzelnen Moment, wenn es ihn gibt, und nicht erst im letzten einer ganzen Zeitfolge‹«[140]. Diese Verstiegenheit eines von der Wirklichkeit losgelösten, den Wert verabsolutierenden Denkens stellt, wie hier sehr deutlich wird, eine Gefahr für jeden praktischen Idealismus dar, der ja gerade auf das Streben nach Verwirklichung des Wertes besonderen Nachdruck legen muß. Daß wir ferner, wie Kerler an sich durchaus richtig erkennt, »alles von der Wirklichkeit Gnaden« sind, macht nach seiner Meinung »das Leben so widerlich«[141]. Dazu ist zu sagen, daß es doch wohl Schlimmeres gibt als das Gefühl der schlechthinnigen Abhängigkeit von der Wirklichkeit. Das Leben wegen dieser Abhängigkeit mißbilligen kann wohl nur ein philosophischer Hypochonder. Um Parallelen zu einer so ausgefallenen Denkweise zu finden, muß man schon bis zu Plotin und Marcion zurückgehen, deren Aversion gegenüber dem Körper Kerler auf

---

[135] *Port:* Bedeutung, 2. Folge, S. 19.
[136] ebd.
[137] *Kerler:* WW S. 304.
[138] ebd.
[139] *Port:* Bedeutung [1.], S. 405.
[140] *Kerler:* WW S. 308. Bei dem letzten Satz handelt es sich um eine der sinngemäßen Ergänzungen Ports als Herausgebers (vgl. S. XVII).
[141] *Kerler:* WW S. 309.

die gesamte Wirklichkeit ausdehnt: »Das Sein als solches« gilt ihm als »verneinenswert«[142].

Port bringt in zum Teil gedankentiefen Ausführungen Korrekturen an dieser negativen Bewertung der Wirklichkeit an, gelangt aber nur zu einer gewissen Abschwächung der Kerlerschen Sicht und urteilt durchweg kaum weniger schroff. So führt er die von den genannten alten Denkern kommende Linie unmittelbar weiter, wenn er es für eine »Geschmacklosigkeit« des allmächtigen Gottes erklärt, »unsere Seele an einen Tierstaat, Leib genannt, anzuhängen«[143]. Vor allem nimmt dieser vom Wert geradezu besessene Denker, was die Beschaffenheit der Welt betrifft, schweren Anstoß an der räumlichen und zeitlichen Winzigkeit des Geistes innerhalb des Universums. Sonnen, Monde, Ozeane, Gebirge, Kristalle, Viren, Amöben, Schlangen und Tiger — »diese fast das Ganze umfassenden Teile des Universums und des Lebens« — sind, wie er meint, nicht einfach »vollkommen wertfrei, sondern *leicht wertwidrig*«, »weil sie jedes Sinnes und jeder Fähigkeit zu einem Sinn ermangeln«[144]. Daß es Läuse, Schlangen und Affen überhaupt gibt, könne nur die Erfindung eines Satans sein[145]. Port besteht darauf, »daß jedem Weltteil, der nicht unmittelbar oder mittelbar der Wertschöpfung dient, also der überwältigenden Mehrheit des Daseins, eine *sekundäre Wertwidrigkeit* anhaftet«[146]. Ganz besonders aber hat es ihm die Winzigkeit der Werte in zeitlicher Hinsicht angetan. Die soeben berührte sekundäre Wertwidrigkeit »wird dadurch noch astronomisch vergrößert, daß das Dasein zur Schaffung seiner wenigen wertgemäßen, also geistigen Stellen unvorstellbarer Zeiten bedarf«[147]. — »Der Wert sollte« »nicht erst nach Jahrmilliarden und Jahrmillionen, sondern sofort entstehen.«[148] Es beweist deshalb nach Port »die Erbärmlichkeit des Kosmos, daß er zwei Milliarden Jahre brauchte, um auf einem Planeten den ersten wertschaffenden Menschen ins Dasein treten zu lassen«[149]. Auch der homo sapiens war ja noch durchaus kein homo humanus! »Daß das ›Urschöpferische‹« »nicht weniger als allermindestens eine Million, wahrscheinlich« »1,85 Millionen Jahre brauchte, um den beim Übergang vom Tertiär zum Quartär verstandesmäßig bereits fertiggestellten Menschen auf der Erde endlich den Hauch des Geistes spüren zu lassen, ist« für Port »der schlimmste metaphysische Skandal, den sich die Welt erlaubt hat.«[150] Über solche Urteile kann man eigentlich nicht diskutieren, sondern sich nur wundern, vielleicht auch lächeln. Sie sind doch offenbar als Folge jenes extremen Über-

---

[142] ebd.
[143] *Port:* Gottesbeweise, S. 450.
[144] *Port:* Bedeutung [1.], S. 407.
[145] *Port:* Gottesbeweise, S. 450.
[146] *Port:* Bedeutung [1.], S. 407.
[147] S. 407 f.
[148] S. 408.
[149] *Port:* Warum, S. 354.
[150] *Port:* Bedeutung [1.], S. 419.

gewichts des Wertgesichtspunktes einfach abwegig – nicht weniger, als wenn umgekehrt Schweitzer sich unter Ausschaltung der Wertfrage Gedanken darüber macht, daß er die Erreger der Schlafkrankheit vernichten muß, um das Leben seiner Patienten zu retten. Doch wird man vielleicht noch eher diese Nachdenklichkeit Schweitzers nachvollziehen können als etwa jenen Widerwillen gegen die bei Besuchern der Tiergärten stets besonders beliebten Affen oder überhaupt die ganze sonderbare Entrüstung Ports über die weitgehende Wertwidrigkeit der Welt. Auch Schweitzer erkennt, wie wir wissen, »die ungeheure Disproportion zwischen dem Universum und dem Menschen, die es uns unmöglich macht, die Ziele der Menschheit logisch in die des Universums hineinzustellen«[151]. Aber ist, wenn er »ratlos« vor dem Ineinander von Sinnvollem und Sinnlosem steht, diese Betrachtung, so wunderlich sie dem ausschließlich praktisch Denkenden erscheinen mag, philosophisch nicht immerhin um einiges berechtigter als der manchmal beinahe etwas komisch wirkende Ärger Ports wegen der quantitativ unendlichen Überlegenheit des ungeistigen Seins über das geistige? Wie wenig man sich die Portsche Ansicht zu eigen machen kann, wird besonders deutlich bei einem Satze, der den Wertidealismus als »Synthese von idealem Gelten und Wirklichkeit« preist: Der Wertidealist »liebt die Wirklichkeit nicht schlechthin, er haßt sie aber auch nicht schlechthin: er liebt sie nur in ihrer Verbindung mit dem Wert und haßt sie ohne diese Verbindung«[152]. Weit davon entfernt, daß in dieser Aussage etwa eine berechtigte mittlere Linie erblickt werden könnte, ist vielmehr zu fragen: warum sollten wir die wertfreie Wirklichkeit hassen, warum eigentlich? Scheint hier nicht die bewußte Irreligion mit ihrer Verabsolutierung des Wertes etwas von der strengen Ausschließlichkeit des alttestamentlichen Gottes angenommen zu haben, der keine anderen Götter neben sich duldet? Nein, es liegt keinerlei Veranlassung vor, aus Achtung vor den Werten die wertfreie Wirklichkeit zu hassen. Weder hassen wir z. B. Insekten noch brauchen wir ihnen andererseits die von Schweitzer geforderte Fürsorge angedeihen zu lassen. Der Wertidealismus mit seiner negativen Konsequenz des Wirklichkeitshasses und der Lebenskult mit der positiven Forderung der Fürsorge für alles in unserem Umkreis befindliche Leben erweisen sich als die entgegengesetzten Endpunkte eines Denkens, das hier wie dort den Boden unter den Füßen verloren zu haben scheint.

Die Lebensferne und übermäßige Distanz zur Wirklichkeit, die das Portsche Denken teilweise, nicht überall, kennzeichnet, kommt auch darin zum Ausdruck, daß er der Ansicht ist, die Wertphilosophie als *Wesens*wissenschaft lasse sich »voll entwickeln ohne jeden Bezug auf die wertmäßige Beschaffenheit der *Welt*. Selbst wenn es in dieser überhaupt keine Wertschau und keine Wertverwirklichung gäbe, würde sich am

---

[151] KE S. 201.
[152] *Port:* Bedeutung [1.], S. 411.

Inhalt der Axiologie nicht ein Satz ändern«[153]. Ohne in eine wie gesagt nicht hierhergehörige kritische Erörterung des Wertbegriffs einzutreten, kann über das Recht oder Unrecht dieser auffälligen und außerordentlich fragwürdigen Behauptung schwerlich entschieden werden, aber die Fruchtbarkeit einer derartigen apriorisch-akosmistischen Wertlehre wird man jedenfalls von vornherein bezweifeln müssen. Umgekehrt ist im Hinblick auf den vom Wertidealismus so stark betonten radikalen Gegensatz zwischen Wert und Wirklichkeit noch einmal auf die Verwurzelung alles Werterlebens in der Wirklichkeit zu verweisen. Daß »erst das Wollen, die Neigung, den Wert erzeugt«, wird auch von Kerler[154] und ebenso von Port anerkannt und besonders hervorgehoben. Es handelt sich aber nicht nur um diese psychische Bedingtheit des individuellen Werterlebens, sondern um den viel weiter reichenden und tiefer gehenden bereits erwähnten metaphysischen Sachverhalt, daß dieselbe wertindifferente Wirklichkeit, die sich so brutal über die Werte hinwegzusetzen pflegt, zugleich ganz allgemein als Quellgrund und Nährboden der Werte angenommen werden muß, da alles Werterleben genetisch in biotisch frühere Schichten zurückweist. Diesem Sachverhalt dürfte Schweitzer immer noch besser gerecht werden, indem zwar auch er das Ideal als solches nicht aus der Wirklichkeit abgeleitet wissen will, er aber doch den Trennungsstrich zwischen Wert und Wirklichkeit weniger emphatisch und provozierend zieht, den entscheidenden Dualismus vielmehr *innerhalb* der Wirklichkeit selbst gegeben sieht, und zwar derart, daß der Verlauf der Grenze zwischen dem rein natürlichen und dem sittlichen Bereich durch den menschlichen Willen bis zu einem gewissen Grade beeinflußbar erscheint. Das hauptsächliche Interesse ist bei ihm insofern stärker auf die praktische Versöhnung von Ideal und Leben gerichtet, während der Wertidealismus immer wieder die zwischen ihnen grundsätzlich bestehende Kluft aufreißt. Das Leben im Dienste der Werte wird aber durch eine übermäßige Herabsetzung der Wirklichkeit untergraben. Gewiß sind die Werte Richtschnur unseres Handelns, und ihre Verwirklichung ist sein Ziel. Werden sie aber vom Menschen erlebt und erstrebt, so ist das nicht allein den Werten als solchen gutzuschreiben. Daß er überhaupt Zugang zu ihnen gewinnt, daß er sie zu schauen vermag und fähig ist, an ihrer Realisierung zu arbeiten, verdankt er vielmehr dem Leben, der Wirklichkeit, dem Sein, der Tatsache, »daß ich bin, bin!« (Matthias Claudius).

Demnach wird man sagen können: wenn auch die Werte durch die biotisch-psychische Bedingtheit des Werterlebens in ihrer Geltung sicherlich nicht beeinträchtigt werden, so wird doch umgekehrt unser Urteil über die Wirklichkeit und vor allem über das Leben sehr wohl von dem Umstand berührt, daß die Werte, was ihre Existenz betrifft, letztlich in

---

153 *Port:* Entwertung, S. 36.
154 *Kerler:* OP S. 143.

der Natur, also im Bereiche des Wirklichen, wurzeln, sofern ihnen ohne die Erscheinung des Lebens in der Welt überhaupt und insbesondere ohne die Entwicklung des Lebens zur Stufe des Menschen gar kein reales Sein zukäme, d. h. daß sie in diesem Falle weniger als Schall und Rauch wären und jedenfalls nicht erlebt werden würden und nicht erstrebt werden könnten. Ein Leben, das uns den Zugang zu den Werten erst ermöglicht, ohne das die Werte buchstäblich in der Luft hingen, dürfen wir deshalb, wenn es auch selbst noch so rücksichtslos mit ihnen verfährt, nicht nur negativ bewerten. Mag es Ehrfurcht im eigentlichen Sinne wegen seiner weitgehenden eigenen Wertwidrigkeit gewiß nicht verdienen, so kommt ihm doch eine sehr positive, entscheidende mittelbare Bedeutung für die Werte zu, das ist keinen Augenblick außer acht zu lassen. Der Wertidealist, wenn er das Leben und die Naturgesetzmäßigkeit allzusehr herabsetzt, sägt sich damit den Ast ab, auf dem er sitzt. Was wir brauchen, ist eine Anschauung, die sich gleich weit entfernt hält von der Vernachlässigung des Wertgesichtspunkts durch Schweitzer und von seiner Überspannung im Wertidealismus.

V. Das Sittliche und die Rangordnung der Werte

Nach kurzer Erörterung des Verhältnisses von Wert und Wirklichkeit wenden wir uns nunmehr dem Wesen des Sittlichen zu, wobei auch die noch übriggebliebene Frage nach der Rangordnung der Werte, soweit sie hier von Bedeutung ist, zu besprechen sein wird. Ethik oder richtiger Sittlichkeit besteht nach Schweitzer in der Hingabe an Leben, also an Seiendes. Der Wertidealismus lehnt die Hingabe an Seiendes ab, Kerler findet sie »unausstehlich«[155]. Sittlich ist ihm allein die Hingabe an Werte. Sieht man aber zunächst einmal von diesem Grundunterschied ab, so ist doch ein wichtiger Zug in der Bestimmung des Sittlichen beiden Denkrichtungen wiederum gemeinsam. Für Schweitzer wie für den Wertidealismus dient das Sittliche nicht lediglich zur Regelung der gesellschaftlichen Verhältnisse, es ist vielmehr in erster Linie eine Angelegenheit des persönlichen Lebens und tiefer als nur in sozialen Bedingungen und Erfordernissen begründet, für Schweitzer in der Welt- bzw. Lebensanschauung, für den Wertidealismus in der Wertphilosophie. Schweitzer lehnt die im Utilitarismus beliebte Ableitung des Sittlichen aus der Mentalität des Herdentiers ebenso entschieden ab wie überhaupt das Aufgehen der Ethik in Sozialwissenschaft[156]. Und Port scheut sich nicht, die Ableitung des Ethischen aus der Gemeinschaft und seine Beschrän-

---

[155] *Kerler:* WW S. 273.
[156] KE S. 149 ff.

kung auf die Gemeinschaft einen »Atavismus«[157] zu nennen. »Die Ethik wendet sich in allererster Linie an das Individuum; das Zusammenleben der Menschen regelt ein nebensächlicher Teil der Ethik, die Moral.«[158] Genauso läßt Schweitzer nur »die Ethik der ethischen Persönlichkeit« als »wirkliche Ethik« gelten; die Ethik der Gesellschaft ist ihm »uneigentliche Ethik«, lediglich ein »Anhang«[159]. Freilich führt die gegenüber allen biologisch-soziologischen Gedankengängen vertiefte Auffassung des Sittlichen bei Port zu einer extremen Beschränkung des Aufgabenbereichs, bei Schweitzer umgekehrt zu einer unermeßlichen Erweiterung.

Gemeinsam ist jedoch beiden Standpunkten überdies die Forderung selbstloser Hingebung als solche, das kompromißlose Ernstnehmen der Pflicht, weit entfernt von aller bürgerlichen Durchschnittsmoral, der im Grunde maßlose Umfang also des an den sittlichen Menschen ergehenden Anspruchs. Gemeinsam ist ihnen andererseits aber auch die Berücksichtigung der Veranlagung des handelnden Subjekts, wodurch diesem die Last seiner Verpflichtung ohne Frage erleichtert wird. Neben der praktischen Verantwortung für alles Leben um mich herum besteht ja für Schweitzer das Ziel des Menschen in der Ausbildung der eigenen Fähigkeiten, eine Bestimmung, die wohl auch Verpflichtung, zugleich doch offenbar ein wesentliches Entgegenkommen gegenüber seiner individuellen Natur darstellt, insofern die Ausbildung dessen, was in mir angelegt ist, was einem »liegt«, durchweg leichter fällt, angenehmer erscheint, als wenn man sich einer allgemeinen, die Individualität mehr oder minder vergewaltigenden Norm unterwerfen soll. Dem entspricht es, daß der Wertidealismus die Werte, wie schon gesagt, in der Neigung begründet sieht. Kerler erkennt infolgedessen verschiedene sittlich mögliche Lebensziele an, verschiedene Arten der Ethik nebeneinander, für die uns eine Entscheidung freisteht, »je nachdem man persönliche, ästhetische oder intellektuelle Kultur als den eigentlichen Lebenswert empfindet«[160], wobei unter der persönlichen Kultur etwa die Arbeit »an seinem inneren Menschen, an der Innerlichkeit, Einheitlichkeit, Reinheit, Stärke, Mannhaftigkeit seines Wesens«[161] zu verstehen ist. In dieser verschiedenartige persönliche Einstellungen als gleichberechtigt anerkennenden, individualistisch-relativistischen Ausrichtung erweist sich die wertidealistische Ethik als charakteristisch modern. Ihre Strenge scheint insofern bei weitem nicht an den Kantischen Rigorismus heranzureichen, der sich um typenmäßige und individuell bedingte subjektive Differenzen auf seiten des Handelnden in keiner Weise kümmert. Dabei ist trotz der positiven Anknüpfung an die jeweiligen Anlagen die Verabsolutierung des Sittlichen für Kerler und Schweitzer wie gesagt gleich bezeichnend und der

---

[157] *Port:* Gute, S. 233.
[158] S. 233 f.
[159] KE S. 224.
[160] *Kerler:* OP S. 136.
[161] *Kerler:* WW S. 250.

sittliche Anspruch an den Menschen bei beiden Ethikern extensiv und intensiv gleich groß. Es ergab sich bereits früher, daß ein Ernstmachen mit der miterlebenden und helfenden Anteilnahme an allem in unseren Gesichtskreis tretenden Leben den anderen Teil der Schweitzerschen Zielsetzung, die Ausbildung aller unserer Fähigkeiten und vor allem deren kraftvolle Auswirkung, fast mit Notwendigkeit hemmen, ja, verhindern würde. Und Kerler gesteht uns zwar die Wahl zwischen den Werten, die Entscheidung für einen grundlegenden Wert zu, macht diesen dann aber in einem Ausmaß verbindlich und betont namentlich die Selbstlosigkeit der geforderten Hingabe so stark, daß seine Ethik dadurch ebenfalls einen außerordentlich strengen Charakter erhält. Schweitzer stellt, wie wir sahen, fest: »Auch mein Glück gönnt mir die Ehrfurcht vor dem Leben nicht. In den Augenblicken, wo ich mich unbefangen freuen möchte, weckt sie Gedanken an gesehenes und geahntes Elend in mir.« — »Du bist glücklich, sagt sie. Darum bist du berufen, viel dahinzugeben.« — »Wahrhaft ethisch ist der Mensch nur, wenn er der Nötigung gehorcht, allem Leben, dem er beistehen kann, zu helfen.« Ähnlich radikal verlangt das Sittengesetz nach Kerler »uneingeschränkte Unterwerfung. Es begnügt sich nicht damit, wenn wir nur in der Regel ihm uns fügen. Es erteilt nicht den geringsten Dispens. Jeder Moment unseres Daseins ist Leben, und jede Lebensäußerung und Betätigung untersteht der sittlichen Forderung«[162]. Wenn es soeben noch so aussah, als ob Kerlers Ethik, indem sie die Neigung gelten läßt, hinter der Kantischen an Strenge erheblich zurückbleibt, so meint Kerler selbst umgekehrt, Kant in dieser Hinsicht noch überbieten zu müssen. »Man hat ja keine Vorstellung davon, was es heißt, Rigorist, d. h. Impersonalist zu sein.«[163] — »Kant hat zwar ein für alle Mal nachgewiesen, daß der Mensch, *solang* er sittlich handeln will, nicht nach Glück, auch nicht nach dem aus der Sittlichkeit quellenden, verlangen darf.« — »Er hat aber nicht gesehen, daß der Sinn des Lebens ausschließlich und in nichts anderem als in Sittlichkeit, im Pflichterfüllen besteht, daß Glück, subjektive Befriedigung zum Sinn des Lebens überhaupt nicht und in keiner Form gehören kann.«[164] — »Erst von der Erkenntnis aus, daß die Realisierung objektiver Werte alles, Befriedigungsgefühle irgend welcher Art nichts bedeuten, erschauen wir den Sinn des Lebens in seiner ganzen Tiefe und Klarheit, die für den natürlichen, nach Leben und Seligkeit spendenden Gefühlen lechzenden Menschen furchtbar ist.«[165] Mit Bezug auf die bekannten Verse »Vor jedem steht ein Bild des, was er werden soll / solang er das nicht ist, ist nicht sein Friede voll« fügt Kerler echt impersonalistisch hinzu: »Nur daß es total gleichgültig ist, ob unser Friede voll ist oder nicht, wir sind nicht dazu ins Leben gestellt, um

---

162 *Kerler:* OP S. 35 f.
163 S. 36.
164 S. 37.
165 S. 42 f.

unseren Frieden zu finden, sondern um *Aufgaben* zu lösen.«[166] Auch Schweitzer zeigt sich in einem gewissen Sinne als Rigorist, wenn er das viel gerühmte »gute Gewissen« für eine »Erfindung des Teufels«[167] erklärt, und auch bei ihm liegt der Akzent durchaus auf den Aufgaben, die er jedoch nie wie Kerler in einen Gegensatz zum Erstreben des inneren Friedens bringen würde. Die Aufgaben, die er sich persönlich setzte, gingen ja aus seinem Ringen um inneren Frieden hervor und gewannen ihm diesen, obgleich er darin selbstverständlich nicht den Hauptzweck seines Handelns sah. Schweitzer vertritt und verkörpert im Unterschied von dem impersonalistischen Idealisten Kerler den sittlichen Ernst eines personalistisch aufgelockerten Idealismus, der das natürliche Glücksstreben weitgehend einschränkt, jedoch nicht grundsätzlich ausschließt. Glücksstreben ist ihm nicht an sich verwerflich, Genießen nicht überhaupt gemein, es muß aber gegebenenfalls, und das heißt konkret: nur allzu oft, hintenangesetzt werden zugunsten einer notwendig werdenden Hingabe an notleidendes Leben.

Über den Kerlerschen Rigorismus, mit dem Schweitzers Einstellung immerhin einige Berührungspunkte zeigte, ist Port in zweifacher Hinsicht hinausgegangen, die nun von Schweitzer ganz und gar fortführt. Zunächst hat Port in seinem Frühwerk »Das System der Werte« den Rigorismus in sehr eigenartiger Weise zu Ende gedacht und in einem noch nicht dagewesenen Maße auf die Spitze getrieben, ja, ad absurdum geführt. Während Kerler das Wesen der Sittlichkeit in der selbstlosen Hingabe an Kulturwerte gesehen hatte, gibt es für den Verfasser des »Systems der Werte«, da ihm alle Objektwerte gegenüber dem eigentlichen sittlichen Subjektwert der Selbstlosigkeit als unendlich gering galten, nichts, was der Hingabe wert wäre. Infolgedessen kann sich die Selbstlosigkeit nur noch in der Askese auswirken, und zwar nicht bloß in der negativen Form des Verzichts, sondern Port denkt sogar an »Selbstqual, aktives Leiden«[168]. Es ist auffallend, wie die überscharfsinnige Argumentation Ports hier zu einem offensichtlich unmöglichen, von ihm selbst alsbald wieder aufgegebenen[169], schon vor dem Erscheinen des Buches verworfenen[170] Ergebnis führt, das den denkbar äußersten Gegensatz zu Schweitzers Standpunkt bildet, insofern der von diesem proklamierten sittlichen Aufgabe einer Förderung aller in meinen Gesichtskreis tretenden Lebewesen hier die der bewußten Selbstquälerei gegenübertritt. Man würde diese wohl extremste Lehre der philosophischen Ethik aller Zeiten nicht mehr zu erwähnen brauchen, und es wäre unfair, es zu tun, wenn sie nicht auch bei dem späteren Port, obwohl ihm »ein Leben der Selbstqual zu führen« nunmehr praktisch »schlecht-

---

[166] ebd.
[167] KE S. 249.
[168] *Port:* System, 1927, S. 220.
[169] *Port:* System, 1961, S. 29.
[170] S. 47.

hin verrückt erscheint«[171], doch immer noch durchschiene und nachwirkte. So spricht er einmal von der Konsequenz, »*bewußt* sittlich zu leben, also etwa auch beim Fehlen von Objektwerten sich des ethischen Verhaltens zu befleißigen, nicht dem Genuß zu frönen, sondern zu verzichten«[172]. Ja, es bleibt für ihn dabei, »daß ein rein ethisch Erlebender, der des Gefühls« für andere Werte ermangelt, »die nichtreligiös gefärbte asketische Haltung des Opfers um des Opfers willen als das einzig Sinnvolle erkennen würde«[173]. Das sittliche Streben besteht für diesen Denker so sehr »in einer grundsätzlichen Bereitschaft, sich hinzugeben und aufzuopfern«[174], daß er geradezu sagen kann: »Selbst wenn sich ein Wert gar nicht fände, der der Hingabe würdig wäre, müßte sie einfach als Selbstentäußerung sein.«[175] Nach der Räumung eines unhaltbaren Außenwerks hält Port, wie man sieht, an der eigentlichen Hauptstellung der rigoros-asketischen Auffassung des Sittlichen überhaupt umso hartnäckiger fest. Der Wertidealismus versteht eben Sittlichkeit vor allem als »Abkehr vom eigenen Interesse«[176], Sittlichkeit sieht er nur dann gegeben, »wenn eine dem eigenen Interesse abgewandte Haltung vorliegt«[177]. Diese »Abkehrgesinnung« ist nach Port »für die ethische Haltung und damit für den ethischen Wert einer Person« »absolut entscheidend«[178], und deshalb weiß er eigentlich nur von einer »in ihrer Rigorosität unerfüllbaren Ethik«[179].

Ohne natürlich bestreiten zu wollen, daß das ständige Kreisen um das eigene Ich, unersättliche Genuß- oder Geltungssucht, eitle Selbstbespiegelung unsagbar armselig und im höchsten Grade abstoßend sind und daß die Forderung der Selbstlosigkeit mit gutem Grund in der Ethik eine so große Rolle spielt, muß doch eine derartige Übertreibung und Verallgemeinerung der impersonalistischen Tendenz nachdrücklich zurückgewiesen werden. Wenn Port den Wertidealisten als Gegenteil des »selbstsüchtigen Erfolgsmenschen« schildert, »der sich grundsätzlich immer für den Mittelpunkt der Welt hält«[180], so verfällt er damit auch hier in eine Schwarzweißmalerei, die theoretisch nicht weniger als praktisch unbefriedigend ist. Die Gleichsetzung von Sittlichkeit und Selbstlosigkeit macht ein in einzelnen Fällen übermäßig egozentrischer Einstellung brauchbares Korrektiv im Sinne der Setzung eines Gegengewichts unberechtigterweise zum Zweck, zur Hauptsache. Das Sichaufopfern als Selbstzweck, das Opfer um des Opferns willen, kann keineswegs als sinn-

---

[171] *Port:* Idealist, S. 234.
[172] *Port:* System, 1961, S. 84.
[173] *Port:* Idealist, S. 226.
[174] S. 229.
[175] S. 230.
[176] *Port:* Kerler, S. 117.
[177] *Port:* Wirklichkeitserlebnis, S. 436.
[178] *Port:* System, 1961, S. 81.
[179] *Port:* Gottesmystik, S. 216.
[180] *Port:* Idealist, S. 230.

voll gelten. Sehr mit Recht sieht *H. Schiller* den Hauptfehler Kerlers und Ports bereits in dem methodischen Ansatz, in dem Ausgangspunkt, wonach vollendete Sittlichkeit vollendete Selbstlosigkeit ist[181]. Er seinerseits übernimmt von der materialen Wertethik die Erkenntnis, »daß die Neigung (in der Form der Wertliebe) in den sittlichen Bereich gehört und nicht wie bei Kant von diesem prinzipiell ausgeschlossen ist«. – »Unter dieser Voraussetzung besteht das ethische Urphänomen eben nicht mehr in der negativen Abkehr vom Lustverlangen, in der Richtung des Willens gegen das eigene Wohl, sondern in der positiven Erhebung der Person aus der animalischen Sphäre selbstischer Begierden in eine geistige Welt höherer Interessen, objektivwertiger Gehalte.«[182] – »Die reine Selbstlosigkeit ist demgegenüber eine bloße Abstraktion.«[183] Es ist sehr zu begrüßen, daß, wie einst der Kantianer Friedrich Schiller sich in diesem Punkte von Kant absetzte, so hier der Wertidealist Helmut Schiller an Kerler und Port die entscheidende Korrektur vorgenommen hat. Eine Ethik, die mit der Neigung beginnt und im strengsten Rigorismus endet, gleicht einem Zentauren.

Die ethische Bewertung des Glücks ist nicht im Handumdrehen zu erledigen. Den eigentlichen Grund, warum die Ethik nicht Glückslehre sein kann, hat *Nicolai Hartmann* aufgezeigt. Nicht als Imperativ, in der Form eines radikalen Verbots schließt er das Glück aus, sondern er stellt schlicht und sachlich eine psychologische Gesetzmäßigkeit von fundamentalem Rang fest, das Vorliegen eines inneren Widerstreits zwischen Glück und Glücksstreben, die Tatsache, daß die Glücksfähigkeit unter dem Glücksstreben leidet. »Glück läßt sich wohl ersehnen und erstreben, aber nicht strebend erreichen.« – »Das wirkliche Glück kommt immer von der anderen Seite, als man meint. Es liegt immer da, wo man es nicht sucht. Es kommt immer als Geschenk.«[184] Diese Erkenntnis ist grundlegend und unumstößlich.

Dennoch bleibt einiges zugunsten der ethischen Bedeutung des Glücks in die Waagschale zu legen. Zunächst macht es immerhin einen Unterschied aus, ob von Glücksstreben im allgemeinen oder vom Streben nach Genuß die Rede ist. Zwar braucht sicherlich auch der Lebensgenuß keineswegs verwerflich zu sein. Genießen macht nicht immer und notwendig gemein, aber »den Lebensgenuß zum Ziel seines Lebens zu machen«, ist, wie man von sehr verschiedenen Standpunkten aus eingesehen hat, »Zeichen der Entartung«[185]. Insofern jedoch das Glücksstreben nach einer Sinnerfüllung des Lebens, vor allem bei der Wahl und Bewältigung

---

181 *H. Schiller:* Probleme, S. 457.
182 *Schiller:* Probleme (Schluß), S. 16.
183 S. 17.
184 *N. Hartmann:* Ethik, S. 87.
185 Die obige Formulierung wurde absichtlich den Ausführungen eines freireligiösen Autors, *G. Pick* (Grundgedanken, S. 31), entnommen.

einer Lebensaufgabe in Betracht kommt, ist es sittlich nicht nur berechtigt, sondern auch wichtig und das bei ihrem Vollzug entstehende Glück auch allgemein gesehen durchaus wertvoll, obgleich auch hier das allzu bewußte Ins-Auge-fassen des subjektiven Faktors der Beglückung eine Gefahr sein kann und vielmehr die sachlichen Werte und Ziele normalerweise im Vordergrund stehen sollten.

Die Einstellung auf das Glück hin muß deshalb einerseits eingeschränkt, andererseits entwickelt und veredelt, auf die höheren Werte gelenkt, aber nicht völlig niedergehalten oder gar ausgemerzt werden. Schweitzer hat einer Ethik der absoluten Selbstlosigkeit und Entsagung theoretisch nie das Wort geredet. Vor dem Betreten der schiefen Ebene Kerlers und der Sackgasse Ports bewahrte ihn schon der Ausgangspunkt seines ethischen Denkens, die Tatsache, daß *ich* Leben bin, das leben will, d. h. das sich ausleben möchte. Schwerlich würde er so weit gegangen sein, mit Kerler zu sagen: »Sobald ich auch nur für Minuten das Ideal außer acht lasse und auf mein selbstisches Ich bedacht bin, verhalte ich mich widersittlich«[186], und wenn Kerler von Port als derjenige gefeiert wird, durch den »das Glück in jeder Form« »für alle Zeiten aus der Domäne des Ethischen entfernt worden« ist[187], so würde Schweitzer mit gutem Grund bestreiten, daß dies als ein Verdienst anzusehen sei. Erst recht nicht einverstanden würde er sich damit erklären können, daß Port den Gegensatz von Sittlichkeit und Glücksstreben noch vertieft. Nicht weil der sittliche Mensch als solcher dem Glück schlechthin entsagen muß, denkt Schweitzer daran, es zu opfern, sondern weil, wie schon dargelegt, der von der Not anderen Lebens ausgehende Druck stärker werden kann als das eigene Glück oder Glücksverlangen. Während sonst der Gegensatz zwischen Schweitzers Welt- und Lebensanschauung und der des Wertidealismus auf der Hand liegt und erst bei näherem Zusehen Berührungspunkte und Gemeinsamkeiten sichtbar werden, ist es hier in gewisser Hinsicht umgekehrt. Die in weitgehendem Glücksverzicht bestehende Übereinstimmung ist ohne weiteres deutlich. Bei tieferem Eindringen erkennt man jedoch, daß Schweitzers Absage an das Glück sich von der wertidealistischen wesentlich unterscheidet. Bei Kerler und Port ist sie grundsätzlich und radikal gemeint, wenngleich das Glück als ein Hilfswert anerkannt wird. Bei Schweitzer ergibt sich der Verzicht auf Glück zwar auch aus einer allgemeinen ethischen Theorie, daneben aber doch wenigstens zum Teil unmittelbar aus der Erfahrung der Wirklichkeit, indem er sich nahelegt angesichts des den sittlichen Menschen bedrückenden und seinen Willen herausfordernden Zustandes der Welt, seiner Umwelt. Er ist also weniger eine dem Leben ins Gesicht schlagende rigorose Abkehr zu Ehren eines ethischen Prinzips als eine allerdings maßlose Ausweitung des eigenen Lebens in der Hin-

---

186 *Kerler:* OP S. 93.
187 *Port:* Kerler, S. 122.

wendung zu anderem Leben, das in seiner Existenz gestört oder bedroht wird. Diese Haltung ist grundverschieden von der wertidealistischen Verbannung des Glücks aus dem Bereiche der sittlichen Haltung überhaupt. Wie die Ehrfurcht vor dem Leben bei Schweitzer kein religiöses Dogma, sondern einen sittlichen Appell darstellt, so ist seine Absage an das Glück nicht grundsätzlich impersonalistisch begründet, sie bedeutet im Gegenteil einen feinen personalistischen Anstoß: »Wer viel Schönes im Leben erhalten hat, muß entsprechend viel dafür hingeben.«[188] Wer es tut, dessen »Dasein wird dadurch in jeder Hinsicht schwerer, als wenn er für sich lebte, zugleich aber auch reicher, schöner und glücklicher«[189]. Das Opfer des Glücks führt hier also auf einer höheren Ebene zum Glück zurück, ohne daß etwa ein Zugeständnis an den Lohngedanken gemacht würde oder gar in Kantischer Manier zur Herstellung eines angemessenen Verhältnisses von Würdigkeit und Glück Gott bemüht werden müßte.

Freilich, wenn Schweitzer keine grundsätzliche Absage an das Glück kennt, so muß doch seine Forderung der aktiven Ehrfurcht vor dem Leben im Sinne der unbegrenzten Fürsorgepflicht in der Praxis zu einer rigoristischen Haltung führen, die der wertidealistischen kaum nachsteht. Der unentwegte Kampf des Wertidealisten gegen Befriedigung und Glück könnte einen manchmal ein wenig an den Ritter von der traurigen Gestalt erinnern, und mehr noch an Ibsens Brand, »das Urbild des rigorosen Ethikers«[190]. Denkt man nun aber nicht an den Urwaldarzt, der sinnvoll und bewundernswert wirkte, sondern an einen gedachten Anhänger, der mit der Ethik der Ehrfurcht vor dem Leben praktisch ganz ernstmachen wollte, der sich also etwa in seiner Freizeit, um bei Schweitzers Beispiel zu bleiben, mit der Rettung von Insekten vor dem Ertrinken oder Verdursten befassen würde, so ist offenbar das Lächerliche auch hier nicht fern.

In einer Hinsicht übertrifft Schweitzer die Wertidealisten sogar an Strenge. Sowohl bei Kerler als auch bei Port findet sich der Begriff der

---

188 KJ S. 49.
189 LD S. 200.
190 Vgl. *Missenharter:* Kerler, S. 266 ff. Mit Bezug auf die Brand zuletzt erscheinende Stimme aus dem Himmel »Er ist deus caritatis« bemerkt der angeführte Autor: »Wenn wir Brand so ernst nehmen wollen, wie Ibsen selbst ihn genommen hat, dann lügt jene Stimme von oben; wenn sie aber nicht lügt, wenn Liebe dieser Welt hohes Gesetz ist, dann ist Brand nichts weiter als ein bedauernswerter, nicht etwa tragischer«, ein »plötzlich rabiat gewordener Vetter jenes Edlen von La Mancha, dessen verzweifelte Komik der leider ganz humorlose Ibsen nicht erkannte. Es ist gefährlich, viel gefährlicher, als Kerler und Port ahnen, diesen Hochgebirgspastor und ›Freiluftagitator‹, diese ›Zuchtrute der Menschheit‹ als Kronzeugen für die Macht und Herrlichkeit eines konsequenten Idealismus zu beschwören.« Dem wäre nur hinzuzufügen, daß wir durch die Absage an einen solchen Rigorismus den deus caritatis nicht etwa zurückgewinnen. Dieser ist weder im Himmel noch in der Natur zu finden, dabei wird es bleiben müssen. Er gibt sich, wie Schweitzer meint, allein in uns kund, oder sagen wir noch vorsichtiger: er bedeutet uns den hier und da in einem menschlichen Herzen sich regenden und auswirkenden Gedanken der Hilfsbereitschaft und Fürsorge.

Kompromißethik, der sie ein relatives Recht zusprechen. Namentlich Port geht darin so weit, daß er eine solche Kompromißethik vom Standpunkt eines nichts Höheres kennenden Subjekts als echte Ethik gelten lassen will, und meint, daß sie »trotz des fehlenden Gefühls für den ethischen Kardinalwert« das Aufhören jeder Lebensorientierung verhindere[191]. Schweitzer dagegen lehnt, wie wir früher gesehen haben, jede bloß »relative Ethik«, die einen Ausgleich zwischen dem absolut Sittlichen und den Forderungen der Notwendigkeit und Zweckmäßigkeit unternimmt, unerbittlich und, wenigstens in der Theorie, ohne jede Einschränkung ab[192]. In diesem Punkte ist mit ihm nicht zu reden.

Um so mehr muß hervorgehoben werden, daß Schweitzer sich eine positive Schätzung des Glücks bewahrt hat. *Erich Brock*, der in seiner Ethik feinsinnig und weise stets den engsten Kontakt mit dem seelischen Leben wahrt, sagt einmal: »Die Seele gedeiht nicht ohne Freude«[193], ja, er gesteht dem Menschen »angesichts der Schwere des Daseins« sogar »das Recht« zu, »in bestimmten Lagen und Hinsichten« »bloße Lust ein wenig ins Blickfeld zu rücken«[194]. Das ist sehr viel mehr, als wenn Port zugibt, daß Menschen, um zur Wertverwirklichung imstande zu sein, zunächst »Hilfe in ihrem Existenzkampf und vor allem in ihrem geistigen Kampf« brauchen[195]; denn es handelt sich dabei in Wahrheit nicht bloß um ein schmales Existenzminimum an Wohlbefinden als Voraussetzung für die Verwirklichung höherer Werte, es ist gerade auch das große, tiefe Glück, das, indem es guten Willen weckt, steigert und zur Auswirkung bringt, unmittelbar sittlich bedeutsam zu werden vermag. »Wer selber glücklich ist, kann mehr beglücken, als wer es nicht ist«, diese These Brocks[196] ließe sich geradezu als Motto über das humanitäre Lebenswerk Albert Schweitzers setzen, das ja nicht nur im intensiven Mitleiden begründet war. Den eigentlichen Anstoß zu seiner späteren Lebensentscheidung gab vielmehr das überschwengliche Bewußtsein des eigenen Glücks.

Nicht also in der negativen, in der positiven Richtung haben wir hier die Wahrheit zu suchen. Das Wesen des Sittlichen liegt nicht grundsätzlich und allgemein in der Selbstlosigkeit. Worauf es ankommt, ist vielmehr die Selbsterweiterung. Indem ich mein Interesse Mitmenschen zuwende, mich etwa in einen Hilfsbedürftigen hineinzudenken versuche und sein Wohl und Wehe mehr oder weniger zu meiner Sache mache, gelange ich fast von selbst oder doch wenigstens sehr viel leichter als bei der grundsätzlich pflichtgemäß-rigorosen Haltung dazu, meine Belange nötigenfalls zurückzustellen, so wie etwa Verzichte innerhalb der Familie

---

191 *Port:* System, 1927, S. 174.
192 KE S. 256 f.
193 *Brock:* Befreiung, S. 60.
194 S. 57.
195 *Port:* Idealist, S. 231.
196 *Brock:* Befreiung, S. 148.

ohne lange Überlegung geleistet und kaum als solche empfunden werden. Echte Sittlichkeit ist überhaupt nicht so sehr ein lebensferner Selbstzweck wie eben doch vor allem Mittel zur Gestaltung des Zusammenlebens. Sie besteht nicht in einer Aneinanderreihung asketischer Exerzitien um ihrer selbst willen, nicht darin, daß ich ständig meine Selbstlosigkeit unter Beweis stelle, ein Exempel der Realisierung des Seinsollenden nach dem anderen gebe, ohne daß dies jemandem zugute käme, sondern, wenn auch nicht ausschließlich, so doch in erster Linie, in der Einordnung des einzelnen in die Gesellschaft, in der Abstimmung seiner Interessen mit denen der anderen — also zunächst einmal in einem anständigen, gerechten, einigermaßen rücksichtsvollen und von Fall zu Fall hilfsbereiten Verhalten zu den Mitmenschen, auf einer höheren Stufe dann in einer weitergehenden, aber durchaus schlicht und natürlich bleibenden, keineswegs künstlich übersteigerten Einbeziehung der Sorgen anderer in das eigene Sinnen und Trachten. Bei allen Einwänden, welche die Ehrfurcht vor dem Leben als sittliches Prinzip und die vermeintliche ethische »Mystik« dieser Einstellung herausfordert, ist eine Erweiterung des Ichs, die Ausdehnung unserer Interessensphäre, die Schweitzer offenbar vorgeschwebt hat, nicht als rigoroser Kraftakt, sondern als möglichst organische Entwicklung auf Grund von Gefühl und Einsicht, dasjenige, was theoretisch und in bestimmten Grenzen auch praktisch als berechtigt und sehr bedeutsam anerkannt werden muß.

Wichtiger, wenn auch zum Teil nicht weniger problematisch ist es, wie Port im Vergleich mit Schweitzer nach der entgegengesetzten Seite über Kerler hinausgeht, mit der Herausstellung des »Tiefwerts« — auch als »psychischer« oder »seelischer« Wert bezeichnet —, des Wertes der »Wunderbarkeit«, des eigentlich »mystischen« Wertes, der zum Inhalt einer eigenständigen, von der ausschließlich ethischen unabhängigen Lebensanschauung werden kann und von Port allem anderen vorgezogen wird. Darin, daß Port im Grunde nur einen solchen Tiefwert kennt und die musischen Werte, insbesondere den künstlerischen, nur als Vorform des mystischen nimmt, während der Erkenntniswert in der Schätzung dieses scharfsinnigen Denkers sonderbarerweise sogar ganz zurücktritt, kommt wiederum eine Einseitigkeit seiner Wertphilosophie zum Ausdruck, die als sehr unbefriedigend bezeichnet werden muß.[197] Wenn Port die für einen Mystiker sehr bezeichnende Behauptung aufstellt: »Die schönste aller Musik ist immer noch die Stille«[198], so bemerkt Schiller treffend, wer das sage, könne »nicht wahrhaft musikalisch erleben«[199]. Es kann »keine Rede davon sein, daß das Kunsterleben eine Vorform des mystischen Versenkungszustandes sei«[200]. Die Ansicht Ports ist also schon, was das Wesen der Kunst und der Mystik, jede für sich genommen, betrifft, an-

[197] Vgl. hierzu *H. Schiller* bei *Port:* Bedeutung (Schluß), S. 105.
[198] *Port:* Bedeutung [1.], S. 424.
[199] Angeführt von *Port:* Bedeutung (Schluß), S. 105.
[200] ebd.

fechtbar; sie kann aber auch unter dem Gesichtspunkt der Rangordnung dieser Wertgebiete nicht anerkannt werden. Der Mystiker mag noch so sehr von der Herrlichkeit und Unüberbietbarkeit seines Erlebnisses überzeugt sein: wenn dieses wirklich im reinen Gefühl beschlossen bleibt, in keiner Weise transzendiert — und es besteht wie gesagt Grund zu der Annahme, daß Port mit dieser Ansicht im Recht ist —, wenn also die Seele in der Versunkenheit die Wunderbarkeit, die Göttlichkeit der eigenen Tiefe erlebt, so ist dieser Wert eben damit ein eminent subjektiver, und er wird auch nicht dadurch zu einem objektiven, daß Port ihm den Charakter des Seinsollenden zuschreibt und seine Nichtexistenz für unerträglich erklärt. Für Port wäre der Vergleich des mystischen Erlebnisses mit einem Meskalinrausch sicherlich ein Sakrileg, da er diesen zu der ganz gewöhnlichen, rein subjektiven, nicht seinsollenden Lust rechnen würde. Aber auch wenn man bereit ist, den mystischen Zustand für etwas qualitativ davon durchaus Verschiedenes zu halten, so ändert sich die Sache dadurch unter dem hier in Betracht kommenden Gesichtspunkt nicht entscheidend. Würde der Mystiker in der Versenkung zu einer transzendenten Welt vorstoßen, Gott »schauen« oder sich gar mit ihm vereinigen, wie die ältere religiöse Mystik annahm, so wäre selbstverständlich diesem Erlebnis der Vorrang vor allen übrigen »Edelwerten«, insbesondere vor dem ästhetischen Erleben und dem Erkennen einzuräumen. Dagegen muß es als ausgeschlossen gelten, daß ein auf das eigene Gefühl beschränkter und insofern rein subjektiver Zustand bei aller Tiefe, Köstlichkeit, Seligkeit an Reichtum dem ästhetischen und dem theoretischen Erleben an Gehalt gleichkommt oder diese Erlebnisformen gar übertreffen sollte. Und dasselbe gilt für den Vergleich des objektiven, etwa sprachlichen Niederschlags dieser Verhaltensweisen, soweit davon auf seiten der Mystik überhaupt die Rede sein kann. Wer das Ganze der Kultur mit dem größtmöglichen Streben nach sachlicher und gerechter Würdigung überblickt, wird die Gehalte der Kunst und der von Port wie gesagt kaum erwähnten Wissenschaft rangmäßig zumindest nicht *unter* die »stille Wüste« der mystischen Versenkung stellen können; im Gegenteil, jene dürften der Menschheit und für die Menschheit unvergleichlich viel mehr bedeuten.[201] Daß eine große Symphonie, daß der Kosmos eines gewaltigen Dramas, die Entzifferung einer bisher unbekannten Schrift, die Entdeckung des Wirkungsquantums oder neuerdings die chemische Analyse der Vererbungsvorgänge, was sowohl das schöpferische Moment dabei als auch ihre verstehende oder begreifende Aneignung anlangt, dem Range nach unter einem mystischen Erlebnis stehen, werden wir nie und nimmer zugeben. Es ist bemerkenswert, daß Port sich in dieser ungerechtfertigten Degradierung der objektiven, insbesondere der musischen und wissenschaftlichen Kultur in gewisser Hin-

[201] Die von *Port* für seine These angeführten Argumente (Bedeutung [Schluß], S. 112 ff.) sind keineswegs überzeugend.

sicht wiederum mit Schweitzer berührt, in dessen Kulturphilosophie diese Wertgebiete ja ebenfalls in so auffallender Weise zu kurz kommen, nur daß es bei Schweitzer der sittliche Wert, bei Port der mystische ist, der die objektiven Kulturwerte in den Schatten stellt. Wenn Port betont, daß Kultur »nicht mit Kunst und Wissenschaft identisch« ist, »nicht mit Vasen, Schwertern, Tempeln, Büchern, Sinfonien und philosophischen Systemen« aufhört, sondern anfängt, wenn er erklärt, daß sie »im wesentlichen keine Gegenstands-, sondern eine Innenkultur«[202] sei, so ist das niemandem mehr aus der Seele gesprochen als Schweitzer.

Über den soeben gemachten Ausstellungen an den wertphilosophischen Thesen Ports darf man jedoch sein großes Verdienst nicht übersehen. Während die übrigen Werte in der philosophischen Lebensanschauung gemeinhin allzu oft vernachlässigt werden und, wenn es um den eigentlichen Sinn des Lebens geht, schließlich in der Regel nur noch vom Höchstwert der sittlichen Haltung die Rede ist, wird von Port die grundsätzliche Forderung vertreten und durchgeführt, daß nicht alle Werte über den ethischen Leisten geschlagen werden dürfen[203], daß »verschiedene Wertwelten klar auseinanderzuhalten und nebeneinander anzuerkennen sind«[204], neben der ethischen nun eben die mystische bzw. die musisch-mystische. Der ethische Wert ist nicht der einzige Wert, »der mehr gilt als das Glück«, »mit der Ethik allein kommen wir nicht aus«, es bedarf der »Ergänzung durch die Wertmystik« mit ihrem Wert der Wunderbarkeit[205]. Gegenüber der üblichen einseitigen Bevorzugung des sittlichen Wertes wird hier endlich einmal mit der Erweiterung der Wertwelt ernst gemacht, und darin ist sicherlich Ports bedeutendste und bleibende Leistung zu sehen. Die Korrektur einer so weit verbreiteten Einseitigkeit hätte indessen nicht umgekehrt zur einseitigen Bevorzugung des mystischen Wertes vor dem ethischen führen müssen und dürfen. Port meint jedoch allen Ernstes, daß, »wenn beide Werterlebnisse zusammentreffen, der mystische Wert den Vorrang beansprucht«[206]. Bei der Wahl »zwischen der Übung vollkommener Selbstlosigkeit als Selbstzweck und der Erreichung der qualitativ tiefsten Tiefe im Versenkungserlebnis« würde er — nach siebenjährigem Schwanken, wie er bemerkt — der Tiefe den Vorzug geben[207], eine Ansicht, die ja nun aus dem Rahmen der Tradition abendländischen Denkens völlig herausfällt: hatte sich doch sogar die mittelalterliche Mystik in Meister Eckhart und Johannes Tauler dafür entschieden, daß einem Kranken ein Süpplein zu machen — beide gebrauchen dieses Beispiel — der höchsten Verzückung, dem

---

202 *Port:* Idealist, S. 237.
203 *Port:* System, 1961, S. 31.
204 S. 32.
205 *Port:* Gottesmystik, S. 215.
206 *Port:* Symposion, S. 470. Vgl. Idealist, S. 235. — Gottesmystik, S. 215. — System, 1961, S. 33.
207 *Port:* Symposion, S. 471.

tiefsten Schauen vorzuziehen sei[208]. Merkwürdigerweise erklärt dagegen Port in vollem Ernst: »Wer die Wahl hat, ein Leben der Tiefe zu leben, in Liebe, Einsamkeit und Dichtung, oder ein Leben der Aufopferung für ein Werk als Selbstzweck, entscheidet sich, muß sich für das erste entscheiden, weil die Werte es wollen, weil die rigorosesten Forderungen des ethischen Wertes vor der Wunderbarkeit verblassen, nicht mehr zur Geltung kommen.«[209] Es handelt sich hier wie gesagt auch nicht etwa um eine gelegentliche Äußerung auf Grund einer vorübergehenden Stimmung, sondern das ist die mehrfach ausgesprochene, am Erleben immer wieder erprobte und gründlich durchdachte Überzeugung dieses Wertphilosophen. Darin sieht er geradezu die Lösung des ethischen Grundproblems, daß der Höchstwert der sittlichen Hingabe gar nicht über dem anderen Edelwert, dem Tiefenwert oder Tiefwert[210] steht, sondern daß jener diesem in mehrfacher Hinsicht unterlegen ist und auch an Höhe sogar noch von ihm überragt wird. Hiermit tritt Port offenbar noch stärker als Kerler in Gegensatz zu der Quintessenz der Gedanken- und Tatwelt Schweitzers.

Es ist allerdings nicht verwunderlich, daß gerade Port aus seiner Sicht zu dem Ergebnis gelangte, mit dem Sittlichen allein kämen wir nicht aus. Eine derart rigorose Sittlichkeit, wie sie ihm sachgemäß erscheint, als Sinn und Zweck des Lebens verstanden, könnte in der Tat nur Verkrampfung und Verkümmerung bewirken. So tritt bei ihm neben den sittlichen Wert gleichsam als Gegengewicht der mystische Wert des tiefen Gefühls, des Erlebnisses des Wunderbaren, und Port macht wie gesagt kein Hehl daraus, daß er diesen noch höher schätzt als jenen. Schweitzer würde jedoch sein Leben verfehlt haben, wenn Port damit recht hätte. So sehr Port zugestimmt werden muß, wenn er sich gegen die übliche selbstverständliche Überordnung des sittlichen Wertes über die übrigen Edelwerte wendet und bei diesen eine Aufwertung vornimmt, so wenig können wir ihm folgen, wenn er den Spieß umkehrt und den sittlichen Wert degradiert zugunsten des mystischen. Eine ungewöhnlich tiefe Liebe, etwa in Rudolf Bindings Lebensgeschichte seine Liebe zu Joie, wäre hiernach »kein egoistisch gesuchtes und genossenes Glück, sie war

---

208 Meister Eckehart: Predigten, S. 67. — Zu *Tauler*, s. W. Lehmann (Hrsg.): Frömmigkeit, S. 63 f.

209 So muß gemäß einer auf Anfrage dem Verfasser erteilten brieflichen Auskunft Ports der leider gerade an dieser wichtigen Stelle völlig verderbte Text (Gottesmystik, S. 215) lauten.

210 *Port* bezeichnet ihn auch als »bathisch« (βάθος = Tiefe). Er bemerkt, daß »die deutsche Sprache« »arm an Bezeichnungen für Wertqualitäten und -charaktere« ist und gibt zu, daß »Ausdrücke wie ›hoch‹ und ›tief‹« »natürlich vieldeutig« sind (ebd.). Aber ein Tiefwert, der den eigentlichen Hochwert an Höhe überragt — eine solche Begriffsbildung ist offenbar wenig glücklich. Die Zusammenfassung der »Hochwerte« (sittlicher Hochwert und musisch-mystischer Tiefwert) als »Edelwerte« (im Unterschied von den bloßen Glückswerten) ist wenigstens klar, wenn auch nicht sehr schön wegen der störenden Assoziation geschäftlicher Werbung. Andererseits wäre es allerdings traurig, wenn man das Wort edel für das wahrhaft Edle aus diesem Grunde aufgeben müßte.

erfüllt vom Erlebnis jener Wunderbarkeit, die das Kennzeichen des mystischen Tiefwerts ist. Um ihretwillen brach er zwei Ehen und verletzte damit eine der fundamentalsten sittlichen Forderungen: nach Ports Werttheorie mit Recht«[211]. Der grundsätzliche Vorrang des mystischen Wertes vor dem sittlichen kann, wie hier deutlich wird, nicht nur zu sehr bedenklichen Konsequenzen im bürgerlichen Leben führen, weil ja dann wahrscheinlich bald jeder von einer neuen Liebe Erfüllte sich auf mystischen Wegen wandelnd wähnen wird. Das Recht zu einer so radikalen Unterscheidung, der Annahme einer tiefen Liebe mystischer Art, die aus einem ganz anderen Boden erwachsen soll als die gewöhnliche Liebe, muß überhaupt bezweifelt werden. Es lassen sich gewiß viele Stufen und die mannigfachsten Tönungen der erotischen Liebe finden, aber doch keineswegs zwei wurzelhaft verschiedene, voneinander ganz unabhängige Arten, die gewöhnliche, im Zeichen egoistischen Glücksgenusses stehende, und eine höhere, wunderbare, mystische. Einer solchen romantischen Vorstellung widersprechen alle neueren Erkenntnisse.

Nein, mag Port die Tiefe seines Versenkungserlebnisses noch so sehr preisen und es für seine Person jedem anderen Werterleben vorziehen, er wird nicht gültig dartun können, daß er einen objektiv höheren Wert als Schweitzer erlebt, wenn dieser davon spricht, was es heißt, »die *Seligkeit* zu kosten, Leben beistehen zu können«[212]. Aber der hier zu erhebende Einwand gegen die rangmäßige Herabsetzung des Sittlichen geht weiter, er richtet sich nicht nur gegen eine unangemessene Einstufung des Sittlichen, sondern er stellt die Möglichkeit einer Wertbemessung, wie Port sie vornimmt, grundsätzlich in Frage. Wie überhaupt sollte man ein großes künstlerisches Erlebnis, eine bedeutende wissenschaftliche Erkenntnis, eine tiefe mystische Versenkung und eine hochherzige sittliche Tat in bezug auf die Werthöhe vergleichen können? Auch hier dürfte vielmehr *H. Schiller* das Richtige treffen, wenn ihm »der ethische Wert an sich nicht mehr ranghöher als die anderen« ist[213], wenn er aber zugleich bemerkt, die These, daß umgekehrt »der psychische Wert der schlechthin höchste« sei, scheine ihm »nicht erweisbar zu sein«, er habe sich »nicht zu der Überzeugung durchringen können, daß es eine absolute Rangordnung unter den objektiven Edelwerten gibt«[214]. Dabei wird es sein Bewenden haben müssen. Rangmäßig liegen der sittliche Wert und die musisch-mystischen Werte auf einer Ebene. Das gilt nicht weniger als Port umgekehrt auch Schweitzer gegenüber, durch dessen Bevorzugung der praktisch-sittlichen Zielsetzung der Kultur alles Musische in so befremdlicher Weise zurückgesetzt wird.

---

[211] Dieses Beispiel und seine Formulierung ist einem Briefe *Helmut Schillers* vom 30. Januar 1962 entnommen, der zu verschiedenen ihm vom Verfasser vorgelegten kritischen Fragen Stellung nimmt.

[212] Von mir gesperrt.

[213] *H. Schiller:* Probleme (Schluß), S. 24.

[214] Probleme, S. 463.

Es steht ja auch so, daß bei jeder Wertart schöpferische Erlebnisse in Form einer Erschaffung ganz neuer Wertverwirklichungen auftreten können. Ein solches produktives Verhalten im eigentlichen Sinne wird man, auf welchem Gebiet auch immer, dem bloßen Rezitieren, Tradieren, Explizieren, Interpretieren und Propagieren von Werten rangmäßig vorziehen und als höchste Stufe der Kultur anzusehen haben. Wenn z. B. ein menschlicher Geist zum ersten Male eine Weltkonstante wie das Wirkungsquantum erkennt, so ist das zweifellos unvergleichlich bedeutsamer als die Tatsache, daß ihr Entdecker ein guter Klavierspieler war. Werke von hohem schöpferischem Rang, hinter welchen erkenntnismäßige und künstlerische Leistungen mittelmäßiger Art ganz zurücktreten, werden auch durch Namen wie Lambarene oder Bethel bzw. das über dieses weit hinausgehende gesamte Lebenswerk des alten Bodelschwingh bezeichnet. Bei Schweitzer würde man, immer unter dem Gesichtspunkt des Primats des Schöpferischen, der humanitären Wirksamkeit (als Idee und deren Verwirklichung) ohne Frage den höchsten Rang zuerkennen, ferner dann die theologischen und philosophischen Leistungen wohl noch über sein Orgelspiel stellen, obgleich einerseits der Orgelspieler Schweitzer sicherlich viel bedeutender war als der praktizierende Arzt, rein medizinisch gesehen, und obgleich andererseits die Ergebnisse seines wissenschaftlichen Forschens und Denkens gerade in den Hauptpunkten keine letzte Geltung beanspruchen können.

Für das praktische Leben des nicht eigentlich schöpferischen Durchschnittsmenschen gibt es erst recht keine Möglichkeit einer generellen Über- und Unterordnung einzelner höherer Wertgebiete im Verhältnis zu anderen. Da hat stets die persönliche Entscheidung nach Maßgabe der jeweiligen Umstände das letzte Wort. Ob ich den heutigen Nachmittag am Schreibtisch sitzen werde, um meine Arbeit dem Abschluß näherzubringen oder mich einem Kranken widmen soll, der sich nach einer Aussprache sehnt, oder mir den Besuch einer Kunstausstellung leiste, wird etwa davon abhängen, ob der Termin für meine Arbeit drängt. Eilt es damit nicht allzusehr und kann ich jenen Kranken ebensogut morgen besuchen, liegt mir aber gerade diese Ausstellung besonders am Herzen, so werde ich sie wahrscheinlich vorziehen, während dagegen der Gedanke, daß es für den Krankenbesuch am nächsten Tage zu spät sein könnte, den Kunstgenuß gar nicht erst ernstlich in Betracht ziehen läßt. Neben den mancherlei äußeren Umständen ist an solchen Entscheidungen aber auch die Eigenart der Persönlichkeit mit beteiligt, und zwar nicht nur tatsächlich, sondern auch mit Recht. Das will besagen, daß die Lebensführung keineswegs bis in die letzten kleinen Verästelungen allgemeinen sittlichen Normen unterliegt, daß hier vielmehr ethisch nicht unbedingt vergleichbare individuelle Motive jeweils den Ausschlag geben dürften und dürfen.

So sehr Kerlers Ausdehnung der sittlichen Einstellung auf nahezu jeden Augenblick des Lebens über das Ziel hinausschießt, so sehr bleibt andererseits die grundsätzliche Degradierung und zeitweilige völlige Suspendierung des sittlichen Verhaltens zugunsten mystischen Erlebens, wie Port sie vornimmt, unter dem, was die Bedeutung des sittlichen Wertes an Anerkennung fordert. Dem Phänomen der Pflicht in einem noch auf reale Verhältnisse beziehbaren, nicht übersteigerten Sinne, zugleich doch mit dem vollen ihm gebührenden Ernst und Gewicht, werden beide Denker kaum gerecht. Wie der Sinn des Lebens nicht mit Kerler ausschließlich in der Sittlichkeit, so ist deren Wesen wie gesagt auch keineswegs durchaus im Gegensatz zum Glücksverlangen zu sehen. Die ganz einseitige Verabsolutierung des sittlichen Wertes bei Kerler ist von Port rückgängig gemacht, nicht aber die Auffassung des Sittlichen überhaupt korrigiert und auch sein Rang nicht befriedigend bestimmt worden. Das Wesen des Sittlichen liegt nicht unbedingt in der Abkehr vom Glücksstreben, in der Wendung gegen das eigene Wohl, und dem Rang nach steht der sittliche Wert andererseits nicht unter den musisch-mystischen Werten. Das Sittliche wird von Kerler überschätzt, von Port teilweise unterschätzt, von beiden verzeichnet. Von einer Überschätzung muß man freilich auch bei Schweitzer sprechen, und eine nicht unerhebliche Verzeichnung findet bei ihm ebenfalls statt, jedoch nicht ganz in demselben Maße. Auch Schweitzer hat zwar das Sittliche weder dem Inhalt noch dem Umfang nach befriedigend bestimmt. Die extreme Erweiterung der sittlichen Verpflichtung auf das Sorgen für alles in unseren Gesichtskreis tretende Leben, so unmöglich es ist, wird aber gegenüber der äußersten Verengung auf die Selbstlosigkeit um ihrer selbst willen bei Port, praktisch gesehen, vielleicht immer noch einen geringfügigen Vorzug verdienen.

Der schwerste Mangel nämlich in der Kerler-Portschen Theorie des Sittlichen liegt eben in dem überaus abstrakten, lebensfernen, weltfremden Begriff des Sittlichen. Dieses wird bei Kerler zum Selbstzweck, indem der Subjektwert der selbstlosen Hingabe in den Dienst objektiver Werte, der Kulturwerte, tritt, bei Port zum Selbstzweck schlechthin, dergestalt, daß der Subjektwert des Sittlichen als der höhere überhaupt nicht in ein Dienstverhältnis zu den objektiven Kulturwerten treten kann[215]. Das Quellgebiet des Sittlichen, der Umstand, daß die Sittlichkeit ursprünglich dem Zusammenleben von Menschen dient, daß sie also doch zunächst einmal — daran wird den Wertidealisten wie auch Schweitzer gegenüber festzuhalten sein — einen bestimmten gesellschaftlichen Zweck erfüllt, daß der sittlich Handelnde es vor allem mit Menschen zu tun hat, scheint hier völlig vergessen zu sein. Der sich sittlich Verhaltende, wie Kerler ihn sieht, gibt sich dem intellektuellen oder ästhetischen Wert hin oder er arbeitet an seiner eigenen persönlichen Kultur; die Mitmenschen

[215] Daß der Subjektwert des Sittlichen im Gegensatz zu dem rein subjektiven Glückswert von Port als objektiv bezeichnet wird, ist ein weiteres Beispiel für die schon früher festgestellte Unzulänglichkeit der hier gebrauchten Terminologie.

spielen demgegenüber nur eine sehr untergeordnete Rolle. Dabei ist die These, daß ich, »sofern meine Fähigkeiten ausreichen«, »ästhetische, wissenschaftliche oder persönliche Kultur« »vor allen Dingen« »in mir selbst« »zum Dasein zu bringen«, mich also »zuerst um meine eigene Vollkommenheit zu bemühen habe[216], sicherlich nicht falsch, sie erscheint nur als überaus einseitig. Wirklich befremdlich wirkt es dann aber, wenn Kerler weiterhin erklärt: »Ich darf mich« »nicht einem anderen zu lieb in Lebensgefahr bringen, vielmehr soll ich unter Umständen blutenden Herzens seinen Tod mit ansehen. Anders selbstverständlich, wenn ich klar sehe, daß der Wert, dem ich mich selbstlos weihe, von dem anderen vollkommener und in gleicher Selbstlosigkeit realisiert wird.«[217] Wenn nur — wird man einwenden müssen — die Situation der Lebensgefahr uns immer die für eine gründliche psychologisch-charakterologische Untersuchung erforderliche Zeit ließe[218]! »Bringt mich«, sagt Kerler, »redlichste Selbstprüfung zu der Überzeugung, daß ich hohe Aufgaben zu vollbringen habe, dann darf ich mein Leben nicht wegen eines beliebigen Nächsten, den ich gar nicht kenne, wegwerfen.«[219] Zeigt sich hier nicht mit unüberbietbarer Deutlichkeit, daß Kerlers Ethik die Selbstdarstellung des auf sich gestellten, nur an sein Werk hingegebenen geistig produktiven Menschen ist, aber nicht eine Anweisung für den Durchschnitt der Angehörigen menschlicher Gemeinschaften, daß sie sich also auf einen kleinen Teil, nicht das Ganze, auf eine Ausnahme, nicht die Regel bezieht? Nicht, daß der philosophischen Ethik das Recht zu bestreiten wäre, das aufgeworfene Problem zu erörtern und auch einmal von dieser Seite aus zu beleuchten; das ist sogar durchaus angebracht und verdienstvoll. Kerlers Stellungnahme erscheint jedoch außerordentlich fragwürdig. Sowenig etwa ein Mensch, der sich mutwillig in Lebensgefahr begeben hat, einen Anspruch darauf besitzt, daß seinetwegen ein anderer sein Leben aufs Spiel setzt, so sehr pflegen wir die spontane, ohne viel Überlegung unternommene Lebensrettung unter Einsatz des eigenen Lebens in den meisten Fällen nicht nur zu billigen, sondern sogar aufs höchste zu rühmen. Die Forderung, im Augenblick der Lebensgefahr über den Wert des gegebenenfalls zu Rettenden zu reflektieren, wirkt nicht nur in groteskem Maße weltfremd, sondern sie ist der Situation offenbar sachlich überhaupt unangemessen. Die Einseitigkeit und Unzulänglichkeit einer Ethik der ausschließlich impersonalistischen Hingabe an Werte ist an dem angeführten Beispiel mit Händen zu greifen, und wenn Kerler allgemein erklärt: »In keiner Weise besteht eine absolute

---

216 *Kerler:* OP S. 79.
217 ebd.
218 Vgl. eine einschlägige Feststellung von *Konrad Lorenz* (Böse, S. 359): Würde der Mann, der einem ins Wasser gefallenen Kinde nachspringt und es rettet, wirklich erst Kant gemäß geprüft haben, ob die Maxime seines Handelns zum allgemeinen Gesetz erhoben werden könne, »so wäre das Kindchen längst tief versunken gewesen«.
219 *Kerler:* OP S. 80.

Pflicht, dem Nächsten in der Not zu helfen«[220], so ist damit an dieser Stelle der denkbar äußerste Gegensatz zu Schweitzer erreicht. Sehr richtig bemerkt wiederum *H. Schiller*, daß der Ethiker seinen Gegenstand, den sittlich handelnden Menschen, nicht »aus der konkreten mitmenschlichen Situation lösen« dürfe[221]. »Der Kerlersche Mensch, der alles seinem Kulturideal zum Opfer bringt, mag groß, heroisch, bewundernswert sein, ein eigentlich *guter* Mensch ist er nicht.«[222] — »Ein sittlicher Mensch und ein guter Mensch sind« nicht »dasselbe«[223], »›gut‹ dürfen wir uns nur nennen in bezug auf unser Verhalten anderen Personen oder Gemeinschaften gegenüber.«[224] Mit dieser Unterscheidung zwischen sittlich und gut, die sich nicht ganz von selbst verstehen dürfte[225] und von Schweitzer kaum gebilligt werden würde, für die aber doch manches spricht, ist jedenfalls der richtigen Einsicht Ausdruck gegeben, daß die Ethik des Wertidealismus, dessen System der Werte eine Stelle für den vollen Wert sozialen Handelns eigentlich nicht erkennen läßt, von vornherein auf Abwege geraten, in der Tat abwegig und daß eine entschiedene Rückwendung zum Verhalten von Mensch zu Mensch erforderlich ist.

Nun wollen jedoch Kerler und Port von allem, was etwa nach Altruismus und Sozialeudämonismus aussieht, ganz und gar nichts wissen. Diese Theorien werden von der wertidealistischen Grundlage aus als durchaus inferior und verfehlt beurteilt, als »eine ethische Naivität«, wie beide übereinstimmend wörtlich erklären[226], ja, eine ihnen entsprechende Gesinnung und Handlungsweise wird geradezu als unsittlich gebrandmarkt.[227] Indessen, so indiskutabel der Eudämonismus und der Altruismus als erschöpfende Antworten auf die Frage nach dem Wesen des Sittlichen im Sinne einer exklusiven Theorie zweifellos sind, als Hilfskonstruktionen für die sittliche Praxis wird dem Altruismus ein gewisses Recht nicht abzusprechen sein, weil eben die allermeisten geneigt sind, allzu einseitig an ihre eigenen Belange zu denken und insofern eines Gegengewichts bedürfen. Und wenn das Erstreben von Glück für andere immerhin *ein,* wenn auch gewiß nicht das einzige Ziel des sittlichen Handelns bildet, so läßt sich im Sozialeudämonismus über die erwähnte Bedeutung des Glücks als eines Hilfswertes hinaus sogar eine gültige Teilantwort sehen. Es kann ja keine Frage sein, daß das Wirken zum Wohle anderer wertmäßig völlig anders zu beurteilen ist als das Erstreben eigenen Glücks. Diesen Gesichtspunkt wird keine ethische Theo-

---

[220] *Kerler:* WW S. 199.
[221] *Schiller:* Probleme, S. 457.
[222] S. 458.
[223] Probleme (Schluß), S. 18.
[224] ebd.
[225] Den weiteren Sinn des »Guten«, der sich mit dem Begriff des Sittlichen deckt, vertritt z. B. auch *H. Reiner:* Gut, »Gut« ist danach der handelnde Einsatz für jeden »objektiv bedeutsamen Wert« (S. 22).
[226] *Kerler:* OP S. II. *Port:* Idealist, S. 231.
[227] *Port:* Kerler, S. 122.

rie entbehren können. Schweitzer, der dem »Sozialutilitarismus« selbst durchaus kritisch gegenübersteht, bringt ihn doch insofern zur Geltung, als ihm die Sittlichkeit so weit geht wie die Humanität, »das heißt die Rücksicht auf die Existenz und das Glück des einzelnen Menschenwesens«[228], mit dem ich es jeweils zu tun habe, eine Auffassung, die in dieser allgemeinen Form zwar durchaus anfechtbar, in der aber eben doch eine Teilwahrheit nicht zu verkennen ist und die der Wahrheit jedenfalls sehr viel näher kommt als die geradezu verblendete impersonalistische These Kerlers: »Wenn ich einer Person etwas zu leid tue, was geht das diese Person an?«[229] Und wenn Port, hier einmal nicht ganz so radikal, behauptet: »Menschendienst kann nicht die höchste Aufgabe des Menschen sein«[230], so wird man diesen Satz unter Beachtung der hervorgehobenen wertphilosophischen Erkenntnis dieses Denkers, die uns nicht wieder abhanden kommen darf, in der Weise zu berichtigen haben, daß wir sagen: Menschendienst kann sehr wohl und wird sogar in der Regel, braucht aber nicht immer und unbedingt die höchste Aufgabe des Menschen zu sein. Auch der Wertidealismus leugnet allerdings nicht auf der ganzen Linie die Verpflichtung, sich gegebenenfalls um andere Menschen zu kümmern. Namentlich der spätere Port gibt zu, daß »es in gewissem Sinne meine sittliche Aufgabe« ist, »für das Wohl anderer zu sorgen«[231]. Ja, er spricht sogar davon, daß »ich sehr wohl von der sittlichen Aufgabe begeistert sein kann, den Armen, Unterdrückten und Kranken unter Mensch und Tier zu helfen, wo ich kann«[232], und er geißelt »die zivile Feigheit und unmenschliche Nichtbereitschaft, in schwerer Not zu helfen«[233]. Aber zentrale Bedeutung erlangt diese primäre Seite des sittlichen Lebens auch bei ihm nicht, und bei Kerler tritt sie, wie dargelegt, ganz zurück. Umgekehrt möchte man meinen, daß, so unentbehrlich für die Ethik die Ausrichtung an Werten ist und so sehr auch den nichtsittlichen Hochwerten volle Anerkennung gebührt, ja, so sehr ihnen die fast ausschließliche Hingabe einzelner von ihnen in besonderem Maße Besessener zukommt, die nächstliegende und vordringlichste Aufgabe des Menschen doch im allgemeinen mit Schweitzer im unmittelbaren Dienst an Menschen gesehen werden muß. Es gibt eben immer wieder Situationen, in denen das Erleben musisch-mystischer Werte nicht in Erwägung gezogen werden kann, gar nicht erst in Betracht kommt, überhaupt nicht ernsthaft zur Wahl steht, weil sich das Übergewicht der praktisch-humanitären Forderung als einer allem anderem vorgehenden Notwendigkeit aufdrängt.[234]

[228] KE S. 257.
[229] *Kerler:* OP S. 61.
[230] *Port:* Gute, S. 234.
[231] *Port:* Idealist, S. 231.
[232] *Port:* Liebe, S. 25.
[233] *Port:* Idealist, S. 229.
[234] Es sei hier noch einmal auf die früher erwähnten von *H. Reiner* gefundenen »Wertvorzugsprinzipien« und auf den Umstand hingewiesen, daß sein Prinzip der Wert-

Und nicht nur in Fällen eigentlicher Not verhält es sich so. Auch sonst sind wir offenbar vielfach nicht berechtigt, die geistigen Werte bei unserem Handeln ohne weiteres vorzuziehen. Das größte Anliegen ist nicht immer auch das dringlichste. Nur zu oft müssen wir ja dem höchsten Streben und tiefsten Erleben den Abschied geben, sobald irgendeine prosaische Berufspflicht ruft. Erst recht nicht selbstverständlich und unangefochten aber ist nun eben die Vorzugsstellung der musisch-mystischen Werte gegenüber den großen Aufgaben des humanitären Handelns. Wenn bei der Wahl zwischen einem mystischen Leben der Einsamkeit und Dichtung einerseits und der sittlichen Aufopferung für ein Werk als Selbstzweck andererseits Port meint, sich für jenes entscheiden zu müssen, so steht dieser Entscheidung nicht nur die persönliche Entscheidung Schweitzers selbst entgegen, sondern auch deren Schätzung im Bewußtsein der sittlich aufgeschlossenen Menschheit der Gegenwart. Und über die Gesichtspunkte der praktischen Dringlichkeit, der humanitären Hilfeleistung in Notlagen und der nüchternen Erledigung von Aufgaben in Erfüllung einer beruflichen oder rechtlichen Pflicht hinaus, die ja an sich auf einer anderen Ebene liegen als das eigentliche Problem der Rangordnung der Werte, fanden wir an Schweitzers Ethik gerade dies besonders beachtlich, daß sie auf eine Haltung drängt, die als Ergänzung zu der Vorherrschaft einzelner Fähigkeiten und spezialisierter Funktionen die Menschlichkeit als solche auslebt, das unmittelbare Menschentum als Gesamteinstellung im Verhältnis von Mensch zu Mensch betätigt und daß sie dies jedem anderen Tun überordnet, nicht nur wegen ihrer Dringlichkeit im einzelnen Fall, sondern nun doch wohl auch unter dem Gesichtspunkt des Ranges dieser Haltung überhaupt. In dieser Beziehung bilden, bei aller Unvollkommenheit der Schweitzerschen Ethik im übrigen, die Gedanken, die im Begriff des »Nebenamtes« zusammenlaufen, ein Motiv, bildet aber vor allem auch sein eigenes Lebenswerk ein sittliches Dokument, das für alle zukünftige Ethik unverlierbare Bedeutung besitzt. Wenn Kerler in der Isolierung der möglichen sittlichen Aufgaben,

---

dringlichkeit ein verbesserter Ausdruck für das ist, was N. Hartmann im Unterschied von der Werthöhe (Scheler) die Wertstärke nennt. Aus dem Umstand, daß der stärkere Wert allemal der niedrigere ist, folgt ohne weiteres, daß die Berücksichtigung der Werthöhen für die Ethik nicht genügen kann. Aber auch die Hinzunahme der Wertdringlichkeit allein erweist sich als nicht ausreichend. Die Herausarbeitung der verschiedenen — im ganzen elf — Wertvorzugsprinzipien (Reiner: Pflicht, S. 168—176) bedeutet einen der größten Fortschritte in der neueren Ethik.

Eine Musterung dieser abstrakten Wertvorzugsprinzipien kann übrigens ausgezeichnet zur theoretischen Begründung und Rechtfertigung der konkreten Lebensentscheidung und -führung Albert Schweitzers dienen (z. B. das achte: Wo das Angebot von Menschen, die zur Erfüllung einer sittlichen Aufgabe bereit sind, »im Verhältnis zum Bedarf geringer ist, da entsteht im Vergleich zu anderen Aufgaben, für die verhältnismäßig mehr Menschen zur Verfügung stehen, ein einsichtiger Sollens-Vorzug«, und das neunte, das sich auf »die persönlichen Fähigkeiten und Mittel des« »zur Entscheidung Aufgerufenen« bezieht). Umgekehrt läßt ein Vergleich dieser Erkenntnisse mit Schweitzers ethischem Grundprinzip aber auch dessen Unzulänglichkeit besonders deutlich werden.

je nachdem, welchen Objektwert das jeweilige Subjekt bevorzugt, so weit geht, daß ihm die Einstellung des Denkers, des theoretischen Menschen, der nur erkennen will, als unter Umständen unvereinbar mit den Forderungen »persönlicher Kultur« erscheint, so mag sich eine derartige Sicht für seltene Grenzfälle einmal nahelegen, im ganzen dürfte ihr die von Schweitzer befürwortete allgemeinmenschliche Betätigung neben dem beruflichen Wirken wie überhaupt die Synthese von Persönlichkeitsentfaltung und sozialer Aufgabenerfüllung eindeutig überlegen sein.

Wenn dem Wertidealismus vorzuwerfen war, daß er den primär sozialen Charakter des Sittlichen verkennt, so muß ihm indessen auch hier in einem Punkte recht gegeben werden, was nämlich die Ablehnung der Nächsten*liebe* angeht. Diese ist nach Kerler »keine Tugend«[235], sondern als »völlig eroslos« »etwas ganz Erbärmliches«[236], wobei er sich auf Blühers Wesensbestimmung beruft, Liebe sei »Bejahung des Menschen, abgesehen von seinem Wert«. Es ist jedoch darauf hinzuweisen, daß die in der wahllosen Nächstenliebe liegende »Wendung gegen den Wert«[237], sofern dadurch unter Umständen Minderwertige gefördert werden, auf dem Boden des aktiven Mitleids nicht weniger gegeben und bei keiner Betätigung sozialer Hilfsbereitschaft vermeidbar ist. Mit dieser Begründung die Nächstenliebe zu verwerfen, ist also nicht erlaubt. Erbarmen ist alles andere als erbärmlich, es ist das Gegenteil, es gehört zum Großartigsten und Schönsten, was wir kennen, und bildet eines der grundlegenden und unabdingbaren Merkmale der Begriffe Menschheit und Menschlichkeit. Als viel wichtiger und vor allem richtig ist dagegen hervorzuheben, daß der Begriff Liebe für das Verhältnis des Menschen zu den Mitmenschen im allgemeinen überhaupt unangebracht erscheint, daß hier vielmehr, wie Port sagt, »mit dem Wort ›Liebe‹« »Unfug getrieben« wird. Man kann »vielleicht nur einen Menschen wirklich lieben, unter Umständen ein paar, aber keine Millionen«[238]. — »Der Idealist fühlt sich mit *allen* Menschen *und Tieren kameradschaftlich* verbunden, er freut sich mit ihnen, er leidet mit ihnen, er will ihnen helfen. Dann *verehrt* er *die Guten* und ist von ihnen *begeistert.*« — »Er ist *Freund* einiger weniger Naher und Bewährter. *Lieben* jedoch kann er nur seine Allernächsten.«[239] Dabei wird nun freilich das kameradschaftliche Verhältnis zu den Tieren auf die höheren eingeschränkt werden müssen, während man umgekehrt hinsichtlich der Mitmenschen über die erotische und die verwandtschaftliche Beziehung hinaus in seltenen Fällen besonders hoher Wertschätzung und tieferer Zuneigung auch einmal von Liebe in bezug auf andere als nur »seine Allernächsten« sprechen mag. Im übrigen aber bedeutet die angeführte Klimax im großen und ganzen eine außer-

---

[235] *Kerler:* OP S. 55.
[236] *Kerler:* WW S. 201.
[237] *Port:* System, 1961, S. 44.
[238] *Port:* Reformation, S. 487.
[239] S. 488.

ordentlich einleuchtende und sehr notwendige Klarstellung der Sachlage und des Sprachgebrauchs, die keineswegs eine bloße Äußerlichkeit oder Nebensächlichkeit betrifft und jedenfalls voll und ganz dem im dritten Kapitel dieses Buches eingenommenen Standpunkt entspricht.

Wie die Nächstenliebe, so wird auch die Forderung der Vergebung von Schweitzer und dem Wertidealismus recht verschieden beurteilt. Schweitzer denkt in diesem Punkte, hier wohl wirklich im Banne der Ethik Jesu stehend, sehr rigoros: »Ich muß grenzenloses Verzeihen üben, weil ich im Nichtverzeihen unwahrhaftig gegen mich selbst würde, indem ich damit täte, als wäre ich nicht in derselben Weise schuldig, wie der andere mir gegenüber schuldig geworden ist.«[240] Die angeführte Begründung ist freilich überzeugend nur hinsichtlich einer etwaigen göttlichen Vergebung; davon abgelöst, wie bei Schweitzer, offensichtlich unzutreffend. Ich brauche keineswegs in derselben Weise schuldig geworden zu sein wie der andere, kann selbst sogar ein recht gutes oder doch verhältnismäßig gutes Gewissen besitzen. Von seiner impersonalistischen Einstellung aus nimmt allerdings auch der Wertidealismus eine persönliche Beeinträchtigung nicht allzu ernst. Hier muß nochmals der anstößige Satz Kerlers, jetzt vollständig, angeführt werden: »Wenn ich einer Person etwas zu leid tue, was geht das diese Person an? Nur das Ideal geht es etwas an.« – »Das Ideal« aber »vergibt nicht.«[241] Port hält die menschliche Vergebung zwar für selbstverständlich, zugleich aber für »ganz substanzlos«. »Es handelt sich ethisch nicht darum, daß ich einem anderen vergebe, was er mir angetan, sondern daß ich ihn zu bessern versuche, und wenn das nicht gelingt, eine Fortsetzung seines wertwidrigen Verhaltens auch mit Machtanwendung unterbinde.«[242] Hier wird deutlich, wie sehr die wertidealistische Haltung in dieser Frage, auf das Entscheidende gesehen, der Schweitzerschen entgegengesetzt ist; denn Schweitzer fährt an der angeführten Stelle fort: »Ich verzeihe überhaupt nicht, ich lasse es schon gar nicht zum Richten kommen.«[243] Der Wertidealist denkt gar nicht daran, auf das Richten, auf die sittliche Bewertung zu verzichten, und ist damit gewiß im Recht, wenngleich die jedesmalige Unterbindung des wertwidrigen Verhaltens, wohl gar »mit Machtanwendung«, sich vom Boden der Wirklichkeit wiederum ebensoweit entfernt wie die Zurückweisung des Richtens überhaupt durch Schweitzer.

Richten, d. i. Menschen nach sittlichen Maßstäben zu beurteilen, ist unerläßlich, sowohl um sich in der Umwelt zu orientieren als auch zur Übung und Schärfung der sittlichen Urteilskraft. Wohl soll man nicht kleinlich, übermäßig streng oder gar gehässig richten, sondern die Umstände berücksichtigen und nach Möglichkeit von einer höheren Warte

---

240 KE S. 245.
241 *Kerler:* OP S. 61.
242 *Port:* Bedeutung, 2. Folge, S. 40.
243 KE S. 246.

aus urteilen, dann wird vieles verständlicher und manches in einem milderen Lichte erscheinen. Aber nicht immer alles; auch das Nichtverzeihen kann ein echtes sittliches Interesse wahrnehmen. Allerdings sollte ein einzelner Vorfall nicht wichtiger genommen werden, als er es verdient, und gewiß dürfen wir nicht unversöhnlich sein, wenn der andere seinen Fehler einsieht und bedauert. Wo dies jedoch nicht der Fall ist, können Tatbestände übrigbleiben, die ohne die Wertordnung zu verletzen, nicht zu verzeihen sind, weder einem anderen gegenüber noch uns selbst. Hier vermag nur die Einsicht in die Notwendigkeit alles Geschehens, auch des menschlichen Wollens und Handelns, die sittliche Verurteilung zwar nicht zu widerrufen, aber zu überwinden, nicht durch Verzicht auf das Richten und durch die Ausübung grenzenlosen Verzeihens, sondern dadurch, daß man sich über das einzelne Vorkommnis erhebt und es einordnet in den Gesamtzusammenhang. Ich brauche also, wenn mir Unrecht getan wurde, nicht unbedingt, wie Port es will, den anderen im Namen des Wertes zu korrigieren, andererseits aber auch nicht auf jede Wertung zu verzichten oder mir gar sagen, daß ich, wie Schweitzer meint, in derselben Weise schuldig bin. Wohl aber muß ich mir bewußt sein, daß es, wenn ich nicht oder nicht im gleichen Maße schuldig geworden bin, letztlich nicht mein ureigenes Verdienst ist, sondern daß das schicksalhafte Gewebe der Ursachen mich in eine äußerlich oder innerlich günstigere Situation gestellt hat. So gesehen wird das Verzeihen aus einer Sache krampfhaften Willens, bei dem mein Ich nicht völlig mitmacht, zu einer mehr oder weniger selbstverständlichen Sache des weiteren Blicks und der tieferen Einsicht.

Daß der Wertidealismus Schweitzers ethischen Zentralbegriff der Ehrfurcht vor dem Leben ablehnt, ist nach allem beinahe selbstverständlich. Port bringt seine Kritik auch in diesem Punkte auf einen sehr einleuchtenden Ausdruck, den man sich mit wenigen, in diesem Zusammenhang nicht entscheidenden Abweichungen durchaus zu eigen machen kann: Der Wertidealist »hat keine Ehrfurcht wie Albert Schweitzer vor *allem* Leben, er hilft Vögeln und Igeln, aber er tötet die Engerlinge, Maikäfer, Raupen und Läuse, die ihm seine Edelpflanzen fressen, nicht gerne, voll Widerwillen gegen jeden Mord, aber er weiß, daß ohne ihn sein Garten nicht zu gedeihen vermag und daß deshalb die Schuld an diesem Mord nicht auf ihn, den Gärtner, fällt, sondern auf die verpfuschte Welteinrichtung, auf Gott oder die Gottnatur«. (Sachlich vorzuziehen wäre hier wohl, ohne metaphysischen oder religionsphilosophischen Bezug einfach neutral zu sagen: auf die mangelhafte Beschaffenheit der Welt.) »Wer aber ein Haus baut, der baut es nicht *für*, sondern *gegen* die Gottnatur« (sagen wir wiederum lieber schlicht und einfach: gegen die Natur), »er trotzt es ihr ab, er schützt sich und sein Werk vor ihren Mächten und ihrer Willkür« (sagen wir: ihrem blinden Walten), »und wenn er das Haus nach den Naturgesetzen und in gewissem Sinne auch nach den Lebensgesetzen baut, so tut er dies nicht, weil er diese anbetet«, »sondern weil er den Geist besitzt, sie der Natur, der großen Feindin, zu rauben und seinen Zwecken und damit den Zwecken der Werte, die er vertritt und schafft, dienstbar zu machen.«[244] (Dabei wäre noch einmal anzumerken, daß die Natur dem Menschen Feindin und Freundin zugleich ist, auch Freundin, Gönnerin, weil er ja von ihr nicht nur das Material zu seinem Hausbau nimmt, sondern letztlich auch die Intelligenz empfangen hat, die ihn befähigt, zu bauen und sich ihrer feindlichen Einwirkungen zu erwehren.) Begegnet sich diese letzte kritische Anmerkung zu Ports Stellungnahme in der Berücksichtigung der zwiespältigen Beschaffenheit der Welt mit einem Grundgedanken Schweitzers, so muß es doch bei der uns vom Wertidealismus bestätigten Einsicht bleiben, daß die Ehrfurcht vor dem Leben als ethischer Zentralbegriff unbrauchbar ist.

Von diesem Prinzip aus ist es Schweitzer auch unmöglich, einem so bedeutenden Sachverhalt gerechtzuwerden wie dem, daß die Menschheit nicht als eine undifferenzierte Masse existiert, sondern sich in unterschiedliche Lebensformen, die Rassen, gliedert. Es ist zwar unverkennbar, daß so, wie die Höhenunterschiede auf der Erdoberfläche langsam und unmerklich, aber unaufhörlich der Nivellierung entgegengehen und wie ebenso, soziologisch gesehen, eine nicht wieder aufhebbare Einebnung der Stände und Klassen, sowohl ihrer Vielheit als auch ihrer Bedeutung, ihrem Gewicht nach, stattfindet, so auch die natürlichen Unterschiede innerhalb des Menschengeschlechts infolge der zunehmenden allgemeinen Kommunikation immer mehr verwischt werden. Aber was für große Zeiträume als unaufhaltsam erscheint, das braucht durchaus nicht auch noch willkommen geheißen und bewußt gefördert zu werden. Wenn wenigstens ein Teil der Menschheit sich noch auf längere Zeit relativ, d. h. wenigstens hinsichtlich der großen verschiedenfarbigen Rassen einigermaßen unvermischt erhalten würde, so wäre das im Gegenteil im Interesse der Eigenart und Mannigfaltigkeit außerordentlich wertvoll, während die Aufhebung der Differenzierung zu einer großen Verarmung führen muß. Seit jedoch alles, was mit Rasse zu tun hat, durch die unfaßbar entsetzlichen Schandtaten des Rassenwahns und -fanatismus so sehr in Mißkredit und geradezu in Verruf gebracht worden ist, daß auch nur der Begriff heute kaum genannt werden kann, ohne daß sich Widerspruch erhebt, ist es schwer, ein Wort für dieses Anliegen vorzubringen. Über die nicht genug zu begrüßende Praktizierung der Solidarität verschiedenrassiger Völker im Rahmen der Entwicklungshilfe hinaus scheinen heute manche der Meinung zu sein, im Zeichen der Humanität auch mit dem Gedanken der Rassenintegration im Sinne einer allgemeinen Vermischung sympathisieren zu dürfen oder gar praktisch ernstmachen zu sollen.

In dieser Lage ist es schon ein Ereignis, daß ein Denker wie Kurt Port sich klar und entschieden für die Trennung der Rassen und gegen ihre

---

[244] *Port:* Idealist, S. 224 f.

Verschmelzung ausspricht, und er sagt auch hier mutig manches Beachtliche[245]. Bedauerlich ist nur, daß im Gegensatz zu der erwähnten heute gelegentlich zu beobachtenden Neigung, das Interesse für die Entwicklungshilfe auf die Rassenintegration auszudehnen, Port nun umgekehrt mit der Rassenverschmelzung auch die Entwicklungshilfe verwirft, solange das eigene Volk »kulturelle Entwicklungshilfe noch durchaus nötig hat«[246], als ob jene unter bitterer Not leidenden Völker warten könnten, bis bei uns ein in jeder Hinsicht befriedigender Zustand erreicht sein wird! Die Entwicklungshilfe ist doch im Gegenteil nicht nur praktisch unerhört wichtig und unaufschiebbar, sie dürfte, sofern sie über das geschäftliche Interesse des gebenden Teils hinausgeht und den anderen wirklich uneigennützig zu dienen bestrebt ist, überhaupt zum Erfreulichsten und Verheißungsvollsten gehören, was die Gegenwart erkennen läßt. Kritik fordert außerdem und vor allem Ports Grundansicht heraus, nach der die Lebenswürdigkeit der Völker und Rassen sich nach ihrem Kulturwert bemißt, ihre Bedeutung also eigentlich nur darin liegt, Instrumente der Wertverwirklichung zu sein. Die Zielsetzung, »daß jedes Volk so viel Lebensraum, nicht nur geographisch, sondern in jedem Sinne, erhält und erringt, als es durch seine im strengen Sinne geistige Veranlagung und Leistung verdient«[247], entfernt sich offensichtlich allzusehr von der Dynamik geschichtlicher Wirklichkeit. Die Bedeutung einer Menschengruppe für die Kultur zum Maßstab ihres Daseinsrechtes und damit ihrer Förderung zu machen, ist aber nicht nur unrealistisch, sondern namentlich auch unter geistigem und insbesondere ethischem Aspekt abzulehnen. Leben wollen alle und sollen alle; nicht die Leistungsfähigkeit einer Rasse, sondern ihr Dasein in seiner Eigenart, mit anderen Worten: der vorhandene ästhetische Wert ihrer Naturbeschaffenheit, nicht der potentielle Wert ihrer kulturellen Leistung verlangt Anerkennung und verdient Schutz: Schutz zu allererst vor der Gefahr des qualitativen Substanzverlustes infolge Vermischung mit fremden Rassen, Hilfe aber auch angesichts der Existenznot der Bevölkerung großer Teile der Erde, die vom Hunger bedroht sind und unter großem Ärztemangel leiden. Erhaltung also der Eigenart jeder Rasse *und* Unterstützung der notleidenden Angehörigen aller Rassen und Völker ist das zweifache Gebot der Stunde. Wir können, was den zweiten Teil der damit bezeichneten Forderung betrifft, nicht wieder hinter Albert Schweitzer zurückgehen.

Zu vermissen ist bei diesem nun aber andererseits wie gesagt jeder Anknüpfungspunkt für eine Erkenntnis der Bedeutung ihres ersten Teiles, der sich auf die rassische Eigenart bezieht. Nicht so sehr, daß er keine fertige Antwort auf die Rassenfrage bereithält, ist Schweitzer zum Vor-

---

245 *Port:* Bewegung, S. 66 f.
246 S. 68.
247 ebd.

wurf zu machen, als vielmehr, daß er diese Frage überhaupt nicht erörtert, daß er hier anscheinend gar kein Problem gesehen hat, d. h. daß er sich für die Erhaltung einzelner Exemplare primitiver Lebewesen einsetzt, uns dagegen nicht sagt, wie der Mensch sich als Gattungswesen zu seiner eigenen Gattung zu verhalten hat, wie er es anstellen soll, die naturbedingte Eigenart und Schönheit der großen menschlichen Gestalttypen, jeder von ihnen mit seinem eigenen Stilgesetz und Ebenmaß, zu bewahren, ohne die dem Menschen als Einzelwesen zukommende sittliche Würde und damit die Gesinnung der Humanität zu beeinträchtigen. Und Schweitzer hat dieses so wichtige Problem nicht nur nicht gesehen und behandelt, sondern sich, indem er die Ehrfurcht vor dem Leben zum Prinzip und Mittelpunkt der Ethik machte, die Möglichkeit einer positiven Würdigung des rassischen Pluralismus und der damit gegebenen Forderung und Aufgabe von vornherein abgeschnitten. Es geht eben nicht nur um die Ehrfurcht vor dem Leben als solchem und allenfalls noch um die Achtung vor der Menschheit als solcher, sondern, was diese betrifft, auch um die Achtung vor ihren großen Lebens*formen*, den Rassen, wenn dem Chaos oder, was auf weite Sicht praktisch dasselbe ist, dem Einheitsmenschen nicht bzw. nicht früher als unvermeidlich die Zukunft gehören soll. Freilich auch umgekehrt: Es bedarf nicht allein der Bewahrung rassischer Eigenart und der Stärkung des Selbstbewußtseins der verschiedenen Rassen, sondern daneben und zugleich einer Haltung, die nicht auf dem Dünkel einer einzigen Rasse, sondern auf der Schätzung der Rassen in ihrer Vielheit und Verschiedenheit beruht und von hier aus sowohl den Bestand der eigenen Rasse zu sichern sucht als auch das Recht der anderen Rassen anerkennt und das Wohl fremdrassiger Menschen zu fördern bereit ist. Zwischen den Angehörigen verschiedener Rassen sollen nicht nur karitative und wirtschaftliche, sondern auch geistige und, wo es Gelegenheit dazu gibt, rein menschliche Beziehungen gepflegt werden können, solange nur eines ausgeschlossen bleibt, das die Rasse selbst zerstören muß, die Geschlechtsgemeinschaft — eine Schranke, die mit Verachtung oder Geringschätzung fremder Rassen nicht das mindeste zu tun hat. Das Vorurteil, daß Rasse ein Begriff ist, der nur auf der Grundlage der unbewußten primitiven oder der bewußten modern-raffinierten Barbarei des politischen Fanatismus eine Rolle spielen könnte, sollte der Einsicht weichen, daß Rasse und Humanität, so schwer es in manchen Fällen ist, ein harmonisches Verhältnis zwischen ihren Interessen herzustellen, grundsätzlich einander keinen Abbruch zu tun brauchen, daß im Gegenteil die Menschheit in der Vielfalt der Rassen einen unschätzbaren Reichtum besitzt, wie umgekehrt deren menschenwürdiges Neben- und Miteinanderleben menschliche Gesinnung und Gesittung jedes einzelnen voraussetzt und fordert. Humanität ist Vielheit in der Einheit und Einheit in der Vielheit, beides.

Weder die Forderung des Dienstes am Leben überhaupt bei Schweitzer noch die einseitige Ausrichtung am Wert der kulturellen Leistung bei

Port vermag der Existenz der Rassen in ihrer vollen Bedeutung gerecht zu werden. Dort ist das Netz des Denkens zu weitmaschig, hier umgekehrt zu eng. Während Schweitzer zur Rassenfrage nichts zu sagen hat, ist Ports Stellungnahme zu ihr teils sehr zu begrüßen, teils entschieden abzulehnen. Nur die Erkenntnis, daß die Begriffe Rasse und Humanität beide hochbedeutsame Güter bezeichnen, an denen ein schwerwiegendes ästhetisches Interesse besteht, und die zugleich eine eminent wichtige sittliche, praktisch-soziale Forderung enthalten, ist diesem unseligen und doch ganz unausweichlichen Problem angemessen.

VI. Impersonalistischer Wertidealismus und personalistisch aufgelockerter Idealismus im einzelnen

Unter dem Gesichtspunkt des Verhältnisses von Sein und Wert, Leben und Geist, personaler und idealer Sphäre, der sich mehr oder weniger deutlich durch alle Erörterungen dieses Kapitels hindurchzog, seien hier noch einige abschließende Betrachtungen angestellt, zunächst zum Verhältnis von philosophischem Denken und persönlichem Leben, von Theorie und Praxis. Bei Kerler findet sich gelegentlich das Eingeständnis, er habe sich in einer früher vertretenen These geirrt. Was Port betrifft, so wurde bereits erwähnt, daß er einmal eine von ihm ausgeführte scharfsinnige, doch sachlich abwegige Ansicht schon vor der dann in Buchform erfolgten Veröffentlichung zurückgenommen hat, weil, wie er erkannte, in die Begründung ein Fehler eingegangen war. Ja, er scheute sich später nicht, ein Leben im Sinne jener zunächst von ihm eingenommenen ethischen Position »schlechthin verrückt« zu nennen. Das ist die impersonalistische Haltung des Wertidealismus: radikale Entschiedenheit im Dienste der Ideale, hier der Wahrheit, ohne Rücksicht auf das eigene Prestige, was um so mehr anzuerkennen ist, als es sich bei beiden Denkern um sehr originelle und eigenwillige Köpfe handelt. Demgegenüber sahen wir Schweitzer in einem befremdlichen Maße festgelegt auf einmal eingenommene Standpunkte. Ein Abrücken von ihnen ist für ihn nur ganz ausnahmsweise in Frage gekommen. Leben und Denken sind bei ihm in einem viel höheren Grade eine Einheit. Sein Denken folgt aus seinem Leben, und dieses wird dann wiederum zu einer Anwendung der Ergebnisse seines Denkens. Eine These, die nicht aus seiner persönlichen Art und eigenen Erfahrung herausgewachsen wäre, dann aber nicht auch allen seinen weiteren Überlegungen standhielte, eine Anschauung, mit der er sich in seinen Augen zu weit vorgewagt und die dann hätte widerrufen werden müssen, hat es niemals gegeben, sie wäre bei ihm nahezu undenkbar. Selbst Hypothesen, die sich entweder dem kritischen Denken als zweifellos falsch erwiesen haben oder aber durch die Gesamtentwicklung der zuständigen Wissenschaften überholt worden sind, wurden von ihm unbeirrt festgehalten. Diese Hartnäckigkeit, ein nicht geringer Eigensinn – man kann es kaum anders nennen –, auf theoretischem Gebiet zweifellos ein schwerer Nachteil, ist die Kehrseite jener Einheit von Mensch und Werk, Denken und Tun, die ihn als Persönlichkeit so bewundernswert macht. Es gibt keinen größeren Gegensatz dazu als die Einstellung Kerlers, und zwar bleibt dieser nicht etwa wie andere Philosophen und wie ja der Mensch überhaupt im Handeln oftmals hinter der eigenen Überzeugung nur einfach zurück, sondern Kerler verhält sich auch hier ganz grundsätzlich und konsequent, indem er die Kluft zwischen Theorie und Praxis entsprechend der zwischen Geist und Leben bestehenden ausdrücklich bejaht. Nach seiner Ansicht »ist dem Denker die Umsetzung der Erkenntnis in Tat gänzlich äußerlich und wesenlos«[248]. Als der vollendete Antipode Schweitzers erweist er sich, wenn er einmal (an Port) schreibt: »Es fällt mir nicht ein, nach meiner Ethik zu leben.«[249] Ethik ist ihm Gegenstand philosophischer Bemühung, nicht so sehr dagegen Richtschnur für das praktische Leben, eine Einstellung, die Port mit Recht ungeheuerlich findet[250]. Ihm ist es sicher, »daß bei den *ethischen* Erkenntnissen der praktische Wert hoch über dem theoretischen steht, ganz zu schweigen vom Anwendungswert«[251]. – »Ich soll ja selbst gut sein, es genügt nicht, daß ich nur vom Guten weiß.«[252] Mit dieser Erklärung kommt Port hier offensichtlich Schweitzer einmal viel näher als seinem Lehrer Kerler. Daß allerdings auch Schweitzer seine Ethik nicht in vollem Maße verwirklichen kann, sei in diesem Zusammenhang nicht vergessen, steht aber auf einem anderen Blatt.

Nebenbei sei hier noch kurz eine Eigentümlichkeit des Wertidealismus erwähnt, die in der Bevorzugung des Aktes der Wertrealisierung vor dem realisierten Wert selbst besteht. Der Wertidealismus vertritt nämlich einen sonderbar übersteigerten Aktivismus, »die Überordnung des Strebens, der Bewegung« über »den Wert, auf den die Bewegung ausgeht«[253], eine Einstellung, die sich, obgleich Kerler dies nicht wahrhaben will[254], mit der Lessings berührt oder sogar deckt, wenn dieser in der bekannten »Duplik« die Erforschung der Wahrheit ihrem Besitz vorzieht. So meint Kerler: »Der Impersonalist fordert und billigt natürlich die Werterfüllung. Aber er lebt nicht in ihr. Er lebt nicht in erfüllten Werten – von Gott erfüllten, vom Nächsten erfüllten oder von ihm, dem Impersonalisten, selbst erfüllten –, sondern er lebt im schöpferischen Erfüllen von Werten.«[255] Fast noch extremer äußert sich Port. Seiner

---

248 *Kerler:* Denker, S. 30.
249 *Kerler:* WW S. 287.
250 *Port:* System, 1927, S. 226.
251 S. 225 f.
252 *Port:* Bedeutung (2. Folge), S. 20.
253 *Kerler:* WW S. 204.
254 ebd.
255 S. 286.

Devise, »unsere Aufgabe« sei es, »die uns zugeteilten Werte zu schaffen und nicht«, »bereits vorhandene« »zu betrachten, zu bestaunen, zu bewundern und anzubeten«[256], läßt sich schwerlich zustimmen. Vollendet schöne Lyrik verstehend in sich aufzunehmen und zu genießen, ist offenbar viel wertvoller, als wenn ein nicht dazu Berufener durchaus selber Verse schmieden zu müssen meint. Dies ist freilich wohl auch die Meinung Ports: »Ich schaffe ebenso Werte, wenn ich Gedichte mit wacher Seele lese, als wenn ich sie schreibe.«[257] Aber wozu dann der ganze Gegensatz von Betrachten und Schaffen, zumal uns im Widerspruch zu der soeben angeführten These ausdrücklich gesagt wird, ein Kunstwerk werde in angemessener Haltung (»nicht genossen, sondern«) »bewundert, bestaunt, gewissermaßen angebetet«[258]. Und dennoch soll dem Idealisten »nur an der Verwirklichung des Wertes, nicht am verwirklichten Wert« liegen[259]. Das verstehe, wer kann! Bei aller Schweitzer auszeichnenden rastlosen Tätigkeit ist ihm dieses fast ein wenig snobistisch anmutende, ganz unfruchtbare Ausspielen des Weges gegen dessen Ziel durchaus fremd.

Die Stellungnahme für einen solchen übersteigerten einseitigen Aktivismus brauchte uns hier nicht zu beschäftigen, wenn sie nicht mit schuld daran wäre, daß die Möglichkeit, an die Stelle der Gottesanbetung einerseits, der Ehrfurcht vor dem Leben andererseits in gewissen Grenzen die Verehrung der Wertträger, werteverkörpernder Menschen, treten zu lassen, für den Wertidealismus ausscheidet. Insofern dieser die Hingabe nur auf Werte im strengen, idealen Sinne bezieht und die Hingabe an Wirkliches grundsätzlich verwirft, wird von dem darin liegenden Verdikt auch eine Verehrung der Persönlichkeit betroffen, sei sie noch so eigenartig, reizvoll und bedeutend. Es bleibt auch in dieser Hinsicht bei der erklärten Ablehnung jeder Art von Personalismus. »Gefühle der Ehrfurcht«, meint Kerler, »können nur die Geisteswerte, die Ideale seelischer und geistiger Kultur wachrufen. Nur sie, nicht einmal die Träger solcher Werte, nur *das* Gute, nicht *die* Guten verehren wir.« — »Nichts schlägt dem Impersonalismus so ins Gesicht« wie »Personenkultus und Heldenverehrung.«[260] Indessen ist nicht einzusehen, inwiefern die Verehrung werteverkörpernder Menschen verwerflich sein sollte und mit welchem Recht überhaupt der Wertidealismus dem Leben in erfüllten Werten eine so entschiedene Absage gibt. Port, der den impersonalistischen Standpunkt grundsätzlich durchaus teilt und nicht weniger nachdrücklich als Kerler vertritt, bemerkt doch, wie unlängst angeführt, daß der Wertidealismus *die Guten verehrt*, wahrscheinlich, da es sich

---

256 *Port:* Idealist, S. 237.
257 *Port:* Symposion, S. 112.
258 *Port:* Gottesmystik, S. 198.
259 *Port:* Warum, S. 333.
260 *Kerler:* OP S. 175.

hier um einen anderen Zusammenhang handelt, ohne sich dabei des Gegensatzes zu Kerler (»nicht die Guten verehren wir«) und seiner eigenen sonst so entschieden impersonalistischen Stellungnahme bewußt zu werden. Aber es kommt selbstredend nicht so sehr auf die Beobachtung eines Widerspruchs zwischen Äußerungen aus verschiedenen Zusammenhängen als auf die Sache selbst an, und da wird man festzustellen haben, daß es schon dem Sprachgebrauch entgegen ist, von *Verehrung* der Werte zu sprechen. Werte werden als geltend anerkannt, erstrebt, verwirklicht, aber nicht verehrt, ebensowenig wie wertvolle Sachen, etwa Kunstwerke, die man vielmehr schätzt, unter Umständen bewundert. Verehrt aber werden Werterfüllungen in Menschen, und nur sie werden es recht eigentlich. Freilich handelt es sich dabei vielfach nur um Scheinwerte oder solche Werte, deren Inkarnation eine Verehrung nicht rechtfertigt. Aber so lächerlich und abschreckend der etwa mit Fürstlichkeiten oder Sports-, vielfach auch Filmgrößen veranstaltete Kult anmutet, so natürlich und berechtigt ist der Wunsch, das Bedürfnis zu verehren als solches. Es sollte deshalb nicht abgelehnt und bekämpft, sondern in die rechten Bahnen geleitet werden.

Einen übertriebenen und unbegründeten Personenkult kann kein Ernstzunehmender wollen, und kein wahrhaft Verehrungswürdiger wird sich dazu hergeben und dadurch beeindrucken lassen. Auch ist zuzugeben, daß wir ja doch Personen an Werten messen, eine den Maßstab der Werte voraussetzende Kritik an ihnen üben, den Wert damit also eindeutig über die Person stellen und uns insofern mit vollem Recht impersonalistisch verhalten. Und dies auch noch in einer anderen Hinsicht. So sehr Wertschätzung und echte, nicht blinde, Verehrung der Persönlichkeit einem extremen Impersonalismus gegenüber hochgehalten zu werden verdienen, so sehr ist auf der anderen Seite zu betonen, daß diese Haltung sich nur auf den Menschen in seiner empirischen Endlichkeit bezieht. Die Forderung einer Fortdauer seiner seelischen Existenz über den Tod hinaus und wohl gar ins Unendliche ist vom Wert her gesehen sehr fragwürdig, falls man nicht etwa an eine so weitgehende sittliche Entwicklung der Persönlichkeit in höheren Daseinsformen denkt, daß von ihrer ursprünglichen Natur kaum noch etwas erhalten bleibt. Ein in seiner Individualität notwendig unvollkommener Mensch mag noch so wertvoll und verehrungswürdig sein, er verdient diese Schätzung immer nur als endlicher, vergänglicher. In und wegen seiner Vergänglichkeit läßt sich über seine Schwächen und Fehler hinwegsehen und strahlt in Anbetracht seiner positiven Züge so etwas wie Würde von ihm aus. Dagegen hat der Gedanke, daß die Besonderheiten, Eigenheiten und damit auch gewisse Unzulänglichkeiten in alle Ewigkeit konserviert werden sollten — und ohne sie würde ja eine wirkliche Identität gar nicht mehr gegeben sein —, schon manchen Denker nicht nur bedenklich gemacht, sondern auch fast komisch berührt. Deshalb kann den Wertidealisten nur zugestimmt werden, wenn Kerler »ein ewiges Leben keineswegs ein ethisches

Desiderat« nennt[261] und ebenso Port erklärt: »Wir sollen nicht ewig leben, sondern anständig und groß.«[262] Auch kommt Kerler in metaphysischer Hinsicht zu dem »Ergebnis, daß die Unsterblichkeit der Seele zwar durchaus möglich, aber ganz unwahrscheinlich ist«[263]. — »Alle Erfahrung spricht vielmehr«, wie Port feststellt, »hoffnungslos dagegen.«[264] Aber auch für Schweitzer, den Anwalt des Lebens, ist die ewige Dauer des Einzellebens kein Anliegen. Er hat die sogenannte Unsterblichkeit, soviel man sieht, nie auch nur eines für sie eintretenden Wortes gewürdigt. Das ist sicherlich kein Zufall und wohl auch nicht nur durch seinen Agnostizismus bedingt. Unsterblichkeit ist in der Tat kein Gut, das es verdiente, sein Herz daran zu hängen und den Sinn darauf zu richten. Mag der Gedanke an das endgültige Aufhören eines Menschenlebens immer wieder als bedauerlich und schrecklich empfunden werden, überwunden hat das Grauen vor dem Nichtmehrsein, wer einsieht, daß Individualität, Eigenart, Unvollkommenheit, Beschränktheit und Vergänglichkeit mehr oder weniger korrespondierende Begriffe sind. Sie bezeichnen Sachverhalte, die einander weitgehend fordern. Dem Individuum, auch der menschlichen Person, gebührt kein ewiges Sein. Der Wunsch, jenseits des Todes weiter- oder gar ewig zu leben, gehört ins Märchen, nicht in eine ernsthafte Welt- und Lebensanschauung. So vorteilhaft eine Verlängerung des menschlichen Lebens im Interesse des Geistes unter Umständen sein kann und als so schmerzlich sein Aufhören im einzelnen Fall meistens empfunden wird: von einem höheren, allgemeinen Standpunkt aus betrachtet, hat der Gedanke etwas Beruhigendes, daß auch die Menschen nicht in den Himmel wachsen.

Allerdings besitzt auch diese negative impersonalistische Wahrheit ihre positive personalistische Kehrseite. Eine Persönlichkeit wird geschätzt und verehrt nicht etwa bloß als eine Illustration bestimmter abstrakter Werte, sondern wegen dieser Werte auf dem Grunde und im Zusammenhang mit mancherlei Eigenheiten und auch Unzulänglichkeiten, die ihr erst das menschlich-persönliche Gepräge geben. Eigenart ist wie gesagt immer auch Beschränktheit, Gebrochenheit. Eine Individualität kann als solche nicht vollkommen sein, und chemisch-reine, »ideale« Träger in Menschengestalt, pure Wertverkörperungen sind deshalb weder möglich noch überhaupt wünschenswert. Von einem »wertvollen« Menschen zu sprechen, geht offenbar nicht recht an, wirkt einerseits zu hoch gestochen, andererseits aber auch unterkühlt und erkältend, auf jeden Fall nicht ganz angemessen. Es wird zuviel und zugleich zuwenig damit gesagt. Ein »feiner« Mensch: ja, etwas überschwenglich vielleicht auch einmal ein »wunderbarer« Mensch, aber ein »wertvoller« Mensch, das ist allzu sachlich-unpersönlich, beinahe unmenschlich, weil dabei von dem jedem

[261] *Kerler:* WW S. 258.
[262] *Port:* Tod, S. 194.
[263] *Kerler:* WW S. 158.
[264] *Port:* Tod, S. 188.

Menschen eigenen Individuell-Einzigartigen in einer fast verletzenden Weise abgesehen wird. Umgehen möchten wir im Leben wie in der Dichtung nicht mit einer Häufung noch so wertvoller personifizierter Eigenschaften, mit Tugendbolden und Moralathleten oder engelhaften Wesen, sondern mit echten, ganzen Menschen, die nicht denkbar sind ohne ihre Ecken und Kanten, ihre Mängel und Widersprüche, ihre kleinen Schwächen und großen Leidenschaften, ohne jenen Erdenrest, der zu tragen nicht *nur* peinlich ist, sondern der nun einmal zum vollen Menschsein gehört. Freilich kommt diesen wirklichen, ganzen, d. h. also unvollkommenen Menschen, mögen wir sie noch so gern haben, Verehrung im eigentlichen Sinne dann doch wieder nur in dem Grade zu, wie das Allzumenschliche in ihnen zurücktritt hinter den durch die »Persönlichkeit« hindurchtönenden, sie adelnden allgemeinen Werten. Nur die Aufgeschlossenheit und der Einsatz für überpersönliche Werte macht den Menschen zum geistigen, zum eigentlichen, wahren oder wenigstens vollen Menschen; ohne sie bleibt er auf den Bereich des Vegetativ-animalischen beschränkt. Den ihrem Wesen nach vollkommenen Werten andererseits fehlt lediglich eines: die Realität. Nur im Menschen erstehen sie aus ihrer schattenhaften abstrakten Daseinsform zum Leben. Ein von allgemeinen, überpersönlichen Werten angerührter, an ihnen ausgerichteter, ihnen verhafteter und sich ihnen hingebender Mensch ist demnach weniger und auch mehr als die Summe der ihn bewegenden Werte. In diesem irrationalen Mehr besteht das Recht des Personalismus. Auch der Personalist also wertet die Menschen, und als der Verehrung würdig erscheinen ihm bei einigen Ansprüchen nicht allzu viele, eigentlich immer nur Ausnahmen. Wo er aber wirklich einmal eine Persönlichkeit findet, die auch bei näherem Umgang nicht verliert, sondern im Gegenteil noch gewinnt, da bedeutet ihm eine solche Anlaß zu Verehrung bietende Begegnung ein großes Geschenk, ja, ein Fest.

So schließen eine im berechtigten Sinne impersonalistische Einstellung und eine in bestimmten Grenzen gehaltene personalistische Haltung einander nicht aus. Nur zusammen bilden die personalistische und die impersonalistische Teilwahrheit die ganze Wahrheit. Was wäre eine noch so harmonische menschliche Gemeinschaft, ohne daß die milde, aber gelegentlich auch ein wenig dumpfe und beengende Luft durch Blitze aus der Dimension des Geistes, durch Auseinandersetzung, die von unterschiedlichen Wertrichtungen ausgeht, geklärt und gereinigt würde! Was wäre umgekehrt die klare, reine Atmosphäre alles idealistischen Strebens nach Verwirklichung höherer Werte ohne die erwärmende Wirkung der Sympathie und Verehrung zwischen den durch sachliche Interessen Verbundenen! Anstatt also die ideale Sphäre der Werte in einen schroffen Gegensatz nicht nur zur vitalen, sondern auch zur personalen zu bringen, sehen wir die vitale und die ideale besser als Fundament und Überbau der personalen an, die ohne die beiden anderen nicht bestehen kann, aber ihre selbständige Bedeutung besitzt und ihre eigene Schätzung verdient. Eines ist jedenfalls sicher: weder dem relativ unvergänglichen Leben als solchem noch den, wenn auch nicht im strengen Sinn zeitlosen, so doch ebenfalls relativ beständigen Werten gebührt Ehrfurcht oder Verehrung. Das Leben ist und west schlechthin, und die Werte gelten schlechthin, jenes wie diese ganz jenseits unserer subjektiven Stellungnahme. Verehrung verdient und kann entgegennehmen nur das von Werten erfüllte Leben: der von Werten begeisterte, ihnen verpflichtete, erst durch sie als solcher wahrhaft existierende Mensch in seiner Beschränktheit und zugleich Erhabenheit.

Die dem Menschen aberkannten Begriffe Ehrfurcht und Verehrung gebraucht Kerler in dem gleichen Sinne. Hier sollte indessen genauer unterschieden werden.

Zunächst sei die sehr komplexe Ehrfurcht ins Auge gefaßt, die im Gefolge Goethes durchweg in einem zu weiten Sinne genommen wird[265]. Wie *Bollnow*, dessen einschlägige Arbeit[266] die Wesensforschung der Ehrfurcht mehr als alle anderen Bemühungen zusammen gefördert hat, bemerkt, scheint Goethe bei der Ehrfurcht vor dem, was uns gleich ist, eher das Gefühl der Achtung vorgeschwebt zu haben. Erst recht gilt dies für die Ehrfurcht vor uns selbst. »Ehrfurcht ist notwendig ein Verhältnis zu einem andern und notwendig zu einem von uns verschiedenen Wesen.«[267] Obgleich die Ehrfurcht vor dem, was über uns ist, am ehesten in Erscheinung tritt[268, 269], steht für Bollnow im Mittelpunkt die Ehrfurcht vor dem, was unter uns ist: die Ehrfurcht vor dem kleinen Kinde, gerade »in seiner Schwachheit«, aber auch die Ehrfurcht vor den Frauen, sofern hier ebenfalls das »Moment der Zerbrechlichkeit«[270] eine Rolle spielt. Auch auf den schon schwach und hinfällig gewordenen alten Menschen will Bollnow die Ehrfurcht bezogen wissen. Aber auch dabei wird sich eine weitere Unterscheidung empfehlen. Das, was man gewöhnlich als Ehrwürdigkeit des Alters bezeichnet und was zum Teil mit dessen größerer Erfahrung und Lebensweisheit zusammenhängt, wäre hier tunlichst abzutrennen. Das Ehrwürdige, dem Bollnow die Ehrfurcht korrespondieren läßt[271], dürfte nach heutigem Sprachgebrauch eine personale Qualität sein, während es für diesen Autor bei der Ehrfurcht gerade auf etwas Überpersönlich-Allgemeines in den einzelnen ankommt. Man sollte deshalb das Ehrwürdige und das Ehrfurchtgebietende und dementsprechend Ehrerbietung und Ehrfurcht auseinanderhalten. Das kleine Kind ist bestimmt nicht ehrwürdig, aber als einem Glied des allgemeinen, alles durchwaltenden Lebens in seiner besonderen Verletzlichkeit und Bedrohtheit im Sinne Bollnows begegnen wir ihm mit einer gewissen Ehrfurcht.

Die Ehrfurcht richtet sich also »gar nicht auf den bestimmten einzelnen Menschen als solchen, sondern immer auf etwas Allgemeineres, was im einzelnen nur verkörpert ist«: auf »das Leben«, »wobei hier Leben nicht im biologischen Sinn zu verstehen wäre, sondern als das göttliche, alles durchwaltende Leben«[272].

---

[265] Vgl. besonders die Arbeiten von *P. Wolff* und *Steinbüchel.* — Goethes vierfache Ehrfurcht besitzt eine bis zu Cicero und den unter dem Namen Pythagoras gehenden sogen. »Goldenen Worten« zurückreichende Tradition. Vgl. dazu *Jantz:* Ehrfurchten, S. 5 ff. — *Beutler:* Gewissen, S. 17 ff.

[266] *Bollnow:* Ehrfurcht.

[267] S. 64.

[268] S. 64 f.

[269] *Rüstow* (Ortsbestimmung, Bd. 3, S. 219) sieht in der nach oben gerichteten Ehrfurcht wohl mit Recht sogar die »eigentliche« Ehrfurcht.

[270] *Bollnow,* S. 65.

[271] S. 55.

[272] S. 69.

Damit dürfte ein sehr wesentlicher Zug der Ehrfurcht gefunden sein: sie nimmt den Menschen nicht, wie die Achtung, »als unvertretbares Subjekt seines sittlichen Tuns, sondern in einem ganz unpersonhaften Sinn«, »auf ›das‹ Leben hin, das sich im Menschen auswirkt und gegen das er sich frevelnd vergehen kann«[273]. So gesehen aber wird, was in diesem Zusammenhang entscheidend ist, das Problem des Personalismus bei der Ehrfurcht überhaupt nicht berührt, da diese eben nicht eigentlich der unverwechselbaren Person gilt. Wenn Schweitzer allgemein »Ehrfurcht vor dem geistigen Wesen des andern«[274] fordert oder einmal von seiner großen Ehrfurcht vor dem alten Pfarrer spricht, der ihm den Konfirmandenunterricht erteilte[275], so ist dieser Begriff insofern nicht recht am Platze. Achtung dort, Ehrerbietung und Verehrung hier würden der Sachlage besser entsprechen.

Ein wenig anders mag es liegen, wenn man an ganz überragende geistige Leistungen und Gestalten denkt, einen vollendeten Künstler oder den etwaigen Entdecker einer physikalischen Weltformel. Wenn sich beim Gedanken an Menschen dieser Art so etwas wie Ehrfurcht regt, so geht hier vielleicht auch etwas von dem Eindruck der individuellen Persönlichkeit mit in unser Gefühl ein, das ein Mehr gegenüber jener allgemeinen Ehrfurcht vor einem Kinde oder einer Frau darstellt. Und doch bezieht sich auch in diesen Fällen die Ehrfurcht im Grunde und vor allem wiederum auf ein Allgemeines, die geistige Kraft, von der ein Mensch geradezu besessen zu sein scheint und die etwa in einem bestimmten Punkte zum Wesen der Welt vordringt, einen Zipfel der Wahrheit erfaßt. Es dürfte sich also auch hier so verhalten, daß die Ehrfurcht ihrem Wesen nach über das bloß Menschlich-Individuelle hinausgeht.

Es scheint nun freilich neben der Ehrfurcht vor dem Menschen als Träger dahinterstehender oder ihn durchwaltender Kräfte, des geheimnisvollen[276], unergründlichen[277], allgemeinen Lebens, als Grenzfall in der Tat eine Ehrfurcht vor dem personhaften menschlichen Individuum zu geben, die von Bollnow nicht berücksichtigt wird. Auch in dem hier ins Auge zu fassenden Falle tritt der einzelne zurück hinter dem Allgemeinen, aber nun nicht hinter dem allgemeinen Leben, sondern hinter dem allgemeine Anerkennung heischenden Wert, dem ein Mensch sich hingibt bis zur letzten Konsequenz, der Selbstaufopferung. Einem jungen Manne, der die denkbar höchste sittliche Leistung vollbringt, indem er sich für die Rettung eines anderen Menschen oder sein Volk oder einen lebensgefährlichen wichtigen Forschungszweck opfert, fehlt noch das, was uns eine reife, bedeutende Persönlichkeit verehrungswürdig macht, und erst recht die Ehrwürdigkeit des Alters. Andererseits reicht die Achtung hier offenbar nicht aus, diese kann und muß wohl sogar in einem solchen Falle zur Ehrfurcht transzendieren. Dabei bedeutet das Wagnis des Lebens, etwa seitens der Männer des 20. Juli, auf Grund einer eigensten, einsamen sittlichen Entscheidung noch eine unerhörte Steigerung über die normale Pflichterfüllung des Soldaten im Einsatz hinaus. Auch ist die Ehrfurcht wohl zu einem erheblichen Teil daran gebunden, daß der Einsatz mit dem Tode besiegelt wurde. Der heroische Entschluß allein, unter Umständen auch seine Ausführung und Auswirkung bleiben ja im Falle des Überlebens dieselben. Die Ehrfurcht aber richtet sich vor allem auf diejenigen, die ihr Leben wirklich hingegeben haben. Deshalb eben handelt es sich bei der Ehrfurcht vor Menschen in diesem persönlichen Sinne um einen Grenzfall. Sie befindet sich im allgemeinen in einer gewissen Spannung zum

---

[273] S. 71.
[274] KJ S. 56 f.
[275] KJ S. 34.
[276] *Bollnow:* Ehrfurcht, S. 55.
[277] S. 82.

üblichen prallen, saftigen Leben und erscheint, von solchen Grenzfällen abgesehen, durchweg als zu hoch gegriffen.

Wie sich die Ehrfurcht nur ausnahmsweise auf einzelne Erscheinungen des konkreten Lebens bezieht, so andererseits, wie schon gesagt, nicht auf Werte an sich. Nur wo beide in der Weise zusammenkommen, daß das Leben vom Wert einmal fast aufgesogen zu sein und nur noch als dessen Folie zu dienen scheint – man denke an jene ganz seltenen Menschen, die in ihrer Lauterkeit und Selbstlosigkeit aus den uns geläufigen Bedingungen und Maßstäben herausfallen und bei aller Güte beinahe fremdartig wirken –, finden wir uns zur Ehrfurcht gestimmt. Ehrfurchtgebietend wirken kann schließlich auch ein Mensch, der einen besonders schweren Schicksalsschlag erleidet und dadurch in eine den Mitmenschen ferne Zone zu rücken scheint[278]. Erträgt er einen solchen Schlag auch noch gefaßt oder gar mit einer außergewöhnlichen Würde, so vereinigt sich mit unserer mehr irrationalen Ehrfurcht die Ehrerbietung der höchsten Achtung.

Etwas ganz anderes als die Ehrfurcht ist die Verehrung. Nach Bollnow entsteht sie da, wo »sich mit dem bewundernd aufschauenden Verhältnis zu einem anderen Menschen zugleich eine innere Beziehung zu dessen Leistung verbindet, und zwar so, daß der Verehrende selbst sich dieser Leistung tief verpflichtet fühlt. Ich verehre zum Beispiel meinen großen Lehrer«[279]. Aber weder diese Beziehung der Verehrung auf die Leistung noch die Einschränkung der Verehrung auf solche Leistungen, denen ich mich verpflichtet fühle, dürfte hier unbedingt wesentlich sein. Es geht bei der Verehrung doch nicht so sehr um die Leistung als um den Menschen selbst, ebenso wie bei der Achtung, nur in einem einerseits weiteren, andererseits persönlicheren Sinn. Geachtet wird der Willenskern der Person. Bei dem verehrten Menschen ist dagegen die individuelle Struktur, Färbung und Tönung, das ganze Fluidum einer einmaligen Persönlichkeit mit eingeschlossen. Und daß sich die Verehrung nur da ergibt, wo sich der Verehrende von dem Verehrten in einer fruchtbaren Weise abhängig weiß und ihm zu besonderem Dank verpflichtet fühlt[280], wäre erst recht zu bestreiten. Die reinste Form der Verehrung findet sich vielleicht gerade da, wo wir einen Menschen ganz im stillen und aus einer gewissen Entfernung verehren, ohne irgendetwas von ihm »gehabt« zu haben oder ihm auch nur persönlich bekannt zu sein, einen großen Wohltäter oder Mäzen etwa, den man zu beobachten Gelegenheit hat. Gewiß steht die Dankbarkeit vielfach neben der Verehrung oder geht in diese über. So wird es sich wohl sogar meistens verhalten. Aber notwendig und wesentlich erscheint dies nicht. Jedenfalls erhebt sich in der ganz selbstlosen, »interesselosen« Verehrung die personalistische Haltung zu ihrer vollen Höhe. Sie hat es verdient, in ihrem Recht und ihrer Bedeutung dem wertidealistischen Impersonalismus gegenüber hochgehalten zu werden.

Wenn der Wertidealismus im Interesse der Werte die Schwelle für Ehrfurcht und Verehrung nur erheblich heraufsetzen wollte, so wäre das sicherlich nicht unberechtigt. Die weitgehende Ablehnung der Ehrfurcht vor Menschen könnte klärend und heilsam wirken, indem sie uns nachdenklich macht und vor einer oberflächlichen Inflation ehrfürchtiger Gefühle bewahrt. Daß aber in diesem System die Ehrfurcht im Grunde einen Platz überhaupt verliert – reine Werte, denen der Wertidealismus

---

278 »Die Scheu der Distanz« rechnet auch *Beutler* (Gewissen, S. 16) zu dem, was die Ehrfurcht ausmacht.
279 *Bollnow:* Ehrfurcht, S. 37.
280 S. 38.

die Ehrfurcht vorbehält, verdienen wie gesagt in Wahrheit Ehrfurcht ebensowenig wie Verehrung –, ist außerordentlich bedenklich, weil eine innere Verarmung die Folge sein muß. Die Ehrfurcht vor dem den Menschen durchwaltenden Leben kommt für den Wertidealismus von vornherein nicht in Betracht. Aber dann schüttet er auch noch das Kind mit dem Bade aus, indem er übersieht, daß der Ehrfurcht vor Menschen als Grenzfall der transzendierenden höchsten Achtung ein gewisses Recht zuzuerkennen ist, und indem er überdies mit der Ehrfurcht vor Menschen auch deren Verehrung verwirft. Diese uneingeschränkte Gleichsetzung von Idealismus und Impersonalismus ist unbegründet und bedauerlich. Es verhält sich vielmehr so, daß zwar selbstverständlich keine in eitler Selbstbespiegelung um ihr liebes Ich kreisenden, sondern nur von echten Werten erfüllte Menschen Verehrung verdienen, daß sie diesen aber, namentlich wenn es sich um hohe Grade des Werterfülltseins handelt, auch wirklich gebührt. Nicht, daß jemand die Verehrung benötigte und zu beanspruchen hätte, weit gefehlt. Den eigentlichen Gewinn von der Verehrung, sofern von Gewinn im Sinne eines Nutzens überhaupt die Rede sein kann, hat der Verehrende; er wird durch sein Verehren bereichert. Sein Gewinn liegt sowohl in einer geistigen, insbesondere sittlichen Förderung als auch daneben vielfach in einem Erleben, das dem ästhetischen nahe- und keiner anderen Art geistigen Aufnehmens und Genießens nachsteht.

Was die sittliche Seite dieses Sachverhalts betrifft, so bedeutet die Verehrung von Persönlichkeiten ein Mehr gegenüber der Schätzung sittlicher Werte als solcher und dem Ernstnehmen des Pflichtgedankens, eine in gewisser Hinsicht unentbehrliche lebendige Ergänzung, die lebensnotwendige Erfüllung abstrakter Ideale. Und sie zeigt sich noch einer anderen Form des Allgemeinen überlegen, der unpersönlichen Institution und Organisation. Sehr schön ist das, gerade im Hinblick auf die Persönlichkeit Albert Schweitzers, von *H. Zbinden* aufgeführt worden: »Den Großagenturen der sozialen und kulturellen Hilfe würden die geistigen Impulse und die innere Erneuerung, der Schwung wegleitender Ideen sehr bald versiegen, sie müßten der Gefahr eines öden und unpersönlichen, ja kalten und technisch rationalisierten ›Routine-Altruismus‹, eines ›Managertums der Liebe‹ erliegen, wenn nicht durch das weithin ausstrahlende Kämpfertum Einzelner das Gebot der Menschlichkeit und der Gerechtigkeit sich immer wieder in verehrungswürdigen, konkreten Gestalten verkörperte; denn von ihnen aus, nicht von der Gesichtslosigkeit des Kollektiven her, kann allein an ungezählte Menschen, vor allem an die heranwachsende Generation, der Ruf, die Mahnung ergehen, aus eigener Kraft, aus eigenem Vertrauen und Mut Ungewöhnliches – das meist ja nichts anderes ist als das eigentlich Selbstverständliche und darum so oft Vernachlässigte – zu wollen, zu wagen, zu vollbringen. Darin sehe ich, über die eigentliche Caritasleistung des Negerdoktors hinaus, die Tausenden Linderung und Heilung brachte und bringt, die universale, moralische Tragweite seines Wirkens.«[281] Es handelt sich um die »Bestätigung des Glaubens an die Macht des starken, edlen Einzelwollens in einer Zeit des Massentums. Hier gewinnt das Werk im Urwald zeitsymbolischen Sinn«[282].

Zu der sittlichen Bedeutung der Verehrung hochstehender Menschen kommt wie gesagt die ästhetische hinzu, zieht doch z. B. mancher für seine Lektüre eine Biographie dem Roman bei weitem vor, und schätzen wir nicht in besonderem Maße gerade solche Lebensgeschichten, die uns eine der Verehrung würdige reale Persönlichkeit nahebringen? Wenn eine Grabrede oder ein Gedenkartikel sich ausnahmsweise über das aus gegebenem Anlaß übliche Wortemachen erhebt und eine Gestalt, die eine solche Betrachtung rechtfertigt, noch einmal in den wesentlichen Zügen vor uns erstehen läßt, so ereignet sich dabei mehr als der Vollzug einer bloßen Form und pietätvollen Pflicht. Dem aufgeschlossenen Zeugen einer derartigen Würdigung kann ein tief beglückendes Erlebnis zuteil werden, das ihn gerade in einer solchen Stunde des Todes in der Einsicht zu bestärken vermag, daß es sich lohnt zu leben. Ein Leben in personalen Werterfüllungen, das der Wertidealismus uns nehmen will[283], dürfte im Gegenteil selbst etwas ungemein Wertvolles sein, ja, zum Wertvollsten überhaupt im menschlichen Dasein gehören.[284]

Jeder radikale Idealismus, insbesondere aber der Wertidealismus neigt zur Entwertung der Persönlichkeit. Ebenso ist die Mystik, welche die Entfaltung der Subjektivität, die Innerlichkeit in ihrer Bedeutung für die Religion und Kultur überhaupt so wesentlich gefördert hat, letztlich doch »entschieden persönlichkeitsverneinend«[285]. Schweitzer ist weder, wie an anderer Stelle betont, ein echter Mystiker noch ein Idealist in jenem radikalen Sinne. Der früher mitgeteilte Eindruck eines Besuchers, daß Schweitzer mehr durch Ideen als durch Menschen bestimmt wurde, mag zwar richtig sein, er war ja in der Tat ein ganz großer Idealist.

---

281 *Zbinden:* Macht, S. 171 f.

282 S. 172.

283 d. h. seiner erklärten theoretischen Absicht nach nehmen will. Tatsächlich läßt der, bei aller Schroffheit als Denker, persönlich ungemein liebenswürdige Kurt Port ein von echter Verehrung bestimmtes Verhältnis zu einzelnen Menschen erkennen. Vgl. z. B. die z. T. schon erwähnten sehr schönen Pfortebeiträge »Wie ich Kerler traf«, »Nachruf auf den Architekten Robert Bosshardt«, »Trauerrede für Gottfried Keutel«.

284 Vgl. zu den obigen Ausführungen den erst nach der Niederschrift dieses Abschnitts veröffentlichten kleinen Beitrag »Verehrung« von O. *Heuschele.* Ein paar Sätze daraus: »Verehren können setzt eine besondere Fähigkeit voraus.« — »Wir sind der Meinung, daß die Fähigkeit, verehren zu können, eine wahrhaft köstliche Gabe ist, die den, der sie besitzt, im geistigen und universal-menschlichen Sinne reich macht.« — »Verehren können und verehren dürfen verleiht dem Leben der Menschen eine besondere Art von Würde.« — »Wichtig bleibt es, was oder wen der Mensch verehrt. Ich möchte, einen alten volkstümlich gewordenen Satz abwandelnd, schreiben: ›Sage mir, wen du verehrst, und ich sage dir, wer du bist.‹ Immer fällt von dem Verehrten auf den Verehrenden ein Licht, wie auch der Verehrte durch die charakterisiert wird, die ihn verehren.« — »Die Fähigkeit zu verehren setzt vor allem ein Bewußtsein für menschliche Werte voraus.« (S. 164 f.)

285 *Heiler:* Bedeutung, S. 28.

Aber wir werden seine Position, wie schon gesagt, als einen personalistisch aufgelockerten Idealismus bezeichnen können. Dieser durch die Schätzung der Persönlichkeit gemilderte, doch deshalb nicht weniger energiegeladene praktische Idealismus scheint berufen zu sein, die wünschenswerte Verbindung von Ideal und Person anzubahnen.

Eine eigentümliche Synthese von Idealismus und Personalismus bringt vor allem jenes schon mehrfach erwähnte Hohelied der Ideale zum Ausdruck, mit dem Schweitzer seine Jugenderinnerungen beschließt und in dem es ihm neben den Idealen zugleich um die Ehrfurcht vor dem geistigen Wesen eines Menschen geht, in das wir nicht eindringen wollen sollen[286]. Wohl könnte man fragen, ob diese Ehrfurcht nicht doch der anfechtbaren Ehrfurcht vor dem konkreten Individuum noch zu nahe steht. Aber während der rigorose Impersonalismus Kerlers und Ports die Ausschließung aller personalistischen Motive fordert, fügt sich bei Schweitzer der Personalismus dem Idealismus ganz selbstverständlich ein. Ohne dem Wertgesichtspunkt theoretisch in ausreichendem Maße Rechnung zu tragen, zeigt Schweitzer eine ausgesprochene Neigung zur Verehrung von Menschen, an denen ihm Werte aufgegangen, wichtig geworden sind. Dadurch entsteht ein völlig anderes seelisch-geistiges Klima. Kerler betont bezeichnenderweise, »daß nicht in der Wärme des Befriedigungsgefühls«, »sondern in der Eisluft des nur vom Ideal aus gesehenen jenseits aller unserer persönlichen Interessen und Gemütsbedürfnisse liegenden Daseins der Sinn des Lebens zu suchen ist«[287]. Ebenso hebt Port »die eisige Werthöhe« hervor, die »dem Sittlichen anhaftet«[288]. Diese eisige Atmosphäre ist namentlich in Sachen der Erkenntnis gewiß erforderlich. Eine philosophische Weltanschauung, die auf Gemütsbedürfnisse Rücksicht nehmen wollte, wie es z. B. *Wilhelm Wundt* befürwortete, wäre unter dem Gesichtspunkt des Wahrheitsanspruchs offenbar nicht recht ernstzunehmen. Der Ethik dagegen, soweit sie dem Menschen Ziele zu stellen hat und vor allem der praktischen Lebensführung dient, ist die Unterkühlung nicht unbedingt zuträglich. Port hält es, was niemanden verwundern wird, auf die Dauer selbst nicht in einem solchen Klima aus und sucht sich in der wärmeren Zone mystischen Erlebens davon zu erholen. Man kann deshalb sehr wohl der Meinung sein, daß es sich empfiehlt, das Haus unseres sittlichen Strebens und Handelns etwas wohnlicher einzurichten, d. h. daß das Ideal nicht gar so kalt und karg zu sein, dem persönlichen Leben nicht derart schroff gegenübergestellt zu werden braucht. Insbesondere aber leuchtet wie gesagt die grundsätzliche Ablehnung der Verehrung von Menschen aus sittlichen Gründen nicht ein. Ein solcher Kahlschlag ist zur Aufrichtung der Herrschaft der Werte und Ideale keineswegs erforderlich.

---

[286] KJ S. 56 f.
[287] *Kerler:* OP S. 46.
[288] *Port:* Gottesmystik, S. 215.

Wie anders, wieviel menschlicher im besten Sinne ist auch in dieser Hinsicht die Luft in der Lebens- und Gedankenwelt Schweitzers! Es kommt diesem unentwegten Idealisten so vor, »als ob wir alle geistig von dem lebten, was uns Menschen in bedeutungsvollen Stunden unseres Lebens gegeben haben«[289]. Von einem Personenkult will auch er selbstverständlich nichts wissen: »›Helden und Heldenverehrung‹ ist kein tiefes Buch Carlyles«[290], bemerkt er einmal trocken, und wir sahen, wie er die Frage des Primats im Verhältnis von Wert und Person auch mit Bezug auf sein Verhältnis zu Jesus zugunsten des Wertes entscheidet: die Ehrfurcht vor der Wahrheit stellt er, durchaus idealistisch, über alles. Und doch ist Schweitzer, wie *Picht* einmal treffend bemerkt, »der geborene Heldenverehrer«. »Von Jesus über Paulus und Bach zu Goethe steht sein Leben und Werk im Dienst der großen Persönlichkeit.«[291] Insbesondere sein bei aller geistigen Entfernung unverändertes Aufsehen zur Person Jesu muß als Ausdruck einer die Achtung vor abstrakten sittlichen Gesetzen und die Begeisterung für impersonalistische Ideale überschreitenden Verehrungsbereitschaft verstanden werden.[292] Und wie durchdrungen finden wir diesen Absolutisten des Sittlichen in seinen Darstellungen der eigenen Entwicklung von Verehrung und Dankbarkeit gegenüber Menschen, zu denen er einst aufzusehen Gelegenheit hatte oder die ihm irgendwie Vorbild geworden sind! In Dankbarkeit gedenkt er seines neuen Klassenlehrers in Mülhausen, der ihn durch das »tiefe und bis ins Kleinste gehende Pflichtbewußtsein«, durch diese »miterlebte Selbstdisziplin« aus seiner damaligen Verträumtheit gerissen hat[293]. Der Direktor, der auf der Oberstufe den Unterricht in den Alten Sprachen erteilte, wird von ihm als »ein hervorragender Schulmann, ein universell gebildeter Philologe und ein tiefer Mensch« gerühmt[294].[295] Gegenüber dem bedeutendsten seiner theologischen Universitätslehrer, Holtzmann, war er bei frühzeitiger kritischer Einstellung im Sachlichen nicht nur von außerordentlichem Respekt vor dessen großer Gelehrsamkeit, sondern auch von Verehrung des gütigen Menschen und von Dankbarkeit für das dem jungen Studenten und dann auch dem angehenden Dozenten erwiesene Wohlwollen erfüllt. Für die spätere Zeit berichtet er von dem großen Eindruck, den Cosima Wagner auf ihn machte, als sie sich seine Bachauffassung auf der Orgel von ihm vorführen ließ, diese »durch ihr

[289] KJ S. 54.
[290] LD S. 77.
[291] *Picht:* Schweitzer, S. 21.
[292] In seinen Anfängen begegnet man dabei sogar einzelnen Anklängen an einen »Heroenkult« (*M. Schmidt:* Schweitzer, S. 209).
[293] KJ S. 31 f.
[294] KJ S. 46.
[295] Ein besonders schönes Beispiel dafür, wie sehr im Verhältnis des Schülers zum Lehrer Wertbewußtsein und personalistische Verehrung sich gegenseitig anregen, steigern und ganz und gar durchdringen können, bietet *Helmut Thielicke:* Begegnungen, S. 42 ff.

künstlerisches Können und ihr hoheitsvolles Wesen einzigartige Frau«[296]. Und wenn er über H. St. Chamberlain schreibt, daß »erst seine späteren Schriften und die Art, wie er das Leiden trug, das ihm vor dem Sterben beschieden war«, ihm selbst dessen eigentliches Wesen offenbart habe und daß ihm die letzte Stunde, die er einige Zeit vor Chamberlains Ende bei diesem verbringen durfte, unvergeßlich sei[297], so spricht sich auch hier die Aufgeschlossenheit für das Wesen und die Wirkung einer bedeutenden, wenngleich anders eingestellten Persönlichkeit und Verehrung für sie aus. In diesem Zusammenhang wäre schließlich noch daran zu erinnern, daß Schweitzer bei aller persönlichen Bescheidenheit und Demut dem in seiner Umgebung und bei manchen Anhängern bemerkbaren Wunsch nach ein wenig Kult mit seiner Person im Alter, wenigstens für die Zeit nach seinem Tode, nicht ganz abweisend gegenübergestanden hat.[298] Wenn er, wie schon früher erwähnt, mit der geplanten Aufstellung seines Denkmals einverstanden war und sogar dessen Standort selbst aussuchte, so wird man darin ein von aller Eitelkeit weit entferntes weises Verständnis für die symbolische Bedeutung und die reale Ausstrahlungskraft eines die Beachtung der Nachwelt verdienenden Menschen erblicken dürfen. Im Gegensatz zu der Bilderstürmerei der einstigen Reformierten zeigt Schweitzer sozusagen nicht nur die tolerantere pietätvolle Haltung des Lutheraners, sondern da verhält er sich wie ein das menschliche Gleichnis des Heiligen verehrender gläubiger Katholik. Der Gedanke, daß die Verehrung hochstehender Menschen im Namen des Idealismus sittlich beanstandet werden könnte, wäre Schweitzer sicher nicht in den Sinn gekommen, geschweige daß er ihm ein Recht zugestanden hätte. Er wußte darum, daß ein Mensch für andere nicht nur Wegweiser, sondern auch Kraftquelle zu werden vermag. Wenn Nathan Söderblom einmal an Adolf von Harnack schrieb: »Es ist stärkend, an Sie zu denken!«[299], so haben nicht wenige diese Erfahrung gerade auch mit Schweitzer gemacht. Kraft, aber auch Trost kann ein solcher Mensch anderen bedeuten, wie es *Theodor Heuss* zum Ausdruck gebracht hat, als er Schweitzer in einer Feierstunde bezeugte, »in den verdammten und

---

[296] LD S. 24.
[297] LD S. 25.
[298] Sehr bezeichnend und von feinem Takt bestimmt ist Schweitzers Stellungnahme zu einer ihm vorgelegten Sammlung von Äußerungen zahlreicher Autoren über seine Person. Er bat, die Texte nicht zu seinen Lebzeiten zu veröffentlichen, schloß aber die spätere Herausgabe keineswegs aus. »Darum lassen Sie mich still die letzte Strecke meines Wanderns gehen, in aller Schlichtheit. Wenn ich dann der Vergangenheit angehöre, darf man wissen, was an Liebe, Anerkennung und Verehrung mir Menschen zuteil werden ließen. Dann erst wird die Atmosphäre geschaffen sein, in der diese Begegnungen den richtigen Klang haben werden. Von einem Toten darf man mehr sagen als von einem Lebenden« (*Wenzel* [Hrsg.]: Schweitzer, S. 7).
[299] Zit. bei *Grabs* (Schweitzer [Denker], S. 34) bedauerlicherweise ohne Beleg. In der Deutschen Staatsbibliothek in Berlin, wo der Nachlaß Harnacks liegt, ist der betreffende Brief nach Auskunft der Verwaltung nicht vorhanden.

verderbten Jahren« sei sein Name »für Zahllose in der ganzen Welt Trost und Ruhe« gewesen[300].[301]

Und nicht nur war Albert Schweitzer manchem ein Trost, wir können auch umgekehrt sagen: der Umstand, daß es Menschen gibt, die ihn zu schätzen wissen und ihm eine besondere Verehrung entgegenbringen, vermag wiederum auf andere erhebend und stärkend zu wirken und erlangt insofern eine allgemeinere und noch tiefere Bedeutung. Diesen Sachverhalt hat *Carl J. Burckhardt* feinsinnig formuliert: »In einer Welt des Scheins und der Mißverständnisse gibt es hin und wieder vertrauenschenkende Zeichen, an denen wir erkennen können, daß die Wahrheit zu ihrem Recht kommt. Zu diesen Zeichen gehört die Tatsache, daß Männer wie Albert Schweitzer von den Mitlebenden geehrt werden.«[302] In dem gleichen Sinne hat sich *Theodor Litt* geäußert: »Auch in diesem der Menschlichkeit scheinbar abgestorbenen Zeitalter ist doch noch so viel Wissen um Würde und Wert des Menschen erhalten, daß dies Lebenswerk jene Verehrung und Bewunderung ernten konnte, nach der sein Urheber so ganz und gar nicht getrachtet hatte.«[303] Vielleicht stehen wir hier vor dem einzigen Sachverhalt, der, wenn er auch nicht mehr für eine in unserer entgötterten Welt immer schwieriger gewordene wirkliche Theodizee ausreicht, doch wenigstens einen gewissen bescheidenen Ersatz für sie darstellen könnte.

So wird man sagen dürfen: in wertbegeisterten, werterfüllten Menschen — Menschen, die uns verehrungswürdig erscheinen, und Menschen, die anderen Verehrung entgegenbringen — haben wir die Brücke zwischen Ideal und Leben, Wert und Wirklichkeit, jenen beiden Sphären, die es zu unterscheiden *und* zu verbinden gilt. In einer Zeit, welcher Namen und Orden, Titel und Talare immer mehr im wesenlosen Scheine versinken, ist es, wenn nicht trotz wachsenden Wohlstandes und ungeahnter wissenschaftlich-technischer Fortschritte eine grenzenlose Nivellierung und damit ein Zustand grauenhafter Öde eintreten soll, um so notwendiger, besonders bedeutende Ausprägungen wahren Menschentums hochzuhalten und diese Hochschätzung bewußt zu kultivieren. Eine Zeit, der auch die höheren Mächte und manche sogenannte ewige Güter immer fragwürdiger werden, wird sich um so mehr an diejenigen Werte halten

---

300 *Heuß:* Rede, S. 195.

301 Als ein strahlendes Zeugnis der begründeten Verehrung, auch hinsichtlich ihrer Bedeutung für den Verehrenden in der erwähnten Hinsicht sei noch angeführt, wie der Historiker *Johannes Haller* (Lebenserinnerungen, S. 251), selber als akademischer Lehrer persönlich eher kühl, distanziert und außerordentlich sachlich wirkend, das Bild einer zeitgenössischen Hofdame am württembergischen Hofe, der Gräfin Olga Uexküll, mit wenigen Strichen gezeichnet hat: »Eine unvergleichliche Frau! An Klugheit, Herzensgüte und Takt nicht zu übertreffen und an Charakter so fest und gerade, wie man ihn im Leben nicht oft und wohl am wenigsten an Fürstenhöfen trifft; eine von den seltenen Erscheinungen, die gekannt zu haben man sich glücklich schätzt, ja, an die sich zu erinnern einem in schweren Stunden Trost und Stärkung ist.«

302 *C. J. Burckhardt* in: Begegnung (Bähr u. Minder), S. 34.

303 *Litt:* Schweitzer, S. 209.

müssen, die ihr die Wirklichkeit bietet, die sich in Menschen verkörpern und durch diese zur inneren Erbauung anderen Menschen dienen können. Ohne den Sinn für Verehrung wird alles schal und eitel. Zur Humanität im vollen Sinne gehören Menschen, die verehrt zu werden verdienen, ebenso wie ein lebendiger Humanismus Menschen sowohl voraussetzt als auch zum Ziel hat, die zur Verehrung geneigt sind. Eine solche Verehrung darf sich auf Albert Schweitzer im Genitivus subiectivus und obiectivus beziehen.

Sehr charakteristisch ist schließlich auch die verschiedene Beurteilung der Dankbarkeit, dieser personalistischsten aller Tugenden durch den Wertidealismus einerseits, Schweitzer andererseits. Kerler meint, daß niemand »Anspruch auf Dank« hat, und er geht so weit, »Undankbarkeit unter Umständen als eine hervorragende Tugend zu erklären. Dann nämlich, wenn die ideale Forderung mir jede Rücksicht auf den Nächsten verbietet«[304], was am Beispiel Hebbels in seinem Verhältnis zu Elise Lensing erläutert wird. In demselben Sinne äußert sich Port: »Dankbarkeit ist grundsätzlich keine sittliche Haltung, da sie personalistisch ausgerichtet ist und mit den wahren Forderungen des Wertes in Widerspruch geraten kann. Sie ist nur dadurch in den Geruch der Sittlichkeit gekommen, daß sie vornehmen Naturen« in hervorragendem[305] »Maße eignet und daß Undankbarkeit aus Selbstsucht einen Sonderunwert darstellt. Der Mensch hat nicht der Dankbarkeit zu leben, sondern eine Lebensaufgabe zu erfüllen; daneben bleibt ihm keine Zeit und keine Kraft mehr zur Aktualisierung der Dankbarkeit.«[306] Schweitzer dagegen, der die Dankbarkeit als Gesinnung für weiter verbreitet hält, als man im allgemeinen glaubt, nur ihren Ausdruck vielfach vermißt, findet ihre Bezeugung sittlich zweckmäßig und hält sie darum für wünschenswert[307].

Hier schließen sich jedoch die entgegengesetzten Ansichten glücklicherweise einmal nicht völlig aus. Zunächst haben einige Vorbehalte gegenüber der Dankbarkeit auch andere Ethiker gemacht, und zweifellos mit einem gewissen Recht. Andererseits ist die Einstellung des Wertidealismus in diesem Punkte nicht so radikal, wie die angeführten Sätze vermuten lassen könnten. Vielleicht das Beste, was über die Dankbarkeit geäußert worden ist, bietet der soeben angeführte Satz Ports, der sie als Eigenschaft »vornehmer Naturen« bestimmt, was nun freilich doch nur teilweise richtig ist — die Bezeugung einer gewissen Art von Dankbarkeit

---

[304] *Kerler:* OP S. 85.
[305] So etwa ist wohl zu lesen statt des »bevorstehenden« im Text.
[306] *Port:* Warum, S. 366.
[307] Es handelt sich bei der Dankbarkeit um einen Zug, der in Schweitzer selbst ungewöhnlich stark angelegt war und sich sogar in bezug auf Verhältnisse äußerte, die gar nicht sein persönliches Leben betrafen. Er betont z. B. im Hinblick auf die Briefe des Apostels Paulus, die den Gemeinden teilweise so wenig zum Ruhm gereichten und dadurch in ihrer Weiterexistenz bedroht waren: »Nie können wir den unbekannten Gemeindevorstehern und Abschreibern, durch die uns diese Schätze erhalten geblieben sind, genug dafür danken« (MP S. 53).

kann auch umgekehrt der Haltung kleinlicher Seelen entspringen, die auf keinen Fall anderen etwas schuldig bleiben möchten —, zum Teil aber eben wirklich richtig ist: sie ist »als Gesinnung denkbar wertvoll. Denn sie bedeutet Einsicht in die eigene Unzulänglichkeit, die auf Hilfe anderer angewiesen ist, bewundernde Anerkennung für die sittliche Leistung des Helfenden und Bereitschaft, das Gebotene nicht einfach gleichgültig« einzustecken[308]. Damit dürfte hier der Impersonalist einige wesentliche Züge der Dankbarkeit sehr klar herausgestellt haben. Genauer könnte man unter Bezugnahme auf die früher erwähnte Unterscheidung von Pflichtethik und Charakterethik sagen, daß die Dankbarkeit, die als hauptsächliche Richtschnur des Handelns gewiß von sehr zweifelhaftem Wert wäre, weniger Inhalt einer praktischen Forderung ist, als daß sie einen zweckfreien Ausdruck sittlicher Schönheit darstellt. Diese läßt sich nicht vorschreiben und wird, wo sie in Erscheinung tritt, mehr noch als durch den Dank-Entgegennehmenden von dem höheren Standpunkt eines unbeteiligten Beobachters gewürdigt. Wir finden in mancher Selbstbiographie kaum etwas so sehr zu Herzen Gehendes wie die Erinnerung an Menschen, die dem Zurückblickenden einmal von Bedeutung gewesen sind und derer er in Dankbarkeit gedenkt.[309] Und wenn Schweitzer im Unterschied von der soeben hervorgehobenen ästhetischen Bedeutung der Dankbarkeit nun auch die praktisch-sittliche unterstreicht und ins beste Licht zu setzen weiß, so wird man zugeben müssen, daß er damit auch etwas sehr Wesentliches aussagt. Vieles von dem Brennstoff, der in uns ist, meint er, »entzündet sich erst oder erst recht, wenn eine Flamme oder ein Flämmchen von draußen, von einem andern Menschen her in ihn hineinschlägt. Manchmal auch will unser Licht erlöschen und wird durch ein Erlebnis an einem Menschen wieder neu angefacht. So hat jeder von uns in tiefem Danke derer zu gedenken, die Flammen in ihm entzündet haben«[310]. Es läßt sich in der Tat nicht verkennen, daß dieser praktische Gesichtspunkt einer Stärkung der »Kraft zum Guten« außerordentlich fruchtbar werden kann. Daß für die Ausführung einer Handlung der Lohn der Dankbarkeit kein entscheidendes oder vielmehr überhaupt kein Motiv sein darf, steht außer Frage. Aber so sehr dies gilt, so wahr ist es auch, daß dankbare Anerkennung zu einer wirkungsvollen Anregung und Unterstützung sittlichen Handelns zu werden vermag, weshalb insofern also doch gegen Port und im Sinne Schweitzers zu sagen wäre: dem Menschen sollte nicht nur neben der Erfüllung seiner Aufgabe auch Zeit und Kraft zur Aktualisierung der Dankbarkeit bleiben, sondern diese kann unter Umständen sogar mit zu seiner Aufgabe gehören.

Schließlich kann das Motiv der Dankbarkeit noch auf eine neue,

---

[308] *Port:* System (1961), S. 43.

[309] So meint *Hanns Lilje* (Begegnungen, S. 5): »daß es wenig so schöne Dinge in der Welt gibt, wie wenn einer in Dankbarkeit von einem großen Manne redet, der in den bildungsfähigen Jahren seines Lebens einen entscheidenden Einfluß auf ihn ausgeübt hat«.

[310] KJ S. 55.

höhere Ebene überführt werden. Wer von der Natur mit Gesundheit und Anlagen des Geistes und Gemüts ausgestattet worden und dadurch in die Lage versetzt ist, im Leben nicht nur seinen Mann zu stehen, sondern auch einen Teil des unermeßlichen Reichtums der Welt an Werten in sich aufzunehmen, den überkommt wohl bisweilen ein Gefühl tiefer Dankbarkeit für das Teilnehmendürfen an allen den Strebungen, Aufgaben und Werterfüllungen, die sich ihm bieten und erschließen, wie Goethe es in den Versen der Marienbader Elegie anklingen läßt. Fragt man sich aber, wem nun eigentlich diese Dankbarkeit gelte, an wen sie zu richten sei, wer den Dank in Empfang nehmen solle, so müssen wir uns eingestehen, daß wir keinen Adressaten anzugeben wissen. Man pflegt wohl zu sagen: »Das Schicksal hat es gut mit mir gemeint.« Indessen ist doch in diesem Satze nicht nur das Subjekt, sondern es sind auch das Prädikat und die adverbiale Bestimmung im Grunde genommen lediglich allegorisch zu verstehen. Das »Schicksal«, der »Urgrund des Seins«, der »universale Wille zum Leben«, das »Urschöpferische«, die »Lebensmacht«, oder wie immer man das hypothetische X nennen mag, hat, anscheinend, von der Tendenz zur Individuation und Differenzierung geleitet, unermeßlich viele Arten, Typen, Modelle »bezweckt«, aber vermutlich oder sogar sehr wahrscheinlich nicht das Geschick der einzelnen Exemplare im Auge gehabt, nicht mich ganz persönlich »gemeint« und »bei meinem Namen gerufen«. Außerdem könnte einem schon im Hinblick auf die vielen, vielen so sehr benachteiligten Mitmenschen und die Leiden der Kreatur der Dank für das eigene Glück in der Kehle steckenbleiben. Die Dankbarkeit Gott gegenüber, einst eine selbstverständliche und geschätzte Tugend, ist insofern heute in Gefahr, für unser Gefühl zum Zeichen ichbetonter Enge und beinahe einer gewissen Unbescheidenheit zu werden. Wenn wir also damit zu rechnen haben, daß das Schicksal in bezug auf den einzelnen blind und unser Dank weder eigentlich verdient noch überhaupt zustellbar ist, so muß die vorhandene, irgendwie noch religiös motivierte Dankbarkeit, soll sie sich nicht im reinen Gefühl erschöpfen, abgeleitet werden in die Dimension des Sittlichen, umgemünzt werden in soziales Handeln. Dafür ist Albert Schweitzer, indem er die tätige Anteilnahme an den einzelnen Erscheinungen des Lebens für den einzigen Weg zum Einswerden mit dem Unendlichen erklärt, vielleicht das großartigste und denkwürdigste Beispiel. Wir hörten ihn alle von Krankheit Erlösten zur Bruderschaft der vom Schmerz Gezeichneten aufrufen. Wer sich entschließen könnte, eine solche Haltung, ganz im Sinne Schweitzers, zu erweitern, zu verallgemeinern zur Hilfsstellung des vom Schicksal Begünstigten für weniger Glückliche, der würde damit dem Leben den schönsten Dank abstatten, den allein möglichen und allein sinnvollen Dank. Ein letzter sublimer Rest der religiösen Einstellung möchte am Ende auf diese Weise in den Idealismus eingehen und so seine die Natur, den Menschen, die Wirklichkeit überhaupt unter sich zurücklassende schroffe, strenge Sachlichkeit und Erhabenheit auflockern, seine Kälte mildern, seinem blendend hellen Licht einige sattere Farben zusetzen, ohne ihm die Entschiedenheit und den Schwung zu nehmen, die sein Wesen ausmachen.

Der Wertidealismus wurde von einem radikalen Denker begründet und von einem nicht weniger radikalen ausgebaut. Eine Neigung zu extremen Positionen war hier von vornherein gegeben. Schweitzer konnte uns in manchen Punkten als Korrektiv gegenüber den wertidealistischen Einseitigkeiten dienen, nicht selten kamen wir jedoch von jener Einseitigkeit bei ihm nur zu einer anderen. Es hat sich nun aber gezeigt, daß der Wertidealismus auch von sich aus bis zu einem gewissen Grade in der Lage ist, zu Bedenken Anlaß gebende extreme Positionen, die mehr persönlich bedingt als sachlich notwendig sind, abzubauen. Ein erhebliches Verdienst kommt in dieser Hinsicht dem mehrfach in die vorangegangenen Erörterungen einbezogenen *Helmut Schiller* zu, der sich bemüht hat, allzu schroffe und überscharfe Ansichten Kerlers und Ports zu mildern, ohne unentbehrliche Elemente aufzugeben. Die Bedeutung Kerlers und Ports wird in keiner Weise geschmälert, wenn man betont, daß der Wertidealismus einer solchen verständnisvoll behutsamen, doch vor einigen erheblichen Eingriffen nicht zurückschreckenden Überholung dringend bedarf, um sich wirkungsvoll entfalten zu können.

Sehr instruktiv ist in dieser Hinsicht die Stellungnahme der Wertidealisten zum »Humanismus« der Gegenwart. Port scheut sich nicht, ihn deutlich abzuwerten, indem er ihn als Modeerscheinung hinstellt[311] und mit für die heutigen starken geistfremden und geistfeindlichen Tendenzen verantwortlich macht[312]. Wenn nun *H. Schiller* zwischen geistigem und ungeistigem Humanismus unterscheidet[313], so setzt er sich damit keineswegs in Gegensatz zu Port, doch verlagert er ein wenig den Akzent und befreit den Wertidealismus dadurch aus seiner Isolierung. Auch Port kann ja gegen einen geistigen Humanismus nichts einzuwenden haben, aber überall den ungeistigen witternd, ist ihm der Begriff Humanismus allgemein verdächtig, er spricht lieber von Idealismus. H. Schiller seinerseits macht kein Hehl daraus, daß er den ethischen Impersonalismus Kerlers zwar bewundert, aber als »inhumanen Idealismus« sich nicht zu eigen machen kann und erst recht nicht den darüber noch hinausgehenden »geistigen Inhumanismus« des Portschen Jugendwerks[314]. Dagegen rühmt Schiller die von Port vorgenommene Ergänzung des ethischen Hochwertes durch die Herausstellung des musisch-mystischen Tiefwerts nicht nur als »eine bedeutsame Bereicherung des Wertidealismus«, sondern zugleich als seine »entschiedene Humanisierung«[315]. Freilich, so richtig diese Beurteilung und so begrüßenswert eine solche Entschärfung

---

[311] *Port:* Bedeutung (Schluß), S. 133.
[312] *Port:* Religionen (5. Folge), S. 469 ff.
[313] *Schiller:* Humanismus, S. 1 ff.
[314] S. 8.
[315] S. 10.

des Wertidealismus überhaupt ist – Entschärfung nicht als Verharmlosung, sondern als Beseitigung unnötiger, unberechtigter Schärfen verstanden –, es zeigt sich damit zugleich, daß er in der verbesserten Form nicht mehr ganz so neuartig und einzigartig ist, wie ein gewisses Sendungsbewußtsein seiner Vertreter es manchmal wahrhaben will. Daß das sittliche Leben bitter ernstzunehmen ist, daß andererseits noch andere Werte zu dem gehören, was uns als Kultur insgesamt gilt, hat man schließlich schon gewußt, bevor der Wertidealismus, namentlich Port die Dinge derart auf die Spitze trieb. In dem Maße jedoch, als der Wertidealismus durch eine kritische Überarbeitung an absoluter Originalität einbüßt, wird er brauchbarer in seiner Bedeutung für die Gesamtkultur. Gegen Kerlers und Ports allzu einseitige und zum Teil abwegige Thesen ließ Schweitzer sich manchmal als Gegengewicht einsetzen. Der im obigen Sinne entschärfte Wertidealismus aber braucht Schweitzer nicht mehr als Gegengewicht; ganz von selbst nähert er sich ihm bis zu einem gewissen Grade. Während Schweitzer von Port hauptsächlich im kritischen Sinne erwähnt wird, wertet Schiller ihn mehrfach positiv. Ein für alles Wahre und Gute aufgeschlossener, weniger einseitiger, auch weniger polemisch eingestellter Wertidealismus könnte noch wichtige Aufgaben zu lösen haben und für eine zu erstrebende Lebensanschauung der Zukunft bestimmend werden.

Anders als für den ursprünglichen Wertidealismus, von dem aus gesehen Schweitzers Standpunkt eine zu enge Bindung an das Wirkliche zeigte, hat sich uns aus den früheren Erörterungen umgekehrt ergeben, daß das Verhältnis zum realen Sein in ethischer Hinsicht bei Schweitzer im allgemeinen eher noch nicht eng genug ist, daß der Versuch, die sittliche Haltung von gewissen Grundlagen und Grundbedingungen der Wirklichkeit absehen zu lassen, zu absurden Konsequenzen führt. Die wertidealistische radikale Absage an den Eudämonismus und Schweitzers totaler Eudämonismus zugunsten alles Lebens, der freilich vom sittlichen Menschen weitgehend das Opfer des eigenen Glücks verlangen würde – sie sind letztlich beide durchaus einseitig und rufen nach Vermittlung. Auch wenn ihr der Rang eines religiösen Objektes im eigentlichen Sinne abzusprechen ist, so hat die Wirklichkeit eben doch ein gewichtiges Wort mitzureden bei der Frage, wie wir unser Leben führen, was wir tun sollen, die Wirklichkeit um uns und die Wirklichkeit in uns. Indem jedoch einige unwesentlich gewordene Beziehungen zur Religion, die in Schweitzer noch anklingen oder nachwirken, vollends eliminiert werden, wird jedenfalls – das zu zeigen war eines der Ziele der Untersuchung in diesem Kapitel – eine sachliche Linie lediglich ausgezogen, die in seinem Denken bereits wesentlich mit angelegt ist. Bei einer anzustrebenden Synthese wird freilich der Idealismus nicht nur die Religion mit ihrer Bindung an die sehr zweifelhafte Realität einer absolut andersartigen, höheren, jenseitigen Welt zu überwinden haben, sondern dieser Idealismus müßte sich seinerseits, um der nicht zweifelhaften Wirklichkeit, der

Beschaffenheit unserer uns gegebenen Welt gebührend Rechnung tragen zu können, zu einer Art Realidealismus umbilden lassen. Besteht nicht in dieser zweifachen Bewegung – dem Sich-erheben des Menschen über die sinnlich wahrgenommene und genutzte Wirklichkeit zu höheren Sphären der Phantasie, des Glaubens, der Ideen, der absoluten Werte, und dann seiner Rückkehr zu eben derselben, nun tiefer erfaßten und ihn tiefer ergreifenden und verpflichtenden Wirklichkeit – die geheimnisvolle letzte Tendenz, von welcher die Geschichte des menschlichen Geistes erfüllt zu sein scheint?

Die in diesem Kapitel vorgenommene Konfrontation ist am Ende. Die beiden Begriffe Lebensreligion und Wertidealismus, um welche die Betrachtung kreiste oder zwischen denen sie hin- und herlief, waren der wertidealistischen Philosophie entnommen. Aber sie stellten nur ein Schema dar, das auf Schweitzer nicht voll, nicht in dem Sinne anwendbar war, daß er als der konsequente Vertreter der Religion des Lebens gelten könnte. Es zeigte sich vielmehr, wie sehr er schon in Richtung auf den Idealismus unterwegs ist. Am Begriff des Schöpferwillens hält der Denker Schweitzer zwar fest, ohne freilich viel daraus zu machen, aber von dem gläubigen Vertrauen auf den transzendenten Gott der Liebe ist er weit entfernt. Einen Ersatz für das Zurücktreten des Gottesgedankens und der Glaubenshaltung, ja, der religiösen Einstellung allgemein, durch den bewußten Übergang zum Reich der Werte und zu einer auf ihm aufbauenden Lebensanschauung und Ethik, wie sie der Wertidealismus vollzogen hat, läßt Schweitzer allerdings vermissen. Der Begriff des Lebens und die Ehrfurcht vor dem Leben vermögen einen solchen Ersatz nicht zu bilden. Die atheistische Aussage des Wertidealismus erschien uns umgekehrt reichlich klar und einfach, sein akosmistischer Wertabsolutismus und ethischer Rigorismus andererseits ebenso wie seine einseitig negative Einstellung zum Bereich des Lebens und des kosmischen Seins überhaupt nicht minder unrealistisch als das abgelehnte Vertrauen auf eine transzendente Seinsmacht. Beim Versuch, die unhaltbaren Elemente in der Position Schweitzers wie auch des Wertidealismus abzustoßen und die brauchbaren aus beiden herauszustellen und miteinander zu verbinden, stehen wir zuletzt vor dem Wunder des Lebens jenseits von gut und böse, dem weder uneingeschränkte Ehrfurcht noch Geringschätzung aus wertphilosophischen Gründen voll angemessen ist, und vor dem nicht weniger großen oder vielmehr noch weit größeren Wunder des Geistes, der Wirklichkeit der Werte, an denen der Mensch nehmend und schaffend teil hat. Hierbei befindet er sich der Erscheinung des Lebens gegenüber in einer eigentümlichen, von Grund auf zwiespältigen Lage: ohne Leben keine Werte, die diesem doch abgerungen und oft genug ihm gegenüber verteidigt werden müssen – Leben und Geist, Natur und Kultur in immerwährender fruchtbar-feindlicher Umschlingung.

D. Abschließender Teil

I. Schweitzers Selbstdarstellung

»Das Wertvollste eines Menschen, so groß auch seine schöpferische Fähigkeit sei, ist doch immer er selber.«

Albert Schweitzer [1]

In dem so vielgestaltigen und doch letzlich irgendwie einheitlichen Phänomen Albert Schweitzer ist der beherrschende Mittelpunkt das sittliche Leben: wichtiger, praktisch-persönlich wie auch theoretisch-allgemein als jede andere Blickrichtung war ihm stets die ethische. Bedeutender aber als seine philosophische Bemühung um die Ethik ist seine Persönlichkeit, und darin, daß das sittliche Interesse in ihr wohl in unvergleichlicher Stärke, doch eingebettet in eine unerhörte Fülle der verschiedensten Anlagen auftritt, besteht ihre einzigartige Anziehungskraft. Ein besonders glücklicher Umstand ist nun darin zu sehen, daß Schweitzer bei aller Zurückhaltung, zu der er in persönlichen Dingen von Natur neigt, nicht nur den Sinn für den Reiz, sondern auch die Gabe der Selbstdarstellung in hohem Grade besaß und überdies trotz der Überhäufung mit Aufgaben aller Art noch die Zeit und Gelegenheit gefunden hat, seine Entwicklung und die wechselseitigen Beziehungen zwischen seinem Leben und seinem Denken sehr eindringlich zu schildern. Er ist eben keineswegs eine nur praktische Natur, die in der übernommenen Arbeit auf- und untergeht. Wenn auch die Selbstdarstellung bei ihm manchmal einer äußeren Anregung entspringt und zum Teil in Berichten und Rundbriefen vor sich geht, die der Aufrechterhaltung der Verbindung mit den sein Werk unterstützenden Freunden in aller Welt dienen, und insofern die Erfüllung von Verpflichtungen darstellt, also im Rahmen seiner Wirksamkeit für das Spital gesehen werden muß, so macht sich in ihr doch andererseits eine selbständige Freude an der Aussprache, am Erzählen, an der Gestaltung des Erlebten geltend, die wiederum ins Ästhetische weist. Damit wendet sich die Betrachtung nach den umfangreichen sachlich-kritischen Erörterungen des Hauptteils jetzt am Ende wieder dem Bereich des Persönlichen zu, von dem sie ausgegangen ist, um noch eine weitere, ungemein anziehende Erscheinungsform des Wirkens dieses merkwürdigen Menschen ins Auge zu fassen, der ebenso schlicht wie anschaulich so viel des Außerordentlichen und Bedeutsamen von sich zu berichten weiß.

---

[1] GR S. 46.

Es ist mit Recht als ein »erstaunliches Phänomen« bezeichnet worden, »daß hier ein Mann, der schon zu Lebzeiten zu einer fast legendären Gestalt wurde, auch als sein eigener Biograph Leben und Werk in gültiger Weise dargestellt und interpretiert hat«. »Der hohe schriftstellerische Rang dieser Selbstinterpretation mag dabei manchem Leser gar nicht zu Bewußtsein kommen, so schmucklos ernst und klar wirkt die Sprache Schweitzers.« Besonders hervorzuheben ist dabei »sein Sinn für Natur und Landschaft und visuelle Eindrücke«, der aber noch übertroffen wird von »seiner Kunst der Menschendarstellung und seinem wachen Blick für Anekdotisches, das bestimmte menschliche Sinnzusammenhänge an exemplarischen Situationen plastisch veranschaulicht«[2]. Die Arbeit *W. Quenzers*, in der sich diese ausgezeichneten Bemerkungen finden, bildet, auf nur drei Seiten, den bisher einzigen nennenswerten Beitrag zum Thema der Selbstdarstellung Schweitzers. Nachdem dessen autobiographische Schriften unter einzelnen im vorliegenden Buch behandelten Gesichtspunkten schon vielfach herangezogen worden sind, lohnt es sich, jetzt noch einmal im Zusammenhang und umfassender als in der soeben erwähnten Abhandlung darauf einzugehen.

Zu den hier in Betracht kommenden Dokumenten gehört im Grunde genommen auch Schweitzers Rede anläßlich der Verleihung des Goethepreises der Stadt Frankfurt am 28. August 1928[3], die wohl das wesentlichste und eindruckvollste Zeugnis eines modernen Menschen von seiner Begegnung mit Goethe bildet. Überraschend ist es vor allem zu sehen, wie vorurteilslos und aufgeschlossen der so sehr vom sozialen Fühlen, Denken und Wollen Erfüllte, der sich der praktischen Arbeit an Mitmenschen verschrieben hat, dem großen Ästheten gegenübertritt und welche Fülle positiver Beziehungen zu ihm er erlebt.

Wie er sich im Gegensatz zu den spekulativen Systemen des Deutschen Idealismus von der einfachen realistischen Naturphilosophie des Dichterdenkers angezogen fühlt, wie er in dem bewunderten Olympier den Menschen lieben lernt, als er von dessen im Novembernebel und -regen unternommenen Harzreise zu einem durch schwere geistige Not bedrängten jungen Manne liest, wie er dann darauf aufmerksam wird, daß Goethe »sich keine geistige Beschäftigung denken kann ohne nebenhergehendes praktisches Tun« und »daß es für diesen Großen unter den geistig Schaffenden keine Arbeit gab, die er unter seiner Würde hielt«, wie der durch die Obliegenheiten des freiwillig beibehaltenen Pfarramtes in seiner wissenschaftlichen Arbeit Gehemmte sich mit dem Gedanken an den Dichter tröstet, der, bedeutende Pläne im Kopf, sich mit Finanzen und Bergbau seines kleinen Herzogtums abgab, und wie es ihm beim Übergang zu einem seiner Begabung und bisherigen Beschäftigung fernen praktischen Dienen wichtig geworden ist, daß sowohl Wilhelm Meister

---

[2] Quenzer: Schriften, S. 237.
[3] GR S. 9 ff.

als auch Faust »in einem ganz unscheinbaren Schaffen enden«, wie er bei dem Entschluß, den leidenden Eingeborenen Afrikas ärztliche Hilfe zu bringen, als die ihm am nächsten Stehenden ihn mit Einwänden quälen, seine Rechtfertigung in dem Wundarzt Wilhelm Meister gefunden hat, wie er später, als er darangeht, den Urwald zu roden, um eine Pflanzung anzulegen, die zur Ernährung seines Spitals beitragen soll, sich des dem Meere Land abgewinnenden alten Faust erinnert, aber auch, wie er sich bei der Auseinandersetzung mit neuen wirtschaftspolitischen Theorien in seinem Sinn für Recht und Gerechtigkeit wiederum durch den Dichter des Faust den Rücken stärken und das letzte Schuldigwerden Fausts an der Hütte von Philemon und Baucis zum Erlebnis werden und zu der Einsicht dienen läßt, daß das zu Verwirklichende nicht auf Kosten der davon Betroffenen erreicht werden darf, nicht zuletzt, wie er, der sich »bis auf den Nerv seiner Existenz« um die Schicksale unserer Zeit und die Menschheit sorgt, in Goethe den Denker würdigt, der »in äußerst lebhafter Weise seine ganze Zeit in ihren Gedanken und in ihrem Geschehen miterlebte«, der sich Gedanken über sie machte und, »als die Postkutsche noch über die Landstraße kroch«, schon das Industriezeitalter vor sich sah, der sich bereits mit der Frage beschäftigte, welche Folgen das Vordringen der Maschine für den Menschen haben wird, wie er sich schließlich auch darin Goethe verbunden fühlt, daß er seine Zeit im Unterschied von den meisten, in Abhängigkeit befindlichen Menschen als ein freier Mann erleben und ihr als ein Freier dienen darf: das alles zeugt von einem Verhältnis zu Goethe, das man bei Schweitzer, gäbe es seine Ansprache nicht, kaum so erwartet haben würde. Dieses Verhältnis ist ebenso sehr durch Bewunderung und das Bewußtsein des Abstandes bestimmt – am Anfang seiner Rede macht Schweitzer die Herren des Kuratoriums dafür verantwortlich, »daß ich armseliges Möndlein heute vor der gewaltigen Sonnenscheibe Goethes vorübergehe« – wie durch seine eigene Originalität und eine gewisse Kongenialität. Daß die von ihm beschriebenen Beziehungen nicht ad hoc, erst aus Anlaß der Rede entdeckt oder erdacht worden sind, sondern eine wirkliche Selbstdarstellung bieten, d. h. daß er mit Goethe gelebt hat, spürt man.

Schweitzer würde noch mancherlei andere Beziehungen zu Goethe oder Parallelen mit ihm angeführt haben können, nicht nur etwa die rein zufällige kuriose Tatsache, daß der cand. theol. und stud. phil. Albert Schweitzer während eines Sommers in Straßburg dieselbe Bude wie einst der stud. jur. Johann Wolfgang v. Goethe bewohnt oder den Umstand, daß Goethe ja nebenbei ebenfalls Medizin in Straßburg studiert hat, sondern auch so wesentliche Berührungen im Denken wie die Annahme einer letzten Unerkennbarkeit der Natur. Goethes Ausspruch »die Natur liebt nun einmal nicht, daß man ihr gleichsam unaufgefordert zu tief in die Karten blickt« [4] muß Schweitzer aus dem Herzen gesprochen gewesen sein. Ferner macht *Picht* auf ein Schweitzer mit einem Eintrag Werthers gemeinsames Motiv aufmerkam: die Klage über

[4] *Goethe:* Gespräche, Bd 4, S. 466.

die Tragik der »verzehrenden Kraft, die in dem All der Natur verborgen liegt«: »der harmloseste Spaziergang kostet tausend armen Würmchen das Leben, es zerrüttet ein Fußtritt die mühseligen Gebäude der Ameisen« [5]. Als Schweitzer mit Goethe gemeinsam wäre auch der unsystematische, unabgeschlossene Charakter seiner Weltanschauung zu erwähnen und ebenso die Ansicht, daß der Urgrund des Seins etwas Unpersönliches sein müsse. Gemeinsam ist beiden ferner die Verwendung des Begriffs der Ehrfurcht und die Beziehung zentraler Aussagen über Religion und Lebensanschauung zur Mystik, wobei freilich neben dem Gemeinsamen auch Unterschiede der Einstellung sichtbar werden. Ähnlich sind sie einander schließlich in der Humanitätsethik mit der Betonung des tätigen Menschen und in der Auffassung des Christentums als einer vor allem sittlichen Erscheinung. [6]

Andere Gemeinsamkeiten konnte Schweitzer schon aus Gründen des Takts nicht gut als solche herausstellen. Er hebt in seinen weiteren Reden über Goethe einiges an diesem hervor, das dem Redner zweifellos persönlich besonders wichtig war, weil er sich ihm darin verwandt fühlte. Wenn er in seiner zweiten Frankfurter Rede (zur 100. Wiederkehr des Todestages) von Goethes Menschentum spricht, »das auf Wahrhaftigkeit und Lauterkeit gegründet, durch Neidlosigkeit, Gelassenheit, Friedfertigkeit und Gütigkeit ausgezeichnet ist« [7], so wird auf den ersten Blick deutlich, daß es sich hier um sittliche Verhaltensweisen handelt, die Schweitzer höher als alle anderen schätzte und die ihm selbst in hervorragendem Maße eigneten. Namentlich gilt dies von dem Nichtreagieren auf Feindseligkeiten. »Niemals hat Goethe irgendwie reagiert auf all die vielen und versteckten Feindseligkeiten, die ihm begegneten. Er ist bei allen diesen Angriffen still und ruhig seines Weges gegangen.« Was Schweitzer hier von Goethe sagt, bezeichnet genau seine eigene Praxis. [8]

Besonders nahe mußte Schweitzer der hilfsbereite Goethe stehen, der Zeit und Geld daran gewandt hat, Menschen über Wasser zu halten [9], wie wir durch Goethes, von Schweitzer in diesem Zusammenhang mehrfach erwähnten Arzt Vogel wissen, dem der Dichter Mittel für bedürftige Patienten zur Verfügung stellte [10]. Und wer könnte von der Person des Redners absehen, wenn er von Goethe sagt: »Ein tiefes Bedürfnis zu dienen ist in ihm. Er entzieht sich keiner ihm zufallenden Pflicht, keiner zu übernehmenden Verantwortung. Das Kleinste tut er mit größter Gewissenhaftigkeit. Immer geht er bis an die Grenze seiner Leistungsfähigkeit.« [11] Gilt diese Charakterisierung nicht von Schweitzer sogar in noch höherem Grade als von Goethe? Wenn Schweitzer ferner dessen bekannte Steifheit, »die als Kälte empfunden und als Hochmut ausgelegt« wurde [12], auf Verlegenheit gegenüber Unbekannten oder weniger

---

[5] *Goethe:* Werther, 1. Buch, 18. August; Picht, S. 111.
[6] Vgl. zum ganzen Thema »Schweitzer und Goethe« *Lind:* Universalmenschen, insbes. zum Obigen S. 59. 56. 200. 219. 254. 212. 232 ff. 236. 257. 244. 261. 230. 237. 70. 191. — Im Jahre vor dem Erscheinen des Lindschen Buches war das lohnende Thema dieses Parallelismus schon in einem Aufsatz von *H. Steffahn* (Goethe) behandelt worden. Bemerkenswert ist namentlich der Schweitzer wie Goethe gegenüber gelegentlich erhobene Vorwurf, daß sie sich aus ihrer eigentlichen Bahn hätten werfen lassen (Weimar, Lambarene) (S. 27 ff.), und die Tatsache, daß zu diesen Orten dann später die Freunde und Verehrer in Scharen pilgerten (S. 30 ff.).
[7] GR S. 27.
[8] S. 66.
[9] S. 67.
[10] S. 28. 67.
[11] S. 100.
[12] S. 28.

Bekannten zurückführt, so beruht dieses Verständnis zum guten Teil auf Selbsterlebtem, auf der Erfahrung, zu zurückhaltend gewesen zu sein infolge großer Schüchternheit. An Schweitzers eigenen Stil könnte man denken, wenn er an Goethe rühmt, »daß sich die deutsche Sprache bei ihm in vollendet natürlicher und einfacher Weise ausleben darf« [13], und wenn er sagt: »Mit Goethe tritt ein Stück Natur in die Literatur hinein« [14], so läßt sich sagen, daß mit Schweitzers Rehabilitierung des Mitleids ein Stück Natur in die philosophische Ethik eintritt.

Es gibt aber daneben sehr eigentümliche gemeinsame Züge, die Schweitzer selbst zu erkennen weit entfernt war und die auch in der angeführten Arbeit von Lind nicht berücksichtigt werden. Dabei ist etwa die Zeitverschwendung an weniger Wichtiges zu nennen. Wenn Goethe, anstatt sehr mittelmäßige Stücke für den Bedarf des Weimarer Theaters herzustellen oder Akten aufzuarbeiten, sich an einige aus dem inneren Erleben erwachsene bedeutsame Motive und Probleme gemacht und sie dichterisch gestaltet hätte, wenn Schweitzer die Bestellungen der Arzneimittel delegiert und nicht an alle Bauten selbst mit Hand angelegt, dafür aber seine Kulturphilosophie abgeschlossen hätte! Goethe sieht zuletzt ein, daß er sich mehr an sein eigentliches Metier hätte halten sollen, Schweitzer scheint zu der entsprechenden Einsicht nicht gekommen zu sein. Und immerhin gelang es Goethe, sein eigentliches Lebenswerk ein Jahr vor dem Tode zu vollenden, während das, was Schweitzers Lebenswerk hatte werden sollen, Fragment geblieben ist. Man kann dieser Sachlage freilich auch eine andere Seite abgewinnen: Goethe hätte vermutlich wirklich noch weiteres Großes schaffen können, Schweitzer hatte wesentlich Neues über das in den ersten beiden Teilen seiner Kulturphilosophie Ausgeführte hinaus wohl kaum mehr zu sagen.

Eine auffallende Parallelität besteht auch, um noch einen letzten Punkt hervorzuheben, zwischen ihren wissenschaftlichen Hauptleistungen. Goethes Farbenlehre und Schweitzers Jesusauffassung gleichen sich darin, daß es sich beide Male um die intuitive Konzeption einer ganzheitlich gerichteten Hypothese handelt, an der ihr Begründer unter Ablehnung der ihm unsympathischen analytischen Betrachtung (Spektralanalyse, Reden Jesu) gegen alle noch so schwerwiegenden Einwände eigensinnig festhielt. Man kann den Vergleich sogar noch weiterführen: beide Male wird nicht nur die Theorie, sondern auch die Geschichte und eine Kritik der bisherigen Arbeit an dem behandelten Gegenstand gegeben. Beide Male ist die Geschichtsschreibung wertvoller als die eigene Theorie, während sich nun allerdings die Kritik bei Goethe als unhaltbar, bei Schweitzer als der gültige und bleibende Teil seiner Leistung erweist.

Schweitzers Darstellung seines Verhältnisses zu Goethe ist deshalb so überraschend und anregend, weil man von vornherein dazu neigen würde, die Unterschiede und Gegensätze zwischen ihnen für viel beträchtlicher als das Gemeinsame zu halten. Es erscheint verständlich, daß in einer kurzen Ansprache, noch dazu bei einem festlichen Anlaß, von Differenzen nicht die Rede sein konnte. Sachlich ist es jedoch erforderlich, das Verhältnis durch deren Berücksichtigung ein wenig zurechtzurücken. Auch *Lind* hat das nur vereinzelt getan. Mit Recht stellt er dem Zickzackweg Goethes die gerade und stetige Entwicklung Schweitzers gegenüber [15], womit zusammenhängt, daß bei Goethe starke religiöse Wandlungen, bei Schweitzer überhaupt keine derartigen Wandlungen vorliegen. [16] Ebenso wird das geistige Abrücken von der großen

---

[13] S. 30.
[14] S. 29.
[15] *Lind:* Universalmenschen, S. 47. 166.
[16] S. 227.

Menge, das weltferne, esoterische Olympiertum Goethes und demgegenüber Schweitzers zunehmende Schlichtheit und Einfachheit angeführt [17], die sich im menschlichen Auftreten wie im geistigen Schaffen ausdrückt. Die wichtigste weltanschauliche Differenz aber dürfte die sein, daß Goethe Natur und Geist und dementsprechend auch Natur und Ethik durchaus im Zusammenhang und als Einheit sieht, während für Schweitzer die Andersartigkeit der sittlichen Bestimmung gegenüber dem Naturgeschehen im Vordergrund steht. [18]

Nicht ganz übergangen werden dürfen bei einer solchen Betrachtung ein paar bei Lind unerwähnt gebliebene Gegensätze, so das zeitweise kindsköpfige, tolle Treiben des jungen Goethe, auch anfangs noch in Weimar, und im Vergleich damit der unerhörte Ernst und die erstaunliche Reife des jungen Albert Schweitzers, sogar schon als Kind. Sehr auffallend ist auch Goethes fehlendes Verhältnis zu Tieren, so sehr sie ihn wissenschaftlich beschäftigt haben [19], neben Schweitzers ausgeprägter, überaus starker Tierliebe und Fürsorge. Ein starker weltanschaulicher Gegensatz besteht auch zwischen Goethes oftmals betonter fester Überzeugung von der Unsterblichkeit – die Natur ist nach seiner Meinung geradezu »verpflichtet«, ihm »eine andere Form des Daseins anzuweisen, wenn die jetzige meinen Geist nicht ferner auszuhalten vermag« [20] – und Schweitzers so beredtem völligem Schweigen über diesen Punkt. Als sachlich besonders tiefgreifend wäre schließlich noch zu erwähnen, daß Goethes Ethik gar nichts von dem enthusiastischen Charakter hat [21], der für Schweitzers Auffassung des sittlichen Lebens so wesentlich ist.

Schweitzers Reden über Goethe konnten keine vollständige Auseinandersetzung mit ihm bringen, das verboten wie gesagt schon die Anlässe und wohl auch die Bescheidenheit des Redners. Aber daß die Darstellung seines Verhältnisses zu Goethe nicht vollständig und recht einseitig ist, darauf mußte jedenfalls kurz hingewiesen werden. So einfach und eng, wie es nach der wundervollen ersten Frankfurter Rede erscheinen muß, war es trotz aller Berührungen doch nicht.

Die volle Spannweite der Persönlichkeit Schweitzers läßt sich kaum besser verdeutlichen als durch den Hinweis, daß er sich nicht nur sein Verhältnis zu Goethe feinsinnig bewußt gemacht und uns dadurch einen Beitrag zur Erfassung seines eigenen Wesens gegeben hat, sondern daß er sich ein anderes Mal für einen Augenblick in einem Pelikan spiegelt, der, als junges Tier mit seinen beiden Brüdern von Negerbuben aus dem Neste geraubt und dem Doktor in der Hoffnung auf eine Belohnung zugetragen, nun seit Jahren im Spital heimisch ist. Nimmt man Schweitzers ethische Ausführungen über das Verhältnis des Menschen zum Tier im allgemeinen und den persönlichen Bericht über sein Mitleid mit Tieren seit seiner Kindheit zusammen, so könnte der Eindruck entstehen, daß hier ein stark sentimentaler Zug einer vielleicht überhaupt allzu weichen Persönlichkeit zum Ausdruck kommt. Wie anders ist das Bild, das er den Spitalpelikan von seinem Pflegevater zeichnen läßt! „Der

---

[17] S. 226.
[18] S. 235 ff.
[19] GR S. 87. – *Welk:* Freundschaft, S. 245 ff. – Dieser Punkt wird von *Lind* (S. 249) verkannt.
[20] Gespräch mit Eckermann am 4. Febr. 1829.
[21] GR S. 87.

Doktor befühlte uns Füße und Flügel. ›Ein Glück für euch‹, sagte er zu den beiden Lümmeln, ›daß ihr ihnen nichts gebrochen habt, sonst hätte es euch schlecht ergehen können bei mir!‹ ›Einige Monate müssen wir sie halt füttern‹, sagte er dann zu der Pflegerin.« »Wie leid tut es mir, so viel arme Fische für diese Fresser opfern zu müssen.« » ›Und jetzt muß ich eine Behausung für sie herrichten‹, sagte der Doktor. ›Da geht nun der ganze Nachmittag drauf und ich hätte so viel anderes zu tun.‹ « »Tatsächlich kroch er den ganzen Nachmittag mit Georg unter dem Haus herum und machte aus seiner schlechten Laune von wegen der Arbeit, die er für uns tun mußte, kein Hehl. Daß einer ein so gutes Herz haben und so brummig sein könne, kam mir in meiner Unerfahrenheit merkwürdig vor.«[22] Besonders hübsch, wie auch seine persönliche Bescheidenheit Schweitzer hier nicht daran hindert, den Blickpunkt des Tieres folgerichtig festzuhalten.[23]

Aber Schweitzer hat uns ja glücklicherweise vor allem auch unmittelbar und ausführlich mit seinem Leben, Denken und Wirken literarisch bekanntgemacht. Als nach der erzwungenen Rückkehr aus Afrika infolge des Ersten Weltkriegs dem damals Kränkelnden und Niedergedrückten ein Aufenthalt in Schweden Genesung und neuen Mut gebracht und ihn den Entschluß hatte fassen lassen, sein abgebrochenes Werk in Lambarene neu aufzunehmen, machte er sich, wieder im Elsaß, daran, auf Bestellung eines schwedischen Verlegers seine Afrika-Erinnerungen zu schreiben. »Zwischen Wasser und Urwald« heißt dieses mit Recht berühmt gewordene Buch, »Erlebnisse und Beobachtungen eines Arztes im Urwald Äquatorialafrikas« lautet nüchtern, doch vielversprechend der Untertitel. Es war vereinbarungsgemäß auf eine bestimmte Anzahl Wörter festgelegt, so daß sein Verfasser nach der Fertigstellung mehrere tausend »über Bord werfen mußte«, was ihm »mehr Mühe verursachte als die ganze Niederschrift«.[24] Zuletzt hatte noch das ganze Kapitel über »Holzfäller und Holzflößer im Urwald« in Wegfall kommen sollen. Aber auf Bitten des Verfassers wurde das Manuskript dann doch mit diesem überzähligen Stück angenommen. Es ist bezeichnend, daß ihm an diesem Kapitel so viel lag. Der Mann, der von einem einzigartigen, unvergleichlich starken sittlichen Impuls getrieben wird und mit jedem einzelnen Kranken mitfühlt und leidet, beobachtet daneben mit dem Interesse eines Geographen und Soziologen Land und Leute, wenn auch nur von seinem Standort aus; Zeit zum Reisen hat er sich dafür nie genommen. Auf das eben genannte folgt das Kapitel »Soziale Probleme im Urwald«. Wir erhalten Aufschluß über die Rechtsbegriffe des Negers und den noch ganz

[22] Pelikan, S. 7 ff.
[23] Ebenso projiziert er das Urteil »gut« über seine Person unbefangen in die Schwarzen des Urwalds, wenn er sich einmal ironisch-humorvoll als Grabspruch gewünscht haben soll: »Wir haben ihn gegessen, den Doktor Schweitzer. Er war gut bis zu seinem Ende« (*J. Günther:* Märchen, S. 104).
[24] LD S. 163.

lebendigen Fetischismus. Auch über die Lage, die Berechtigung und die Erfordernisse der Mission äußert Schweitzer sich sachverständig. Seine gesamte neue Umwelt beschäftigt ihn. Dann unterrichtet er den Leser auch, wie es nicht anders sein kann, über die hauptsächlichen dort vorkommenden Krankheiten. Unser besonderes Interesse gilt aber natürlich dem Bericht über seine eigene Tätigkeit. Er erzählt, wie er seine Praxis in einem Hühnerstall beginnen muß. Wir erfahren, wie sein schwarzer Heilgehilfe, der weder lesen noch schreiben kann, trotzdem die geforderte Arznei richtig heranholt, da er sich an das Wortbild der Inschrift erinnert, und wie ihm, der sich eine Frau kaufen möchte, aber wie alle Eingeborenen nicht zu sparen versteht, sein Chef eine Sparbüchse anlegt, in die alle Gratifikationen für außerordentliche Dienstleistungen fließen. Wir hören von den Schwierigkeiten des täglichen Lebens, so z. B. daß Frau Schweitzer das Löten gelernt hat, um Mehl und Mais in Büchsen gegen das viele kriechende Getier zu sichern, oder wie gefürchtet kleine Skorpione und andere stechende Insekten sind. »Man wird so vorsichtig, daß man nie mit der Hand blindlings in eine Schublade oder in eine Kiste greift, wie in Europa. Nur unter Aufsicht des Auges wagt sich der Finger voran« [25], berichtet Schweitzer in seiner plastischen Art. So gewinnt man einen ausgezeichneten Einblick in die uns so fremden Lebensverhältnisse.

Von diesen ungemein fesselnden Schilderungen abgesehen, hat das in seiner Art geradezu klassisch zu nennende Buch drei Höhepunkte, am Anfang, in der Mitte und am Schluß, die es in einem noch tieferen Sinne zu einer Selbstdarstellung von besonderer Bedeutung werden lassen.

Scharf akzentuiert und wuchtig setzt der Verfasser mit dem Thema der Fuge seines Lebens ein: »Die Lehrtätigkeit an der Universität Straßburg, die Orgelkunst und die Schriftstellerei verließ ich, um als Arzt nach Äquatorialafrika zu gehen. Wie kam ich dazu?« [26] Das fragt nicht einer, der sich rühmen will, aber es ist im Bewußtsein des Außerordentlichen, aus jedem Rahmen einer vernünftigen Laufbahn Herausfallenden gesagt. Es folgt unmittelbar die überzeugende, jeden Zweifel oder Widerspruch zum Verstummen bringende denkwürdige Antwort:

> »Ich hatte von dem körperlichen Elend der Eingeborenen des Urwaldes gelesen und durch Missionare davon gehört. Je mehr ich darüber nachdachte, desto unbegreiflicher kam es mir vor, daß wir Europäer uns um die große humanitäre Aufgabe, die sich uns in der Ferne stellt, so wenig bekümmern. Das Gleichnis vom reichen Mann und vom armen Lazarus schien mir auf uns geredet zu sein. Wir sind der reiche Mann, weil wir durch die Fortschritte der Medizin im Besitze vieler Kenntnisse und Mittel gegen Krankheit und Schmerz sind. Die unermeßlichen Vorteile dieses Reichtums nehmen wir als etwas Selbstverständliches hin. Draußen in den Kolonien aber sitzt der arme Lazarus, das Volk der Farbigen, das

[25] WU S. 137.
[26] WU S. 1.

der Krankheit und dem Schmerz ebenso wie wir, ja noch mehr als wir unterworfen ist und keine Mittel besitzt, um ihnen zu begegnen. Wie der Reiche sich aus Gedankenlosigkeit gegen den Armen vor seiner Türe versündigte, weil er sich nicht in seine Lage versetzte und sein Herz nicht reden ließ, also auch wir.« [27]

Das ist die allgemeine Exposition: eine wegweisende, damals im höchsten Grade originelle, doch bei aller Ungewöhnlichkeit noch allgemeine Erkenntnis. Und nun die Bezugnahme auf sich selbst, die persönliche Anwendung: »Von diesen Gedanken bewegt beschloß ich, bereits dreißig Jahre alt, Medizin zu studieren und draußen die Idee in der Wirklichkeit zu erproben.« [28]

Der Zweite Höhepunkt, der Gipfel des ganzen Buches, schildert die Erfüllung:

»Wie meine Gefühle beschreiben, wenn solch ein Armer gebracht wird! Ich bin ja der einzige, der hier helfen kann, auf Hunderte von Kilometern. Weil ich hier bin, weil meine Freunde mir die Mittel geben, ist er wie die, die in demselben Falle vor ihm kamen und nach ihm kommen werden, zu retten, während er anders der Qual verfallen wäre. Ich rede nicht davon, daß ich ihm das Leben retten kann. Sterben müssen wir alle. Aber daß ich die Tage der Qual von ihm nehmen darf, das ist es, was ich als die große, immer neue Gnade empfinde. Der Schmerz ist ein furchtbarerer Herr als der Tod.

So lege ich dem jammernden Menschen die Hand auf die Stirne und sage ihm: ›sei ruhig. In einer Stunde wirst du schlafen, und wenn du wieder erwachst, ist kein Schmerz mehr.‹ . . .«

»Die Operation ist vorüber.« In [29] »der dunklen Schlafbaracke überwache ich das Aufwachen des Patienten. Kaum ist er bei Besinnung, so schaut er erstaunt umher und wiederholt fort und fort: ›Ich habe ja nicht mehr weh, ich habe ja nicht mehr weh!‹ Seine Hand sucht die meine und will sie nicht mehr loslassen. Dann fange ich an, ihm und denen, die dabeisitzen, zu erzählen, daß es der Herr Jesus ist, der dem Doktor und seiner Frau geboten hat, hier an den Ogowe zu kommen, und daß weiße Menschen in Europa uns die Mittel geben, um hier für die Kranken zu leben.« ... »Durch die Kaffeesträucher hindurch scheint die afrikanische Sonne in die dunkle Hütte. Wir aber, Schwarz und Weiß, sitzen« beieinander [30] »und erleben es: ›Ihr aber seid alle Brüder‹.« [31]

Und dann der dritte Höhepunkt am Ende: Bestätigung und Aufruf: »In allem hat sich mir bestätigt, daß die Überlegungen, die mich aus der Wissenschaft und aus der Kunst in den Urwald hinaustrieben, richtig waren.« [32] Aber das stolze Bewußtsein, mit seinem abenteuerlichen Entschluß recht gehabt zu haben, ist nicht die Hauptsache. Es geht ihm nicht so sehr um das Gelingen eines einmaligen Experimentes als vielmehr

[27] ebd.
[28] WU S. 2.
[29] »In« anstatt »unter«, wie Schweitzer schreibt.
[30] Schweitzer schreibt: »untereinander«.
[31] WU S. 89 f.
[32] WU S. 163.

darum, daß der Gedanke Schule macht, daß der Bahnbrecher Nachfolger und Helfer finde:

> »Wir müssen Ärzte haben, die freiwillig unter die Farbigen gehen und auf verlorenem Posten das schwere Leben« in [33] »dem gefährlichen Klima und alles, was mit dem Fernsein von Heimat und Zivilisation gegeben ist, auf sich nehmen. Aus Erfahrung kann ich ihnen sagen, daß sie für alles, was sie aufgegeben haben, reichen Lohn in dem Guten, was sie tun können, finden werden. Unter den Armen draußen können sie aber die Kosten ihrer Tätigkeit und ihres Lebensunterhaltes gewöhnlich nicht oder nicht vollständig aufbringen. In der Heimat müssen also Menschen sein, die ihnen das Notwendige geben. Uns allen fällt dies zu.« [34]

»Wer aber soll, ehe dies allgemein eingesehen und anerkannt wird, damit anfangen?«, fragt er weiter. Die Antwort lautet: Die Bruderschaft der vom Schmerz Gezeichneten[35], hier ist der ursprüngliche literarische Ort dieses schon früher erörterten bedeutsamen Begriffes. Nicht nur das im höchsten Grade originelle Vorhaben und seine Verwirklichung, auch das Ausmünden seiner Sorge in diese allgemeine, ins Weite weisende Anregung gehört mit zur Selbstdarstellung Albert Schweitzers, und daß Anregung und Aufruf so ganz mit zu ihr und in sie hinein gehören, das eben ist ungemein bezeichnend.

Und noch etwas Besonderes ist innerhalb dieses Berichts hervorzuheben. Es gelingt seiner Kraftnatur, bei allem angespannten Wirken als Organisator, Baumeister, Handwerker, Arzt und Apotheker noch, in freien Stunden sich nicht nur der Musik zu widmen, sondern auch seinen philosophischen Interessen nachzugehen und sich mit dem Problem der Pathologie und Therapie der modernen Kultur zu beschäftigen. Auch hier verschlingen sich persönliche Neigung und ins Allgemeine führende Sorge. Hat je ein Denker unter solchen Umständen, in einer so ungewöhnlichen Situation über die Grundprobleme der Kultur und Ethik philosophiert und geschrieben?

> »Die geistige Frische habe ich trotz aller Müdigkeit und aller Anämie merkwürdigerweise fast ganz bewahrt. War der Tag nicht gar zu anstrengend, so vermag ich nach dem Abendessen zwei Stunden an meiner Arbeit über Ethik und Kultur in der Geschichte des Denkens der Menschheit zu schaffen.« ... »Es ist ein merkwürdiges Arbeiten. Mein Tisch steht an der auf die Veranda hinausführenden Gittertür, damit ich möglichst viel von der leichten Abendbrise erhasche. Die Palmen rauschen leise zu der lauten Musik, die die Grillen und Unken aufführen. Aus dem Urwald tönen häßliche und unheimliche Schreie herüber. Caramba, der treue Hund auf der Veranda, knurrt leise, um mir seine Gegenwart bemerkbar zu machen. Zu meinen Füßen unter dem Tisch liegt eine kleine Zwergantilope. In dieser Einsamkeit versuche ich, Gedanken, die mich seit 1900

---

[33] »in« wiederum anstatt *»unter«* im Text.
[34] WU S. 165 f.
[35] WU S. 166. Bruderschaft anstatt »Brüderschaft«.

bewegen, zu gestalten und am Wiederaufbau der Kultur mitzuhelfen. Urwaldeinsamkeit, wie kann ich dir jemals danken für das, was du mir warst! . . .« [36]

Eine Art Fortsetzung des Urwaldbuches bilden die »Briefe aus Lambarene 1924–1927«, die über den zweiten Afrikaaufenthalt berichten. Diese Aufzeichnungen waren ursprünglich rasch niedergeschrieben worden und nur für den Kreis der Freunde des Urwaldspitals bestimmt, dann aber von diesen ohne Schweitzers Wissen als »Mitteilungen aus Lambarene" in drei ziemlich unscheinbaren und schwer zugänglichen Heften veröffentlicht worden. Erst seit 1955 sind die ungemein wertvollen Schilderungen der größeren Öffentlichkeit in einer schönen Buchausgabe (unter dem erstgenannten Titel) erreichbar. [37]

Die Briefe aus Lambarene übertreffen das Urwaldbuch womöglich noch in der farbigen Anschaulichkeit des Lebens und Treibens im Spital wie auch durch einige kleine humorvolle Geschichten von dem Verkehr des Doktors mit seinen Schutzbefohlenen, man denke nur an den Bericht, wie der Arzt und Helfer zum Pharao und Fronvogt wird, der seine Patienten durch die ihnen zugemutete Arbeit bedrückt. Auch jene unvergeßliche Erzählung von der Begegnung mit dem schwarzen Intellektuellen, der es ablehnt, beim Holztragen zu helfen, findet sich hier, und ebenso die großartige Beschreibung eines Tageslaufs beim Roden im Urwald in Form des Vergleichs mit einer Symphonie. Schweitzer berichtet von der Prosa des afrikanischen Alltags, viel zu viel, wie er fürchtet, und welchen Glanz weiß er doch durch die Kraft seines Geistes und Gemütes darauf auszustrahlen! Das Buch schließt mit der Fertigstellung des an eine andere Stelle verlegten und wesentlich vergrößerten Spitals. Was für eine psychische und auch rein physische Leistung hat die Durchführung dieses umfangreichen Bauvorhabens bei Aufrechterhaltung des täglichen Spitalbetriebes für den menschlichen Motor des Ganzen bedeutet! Aber obwohl er bei der Vollendung befriedigt sehr beträchtliche Fortschritte in der Unterbringung der Kranken verzeichnen kann, meint er doch im Rückblick auf diese drei in Not und Arbeit besonders reichen Jahre: »Freude über das Gelingen kommt nicht auf. Ich fühle mich gedemütigt. Ich frage mich, womit ich es verdient habe, daß ich solches Werk treiben und in solchem Werk Erfolg haben durfte.« [38] Es scheint in Schweitzers Natur zu liegen, daß er große, schwierigste Unternehmungen mutig angreift und kraftvoll durchführt, dabei auch im einzelnen manches freundliche und erfreuliche Erlebnis hervorhebt, daß aber bei der Rückschau ein demütiger Ernst überwiegt. Und als er endlich in den

---

[36] WU S. 142 f.
[37] Der Verfasser des vorliegenden Buches rechnet es sich als Verdienst an, dem Verlag die Anregung hierzu gegeben zu haben. Inzwischen liegen die Briefe aus Lambarene zusammen mit dem ersten Afrikabuch und den Kindheitserinnerungen auch in einer Sonderausgabe (Selbstzeugnisse. 1959) vor.
[38] BL S. 195.

so dringend benötigten Erholungsurlaub nach Europa fahren kann, übermannt ihn fast das Weh des Abschieds von denen, für die er da ist.

Alles in allem lassen die beiden Afrikabücher ihren Verfasser nicht nur als den liebenswertesten Menschen, sondern auch als den spannendsten Erzähler unter allen großen Moralpredigern erkennen.

Die fast unglaubliche Mannigfaltigkeit und Vielseitigkeit dieses Lebens einerseits, seine unvorstellbare Intensität andererseits kommt aber naturgemäß nirgends so verdichtet zum Ausdruck wie in derjenigen Veröffentlichung, welche die zusammenfassende Selbstdarstellung im eigentlichen Sinne enthält: »Aus meinem Leben und Denken«. Sie ist hervorgegangen aus Schweitzers Beitrag zu dem Sammelwerk »Die Philosophie der Gegenwart in Selbstdarstellungen«. Als er einst nach beendetem Studium wählen konnte, ob er sich in der theologischen oder in der philosophischen Fakultät habilitieren wolle, hatte er sich für die theologische entschieden; später, bei der Unterbringung des genannten Beitrags wiederum vor die Wahl zwischen diesen beiden Fakultäten gestellt, wünschte er sich dagegen den philosophischen Rahmen. Über die Behandlung seines wissenschaftlichen Arbeitens hinaus berichtet das nachträglich zum selbständigen Buch erweiterte und verbreitetste seiner Werke nun allgemein über sein Leben und Denken, und es ist damit zur Hauptquelle des Schweitzer-Schrifttums geworden, das sie gehörig zu benutzen und auszuschreiben pflegt, die Sonne, von der alle die Planeten und Planetoiden ihr Licht empfangen, das Muster einer ebenso straffen und geradezu knappen wie andererseits tiefdringenden und, auf das Wesentliche gesehen, wirklich erschöpfenden Selbstdarstellung.

Es ist ein schlichter, an einzelnen Stellen beinahe nüchtern aufzuzählender Bericht, alles andere als auf Effekte ausgehend. So würde man in diesem ohnehin überaus stoffreichen Buch, das sich ja doch an einen weiteren Leserkreis wendet, manche Namen wie die seiner medizinischen Lehrer in Straßburg oder der Ärzte, die in Lambarene seine Mitarbeiter gewesen sind, vielleicht für entbehrlich halten können. Indessen entspricht eine derartige Genauigkeit des Autobiographen wohl nicht nur den allgemeinen Ansprüchen, die Schweitzer an eine gründliche Berichterstattung stellt, sondern sie erwächst, was die eben angeführten Beispiele angeht, sicherlich auch aus der bei ihm so stark ausgeprägten Gesinnung der Dankbarkeit allen gegenüber, von denen er lernen oder Hilfe erfahren durfte. Wie wenig dieser Erzähler, wenn er sich der Selbstdarstellung widmet, von seinem Ich besessen ist, zeigt sich auch in der Art, wie er gelegentlich eine gar nicht ihn betreffende unterhaltsame Anekdote einstreut. Der Mann, der hier über seine Entwicklung und Arbeit schreibt, besitzt gewiß ein starkes Selbstbewußtsein; von Eitelkeit dagegen wird man auch nicht eine Spur bei ihm entdecken können, ein Umstand, der wohl weniger in einer willentlichen Haltung und sittlichen Leistung als in seiner glücklichen Natur begründet war, und zwar sowohl im Charakter und Temperament, vor allem dem ihm eigenen großen Ernst, als auch in einer Begabung, welcher Leben und Welt einen derartigen Reichtum an sachlichen und persönlichen Beziehungen darboten, daß zur Selbstbespiegelung Zeit, Gelegenheit und schon das Motiv fehlten.

Es ist nicht leicht, eine solche Fülle des Verschiedenen übersichtlich zu ordnen und klar zu gliedern; denn vielfach laufen ja bei ihm soundsoviele Unternehmungen nebeneinander her. Daraus ergibt sich die Notwendigkeit, Beschreibungen einzelner Zeitabschnitte wie »Paris und Berlin. 1898–1899« »Die Jahre des Medizinstudiums. 1905–1912« oder die Schilderung der durch Europaaufenthalte voneinander abgesetzten Perioden des Wirkens in Afrika abwechseln zu lassen mit Kapiteln sachlicher Themenstellung, so die Jesusforschung, »das französische und das deutsche Buch über Bach«, »Von Orgeln und von Orgelbau«. Nicht immer ist die durch das Sichüberschneiden zeitlicher und sachlicher Gesichtspunkte bedingte Gliederung völlig befriedigend. So vermißt man, während die Studie des Anfängers über das Abendmahl im Inhaltsverzeichnis erscheint, in diesem das so unvergleichlich bedeutendere Werk über Paulus und erst recht die in mehreren Kapiteln der Selbstdarstellung begegnende Kulturphilosophie, was besonders auffällig ist, wenn man den erwähnten ursprünglich philosophischen Rahmen dieser Selbstdarstellung in Betracht zieht. Aber hier dürfte nicht nur einfach eine formale Nachlässigkeit des Schriftstellers vorliegen. Der Umstand, daß seit der Aufnahme seines ärztlichen Berufes in Afrika, mit Ausnahme des Buches der Afrikaerinnerungen, nicht mehr die Folge der mancherlei Interessengebiete und der Buchtitel, sondern der schlichte Wechsel von Afrikaaufenthalten und Europaurlauben diese Selbstdarstellung gliedert, muß wohl als Ausdruck eines tieferliegenden innerlichen Sachverhalts aufgefaßt werden; das literarische Schaffen ist dem Schreibenden nebensächlich geworden, verdrängt durch das unmittelbare und praktische Leben: Afrika, Europa, Afrika ... Und was besagen überhaupt solche kleinen formalen Unzulänglichkeiten [39] angesichts der Fülle dessen, was hier ein Mensch von seinen Plänen, Entschlüssen und Motiven, von seinen Gaben, Aufgaben und Leistungen zu berichten weiß!

Aus dem Vielen, was wir darüber hinaus an Erlebnissen, Eindrücken, Erinnerungen erfahren und an Betrachtungen und Bekenntnissen vorfinden, heben sich zweimal zwei Berichte von Ereignissen heraus, denen ein besonders schweres Gewicht für das Verständnis der Entwicklung Albert Schweitzers und seiner Gedankenwelt zukommt, und zwar besitzen sie nicht nur eine alles übrige noch weit hinter sich lassende Eigenartigkeit, den Rang des Außerordentlichen, völlig Unvergleichlichen, sondern dem darin Berichteten ist auch gemeinsam der Charakter des Plötzlichen und zugleich des Entscheidenden, Schwerwiegenden, Folgen-

[39] Ein vereinzelter sachlicher Widerspruch wurde auf S. 22 des vorliegenden Buches notiert.

reichen und ferner der Umstand, daß die entscheidende und weitreichende Bedeutung der geschilderten inneren Vorgänge dem Erlebenden sofort voll bewußt war. Es handelt sich dabei einmal um die beiden grundlegenden Konzeptionen seines theologischen und philosophischen Denkens und ferner um den zentralen Entschluß seines Lebens.

Den Ansatz zu der neuen, epochemachenden Auffassung des Lebens Jesu findet der junge Student vor Beginn seines dritten Semesters, indem er als Soldat an einem Ruhetag während des Manövers in seinem dem Tornister entnommenen griechischen Neuen Testament Matthäus Kapitel 10 und 11 liest, wobei ihn einige Beobachtungen und im Anschluß daran in ihm aufsteigende Fragen an der ganzen herrschenden Anschauung, welche die Wirksamkeit Jesu allein aus dem Markusevangelium versteht, irre werden läßt. Er ermißt sofort die volle Tragweite seiner Idee: als er aus dem Manöver nach Hause kommt, haben sich ihm »ganz neue Horizonte aufgetan«[40]. Einundzwanzig Jahre später, während einer dreitägigen Bootsfahrt auf dem Ogowe zu einer kranken Missionarsfrau, suchen seine Gedanken Antwort auf die ihn bedrängende ethische Grundfrage nach dem Wesen des Guten. Er sitzt auf dem Deck des Schleppkahnes und beschreibt Blatt um Blatt mit unzusammenhängenden Sätzen, »nur um auf das Problem konzentriert zu bleiben. Am Abend des dritten Tages, als wir bei Sonnenuntergang gerade durch eine Herde Nilpferde hindurchfuhren, stand urplötzlich, von mir nicht geahnt und nicht gesucht, das Wort ›Ehrfurcht vor dem Leben‹ vor mir. Das eiserne Tor hatte nachgegeben; der Pfad im Dickicht war sichtbar geworden.«[41] Auch hier also überfällt ihn eine grundlegende Erkenntnis mit jener charakteristischen Wucht und nimmt ihn ein für allemal gefangen.

Nicht anders ergeht es ihm in der Frage seines Lebensplanes und Berufs. »Es kam mir unfaßlich vor, daß ich, wo ich so viele Menschen um mich herum mit Leid und Sorge ringen sah, ein glückliches Leben führen durfte.« Die idealen Familienverhältnisse seines Elternhauses verglich er mit den so viel weniger günstigen, manchmal recht traurigen von Klassenkameraden. In seinem Glück, »studieren zu dürfen und in Wissenschaft und Kunst etwas leisten zu können«, mußte er »immer an die denken, denen materielle Umstände oder die Gesundheit solches nicht erlaubten.« Und nun folgt jener wundervolle Bericht, dem ein Ehrenplatz in der Seelengeschichte der Menschheit gebührt:

> »An einem strahlenden Sommermorgen, als ich – es war im Jahre 1896 – in Pfingstferien zu Günzbach erwachte, überfiel mich der Gedanke, daß ich dieses Glück nicht als etwas Selbstverständliches hinnehmen dürfe, sondern etwas dafür geben müsse. Indem ich mich mit ihm auseinandersetzte, wurde ich, bevor ich aufstand, in ruhigem Überlegen, während draußen die Vögel sangen, mit mir selber dahin eins, daß ich

---

[40] LD S. 7.
[41] LD S. 136.

mich bis zu meinem dreißigsten Lebensjahre für berechtigt halten wollte, der Wissenschaft und der Kunst zu leben, um mich von da an einem unmittelbaren menschlichen Dienen zu weihen. Gar viel hatte mich beschäftigt, welche Bedeutung dem Worte Jesu ›Wer sein Leben will behalten, der wird es verlieren, und wer sein Leben verliert um meinet- und des Evangeliums willen, der wird es behalten‹, für mich zukomme. Jetzt war sie gefunden. Zu dem äußeren Glücke besaß ich nun das innerliche.« [42]

Wie hier der Vorsatz nicht im Hinblick auf ein forderndes allgemeines Gebot, sondern aus dem Erleben des eigenen Glücks erwächst und seinerseits wiederum ein starkes Glücksgefühl erzeugt, ja, wie auch die Natur auf diesen freudigen Ton gestimmt erscheint – »an einem strahlenden Sommermorgen«, »während draußen die Vögel sangen«, mit wie sparsamen Mitteln ist hier eine ganze Welt hingestellt! – das ist eine Vereinigung von Schönheit und Güte, wie sie in diesem Maße wohl nur ganz selten zu finden ist. Ausdruck einer Kalokagathie, die über das, was den Griechen als Ideal vorgeschwebt hat, offenbar noch weit hinausgeht.

Es war schon davon die Rede, daß Schweitzer mit diesem Vorsatz nur die Gesamtrichtung seines Lebens festgelegt hatte, daß aber die Entscheidung über den eigentlichen Beruf und das Feld seiner Arbeit noch fast ein Jahrzehnt ausstehen sollte – er erwähnt, daß verschiedene Möglichkeiten sozialer Betätigung von ihm erwogen und zum Teil erprobt wurden. Die Art, wie sich die Festigkeit seines Vorsatzes mit einem Sichoffenhalten für Versuche und von außen kommende Anregungen verbindet, ist wiederum in hohem Maße charakteristisch. Aber das Abwarten bedeutet keine Verzögerung in der Ausführung seines Planes. Wenige Monate vor Vollendung des dreißigsten Lebensjahres wird er sich klar über die nun endgültig einzuschlagende Richtung. Die Schilderung, wie er an einem Herbstmorgen auf seinem Schreibtisch im Thomasstift zu Straßburg ein ihm am Vorabend gebrachtes Missionsheft liegen sieht und wie, während er es, um an die Arbeit zu gehen, schon beiseite zu legen im Begriff ist, sein Blick auf einen Artikel darin fällt, der nach so dringend benötigten Mitarbeitern in Gabun ruft, ist das auch stilistisch genau entsprechende Seitenstück zu dem Bericht über den Sommermorgen im Elternhaus 8 ½ Jahre zuvor. Damals war er sich plötzlich klargeworden über die lange gesuchte Bedeutung des Jesuswortes von dem zu verlierenden und zu gewinnenden Leben (»Gar viel hatte mich beschäftigt, welche Bedeutung...« – »Jetzt war sie gefunden«) und die für sein eigenes Leben daraus abzuleitende Folgerung. Genau so plötzlich, so weittragend und so endgültig und unerschütterlich wie das Ergebnis jener Besinnung ist jetzt der Ertrag dieser Lektüre: »Als ich mit dem Lesen fertig war, nahm ich ruhig meine Arbeit vor. Das Suchen hatte

---

[42] LD S. 70 f.

ein Ende.« [43] Beide Male wurde ein über eine lange Zeit sich erstreckendes Fragen und Suchen mit einem plötzlichen Finden abgeschlossen, und dieses zweite Finden bildet sachlich genau die Fortführung des ersten. Es wurde schon in einem früheren Zusammenhang darauf aufmerksam gemacht, wie eigentümlich sich von der allmählich vor sich gehenden inneren Entwicklung seiner Gesinnung und dem tastenden Erwägen und Reifen seiner Pläne, dem Epischen dieses Werdeprozesses gleichsam, die dramatische Plötzlichkeit und Wucht jenes bedeutsamen Vorsatzes und dieses schwerwiegenden Entschlusses abhebt. Das Zusammensein des epischen und des dramatischen Elements liegt gewiß in erster Linie an der Sache selbst, d. h. es ist in dem seelischen Erleben der Persönlichkeit begründet. Der Sache entspricht aber auch die Form der Darstellung. Wie wirkungsvoll bringt der kurze Schlußsatz beide Male die Plötzlichkeit des inneren Vorgangs zum Ausdruck, und in welch kunstvollem Gegensatz steht zugleich die verhaltene Knappheit dieser Sätze zu der gewichtigen, folgenreichen Bedeutung ihres Gehaltes: »Jetzt war sie gefunden«, »das Suchen hatte ein Ende«!

Noch nicht beendet war die schon früher einmal kurz berührte nüchterne Selbstprüfung. »Meinen dreißigsten Geburtstag, wenige Monate später« – das war ja der Termin, den er sich einst gesetzt hatte – »verbrachte ich als der Mann aus dem Gleichnis, der einen Turm bauen will und überschlägt, ›ob er es habe hinauszuführen‹. Das Ergebnis war, daß ich den Plan des rein menschlichen Dienens nunmehr in Äquatorialafrika zu verwirklichen beschloß.« [44] Und zwar konnte Schweitzer sich das rein menschliche Dienen, wie er schreibt, »nicht als ein Reden von der Religion der Liebe« vorstellen, so gern er immer gepredigt hatte, sondern »nur als ein reines Verwirklichen derselben« [45] – als Arzt, der nach den Berichten jenes Missionsblattes in dieser Gegend »das Notwendigste des Notwendigen« war. Das ihm damit bevorstehende Wagnis hielt er, wie er schreibt, »für berechtigt, weil ich es mir lange und nach allen Seiten überlegt hatte und mir zutraute, Gesundheit, ruhige Nerven, Energie, praktischen Sinn, Zähigkeit, Besonnenheit, Bedürfnislosigkeit und was sonst noch auf dem Wege der Idee notwendig sein konnte, zu besitzen und darüber hinaus noch mit der zum Ertragen eines etwaigen Mißlingens des Planes erforderlichen Gemütsart ausgerüstet zu sein«. [46] Dieses selbstkritisch-sachliche, nüchtern-umsichtige, im Ergebnis gleichwohl positive, doch ohne jede Überheblichkeit vorgetragene Urteil ist für Schweitzer wiederum außerordentlich bezeichnend. Er sagt nie mehr von sich, als er verantworten kann, aber auch nicht weniger, als zum Verständnis seiner besonderen Lage und Zielsetzung gesagt werden

---

[43] LD S. 74.
[44] ebd.
[45] LD S. 80.
[46] LD S. 76.

muß.[47] Das sittliche Abenteurertum, von dem dieses moderne Heldenepos handelt, könnte nicht sachlicher und schlichter sein und dargestellt werden.

In einem »Epilog« gibt Schweitzer auf gut 20 Seiten eine ausgezeichnete Zusammenfassung seiner Welt- und Lebensanschauung, bevor er mit einer kurzen elegischen Betrachtung schließt. In ihr steht der Satz: »Von meinem Leben habe ich nicht viel für mich selber, nicht einmal die Stunden, die ich Frau und Kind widmen möchte.«[48] Diese negative Feststellung ist, von der Tatsache seiner Verheiratung und der zeitweiligen Mitwirkung seiner Frau in Lambarene abgesehen, alles, was wir über Schweitzers Ehe und Familienleben erfahren. Der Grund dafür wird einmal an seiner zurückhaltenden Natur liegen, die ihm verwehrte, persönliche Verhältnisse, sofern sie nicht unter allgemeinen Gesichtspunkten bedeutsam sind, vor der Öffentlichkeit auszubreiten. Und dann verhält es sich eben wirklich so, daß die Ehe ganz in den Schatten seiner Lebensaufgabe getreten ist. Die Lebensgefährtin begegnet uns nur als Arzthelferin, als Kameradin der Arbeit. Als sie dem Klima Lambarenes gesundheitlich nicht mehr gewachsen ist, nehmen sie viele Jahre des Getrenntseins auf sich, nicht der geringste der für seine Lebensarbeit geleisteten Verzichte, von dem er jedoch wie von allen anderen kein Wesens macht. Die einzige Stelle, die sich außerdem noch hierauf bezieht, spricht von dem Dank an seine Frau: »Daß sie das Opfer brachte, unter diesen Umständen mit der Wiederaufnahme des Wirkens in Lambarene einverstanden zu sein, habe ich nicht aufgehört ihr zu danken.«[49]

Eine Fortsetzung hat das 1931 erschienene Buch des damals Sechsundfünfzigjährigen nicht gefunden. Längst hatten sich die Literaten dieses Lebens bemächtigt und es als Steinbruch für ihre Zwecke in Benutzung genommen, während Schweitzer selbst einerseits immer mehr in der täglichen Kleinarbeit seines Spitals aufging und infolgedessen für eine weitere autobiographische Tätigkeit nicht mehr die Zeit, andererseits, zum Weltruhm aufgestiegen, vielleicht auch keinen rechten Sinn mehr hatte, zuviel schon wurde jetzt über ihn geschrieben. Sein Leben gehörte eben nun in einem noch umfassenderen Verständnis als zu der Zeit seiner Anfänge in Afrika nicht mehr ihm selber. Und so hat man auch den Umstand, daß eine der gehaltvollsten Selbstdarstellungen, die wir besitzen, durch das Weitergehen des Lebens dieses Mannes und das Wachsen seiner Aufgaben und Verpflichtungen trotz des vorhandenen Abschlusses inhaltlich ein Fragment geworden ist, nicht als zufällig, sondern als not-

---

[47] Vgl. *Quenzers* Feststellung einer Tendenz bei Schweitzer, von sich »gerade so viel sichtbar werden zu lassen, wie es bei aller Absicht, auch andere zum Wirken aufzurufen, die eher zu Scheu und Verschlossenheit neigende Art des Alemannen erlaubt« (Schriften, S. 237).

[48] LD S. 210.

[49] LD S. 177.

wendig und wesentlich zu betrachten. Auch das Nichtweiterschreiben war in diesem Falle Aussage.

Auffallend kurz, an einzelnen Stellen in eine trockene Aufzählung der wichtigsten Ereignisse übergehend, wenn auch mit vielen wertvollen Mitteilungen im einzelnen, ist in »Leben und Denken« die Jugendentwicklung behandelt. Das kommt daher, daß Schweitzer von ihr schon früher eine selbständige Darstellung gegeben hatte, in dem besonders kostbaren schmalen Bändchen »Aus meiner Kindheit und Jugendzeit«. Schon die Entstehungsgeschichte dieses Büchleins ist außerordentlich seltsam. Wir verdanken es nämlich einer ganz gelegentlichen Anregung des bekannten Schweitzer befreundeten Psychoanalytikers Oskar Pfister, ihm während eines zweistündigen Aufenthalts in Zürich Begebenheiten aus seiner Kindheit zu berichten, wie sie dem Erzähler gerade in den Sinn kamen. Das Stenogramm Pfisters vervollständigte Schweitzer dann kurz vor der zweiten Ausreise nach Afrika an einem Sonntagnachmittag, schon mit dem Packen beschäftigt, wiederum durch einen herrlichen Epilog, eine weltliche Predigt, Gedanken, die ihn im Rückblick auf seine Jugend bewegten und die zugleich den Blick von dem eigenen Leben ins Allgemeine wenden. »So wurde«, sagte *Waldemar Augustiny* sehr treffend, »dieses Dokument vom Werden einer ethischen Persönlichkeit buchstäblich zwischen Tür und Angel der Menschheit geschenkt«.[50] Ist uns die bis zum Jahre 1930 reichende große Selbstdarstellung äußerst wertvoll wegen der authentischen Beschreibung seiner seelisch-geistigen, vor allem der wissenschaftlichen, weltanschaulichen und namentlich der sittlichen Entwicklung, ganz besonders im Hinblick auf die Geschichte seines Entschlusses, Arzt im Urwald zu werden, so versetzen uns die Kindheitserinnerungen in die Lage, diese Entwicklung noch weiter zurück zu verfolgen.

Wie anders ist die innere Welt, in die wir hier geführt werden, verglichen mit der seines Neffen (2. Grades) Jean Paul Sartre in »Les Mots«! Man hat diese beiden Kindheitserinnerungen mit Recht als »zwei in sich vollkommene Paradestücke gegensätzlicher Betrachtungsweisen« bezeichnet: »die Memoiren von Sartre – gallisch im besten Sinn, von feuriger Vehemenz, Funken des Unrechts stiebend, zugleich knapp in der Diktion und rhetorisch mit geschliffenen Formeln, die die Tradition der großen Moralisten weiterführen« – Schweitzers Erinnerungen »ganz auf Innerlichkeit eingestellt, sie gehören in die Tradition von Matthias Claudius und Johann Peter Hebel, strahlen deren Wärme aus, verschweigen das Böse nicht, räumen ihm aber auch keinen besonderen Platz ein, rufen die Mächte des Guten an, die es überwinden.« *(R. Minder)*[51]

Der Reichtum dessen, was Schweitzer hier auf kaum 65 kleinen Seiten ausbreitet, ist wahrhaft beispiellos. In der Hauptsache mit der Darstel-

---

[50] *Augustiny:* Schweitzer, S. 174.
[51] *Minder:* Schweitzer, Sartre.

lung der eigenen Entwicklung beschäftigt, bietet er zugleich entzückende kleine Skizzen aus Vergangenheit und Umwelt; überwiegend ernst gestimmt und ausmündend in ein den Rahmen des Biographischen fast schon sprengendes Bekenntnis zum praktischen Idealismus, finden sich daneben Bilder und Szenen von einer Anschaulichkeit, einer Farbenpracht und einer Heiterkeit, die ihresgleichen suchen. Welch ein reizendes Kulturbild ersteht vor uns von dem friedlich-freundlichen Verhältnis der noch ganz in dem toleranten Geiste des Schweitzer so lieben achtzehnten Jahrhunderts lebenden beiden Konfessionen im Elsaß, personifiziert in den beiden Geistlichen des Dorfes, dem katholischen und dem protestantischen, dem Großvater des kleinen Albert:

»Hatte der eine mehr Besuch, als er logieren konnte, so brachte er ihn im anderen Pfarrhaus unter. Ging einer auf Reisen, so kam es vor, daß der andere auch die Kranken der andern Konfession besuchte, damit sie nicht ohne« geistlichen [52] »Zuspruch blieben. Wenn am Ostermorgen der katholische Pfarrer aus der Messe kam und zum Osterschmaus eilte, öffnete mein Großvater das Fenster und rief ihm seinen Glückwunsch zum Ende der Fastenzeit zu. Eines Nachts war eine große Feuersbrunst im Dorfe. Als das evangelische Pfarrhaus bedroht schien, räumte man es und brachte die Sachen im katholischen unter. Dabei ereignete sich, daß die Krinoline meiner Großmutter in das Schlafzimmer des katholischen Vikars zu stehen kam und von dort am anderen Morgen wieder in das andere Pfarrhaus heimgeholt werden mußte.« [53]

Oder wann je wären Kindersorgen so getreu von einem Erwachsenen festgehalten, so echt, so anschaulich und überdies humorvoll wiedergegeben wie in der Schilderung des lästigen Dankbriefeschreibens in der Woche nach Weihnachten:

»Alle Briefe hatten naturgemäß drei Teile und denselben Inhalt: 1. Dank für das von dem Betreffenden gespendete Weihnachtsgeschenk nebst Versicherung, daß es von allen Geschenken mir am meisten Freude gemacht habe. 2. Aufzählung der sämtlichen Geschenke. 3. Neujahrswünsche. Bei gleichem Inhalte sollte doch jeder Brief von dem andern verschieden sein! Und in jedem türmte sich die furchtbare Schwierigkeit auf, einen guten Übergang von den erhaltenen Weihnachtsgeschenken zu den Neujahrsglückwünschen zu finden.« [54]

Und was für eine komische Kostbarkeit ist die Beschreibung seiner »grenzenlosen Lesewut« und des so andersartigen Lesertypus, den seine Tante und Pflegemutter (während der Schulzeit in Mülhausen) darstellte:

»Meiner Tante war dieses ›Verschlingen der Bücher‹, wie sie es nannte, ein Greuel. Sie selber hatte auch die Leseleidenschaft, aber auf eine andere

[52] So ist offenbar anstelle von *»geistigen«* des Textes zu lesen, der unverändert auch in die Neuausgabe innerhalb der »Selbstzeugnisse« übernommen worden ist.
[53] KJ S. 20.
[54] S. 15 f.

Art. Als ehemalige Lehrerin las sie, wie sie sagte, ›um den Stil zu genießen, der die Hauptsache ist‹. Drei Stunden jeden Abend hatte sie über dem Stricken und Häkeln ein Buch vor, eine Stunde vor dem Abendessen, zwei danach. War der Stil gar zu schön, so verlangsamte sich die Bewegung der Nadeln wie der Gang der Pferde, wenn der Kutscher nicht auf sie achtet.« »So saßen wir mit unseren verschiedenartigen Leseleidenschaften an demselben Tisch und waren uns gegenseitig ein Rätsel.« [55]

Wir werden annehmen dürfen, daß die Stricknadeln der Tante bei den zuletzt angeführten Sätzen ihres einstigen Pflegesohnes, sollte sie sie noch zu lesen Gelegenheit gehabt haben, in ein äußerst langsames Tempo verfallen sind, so kunstvoll ist dieses Erzählen, das doch so ganz natürlich und sachgemäß wirkt. Darin liegt hier eben die besondere Kunst, daß die eigentümliche Situation mit ihrer Komik nicht schlagender und zugleich einfacher gezeichnet werden könnte.

Solche Kleinmalerei allein würde diese Erinnerungen zu einem überaus wertvollen literarischen Schatz machen. Und doch wird die Freude an ihr noch übertroffen durch das Interesse an der Entwicklung der in die Zukunft dieses jungen Menschen weisenden Motive. Wie unendlich anziehend und ganz unersetzlich sind uns gerade diese Zeugnisse des beginnenden persönlichen Lebens, wie doppelt verehrungswürdig wird Schweitzer uns, indem wir in sein inneres Werden und die frühesten Voraussetzungen seines Schaffens hineinsehen dürfen! Wenn es sich zeigt, daß die geistigen Leistungen auf dem Boden einer zwar unglaublich vielseitigen, aber keineswegs unbegrenzten Begabung gewachsen sind, daß dem Lernenden durchaus nicht alles gleich leicht geworden und nicht einfach nur so zugefallen ist, so werden sie uns dadurch nicht geringer, sondern im Gegenteil nur noch schätzenswerter. Und dasselbe gilt auch in ethischer Hinsicht. Diese einzigartige Verkörperung sittlichen Geistes ist nicht etwa zustande gekommen, weil es an Temperament oder inneren Widerständen der Natur gefehlt hätte. Auch dieser disziplinierte und grundgütige Mensch hatte einst zu kämpfen, mußte sich erziehen und überwinden lernen. Eben deshalb ist er nicht eine blutleere Illustration der »Tugend«, sondern ein ganzer Mensch, der uns ergreift, manchmal rührt und immer fesselt. Dieser mitleidige Knabe, der es nicht über sich bringen konnte, mit einem Spielkameraden Vögel zu schießen, der das Fischen mit der Angel nach zweimaligem Mitmachen aufgab und dann auch andere davon zurückzuhalten wagte und den, wie früher berichtet, der Anblick eines alten hinkenden Pferdes, das auf dem Wege zum Schlachthaus geschlagen wurde, so erschütterte, daß er wochenlang nicht davon loskam, bekennt, daß er sich wiederholt von der Fuhrmannsleidenschaft hat hinreißen lassen, ein anderes altes müdes Pferd mit der Peitsche zum Traben anzutreiben, ebenso wie er das »stolze Gefühl«

[55] KJ S. 27 f.

gekostet hat, den Hund mit Schlägen zu meistern, den »Rausch, Tierbändiger zu sein«.[56] Dieser zuchtvolle Meister des Willens erzählt von seiner ererbten Leidenschaftlichkeit, so daß z. B. Rauchen und Spielen ihn unfrei zu machen drohten, weshalb er eine Karte nie anzurühren wagte und das Rauchen an einem Neujahrstag für immer aufgibt. Seine kleine Schwester hat der Neun- oder Zehnjährige einmal sogar geschlagen, weil sie nicht ernsthaft gespielt und ihm, der alles ernst nimmt, den Sieg zu leicht gemacht hatte; denn auch mit einer Anlage zum Jähzorn hat er es als Kind zu tun. Alles erlebt er intensiver als andere. Wie schrecklich kommt es ihn in seiner ersten Schulzeit an, als, was er einfach nicht für möglich gehalten hatte, ein Freund ihn verrät. »Das erste Erleben von Verrat schlug alles in Scherben, was ich bisher vom Leben gedacht und erwartet hatte. Ich brauchte Wochen, bis ich mich damit abgefunden hatte. Nun war ich wissend geworden über das Leben. Ich trug die bittere Wunde an mir, die es uns allen schlägt und die es durch immer neue Streiche offen hält.«[57] Es ist so, wie ein feinsinniger Beobachter von diesen Erinnerungen gesagt hat: »Verrat, Lüge, sinnloser Schmerz, Schwächen in sich und um sich, – unscheinbare Vorfälle des kindlichen Lebens, an denen die meisten vorüberspielen: hier werden sie mit betroffenem Blick erschaut, zugleich aber – dies das Wesentliche – lösen und sprengen sie die tiefsten Kräfte der Persönlichkeit, den Willen.«[58]

Und das ist nun eben die andere Seite der Entwicklung, die sich hier vor unseren Augen vollzieht: das erste Aufblitzen des genialen Geistes in intellektueller wie in sittlicher Beziehung!

»Als ich acht Jahre alt war, gab mir mein Vater auf meine Bitten ein Neues Testament, in dem ich eifrig las. Zu den Geschichten, die mich am meisten beschäftigten, gehörte die von den Weisen aus dem Morgenland. Was haben die Eltern Jesu mit dem Gold und den Kostbarkeiten gemacht, die sie von diesen Männern bekamen? fragte ich mich. Wie konnten sie nachher wieder arm sein? Ganz unbegreiflich war mir, daß die Weisen aus dem Morgenland sich später um das Jesuskind gar nicht mehr bekümmerten. Auch daß von den Hirten zu Bethlehem nicht erzählt wird, sie seien nachher Jünger Jesu geworden, gab mir schweren Anstoß.«[59]

Ist dies ein Kind, das nur so fragt, wie eben Kinder zu fragen pflegen, oder sieht man hier nicht schon den zukünftigen Leben-Jesu-Forscher am Werk, der die Berichte eindringlich durchdenkt und über sie reflektiert und der auf diese Weise imstande ist, neue Probleme zu entdecken und neue Lösungsversuche zu ersinnen? Und zugleich den Mann, der nicht bei historischen Problemen stehen bleibt, dem vor allem die sich ihm ergebenden sittlichen Folgerungen und Forderungen wichtig sind und

[56] KJ S. 24.
[57] KJ S. 10 f.
[58] *A. Müller:* Schweitzer, S. 2.
[59] KJ S. 12.

dem ihre Erfüllung zur selbstverständlichen Aufgabe wird? Spricht nicht auch der Philosoph der Ehrfurcht vor dem Leben schon aus dem Kinde, von dem erzählt wird:

> »Ganz unfaßbar erschien mir – dies war schon, ehe ich in die Schule ging – daß ich in meinem Abendgebete nur für Menschen beten sollte. Darum, wenn meine Mutter mit mir gebetet und mir den Gutenachtkuß gegeben hatte, betete ich heimlich noch ein von mir verfaßtes Zusatzgebet für alle« lebenden [60] »Wesen. Es lautete: ›Lieber Gott. Schütze und segne alles, was Odem hat, bewahre es vor allem Übel und laß es ruhig schlafen!‹ « [61]

Welch großartige Erweiterung gibt hier das Kind Albert Schweitzer der uns vertrauten Bitte für den kranken Nachbar im Abendlied des Wandsbecker Boten!

Auch sonst erfahren wir mancherlei über das, was der Knabe schön fand, was er erstrebte und was seinen Widerstand hervorrief. Wir lesen von dem schon an anderer Stelle erwähnten Erlebnis der »Wonne« beim ersten Anhören zweistimmigen Gesangs und von seinem Glücksgefühl später, als er das kunstgerechte Pedalspiel auf der Orgel erlernen darf. Er erzählt von seiner Begeisterung für die Natur, die ihn sogar zu mißlungenen poetischen und zeichnerischen Versuchen entflammte, Versuche, die, sobald er das Unzulängliche eingesehen hat, nie wiederholt wurden: »Von da ab ergab ich mich darein, das Schöne rein beschaulich zu genießen, ohne es zu Kunst zu verarbeiten. Bis auf den heutigen Tag habe ich nicht mehr abzubilden und nichts mehr in Verse zu bringen versucht. Nur im Improvisieren von Musik verhielt und verhalte ich mich schöpferisch.« [62] Ganz vergessen wird hierbei freilich von ihm seine nicht zu unterschätzende Prosa-Wortkunst. Aber das alles verschwindet nun eben doch fast an Bedeutung gegenüber dem Interesse an der sittlichen Entwicklung, die von einer »ungeheuren moralischen Sensibilität« [63] zeugt. Man nehme nur den Ernst und die seelische Reife eines Kindes, dem es bereits aufgeht, »welche Anstrengung, ja, welchen Kampf« es für den Vater bedeutet, als Prediger »den Leuten allsonntäglich sein Herz preiszugeben«. [64] Wann je mag ein Erwachsener einmal daran gedacht haben, was hier ein Kind empfindet? So wundert man sich nicht, das Denken des Schülers bereits eigene Wege gehen zu sehen und eine auffallende Umkehrung der üblichen Einstellung bei ihm zu beobachten. Während es ihn einerseits verletzte, daß der naturwissenschaftliche Unterricht »das

---

[60] Bedauerlicherweise lautet diese Stelle in der Originalausgabe einschließlich sämtlicher Neudrucke: »für alle menschlichen Wesen«, womit ihr Sinn in sein Gegenteil verkehrt wurde. Erst die genannte Sonderausgabe (»Selbstzeugnisse«) hat diesen Fehler endlich beseitigt.

[61] KJ S. 23.

[62] KJ S. 18.

[63] *A. Müller:* Schweitzer, S. 2.

[64] KJ S. 36.

absolut Geheimnisvolle der Natur nicht anerkannte«, beanstandet er andererseits am Konfirmationsunterricht die Forderung, »daß vor dem Glauben alles Nachdenken verstummen müsse«, und er ist vielmehr schon damals überzeugt, daß eine Wahrheit sich »gerade im Nachdenken zu bewähren habe«.[65] Auch in dieser Hinsicht finden wir somit die Grundzüge der Schweitzerschen Einstellung schon in dem Knaben unverkennbar angelegt, der doch keineswegs ein altkluges Wunderkind ist. Eben dies wirkt so ungemein ansprechend, wie das Große und Tiefbedeutende hervorsprießt in einem noch echt kindlichen, treuherzigen Gemüt.

Besonders wertvoll sind uns auch hier die kurzen, aber das Wesentliche vollkommen deutlich machenden Ausführungen über die Vorgeschichte seines Entschlusses, in den unmittelbaren Dienst der leidenden Menschheit zu treten. Hatte Schweitzer in »Leben und Denken« davon gesprochen, daß sein Plan in die Studentenzeit zurückgehe, so lernen wir in den Kindheitserinnerungen den Boden kennen, in dem eine solche Gesinnung keimte und Wurzeln schlug. Die tiefste Erfahrung seiner Kinderzeit ist die des Leidens in der Welt und des ihn ergreifenden Mitleids, zunächst mit Tieren, die er Not ausstehen sah. Bei dem Heranwachsenden verbindet sich damit das dankbare, aber beinahe auch bedrückende Bewußtsein seiner eigenen glücklichen Verhältnisse, und daran knüpft sich dann, wie wir es anhand seiner großen Selbstdarstellung sahen, alsbald eine weittragende sittliche Überlegung. In den Erinnerungen an seine Kindheit und Jugendzeit hat Schweitzer von dieser Entwicklung eine für ihn sehr bezeichnende knappe Schilderung gegeben, die doch zugleich wiederum von so eigenartiger Schönheit ist, daß sie sich jedem Referieren widersetzt, man muß sie mit Schweitzers eigenen in ihrer Sparsamkeit besonders eindrucksvollen Worten in sich aufnehmen:

> »So wurde die Frage nach dem Recht auf Glück das zweite große Erlebnis für mich. Als solches trat sie neben das andere, das mich schon von meiner Kindheit her begleitete, das Ergriffensein von dem Weh, das um uns herum in der Welt herrscht. Diese beiden Erlebnisse schoben sich langsam ineinander. Damit entschied sich meine Auffassung des Lebens und das Schicksal meines Lebens.«

Die in ihm aufsteigende neue Erkenntnis ist die: »Wer von eigenem Leid verschont ist, hat sich berufen zu fühlen, zu helfen, das Leid der andern zu lindern.«

> »Dunkel und verworren arbeitete der Gedanke an mir. Manchmal ließ er mich auf einige Zeit los, daß ich ganz erleichtert aufatmete und meinte, wieder vollständig Herr meines Lebens zu werden. Eine kleine Wolke war am Horizont aufgestiegen. Ich konnte zeitweise von ihr

[65] KJ S. 35.

wegrücken. Aber sie wuchs langsam und unaufhaltsam. Zuletzt bedeckte sie den ganzen Himmel.«[66]

Die zeitliche und sachliche Fortsetzung dieses Bekenntnisses, das bei aller Innerlichkeit doch etwas eigentümlich Wuchtiges und beinahe Monumentales hat, ist dann die hervorgehobene Schilderung in »Leben und Denken«, wie sich in dieser Lage bei dem Einundzwanzigjährigen der Lebensplan herausbildet. Es ist fast zu bedauern, daß sie nicht auch in den Jugenderinnerungen steht, in die sie ihrem fast lyrischen Charakter nach so gut passen würde. Der auf das gewaltige Bild der wachsenden Wolke folgende strahlende Sommermorgen würde durch den Kontrast die Wirkung beider Stellen, von denen jede für sich schon so gewichtig ist, noch erhöhen. Man könnte meinen, den Stoff zu einem bedeutenden Bildungsroman vor sich zu haben, ginge der Held nicht so völlig bewußt und geradlinig auf sein Ziel zu, ohne Irrungen und Wirrungen oder gar ernstlichen Versuchungen ausgesetzt zu sein. Das Außerordentliche dieser Entwicklung erscheint jedenfalls derart echt und überzeugend und so lebendig-anschaulich, wie es darzustellen meistens dem Dichter vorbehalten ist. Form und Gehalt sind einander hier einmal ganz ebenbürtig.

Der Ernst gewinnt gegen Ende des wundersam feinen Büchleins ganz die Oberhand, und von der Erinnerung an konkrete Einzelheiten wendet es sich zu persönlichen Erfahrungen von allgemeiner Bedeutung, mit denen anderen geraten werden möchte. Rund die letzten zehn Seiten sind nicht eigentlich eine Schilderung der Kindheit und Jugend, sondern Betrachtungen im Rückblick auf sie: zunächst über die Dankbarkeit, die der Zurückblickende vielen Menschen gegenüber empfunden hat, aber manchmal nicht genug zum Ausdruck gebracht zu haben meint. Indessen behält das Bedauern darüber nicht das letzte Wort, sondern wird – für Schweitzer charakteristisch – sofort ins Positive gewendet: »Weil ich dies an mir erlebt habe, meine ich nicht, daß so viel Undankbarkeit in der Welt ist, wie man gewöhnlich behauptet.« Auf die Betrachtung der Dankbarkeit folgen Ausführungen über die Ehrfurcht vor dem geheimnisvollen Wesen des Menschen, in das man nicht eindringen wollen soll, und dann die uns schon bekannten besonders wichtigen über das rechte Verhältnis von Zurückhaltung und Herzlichkeit. Dieser Selbstdarsteller ist von Natur zurückhaltend und beachtet das »Gesetz der Zurückhaltung«, aber es ist »bestimmt, durch das Recht der Herzlichkeit durchbrochen zu werden«. Er hatte das Glück, in seiner Jugend »einigen Menschen zu begegnen, die sich bei aller Achtung der geltenden gesellschaftlichen Formen ihre Unmittelbarkeit gewahrt hatten«. Dadurch bekam er »Mut, selber zu versuchen, so natürlich und herzlich zu sein, wie ich es empfand«. Und dann scheint die Betrachtung noch eine Stufe höher zu steigen, noch einen Grad allgemeiner zu werden, obgleich die persönliche

---

[66] KJ S. 49.

Erfahrung immer wieder durchklingt. Es handelt sich um Darlegungen über Jugendbegeisterung und die sich über sie erhaben dünkende, in Wahrheit bedauernswerte »Reife« des Alters. »Im Jugendidealismus erschaut der Mensch die Wahrheit.« »Das große Wissen ist, mit den Enttäuschungen fertig zu werden.« »Das große Geheimnis ist, als unverbrauchter Mensch durchs Leben zu gehen.« Den Abschluß bildet ein Preis der »Gütigkeit«.[66a]

Diese Betrachtungen sind ebenso aufschlußreich im Rahmen der Selbstdarstellung seines persönlichen Wesens wie von allgemeingültiger Bedeutung. Ein Moralist von hohen Graden spricht hier, der doch so gar nicht »moralistisch« anmutet. Es sind eigentümlich ernste und tiefe, in ihrer Einfachheit zugleich höchst bedeutsame Gedanken, die dieses Erinnerungsbändchen krönen und es auf eine noch höhere Ebene zu heben scheinen, wenn dies überhaupt möglich ist.

Tatsächlich verhält es sich jedoch so, daß die über die eigene Person hinausweisenden Meditationen auf dem Hintergrund der abgerundeten prachtvollen Bilder der Vergangenheit wohl den Gesamteindruck noch vertiefen können, daß aber einzelne der vorhergehenden Schilderungen konkreter Situationen in der Koinzidenz mit ihrer gedanklichen Bedeutsamkeit einer Steigerung durch weiter ausholende Reflexionen weder bedürfen noch fähig sind. Das sind jene Partien, in denen die wirklichkeitsgesättigte Szene von dem geistigen Gehalt vollkommen durchdrungen und zu einer wundervollen sinnlich-sittlichen Einheit und Ganzheit wird. Es gibt einige Kabinettstücke in dieser Sammlung, die man für schlechthin vollendete Kunst halten möchte, wenn gegen eine derartige Beurteilung nicht die zufällige Art ihres ganz gelegentlichen, nicht geplanten, raschen Entstehens spräche und wenn sie nicht überhaupt so überaus schlicht wären, in dieser Schlichtheit freilich nur umso köstlicher. Im folgenden sind vier solche kleinen Stücke von besonderer Schönheit ausgewählt, die hier etwa in der Reihenfolge des zunehmenden Lebensalters aufgeführt werden. Im Hinblick auf das geringe Alter des Erlebenden sind die beiden ersten am erstaunlichsten; mit Bezug auf die Kraft und Tiefe der sittlichen Anschauung läßt sich vielleicht umgekehrt eine Steigerung vom ersten bis zum letzten bemerken.

Zunächst ein Idyll aus der frühesten Kindheit, schon diese Schilderung überaus bezeichnend:

> Ich erinnere mich »aus meiner frühesten Kindheit noch, wie ich mich zum erstenmal mit Bewußtsein und vor mir geschämt habe. Ich hatte noch ein Röckchen an und saß auf einem Schemelchen im Hof, während mein Vater am Immenstock im Garten hantierte. Nun ließ sich ein schö-

---

66a Schweitzer bevorzugt merkwürdigerweise dieses Wort, über das Grimms Wörterbuch schreibt: »seit mhd zeit geläufig und bis ins 18. jh. neben güte vielfach verwendet, wenn auch im ganzen als gezierte bildung weniger häufig als dieses; im 19. jh. veraltend und heute als papieren empfunden kaum noch gebräuchlich« (Bd 4, Abt I, T. 6, 1935, Sp. 1447).

nes Tierchen auf meiner Haut nieder und ich freute mich, wie es darauf herumlief. Aber plötzlich fing ich an zu schreien. Das Tierchen war eine Biene, die mit Recht darüber erbost sein mochte, daß der Herr Pfarrer die gefüllten Waben aus dem Bienenstock nahm, und die dafür das Pfarrerssöhnchen stach. Auf mein Geschrei eilte das ganze Haus zusammen, jedermann bedauerte mich. Die Magd nahm mich in ihre Arme und suchte mich durch Küsse zu trösten. Die Mutter machte dem Vater Vorwürfe, daß er am Immenstock gearbeitet habe, ohne mich zuerst in Sicherheit zu bringen. Da ich durch mein Unglück so interessant geworden war, weinte ich mit Genugtuung, bis ich plötzlich bemerkte, daß ich Tränen vergoß, ohne mehr Schmerz zu verspüren. Mein Gewissen sagte mir, jetzt aufzuhören. Aber um weiter interessant zu sein, fuhr ich mit Jammern fort und nahm weiter Tröstungen entgegen, die ich nicht mehr brauchte. Dabei kam ich mir aber so schlecht vor, daß ich tagelang darüber unglücklich war. Wie oft hat mich dieses Erlebnis gewarnt, wenn ich als Erwachsener in Versuchung kam, mit dem, was mir widerfuhr, wichtig zu tun.« [67]

Dann jene unendlich feinsinnige Erfahrung aus einem der ersten Schuljahre:

»Schon vor meiner Schulzeit hatte mein Vater begonnen, mich auf einem alten Tafelklavier in Musik zu unterrichten. Von Noten spielte ich nicht viel ab. Meine Freude war, zu improvisieren und Lieder und Choralmelodien mit selbst erfundener Begleitung wiederzugeben. Als nun in der Gesangstunde die Lehrerin fortgesetzt den Choral Note für Note ohne Begleitung anschlug, empfand ich dies als nicht schön und frug sie in der Pause, warum sie ihn nicht richtig mit Begleitung spiele. Im Eifer setzte ich mich an das Harmonium und spielte ihr ihn schlecht und recht mehrstimmig aus dem Kopfe vor. Da wurde sie sehr freundlich zu mir und schaute mich merkwürdig an. Aber selber tippte sie den Choral auch weiterhin immer nur mit einem Finger. Da ging mir auf, daß ich etwas konnte, was sie nicht konnte, und ich schämte mich, ihr mein Können, das ich für etwas ganz Selbstverständliches angesehen hatte, vorgemacht zu haben.« [68]

Als Drittes folge ein besonders bezeichnendes Erlebnis aus dem siebenten oder achten Lebensjahr:

»Heinrich Bräsch und ich hatten uns Schleudern aus Gummischnüren gemacht, mit denen man kleine Steine schleuderte. Es war im Frühjahr, in der Passionszeit. An einem Sonntagmorgen sagte er zu mir: ›Komm, jetzt gehen wir in den Rehberg und schießen Vögel.‹ Dieser Vorschlag war mir schrecklich, aber ich wagte nicht, zu widersprechen, aus Angst, er könnte mich auslachen. So kamen wir in die Nähe eines kahlen Baumes, auf dem die Vögel, ohne sich vor uns zu fürchten, lieblich in den Morgen hinaus sangen. Sich wie ein jagender Indianer duckend, legte mein Begleiter einen Kiesel in das Leder seiner Schleuder und spannte dieselbe. Seinem gebieterischen Blick gehorchend, tat ich unter furchtbaren Gewissensbissen dasselbe, mir fest gelobend, daneben zu schießen In demselben

---

[67] S. 3.
[68] S. 11.

Augenblick fingen die Kirchenglocken an, in den Sonnenschein und in den Gesang der Vögel hineinzuläuten. Es war das ›Zeichen-Läuten‹, das dem Hauptläuten eine halbe Stunde voranging. Für mich war es eine Stimme aus dem Himmel. Ich tat die Schleuder weg, scheuchte die Vögel auf, daß sie wegflogen und vor der Schleuder meines Begleiters sicher waren, und floh nach Hause. Und immer wieder, wenn die Glocken der Passionszeit in Sonnenschein und kahle Bäume hinausklingen, denke ich ergriffen und dankbar daran, wie sie mir damals das Gebot ›Du sollst nicht töten‹ ins Herz geläutet haben.« [69]

Das moralische Anliegen, das schon Luther veranlaßte, eine Klage der Vögel gegen seinen ihnen nachstellenden Diener zu verfassen, könnte gewiß nicht herzbewegender, bezwingender zum Ausdruck kommen als in dieser Erinnerung an das eigene Kindheitserlebnis, und welche Vertiefung erfährt hier das aus Goethes Gedicht bekannte Motiv der das Kind mahnenden Glocke! Kann, wer sich dieses Erlebnis hat erzählen lassen, es je wieder vergessen? Sonnenschein, kahle Bäume, Vogelsingen und Glockenläuten – meint man nicht, den scharfen Märzwind im Gesicht zu spüren und zugleich das beseligende Gefühl der Befreiung, das den empfindsamen Knaben mit den der inneren Einstellung zum Siege verhelfenden ersten Glockentönen überkommt? Klingt dieses Läuten der Passionszeit, das der junge Albert Schweitzer einst vernahm, nicht immer wieder einmal auch in einem Leser auf und ist in dem, der dies zuwege bringt, nicht auch, ohne daß er Verse macht, etwas von einem Dichter?

Und nun das letzte dieser Stücke, das ergreifendste von allen:

»Ein Jude aus dem Nachbardorfe, Mausche genannt, der Vieh- und Länderhandel trieb, kam mit einem Eselskarren zuweilen durch Günsbach. Da bei uns damals keine Juden wohnten, war dies jedesmal ein Ereignis für die Dorfjungen. Sie liefen ihm nach und verspotteten ihn. Um zu bekunden, daß ich anfing, mich als erwachsen zu fühlen, konnte ich nicht anders, als eines Tages auch mitzumachen, obwohl ich eigentlich nicht verstand, was das sollte. So lief ich mit den andern hinter ihm und seinem Esel her und schrie wie sie ›Mausche! Mausche!‹ Die Mutigsten falteten den Zipfel ihrer Schürze oder ihrer Jacke zu einem Schweinsohr zusammen und sprangen damit bis nahe an ihn heran. So verfolgten wir ihn vors Dorf hinaus bis an die Brücke. Mausche aber, mit seinen Sommersprossen und dem grauen Bart, ging so gelassen fürbaß wie sein Esel. Nur manchmal drehte er sich um und lächelte verlegen und gütig zu uns zurück. Dieses Lächeln überwältigte mich. Von Mausche habe ich zum ersten Male gelernt, was es heißt, in Verfolgung stille zu schweigen. Er ist ein großer Erzieher für mich geworden. Von da an grüßte ich ihn ehrerbietig. Später, als Gymnasiast, nahm ich die Gewohnheit an, ihm die Hand zu geben und ein Stückchen Wegs mit ihm zu gehen. Aber nie hat er erfahren, was er für mich bedeutete. Es ging das Gerücht, er sei ein Wucherer und Güterzerstückler. Ich habe es nie nachgeprüft. Für mich ist er der

---

[69] S. 23 f.

Mausche mit dem verzeihenden Lächeln geblieben, der mich noch heute zur Geduld zwingt, wo ich zürnen und toben möchte.« [70]

W. Quenzer fühlt sich bei Schweitzers Kindheitserinnerungen an den »Erzählgeist eines Jeremias Gotthelf und Johann Peter Hebel« erinnert.[71] Diese Beziehung drängt sich in der Tat auf, und die ihnen gemeinsame Art – gemeinsam aber doch auch mit dem fernen Matthias Claudius, an den neben J. P. Hebel, wie erwähnt, *Minder* hier denkt – läßt sich vielleicht als ein Dreiklang beschreiben, in dem das unmittelbar Natürliche, Naive, etwas Treuherziges, den Grundton, ein vernünftig-moralisch-pädagogisches Element die Terz und eine darüber hinausgehende im weitesten und besten Sinne erbauliche Komponente, bereichert nicht selten noch durch eine Prise Humor, die Quinte bildet. Schweitzer ist von den drei alemannischen Predigern und Volkserzählern gewiß am wenigsten Dichter, wenn man vor allem den Anteil der freischaffenden Phantasie veranschlagt. Aber die vollkommene Kongruenz von innerem Erleben, anschaulichem Bild der Umwelt und ergreifendem allgemein menschlich bedeutendem Sinngehalt läßt diese Kindheitserinnerungen eben doch auch in hohem Maße dichterisch erscheinen. Angesichts der Beschreibung seiner Begegnung mit Mausche erübrigt sich jeder Versuch einer Würdigung. Man kann die Sätze von dem Knaben, dem das verlegene, gütige, verzeihende Lächeln des alten Juden nach- und aufgeht, nur Wort für Wort immer wieder lesen und nacherleben. Welch eine eigentümliche »Verbindung von Kraft und Zartheit des Empfindens, die für den Mann gleich bezeichnend ist wie für das Kind«[72], bieten solche Schilderungen! Wann wäre die Moral einer Geschichte in einer so natürlich-selbstverständlichen und anschaulichen, uns derart in Bann schlagenden Weise entwickelt, nicht angehängt und abgeleitet, sondern eingewoben worden! Das ist offenbar höchster menschlicher Gehalt in edelster, dabei ganz volkstümlicher Gestalt. Was würde es möglicherweise gesinnungsmäßig, aber auch tatsächlich, praktisch, gefruchtet haben können, wenn die Geschichte von Mausche zur rechten Zeit Gemeingut unseres Volkes gewesen wäre! Die in diesen Erinnerungen gebotenen kleinen Szenen und kurzen Betrachtungen prägen sich beim ersten Kennenlernen ein, und doch möchte man sie von Zeit zu Zeit von neuem in sich aufnehmen, ja, sie gewinnen noch bei häufigerem Lesen – ein Zeichen, daß die einzelne Aussage nicht nur einen tiefen, allgemeingültigen Sinn besitzt, sondern auch in einer Weise geformt ist, die sie über den Inhalt einer stofflichen Mitteilung oder gedanklichen Darlegung weit hinaushebt. Wie unnachahmlich wird uns das Außerordentliche und Einmalige hier nahegebracht, so daß es geradezu als das zutiefst und eigentlich Normale dasteht! Es ist zu begrüßen, daß die eine oder andere der in ihrer Heiterkeit so

---

[70] KJ S. 6 f.
[71] *Quenzer, S. 237.*
[72] *Picht*, S. 29.

prachtvollen, zugleich ernst-bedeutsamen und bei alledem ganz anspruchslosen Schilderungen auch in die Lesebücher der Schulen Eingang gefunden hat. Wohl könnte man befürchten, daß die feinen kleinen Stücke durch die Behandlung im Unterricht an Unmittelbarkeit und Frische verlieren und allmählich ein wenig abgegriffen werden. Aber vielleicht ist die Gefahr gar nicht so groß und brauchen sie, hierin den schönsten Stellen der Lutherbibel ähnlich, nicht einmal so sehr darunter zu leiden, wenn sie zum allgemeinen Besitz werden. Und auch insofern dürften sie jenen gleichen, als sie kaum in andere Worte unserer Sprache übertragen werden können, so vollendet sind sie gebildet. Ist es nicht so, daß man einen einzigen Satz dieses Schweitzer-Büchleins aus hunderten ähnlichen Inhalts, doch anderer Herkunft – wenn das überhaupt denkbar wäre! – auf Grund allein des Tonfalls herauszufinden vermöchte? Wir behalten diese Sätze im Ohr, und nicht nur im Ohr: sie gehen zu Herzen, und das nicht nur für den Augenblick, sie gehen einem nach, sie werden lebendig und beginnen zu wirken.

Indem diese Jugenderinnerungen das frühe Werden eines genialen sittlichen Bewußtseins beschreiben, erhalten sie ein ganz besonderes Interesse, und das nicht nur, weil sie unser Wissen über eine große Persönlichkeit auf das willkommenste vervollständigen, sie wenden sich durchaus zwanglos in einem noch tieferen Sinne an den Leser: sie werden zu einem Erbauungsbuch ersten Ranges, sie bilden eine einzigartige Einheit von persönlicher Erinnerung und ins Allgemeine sich ausweitender Meditation, von Geschichte und Gedanken, von Bild und Bedeutung, von Beschaulichkeit und sittlichem Anspruch. Der Appell ergeht hier nie in der Form eines strengen Gebotes, einer harten Forderung, eines kategorischen Imperativs oder auch nur der den Zeigefinger erhebenden Ermahnung. Vielmehr findet man sich aufgenommen in einen Strom von Gefühl und zarter Güte einerseits, von kraftvoller Begeisterung andererseits, der einen unwillkürlich mitnimmt und trägt, so daß die Anerkennung der hier gewiesenen Ideale und Ziele leicht fällt, ja, zur Selbstverständlichkeit wird. Wie da Fühlen und Denken und Antrieb zur Tat in unauflöslicher Verbindung auftreten und das Wahre und Tiefe in vollkommener Schlichtheit und Natürlichkeit und doch mit einer Kunst der Anschauung und des Rhythmus ohnegleichen gesagt wird, das ist ebenso faszinierend wie erhebend. Völlig mit Wirklichkeit gesättigt, aber auch von einem hohen Idealismus ganz eigener Prägung durchdrungen, handelt es sich alles in allem eben doch um ein Kunstwerk, das im Hinblick auf sein improvisiertes Zustandekommen in wenigen flüchtigen Stunden an das Wunderbare zu grenzen scheint. Wenn es noch so wäre, wie Goethe meinte, daß der Deutsche von einem Schriftsteller »einen gewissen Ernst, eine gewisse Größe der Gesinnung, eine gewisse Fülle des Innern« verlangt[73], dann müßte ein solches Büchlein uns über alles wert sein.

[73] *Goethe:* Gespräch mit Eckermann am 30. März 1824.

Hermann Hesse, der diese Erinnerungen von allem, was Schweitzer geschrieben, am meisten geliebt hat, urteilte, es wehe da »eine Innigkeit und Wärme des Herzens, die einen an die schönsten Kindheitsgeschichten der deutschen Sprache, etwa die von Jung-Stilling, erinnert«[74]. Es ist keine Übertreibung, wenn wir in diesem Falle den Superlativ setzen: sie erinnern nicht nur an die schönsten Kindheitserinnerungen der deutschen Sprache, sie sind es wirklich und wahrhaftig selbst! Mehr noch: mit ihrem in der persönlichen Erinnerung aufleuchtenden allgemein-menschlichen Gehalt dürften diese Blätter zum Reizvollsten und Schönsten gehören, was in deutscher Prosa jemals geschrieben wurde.

II. Gesamtwürdigung

»Das Größte an einem Denker wird immer bleiben, daß seine Gedanken und sein Leben eine Einheit bilden.«
Albert Schweitzer[75]

Die öffentliche Meinung ist in der Regel schwerfällig und grobschlächtig. Es dauert lange und bedarf schon sehr eigentümlicher, durchschlagender Wesenszüge oder Leistungen und überdies meistens noch glücklicher Umstände, damit ein an Geist und Seele besonders reich ausgestatteter Mensch der Gegenwart bemerkbar wird und sein Bild sich dem allgemeinen Bewußtsein eindrückt. Bei seiner unfreiwilligen Rückkehr aus Afrika nach dem Ersten Weltkrieg wurde der Spitalgründer und -leiter von Lambarene Assistenzarzt in Straßburg, zugleich wurde der ehemalige Theologieprofessor wieder Vikar wie einst in seiner alten Gemeinde. In wissenschaftlicher Hinsicht hatte er damals – über ein Jahrzehnt nach dem Erscheinen seines Werkes »Von Reimarus zu Wrede« – das Gefühl, ein »unter ein Möbel gerollter und dort verlorener Groschen zu sein«[76]. Hat aber ein solcher Mann endlich die Beachtung und das Ansehen erlangt, die ihm gebühren, so neigt unsere Zeit zu einem von Sachkenntnis wenig berührten Kult des Ruhmes, zur urteilslosen Anbetung eines Mythos, zu einer Verherrlichung ohne Grenzen und Nuancen, ja, man hat von einer Bewunderung Schweitzers gesprochen, die »oft an Idolatrie grenzte«[77]. Und wenn wir auch bedauern mögen, daß Schweitzer zeitweise beinahe Mode wurde und der bekannte Kopf sogar auf Wahlplakaten erscheinen konnte, so läßt sich doch nicht leugnen, daß seine geistige Gestalt tatsächlich wie kaum eine andere Anlaß zur Bewunderung, aber auch zur Besinnung und zur Auseinandersetzung bietet. Nachdem der Weltruhm

[74] *Hesse:* Gruß, S. 265.
[75] GR S. 68.
[76] LD S. 160.
[77] *J. Günther:* Märchen, S. 102.

mit der Amerikareise und der Verleihung und Entgegennahme des Friedens-Nobelpreises den Höhepunkt erreicht hatte, wurde es dann in der großen Öffentlichkeit stiller um Schweitzer, teilweise ließ sich sogar harte Kritik wegen der Rückständigkeit seines Spitals vernehmen. So dürfte es, nachdem der Rastlose, der in einem gewöhnlich der Muße und dem Rückblick vorbehaltenen Alter nicht nur unbeirrt und unentwegt weitermachte und immer neue Aufgaben in Angriff nahm, sondern daneben auch noch einen Besucher nach dem andern empfangen und zahllose Briefe beantworten mußte, mit 90 Jahren an der Stätte seines Wirkens die erste und letzte Ruhe gefunden hat, angebracht sein, nun zum hundertsten Male der Tag seiner Geburt wiederkehrt, abschließend einmal herauszustellen, womit hauptsächlich und recht eigentlich Albert Schweitzer auf das Bewußtsein seiner Mitwelt gewirkt hat, was alles er uns und was er uns letztlich und entscheidend bedeutet.

Schweitzer hat sich, wie im vorigen Abschnitt ausgeführt wurde, in einer sehr beachtlichen Weise über sein Verhältnis zu Goethe ausgesprochen. Einen wesentlichen Zug, der ihn mit Goethe verband, ließ er dabei unerwähnt, während doch fast jede Seite seiner autobiographischen Schriften ihn bezeugt: das Umfassende seiner Art, die Dinge zu betrachten, wie auch seiner Zielsetzungen. »Seine Vielseitigkeit« ist, wie *Hellpach* einmal bemerkt, »echte Universalität und nicht etwa bloß Polyhistorie, Polypragmasie, Allerweltsbeschlagenheit und Allerortsbetriebsamkeit«[78]. Und zwar verhält es sich so, daß neben und in solcher Universalität bei Schweitzer auch wieder eine gewisse Beschränkung und die Gründlichkeit des Fachmannes zur Geltung kommt. Keineswegs war er wie Goethe eine enzyklopädische Natur, er besaß, obgleich sehr informationshungrig, doch nicht dessen registrierende Anteilnahme an allem und jedem. Es handelt sich bei ihm auch nicht um die Fähigkeit jener geistvoll allumfassenden Überschau, wie sie etwa einen H. St. Chamberlain oder Spengler oder Toynbee kennzeichnet. Aber das Weniger ist auch hier zugleich ein Mehr. Er war kein vielseitiger Dilettant, auch nicht im besten Sinne, sondern, wenigstens zunächst einmal weit eher ein mehrfacher, ja, ein vielfacher Fachmann, von dem man gesagt hat: »ein sehr bedeutender, bahnbrechender Forscher in Sachen des Neuen Testaments und des ›Lebens Jesu‹. Ein eminenter Kenner und Interpret des Bachschen Werkes. Ein außerordentlicher und auf diesem Gebiet alte als neue Wege weisender Orgelbau-Fachmann. Ein großer Virtuose des Orgelspiels selbst. Dann aber auch ein kritischer Geschichts- und Kulturphilosoph von hohen Graden, überhaupt ein Denker im elementaren Sinn des Wortes. Und schließlich das Wesentlichste: ein Mann der ethischen Tat«[79]. Sieht man von der Bewertung des Geschichts- und Kulturphilosophen ab, so ist er dies alles wirklich gewesen. Aber es ist andererseits auch richtig, wenn

---

[78] *Hellpach:* Albertus, S. 225.
[79] *J. Günther:* Märchen, S. 102.

behauptet wurde: »Die verschiedenen Fachgebiete stehen in diesem Leben nicht nebeneinander«, sie bleiben jedenfalls nicht lediglich nebeneinander stehen, »sondern durchdringen sich gegenseitig zu einer neuen Einheit«[80]. Und indem sich sein theoretisches und praktisches Können auf weit voneinander entfernt liegende Gebiete erstreckte, indem alle von ihm übernommenen Aufgaben mit einem gleich ursprünglichen und der jeweiligen Sache angemessenen Blick und Griff bewältigt wurden, rundete sich seine geistige Gestalt in der Tat zu einem wirklichen Mikrokosmos: im Zeitalter des Kollektivismus und der Organisationen, die den einzelnen mit ihrem Netz überziehen, ihn sich einverleiben und dienstbar, zum bloßen Exponenten und Funktionär zu machen suchen, ein in sich gegründeter und auf seine auch äußere Unabhängigkeit bedachter Mann, eine ungewöhnlich geschlossene Persönlichkeit, ganz er selbst, zugleich aber inmitten der in tausend Beziehungen und Interessengebiete aufgesplitterten modernen Kultur, welche die meisten Zeitgenossen zwingt, sich in ihrem nächsten Bereich abzukapseln, ein nach sehr verschiedenen Seiten offener Geist und doch wie gesagt in aller vielfältigen Betätigung ein Meister, wo immer er Hand anlegte, also wohl nicht universal im üblichen, wörtlichen Sinne, aber doch ungemein umfassend und dabei selbständig-schöpferisch in der Welt- und Geschichtsschau wie in der Betätigung auf engem Felde. Auch in der Kleinarbeit seines Wirkens im entlegensten Afrika zeigte sich in Verbindung mit der gründlichen Beherrschung eines jeden Arbeitszweiges und -vorgangs dieser starke Zug zum Ausgreifenden. Er behandelte nicht nur die einzelnen Krankheiten der von weither zu ihm Gereisten, sondern er war auch bestrebt, darüber hinaus seine Patienten, deren sie begleitende Angehörige und dadurch mittelbar auch die übrigen Stammesgenossen in ihrer Lebensführung zu heben. So ist er z. B. von jeher für die Anlage von Pflanzungen eingetreten, um dem Vitaminmangel und überhaupt der Unterernährung abzuhelfen, und es kam ihm darauf an, seinen Schutzbefohlenen auch beizubringen, in welcher Weise sie nun in Zukunft selber mit Kranken und Schwachen umzugehen hätten.[81] Freilich wird hier nicht nur die Grenze der Kraft eines einzelnen, der bereits derart belastet war, sondern auch eine gewisse Selbstbegrenzung seines Wirkens sichtbar. Wenn ein schon früher angeführter besonders guter Beobachter schreibt, Schweitzer habe auf jedes Erziehungswerk verzichtet[82], so stimmt das zwar nicht in vollem Umfang; er hat ja, wie gesagt, solche Versuche in sittlicher und auch in wirtschaftlich-hygienischer Hinsicht gelegentlich unternommen, doch liegt über ihnen ein Stück Resignation: sehr viel scheint er von den Möglichkeiten, die sehr primitiven Menschen jenes Landstrichs zu beeinflussen, nicht gehalten zu haben.

---

[80] *Baur:* Persönlichkeit, S. 223.
[81] Die Bedeutung dieses »paramedizinischen« Wirkens hat sein einstiger chirurgischer Mitarbeiter *M. Lauterburg-Bonjour* (Schweitzer, S. 163 f.) hervorgehoben.
[82] Tas: Pionier, S. 85.

Das besonders Eigentümliche, das wirklich Einmalige des Phänomens Albert Schweitzer, auf das man sich immer wieder zurückgewiesen sieht, liegt aber zweifellos in dem schon anfangs hervorgehobenen Zusammenkommen einer vielseitigen intellektuellen, künstlerischen und praktischen Begabung mit der unvergleichlichen Originalität und Kraft seines sittlichen Bewußtseins. Dieses Leben steht in intensivstem Maße im Zeichen der Ideale des Wahren, Guten und Schönen, aber das Gute ist ihm das größte unter ihnen. Wenn dabei vor allem das Ernstmachen mit dem als richtig Erkannten und die dadurch entstehende Glaubwürdigkeit dieses Mannes hervorgehoben zu werden pflegt – sehr schön sagt *Helmut Thielicke* von ihm: »daß jemand sein Leben zur Kongruenz bringt mit der Idee, an die er glaubt«, »die Kongruenz ist die Pointe dieses Lebens« [83] –, so wird damit zweifellos ein entscheidender Punkt getroffen, und doch ist dies noch nicht alles. Schweitzer hat nicht nur ernstgemacht mit dem, was er als gut erkannt hatte und für seine Aufgabe hielt, sondern er ist auch ein großer Entdecker im Reiche des Guten geworden, er hat den Kreis der Aufgaben und Pflichten viel weiter gezogen, als es vor ihm geschah. Dieses Sensorium für die Notwendigkeit eines bisher unbekannten Engagements, das geradezu prophetische Gespür für eine neue ethische Dimension, ist das eigentlich Primäre, aus dem alles Weitere mit einer merkwürdigen Selbstverständlichkeit folgte. Schon sein einzigartiger Entschluß zum Berufswechsel muß in diesem Lichte gesehen werden.

»An und für sich«, meint *Kraus*, »wäre der Umstand, daß ein Europäer, etwa als Missionsarzt oder aus Abenteuerlust und mangels gesicherter Existenzbedingungen, nach den Tropen geht, nichts besonders Bemerkenswertes; aber der Fall Schweitzer ist von Grund aus ein anderer; ein Mann, der als Seelsorger, als Forscher, Lehrer und Künstler Ausgezeichnetes leistet und zur internationalen Berühmtheit geworden, in den Zentren europäischer Kultur zu wirken gewohnt ist, wird wie er selbst sagt, ›aus der Wissenschaft und der Kunst in den Urwald hinausgetrieben‹ durch Überlegungen und Überzeugungen, die wohl vielen nicht fremd sein mögen, die aber noch keinen in ähnlicher Lage zu ähnlicher Tat bewegt haben; uns allen ist die Hilflosigkeit der Wilden, oder sagen wir lieber Kulturlosen, Primitiven, gegen Krankheit und Siechtum wohlbekannt; wir wissen, daß sie bis auf wenige Ausnahmen auf ihre Fetisch- und Medizinmänner angewiesen sind, wir machen uns außerdem eine vage Vorstellung von der ungeheuren Ausdehnung und den Gefahren der Wildnis und der Sümpfe (Schweitzer ist im Umkreis von 300 Kilometern der einzige Arzt).« [84] »Es mag auch das Gefühl des Mitleids flüchtig in uns aufkeimen, wenn wir an diese Dinge erinnert werden, aber bei wem von uns ist bisher dieses Gefühl zum Bewußtsein der Hilfspflicht und zu einem tätigen Mitleid gediehen?« [85]

Schweitzer war der erste, der hinauszog, nicht um ein fremdes Land aus Abenteuerlust oder Forscherdrang aufzusuchen, nicht um Handel zu

[83] *Thielicke:* Schweitzer, S. 278. 280.
[84] Diese Angabe bezieht sich auf die ersten Jahre seiner Wirksamkeit in Afrika.
[85] *Kraus:* Schweitzer, S. 7.

treiben oder politische Eroberungen zu machen, nicht um den Menschen einen neuen Glauben zu bringen, sondern um ihnen in ihrer leiblichen Not zu helfen. Das war eine völlig neue Einstellung, ein Vorgriff am Anfang unseres Jahrhunderts auf eine der wichtigsten Aufgaben seiner zweiten Hälfte. Der bloße Gedanke einer Verpflichtung der wirtschaftlich mächtigen und wissenschaftlich und technisch fortgeschrittenen Staaten den unentwickelten gegenüber, so bedeutungsvoll er auch war, würde damals wahrscheinlich praktisch wirkungslos geblieben sein, als er zunächst von einem einzelnen Menschen gefaßt wurde, wenn nicht die Konzeption der Idee und der Entschluß zur Tat hier so untrennbar eins gewesen wären, und zwar *dieser* Entschluß auf eben *diesem* Hintergrund seiner bisherigen geistigen Welt und Wirksamkeit. Denkwürdig ist ja schon die Vorgeschichte: jenes früher hervorgehobene Ineinanderfließen der Glückserfahrung hinsichtlich seiner selbst und der Leidenserfahrung im Hinblick auf andere sowie die Vereinigung von Kulturpessimismus und Kulturaktivismus im Motiv der Sühne, dem Gedanken der Wiedergutmachung des durch die Weißen an den Schwarzen begangenen Unrechts. Wohl findet man auch sonst mitunter Ansätze zu einem außerordentlichen sittlichen Aufschwung und praktischen Anlauf. Allzu oft jedoch bleibt es beim Aufschwung, und kommt es noch zum Anlauf, so bleibt dieser dann vielfach nur zu bald stecken. Hier aber ging der an sich schon geniale Gedanke nach ernster Prüfung der in Betracht kommenden Einwände und der zur Verfügung stehenden Kräfte in den festen, unverrückbaren Entschluß über, in der eigenen Person ernst damit zu machen, und ohne jedes weitere Bedenken wird er dann mit einem unerhörten Kraftaufwand ausgeführt.

Das Beispiellose dieses Entschlusses ist immer wieder staunend empfunden worden: daß da ein Dreißigjähriger, der als theologischer Forscher, als musikwissenschaftlicher Autor und als Orgelkünstler schon weit mehr geleistet hat, als die meisten auf einem einzigen dieser Gebiete in einem ganzen Leben zu erreichen hoffen können, und der so in mehrfacher Beziehung zu den größten Erwartungen berechtigte, sich entschließt, noch einmal anzufangen, ein neues langes Studium und nach dessen Abschluß einen schweren neuen Beruf in einer klimatisch besonders ungünstigen Gegend auf sich zu nehmen, kein Zweifel: die Abenteuerlichkeit dieses Entschlusses stellt alles andere, das sein Leben so reich und bedeutend macht, in den Schatten. In den Augenblicken, da der Direktor des theologischen Studienstiftes in Straßburg die Kündigung seiner amtlichen Stellung mitsamt der Mitteilung von dem beabsichtigten Schritt an seine Eltern und seine Freunde in den Briefkasten wirft und da dann der Theologieprofessor den Dekan der medizinischen Fakultät aufsucht, um seine Immatrikulation als Studierender zu beantragen, gipfelt das Drama dieses Lebens. Bedeutung erlangt aber hat dieser außerordentliche Vorgang nur deshalb, weil hier nicht nur die impulsive vorübergehende Aufwallung einer reichen innerlichen Natur zum Ausdruck kommt, m. a. W.

weil nicht nur eine originelle sittliche Erkenntnis eines Tages einen extravaganten Entschluß gebiert, sondern weil dieser Entschluß in den Tagen und Nächten langer Studienjahre bewahrt und in einem harten Berufsleben über Jahrzehnte, rund ein halbes Jahrhundert hindurch, bewahrt wurde. Nicht geringer als die Eigenart und Intensität des Gefühls und die Macht des Willens, wie sie sich in dem plötzlich vor ihm stehenden grandiosen Lebensplan aussprechen, ist die Planmäßigkeit im Großen und Kleinen, die dieses Leben erfüllt und bestimmt. Durch den Bruch, der es in zwei Zeitabschnitte und zwei Schauplätze zerfallen läßt, gelingt es Schweitzer andererseits, die Einheit zwischen Denken und Handeln, zwischen Lehre und Leben, nach der so mancher vergeblich sich sehnt und strebt, in nahezu vollkommener Weise herzustellen. Hier tut und verkörpert einer wirklich das, was er erkannt hat, sagt und fordert! Und er tut es, obgleich er sich des Abenteuerlichen seines Entschlusses voll bewußt ist, mit aller Bescheidenheit und, was hier fast noch wichtiger erscheint, mit der ihm eigenen natürlichen Schlichtheit und Nüchternheit, wie sie in einem Schreiben vom Beginn seiner Wirksamkeit in Afrika nicht nur inhaltlich, sondern auch stilistisch sehr schön zum Ausdruck kommt: »Nun tun Sie mir einen Gefallen . . . und finden Sie das, was ich tue, so selbstverständlich wie ich selbst«[86]. Ohne die Beachtung dieser subjektiven Selbstverständlichkeit würde ein wesentlicher Zug in Schweitzers Bild fehlen.

Man hat wohl gelegentlich auf die erschütternde Erfolglosigkeit hingewiesen, die darin besteht, daß sein Vorbild keine Schule gemacht hat, daß er längere Zeit noch nicht einmal einen Nachfolger in der Leitung des Spitals für sich finden konnte. Andere meinten umgekehrt, das Urteil über Schweitzers Bedeutung einschränken zu müssen, weil er tatsächlich gar nicht der einzige Arzt gewesen sei, der zu primitiven Menschen in die Wildnis gegangen ist. Beide Ansichten werden der Lage nicht gerecht. Die eine, welche die Nachfolge vermißte, unterschätzt offenbar die Größe der hier in Betracht kommenden Entscheidung. Es ist ja in Wahrheit durchaus *nicht* selbstverständlich, daß die Zustimmung zu Schweitzers Gedanken und die Bewunderung für sein Wirken zur Nachfolge führt – eine vorübergehende Tätigkeit in der Wildnis als Helfer des großen Mannes ist ja etwas ganz anderes als sein Entschluß, für immer dorthin zu gehen. Wer aber auf jene wenigen Fälle eines ähnlich aufopfernden Lebenswerkes hinweist, bedenkt nicht, daß solche seltenen Menschen deshalb doch keineswegs mit Schweitzer verglichen werden können, weil ihr Verzicht nicht annähernd so groß war. Nur wenn man berücksichtigt, was alles Schweitzer zurückließ und an Möglichkeiten aufgab, ist man imstande, seinen Entschluß und die dahinter stehende Kraft ganz zu würdigen und zu erkennen, wie hier aus Begabung, begeisterter Tatkraft

---

[86] Albert Schweitzer (*Bähr* 1966), S. 8.

und Entsagung die Einmaligkeit der Leistung hervorgeht, indem die Reinheit und Kraft des Wollens und die Vielseitigkeit des Könnens nun erst recht zur Einheit und Ganzheit eines Wirkens zusammenklingen, wie sie kein Dichter erträumen würde und zu gestalten vermöchte und wie sie eine tiefe Sehnsucht des in sein jeweiliges kleines Arbeitsgebiet eingeengten Menschen von heute erfüllt. *Robert Jungk* hat dem gültigen Ausdruck gegeben: »Hier ist einmal einer, der mit den gleichen Händen unendlich sensitiv Orgel spielt, Häuser baut, das Chirurgenmesser führt und dann noch, oft unterbrochen vom Schreibkrampf, zu nächtlicher Stunde mit geduldiger Feder seine Bücher verfaßt oder in zahllosen persönlichen Briefen Rat und Trost zu spenden weiß. Verglichen mit Schweitzer, erleben moderne Menschen die eigene Einseitigkeit als lebensschmälernd und beschämend.« Doch »seine bloße Existenz mitten unter uns gibt manchem Hoffnung auf Erweiterung und Selbstvervollkommnung«.[87]

So ging dem großen Entschluß nicht nur ein bedeutendes Schaffen voraus, sondern dieser eröffnete andererseits auch eine bei allem Verzicht und aller bescheidenen täglichen Pflichterfüllung in mancher Hinsicht noch großartigere Wirksamkeit. Daß jemand in einer Stunde der Begeisterung spontan einen Vorsatz faßt und gegen alle Ratschläge der Umstehenden augenblicklich mit seiner Ausführung beginnt, kommt ja auch sonst einmal vor, wie bald aber stellen sich dann häufig Ernüchterung, Anpassung an die Wirklichkeit, Kompromißbereitschaft, wenn nicht Resignation und Absage an ein hohes Ziel ein! Hier aber blieb die ursprüngliche Eigenständigkeit des Denkens und die Autonomie des Handelns während eines langen Lebens in erstaunlichem Maße erhalten. Hier verstand ein einzelner, in der nüchternen Praxis des Alltags seine Unabhängigkeit allen Organisationen und Institutionen gegenüber zu wahren. Hier brachte einer es fertig, ganz allein auf sich gestellt ein großes soziales Werk aufzubauen, zu unterhalten und ständig zu erweitern, indem er auf Unterstützung nur von seiten anderer einzelner rechnete. Auch sind außerordentliche Opferwilligkeit und Selbstverleugnung da und dort immer wieder gelebt worden, die Arbeit der christlichen Mission ist ohne sie nicht zu denken. Wann aber wäre eine solche Hingabe jemals zusammengetroffen mit einem so ausgeprägten Individualismus und einem Unabhängigkeitssinn, wie er Schweitzer beseelte! Er opferte unvorstellbar viel, aber er opferte nicht alles; seine eigene Art hat er niemals aufgegeben.

Dadurch erhielt sein Wirken in Afrika die ganz besondere Note, seinen durchaus eigentümlichen Stil. Es bestand nicht einfach in der getreuen, doch für sich allein genommen kaum mehr ein besonderes Interesse beanspruchenden Umsetzung einer großen Idee in die Wirklichkeit. Dieses Leben war gerade in der Prosa der täglichen Arbeit von einer Eindrucks-

---

[87] *Jungk:* Schweitzer.

kraft ohnegleichen. Und zwar handelt es sich dabei nicht so sehr um die Szene als solche, die exotische Situation, die Kulisse des Urwalds, als vielmehr um ein Fremdartiges höheren Grades, das sich dort ereignet: die Begegnung von primitivster Natur und höchster Kultur, die sich da vollzog, indem ein Weißer, der zu den Geistern ersten Ranges der Gegenwart zählte, hinausging, um in der Wildnis lebenden schwarzen Menschen nicht das Heil, sondern Heilung zu bringen, und indem sich dann um den großen Menschenfreund auch noch ein Paradies von Tieren versammelt, die verwaist oder in Not geraten, dem Spital zugelaufen oder gebracht worden waren und bei ihm Aufnahme fanden. »Das Stückchen Erde, das er dem Urwald abgerungen hat, ist eben mehr als ein Spital, es ist ein Modell dessen, was sein könnte, wenn mehr Liebe und Güte in der Welt herrschen würden. Hier haben sich nun seit 1913 Menschen fast aller europäischen Nationen helfend über die kranken schwarzen Brüder gebeugt, hier gab es keine Verfolgung aus rassischen oder politischen Gründen, hier hat man alles Leben respektiert und zu erhalten gesucht. Lambarene ist wie eine Arche inmitten der großen Sintflut, bewohnt von Negern und Weißen, Protestanten, Katholiken, Juden, Heiden, Katzen, Hunden und Ziegen und zahllosen Wildschweinen und Pelikanen und Menschenaffen und Antilopen.« [88] Aber es traten in diesem Urwaldspital nicht nur an die Stelle des Kampfes aller gegen alle Frieden und Fürsorge, sondern man könnte auch, wäre diese Phrase nicht in einem ganz anderen Zusammenhang verbraucht, von einem »Triumph des Willens« und des Geistes über die bloße Materie, das schwer zu ertragende Klima, die heranwuchernde Vegetation und über die Versuchung, selber einfach zu vegetieren, kurz: von einem Sieg über die Natur sprechen, wenn nicht letztlich doch auch Wille und Spannkraft, Widerstands- und Leistungsfähigkeit solchen Ausmaßes wiederum in der Natur, in der unvergleichlichen Konstitution wurzelten – »Was hast du, das du nicht empfangen hättest!« Wie dieser Mann, nachdem er ein langes Tagewerk vollbracht, alles Erdenkliche besorgt, die Kranken behandelt, die Arbeitsfähigen zur Arbeit eingeteilt und angehalten, für jeden, auch jedes seiner Tiere, ein freundliches Wort gehabt hat, dann am Abend in seinem Zimmer, das keine Bequemlichkeit kannte und ihm nicht nur als Wohn-, Studier- und Schlafzimmer, sondern auch zur Verwahrung des so wichtigen Werkzeugs diente, auf einem Hocker an seinen Manuskripten schaffte, um sich schließlich in tiefer Nacht im Nebenraum, in welchem auch das Lager einer blinden Antilope Platz hat, an sein Orgelklavier zu setzen: dazu gibt es, soweit man auch zurückblättern mag, in dem bunten Bilderbuch der Menschheit, keine Parallele. Ein Besucher hat es beschrieben: »Oft bleibe ich in der Dunkelheit, an einen Palmbaum gelehnt, in der Nähe des Zimmers stehen, aus dem die wunderbare Harmonie einer Fuge oder eines Choralvorspiels dringt. Ich höre

[88] *Pierhal:* Schweitzer, S. 318.

die Pedale unter dem Druck der Füße ächzen. Manchmal verrät eine plötzliche Unterbrechung, daß der Spieler abgelenkt wurde. Die Stimme des Doktors ruft: ›Bichette! Bichette! . . .‹ Das muß eine der jungen Antilopen sein, die das Vorrecht besitzen, sich in seinem Zimmer aufzuhalten, und die ohne Rücksicht auf die geistliche Musik an einem in ihrer Reichweite gelassenen Manuskript oder Kleidungsstück knabbert. Ist der Frechdachs mit einem Lächeln in eine Ecke zurückgescheucht oder hat er sich zu Füßen seines Herrn niedergelegt, so ertönt die Zaubermusik wieder in die Dunkelheit hinaus.«[89] Wahrhaftig, das ist großartiger Mythos und leibhaftige Wirklichkeit in einem!

Kann einem Menschen gegenüber, der in diesem Grade zur Bewunderung und Verehrung Anlaß gibt, dessen Name, wie wiederum *Thielicke* hervorgehoben hat, in der babylonischen Sprachverwirrung zwischen Orient und Okzident das einzig Verbindende zwischen den ideologischen Hemisphären ist[90], Kritik überhaupt aufkommen, ist diese hier nicht völlig unangebracht? Wer an die Wirkungen denkt, die von einer derartigen Kraftquelle ausgingen und -gehen in eine Welt, die an sittlichen Kräften so sehr Mangel leidet, sieht es im allgemeinen nicht gern, wenn eine solche Gestalt zum Objekt einer nüchternen kritischen Untersuchung gemacht wird. Man hat jedoch mit Recht bemerkt, daß sich in Schweitzers Image »die moralischen mit den intellektuellen Bewunderungsaffekten der Menschheit gemischt« haben.[91] Deshalb muß genauer unterschieden werden zwischen der Kritik an seinem humanitären Werk und der an dem Forscher und Denker. Was zunächst jene betrifft, so hat Schweitzer von Anfang an erfahren müssen, daß selbst ihm Nahestehende über seinen Plan des Berufswechsels, um nach Afrika zu gehen, den Kopf schüttelten, und immer wieder sind Stimmen laut geworden, die wie *C. G. Jung* fragten: Was tut ›ein Albert Schweitzer in Lambarene? Persönlichkeiten wie er, wären in Europa viel dringender benötigt.«[92] In einer Zeit indessen, die als eine ihrer wichtigsten Aufgaben die Entwicklungshilfe in Angriff genommen hat und »Friedenscorps« ausrüstet, sind Vorwürfe gegen Schweitzer wegen seiner Flucht vom Hauptkriegsschauplatz offenbar völlig abwegig. Daß er das neue Land, das es sittlich zu erobern und anzubauen gilt, nicht nur im Geiste gesehen, sondern selbst als erster betreten und in vorbildlicher Treue bearbeitet hat, macht ihn in dieser Hinsicht zum Wegweiser und Vorläufer eines ganzen Zeitalters. Wer Schweitzer hier mit Kritik oder auch nur Vorbehalten gegenübergetreten sein sollte, kann ihm nicht schnell genug Abbitte leisten. Das Unternehmen von Lambarene, das den Geist der Humanität wie kein zweites verkörpert, ist ein wichtiger Aktivposten im Hauptbuch der

---

[89] *Barthélemy:* Lambarene, S. 63.
[90] *Thielicke:* Schweitzer, S. 275.
[91] *J. Günther:* Märchen, S. 102.
[92] *Jung:* Mythus, S. 106.

gegenwärtigen, insbesondere der weißen Menschheit, in seiner exemplarischen und symbolischen Bedeutung gar nicht zu überschätzen. Wie die Männer des 20. Juli trotz ihres Scheiterns heute von einem anderen Deutschland zeugen, so wird Lambarene, mag es mehr und mehr in den Schatten gestellt werden durch anspruchsvollere Einrichtungen, ein für allemal daran erinnern, daß die Europäer nicht nur als Ausbeuter oder als Missionare, im Zeichen des Profits oder aber des Glaubens, zu den Bewohnern anderer Erdteile gekommen sind, daß, lange bevor diese ihre Menschenrechte beanspruchten und sich nahmen, ein weißer Mann, der Denker und Täter zugleich war, alles verlassen hat, um ihnen in ihrer unmittelbarsten leiblichen Not beizustehen.

Gegenstand der Kritik geworden sind aber auch die Zustände in Lambarene selbst, namentlich Schweitzers Ablehnung einer Modernisierung der technischen Einrichtungen und eine gewisse Großzügigkeit hinsichtlich der hygienischen Verhältnisse des Spitals.[93] Nun besaß er freilich einige gute Gründe für diese Handhabung der Dinge. Wenn er z. B. die Ausrüstung mit medizinischen Geräten, die in dem feuchtwarmen Klima so leicht verderben, möglichst einfach hielt, leitete ihn dabei ebensosehr der Sinn für das Zweckmäßige an sich wie auch das Bewußtsein der Verpflichtung zur Sparsamkeit seinen Geldgebern gegenüber.[94] Und daß es in seinem Spital mehr wie in einem afrikanischen Dorf als nach Maßgabe einer europäischen Klinik zuging, hat wenigstens zunächst sicherlich im Interesse der Anziehungskraft auf die Eingeborenen und des Wohlbefindens der Patienten, vielleicht sogar zum Teil des Heilungsprozesses gelegen. Aber es mag sein, daß das idyllische Leben und Lebenlassen in diesem originellsten aller Spitäler, in dem sich mancherlei Getier nach dem Urteil einiger Besucher allzu breitmachte, ein wenig zu weit gegangen ist. Und einen Zustand, der sich einmal herausgebildet hatte, zu reformieren, war er nicht geneigt. Daran war offenbar auch ein uns bereits aus seiner wissenschaftlichen Tätigkeit bekannter Umstand beteiligt, daß nämlich seine Vielseitigkeit keineswegs mit Beweglichkeit verbunden war, er vielmehr bezüglich der eingeschlagenen Wege und Grundsätze eine geradezu eigensinnige Beharrlichkeit erkennen ließ. Jener mehrfach herangezogene Berichterstatter schrieb über Lambarene: Schweitzer »hat nicht nur alles selbst konzipiert, er hat auch den ursprünglichen Aspekt seines Werkes erhalten wollen«[95], auch dann noch, als es so vielleicht nicht mehr ganz vertretbar war – haargenau wie etwa in der Leben-Jesu-Forschung!

---

[93] Die Frage, ob es sich wirklich so verhalten hat, muß hier dahingestellt bleiben. Der Verfasser hat gelegentlich der Befragung einer ersten medizinischen Autorität ein sehr ungünstiges Urteil gehört, während *R. Brodmann* (in: Begegnung [Bähr u. Minder], S. 68 ff.) sich an Ort und Stelle vom völligen Gegenteil der umlaufenden Behauptungen überzeugt hat.

[94] »Er ist aus Verantwortungs- und Pflichtbewußtsein sparsam bis zum Eigensinn« (*Baur:* Persönlichkeit, S. 227).

[95] *Tas:* Pionier, S. 84.

Diese Haltung mußte seinem Werk und mehr noch seiner Wirkung und Schätzung zuletzt abträglich werden, zumal die neue Zeit in Afrika einseitig dem technischen Fortschritt huldigt und der jungen Generation des Schwarzen Erdteils die bewußt primitiv gehaltenen Verhältnisse ein Ärgernis bedeuteten. Daß der große alte Mann, während er mit letzter Kraft unermüdlich immer weiter schaffte und baute, auf den geistigen Widerstand bei den Führern der Negeremanzipation stieß, war ohne Frage von einer tiefen Tragik. Hier liegt jedoch auf jeden Fall auch die Grenze für das Recht der Kritik. Es ist zwar wahr: für Schweitzer war »Afrika geblieben, was es war«, »der Schwarze noch ein Mensch, der eine feste patriarchalische Hand braucht«, »im Grunde glaubte Albert Schweitzer nicht an eine mögliche Modernisierung« Afrikas[96]. Aber daraus ist ihm wahrlich kein Vorwurf zu machen. Er hat sich nie die Zeit genommen, in Afrika umherzureisen und in den verschiedensten Gegenden Eindrücke zu sammeln. Er hat an dem Ort, auf den er sich einmal gestellt hatte, seinen Mann gestanden, und die Menschen, mit denen er es zu tun hatte, gaben ihm allen Grund zu einer wenig günstigen Beurteilung der Lage. So wurde er ein Prophet nicht der Negeremanzipation, sondern der Entwicklungshilfe. Daß er jenes nicht war, bedeutet viel weniger, als daß er dieses war: der erste Seher und Verkünder der vor den weißen Völkern liegenden berghohen säkularen Aufgaben und der erste, der in dieser bahnbrechenden Weise selber Hand anlegte.

Wie immer man über diese Dinge urteilen mag, für uns standen, obgleich zugegeben und betont werden muß, daß der Mensch Albert Schweitzer mit seinem humanitären Werk und seiner wegweisenden Forderung seine übrigen Fähigkeiten und Leistungen als Forscher und Denker noch überragt, die letztgenannten im Vordergrund des Interesses. Von ihnen aber kann es nicht zweifelhaft sein, daß sie in jedem Falle einer kritischen Betrachtung ausgesetzt, ja, auf eine solche angewiesen sind. Indem die Kritik Berechtigtes und Unberechtigtes, Bleibendes und Vergängliches sichtet und Verdienste wie auch Fehler genauer bestimmt, braucht sie dem Menschen nicht zunahezutreten. Subjektiv bewundernswert ist auch vieles, das objektiv als unvollkommen gelten muß. So bleibt etwa sein Verdienst in Sachen des Orgelbaus beträchtlich und angesichts aller übrigen Betätigung erstaunlich genug, obgleich man späterhin über seine Ansichten teilweise hinausgegangen ist. Kein Mensch, auch ein noch so großer und beispiellos vielseitig begabter, vermag gewisse Bedingtheiten und Beschränktheiten abzulegen, niemand kann in allen Sätteln gleich gerecht sein. Warum will man z. B. den Anschein erwecken, als ob Schweitzer die Eingeborenensprachen beherrschte[97], mit denen er sich in Wahrheit, wie früher erwähnt wurde, niemals abgegeben hat? Warum ihn, der zwar von Jugend an naturwissenschaftlich interessiert war und der sich als

---

[96] ebd.
[97] So *Stahler:* L'Universel, S. 91.

angehender Mediziner das notwendige Rüstzeug auf diesem Gebiet erworben, aber kaum je eigene Forschungen betrieben hat, auch noch zu einem »Naturwissenschaftler ersten Ranges«[98] machen, warum? War er noch nicht groß genug, hat er noch nicht genug getan? Bei einem derart reichen Geiste, bei einem Menschen, dessen Wirksamkeit so unwahrscheinlich mannigfaltige bedeutende Ergebnisse gezeitigt hat, könnte und sollte man sich umso strenger an die Tatsachen halten und jede Übertreibung sorgfältig, geradezu ängstlich meiden. Erst durch die Berücksichtigung der starken und der schwächeren Seiten zusammengenommen, der Vorzüge und auch der Mängel, kommt Licht und Schatten, mit einem Wort: kommt Tiefe in das Bild und erhält es damit überhaupt erst so recht den Charakter des in vollem Maße Wirklichen.

Das gilt dann auch und besonders für diejenigen Leistungen, die uns hier vornehmlich beschäftigt haben. Er ist eben nicht nur praktischer Philanthrop und Tierfreund, sondern auch Wahrheitssucher. In den Sphären des philosophischen Denkens und des historischen Forschens aber ist wie in jeder Wissenschaft kritische Auseinanderetzung unentbehrlich. Schweitzer, dieser große, wahrhaft bedeutende Kritiker, wäre wohl der letzte gewesen, der das bestritten hätte. Es finden sich bei ihm, zumal auf theologischem Gebiet – man nehme nur die Würdigung seines Lehrers Holtzmann in der »Geschichte der Paulinischen Forschung« –, aber auch im Bereiche der philosophischen Ethik Ausführungen, in denen tiefe Verehrung und hohe Bewunderung sich mit einschneidender, ja, vernichtender Kritik vereinigen. Was ihm im Verhältnis zu anderen recht erschienen ist, wird ihm selbst gegenüber billig sein, sagt er doch selber: »Die höchste Ehre, die man einem Denksystem erweisen kann, besteht darin, es rücksichtslos zu prüfen, um zu ergründen, wieviel Wahrheit es enthält«.[99] Manche Autoren, die über seine Persönlichkeit, sein Leben und Wirken vortrefflich zu berichten wissen, sind doch der Versuchung nicht entgangen, die Anerkennung, Verehrung, Bewunderung, die man seiner Persönlichkeit und den Motiven seiner praktischen Arbeit entgegenbringt, ohne weiteres auf sein gesamtes literarisches Schaffen, insbesondere auf seine philosophische und theologische Arbeit auszudehnen und auch sie, ja, gerade sie im Superlativ zu bewerten. Demgegenüber und weil Schweitzer nicht nur der große sittliche Seher, Mahner und Tatmensch war, sondern zu allem auch noch der kritisch bohrende Denker und der intuitiv interpretierende und konstruierende Historiker, mußte einmal der Versuch gemacht werden, beides herauszuarbeiten: einerseits das Besondere, das Eigenartige und Einzigartige seiner Persönlichkeit und ihrer Auswirkungen hervorzuheben, andererseits die kritische Auseinan-

[98] *Seaver:* Schweitzer, S. 237.
[99] Zit. aus der ins Englische übers. Ausg. der »Weltanschauung der indischen Denker« nach Seaver: Schweitzer, S. 294.

dersetzung mit demjenigen Teil seines Lebenswerks zur Geltung zu bringen und voranzutreiben, der sie geradezu herausfordert.

Gewiß sind die Ergebnisse der theoretischen Bemühungen dieses Mannes nicht mit der Elle zu messen und wie die einer Rechnung kurzerhand mit richtig oder falsch zu bewerten. Es gibt hier mehrere Dimensionen und verschiedene Grade der Beurteilung, und ein bedingtes Ja und ein eingeschränktes Nein liegen manchmal nicht nur nahe bei-, sondern auch ineinander. Trotzdem mußte die Aufgabe in Angriff genommen werden, das tief Wahre, sehr Bedeutsame und außerordentlich Beachtenswerte und auf der anderen Seite das Fragwürdige, Mangelhafte, zum Teil ganz Unmögliche seiner Auffassungen und Annahmen, seiner Thesen und Forderungen genauer zu bestimmen und gegeneinander abzugrenzen und abzuwägen.

Die Wirkung und Würdigung seiner theoretischen Arbeit war von Gebiet zu Gebiet recht verschieden. Während die Parole »Ehrfurcht vor dem Leben« in aller Munde ist und sich bei den meisten interessierten, doch nicht eigentlich philosophisch gebildeten Zeitgenossen hoher Schätzung und fast selbstverständlicher, ganz unkritischer Zustimmung erfreut, spielt Schweitzers Kulturphilosophie und Ethik für die philosophischen Fachgenossen nur eine sehr geringe, großenteils gar keine Rolle. Überwiegend umgekehrt steht es mit seinen theologischen Werken, namentlich mit dem der Leben-Jesu-Forschung gewidmeten. Das große Publikum kennt diese Seite seines Schaffens kaum, in der wissenschaftlichen Arbeit dagegen wird der Name Schweitzer noch viel genannt, jedoch bei weitem nicht immer in zustimmendem Sinne, und als Ganzes ist Schweitzers Leben-Jesu-Theorie, wenigstens in der deutschen Forschung, nicht mehr Gegenstand der Diskussion. Deshalb muß beim Urteil über den Theologen und den Philosophen nach Disziplinen und Werken differenziert werden.

Schweitzers geniale Begabung wirkt sich zweifellos überall aus, wo immer er zugreift, auch dann, wenn ihm Gültiges nicht gelingt und eine gewisse Einseitigkeit seiner Anschauungsweise und seiner Ergebnisse unverkennbar ist. Als sehr einseitig stellte sich namentlich die Anlage seiner Kulturphilosophie heraus. Wenn man die Frage aufgeworfen hat, »ob Schweitzer in eine fernere Zukunft nicht wesentlich als Kulturphilosoph eingehen wird«[100], so läßt sich darauf schwerlich, wie der Fragende es zu erwarten scheint, mit Ja antworten. Ein Vergleich etwa mit der ähnlich gedrängten, ebenso großzügigen und gleich kritischen, aber viel umfassenderen Kulturdiagnose *Huizinga*s machte die fast ausschließliche Ausrichtung auf das Sittliche und Praktische bei Schweitzer, freilich auch die mit dieser Einseitigkeit verbundene außerordentliche Stoßkraft besonders deutlich. Es wäre ja auch geradezu ein Wunder, wenn bei einem Manne mit so gewaltigen sittlichen Energien das sittliche Anliegen in der theoretischen Betrachtung nicht eine gewisse Überbewer-

[100] *Grabs:* Schweitzer [Denker], S. 23.

tung erfahren haben würde. Damit ist schon gesagt, daß ihm näher als die allgemeine Kulturphilosophie der engere Bereich der sittlichen Probleme liegt, die Kritik des ethischen Denkens der Menschheit und der Versuch, der Frage, was letztlich das Gute sei, auf den Grund zu gehen. Aber auch hier stehen im Ergebnis Positives und Negatives dicht nebeneinander: eine sehr sichere und durchdringende Urteilskraft bei der Kritik der verschiedenen Lehren, die doch an einigen wichtigen Erscheinungen ohne die erforderliche Würdigung und Auswertung vorübergeht, ein Versagen – man kann es nicht anders nennen – in der Frage nach dem Wesen des Sittlichen, dabei doch tiefsinnige Erkenntnisse, bedeutsame Gedanken, wichtige Hinweise, eine Fülle beherzigenswerter Anregungen im einzelnen. Und wenn auch die von Schweitzer gegebene Antwort auf die ethische Grundfrage sich als unannehmbar erwiesen hat, so ist doch zugleich hervorzuheben, daß kaum irgendwo sonst der Ernst des sittlichen Strebens im Handeln wie auch der Ernst der Bemühung um das ethische Problem im Denken in einer so eindrucksvollen Personalunion zur Anschauung gelangt sind wie hier, so daß Schweitzer, der leidenschaftliche Eigendenker, insofern als der geborene Philosoph gelten kann, nicht jedoch als Philosoph im Sinne der Selbstgenügsamkeit der Theorie und der Ausrichtung auf den Bau und Abschluß eines Systems.

Man kann schwerlich mit einem Satz sagen, ob dem Philosophen oder dem Theologen Schweitzer der erste Platz gebührt. Nimmt man den Philosophen nicht in dem Sinne in erster Linie des Logikers, Erkenntnistheoretikers, Metaphysikers oder eben überhaupt des rein theoretischen Denkers, sondern in der Funktion des ethischen Propheten, Gesetzgebers, Reformers, Anregers, so wird jene wirklich epochemachende Entdeckung eines neuen sittlichen Bereichs, einer allgemeinen praktischen Verpflichtung und Aufgabe größten Ausmaßes allen anderen Leistungen Schweitzers, auch seinem Jesuswerk unbedingt voranzustellen sein. Aber diese Entdeckung wird weniger in seinen kulturphilosophisch-ethischen Schriften als in seinen biographischen Berichten – »Zwischen Wasser und Urwald«, »Mitteilungen aus Lambarene« und seinen Selbstdarstellungen – verkündet, und auch da nur auf wenigen Seiten, die ohne die dahinterstehende, sie bekräftigende jahrzehntelange praktische Arbeit nicht annähernd so schwer wiegen würden. Vergleicht man dagegen die theologischen und die philosophischen Veröffentlichungen für sich, so kann kaum ein Zweifel darüber aufkommen, daß innerhalb ihrer zuständigen Disziplin die theologischen bei weitem mehr bedeuten. Freilich muß hierzu sofort einschränkend bemerkt werden, daß wie beim Philosophen, so auch bei dem Theologen Schweitzer nicht die vorherrschende Bedeutung dieses Begriffs maßgebend sein kann. Nicht die Leistung des Theologen im engeren und vollen Sinne des Wortes, sondern die des Historikers der Anfänge des Christentums steht durchaus im Vordergrund des Interesses, wobei auch der Begriff der historischen Leistung noch einmal eingeschränkt bzw. näher bestimmt werden muß. Innerhalb der Schweitzerschen Geschichtsbetrachtung fiel nämlich ein gewisser doktrinär-konstruktiver Zug an seinen Thesen und Theorien auf, der ihn vom Standpunkt einer strengen historischen Methode als recht unzünftig und seine Ergebnisse vielfach als höchst fragwürdig, zum großen Teil sogar als ganz unhaltbar erscheinen ließ. Dennoch sind die davon ausgegangenen Anregungen so mannigfach und wesentlich, daß wir sagen können: wenn Schweitzer als Kulturphilosoph und Ethiker, sieht man von jener prophetischen Seite seiner Ethik einmal ab, jedenfalls rein wissenschaftlich keineswegs eine überragende Stellung zukommt, so gehört er als Jesus- und Paulusforscher zu den wirklich Großen, groß freilich auch noch hinsichtlich des Umfangs der Fehldeutungen und Irrtümer, doch groß eben auch noch in ihnen. Schweitzers Bedeutung auf dem Gebiet der Historie vermag seine systematisch-theologische Position dagegen nicht als ebenbürtig an die Seite zu treten. Gerade sie übt zwar, namentlich in der Schweiz, einen gewissen Einfluß aus, sie erscheint darüber hinaus sogar als mitbestimmend für die Haltung des gegenwärtigen theologischen Freisinns überhaupt, aber die Schüler und Anhänger Schweitzers zeigen ungewollt, wie schwach die Möglichkeiten, die sein dogmatischer Ansatz bietet, tatsächlich beschaffen sind, wenn von »dogmatisch« bei ihm überhaupt die Rede sein kann – der Begriff paßt doch offenbar allzu wenig zu seiner Art und geistigen Welt –, und man kann von hier aus mit einem gewissen Recht, wenn auch ein wenig übertreibend, behaupten, daß Schweitzer »Theologe im eigentlichen, vollen Sinne nie gewesen ist«[101]. Wollte man aber statt dessen seinen Standpunkt in »religionsphilosophischer« Beziehung würdigen, so würde dieser Aspekt dem eben genannten gewiß vorzuziehen, jedoch auch nicht wirklich befriedigend sein, da Schweitzer das Religiöse ja weitgehend auf das Sittliche reduziert, was um der grundsätzlichen Klarheit willen nicht gebilligt werden konnte. In der historischen Jesus- und Paulusforschung hingegen gehört sein Name trotz aller sachlichen Einwände in die erste Reihe. Vor allem in der Geschichtsschreibung der Leben-Jesu-Forschung sowie in der Paulusdarstellung dürfte neben dem Bachwerk seine größte wissenschaftliche Leistung liegen. Überschau und Tiefgang, Wissensfülle des Gelehrten und Spürsinn des Forschers erreichen hier den höchsten Grad. Es ist wohl auch bezeichnend, daß die volle Entfaltung seiner Fähigkeiten weniger in der freien Erarbeitung eines eigenen theologischen und philosophischen Standpunkts oder gar Systems erfolgt, als indem er die Eigenart und Kraft seines Fragens und Urteilens in der Betrachtung einiger der größten Gestalten der Menschheit und in der Auseinandersetzung mit ihnen betätigt.

Wenn die Bedeutung der theologischen bzw. der theologiegeschichtlichen und der religionsgeschichtlichen Arbeit Schweitzers in wissenschaftlicher Hinsicht über seine philosophische, und das heißt insbesondere die kulturphilosophische und ethische, gestellt wurde, so steht das nur scheinbar im

---

[101] Vgl. *Grabs:* Schweitzer [Denker], S. 37.

Widerspruch zu dem soeben erwähnten Umstand, daß das Religiöse überhaupt bei ihm stark zurücktritt und das Sittliche in der persönlichen Einstellung und für sein sachliches Interesse durchaus dominiert. Die außerordentliche Intensität des sittlichen Bewußtseins hat sich hier im theoretischen Bereich nicht nur in der philosophischen Ethik, sondern auch in der historischen Theologie ausgewirkt, allem voran in der Deutung des Auftretens Jesu als einer unerhörten Aktion zwecks Herbeiführung der Gottesherrschaft. Diese Feststellung wird auch nicht durch das Verfehlte einer solchen Auffassung beeinträchtigt. Absolut Vollkommenes im Sinne einer sachlich unangreifbaren, ausgewogenen, abgerundeten und erschöpfenden Darstellung, die für längere Zeit lehrbuchartige Geltung besitzt, hat Schweitzer auch in der Jesus- und Paulusforschung nicht aufzuweisen. Dafür sind seine beiden ihnen gewidmeten berühmten Bücher zu originell, zu persönlich, das heißt aber auch: zu einseitig. Dennoch kommt ihnen zweifellos dauernde Bedeutung zu, es sind Werke, an denen mit Händen zu greifen ist, daß die wissenschaftliche Haltbarkeit der Ergebnisse einer Arbeit nicht unbedingt und in vollem Umfang mit ihrem geistigen Rang zusammenfällt. In der »Geschichte der Leben-Jesu-Forschung« beziehen sich die schwersten Bedenken auf das Schweitzers eigene Lösung enthaltende Kapitel, und doch wird niemand sagen wollen, daß diesem Werk, das konsequent auf eine bestimmte Lösung hinsteuert und das so ganz aus einem Guß ist, ohne jenes Kapitel auch nur entfernt dieselbe Bedeutung zukäme. Umgekehrt ist seine Untersuchung der Religionsphilosophie Kants, selbst wenn der Fachmann einiges daran zu beanstanden findet, in ihren Grundgedanken durchaus überzeugend, während doch kein Zweifel darüber bestehen kann, daß sie, als so wertvoll und charakteristisch sie sich bereits präsentiert, schon formal, stilistisch, aber auch in der Art der sachlichen Behandlung an alle späteren Veröffentlichungen nicht heranreicht, daß also die »Geschichte der Leben-Jesu-Forschung« aufs Ganze gesehen sehr viel eigenartiger und bedeutender als jene erste Arbeit ist. »Die Mystik des Apostels Paulus« bildet an Tiefe der Gedanken und in der Souveränität der Gesamtschau vielleicht noch eine Steigerung über das Jesuswerk hinaus, was nicht ausschließt, daß dieses trotz der Unhaltbarkeit seiner eigentlichen Lösung als die grundlegende Veröffentlichung innerhalb des Schweitzerischen Schaffens auf diesem Gebiet und wohl auch als das für die meisten Leser interessantere Buch zu gelten hat. Die Konzeption und Durchführung einer Theorie, die sich nicht durchsetzt, kann dennoch als geistige Leistung und wissenschaftsgeschichtliches Ereignis von historischem Rang sein.

Schweitzers theologische und philosophische Arbeiten zeugen, auch wo ihre Ergebnisse keine allgemeine Zustimmung erfahren haben, von eminenten intellektuellen Fähigkeiten, die sich in subtilen Analysen wie in großen Synthesen auswirken. Seine Begabung setzte diesen Autor instand, in unwahrscheinlich kurzer Zeit umfangreiche schwierige Aufgaben zu erledigen. Die sehr umständlichen, ins einzelne gehenden Untersuchungen des Kantbuches und die stofflich außerordentlich umfassende Darstellung des Leben-Jesu-Werks schon in der ersten Auflage werden beide Male im Laufe einiger Monate bewältigt — Leistungen, die schon rein quantitativ fast unbegreiflich sind. Unwillkürlich fragt man sich, was dieser Mann noch alles geschaffen haben würde, wenn er seine ganze Zeit und Kraft der Verfolgung der wissenschaftlichen Entwicklung und seinem literarischen Schaffen gewidmet hätte. Daß er in der Jesusforschung im wesentlichen auf dem Stande von 1912/13 stehengeblieben und daß er uns die eigentliche Ausführung seiner Kulturphilosophie und Ethik schuldig geblieben ist, kann nicht genug bedauert werden. Doch werden wir uns damit trösten können, daß er mit der Weiterentwicklung der neutestamentlichen Arbeit, insbesondere der Jesusforschung, wahrscheinlich nicht viel anzufangen gewußt haben würde und zu den Themen Jesus und Paulus im Grunde das gesagt hat, was er zu sagen hatte. Bezüglich der Kulturphilosophie aber ließ sich sogar von vornherein bezweifeln, ob ihm die Ausführung der konkreten Einzelprobleme überhaupt so recht gelegen hat und gelingen konnte. Alles in allem bleibt es gewiß bedauerlich, daß Schweitzer unserer Zeit kein sicherer Führer bei der Klärung der Grundfragen der religiösen Weltanschauung und auf dem Gebiete der Ethik geworden ist. Er hat weder auf die Frage, was der heutige Mensch glauben kann, noch auf die, was er tun soll, eine insgesamt wirklich befriedigende, d. h. sowohl unanfechtbare als auch einigermaßen erschöpfende Antwort gegeben. Aber es braucht kaum gesagt zu werden, daß ein solches Bedauern über das, wozu Schweitzer nicht mehr gekommen ist oder was man sich sonst noch von ihm gewünscht hätte, nur ein Teilaspekt sein kann und nicht das letzte Wort behält. Daß Lambarene schwerer wiegt als alles, was sonst wohl entstanden wäre, daran ist unbedingt festzuhalten. Aber weder diese Einschätzung seines praktisch-humanitären Lebenswerks noch andererseits die in dieser Schrift konzentrierte Kritik an seiner theologischen und philosophischen Arbeit dürfen die Größe der geistigen, auch der rein intellektuellen Potenz vergessen lassen, die hier gegeben war.

Erst nachdem so — unbeeinflußt sowohl durch das positive Vorurteil des Ruhmes als auch durch das negative Vorurteil des Glaubens gegenüber dem nicht mehr eigentlich Gläubigen — versucht worden ist, den Ertrag seines Wirkens in theoretischer Hinsicht, seine Verdienste, aber auch die dabei aufgetretenen Mängel und Fehler, eingehend zu studieren, zu bestimmen, zu sichten und zu wägen, können wir jetzt daran gehen, beide Seiten zusammenzusehen.

Eine seltene Häufung von Begabungen ist hier die Quelle ganz außergewöhnlicher Leistungen wie auch daneben der angesichts solcher Leistungen besonders auffallenden Unzulänglichkeiten und Irrtümer. Mit erstaunlicher Beherrschung umfangreicher Stoffmassen auf den verschiedensten Gebieten verbindet sich nicht nur eine durchdringende Denkkraft, vor allem ein ausgesprochen kritischer Scharfsinn, sondern auch eine mächtige Phantasie. Diese Verbindung führt zu genialen Intuitionen und großer Eigenart der Betrachtung, um welchen Gegenstand und Problemkreis auch immer es sich handelt. Dazu kommt schließlich eine einmalige Energie des Willens, die im Verein mit der Ursprünglichkeit des Denkens und der unerhörten Stärke des Gefühls jenes geistige Abenteurertum erzeugt, wie es schon in der Plötzlichkeit zum Ausdruck kommt, mit welcher Schweitzer von gesuchten Lösungen ergriffen wird. Sowohl über die einmal einzuschlagende Richtung seiner Lebensarbeit als auch über den Beruf selbst und den Schauplatz seines zukünftigen Wirkens wurde er sich, wie in anderem Zusammenhang besprochen, schlagartig schlüssig. Aber so erging es ihm ja nicht nur in den praktischen Lebensfragen, sondern auch auf dem theoretischen Felde, dem der Person Jesu gewidmeten wie auch im Bereiche der Ethik. Gewiß ist gerade die Lösung des ethischen Grundproblems in der Natur dieses Denkers tief angelegt und, wie wir sahen, von früh an vorbereitet. Doch aus der so gegebenen gefühlsmäßigen und praktischen Einstellung wird die Antwort auf die theoretische Frage nach dem ethischen Prinzip mit jener charakteristischen Plötzlichkeit und Sicherheit gewonnen, die sofort jenseits jeder weiteren Diskussion steht. Solche ganz und gar persönlich bedingte Ideen, die mit einem Male auftauchen und mit der Macht einer Offenbarung wirksam werden, scheinen, von ihm aus gesehen, gegen kritische Einwände gefeit zu sein. Während bei einem aus dem Rahmen des zünftigen Betriebs herausfallenden Schriftsteller große Eigenart sowie besondere intuitive Begabung nicht selten mit einer gewissen Unbekümmertheit um die Kleinarbeit der Forschung und mit einem Mangel an Übersicht und kritischer Einstellung einhergehen, verfügte Schweitzer nicht nur über ein ins einzelne gehendes und zugleich in größere Zusammenhänge eingeordnetes Wissen, sondern auch, wie immer wieder zu betonen war, über ein kritisches Urteilsvermögen ganz ungewöhnlichen Grades. Dieses richtet sich indessen nicht auf die eigenen sehr gewagten extremen Lösungen, an denen er vielmehr auf Grund jener ihn auszeichnenden starken Energie mit größter Beharrlichkeit, auch gegen alle Einwände, zäh und geradezu eigensinnig festhielt, wie ja überhaupt von Entwicklung im Sinne der Neuaufnahme und Wandlung bei ihm kaum gesprochen werden kann. So finden sich wertvollste Erkenntnisse und Anregungen mit höchst anfechtbaren Thesen und Hypothesen vereinigt. Da auch das Bach gewidmete Buch, das viele ungemein aufschlußreiche Einsichten und interessante Deutungen enthält, doch nicht überall das letzte Wort zu sprechen scheint [102] und da sogar »Die Mystik des Apostels Paulus« bei aller Großartigkeit nicht von Einseitigkeit frei ist, läßt sich eigentlich keines seiner wissenschaftlichen Werke als wirklich vollkommen und endgültig bezeichnen. Immerhin kann das Pauluswerk als die geschlossenste und wohl bleibenste positive Leistung gelten. In der Jesus-

---

[102] Vgl. *Blume:* J. S. Bach, Sp. 1028. 1030. 1036.

forschung und in der Ethik dagegen liegt, wie sich zeigte, der unbestreitbare Teil von Schweitzers Verdiensten vor allem in der Kritik der Auffassungen und Lehren anderer Forscher und Denker und in einem großen Reichtum an Anregungen im einzelnen, während seine eigene Lösung bei aller Originalität hier wie dort nicht mehr in Betracht kommt. Auf der anderen Seite hat er trotz aller Übertreibungen seiner Jesustheorie sicherlich einen erheblichen Anteil daran, daß sich die Erkenntnis der Bedeutung des Eschatologischen für Jesus und das Urchristentum überhaupt so weitgehend durchgesetzt hat. Und wenn Schweitzer unserer Zeit auch nicht die maßgebende Ethik gab: daß die Ethik wieder viel wichtiger genommen werden muß, daß ohne Sittlichkeit die gesamte Kultur auf tönernen Füßen steht, daß, wenn mit dem materiellen Fortschritt der geistige nicht Schritt hält, die Kultur »dem Schiffe gleicht, das mit defektem Steuerapparat in stetig beschleunigter Fahrt seine Steuerbarkeit verliert und damit der Katastrophe zutreibt« [103], diese Wahrheit, die nunmehr die Spatzen von allen Dächern einer durch Atombombe und Umweltsorgen verstörten Menschheit pfeifen, hat er schon vor mehr als einem halben Jahrhundert mit als erster und so deutlich wie kaum ein anderer gesehen und dann immer wieder ins Bewußtsein unserer Zeit gehämmert. Und auch dies läßt sich nicht verkennen, daß die Einseitigkeit seines Denkens mit den sich daraus ergebenden Mängeln seiner Philosophie die Kehrseite der Stärke und Größe seiner Persönlichkeit ist, die, sieht man von umstrittenen Äußerungen in politischer Hinsicht ab, ohne Übertreibung als die höchste moralische Autorität der Gegenwart bezeichnet werden darf.

Bei aller Einseitigkeit ist Schweitzers Einstellung von einer überraschenden Vielseitigkeit – in diesem scheinbaren Widerspruch könnte man geradezu eine Formel dieses merkwürdigen Mannes und seiner Lebensanschauung erkennen. Etwas von dem Vernunftglauben und Optimismus eines Sokrates, der alten chinesischen Denker und der Aufklärer des achtzehnten Jahrhunderts war in ihm, aber er weist auch den geschärften Blick der Inder und Schopenhauers für die Sinnlosigkeit und das Leiden in der Welt auf: ein Mensch, der, bei aller Empfindsamkeit in sich noch ganz »heil«, unter dem Druck des Unheils um sich herum, nah und fern, lebte, das er durchdachte und, soweit es an ihm war, zu heilen suchte. Und neben dem tätigen Verständnis für die enthusiastische Überschwenglichkeit des absoluten Liebesgebotes Jesu, durch dessen Erfüllung die Welt verwandelt werden soll und das den Entschluß zum Außerordentlichen, zum sittlichen Abenteuer verlangt, wie Tolstoi es wagte, neben diesem Sinn für das sittliche Abenteurertum im Gehorsam gegenüber dem Kategorischen jenes Gebotes findet sich bei ihm die von weiser Beschränkung getragene Ausrichtung auf die Welt des Relativen, Goethes Hören auf die nüchterne Forderung des Tages. Vor allem mit der Verab-

[103] KE S. 2.

solutierung des Sittlichen und eines bestimmten Motivs innerhalb des Sittlichen ist Schweitzer von großer Einseitigkeit. Aber zugleich war kein einseitiger, radikaler Moralist je so vielseitig, weitherzig, aufgeschlossen wie er. Namentlich in dem Nebeneinander von sittlicher Einseitigkeit und im weitesten Sinne musischer Vielseitigkeit liegt eine der bezeichnendsten Eigentümlichkeiten seines Wesens. Reiche geistige Begabung und Wirksamkeit ohne eine sittliche Komponente sind gewiß ein Gegenstand der Bewunderung und eine Quelle ästhetischen Genusses, doch können wir ihrem Träger nicht den höchsten Rang zugestehen; etwas Entscheidendes fehlt. Eine rigorose sittliche Haltung ohne den allgemeinen Hintergrund geistigen Gehalts oder menschlicher Eigenart und Bedeutsamkeit wird man umgekehrt unter dem Gesichtspunkt des guten Willens und der praktischen Leistung hoch achten, aber zugleich als bedauerlich eng und beschränkt empfinden. Erst das Zusammenkommen beider Einstellungen bildet den Idealfall, der bei Schweitzer in einem kaum je anzutreffenden Ausmaß Wirklichkeit geworden ist: eine noch nicht dagewesene sittliche Sensibilität und Energie, begründet in tiefem Denken und eingebettet in die so ungemein reiche Gesamtpersönlichkeit. Im Blick auf die Ideale des Wahren, Schönen und Guten können wir, früher Gesagtes wieder aufnehmend und nun andersherum wendend, sagen: wohl noch nie ist ein Mensch, der sich mit einer solchen Hingabe dem Ideal des Guten verpflichtet wußte, zugleich auch noch so sehr von den Idealen des Wahren und des Schönen erfüllt und auch in ihrem Dienste, soweit er es neben seiner Hauptarbeit vermochte, mit solchem Erfolg tätig gewesen. Kaum je auch – man denke an Männer wie Pascal oder Tolstoi – hat ein so gewaltiges Engagement das Bild einer so wenig verkrampften, einer so durchaus harmonischen Persönlichkeit geboten.

Hervorzuheben ist noch, daß dieser Gelehrte, Forscher, Denker, Künstler und Praktiker, der auf so verschiedenen Gebieten so Gewichtiges zu sagen hatte, auch schreiben konnte wie wenige. Mit Ausnahme seines ersten Buches, über Kant, sind alle seine Veröffentlichungen in einem durchaus unverwechselbaren Stil gehalten. Wodurch ist dieser charakterisiert? Es ist vor allem die außerordentliche Klarheit und Einfachheit der Gedankenführung wie der Ausdrucksweise, im Satzbau und bei der Wortwahl. Wie Schweitzer vom philosophischen Denken fordert, daß es elementar sei, die Grundfragen unserer Existenz in Angriff nehme und in ernster sachlicher Bemühung Antwort auf sie zu finden suche, ohne sich in nebensächliche und gekünstelte oder bloß gelehrte Gedankengänge zu verlieren, so ist auch seine Art zu schreiben elementar, klar im allgemeinen bis zur Durchsichtigkeit. Wem der Gegenstand von Interesse ist, für den gibt es in Schweitzers Darlegungen, sofern man sich durch das früher beanstandete Schillern einiger Grundbegriffe nicht stören läßt, kaum Schwierigkeiten für das Verständnis. Daß ein Werk, das so verwickelte Verhältnisse und Probleme behandelt, wie die Gedankenwelt des Paulus sie bietet, und in so eigenständiger Weise behandelt, auch noch verhältnismäßig allgemeinverständlich und anziehend geschrieben ist, dürfte, besonders im deutschen Schrifttum, äußerst selten vorkommen. Und diese Klarkeit wird nicht etwa durch eine umständliche Ausführlichkeit erreicht, sondern im Gegenteil mit durch große Sparsamkeit. Gemessen an der Weite und Bedeutung des jeweiligen Gegenstandes zeichnen sich seine Bücher, auch die umfangreicheren, dadurch aus, daß sie verhältnismäßig knapp gehalten sind, und Langeweile wird ein Leser Schweitzers kaum je spüren. Man wünschte sich manchmal mehr, nie weniger. Von der Sparsamkeit der den Gedanken vermittelnden Worte hebt sich dann der mehrfach betonte verschwenderische Reichtum an Bildern ab, die nicht nur überaus eigenartig und schön, sondern auch derart treffend sind, daß dadurch die meist ohnehin bestehende Verständlichkeit vollkommen und der Gedankengang zugleich immer wieder aufgelockert und belebt wird. Nicht unerwähnt bleiben darf schließlich das in der Aussage vielfach mitschwingende Gefühl, das an einigen Höhepunkten der Darstellung in einer Stärke durchbricht, daß es wahrhaft ergreifend und manchmal beinahe überwältigend wirkt und dem Leser solche Stellen unvergeßlich werden läßt. Wenn der Stil der Mensch ist, so gilt dies von Schweitzer in besonderem Maße. [104]

Das über den Stil Gesagte bezieht sich vor allem auf die hohe Zeit seines Schreibens, namentlich die »Geschichte der Leben-Jesu-Forschung«, jene eigentümliche Verbindung von durchgehender Einfachheit und gelegentlicher Brillanz. Während sich später der Bilderreichtum noch steigert, vor allem in »Kultur und Ethik«, wird der Satzbau umgekehrt noch einfacher, um dann im Alter mit der Neigung zu aneinandergereihten Hauptsätzen beinahe karg und ein wenig monoton zu werden.

Kritik und Bewunderung sind einem solchen Manne gegenüber gleichermaßen gefordert. Die Aufgabe, die sich hier ergab, war deshalb, Größe und Grenzen dieser Begabung im einzelnen herauszuarbeiten und abzuschätzen. Dabei mußte die Gefahr vermieden werden, den Sachverhalt zu vereinfachen. So wäre es nicht die ganze Wahrheit, wenn

---

[104] Auf einzelne kleine sprachliche Versehen, meistens, namentlich bei nicht ganz zutreffenden Präpositionen, wohl als Gallizismen anzusprechen, zu deren Korrektur der Zeitmangel den Überbeschäftigten nicht kommen ließ, wurde, wenn sie in Zitaten des vorliegenden Buches begegnen, vom Verfasser hingewiesen, gewiß nicht, um einen großen Schriftsteller zu schulmeistern. Aber wer Schweitzers Schreibweise so hohe Anerkennung zollt, kann nicht umhin, diese sonderbaren Schnitzer anzumerken. Daß die eigenartigste und charakteristischste Stelle seiner Kindheitserinnerungen — der selbstverfaßte Zusatz zum Abendgebet (für alle lebendigen Wesen) — in sämtlichen zu Lebzeiten erschienenen Drucken in das Gegenteil ihres Sinnes (»alle menschlichen Wesen«) verkehrt war, beruhte auf bloßer Flüchtigkeit des Schreibenden bzw. in diesem Falle des Diktierenden. Daß aber sein originellster, großartigster, schönster Begriff überhaupt — die »Bruderschaft der vom Schmerz Gezeichneten« — bisher nur in entstellter Form (»Brüderschaft«) vorliegt, ist doch wohl in einer geringfügigen sprachlichen Unsicherheit des Französisch fast wie Deutsch sprechenden und schreibenden Elsässers begründet. Daß sich auch nachträglich niemand zur Berichtigung bereitgefunden hat, ist wirklich bedauerlich.

man sagen wollte, Schweitzer besitze zwar eine äußerst vielseitige Begabung und habe Anregungen mannigfacher Art ausgestreut, die eigentlichen Ergebnisse des Forschers und Denkers seien aber so fragwürdig und in den Hauptpunkten enttäuschend, daß eine überragende Bedeutung nur seinem sittlichen Elan zuerkannt werden könne. Wohl steht dieser dem Range nach an erster Stelle, und wenn er geäußert hat: »Lambarene ist meine Improvisation. Aber das bleibende Haus, so hoffe ich, wird mein Denken sein« [105], so müssen wir urteilen, daß es sich in Wahrheit doch wohl umgekehrt verhält: Lambarene ist das Größte an ihm, das Bleibende von ihm – wie immer es mit dieser Institution weitergehen mag –, bleibend auf jeden Fall als ein weithin sichtbares Symbol der Menschlichkeit. Dennoch darf der Forscher und Denker bei der Würdigung nicht über Gebühr zurücktreten; denn auch seine abzulehnenden Theorien und Hypothesen sind mit so vielen eigenartigen und beachtenswerten Beobachtungen, Hinweisen, Vorschlägen, Gedanken durchsetzt, und darüber hinaus ist wie gesagt die schriftstellerische Gestaltung seiner Veröffentlichungen so hochstehend, daß die Gesamtwürdigung stets beides berücksichtigen muß: den Forscher und Denker und den Künstler einerseits und den sittlichen Tatmenschen andererseits, diesen auf dem Hintergrund jener und jene immer wieder einmündend in diesen – gerade der damit bezeichnete zweifache Aspekt macht das Unvergleichliche, Einzigartige des Falles Schweitzer aus. Wenn also ein Vertreter der jungen Generation seinen Eindruck nach einer persönlichen Begegnung mit ihm einmal begeistert, aber sehr einseitig und allzu stürmisch unter- und übertreibend dahin zusammenfaßte: »Ein großer Denker?, ein großer Künstler?, ein großer Forscher?, ein großer Helfer? – Nein! Dies ist ein großer Mensch!« [106], so wird das Wesentliche und Beispiellose damit gerade nicht getroffen. Nach und trotz aller Kritik sagen wir statt dessen richtiger und etwas genauer: ein ungemein origineller und anregender Forscher?, ein hochbegabter, tiefgründiger Denker?, ein bedeutender Künstler?, ein begeisterter, bahnbrechender Helfer, der nicht nur vielen Rettung gebracht, sondern mit der von ihm erkannten und in Angriff genommenen Aufgabe Bedeutung für die ganze Menschheit erlangt hat? – Ja! Alles dies und außerdem noch und vor allem ein einzigartiger, überragender Mensch und zugleich einer der menschlichsten Menschen, die wir kennen!

Das Charakteristische seiner aufgeschlossenen und zu praktischen Konsequenzen stets bereiten Menschlichkeit möge durch ein paar kleine Proben noch ein wenig verdeutlicht werden. Es ist einmal die mitfühlende Art, mit der er sich in andere hineindenkt und wie er ihnen auch in solchen Fällen tatkräftig unter die Arme greift, wo die meisten die Situation als gegeben und kaum beeinflußbar hinnehmen würden. Wie mancher hat schon Examenskandidaten

---

[105] *Bremi:* Schweitzer, S. 149.
[106] In: Universitas. Jg 15. 1960, S. 134.

bedauert, nicht nur wegen der Anstrengung des Paukens, sondern mehr noch wegen der Nervenprobe, vor allem der in solchen Zeiten nicht selten auftretenden Anwandlungen von Mutlosigkeit. Aber welcher Examinator würde dabei ernstlich auf Abhilfe sinnen; genug, wenn er sich in der Prüfung selbst einigermaßen wohlwollend zeigt. An Schweitzer als Konviktsdirektor in Straßburg erinnert sich ein ehemaliger Stiftler, überdies Zimmernachbar Schweitzers: »Seine besondere Aufmerksamkeit wandte er den Studenten zu, die von der Angst vor dem Examen befallen waren. Zu diesen setzte er sich aufs Zimmer und arbeitete mit ihnen bis tief in die Nacht hinein, wobei er es darauf anlegte, dem Kandidaten zu zeigen, daß es mit seinen Kenntnissen ja gar nicht so schlecht bestellt sei. Wie viele Abende hat er so geopfert!« Hierauf folgen in diesem Bericht noch zwei bezeichnende Zusätze. Der eine: »Daß er die Leute so aufs Examen vorbereitete, war an der Fakultät bekannt und wurde ihm von manchen Professoren übel genommen. Er aber machte sich nichts daraus. Es kam ihm nur darauf an, schüchternen Menschen das Vertrauen in sich selbst zu geben und ihnen die richtige Arbeitsweise beizubringen.« Zu hilfsbereiter Güte und Mut kommt bei Schweitzer oftmals noch ein Korn Salz spöttischer Ironie. Das zeigt ein zweiter Zusatz: »Ein Wort von ihm über Examen machte damals die Runde: ›Zu einem Examen gehören zwei‹, ›einer, der etwas weiß, und einer, der zu examinieren weiß‹ «.[107]

Wie später das Verhalten des Spitalleiters durch Mitgefühl, das sich mit Phantasie und Entschlußkraft vereinigt, bestimmt wird, zeigt der folgende Bericht. Er hörte von einer Frau, die seit Jahrzehnten im heimatlichen Reisedienst für die Mission tätig war und Vorträge hielt, ohne je aus eigener Anschauung das kennengelernt zu haben, worüber sie zu sprechen hatte. Kaum hatte Schweitzer davon erfahren, »setzte er sich noch am selben Tage hin« und schreibt ihr eine Einladung nach Lambarene: »Sie sollen 's schön haben hier und endlich einmal die Welt sehen, mit der sich Ihre Gedanken seit Jahren beschäftigen.« [108]

Nicht weniger bezeichnend ist sein Verhalten da, wo es gar nicht um eine Hilfeleistung geht, sondern die Menschlichkeit ganz einfach in feiner Achtung und allenfalls einer kleinen aufmerksamen Geste besteht. Für bloß ausführende Organe haben wir wohl gelegentlich mündlich ein freundliches Wort, aber der Empfänger eines Briefes pflegt denjenigen, der ihm diesen im Auftrage eines anderen geschrieben hat, im allgemeinen doch als einen selbstverständlich funktionierenden anonymen Faktor anzusehen, der in seiner Eigenschaft als Mensch ausgeklammert wird. Mit welcher souveränen Natürlichkeit durchbricht Schweitzer diesen in ausschließlicher Sachlichkeit begründeten modernen Kastengeist, wenn er die Zeilen an einen Spediteur, in denen er sich für den gut ausgeführten Versand einer eingetroffenen Spende bedankt, mit den Worten schließt: »Bitte dem Herrn, der mir in Ihrem Auftrag schrieb, meine Grüße zu übermitteln.« [109] Das ist Schweitzer!

Ja, er war ein ganzer Mensch und ein großer Mensch. Was ist hier größer, so möchte man fragen: Anlage oder Anstrengung, Erbteil oder Erworbenes, körperliche Konstitution und seelisch-geistige Begabung oder die Macht des Willens, die Tatkraft, der Fleiß, die Pflichterfüllung, die Aufopferung? Und gibt es das noch einmal, daß eine derart rastlose und vielseitige Wirksamkeit nie zur Betriebsamkeit wird, daß jede Tat

---

[107] *Kieber:* Erinnerungen, S. 42.
[108] *Taap:* Tagebuch, S. 12.
[109] Hamburger Abendblatt vom 22. Juli 1955.

sich in diesem Grade als Ausstrahlung der ursprünglichen Innerlichkeit erweist und daß diese Innerlichkeit eine so vollkommene Einheit von Gefühl und Gedanken bildet, daß schließlich eine solche Feinheit und Stärke des Gefühls, eine solche Kraft und Tiefe des Denkens und ein so gewaltiger Enthusiasmus des Wollens und Handelns zugleich so nüchtern im guten Sinne, so schlicht und selbstverständlich sind und stets bleiben, ohne eine Spur von Zerfließen in Wehleidigkeit oder von Verkrampfung in Heroismus? Das Nebeneinander des wissenschaftlichen, künstlerischen und praktischen Wirkens muß ja allein schon als etwas Einmaliges bezeichnet werden. Als das Schönste von allem aber wird immer gelten, daß dieser Mann auch ein solches Genie des Herzens und der Menschlichkeit [110] war: der ungeheure Schwierigkeiten überwindende Organisator und der unermüdliche Arzt, der planvoll wirkende Kulturpionier, der vielseitige Handwerker und Baumeister, der Orgelbaureformator und große Orgelkünstler, der Bachinterpret, der theologische Forscher und Wissenschaftshistoriker, der überaus reizvolle Schriftsteller, ganz besonders als Autobiograph, und der bei allen Vorbehalten teilweise doch auch beachtliche ethische Denker überdies noch »ein Heiliger unseres Jahrhunderts« – könnte man vielleicht sagen und hat man schon gesagt [111], obgleich in diesem Begriff mehr und auch weniger, auf jeden Fall etwas anderes liegt, als worum es sich bei Schweitzer handelt. Heiligkeit ist in erster Linie eine religiöse Kategorie.[112] Wenn die in der vorliegenden Arbeit vertretene Auffassung richtig ist, so tritt das Religiöse bei Schweitzer in überraschendem Maße zurück, es wirkt zwar nach und mit herein, jedoch mit einziger Ausnahme der tief persönlich verwurzelten Ehrfurcht, mehr nur als »Bildungserlebnis«, das zurückgedrängt wird durch das eigentliche Anliegen, das »Urerlebnis«: das Ethische. Schweitzer war ein sittliches Genie, kein religiöses, und gerade dies, daß er bei allem, was er unserer Zeit an Leistung und Forderung, als Vor-

---

110 Als »Genie der Menschlichkeit« soll Schweitzer von Churchill bezeichnet worden sein. Wenn es sich so verhält – bei mehrfacher Anführung dieses Prädikats im einschlägigen Schrifttum war nie ein Beleg dafür zu finden –, so hat hier ein Großer unserer Zeit, dessen größter Ruhm immer seine unerschütterliche Standfestigkeit im Kriege sein wird, den schönsten und treffendsten Titel für den großen Mann des Friedens geprägt.
Das törichtste Prädikat im Gegensatz dazu, charakteristisch für die Art, wie manche Blätter sich dieses Stoffes als einer bloßen Sensation bemächtigt haben, dürfte das folgende sein, das in der »Revue« zu lesen war: Schweitzer »ist schon Legende geworden, Symbol, das Symbol des ›letzten guten Menschen‹«. Da glaubt man sich pflichtschuldigst vor dem berühmten Mann verneigen zu müssen, ohne zu ahnen, daß ihm damit geradezu ins Gesicht geschlagen wird. Wozu hat Schweitzer wohl sonst gewirkt als zu dem Zweck, daß er nicht der letzte gute Mensch sei, daß vielmehr die guten Menschen nicht aussterben, daß im Gegenteil immer mehr Menschen gut werden?
111 In einer englischen Zeitung, nach *Seaver:* Schweitzer, S. 188.
112 »Der Heilige ist der religiös begabte Mensch.« »Die religiöse Begabung nimmt beim Heiligen geniale Formen an« (*Nigg:* Heilige, S. 17). Wenn auch zum Heiligen »die Überwindung der niederen Sphäre« gehört, so ist es doch »ein Mißverständnis, wenn man im Heiligen vor allem den moralischen Menschen sieht« (S. 16).

bild und mehr noch als Anstoß zum Denken und Handeln und als Symbol der Humanität bedeutet, so ganz natürlich blieb, daß er sich bei eindringlicher Kritik an der modernen Kultur doch durchaus positiv gerichtet, aufbauend zeigte, daß dieser große Enthusiast so gar nicht exaltiert und weltfremd war, daß sein Streben nach Weltüberwindung keineswegs zur Weltflucht wurde und daß das Werk der »Liebe« bei ihm nicht aus einem bestimmten, ausschließliche Geltung beanspruchenden Glauben, sondern aus heißem Fühlen, tiefem Denken und mächtigem Wollen, aus reiner Menschlichkeit hervorging, macht ihn dem Menschen der Gegenwart besondert wert, läßt ihn uns näher und höher zugleich stehen, als jeder Heilige es vermöchte. Gerade dies gehört zum Größten an ihm und zum Bedeutendsten für uns, daß ein himmelstürmender Idealismus, der die Forderung aufstellte, anders zu sein als die Welt, und der diese Forderung so weitgehend verwirklicht hat, sich verbindet mit der Mahnung Zarathustras »Bleibt der Erde treu!«. Diese Verbindung übertrifft alles bisher Dagewesene.

Noch eines ist in diesem Zusammenhang als bemerkenswert im Bilde Schweitzers und als wohl auch nicht unbeteiligt an der Schätzung, die ihm die Zeitgenossen entgegenbrachten und -bringen, hervorzuheben, daß er, in dessen Wesen das sittliche Anliegen den Grundton bildete, dieser Moralist ganz großen Formats, nicht so sehr durch den Begriff des Bösen oder gar der Sünde als vielmehr durch den Gedanken an das Leid bewegt und angetrieben wurde, und zwar gerade auch das körperliche Leiden, das er zu seinem Teil als Arzt zu lindern und zu heilen suchte. Nur im Nebenberuf war er der Sittenprediger, und auch als solcher hielt er keine Strafpredigten, sondern rief vor allem auf zu Mitgefühl und Besinnung, die sich ausrichten auf die Hilfeleistung für Leidende. Aber in dem Gesagten liegt schon, daß die Bedeutung, die der Schmerz für sein Denken und Handeln besaß, alles andere als ein Zeichen von Schwäche ist. Vielmehr erscheint ebenso auffallend, zugleich unter dem Gesichtspunkt des Menschenbildes überhaupt ebenso bedeutsam wie die soeben bezeichnete Synthese von weltüberwindendem Idealismus und Diesseitsgesinnung hier nun eine zweite, die nämlich von hochgradiger Empfänglichkeit für die Tatsache und das Ausmaß des Leidens in der Welt und von willensstarker Aktivität, die dieses Leiden nach Kräften zu meistern, einzuschränken sucht. Wie häufig finden wir ein beträchtliches Überwiegen der einen Seite auf Kosten der anderen: bei den Feinsinnigen, Sensiblen führt ein intensives Leiden unter dem allgemeinen Leid zu Schwäche, Hilflosigkeit, Passivität, Untätigkeit – jede noch so große Anstrengung wäre ja doch nur ein Tropfen auf den heißen Stein des Elends! Die Starken, Robusten aber sind ja entweder durch einen natürlichen Panzer von vornherein gegen den Jammer der Welt weitgehend abgeschirmt, oder sie verhärten sich auf Grund der Erfahrung: das Leben ist nun einmal so, ich kann es nicht ändern; sehe jeder, wo er bleibe! Begegnen wir Menschen, die diesen Gegensatz in ihrer Person überbrücken und zur Einheit binden, Menschen, die sich durch die sie umgebende Not nicht niederdrücken, sondern anregen und zu tatkräftiger Hilfe bewegen lassen, so werden sie den Mitlebenden zum Trost, aber auch zum Anspruch. In der Reihe solcher Menschen ist Albert Schweitzer gewiß nicht der einzige, aber der weithin sichtbarste und größte: so sehr vom Jammer der Menschheit nicht nur, sondern vom Seufzen aller Kreatur ergriffen und so sehr den Willen und die ganze Kraft in den Dienst der Aufgabe stellend, Schmerz zu lindern und Wunden zu heilen: die Einheit der in dieser Gestalt verwirklichten Synthese, auch ohne daß man noch ihre Überhöhung durch eine in eigenständigem Denken begründete Weltanschauung in Betracht zieht, ist — man kann immer nur wieder sagen: schlechthin einmalig.

Zu der Verbindung von hochfliegendem Idealismus und Erdgebundenheit sowie der Vereinigung von Leidensfähigkeit und unbändiger Tatkraft kommt schließlich eine dritte, nicht weniger seltene Synthese, jenes in seinem Leben sichtbar werdende Nach-, Neben- und Ineinander von Entfaltung der eigenen eigenartigen Persönlichkeit und Hingabe an andere. Wenn Schweitzers Ethik als sittliche Aufgabe hinstellt die Ausbildung aller Fähigkeiten und die Bewahrung der persönlichen Freiheit einerseits, die miterlebende und helfende Teilnahme an allem Leben um uns herum andererseits, so schien sich damit, allgemein verstanden, ein unmögliches, in sich widersprüchliches Ziel abzuzeichnen; denn es ist ja eben fast ausgeschlossen, beiden Zielsetzungen zugleich auch nur annähernd gerecht zu werden. In seiner eigenen Persönlichkeit aber findet sich dieser Widerspruch tatsächlich weitgehend aufgehoben. In ihr ist der überaus merkwürdige Fall gegeben, daß, um die früher benutzten Kategorien hier noch einmal aufzunehmen, die ästhetische und die praktisch-soziale Einstellung in einem kaum vorstellbaren Maße nebeneinander bestehen und teilweise sogar zur Deckung gelangen. Es geht vielleicht ein wenig zu weit, enthält aber doch etwas Richtiges, wenn gelegentlich gesagt worden ist, ein »jupiterhafter Zug, den er mit Goethe gemein hat« und etwas Franciskanisches seien in ihm verbunden.[113] Schweitzer ist der personifizierte Primat der praktisch-sozialen Haltung vor der ästhetischen im Sinne der Vordringlichkeit jener, wo es auf sie ankommt. Bei allem Einsatz für andere verzichtet er jedoch keineswegs völlig auf die Selbstverwirklichung. Mit welcher Souveränität sahen wir den Einundzwanzigjährigen den Plan seines Lebens entwerfen! Es ist ja nicht so, daß eines Tages sein gutes Herz, von Mitleid mit irgendwelchem ihm persönlich begegnenden Elend ergriffen, mit ihm durchgeht, wodurch seine früheren Absichten durchkreuzt und über den Haufen geworfen werden. Er zieht vielmehr die Konsequenzen aus dem allgemeinen Zustand der Welt, der Not und Hilfsbedürftigkeit so vieler Menschen,

[113] *Feschotte:* Leben, S. 98. — Diese Charakteristik hat sich auch *Marchal:* Schweitzer, le Théologien, S. 129 — zu eigen gemacht.

wie auch aus der Beschaffenheit seiner eigenen Natur, die in den Bestrebungen der Wissenschaft und Kunst, so sehr diese ihn erfüllen, nicht aufgeht, sondern in der noch eine andere Seite lebt und berücksichtigt werden will. Als er seinen Entschluß gefaßt hat, fühlt er sich unendlich glücklich. Nun ist er sich klar geworden über das letzte, tiefste Wollen seines Wesens, über das, was von dem ihm gemäßen Bildungsideal für seine Zielsetzung bis dahin noch nicht hinreichend zur Geltung gekommen war. Bei aller Plötzlichkeit dieses Entschlusses, sich im Hauptberuf leidenden Mitmenschen zu widmen, bricht er jedoch sein bisheriges Schaffen nicht einfach ab, um in der ersten Begeisterung die neue Aufgabe anzupacken, sondern bis zum dreißigsten Lebensjahr, noch fast ein Jahrzehnt, wollte er sich »für berechtigt halten«, der Wissenschaft und der Kunst zu leben [114], um das zu leisten, was er »darin vorhatte«. [115] Später in Afrika besitzt er, wie erwähnt, das deutliche Bewußtsein von der Besonderheit dieses seines Schicksals, daß Forschung und Musik, auf die er verzichten zu müssen geglaubt hatte, ihm in beschränktem Umfang fernerhin möglich blieben, ja, daß sie ihm erst recht neu geschenkt wurden, indem er in der Einsamkeit des Urwalds Bach noch tiefer verstehen lernte, sein Orgelspiel weiter vervollkommnen und sich in der völligen geistigen Unabhängigkeit des großen Abstandes von der gesamten Zivilisation in seine kulturphilosophische Arbeit versenken konnte. Aber auch, daß er Gelegenheit fand, seine materielle Unabhängigkeit, die er ebenfalls schweren Herzens zu opfern bereit gewesen war und zeitweise aufgegeben hatte, durch seine Feder und seine Orgelkunst zurückzugewinnen. [116] Der Drang nach selbständiger, unabhängiger Betätigung ist von jeher stark in ihm gewesen, und das Glück, daß sie ihm vergönnt war, bedeutet ihm viel. Tief bewegt ihn, daß er »als ein Freier in einer Zeit, in der drückende Unfreiheit das Los so vieler ist, wirken darf«[117]. Alles dies gehört zu den ästhetischen Motiven und Zügen, die seine Persönlichkeit kennzeichnen und sein Leben mitbestimmen.

Hierbei gilt es auch, nicht nur den Umstand zu würdigen, daß es ihm gelingt, in seinem Beruf die Möglichkeit eines äußerlich unabhängigen Wirkens zu finden und außerdem vor und neben seiner humanitären Tätigkeit die übrigen in ihm angelegten reichen Gaben und großen Aufgaben wenigstens zum Teil ausreifen und Gestalt gewinnen zu lassen. Nichts vielleicht ist bezeichnender als die Tatsache, daß er auch den kleinen geistlosen Geschäften seines praktisch-sozialen Dienstes mit der Zeit eine ästhetische Seite abgewinnt: »Anfangs empfand ich die Beschäftigung mit diesen Dingen als etwas Lästiges.« »Heute bin ich so weit, daß mir das schöne Ausarbeiten einer Bestellung« (von Arzneimitteln) »künstlerische Genugtuung bereitet«. [118] Am wichtigsten und eindrucks-

[114] LD S. 70.
[115] KJ S. 50.
[116] LD S. 170 f.
[117] LD S. 210.

vollsten von allem aber ist doch dies, daß in dem Dienst an den Ärmsten der Armen erst die volle Eigenart seiner Natur zur Auswirkung gelangt. Was ihn einst der Abschied von seiner Arbeit in Straßburg kostete, wie schmerzlich das Sichlosreißen für ihn war, das hat er viele Jahre später in ergreifender Weise ausgesprochen: »Nicht mehr zu predigen und nicht mehr Vorlesungen zu halten, bedeutete einen schweren Verzicht für mich. Bis zu meiner Abreise nach Afrika vermied ich es dann nach Möglichkeit, an St. Nicolai oder an der Universität vorbeizugehen, weil der Anblick dieser Stätten eines nie wiederkehrenden Wirkens mir zu schmerzlich war. Noch heute kann ich den Blick nicht auf die Fenster des zweiten Hörsaals ostwärts vom Eingang des großen Universitätsgebäudes gerichtet halten, in dem ich gewöhnlich zu lesen pflege.« [119] Die Größe dieses Verzichts kann also keinen Augenblick bezweifelt werden. Dennoch handelt es sich offenbar durchaus nicht *nur* um Verzicht, Entsagung, Opfer, Askese. Man spürt, daß in diesem Manne eine Dynamik vorhanden, ein geistig-sittliches Abenteurertum lebendig war, das nicht durch ein gewöhnliches Gelehrtendasein, auch nicht ergänzt durch die Ausübung seiner Orgelkunst, ausgefüllt und befriedigt werden konnte. [120] Hier waren noch andere Kräfte vorhanden, die brach lagen und danach drängten, etwas ganz Neues zu gestalten, ein großes humanitäres Werk aufzubauen und sich daran auszugeben und zugleich zu steigern — Kräfte, die mächtig angezogen wurden von dieser selbständig entdeckten und sich gestellten Aufgabe, Hand anzulegen, um etwas vom Leid in der Welt zum Aufhören zu bringen und dadurch das in seiner eigenen Brust

---

[118] LD S. 96.
[119] LD S. 95.
[120] Überscharf, aber nicht unrichtig hat *Picht* den Sachverhalt formuliert: »Rückblickend läßt sich nicht sagen, daß Lambarene ihn eine Universitätskarriere gekostet habe. Er hat nicht das geringste Bedürfnis, am Bau einer Fachgelehrsamkeit mitzuwirken.« (a. a. O. S. 44). Durchaus zutreffend urteilt auch *Kantzenbach* (S. 68): »Ob Schweitzer ein solider Universitätsprofessor geworden wäre, ist zu bezweifeln. Seine Interessen waren doch zu weit gespannt, um sich auf die Dauer mit dem theologischen Lehramt vereinbaren zu lassen. In erstaunlicher Weise verhielt sich der Theologe Schweitzer von Anfang an produktiv. Ein theologischer Spezialist wollte er aber nicht sein oder werden. Seine Sache war es, Anreger und kühner Selbstdenker zu sein. Das Ausbauen seiner Konzeption zum Zweck lehrmäßiger Weitergabe hätte ihm schwerlich gelegen.« Dasselbe gilt, wie früher betont, für die Möglichkeit einer akademischen Laufbahn als Philosoph.
Deshalb wird das Phänomen Schweitzer durch eine Würdigung wie die Theodor *Litts* nicht vollständig erfaßt: »Daß jemand, der der Welt des abendländischen Geistes als vielfach ausgewiesener Vollbürger angehörte«, »den Reizen der Kultur den Rücken kehrte, um den Armseligsten der leidgeplagten Menschheit das Los zu erleichtern: das war ein Beginnen, das durch den in ihm liegenden Verzicht jeden Gedanken an ein Hineinspielen selbstischer Regungen ausschloß« (in: Schweitzer, [Bähr], S. 208). Die Begriffe selbstisch und selbstlos sind hier nur von sehr bedingtem Wert. Schweitzer hätte in lebenslänglicher ausschließlicher Hingabe an seine theologischen Studien unter Umständen ein Muster an Selbstlosigkeit sein können, und umgekehrt wäre ein in Fernweh oder Ruhmsucht begründeter Weggang nach Afrika alles andere als selbstlos gewesen. Sein Umsatteln — wenn man diese größte Tat seines Lebens mit dem banalen Wort bezeichnen will — wurde in einem Engagement bewirkt, das keineswegs selbstlos und doch in höchstem Maße sittlich motiviert war.

wohnende Ideal des Menschentums zu verwirklichen. So tritt die praktisch-soziale Haltung bei ihm nicht bloß ergänzend von Fall zu Fall zur ästhetischen hinzu, verdrängt diese andererseits auch nicht durchaus. Vielmehr bedeutet der Dienst an den Menschen ihm letztlich zugleich die Selbstverwirklichung, wobei der heroisch-unheroische sittliche Abenteurer die größten Anstrengungen und Opfer auf sich nimmt, ohne daß es doch dabei zu einem vollständigen Aufgeben des Ichs überhaupt, seiner Eigenart und Interessen, käme. [121]

Neben der an anderer Stelle besprochenen Unterscheidung zweier Typen, der menschlichen Arbeitsbienen, die bei dem ihnen selbstverständlichen, spannungslos übernommenen Dienst für die Gemeinschaft eigentlich gar kein Ich zu verlieren haben, und der »selbstbezogenen« Menschen, die ein Mindestmaß von Befriedigung für sich selbst brauchen, hat *Erich Brock* noch einen Ausnahmefall genannt: den »Heiligen«. Dabei ist an Menschen gedacht, die sehr wohl ein Ich besitzen, die aber »mit einem glühenden, verzehrenden Helferwillen sich den Unterdrückten, Enterbten, Notdürftigen, Niedrigen zuwenden und darin völlig aufgehen«, ohne sich selbst überwinden zu müssen. [122] Das ist, wie wir sagen können, im Gegensatz zum religiösen der sittliche Begriff des Heiligen, der sich weit eher für Schweitzer gebrauchen läßt als jener, ja, der geradezu für ihn geschaffen zu sein scheint. Nichts ist ja so kennzeichnend für die Einstellung dieses großen Menschen- und Tierfreundes wie der glühende Helferwille und das Fehlen der Notwendigkeit, bei dessen Betätigung zuerst sich selbst zu überwinden. Wenn man trotzdem auch in diesem Sinne Bedenken hat, den Begriff des Heiligen im Zusammenhang mit ihm zu verwenden, so nicht, weil bei ihm ein Mangel gegenüber einer dementsprechenden Haltung festzustellen wäre, sondern weil er im Gegenteil einen Überschuß an Wesen und Kraft aufweist, weil er bei allem aufopferungsvollen Dienen sein Ich tatsächlich nicht verzehrt, nicht restlos aus- und aufgegeben, sondern in einem erstaunlichen Maße bewahrt und ausgebildet hat. Damit entzieht er sich jeder typologischen Einordnung und wird zu einer völlig einzigartigen Erscheinung.

Setzen wir den Gegenstand unserer Betrachtung dadurch herab, daß das Opfer zwar als das Eindruckvollste, aber nicht als das Letzte und Größte an ihm gewertet wird? Hier wirkt noch einmal jene Differenz herein, von der schon in anderem Zusammenhang die Rede war. Der »Praktische«, der typische Pflichtmensch, der das Handeln und insbesondere die einzelnen Taten zum eigentlichen Gegenstand der ethischen Bewertung macht, findet echtes sittliches Verhalten am reinsten dort

---

[121] Das auf den ersten Blick paradox wirkende Urteil, Schweitzers »größte Leistung« sei »die Ausprägung seiner eigenen Persönlichkeit« gewesen *(Urquart*, S. 63), ist keineswegs unrichtig, wenn man es als zusammenfassende Formel nimmt, aber für sich allein doch zu wenig besagend und auch mißverständlich.
[122] *Brock:* Befreiung, S. 91.

gegeben, wo die Pflicht drückend wird, wo der unerläßliche Verzicht empfindlich ist, wo die Neigung auf der Strecke bleibt und der freie Wille schließlich triumphiert. Dem Ästheten hingegen, der Handlungen als die notwendigen Auswirkungen des ihnen zu Grunde liegenden Seins, des Charakters, der Gesamtpersönlichkeit ansieht, ist es ein Höheres, wenn Pflicht und Neigung sich einander nähern oder gar zusammenfallen. In früheren Ausführungen wurde die Unerläßlichkeit des nicht zu bagatellisierenden Opfers im sittlichen Leben hervorgehoben und auch in Schweitzers Wirken keineswegs übersehen. Noch bedeutsamer aber ist es doch, daß das, was den allermeisten kaum in den Sinn kommen, jedenfalls unendlich schwerfallen, ja, unmöglich sein würde, ihm so nahe lag, fast selbstverständlich war und sich wie ein innerer Zwang durchsetzte. Ein mächtiger Wille war erforderlich zur Durchführung seines Entschlusses; dieser selbst wurde indessen nicht schroff durch eine harte Forderung des Willens diktiert, er erwuchs vielmehr innerlich-organisch auf dem Grunde seines Fühlens und Denkens, seiner ganzen Persönlichkeit. Ein in seinem inneren Reichtum zutiefst glücklicher Mensch, gestört allein durch das Bewußtsein der Not anderer, von der er weiß, aber eben nicht nur *weiß*, fließt über in Glück, Mitleid und der Begeisterung des Helfenwollens und macht die Sache leidender Mitmenschen zu seiner eigenen. Wer sein Wesen in einer Weise auslebt und recht eigentlich seine Natur erfüllt und sein Leitbild verwirklicht, indem er sich einem selbst erdachten, selbst geschaffenen Hilfswerk verschreibt, den erkennen und verehren wir gewiß mit Recht als ein Genie der Menschlichkeit, als eine Gestaltwerdung des Guten. Dieser Mann, dieser Vollmensch im Sinne des begnadeten Habens wie des bewußten Schuldens und freudigen Gebens brauchte offenbar sein Leben nicht erst zu verlieren, um es zu gewinnen. Auch blieb ihm eben bei aller Anspannung im Dienste seiner Lebensarbeit immer noch genug Ichsubstanz, um ihn mehr sein zu lassen als nur ein Musterbeispiel der Aufopferung. In allem selbstlosen Sichmühen um andere blieb er er selbst, ja, wurde es immer mehr. Und so bewegte er sich, indem er alles, was ihn bis dahin beschäftigt und beglückt hatte, aufs Spiel setzte und hinter den neuen Beruf zurücktreten ließ, im Grunde auch »äthetisch« gesehen auf einer imaginären Stufenleiter nicht abwärts, stieg er im Gegenteil stetig auf zu einem ungeahnten Gipfel des Daseins, fügte er seiner Persönlichkeit weitere wesentliche Elemente, Dimensionen und Perspektiven hinzu und vollendete so seine Eigenart zu der Einzigartigkeit, die nunmehr in seinem Namen beschlossen liegt. Diese Koinzidenz von Opfer und Wachstum, von totalem Verzicht und beispielloser Fülle ist wohl das Merkwürdigste, Denkwürdigste, Größte von allem, was uns an ihm begegnete. Hier haben wir die Einheit der Hingebung einerseits, der Selbstentfaltung und Selbstvervollkommnung andererseits, eine Einheit, in diesem Grade einmaliges Ereignis, völlig unwahrscheinlicher und schier unglaublicher Glücksfall und doch in bescheidenen Grenzen

Wunschbild und Ziel für alle, denen es um die Selbstverwirklichung, die Abrundung und Vertiefung ihres Wesens zu tun ist, die aber auch das zweite Ziel des menschlichen Lebens erkannt haben, über das eigene Ich hinauszugelangen.

Hundert Jahre sind seit Albert Schweitzers Geburt vergangen. Zehn Jahre seit seinem Tode. Wie würde er über uns heute denken, und wie steht unsere Zeit zu ihm? Schweitzer war im letzten Jahrzehnt seines Lebens ein Vorkämpfer gegen den Gebrauch und die Entwicklung von Kernwaffen. Noch wenige Wochen vor seinem Ende unterzeichnete er die Vietnam-Adresse der Friedensnobelpreisträger.[123] Aber bis zuletzt blieb er ein überzeugter Individualist, dem der Gedanke an ein restloses Aufgehen des Menschen »in der organisierten Gesellschaft« schrecklich war[124] und der von »Zauberformeln irgendeiner Wirtschafts- und Sozialmagie« gar nichts hielt.[125] In diesem ausgesprochenen Individualismus lag freilich auch eine seiner Grenzen. Er verkannte, daß es im gesellschaftlichen Bereich Zustände und Aufgaben gibt, die mit gutem Willen und Hilfsbereitschaft des einzelnen allein nicht bewältigt werden können. Für die Kulturkritik der Jugend würde er jedoch viel Verständnis aufgebracht und ihr in manchem zugestimmt haben. Mit seinem scharfen Gehör würde er allerdings auch viele unreine Töne bemerken, die sich da einmischen: wie fanatisch, wie brutal, wie geradezu unmenschlich der Kampf für Menschlichkeit nicht selten geführt wird, wie wenig überzeugend diese Kämpfer manchmal wirken. Wohl sehr fremd berühren auch würde ihn, der immer schlicht und einfach war und schrieb, die hochfahrende und geschraubte Art heutiger Wortführer, die ihre relevanten Ausführungen und progressiven Zielsetzungen in einer Sprache artikulieren, für deren Verständnis Schweitzer sich augenzwinkernd als zu wenig begabt und gebildet bekennen würde. Nur mit Kopfschütteln würde er die Beobachtung machen, wie anspruchsvoll viele geworden sind, die gleichzeitig den Abbau der eigenen Leistungen und der Leistungsgesellschaft überhaupt fordern. Dieser Mann, der von sich stets ein Höchstmaß an Leistung und im Ertragen von Strapazen verlangte, aber immer gleich anspruchslos, bescheiden, demütig blieb, der um seiner Aufgabe willen die längste Zeit seines Lebens auf ein Familienleben verzichtete, der in einem äußerst karg eingerichteten Raum schaffte und schlief, der sich nie die Zeit genommen hat, einmal in Muße die Welt zu bereisen und wenigstens den Erdteil, dem seine Arbeit galt, kennenzulernen, und der, wenn er in der Heimat alte Freunde besuchte, in der Eisenbahn nur deshalb die dritte Klasse benutzte, weil es die vierte nicht mehr gab, – er hat in seinem Wesen und Wirken bewiesen, daß Lei-

---

[123] *Grabs* in der Einführung zu Albert Schweitzers »Ausgewählten Werken in fünf Bänden«, Bd 5, S. 12.
[124] GR S. 47.
[125] GR S. 48.

stung die Innerlichkeit und Geistigkeit nicht immer zu beeinträchtigen braucht.

Wer heutzutage aufmerksam um sich blickt, mag sich dann und wann nachdenklich gestimmt finden und fragen, ob die Menschheit bei allem erstaunlichen wissenschaftlichen, technischen, organisatorischen Fortschritt etwa hinsichtlich der Kräfte der Seele im engeren Sinne in einem rückläufigen Prozeß begriffen und aufs Ganze gesehen am Ende nichts anderes als eine durch exzessive Ausbildung des Gehirns ausgezeichnete Art von Lebewesen ist, immer vernünftiger, tüchtiger, angepaßter, doch auch nüchterner, gefühlsärmer, bei enormer Klugheit und Wachheit – im Falle des Überstehens der nächsten Jahrzehnte und Jahrhunderte – in ihren sozialen Beziehungen vielleicht einmal einigermaßen reibungslos funktionierend, aber eines Tages nicht mehr besinnliche Menschen, die staunen, verehren, sich begeistern können und teilnehmen am Schicksal anderer. Gegen eine derartige Zukunftsvision besitzen wir vielleicht kein wirkungsvolleres Mittel als die Beschäftigung mit einem Manne wie demjenigen, den zu würdigen hier versucht wurde, wie sich wohl überhaupt kaum ein stärkeres Argument und Motiv gegen einen heraufziehenden Nihilismus entdecken läßt als eine solche Existenz. Von den Ergebnissen seines Forschens und Denkens mußte vieles und Entscheidendes abgelehnt werden, aber daß diese Personalunion von Geist und helfender Tat möglich, daß diese Gestalt einmal Wirklichkeit war, kann immer wieder zu denken geben – und zu wollen, zu tun.

Literaturverzeichnis

1. Veröffentlichungen Albert Schweitzers, soweit sie in diesem Buche genannt werden[1]
Neben der Erstausgabe wird gegebenenfalls die benutzte Ausgabe aufgeführt.
Die beim Zitieren gebrauchten Abkürzungen folgen jeweils in Klammern.

Die Religionsphilosophie Kants von der Kritik der reinen Vernunft bis zur Religion innerhalb der Grenzen der bloßen Vernunft. 1899. [RK]

Das Abendmahlsproblem auf Grund der wissenschaftlichen Forschung des 19. Jahrhunderts und der historischen Berichte. 1901.

Das Messianitäts- und Leidensgeheimnis. Eine Skizze des Lebens Jesu. 1901. — 3., unv. Aufl. 1956. [ML]

Deutsche und französische Orgelbaukunst und Orgelkunst. 1906.

Von Reimarus zu Wrede. Eine Geschichte der Leben-Jesu-Forschung. 1906. [RW]

J. S. Bach. Mit Vorrede von Charles Marie Widor. 1908.

Geschichte der Paulinischen Forschung von der Reformation bis auf die Gegenwart. 1911. [PF]

Geschichte der Leben-Jesu-Forschung. (2., neu bearb. u. vermehrte Aufl. des Werkes „Von Reimarus zu Wrede"). 1913. — Unv. Abdr. der 2. Aufl. 1921. [LJ] — 6. photomech. Aufl. mit Vorrede. 1951. — Taschenausg. mit Einf. von James M. Robinson. 1966.

Die psychiatrische Beurteilung Jesu. Darstellung und Kritik. 1913. — 2., photomech. Aufl. 1933. [PB]

Zwischen Wasser und Urwald. Erlebnisse und Beobachtungen eines Arztes im Urwalde Äquatorialafrikas. 1921. — 113.-116. Tausend 1926. [WU] (Auch in: Selbstzeugnisse. 1959.)

Verfall und Wiederaufbau der Kultur. Kulturphilosophie, erster Teil. 1923. [VW]

Kultur und Ethik. Kulturphilosophie, zweiter Teil. 1923. [KE]

Das Christentum und die Weltreligionen. 1924. — 38.-40. Tausend 1957. [CW]

Aus meiner Kindheit und Jugendzeit. 1924. 18.-20. Tausend 1926. [KJ] (Auch in: Selbstzeugnisse)

Mitteilungen aus Lambarene [1924-1927]. H. 1. 1925; H. 2. 1926; H. 3. 1928. — U. d. T.: Briefe aus Lambarene. 1955. [BL] (Auch in: Selbstzeugnisse)

Selbstdarstellung. Sonderdr. aus: Die Philosophie in Selbstdarstellungen. Bd. 7. 1929.

Die Mystik des Apostels Paulus. 1930. [MP]

Gottesdienst im Spital zu Lambarene. In: Schweizerisches Protestantenblatt. Jg 53. 1930.

Aus meinem Leben und Denken. 1931 [LD]

Die Religion in der modernen Kultur. In: The Christian Century v. 21. u. 28. Nov. 1934. Deutsch in: Seaver: Schweitzer, S. 381 ff. (hiernach zit.)

Die Weltanschauung der indischen Denker. Mystik und Ethik. 1935. — 2., auf Grund der engl. Ausg. neugefaßte Aufl. 1965. [ID]

Afrikanische Geschichten. 1938.

Goethe. 4 Reden. 1950. — 24.-26. Tausend 1953. [GR]

Ein Pelikan erzählt aus seinem Leben. 1950.

Le Problème de l'Éthigue dans l'Évolution de la Pensée humaine. In: Revue de Travaux de l'Académie des Sciences Morales et Politiques. Paris 1952. — Ins Dt.

[1] Eine genauere Übersicht über Schweitzers Hauptwerke unter Berücksichtigung der zahlreichen Übersetzungen bei *Kantzenbach,* S. 111 ff.

übers. von J. Weidenkampf: Das Problem des Ethischen in der Entwicklung des menschlichen Denkens. In: Albert Schweitzer — Genie der Menschlichkeit. 1955. — Abgedr. in: Schweitzer: Die Lehre von der Ehrfurcht vor dem Leben. 1966.

Die Idee des Reiches Gottes im Verlaufe der Umbildung des eschatologischen Glaubens in den uneschatologischen. In: Schweizerische Theologische Umschau. Jg 23. 1953. [IR]

Das Problem des Friedens in der heutigen Welt. Rede bei der Entgegennahme des Friedensnobelpreises in Oslo am 4. Nov. 1954. 1955.

Friede oder Atomkrieg. 1958. [FA]

Selbstzeugnisse. 1959 [enthält KJ — WU — BL]

Briefwechsel über das Christentum zwischen Gustav Wyneken und Albert Schweitzer. Hrsg. von Günther Franz. In: Jahrbuch des Archivs der deutschen Jugendbewegung. Bd 3. 1971. (Abdr. aus: Christ und Welt. Jg 17. 1964, Nr. 14)

Das Spital während des Krieges. In: Dokumente. Aus den Rundbriefen 1-11. 1930-1957. Für den Freundeskreis als Sammelbd. hrsg. von Richard Kik. 1965.

Straßburger Predigten. Hrsg. von Ulrich Neuenschwander. 1966. [SP]

Die Lehre von der Ehrfurcht vor dem Leben. Grundtexte aus fünf Jahrzehnten. Im Auftr. des Verfassers hrsg. von Hans Walter Bähr. 1966.

Reich Gottes und Christentum. Hrsg. u. mit Vorwort von Ulrich Neuenschwander. 1967. [RG]

Meine Begegnung mit Rudolf Steiner. In: 37. Rundbrief für den Freundeskreis von Albert Schweitzer und den Deutschen Hilfsverein. (1960). 1973.

2. *Sammelwerke über Albert Schweitzer*

Albert Schweitzer, eine Würdigung. Hrsg. von Camille Schneider. 1934. (zit.: C. Schneider)

Albert Schweitzer. Etudes et témoignages sous la direction de R. Amadou. Paris 1952. (zit.: Schweitzer [Amadou])

Ehrfurcht vor dem Leben. Albert Schweitzer. Eine Freundesgabe zu seinem 80. Geburtstag. 1955. (zit.: Ehrfurcht. Freundesgabe)

Albert Schweitzer. Mensch und Werk. Eine kleine Festgabe zu seinem 85. Geburtstag von Willy Bremi, Martin Werner [u. a.] 1959. (Zit.: Schweitzer, Mensch und Werk)

Albert Schweitzer. Sein Denken und sein Weg. Hrsg. von H. W. Bähr. 1962 (zit.: Schweitzer [Bähr])

Begegnung mit Albert Schweitzer. Berichte und Aufzeichnungen. Hrsg. von Hans Walter Bähr u. Robert Minder. 1965 (zit.: Begegnung [Bähr u. Minder])

Albert Schweitzer. Hrsg. von Hans Walter Bähr. 1966 (Herder-Bücherei) (zit.: Albert Schweitzer [Bähr] 1966)

Albert Schweitzer gestern — heute. Eine Anthologie der Begegnungen. Hrsg. von Lene Wenzel. 1972. (zit.: Schweitzer [Wenzel])

3. *Das übrige angeführte Schrifttum*

Abkürzungen für einige mehrfach genannte Zeitschriften und Sammelwerke:

ChW	=	Die Christliche Welt
DLZ	=	Deutsche Literaturzeitung
EKL	=	Evangelisches Kirchenlexikon
EvTh	=	Evangelische Theologie
NKZ	=	Neue Kirchliche Zeitschrift
NovTest	=	Novum Testamentum [Leiden]
Pf	=	Die Pforte. Monatsschrift für Kultur. (ab Jg 9/10 1959/60: Die Pforte. Schriften für Wertkultur)

RGG = Die Religion in Geschichte und Gegenwart
Ristow u. Matthiae = Der historische Jesus und der kerygmatische Christus. Hrsg. von Helmut Ristow u. Karl Matthiae. 2. Aufl. 1962.
SNT = Die Schriften des Neuen Testaments neu übersetzt und für die Gegenwart erklärt
ThBl = Theologische Blätter
ThLZ = Theologische Literaturzeitung
ThR = Theologische Rundschau
ThW = Theologisches Wörterbuch zum Neuen Testament
ZNW = Zeitschrift für die neutestamentliche Wissenschaft und die Kunde der älteren Kirche
ZSTh = Zeitschrift für systematische Theologie
ZThK = Zeitschrift für Theologie und Kirche

Achterberg, Eberhard: Albert Schweitzer. 1968.
Albertz, Martin: Die Botschaft des Neuen Testaments. Bd. 1,1 - 2,2 (1946-1958).
Albrecht, Carl: Das mystische *Erkennen.* 1958.
—, *Psychologie* des mystischen Bewußtseins. 1951.
Althaus, Paul: Das *Evangelium* und der historische Jesus. In: Universitas. Jg 17. 1962.
—, Der Brief an die *Galater* (von H. W. Beyer, neu bearb. von Althaus) 13. Aufl. 1972. In: Die kleineren Briefe des Apostels Paulus, übers. u. erkl. von Hermann W. Beyer, Paul Althaus u. a.
—, Das sogenannte *Kerygma* und der historische Jesus. 1958.
—, Die *letzten Dinge.* Lehrbuch der Eschatologie .5. Aufl. 1949.
—, Schweitzers *Schrift* „Das Christentum und die Weltreligionen". 1962. In: Schweitzer [Bähr].
—, Die *Theologie* Martin Luthers. 1962.
Amadou, Robert: Albert Schweitzer le philosophe. 1952. In: Schweitzer [Amadou].
Arnold, Melvin: Bei Albert Schweitzer in Afrika. s. Joy, Charles R.
Augustiny, Waldemar: Albert Schweitzer und Du. 1954.
Aulén, Gustav: Das christliche Gottesbild in Vergangenheit und Gegenwart. Aus d. Schwed. 1930.

Babel, Henry A.: La Pensée d'Albert Schweitzer. Sa signification pour la théologie et la philosophie contemporaines. Theol. Diss. Leiden 1954.
Bachmann, Philipp: Der erste Brief des Paulus an die Korinther. 4. Aufl. 1936.
Bammel, Ernst: Matthäus 10,23.
In: Studia Theologica. Scandinavian Journal of Theology. vol. 15. Aarhus 1961.
Barnikol, Ernst: Das Leben Jesu der Heilsgeschichte. 1958.
Barth, Karl: *Kirchliche Dogmatik.*
Bd 1, T. 2. 3. Aufl. 1945.
Bd 2, T. 1. 2. Aufl. 1946.
Bd 3, T. 4. 1951.
—, Der *Römerbrief.* Unv. Abdr. der 1. Aufl. von 1919. 1963.
—, Der *Römerbrief.* 8. Abdr. der neuen Bearb. 1947.
—, Die protestantische *Theologie* im 19. Jahrhundert. 1947.
Barth, Markus: Der Augenzeuge. Eine Untersuchung über die Wahrnehmung des Menschensohnes durch die Apostel. 1946.
Barthélemy, Guy: Wie ich Lambarene erlebte. Aus d. Franz. 1953.
Bauer, Walter: Rezension [Schlatter: Die Geschichte des Christus] in: ThLZ Jg 48. 1923.
Baumann, Julius: Die Gemütsart Jesu. 1908.
Baur, Hermann (u. Robert Minder): *Albert Schweitzer Gespräch* Basel 1967. 1969.
Baur, Hermann: Albert Schweitzers *Ethik* der Ehrfurcht vor dem Leben. (Sonderdr. aus: Hippocrates. Jg 1965)

—, *Nicht kritisieren* — besser machen. In: Schweizerisches Reformiertes Volksblatt. Jg 107. 1973.
—, Schweitzers *Persönlichkeit.* 1962. In: Schweitzer [Bähr].
—, Albert *Schweitzer* als Arzt. In: Schweitzer, Mensch u. Werk.
Bavink, Bernhard: Kultur und Ethik. Albert Schweitzers Kulturphilosophie. In: Unsere Welt. Jg 21. 1929.
Beintker, Horst: Eschatologie und Ethik. In: ZSTh Jg 23. 1954.
Betz, Otto: Das messianische *Bewußtsein* Jesu. In: NovTest vol. 6. 1963.
—, Jesu heiliger *Krieg.* In: NovTest vol. 2. 1958.
Beutler, Ernst: Vom Gewissen und von der Ehrfurcht. 1956.
Beyer, Hermann Wolfgang: Der Brief an die Galater. s. Althaus.
Binder, Hans: Die psychopathischen Dauerzustände und die abnormen seelischen Reaktionen und Entwicklungen. In: Klinische Psychiatrie. Bearb. von Cl. E. Benda, H. Binder [u. a.]. (Psychiatrie der Gegenwart. Forschung und Praxis. Bd 2. 1960).
Bixler, J. S.: Albert Schweitzers Einheit in der Vielheit. In: Ehrfurcht. Freundesgabe.
Bläser, Peter: Das Gesetz bei Paulus. 1941.
Bleuler, Eugen: Lehrbuch der Psychiatrie. 11. Aufl. (umgearb. von Manfred Bleuler) 1969.
Blüher, Hans: Die Achse der Natur. 1949.
Blume, Friedrich: Johann Sebastian *Bach im Wandel* der Geschichte. (Musikwiss. Arbeiten, hrsg. von der Ges. für Musikforschung. 1.) 1947.
—, *J. S. Bach.* In: Die Musik in Geschichte und Gegenwart. Bd 1. 1949-51.
Bohatec, Josef: Die Religionsphilosophie Kants in der „Religion innerhalb der Grenzen der bloßen Vernunft". Mit bes. Berücks. ihrer theologisch-dogmatischen Quellen. 1938.
Bollnow, Otto Friedrich: Die *Ehrfurcht.* 2. Aufl. 1958.
—, Einfache *Sittlichkeit.* 2. Aufl. 1962.
Boor, W. de: Wilhelm Herrmann. In: RGG² Bd. 2.
Bornkamm, Günther: Synoptische *Evangelien.* In: RGG³ Bd 2.
—, Die *Gegenwartsdeutung* der Bergpredigt. In: Universitas. Jg 9. 1954.
—, *Glaube* und Geschichte in den Evangelien. In: Ristow u. Matthiae.
—, μυστήριον. In: THW Bd 4.
—, *Paulus.* 1969.
—, *Paulus.* In: *RGG*³ Bd 5.
—, *Sünde,* Gesetz und Tod. 1950. In: Das Ende des Gesetzes. Paulus-Studien. 2. Aufl. 1958. (Ges. Aufsätze, Bd 1).
—, Die *Verzögerung* der Parusie. Exegetische Bemerkungen zu zwei synoptischen Texten. 1951. In: Geschichte und Glaube. T. 1. 1968. (Ges. Aufsätze, Bd 3).
Bosch, David: Die Heidenmission in der Zukunftsschau Jesu. 1959.
Bousset, Wilhelm: Die *Bedeutung* der Person Jesu für den Glauben. Sonderausg. aus d. Protokoll des 5. Weltkongresses für Freies Christentum und religiösen Fortschritt Berlin 1910. 2. Aufl.
—, Jesus der *Herr.* 1916.
—, *Jesus.* 1904.
—, Der erste Brief an die *Korinther.* In: SNT³ Bd 2. 1917.
—, *Kyrios* Christos. 2. Aufl. 1921.
—, Das *Markus*-Evangelium. In: Die drei älteren Evangelien (SNT³ Bd 1) 1917.
—, Jesu *Predigt* in ihrem Gegensatz zum Judentum. Ein religionsgeschichtlicher Vergleich. 1892.
—, Das *Reich* Gottes in der Predigt Jesu. In: ThR Jg 5. 1902.
Bowman, John Wick: The *Quest* of the Historical Jesus. In: Interpretation. A Journal of Bible and Theology. Vol. 3. 1959.
—, The *Religion* of Maturity. New York 1948.
—, From *Schweitzer* to Bultmann. In: Theology today. Vol. 11. 1954/55.

Braumann, Georg: „Dem Himmelreich wird Gewalt angetan" (Mt 11, 12 par.). In: ZNW Jg 52. 1961.
Bregenzer, Ignaz: Tierethik. Darstellung der sittlichen und rechtlichen Beziehungen zwischen Mensch und Tier. 1894.
Bremi, Willy: Albert Schweitzers theologische *Arbeit.* In: Schweitzer, Mensch und Werk.
—, *Besprechung* (Albert Schweitzers „Ausgewählte Werke" in fünf Bänden) in: Berichte aus Lambarene. Nr. 34 August 1972.
—, Albert *Schweitzer.* In: Tendenzen der Theologie im 20. Jahrhundert. Hrsg. von Hans Jürgen Schultz. 1966.
Brentano, Franz: Die vier Phasen der Philosophie und ihr augenblicklicher Stand. Hrsg. von Oskar Kraus. 1926.
Breysig, Kurt: Das Recht auf Persönlichkeit und seine Grenzen. 1944.
Brock, Erich: *Befreiung* und Erfüllung. Grundlinien der Ethik. 1958.
—, *Blick* in den Menschen. Aphorismen. 1958.
—, *Entwurf* einer Naturphilosophie. In: Studia Philosophica. Jahrbuch der Schweizerischen Philosophischen Gesellschaft. Bd. 32. 1973.
—, Die *Grundlagen* des Christentums. 1970.
—, *Rezension (KE)* in: Logos. Bd. 13. 1924/25.
—, *Rezension (VW)* in: Logos. Bd 12. 1923/24.
—, Albert *Schweitzer* und sein Leben Jesu. In: Neue Zürcher Zg vom 20. 10. 1963, Bl. 5.
—, *Wir kranken* an der Menge. II. In: Neue Zürcher Zg vom 10. 1. 1964 (Nr. 91/2).
Brodmann, Roman, in: Begegnung [Bähr u. Minder].
Browarzik, Ulrich: Glaube, Historie und Sittlichkeit. Eine systematische Untersuchung über die theologischen Prinzipien im Denken Albert Schweitzers. Theol. Diss. Erlangen 1959.
Brückner, Martin: Die neuen Darstellungen der neutestamentlichen Theologie. In: ThR Jg 16. 1913.
Brunner, Emil: Das *Ewige* als Zukunft und Gegenwart. 1953.
—, Das *Gebot* und die Ordnungen. Entwurf einer protestantisch-theologischen Ethik. 4. Aufl. 1939.
—, Die *Mystik* und das Wort. 2. Aufl. 1928.
— Die christliche Lehre von *Schöpfung* und Erlösung. (Dogmatik, Bd 2) 2. Aufl. 1960.
Büchsel, Friedrich: „In Christus" bei Paulus. In: ZNW Bd 42. 1949.
Bultmann, Rudolf: Ist die *Apokalyptik* die Mutter christlicher Theologie? Eine Auseinandersetzung mit E. Käsemann. In: Apophoreta. Festschr. f. E. Haenchen. 1964.
—, Karl *Barths „Römerbrief"* in zweiter Auflage. 1922. In: Anfänge der dialektischen Theologie. Hrsg. von Jürgen Moltmann. T. 1. 1962.
—, Die *Bedeutung* des geschichtlichen Jesus für die Theologie des Paulus. 1929. In: Glauben und Verstehen. Ges. Aufsätze. [im folgenden zit.: Aufsätze], Bd 1. 1933.
—, Das christologische *Bekenntnis* des ökumenischen Rates. 1951/52. In: Aufsätze, Bd 2. 1952.
—, *Besprechung* [LJ] in: ChW Jg 28. 1914.
—, Zur Frage der *Christologie.* 1927. In: Aufsätze [Bd 1].
—, *Christus* des Gesetzes Ende. 1940. In: Aufsätze, Bd 2.
—, Neues Testament und Mythologie. Das Problem der *Entmythologisierung* der neutestamentlichen Verkündigung. 1941. In Kerygma u. Mythos. Ein theol. Gespräch. Hrsg. von Hans Werner Bartsch. 1948.
—, Die *Erforschung* der synoptischen Evangelien. 4. Aufl. 1961.
—, Das Problem der *Ethik* bei Paulus. In: Bultmann: Exegetica. Aufsätze zur Erforschung des Neuen Testament. 1967.
—, *Geschichte* und Eschatologie. 2. Aufl. 1964.

—, Die christliche *Hoffnung* und das Problem der Entmythologisierung. Reden von G. Bornkamm, R. Bultmann u. F. K. Schumann. 1954.
—, *Jesus.* 13.-14. Tausend 1951.
—, *Jesus Christus* und die Mythologie. In: Aufsätze, Bd 4. 1965.
—, *Jesus und Paulus.* 1936. In: Bultmann: Exegetica. 1967.
—, *Kirche* und Leben im Neuen Testament. 1929. In: Aufsätze [Bd 1].
—, *Paulus.* In: RGG² Bd 4.
—, Neueste *Paulusforschung.* In: ThR Jg 8. 1936.
—, *Rezension [MP]* in: DLZ 3. Folge, Jg 2. 1931.
—, *Theologie* des Neuen Testaments. 3. Aufl. 1958.
—, Geschichte der synoptischen *Tradition.* 3. Aufl. 1959.
—, Das *Urchristentum* im Rahmen der antiken Religionen. *1949.*
—, *Urchristentum* und Religionsgeschichte. In: ThR N. F. Jg 4. *1932.*
—, Das *Verhältnis* der urchristlichen Christusbotschaft zum historischen Jesus. 2. Aufl. 1961.
Burckhardt, Carl J. in: Begegnung [Bähr u. Minder].
Burger, Christoph: Jesus als Davidssohn. Eine traditionsgeschichtliche Untersuchung. 1970.
Buri, Fritz: Der existentielle *Charakter* des konsequent-eschatologischen Jesus-Verständnisses Albert Schweitzers im Zusammenhang mit der heutigen Debatte zwischen Bultmann, Barth und Jaspers. In: Ehrfurcht. Freundesgabe.
—, Die Bedeutung der neutestamentlichen *Eschatologie* für die neuere protestantische Theologie. 1935.
—, Christlicher *Glaube* in dieser Welt. 1952.
—, Das *Problem* der ausgebliebenen Parusie. In: Schweizerische Theologische Umschau. Jg. 16. 1946.
—, Albert *Schweitzer als Theologe* heute. 1955.
—, Albert *Schweitzer und* Karl *Jaspers.* 1950.
—, Albert Schweitzers *Wahrheit* in Anfechtung und Bewährung. Festansprache zum 85. Geb. in der Technischen Univers. Berlin. am 15. u. 18. Januar 1960.

Campenhausen, Hans, Frh. von: Glaube und Bildung im Neuen Testament. In: Studium generale. Jg 2. 1949.
Clemen, Carl: Religionsgeschichtliche Erklärung des Neuen Testaments. 2. Aufl. 1924.
Conzelmann, Hans: *Gegenwart* und Zukunft in der synoptischen Tradition. In: ZThK Jg 54. 1957.
—, *Geschichte* des Urchristentums. 1969.
—, *Grundriß* der Theologie des Neuen Testaments. 1967.
—, *Historie* und Theologie in den synoptischen Passionsberichten. In: Zur Bedeutung des Todes Jesu. Exegetische Beiträge von E. Käsemann, H. Conzelmann [u. a.]. 2. Aufl. 1967.
—, *Jesus* Christus. In: RGG³ Bd 3.
—, Der erste Brief an die *Korinther.* 1969.
—, Zur *Methode* der Leben-Jesu-Forschung. In: ZThK Jg 56. 1959. Beih. 1.
—, Die *Mitte* der Zeit. Studien zur Theologie des Lukas. 5. Aufl. 1964.
Cullmann, Oscar: Albert Schweitzers *Auffassung* der urchristlichen Reichsgotteshoffnung im Lichte der heutigen neutestamentlichen Forschung. In: EvTh Jg 25. 1965.
—, Unzeitgemäße *Bemerkungen* zum „historischen Jesus“ der Bultmannschule. 1960. In: Vorträge und Aufsätze 1925-1962. [im folgenden: VA] 1966.
—, *Christologie* des Neuen Testaments. 2. Aufl. 1958.
—, *Christus* und die Zeit. 3. Aufl. 1962.
—, *Eschatologie* und Entstehung des Dogmas. 1942. In: VA.
—, *Heil* als Geschichte. Heilsgeschichtliche Existenz im Neuen Testament. 1965.
—, Die *Hoffnung* der Kirche auf die Wiederkunft Christi nach dem Neuen Testament. 1944. In: VA.

—, Das wahre, durch die ausgebliebene *Parusie* gestellte neutestamentliche Problem. 1947. In: VA.
—, Das ausgebliebene *Reich* Gottes als theologisches Problem. 1961. In: VA.
—, Der *Staat* im Neuen Testament. 2. Aufl. 1961.
Dahl, Nils Alstrup: Der historische *Jesus* als geschichtswissenschaftliches und theologisches Problem. In: Kerygma und Dogma. Jg. 1. 1955.
—, Der gekreuzigte *Messias*. In: Ristow u. Matthiae.
Dalman, Gustav: Worte Jesu. Bd 1. 2. Aufl. 1930.
Deißmann, Adolf: Paulus: 2. Aufl. 1925.
Deißner, Kurt: Paulus und die Mystik seiner Zeit. 2. Aufl. 1921.
Delling, Gerhard: Zum neueren Paulusverständnis. In: NovTest Bd 4. 1960.
Demoll, Reinhard: Bändigt den Menschen. Gegen die Natur oder mit ihr? (2. Aufl. von „Ketten für Prometheus").1957.
Dibelius, Martin: Die *Formgeschichte* des Evangeliums. 5. Aufl. 1966.
—, Die *Geisterwelt* im Glauben des Paulus. 1909.
—, *Glaube* und Mystik bei Paulus. 1931. In: Botschaft und Geschichte. Ges. Aufsätze [im folgenden zit.: Aufsätze], Bd 2. 1956.
—, *Jesus*. 2. Aufl. 1949.
—, Paulus und die *Mystik*. 1941. In: Aufsätze, Bd 2.
—, Die urchristliche Überlieferung von Johannes dem *Täufer*. 1911.
Dinner, Fritz (u. Charles Michel): Der Abschied. Die letzten Wochen und Tage von Albert Schweitzer in seinem Spital zu Lambarene. In: Berichte aus Lambarene. Nr. 29 (April 1966).
Drews, Arthur: Die Leugnung der Geschichtlichkeit Jesu. 1926.
Driesch, Hans: Die sittliche Tat. Ein moralphilosophischer Versuch. 1927.
Dulk, Hermann: Der Irrgang des Lebens Jesu in geschichtlicher Auffassung dargestellt. T. 2. 1884.

Ebeling, Gerhard: Erwägungen zur Lehre vom Gesetz. In: ZThK Jg 55. 1958.
Ebeling, Hans Jürgen: Das Messiasgeheimnis und die Botschaft des Marcus-Evangelisten. 1939.
Eckehart, Meister: Deutsche Predigten und Traktate. Hrsg. u. übers. von Josef Quint. 1955.
Emmel, Felix: Besprechung [„Kulturphilosophie"]. In: Preuß. Jahrbücher. Jg 1924 (Bd 195).
Everling, Otto: Die paulinische Angelogie und Dämonologie. 1888.
Ewald, Gottfried: Neurologie und Psychiatrie. 5. Aufl. 1964.

Faesi, Robert: Conrad Ferdinand Meyer. 2. Aufl. 1948.
Feschotte, Jaques: Das Leben Albert Schweitzers. Aus d. Franz. In: Albert Schweitzer, Genie der Menschlichkeit. Von St. Zweig, J. Feschotte u. R. Grabs. 1955.
Fischer, E.: Bruno Bauer, der Einsiedler von Rixdorf. Nachschr. zu seinem 50jährigen Todestag. In: Berlin-Neuköllner Heimatblätter für Schule und Haus. Jg 1932, Nr. 8.
Fischer, Kuno: Immanuel Kant und seine Lehre. (Geschichte der neueren Philosophie. Bd. 5, T. 2.) 4. Aufl. 1899.
Flückiger, Felix: Der Ursprung des christlichen Dogmas. Eine Auseinandersetzung mit Albert Schweitzer und Martin Werner. 1958.
Frisch, Karl von: Insekten — die Herren der Erde. In: Naturwiss. Rundschau. Jg. 12. 1959.
Fuchs, Ernst: Die *Frage* nach dem historischen Jesus. 1956. In: Fuchs: Zur Frage nach dem historischen Jesus. (Ges. Aufsätze, Bd 2). 1960.
—, *Verheißung* und Erfüllung. (Zu W. G. Kümmels Buch). 1960. In: ebd.
—, Das *Zeitverständnis* Jesu. 1960. In: ebd.

Gagg, Robert Paul: Jesus und die Davidssohnfrage. In: Theol. Zs. [Basel] Jg 7. 1951.
Gießler, Willy: Das Mitleid in der neueren Ethik. Phil. Diss. Halle 1903.
Glasenapp, Helmuth von: Das *Indienbild* deutscher Denker. 1960.
—, *Lebensbejahung* und Lebensverneinung bei den indischen Denkern. In: Jahrbuch der Schopenhauer-Gesellschaft. 22. 1935.
—, Die *Philosophie* der Inder. Eine Einführung in ihre Geschichte und ihre Lehren. 2. Aufl. 1958.
—, Die *Weisheit* des Buddha. 1946.
Godman, Stanley: Albert Schweitzer: Grand old man Europas. In: Die Wandlung. Jg 4. 1949.
Görland, Albert: Ästhetik. Kritische Philosophie des Stils. 1937.
Goethe, Johann Wolfgang von: Brief an F. H. Jacobi vom 6. 1. 1813. In: Werke [Sophienausg.], Abt. 4, Bd 23.
—, Goethes *Gespräche*. Hrsg. von F. Frh. v. Biedermann. Bd 4. 1910.
—, *Maximen* und Refllexionen. In: Werke, hrsg. von R. Petsch. Bd 14.
—, Die *Natur*. Fragment.
Goguel, Maurice: *L'exégète*. In: Schweitzer [Amadou].
—, Das *Leben* Jesu. Aus d. Franz. 1934.
Gollomb, Joseph: Albert Schweitzer, Genius in der Wildnis. Aus d. Amerikan. 1957.
Goppelt, Leonhard: Zum Problem des *Menschensohns*. Das Verhältnis von Leidens- und Parusieverkündigung. In: Mensch und Menschensohn. Festschr. für Karl Witte. 1963.
—, Der verborgene *Messias*. In: Ristow u. Matthiae.
Grabs, Rudolf: Albert Schweitzer. *Denken und Tat*. Zs.getragen u. dargest. von Rudolf Grabs. 1950.
—, Albert *Schweitzer. Denker* aus Christentum. 1958.
—, Albert *Schweitzer. Gehorsam* und Wagnis. 1958.
Gräßer, Erich: Das Problem der Parusieverzögerung in den Synoptischen Evangelien und in der Apostelgeschichte. 1957.
Graß, Hans: Das eschatologische Denken der Gegenwart. In: Dank an Paul Althaus. Festgabe zum 70. Geb. Hrsg. von Walther Künneth u. Wilfried Joest. 1958.
Groos, Helmut: Der deutsche *Idealismus* und das Christentum. Versuch einer vergleichenden Phänomenologie. 1927.
—, Philosophische *Kritik* der Religion. In: H. Groos, E. Keller u. J. W. Hauer: Weltanschauung und Religion in gegenwartskritischer Betrachtung. 1961. (Freie Akademie. Wissenschaftl. Veröffentlichungen. 2)
—, *Willensfreiheit* oder Schicksal? 1939.
Groos, Karl: Die induktive *Metaphysik* und der Gottesbegriff. In: Blätter für deutsche Philosophie. Bd 13. 1939. (Auch in: K. Groos: Seele, Welt und Gott. Aufsätze zur Naturphilosophie und Metaphysik des Geistes. 1952)
—, *Methodik* und Metaphysik. 1928.
—, Zur *Psychologie* und Metaphysik des Werterlebens. 1932.
—, Das philosophische *System* von Karl Groos (eigene Gesamtdarstellung). In: Deutsche systematische Philosophie nach ihren Gestaltern. Hrsg. von Hermann Schwarz. Sonderausg. aus Bd 2. 1934.
—, Über das *Wesen* des Seelengrundes. In: Blätter für deutsche Philosophie. Bd 15. 1942. (Auch in: Groos: Seele, Welt und Gott)
Grundmann, Walter: *Gesetz*, Rechtfertigung und Mystik bei Paulus. In: ZNW Bd 32. 1933.
—, *Jesus* der Galiläer und das Judentum. 2. Aufl. 1941.
—, Das Evangelium nach *Markus*. 5. Aufl. 1971.
—, Das Evangelium nach *Matthäus*. 2. Aufl. 1971.
Grunsky, Hans: *Liebe* und Sinnlichkeit im Umbruch. In: Wirklichkeit und Wahrheit. Vierteljahrszeitschr. für Forschung, Kultur und Bildung. Jg 1968, Folge 4.

—, *Würde* und Fragwürdigkeit der Gruppenerotik. In: Wirklichkeit und Wahrheit. Jg 1973, Folge 4.
Günther, Ernst: Die Entwicklung der Lehre von der Person Christi im XIX. Jahrhundert. 1911.
Günther, Joachim: Das sehr ernste Märchen von Gott. Zwischenfragen an Theologie und Kirche. 1971.
Guggisberg, Kurt: Der freie Protestantismus. 2. Aufl. 1952.
Gunkel, Hermann: Zum religionsgeschichtlichen Verständnis des Neuen Testaments 1903.
Gunther, John: Afrika von innen. Ein dunkler Kontinent wird hell. Aus d. Amerikan. 1957.
Gutbrod, Walter: Die paulinische *Anthropologie.* 1934.
—, νόμος. In: ThW Bd 4.
Haenchen, Ernst: *Gnosis* und NT. In: RGG³ Bd 2.
—, Der *Weg* Jesu. Eine Erklärung des Markus-Evangeliums und der kanonischen Parallelen. 2. Aufl. 1968.
Haering, Theodor: Gäbe es Gewißheit des christlichen Glaubens, wenn es geschichtliche Gewißheit von der Ungeschichtlichkeit der Geschichte Jesu Christi gäbe? In: ZThK Jg 8. 1898.
Hagedorn, Hermann: Menschenfreund im Urwald. Das Leben Albert Schweitzers. Aus d. Amerikan. 1954.
Hahn, Ferdinand: Christologische Hoheitstitel. Ihre Geschichte im frühen Christentum. 3. Aufl. 1966.
Hahn, Wilhelm Traugott: Das Mitsterben und Mitauferstehen mit Christus bei Paulus. Ein Beitrag zum Problem der Gleichzeitigkeit des Christen mit Christus. 1937.
Haller, Johannes: Lebenserinnerungen. 1960.
Harnack, Adolf: Zu *Matth. 11, 12.13* (Luk. 16, 16) In: Sitzungsber. d. Preuß. Akad. d. Wiss. Jg 1907, Halbbd 2.
—, Das *Wesen* des Christentums. 66.-70. Tausend 1920.
Hartmann, Eduard von: Das Christentum des Neuen Testaments. 1905.
Hartmann, Nicolai: Ethik. 2. Aufl. 1935.
Hase, Karl von: Geschichte Jesu. 2. Aufl. 1891.
Hass, Ernst: Des Menschen Thron wankt. Eine naturwiss. Kritik des modernen Lebens. 1955.
Hauck, Friedrich: Das Evangelium des Markus. 1931.
Hauer, J. Wilhelm u. Annie Hauer: Der deutsche *Born.* Bd 2. 1955.
Hauer, J. Wilhelm: *Glauben* und Wissen — eine andere Sicht. In: Pf H. 33/34 (Jg 3).
—, Die *Krise* der Religion und ihre Überwindung. In: Pf H. 13. 14/15. 16/17 (Jg 2) 1949/50. (Auch in: Hauer: Verfall oder Neugeburt der Religion? 1961)
—, Der abendländische *Mensch.* Selbstverständnis und Selbstverwirklichung. 1964.
—, *Teleologie,* ein gemeinsames Grundproblem der Natur- und Geisteswissenschaft. In: Wirklichkeit und Wahrheit. Blätter für die Freunde der Freien Akademie. Jg 1958, Folge 3.
—, *Verfall* oder Neugeburt der Religion? Ein Symposion über Menschsein, Glauben und Unglauben. 1961.
Haufe, Günter: Das Menschensohn-Problem in der gegenwärtigen wissenschaftlichen Diskussion. In: EvTh Jg 26. 1966.
Hebbel, Friedrich: Tagebücher. Bd 3. 1905. (Sämtl. Werke. Histor.-krit. Ausg. von Richard Maria Werner. Abt. 2)
Heberer, Gerhard: Deszendenztheorie. In: RGG³ Bd 2.
Hediger, H.: Wildtiere in Gefangenschaft. Ein Grundriß der Tiergartenbiologie. 1942.
Heiler, Friedrich: Die *Bedeutung* der Mystik für die Weltreligionen. 1919.
—, Das *Gebet.* 5. Aufl. 1923.
—, Das *Geheimnis* des Gebets. Evangelisches Christentum und Mystik. 1919.
—, Der *Katholizismus.* 1923.

—, *Mystik.* In: RGG³ Bd 4.
Heim, Karl: Zeit und Ewigkeit, die Hauptfrage der heutigen Eschatologie. 1926. In: Heim: Glaube und Leben. 2. Aufl. 1928.
Heinzelmann, Gerhard: Glaube und Mystik. 1927.
Heisenberg, Werner: Der Teil und das Ganze. 1969.
Heitmüller, Wilhelm: *Jesus* Christus. In: RGG¹ Bd 3.
—, Zum *Problem* Jesus und Paulus. In: ZNW Jg 13. 1912.
—, *Taufe* und Abendmahl im Urchristentum. 1911.
Heitsch, Ernst: Jesus aus Nazareth als Christus. In: Ristow u. Matthiae.
Hellmund, Heinrich: Das Wesen der Welt. 1927.
Hellpach, Willy: *Albertus* universus. In: Ehrfurcht. Freundesgabe.
—, *Kulturpsychologie.* 1953.
Hengel, Martin: Die Zeloten. Untersuchungen zur jüdischen Freiheitsbewegung in der Zeit von Herodes I. bis 70 n. Chr. 1961.
Héring, Jean: De H. J. *Holtzmann* à Albert Schweitzer. In: Ehrfurcht. Freundesgabe.
—, *Saint-Paul* a-t-il enseigné deux résurrections? In: Revue d'Histoire et de Philosophie religieuses. Année 1932.
Herrmann, Wilhelm: Der geschichtliche *Christus* der Grund unseres Glaubens. 1892. In: Gesammelte Aufsätze. 1923.
—, *Ethik.* 4. Aufl. 1909. 5. Aufl. 1913.
—, Soll es eine besondere theologische *Geschichtsforschung* geben? In: ChW Jg 32. 1918.
—, Von der *Glaubenskirche.* In: ChW Jg 26. 1912.
—, Die mit der Theologie verknüpfte *Not* der evangelischen Kirche und ihre Überwindung. 1913.
—, Die *Religion* unserer Erzieher. 1918.
—, Der *Verkehr* des Christen mit Gott. 5. u. 6. Aufl. 1908.
Hesse, Hermann: Gruß. In: Ehrfurcht. Freundesgabe.
Heuschele, Otto: Verehrung. In: Gestalt, Gedanke, Geheimnis. Festschr. für Johannes Pfeiffer zum 65. Geb. Hrsg. von Rolf Bohnsack u. a. 1967.
Heuß, Theodor: Rede bei der Verleihung des Friedenspreises des deutschen Buchhandels an Albert Schweitzer am 16. Sept. 1951 in der Paulskirche zu Frankfurt am Main. In: Ehrfurcht. Freundesgabe.
Heuß-Knapp, Elly: Ausblick vom Münsterturm. Erinnerungen. 1952.
Hidding, K. A. H.: Spannung und Leben in Schweitzers Persönlichkeit. In: Schweitzer [Bähr].
Hirsch, Emanuel: Jesus Christus der Herr. 2. Aufl. 1929.
Hirsch, William: Religion und Zivilisation vom Standpunkte des Psychiaters. Aus d. Amerik. 1910.
Höffding, Harald: Humor als Lebensgefühl (Der große Humor). Aus d. Dän. 1917.
Hoekstra, Tjeerd: Immanente Kritik zur kantischen Religionsphilosophie. Phil. Diss. Heidelberg. Kampen (Niederl.) 1906.
Hofer, Hans: Besprechung [ID] in: Zeitwende. Jg 11, 2. Hälfte. 1935.
Hoffmann, Georg: Das Problem der letzten Dinge in der neueren evangelischen Theologie. 1929.
Hoffmann, Paul: Die Toten in Christus. Eine religionsgeschichtliche und exegetische Untersuchung zur paulinischen Eschatologie. 1966.
Holl, Karl: Urchristentum und Religionsgeschichte. 2. Aufl. 1927.
Hollmann, Georg: Die *Bedeutung* des Todes Jesu nach seinen eigenen Aussagen auf Grund der synoptischen Evangelien. 1901.
—, *Rezension* [ML] in: ThLZ Jg 27. 1902.
Holmström, Folke: Das eschatologische *Denken* der Gegenwart. In: ZSTh Jg 12. *1934.*
—, Das eschatologische *Denken* der Gegenwart. Aus d. Schwed. neu bearb. u. verkürzte deutsche Ausg. *1936.*
Holtzmann, Heinrich Julius: Das messianische *Bewußtsein* Jesu. 1907.

—, *Lehrbuch* der neutestamentlichen Theologie. 2. Aufl. 1911.
—, Die *Marcus-Kontroverse* in ihrer heutigen Gestalt. In: Archiv für Religionswiss. Bd 10. 1907.
—, *Rezension* [Schlatter: Theol. des NTs] in: ThLZ Jg 35. 1910.
—, Der gegenwärtige *Stand* der Leben-Jesu-Forschung. In: DLZ Jg 27. 1906.
—, Die *Synoptiker*. (Hand-Commentar zum Neuen Testament). 3. Aufl. 1901.
Holtzmann, Oskar: War Jesus *Ekstatiker*? 1903.
Rezension [PF] in: DLZ Jg 33. 1912.
Horneffer, Ernst: Jesus im Lichte der Gegenwart. 1910.
Huber, Max: Jesus Christus als Erlöser in der liberalen Theologie. 1956.
Hübscher, Arthur: Denker unserer Zeit. 1956.
Huizinga, Johan: Im Schatten von morgen. Eine Diagnose des kulturellen Leidens unsrer Zeit. 1935. Aus d. Holländ. 3. Aufl. 1936.
Hygen, Johan B.: Albert Schweitzers Kulturkritik. Aus d. Norweg. 1955.

Italiaander, Rolf: Im Lande Albert Schweitzers. Mein Besuch in Lambarene. 1958.

Jantz, Harold: Die Ehrfurchten in Goethes „Wilhelm Meister". In: Euphorion. Bd 48. 1954.
Jaspers, Karl: Die Atombombe und die Zukunft des Menschen. Ausg. von 1962.
Jeremias, Joachim: Die *Gleichnisse* Jesu. 8. Aufl. 1970.
—, *Jerusalem* zur Zeit Jesu. 3. Aufl. 1962.
—, *Jesus* als Weltvollender. 1930.
—, Das *Lösegeld* für viele, Mk 10,45. In: Judaica. Beiträge zum Verständnis des jüdischen Schicksals in Vergangenheit und Gegenwart. Bd 3. 1947.
—, Das *Problem* des historischen Jesus. 5. Aufl. 1966.
—, Das *Vaterunser* im Lichte der neueren Forschung. 1962.
—, Jesu *Verheißung* für die Völker. 2. Aufl. 1956.
Jodl, Friedrich: Geschichte der Ethik. 2. Aufl. Bd 2. 1912.
Jordan, Hermann: Jesus und die modernen Jesusbilder. 1909.
Jordan, Pascual: Schöpfung und Geheimnis. 2. Aufl. 1971.
Joy, Charles R. (u. Melvin Arnold): Bei Albert Schweitzer in Afrika. Aus d. Amerikan. 1948.
Jülicher, Adolf: *Geschichte* der christlichen Religion. (Mit J. Wellhausen u. a.) 2. Aufl., 2. Abdr. 1922. (Kultur der Gegenwart. T. 1., Abt. 4)
—, Die *Gleichnisreden* Jesu. T. 1. 2. Aufl. 1899.
—, Neue *Linien* in der Kritik der evangelischen Überlieferung. 1906.
—, *Paulus* und Jesus. 1907.
Jüngel, Eberhard: Paulus und Jesus. Eine Untersuchung zur Präzisierung der Frage nach dem Ursprung der Christologie. 1962.
Jung, Carl Gustav: Ein moderner Mythus. Von Dingen, die am Himmel gesehen werden. 1958.
Jungk, Robert: Der unbekannte *Schweitzer*. In: Die Weltwoche. [Zürich] 31. 12. 1954.
—, Die *Zukunft* hat schon begonnen. 5. Aufl. 1953.

Käsemann, Ernst: Kritische *Analyse* von Phil. 2,5-11. 1950. In: Exegetische Versuche und Besinnungen. [Im folgenden zit.: VB] Bd 1. 1960.
—, Die *Anfänge* christlicher Theologie. 1960. In: VB Bd 2. 1964.
—, *Anliegen* und Eigenart der paulinischen Abendmahlslehre. 1948. In: VB Bd 1.
—, Zum Thema der urchristlichen *Apokalyptik*. 1962. In: VB Bd 2.
—, Neutestamentliche *Fragen* heute. 1957. In: VB Bd 2.
—, *Leib* und Leib Christi. Untersuchungen zur paulinischen Begrifflichkeit. 1933.
—, Das *Problem* des historischen Jesus. 1954. In: VB Bd 1.
—, Der *Ruf* der Freiheit. 3. Aufl. 1968.
—, *Sackgassen* im Streit um den historischen Jesus. In: VB Bd 2.
—, *Sätze* heiligen Rechtes im Neuen Testament. 1954/55. In: VB Bd 2.

Kaftan, Julius: Jesus und Paulus. 1906.
Kant, Immanuel: Die Religion innerhalb der Grenzen der bloßen Vernunft. Hrsg. von Karl Kehrbach. (Reklam)
Kantzenbach, Friedrich Wilhelm: Albert Schweitzer. Wirklichkeit und Legende. 1969.
Katzer, E.: Rezension [RK] in: Kantstudien. Bd 7. 1902.
Kerler, Dietrich Heinrich: Der *Denker*. Eine Herausforderung. 1920.
—, Jenseits vom Optimismus und Pessimismus. Versuch einer Deutung des Lebens und der Tatsachen einer impersonalistischen Ethik. 1914. (zit.: *OP*)
—, Weltwille und Wertwille. Linien des Systems der Philosophie. Aus hinterlassenen Notizen aufgebaut u. hrsg. von Kurt Port. 1925. (zit.: *WW*)
Keyserling, Hermann, Graf: Buchbesprechung [Schweitzers Kulturphilosophie] in: Der Weg zur Vollendung. Mitteilungen der Schule der Weisheit Darmstadt. H. 10. 1925.
Kieber, H.: Erinnerungen an Albert Schweitzer. In: C. Schneider.
Kik, Richard: Eine Reise zu Albert Schweitzer nach Lambaréné. Juli/August 1956. In: Albert Schweitzer, Lambarene. Dokumente. Aus den Rundbriefen 1-11. 1930-57 für den Freundeskreis als Sammelbd hrsg. von R. Kik.
Kittel, Gerhard: Die Religionsgeschichte und das Urchristentum. 2. Aufl. 1931.
Klages, Ludwig: Mensch und Erde. 4. Aufl. 1932.
Klostermann, Erich: Das *Markus*evangelium. 4. Aufl. 1950.
—, Das *Matthäus*evangelium. 4. Aufl. 1971.
Knopf, Rudolf: *Einführung* in das Neue Testament. 1919. 5. Aufl. von Hans Lietzmann u. Heinrich Weinel. 1949.
—, Das *nachapostolische Zeitalter*. 1905.
Konow, Sten: Die Inder. In: Lehrbuch der Religionsgeschichte. Begr. von Chantepie de la Saussaye, 4. Aufl. Bd 2. 1925.
Kranz, Heinrich: Über den Schmerz. 1947.
Kraus, Oskar: Albert Schweitzer. Zur Charakterologie der ethischen Persönlichkeit und der philosophischen Mystik. In: Jahrbuch für Charakterologie. Bd 2/3. 1926. — Auch als Sonderausg. u. d. T.: Albert Schweitzer. Sein Werk und seine Weltanschauung. 2., verm. Aufl. 1929. (Hiernach zit.)
Kretschmer, Ernst: Medizinische Psychologie. 3. Aufl. 1926.
Kroner, Richard: Von Kant bis Hegel. Bd 1. 1921.
Krüger, Hanfried: Verständnis und Wertung der Mystik im neueren Protestantismus. 1938.
Kümmel, Werner Georg: Der persönliche *Anspruch* Jesu und der Christusglaube der Urgemeinde. 1963. In: Heilsgeschehen und Geschichte. Ges. Aufsätze 1933-1964. 1965. (Im folgenden zit.: Heilsgeschehen)
—, *Einleitung* in das Neue Testament. (Feine-Behm-Kümmel) 15. Aufl. 1967.
—, Die Bedeutung der *Enderwartung* für die Lehre des Paulus. 1934. In: Heilsgeschehen.
—, Futurische und präsentische *Eschatologie. 1958.* In: Heilsgeschehen.
—, Das Neue Testament im 20. Jahrhundert. Ein *Forschungsbericht*. 1970.
—, *Jesusforschung* seit 1950. In: ThR N. F. Jg 31. 1965/66.
—, Die *konsequente Eschatologie* Albert Schweitzers im Urteil der Zeitgenossen. 1957. In: Heilsgeschehen.
—, Die *Naherwartung* in der Verkündigung Jesu. 1964. In: Heilsgeschehen.
—, Das Neue Testament. Geschichte der Erforschung seiner Probleme. 2. Aufl. 1970. (zit.: *Das NT, Geschichte*)
—, Das *Problem* des geschichtlichen Jesus in der gegenwärtigen Forschungslage. *1960.* In: Heilsgeschehen.
—, Das *Problem* des historischen Jesus in der gegenwärtigen Diskussion. *1961.* In: Heilsgeschehen.
—, Albert *Schweitzer* als Jesus- und Paulusforscher. In: Albert Schweitzer als Theologe. Zwei akademische Reden von W. G. Kümmel u. C.-H. Ratschow. 1966.

—, *Verheißung* und Erfüllung. Untersuchungen zur eschatologischen Verkündigung Jesu. 2. Aufl. 1953.
Künneth, Walter: Theologie der Auferstehung. 4. Aufl. 1951.
Künzi, Martin: Das Naherwartungslogion Matthäus 10,23. Geschichte seiner Auslegung. 1970.
Kuhn, Helmut: Vergessenes Europa. In: Merkur. Dt. Zs. für europäisches Denken. Jg 11. 1957.
Kurth, Wolfram: Genie, Irrsinn und Ruhm. s.: Lange-Eichbaum.
—, Genie, Irrsinn und Ruhm. 4. vollst. neu bearb. Aufl. 1956. — 6., völlig umgearb. Aufl. des Werkes von Lange-Eichbaum. 1967.

Lange-Eichbaum, Wilhelm: Genie, Irrsinn und Ruhm. 3. Aufl. 1942.
Lauterburg-Bonjour, Markus: Albert Schweitzer als Arzt. In: Ehrfurcht. Freundesgabe.
Lehmann, W. (Hrsg.): Deutsche Frömmigkeit. Eine Auswahl aus den Schriften der deutschen Mystiker. (1916).
Leiber, Bernfried: Eine Begegnung mit Albert Schweitzer. (Beil. zu der Roche-Firmenzeitschr. „Image". Jg 1966, H. 1 der dt. Ausg.; H. 16 der dt. Ausg. für die Schweiz)
Leipoldt, Johannes: Vom *Jesusbild* der Gegenwart. 2. Aufl. 1925.
—, Jesu *Verhältnis* zu Griechen und Juden. 1941.
Leisegang, Hans: *Religionsphilosophie* der Gegenwart. 1930.
—, *Mystik*. In: RGG^2 Bd 4.
Lersch, Philipp: Aufbau der Person. 6. Aufl. 1954.
Lessing, Theodor: *Europa* und Asien. Untergang der Erde am Geist. 5. Aufl. 1930.
—, Meine *Tiere*. 5. Aufl. 1926.
Lietzmann, Hans: An die *Galater*. 3. Aufl. 1932.
—, *Geschichte* der alten Kirche. Bd 1. 3. Aufl. 1953.
Lilje, Hanns: Der *Auftrag* der Barmherzigkeit in der gegenwärtigen Welt. 1959.
—, *Begegnungen*. 1949.
Lind, Emil: Albert *Schweitzer*. 1959.
—, Die *Universalmenschen* Goethe und Schweitzer. Parallelen zwischen Weimar und Lambarene. 1964.
Linnemann, Eta: Gleichnisse Jesu. 1961.
Lipmann, Otto: Über Begriff und Formen der Intelligenz. 1924. Zs. f. angew. Psychologie. Bd 24, H. 3/4.
Litt, Theodor: Albert Schweitzer. In: Schweitzer [Bähr].
Lönnebo, Martin: Albert Schweitzers etisk-religiösa ideal. (Mit dt.) Zusammenfassung: Das ethisch-religiöse Ideal Albert Schweitzers. Stockholm 1964.
Lohmeyer, Ernst: Vom Sinn der *Gleichnisse* Jesu. In: ZSTh Jg 15. 1938.
—, *Gottesknecht* und Davidssohn. 2. Aufl. 1953.
—, Die *Grundlagen* paulinischer Theologie. 1929.
—, Das Evangelium des *Markus*. 14. Aufl. 1957.
—, Das *Urchristentum*. Buch 1: Johannes der Täufer. 1932.
Lohse, Eduard: *Märtyrer* und Gottesknecht. 2. Aufl. 1963.
—, *Umwelt* des Neuen Testaments. 1971.
Loofs, Friedrich: Wer war Jesus Christus? 1916.
Lorenz, Konrad: Das sogenannte *Böse*. 1963.
—, *Er redete* mit dem Vieh, den Vögeln und den Fischen. 11.-12. Aufl. 1955.
Lütgert, Wilhelm: Beilagen zur Geschichte der Religion des Deutschen Idealismus. 1924. (Beiträge zur Förderung christlicher Theologie. Bd 29, H. 1)
Lüthi, Kurt: Judas Iskarioth in der Geschichte der Auslegung von der Reformation bis zur Gegenwart. 1955.
Luther, Martin: De servo arbitrio. In: Werke [Weimarer krit. Ausg.], Bd 18.

Mahlmann, Theodor: Wilhelm Herrmann. In: Tendenzen der Theologie im 20. Jahrhundert. Hrsg. von Hans Jürgen Schultz. 1966.

Marchall, Georges: Le *paradoxe* dans la Pensée d'Albert Schweitzer. In: Ehrfurcht, Freundesgabe.
—, Albert *Schweitzer. Le Théologien.* In: Schweitzer (Amadou).
Martini, Paul: Albert Schweitzer als Arzt. In: Schweitzer [Bähr].
Marxsen, Willi: *Anfangsprobleme* der Christologie. 1967.
—, Der Evangelist *Markus.* Studien zur Redaktionsgeschichte des Evangeliums. 2. Aufl. 1959.
—, Redaktionsgeschichtliche Erklärung der sogenannten *Parabeltheorie* des Markus. In: ZThK Jg 52. 1955.
Maurer, Christian: Die Gesetzeslehre des Paulus. 1941.
Mauthner, Fritz: Religion. In: Mauthner: Philosophisches Wörterbuch. Bd 2. 1914.
Mayer, E. W.: Rezension [RK] in: ThLZ Jg 25. 1900.
Medicus, Fritz: Rezension [KE] in: Wissen und Leben. Neue Schweizer Rundschau. Jg 18. 1925.
Meili, Konrad: Die Lehre von Gott und die Lehre von Christus bei Albert Schweitzer. In: ThBl Jg 13. 1934.
Messer, August: Albert Schweitzers Kulturphilosophie. In: Philosophie und Leben. Jg 1. 1925.
Metzger, H. A.: Das Leben Albert Schweitzers auf einer Konzertreise in Holland. In: C. Schneider.
Meyer, Heinrich August Wilhelm: Kritisch-exegetisches Handbuch über das Evangelium des Matthäus. 6. Aufl. 1876. (zit.: Matthäus)
Meyer, Hermann J.: Albert Schweitzers *Analyse* dieses Zeitalters und seiner Kultur. In: Schweitzer [Bähr].
—, Albert Schweitzers *Doktorarbeit* über Kant. In: Schweitzer [Bähr].
Michaelis, Wilhelm: Die *Davidssohnschaft* Jesu als historisches und kerygmatisches Problem. In: Ristow u. Matthiae.
—, Die große *Enttäuschung.* In: Der Kirchenfreund. [Schweiz] Jg 76. 1942.
—, Konsequente oder biblische *Eschatologie?* In: Der Kirchenfreund. Jg 70. 1936.
—, Der *Herr* verzieht nicht die Verheißung. Die Aussagen Jesu über die Nähe des Jüngsten Tages. 1942.
—, Das Evangelium nach *Matthäus.* T. 2. 1949.
—, *Täufer,* Jesus, Urgemeinde. Die Predigt vom Reiche Gottes vor und nach Pfingsten. 1928.
—, Kennen die Synoptiker eine *Verzögerung* der Parusie? In: Synoptische Studien, Alfred Wikenhauser zum 70. Geb. 1953.
Michel, Otto: Der *Christus* des Paulus. In: ZNW Jg 32. 1933.
—, Die *Entstehung* der paulinischen Christologie. In: ZNW Bd 28. 1929.
—, Der Brief an die *Römer.* 4. Aufl. 1966.
—, Albert *Schweitzer* und die Leben-Jesu-Forschung heute. In: Schweitzer [Bähr].
—, Der *Umbruch* Messianität = Menschensohn. Fragen zu Markus 8, 31. In: Tradition und Glaube. Das frühe Christentum in seiner Umwelt. (Festgabe für Karl Georg Kuhn) 1971.
Minder, Robert (u. Hermann Baur): *Albert Schweitzer Gespräch* Basel 1967. 1969.
—, Emmy *Martin.* In: Emmy Martin, die Mitarbeiterin Albert Schweitzers. Hrsg. von R. Minder u. H. W. Bähr. 1964.
—, *Schweitzer, Sartre* und der Großvater. In: Süddt.Zg vom 16./17. 1. 1965.
Missenharter, Hermann: Dietrich Heinrich Kerler. In: Schwäbische Essays. 1947.
Mörchen, F.: Zur psychiatrischen Betrachtung des überlieferten Christusbildes. In: Monatsschr. für die kirchliche Praxis. Jg 6. 1906.
Moltmann, Jürgen: Theologie der Hoffnung. 6. Aufl. 1966.
Monod, Jacques: Zufall und Notwendigkeit. Philosophische Fragen der modernen Biologie. Dt. 2. Aufl. 1971.
Morgenthaler, Robert: Kommendes Reich. 1952.
Moser, Hans Joachim: Musiklexikon. 3. Aufl. 1951.

Müller, A.: Albert Schweitzer als Gesamterscheinung. In: C. Schneider.
Müller, Armin: Bios und Christentum. 1958.
Müller, Ernst: Die säkulare Bedeutung Schweitzers. In: Schweitzer [Bähr].
Müller-Schwefe, Hans-Rudolf: Neue Mystik. In: RGG³ Bd 4.
Mundle, Wilhelm: Die Christusmystik des Apostels Paulus. In: ChW Jg 44. 1930.

Naumann, Johannes: Die verschiedenen Auffassungen Jesu in der evangelischen Kirche. In: Zs. für Religionspsychologie. Bd 3. 1909.
Neuenschwander, Ulrich: *Begegnung* mit Albert Schweitzer als Theologen — heute. In: Schweitzer (Wenzel).
—, *Denker* des Glaubens. 1. 1974.
—, Protestantische *Dogmatik* der Gegenwart und das Problem der biblischen Mythologie. Theol. Diss. Bern 1949.
—, *Jesus* von Nazareth nach dem Verständnis der konsequenten Eschatologie. In: Jesusbilder in theologischer Sicht. Hrsg. von K. Deschner. 1966.
—, Die neue liberale *Theologie.* 1953.
—, *Vorwort* zu: RG.
Neugebauer, Fritz: Das paulinische „*In Christo*". In: New Testament Studies. Vol. 4. *1957*—58.
—, *In Christus.* Eine Untersuchung zum paulinischen Glaubensverständnis. *1961.*
—, *Jesus* der Menschensohn. 1972.
Nietzsche, Friedrich: *Jenseits* von Gut und Böse. (Kröners Taschenausg.)
—, Aus dem *Nachlaß* der achtziger Jahre. (Werke, hrsg. von Karl Schlechta, Bd 3.)
—, Die fröhliche *Wissenschaft.* (Kröners Taschenausg.)
Nigg, Walter: Große *Heilige.* 4. Aufl. 1952.
—, Geschichte des religiösen *Liberalismus.* 1937.
Ninck, Johannes: Jesus als Charakter. 3. Aufl. 1925.
Noack, Ludwig: Der Stifter des Christentums. Eine historisch-psychologische Analyse. Artikel 4: Psychologische Konsequenzen der evangelischen Geschichte. In: L. Noack: Psyche. Zs. für die Kenntnis des menschlichen Seelen- u. Geisteslebens. Bd 2. 1859.
Nohl, Hermann: Charakter und Schicksal. 5. Aufl. 1959.

Oepke, Albrecht: βάπτω. In: ThW Bd 1.
—, ἐν Χριστῷ Ἰησοῦ. In: ThW Bd 2.
—, Der Brief an die *Galater.* Nachdr. der 2. Aufl. 1964.
—, *Leib* Christi oder Volk Gottes bei Paulus? In: ThLZ Jg 79. 1954.
Oesterreich, Traugott Konstantin: Das Weltbild der Gegenwart. 2. Aufl. 1925.
Oldenberg, Hermann: Buddha. Sein Leben, seine Lehre, seine Gemeinde. 8. u. 9. Aufl. 1921.
Olshausen, Hermann: Biblischer Commentar über sämtliche Schriften des Neuen Testaments. Bd 1. 1830.
Oswald, Suzanne: Mein Onkel Bery. Erinnerungen an Albert Schweitzer. 1971.
Otto, Bernd: Albert Schweitzers Beitrag zur Friedenspolitik. 1974.
Otto, Rudolf: Das *Heilige.* 5. Aufl. 1920.
—, West-östliche *Mystik.* 1926.
—, *Reich* Gottes und Menschensohn. 2. Aufl. 1940.

Paulsen, Friedrich: System der Ethik. 7. u. 8. Aufl. 1906.
Paulus, Rudolf: Das Christusproblem der Gegenwart. Untersuchung über das Verhältnis von Idee und Geschichte. 1922.
Payne, R.: Albert Schweitzer und seine drei Welten. 1964.
Percy, Ernst: Der Leib Christi (Σῶμα Χριστοῦ.) in den Paulinischen Homologumena und Antilegomena. 1942.
Pfennigsdorf, Erich (Hrsg.): Der Erlösungsgedanke. Bericht über den 2. Deutschen Theologentag in Frankfurt a. M. Herbst 1928. 1929. (Deutsche Theologie. Bd 2)

Pfleiderer, Otto: Das Urchristentum. 2. Aufl. Bd 1. 1902.
Picht, Georg: Mut zur Utopie. Die großen Zukunftsaufgaben. 1969.
Picht, Werner: Albert Schweitzer. Wesen und Bedeutung. 1960.
Pick, Georg: Die Grundgedanken freier Religion, ihre Rechtfertigung und ihre Spannweite. In: Die freireligiöse Bewegung — Wesen und Auftrag. [um 1959].
Pierhal, Jean: Albert Schweitzer. Das Leben eines guten Menschen. 1959.
Piper, Otto: Das Problem des Lebens Jesu seit Schweitzer. In: Verbum dei manet in aeternum. Festschr. für Otto Schmitz. 1953.
Pohlmeier, Hermann: Depression und Selbstmord. 1971.
Popper-Lynkeus, Josef: Die allgemeine Nährpflicht als Lösung der sozialen Frage. 2. Aufl. 1923.
Port, Kurt: Für die *Abwehr* theologischer Belästigungen. In: Pf H. 99/100 (Jg 10. 1960).
—, Die praktische *Bedeutung* des Wertidealismus. [1.]. In: Pf H. 115/116 (Jg 12. 1962) — Dasselbe (2. Folge) in: Pf H. 117/118 (Jg 13. 1963. — Dasselbe (Schluß) in: Pf H. 119/120 (Jg 13).
—, Eine eugenische *Bewegung* in Deutschland. In: Pf H. 129 (Jg 15. 1965).
—, Nachruf für Robert *Bosshart.* In: Pf H. 60/61 (Jg 6. 1954/55).
—, Die religiöse *Entwertung* des Wertes zur Wirklichkeit und die kategoriale Rückverlegung des Werturspungs. In: Pf H. 81 (Jg 8. 1957/58).
—, *Erwiderung* zum Theodizeeproblem. In: Pf H. 2 (Jg 1. 1947/48).
—, *Frankenberg* und der Monismus. In: Pf H. 16/17 (Jg 2. 1949/50).
—, *Freie Religion* und freireligiöse Gemeinden. In: Pf H. 33/34 (Jg 3. 1951/52).
—, *Gespräch* über Religion und Idealismus. In: Pf H. 3 (Jg 1).
—, *Glauben* und Wissen. In: Pf H. 21/22 (Jg 2).
—, *Gottesbeweise* und Gottesrechtfertigungen. In: Pf H. 4 (Jg 1).
—, *Gottesmystik* und Mystik der Seele. In: Pf H. 48/49 (Jg 5. 1953).
—, Für und gegen das *Gute.* In: Pf H. 29/30 (Jg 3).
—, Dietrich Heinrich *Kerler.* In: Pf H. 2 (Jg 1).
—, Der *Idealist.* In: Pf H. 74 (Jg 7. 1956).
—, Trauerrede für Gottfried *Keutel.* In: Pf H. 92 (Jg 8).
—, Ist *Liebe* Religion? In: Pf H. 69/70 (Jg 7).
—, *Reformation* des Christentums, der Religion? In: Pf H. 68 (Jg 6).
—, Die neuen *Religionen* und der Wertidealismus. In: Pf H. 111/112 (Jg 12). — Dasselbe (5. Folge) in: Pf H. 126 (Jg 14. 1964).
—, Das *Sichtbare* und das Unsichtbare. In: Pf H. 6 (Jg 1).
—, *Sittliches Wissen,* unsittliches Glauben. In: Pf H. 5 (Jg 1).
—, *Symposion* über Religion, Wert und Liebe. In: Pf H. 79/80 (Jg 7).
—, Das *System* der Werte. *1927.*
—, Das *System* der Werte. *1961.* In: Pf Jg 11 (1961), H. 105/106; 107/108.
—, Der *Tod* und die Toten. In: Pf H. 41 (Jg 4. 1952).
—, *Übergänge.* In: Pf H. 7 (Jg 1).
—, *Übersinn* ist Sinnwidrigkeit. In: Pf H. 10 (Jg 2).
—, *Warum* nicht Religion? In: Pf H. 101/102 (Jg 10).
—, *Was haben wir* mit Gott vor? In: Pf H. 8 (Jg 1).
—, *Welträtsel* und Weltwunder. In: Pf H. 59 (Jg 6).
—, *Wie ich Kerler traf.* In: Pf H. 25/26 (Jg 3).
—, *Wirklichkeitserlebnis* und Werterlebnis. In: Pf H. 33/34 (Jg 3).
Portmann, Adolf: Neue Wege der Biologie. 1960.

Quenzer, W.: Zu Schweitzers autobiographischen Schriften. In: Schweitzer [Bähr].

Raab, Karl: Albert Schweitzer. Persönlichkeit und Denken. Phil. Diss. Erlangen 1936.
Radhakrishnan, Sarvepalli: Die Gemeinschaft des Geistes. Aus d. Engl. 1952.

Ratschow, Carl-Heinz: Die geistesgeschichtliche Bedeutung Albert Schweitzers. In: Albert Schweitzer als Theologe. Zwei akademische Reden von W. G. Kümmel u. C.-H. Ratschow. 1966.
Reincke, Heinrich: Dr. Kurt Detlev Möller, Worte des Gedenkens. In: Zs. des Vereins für Hamburgische Geschichte. Bd 44. 1958.
Reiner, Hans: Die philosophische *Ethik*. 1964.
—, *Gut* und Böse. Ursprung und Sinn der sittlichen Grundunterscheidungen. 1965.
—, *Pflicht* und Neigung. Die Grundlagen der Sittlichkeit, erörtert und neu bestimmt mit besonderem Bezug auf Kant und Schiller. 1951.
—, Die *Zukunft* der Ethik Albert Schweitzers. In: The Journal of Value Inquiry. Vol. 2. 1968.
Reitzenstein, Richard: Die hellinistischen *Mysterienreligionen*. 3. Aufl. 1927. (Photomech. Nachdr. 1956)
—, *Religionsgeschichte* und Eschatologie. In: ZNW Jg 13. 1912.
Rich, Arthur: Theologischer Liberalismus heute. In: Theol. Zs. Jg 10. 1954.
Richter, Julius: Welt-Ende? Das Problem der Eschatologie einst und jetzt. 1956.
Richter, Lieselotte: Mystik. In: RGG³ Bd 4.
Rickert, Heinrich: Die Philosophie des Lebens. Darstellung und Kritik der philosophischen Modeströmungen unserer Zeit. 2. Aufl. 1922.
Ridderbos, Hermann: Paulus. Ein Entwurf seiner Theologie. Aus d. Holländ. 1970.
Robinson, James M.: *Einführung* zur Taschenausg. der LJ. 1966. Bd 1.
—, *Kerygma* und historischer Jesus. 2. Aufl. 1967.
—, Das *Problem* des heiligen Geistes bei Wilhelm Herrmann. Theol. Diss. Basel 1952.
Rößler, Dietrich: Gesetz und Geschichte. Untersuchungen zur Theologie der jüdischen Apokalyptik und der pharisäischen Orthodoxie. 1960.
Rolffs, Ernst: Albert Schweitzer als ethisches Phänomen und theologisches Problem. In: Dt. Pfarrerblatt. Jg. 35. 1931.
Roloff, Jürgen: Das *Kerygma* und der irdische Jesus. Historische Motive in den Jesus-Erzählungen der Evangelien. 1970.
—, *Schweitzer* — Der nahe Unbekannte. In: Motive des Glaubens. Eine Ideengeschichte in 18 Gestalten. Hrsg. von Johannes Lehmann. 1968.
Rüstow, Alexander: Ortsbestimmung der Gegenwart. Bd 3. 1957.
Runze, Georg: Bruno Bauer, der Meister der theologischen Kritik. 1931.
Russell, C. E. B.: Mit Albert Schweitzer in Lambarene. In: C. Schneider.

Sänger, Ernst: Kants Lehre vom Glauben. 1903.
Schaeder, Hans Heinrich: Der Orient und das griechische Erbe. In: Die Antike. Bd 4. 1928.
Schäfer, Rolf: Das Reich Gottes bei Albrecht Ritschl und Johannes Weiß. In: ZThK Jg 61. 1964.
Schäfer, Walter: Paul Geheeb, Mensch und Erzieher. Um 1960.
Scheler, Max: Vom *Umsturz* der Werte. 4. Aufl. 1955.
—, *Wesen* und Formen der Sympathie. (Der „Phänomenologie und Theorie der Sympathiegefühle" 2. Aufl.) 1923.
Schenkel, Daniel: Das Charakterbild Jesu. 4. Aufl. 1873.
Schiller, Helmut: Geistiger und ungeistiger *Humanismus*. In: Pf H. 141 (Jg 19). 1972.
—, *Probleme* der Wertphilosophie und der Ethik. In: Pf H. 103/104 (Jg 10). 1960. — Dasselbe (Schluß) in: Pf H. 105/106 (Jg 11).
Schlatter, Adolf: *Jesus* und Paulus. 3. Aufl. 1961.
—, Das Evangelium *Matthäus*. 1948.
Schleiermacher, Friedrich: Monologen. Krit. Ausg. von Friedrich Michael Schiele. 1902.
Schlier, Heinrich: Der Brief an die Galater. 4. Aufl. 1965.
Schlink, Edmund: Christus — die Hoffnung für die Welt. In: Evanston. Dokumente. Berichte u. Reden auf der Weltkirchenkonferenz in Evanston 1954. Hrsg. von Focko Lüpsen.

Schmidt, Erhard: Adolf von Harnack. Erinnerungsworte, gesprochen in der Friedrich-Wilhelms-Universität zu Berlin am 12. Juli 1930. In: Erich Seeberg: Adolf von Harnack. (Sammlung gemeinverständlicher Vorträge aus dem Gebiet der Theologie und Religionsgeschichte. Bd 150. 1930)
Schmidt, Karl Ludwig: Das *Christuszeugnis* der synoptischen Evangelien. In: Jesus Christus im Zeugnis der Heiligen Schrift und der Kirche. 1936.
—, *Eschatologie* und Mystik im Urchristentum. In: ZNW Jg 21. 1922.
—, *Jesus* Christus. In: RGG² Bd 3.
—, Der *Rahmen* der Geschichte Jesu. Literarkritische Untersuchungen zur ältesten Jesusüberlieferung. 1919.
Schmidt, Martin: Albert Schweitzer als Theologe. In: Studien der Erwin von Steinbach-Stiftung. Hrsg. von Christian Hallier. Bd 2. 1968.
Schmiedel, Otto: Die Hauptprobleme der Leben-Jesu-Forschung. 2. Aufl. 1906.
Schmiedel, Paul Wilhelm: Die Person Jesu im Streite der Meinungen der Gegenwart. 1906.
Schnehen, Wilhelm von: Der moderne Jesuskult. 1906/07.
Schneider, Carl: Das Jesusbild der historisch-kritischen Theologie. In: Jesusbilder in theologischer Sicht. Hrsg. von K. Deschner. 1966.
Schneider, Johannes: Eschatologie und Mystik im Neuen Testament. In: ZThK N. F. Jg 13. 1932.
Schneider, Reinhold: Winter in Wien. 6. Aufl. 1958.
Schniewind, Julius: Das Evangelium nach *Markus.* 7. Aufl. 1956.
—, Das Evangelium nach *Matthäus.* 12 Aufl. 1968.
—, *Messiasgeheimnis* und Eschatologie. In: Nachgelassene Reden u. Aufsätze. 1952.
—, Das *Selbstzeugnis* Jesu nach den drei ersten Evangelien. 1922.
—, Zur *Synoptikerexegese.* In: ThR N. F. Jg 2. 1930.
Schoeps, Hans-Joachim: Paulus. Die Theologie des Apostels im Lichte der jüdischen Religionsgeschichte. 1959.
Scholz, Heinrich: *Religionsphilosophie.* 2. Aufl. 1922.
—, Die *Religionsphilosophie des Als Ob.* 1921. (Auch in: Annalen der Philosophie. 1. 1919)
Schopenhauer, Arthur: Nachträge zur Lehre vom Leiden der Welt. (Parerga und Paralipomena, § 154. Kap. 12)
Schrenk, Gottlob: βιάζομαι, βιαστής. In: ThW Bd 1.
—, δικαιοσύνη. In: ThW Bd 2.
—, Die *Geschichtsanschauung* des Paulus auf dem Hintergrund seines Zeitalters. 1932. In: Schrenk: Studien zu Paulus. 1954.
Schütz, Paul: Parusia. Hoffnung und Prophetie. 1960.
Schultz, Julius: Die *Philosophie* am Scheidewege. Die Antinomie im Werten und Denken. 1922.
—, *Selbstdarstellung.* In: Die Philosophie in Selbstdarstellungen. Bd 3. 1922.
Schulz, Siegfried: Die neue *Frage* nach dem historischen Jesus. In: Neues Testament und Geschichte. Oscar Cullmann zum 70. Geb. Hrsg. von H. Baltensweiler u. B. Reicke. 1972.
—, Die *Spruchquelle* der Evangelisten. 1972.
Schulze, Martin: Kants Religion innerhalb der Grenzen der bloßen Vernunft erklärt. 1927.
Schumann, Friedrich Karl: Christlicher und mystischer Gottesgedanke. In: ZSTh Jg 3. 1925.
Schuster, Hermann: Die konsequente Eschatologie in der Interpretation des Neuen Testaments. In: ZNW Bd 47. 1956.
Schweizer, Eduard: Zur *Frage* des Messiasgeheimnisses bei Markus. In: ZNW Bd 56. 1965.
—, Der *Glaube* an Jesus den „Herrn" in seiner Entwicklung von den ersten Nachfolgern bis zur hellinistischen Gemeinde. In: EvTh Jg 17. 1957.

—, Das Evangelium nach *Markus*. 2. Aufl. 1968.
—, Der *Menschensohn*. In: ZNW Jg 50. 1959.
—, Die *Mystik* des Sterbens und Auferstehens mit Christus bei Paulus. In: EvTh Jg 26. 1966.
Seaver, Georges: Albert *Schweitzer* als Mensch und Denker. Aus d. Engl. 1950.
—, Albert Schweitzer und das Christentum. Aus d. Engl. 1956.
Seeberg, Erich: Wer war *Christus?* 1937.
—, Luthers *Theologie* in ihren Grundzügen. 2. Aufl. 1950.
Seesemann, Heinrich: πειρασμός. In: ThW Bd 6.
Sevenster, Gerhard: Ethiek en Eschatologie in de Synoptische Evangelien. Theol. Diss. Leiden. 1929.
Siegfried, Theodor: Liberale Theologie. In: EKL Bd 2.
Sjöberg, Erik: Der verborgene Menschensohn in den Evangelien. 1955.
Slenczka, Reinhard: Geschichtlichkeit und Personsein Jesu Christi. Studien zur christologischen Problematik der historischen Jesusfrage. 1967.
Sorokin, Pitirim A.: Kulturkrise und Gesellschaftsphilosophie. Moderne Theorien über das Werden und Vergehen von Kulturen und das Wesen ihrer Krisen. Aus d. Engl. 1953.
Spitta, Friedrich: Streitfragen der Geschichte Jesu. 1907.
Spranger, Eduard: Die *Kulturzyklentheorie* und das Problem des Kulturverfalls. 1926. In: Spranger: Kulturfragen der Gegenwart. 1953.
—, *Lebensformen*. 5. Aufl. 1925.
—, *Weltfrömmigkeit*. 1941.
Stäudlin, C. F.: Über die blos historische Auslegung der Bücher des Neuen Testaments. In: Kritisches Journal der neuesten theologischen Literatur. Bd 2. 1814.
Stahler, Robert: L'Universel, l'Humain, le Chrétien. In: Ehrfurcht. Freundesgabe.
Stange, Carl: Rezension [RK] in: Zs. für Philos. u. philos. Kritik. Bd 120. 1902.
Stauffer, Ethelbert: *Jesus*. Gestalt und Geschichte. 1957.
—, *Messias* oder Menschensohn? In: NovTest Vol. 1. 1956.
Steffahn, Harald in: *Begegnung* [Bähr u. Minder].
—, *Goethe* und Albert Schweitzer. In: 22. Rundbrief für den Freundeskreis von Albert Schweitzer. 1963.
Stegenga, P.: Albert Schweitzers Ehrfurcht vor dem Leben als Prinzip der Ethik. In: ZSTh. Bd 14. 1937.
Steinbüchel, Theodor: Ehrfurcht. 1947. (Auch in: Universitas, Jg 1. 1946)
Steinmeyer, F. L.: Die Parabeln des Herrn. 1884.
Stephan, Horst: Rezension [RW] in: Jg 57. 1906.
Stoevesandt, Karl: Albert Schweitzer als Arzt und Helfer der Menschheit. In: EvTh Jg 15. 1955.
Stoob, Heinz: Albert Schweitzer und die Arp-Schnitger-Orgel. In: 700 Jahre St. Jacobi zu Hamburg 1255-1955. Festschr.
Strauß, David Friedrich: Der alte und der neue *Glaube*. 12.-14. Aufl. 1895.
—, Das *Leben* Jesu *kritisch* bearbeitet. Bd 1. 1835.
—, Das *Leben* Jesu für das deutsche *Volk* bearbeitet. 1864.
Strecker, Georg: Der Weg zur *Gerechtigkeit*. Untersuchung zur Theologie des Matthäus. 1962.
—, Zur *Messiasgeheimtheorie* im Markus-Evangelium. In: Texte u. Untersuchungen zur Geschichte der altchristlichen Literatur. Bd 88. 1964.
—, William *Wrede*. Zur 100. Wiederkehr seines Geburtstags. In: ZThK Jg 57, 1960.
Strege, Martin: Das *Eschaton* als gestaltende Kraft in der Theologie. 1955.
—, Das *Reich* Gottes als theologisches Problem im Lichte der Eschatologie und Mystik Albert Schweitzers. 1956.
—, Albert Schweitzers *Religion* und Philosophie. Eine systematische Quellenstudie. 1965.

Strobel, August: *Apokalyptik,* Christusoffenbarung und Utopie. In: Das Mandat der Theologie und die Zukunft des Glaubens. Hrsg. von G. F. Vicedom. 1971.
—, *Kerygma* und Apokalyptik. Ein religionsgeschichtlicher und theologischer Beitrag zur Christusfrage. 1967.
Stumpf, Carl: Erkenntnislehre. Bd 2. 1940.
Surkau, H. W.: Jesus Christus. In: EKL Bd 2.
Szczesny, Gerhard: *Glaube* und Unglaube. Ein Briefwechsel [zwischen Friedrich Heer u. G. Szczesny]. 1959.
—, Das sogenannte *Gute.* Vom Unvermögen der Ideologen. 1971.

Taap, Erika: Lambarener Tagebuch. 3. Aufl. 1965.
Tas, Sal: Der letzte Pionier. In: Der Monat. H. 125 (Jg 11. 1959).
Tauler, Johannes: In: Lehmann, Walter. Deutsche Frömmigkeit. Stimmen deutscher Gottesfreunde. Eine Auswahl aus den Schriften der deutschen Mystiker. o. J.
Thielicke, Helmut: Die *Atomwaffe* als Frage an die christliche Ethik. 1958.
—, *Begegnungen.* 1957.
—, Albert *Schweitzer* heute. In: Begegnung [Bähr u. Minder].
—, Das *Verhältnis* zwischen dem Ethischen und dem Ästhetischen. 1932.
Tillich, Paul: Systematische *Theologie.* Bd 3. 1966.
—, Religiöse *Verwirklichung.* 2. Aufl. 1930.
Titius, Arthur: Natur und Gott. 2. Aufl. 1931.
Tödt, Heinz Eduard: Der Menschensohn in der synoptischen Überlieferung. 2. Aufl. 1963.
Traub, Friedrich: Glaube und Geschichte. Eine Untersuchung über das Verhältnis von christlichem Glauben und historischer Leben-Jesu-Forschung. 1926.
Troeltsch, Ernst: Die *Bedeutung* der Geschichtlichkeit Jesu für den Glauben. 1911.
—, *Glaubenslehre.* Nach Heidelberger Vorlesungen aus den Jahren 1911 und 1912. 1925.
—, Das *Historische* in Kants Religionsphilosophie. In: Kantstudien. Bd 9. 1904.

Underhill, Evelyn: Mystik. Aus d. Engl. übers. von H. Meyer-Franck u. H. Meyer-Benfey. 1928.
Urquart, Clara in: Schweitzer [Wenzel]

Vallentin, Antonina: Das Drama Albert Einsteins. Eine Biographie. 1955.
Vandenrath, Johannes: Albert Schweitzer und Schopenhauer. In: Schopenhauer-Jahrbuch 49. 1968.
Vielhauer, Philipp: Ein Weg zur neutestamentlichen *Christologie?* Prüfung der Thesen Ferdinand Hahns. 1965. In: Vielhauer: Aufsätze zum Neuen Testament. 1965. (Im folgenden zit.: Aufsätze)
—, *Erwägungen* zur Christologie des Markusevangeliums. 1964. In: Aufsätze.
—, *Gottesreich* und Menschensohn in der Verkündigung Jesu. 1957. In: Aufsätze.
—, *Jesus* und der Menschensohn. Zur Diskussion mit Heinz Eduard Tödt und Eduard Schweizer. 1963. In: Aufsätze.
—, Franz *Overbeck* und die neutestamentliche Wissenschaft. 1950/51. In: Aufsätze.
Vischer, Eberhard: Referat: Paulus. In: ThR Jg 16. 1913.
Vischer, Friedrich Theodor: Ästhetik oder Wissenschaft des Schönen. T. 1 1846.
Vögtle, A.: Grundfragen zweier neuer Jesusbücher. [Stauffer, Bornkamm]. In: Theol. Revue. Jg 54. 1958.
Vogt, William: Die Erde rächt sich. 1950.
Volkelt, Johannes: System der Ästhetik. 2. Aufl. Bd 2. 1925.
Volkmar, Gustav: Die Evangelien oder Marcus und die Synopsis der kanonischen und außerkanonischen Evangelien. 1870.
Volz, Paul: Die Eschatologie der jüdischen Gemeinde im neutestamentlichen Zeitalter. 2. Aufl. 1934.

Walther, Gerda: Phänomenologie der Mystik. 1955.
Weber, Hans Emil: *Eschatologie* und Mystik im Neuen Testament. 1930.
—, Die Formel *„in Christo Jesu"* und die paulinische Christusmystik. In: NKZ Jg 31. 1920.
—, *Rezension* [MP] in: Theol. Literaturbl. Jg 51. 1930.
—, Historisch-kritische *Schriftforschung* und Bibelglaube. 2. Aufl. 1914.
Wehnert, Bruno: Jesu Diesseitsreligion. 1911.
Weidel, Karl: Jesu Persönlichkeit. 3. Aufl. 1921.
Weiffenbach, Wilhelm: Der Wiederkunftsgedanke Jesu nach den Synoptikern. 1873.
Weinel, Heinrich: Kommt das *Heil* von der Mystik? In: ChW Jg 49. 1935.
—, *Jesus* im neunzehnten Jahrhundert. 3. Aufl. 1914.
—, Ist das „liberale" *Jesusbild* widerlegt? 1910.
—, *Rezension* [ML] in: ThR Jg 5. 1902.
—, Biblische *Theologie* des Neuen Testaments. 2. Aufl. 1913.
—, Ist unsere *Verkündigung* von Jesus unhaltbar? In: ZThK Jg 20. 1910.
Weinstock, Heinrich: Die Tragödie des Humanismus. Wahrheit und Trug im abendländischen Menschenbild. 2. Aufl. 1954.
Weiß, Bernhard: Das *Leben* Jesu. 3. Aufl. 1888.
—, Das *Matthäus*evangelium. 9. Aufl. 1910.
Weiß, Johannes: Das Problem der *Entstehung* des Christentums. In: Archiv für Religionswiss. Bd 16. 1913.
—, Das *Markus*-Evangelium. In: Die drei älteren Evangelien. (SNT² Bd 1). 1907.
—, Das *Matthäus*-Evangelium. In: ebd.
—, Die *Predigt* vom Reiche Gottes. 1. Aufl. 1892. 2. Aufl. 1900.
—, Paulinische *Probleme*. II. In: Theol. Studien und Kritiken. Jg 1896.
—, Das *Urchristentum*. 1917.
Weizsäcker, Carl Friedrich von: *Bedingungen* des Friedens. 1963.
—, Die *Geschichte* der Natur. 6. Aufl. 1964.
Welk, Ehm: Die wundersame Freundschaft. Das Buch von Tier und Mensch. 3. Aufl. 1940.
Wellek, Albert: Die Polarität im Aufbau des Charakters. 3. Aufl. 1966.
Wellhausen, Julius: *Einleitung* in die drei ersten Evangelien. 2. Aufl. 1911.
—, Das Evangelium *Marci*. 1903.
—, Das Evangelium *Matthäi*. 2. Ausg. 1914.
Wendland, Heinz-Dietrich: Die *Eschatologie* des Reiches Gottes bei Jesus. 1931.
—, *Ethik und Eschatologie* in der Theologie des Paulus. In: NKZ Jg 41. 1930.
—, *Ethik des Neuen Testaments*. 1970.
—, Die Briefe an die *Korinther*. 12 Aufl. 1968.
—, Die *Mitte* der paulinischen Botschaft. Die Rechtfertigungslehre des Paulus im Zusammenhang seiner Theologie. 1935.
Wendt, Hans Hinrich: Die Lehre Jesu. 2. Aufl. 1901.
Wenzl, Aloys: Theorie der Begabung. Entwurf einer Intelligenzkunde. 2. Aufl. 1957.
Werner, Hermann: Die psychische *Gesundheit* Jesu. 1909.
—, Der historische *Jesus* der liberalen Theologie — ein Geisteskranker. In: NKZ Jg 22. 1911.
Werner, Martin: Um die konsequent-eschatologische *Auffassung* von der Entstehung des christlichen Dogmas. In: Schweizerische Theologische Umschau, Jg 12. 1942.
—, Die *Entstehung* des christlichen Dogmas problemgeschichtlich dargestellt. 2. unv. Aufl. 1954.
—, Was bedeutet für uns die *Persönlichkeit* Jesu? In: Ristow u. Matthiae.
—, Albert *Schweitzer* und das freie Christentum. 1924.
—, Der protestantische *Weg* des Glaubens. Bd 1. 1955.
—, Das *Weltanschauungsproblem* bei Karl Barth und Albert Schweitzer. 1924.
Wernle, Paul: Die *Anfänge* unserer Religion. 1. Aufl. 1901. 2. Aufl. 1904.
—, *Jesus*. 1917.

—, *Rezension* [LJ] in: ThLZ Jg 39. *1914.*
—, *Rezension* [RW] in: ThLZ Jg 31. *1906.*
Wette, Wilhelm Martin Leberecht de: Kurze Erklärung des Evangeliums Matthäi. 4. Aufl. 1857.
Wikenhauser, Alfred: Die Christusmystik des Apostels Paulus. 2. Aufl. 1956.
Wilckens, Ulrich: Die *Bekehrung* des Paulus als religionsgeschichtliches Problem. In: ZThK Jg 56. 1959.
—, Das *Offenbarungsverständnis* in der Geschichte des Urchristentums. In: Offenbarung und Geschichte. Hrsg. von W. Pannenberg. 1961.
Windisch, Hans: Der Sinn der *Bergpredigt.* 2. Aufl. 1937.
—, Der messianische *Krieg* und das Urchristentum. 1909.
—, *Referat:* Schrifttum über Leben und Lehre Jesu. In: ThR Jg 12. *1909.*
—, *Referat:* Schrifttum über Leben und Lehre Jesu. In: ThR Jg 16. *1913.*
—, *Rezension* [PF] in: Zeitschr. für wiss. Theologie. Jg 55. *1914.*
Winternitz, M.: Buddhismus. In: RGG^2 Bd 1.
Wohlenberg, Gustav: Das Evangelium des Markus ausgelegt. 3. Aufl. 1930.
Wolf, Eugen: Über die Selbstbewahrung. Zur Frage der Distanz in Goethes Dasein. 1957.
Wolff, Paul: Vom Sinn der Ehrfurcht. 1935.
Woytt-Secretan, Marie: Albert Schweitzer. Der Urwalddoktor von Lambarene. 1949.
Wrede, William: Jesus als *Davidssohn.* In: Wrede: Vorträge und Studien. 1907.
—, Das *Messiasgeheimnis* in den Evangelien. Zugleich ein Beitrag zum Verständnis des Markusevangeliums. 1901.
—, *Paulus.* 1907.
Wurmbach, Hermann: Lehrbuch der Zoologie. Bd 1. 2. Aufl. 1970.
Wust, Peter: Der Doppelaffekt von Staunen und Ehrfurcht als Faktor der Kulturentwicklung. In: Hochland. Jg 21, Bd 2. 1924.

Zahn, Theodor: *Grundriß* der Geschichte des Lebens Jesu. 1928.
—, Das Evangelium des *Matthäus.* 4. Aufl. 1920.
Zahrnt, Heinz: Die Sache mit Gott. 1966.
Zbinden, Hans: Über die Macht persönlichen Helfens. In: Ehrfurcht. Freundesgabe.
Ziegler, H.E.: Die Phylogenie des Schmerzes. In: Zool. Anzeiger. Bd 61. 1924.
Ziegler, Theobald: David Friedrich Strauß. T. 1 u. 2. 1908.
Zumbusch, Leo von: Über den Schmerz. 1932.

Autorenverzeichnis (um eine Reihe anderer Namen erweitert[1])

[1] Während der Bearbeitung des Registers stellte es sich als zweckmäßig heraus, manche Namen einzubeziehen, die nicht als Autoren auftreten, aber als *Gegenstand* der Behandlung oder auch des Urteils Schweitzers von Interesse sind. Keineswegs wird jedoch damit aus dem Autoren- ein vollständiges Namenverzeichnis. Namen, die durch das Inhaltsverzeichnis eingegrenzt sind, wurden hier nicht aufgenommen. Ebenso sind alle Namen, die lediglich als Beispiele oder am Rande erscheinen, unberücksichtigt geblieben.